D1747906

Leinemann/Linck
Urlaubsrecht

Urlaubsrecht

Kommentar

von

Professor Dr. Wolfgang Leinemann
Vorsitzender Richter am Bundesarbeitsgericht,
Erfurt/Kassel

und

Dr. Rüdiger Linck
Richter am Bundesarbeitsgericht,
Erfurt

2., neubearbeitete Auflage

Verlag Franz Vahlen München

Zitiervorschlag:
Leinemann/Linck, Urlaubsrecht § 1 BUrlG, Rz 1

Die Deutsche Bibliothek – CIP-Einheitsaufnahme

Leinemann, Wolfgang:
Urlaubsrecht : Kommentar / von Wolfgang Leinemann und Rüdiger Linck. – 2., neubearb. Aufl. – München : Vahlen, 2001
 (Vahlens Kommentare)
ISBN 3 8006 2658 6

ISBN 3 8006 2658 6

© 2001 Verlag Franz Vahlen GmbH
Wilhelmstraße 9, 80801 München

Druck: fgb · freiburger graphische betriebe
Bebelstraße 11, 79108 Freiburg

Satz: Druckerei C. H. Beck, Nördlingen
(Adresse wie Verlag)

Gedruckt auf säurefreiem, alterungsbeständigem Papier
(hergestellt aus chlorfrei gebleichtem Zellstoff)

Vorwort zur 2. Auflage

Streitigkeiten über urlaubsrechtliche Fragen, insbesondere über Urlaubs- und Urlaubsentgeltansprüche stehen nach wie vor im Blickpunkt des Interesses nicht nur der juristischen Öffentlichkeit. Sie sind als „Lohnnebenkosten" in den Blickpunkt tarifpolitischer Auseinandersetzungen gerückt und auch zum Gegenstand der Gesetzgebung geworden. So ist die Debatte über den Umfang des Urlaubsentgelts für Überstunden nach Inkrafttreten der gesetzlichen Regelungen im Jahre 1996 immer noch nicht beendet. Neue urlaubsrechtliche Streitfragen entstehen durch immer neue Formen der Verteilung und der Aufteilung der Arbeitszeit.

Die Erläuterungen in diesem Kommentar beruhen auf der Rechtsprechung des Bundesarbeitsgerichts, an der die Verfasser dieses Erläuterungswerks maßgeblichen Anteil haben. Diese Rechtsprechung hat sich gegen viele Widerstände in mehr als 20 Jahren unbeirrter und konsequenter Ausrichtung an den gesetzlichen und den tariflichen Regelungen des Urlaubsrechts sowie des zivilrechtlichen Leistungsstörungsrechts durchgesetzt.

Mit der ersten Auflage im Jahre 1995 haben wir ein Erläuterungswerk zum Urlaubsrecht vorgelegt, das erstmals die Ergebnisse dieser Rechtsprechung zuverlässig wiedergegeben und daraus rechtlich begründete Folgerungen für Wissenschaft und arbeitsrechtliche Praxis gezogen hat. Auch die zweite Auflage ist diesem Ziel verpflichtet. Alle Teile des Erläuterungswerks haben wir gründlich geprüft und umfassend überarbeitet.

Die Änderungen der Gesetzgebung, das Schrifttum sowie die Rechtsprechung sind bis einschließlich Juni 2001 berücksichtigt.

Kassel und Erfurt, Juli 2001

Wolfgang Leinemann   Rüdiger Linck

Inhaltsverzeichnis

Vorwort V
Abkürzungsverzeichnis XI

Teil I.
Bundesurlaubsgesetz

A. Gesetzestext

Gesetz über Mindesturlaub für Arbeitnehmer (Bundesurlaubsgesetz) 1

B. Einleitung

I. Die Entwicklung des Urlaubsrechts 8
II. Das Bundesurlaubsgesetz 13
III. Andere urlaubsrechtliche Regelungen 17
IV. Die Rechtsprechung des BAG zum Urlaubsrecht 20
V. Reformversuche zum BUrlG 31

C. Erläuterungen zum Bundesurlaubsgesetz

§ 1 Urlaubsanspruch 43
§ 2 Geltungsbereich 91
§ 3 Dauer des Urlaubs 102
§ 4 Wartezeit 122
§ 5 Teilurlaub 127
§ 6 Ausschluß von Doppelansprüchen 141
§ 7 Zeitpunkt, Übertragbarkeit und Abgeltung des Urlaubs 151
§ 8 Erwerbstätigkeit während des Urlaubs 210
§ 9 Erkrankung während des Urlaubs 215
§ 10 Maßnahmen der medizinischen Vorsorge oder Rehabilitation ... 219
§ 11 Urlaubsentgelt 240
§ 12 Urlaub im Bereich der Heimarbeit 267
§ 13 Unabdingbarkeit 279
§ 14 Berlin-Klausel 317
§ 15 Änderung und Aufhebung von Gesetzen 318
§ 15a Übergangsvorschrift 343
§ 16 Inkrafttreten 343

Teil II.
Andere urlaubsrechtliche Bestimmungen
mit Erläuterungen

A. Gesetz zum Schutze der arbeitenden Jugend (Jugendarbeitsschutzgesetz –
JArbSchG) *(Auszug)* 345
B. Sozialgesetzbuch (SGB). Neuntes Buch (IX) – Rehabilitation und Teilhabe
behinderter Menschen – *(Auszug)* 351

Inhalt

C. Urlaub und Wehrdienst 363
1. Gesetz über den Schutz des Arbeitsplatzes bei Einberufung zum Wehrdienst (Arbeitsplatzschutzgesetz – ArbPlSchG) *(Auszug)* 363
2. Gesetz über den Zivildienst der Kriegsdienstverweigerer (Zivildienstgesetz – ZDG) *(Auszug)* 364
3. a) Eignungsübungsgesetz *(Auszug)* 364
   b) Verordnung zum Eignungsübungsgesetz *(Auszug)* 365
D. Seemannsgesetz *(Auszug)* 372
E. Gesetz zum Erziehungsgeld und zur Elternzeit (Bundeserziehungsgeldgesetz – BErzGG) *(Auszug)* 385

Teil III.
Gesetzestexte zum Urlaubsrecht

A. Internationale Übereinkommen und Europäisches Gemeinschaftsrecht

1. a) Übereinkommen Nr. 132 der Internationalen Arbeitsorganisation über den bezahlten Jahresurlaub (Neufassung vom Jahre 1970) 391
   b) Gesetz zu dem Übereinkommen Nr. 132 der Internationalen Arbeitsorganisation vom 24. Juni 1970 über den bezahlten Jahresurlaub (Neufassung vom Jahre 1970) 396
2. a) Übereinkommen Nr. 140 der Internationalen Arbeitsorganisation vom 24. Juni 1974 über den bezahlten Bildungsurlaub 397
   b) Gesetz zu dem Übereinkommen Nr. 140 der Internationalen Arbeitsorganisation vom 24. Juni 1974 über den bezahlten Bildungsurlaub 401
3. Richtlinie 93/104/EG vom 23. November 1993 über bestimmte Aspekte der Arbeitszeitgestaltung *(Auszug)* 401

B. Sonstiges Bundesrecht

1. Verordnung über den Erholungsurlaub der Bundesbeamten und Richter im Bundesdienst (Erholungsurlaubsverordnung – EUrlV) 403
2. Verordnung über Elternzeit für Bundesbeamte und Richter im Bundesdienst (Elternzeitverordnung – EltZV) 409
3. Verordnung über Sonderurlaub für Bundesbeamte und Richter im Bundesdienst (Sonderurlaubsverordnung – SUrlV) 411

C. Landesgesetze zum Sonderurlaub für Mitarbeiter in der Jugendarbeit

1. Baden-Württemberg: Gesetz über die Erteilung von Sonderurlaub an Mitarbeiter in der Jugendpflege und Jugendwohlfahrt 419
2. Bayern: Gesetz zur Freistellung von Arbeitnehmern für Zwecke der Jugendarbeit 420
3. Bremen: Bremisches Kinder-, Jugend- und Familienförderungsgesetz (BremKJFFöG) 422
4. Hamburg: Gesetz über Sonderurlaub für Jugendgruppenleiter 438
5. Hessen: Gesetz zur Stärkung des Ehrenamtes in der Jugendarbeit 439
6. Niedersachsen: Gesetz über die Arbeitsbefreiung für Zwecke der Jugendpflege und des Jugendsports 440
7. Nordrhein-Westfalen: Gesetz zur Gewährung von Sonderurlaub für ehrenamtliche Mitarbeiter in der Jugendhilfe (Sonderurlaubsgesetz) 442
8. Rheinland-Pfalz: Landesgesetz über die Erteilung von Sonderurlaub an Jugendgruppenleiter in der Jugendpflege 444

Inhalt

9. Saarland: Gesetz Nr. 1412 über Sonderurlaub für ehrenamtliche Mitarbeiterinnen und Mitarbeiter in der Jugendarbeit 445
10. Sachsen: Gesetz des Freistaates Sachsen über die Erteilung von Sonderurlaub an Mitarbeiter in der Jugendhilfe (Sonderurlaubsgesetz) 446
11. Schleswig-Holstein: Gesetz über Sonderurlaub für ehrenamtliche Mitarbeiter in der außerschulischen Jugendbildung 448

D. Landesgesetze zum Bildungsurlaub

1. Berlin
   - Berliner Bildungsurlaubsgesetz (BiUrlG) 451
   - Ausführungsvorschriften über die Anerkennung von Bildungsveranstaltungen nach dem Berliner Bildungsurlaubsgesetz (AV BiUrlG) 454
2. Brandenburg
   - Gesetz zur Regelung und Förderung der Weiterbildung im Land Brandenburg (Brandenburgisches Weiterbildungsgesetz – Bbg WBG) 456
   - Verordnung über die Anerkennung von Weiterbildungsveranstaltungen zur Bildungsfreistellung nach dem Brandenburgischen Weiterbildungsgesetz (Bildungsfreistellungsverordnung – BFV) 466
3. Bremen
   - Bremisches Bildungsurlaubsgesetz 470
   - Verordnung über die Anerkennung von Bildungsveranstaltungen nach dem Bremischen Bildungsurlaubsgesetz 474
4. Hamburg
   - Hamburgisches Bildungsurlaubsgesetz 477
   - Verordnung über die Anerkennung von Bildungsveranstaltungen 480
5. Hessen
   - Hessisches Gesetz über den Anspruch auf Bildungsurlaub 483
6. Niedersachsen
   - Niedersächsisches Gesetz über den Bildungsurlaub für Arbeitnehmer und Arbeitnehmerinnen (Niedersächsisches Bildungsurlaubsgesetz – NBildUG) 490
   - Verordnung zur Durchführung des Niedersächsischen Bildungsurlaubsgesetzes (DVO-NBildUG) 495
7. Nordrhein-Westfalen
   - Erstes Gesetz zur Ordnung und Förderung der Weiterbildung im Lande Nordrhein-Westfalen (Weiterbildungsgesetz – WbG) 496
   - Gesetz zur Freistellung von Arbeitnehmern zum Zwecke der beruflichen und politischen Weiterbildung (Arbeitnehmerweiterbildungsgesetz – AWbG) 504
8. Rheinland-Pfalz
   - Landesgesetz über die Freistellung von Arbeitnehmerinnen und Arbeitnehmern für Zwecke der Weiterbildung (Bildungsfreistellungsgesetz – BFG) 507
9. Saarland
   - Saarländisches Weiterbildungs- und Bildungsfreistellungsgesetz (SWBG) 512
10. Schleswig-Holstein
    - Bildungsfreistellungs- und Qualifizierungsgesetz (BFQG) für das Land Schleswig-Holstein 525

E. Landesgesetze über Zusatzurlaub für Schwerbehinderte und Opfer des Nationalsozialismus

1. Niedersachsen
   - Urlaubsgesetz *(Auszug)* 535
   - Verordnung zur Durchführung des Urlaubsgesetzes *(Auszug)* 535

Inhalt

2. Rheinland-Pfalz: Landesgesetz zur Regelung des Urlaubs (Urlaubsgesetz) *(Auszug)* 536
3. Saarland
   – Gesetz Nr. 186 betreffend Regelung des Zusatzurlaubes für kriegs- und unfallbeschädigte Arbeitnehmer in der Privatwirtschaft *(Auszug)* 536
   – Verordnung zur Durchführung des Gesetzes [Nr. 186] betreffend Regelung des Zusatzurlaubes für kriegs- und unfallbeschädigte Arbeitnehmer in der Privatwirtschaft *(Auszug)* 537
   – [Zweite] Verordnung zur Durchführung des Gesetzes [Nr. 186] betreffend Regelung des Zusatzurlaubes für kriegs- und unfallbeschädigte Arbeitnehmer in der Privatwirtschaft *(Auszug)* 538
4. Verordnung über den Erholungsurlaub (DDR) *(Auszug)* 538

Teil IV. Register urlaubsrechtlicher Entscheidungen des Bundesarbeitsgerichts 539

Sachverzeichnis 595

Abkürzungsverzeichnis

a. A.	anderer Ansicht
aaO	am angegebenen Ort
ABl.	Amtsblatt
abl	ablehnend
ABl. Bayer. Arb. Min.	Amtsblatt des Bayerischen Arbeitsministeriums
ABlEG	Amtsblatt der Europäischen Gemeinschaft
Abs.	Absatz
a. F.	alte Fassung
AFG	Arbeitsförderungsgesetz
AiB	Arbeitsrecht im Betrieb
Alt.	Alternative
Anl.	Anlage
Anm.	Anmerkung
AP	Nachschlagewerk des Bundesarbeitsgerichts – Arbeitsrechtliche Praxis
ArbG	Arbeitsgericht
ArbGG	Arbeitsgerichtsgesetz
ArbZG	Arbeitszeitgesetz
ArbZRG	Arbeitszeitrechtsgesetz
AR-Blattei	Arbeitsrecht-Blattei
ArbKrankhG	Arbeiterkrankheitsgesetz
ArbPlSchG	Arbeitsplatzschutzgesetz
AuR	Arbeit und Recht
ArbuSozPol	Arbeit und Sozialpolitik
ARS	Arbeitsrechtssammlung – früher Bensheimer Sammlung
ARSt.	Arbeitsrecht in Stichworten
AÜG	Arbeitnehmerüberlassungsgesetz
AVAVG	Gesetz über Arbeitsvermittlung und Arbeitslosenversicherung
AVG	Angestelltenversicherungsgesetz
AVO	Ausführungsverordnung
AWbG-NW	Arbeitnehmerweiterbildungsgesetz Nordrhein-Westfalen
AZO	Arbeitszeitordnung
BAG	Bundesarbeitsgericht
BAGE	Entscheidungen des Bundesarbeitsgerichts
BABl.	Bundesarbeitsblatt
BAT	Bundesangestelltentarifvertrag
BB	Betriebs-Berater
BBG	Bundesbeamtengesetz
Beil.	Beilage
Bem.	Bemerkung, Randziffer
BErzGG	Bundeserziehungsgeldgesetz
BeschFG	Beschäftigungsförderungsgesetz
BetrVG	Betriebsverfassungsgesetz
BFH	Bundesfinanzhof

Abkürzungen

BGB	Bürgerliches Gesetzbuch
BGBl.	Bundesgesetzblatt
BGH	Bundesgerichtshof
BGHZ	Entscheidungen des Bundesgerichtshofs in Zivilsachen
BlfStRSozVersArbR	Blätter für Steuerrecht, Sozialversicherung und Arbeitsrecht
BMA	Bundesminister(ium) für Arbeit und Sozialordnung
BMI	Bundesminister(ium) des Innern
BMT-G II	Bundesrahmentarifvertrag II für die Arbeiter der Gemeinden
Bobrowski/Gaul	Das Arbeitsrecht im Betrieb, 8. Aufl. 1986
Böckel	Das Urlaubsrecht in der betrieblichen Praxis, 2. Aufl. 1989
Boldt/Röhsler	Kommentar zum Bundesurlaubsgesetz, 2. Aufl. 1968 mit Nachtrag 1971
Borrmann	Kommentar zum Bundesurlaubsgesetz, 1963
BPersVG	Bundespersonalvertretungsgesetz
BRDrucks	Bundesrats-Drucksache
BRTV	Bundesrahmentarifvertrag
BSeuchG	Bundesseuchengesetz
BSG	Bundessozialgericht
BStBl.	Bundessteuerblatt
BTDrucks.	Bundestags-Drucksache
BUrlG	Bundesurlaubsgesetz
BVerfG	Bundesverfassungsgericht
BVerfGE	Entscheidungen des Bundesverfassungsgerichts
BVerfGG	Bundesverfassungsgerichtsgesetz
BVG	Bundesversorgungsgesetz
Cramer	Kommentar zum Schwerbehindertengesetz, 5. Aufl. 1998
Däubler/Hege	Tarifvertragsrecht, 2. Aufl. 1981
DB	Der Betrieb
ders.	derselbe
Dersch/Neumann	Kommentar zum Bundesurlaubsgesetz, 8. Aufl. 1997
DO	Dienstordnung
DöD	Der öffentliche Dienst
DOK	Die Ortskrankenkasse
DR	Deutsches Recht (vereinigt mit Juristische Wochenschrift)
DVO	Durchführungsverordnung
EFZG	Entgeltfortzahlungsgesetz
EGBGB	Einführungsgesetz zum Bürgerlichen Gesetzbuch vom 18. August 1886
EGV	Vertrag zur Gründung der Europäischen Gemeinschaft vom 25. 3. 1957
EVertr	Einigungsvertrag
Einl.	Einleitung
EignungsübG	Eignungsübungsgesetz
Enneccerus/Nipperdey	Lehrbuch des Bürgerlichen Rechts, Allgemeiner Teil, 15. Aufl. 1959
ErfK/*Bearbeiter*	Erfurter Kommentar zum Arbeitsrecht, 2. Aufl. 2001, hrsg. von *Dieterich/Hanau/Schaub*
EStG	Einkommensteuergesetz

Abkürzungen

EWiR	Entscheidungen zum Wirtschaftsrecht
EzA	Entscheidungssammlung zum Arbeitsrecht
EzBAT	Entscheidungssammlung zum Bundesangestelltentarifvertrag
FA	Fachanwalt Arbeitsrecht *(Zeitschrift)*
FeiertLohnG	Feiertagslohnzahlungsgesetz
Fitting/Kaiser/Heither/ Engels	Kommentar zum Betriebsverfassungsgesetz, 20. Aufl., 2000
Gaul/Boewer	Probleme des Urlaubsrechts, 1966
GBl.	Gesetzblatt
GewArch.	Das Gewerbearchiv
GewO	Gewerbeordnung
GG	Grundgesetz für die Bundesrepublik Deutschland
ggf.	gegebenenfalls
GK-BetrVG	Betriebsverfassungsgesetz, Gemeinschaftskommentar *Fabricius, Kraft, Wiese, Kreutz, Oetker*, 6. Aufl., 1997/1998
GK-BUrlG	Gemeinschafts-Kommentar zum BUrlG von *Stahlhacke, Bachmann, Bleistein, Berscheid*, 5. Aufl. 1992
GMBl.	Gemeinsames Ministerialblatt der Bundesminister des Innern, für Vertriebene, für Wohnungsbau, für gesamtdeutsche Fragen und für Angelegenheiten des Bundesrats
Gröninger/Thomas	Schwerbehindertengesetz 1988
Gröninger/Gehring/ Taubert	JArbSchG, Loseblatt
GVBl.	Gesetz- und Verordnungsblatt
HAG	Heimarbeitsgesetz
HandwO	Handwerksordnung
HBUG	Hessisches Bildungsurlaubsgesetz
Heilmann	Urlaubsrecht Basiskommentar zum BUrlG und zu anderen urlaubsrechtlichen Vorschriften, 1999
Hess/Schlochauer/ Glaubitz	Kommentar zum Betriebsverfassungsgesetz, 5. Aufl. 1997
HGB	Handelsgesetzbuch
Hohmeister	Bundesurlaubsgesetz, 1995
von Hoyningen-Huene/ Linck	Kommentar zum KSchG, 13. Aufl. 2001
Hueck/Nipperdey	Lehrbuch des Arbeitsrechts, 7. Aufl. 1963
HzA	Handbuch zum Arbeitsrecht, hrsg. von *Leinemann*
IAO	Internationale Arbeitsorganisation, Genf
idF	in der Fassung
insbes.	insbesondere
IPR	Internationales Privatrecht
i. S.	im Sinne
iV	in Verbindung
JArbSchG	Jugendarbeitsschutzgesetz
JugSchG	Jugendschutzgesetz
JuS	Juristische Schulung
JW	Juristische Wochenschrift

XIII

Abkürzungen

Kasseler Handbuch/ Bearbeiter	Kasseler Handbuch zum Arbeitsrecht, 2. Aufl. 2000, hrsg. von *Leinemann*
Kempen/Zachert	Tarifvertragsgesetz, 3. Aufl. 1997
KG	Kammergericht
KO	Konkursordnung
KR-*Bearbeiter*	Gemeinschaftskommentar zum Kündigungsschutzgesetz und sonstigen kündigungsschutzrechtlichen Vorschriften, hrsg. von *Becker* und *Etzel*, 5. Aufl. 1998
KSchG	Kündigungsschutzgesetz
LAA	Landesarbeitsamt
LAG	Landesarbeitsgericht
Landmann/Rohmer	Kommentar zur Gewerbeordnung
LFZG	Lohnfortzahlungsgesetz
Löwisch/Rieble	Kommentar zum TVG, 1992
LSchlG	Ladenschlußgesetz
LSG	Landessozialgericht
LStDV	Lohnsteuerdurchführungsverordnung
LVA	Landesversicherungsamt
Maus	Das neue Urlaubsrecht, 1963
MDR	Monatsschrift für Deutsches Recht
Molitor/Volmer/ Germelmann	Jugendarbeitsschutzgesetz, 3. Aufl. 1986
MTB	Manteltarifvertrag für Arbeiter des Bundes
MTL	Manteltarifvertrag für Arbeiter der Länder
MTV	Manteltarifvertrag
MünchArbR/*Bearbeiter*	Münchener Handbuch zum Arbeitsrecht, 2. Aufl. Band 1 bis 3, 2000
MünchKomm-BGB	Münchener Kommentar zum BGB, 3. Aufl. 1993 ff.
MünchKomm-ZPO	Münchener Kommentar zur ZPO, 2. Aufl. 2000
MuSchG	Mutterschutzgesetz
m.w.N.	mit weiteren Nachweisen
N	Fußnote
Natzel	Bundesurlaubsrecht, 4. Aufl. 1988
Neumann/Biebl	Arbeitszeitordnung, 13. Aufl. 2001
Neumann/Pahlen	Schwerbehindertengesetz, 9. Aufl. 1999
n.F.	neue Fassung
Nikisch	Lehrbuch des Arbeitsrechts, 3. Aufl.
NJW	Neue Juristische Wochenschrift
Nr., Nrn.	Nummer, Nummern
NRW	Nordrhein-Westfalen
NZA	Neue Zeitschrift für Arbeits- und Sozialrecht
OLG	Oberlandesgericht
OVA	Oberversicherungsamt
PflegeVG	Pflegeversicherungsgesetz
RABl.	Reichsarbeitsblatt
RAG	Reichsarbeitsgericht
RdA	Recht der Arbeit

Abkürzungen

RGBl.	Reichsgesetzblatt
RG	Reichsgericht
RGRK	Kommentar der Reichsgerichtsräte zum BGB, 12. Aufl.
RGZ	Entscheidungen des Reichsgerichts in Zivilsachen
Richardi	Betriebsverfassungsgesetz, 7. Aufl. 1998, mit Ergänzung, 2000
RTV	Rahmentarifvertrag
RVO	Reichsversicherungsordnung
Rz	Randziffer
s	siehe
S.	Seite
SAE	Sammlung arbeitsrechtlicher Entscheidungen, Düsseldorf
Sahmer	Kommentar zum Arbeitsplatzschutzgesetz, 3. Aufl. 1971 (Erg. bis 1975)
Schaub	Arbeitsrechtshandbuch, 9. Aufl. 2000
Schelp/Herbst	BUrlG, 1963
Schmatz/Fischwasser	Vergütung der Arbeitnehmer bei Krankheit und Mutterschaft, 1993
Schmelzer	Urlaubsrecht, Grundriß und alphabetischer Leitfaden, 2. Aufl. 1963
SchwbG	Schwerbehindertengesetz
SchBeschG	Schwerbeschäftigtengesetz
Schmidt/Koberski/ Tiemann/Mascher	Heimarbeitsgesetz, 4. Aufl. 1998
Schmitt	Kommentar zum Entgeltfortzahlungsgesetz, 4. Aufl. 1999
Schütz/Hauck	Gesetzliches und tarifliches Urlaubsrecht, 1996
SeemG	Seemannsgesetz
SGB	Sozialgesetzbuch
sh	siehe
Siara	Kommentar zum Bundesurlaubsgesetz, 1975
SozG	Sozialgericht
SozGG	Sozialgerichtsgesetz
SozR	Sozialrecht
SozVers	Die Sozialversicherung
Staudinger/Richardi	Kommentar zum BGB, 13. Aufl. 1999 §§ 611 ff.
StBer	Stenographische Berichte des Bundestags
Stein/Jonas	Kommentar zur ZPO, 21. Aufl., 1993 ff.
StGB	Strafgesetzbuch
SUrlV	Sonderurlaubsverordnung
Tautphäus	Das Urlaubsrecht, Handbuch des Arbeits- und Sozialrechts, hrsg. von *Weiss* und *Gagel*
Thomas/Putzo	Kommentar zur ZPO, 23. Aufl. 2001
TV	Tarifvertrag
TVG	Tarifvertragsgesetz idF vom 29. August 1969
TzBfG	Teilzeit- und Befristungsgesetz vom 21. Dezember 2000
UrlaubsG	Urlaubsgesetz
u. U.	unter Umständen
VermBG	Vermögensbildungsgesetz
vgl.	vergleiche

Abkürzungen

v. H.	von Hundert
VO	Verordnung
VOBl.	Verordnungsblatt
WbG	Weiterbildungsgesetz Nordrhein-Westfalen
Wiedemann	Kommentar zum Tarifvertragsgesetz, 6. Aufl. 1999
ZDG	Zivildienstgesetz
ZfA	Zeitschrift für Arbeitsrecht
ZfSH	Zentralblatt für Sozialversicherung und Sozialhilfe und Versorgung
ZIP	Zeitschrift für Wirtschaftsrecht
Zöller	Kommentar zur ZPO, 22. Aufl. 2000
Zöllner/Loritz	Arbeitsrecht, 5. Aufl. 1998
ZPO	Zivilprozeßordnung
ZRP	Zeitschrift für Rechtspolitik
ZTR	Zeitschrift für Tarifrecht
zust.	zustimmend

Teil I.

A. Gesetzestext

Gesetz über Mindesturlaub für Arbeitnehmer (Bundesurlaubsgesetz)

Vom 8. Januar 1963 (BGBl. I S. 2)

BGBl. III 800-4

Geändert durch Gesetz vom 27. Juli 1969 (BGBl. I S. 946), vom 29. Oktober 1974 (BGBl. I S. 2879), mit Maßgaben für das Gebiet der ehem. DDR durch Anl. I Kap. VIII Sachgeb. A Abschn. III Nr. 5 des Einigungsvertrages vom 31. August 1990 (BGBl. II S. 889), durch Gesetz vom 27. Dezember 1993 (BGBl. I S. 2378), durch Gesetz vom 26. Mai 1994 (BGBl. I S. 1014), durch Gesetz vom 6. Juni 1994 (BGBl. I S. 1170), durch Gesetz vom 25. September 1996 (BGBl. I S. 1476), durch Gesetz vom 19. Dezember 1998 (BGBl I S. 3843) sowie durch Gesetz vom 19. Juni 2001 (BGBl. I S. 1046)

§ 1 Urlaubsanspruch

Jeder Arbeitnehmer hat in jedem Kalenderjahr Anspruch auf bezahlten Erholungsurlaub.

§ 2 Geltungsbereich

Arbeitnehmer im Sinne des Gesetzes sind Arbeiter und Angestellte sowie die zu ihrer Berufsausbildung Beschäftigten. Als Arbeitnehmer gelten auch Personen, die wegen ihrer wirtschaftlichen Unselbständigkeit als arbeitnehmerähnliche Personen anzusehen sind; für den Bereich der Heimarbeit gilt § 12.

§ 3 Dauer des Urlaubs

(1) Der Urlaub beträgt jährlich mindestens 24 Werktage.

(2) Als Werktage gelten alle Kalendertage, die nicht Sonn- oder gesetzliche Feiertage sind.

§ 4 Wartezeit

Der volle Urlaubsanspruch wird erstmalig nach sechsmonatigem Bestehen des Arbeitsverhältnisses erworben.

§ 5 Teilurlaub

(1) Anspruch auf ein Zwölftel des Jahresurlaubs für jeden vollen Monat des Bestehens des Arbeitsverhältnisses hat der Arbeitnehmer

a) für Zeiten eines Kalenderjahres, für die er wegen Nichterfüllung der Wartezeit in diesem Kalenderjahr keinen vollen Urlaubsanspruch erwirbt;

b) wenn er vor erfüllter Wartezeit aus dem Arbeitsverhältnis ausscheidet;
c) wenn er nach erfüllter Wartezeit in der ersten Hälfte eines Kalenderjahres aus dem Arbeitsverhältnis ausscheidet.

(2) Bruchteile von Urlaubstagen, die mindestens einen halben Tag ergeben, sind auf volle Urlaubstage aufzurunden.

(3) Hat der Arbeitnehmer im Falle des Absatzes 1 Buchstabe c bereits Urlaub über den ihm zustehenden Umfang hinaus erhalten, so kann das dafür gezahlte Urlaubsentgelt nicht zurückgefordert werden.

§ 6 Ausschluß von Doppelansprüchen

(1) Der Anspruch auf Urlaub besteht nicht, soweit dem Arbeitnehmer für das laufende Kalenderjahr bereits von einem früheren Arbeitgeber Urlaub gewährt worden ist.

(2) Der Arbeitgeber ist verpflichtet, bei Beendigung des Arbeitsverhältnisses dem Arbeitnehmer eine Bescheinigung über den im laufenden Kalenderjahr gewährten oder abgegoltenen Urlaub auszuhändigen.

§ 7 Zeitpunkt, Übertragbarkeit und Abgeltung des Urlaubs

(1) Bei der zeitlichen Festlegung des Urlaubs sind die Urlaubswünsche des Arbeitnehmers zu berücksichtigen, es sei denn, daß ihrer Berücksichtigung dringende betriebliche Belange oder Urlaubswünsche anderer Arbeitnehmer, die unter sozialen Gesichtspunkten den Vorrang verdienen, entgegenstehen. Der Urlaub ist zu gewähren, wenn der Arbeitnehmer dies im Anschluß an eine Maßnahme der medizinischen Vorsorge oder Rehabilitation verlangt.

(2) Der Urlaub ist zusammenhängend zu gewähren, es sei denn, daß dringende betriebliche oder in der Person des Arbeitnehmers liegende Gründe eine Teilung des Urlaubs erforderlich machen. Kann der Urlaub aus diesen Gründen nicht zusammenhängend gewährt werden, und hat der Arbeitnehmer Anspruch auf Urlaub von mehr als zwölf Werktagen, so muß einer der Urlaubsteile mindestens zwölf aufeinanderfolgende Werktage umfassen.

(3) Der Urlaub muß im laufenden Kalenderjahr gewährt und genommen werden. Eine Übertragung des Urlaubs auf das nächste Kalenderjahr ist nur statthaft, wenn dringende betriebliche oder in der Person des Arbeitnehmers liegende Gründe dies rechtfertigen. Im Fall der Übertragung muß der Urlaub in den ersten drei Monaten des folgenden Kalenderjahres gewährt und genommen werden. Auf Verlangen des Arbeitnehmers ist ein nach § 5 Abs. 1 Buchstabe a entstehender Teilurlaub jedoch auf das nächste Kalenderjahr zu übertragen.

(4) Kann der Urlaub wegen Beendigung des Arbeitsverhältnisses ganz oder teilweise nicht mehr gewährt werden, so ist er abzugelten.

§ 8 Erwerbstätigkeit während des Urlaubs

Während des Urlaubs darf der Arbeitnehmer keine dem Urlaubszweck widersprechende Erwerbstätigkeit leisten.

Text des Bundesurlaubsgesetzes §§ 9–12 BUrlG

§ 9 Erkrankung während des Urlaubs

Erkrankt ein Arbeitnehmer während des Urlaubs, so werden die durch ärztliches Zeugnis nachgewiesenen Tage der Arbeitsunfähigkeit auf den Jahresurlaub nicht angerechnet.

§ 10 Maßnahmen der medizinischen Vorsorge oder Rehabilitation

Maßnahmen der medizinischen Vorsorge oder Rehabilitation dürfen nicht auf den Urlaub angerechnet werden, soweit ein Anspruch auf Fortzahlung des Arbeitsentgelts nach den gesetzlichen Vorschriften über die Entgeltfortzahlung im Krankheitsfall besteht.

§ 11 Urlaubsentgelt

(1) Das Urlaubsentgelt bemißt sich nach dem durchschnittlichen Arbeitsverdienst, das der Arbeitnehmer in den letzten dreizehn Wochen vor dem Beginn des Urlaubs erhalten hat, mit Ausnahme des zusätzlich für Überstunden gezahlten Arbeitsverdienstes. Bei Verdiensterhöhungen nicht nur vorübergehender Natur, die während des Berechnungszeitraums oder des Urlaubs eintreten, ist von dem erhöhten Verdienst auszugehen. Verdienstkürzungen, die im Berechnungszeitraum infolge von Kurzarbeit, Arbeitsausfällen oder unverschuldeter Arbeitsversäumnis eintreten, bleiben für die Berechnung des Urlaubsentgelts außer Betracht. Zum Arbeitsentgelt gehörende Sachbezüge, die während des Urlaubs nicht weitergewährt werden, sind für die Dauer des Urlaubs angemessen in bar abzugelten.

(2) Das Urlaubsentgelt ist vor Antritt des Urlaubs auszuzahlen.

§ 12 Urlaub im Bereich der Heimarbeit

Für die in Heimarbeit Beschäftigten und die ihnen nach § 1 Abs. 2 Buchstaben a bis c des Heimarbeitsgesetzes Gleichgestellten, für die die Urlaubsregelung nicht ausdrücklich von der Gleichstellung ausgenommen ist, gelten die vorstehenden Bestimmungen mit Ausnahme der §§ 4 bis 6, 7 Abs. 3 und 4 und § 11 nach Maßgabe der folgenden Bestimmungen:
1. Heimarbeiter (§ 1 Abs. 1 Buchstabe a des Heimarbeitsgesetzes) und nach § 1 Abs. 2 Buchstabe a des Heimarbeitsgesetzes Gleichgestellte erhalten von ihrem Auftraggeber oder, falls sie von einem Zwischenmeister beschäftigt werden, von diesem
bei einem Anspruch auf 24 Werktage
ein Urlaubsentgelt von 9,1 vom Hundert
des in der Zeit vom 1. Mai bis zum 30. April des folgenden Jahres oder bis zur Beendigung des Beschäftigungsverhältnisses verdienten Arbeitsentgelts vor Abzug der Steuern und Sozialversicherungsbeiträge ohne Unkostenzuschlag und ohne die für den Lohnausfall an Feiertagen, den Arbeitsausfall infolge Krankheit und den Urlaub zu leistenden Zahlungen.
2. War der Anspruchsberechtigte im Berechnungszeitraum nicht ständig beschäftigt, so brauchen unbeschadet des Anspruches auf Urlaubsentgelt

nach Nr. 1 nur so viele Urlaubstage gegeben zu werden, wie durchschnittliche Tagesverdienste, die er in der Regel erzielt hat, in dem Urlaubsentgelt nach Nr. 1 enthalten sind.
3. Das Urlaubsentgelt für die in Nr. 1 bezeichneten Personen soll erst bei der letzten Entgeltzahlung vor Antritt des Urlaubs ausgezahlt werden.
4. Hausgewerbetreibende (§ 1 Abs. 1 Buchstabe b des Heimarbeitsgesetzes) und nach § 1 Abs. 2 Buchstaben b und c des Heimarbeitsgesetzes Gleichgestellte erhalten von ihrem Auftraggeber oder, falls sie von einem Zwischenmeister beschäftigt werden, von diesem als eigenes Urlaubsentgelt und zur Sicherung der Urlaubsansprüche der von ihnen Beschäftigten einen Betrag von 9,1 vom Hundert des an sie ausgezahlten Arbeitsentgelts vor Abzug der Steuern und Sozialversicherungsbeiträge ohne Unkostenzuschlag und ohne die für den Lohnausfall an Feiertagen, den Arbeitsausfall infolge Krankheit und den Urlaub zu leistenden Zahlungen.
5. Zwischenmeister, die den in Heimarbeit Beschäftigten nach § 1 Abs. 2 Buchstabe d des Heimarbeitsgesetzes gleichgestellt sind, haben gegen ihren Auftraggeber Anspruch auf die von ihnen nach den Nummern 1 und 4 nachweislich zu zahlenden Beträge.
6. Die Beträge nach den Nummern 1, 4 und 5 sind gesondert im Entgeltbeleg auszuweisen.
7. Durch Tarifvertrag kann bestimmt werden, daß Heimarbeiter (§ 1 Abs. 1 Buchstabe a des Heimarbeitsgesetzes), die nur für einen Auftraggeber tätig sind und tariflich allgemein wie Betriebsarbeiter behandelt werden, Urlaub nach den allgemeinen Urlaubsbestimmungen erhalten.
8. Auf die in den Nummern 1, 4 und 5 vorgesehenen Beträge finden die §§ 23 bis 25, 27 und 28 und auf die in den Nummern 1 und 4 vorgesehenen Beträge außerdem § 21 Abs. 2 des Heimarbeitsgesetzes entsprechende Anwendung. Für die Urlaubsansprüche der fremden Hilfskräfte der in Nummer 4 genannten Personen gilt § 26 des Heimarbeitsgesetzes entsprechend.

§ 13 Unabdingbarkeit

(1) Von den vorstehenden Vorschriften mit Ausnahme der §§ 1, 2 und 3 Abs. 1 kann in Tarifverträgen abgewichen werden. Die abweichenden Bestimmungen haben zwischen nicht tarifgebundenen Arbeitgebern und Arbeitnehmern Geltung, wenn zwischen diesen die Anwendung der einschlägigen tariflichen Urlaubsregelung vereinbart ist. Im übrigen kann, abgesehen von § 7 Abs. 2 Satz 2, von den Bestimmungen dieses Gesetzes nicht zuungunsten des Arbeitnehmers abgewichen werden.

(2) Für das Baugewerbe oder sonstige Wirtschaftszweige, in denen als Folge häufigen Ortswechsels der von den Betrieben zu leistenden Arbeit Arbeitsverhältnisse von kürzerer Dauer als einem Jahr in erheblichem Umfange üblich sind, kann durch Tarifvertrag von den vorstehenden Vorschriften über die in Abs. 1 Satz 1 vorgesehene Grenze hinaus abgewichen werden, soweit dies zur Sicherung eines zusammenhängenden Jahresurlaubs für alle Arbeitnehmer erforderlich ist. Abs. 1 Satz 2 findet entsprechende Anwendung.

(3) Für den Bereich der Deutsche Bahn Aktiengesellschaft sowie einer gemäß § 2 Abs. 1 und § 3 Abs. 3 des Deutsche Bahn Gründungsgesetzes vom 27. Dezember 1993 (BGBl. I S. 2378, 2386) ausgegliederten Gesellschaft und für den Bereich der Deutschen Bundespost kann von der Vorschrift über das Kalenderjahr als Urlaubsjahr (§ 1) in Tarifverträgen abgewichen werden.

§ 14 Berlin-Klausel

Dieses Gesetz gilt nach Maßgabe des § 13 Abs. 1 des Dritten Überleitungsgesetzes vom 4. Januar 1952 (BGBl. I S. 1) auch im Land Berlin.

§ 15 Änderung und Aufhebung von Gesetzen

(1) Unberührt bleiben die urlaubsrechtlichen Bestimmungen des Arbeitsplatzschutzgesetzes vom 30. März 1957 (BGBl. I S. 293), geändert durch Gesetz vom 22. März 1962 (BGBl. I S. 169), des Neunten Buches Sozialgesetzbuch, des Jugendarbeitsschutzgesetzes vom 9. August 1960 (BGBl. I S. 665), geändert durch Gesetz vom 20. Juli 1962 (BGBl. I S. 449), und des Seemannsgesetzes vom 26. Juli 1957 (BGBl. II S. 713), geändert durch Gesetz vom 25. August 1961 (BGBl. II S. 1391), jedoch wird

a) in § 19 Abs. 6 Satz 2 des Jugendarbeitsschutzgesetzes der Punkt hinter dem letzen Wort durch ein Komma ersetzt und folgender Satzteil angefügt:
„und in diesen Fällen eine grobe Verletzung der Treuepflicht aus dem Beschäftigungsverhältnis vorliegt";
b) § 53 Abs. 2 des Seemannsgesetzes durch folgende Bestimmungen ersetzt:
„Das Bundesurlaubsgesetz vom 8. Januar 1963 (BGBl. I S. 2) findet auf den Urlaubsanspruch des Besatzungsmitglieds nur insoweit Anwendung, als es Vorschriften über die Mindestdauer des Urlaubs enthält."

(2) Mit dem Inkrafttreten dieses Gesetzes treten die landesrechtlichen Vorschriften über den Erholungsurlaub außer Kraft. In Kraft bleiben jedoch die landesrechtlichen Bestimmungen über den Urlaub für Opfer des Nationalsozialismus und für solche Arbeitnehmer, die geistig oder körperlich in ihrer Erwerbsfähigkeit behindert sind.

§ 15a Übergangsvorschrift

Befindet sich der Arbeitnehmer von einem Tag nach dem 9. Dezember 1998 bis zum 1. Januar 1999 oder darüber hinaus in einer Maßnahme der medizinischen Vorsorge oder Rehabilitation, sind für diesen Zeitraum die seit dem 1. Januar 1999 geltenden Vorschriften maßgebend, es sei denn, daß diese für den Arbeitnehmer ungünstiger sind.

§ 16 Inkrafttreten

Dieses Gesetz tritt mit Wirkung vom 1. Januar 1963 in Kraft.

B. Einleitung

Schrifttum: *Böckel,* Das Urlaubsrecht in der betrieblichen Praxis, 2. Aufl. 1989; *Boldt/Röhsler,* Mindesturlaubsgesetz für Arbeitnehmer, Kommentar, 2. Aufl. 1968; *Borrmann,* Kommentar zum Bundesurlaubsgesetz, 1963; *Gaul/Boewer,* Probleme des Urlaubsrechts, 1966; *Dersch/Neumann,* Bundesurlaubsgesetz, Kommentar, 8. Aufl. 1997; *Gros/Dörner/Feichtinger/Herbst/Röhsler/Rummel,* AR-Blattei Urlaub I–XIV; *Heilmann,* Urlaubsrecht, Basiskommentar, 1999; *Heußner,* Urlaubsrecht, 1964; *Hohmeister,* Bundesurlaubsgesetz, Kommentar, 1995, *Kallmann,* Urlaub im Arbeitsrecht, 1991; *Maus,* Das neue Urlaubsrecht, 1963; *Natzel,* Bundesurlaubsrecht, 4. Aufl. 1988; *Reinecke/Stumpfe,* Kommentar zum Manteltarifvertrag Stahl für die Arbeitnehmer und Auszubildenden in der Stahlindustrie von Nordrhein-Westfalen, Niedersachsen und Bremen sowie Dillenburg, Niederschelden und Wissen, 3. Aufl. 1990; *Schelp/Herbst,* Bundesurlaubsgesetz, Kommentar 1963; *Schlüter/Wallichs,* Deutsches und ausländisches Urlaubsrecht 1930; *Siara,* Bundesurlaubsgesetz, Kommentar, 1975; *Schütz/Hauck,* Gesetzliches und tarifliches Urlaubsrecht; *Stahlhacke/Bachmann/Bleistein/Berscheid,* Gemeinschaftskommentar zum Bundesurlaubsgesetz, 5. Aufl. 1992; *Tautphäus,* Das Urlaubsrecht in: Handbuch des Arbeits- und Sozialrechts, 1991, § 13 B; *Weber/Banse,* Das Urlaubsrecht des öffentlichen Dienstes, Loseblattwerk; *Ziepke/Weiss,* Kommentar zum Manteltarifvertrag für die Arbeiter, Angestellten und Auszubildenden in der Metall- und Elektroindustrie Nordrhein-Westfalens vom 11. Dezember 1996 in der Fassung vom 23. Oktober 1997, 4. Aufl. 1998.

Übersicht

	Rz
I. Die Entwicklung des Urlaubsrechts	
1. Der Begriff Urlaub	1
2. Sonderurlaub	4
3. Geschichtliche Entwicklung des Urlaubsrechts bis zum Erlaß des Bundesurlaubsgesetzes	7
II. Das Bundesurlaubsgesetz	
1. Inhalt des Bundesurlaubsgesetzes	24
a) Urlaubsdauer	25
b) Anspruchsberechtigte	26
c) Schuldner des Urlaubsanspruchs	28
d) Leistungsstörungen	29
e) Urlaubsentgelt	30
f) Unabdingbarkeit und Vereinbarungsbefugnis von Tarifvertragsparteien	31
2. Änderungen des Bundesurlaubsgesetzes	33
III. Andere urlaubsrechtliche Regelungen	
1. Regelungen des Bundes	36
2. Regelungen der Länder	38
3. Urlaubsrechtliche Regelungen im Gebiet der ehemaligen DDR	39
4. Internationale Abkommen	41
IV. Die Rechtsprechung des BAG zum Urlaubsrecht	
1. Die Rechtsprechung des Ersten Senats	48
2. Die Rechtsprechung des Fünften Senats	55

Einleitung *I. Die Entwicklung des Urlaubsrechts*

Rz
a) Rechtsmißbräuchliches Urlaubsverlangen 56
b) Befristung des Urlaubsanspruchs 61
c) Urlaubsabgeltung 72
d) Grundlagen der Rechtsprechung des Fünften Senats ... 83
3. Die „neue" Rechtsprechung zum Urlaubsrecht 93
a) Begründungsansätze des Sechsten Senats 93
b) Fortführung der Rechtsprechung durch den Achten und den Neunten Senat 97
c) Ergebnisse der „neuen" Rechtsprechung 98
d) Kritik an der „neuen" Rechtsprechung 110

V. **Reformversuche zum BUrlG**
1. Entwurf eines Arbeitsgesetzbuches – Allgemeines Arbeitsvertragsrecht (E 1977) 113
2. Urlaubsregelungen im DGB-Entwurf zum Arbeitsverhältnisrecht vom 5. April 1977 124
3. Entwurf eines Gesetzes zur Anpassung des Mindesturlaubs an die tarifvertragliche Entwicklung (Mindesturlaubs-Anpassungsgesetz) – Gesetzentwurf der SPD-Fraktion im Deutschen Bundestag vom 25. 10. 1989 125
4. Arbeitsvertragsgesetz (ArbVG 92) – Ein Diskussionsentwurf ... 134
5. Entwurf eines Gesetzes über das Recht des Arbeitsvertrags (Arbeitsvertragsgesetz – ArbVG) Gesetzentwurf des Freistaates Sachsen 151

I. Die Entwicklung des Urlaubsrechts

1. Der Begriff Urlaub

1   Urlaub ist die **Befreiung eines Arbeitnehmers von seinen Arbeitspflichten** in einem Arbeitsverhältnis durch den Arbeitgeber während einer bestimmten Anzahl von Arbeitstagen. Ist in dieser Zeit das Arbeitsentgelt weiterzuzahlen, wird die Freistellung **bezahlter (Erholungs-)Urlaub** genannt. Zu unterscheiden ist der Urlaub von der Nichtannahme der Arbeitsleistung durch den Arbeitgeber, mit der dieser gegenüber dem Arbeitnehmer in Annahmeverzug gerät, §§ 293 ff., § 615 Abs. 1 BGB.

2   Während die **Nichtannahme der Arbeitsleistung** den Bestand der Arbeitspflicht des Arbeitnehmers nicht berührt, ist beim Urlaub vom Beginn des Urlaubs an die Arbeitspflicht für die Dauer des Urlaubs aufgehoben. Muß deshalb im Annahmeverzug des Arbeitgebers der Arbeitnehmer regelmäßig jederzeit damit rechnen, wieder zur (Weiter-)Arbeit aufgefordert zu werden, besteht mangels des Bestehens der Arbeitspflicht im Urlaub eine solche Möglichkeit rechtlich nicht.

3   **Ansprüche auf Urlaub** ergeben sich aufgrund der Regelungen des BUrlG und vereinzelter Sonderregelungen, aufgrund Tarifvertrags oder einzelvertraglicher Vereinbarung.

2. Sonderurlaub

4   Sonderurlaub ist vom Urlaub zu unterscheiden. Mit **Sonderurlaub** wird regelmäßig die einvernehmliche Befreiung beider Arbeitsvertragsparteien

I. Die Entwicklung des Urlaubsrechts **Einleitung**

von den Hauptpflichten aus dem Arbeitsverhältnis bezeichnet: Der Arbeitnehmer ist für die Dauer des Sonderurlaubs von seinen Arbeitspflichten befreit, ebenso treffen den Arbeitgeber keine Lohnzahlungspflichten für die Dauer des Sonderurlaubs. Das Bundesurlaubsgesetz findet auf den Sonderurlaub keine Anwendung. Ansprüche auf Gewährung von Sonderurlaub können nur entstehen aufgrund einzelvertraglicher Vereinbarung oder aufgrund tarifvertraglicher Regelungen. In der Gestaltung solcher Ansprüche gibt es **keine Gebundenheiten**, der Inhalt von Bestimmungen über den Sonderurlaub hängt von den Vereinbarungen des Arbeitgebers mit dem Arbeitnehmer oder von den Tarifvertragsparteien ab. Sonderurlaub wird in der Praxis sowohl unter Fortzahlung des Entgelts als auch unbezahlt gewährt.

Die Gewährung von Sonderurlaub knüpft entweder an die Dauer des Arbeitsverhältnisses an (Jubiläumsurlaub, Treueurlaub) oder an bestimmte Ereignisse (Geburtstag des Arbeitnehmers, Volksfeste, wie Rosenmontag, usw.). Sonderurlaub kann aber auch aus anderen Anlässen vereinbart werden (z. B. ein längerer Heimataufenthalt eines ausländischen Arbeitnehmers, Arbeitsbefreiung zur Durchführung eines Studiums, Arbeitsbefreiung zur Kindererziehung). 5

Gelegentlich ist in Tarifverträgen auch bei der Gewährung von Sonderurlaub die Fortzahlung des Entgelts oder die Aufrechterhaltung anderer Ansprüche aus dem Arbeitsverhältnis bestimmt (vgl. z.B. § 50 BAT). Auch dann sind jedoch die Vorschriften des Urlaubsrechts nach dem BUrlG nicht anwendbar. Zum Verhältnis des gesetzlichen Urlaubs zu anderen Arbeitsbefreiungen vgl. § 1 Rz 48 ff.; zum Anspruch auf Bildungsurlaub vgl. § 15 Rz 21 ff. 6

3. Geschichtliche Entwicklung des Urlaubsrechts bis zum Erlaß des Bundesurlaubsgesetzes

Ansprüche von Arbeitnehmern auf die Gewährung von Urlaub haben sich in Deutschland nur zögernd entwickelt. Für **Beamte** war zwar schon in § 14 des Reichsbeamtengesetzes vom 31. März 1873 der Urlaub für Beamte behandelt worden (RGBl. I S. 61, i.V. mit der Kaiserlichen Verordnung vom 18. 5. 1907 RGBl. I S. 1153). Danach wurde Erholungsurlaub auf Antrag gewährt, ohne daß daraus aber ein Rechtsanspruch herzuleiten gewesen wäre. 7

Für **Arbeiter und Angestellte** – auch im öffentlichen Dienst – galt dies nicht. Sie erhielten Urlaub nur, wenn dies vertraglich vereinbart oder in Arbeitsordnungen enthalten war. Weder das BGB noch andere Gesetze mit arbeitsrechtlichen Vorschriften – wie etwa das HGB oder die GewO – hatten Regelungen über die Gewährung von Urlaub für Arbeiter und Angestellte vorgesehen. 8

Während in vielen Staaten Europas zum Teil schon vor dem Ersten Weltkrieg gesetzliche Regelungen zum Urlaubsrecht ergangen waren (vgl. die Angaben bei *Schlüter/Wallichs,* Deutsches und ausländisches Urlaubsrecht, 1930), haben sich in Deutschland Urlaubsansprüche für Arbeiter und Angestellte in unterschiedlichem Umfang zunächst nur aufgrund von Kollektiv- 9

Einleitung *I. Die Entwicklung des Urlaubsrechts*

regelungen, vor allem von Tarifverträgen, und aus einzelvertraglichen Vereinbarungen entwickelt.

10 Eine **erste gesetzliche Regelung** für das Arbeitsrecht war in § 21 Jugendschutzgesetz vom 30. 4. 1938 enthalten (RGBl. I S. 437). Sie brachte nur den Jugendlichen einen Anspruch auf Urlaub. Das **Reichsarbeitsgericht** hat in ständiger Rechtsprechung bis zuletzt daran festgehalten, daß es für einen Urlaubsanspruch einer besonderen **tariflichen oder einzelvertraglichen Grundlage** bedürfe (RAG 23, 170; 32, 152 u. 45, 108). Demgegenüber gewann im Schrifttum die Auffassung an Boden, daß ein Urlaubsanspruch auch ohne besondere gesetzliche oder vertragliche Regelung entweder **gewohnheitsrechtlich** begründet oder aufgrund der **Fürsorgepflicht** des Arbeitgebers zu gewähren sei (*Hueck*, Festschrift Hedemann 1938, S. 325; *Dersch*, Die Urlaubsgesetze 1954, Rz 78; *Dersch/Neumann* § 1 Rz 2, 3 mit Nachweisen).

11 Nach 1945 sind in fast allen Verfassungen der neu entstehenden Länder Bestimmungen mit unterschiedlichem Inhalt über den Urlaub aufgenommen worden (zu den Verfassungsbestimmungen vgl. die Zusammenstellung von *Dersch*, Die Urlaubsgesetze, 1954, Rz 14 ff.). Die Länder haben in der Folgezeit entsprechend diesen Regelungen das Urlaubsrecht durch **Landesurlaubsgesetze** gestaltet. In den Ländern der Bundesrepublik Deutschland haben folgende Urlaubsgesetze bestanden:

Baden-Württemberg Landesteil Baden: Landesgesetz über den Mindesturlaub für Arbeitnehmer vom 13. 7. 1949 (GVBl. S. 289) und Gesetz vom 18. 3. 1952 (GVBl. S. 39).
Landesteil Württemberg-Baden: Gesetz Nr. 711 idF des Gesetzes Nr. 743 vom 3. 4. 1950 (RegBl. S. 30).
Landesteil Württemberg-Hohenzollern: Keine gesetzliche Regelung;
Bayern: Urlaubsgesetz vom 11. 5. 1950 idF des Änderungsgesetzes vom 8. 11. 1954 (GVBl. S. 291).
Berlin: Gesetz über die Gewährung von Urlaub in Berlin vom 24. 4. 1952 idF des Änderungsgesetzes vom 22. 12. 1952 (GVBl. S. 1).
Bremen: Urlaubsgesetz der Freien Hansestadt Bremen vom 4. 5. 1948 idF des Änderungsgesetzes vom 21. 1. 1950 (GVBl. S. 23).
Hamburg: Urlaubsgesetz vom 27. 1. 1951 (GVBl. S. 11).
Hessen: Gesetz gem. Art. 34 der Verfassung des Landes Hessen vom 29. 5. 1947 idF des Änderungsgesetzes vom 20. 8. 1950 (GVBl. S. 165).
Niedersachsen: Urlaubsgesetz vom 10. 12. 1948 (GVBl. S. 179).
Nordrhein-Westfalen: Urlaubsgesetz für das Land Nordrhein-Westfalen vom 27. 11. 1956 (GVBl. S. 325).
Rheinland-Pfalz: Gesetz zur Regelung des Urlaubs vom 8. 10. 1948 (GVBl. S. 370).
Saarland: Verfügung Nr. 47 bis 65 über das Urlaubswesen vom 18. 11. 1947 idF der Änderungsverordnung vom 16. 8. 1950 (ABl. S. 788).
Schleswig-Holstein: Urlaubsgesetz für das Land Schleswig-Holstein vom 29. 11. 1949 (GVBl. S. 1).

12 Die Länder sind dabei übereinstimmend davon ausgegangen, daß der Anspruch auf bezahlten Erholungsurlaub dem Arbeitsverhältnis immanent sei. Damit haben sie an die zuvor im Schrifttum vertretenen Auffassungen angeknüpft (*Hueck*, Festschrift Hedemann 1938, S. 325, vgl. dazu *Dersch* Die Urlaubsgesetze 1954, Rz 78; *Dersch/Neumann* § 1 Rz 2, 3 m. w. N.). Soweit

I. Die Entwicklung des Urlaubsrechts

Einleitung

keine gesetzlichen Regelungen bestanden haben, ist der Urlaubsanspruch von der Rechtsprechung als gewohnheitsrechtlich begründet aus den §§ 242, 618, 612, 315 BGB sowie aus den „Prinzipien des sozialen Rechtsstaats" (vgl. *Schlephorst*, Die rechtliche Einordnung des Urlaubs Diss. Köln, 1964, S. 43) hergeleitet worden. So hat z.B. das BAG im Urteil vom 20. 4. 1956 (BAGE 3, 23 = AP Nr. 6 zu § 611 BGB Urlaubsrecht) ausgeführt:

„Nach deutschem Arbeitsrecht steht auch ohne ausdrückliche gesetzliche oder tarifliche oder auf Betriebsvereinbarung oder Arbeitsvertrag beruhende Bestimmung jedem Arbeitnehmer ein Urlaubsanspruch zu, dessen Höhe nach §§ 612, 315 BGB zu ermitteln ist... Der Anspruch ergibt sich aus den §§ 618 und 242 des Bürgerlichen Gesetzbuches, durch die die arbeitsvertragliche Fürsorgepflicht des Arbeitgebers statuiert ist. Er wurzelt weiter in den Prinzipien des sozialen Rechtsstaats, die in den Art. 20 und 28 des Grundgesetzes festgelegt sind, und schließlich in der allgemeinen Rechtsüberzeugung und dem Rechtsgeltungswillen des Volkes einschließlich der beiden Sozialpartner."

Gegen die Wirksamkeit der Landesurlaubsgesetze hatte sich das **Bundesarbeitsgericht** im Anschluß an *Nipperdey* (NJW 1951, 897) und *Alfred Hueck* (Die Rechtseinheit im deutschen Arbeitsrecht, 1951, S. 9 ff.; vgl. außerdem *Boldt/Schlephorst*, BUrlG, 1963, S. 26) an das BVerfG in einer Reihe von Vorlagebeschlüssen (BAG 26. 10. 1955 AP Nr. 1 zu § 1 UrlaubsG Hamburg; 2. 5. 1956 AP Nr. 1 zu § 1 UrlaubsG Württemberg-Baden und 6. 7. 1956 AP Nr. 1 zu § 1 UrlaubsG Schleswig-Holstein) mit der Begründung gewandt, für den Erlaß dieser Gesetze habe nach Inkrafttreten des Grundgesetzes am 23. 5. 1949 die **Gesetzgebungskompetenz** gefehlt, weil zwar das Urlaubsrecht als Teil des Arbeitsrechts zur konkurrierenden Zuständigkeit von Bund und Ländern gehöre, es aber als Bestandteil des Arbeitsvertragsrechts eine rein privatrechtliche Materie sei, die wegen des Kodifikationsprinzips des BGB nach Art. 3 und 55 EGBGB der Ländergesetzgebung nicht unterliege. Da im übrigen das Urlaubsrecht aus dem BGB herzuleiten sei, seien die Ländergesetze auch nicht mit Art. 31 GG vereinbar.

Das **Bundesverfassungsgericht** (22. 4. 1958 BVerfGE 7, 342 = AP Nr. 2 zu § 1 UrlaubsG Hamburg) ist dieser Auffassung nicht gefolgt. Es hat die **Ländergesetze** für **verfassungsgemäß** erklärt mit dem Hinweis, das Kodifikationsprinzip des BGB sei nicht geeignet, Gesetzgebungskompetenzen aus dem Grundgesetz zu verändern; im übrigen sei es nur für bürgerlichrechtliche Rechtsgebiete maßgeblich, nicht aber für das Arbeitsvertragsrecht, für das trotz der Verheißung in Art. 157 WRV kein erschöpfendes Reichsgesetz ergangen sei. Das BGB enthalte nur eine Teilregelung für Arbeitsvertragsrecht. Die Ansicht des BAG, das BGB habe den Urlaubsanspruch ausreichend geregelt, hat das BVerfG ebenfalls nicht überzeugt: „Diese ‚Regelung' ist mehr als 50 Jahre nicht erkannt worden", weder in der Rechtsprechung noch im Schrifttum. Selbst wenn nach den vom BAG herangezogenen Bestimmungen ein Urlaubsanspruch dem Grunde nach hergeleitet werden könne, wäre damit nach Auffassung des BVerfG noch nichts über die näheren Einzelheiten des Urlaubs gesagt.

Das **arbeitsrechtliche Schrifttum** hat die Entscheidung des BVerfG nahezu einhellig abgelehnt und in ihren Wirkungen für bedauerlich gehalten

Einleitung *I. Die Entwicklung des Urlaubsrechts*

(vgl. z. B. *Hueck/Nipperdey* Bd. I S. 434; *Dersch/Neumann* Einl. Rz 16; *Nikisch* Bd. I S. 60; *Boetticher* RdA 1958, 361 ff.).

16 Aus der Rückschau ist der damalige Streit heute kaum noch nachvollziehbar. Einerseits war er vom BAG erklärtermaßen zum Erhalt der Rechtseinheit im Privatrecht und unter Hinweis auf das umfassend verstandene Kodifikationsprinzip des BGB begonnen worden. Hier verbarg sich eine im BAG vorhandene Abneigung, föderative Rechtsentwicklungen in Deutschland hinzunehmen. Andererseits wurden aber auch vom BAG die Vorschriften des BGB im Arbeitsrecht nur insoweit für anwendbar gehalten, als sie der „besonderen Eigenart des Arbeitsverhältnisses als **personenrechtlichem Gemeinschaftsverhältnis**" nicht widersprachen (vgl. die Ausführungen des BVerfG 22. 4. 1958 BVerfGE 7, 342 = AP Nr. 2 zu § 1 UrlaubsG Hamburg; *Kaskel/Dersch*, Arbeitsrecht 5. Aufl., 1957, S. 18 f., 133 ff.).

17 Die Auseinandersetzungen hierzu sind zwar inzwischen zugunsten der Auffassung, daß das Arbeitsverhältnis kein personenrechtliches Gemeinschaftsverhältnis, sondern ein **Dauerschuldverhältnis** ist (Rz 87 ff., 96), entschieden, sie sind aber noch immer nicht restlos beendet. Für urlaubsrechtliche Fragestellungen hat das lange Zeit bedeutet, daß die Lösungen des BGB z. B. zum Leistungsstörungsrecht als nicht existent behandelt worden sind. Die **Rechtsprechung** hat deshalb nicht selten zu frei erfundenen Konstruktionen Zuflucht genommen (vgl. z. B. BAG 13. 11. 1969 BAGE 22, 211 = AP Nr. 2 zu § 7 BUrlG Übertragung mit zust. Anm. *Meisel*).

18 **Im urlaubsrechtlichen Schrifttum** dient die fortwirkende Ablehnung der Entscheidung des BVerfG und das Bedauern darüber noch heute als Grundlage für die (paradoxe) Behauptung, der Anspruch des Arbeitnehmers auf Erholungsurlaub sei „auch gewohnheitsrechtlich begründet", das inzwischen erlassene Bundesurlaubsgesetz fülle diesen Urlaubsanspruch nur näher aus (vgl. *Dersch/Neumann* § 1 Rz 3, 4).

19 Damit wird übergangen, daß sich die Hinweise auf das Gewohnheitsrecht oder auf die Fürsorgepflicht als mögliche Rechtsgrundlagen für den Anspruch auf Urlaub bereits mit der Entscheidung des BVerfG vom 22. 4. 1958 (BVerfGE 7, 342 = AP Nr. 2 zu § 1 UrlaubsG Hamburg), der nach § 31 Abs. 2 BVerfGG Gesetzeskraft zukommt, erledigt hatten. Waren nach der Auffassung des BVerfG die Ländergesetze wirksam, war diesen Gesetzen jeweils die Rechtsgrundlage für die Urlaubsansprüche zu entnehmen. Es handelte sich damit bereits zu dieser Zeit um **gesetzliche Urlaubsansprüche**.

20 Die damals als „**Rechtszersplitterung**" (*Hueck/Nipperdey* Bd. I S. 434; *Dersch/Neumann* Einl. Rz 14, 19: „Wirrwarr") empfundene Lage, die sich für die Praxis aus den unterschiedlichen Regelungen der Landesurlaubsgesetze sowie der auf allgemeine Prinzipien gestützten Rechtsprechung des BAG ergab, wenn solche Regelungen nicht bestanden, ist durch das **Gesetz über den Mindesturlaub für Arbeitnehmer (BUrlG vom 8. 1. 1963)** beendet worden, das die Landesurlaubsgesetze mit Wirkung zum 1. 1. 1963 abgelöst hat (BGBl. I S. 2 vom 12. 1. 1963).

21 Das Bundesurlaubsgesetz ist nicht aufgrund einer Regierungsvorlage, sondern aufgrund von **Fraktionsentwürfen** im Bundestag entstanden.

II. Das Bundesurlaubsgesetz **Einleitung**

Die SPD-Fraktion im Deutschen Bundestag hatte schon in der 3. Wahlperiode am 11. 11. 1959 einen Gesetzentwurf über den Mindesturlaub der Arbeitnehmer (Bundesurlaubsgesetz) eingebracht (BT-Drucks. III/1376, abgedr. RdA 1960, 17), der eine Erhöhung des Mindesturlaubs von zu dieser Zeit allgemein 12 Tagen auf 18 Werktage und die Aufhebung der Ländergesetze nur insoweit vorsah, als sie dem Bundesurlaubsgesetz widersprachen. Nach Überweisung des Entwurfs an den zuständigen Bundestagsausschuß für Arbeit in der ersten Lesung am 16. 3. 1960 ist der Entwurf zwar vom Ausschuß für Arbeit, nicht aber vom Bundestag weiter beraten worden und mit Ablauf der Legislaturperiode entsprechend dem Grundsatz der parlamentarischen Diskontinuität (vgl. dazu *Leinemann* JZ 1973, 618) erloschen. 22

Im 4. **Bundestag** hat die **SPD-Fraktion** ihren Gesetzentwurf mit einigen Änderungen am 23. 1. 1962 erneut eingebracht (BT-Drucks. IV/142, abgedr. RdA 1962, 142 f.). Diesem Entwurf stellte die **CDU/CSU-Fraktion** einen eigenen Gesetzentwurf (BT-Drucks. IV/207, abgedr. RdA 1962, 143 f.) entgegen. Im Bundestag sind nacheinander beide Entwürfe am 24. 1. 1962 und am 23. 2. 1962 beraten und dem Ausschuß für Arbeit, der Entwurf der CDU/CSU-Fraktion auch dem Wirtschaftsausschuß zur Mitberatung überwiesen worden. Nach insgesamt 10 Sitzungen sind die Beratungsergebnisse im schriftlichen Bericht des Ausschusses für Arbeit am 29. 11. 1962 zusammengefaßt worden (BT-Drucks. IV/785). Der Bundestag hat am 7. 12. 1962 aufgrund dieses Berichts das Gesetz als „Mindesturlaubsgesetz für Arbeitnehmer (Bundesurlaubsgesetz)" mit den Stimmen von CDU/CSU und SPD unter Stimmenthaltung der FDP verabschiedet. Der Bundesrat hat dem Gesetz am 21. 12. 1962 zugestimmt (Sten. Bericht über die 252. Sitzung vom 21. 12. 1962, 277 D). Das Gesetz ist unter dem 8. Januar 1963 im Bundesgesetzblatt veröffentlicht worden (BGBl. I S. 2 vom 12. Januar) und mit Wirkung vom 1. Januar 1963 in Kraft getreten. 23

II. Das Bundesurlaubsgesetz

1. Inhalt des Bundesurlaubsgesetzes

Das BUrlG zeichnet sich vor vielen anderen Gesetzen nicht zuletzt dadurch aus, daß es in geradezu wohltuender Kürze mit weit weniger als 20 Vorschriften ein ganzes Rechtsgebiet regelt. 24

a) Urlaubsdauer

Jeder Arbeitnehmer hat in jedem Kalenderjahr **Anspruch auf bezahlten Erholungsurlaub** (§ 1 BUrlG), dessen Dauer mit Wirkung für das gesamte Bundesgebiet ab 1. 1. 1995 jährlich mindestens 24 Werktage beträgt (§ 3 Abs. 1 BUrlG; vgl. für die neuen Bundesländer Rz 39). Bis zu diesem Datum umfaßte der Urlaubsanspruch in den alten Bundesländern 18 Werktage. In den neuen Bundesländern waren es schon zuvor 20 Arbeitstage (vgl. Rz 39). Umgerechnet auf Werktage hatte dort die Dauer des gesetzlichen Urlaubs bereits vor dem 1. 1. 1995 24 Werktage betragen. Als Werktage 25

13

Einleitung *II. Das Bundesurlaubsgesetz*

gelten alle Kalendertage, die nicht Sonn- oder gesetzliche Feiertage sind (§ 3 Abs. 2 BUrlG). Dieser Urlaubsanspruch entsteht erstmalig nach sechsmonatigem Bestehen des Arbeitsverhältnisses (§ 4 BUrlG). Erfüllt der Arbeitnehmer diese Wartezeit nicht oder scheidet er nach erfüllter Wartezeit in der ersten Hälfte eines Kalenderjahres aus dem Arbeitsverhältnis aus, hat er für jeden vollen Monat des Bestehens des Arbeitsverhältnisses Anspruch auf ein Zwölftel des Jahresurlaubs (§ 5 BUrlG). Dabei sind Bruchteile von Urlaubstagen, die mindestens einen halben Tag ergeben, auf volle Urlaubstage aufzurunden.

b) Anspruchsberechtigte

26 Als anspruchsberechtigt ist in § 1 BUrlG „jeder Arbeitnehmer" genannt. Dazu zählen nach § 2 BUrlG „Arbeiter und Angestellte" sowie die zu ihrer Berufsausbildung Beschäftigten ebenso wie arbeitnehmerähnliche Personen, zu denen z.B. auch Handelsvertreter gehören können (*Bleistein* GK-BUrlG § 3 Rz 58; *Dersch/Neumann* § 2 Rz 75). Sie alle gelten als Arbeitnehmer im Sinne dieses Gesetzes. Damit sind auch die im Öffentlichen Dienst Beschäftigten inbegriffen, soweit sie keine Beamte oder Richter, also in öffentlich-rechtlichen Dienstverhältnissen Beschäftigte sind (vgl. für Bundesbeamte und Richter im Bundesdienst Verordnung über den Erholungsurlaub der Bundesbeamten und Bundesrichter zuletzt in der Fassung vom 15. 5. 1991, BGBl. I S. 1118; abgedruckt Teil III; vgl. hierzu und zu den Urlaubsbestimmungen der Länder *Weber/Banse*, Das Urlaubsrecht des öffentlichen Dienstes, Stand 30. 6. 1993; für Dienstordnungsangestellte vgl. § 2 Rz 35).

27 Für **Leiharbeitnehmer** bestimmt Art. 1 § 11 Abs. 1 Nr. 7 AÜG, daß der Urlaubsanspruch sich gegen den Verleiher richtet. Besteht jedoch ein nach § 10 Abs. 1 AÜG fingiertes Arbeitsverhältnis zwischen Leiharbeitnehmer und Entleiher, hat dieser den Urlaubsanspruch zu erfüllen (*Bleistein* GK-BUrlG § 1 Rz 49; *Becker/Wulfgramm* AÜG Art. 1 § 10 Rz 32 u. Art. 1 § 11 Rz 54). Der Urlaub im Bereich der **Heimarbeit** ist in § 12 BUrlG gesondert geregelt. Sonderbestimmungen gelten auch für **jugendliche Arbeitnehmer** nach § 19 JArbSchG (vgl. die Erläuterungen in Teil II A.), für **schwerbehinderte Menschen** in § 125 SGB IX (vgl. die Erläuterungen in Teil II B.), für **wehrpflichtige** Arbeitnehmer (vgl. die Erläuterungen in Teil II C), für Seeleute nach §§ 53 ff. SeemG (vgl. die Erläuterungen Teil II D) sowie nach § 15 ff. BErzGG für Arbeitnehmer, die Elternzeit in Anspruch nehmen (vgl. die Erläuterungen in Teil II E).

c) Schuldner des Urlaubsanspruchs

28 Schuldner des Urlaubsanspruchs ist der **Arbeitgeber**. In § 7 BUrlG ist bestimmt, wie und innerhalb welcher Zeitabschnitte der Urlaubsanspruch zu erfüllen ist. Zu beachten sind hier sowohl die Urlaubswünsche anderer Arbeitnehmer, Erfordernisse des Betriebs, als auch in der Person des Arbeitnehmers liegende Gründe, die ggf. die Verlegung des Urlaubstermins auf einen anderen Zeitabschnitt als zunächst beabsichtigt rechtfertigen können.

d) Leistungsstörungen

29 Regelungen, wie zu verfahren ist, wenn der Urlaub nicht gewährt werden kann, finden sich nur vereinzelt im BUrlG: Einmal die Vorschrift in § 7

II. Das Bundesurlaubsgesetz **Einleitung**

Abs. 4 BUrlG, daß der Urlaub abzugelten ist, wenn er wegen der Beendigung des Arbeitsverhältnisses ganz oder teilweise nicht gewährt werden kann, zum anderen die Bestimmung in § 9 BUrlG, daß Urlaubsansprüche nicht dadurch erlöschen, daß der Arbeitnehmer während des Urlaubs arbeitsunfähig erkrankt. Einen weiteren Aspekt betrifft § 8 BUrlG mit dem Verbot der Erwerbstätigkeit während des Urlaubs, die dem Urlaubszweck widerspricht. Die mögliche Kollision von Kur- und Heilverfahren mit Urlaubsansprüchen ist Gegenstand von § 10 BUrlG.

e) Urlaubsentgelt

Die bereits in § 1 BUrlG für den Arbeitgeber begründete Pflicht, das Arbeitsentgelt während des Urlaubs fortzuzahlen, wird durch § 11 BUrlG ausgefüllt. Die Bestimmung enthält ein differenziertes Berechnungssystem, nach dem bei gleichbleibendem Verdienst entweder der bisherige Lohn weiterzuzahlen oder bei veränderlichen Entgeltansprüchen das Urlaubsentgelt nach dem Verdienst der letzten 13 Wochen mit Korrekturen, die in § 11 BUrlG sowohl für Verdiensterhöhungen als auch für Verdienstkürzungen geregelt sind, zu berechnen ist.   30

f) Unabdingbarkeit und Vereinbarungsbefugnis von Tarifvertragsparteien

Entsprechend der Kennzeichnung des Bundesurlaubsgesetzes als „Mindesturlaubsgesetz" können Inhalt und Umfang des Urlaubsanspruchs vertraglich zugunsten des Arbeitnehmers verändert werden. Nach § 13 Abs. 1 BUrlG ist es Tarifvertragsparteien sogar gestattet, mit Ausnahme der unabdingbaren Regelungen in §§ 1, 2 und § 3 Abs. 1 BUrlG auch zuungunsten des Arbeitnehmers vom Gesetz abweichende Bestimmungen zu treffen.   31

Die **Veränderungskompetenz der Tarifvertragsparteien** deckt damit Regelungen nicht, durch die der Anspruch auf Mindesturlaub nicht gewahrt wird. Vereinbaren nichttarifgebundene Arbeitgeber und Arbeitnehmer einzelvertraglich die Anwendung von tariflichen Urlaubsregelungen, gelten zwischen ihnen auch die Vorschriften, mit denen die Tarifvertragsparteien zum Nachteil von Arbeitnehmern von den Regelungen in §§ 1, 2 und § 3 Abs. 1 BUrlG abgewichen sind.   32

2. Änderungen des Bundesurlaubsgesetzes

Das BUrlG ist bisher nicht oft inhaltlich geändert worden: Zunächst aufgrund des **Lohnfortzahlungsgesetzes vom 27.7. 1969** (BGBl. I S. 946) durch die Änderung zu § 10 BUrlG (Anrechnung von Kur- und Heilverfahren auf Lohnfortzahlungsansprüche im Krankheitsfall), dann durch das **Heimarbeitsänderungsgesetz vom 29. 10. 1974** (BGBl. I S. 2879). Mit diesem Gesetz sind u.a. die Voraussetzungen für die Ratifizierung des „Übereinkommens Nr. 132 der Internationalen Arbeitsorganisation vom 24. 7. 1970 über den bezahlten Jahresurlaub (Neufassung vom Jahre 1970)" geschaffen worden (abgedruckt Teil III A 1a; vgl. dazu ausführlich § 7 Rz 148ff., § 15 Rz 57ff.). Das Ratifizierungsgesetz zu diesem Übereinkommen hat der Bundestag am 30. 4. 1975 beschlossen (BGBl. II S. 745; abgedruckt Teil III A 1b).   33

Einleitung
II. Das Bundesurlaubsgesetz

34 Durch das **Heimarbeitsänderungsgesetz** ist der gesetzliche Mindesturlaub nach § 3 BUrlG für alle Arbeitnehmer, auch für Heimbeiter, auf 18 Werktage erhöht und klargestellt worden, daß die zum Arbeitsentgelt gehörenden Sachbezüge für die Dauer des Urlaubs angemessen in bar abzugelten sind, wenn sie während des Urlaubs nicht weitergewährt werden (§ 11 Abs. 1 Satz 4 BUrlG). Für die Abgeltung dieser Sachbezüge ist deren wirklicher Wert maßgeblich, nicht die Maßstäbe der Sachbezugsverordnung. Zur Pflicht des Arbeitgebers nach § 7 Abs. 4 BUrlG, den Urlaub abzugelten, wenn er wegen Beendigung des Arbeitsverhältnisses ganz oder teilweise nicht mehr gewährt werden kann, war in § 7 Abs. 4 Satz 2 BUrlG als Ausnahme bestimmt:

„Das gilt nicht, wenn der Arbeitnehmer durch eigenes Verschulden aus einem Grund entlassen worden ist, der eine fristlose Kündigung rechtfertigt, oder das Arbeitsverhältnis unberechtigt vorzeitig gelöst hat und in diesen Fällen eine grobe Verletzung der Treuepflicht aus dem Arbeitsverhältnis vorliegt".

Diese Regelung ist durch das Heimarbeitsänderungsgesetz gestrichen und in § 7 Abs. 2 Satz 2 BUrlG neu bestimmt worden, daß bei einer persönlich oder betrieblich erforderlichen Teilung des Urlaubs einer der Urlaubsteile mindestens zwölf aufeinanderfolgende Werktage umfassen muß.

35 Wegen der **Gründung der „Deutsche Bahn Aktiengesellschaft"** ist § 13 Abs. 3 BUrlG durch Art. 6 Abs. 86 des Gesetzes zur Neuordnung des Eisenbahnwesens (Eisenbahnneuordnungsgesetz – ENeuOG) vom 27. 12. 1993 (BGBl. I S. 2378, 2414) neugefaßt und damit im Wortlaut an die durch die Neugründung geänderte Rechtsform der Bahn angepaßt worden. Durch **Art. 57 PflegeVG vom 26. 5. 1994** (BGBl. I S. 1014, 1068) ist § 7 Abs. 1 um folgenden Satz 2 erweitert worden: „Der Urlaub ist zu gewähren, wenn der Arbeitnehmer dies im Anschluß an eine Maßnahme der medizinischen Vorsorge oder Rehabilitation verlangt." Außerdem sind in § 10 die Worte „Kur- und Heilverfahren" und „Kuren und Schonungszeiten" durch die Bezeichnungen „Maßnahmen der medizinischen Vorsorge oder Rehabilitation" ersetzt worden. Eine weitere inhaltliche Änderung ist durch das **Arbeitszeitrechtsgesetz vom 6. 6. 1994** (BGBl. I S. 1170) ab 1. 1. 1995 in Umsetzung der europäischen Richtlinie 93/94 EG (AblEG Nr. L 307/18) bewirkt worden. Seither beträgt der gesetzliche Mindesturlaubsanspruch nach § 3 Abs. 1 BUrlG bundeseinheitlich 24 Werktage (vgl. dazu *Mitsch/Richter* NZA 1995, 771). Für Heimarbeiter ist das Urlaubsentgelt von $6^3/_4$ vom Hundert auf 9,1 vom Hundert angehoben und zugleich die Sonderregelung für die Urlaubsdauer in den neuen Bundesländern aufgehoben worden (vgl. dazu Rz 25 und Rz 39).

35a Das „Arbeitsrechtliche Gesetz zur Förderung von Wachstum und Beschäftigung **(Arbeitsrechtliches Beschäftigungsförderungsgesetz)"** vom **25. 9. 1996** (BGBl. I S. 1476) brachte mit Wirkung zum 1. 10. 1996 auch für das Urlaubsrecht Änderungen (vgl. zur Diskussion über den Gesetzentwurf und die endgültige Gesetzesfassung *Bauer/Lingemann* BB 1996, Beil. 17 S. 13; *Boerner* ZTR 1996, 448; *Buchner* NZA 1996, 1177; *Buschmann* AuR 1996, 290; *Hohmeister* NZA 1996, 1186; *ders.* DB 1997, 172; *Leinemann* BB 1996, 1381; *Löwisch,* NZA 1996, 1015; *Rzadkowski* Der Personalrat 1997, 6;

III. Andere urlaubsrechtliche Regelungen Einleitung

Schwedes BB 1996 Beil. 17 S. 2, 7; *Zachert,* DB 1996, 2079). So ist seither nach § 11 BUrlG der zusätzlich für Überstunden gezahlte Arbeitsverdienst von der Berechnung des Urlaubsentgelts ausgenommen (dazu § 11 BUrlG Rz 42 ff.). Mit diesem Gesetz waren **weitere, zum Teil verfassungsrechtlich nicht unbedenkliche Regelungen** verbunden (vgl. dazu § 10 BUrlG Rz 38 ff.). So wurde § 10 BUrlG grundlegend umgestaltet: Der Arbeitgeber war nach dieser Bestimmung berechtigt, von je fünf Tagen, an denen der Arbeitnehmer infolge einer Maßnahme der medizinischen Vorsorge oder Rehabilitation an seiner Arbeitsleistung verhindert war, die ersten zwei Tage auf den Erholungsurlaub, der den gesetzlichen Urlaubsanspruch nach dem Bundesurlaubsgesetz, dem Jugendarbeitsschutzgesetz dem Seemannsgesetz und den Zusatzurlaubsanspruch nach dem Schwerbehindertengesetz überstieg, anzurechnen. Die angerechneten Tage galten als Urlaubstage; insoweit bestand für diese Tage kein Anspruch des Arbeitnehmers auf Entgeltfortzahlung im Krankheitsfall. Hiervon ausgenommen waren nur Tage, an denen der Arbeitnehmer arbeitsunfähig krank i. s. des § 3 EFZG war, bei Maßnahmen der Anschlußrehabiliation sowie Vorsorgekuren für Mütter nach § 24 SGB V, Müttergenesungskuren nach § 41 SGB V und Kuren von Beschädigten nach § 11 Abs. 2 Bundesversorgungsgesetz. Hatte der Arbeitnehmer bereits seinen gesetzlichen Urlaub ganz oder teilweise erhalten, durfte der Arbeitgeber die Kurtage entsprechend auf den Urlaub des nächsten Jahres anrechnen. 35 b

Eine weitere urlaubsrechtliche Änderung war in dem neueingefügten § 4 a EFZG enthalten. Danach konnte der Arbeitnehmer zur Vermeidung der zuvor in § 4 EFZG auf 80 v. H. gekürzten Lohnfortzahlung im Krankheitsfalle verlangen, daß ihm von je fünf Tagen, an denen der Arbeitnehmer arbeitsunfähig krank ist, der jeweils erste Tag auf den gesetzlichen Erholungsurlaub angerechnet wird. Die angerechneten Tage galten als Urlaubstage. Sie waren wie Urlaubstage zu vergüten. Für die übrigen Tage der Verhinderung wegen Krankheit hatte ein solcher Arbeitnehmer dann den Entgeltfortzahlungsanspruch in ungekürzter Höhe. 35 c

Diese Änderungen, mit Ausnahme des § 11 BUrlG, sind inzwischen durch das **Gesetz zu Korrekturen in der Sozialversicherung und zur Sicherung der Arbeitnehmerrechte vom 19. 12. 1998** (BGBl. I 3843) mit Wirkung zum 1. 1. 1999 wieder aufgehoben worden. Damit gilt wie zuvor, daß Kuren auf Urlaubstage nicht angerechnet werden dürfen, die Entgeltfortzahlung ungekürzt zu leisten ist und auch insoweit eine Anrechnung ausscheidet. 35 d

III. Andere urlaubsrechtliche Regelungen

1. Regelungen des Bundes

Schon vor dem Erlaß des BUrlG sind (bundesrechtliche) Teilregelungen zum Urlaubsrecht ergangen, so in § 6 EignungsübG (vom 20. 1. 1956 BGBl. I S. 13), mit der VO vom 15. 2. 1956 (BGBl. I S. 71 idF vom 10. 5. 1971 36

Einleitung *III. Andere urlaubsrechtliche Regelungen*

BGBl. I S. 450) und in § 4 ArbPlSchG (vom 30. 3. 1957 BGBl. I S. 293 idF vom 14. 4. 1980 BGBl. I S. 425) zum Einfluß des Wehrdienstes auf den Urlaub. Außerdem ist mit der Neufassung des SeemG (vom 26. 7. 1957 BGBl. II S. 713 in den §§ 53 bis 61 SeemG Urlaub von Besatzungsmitgliedern auf Kauffahrteischiffen geregelt worden. Zu nennen sind weiter der Zusatzurlaub für Schwerbeschädigte nach dem SchwbG (§ 33 SchwbG vom 16. 6. 1953 BGBl. I S. 389; nunmehr geregelt in § 125 SGB IX vom 22. 6. 2001 BGBl. I S. 1046) sowie der Urlaub für jugendliche Arbeitnehmer im Jugendarbeitsschutzgesetz (§ 14 JArbSchG vom 9. 8. 1960 BGBl. I S. 665; nunmehr geregelt in § 19 JArbSchG vom 12. 4. 1976 BGBl. I S. 965).

37 Weitere Regelungen urlaubsrechtlichen Inhalts nach Erlaß des BUrlG enthalten §§ 35 u. 38 ZDG (zuletzt idF vom 21. 6. 1994 BGBl. I S. 1286), außerdem die Regelungen in § 17 BErzGG über das Verhältnis von Elternzeit und Erholungsurlaub. Diese Vorschrift hat § 8a MuSchG (in das Mutterschutzgesetz eingearbeitet durch das Gesetz zur Einführung eines Mutterschaftsurlaubs vom 25. 6. 1979 BGBl. I S. 797) mit einer ähnlichen Regelung zum Mutterschaftsurlaub abgelöst.

2. Regelungen der Länder

38 Unberührt geblieben vom Inkrafttreten des BUrlG nach dessen § 15 sind die landesrechtlichen Vorschriften über die Gewährung von **Zusatzurlaub** für bestimmte Sondergruppen von Schwerbehinderten sowie von Opfern des Nationalsozialismus unter unterschiedlichen Voraussetzungen und an Mitarbeiter in der Jugendpflege und der Jugendwohlfahrt, da insoweit der Bundesgesetzgeber seine (konkurrierende) Gesetzgebungsbefugnis i.S von Art. 74 Nr. 12 GG nicht ausgeübt hat. Dies trifft auch für die von einer Reihe von Ländern geschaffenen Bildungsurlaubsgesetze zu (vgl. dazu ausführlich die Erläuterungen zu § 15 BUrlG Rz 78ff., 21ff.).

3. Urlaubsrechtliche Regelungen im Gebiet der ehemaligen DDR

39 Die **Urlaubsregelungen** in den §§ 189ff. **Arbeitsgesetzbuch der DDR** (GBl. 1990 I S. 371) sind durch den Einigungsvertrag vom 31. 8. 1990 zwischen der Bundesrepublik Deutschland und der Deutschen Demokratischen Republik am 3. 10. 1990 außer Kraft getreten (BGBl. II S. 885, 889, 1020 Anl. I – Kapitel VIII Sachgebiet A Abschn. III Nr. 5 und nach Art. 8 EVertr. i.V. mit Anl. I) und durch das BUrlG ersetzt worden mit der Maßgabe, daß der (Grund-) Urlaub in den neuen Bundesländern 20 Arbeitstage umfaßt. Dabei ist von fünf Arbeitstagen je Arbeitswoche auszugehen. Diese Maßgabe ist mit Wirkung vom 1. 1. 1995 außer Kraft getreten. Seither beträgt nach § 3 Abs. 1 BUrlG der gesetzliche Mindesturlaub bundeseinheitlich 24 Werktage.

40 Nach Art. 9 Abs. 2 EVertr. i.V. mit Anl. II gilt außerdem § 8 der Verordnung über den Erholungsurlaub betreffend den **Erholungsurlaub für Kämpfer gegen den Faschismus** und Verfolgte des Faschismus vom 28. 8. 1978 (GBl. I S. 365) weiter (abgedruckt Teil III E VII; dazu § 3 Rz 80). Sie haben Anspruch auf einen jährlichen Erholungsurlaub von 27 Arbeitstagen.

III. Andere urlaubsrechtliche Regelungen **Einleitung**

4. Internationale Abkommen

Hier ist zu nennen das Übereinkommen Nr. 132 über den bezahlten 41 Jahresurlaub vom 24. 6. 1970 (Neufassung vom Jahre 1970) [IAO-Übereinkommen Nr. 132], das von der Bundesrepublik Deutschland durch Gesetz vom 30. 4. 1975 (BGBl. II S. 745, abgedruckt Teil III A 1a und b) ratifiziert worden ist und sie damit völkerrechtlich und innerstaatlich bindet. Durch die Gesetzesänderungen im BUrlG bereits vor der Ratifizierung des Übereinkommens hat der Bundesgesetzgeber von der ihm später in Art. 1 des IAO-Übereinkommens Nr. 132 übertragenen Verpflichtung, die Bestimmungen des Übereinkommens durch die innerstaatliche Gesetzgebung mit den im Übereinkommen enthaltenen alternativen Lösungsmöglichkeiten durchzuführen, Gebrauch gemacht (BAG 28. 11. 1990 BAGE 66, 288 = EzA § 7 BUrlG Nr. 79; BAG 7. 12. 1993 AP Nr. 15 zu § 7 BUrlG; vgl. dazu § 7 Rz 148 ff. und § 15 Rz 57 ff.). Außerdem hat die Bundesrepublik Deutschland dem IAO-Übereinkommen Nr. 140 vom 24. 6. 1974 über den bezahlten Bildungsurlaub durch Gesetz vom 7. 9. 1976 (BGBl. II S. 1526) – beide abgedruckt Teil III A 2 a und b – zugestimmt, aber bisher kein bundeseinheitliches Gesetz hierzu geschaffen. Statt dessen sind in einer Reihe von Bundesländern Bildungsurlaubsgesetze ergangen (vgl. ausführlich § 15 Rz 21 ff.).

Dem IAO-Übereinkommen Nr. 132 wird **im Schrifttum** zunehmend 42 **Bedeutung** für das Urlaubsrecht in der Bundesrepublik Deutschland beigemessen (beginnend mit dem Gutachten von *Kohte* BB 1984, 609, 615; *Lörcher* in Däubler/Kittner/Lörcher, Internationale Arbeits- und Sozialordnung 1990, 331; *Künzl* BB 1991, 1630, 1632; vgl. dazu *Leinemann/Schütz* BB 1993, 2519; dies. ZfA 1994, 1; *Ostrop* NZA 1993, 208). Auch das BAG hat inzwischen mehrfach zur Vereinbarkeit der Bestimmungen des BUrlG mit dem IAO-Übereinkommen Nr. 132 Stellung bezogen (vgl. BAG 7. 3. 1985 BAGE 48, 186 = AP Nr. 21 zu § 7 BUrlG Abgeltung mit Anm. *Birk*; BAG 7. 11. 1985 BAGE 50, 125 = AP Nr. 16 zu § 3 BUrlG Rechtsmißbrauch; 10. 2. 1987 BAGE 54, 184 = AP Nr. 12 zu § 13 BUrlG Unabdingbarkeit; BAG 28. 11. 1990 BAGE 66, 288 = EzA § 7 BUrlG 1979; zuletzt grundsätzlich BAG 7. 12. 1993 AP Nr. 15 zu § 7 BUrlG; zust. zur Rechtsprechung des BAG *Ostrop* NZA 1993, 208).

Schließlich ist noch auf Art. 120 des **Vertrags zur Gründung der Euro-** 43 **päischen Gemeinschaft** (EGV vom 25. 3. 1957 BGBl. II S. 766) hinzuweisen. Nach dieser Vorschrift werden „die Mitgliedsstaaten bestrebt sein, die bestehende Gleichwertigkeit der Ordnungen über die bezahlte Freizeit beizubehalten" (vgl. dazu *Leinemann* in Ensthaler, Europäischer Binnenmarkt – Stand und Perspektiven der Rechtsharmonisierung, 1989, 79, 84; *Hanau*, EG-Binnenmarkt und deutsches Arbeitsrecht, 1989). Die Vorschrift harrt nach den Wandlungen der Auffassungen zu Art. 141 EGV (früher Art. 119 EGV) und dessen damit verbundener rechtlicher Aufwertung noch der wissenschaftlichen Durchdringung. Nach dem Inkrafttreten des Maastricht-Abkommens am 1. November 1993 mit Wirkung für 11 der 12 Mitgliedsstaaten der Europäischen Union und der Streichung von Art. 120 EGV durch diesen Vertrag gilt sie nur noch für Großbritannien weiter. Für die

19

Einleitung   *IV. Die Rechtsprechung des BAG zum Urlaubsrecht*

Zukunft wird sie daher für das deutsche Arbeitsrecht voraussichtlich keine Bedeutung mehr erlangen.

44 Zum Urlaub ist bisher eine **Empfehlung des Rates der Europäischen Kommission vom 22. 7. 1975** ergangen (ABlEG 1975 Nr. L 199/32). Danach war vorgesehen, daß der Grundsatz des bezahlten vierwöchigen Jahresurlaubs in der Europäischen Gemeinschaft bis spätestens zum 31. 12. 1978 angewandt wird. Dieser Empfehlung ist die Bundesrepublik Deutschland durch den Einigungsvertrag mit der Deutschen Demokratischen Republik vom 31. 8. 1990 mit Wirkung vom 3. 10. 1990 (BGBl. II S. 885, 889, 1020 Anl. I, Kapitel VIII, Sachgebiet A, Abschn. III Nr. 5) bisher nur partiell für die neuen Bundesländer nachgekommen.

45 Am 23. 11. 1993 hat auf der Sitzung der Arbeits- und Sozialminister der Rat der Europäischen Union – gestützt auf Art. 118a EWG-Vertrag – die „**Richtlinie 93/104 EG des Rates über bestimmte Aspekte der Arbeitszeitgestaltung**" verabschiedet (ABlEG Nr. L 307/18). In dieser Richtlinie ist in Art. 7 bestimmt, daß die Mitgliedsstaaten die erforderlichen Maßnahmen treffen, damit jeder Arbeitnehmer einen bezahlten Mindestjahresurlaub von vier Wochen nach Maßgabe der Bedingungen für die Inanspruchnahme und die Gewährung erhält, die in den einzelstaatlichen Rechtsvorschriften und/oder nach den einzelstaatlichen Gepflogenheiten vorgesehen sind. Der bezahlte Mindestjahresurlaub darf außer bei Beendigung des Arbeitsverhältnisses nicht durch eine finanzielle Vergütung ersetzt werden.

46 Die Richtlinie war nach Art. 18 Abs. 1 Buchst. a grundsätzlich bis zum 23. 11. 1996 in den Mitgliedsstaaten **umzusetzen,** es sei denn, daß jeder Arbeitnehmer – wie in der Bundesrepublik Deutschland – bereits einen Mindesturlaub von drei Wochen erhalten hat. Für diesen Fall konnte eine weitere Übergangszeit bis zum 23. 11. 1999 in Anspruch genommen werden. Die Bundesrepublik Deutschland hat diese Verpflichtung durch das Arbeitszeitrechtsgesetz vom 6. 6. 1994 (BGBl. I S. 1170) erfüllt. Damit ist der Urlaubsanspruch nach § 3 Abs. 1 BUrlG zum 1. 1. 1995 bundeseinheitlich auf 24 Werktage erhöht worden.

IV. Die Rechtsprechung des BAG zum Urlaubsrecht

47 Das BAG hat seit Beginn seiner Rechtsprechung im Jahre 1954 auf Inhalt und Gestaltung des Urlaubsrechts stets bestimmenden Einfluß ausgeübt. Für die Entwicklung der Rechtsprechung sind **drei Zeitabschnitte** zu unterscheiden: Einmal die Zeit bis zum Inkrafttreten des Bundesurlaubsgesetzes, dann der Abschnitt bis zum Jahre 1982, schließlich die Entscheidungen seit dem 28. Januar 1982, die sog. „neue Rechtsprechung zum Urlaubsrecht". Soweit heute noch von Interesse, sind die Entscheidungen vor 1982 in den Erläuterungen zu den Einzelbestimmungen des BUrlG kommentiert. Daher wird hier nur ein Überblick über die maßgeblichen Entwicklungslinien gegeben.

1. Die Rechtsprechung des Ersten Senats

48 Mit dem beginnenden wirtschaftlichen Aufschwung der Nachkriegszeit und dem inzwischen geweckten Verständnis für eine soziale, **menschenge-**

IV. Die Rechtsprechung des BAG zum Urlaubsrecht **Einleitung**

rechte und damit auch Grundfragen der Gesundheit beachtende **Gestaltung des Arbeitsverhältnisses** mehrten sich die Fälle, daß Arbeitnehmer aufgrund einzel- oder tarifvertraglicher Vereinbarungen Urlaubsansprüche erlangten, mit der weiteren Folge, daß darüber alsbald zahlreiche Rechtsstreitigkeiten geführt wurden.

Soweit in einzelnen Ländern der Bundesrepublik Deutschland bereits ge- 49 setzliche Regelungen zum Urlaubsrecht bestanden, konnte die Rechtsprechung mit ihren Entscheidungen hieran anknüpfen. Dies tat aber jedenfalls das BAG nur mit Widerwillen und unter äußerster Zurückhaltung, weil es die Regeln nicht von der Gesetzgebungskompetenz der Länder für gedeckt hielt (vgl. Rz 13 ff.). Insgesamt und für alle anderen Fälle blieb nur der Rückgriff auf die **Regelungen des BGB**, die Annahme einer **Fürsorgepflicht** des Arbeitgebers als Entstehungstatbestand oder als allgemein geltend angenommene Rechtsgrundsätze wie z.B. das **Gewohnheitsrecht**. Damit setzte der Erste Senat des BAG die frühere Rechtsprechung des Reichsarbeitsgerichts fort, ohne dies allerdings kenntlich zu machen (vgl. § 1 Rz 12ff.).

Nach Auffassung des Gerichts „geht der Urlaubsanspruch auf Gewäh- 50 rung von Freizeit unter Fortzahlung des üblichen Entgelts" (BAG 22. 6. 1956 BAG 3, 77 = AP Nr. 9 zu § 611 BGB Urlaubsrecht). Mit dieser Formulierung, die auch heute noch gelegentlich gebraucht wird, ist das Verhältnis von Urlaub und Urlaubsentgelt miteinander vermischt. **Urlaub und Urlaubsentgelt** werden in der Folge als Gegenstände eines (**„einheitlichen"**) **Anspruchs** angesehen, obwohl sie jeweils anderen Pflichten zuzuordnen sind: Die Pflicht zur Leistung des Urlaubsentgelts ist identisch mit der Hauptpflicht des Arbeitgebers, der Lohnzahlungspflicht. Die Pflicht des Arbeitgebers, Urlaub zu erteilen, obliegt ihm als Nebenpflicht gegenüber den Arbeitnehmern.

Auch wenn eine solche **paradoxe Konstruktion eines einheitlichen An-** 51 **spruchs** als zivilrechtlich möglich angesehen werden könnte, würde es sich um einen Fund mit Seltenheitswert handeln: Ein einheitlicher Anspruch mit zwei untrennbaren aber voneinander verschiedenen Wesensmerkmalen hat im Zivilrecht nicht seinesgleichen, weil jedenfalls im Schuldrecht ein Anspruch und entsprechend eine Pflicht nur jeweils einen Gegenstand, nicht deren zwei haben kann. Die Auffassung vom „einheitlichen Urlaubsanspruch" geht im übrigen z.T. ins Leere, weil dem Arbeitnehmer das Urlaubsentgelt nicht aufgrund der Urlaubserteilung und einem dadurch neu entstehenden Urlaubsentgeltanspruch, sondern der auch während des Urlaubs weiterbestehenden Lohnzahlungspflicht des Arbeitgebers zu zahlen ist.

Unklar war ein weiterer Ansatzpunkt der Rechtsprechung des Ersten Se- 52 nats des BAG, der bis in die Gegenwart für Auseinandersetzungen über den Urlaubsanspruch sorgt: Zwar hatte das BAG von Anfang an angenommen, daß der Urlaub „nicht als Gegenleistung für geleistete Arbeit gewährt" werde (BAG 22. 6. 1956 BAGE 3, 60; 3, 77 = AP Nr. 9 u. 10 zu § 611 BGB Urlaubsrecht und AP Nr. 13 zu § 611 BGB Urlaubsrecht jeweils mit Anm. *Dersch*). Zugleich hat das BAG aber erklärt, daß dem Urlaubsanspruch eines Arbeitnehmers der **Einwand des Rechtsmißbrauchs** entgegenstehe, „wenn sich das Verhältnis von Arbeitsleistung und Urlaub bis in die äußersten

Möglichkeiten eines Mißverhältnisses verschiebt", dem „Urlaubsverlangen schlechthin jede noch vernünftige Beziehung zur Arbeitsleistung" fehle.

53 Beide Aussagen waren **rechtlich miteinander nicht in Einklang zu bringen** und haben wegen ihrer Paradoxie dementsprechend zu einer Vielzahl von Auseinandersetzungen geführt, ohne daß es je gelungen wäre, die Grenzen dieser „äußersten Möglichkeiten eines Mißverhältnisses" zu bestimmen (vgl. § 1 Rz 97ff.).

54 Immerhin hat das BAG bereits zu dieser Zeit, ohne dafür auf allgemein geltende Regelungen zurückgreifen zu können, über eine Fülle von **Einzelfragen im Urlaubsrecht** entschieden, deren Lösung später Eingang in das BUrlG gefunden hat. Als Beispiele zu nennen sind die jetzt in § 11 BUrlG zusammengefaßten Merkmale über die Berechnung des Urlaubsentgelts.

2. Die Rechtsprechung des Fünften Senats

55 Im Jahre **1961** war die **Zuständigkeit für Urlaubsrechtsfragen auf den Fünften Senat übergegangen**. Er hatte erst im Jahre 1966 erstmals über einen Rechtsstreit zu befinden, der nach dem seit 1.1.1963 geltenden BUrlG zu beurteilen war. Der Fünfte Senat hat die Rechtsprechung des Ersten Senats in den Grundfragen fortgeführt, ist aber auch eigene Wege gegangen.

a) Rechtsmißbräuchliches Urlaubsverlangen

56 Zum **Ausschluß des Urlaubsanspruchs** bei geringfügiger oder fehlender Arbeitsleistung hat der Fünfte Senat versucht, die Bestimmung des Rechtsmißbrauchs nicht mehr nur an quantitativen Erwägungen zu messen, sondern die **Gesamtumstände des Einzelfalles** als entscheidend zu erklären. Damit war die Aussicht für den Arbeitnehmer, im Streitfall Urlaub zu erhalten, dem jeweiligen Billigkeitsgefühl der Arbeitsgerichte überantwortet.

57 **Merkmale für diesen Abgrenzungsversuch** hat das BAG nicht gefunden (§ 1 Rz 104). Es hat auch nicht den Versuch gemacht, seine Rechtsprechung am inzwischen maßgeblichen Bundesurlaubsgesetz zu messen, sondern hat erklärt, es halte „auch nach Inkrafttreten des Bundesurlaubsgesetzes" an den bisherigen Rechtsgrundsätzen für die Beurteilung der Frage fest, ob einem Urlaubs- bzw. Urlaubsabgeltungsverlangen der Einwand des Rechtsmißbrauchs entgegenstehe (BAG 23.6.1966 AP Nr. 2 zu § 3 BUrlG Rechtsmißbrauch). Ähnliche Wendungen finden sich in den folgenden Entscheidungen (BAG 30.6.1966, 12.1.1967, 6.6.1968, 22.4.1972, 24.8.1972, 29.11.1973 u. 16.8.1977 – AP Nrn. 3 bis 9 zu § 3 BUrlG Rechtsmißbrauch). Eine Begründung des Senats oder eine Auseinandersetzung mit den durch das BUrlG gegebenen Merkmalen des Urlaubsanspruchs enthält keines dieser Urteile, abgesehen davon, daß jede Entscheidung auf eine vorangegangene Bezug nimmt.

58 Die **Praxis der Instanzgerichte** stand gleichwohl den Ergebnissen dieser Rechtsprechung nicht ohne Sympathien gegenüber. So berichtet *Bleistein* (GK-BUrlG § 1 Rz 121): „In der Folgezeit hatte sich die Praxis nach der Entscheidung vom 23.6.1966 (AP Nr. 2 zu § 3 BUrlG Rechtsmißbrauch) auf diese Rechtsprechung des Fünften Senates eingestellt. Das war vor allem deswegen ohne große Schwierigkeiten möglich, weil die revisionsrechtliche Prüfung des Rechtsbegriffes „rechtsmißbräuchliche Geltendmachung" nur

IV. Die Rechtsprechung des BAG zum Urlaubsrecht **Einleitung**

beschränkt vorgenommen werden kann." Die Instanzgerichte konnten sich bei der Ausübung von Zuteilungsgerechtigkeit sicher fühlen. Eine obergerichtliche Rechtskontrolle gab es so gut wie nicht. Sie war auch nicht beabsichtigt.

Von dem Willen zur Rechtserkenntnis oder gar der Absicht, Rechtssicherheit für Arbeitsvertragsparteien zu erreichen oder zu erhalten, ist in diesen Ausführungen des BAG und auch in denen von *Bleistein* wenig zu bemerken. Sie sind eher von dem Wunsch beherrscht, dem Richter ein beliebig einsetzbares Instrument zur **Belohnung** anständiger oder zur **Disziplinierung** anderer Arbeitnehmer zu geben: Was rechtsmißbräuchlich war, bestimmte jeweils das Gericht. 59

Wenn sich in Urteilen des BAG dieser Zeit überhaupt Ansätze für eine Begründung finden, sind sie nicht an den Merkmalen des BUrlG, seiner landesrechtlichen Vorgängergesetze oder der Tarifverträge ausgerichtet, sondern an vom Gericht formulierten „Zwecken" des Urlaubs, die zugleich als notwendig und als unwichtig bezeichnet werden. Die Entscheidung des BAG vom 18. 2. 1963 (AP Nr. 88 zu § 611 BGB Urlaubsrecht) ist für diese Argumentationsweise beispielhaft: 60

„Der Urlaub dient sowohl dem Zweck, sich für neue Arbeit zu kräftigen als auch der Erholung für geleistete Arbeit. Das Nichtvorliegen eines dieser beiden Merkmale, nämlich der Fortfall des Erholungszwecks für künftige Arbeiten, beruht auf der unverschuldeten Krankheit der Klägerin, die ihre dauernde Arbeitsunfähigkeit zur Folge hatte. Wollte man diese Tatsache zum Anlaß nehmen, um infolge Wegfalls dieser Komponente des Wesens des Urlaubs in der Geltendmachung des der Klägerin zustehenden anteiligen Urlaubsanspruchs einen Rechtsmißbrauch zu erblicken, so würde das dem Anstandsgefühl aller billig und gerecht Denkenden in gröblicher Weise widersprechen und deshalb mit den Grundsätzen des § 242 BGB nicht in Einklang zu bringen sein."

b) Befristung des Urlaubsanspruchs

Ein **weiteres Feld der Unklarheit** hat der Fünfte Senat des BAG mit seiner Auffassung zur Befristung des Urlaubsanspruchs eröffnet. 61

Nach § 1 BUrlG hat ein Arbeitnehmer **in jedem Kalenderjahr** Anspruch auf bezahlten Erholungsurlaub. Mit § 7 Abs. 3 BUrlG ist zudem im Gesetz klargestellt worden, daß der Urlaub im laufenden Kalenderjahr gewährt und genommen werden muß und nur bei Vorliegen dringender betrieblicher oder in der Person des Arbeitnehmers liegender Gründe auf die ersten drei Kalendermonate des folgenden Jahres übertragen ist, dann aber während dieser Zeit gewährt und genommen werden muß. 62

Daraus hat der Fünfte Senat zwar zutreffend geschlossen, daß der gesetzliche Urlaubsanspruch grundsätzlich **auf das Kalender**jahr bzw. **den Übertragungszeitraum befristet** ist (BAG 26. 6. 1969 BAGE 22, 85 = AP Nr. 1 zu § 7 BUrlG Urlaubsjahr). Er wollte dies aber nicht gelten lassen, „wenn der Arbeitnehmer infolge langdauernder (auch von ihm selbst verschuldeter) Arbeitsunfähigkeit daran gehindert war, den Urlaub noch vor Ablauf des Kalenderjahres bzw. des Übertragungszeitraums des § 7 Abs. 3 Satz 3 BUrlG durchzuführen". Dann gehe der Urlaub auf das folgende Kalenderjahr ohne Beschränkung auf die Dreimonatsfrist des § 7 Abs. 3 Satz 3 BUrlG über, weil sich hier „kraft der gegebenen Umstände unvermeidbar 63

23

und damit automatisch der Übergang des Urlaubs auf einen späteren Zeitraum" vollziehe (BAG 13. 11. 1969 BAGE 22, 211 = AP Nr. 2 zu § 7 BUrlG Übertragung).

64 Für eine solche **Ausnahme von der Übertragungsregelung** in § 7 Abs. 3 Satz 3 BUrlG gibt es **keine Anhaltspunkte** im Gesetz (vgl. § 7 Rz 117 ff.); der Senat hat auch weder in dieser noch in einer späteren Entscheidung den Versuch eines Begründungsansatzes gemacht. Seine Auffassung ist deswegen bemerkenswert, weil nach § 7 Abs. 3 Satz 3 BUrlG die im Kalenderjahr für die Erteilung des Urlaubs maßgeblichen Hinderungsgründe für den Übertragungszeitraum nicht genannt und daher für den Bestand des Urlaubsanspruchs über den Übertragungszeitraum hinaus auch nicht maßgeblich sein können.

65 Mit Rücksicht auf die Äußerungen des Senats zum 'Festhalten an den „Rechtsgrundsätzen zum Rechtsmißbrauch" (Rz 57) dürfte auch hier der Schluß nicht allzu fernliegen, daß weniger der Wortlaut des Gesetzes in die Erwägungen des Senats Eingang gefunden hat, als das Festhalten an überkommenen **sozialpolitischen Überzeugungen**, auch wenn dafür weder das Gesetz noch die im Gesetzgebungsverfahren maßgeblichen Erwägungen für eine solche Aussage etwas hergeben.

66 Da der Senat in seiner Entscheidung vom 13. 11. 1969 (BAG AP Nr. 2 zu § 7 BUrlG Übertragung; vgl. außerdem BAG 3. 2. 1971 BAGE 23, 184 = AP Nr. 9 zu § 7 BUrlG Abgeltung) ausdrücklich offengelassen hatte, „ob der unvermeidbare Übergang des Urlaubs nur auf das gesamte folgende Kalenderjahr beschränkt ist und der Urlaubsanspruch nach dessen Ablauf bei fortbestehender Unmöglichkeit seiner Verwirklichung danach in einen Abgeltungsanspruch" übergehe, war auch unklar geworden, auf **welchen Zeitraum** der Anspruch dem Arbeitnehmer in welcher Form (Freistellung von der Arbeit oder Abgeltung) erhalten bleiben sollte.

67 Die sich hieran anschließende Ratlosigkeit der Praxis ist bemerkenswert. Sie hat dazu geführt, daß in der Rechtsprechung der Instanzen und im Schrifttum nach unterschiedlichsten Ansätzen Lösungsversuche zur **Begrenzung der „Übergangszeit"** angeboten worden sind.

68 In der Skala der danach im Schrifttum erwogenen Vorschläge ragte der von *Neumann (Dersch/Neumann* 6. Aufl., § 7 Rz 95 mit Nachweisen) heraus:

„Unter besonderen, zwingenden Umständen wie bei langer Krankheit muß es dann auch ausnahmsweise möglich sein, schon entstandenen, aber nicht abgewickelten Urlaub noch weiter zu übertragen, sogar bis in das übernächste Urlaubsjahr, wie das auch nach dem ArbPlSchG und nach dem SeemG gesetzlich vorgesehen ist".

69 Gemeint sind § 4 ArbPlSchG und § 55 Abs. 3 SeemG. Abgesehen davon, daß § 4 ArbPlSchG und § 55 Abs. 3 SeemG keine Bestimmungen über die Übertragung oder den Übergang von Urlaub wegen Krankheit enthalten, kann aus diesen Vorschriften für den Urlaub nach dem BUrlG nichts hergeleitet werden. Sie sind **Sonderbestimmungen für eine bestimmte Berufsgruppe**, für die übrigens das BUrlG überwiegend nicht gilt (vgl. dazu BAG 19. 1. 1993 NZA 1993, 1129), oder enthalten Sonderregelungen für die Suspendierung der Pflichten aus dem Arbeitsverhältnis wegen der Ablei-

IV. Die Rechtsprechung des BAG zum Urlaubsrecht **Einleitung**

stung des Wehrdienstes und sind deshalb nicht auf Sachverhalte übertragbar, die den in dieser Vorschrift enthaltenen Merkmalen nicht entsprechen (vgl. ebenso BAG 13. 5. 1982 BAGE 39, 54 = AP Nr. 4 zu § 7 BUrlG Übertragung). In der 7. Auflage seines Kommentars hat *Neumann* diesen Vorschlag nicht wiederholt.

Erwägungen des Fünften Senats, bei **fortbestehender Unmöglichkeit** den 70 Urlaubsanspruch nach dem Ablauf des folgenden Kalenderjahres in einen **Abgeltungsanspruch** übergehen zu lassen, hat *Röhsler* (AR-Blattei Urlaub IX B II 2, vgl. auch schon *Boldt/Röhsler* § 7 Rz 66 und § 9 Rz 32) aufgegriffen. Er wollte die Gewährung einer Abgeltung darauf gründen, daß bei einer solchen Sachlage die Dauer einer Erkrankung einer „Beendigung des Arbeitsverhältnisses" gleichkommt.

Ungeachtet dessen, daß ein Arbeitsverhältnis nur entweder beendet sein 71 kann oder nicht, würde der „Übergang des gesetzlichen Urlaubsanspruchs in eine Abgeltung" im fortbestehenden Arbeitsverhältnis mit **§ 7 Abs. 4 BUrlG** nicht vereinbar sein. Danach entsteht der Abgeltungsanspruch mit dem Ende des Arbeitsverhältnisses nicht aber bei dessen Fortbestand (vgl. dazu *Boldt/Röhsler* § 7 Rz 68).

c) **Urlaubsabgeltung**

Schließlich war auch die Entscheidungstätigkeit des Fünften Senats zur 72 **Urlaubsabgeltung** nicht gerade von übergroßer Folgerichtigkeit.

Daß der Urlaubsanspruch mit dem Ende des Arbeitsverhältnisses sich in 73 einen Abgeltungsanspruch umwandelt, hatte schon vor Inkrafttreten des Bundesurlaubsgesetzes der Erste Senat erkannt und auch ausgesprochen, daß der Abgeltungsanspruch **Surrogat des Urlaubsanspruchs** sei (BAG 22. 6. 1956 BAGE 3, 60 = AP Nr. 10 zu § 611 BGB Urlaubsrecht).

Auch dem ist der Fünfte Senat gefolgt. Nachdem der Anspruch auf Ur- 74 laubsabgeltung in § 7 Abs. 4 BUrlG geregelt worden war, hat das BAG (26. 11. 1964 AP Nr. 3 zu § 13 BUrlG) angenommen, daß von dem in § 7 Abs. 4 Satz 2 BUrlG damals enthaltenen Ausschlußgrund (Rz 34) „Tarifverträge kraft des in § 13 Abs. 1 Satz 1 und Satz 2 BUrlG festgelegten tariflichen Vorrangprinzips auch zuungunsten des Arbeitnehmers abweichen" können. War das möglich, unterlag der **Abgeltungsanspruch** insgesamt dem **Zugriff der Tarifvertragsparteien**, also war auch jeder andere tarifliche Eingriff in den Anspruch auf Abgeltung zulässig.

Im Urteil vom 6. 6. 1968 (AP Nr. 5 zu 3 BUrlG Rechtsmißbrauch) hat 75 der Fünfte Senat den schon zuvor vom Ersten Senat verwandten Begriff **Surrogat** für die Urlaubsabgeltung wieder aufgenommen und ausgeführt: „Da die Abgeltung nur das Surrogat der nicht mehr möglichen Freizeitgewährung ist, beide also nur **zwei rechtlich verschiedene Erscheinungsformen des einheitlichen Urlaubsanspruchs** sind, ist die Entstehung des Abgeltungsanspruchs von denselben rechtlichen Faktoren abhängig wie die des Freizeitanspruchs". Die hiernach naheliegende Folgerung, daß dann auch der Abgeltungsanspruch ebenso wie der Urlaubsanspruch nach dem BUrlG tariffest sein muß, hat der Senat nicht gezogen.

Da die Klägerin in diesem Rechtsstreit (vgl. Rz 75) wegen und während 76 einer langdauernden krankheitsbedingten Arbeitsunfähigkeit aus dem Ar-

25

Einleitung IV. Die Rechtsprechung des BAG zum Urlaubsrecht

beitsverhältnis ausgeschieden war, lag ebenfalls die Frage nach der **Erfüllbarkeit des Abgeltungsanspruchs** nahe. Der Senat hat auch insoweit nicht etwa die nach den §§ 275 ff. BGB gebotenen Überlegungen zur Anwendbarkeit der Regelungen über die Leistungsstörungen angestellt, sondern postuliert, daß es für die Verpflichtung zur Gewährung einer Urlaubsabgeltung nicht auf die von ihm zu dieser Zeit für den Urlaubsanspruch geforderte individuelle Erholungsbedürftigkeit ankomme. Die **Abgeltung** sei vielmehr auch dann zu gewähren, „wenn das Ausscheiden des Arbeitnehmers wegen Erreichens der Altersgrenze erfolgt oder aus sonstigen Gründen zugleich das Ende des beruflichen Lebens bedeutet".

77 Damit hat sich das Gericht durch Teilaufgabe eines von ihm zuvor für den Urlaubsanspruch erfundenen Merkmals, das es später vollends aufgegeben hat, einem von ihm sozialpolitisch nicht gewollten Ergebnis entzogen, das bei einer juristischen Analyse unvermeidbar gewesen wäre. Obwohl Urlaubsanspruch wie Abgeltungsanspruch „von denselben rechtlichen Faktoren abhängig" sind, sollte dennoch die Abgeltung unabhängig von diesen „Faktoren" als **Abfindung** zu gewähren sein, für die es auf die vom Gericht für den Urlaubsanspruch geforderten Voraussetzungen nicht ankommt.

78 Einen weiteren Schwenk in der Auffassung des Fünften Senats zum Abgeltungsanspruch enthält das Urteil vom 30. 11. 1977 (AP Nr. 4 zu § 13 BUrlG Unabdingbarkeit). Hier hat der Senat ausgeführt, der Urlaubsanspruch sei das **Surrogat** für den während des Arbeitsverhältnisses nicht erfüllten Urlaubsanspruch und habe **dieselbe Funktion wie der Urlaubsanspruch** selbst. Er sei mithin nur eine Erscheinungsform des Urlaubsanspruchs und von ihm nicht wesensverschieden.

79 Mit Rücksicht auf die Streichung des Ausschlußtatbestands in § 7 Abs. 4 Satz 2 BUrlG durch das Heimarbeitsänderungsgesetz vom 29. 10. 1974 (Rz 33) hat der Senat angenommen, nunmehr sei eine tarifliche Regelung, die bei jeder **fristlosen Entlassung aus Verschulden des Arbeitnehmers** den Anspruch auf Abgeltung des gesetzlichen Urlaubsanspruchs ausschließe, nicht mehr zulässig.

80 Zu Recht ist darauf hingewiesen worden, daß das Urteil den **Eindruck einer hieb- und stichfesten Begründung** erwecke, die es jedoch in Wahrheit nicht habe (*Hinz*, Anmerkung AP Nr. 4 zu § 13 BUrlG Unabdingbarkeit; vgl. dazu auch die Kritik im Urteil des Sechsten Senats des BAG 18. 6. 1980 AP Nr. 6 zu § 13 BUrlG Unabdingbarkeit; vgl. dazu § 7 Rz 191 ff.).

81 Die **Unabdingbarkeit des Abgeltungsanspruchs** auch durch tarifliche Regelungen hat sich nicht erst durch den Wegfall der Vorschrift nach § 7 Abs. 4 Satz 2 BUrlG ergeben, sondern war notwendig mit der Annahme verbunden, daß **Urlaubsanspruch und Urlaubsabgeltungsanspruch nicht wesensverschieden** sind.

82 Im **Gegensatz zur vorangehenden Entscheidung** aus dem Jahre 1968 wird im Urteil vom 30. 11. 1977 auch wieder darauf abgestellt, daß mit dem als Urlaubsabgeltung zu zahlenden Betrag dem Arbeitnehmer die Möglichkeit gegeben werden solle, nach Beendigung des Arbeitsverhältnisses mit der Arbeit auszusetzen und sich so eine bezahlte Freizeit zu verschaffen, um sich von geleisteter Arbeit zu erholen und für die Arbeit in einem späteren Arbeitsverhältnis zu kräftigen: Also doch keine Abfindung für Arbeitneh-

mer, die langdauernd auch bei Ausscheiden krank sind? Der Senat brauchte hierzu nicht Stellung zu beziehen, weil der Arbeitnehmer dieses Rechtsstreits sich offenbar bester Gesundheit erfreute und auch noch nicht rentenreif war.

d) Grundlagen der Rechtsprechung des Fünften Senats

Die Rechtsprechung des BAG zum Urlaubsrecht ist in den Jahren der 83 Zuständigkeit des Fünften Senats reich an **weiteren** solchen **Unklarheiten,** Begriffsvertauschungen und Paradoxien gewesen. Deren Aufzählung ließe sich nahezu beliebig auch für weitere Problemfelder des Urlaubsrechts verlängern.

Ursächlich für die **widersprüchlichen Ergebnisse** und Begründungen war 84 in erster Linie die Nichtbeachtung der durch das BUrlG gebotenen rechtlichen Zusammenhänge und das Festhalten an Formeln und Überzeugungen, die vor dem BUrlG entstanden waren, aber nicht an der Übereinstimmung mit den Merkmalen des neuen Gesetzes gemessen wurden.

Das trifft vor allem für die Auffassung zu, der Urlaub müsse erst 85 „verdient" werden, setze also Arbeitsleistungen voraus. Daraus ergab sich „zwangsläufig", daß bei geringer oder keiner Arbeit kein Urlaub zu gewähren war. Andererseits konnte dann einem Arbeitnehmer, der seinen Urlaub durch Arbeit „verdient" hatte (von welchem Zeitpunkt an dies zutraf, war unklar), nicht mit Anspruch auf Akzeptanz vermittelt werden, daß sein Urlaubsanspruch etwa mit dem Erreichen des Jahresendes oder eines anderen Zeitpunktes unterging, schon gar nicht, wenn er am Urlaubsantritt durch Krankheit gehindert war.

Mit solchen **entgeltorientierten Überlegungen** hat sich die Rechtspre- 86 chung des Fünften Senats in **Billigkeitsabwägungen** verloren und dabei insbesondere die dem BUrlG zugrundeliegenden gesundheitspolitischen Zielsetzungen außer acht gelassen, aber auch die durch das BUrlG gegebenen Tatbestandsmerkmale und deren Zusammenhänge zueinander nicht beachtet. Das hat der Rechtssicherheit nicht gedient.

Die Hinwendung zu rechtlich begründbaren Ergebnissen war aber auch 87 dadurch behindert, daß das Bundesurlaubsgesetz entstanden ist, ohne daß im **Gesetzgebungsverfahren** Klarheit über die rechtlichen Zusammenhänge im Arbeitsverhältnis insbesondere über das Verhältnis arbeitsvertraglicher Pflichten zueinander, die Einordnung der Pflicht zur Urlaubserteilung oder gar die Folgen der Verletzung dieser Pflicht oder die Unmöglichkeit ihrer Erfüllung bestanden haben.

Dies beruhte u. a. darauf, daß zu dieser Zeit das Arbeitsverhältnis als **per-** 88 **sonenrechtliches Gemeinschaftsverhältnis** bezeichnet worden ist (vgl. dazu MünchArbR/*Richardi* § 8 Rz 2 ff.), für das nach den Vertretern dieser Auffassung nicht das Verhältnis von Hauptpflichten zueinander, also von Arbeitspflicht und Lohnzahlungspflicht, sowie das Bestehen von Nebenpflichten mit bestimmbaren Inhalten maßgeblich waren. Allgemein wurde vielmehr versucht, die Rechtsbeziehungen von Arbeitgeber und Arbeitnehmer aus Fürsorge- und Treueverpflichtungen zu erklären und sich insgesamt von den zu dieser Zeit als überholt angesehenen Bindungen des Zivilrechts zu lösen.

Einleitung   *IV. Die Rechtsprechung des BAG zum Urlaubsrecht*

89 Auf dem Boden dieser Lehre ist das **Bundesurlaubsgesetz** gleichsam am **Bürgerlichen Gesetzbuch vorbeigeschaffen** worden – übrigens auch an den für die Rechtsverfolgung von Urlaubsansprüchen notwendigen prozessualen Regelungen u. a. der Zwangsvollstreckung (§ 7 Rz 82 ff.).

90 *Siara,* der als zuständiger Referent im Bundesarbeitsministerium an den Arbeiten zum BUrlG beteiligt war und später als Richter am Bundesarbeitsgericht die Rechtsprechung zum BUrlG mitgeprägt hatte, hat nach eigenem Bekunden seinen Erläuterungen zum BUrlG noch im Jahre 1975 die Auffassung vom personenrechtlichen Gemeinschaftsverhältnis zugrunde gelegt (*Siara* § 1 Anm. 2 b).

91 Der Versuch, für das Arbeitsrecht einen eigenen Entwurf des Arbeitsverhältnisses als **personenrechtliches Gemeinschaftsverhältnis** zu begründen, ist **gescheitert**, weil es nicht gelungen ist, die danach als maßgeblich für alle arbeitsrechtlichen Beziehungen behaupteten Treue- und Fürsorgepflichten inhaltlich zu bestimmen oder gar ihr Verhältnis zueinander zu klären. Damit war auch nicht bestimmbar, wie die Pflicht zur Urlaubsgewährung in das Arbeitsverhältnis einzupassen war.

92 Insbesondere aber hat diese Auffassung, mit der z. B. das **Leistungsstörungsrecht** des BGB für das Arbeitsrecht insgesamt abgelehnt und übergangen worden ist, nicht vermocht, für das Urlaubsrecht eine sachgerechte Lösung an die Stelle im BGB bereits vorhandener Regelungen zu setzen.

3. Die „neue" Rechtsprechung zum Urlaubsrecht

a) Begründungsansätze des Sechsten Senats

93 Mit der Errichtung des Sechsten Senats im Jahre 1978 ist die Zuständigkeit für Urlaubsrechtsfragen im Bundesarbeitsgericht diesem Senat übertragen worden.

94 Der Sechste Senat hat erstmals und öffentlich so gut wie unbemerkt im Urteil vom 18. 6. 1980 (AP Nr. 6 zu § 13 BUrlG Unabdingbarkeit) Kritik an der Rechtsprechung seiner Vorgängersenate geübt.

95 Mit dem Urteil vom 28. 1. 1982 (BAGE 37, 382 = AP Nr. 11 zu § 3 BUrlG Rechtsmißbrauch, vgl. dazu § 1 Rz 101) hat der Sechste Senat die **Rechtsmißbräuchlichkeit** von Urlaubsbegehren **verneint**, wenn der Arbeitnehmer infolge Krankheit nur eine geringe Arbeitsleistung im Urlaubsjahr erbracht hat. Diese von der Kritik im Schrifttum und in Entscheidungen der Instanzgerichte als provozierend empfundene Absage an die Entscheidungstradition der Vorgängersenate sowie das wenig später am 13. 5. 1982 ergangene Urteil (BAGE 39, 54 = AP Nr. 4 zu § 7 BUrlG Übertragung; vgl. dazu § 1 Rz 38, § 7 Rz 130 ff.), mit dem der Sechste Senat die **Befristung des Urlaubsanspruchs** nach § 1 und § 7 Abs. 3 BUrlG auf das Urlaubsjahr bzw. den Übertragungszeitraum auch dann angenommen hat, wenn ein Arbeitnehmer infolge langdauernder Krankheit gehindert war, den Urlaub vor Ablauf des Urlaubsjahres bzw. des Übertragungszeitraums zu nehmen, wird als **Beginn der „neuen" Rechtsprechung des BAG zum Urlaubsrecht** bezeichnet.

96 Die Rechtsprechung war tatsächlich neu, weil sie kompromißlos und konsequent einmal die Entscheidungen an die Merkmale des BUrlG ge-

IV. Die Rechtsprechung des BAG zum Urlaubsrecht **Einleitung**

knüpft und zum anderen der Auffassung vom **Arbeitsverhältnis als Dauerschuldverhältnis** mit inhaltlich bestimmten und bestimmbaren Haupt- und Nebenpflichten im Urlaubsrecht zum Durchbruch verholfen hat, nachdem auch in der Rechtsprechung des Bundesarbeitsgerichts sowie im Schrifttum zu anderen Problemen des Arbeitsverhältnisrechts diese Ansicht längst Allgemeingut geworden war.

b) Fortführung der Rechtsprechung durch den Achten und den Neunten Senat

Dieser Rechtsprechung des Sechsten Senats ist der seit 1986 zuständige Achte Senat ebenso gefolgt wie der inzwischen seit dem Jahre 1991 mit dieser Aufgabe betraute Neunte Senat. In **mittlerweile ca. 400 Entscheidungen** hat das Bundesarbeitsgericht mit seither nur geringen Schwankungen konsequent und folgerichtig Ansprüche und Pflichten aus dem Urlaubsrecht nach seinen seit 1982 vertretenen Lösungsansätzen beurteilt und damit jedenfalls einen Beitrag zur oft vermißten Rechtssicherheit geleistet. 97

c) Ergebnisse der „neuen" Rechtsprechung

Die **Erläuterungen in diesem Kommentar** beruhen insgesamt auf der vom Sechsten Senat begonnenen Rechtsprechung, nehmen deren Begründungen auf, zeichnen sie in Einzelheiten nach und geben weiterführende Hinweise. 98

Was hat die „neue" Rechtsprechung, die inzwischen 20 Jahre alt geworden ist, für das Urlaubsrecht gebracht? Die Ergebnisse sind in den folgenden **Thesen** zusammengefaßt: 99

(1) Der **Urlaubsanspruch** nach dem Bundesurlaubsgesetz ist ein Anspruch des Arbeitnehmers, **von** den im Arbeitsverhältnis entstehenden **Arbeitspflichten befreit zu werden**. Sein Erholungsbedürfnis wird kraft Gesetzes vermutet. 100

(2) Das **Urlaubsentgelt** ist die während des Urlaubs weiterzuzahlende Vergütung. 101

(3) Die **Erfüllung des Urlaubsanspruchs** hat auf die übrigen Pflichten der Arbeitsvertragsparteien, insbesondere auf die Lohnzahlungspflicht, keinen Einfluß. 102

(4) Der **Urlaubsanspruch** nach dem Bundesurlaubsgesetz ist **nicht an Arbeitsleistungen des Arbeitnehmers geknüpft**. Er ist nicht dadurch ausgeschlossen, daß der Arbeitnehmer aus krankheitsbedingten Gründen nicht gearbeitet hat. 103

(5) Ist der Arbeitnehmer **arbeitsunfähig krank**, kann sein Urlaubsanspruch nach dem Bundesurlaubsgesetz während dieser Zeit nicht erfüllt werden. 104

(6) Der **Urlaubsanspruch** nach dem Bundesurlaubsgesetz besteht **zeitlich befristet** im Kalenderjahr bzw. auch noch im Übertragungszeitraum, wenn der Urlaub vorher aus dringenden betrieblichen oder in der Person des Arbeitnehmers liegenden Gründen nicht erteilt werden konnte. Einer Übertragungshandlung bedarf es nicht. Mit Ablauf des Kalenderjahres bzw. des Übertragungszeitraums erlischt der Urlaubsanspruch. 105

Einleitung *IV. Die Rechtsprechung des BAG zum Urlaubsrecht*

106 (7) Zeiten der **Arbeitsunfähigkeit wegen Krankheit** sind zwar nicht auf die Dauer des Urlaubs anzurechnen, hindern aber nicht die Beendigung des Urlaubsanspruchs mit Ablauf des Kalenderjahres bzw. des Übertragungszeitraums.

107 (8) Gewährt ein Arbeitgeber einem Arbeitnehmer vor Ablauf des Urlaubsjahres bzw. des Übertragungszeitraums den geltendgemachten Urlaub nicht, obwohl ihm dies möglich ist, tritt nach Zeitablauf an dessen Stelle als Schadenersatzanspruch ein Urlaubsanspruch in gleicher Höhe (**Ersatzurlaubsanspruch**).

108 (9) Der **Urlaubsabgeltungsanspruch** nach dem Bundesurlaubsgesetz unterliegt als **Surrogat des Urlaubsanspruchs** hinsichtlich der Erfüllbarkeit des trotz Beendigung des Arbeitsverhältnisses zu zahlenden Urlaubsentgelts keinen anderen Merkmalen als der Urlaubsanspruch.

109 (10) Durch **tarifliche Regelungen** kann nicht wirksam in den Mindesturlaubsanspruch oder den Abgeltungsanspruch eingegriffen werden.

d) Kritik an der „neuen" Rechtsprechung

110 Diese „neue" Rechtsprechung ist von der Kritik im Schrifttum und auch in einer Reihe von Entscheidungen der Instanzgerichte nicht gerade überschwenglich begrüßt worden (vgl. dazu mit Nachweisen *Leinemann* DB 1983, 989, *ders.* NZA 1985, 137). Die Kritik hat sich im wesentlichen auf Gesichtspunkte der **Zuteilungsgerechtigkeit** beschränkt und sie als rechtlich maßgeblich angesehen (vgl. z.B. *Buchner* DB 1982, 1823, der die „Diskreditierung der guten Idee des Erholungsurlaubs", „in einer Zeit, in der die Grenzen der sozialstaatlichen Leistungsfähigkeit deutlich geworden" seien, befürchtet; *ders.* SAE 1983, 80; *ders.* Anm. EzA § 3 BUrlG Nr. 14; *Boldt* Anm. zu BAG AP Nr. 4 zu § 7 BUrlG Übertragung; *Bleistein* GK-BUrlG § 1 Rz 130 ff.; *Peterek* Anm. EzA § 3 BUrlG Nr. 13; *Trieschmann* AuR 1982, 349; *ders.* AuR 1984, 375).

111 Die Änderung der Rechtsprechung zum Urlaubsrecht war und ist aber nicht hieran, sondern an der immer zunächst von einem Gericht zu beantwortenden Frage nach dem **Inhalt von gesetzlichen und tariflichen Regelungen** orientiert. Erst danach sind bei Zweifeln Fragen nach anderen etwa von der Gesetzgebung verfolgten Zielen oder auch der Auswirkung von Regelungen angebracht. Dieses Mißverständnis trennt auch heute noch gelegentlich die Urlaubsrechtsprechung des BAG und ihre Kritiker voneinander.

112 Bis heute hat die Kritik an der „neuen" Rechtsprechung nicht versucht oder gar vermocht, ein schlüssiges Konzept für eine eigene rechtlich begründete Auffassung zu entwickeln, sondern sie beschränkt sich darauf, die **Wiederherstellung früher in der Rechtsprechung des BAG vertretener Ergebnisse** zu fordern, ohne den Versuch zu machen, dafür rechtliche Grundlagen darzulegen und zu beweisen. Ein prägnantes Beispiel dafür ist der zum 59. Deutschen Juristentag vorgelegte Entwurf zum Urlaubsrecht (Rz 134 ff.).

V. Reformversuche zum BUrlG

1. Entwurf eines Arbeitsgesetzbuches – Allgemeines Arbeitsvertragsrecht (E 1977)

Eine im November 1970 von der Bundesregierung eingesetzte Arbeitsgesetzbuchkommission mit insgesamt 23 unabhängigen Mitgliedern als Vertreter der Wissenschaft, der Arbeitsgerichtsbarkeit, der Tarifvertragsparteien und der Länder hat nach Vorarbeiten im Bundesarbeitsministerium und in den von der Kommission selbst gebildeten Ausschüssen im Dezember 1976 einen **Entwurf zum Arbeitsvertragsrecht (E 1977)** vorgelegt, der auch Vorschläge zum Urlaubsrecht umfaßte. 113

Systematisch waren die Bestimmungen im „Vierten Unterabschnitt – Arbeitsentgelt trotz Nichtleistung" der Regelungen über den Inhalt des Arbeitsverhältnisses angeordnet und in den §§ 62 ff. E 1977 als Vierter Titel „Erholungsurlaub" zusammengefaßt. 114

Der Gesetzentwurf ist wegen politischer Meinungsverschiedenheiten zwischen den damaligen Koalitionsparteien der von der SPD und der FDP gebildeten Bundesregierung nicht in das Gesetzgebungsverfahren gelangt. 115

Der Entwurf knüpft an das Bundesurlaubsgesetz und die Auffassungen an, die hierzu in der Rechtsprechung des BAG in dieser Zeit (vgl. Rz 55 ff.) vertreten worden sind. So werden **Freistellungs- und Entgeltansprüche** gemeinsam geregelt. Bestimmungen des BUrlG, die als mangelhaft empfunden wurden, wie etwa die **Aufrundungsregelung** in § 5 BUrlG, sind durch eine **Abrundungsregelung** für Bruchteile von Urlaubstagen ergänzt worden, die weniger als einen halben Urlaubstag ergeben (§ 63 a E 1977). 116

Der Entwurf enthält auch bereits eine Regelung, nach der eine **Umrechnung des Urlaubsanspruchs** vorgesehen ist, wenn Arbeitnehmer regelmäßig mehr oder weniger als fünf Arbeitstage in der Woche arbeiten müssen (vgl. dazu § 3 Rz 16 f.). Danach sollte sich die „Mindestdauer des Urlaubs entsprechend erhöhen" oder „vermindern". Eine unregelmäßige Verteilung der Arbeitszeit, wie sie in Voll- und in Teilzeitarbeitsverhältnissen heute nicht eben selten ist, war den Entwurfsverfassern offenbar noch nicht vorstellbar. 117

Die Fälligkeit des Urlaubsentgelts nach § 11 Abs. 2 BUrlG ist in § 66 E 1977 aufgeweicht worden. Danach sollte das Urlaubsentgelt nur „auf Verlangen des Arbeitnehmers vor Antritt des Urlaubs zu entrichten" sein. **Verzugsfolgen** treten daher nicht bei jeder verspäteten Zahlung des Arbeitgebers ein, sondern nur dann, wenn der Arbeitnehmer zuvor auf der Zahlung des Urlaubsentgelts bestanden hatte. 118

Zur **Befristung** des Urlaubsanspruchs ist der Entwurf der damaligen Rechtsprechung des Fünften Senats des BAG gefolgt (dazu Rz 61 ff. mit Nachw.): Einerseits ist nach § 65 Abs. 3 E 1977 der Urlaubsanspruch **auf das Kalenderjahr** bzw. den Übertragungszeitraum in den ersten drei Monaten des folgenden Kalenderjahres **befristet**, andererseits kann der Urlaub, wenn er wegen einer Arbeitsunfähigkeit, einer Kur oder einer Schonungszeit nicht gewährt werden konnte, alsbald nach Wegfall des Hinderungs- 119 grundes dennoch gewährt und genommen werden. Während **dringende betriebliche Gründe** von selbst zur Übertragung des Urlaubs auf das folgende Kalendervierteljahr führen, sollte dies bei **in der Person des Arbeitnehmers liegenden Gründen** nur auf Verlangen des Arbeitnehmers geschehen. Diese von den Ausschüssen der Gesetzbuchkommission vorgeschlagene Unterscheidung benachteiligt den Arbeitnehmer, ohne daß dafür ein rechtfertigender Grund ersichtlich wäre.

120 Die Unterscheidung zwischen **Urlaubsgewährung und Urlaubsnahme**, die unverändert zum Bundesurlaubsgesetz auch im Entwurf (§ 66 Abs. 3 E 1977) fortgeführt wird, läßt außer acht, daß eine Urlaubsgewährung nur möglich ist, wenn der Arbeitnehmer überhaupt in der Lage ist, Urlaub zu nehmen (vgl. § 7 Rz 134). Beides bedingt einander: Ohne Gewährung des Urlaubs gibt es keine Urlaubsnahme. Andererseits ist eine Urlaubsgewährung ohne Urlaubsnahme nicht möglich, weil durch die Freistellung des Arbeitnehmers von der Arbeitspflicht diese Verbindlichkeit beseitigt wird. Der Arbeitnehmer könnte durch Weiterarbeit entgegen der Urlaubsgewährung des Arbeitgebers seine Arbeitspflicht während dieser Zeit nicht erfüllen, weil sie für die vom Arbeitgeber festgesetzte Urlaubszeit nicht besteht. Denkbar ist insoweit nur eine einvernehmliche Änderungsvereinbarung, die auch durch schlüssiges Verhalten getroffen werden kann. Ebenso ist eine Selbstbeurlaubung durch den Arbeitnehmer, also durch „Urlaubsnahme", ausgeschlossen, weil der Arbeitnehmer einseitig seine Arbeitspflicht nicht beseitigen kann. Durch ein solches Verhalten gerät der Arbeitnehmer vielmehr mit seiner Arbeitsleistung in Verzug, die Erfüllung der Pflicht des Arbeitgebers zur Urlaubsgewährung ist damit jedoch rechtlich nicht erreichbar. Hier werden vom Entwurf die schuldrechtlichen Erfüllungsvoraussetzungen, die für jede Leistung, also auch die Urlaubserteilung, vorliegen müssen, übergangen.

121 Für **übertragenen Urlaub** fordert der Entwurf (§ 66 Abs. 3 Satz 2 E 1977) zusätzlich, daß er in den ersten drei Monaten des folgenden Kalenderjahres zu **gewähren und anzutreten** ist. Mit der Hinzufügung des Wortes „antreten" sollte offenbar erreicht werden, daß der Urlaubsanspruch nicht – wie nach dem BUrlG erforderlich – vor Ablauf der Befristung so rechtzeitig verlangt werden muß, daß er vor dem Ende des Kalendervierteljahres erfüllt werden kann, sondern erst am Ende dieser Zeit begonnen werden muß.

122 Auch hier wird die **Unsicherheit des Entwurfs gegenüber schuldrechtlichen Zusammenhängen** deutlich. Den Entwurfsverfassern ist u. a. entgangen, daß es rechtlich auf den Antritt oder Nichtantritt des Urlaubs, wenn der Arbeitgeber seine Erfüllungshandlung durch Gewährung des Urlaubs (offenbar doch wohl rechtzeitig vor Ende des Übertragungszeitraums?) erbracht hat, überhaupt nicht ankommen kann: Hat ein Arbeitgeber dem Arbeitnehmer Urlaub erteilt, ist für diese Zeit dessen Arbeitspflicht entfallen (vgl. § 1 Rz 129f.). Ein Nichtantritt des Urlaubs, also eine Weiterarbeit im Betrieb kommt dann nicht in Betracht, weil es während des Urlaubs keine Arbeitspflicht gibt, die der Arbeitnehmer erfüllen könnte.

123 Die Vorschrift über die **Abgeltung des Urlaubsanspruchs** nach Beendigung des Arbeitsverhältnisses in § 7 Abs. 4 BUrlG sollte nach dem Entwurf

dadurch erweitert werden, daß „in allen anderen Fällen die Abgeltung des Urlaubs ausgeschlossen" sei (§ 67 E 1977). Auch dieser Reformvorschlag zeugt nicht unbedingt von gesetzgeberischer Weitsicht, weil solche Fälle bereits durch § 7 Abs. 4 BUrlG mitgeregelt sind. Im übrigen gibt der Vorschlag zu Unklarheiten Anlaß, wenn es darum geht, daß Urlaubsansprüche, die bereits erloschen sind, abgegolten werden sollen. Für einen solchen Sachverhalt besteht kein Regelungsbedarf: Ansprüche, die nicht oder nicht mehr existieren, können sich weder in einen anderen Anspruch umwandeln, noch bedürfen sie gar eines Ausschlußtatbestands.

2. Urlaubsregelungen im DGB-Entwurf zum Arbeitsverhältnisrecht vom 5. April 1977

Der vom Bundesvorstand des DGB als **Alternative zum Entwurf der Arbeitsgesetzbuchkommission** vorgelegte Gesetzentwurf zum Arbeitsverhältnisrecht (abgedruckt RdA 1977, 166; vgl. dazu den Bericht AuR 1977, 245) ordnet den Urlaub nicht den Vorschriften über das „Arbeitsentgelt trotz Nichtleistung der Arbeit zu" (§§ 56 ff.), sondern widmet dem Urlaubsanspruch einen selbständigen Abschnitt. Insgesamt enthält dieser Entwurf für das Urlaubsrecht gegenüber dem Entwurf der Arbeitsgesetzbuchkommission rechtlich keine Weiterentwicklung, sondern lehnt sich mit wenigen Ausnahmen an diesen Entwurf an.

3. Entwurf eines Gesetzes zur Anpassung des Mindesturlaubs an die tarifvertragliche Entwicklung (Mindesturlaubs-Anpassungsgesetz) – Gesetzentwurf der SPD-Fraktion im Deutschen Bundestag vom 25. 10. 1989

Nur **partielle Ziele** verfolgte der in der 11. Wahlperiode vorgelegte Entwurf der SPD-Fraktion im Deutschen Bundestag (BT-Drucksache 11/5466 vom 25. 10. 1989). Einmal war darin gefordert, der Empfehlung des Rats der Europäischen Kommission vom 22. 7. 1975 (ABlEG 1975 Nr. L 199/32) nachzukommen und den Urlaub nach § 3 BUrlG auf jährlich **mindestens 20 Arbeitstage** festzusetzen. Außerdem war in Anlehnung an die vorangegangenen Entwürfe vorgeschlagen, daß sich der Urlaub erhöht oder vermindert, wenn sich die regelmäßige Arbeitszeit der Arbeitnehmerin/des Arbeitnehmers auf mehr oder weniger als fünf Arbeitstage in der Kalenderwoche verteilt.

Auch dieser Entwurf hat die bereits zu dieser Zeit seit mehr als vier Jahren z. B. in der Metallindustrie tarifvertraglich vorgesehenen und eingehaltenen **Arbeitszeitverteilungen** (z. B. das Freischichtenmodell) noch nicht zur Kenntnis genommen. Immerhin verdienstvoll ist die klarstellende Vorschrift: „Als Arbeitstage gelten alle Kalendertage, an denen die Arbeitnehmerin/der Arbeitnehmer ohne die Erteilung des Urlaubs zur Arbeit verpflichtet wäre". Diese Bestimmung knüpft zwar an § 62 Abs. 2 E 1977 an, die Entwurfsverfasser haben aber erkannt, daß die Erteilung von Urlaub in der Befreiung von der Arbeitspflicht besteht, und zugleich gesehen, daß Arbeitnehmer auch an Sonn- und Feiertagen zur Arbeit verpflichtet sein können, so daß ihnen an diesen Tagen Urlaub erteilt werden muß, um die Arbeitspflicht zu beseitigen. Sonn- und Feiertage sind daher in solchen Fällen mögliche Urlaubstage (vgl. dazu § 3 Rz 11 ff.) Dies entspricht auch der Formulierung in § 5 Abs. 4 Satz 1 der Verordnung über den Erholungsurlaub der Bundesbeamten und Richter im Bundesdienst (Erholungsurlaubsverordnung – EUrlV) idF vom 17. 7. 2001, BGBl I S. 1671): „Arbeitstage im Sinn dieser Verordnung sind alle Kalendertage, an denen der Beamte Dienst zu tun hat." Die EUrlV ist in Teil III abgedruckt.

127 Mit zwei weiteren Vorschlägen hat der Entwurf versucht, die vom 6. Senat begonnene **Rechtsprechung des BAG** zum Urlaubsrecht zu **korrigieren**: So wird gefordert, die Befristung des Urlaubs auf das Kalenderjahr und den Übertragungszeitraum nach dem BUrlG entfallen zu lassen: „Kann der Urlaub wegen Arbeitsunfähigkeit infolge Krankheit nicht im laufenden Kalenderjahr gewährt werden, ist er auf das folgende Kalenderjahr zu übertragen." Was dann aus ihm wird, wenn der Arbeitnehmer wiederum wegen Arbeitsunfähigkeit den Urlaub nicht erhalten kann, ist unklar. Insoweit führt der Entwurf über die vom 5. Senat des BAG und das damalige begleitende Schrifttum durch die Entscheidung vom 13. 11. 1969 (BAGE 22, 311 = AP Nr. 2 zu § 7 BUrlG Übertragung; vgl. dazu Rz 61 ff.) erzeugte Ratlosigkeit nicht hinaus.

128 Außerdem war nach dem Entwurf vorgesehen, daß „auf Verlangen der Arbeitnehmerin/des Arbeitnehmers ein Urlaubsanspruch über die Dauer von 15 Arbeitstagen hinaus auf das folgende Kalenderjahr zu übertragen ist". Da der Urlaubsanspruch nach dem Entwurf insgesamt 20 Tage beträgt, kommen dafür fünf Tage in Betracht.

129 Unklar bleibt nach dem Entwurf ebenso wie auch schon nach dem Bundesurlaubsgesetz, wie sich die **Übertragung des Urlaubsanspruchs** vollzieht, ob dies also von selbst geschieht, oder ob es dazu einer Erklärung des Arbeitnehmers oder gar einer Einigung zwischen den Arbeitsvertragsparteien bedarf. Die Entwurfsverfasser haben außerdem übersehen, daß sie mit diesem Vorschlag sozialpolitisch hinter das BUrlG – jedenfalls in seiner Fassung seit 29. 10. 1974 (vgl. Rz 33) – zurückfallen. Mit dieser Regelung ist sichergestellt, daß ein Arbeitnehmer jedenfalls drei Wochen im Jahr von der Arbeit freigestellt werden muß. Um das zu erreichen, ist es eine weise Regelung, den Verlust des Anspruchs am Jahresende für den Fall vorzusehen, daß der Arbeitnehmer den Urlaubsanspruch nicht verwirklicht (vgl. *Leinemann* AuR 1987, 193 ff.).

130 Die **Gleichbehandlung der Urlaubsabgeltung mit dem Urlaubsanspruch** in der Rechtsprechung des BAG findet nicht die Billigung des Entwurfs. Die Auffassung, daß ein Urlaubsabgeltungsanspruch nach der Rechtsprechung des Bundesarbeitsgerichts nur dann erfüllt werden muß, wenn der Arbeitnehmer – unterstellt sein Arbeitsverhältnis bestünde noch – an sich arbeitsfähig und arbeitsbereit ist (dazu § 7 Rz 207 ff.), sucht der Entwurf durch eine Ergänzung von § 7 Abs. 4 BUrlG auszuschalten, indem er an § 7 Abs. 4 BUrlG („kann der Urlaub wegen Beendigung des Arbeitsverhältnisses ganz oder teilweise nicht mehr gewährt werden, so ist er abzugelten") folgenden Satz 2 anfügt: „Satz 1 gilt auch, wenn die Arbeitnehmerin/der Arbeitnehmer bei Beendigung des Arbeitsverhältnisses arbeitsunfähig ist". Das hätte sich einfacher und auch klarer sagen lassen.

V. Reformversuche zum BUrlG Einleitung

Von den Verfassern des Gesetzentwurfs war wohl beabsichtigt, statt des 131
Anspruchs auf Gewährung einer **Urlaubsabgeltung** die Verpflichtung des
Arbeitgebers zur Zahlung einer **Abfindung** zu begründen, die ohne weiteres
am Ende des Arbeitsverhältnisses fällig ist. Der Hinweis auf die Arbeitsunfähigkeit (wegen Krankheit?), bei deren Vorliegen der Anspruch nach § 7
Abs. 4 BUrlG durch den Entwurf erweitert werden sollte, zeugt nicht unbedingt von gesetzgeberischen Fertigkeiten. Schließlich haben die Verfasser
des Gesetzentwurfs wohl auch übersehen, daß sie mit dieser Änderung den
Anspruch auf Urlaubsabgeltung dem Zugriff der Tarifvertragsparteien überantworten (§ 13 Abs. 1 Satz 1 BUrlG). Nach dem Gesetzesvorschlag können diese den Anspruch zugunsten des Arbeitnehmers gestalten, ihn aber
auch ganz ausschließen.

In der **Begründung des Gesetzentwurfs** wird darauf hingewiesen, daß 132
damit auch dem von der Bundesrepublik Deutschland ratifizierten Übereinkommen Nr. 132 der IAO über den bezahlten Jahresurlaub Rechnung getragen werde. Die Verfasser des Entwurfs übergehen mit ihrem Hinweis die
Tatsache, daß eine solche Verpflichtung in diesem Übereinkommen nicht
enthalten ist. Das Übereinkommen enthält in Art. 1 nur die Bestimmung,
daß ein Arbeitnehmer bei Beendigung einen Anspruch auf Urlaubsabgeltung (oder auf andere dort vorgesehene Leistungen) hat, nicht aber, unter
welchen Voraussetzungen dieser Anspruch zu erfüllen ist (§ 7 Rz 214 ff.,
§ 15 Rz 57; *Leinemann/Schütz,* ZfA 1994, 1; *dies.* BB 1993, 2519 ff. (2520)).
Das Übereinkommen Nr. 132 ist in Teil III abgedruckt.

Der Entwurf ist zwar im Bundestag in Erster Lesung behandelt, aber 133
nicht mehr in den zuständigen Ausschüssen beraten worden. Mit dem Ende
der Legislaturperiode ist er aufgrund des Grundsatzes der parlamentarischen Diskontinuität (vgl. dazu *Leinemann* JZ 1973, 618 ff.) **untergegangen.** Er ist danach nicht erneut in den Bundestag eingebracht worden.

4. Arbeitsvertragsgesetz (ArbVG 92) – Ein Diskussionsentwurf

Der nächste Vorschlag zur Änderung des Urlaubsrechts ist in einem 134
von einem „Arbeitskreis Deutsche Rechtseinheit im Arbeitsrecht" dem
59. Deutschen Juristentag im Jahre 1992 vorgelegten Entwurf eines Arbeitsvertragsgesetzes in den §§ 63 ff. ArbVG 92 enthalten (Verhandlungen des
59. Deutschen Juristentages Hannover 1992, Band I Gutachten, D 39 ff. und
D 109 ff.). Die Verfasser dieses Entwurfs nehmen für sich in Anspruch, daß
„das Urlaubsrecht (im Entwurf) auf den bewährten Grundsätzen des Bundesurlaubsgesetzes beruht". Außerdem haben sie erklärt, daß das Arbeitsverhältnis ein Dauerschuldverhältnis sei (aaO D 85) und haben in § 9
ArbVG 92 vorgesehen, daß „auf den Arbeitsvertrag die Vorschriften des
Bürgerlichen Gesetzbuches Anwendung finden, soweit nicht in diesem Gesetzbuch ein anderes bestimmt ist". Ob sie diesen selbst gesetzten Anforderungen ein Gesetzentwurf immer gerecht geworden sind, bedarf hier keiner
Diskussion.

Der Entwurf will in § 63 Abs. 1 ArbVG 92 einen **Mindesturlaub von** 135
vier Wochen festsetzen und meint damit, der tatsächlichen Entwicklung der
Urlaubsdauer in der Praxis des Arbeitslebens zu folgen. Diese Forderung

Einleitung *V. Reformversuche zum BUrlG*

entspricht der Empfehlung des Rats der Europäischen Kommission vom 22. Juli 1975 (Rz 44). Den Entwurfverfassern scheint sie nicht bekannt gewesen zu sein.

136 Im übrigen möchte der Entwurf zu den „Grundgedanken der Rechtsprechung vor der Entscheidung des Sechsten Senats vom 28. Januar 1982 (AP Nr. 11 zu § 3 BUrlG Rechtsmißbrauch) zurückkehren, die in der Praxis weithin auf Unverständnis gestoßen" sei. Welche Grundgedanken dies sind, was mit „weithin" gemeint ist und worin die Gründe für das vom Entwurf festgestellte „Unverständnis" bestehen, wird nicht mitgeteilt. Das Ziel der Rückkehr besteht darin, Arbeitnehmer, die im Urlaubsjahr langandauernd krank waren, den Anspruch auf Urlaub wegen Rechtsmißbrauchs zu versagen. Die Verfasser haben dabei nicht berücksichtigt, daß jedenfalls Tarifvertragsparteien für den tariflichen Anteil des Urlaubsanspruchs ein solches Regelungsunterfangen bisher nicht für notwendig erachtet haben. Kein maßgeblicher Tarifvertrag seit der Änderung der Rechtsprechung im Jahre 1982 enthält eine Bestimmung, die den Urlaub durch einen entsprechenden Ausschlußtatbestand zu verkürzen trachtet. Welchem Verständnis welcher Praxis der Entwurf helfen will, bleibt daher unklar.

137 Zu einer vollen Rückkehr zur Rechtsmißbrauchsrechtsprechung vor deren Änderung durch den Sechsten Senat des Bundesarbeitsgerichts (vgl. dazu Rz 52, 56 ff.) sieht sich der Entwurf durch das „ILO-Abkommen" (gemeint ist das IAO-Übereinkommen Nr. 132) gehindert, das einen Mindesturlaub von drei Wochen vorsieht. Deshalb soll sich nach § 63 Abs. 2 ArbVG 92 der Urlaubsanspruch, der drei Wochen übersteigt, anteilig verringern (wie?), wenn der Arbeitnehmer aus Gründen in seiner Person länger als insgesamt sechs Monate im Kalenderjahr seiner Arbeit nicht nachgehen kann. *Hromadka* (NJW 1992, 1985, 1989), einer der Verfasser des Entwurfs, hält dies für „eine leicht handhabbare Regel". Nach Umsetzung der Richtlinie) 3/104 EG ist dieses Reformziel des Entwurfs überholt, weil der gesetzliche Urlaubsanspruch nun im Umfang von vier Wochen unentziehbar ist.

138 Damit bleibt es im Ergebnis insgesamt trotz der starken Ankündigung in der Begründung des Entwurfs bei der Gesetzeslage des BUrlG. Während allerdings die vom Entwurf wieder herbeigesehnte frühere **Rechtsmißbrauchsrechtsprechung des BAG** den Urlaubsanspruch erst bei Arbeitsleistungen von weniger als einem Monat entfallen ließ, soll der Verlust der vom Entwurf zusätzlich verheißenen Ansprüche nun bereits dann beginnen, wenn der Arbeitnehmer ... „länger als sechs Monate im Kalenderjahr seiner Arbeit nicht nachgehen kann".

139 Zugleich will der Entwurf in § 67 Abs. 4 auch mit der Rechtsprechung des BAG zur **Befristung des Urlaubsanspruchs** brechen, wenn der Urlaub wegen krankheitsbedingter Arbeitsunfähigkeit (sowie außerdem wegen einer Kur oder Schonungszeit i.S. von § 61 ArbVG 92) nicht vor dem 31. März des Folgejahres „gewährt und angetreten" werden konnte. Auch für diesen **Rückschritt** hinter die vom Entwurf ausdrücklich genannte Entscheidung des Sechsten Senats vom 13. 5. 1982 (BAGE 39, 54 = AP Nr. 4 zu § 7 BUrlG Übertragung) wird als Begründung nur genannt, daß diese Rechtsprechung „insoweit der Kritik unterlag".

V. Reformversuche zum BUrlG Einleitung

Der Entwurf sieht deshalb in § 67 Abs. 4 Satz 3 vor, daß solcher „Urlaub 140 unverzüglich nach Wegfall des Hinderungsgrundes zu gewähren und zu nehmen (ist); auf Wunsch des Arbeitnehmers oder aus dringenden betrieblichen Gründen kann er abgegolten werden". Das ist nicht neu, sondern nur der überholte Diskussionsstand des Jahres 1969 nach der Entscheidung des 5. Senats des BAG vom 13. 11. 1969 (Rz 63 ff.). Weil kein Anspruch auf Abgeltung nach § 67 Abs. 4 Satz 3 besteht („kann ... abgegolten werden"), sind die Merkmale „Wunsch" und „aus dringenden betrieblichen Gründen" nur Schein: Der Entwurf überläßt den Urlaubsanspruch dem Handel der Parteien, ein Ergebnis, das mit dem Ausschluß der Abgeltung im bestehenden Arbeitsverhältnis und daher mit § 7 Abs. 4 BUrlG unvereinbar und übrigens auch deswegen inakzeptabel ist, weil damit die gesundheitspolitischen Zielsetzung staatlicher Urlaubsgesetzgebung verfehlt wird. Diese besteht u. a. darin zu gewährleisten, daß ein Arbeitnehmer nicht zu irgendwelchen Zeiten, sondern für die im Gesetz genannte Mindestzeit im jeweiligen Kalenderjahr von der Arbeitspflicht befreit ist.

Der gesetzliche (Mindest-)**Urlaubsanspruch steht dem Arbeitnehmer** 141 **nicht aufgrund erbrachter Arbeitsleistungen, sondern zur Förderung und Erhaltung seiner Arbeitsfähigkeit zu.** Dies wird nach BUrlG unwiderleglich vermutet. Damit gibt es weder eine Veranlassung, ihm diesen Anspruch ganz oder teilweise vorzuenthalten oder zu entziehen, wenn er wegen Arbeitsunfähigkeit nicht gearbeitet hat, noch besteht ein Grund dafür, ihm Urlaubsansprüche über deren Befristung hinaus zu erhalten, wenn er sie wegen Arbeitsunfähigkeit nicht hat verwirklichen können. Daraus folgt auch, daß der Vorschlag, einen solchen (bereits erloschenen) Urlaubsanspruch im weiterbestehenden Arbeitsverhältnis „abzugelten", nicht besonders gut durchdacht ist.

Ganz im Einklang dagegen mit der Rechtsprechung des BAG nach der 142 vom Entwurf nicht gewünschten Wende sind nach § 65 Abs. 2 ArbVG 92 **Bruchteile von Urlaubstagen anteilig zu gewähren.** Die Regelung in § 5 Abs. 2 BUrlG, wonach Bruchteile von (Teil-)Urlaubstagen auf volle Urlaubstage aufgerundet werden, wenn sie mindestens einen halben Tag ergeben, soll zum Nachteil des Arbeitnehmers ersatzlos wegfallen. Die von der Rechtsprechung des Fünften Senats früher aus der Aufrundungsregelung in § 5 Abs. 2 BUrlG hergeleitete „Abrundungsregelung" (siehe dazu § 5 Rz 41 ff.) wird nicht wieder aufgegriffen, obwohl *Hromadka* (NJW 1992, 1989) erklärt, „von dieser bewährten Regelung" sei mit dem Urteil des Achten Senats vom 26. 1. 1989 (BAGE 61, 52 = AP Nr. 13 zu § 5 BUrlG) ohne Notwendigkeit abgewichen worden. Damit wird übergangen, daß die zutreffende Erkenntnis eines rechtlichen Zusammenhangs für ein Gericht immer die Notwendigkeit begründet, eine frühere Fehlerkenntnis aufzugeben.

Der Entwurf wartet mit einer aus § 198 AGB der früheren DDR ent- 143 lehnten **Novität** auf, die der Zustimmung aller Personalleiter sicher sein dürfte: Der **Arbeitgeber** darf nach § 68 ArbVG 92 nämlich den Urlaub aus dringenden betrieblichen Gründen **verschieben, unterbrechen oder vorzeitig beenden.** Die Zustimmung zu dieser Regelung wäre unbedacht. Eine solche Befugnis ist mit den Regeln des Bürgerlichen Vertragsrechts, auf die

Einleitung *V. Reformversuche zum BUrlG*

nach § 9 des Entwurfs verwiesen wird, schlechthin unvereinbar, weil die Erfüllung des Urlaubsanspruchs rechtlich nicht zurückholbar ist (vgl. BAG 20. 6. 2000 NZA 2001, 100). Mit der Urlaubsgewährung sind die Arbeitspflichten des Arbeitnehmers für die Dauer des Urlaubs beseitigt und können nicht einseitig (weder durch den Arbeitgeber noch durch den Arbeitnehmer) wiederhergestellt werden. Mit diesem Vorschlag erweist sich, daß die Entwurfsverfasser ihrer Annahme, das Arbeitsverhältnis sei ein Dauerschuldverhältnis (Gutachten D 85), nicht gewachsen sind. Wenn Arbeitnehmer nicht selten dem Wunsch ihres Arbeitgebers folgen und sich „aus dem Urlaub rufen lassen", beruht dies auf dem Einvernehmen der Beteiligten. Daß das BUrlG eine Verpflichtung, wie in dem früheren § 198 AGB-DDR, nicht enthält, bedeutet weder einen Mangel, noch ist dies gar planwidrig. Das „Fehlen" einer solchen Bestimmung ist nicht zuletzt wegen des mit dem Gesetz verfolgten Zwecks ungestörter Erholung des Arbeitnehmers notwendig.

144   Die Entwurfsverfasser haben allerdings nicht übersehen, daß Arbeitnehmer von der Verpflichtung zur Unterbrechung oder zur vorzeitigen Beendigung ihres Urlaubs nicht eben begeistert sein werden. Deshalb haben sie in § 68 Abs. 1 Satz 2 folgende **„Ausgleichsregelung"** vorgeschlagen: „Verliert der Urlaub durch die Unterbrechung oder durch die vorzeitige Beendigung seinen Erholungswert, oder wird der Erholungswert wesentlich gemindert, so hat der Arbeitnehmer Anspruch auf eine angemessene Ergänzung des Urlaubs". Abgesehen davon , daß niemand objektiv bestimmen kann, was ein Erholungswert ist und wo die Grenze seiner Minderung beginnt, welche die Pflicht des Arbeitgebers zur angemessenen Ergänzung des Urlaubs begründet, wird hier ein reiches Feld für prozessuale Auseinandersetzungen eröffnet.

145   Anscheinend zur Wahrung des Rechtsfriedens wird vom Entwurf eine **ähnliche Befugnis** wie für den Arbeitgeber **auch für den Arbeitnehmer** in § 68 Abs. 2 ArbVG 92 vorgesehen. Arbeitnehmern „soll danach die Möglichkeit eröffnet werden, ebenfalls den Urlaub abzubrechen". Ob das bei näherem Hinsehen von diesen als beifallswert empfunden werden kann, ist nicht so sicher: Für Arbeitnehmer soll nämlich eine dem Arbeitgeber bereits bei „dringenden betrieblichen Gründen" zustehende Befugnis nur begründet werden „aus dringenden in seiner Person liegenden Gründen", „soweit dem nicht überwiegende betriebliche Gründe entgegenstehen". Abgesehen vom verfehlten rechtlichen Ansatz ist die darin liegende **unannehmbare rechtliche Ungleichheit** nicht zu übersehen.

146   Eine Regelung, wie das Entgelt für die Urlaubszeit zu berechnen ist, fehlt im Entwurf ebenso wie die nach Art. 7 Abs. 2 IAO-Übereinkommen Nr. 132 notwendige Vorschrift über die Fälligkeit des Urlaubsentgelts vor Urlaubsantritt. Eine solche Bestimmung könnte wie im geltenden Recht dispositiv ausgestaltet sein, weil die Abweichung von der Fälligkeitsregelung nach Art. 7 Abs. 2 des Übereinkommens durch eine für das Arbeitsverhältnis geltende Vereinbarung, also insbesondere durch tarifliche oder einzelvertragliche Regelung zulässig ist.

147   Schließlich kann sich der Entwurf auch nicht mit der Rechtsprechung des BAG zu § 8 BUrlG (BAGE 57, 366 = AP Nr. 3 zu § 8 BUrlG) anfreunden,

V. Reformversuche zum BUrlG **Einleitung**

indem er vorschlägt, den Anspruch auf das Entgelt entfallen zu lassen, wenn der Arbeitnehmer **dem Urlaubszweck widersprechende Erwerbstätigkeit** leistet. Das ist rechtlich nur dann möglich, wenn der Entgeltanspruch nicht schon vor dem Urlaub erfüllt ist, ansonsten ist nur an einen Bereicherungsanspruch mit all seinen Mißhelligkeiten zu denken.

Dem Vorschlag steht die Frage entgegen, ob ein Arbeitnehmer, dem auf diese Weise der Entgeltanspruch genommen wird, Urlaub erhalten hat, oder ob ihm nach einem solchen Vorgehen erneut Urlaub gewährt werden müßte, weil er zwar Freizeit erhalten, aber den Entgeltanspruch verloren hat. Sollte damit der endgültige Entzug des Urlaubs für einen solchen vertragswidrig handelnden Arbeitnehmer verbunden sein, bestehen Bedenken wegen der **Verletzung von § 3 des IAO-Übereinkommens Nr. 132**, der die Verfasser des Entwurfs schon bei der Formulierung von § 63 Abs. 2 ArbVG 92 behindert hat. Immerhin hat die Ratifizierung des IAO-Übereinkommens bereits im Jahre 1975 dazu geführt, daß § 7 Abs. 4 Satz 2 BUrlG, der einen Ausschlußtatbestand für „grobe Treuwidrigkeit", also ebenfalls ein vertragswidriges Verhalten des Arbeitnehmers enthielt, ersatzlos gestrichen worden ist. 148

Die Entwurfsverfasser übergehen mit ihrer Auffassung zu der nach § 8 BUrlG fehlenden Sanktion (Gutachten D 110), daß Arbeitnehmer, die während des Urlaubs Erwerbstätigkeit leisten, ihre Verpflichtung aus dem Arbeitsverhältnis verletzen. Eine **vertragsrechtliche Sanktion** hierfür ist die mögliche Kündigung. Wegen der Rechtsprechung des Bundesarbeitsgerichts zum Kündigungsrecht muß ein Arbeitnehmer aber regelmäßig weder eine ordentliche noch eine außerordentliche Kündigung fürchten, wenn er während des Urlaubs erwerbstätig ist. Insoweit verfehlt die Kritik an § 8 BUrlG und an der Rechtsprechung des Bundesarbeitsgerichts zum Urlaubsrecht ihr Ziel. 149

Regelungen über das **Urlaubsentgelt und dessen Fälligkeit** fehlen im Entwurf und so manches andere dazu: Das Bundesurlaubsgesetz in seiner gegenwärtigen Fassung ist ein weit besseres Gesetz, als der „Arbeitskreis Deutsche Rechtseinheit im Arbeitsrecht" glauben machen will. Seine Vorschläge für eine Neuregelung des Urlaubsrechts waren in der arbeitsrechtlichen Abteilung des 59. Deutschen Juristentages nicht Gegenstand der Diskussion. Ebenso sind hierzu keine Beschlüsse gefaßt worden. 150

5. Entwurf eines Gesetzes über das Recht des Arbeitsvertrags (Arbeitsvertragsgesetz – ArbVG) – Gesetzentwurf des Freistaates Sachsen

Der Freistaat Sachsen hat im Verlauf des Jahres **1994 einen Referentenentwurf zu einem Arbeitsvertragsgesetz** vorgelegt und ihn in der Sitzung vom 23. 6. 1995 im Bundesrat als Gesetzgebungsvorlage eingebracht (BR-Drucks. 293/95). Der Entwurf beruht auf Vorarbeiten von *Neumann*, der auch als Referent der arbeitsrechtlichen Abteilung des 59. Deutschen Juristentages tätig war. 151

Der sächsische Entwurf **lehnt sich eng an den Vorschlag des Arbeitskreises Deutsche Rechtseinheit an,** der in der arbeitsrechtlichen Abteilung des 59. Deutschen Juristentages zur Erörterung vorgelegen hat. Gleichwohl enthält er eine Reihe nicht unwesentlicher Besonderheiten. 152

Einleitung   V. *Reformversuche zum BUrlG*

153 Wie in jenem Entwurf ist das Urlaubsrecht in den §§ 63 ff. zur Regelung vorgesehen. In der Begründung (BR-Drucks. 293/95 S. 115) heißt es, „Die rigorose Änderung der Rechtsprechung seit der Entscheidung des Bundesarbeitsgerichts vom 28. 1. 1982 (AP Nr. 11 zu § 3 BUrlG **Rechtsmißbrauch**), die weitgehend auf Unverständnis gestoßen" sei, werde „den tatsächlichen Gegebenheiten angepaßt". Gemeint ist damit offenbar, daß die Rechtsprechung des Bundesarbeitsgerichts seit dieser Zeit wieder auf den Stand davor zurückgeführt werden müsse. Daß die Rechtsprechung seit der vom Entwurf genannten Entscheidung mit dem geltenden Recht in Einklang steht, wird vom Entwurf nicht bezweifelt. Aber die Begründung meint:

154 „*Es ist nicht einzusehen, daß auf der einen Seite ein voller Urlaubsanspruch entstehen soll, wenn der Arbeitnehmer das ganze Jahr nicht gearbeitet hat, der Anspruch aber dann trotz voller Arbeitsleistung im Urlaubsjahr entfällt, wenn er nach Übertrag in das folgende Urlaubsjahr wegen Krankheit nicht genommen werden kann. Eine auch vom Bundesarbeitsgericht vermißte gesetzliche Regelung dieser Ungereimtheiten ist zu schaffen.*" (BR-Drucks. 293/95, 115).

155 Diese **Ausführungen sind überwiegend unzutreffend:** Ein Urlaubsanspruch entsteht (nach Ablauf der Wartezeit) jeweils mit Beginn des Jahres und nicht erst, wenn der Arbeitnehmer „das ganze Jahr" nicht gearbeitet hat. Ob der Arbeitnehmer Arbeitsleistungen erbracht hat, ist für den Bestand des Anspruchs unerheblich. Weder nach deutschem Recht noch nach dem auch von diesem Entwurf wiederholt angezogenen IAO-Übereinkommen Nr. 132 ist der Urlaubsanspruch an Leistungen des Arbeitnehmers gebunden oder wird der Urlaub als Gegenleistung geschuldet. Hat der Arbeitnehmer „das ganze Jahr" gearbeitet, kommt ein Übergang des Urlaubsanspruchs auf den Übertragungszeitraum, also das erste Viertel des folgenden Jahres, nur in Betracht, wenn der Urlaub aus dringenden betrieblichen oder in der Person des Arbeitnehmers liegenden Gründen nicht hat gewährt werden können, ansonsten ist der Urlaub bereits mit Ablauf des Kalenderjahres erloschen; auf eine Krankheit im nachfolgenden Jahr kommt es dann gar nicht an (Rz 61 ff.).

156 Daß eine „auch vom Bundesarbeitsgericht vermißte gesetzliche Regelung dieser Ungereimtheiten zu schaffen" sei, ist eine **kühne Annahme,** die durch Tatsachen nicht belegbar ist, insbesondere, wenn berücksichtigt wird, daß das Bundesarbeitsgericht in den mehr als 400 Entscheidungen seit der in der Begründung des sächsischen Entwurfs beklagten „rigorosen Änderung der Rechtsprechung" ein solches Begehren nicht geäußert hat, weil die dafür zuständigen Senate des Bundesarbeitsgerichts jedenfalls insoweit keine „Ungereimtheiten" haben entdecken können, die gesetzlich neu oder anders zu regeln wären.

157 Nach dem sächsischen Entwurf beträgt der **Mindesturlaub 20 Arbeitstage.** Verteilt sich die regelmäßige Arbeitszeit des Arbeitnehmers auf mehr oder weniger als fünf Arbeitstage in der Kalenderwoche, soll sich der Urlaub entsprechend erhöhen oder vermindern, soweit durch Tarifvertrag nichts anderes bestimmt ist.

158 Damit wird an den Wortlaut von § 125 SGB IX angeknüpft. Doch bedarf es einer solchen Regelung nicht. Das Bundesarbeitsgericht (BAGE 54, 141 =

40

V. Reformversuche zum BUrlG **Einleitung**

AP Nr. 29 zu § 13 BUrlG; AP Nr. 4 zu § 48 BAT; BAGE 59, 141, 150 = AP Nr. 23 zu § 11 BUrlG; BAGE 68, 577 = AP Nr. 6 zu § 3 BUrlG) hat bereits seit langem in einer Vielzahl von Entscheidungen unabhängig von einer solchen Regelung dargelegt, wie bei unterschiedlicher Verteilung der Arbeitszeit – gleichgültig, ob es sich um regelmäßig oder unregelmäßig verteilte Arbeitszeit im Voll- oder im Teilzeitarbeitsverhältnis, um Arbeitszeit in vollkontinuierlicher Wechselschicht oder im Freischichtenmodell handelt – die jeweilige Urlaubsdauer zu berechnen ist. Einer besonderen gesetzlichen Regelung dafür bedarf es daher nicht. Der Entwurf bezieht nur die jeweilige regelmäßige Arbeitszeit ein. Wie verfahren werden soll, wenn ein Arbeitnehmer keine regelmäßige Arbeitszeit hat, steht danach nicht fest. Gegen die Tariföffnungsklausel am Ende der Vorschrift bestehen jedenfalls insoweit Bedenken, als sie ermöglicht, in den gesetzlichen Urlaubsanspruch einzugreifen. Das Vorbild in § 47 SchwbG (= § 125 SGB IX) ist sehr viel sorgfältiger formuliert (vgl. § 47 Satz 2 SchwbG: „Soweit tarifliche, betriebliche oder sonstige Urlaubsregelungen für Schwerbehinderte einen längeren Zusatzurlaub vorsehen, bleiben sie unberührt").

Ähnlich wie der Entwurf des Arbeitskreises Deutsche Rechtseinheit will 159 auch der sächsische Entwurf den drei Wochen übersteigenden Urlaubsanspruch entfallen lassen, wenn der Arbeitnehmer aus Gründen in seiner Person **länger als insgesamt sechs Monate im Urlaubsjahr nicht arbeitet**. Nach der Umsetzung von Art. 7 der Richtlinie 93/104 EG durch das Arbeitszeitrechtsgesetz und die Erhöhung des Mindesturlaubs auf 24 Werktage dürften nicht unerhebliche Zweifel daran bestehen, ob die vorgeschlagene Änderung mit dem europäischen Gemeinschaftsrecht vereinbar ist.

Ein glatter **Verstoß gegen das IAO-Übereinkommen Nr. 132** ist dem 160 sächsischen Entwurf mit § 63 Abs. 3 gelungen. Im Eifer, die Rechtsprechung des Bundesarbeitsgerichts zu revidieren, wird im Entwurf vorgeschlagen: „Ist der Arbeitnehmer zu Beginn des Urlaubsjahres arbeitsunfähig krank ..., entsteht sein Anspruch auf Erholungsurlaub erst dann wieder, wenn er in diesem Urlaubsjahr bei seinem Arbeitgeber eine Arbeitsleistung von einem Monat erbracht hat" (§ 63 Abs. 3). Die Bestimmung knüpft an sog. Stichtagsregelungen an, wie sie in den früheren Landesurlaubsgesetzen zu finden waren. Abgesehen davon, daß die Zeitbestimmung „zu Beginn des Urlaubsjahres" unscharf ist und schon deshalb prozeßträchtig zu werden verspricht, verstößt die Bestimmung gegen Art. 3 Abs. 1 und Abs. 3 IAO-Übereinkommen Nr. 132, weil dort jedem Arbeitnehmer ein Mindesturlaub von drei Arbeitswochen garantiert wird, gleichgültig, zu welcher Zeit er arbeitsfähig oder arbeitsunfähig ist.

Den Anspruch auf **Urlaub im Ein- und Austrittsjahr** versucht der Ent- 161 wurf gegenüber dem geltenden Recht zu verschlanken (§ 65 Abs. 1). Während dieser Zeiten hat der Arbeitnehmer ... „auf so viele Zwölftel des Jahresurlaubs Anspruch, als er Monate bei ihm gearbeitet hat (Beschäftigungsmonate)". Das widerspricht einmal der Wartezeitenregelung von sechs Monaten in § 64, weil danach ein Arbeitnehmer, der im Februar zu arbeiten beginnt, in diesem Jahr nur 11/12 des Jahresurlaubs erwerben kann, obwohl er die Wartezeit erfüllt hat und ihm damit der volle Urlaubsanspruch zusteht.

162 Zum anderen ist unklar, ob **Beschäftigungsmonate**, also der Bestand des Arbeitsverhältnisses, ausreichen, oder ob der Arbeitnehmer tatsächlich gearbeitet haben muß. Die Unterscheidungen hierzu haben das Bundesarbeitsgericht (vgl. z.B. BAG 25. 8. 1987 AP Nr. 37 zu § 7 BUrlG) schon mehrfach beschäftigt.

163 Anders als der Entwurf des Arbeitskreises Deutsche Rechtseinheit möchte der sächsische Entwurf zwar wie im geltenden Recht „Bruchteile von (Teil-) Urlaubstagen, die mindestens einen halben Tag ergeben, auf volle Urlaubstage aufrunden", will aber geringere Bruchteile entfallen lassen (zur **Auf- und Abrundung von Teilurlaubsansprüchen** vgl. BAG 16. 1. 1989 BAGE 61, 52 = AP Nr. 13 zu § 5 BUrlG; BAG 14. 2. 1991 BAGE 67, 217 = AP Nr. 1 zu § 3 BUrlG Teilzeit; vgl. ausführlich hierzu § 5 BUrlG Rz 40 ff.). In der Begründung hierzu heißt es: „Zur Klarstellung muß das Entfallen geringerer Bruchteile als Ausgleich hinzugefügt werden". Eine solche Argumentation mag zwar im Kontenverkehr einem Bankkunden durchaus einleuchten, weil im Durchschnitt den Nachteilen des Abrundens die Vorteile des Aufrundens für ihn einander gegenüberstehen. Die vorgeschlagene Regelung enthält hier jedoch einen Anspruchsentzug, der gegenüber dem gleichen Arbeitnehmer niemals aufgewogen wird und im übrigen bei häufig wechselnden Beschäftigungen im Urlaubsjahr zu einer Verkürzung des Jahresurlaubs führen kann.

164 Insgesamt muß festgestellt werden, daß auch dieser Entwurf – gemessen an den Regelungen des geltenden Rechts – **rechtlich und sozialpolitisch eine Reihe von Rückschritten** enthält. Das Niveau des Bundesurlaubsgesetzes erreicht er in seinem urlaubsrechtlichen Teil bei weitem nicht.

C. Erläuterungen zum Bundesurlaubsgesetz

§ 1 Urlaubsanspruch

Jeder Arbeitnehmer hat in jedem Kalenderjahr Anspruch auf bezahlten Erholungsurlaub.

Schrifttum: *Bachmann,* Die neue Urlaubsrechtsprechung des BAG, BlStSozArbR 1985, 209; *Baunscheidt,* Das rechtsmißbräuchliche Urlaubsbegehren bei fehlender oder geringfügiger Arbeitsleistung, BlStSozArbR 1984, 145; *Beckerle,* Urlaubsanspruch und Erholungsbedürfnis, RdA 1985, 352; *Bengelsdorf,* Befristung des gesetzlichen Urlaubs und Mutterschaftsurlaub, NZA 1985, 613; *ders.,* Urlaubsdauer und Urlaubsvergütung bei ungleichmäßiger Verteilung der Arbeitszeit, DB 1988, 1161; *Bösche/Grimberg,* Mitbestimmen bei der Urlaubsplanung, AiB 1991, 218; *Buchner,* Urlaub und Rechtsmißbrauch – Fehlentwicklung der Rechtsprechung, DB 1982, 1823; *Compensis,* Die Vererblichkeit von Sozialplananprüchen und anderen Abfindungen, DB 1992, 888; *Danne,* Urlaubsdauer bei unterschiedlicher Tagesarbeitszeit, DB 1990, 1965; *Färber,* Die Übertragung des Urlaubsanspruchs und seine Abgeltung, DB 1984, 1826; *Feller,* Urlaubsansprüche bei Arbeitgeberwechsel, RdA 1968, 4; *Fieberg,* Vor dem Gesetz – Anmerkungen zum Verhältnis der tariflichen Urlaubsvorschriften des öffentlichen Dienstes zum BUrlG anhand der Rechtsprechung des BAG, ZTR 1988, 113; *Franke,* Haben Ferienbeschäftigte Anspruch auf Erholungsurlaub?, DB 1982, 1324; *ders.,* Rechtsmißbräuchliches Urlaubsverlangen bei geringfügiger Arbeitsleistung, BB 1983, 1036; *Gagel,* Sozialrechtliche Behandlung von Urlaubsabgeltungen, insbesondere ihre Berücksichtigung beim Insolvenzgeld, ZIP 2000, 257; *Gaul,* Zur pfändungsrechtlichen Behandlung des Urlaubsabgeltungsanspruchs, NZA 1987, 473; *van Gelder,* Teilurlaub und Ganztagsprinzip, AuR 1970, 267; *van Gelder/Böttner,* Bruchteile von Urlaubstagen und ihre Abgeltung, AuR 1969, 321; *Gerauer,* Das Selbstbeurlaubungsrecht des Arbeitnehmers, NZA 1988, 154; *Göbel,* Arbeits- und sozialrechtliche Grundlagen flexibler Teilzeitarbeit, in Flexible Teilzeitarbeit, Dokumentation der Fachtagung der BDA 1987, S. 45; *Hefermehl,* Erklärungen und Handlungen im Arbeitsverhältnis, BABl. 1967, 310; *Hiekel,* Die Durchsetzung des Urlaubsanspruchs, NZA 1990, Beil. 2 S. 32; *Hohmeister,* Ist die Urlaubsvergütung pfändbar?, BB 1995, 2110; *ders.,* Aktuelle Urlaubsrechtsprechung des BAG, BB 1997, 1149; *ders.,* Die Rechtsprechung des Bundesarbeitsgerichts zum Urlaubsrecht im Jahr 1997/98, BB 1998, 1054; *ders.* Die Rechtsprechung des Bundesarbeitsgerichts zum Urlaubsrecht in den Jahren 1998/99, BB 1999, 1812; *Hoß/Lohr,* Die Freistellung des Arbeitnehmers, DB 1998, 2575; *Ihmels,* Das Recht auf Urlaub, 1981; *ders.,* Urlaubsrecht: Weiterhin Einheitsanspruch contra Dogmatik?, JZ 1983, 18; *Kanzelsperger,* Nachgewährung von Urlaub bei Krankheit, Schwangerschaft und Inanspruchnahme des Erziehungsurlaubs, AuR 1997, 192; *Klein,* Urlaubsarbeit und Urlaubszweck, BB 1965, 712; *Klischan/Schlebusch,* Urlaubsrecht aktuell – Prüfungspunkte auf der Grundlage der BAG-Rechtsprechung, DB 1986, 1017; *Kohte,* Kontinuität und Bewegung im Urlaubsrecht, BB 1984, 609; *Künzl,* Urlaubsabgeltung bei Erwerbsunfähigkeit, BB 1987, 687; *ders.,* Befristung des Urlaubsanspruchs, BB 1991, 1630; *von der Laden,* Die Bestimmung der Urlaubszeit nach dem BUrlG und dem BetrVG, 1971; *Leinemann,* Der Urlaubsanspruch nach dem BUrlG, DB 1983, 989; *ders.,* Die neue Rechtsprechung des BAG zum Urlaubsrecht, NZA 1985, 137; *ders.,* Gesetzliches und tarifliches Urlaubsrecht, AuR 1987, 193; *ders.,* Reformversuche und Reformbedarf im Urlaubsrecht, FS für Stahlhacke, 1995, 317, sowie BB 1995, 1954; *Leinemann/Lipke,* Betriebsübergang und Urlaubsanspruch, DB 1988, 1217; *Leinemann/Schütz,* Wirkungen der Übereinkommen der IAO auf das Recht der Bundesrepublik Deutschland, ZfA 1994, 1; *Lepke,* Übertragung von Erholungsurlaub auf das nächste Kalenderjahr, BB 1968, 632; *ders.,* Die Gewährung gesetzlichen Erholungsurlaubs, DB 1988, Beil. 10; *ders.,* Die nachträgliche Änderung bereits erteilten Erholungsurlaubs, DB 1990, 1131; *Nägele,* Unabdingbarkeit des Mindesturlaubsanspruchs, BB 1991, 837; *ders.,* Die Vergütungs- und Urlaubsansprüche in der Zeit der Freistellung, DB 1998, 518; *Natzel,* Von den Elementen des Urlaubsbegriffs, DB 1968, 1491; *Neumann,* Urlaub als Entgelt oder aus Fürsorgepflicht, RdA 1977, 265; *Ostrop,* Verfall des Urlaubsanspruchs nach Ablauf des Übertragungszeitraums, NZA 1993, 208; *Peltzer,* Zur jüngsten Reform der Urlaubsabgeltungsvorschriften des öffentlichen Tarifrechts und deren Reichweite, NZA 1988, 493; *Petermeier,* Berechnung von anteiligem Urlaub im Ein- und Austrittsjahr, BB 1981, 375; *Pinger,* Urlaubssperre bei den Kommunen zwecks Durchführung der Volkszählung und Mitbestimmung bei der Personalvertretung, Personalvertretung 1987, 7; *Pfeifer,* Pfändung urlaubsrechtlicher Ansprüche, NZA 1996, 738; *Plüm,* Urlaubsgewährung und Schuldnerverzug, NZA 1988, 716; *Rzadkowski,* Urlaubsanspruch, Urlaubszeitpunkt, Der Personalrat 1992, 47; *ders.,* Zur Dauer des Erholungsurlaubs für teilzeitbeschäftigte Angestellte, Der Personalrat 1993, 161; *Schelp/ Trieschmann,* Der Erholungsurlaub, BABl. 1961, 43; *Schmalz/Ebener,* Gesamtschuldnerausgleich zwischen Betriebserwerber und -veräußerer für Urlaubsansprüche des Arbeitnehmers?, DB 2000, 1711; *Schoden,* Schutz vor dem Verfall des Urlaubsanspruchs, Die Quelle 1988, 555; *Siebel,* Auswirkungen der Arbeitszeitverkürzung und ungleichmäßigen Arbeitszeitverteilung auf Wochenfeiertage und Urlaub sowie auf deren Bezahlung, BB 1987, 2222; *Sowka,* Die Übertragung von Erholungsurlaub auf die Zeit nach Beendigung des Erziehungsurlaubes, NZA 1989, 497; *Streblow,* Erholungsurlaub trotz Krankheit, 1986; *Sturn,* Urlaubsdispositionen aus der Sicht des Rechts, Arbeitgeber 1988, 514; *Thiele,* Zielrichtungen der Urlaubsregelungen im Beamten- und Arbeitsrecht, DÖD 1986, 101; *Thies,* Behandlung von Viertelurlaubstagen, DB 1970, 1880; *Wachter,* Der Nachurlaub wegen urlaubsstörender Ereignisse, AuR 1982, 306; *H.J. Weber,* Die Nebenpflichten des Arbeitgebers, RdA 1980, 289; *ders.,* Die Ansprüche auf Urlaub, Urlaubsentgelt und Urlaubsabgeltung, RdA 1995, 229; *Weiler/Rath,* Der Urlaub nach Ausspruch einer Kündigung, NZA 1987, 337; *Widera,* Zu den Möglichkeiten und Grenzen der Urlaubsübertragung, DB 1988, 756; *Wiesner,* Das „neue" Urlaubsrecht, BB 1985, 1135; *Winderlich,* Der Urlaubszweck, AuR 1989, 300; *Wolff/Scheffler,* Probleme des Urlaubsrechts der BAT-Angestellten, Der Personalrat 1988, 240; *Zöllner,* Die Festsetzung des Urlaubs und ihre Erzwingung, DB 1957, 508.

Übersicht

	Rz
I. Entstehungsgeschichte	1
II. Allgemeines	3
III. Theorien zum Urlaubsanspruch	11
1. Überblick	11
a) Doppelanspruch und Entgelttheorie	12
b) Einheitstheorie	15
2. Urlaub als Freistellung von der Arbeit	25
IV. Inhalt des Urlaubsanspruchs	30
1. Begriff	30
2. Merkmale des Urlaubsanspruchs	33
a) Privatrechtlicher Anspruch	33
b) Beseitigung der Arbeitspflicht	36
c) Unabdingbarkeit	37
d) Befristung des Anspruchs	38
e) Rechtlicher Bestand des Arbeitsverhältnisses	39

Urlaubsanspruch § 1 BUrlG

	Rz
3. Nebenpflicht des Arbeitgebers	40
4. Andere Freistellungsansprüche	46
5. Nachurlaub	48
V. Voraussetzungen und Inhalt des Urlaubsanspruchs	60
1. Entstehen des Urlaubsanspruchs	60
a) Bestehen eines Arbeitsverhältnisses	62
b) Ablauf der Wartezeit	68
c) Urlaubsansprüche während des Kündigungsrechtsstreits ...	69
2. Fälligkeit	77
3. Geltendmachung	85
4. Einwand des Rechtsmißbrauchs	90
a) Die Rechtsprechung zum Mißverhältnis zwischen Arbeitsleistung und Urlaub	91
b) Kritik der Rechtsprechung bis 1982	94
c) Kein Rechtsmißbrauch bei Urlaubsverlangen trotz fehlender Arbeitsleistung	107
5. Dauer des Urlaubs	116
a) Vererblichkeit	120
b) Abtretbarkeit	122
c) Pfändbarkeit	125
6. Übertragung des Urlaubsanspruchs auf andere Personen	119
7. Übertragbarkeit des Anspruchs auf Urlaubsentgelt	126
8. Übertragbarkeit des Anspruchs auf Urlaubsgeld	127
9. Erlöschen des Urlaubsanspruchs	128
a) Erfüllung	129
b) Ablauf des Urlaubsjahres	131
c) Tod des Arbeitnehmers	133
d) Verzicht	134
e) Aufrechnung	140
VI. Urlaub bei Betriebsübergang	142
1. Grundlagen	143
2. Ansprüche des Arbeitnehmers gegen den Veräußerer	144
a) Urlaubsanspruch	144
b) Urlaubsentgeltanspruch	150
c) Urlaubsabgeltung	153
3. Ansprüche des Arbeitnehmers gegen den Erwerber	155
a) Urlaubsanspruch	155
b) Urlaubsentgeltanspruch	160
c) Urlaubsabgeltung	161
4. Ausgleich zwischen Erwerber und Veräußerer	163
VII. Urlaub bei Insolvenz des Arbeitgebers	168
1. Urlaub und Konkursordnung	169
a) Urlaubserteilung und Urlaubsabgeltung nach Konkurseröffnung	169
b) Urlaubsansprüche aus der Zeit vor Konkurseröffnung	175
c) Konkurseröffnung während des Urlaubs	181
2. Urlaub und Gesamtvollstreckungsverfahren	186
3. Urlaubsansprüche und Insolvenzordnung	188
VIII. Urlaub und Arbeitskampf	195

I. Entstehungsgeschichte

Alle Arbeitnehmer haben in jedem Kalenderjahr aufgrund § 1 BUrlG 1 einen gesetzlichen Anspruch auf bezahlten Erholungsurlaub. Mit dem In-

BUrlG § 1 *Teil I. C. Erläuterungen zum BUrlG*

krafttreten des BUrlG ist der früher aus landesrechtlichen Regelungen und bei deren Fehlen u. a. aus der Fürsorgepflicht abgeleitete Urlaubsanspruch des Arbeitnehmers auf eine für das Bundesgebiet **einheitliche gesetzliche Grundlage** gestellt worden (vgl. dazu BAG 20. 4. 1956 BAGE 3, 23 ff. = AP Nr. 6 zu § 611 BGB Urlaubsrecht m. Anm. A. *Hueck*; BAG 7. 2. 1957 AP Nr. 18 zu § 611 BGB Urlaubsrecht m. Anm. *Dersch*; *Boldt/Röhsler* § 1 Rz 3; *Dersch/Neumann* § 1 Rz 2 sowie Einl. Rz 7 ff.). Rechtsgrundlage für Urlaubsansprüche von Arbeitnehmern ist damit – vorbehaltlich tarifvertraglicher oder einzelvertraglicher Regelungen – allein das BUrlG (*Boldt/Röhsler* § 1 Rz 3; *Bleistein* GK-BUrlG § 1 Rz 6).

2   Ein Rückgriff auf die **Fürsorgepflicht** des Arbeitgebers zur Begründung des Urlaubsanspruches kommt daher ebensowenig in Betracht wie Ableitungen aus dem **Gewohnheitsrecht**, betrieblicher Übung oder unmittelbar aus den Regelungen des BGB oder gar dem Grundgesetz (BAG 8. 3. 1984 BAGE 45, 183, 194 = AP Nr. 14 zu § 3 BUrlG Rechtsmißbrauch, zu II 4 d der Gründe; *Ihmels* JZ 1983, 18, 20; *Leinemann* DB 1983, 989, 991). Auch sind mit Ausnahme von Regelungen über den Bildungsurlaub (vgl. dazu BVerfG 15. 12. 1987 BVerfGE 77, 308 = AP Nr. 62 zu Art. 12 GG sowie § 15 Rz 21 ff. und Teil III D) und den in § 15 Abs. 2 Satz 2 genannten gesetzlichen Regelungen (dazu § 15 Rz 57 ff.) landesrechtliche Bestimmungen über den Urlaub ausgeschlossen, weil der Bund durch den Erlaß des BUrlG auf dem Gebiet der konkurrierenden Gesetzgebung von seinem Gesetzgebungsrecht Gebrauch gemacht hat (Art. 72, Art. 74 Nr. 12 GG).

II. Allgemeines

3   Nach § 1 hat der Arbeitnehmer Anspruch auf bezahlten Erholungsurlaub. In der Bezeichnung des Urlaubs als „Erholungsurlaub" kommt das für den Erlaß des BUrlG maßgebliche **gesetzgeberische** Motiv zum Ausdruck. Dies besteht darin, dem Arbeitnehmer für die Urlaubszeit die Möglichkeit zu eröffnen, **Freizeit selbstbestimmt zur Erholung zu nutzen** (vgl. BAG 1. 3. 1962 BAGE 12, 311, 318 f. = AP Nr. 1 zu § 611 BGB Urlaubsrecht, zu III 2 der Gründe m. Anm. *Zöllner*; BAG 8. 3. 1984 BAGE 45, 184, 197 = AP Nr. 14 zu § 3 BUrlG Rechtsmißbrauch, zu II 5 b der Gründe m. Anm. *Glaubitz* = SAE 1985, 108 m. Anm. *Beitzke* = EzA § 3 BUrlG Nr. 14 m. Anm. *Buchner*; BAG 20. 6. 2000 BB 2000, 2313; ErfK/*Dörner* § 1 BUrlG Rz 9; *Kohte* BB 1984, 609, 611; früher bereits *Güntner* AuR 1963, 77, 83; *Klein* BB 1965, 712, 714). Eine selbstbestimmte Nutzung der Freizeit ist nicht gewährleistet, wenn der Arbeitnehmer trotz der Freistellung ständig damit rechnen muß, zur Arbeit abgerufen zu werden (BAG 20. 6. 2000 aaO).

4   Ob der Arbeitnehmer die ihm gewährte Freizeit wirklich zur Erholung nutzt, ist ihm in den Grenzen von § 8 selbst überlassen. Eine Verpflichtung des Arbeitnehmers, sich zu erholen, besteht nicht. Der Urlaub nach dem BUrlG ist damit eine **gesetzlich bedingte Mindestleistung des Arbeitgebers zur Erhaltung und Wiederauffrischung der Arbeitskraft** des Arbeitnehmers (BAG 8. 3. 1984 BAGE 45, 184, 197 = AP Nr. 14 zu § 3 BUrlG Rechtsmißbrauch; *Natzel* § 1 Rz 5).

Urlaubsanspruch § 1 BUrlG

Voraussetzung des Anspruchs auf Urlaub ist nicht, daß der Arbeitnehmer 5
erholungsbedürftig ist oder sich im Urlaub gar tatsächlich erholt (*Bleistein*
GK-BUrlG § 1 Rz 2; MünchArbR/*Leinemann* § 89 Rz 11; *Natzel* § 1 Rz 6;
ders. DB 1968, 1491, 1495; *Streblow* S. 90ff.). Das **Erholungsbedürfnis** wird
vielmehr nach § 1 für jeden Arbeitnehmer **unwiderleglich vermutet**
(ErfK/*Dörner* § 1 BUrlG Rz 10; MünchArbR/*Leinemann* § 89 Rz 11).

Für den Urlaubsanspruch kommt es **weder** auf ein **konkretes individuel-** 6
les (ebenso bereits BAG 21. 10. 1965 AP Nr. 1 zu § 1 BUrlG, zu 1 der
Gründe) **noch auf ein abstraktes Erholungsbedürfnis** des Arbeitnehmers
an (BAG 28. 1. 1982 BAGE 37, 382, 385 = AP Nr. 11 zu § 3 BUrlG
Rechtsmißbrauch, zu II 2b bb der Gründe; *Güntner* AuR 1963, 77, 83;
Klein, BB 1965, 712, 714; *Lepke* DB 1988 Beil. 10 S. 4; *Winderlich* AuR
1989, 300, 303). Soweit hiervon abweichend im Schrifttum die Auffassung
vertreten wird, der Urlaubsanspruch des Arbeitnehmers setze dessen Erholungsbedürfnis voraus (*Beckerle* RdA 1985, 352ff.; *Färber* DB 1984, 1826,
1828; *Peterek* Anm. zu BAG EzA § 3 BUrlG Nr. 13), gibt es dafür in den
Regelungen des BUrlG keine Anhaltspunkte.

Insbesondere läßt sich aus dem **Gesetzgebungsverfahren** (dazu Einl. 7
Rz 21ff.) nichts dafür ableiten, daß der Urlaubsanspruch ein im Einzelfall
nachzuweisendes Erholungsbedürfnis des Arbeitnehmers etwa von zuvor
geleisteter Arbeit voraussetzt. Nach dem schriftlichen Bericht des Bundestagsausschusses für Arbeit (BT-Drucks. IV/785) ist der „vorgelegte Entwurf
ferner von dem sozialpolitischen Anliegen bestimmt, die gesetzliche Mindestdauer des Urlaubs, der der Erhaltung und Wiederauffrischung der Arbeitskraft dient, angemessen zu erhöhen". Diese Formulierung entspricht
der Begründung des von der Fraktion der CDU/CSU eingebrachten Entwurfs eines Bundesurlaubsgesetzes (BT-Drucks. IV/207): „Das weitere sozialpolitische Anliegen des vorliegenden Entwurfs ergibt sich aus der
Zweckbestimmung des den Arbeitnehmern gewährten Erholungsurlaubs,
nämlich der Erhaltung und Wiederauffrischung ihrer Arbeitskraft zu dienen". In beiden Begründungen ist kein Wort von der „Erholung von geleisteter Arbeit" enthalten. Dem BUrlG liegt damit nicht die Auffassung
zugrunde, daß der Urlaub u.a. der Erholung von geleisteter Arbeit diene, im
Gesetzgebungsverfahren ist vielmehr lediglich auf die Erhaltung und Wiederauffrischung der Arbeitskraft des Arbeitnehmers abgestellt worden.

Auch aus dem **Begriff „Erholungsurlaub"** in § 1 kann nicht auf ein Er- 8
holungsbedürfnis als Voraussetzung des Urlaubsanspruchs geschlossen
werden (so aber *Beckerle* RdA 1985, 352, 353). Mit der Bezeichnung als Erholungsurlaub soll der Urlaub des BUrlG vielmehr auch terminologisch von
anderen Formen der Freistellung von der Arbeit (z.B. Bildungsurlaub, Freistellung für Betriebsratstätigkeit nach §§ 37 Abs. 2, 38 BetrVG oder Erziehungsurlaub; vgl. dazu weiter Rz 46f.) abgegrenzt werden (ebenso *Winderlich* AuR 1989, 300, 302).

Schließlich spricht auch der **gesetzliche Gesamtzusammenhang** gegen 9
die Annahme, der Urlaubsanspruch des Arbeitnehmers setze dessen Erholungsbedürfnis voraus. Mit dieser Auffassung nicht zu vereinbaren, daß
gemäß § 10 Maßnahmen der medizinischen Vorsorge oder Rehabilitation
grundsätzlich nicht auf den Urlaub angerechnet werden dürfen, obwohl ge-

rade dadurch eine gründliche Erholung und Stärkung der Arbeitskraft erreicht werden soll.

10 Nicht das konkrete Erholungsbedürfnis ist damit Voraussetzung für den Urlaubsanspruch des Arbeitnehmers, sondern das nach § 1 für jeden Arbeitnehmer unwiderleglich vermutete allgemeine Bedürfnis, Freizeit selbstbestimmt zur Erholung und Wiederauffrischung der Arbeitskraft nutzen zu können. Da diese Möglichkeit der **eigenverantwortlichen Freizeitverwertung** während einer Maßnahme der medizinischen Vorsorge oder Rehabilitation nicht besteht, dürften solche Zeiten folgerichtig auch nicht auf den Urlaubsanspruch angerechnet werden, soweit ein Anspruch auf Fortzahlung des Arbeitsentgelts nach den gesetzlichen Vorschriften über die Entgeltfortzahlung im Krankheitsfalle besteht (§ 10). Daß nach der Änderung des § 10 durch das Arbeitsrechtliche Beschäftigungsförderungsgesetz vom 25. 9. 1996 (dazu § 10 Rz 38 ff.) eine begrenzte Anrechnung gleichwohl zulässig war, steht dem nicht entgegen. Denn die Neufassung des § 10 ist erkennbar beschäftigungspolitisch motiviert gewesen (vgl. *Leinemann* BB 1996, 1381). Ziel dieser Gesetzesänderung war erklärtermaßen die Schaffung von Arbeitsplätzen durch finanzielle Entlastung der Arbeitgeber. Besondere gesetzessystematische Überlegungen sind dabei nicht verfolgt worden. Es bleibt deshalb trotz der geänderten Fassung des § 10 in der Zeit vom 1. 10. 1996 bis 31. 12. 1998 dabei, daß der Anspruch auf Erholungsurlaub kein Erholungsbedürfnis des Arbeitnehmers voraussetzt.

III. Theorien zum Urlaubsanspruch

1. Überblick

11 Zum Urlaubsanspruch sind in der Vergangenheit **unterschiedliche** Auffassungen vertreten worden.

a) Doppelanspruch und Entgelttheorie

12 Das **RAG** hat in seiner Rechtsprechung zunächst den Urlaub als Teil des Arbeitsentgelts angesehen, der sich aus zwei **Ansprüchen, dem Freizeit- und dem Entgeltanspruch** zusammensetze (RAG 11. 2. 1930 ARS 8, 280, 284; so auch heute noch *Streblow* S. 55 ff.). Urlaub und sog. Urlaubsvergütung wurden als zwei Ansprüche behandelt, die nach dieser sog. Entgelttheorie vertragliches Entgelt für geleistete Arbeit darstellten (RAG 24. 11. 1937 ARS 31, 273, 274 f. m. Anm. *Dersch*). Mangels einer gesetzlichen Grundlage für den Urlaubsanspruch waren Urlaubsansprüche nach der Rechtsprechung des RAG nur bei Vorliegen tarifvertraglicher oder einzelvertraglicher Vereinbarungen gegeben.

13 Mit Urteil vom 16. 3. 1938 (ARS 32, 316 ff.) ist das RAG unter dem Eindruck der von der **nationalsozialistischen Ideologie** bevorzugten Sicht des Arbeitsverhältnisses als einem personenrechtlichen Gemeinschafts- und Treueverhältnis (dazu Kasseler Handbuch/*Leinemann* Gruppe 1.1 Rz 17 ff.) von der Entgelttheorie abgerückt. Das RAG sah nunmehr den **Sinn und Zweck** der Urlaubs darin, die **Arbeitskraft des schaffenden Menschen zu erhalten und neu zu beleben.** Der Urlaub sollte nicht nur dem Interesse des

Urlaubsanspruch **§ 1 BUrlG**

einzelnen, sondern ebenso dem Interesse des „Volksganzen" dienen. Gerade hierin hat das RAG den für die Beurteilung von Urlaubsfragen maßgeblichen Gesichtspunkt gesehen (vgl. RAG 16. 3. 1938 ARS 32, 316, 319f.). Damit war nicht vereinbar, den Urlaub nur als Entgelt für die vom Arbeitnehmer erbrachten Leistungen anzusehen. Ein neuer Ansatzpunkt wurde deshalb in der Fürsorgepflicht des Arbeitgebers gesucht, die ihm als Führer des Betriebs auch gegenüber der gesamten Gefolgschaft oblag.

Die **Fürsorgepflicht** des Unternehmers, die in früheren Entscheidungen 14 des RAG ausdrücklich nicht als Rechtsgrundlage des Urlaubsanspruchs herangezogen worden war (vgl. RAG 24. 11. 1937 ARS 31, 273, 275 m. w. N.), wurde daher seit dem weltanschaulich besonders geprägten Urteil des RAG vom 16. 3. 1938 (ARS 32, 316, 320) fortan als Grundlage für alle Urlaubsansprüche erklärt und die Entgelttheorie ausdrücklich aufgegeben (zur Urlaubsrechtsprechung des RAG vgl. näher *Streblow* S. 11 ff.). In neuerer Zeit ist die Entgelttheorie vertreten worden von *H. J. Weber,* RdA 1980, 289, 293 Fn. 83.

b) Einheitstheorie

In Abweichung von seiner früheren Rechtsprechung hat das RAG zuletzt 15 auch nicht mehr die Auffassung vertreten, der Urlaub bestehe aus zwei Ansprüchen, nämlich dem Freizeit- und dem Entgeltanspruch. Mit der Hinwendung zur Fürsorgepflicht als Grundlage der Verpflichtung des Arbeitgebers zur Urlaubsgewährung war für das Reichsarbeitsgericht auch die sog. Theorie vom Doppelanspruch überwunden. Der Urlaubsanspruch wurde nunmehr als ein **einheitlicher Anspruch auf bezahlte Freizeitgewährung** verstanden (vgl. z. B. RAG 26. 10. 1938 ARS 35, 44, 51), allerdings mit der Maßgabe, daß die Rechtsprechung das Entstehen dieses Anspruchs nach wie vor an eine gesetzliche Grundlage (z. B. § 21 Jugendschutzgesetz vom 30. 4. 1938, RGBl I S. 437) oder eine kollektiv- oder einzelvertragliche Bestimmung geknüpft hat.

Das **Schrifttum dieser Zeit** und davor hatte das Entstehen eines wie auch 16 immer gearteten Urlaubsanspruches dagegen an Erwägungen zum **Gewohnheitsrecht,** an eine **absolut verstandene Fürsorgepflicht** oder an Konstruktionen zur **betrieblichen Übung** gebunden. So hatte im Schrifttum *Titze* („Das Recht des kaufmännischen Personals" in *Ehrenbergs* Handbuch des Handelsrechts II, § 126, 5 S. 768) bereits 1918 formuliert: „... es wird immer mehr Sitte, daß der Prinzipal dem bewährten Gehilfen einmal im Jahre Ferien zum Zwecke der Erholung und Ausspannung gewährt. Und es ist zu hoffen und zu erwarten, daß diese Sitte sich allmählich zur Verkehrssitte verdichtet, so daß der Gehilfe aus dem Dienstvertrag auch ohne ausdrückliche Vereinbarung einen Urlaubsanspruch ableiten kann...".

Der Anspruch des Arbeitnehmers auf Gewährung von Erholungsurlaub 17 ist im Schrifttum (vgl. *Bleistein* GK-BUrlG § 1 Rz 12; *Boldt/Röhsler* § 1 Rz 5; *Dersch/Neumann* § 1 Rz 69; *Hohmeister* § 1 Rz 1; *Schelp/Herbst* § 1 Rz 6f.; *Staudinger/Richardi* § 611 Rz 884; *Streblow* S. 55 ff.) und in der Rechtsprechung des BAG (vgl. z. B. BAG 22. 6. 1956 BAGE 3, 60, 62 = AP Nr. 9 zu § 611 BGB Urlaubsrecht; BAG 3. 6. 1960 AP Nr. 73 zu § 611 BGB Urlaubsrecht) bis zu dessen Entscheidung vom 28. Januar 1982 (BAGE 37,

BUrlG § 1 *Teil I. C. Erläuterungen zum BUrlG*

382 = AP Nr. 11 zu § 3 BUrlG Rechtsmißbrauch) überwiegend als **Einheitsanspruch** behandelt worden, der untrennbar aus Freizeitgewährung und Fortzahlung der Vergütung für die Urlaubszeit bestehe (Einheitstheorie).

18 Mit dieser Auffassung wird abgelehnt, daß Urlaub – wie dies früher vom RAG (vgl. z.B. RAG ARS 5, 75; 6, 369; 8, 280; 8, 388; 9, 222; 12, 94; 15, 252 – aufgegeben in ARS 32, 316; s. dazu auch Rz 12) vertreten worden ist – eine Art des Entgelts für bisher erbrachte Arbeit sei, sog. **Entgelttheorie** (nach Inkrafttreten des BUrlG haben die Entgelttheorie im Schrifttum u.a. vertreten *Buchner* DB 1982, 1823 ff.; *Güntner* AuR 1963, 77; *Renaud* Die Abgeltung von Urlaubsansprüchen 1977, S. 26; *Schwerdtner* Fürsorgetheorie und Entgelttheorie im Recht der Arbeitsbedingungen 1970 S. 145 ff., 191 ff.; *Söllner* MünchKomm-BGB, 2. Aufl. § 611 Rz 347).

19 Mit der Einheitstheorie wird ebenso die Lehre vom **Urlaubsanspruch als Doppelanspruch** – also die Trennung der von der Einheitstheorie als untrennbar bezeichneten (Wesens-)Elemente Freizeit und Entgelt – als überwunden angesehen (vgl. dazu *Boldt/Röhsler* § 1 Rz 5 m.w.N.; – a.A. *Streblow* S. 53 ff.). Dennoch existieren beide Auffassungen oft unerkannt bei der Erörterung einer Reihe von Einzelproblemen des Urlaubsrechts noch weiter (besonders deutlich *Hohmeister* § 1 Rz 1 f.).

20 Soweit mit der Auffassung, der Anspruch auf Erholungsurlaub sei ein Einheitsanspruch, an die **gesetzliche Formulierung vom „bezahlten Erholungsurlaub"** in § 1 angeknüpft wird (*Boldt/Röhsler* § 1 Rz 5; *Dersch/Neumann* § 1 Rz 65), steht dem entgegen, daß mit dieser Vorschrift nicht etwa ein besonderer Urlaubsentgeltanspruch unter Wegfall des Lohnanspruchs begründet wird. § 1 stellt vielmehr sicher, daß der dem Arbeitnehmer zustehende Lohnanspruch trotz Nichtleistung der Arbeit während des Urlaubs unberührt von der Urlaubsgewährung bleibt (insoweit zutreffend *Gaul/Boewer* S. 23; *Bleistein* GK-BUrlG § 1 Rz 75).

21 Wenn dennoch der **Urlaubsanspruch als Einheitsanspruch** mit zwei untrennbaren aber voneinander verschiedenen Wesenselementen bezeichnet wird (so insbes. *Dersch/Neumann* § 1 Rz 69; *Staudinger/Richardi* § 611 Rz 884; *Zöllner/Loritz* § 16 IV 1), ist das **widersprüchlich**. Denn damit wird der Urlaubsanspruch einerseits wesensmäßig als Freizeitanspruch behauptet, andererseits ebenso wesensmäßig als Urlaubsentgeltanspruch, von dem jedenfalls überwiegend angenommen wird (vgl. BAG 30. 9. 1965 AP Nr. 5 zu § 850 ZPO; *Boldt/Röhsler* § 1 Rz 36 m.w.N.), daß er mit dem Urlaubsanspruch identisch ist (kritisch allerdings *Ihmels* S. 87 ff. sowie *ders.* JZ 1983, 18 ff.; *Gaul/Boewer* S. 49; *Leinemann* DB 1983, 989).

22 Die Vertreter der Auffassung vom Einheitsanspruch übersehen, daß dem Arbeitnehmer als untrennbares Wesenselement des Urlaubsanspruchs behauptete Urlaubsentgelt nicht aufgrund der Urlaubserteilung, sondern der auch während des Urlaubs weiterbestehenden Lohnzahlungspflicht des Arbeitgebers zu zahlen ist. § 1 BUrlG enthält insoweit für die Lohnzahlungspflicht eine **Ausnahmeregelung zu § 323 BGB**, umfaßt aber keine Bestimmung für einen zum Entgeltanspruch eigenständigen Urlaubsentgeltanspruch. Daran ändert nichts, daß der während des Urlaubs weiterzuzahlende Lohn des Arbeitnehmers als Urlaubsentgelt bezeichnet wird.

Urlaubsanspruch § 1 BUrlG

Die **Nichtbeachtung dieses Zusammenhangs** in der urlaubsrechtlichen 23
Diskussion hat in Schrifttum und Rechtsprechung lange Zeit eine einheitliche Lösung der rechtlichen Probleme des Urlaubs behindert, weil jeweils in den Erörterungen entweder das eine oder das andere „Wesenselement" des Urlaubs in den Vordergrund gestellt oder gar beide miteinander vertauscht wurden. So wird z.B. von *Neumann* (*Dersch/Neumann* § 1 Rz 76), der damit an das Element Freizeitgewährung anknüpft, unter Hinweis auf die höchstpersönliche Natur des Urlaubsanspruchs dessen „Unpfändbarkeit und Verbot der Pfändung" hergeleitet. *Bleistein* (GK-BUrlG § 1 Rz 76) gelangt zum gegenteiligen Ergebnis, weil er auf das Urlaubsentgelt als Arbeitseinkommen abstellt, das wiederum unter den Voraussetzungen der §§ 850 ff. ZPO pfändbar ist.

An anderer Stelle meint wiederum *Neumann* (*Dersch/Neumann* § 7 24
Rz 106 ff.), daß der Abgeltungsanspruch trotz dauernder Arbeitsunfähigkeit zu gewähren sei und legt damit nunmehr das Gewicht auf das Wesenselement Entgelt. Die Reihe solcher **Begriffsvertauschungen** läßt sich fortsetzen. Insgesamt ist die Einheitstheorie nur eine Spielart der Entgelttheorie. Das wird nur dadurch verdeckt, daß die Vertreter dieser Auffassung sich einer genauen Analyse ihrer Ansichten entziehen.

2. Urlaub als Freistellung von der Arbeit

Die in der früheren Rechtsprechung des BAG und heute noch im 25
Schrifttum vertretene Auffassung, der Urlaub sei ein Einheitsanspruch, der untrennbar aus den Wesenselementen Freizeitgewährung und Fortzahlung der Vergütung für die Urlaubszeit bestehe (vgl. *Dersch/Neumann* § 1 Rz 69 m.w.N.), ist rechtlich nicht begründbar. Nach § 1 besteht allein ein **Anspruch des Arbeitnehmers auf Befreiung von den arbeitsvertraglich geschuldeten Arbeitspflichten** für einen bestimmten Zeitraum.

Der Urlaubsanspruch aus § 1 enthält neben dem Anspruch auf Befreiung 26
von den Arbeitspflichten keinen weiteren Anspruch auf Urlaubsentgelt, der neben oder anstatt des Lohnanspruchs zu gewähren wäre. Dies entspricht der neueren Rechtsprechung des BAG (vgl. BAG 1. 12. 1983 BAGE 44, 278, 284 = AP Nr. 15 zu § 7 BUrlG Abgeltung, zu 2c der Gründe = SAE 1984, 232 m. Anm. *Herschel*; BAG 8. 3. 1984 BAGE 45, 184, 187 f. = AP Nr. 14 zu § 3 BUrlG Rechtsmißbrauch m. Anm. *Glaubitz*, zu II 2b der Gründe = SAE 1985, 108 m. Anm. *Beitzke* = EzA 3 BUrlG Nr. 14 m. Anm. *Buchner*; BAG 7. 7. 1988 BAGE 59, 154, 161 = AP Nr. 23 zu § 11 BUrlG, zu I 2b der Gründe; BAG 24. 10. 1989 BAGE 63, 181, 183 = AP Nr. 29 zu § 11 BUrlG; BAG 9. 6. 1998 AP Nr. 23 zu § 7 BUrlG mit Anm. *Hoß*; – zustimmend *Beitzke* SAE 1985, 113 ff.; ErfK/*Dörner* § 1 BUrlG Rz 13; *Hiekel* NZA 1990 Beil. 2 S. 32, 33; *Ihmels* JZ 1983, 18, 21; MünchArbR/*Leinemann* § 89 Rz 5; *ders.* DB 1983, 989 f.; *ders.* NZA 1985, 137, 139; *Leinemann/ Lipke* DB 1988, 1217; *Natzel* § 1 Rz 42; *ders.* DB 1968, 1490; *Schütz/Hauck* Rz 97; *Tautphäus* Rz 6; *Widera* DB 1988, 756).

Auch § 11 enthält **keine Anspruchsgrundlage** für ein besonderes Ur- 27
laubsentgelt, sondern regelt in Abs. 1 lediglich die Höhe der arbeitsvertraglich geschuldeten Vergütung während der Freistellung von der Arbeit (BAG

25. 2. 1988 BAGE 57, 366, 369 = AP Nr. 3 zu § 8 BUrlG m. Anm. *Clemens* = SAE 1989, 157 ff. m. Anm. *Adomeit* = EzA § 8 BUrlG Nr. 2 m. Anm. *Schulin*). § 11 Abs. 2 bestimmt daneben allein die Fälligkeit des Vergütungsanspruchs während der Urlaubszeit (vgl. BAG 1. 12. 1983 BAGE 44, 278, 284 = AP Nr. 14 zu § 7 BUrlG Abgeltung; *Leinemann* DB 1983, 989, 990; dazu § 11 Rz 1 ff. und 80 ff.). Ein Anspruch im Sinne von § 194 Abs. 1 BGB ist in § 11 nicht geregelt.

28 Mit der Annahme eines einheitlichen Anspruchs auf Freizeitgewährung und Fortzahlung der Vergütung für die Urlaubszeit wird dem Arbeitnehmer ein Urlaubsentgelt zuerkannt, das ihm als Arbeitslohn aufgrund des Arbeitsvertrages bereits zusteht. Die Einheitstheorie ist daher abzulehnen. Richtigerweise hat die **Urlaubsgewährung allein zur Folge, daß der Arbeitnehmer während des Urlaubs nicht zu arbeiten braucht,** gleichwohl aber seinen arbeitsvertraglichen Vergütungsanspruch behält (vgl. *Ihmels* JZ 1983, 18, 21; *Leinemann* NZA 1985, 137, 139).

29 Durch die Regelung des § 1 wird somit der **Grundsatz „ohne Arbeit kein Geld"** (§ 323 BGB) durchbrochen. § 1 BUrlG enthält für die Entgeltzahlungspflicht eine Ausnahmeregelung von dieser Vorschrift, aber keine Anspruchsgrundlage für einen eigenständigen Urlaubsentgeltanspruch. Daran ändert nichts, daß das während des Urlaubs weiterzuzahlende Arbeitsentgelt des Arbeitnehmers als Urlaubsentgelt bezeichnet wird.

IV. Inhalt des Urlaubsanspruchs

1. Begriff

30 Urlaub ist die Befreiung eines Arbeitnehmers von seinen Arbeitspflichten in einem Arbeitsverhältnis durch den Arbeitgeber während einer bestimmten Anzahl von Arbeitstagen. Ist in dieser Zeit das Arbeitsentgelt weiterzuzahlen, wird die Freistellung bezahlter (Erholungs-)Urlaub genannt (Einl. Rz 1).

31 Der Urlaub ist zu **unterscheiden** von der Nichtannahme der Arbeitsleistung durch den Arbeitgeber, mit der dieser als Gläubiger gegenüber dem Arbeitnehmer in **Annahmeverzug** gerät (§§ 293 ff., § 615 Abs. 1 BGB). Während die Nichtannahme der Arbeitsleistung den Bestand der Arbeitspflicht des Arbeitnehmers nicht berührt, ist beim Urlaub vom Beginn des Urlaubs an die Arbeitspflicht für die Dauer des Urlaubs aufgehoben (dazu insbes. BAG 25. 1. 1994 BAGE 75, 294 = AP Nr. 16 zu § 7 BUrlG = SAE 1995, 193 mit Anm. *Coester*). Muß deshalb im Annahmeverzug des Arbeitgebers der Arbeitnehmer jederzeit damit rechnen, wieder zur Weiterarbeit aufgefordert zu werden, besteht mangels des Bestehens einer Arbeitspflicht im Urlaub eine solche Möglichkeit rechtlich nicht (Einl. Rz 1, 2 sowie § 7 Rz 55 ff.). Hat der Arbeitgeber den Arbeitnehmer durch erteilten Urlaub von der Arbeitspflicht befreit, so ist der Arbeitgeber nicht zur Annahme der Arbeitsleistung verpflichtet. Deshalb kann auch für die Dauer des wirksam erteilten Urlaubs kein Annahmeverzug des Arbeitgebers begründet werden (BAG 23. 1. 1996 AP Nr. 10 zu § 5 BUrlG).

Urlaubsanspruch § 1 BUrlG

Mit der Bestimmung der Urlaubszeit, also der Festlegung des Beginns 32
und des Endes des Urlaubs, hat der Arbeitgeber als Schuldner des Urlaubsanspruchs die für die Erfüllung des Urlaubsanspruchs **erforderliche Leistungshandlung** vorgenommen (dazu § 7 Rz 11 ff.). Die Leistung ist bewirkt, wenn der Leistungserfolg eingetreten ist, also der Arbeitnehmer den Urlaub erhalten hat.

2. Merkmale des Urlaubsanspruchs

a) Privatrechtlicher Anspruch

Der Urlaubsanspruch nach § 1 ist ein **privatrechtlicher Anspruch des** 33
Arbeitnehmers gegen seinen Arbeitgeber auf Freistellung von den nach dem Arbeitsvertrag geschuldeten Arbeitspflichten (h. M. *Bleistein* GK-BUrlG § 1 Rz 7; *Boldt/Röhsler* § 1 Rz 4; *Dersch/Neumann* § 1 Rz 56; ErfK/ *Dörner* § 1 BUrlG Rz 18). Der Anspruch dient dem Arbeitnehmer zur Erhaltung und Wiederauffrischung seiner Arbeitskraft (dazu Rz 3 ff.).

Der Urlaubsanspruch ist **nicht Teil des öffentlich-rechtlichen Arbeits-** 34
schutzrechts. Über die Einhaltung der Verpflichtungen aus dem BUrlG wacht nicht die Gewerbeaufsicht. Die Vorschriften des BUrlG sind auch keine Schutzgesetze im Sinne des § 823 Abs. 2 BGB (ebenso *Bleistein* GK-BUrlG § 1 Rz 8; *Dersch/Neumann* § 1 Rz 58; *Natzel* § 1 Rz 39 f.).

Soweit der **Erholungsurlaub durch Dritte beeinträchtigt** oder unmög- 35
lich gemacht wird, kann der Arbeitnehmer allerdings nach der Rechtsprechung des BGH Schadenersatz verlangen (vgl. BGH 10. 10. 1974 BGHZ 63, 98 ff. = NJW 1975, 40; BGH 12. 5. 1980 BGHZ 77, 116 ff. = AP Nr. 22 zu § 249 BGB). In § 651f BGB ist für das Reisevertragsrecht inzwischen ein Schadenersatzanspruch ausdrücklich geregelt. Dieser Anspruch hat mit arbeitsrechtlichen Zusammenhängen keine Gemeinsamkeiten.

b) Beseitigung der Arbeitspflicht

Der Urlaubsanspruch ist darauf gerichtet, für die Dauer der Urlaubszeit 36
die **Arbeitspflicht des Arbeitnehmers zu beseitigen.** Die übrigen Pflichten der Arbeitsvertragsparteien bleiben hiervon unberührt und bestehen unverändert fort. Der Arbeitnehmer behält deshalb in der Urlaubszeit seinen arbeitsvertraglichen Vergütungsanspruch. Ein besonderer Urlaubsentgeltanspruch wird durch den Urlaubsanspruch nicht begründet (BAG 8. 3. 1984 BAGE 45, 184, 187 f. = AP Nr. 14 zu 3 BUrlG Rechtsmißbrauch, zu II 2 b der Gründe; BAG 7. 7. 1988 BAGE 59, 154, 161 = AP Nr. 23 zu § 11 BUrlG, zu I 2 b der Gründe sowie Rz 25 ff.).

c) Unabdingbarkeit

Der Anspruch auf Urlaub nach § 1 ist gemäß § 13 Abs. 1 Satz 1 **unab-** 37
dingbar, unverzichtbar und durch Tarifvertrag nur zugunsten des Arbeitnehmers abänderbar (vgl. § 13 Rz 52 ff.). Über den gesetzlichen Mindesturlaub kann der Arbeitnehmer weder durch Erlaßvertrag (§ 397 BGB) noch durch ein negatives Schuldanerkenntnis verfügen. Auch eine allgemeine Ausgleichsquittung in einem gerichtlichen oder außergerichtlichen Vergleich erfaßt den gesetzlichen Mindesturlaub nicht (BAG 21. 7. 1978 AP

BUrlG § 1 *Teil I. C. Erläuterungen zum BUrlG*

Nr. 5 zu § 13 BUrlG Unabdingbarkeit; BAG 31. 5. 1990 AP Nr. 13 zu § 13 BUrlG Unabdingbarkeit; dazu § 13 Rz 36 f.).

d) Befristung des Anspruchs

38 Der gesetzliche Urlaubsanspruch ist auf das Kalenderjahr und bei Vorliegen besonderer Voraussetzungen (§ 7 Abs. 3 Satz 2 und 3) auf den Übertragungszeitraum bis 31. 3. des Folgejahres befristet. Das bedeutet, daß der **Urlaubsanspruch mit Beginn des Urlaubsjahres entsteht und mit ihm bzw. mit Ablauf des Übertragungszeitraums endet** (ständige Rechtsprechung, vgl. BAG 13. 5. 1982 BAGE 39, 53, 56 = AP Nr. 4 zu § 7 BUrlG Übertragung, zu II 4a der Gründe m. Anm. *Boldt* = AR-Blattei Urlaub Entsch. 248 m. Anm. *Buchner* = SAE 1983, 78 m. Anm. *Buchner;* BAG 28. 11. 1990 BAGE 66, 288, 289 = AP Nr. 18 zu § 7 BUrlG Übertragung, zu II 2 der Gründe; BAG 23. 6. 1992 AP Nr. 22 zu § 1 BUrlG; näher dazu § 7 Rz 109 ff.).

e) Rechtlicher Bestand des Arbeitsverhältnisses

39 Der Urlaubsanspruch aus § 1 knüpft allein an den **Bestand des Arbeitsverhältnisses** und an die **Erfüllung der Wartezeit** des § 4 an. Nach sechsmonatigem Bestehen des Arbeitsverhältnisses wird grundsätzlich der volle Urlaubsanspruch erworben. Er besteht unabhängig vom Umfang der erbrachten Arbeitsleistung (dazu grundsätzlich BAG 28. 1. 1982 BAGE 37, 382, 385 = AP Nr. 11 zu § 3 BUrlG Rechtsmißbrauch, zu II 2b aa der Gründe; BAG 13. 5. 1982 BAGE 39, 53, 56 = AP Nr. 4 zu § 7 BUrlG Übertragung, zu II 4a der Gründe; näher dazu Rz 60 ff.).

3. Nebenpflicht des Arbeitgebers

40 Die Pflicht des Arbeitgebers, dem Arbeitnehmer Urlaub zu erteilen, ist eine **arbeitsvertragliche Nebenpflicht**. Sie ist darauf gerichtet, die Hauptpflicht des Arbeitnehmers aus dem Arbeitsvertrag, nämlich die Arbeitspflicht, für die Zeit des Urlaubs zu beseitigen (BAG 8. 3. 1984 BAGE 45, 184, 188 = AP Nr. 14 zu § 3 BUrlG Rechtsmißbrauch; BAG 24. 11. 1987 BAGE 56, 340, 344 = AP Nr. 41 zu § 7 BUrlG Abgeltung; ErfK/*Dörner* § 1 BUrlG Rz 13; *Leinemann* DB 1983, 989, 990; *Lepke* DB 1988 Beil. 10 S. 3; *Schütz/Hauck* Rz 100; *Tautphäus* Rz 6).

41 Die Pflicht zur Urlaubsgewährung ist keine Hauptpflicht des Arbeitgebers, weil ihr keine entsprechende Pflicht des Arbeitnehmers gegenübersteht (MünchArbR/*Leinemann* § 89 Rz 7). Sie ist zwar **auf die Arbeitspflicht als Hauptpflicht des Arbeitnehmers bezogen**, aber nicht in der Weise, daß bei Leistungsstörungen, wie der Nichterfüllung von Vergütungs- oder Arbeitspflichten, Leistungsverweigerungsrechte ausgelöst würden.

42 Die Pflicht des Arbeitgebers zur Urlaubserteilung ist ausschließlich auf die Beseitigung der Arbeitspflicht, also der Hauptpflicht des Arbeitnehmers, gerichtet und damit eine auf Gesetz beruhende Nebenpflicht des Arbeitgebers aus dem Arbeitsverhältnis. Der **Urlaubsanspruch steht daher nicht in einem Gegenseitigkeitsverhältnis (Synallagma)** zur Erbringung der Arbeitsleistung (ErfK/*Dörner* § 1 BUrlG Rz 13; MünchArbR/*Leinemann* § 89 Rz 7; *Staudinger/Richardi* BGB § 611 Rz 884; *Widera* DB 1988, 756).

Urlaubsanspruch § 1 BUrlG

Trifft das zu, kann der Urlaubsanspruch aber auch **keine außerhalb** 43
des Synallagmas stehende Gegenleistung aus dem Arbeitsverhältnis sein,
(so aber *Staudinger/Richardi* BGB § 611 Rz 884; wie hier BAG 8.3.
1984 BAGE 45, 184, 189 = AP Nr. 14 zu § 3 BUrlG Rechtsmißbrauch;
BAG 7.11. 1985 BAGE 50, 112, 116f. = AP Nr. 8 zu § 7 BUrlG Übertragung; BAG 7.11. 1985 BAGE 50, 124, 127 = AP Nr. 16 zu § 3
BUrlG Rechtsmißbrauch = AR-Blattei Urlaub Entsch. 279m. krit. Anm.
Boldt), weil Haupt- und Nebenpflichten einander begrifflich ausschließen.

Die Auffassung von *Richardi (Staudinger/Richardi*, BGB, § 611 Rz 884) 44
ist **widersprüchlich** (MünchArbR/*Leinemann* § 89 Rz 8). Wenn er meint,
der Urlaub sei eine Gegenleistung aus dem Arbeitsverhältnis, weil auch
Gratifikationen und Leistungen aus der betrieblichen Altersversorgung Gegenleistungen des Arbeitgebers seien, obwohl ihre Gewährung von vornherein außerhalb des Gegenseitigkeitsverhältnisses zur Arbeitsleistung stehe,
hält er nicht auseinander, daß nur das Urlaubsentgelt eine Gegenleistung aus
dem Arbeitsverhältnis ist, die im Gegenseitigkeitsverhältnis zur Arbeitsleistung steht.

Der Urlaubsanspruch ist dagegen vom Urlaubsentgeltanspruch zu 45
unterscheiden: Während der Urlaubsanspruch darauf gerichtet ist, die eigene Hauptpflicht, also die Arbeitspflicht zu beseitigen, ist Gegenstand des
Urlaubsentgeltanspruchs die Erfüllung einer anderen Hauptpflicht, der Vergütungspflicht. Deren Bestehen wird jedoch durch den Urlaubsanspruch
oder seine Geltendmachung rechtlich nicht beeinflußt, sie ist also trotz
Nichtleistung der Arbeit aufgrund gesetzlicher Regelung zu erfüllen. Dieser
Zusammenhang schließt es aus, den Urlaubsanspruch unter Einschluß des
Entgeltanspruchs als Gegenleistung des Arbeitgebers zu sehen (MünchArbR/*Leinemann* § 89 Rz 8f.).

4. Andere Freistellungsansprüche

Die Vorschriften des BUrlG beziehen sich nur auf den gesetzlichen Erholungsurlaub. Hiervon sind zahlreiche **Arten anderweitiger Beurlaubung** 46
zu unterscheiden, wozu im wesentlichen die folgenden Fälle gehören:
- Bezahlte Freistellung nach § 616 BGB wegen Verhinderung aus persönlichen Gründen 47
- Angemessene Freizeit zur Stellensuche nach § 629 BGB
- Bildungsurlaub nach den Arbeitnehmerweiterbildungsgesetzen der Länder (vgl. dazu § 15 Rz 21ff. sowie Teil III D)
- Beurlaubung nach den Hausarbeitstagsgesetzen der Länder (dazu *Schaub* § 165 IV)
- Befreiung und Freistellung von der Arbeit für Mitglieder des Betriebsrats nach §§ 37, 38 BetrVG
- Freistellung Jugendlicher zum Besuch der Berufsschule nach § 9 JArbSchG und zur ärztlichen Untersuchung nach § 4 JArbSchG
- Bezahlte Freistellung zur Meldung oder Vorstellung Wehrpflichtiger bei den Erfassungs- oder Wehrersatzbehörden nach § 14 ArbPlSchG
- Elternzeit nach §§ 15ff. BErzGG (dazu die Erläuterungen Teil II E)

BUrlG § 1 *Teil I. C. Erläuterungen zum BUrlG*

– Unbezahlte Freistellung des Arbeitnehmers im Einvernehmen mit dem Arbeitgeber
– Sonderurlaub für Mitarbeiter in der Jugendarbeit (dazu § 15 Rz 14ff. sowie Teil III C).

Auch in diesen Fällen handelt es sich – außer bei der unbezahlten Freistellung und der Elternzeit – um Ausnahmeregelungen zu § 323 BGB (vgl. Rz 22).

5. Nachurlaub

48 Beurlaubung und Freistellung von der Arbeit nach **besonderen gesetzlichen oder tariflichen Vorschriften können mit dem gesetzlichen Erholungsurlaub zusammentreffen.** So z.B. dann, wenn die Niederkunft der Ehefrau des Arbeitnehmers in dessen Urlaubszeit fällt und der einschlägige Tarifvertrag für die Geburt eines Kindes einen Anspruch auf bezahlte Freistellung von der Arbeit vorsieht (vgl. beispielsweise § 52 Abs. 1 Satz 1 Buchst. a BAT). Denkbar ist auch, daß ein wehrpflichtiger Arbeitnehmer in der Urlaubszeit gemustert wird. In diesem Fall trifft der Anspruch auf gesetzlichen Erholungsurlaub mit dem gesetzlichen Anspruch auf bezahlte Freistellung von der Arbeit nach § 14 ArbPlSchG zusammen.

49 Vereinzelt haben die **Tarifvertragsparteien** das Problem des Zusammentreffens von tariflichen Freistellungsansprüchen mit Zeiten des gesetzlichen Erholungsurlaubs erkannt und tarifvertraglich gelöst. So sieht § 4 Nr. 3 Satz 2 des Bundesrahmentarifvertrages für das Baugewerbe (BRTV) vor, daß bei Ausübung gesetzlich auferlegter Pflichten aus öffentlichen Ehrenämtern für die notwendig ausfallende Arbeitszeit ohne Anrechnung auf den Urlaub und ohne Fortzahlung des Lohnes Freizeit zu gewähren ist.

50 Ob der Arbeitnehmer einen gesetzlichen Anspruch auf Arbeitsbefreiung im Anschluß an den Urlaub hat, wenn in die Zeit des gesetzlichen Erholungsurlaubs ein Ereignis fällt, für das der Arbeitnehmer einen tariflichen oder besonderen gesetzlichen Freistellungsanspruch hat, ist umstritten. Das **BAG** hat beim Zusammentreffen von tariflichen Freistellungsansprüchen und gesetzlichem Erholungsurlaub einen **Anspruch auf sog. Nachurlaub verneint** (BAG 17. 10. 1985 AP Nr. 1 zu § 18 BAT m. Anm. *Stein*): Ein Arbeitnehmer hatte während des Urlaubs geheiratet. Der einschlägige Tarifvertrag (BAT) sah für die Eheschließung eine Arbeitsbefreiung unter Fortzahlung der Vergütung für 2 Arbeitstage vor.

51 Das BAG hat den Antrag des Klägers auf Gewährung eines weiteren Tages Arbeitsbefreiung ohne Anrechnung auf den Erholungsurlaub abgewiesen, weil die tarifvertraglichen Regelungen nur einen Arbeitsbefreiungsgrund am Tag der Eheschließung selbst vorsahen. Ein **Anspruch auf Nachurlaub scheidet in diesen Fällen aus,** weil der Gesetzgeber des BUrlG in Kenntnis der vielfältigen Möglichkeiten, die sich störend auf den Urlaub auswirken können, nur die Fälle der Erkrankung und der Maßnahmen der medizinischen Vorsorge oder Rehabilitation (§§ 9 und 10) als so gewichtig angesehen hat, daß sie auf den Urlaub nicht bzw. nur teilweise angerechnet werden.

Urlaubsanspruch § 1 BUrlG

Zu Recht hat das BAG darauf hingewiesen, daß den §§ 9 und 10 nicht der 52 allgemeine Rechtssatz entnommen werden könne, der Arbeitgeber sei grundsätzlich verpflichtet, die Vereitelung des Urlaubs infolge urlaubsstörender Ereignisse durch Nachgewährung bezahlter Freizeit auszugleichen (BAG 17. 10. 1985 AP Nr. 1 zu § 18 BAT; BAG 9. 8. 1994 BAGE 77, 296 = AP Nr. 19 zu § 7 BUrlG = SAE 1995, 195 mit Anm. *Coester;* ebenso *Bleistein* GK-BUrlG § 1 Rz 34 ff., 41; ErfK/*Dörner* § 7 BUrlG Rz 36; MünchArbR/*Leinemann* § 91 Rz 81 f.; *Natzel* § 3 Rz 63 f.; *Schütz/Hauck* Rz 166; *Tautphäus* Rz 109). Ein Anspruch auf Nachurlaub scheidet auch deshalb aus, weil nach der Gewährung von Erholungsurlaub durch den Arbeitgeber ein weiterer Anspruch des Arbeitnehmers auf Arbeitsbefreiung jedenfalls dann ins Leere geht, wenn die Arbeitspflicht für diese Tage bereits durch den gewährten Erholungsurlaub beseitigt ist.

Entgegen der vom BAG in zwei älteren Entscheidungen vom 1. 8. 1963 53 (AP Nr. 1 zu § 12 ArbPlSchG m. Anm. *Siara* und Anm. *Sahmer* und AP Nr. 91 zu § 611 BGB Urlaubsrecht m. Anm. *Nikisch*) vertretenen Auffassung kommt es für die Gewährung weiterer Arbeitsbefreiung nicht darauf an, ob das störende Ereignis den **Erholungszweck beeinträchtigt** und in wessen Risikosphäre die Störung des Erholungsurlaubs fällt. In der persönlichen Sphäre des Arbeitnehmers kann es nämlich aus den verschiedensten Gründen zu Ereignissen kommen, die mehr oder minder unabhängig vom Willen des einzelnen die Erholungsmöglichkeit beeinflussen und damit einer ungestörten Erholung im Wege stehen.

Wenn sich der Gesetzgeber aber gleichwohl dafür entschieden hat, nur 54 Krankheit und Maßnahmen der medizinischen Vorsorge oder Rehabilitation nach §§ 9 und 10 nicht auf den Urlaub anzurechnen, so ist daraus zu schließen, daß andere urlaubsstörende Ereignisse nicht zu Lasten des Arbeitgebers gehen. **Störungen des Urlaubs verpflichten daher** – abgesehen von den Fällen der §§ 9 und 10 – **den Arbeitgeber nicht zur Gewährung von Nachurlaub** (ebenso im Grundsatz bereits BAG 11. 1. 1966 AP Nr. 1 zu § 1 BUrlG Nachurlaub; *Gaul* SAE 1966, 187, 188; *Nikisch* Anm. zu BAG AP Nr. 91 zu § 611 BGB Urlaubsrecht; – a. A.: *Boldt/Röhsler* § 3 Rz 35; *Stein* Anm. zu BAG AP Nr. 1 zu § 18 BAT; *Wachter* AuR 1982, 306, 308 ff.).

Im **Schrifttum wird allerdings vereinzelt die Auffassung vertreten**, Ar- 55 beitsbefreiungen im Urlaub seien grundsätzlich in gleicher Weise zu gewähren wie in der Arbeitszeit. Weil die „Urlaubszeit der Arbeitszeit gleichstehe", seien arbeitsfreie Tage, die aus besonderem Anlaß gewährt werden, nicht auf den Urlaub anzurechnen (so *Dersch/Neumann* § 3 Rz 38; im Ergebnis ebenso *Hohmeister* § 1 Rz 29).

Dieser Ansicht kann jedoch nicht zugestimmt werden. Sie verkennt, daß 56 ein **Arbeitnehmer nur einmal von seiner Arbeitspflicht an einem Arbeitstag freigestellt werden kann.** Ist er zur Erfüllung seines Anspruchs auf Erholungsurlaub von der Arbeitspflicht befreit, kommt eine weitere Befreiung im Wege der Anrechnung nicht in Betracht. Nach der zutreffenden Rechtsprechung des BAG (Urteile vom 17. 10. 1985 AP Nr. 1 zu § 18 BAT und vom 9. 8. 1994 BAGE 77, 296 = AP Nr. 19 zu § 7 BUrlG; zustimmend ErfK/*Dörner* § 7 BUrlG Rz 36; *Kaiser* ZfA 1996, 115, 151 f.) hat der Arbeitnehmer daher keinen Anspruch auf die Gewährung von Arbeitsbefreiung an einem weiteren Tag, wenn in den Erholungsurlaub ein Ereignis fällt, für das der Arbeitnehmer aufgrund weiterer tariflicher oder gesetzlicher Vorschriften bezahlte Freistellung von der Arbeit verlangen kann (ebenso zum Bildungsurlaub BAG 15. 6. 1993 AP Nr. 3 zu § 1 BildungsurlaubsG NRW).

57 Eine Nachgewährung von Urlaub scheidet auch aus, wenn eine **Arbeitnehmerin** nach der zu Beginn des Jahres erfolgten Urlaubserteilung schwanger wird und für die vorgesehene Urlaubszeit **nach §§ 3 und 4 MSchG einem Beschäftigungsverbot unterliegt** (BAG 9. 8. 1994 BAGE 77, 296 = AP Nr. 19 zu § 7 BUrlG). Die Befreiung von der Arbeitspflicht zum Zwecke des Erholungsurlaubs wird hier aufgrund des gesetzlichen Beschäftigungsverbotes nachträglich unmöglich, ohne daß dies der Arbeitgeber nach § 276 BGB zu vertreten hat. Der durch die zuvor erfolgte Urlaubserteilung konkretisierte Freistellungsanspruch der Arbeitnehmerin geht nach § 243 Abs. 2, § 275 Abs. 1, § 300 Abs. 2 BGB ersatzlos unter und der Arbeitgeber wird nach § 275 Abs. 1 BGB von der Freistellungsverpflichtung frei.

58 Eine Verpflichtung des Arbeitgebers, den untergegangenen Urlaubsanspruch in **analoger Anwendung von** § 9 nachzugewähren, **kommt** wegen der fehlenden Vergleichbarkeit der Sachverhalte **nicht in Betracht** (zustimmend ErfK/*Dörner* § 7 BUrlG Rz 36; *Kaiser* ZfA 1996, 115, 152). Denn schwangerschaftsbedingte Beschäftigungsverbote sind typischerweise nicht mit einer krankheitsbedingten Arbeitsunfähigkeit vergleichbar, weil die Schwangerschaft kein Krankheit ist (dies übersieht *Coester* SAE 1995, 197f.). Ob eine schwangere Arbeitnehmerin während des Beschäftigungsverbots umständebedingt nicht in der Lage, Erholungsurlaub zu verwirklichen (so *Coester* aaO), kann nur im Einzelfall nach den konkreten arbeitsplatzbezogenen Beschränkungen festgestellt werden. Die unterschiedlichen urlaubsrechtlichen Folgen von Arbeitsunfähigkeit und mutterschutzrechtlichen Beschäftigungsverboten sind damit sachlich gerechtfertigt (a. A. *Kanzelsperger* AuR 1997, 192, 194).

59 Von der (nachträglichen) Anrechnung arbeitsfreier Tage auf den Urlaubsanspruch zu unterscheiden ist die rechtliche Behandlung von **Wochentagen, an denen für den Arbeitnehmer von vornherein keine Arbeitspflicht besteht**. Solche Tage, wie beispielsweise Wochenfeiertage, sind keine möglichen Urlaubstage, weil mangels bestehender Arbeitspflicht eine Befreiung hiervon durch Urlaubsgewährung nicht denkbar ist (vgl. hierzu auch § 3 Rz. 18ff.; – zu weiteren Anrechnungsfällen § 3 Rz 57ff.).

V. Voraussetzungen und Inhalt des Urlaubsanspruchs

1. Entstehen des Urlaubsanspruchs

60 Das Entstehen des Urlaubsanspruchs nach § 1 ist an **zwei Voraussetzungen** gebunden, nämlich an das Bestehen eines Arbeitsverhältnisses und den Ablauf der Wartezeit nach § 4.

61 **Die Erbringung (tatsächlicher) Arbeitsleistungen ist nicht Voraussetzung** für das Entstehen des gesetzlichen Urlaubsanspruchs (so im Grund-

Urlaubsanspruch § 1 BUrlG

satz bereits BAG 22. 6. 1956 BAGE 3, 60; 77, 79 = AP Nr. 9, 10 zu § 611 BGB Urlaubsrecht; uneingeschränkt nunmehr die ständige Rechtsprechung, vgl. grundsätzlich BAG 28. 1. 1982 BAGE 37, 382, 385 = AP Nr. 11 zu § 3 BUrlG Rechtsmißbrauch m. Anm. *Boldt* = AR-Blattei Urlaub Entsch. 246 m. Anm. *Herschel* = SAE 1983, 77 m. Anm. *Buchner* = EzA § 3 BUrlG Nr. 13 m. Anm. *Peterek;* BAG 26. 5. 1983 AP Nr. 12 zu § 7 BUrlG Abgeltung m. Anm. *Trieschmann;* BAG 23. 6. 1983 BAGE 44, 75, 76 f. = AP Nr. 14 zu § 7 BUrlG Abgeltung m. Anm. *Trieschmann;* BAG 8. 3. 1984 BAGE 45, 184, 187 = AP Nr. 14 zu § 3 BUrlG Rechtsmißbrauch m. Anm. *Glaubitz* = SAE 1985, 108 m. Anm. *Beitzke* = EzA § 3 BUrlG Nr. 14 m. Anm. *Buchner;* BAGE 45, 199, 202 = AP Nr. 15 zu § 13 BUrlG = AR-Blattei Urlaub Entsch. 261 m. Anm. *Buchner* = SAE 1986, 166 m. Anm. *Birk;* BAGE 45, 203, 205 = AP Nr. 16 zu § 7 BUrlG Abgeltung m. Anm. *Scheuring;* BAG 7. 3. 1985 BAGE 48, 186, 191 = AP Nr. 21 zu § 7 BUrlG Abgeltung m. Anm. *Birk* = SAE 1986, 263 m. Anm. *Wandt;* BAG 7. 11. 1985 BAGE 50, 124, 127 = AP Nr. 16 zu § 3 BUrlG Rechtsmißbrauch = AR-Blattei Urlaub Entsch. 279 m. Anm. *Boldt;* BAG 14. 5. 1986 BAGE 52, 67, 69 = AP Nr. 26 zu § 7 BUrlG Abgeltung = AR-Blattei Urlaub Entsch. 281 m. Anm. *Boldt* = SAE 1987, 75 m. Anm. *Oetker;* BAG 30. 7. 1986 BAGE 52, 305, 311 = AP Nr. 22 zu § 13 BUrlG = SAE 1987, 69 m. Anm. *Eich;* BAG 13. 11. 1986 BAGE 52, 322 = AP Nr. 28 zu § 13 BUrlG; BAG 20. 3. 1987 BAGE 54, 232, 242 = AP Nr. 1 zu § 611 BGB Weiterbeschäftigung; BAG 25. 2. 1988 BAGE 57, 366, 368 ff. = AP Nr. 3 zu § 8 BUrlG m. Anm. *Clemens* = SAE 1989, 157 m. Anm. *Adomeit* = EzA § 8 BUrlG Nr. 2 m. Anm. *Schulin;* BAG 26. 5. 1988 AP Nr. 19 zu § 1 BUrlG = AR-Blattei Urlaub Entsch. 311 m. Anm. *Echterhölter;* BAG 7. 7. 1988 BAGE 59, 154, 161 f. = AP Nr. 23 zu § 11 BUrlG; BAG 29. 10. 1989 BAGE 63, 181, 183 ff. = AP Nr. 29 zu § 11 BUrlG; ebenso *Beitzke* SAE 1985, 113 f.; ErfK/*Dörner* § 1 BUrlG Rz 20; *Herschel* Anm. zu BAG AR-Blattei Urlaub Entsch. 246; *Leinemann* DB 1983, 989, 992; *ders.* AuR 1987, 193, 194; *Natzel* § 1 Rz 52; *Schütz*/*Hauck* Rz 143; *Tautphäus* Rz 8 f.; *Weiler*/*Rath* NZA 1987, 337; *Winderlich* AuR 1989, 300; – a. A.: *Bleistein* GK-BUrlG § 1 Rz 132; *Buchner* DB 1982, 1823 ff.; *ders.* SAE 1983, 80, 82; *Franke* BB 1983, 1036; *Peterek* Anm. zu BAG EzA § 3 BUrlG Nr. 13).

a) Bestehen eines Arbeitsverhältnisses

Anspruch auf Erholungsurlaub haben nach § 1 nur Arbeitnehmer (näher zum Arbeitnehmerbegriff Erläuterungen zu § 2). Der Anspruch auf Erholungsurlaub knüpft damit an den Bestand eines Arbeitsverhältnisses an. Ob dieses Arbeitsverhältnis **unbefristet, befristet oder auflösend bedingt besteht, ist dabei unerheblich** (vgl. MünchArbR/*Leinemann* § 89 Rz 37). Maßgeblich für das Entstehen des Vollurlaubsanspruchs ist nur, daß das Arbeitsverhältnis länger als die Wartezeit von 6 Monaten dauert. Für den Teilurlaubsanspruch (§ 5 Abs. 1) bedarf es einer Dauer von wenigstens einem Monat (dazu § 5 Rz 13 ff.). Unerheblich ist, in welchem Umfang während dieser Zeiten Verpflichtungen zur Arbeitsleistung entstehen.

Der Urlaubsanspruch besteht **gleichermaßen in Vollzeit- wie in Teilzeitarbeitsverhältnissen** (vgl. BAG 14. 2. 1991 BAGE 67, 217 = AP Nr. 1

62

63

BUrlG § 1 Teil I. C. Erläuterungen zum BUrlG

zu § 3 BUrlG Teilzeit = EzA § 13 BUrlG Nr. 50 m. Anm. *Berger-Delhey;* BAG 23. 6. 1992 AP Nr. 22 zu § 1 BUrlG; BAG 19. 1. 1993 BAGE 72, 147 = AP Nr. 20 zu § 1 BUrlG m. Anm. *Sibben;* ebenso *Bleistein* GK-BUrlG § 1 Rz 57 ff.; ErfK/*Dörner* § 1 BUrlG Rz 22; *Hohmeister* § 1 Rz 9; *Langmaack* Teilzeitarbeit und Arbeitszeitflexibilisierung 2. Aufl. 2001, Rz 399; Kasseler Handbuch *Linck* Gruppe 4.2 Rz 259 ff.; *Lipke* GK-TzA Art. 1 § 2 BeschFG Rz 166 f.; *Natzel* § 1 Rz 10; MünchArbR/*Schüren* § 162 Rz 180 ff.; *Schütz/Hauck* Rz 240; *Sowka/Köster* Teilzeitarbeit und geringfügig Beschäftigte 1993, S. 48 f.; – a. A.: *Franke* DB 1982, 1324). Die Anzahl der Arbeitsstunden an einem Arbeitstag ist für das Entstehen des Urlaubsanspruchs ohne Bedeutung, weil nach § 1 jeder Arbeitnehmer Anspruch auf bezahlten Erholungsurlaub hat. Teilzeitbeschäftigte können daher nicht darauf verwiesen werden, ihren Urlaub an den arbeitsfreien Tagen zu nehmen.

64 Daß die Tätigkeit bei Teilzeitbeschäftigten nicht die gesamte Arbeitskraft des Arbeitnehmers in Anspruch nimmt, steht dem Anspruch auf Erholungsurlaub nicht entgegen (BAG 21. 10. 1965 AP Nr. 1 zu § 1 BUrlG m. Anm. *Nikisch;* BAG 16. 3. 1972 AP Nr. 10 zu § 611 BGB Lehrer, Dozenten m. Anm. *Söllner*). Auch geringfügig Beschäftigte haben einen Urlaubsanspruch (ebenso *Sowka/Köster,* Teilzeitarbeit und geringfügige Beschäftigung, 1993, S. 49). Aus diesem Grunde erwerben **auch studentische Hilfskräfte,** die in einem unbefristeten Arbeitsverhältnis beschäftigt werden, einen Urlaubsanspruch, dessen Dauer sich nach dem Umfang der vertraglich geschuldeten Arbeitsleistung richtet (BAG 23. 6. 1992 AP Nr. 22 zu § 1 BUrlG; BAG 19. 1. 1993 BAGE 72, 147 = AP Nr. 20 zu § 1 BUrlG). Ebenso haben auch Reinigungshilfen in Privathaushalten, die zweimal wöchentlich tätig sind, Anspruch auf Erholungsurlaub, der durch Freistellung von der Arbeitspflicht zu erfüllen ist. Die Putzhilfe kann hier verlangen, an acht Tagen, an denen sie sonst zu arbeiten hätte, unter Fortzahlung der vereinbarten Vergütung von der Arbeit freigestellt zu werden (zur Berechnung der Urlaubsdauer vgl. § 3 Rz 29 ff.).

65 In Arbeitsverhältnissen, die nur für einen Tag begründet sind **(sog. Eintagsarbeitsverhältnisse),** entsteht kein Urlaubsanspruch, weil dieser gemäß § 5 Abs. 1 nur für volle Beschäftigungsmonate erwächst. Eine unregelmäßige, von Fall zu Fall erfolgende tageweise Beschäftigung reicht hierfür grundsätzlich nicht aus (BAG 7. 12. 1962 AP Nr. 6 zu § 3 UrlG Niedersachsen; BAG 20. 10. 1993 – 7 AZR 657/92 n. v.; ebenso *Bleistein* GK-BUrlG § 1 Rz 61 f.; *Dersch/Neumann* § 1 Rz 44; Kasseler Handbuch *Linck* Gruppe 4.2 Rz 260; – a. A. *Rother* RdA 1966, 301; offenbar auch MünchArbR/*Schüren* § 162 Rz 171 ff., wenn kurzzeitige Verhältnisse aneinandergereiht werden). Nur wenn aufgrund der Vereinbarung von Arbeitgeber und Arbeitnehmer zwischen den einzelnen Arbeitstagen ein innerer Zusammenhang besteht, der Arbeitnehmer also im Rahmen des Bedarfsarbeitsverhältnisses nach § 4 BeschFG bzw. § 12 TzBfG oder in ähnlichen Arbeitsverhältnissen (vgl. BAG 19. 1. 1993 AP Nr. 20 zu § 1 BUrlG) tätig ist (vgl. dazu *Mikosch* GK-TzA Art. 1 § 4 BeschFG Rz 110 ff.), kann ein längerandauerndes Arbeitsverhältnis angenommen werden, in dem entsprechend dem Umfang der Arbeitsverpflichtung dann auch Urlaubsansprüche entstehen.

Urlaubsanspruch § 1 BUrlG

Steht der Arbeitnehmer **gleichzeitig in zwei Arbeitsverhältnissen** (sog. 66
Doppelarbeitsverhältnis), weil er neben seiner hauptberuflichen Tätigkeit
an einigen Tagen der Woche regelmäßig abends bei einem anderen Arbeitgeber eine Nebentätigkeit ausübt, so entstehen in beiden Arbeitsverhältnissen unabhängig voneinander Urlaubsansprüche. Dies gilt auch dann, wenn
durch die mehrfache Beschäftigung die Vorschriften des ArbZG über die
Höchstdauer der Arbeitszeit nicht eingehalten werden (ebenso BAG 19. 6.
1959 BAGE 8, 47 ff. = AP Nr. 1 zu § 611 BGB Doppelarbeitsverhältnis;
Bleistein GK-BUrlG § 1 Rz 56; *Dersch/Neumann* § 2 Rz 49; ErfK/*Dörner*
§ 1 BUrlG Rz 24; *Lipke* GK-TzA Art. 1 § 2 BeschFG Rz 168).

Probleme entstehen, wenn der **Arbeitnehmer in beiden Arbeitsverhält-** 67
nissen für denselben Zeitraum Urlaub beantragt und einer der beiden Arbeitgeber ein Leistungsverweigerungsrecht geltend macht (dazu § 7 Rz 36 ff.).
Im Schrifttum wurde hierzu die Auffassung vertreten, die unterbliebene Urlaubserteilung in dem einen Arbeitsverhältnis führe über § 8 zur juristischen
Unmöglichkeit der Erbringung der Arbeitsleistung in dem anderen Arbeitsverhältnis (MünchArbR/*Schüren* 1. Aufl. § 158 Rz 176 f.; aufgegeben in der
2. Aufl. § 162 Rz. 193). Hierbei wird jedoch übersehen, daß § 8 kein gesetzliches Verbot i. S. von § 134 BGB enthält (dazu § 8 Rz 11 f.). Die Ausübung
des Leistungsverweigerungsrechts durch den Arbeitgeber stellt auch keinen
Grund in der Person des Arbeitnehmers dar, der gem. § 7 Abs. 3 Satz 2 zur
Übertragung des Urlaubs in das folgende Kalenderjahr führt (ebenso ErfK/
Dörner § 7 BUrlG Rz 74; *Langmaack* Teilzeitarbeit und Arbeitszeitflexibilisierung 2. Aufl. 2001, Rz 403; – a. A. *Lipke* GK-TzA § 2 BeschFG Rz 168).
Da sich die Voraussetzungen der Urlaubsgewährung nach den konkreten
Umständen des jeweiligen Arbeitsverhältnisses richten, kann der Arbeitnehmer nur versuchen, eine gleichzeitige Freistellung in beiden Arbeitsverhältnissen zu erreichen (näher dazu *Linck* ArbGegw Bd. 31 (1994) S. 77, 84).

b) Ablauf der Wartezeit

Der Urlaubsanspruch entsteht gemäß § 4 erstmalig nach dem Ablauf der 68
Wartezeit von sechs Monaten. Die Wartezeit ist eine Frist im Sinne von
§§ 186 ff. BGB und beginnt regelmäßig mit dem Tag, für den die Arbeitsaufnahme vereinbart ist (*Bleistein* GK-BUrlG § 4 Rz 12; *Dersch/Neumann* § 4 Rz 19; *Natzel* § 4 Rz 26; *Schütz/Hauck* Rz 173 ff.; näher dazu § 4
Rz 4 ff.). Die sechs Monate brauchen nicht in einem Kalenderjahr erfüllt zu
sein. Sie können auch auf zwei aufeinanderfolgende Jahre verteilt sein. Beginnt ein Arbeitsverhältnis mit dem 1. November (nicht im Laufe des
1. November), so läuft die Wartezeit am 30. April des folgenden Jahres ab.
Einer Arbeitsleistung des Arbeitnehmers bedarf es während der Wartezeit
nicht (ebenso *Bleistein* GK-BUrlG § 4 Rz 21; ErfK/*Dörner* § 1 BUrlG
Rz 20; *Hohmeister* § 4 Rz 7). Die Wartezeit muß im Arbeitsverhältnis nur
einmal vom Arbeitnehmer erfüllt werden, damit er einen Vollurlaubsanspruch erwirbt (zur Wartezeit Erläuterungen zu § 4).

c) Urlaubsansprüche während des Kündigungsrechtsstreits

Urlaubsansprüche können auch nach Ablauf der Kündigungsfrist entste- 69
hen, wenn die Parteien trotz einer Kündigungsschutzklage des Arbeitneh-

mers das **Arbeitsverhältnis auflösend bedingt bis zur rechtskräftigen Entscheidung über die Kündigungsschutzklage** fortsetzen (BAG 15. 1. 1986 BAGE 50, 370, 372 ff. = AP Nr. 66 zu § 1 LohnFG = SAE 1986, 258 mit Anm. *Misera;* BAG 4. 9. 1986 AP Nr. 22 zu § 611 BGB Beschäftigungspflicht = SAE 1987, 249 mit Anm. *Bengelsdorf;* – vgl. ausführlich zur vorläufigen Weiterbeschäftigung *von Hoyningen-Huene/Linck* KSchG 13. Aufl. 2001 § 4 Rz 95 ff. m. w. N.). Das gleiche gilt, wenn der Arbeitnehmer während des Kündigungsrechtsstreits nicht weiterbeschäftigt und der Kündigungsschutzklage rechtskräftig stattgegeben wird. Dann ist das Arbeitsverhältnis durch die Kündigung nicht beendet worden und damit auch Grundlage von Urlaubsansprüchen (zur Geltendmachung in diesen Fällen vgl. § 7 Rz 170 ff.).

70 Wird durch rechtskräftiges Urteil festgestellt, daß die Kündigung das Arbeitsverhältnis nicht aufgelöst hat, kann die Zeit nach Ablauf der Kündigungsfrist, in welcher der Arbeitnehmer nicht gearbeitet hat, vom Arbeitgeber **nicht nachträglich auf den Urlaub angerechnet** werden. Die früheren Arbeitspflichten bestehen nicht mehr, eine Befreiung von diesen Pflichten ist deshalb nicht möglich (vgl. BAG 9. 1. 1979 AP Nr. 4 zu § 1 BUrlG, zu 2 der Gründe; BAG 21. 5. 1980 AP Nr. 10 zu § 59 KO, zu A II 1 c der Gründe; GK-BUrlG/*Bachmann* § 7 Rz 34; *Dersch/Neumann* § 3 Rz 42).

71 Der Arbeitgeber kann dem Arbeitnehmer auch nicht entgegenhalten, dieser habe die Zeit nach Ablauf der Kündigungsfrist als Urlaub nutzen können (BAG 9. 1. 1979 AP Nr. 4 zu § 1 BUrlG). Der **Arbeitnehmer muß sich allerdings auch während des Kündigungsrechtsstreits darum bemühen, Urlaub vom Arbeitgeber zu erhalten,** weil er ansonsten Gefahr läuft, daß der Urlaubs- und auch der Urlaubsabgeltungsanspruch infolge Zeitablaufs erlischt (dazu auch § 7 Rz 170 ff.). Es ist daher wirksam, wenn sich die Arbeitsvertragsparteien während des Kündigungsschutzprozesses auf die Gewährung von Urlaub einigen (KR-*Spilger* § 11 KSchG Rz 25; *Leinemann* DB 1983, 989, 994).

72 Ein Urlaubsanspruch kann auch entstehen, wenn der Arbeitnehmer **gemäß § 102 Abs. 5 BetrVG nach einer Kündigung vorläufig weiterbeschäftigt** wird. Hier entsteht ein Arbeitsverhältnis kraft Gesetzes, das auflösend bedingt ist durch die rechtskräftige Entscheidung über die Kündigungsschutzklage (BAG 12. 9. 1985 AP Nr. 7 zu § 102 BetrVG 1972 Weiterbeschäftigung; BAG 10. 3. 1987 BAGE 54, 232, 234 ff. = AP Nr. 1 zu § 611 BGB Weiterbeschäftigung mit Anm. *von Hoyningen-Huene* = SAE 1987, 251 mit Anm. *Bengelsdorf* = AuR 1987, 317 mit Anm. *Dütz* S. 346 ff. = EzA § 611 BGB Beschäftigungspflicht Nr. 28 mit Anm. *Lieb* und Anm. *Schilken;* vgl. außerdem *Schwerdtner* EWiR § 812 BGB 4/87 und unten § 7 Rz 176 ff.). Dasselbe gilt, wenn ein Auszubildender, der Mitglied der Jugend- und Auszubildendenvertretung oder des Betriebsrats, der Bordvertretung oder des Seebetriebsrats ist, nach § 78 a Abs. 2 BetrVG vom Arbeitgeber die Weiterbeschäftigung verlangt.

73 Dagegen entsteht nach der Rechtsprechung des BAG kein Urlaubsanspruch, wenn der Arbeitgeber aus Anlaß eines Rechtsstreits über eine Kündigungsschutzklage verurteilt worden ist, den Arbeitnehmer **vorläufig wei-**

Urlaubsanspruch § 1 BUrlG

terzubeschäftigen und dies zur Abwendung der Zwangsvollstreckung erfolgt (BAG 10. 3. 1987 BAGE 54, 232, 242 = AP Nr. 1 zu § 611 BGB Weiterbeschäftigung; BAG 17. 1. 1991 BAGE 67, 88 = EzA § 611 BGB Beschäftigungspflicht Nr. 51; näher dazu *Pallasch* BB 1993, 225, 2230 sowie kritisch *von Hoyningen-Huene* BB 1988, 264, 268). Das wird damit begründet, daß bei einer solchen vorläufigen Weiterbeschäftigung zur Abwendung der Zwangsvollstreckung nach Auffassung des Großen Senats des BAG (Beschluß vom 27. 2. 1985 BAGE 48, 122 = AP Nr. 14 zu § 611 BGB Beschäftigungspflicht) weder ein Arbeitsverhältnis begründet noch das gekündigte Arbeitsverhältnis auflösend bedingt durch die rechtskräftige Entscheidung über die Kündigungsschutzklage fortgeführt wird (BAG 10. 3. 1987 aaO und 17. 1. 1991 aaO = SAE 1992, 358 mit zust. Anm. *Bengelsdorf*; MünchArbR/*Leinemann* § 89 Rz 40; *Pallasch* BB 1993, 2225, 2230; – kritisch dazu *von Hoyningen-Huene/Linck* § 4 Rz 110; vgl. außerdem *Schwerdtner* EWiR § 812 BGB 4/87).

Setzt dagegen ein gekündigter Arbeitnehmer nach Ablauf der Kündigungsfrist seine Tätigkeit im Betrieb des Arbeitgebers fort und zahlt dieser das laufend fällige Entgelt, so ist mangels gegenteiliger Anhaltspunkte davon auszugehen, daß das **gekündigte Arbeitsverhältnis auflösend bedingt durch die rechtskräftige Abweisung der Kündigungsschutzklage fortgesetzt wird** (BAG 15. 1. 1986 BAGE 50, 370 = AP Nr. 66 zu § 1 LohnFG; BAG 4. 9. 1986 BAGE 53, 17 = AP Nr. 22 zu § 611 BGB Beschäftigungspflicht). Dann hat der Arbeitnehmer weiterhin Anspruch auf Urlaub aufgrund dieses Arbeitsverhältnisses. 74

Ob der Arbeitgeber dem Arbeitnehmer nach Ablauf der Kündigungsfrist während der Zeit des Kündigungsschutzprozesses **vorsorglich für den Fall der Unwirksamkeit der Kündigung Urlaub erteilen** kann, ist umstritten (dafür *Leinemann* DB 1983, 989, 994; MünchArbR/*Leinemann* § 91 Rz 27; *Weiler/Rath* NZA 1987, 337, 340; – ablehnend GK-BUrlG/*Bachmann* § 7 Rz 38; *Tautphäus* Rz 116). Für die Zulässigkeit einer vorsorglichen Urlaubserteilung spricht, daß im Falle der Unwirksamkeit der Kündigung das Arbeitsverhältnis und die sich daraus ergebende Arbeitspflicht des Arbeitnehmers fortbestanden haben. Von dieser Arbeitspflicht kann der Arbeitgeber den Arbeitnehmer durch die vorsorgliche Urlaubserteilung befreien, ebenso wie er auch die Möglichkeit hat, während des Kündigungsschutzprozesses das Arbeitsverhältnis vorsorglich erneut zu kündigen. 75

Für die Wirksamkeit der Urlaubserteilung ist **ohne Bedeutung, ob der Arbeitgeber dem Arbeitnehmer gemäß § 11 Abs. 2 vor Urlaubsantritt das Urlaubsentgelt auszahlt** (vgl. § 11 Rz 81). Denn die Pflicht zur Vergütungsfortzahlung ist nicht Inhalt der Pflicht zur Urlaubserteilung (BAG 18. 12. 1986 BAGE 54, 59, 63 = AP Nr. 19 zu § 11 BUrlG), wohl aber deren Folge. Steht daher nach dem Ende des Kündigungsrechtsstreits fest, daß das Arbeitsverhältnis nicht durch die Kündigung beendet oder vom Gericht nach § 9 KSchG aufgelöst ist, hat der Arbeitgeber auch für diese Zeit den Lohn fortzuzahlen. Durch eine vorsorgliche Urlaubserteilung können Streitigkeiten über den ggf. inzwischen eingetretenen Verfall des Urlaubsanspruchs ebenso vermieden werden, wie die Auseinandersetzung, ob der Arbeitgeber über die nach § 615 BGB von ihm zu erbringenden Leistungen 76

2. Fälligkeit

77 Von der Entstehung des Urlaubsanspruchs (dazu Rz 60 ff.) ist dessen Fälligkeit zu unterscheiden. Die Fälligkeit des Urlaubsanspruchs bestimmt sich nach § 271 Abs. 1 BGB, weil das BUrlG keine Regelung über den Zeitpunkt enthält, zu dem der Arbeitnehmer vom Arbeitgeber Urlaub verlangen kann (h. M., vgl. BAG 28. 11. 1990 AP Nr. 18 zu § 7 BUrlG Übertragung, zu II 3c der Gründe; GK-BUrlG/*Bachmann* § 7 Rz 10; *Boldt/Röhsler* § 7 Rz 37; ErfK/*Dörner* § 1 BUrlG Rz 27; *Hiekel* NZA 1990 Beil. 2 S. 32, 33; MünchArbR/*Leinemann* § 89 Rz 72; *Leinemann/Lipke* DB 1988, 1217 f.; *Natzel* § 7 Rz 13; *Schütz/Hauck* Rz 357 ff.; *Tautphäus* Rz 73). Eine Bestimmung über die Leistungszeit enthält insbesondere nicht § 1. Hieraus ergibt sich nur, daß der Urlaubsanspruch im Kalenderjahr, also während eines bestimmten Zeitraums, besteht, nicht aber, daß der Urlaubsanspruch zu einem bestimmten Zeitpunkt zu erfüllen ist.

78 Nach § 271 Abs. 1 BGB kann der Gläubiger die Leistung sofort verlangen, wenn die Zeit der Leistung weder bestimmt noch aus den Umständen zu entnehmen ist. Daraus folgt für den gesetzlichen Urlaubsanspruch, daß der Arbeitnehmer als Gläubiger des Urlaubsanspruchs erstmalig nach sechsmonatigem Bestehen des Arbeitsverhältnisses vom Arbeitgeber als Schuldner des Urlaubsanspruchs den vollen Urlaub verlangen kann, da dann gemäß § 4 erstmals der volle Urlaubsanspruch entstanden ist. Nach erfüllter Wartezeit ist der gesetzliche Urlaubsanspruch des Arbeitnehmers bereits **mit dem Beginn der Arbeitspflicht am Anfang des Kalenderjahres fällig** (vgl. *Boldt/ Röhsler* § 7 Rz 37; ErfK/*Dörner* § 1 BUrlG Rz 27; *von der Laden* S. 20 ff.).

79 Die Fälligkeitsregelung des § 271 Abs. 1 BGB wird für den gesetzlichen Urlaubsanspruch **durch § 7 Abs. 1 ergänzt und insoweit modifiziert,** als der Arbeitgeber berechtigt ist, die Urlaubsgewährung zu verweigern, sofern dringende betriebliche Belange oder Urlaubswünsche anderer Arbeitnehmer, die unter sozialen Gründen den Vorrang verdienen, entgegenstehen. Diese Gesichtspunkte begründen im Urlaubsjahr für den Arbeitgeber gegenüber dem Urlaubsverlangen des Arbeitnehmers ein Leistungsverweigerungsrecht (dazu § 7 Rz 36 ff.).

80 Der im Schrifttum vertretenen Auffassung, die Fälligkeit des Urlaubs werde erst durch die Bestimmung der zeitlichen Lage durch den Arbeitgeber herbeigeführt, kann nicht gefolgt werden (so aber *Dersch/Neumann* § 7 Rz 1 f.; *Hohmeister* § 7 Rz 7; *Künzl* BB 1991, 1630 f.; *Lepke* DB 1988 Beil. 10 S. 3; *ders.* DB 1990, 1131, 1132). Hierbei wird übersehen, daß es **nicht vom Verhalten des Arbeitgebers als Schuldner des Urlaubsanspruches abhängen kann,** ob und zu welchem Zeitpunkt die ihm obliegende Verpflichtung zur Urlaubsgewährung fällig ist. Wäre dieser Auffassung zu folgen, würde ein Arbeitnehmer bei Untätigkeit des Arbeitgebers seinen Urlaubsanspruch verlieren, da der Anspruch auf Urlaubsgewährung dann niemals fällig und vom Arbeitnehmer damit auch nicht wirksam geltend gemacht werden könnte.

Urlaubsanspruch **§ 1 BUrlG**

Die Fälligkeit des Urlaubsanspruchs wird **nicht durch das Urlaubsver- 81 langen des Arbeitnehmers bewirkt**, sondern sie besteht bereits vorher (a. A. unzutreffend *H.J. Weber* Anm. zu BAG 22. 9. 1992 AP Nr. 13 zu § 7 BUrlG). Dies ist auch keineswegs sinnwidrig, wie *Weber* (aaO) behauptet. Denn der Arbeitgeber kann dem Arbeitnehmer zu Beginn des Urlaubsjahres gerade **nicht beliebig und schon gar nicht ohne weiteres gegen den Willen des Arbeitnehmers Urlaub erteilen**. Wenn der Arbeitnehmer Urlaubswünsche äußert, sind diese nämlich nach § 7 Abs. 1 Satz 1 vorrangig zu berücksichtigen (dazu näher § 7 Rz 33 ff.). Im übrigen bestehen nach § 7 Abs. 3 Satz 2 Annahmeverweigerungsrechte des Arbeitnehmers (dazu näher § 7 Rz 52 ff.).

Im **Schrifttum** wird gegen die Annahme, der Urlaubsanspruch sei gem. 82 § 271 Abs. 1 BGB mit seinem Entstehen fällig, weiterhin eingewandt, die Fälligkeit des geltend gemachten Urlaubsanspruchs entfalle, wenn der Arbeitgeber unter Bezug auf die in § 7 Abs. 1 genannten Gründe den Urlaub nicht erteile (*Künzl* BB 1991, 1630; *Plüm* NZA 1988, 716, 717).

Auch dies vermag jedoch nicht zu überzeugen. Versteht man die in § 7 83 **Abs. 1** aufgezählten Gründe zur Verweigerung des geltend gemachten Urlaubsanspruchs als **aufschiebende Einrede des Arbeitgebers** (vgl. BAG 18. 12. 1986 BAGE 54, 63, 66 = AP Nr. 10 zu § 7 BUrlG mit Anm. *Leipold*), so kommt der Arbeitgeber mit der Gewährung des Urlaubs nur dann nicht in Verzug, wenn er den Urlaub aus den in § 7 Abs. 1 genannten Gründen nicht erteilt. Der Urlaubsanspruch ist dann wegen des Leistungsverweigerungsrechts nicht durchsetzbar. Die Fälligkeit des Anspruchs bleibt aber bestehen, wie auch allgemein das Bestehen einer aufschiebenden Einrede nicht die Fälligkeit der Forderung beseitigt (vgl. dazu *Larenz* Lehrbuch des Schuldrechts, Band 1, 14. Aufl., 23 I c; MünchKomm/*Thode* 3. Aufl. § 284 Rz 13).

Schließlich trägt die Erläuterung *Neumanns* (Dersch/Neumann § 7 Rz 2), 84 „der Begriff der Fälligkeit" sei „hier allerdings nicht im streng schuldrechtlichen Sinn zu nehmen", nicht zu einer Klärung rechtlicher und schon gar nicht schuldrechtlicher Zusammenhänge bei. Da nach **Neumann** (aaO Rz 2 und 6) der Urlaubsanspruch erst zu dem Zeitpunkt, zu dem der Arbeitnehmer den Urlaub antritt, **im angeblich „nicht streng schuldrechtlichen Sinne"** fällig wird, bleibt dunkel, ob überhaupt und gegebenenfalls wann der Arbeitnehmer einen fälligen Urlaubsanspruch hat, den er auch gerichtlich geltend machen kann. Die Auffassung *Neumanns* ist daher abzulehnen.

3. Geltendmachung

Der **Arbeitnehmer** als Gläubiger hat gegenüber dem Arbeitgeber als 85 Schuldner den fälligen **Urlaubsanspruch geltend zu machen**, um den Arbeitgeber zur Erfüllung seiner Verpflichtung, der Gewährung von Urlaub, zu veranlassen. Als Schuldner der Pflicht zur Urlaubserteilung kann der Arbeitgeber allerdings gemäß § 271 Abs. 1 BGB in Verb. mit § 7 Abs. 1 auch ohne Aufforderung des Arbeitnehmers den Urlaub gewähren (vgl. BAG 22. 9. 1992 AP Nr. 13 zu § 7 BUrlG; zu Betriebsferien vgl. § 7 Rz 70 ff.).

BUrlG § 1 *Teil I. C. Erläuterungen zum BUrlG*

86 Die Geltendmachung des Urlaubsanspruchs muß **eindeutig, unbedingt und hinreichend bestimmt** geschehen (BAG 26. 6. 1986 BAGE 52, 258, 262 = AP Nr. 6 zu § 44 SchwbG, zu II 2 b der Gründe). Diesen Anforderungen genügt es, wenn ein gekündigter Arbeitnehmer nach erhobener Kündigungsschutzklage vor Ablauf der Kündigungsfrist im Gütetermin vor dem Arbeitsgericht den restlichen Urlaub verlangt und die entsprechende Abrechnung vornimmt (BAG 18. 1. 2000 – 9 AZR 803/98 n. v.). Ist in einem Tarifvertrag die **schriftliche Geltendmachung** vorgeschrieben, genügt ein mündliches Urlaubsverlangen nicht (BAG 14. 6. 1994 BAGE 77, 81 = AP Nr. 21 zu § 7 BUrlG Übertragung). Da Rechtsnormen eines Tarifvertrages als Gesetze i. S. v. Art. 2 EGBGB anzusehen sind, ist eine mündliche Geltendmachung nach § 125 Satz 1 BGB nichtig. Beruft sich der Arbeitgeber auf das Schriftformerfordernis des Tarifvertrags, kann dem der Einwand des Rechtsmißbrauchs (§ 242 BGB) nicht mit der Begründung entgegengehalten werden, der Arbeitgeber habe es unterlassen, den Arbeitnehmer über das Schriftformerfordernis zu belehren.

87 **Unterläßt der Arbeitnehmer die Geltendmachung** des Urlaubsanspruchs gegenüber dem Arbeitgeber, so erlischt nach § 1 der Urlaub mit dem Ende des Kalenderjahres oder bei Vorliegen der in § 7 Abs. 3 genannten Leistungshindernisse mit dem Ende des Übertragungszeitraums am 31. März des Folgejahres (BAG 23. 6. 1992 AP Nr. 22 zu § 1 BUrlG, zu II 2 der Gründe, dazu § 7 Rz 109 ff.). Der Arbeitgeber ist zwar berechtigt, aber nicht verpflichtet, dem Arbeitnehmer von sich aus Urlaub zu erteilen, wenn dieser ihn nicht zuvor zur Gewährung von Urlaub aufgefordert hat. Aus diesem Grund ist der Urlaubsanspruch auch kein verhaltener Anspruch (a. A. *Lepke* DB 1988 Beil. 10 S. 3).

88 Das Urlaubsverlangen muß auch zu dem vom Arbeitnehmer gewünschten Urlaubstermin **erfüllbar** sein. Daran fehlt es, wenn der Arbeitnehmer in dem begehrten Urlaubszeitraum arbeitsunfähig erkrankt ist (BAG 13. 11. 1986 BAGE 53, 328, 330 f. = AP Nr. 26 zu § 13 BUrlG; BAG 8. 2. 1994 AP Nr. 17 zu § 47 BAT). Ist also ein Arbeitnehmer vom 1. Juli bis zum 30. April des folgenden Jahres arbeitsunfähig krank, kann er seinen Urlaubsanspruch nicht mehr vor Ablauf des Übertragungszeitraums am 31. März wirksam geltend machen. Wegen der Arbeitsunfähigkeit des Arbeitnehmers hat der Arbeitgeber nicht die Möglichkeit, den Urlaubsanspruch vor Ablauf des Übertragungszeitraums zu erfüllen. Der Urlaubsanspruch erlischt in diesem Fall daher mit dem 31. März (BAG 13. 11. 1986 BAGE 53, 328, 330 f. = AP Nr. 26 zu § 13 BUrlG).

89 Die Geltendmachung des Urlaubs muß weiterhin so **rechtzeitig erfolgen,** daß dem Arbeitgeber die Gewährung des Urlaubs noch vor Ablauf der gesetzlichen oder tariflichen Urlaubsbefristung möglich ist (BAG 7. 11. 1985 BAGE 50, 112, 114 ff. = AP Nr. 8 zu § 7 BUrlG Übertragung = AR-Blattei Urlaub Entsch. 278 mit Anm. *Boldt;* – dazu § 7 Rz 125). Verlangt der Arbeitnehmer seinen Urlaub so spät, daß vor Ende des Urlaubsjahrs oder ggf. des Übertragungszeitraums die Zahl der noch verfügbaren Arbeitstage geringer ist als der Urlaubsanspruch, so ist die Erfüllung des Urlaubsanspruchs nur zum Teil möglich. Im übrigen ist der Anspruch gemäß § 275

Urlaubsanspruch § 1 BUrlG

Abs. 1 BGB erloschen (vgl. BAG 13. 11. 1986 BAGE 53, 328, 330 = AP Nr. 26 zu § 13 BUrlG).

4. Einwand des Rechtsmißbrauchs

Ob Urlaubsansprüche auch dann bestehen, wenn der Arbeitnehmer im 90 Urlaubsjahr **keine oder nur geringe Arbeitsleistungen** erbracht hat, ist streitig.

a) Die Rechtsprechung zum Mißverhältnis zwischen Arbeitsleistung und Urlaub

Der Erste Senat des BAG hatte **vor Inkrafttreten des BUrlG** im Jahre 91 1963 angenommen, daß Urlaub zwar nicht als Gegenleistung für erbrachte Arbeit gewährt werde oder in einem bestimmten Verhältnis zu dem Umfang der geleisteten Arbeit stehen müsse. Gleichwohl stehe dem Arbeitnehmer der Urlaub dann nicht zu, „wenn sich das Verhältnis von Arbeitsleistung und Urlaub bis in die äußersten Möglichkeiten des Mißverhältnisses verschiebe". Dem Urlaubsverlangen des Arbeitnehmers, der im Urlaubsjahr wegen einer langandauernden Krankheit nicht oder nur geringfügig gearbeitet habe, könne der Arbeitgeber daher den Einwand des Rechtsmißbrauchs (§ 242 BGB) entgegenhalten (BAG 22. 6. 1956 BAGE 3, 77, 78 f. = AP Nr. 9 zu § 611 BGB m. Anm. *Dersch* und AP Nr. 13 zu § 611 BGB Urlaubsrecht m. Anm. *Dersch*).

Der für Fragen des Urlaubsrechts im folgenden dann zuständige Fünfte 92 Senat hat diese Rechtsprechung des Ersten Senats auch **nach dem Inkrafttreten des BUrlG** fortgesetzt (vgl. BAG 23. 6. 1966, 30. 6. 1966, 12. 1. 1967, 6. 6. 1968, 22. 4. 1972, 24. 8. 1972, 29. 11. 1973, 16. 8. 1977, AP Nrn. 2 bis 9 zu § 3 BUrlG Rechtsmißbrauch sowie bereits zuvor BAG 5. 2. 1961 und 27. 9. 1962, AP Nr. 82 und 87 zu § 611 BGB Urlaubsrecht; weitere Nachweise aus dem Schrifttum bei *Boldt/Röhsler* § 1 Rz 69).

Während der Erste Senat den Einwand des Rechtsmißbrauchs allerdings 93 mit einer in erster Linie quantitativen Betrachtungsweise begründet hatte, indem er darauf abstellte, ob mehr Tage Urlaub begehrt werden, als im Urlaubsjahr gearbeitet wurden (vgl. BAG 22. 6. 1956 BAGE 3, 77, 79 = AP Nr. 9 zu § 611 BGB Urlaubsrecht), hat der **Fünfte Senat einzelfallbezogen auf die Gesamtumstände des konkreten Falles** abgestellt (vgl. insbesondere BAG 23. 6. 1966 AP Nr. 2 zu § 3 BUrlG Rechtsmißbrauch). Das Verhältnis von erbrachter Arbeitsleistung zur Dauer des beantragten Urlaubs war für den Fünften Senat zwar nach wie vor ein wesentlicher Abwägungsgesichtspunkt. Daneben wurden aber auch Betriebszugehörigkeit, Ursache der Erkrankung, individuelles Erholungsbedürfnis sowie andere soziale Belange berücksichtigt (vgl. BAG 23. 6. 1966, 24. 8. 1972 und 16. 8. 1977 AP Nrn. 2, 7, 9 zu § 3 BUrlG Rechtsmißbrauch).

b) Kritik der Rechtsprechung bis 1982

Diese allein auf die Umstände des Einzelfalles abstellende Rechtspre- 94 chung war **nicht geeignet, auch nur einen geringen Grad an Vorhersehbarkeit zu gewährleisten.** So hat der Fünfte Senat in einem Fall, in dem der Arbeitnehmer im Urlaubsjahr 12 Arbeitstage gearbeitet und nach der Beendigung des Arbeitsverhältnisses für 12 Tage Urlaubsabgeltung verlangt hatte, die Klage abgewiesen. Das Verlangen des Arbeitnehmers sei in diesem Falle rechtsmißbräuchlich gewesen, weil sich der Arbeitgeber sozial verhalten habe, indem er den dauerhaft arbeitsunfähig gewordenen Arbeitnehmer erst nach mehr als einem Jahr der Arbeitsunfähigkeit gekündigt habe (BAG 22. 4. 1972 AP Nr. 6 zu § 3 BUrlG Rechtsmißbrauch).

95 In einem anderen Fall, in dem der Arbeitnehmer im Urlaubsjahr an 13 Tagen gearbeitet hatte und auch nur für 13 Tage Urlaubsabgeltung verlangte, hat der Fünfte Senat dagegen das die Klage abweisende Urteil des Landesarbeitsgerichts mit der Begründung aufgehoben, bei der Abwägung der Einzelumstände sei nicht hinreichend berücksichtigt worden, daß der Arbeitgeber die **Arbeitsunfähigkeit des Arbeitnehmers durch übermäßige Inanspruchnahme seiner Arbeitskraft mitherbeigeführt** habe (BAG 24. 8. 1972 AP Nr. 7 zu § 3 BUrlG Rechtsmißbrauch).

96 Die Rechtsprechung des Fünften Senats ist im Schrifttum nur im Grundsatz gebilligt worden. Scharf kritisiert wurde immer wieder die mangelnde Vorhersehbarkeit (vgl. insbesondere *Isele* Anm. zu BAG AP Nr. 2 zu § 3 BUrlG Rechtsmißbrauch; *Meisel* Anm. zu BAG AP Nr. 7 zu § 3 BUrlG Rechtsmißbrauch; *Thiele* Anm. zu BAG AP Nr. 6 zu § 3 BUrlG Rechtsmißbrauch; zustimmend dagegen *Boldt/Röhsler* § 1 Rz 72 sowie *Larenz* Anm. zu BAG AP Nr. 87 zu § 611 BGB Urlaubsrecht). Aufgrund des vom Fünften Senat postulierten Erfordernisses der einzelfallbezogenen Abwägung der Gesamtumstände war die Rechtsprechung von **unübersichtlichen und unvorhersehbaren Billigkeitserwägungen geprägt,** die es nicht erlaubten, die Prozeßaussichten auch nur einigermaßen zuverlässig vorauszusagen.

97 Die Rechtsprechung des Fünften Senats war im übrigen auch **nicht folgerichtig.** Das Urlaubsverlangen selbst wurde nämlich nicht am Einwand des Rechtsmißbrauchs gemessen. Es wurde vielmehr das Mißverhältnis zwischen Arbeitsleistung und Urlaub als Rechtsmißbrauch bezeichnet, der entweder nach typisierend quantitativen oder nach wechselnden Einzelfallerwägungen beurteilt wurde (kritisch dazu bereits *Meisel* Anm. zu BAG AP Nr. 7 zu § 3 BUrlG Rechtsmißbrauch).

98 Trotz der vom Ersten und vom Fünften Senat angenommenen Verneinung einer Wechselwirkung oder eines Verhältnisses von geleisteter Arbeit und Urlaubsverlangen für das Entstehen und den Bestand des Urlaubsanspruchs (vgl. Urteil des Ersten Senats vom 22. 6. 1956 BAGE 3, 77, 78 = AP Nr. 9 zu § 611 BGB Urlaubsrecht; Urteil des Fünften Senats vom 21. 10. 1965 AP Nr. 1 zu § 1 BUrlG) haben beide Senate dennoch ein **angebliches Mißverhältnis bei nur geringer oder fehlender Arbeitsleistung** behauptet. Dieses Mißverhältnis wurde sodann ohne weitere Prüfung als Rechtsmißbrauchstatbestand bezeichnet, der – vorbehaltlich der Prüfung „aller Umstände des Einzelfalles" (so der Fünfte Senat) – geeignet sei, den Urlaubsanspruch zu vernichten.

99 Das ist **widersprüchlich** und vom Sechsten Senat des BAG zu Recht so bezeichnet worden (BAG 8. 3. 1984 BAGE 45, 184, 193 = AP Nr. 14 zu § 3 BUrlG Rechtsmißbrauch, zu II 4b der Gründe). Er hat zutreffend darauf hingewiesen, daß der Urlaubsanspruch in seiner Entstehung nicht von gelei-

Urlaubsanspruch § 1 **BUrlG**

steter Arbeit abhängig ist und demzufolge auch nicht allein wegen nicht erbrachter Arbeitsleistung als rechtsmißbräuchlich ausgeschlossen werden kann (BAG 8. 3. 1984 aaO; vgl. weiterhin BAG 28. 1. 1982 BAGE 37, 382, 384 = AP Nr. 11 zu § 3 BUrlG Rechtsmißbrauch; zust. *Beitzke* SAE 1985, 113 f.; ErfK/*Dörner* § 1 BUrlG Rz 26; *Hohmeister* § 9 Rz 18; *Kohte* BB 1984, 609 ff.; *Leinemann* DB 1983, 989, 990 ff.; *ders.* NZA 1985, 137, 139 ff.; *Natzel* § 1 Rz 5; *Schaub* § 102 A. I 1 b; *Schütz/Hauck* Rz 143; *Tautphäus* Rz 9; *Weiler/Rath* NZA 1987, 337, 340; – a. A. *Beckerle* RdA 1985, 352, 354; *Bleistein* GK-BUrlG § 1 Rz 130; *Buchner* DB 1982, 1823 ff.; *ders.* Anm. zu BAG EzA § 3 BUrlG Nr. 14; *ders.* SAE 1983, 80, 82 ff.; *Franke* BB 1983, 1036 ff.; *Peterek* Anm. zu BAG EzA § 3 BUrlG Nr. 13; *Söllner*, Lehrbuch, § 33 II 3, hält dies für eine „rigorose" Auffassung, die nach *Söllner* Münch-Komm-BGB, 2. Aufl., § 611 BGB Rz 350 abzulehnen sei, ohne daß er eine Begründung dafür gibt).

Die Rechtsprechung des Fünften Senats nach Inkrafttreten des BUrlG 100 weist im übrigen für den Rechtsmißbrauch als Ausschlußtatbestand von Urlaubsansprüchen **weitere Widersprüche** auf, die sie konsequent unbeachtet gelassen hat. Nach § 7 Abs. 4 Satz 2 war der Anspruch auf Urlaubsabgeltung ausgeschlossen, wenn der Arbeitnehmer durch eigenes Verschulden aus einem Grund entlassen worden ist, der eine fristlose Kündigung rechtfertigen würde, oder das Arbeitsverhältnis unberechtigt vorzeitig gelöst hat und in diesen Fällen eine grobe Verletzung der Treuepflicht aus dem Arbeitsverhältnis vorlag. Die Regelung war als gesetzliche Ausgestaltung des Rechtsmißbrauchs an besondere, erschwerende Voraussetzungen geknüpft („eigenes Verschulden" des Arbeitnehmers, „grobe Verletzung der Treuepflicht"), deren Vorliegen den Urlaubsabgeltungsanspruch bei Beendigung des Arbeitsverhältnisses beseitigte. Im fortbestehenden Arbeitsverhältnis sollte dagegen nach Auffassung des Fünften Senats bereits allein eine langandauernde Erkrankung, also die weder vom Arbeitgeber noch vom Arbeitnehmer verschuldete Unmöglichkeit der Arbeitsleistung den Urlaubsanspruch ausschließen können. Sowohl die Rechtsprechung als auch das begleitende Schrifttum haben keinen Versuch gemacht, diese Unstimmigkeit aufzuklären oder aufzulösen.

§ 7 Abs. 4 Satz 2 ist am 29. Oktober 1974 gestrichen worden (vgl. Einl. 101 Rz 34 und § 7 Rz 2). Gab es bis zu diesem Zeitpunkt immerhin noch einen gesetzlichen Anhaltspunkt dafür, daß rechtsmißbräuchliches Verhalten urlaubsrechtliche Ansprüche auszuschließen geeignet war, ist dies mit der Aufhebung von § 7 Abs. 4 Satz 2 entfallen. Auch hiervon hat die Rechtsprechung des Fünften Senats keine Notiz genommen.

Schließlich ist auf § 11 Abs. 1 Satz 3 hinzuweisen. Danach „bleiben Ver- 102 dienstkürzungen, die im Berechnungszeitraum infolge von ... unverschuldeter Arbeitsversäumnis eintreten, für die Berechnung des Urlaubsentgelts außer Betracht". Vom Standpunkt der Einheitstheorie (dazu Rz 15 ff.), die zu dieser Zeit für urlaubsrechtliche Probleme auch vom Bundesarbeitsgericht zugrundegelegt wurde, mußte das bei folgerichtiger Anwendung dieser Auffassung bedeuten, daß damit Zeiten der unverschuldeten Arbeitsversäumnis für den Urlaubsanspruch insgesamt außer Betracht zu bleiben hatten, jedenfalls wenn sie im Berechnungszeitraum zu verzeichnen waren.

BUrlG § 1 Teil I. C. *Erläuterungen zum BUrlG*

Der Fünfte Senat hat das für seine Rechtsmißbrauchserwägungen nicht beachtet, sondern unterschiedslos nur gefragt, wie lange der Arbeitnehmer im Kalenderjahr keine Arbeitsleistungen erbracht hatte und welche tatsächliche Arbeitszeit dem gegenüberstand.

103 Der gesetzliche **Urlaubsanspruch des BUrlG ist keine Gegenleistung des Arbeitgebers für erbrachte oder noch zu erbringende Arbeitsleistungen** (vgl. Rz 43 ff.). Er ist vielmehr die gesetzlich bedingte Verpflichtung des Arbeitgebers aus dem Arbeitsverhältnis, den Arbeitnehmer von dessen Verpflichtung zur Arbeit freizustellen (dazu oben Rz 25 ff.). Der Urlaub dient nicht der Erholung von geleisteter Arbeit, sondern lediglich der Erhaltung und Wiederauffrischung der Arbeitskraft, wofür vom Gesetz ein Bedürfnis unwiderleglich vermutet wird (dazu oben Rz 5). Damit fehlt es an einer Abhängigkeit des Urlaubsanspruchs von vorangegangener Arbeitsleistung. Das Urlaubsverlangen des Arbeitnehmers kann daher nicht allein deshalb – institutionell – rechtsmißbräuchlich sein, weil der Arbeitnehmer im Urlaubsjahr keine Arbeitsleistung erbracht hat.

104 Wird von der Begriffsvertauschung zwischen Mißverhältnis und Rechtsmißbrauch abgesehen, bleibt damit die Behauptung bestehen, der Urlaubsanspruch sei wegen eines Mißverhältnisses zwischen Urlaubsanspruch und geleisteter Arbeit ausgeschlossen. Eine **Bestimmung dieses Mißverhältnisses** nach verwertbaren Kriterien ist freilich weder dem Ersten noch dem Fünften Senat gelungen (zutr. *Beitzke* SAE 1985, 113). Dies ist auch rechtlich nicht möglich (vgl. *Leinemann* DB 1983, 991; *ders.* NZA 1985, 137, 138). Daß es keine verwertbaren Kriterien zur näheren Bestimmung dieses Mißverhältnisses gibt, hat offensichtlich auch der Fünfte Senat erkannt, indem er wiederholt entschieden hat, es lasse sich keine feste mathematische Grenze des Inhalts ziehen, daß ein Urlaubs- bzw. Urlaubsabgeltungsverlangen immer rechtsmißbräuchlich sein müsse, wenn der Arbeitnehmer weniger Tage gearbeitet habe, als er Urlaub verlange (BAG 5. 2. 1961 AP Nr. 82 zu § 611 BGB Urlaubsrecht; BAG 23. 6. 1966 AP Nr. 2 zu § 3 BUrlG Rechtsmißbrauch).

105 Nicht zugestimmt werden kann auch dem Versuch *Streblows* (Erholungsurlaub trotz Krankheit, S. 96 ff.), eine Begrenzung des Urlaubsanspruchs bei Krankheit durch **teleologische Reduktion der §§ 1 und 4** zu begründen. Nach dem insoweit eindeutigen Wortlaut des Gesetzes knüpft der Urlaubsanspruch des BUrlG nicht an die Erbringung einer bestimmten Arbeitsleistung an.

106 Der **gesetzliche Mindesturlaub hat keinen Entgeltcharakter,** der eine einschränkende Auslegung der §§ 1 und 4 rechtfertigen könnte (a. A. *Streblow* S. 98 ff.). Dies mag bei tariflichem oder einzelvertraglichem Mehrurlaub anders zu beurteilen sein. Der Urlaubsanspruch des BUrlG ist dagegen allein eine gesetzlich bedingte Mindestleistung des Arbeitgebers zur Erhaltung und Wiederauffrischung der Arbeitskraft des Arbeitnehmers, die nach dem Gesetzeswortlaut gerade nicht voraussetzt, daß „die Arbeitsleistung im Urlaubsjahr in einem gesunden Verhältnis zum Urlaub steht" (so aber *Streblow* S. 99). Es liegt daher auch keine Gesetzeslücke vor, die es rechtfertigen könnte, abweichend vom Wortlaut des Gesetzes den gesetzlichen Mindesturlaub bei langandauernder Krankheit zu begrenzen (a. A. *Streblow* S. 102 ff.).

c) Kein Rechtsmißbrauch bei Urlaubsverlangen trotz fehlender Arbeitsleistung

Gibt es für die Annahme, der Urlaubsanspruch sei an erbrachte Arbeitsleistungen gebunden, keinen Anhaltspunkt im BUrlG, so kann das Urlaubsverlangen eines Arbeitnehmers, der an der Erbringung seiner Arbeitsleistung durch Krankheit gehindert war, nicht als Anspruchsausübung rechtsmißbräuchlich sein. Zu Recht hat der Sechste Senat des BAG ausgeführt, das Urlaubsverlangen sei vielmehr durch die **soziale Schutzfunktion** gedeckt, die das BUrlG für den gesetzlichen Mindesturlaub jedes Arbeitnehmers gewährleiste (BAG 8. 3. 1984 BAGE 45, 184, 187f. = AP Nr. 14 zu § 3 BUrlG Rechtsmißbrauch, zu II 5b der Gründe). Daher ist für Erwägungen kein Raum, der Urlaubsanspruch könne wegen „institutionellen Rechtsmißbrauchs" ausgeschlossen sein, wenn der Arbeitnehmer im Urlaubsjahr nur geringe oder gar keine Arbeitsleistungen erbracht hat. 107

Mit Recht hat bereits *Herschel* darauf hingewiesen, daß der Ausschluß des Urlaubsanspruchs wegen krankheitsbedingter Nichtarbeit ein **Mißbrauch des Einwands des Rechtsmißbrauchs** ist (Anm. zu BAG AR-Blattei Urlaub Entsch. 246). „In Wirklichkeit", so *Herschel,* „handelt es sich um einen massiven Eingriff in das geschriebene Recht, um eine in die Lehre vom Rechtsmißbrauch gekleidete apokryphe richterliche Korrektur des geltenden Rechts." 108

Denkbar ist freilich, daß der Urlaubsanspruch wegen „**individuellen Rechtsmißbrauchs**" ausgeschlossen ist (ebenso *Beitzke* SAE 1985, 113; *Schütz/Hauck* Rz 149). Dafür ist allerdings erforderlich, daß andere Tatsachen vorliegen, aus denen sich ein Ausschluß des Anspruchs auf Urlaubsgewährung herleiten lassen kann. Sie müssen im Prozeß dargelegt und vom Gericht festgestellt werden (BAG 8. 3. 1984 BAGE 45, 184, 189f. = AP Nr. 14 zu § 3 BUrlG Rechtsmißbrauch, zu II 4a der Gründe; BAG 7. 11. 1985 BAGE 50, 124, 129 = AP Nr. 16 zu § 3 BUrlG Rechtsmißbrauch). Insoweit ist allerdings festzustellen, daß sich unter den weit mehr als 500 Urlaubsrechtsstreitigkeiten, über die bisher das BAG seit dem Jahre 1982 zu entscheiden hatte, nicht ein einziger Fall gefunden hat, der Veranlassung gegeben hätte, einen urlaubsrechtlichen Anspruch wegen Rechtsmißbrauchs zu versagen (vgl. MünchArbR/*Leinemann* § 89 Rz 32). 109

Der Urlaubsanspruch kann somit nicht wegen Rechtsmißbrauchs ausgeschlossen sein, weil der Arbeitnehmer **aufgrund einer Krankheit nicht gearbeitet hat.** Gleichfalls ist auch das Entstehen eines Urlaubsanspruchs nach Ablauf der Wartezeit nicht dadurch ausgeschlossen, daß der Arbeitnehmer zu Beginn des Urlaubsjahres und danach dauernd arbeitsunfähig ist und deshalb im Urlaubsjahr nicht gearbeitet hat. Dies ist nunmehr ständige Rechtsprechung des BAG seit 28. 1. 1982 (vgl. BAG 28. 1. 1982 BAGE 37, 382 = AP Nr. 11 zu § 3 BUrlG Rechtsmißbrauch; BAG 13. 5. 1982 BAGE 39, 53 = AP Nr. 4 zu § 7 BUrlG Übertragung m. Anm. *Boldt* = AR-Blattei Urlaub Entsch. 248 m. Anm. *Buchner* = SAE 1983, 78 m. Anm. *Buchner;* BAG 26. 5. 1983 AP Nr. 12 zu § 7 BUrlG Abgeltung m. Anm. *Trieschmann* = AR-Blattei Urlaub Entsch. 255 m. Anm. *Buchner* = EzA § 7 BUrlG Nr. 27 m. Anm. *Herschel;* BAG 23. 6. 1983 BAGE 44, 75 = AP Nr. 14 zu § 7 110

BUrlG § 1 *Teil I. C. Erläuterungen zum BUrlG*

BUrlG Abgeltung m. Anm. *Trieschmann;* BAG 1. 12. 1983 BAGE 44, 278 = AP Nr. 15 zu § 7 BUrlG Abgeltung = SAE 1984, 232 m. Anm. *Herschel;* BAG 8. 3. 1984 BAGE 45, 184 = AP Nr. 14 zu § 3 BUrlG Rechtsmißbrauch m. Anm. *Glaubitz* = SAE 1985, 108 m. Anm. *Beitzke* = EzA § 3 BUrlG Nr. 14 m. Anm. *Buchner;* BAGE 45, 199 = AP Nr. 15 zu § 13 BUrlG = AR-Blattei Urlaub Entsch. 261 m. Anm. *Buchner* = SAE 1986, 166 m. Anm. *Birk;* BAGE 45, 203 = AP Nr. 16 zu § 7 BUrlG Abgeltung m. Anm. *Scheuring* = AR-Blattei Urlaub Entsch. 262 m. Anm. *Buchner;* BAG 7. 3. 1985 BAGE 48, 186 = AP Nr. 21 zu § 7 BUrlG Abgeltung m. Anm. *Birk* = AR-Blattei Urlaub Entsch. 272 m. Anm. *Echterhölter* = SAE 1986, 262 m. Anm. *Wandt;* BAG 7. 11. 1985 BAGE 50, 124 = AP Nr. 16 zu § 3 BUrlG Rechtsmißbrauch; BAG 14. 5. 1986 BAGE 52, 67 = AP Nr. 26 zu § 7 BUrlG Abgeltung = AR-Blattei Urlaub Entsch. 281 m. Anm. *Boldt* = SAE 1987, 75 m. Anm. *Oetker;* BAG 30. 7. 1986 BAGE 52, 305 = AP Nr. 22 zu § 13 BUrlG = SAE 1987, 69 m. Anm. *Eich;* BAG 13. 11. 1986 BAGE 53, 322 = AP Nr. 28 zu § 13 BUrlG = AR-Blattei Urlaub Entsch. 288 m. Anm. *Echterhölter;* BAG 18. 12. 1986 BAGE 54, 63 = AP Nr. 10 zu § 7 BUrlG m. Anm. *Leipold;* BAG 10. 3. 1987 BAGE 54, 232 = AP Nr. 1 zu § 611 BGB Weiterbeschäftigung m. Anm. *von Hoyningen-Huene;* BAG 25. 2. 1988 BAGE 57, 366 = AP Nr. 3 zu § 8 BUrlG m. Anm. *Clemens;* BAG 7. 7. 1988 BAGE 59, 154 = AP Nr. 23 zu § 11 BUrlG; BAG 29. 10. 1989 BAGE 63, 181 = AP Nr. 29 zu § 11 BUrlG).

111 Solange der Arbeitnehmer krank ist, kann zwar der **Urlaubsanspruch nicht erfüllt** werden. **Entstehen und Erfüllbarkeit** des Anspruches müssen aber unterschieden werden (BAG 28. 6. 1984 BAGE 46, 224 = AP Nr. 18 zu § 7 BUrlG Abgeltung; – näher dazu § 7 Rz 203 f. zur Urlaubsabgeltung).

112 Der Urlaubsanspruch wird auch nicht durch die Vereinbarung von **unbezahltem Sonderurlaub,** also der Arbeitsbefreiung des Arbeitnehmers unter Wegfall des Arbeitsentgelts, ausgeschlossen oder gekürzt (BAG 30. 7. 1986 BAGE 52, 305 = AP Nr. 22 zu § 13 BUrlG). So hat das BAG (aaO) in einem Fall, in dem ein türkischer Arbeitnehmer zur Ableistung eines auf zwei Monate verkürzten Wehrdienstes in seinem Heimatland durch den Arbeitgeber einverständlich ohne Vergütung von seiner Arbeitspflicht befreit worden war, zutreffend entschieden, daß der Arbeitgeber nicht berechtigt sei, für diese Zeit den Urlaubsanspruch des Arbeitnehmers anteilig zu kürzen. Da gesetzliche Kürzungsbestimmungen wie § 4 Abs. 1 Satz 1 ArbPlSchG nicht eingriffen – die Bestimmungen dieses Gesetzes galten jedenfalls zum Zeitpunkt des Rechtsstreits nicht für türkische Staatsbürger (dies übersieht *Eich* SAE 1987, 69; zur Einbeziehung von Türken und Marokkanern in das Arbeitsplatzschutzgesetz vgl. *Däubler* NZA 1992, 581 einerseits und Kasseler Handbuch/*Braasch* 1.2 Rz 29 andererseits jeweils m. w. N.) –, stand dem Arbeitnehmer der volle Urlaubsanspruch zu (vgl. Teil II Rz. 4). Ein als Lehrer angestellter türkischer Arbeitnehmer, der mit dem Arbeitgeber wegen seines Wehrdienstes in der Türkei Sonderurlaub für die Dauer der Sommerferien vereinbart hat, kann allerdings nicht die Fortzahlung der Vergütung für diese unterrichtsfreie Zeit verlangen (BAG 27. 11. 1986 AP Nr. 13 zu § 50 BAT).

Urlaubsanspruch § 1 BUrlG

Der Urlaubsanspruch wird schließlich nicht dadurch ausgeschlossen, daß 113
bei bestehendem Arbeitsverhältnis ein Arbeitnehmer eine **Erwerbsunfähigkeitsrente** bezieht (BAG 26. 5. 1988 BAGE 58, 304 = AP Nr. 19 zu § 1 BUrlG). Weder Erwerbsunfähigkeit noch Arbeitsunfähigkeit eines Arbeitnehmers sind für das Entstehen und das Bestehen urlaubsrechtlicher Ansprüche von Bedeutung. Fraglich kann allein sein, ob Urlaubsansprüche von Arbeitnehmern, die arbeitsunfähig krank oder erwerbsunfähig sind, erfüllt werden können.

Die **Erfüllbarkeit von Urlaubsansprüchen arbeitsunfähiger Arbeit-** 114
nehmer ist für die Dauer der Arbeitsunfähigkeit zu verneinen, weil während dieser Zeit keine Arbeitspflichten entstehen können, von denen ein Arbeitnehmer durch Urlaubsgewährung befreit werden könnte. Anders kann dies bei der Erwerbsunfähigkeit sein, deren Voraussetzungen nicht voll mit denen der Arbeitsunfähigkeit übereinstimmen. Erwerbsunfähigkeit setzt nicht notwendig voraus, daß der Arbeitnehmer eine bisher vertraglich geschuldete Tätigkeit nicht mehr ausüben kann. Ob dies zutrifft, hängt vielmehr vom Inhalt des jeweiligen Arbeitsverhältnisses ab (zur Erwerbsunfähigkeit vgl. ausführlich § 7 Rz 211 ff.).

Es ist somit nicht ausgeschlossen, daß ein Arbeitnehmer **erwerbsunfähig,** 115
aber zugleich dennoch arbeitsfähig ist (BAG 26. 5. 1988 BAGE 58, 304 = AP Nr. 19 zu § 1 BUrlG, zu 3 b der Gründe; BAG 14. 5. 1986 BAGE 52, 67, 72 = AP Nr. 26 zu § 7 BUrlG Abgeltung, zu II 3 der Gründe; BAG 20. 4. 1989 BAGE 61, 362 = AP Nr. 48 zu § 7 BUrlG Abgeltung; BAG 27. 5. 1997 BAGE 86, 30 = AP Nr. 74 zu § 7 BUrlG Abgeltung). Daher steht der Bezug von Erwerbsunfähigkeitsrente dem Entstehen eines Urlaubsanspruchs nicht entgegen, wohl aber wird meist dessen Erfüllbarkeit ausgeschlossen sein.

5. Dauer des Urlaubs

Die Dauer des gesetzlichen Erholungsurlaubs beträgt seit 1. 1. 1995 ge- 116
mäß § 3 Abs. 1 jährlich **mindestens 24 Werktage.** Die Urlaubsdauer entspricht damit der Richtlinie 93/104 EG des Rates der Europäischen Union vom 23. 11. 1993 (AblEG Nr. L 307/18). Zuvor betrug der Mindesturlaub 18 Werktage im Jahr, im Gebiet der neuen Bundesländer mindestens 20 Arbeitstage (Einigungsvertrag vom 31. 8. 1990, BGBl. II S. 889, 1020). Zur geschichtlichen Entwicklung näher § 3 Rz 1 ff. sowie Einl Rz 45.

Gemäß § 3 Abs. 2 gelten als **Werktage alle Kalendertage, die nicht** 117
Sonn- oder gesetzliche Feiertage sind. In den neuen Bundesländern war bis zum 31. 12. 1994 für die Berechnung der Urlaubsdauer von fünf Arbeitstagen je Woche auszugehen.

Die Regelung über die Dauer des gesetzlichen Mindesturlaubs von 24 118
Werktagen ist gemäß § 13 Abs. 1 Satz 1 **nicht zuungunsten der Arbeitnehmer abdingbar.**

6. Übertragung des Urlaubsanspruchs auf andere Personen

In Rechtsprechung und Schrifttum ist umstritten, ob und inwieweit der 119
Urlaubsanspruch übertragbar ist. Hierbei ist **zu unterscheiden,** ob es um die Vererblichkeit, die Abtretbarkeit oder Pfändbarkeit des Urlaubsan-

spruchs geht. Weiterhin ist die Frage der Übertragbarkeit des Urlaubsanspruchs zu trennen von der Übertragung von Urlaubsentgelt- bzw. Urlaubsgeldansprüchen (dazu § 11 Rz 95 ff.).

a) Vererblichkeit

120 Der **Urlaubsanspruch ist nicht vererblich** (h.M. vgl. BAG 18. 7. 1989 BAGE 62, 252, 254 = AP Nr. 49 zu § 7 BUrlG Abgeltung; BAG 26. 4. 1990 BAGE 65, 122, 125 = AP Nr. 53 zu § 7 BUrlG Abgeltung; BAG 23. 6. 1992 BAGE 70, 348 = AP Nr. 59 zu § 7 BUrlG Abgeltung; *Bleistein* GK-BUrlG § 1 Rz 66; *Boldt/Röhsler* § 1 Rz 31; *Dersch/Neumann* § 1 Rz 85; ErfK/ *Dörner* § 1 BUrlG Rz 29; *Hohmeister* § 1 Rz 10; MünchArbR/*Leinemann* § 89 Rz 14; *Schaub* § 102 A. I 4). Dies ergibt sich aus dem Inhalt des Urlaubsanspruchs, der auf Beseitigung der Arbeitspflicht gerichtet ist. Die Arbeitspflicht endet mit dem Tod des Arbeitnehmers, weil sie gemäß § 613 BGB regelmäßig an die Person des Arbeitnehmers gebunden ist. Nach dem Tode des Arbeitnehmers entstehen daher keine Pflichten, auf deren Beseitigung der Urlaubsanspruch bezogen ist.

121 Der **Urlaubsanspruch entfällt somit mit dem Tode des Arbeitnehmers** schon deshalb, weil ein Arbeitgeber den Anspruch auf Befreiung von der Arbeitspflicht nicht mehr erfüllen könnte (ebenso *Schütz/Hauck* Rz 135). Im übrigen endet mit dem Tode des Arbeitnehmers das Arbeitsverhältnis. Auch deshalb scheidet die Vererblichkeit des Urlaubsanspruches aus. Zur Vererblichkeit des Urlaubsabgeltungsanspruchs s. § 7 Rz 217 ff.

b) Abtretbarkeit

122 Der Urlaubsanspruch ist durch **Abtretung (§ 398 BGB) nicht** in dem Sinne **auf Dritte übertragbar,** daß diese nunmehr für sich zusätzlichen Urlaub vom Arbeitgeber verlangen können (ebenso ErfK/*Dörner* § 1 BUrlG Rz 30; allerdings nur im Ergebnis auch *Bleistein* GK-BUrlG § 1 Rz 70; *Boldt/Röhsler* § 1 Rz 34; *Dersch/Neumann* § 1 Rz 72 ff.; *Heilmann* § 1 BUrlG Rz 6; *Schaub* § 102 A I 4; *Schütz/Hauck* Rz 137). Da die Arbeitspflicht nach § 613 BGB regelmäßig an die Person des Arbeitnehmers gebunden ist, kann durch die Urlaubserteilung nur die Arbeitspflicht des urlaubsberechtigten Arbeitnehmers beseitigt werden.

123 Die Abtretung des Urlaubsanspruchs an einen Dritten (Zessionar) hätte zur Folge, daß dieser vom Arbeitgeber die Beseitigung der Arbeitspflichten des Abtretenden (Zedenten) verlangen könnte. Denn Gegenstand der Abtretung ist nur das Recht des Gläubigers (Arbeitnehmer), vom Schuldner (Arbeitgeber) die Erfüllung der fälligen Schuld zu verlangen (zutr. ErfK/ *Dörner* § 1 BUrlG Rz. 30). Durch die Abtretung erlangt der **Zessionar** damit **keinen Anspruch auf Freistellung von den eigenen Arbeitspflichten** (MünchArbR/*Leinemann* § 89 Rz 17; *Schaub* § 102 Rz 6; – a. A. *Pfeifer* NZA 1996, 738; *Schütz/Hauck* Rz 137).

124 Entgegen der im Schrifttum (vgl. *Dersch/Neumann* § 1 Rz 72; *Hohmeister* § 1 Rz 10; *Hj. Weber* RdA 1995, 229, 231) vertretenen Auffassung steht **§ 399 BGB** einer Abtretung des Urlaubsanspruchs nicht entgegen. **Nicht der Urlaubsanspruch ist höchstpersönlicher Natur, sondern die Arbeitspflicht,** auf deren Beseitigung der Urlaubsanspruch gerichtet ist. Gleichwohl

Urlaubsanspruch § 1 BUrlG

ist nicht zu verkennen, daß sich für eine Abtretung des Urlaubsanspruchs an einen Dritten mit der Folge, daß dieser vom Arbeitgeber die Beseitigung der Arbeitspflichten des abtretenden Arbeitnehmers verlangen könnte, nur selten Interessenten finden werden und deshalb eine solche Abtretung in der Praxis kaum vorkommen wird (ebenso *Schaub* § 102 Rz 6).

c) Pfändbarkeit

Der Urlaubsanspruch als Anspruch auf Freistellung von der Arbeitspflicht ist **grundsätzlich pfändbar** (zur Pfändbarkeit des Anspruchs auf Urlaubsentgelt und auf Urlaubsgeld vgl. § 11 Rz 96 f.; zur Pfändbarkeit des Abgeltungsanspruchs § 7 Rz 222 ff.). Auch an einer Pfändung des Urlaubsanspruchs dürfte freilich **kaum Interesse** bestehen, weil der Pfändungsgläubiger damit nur das Recht erwirbt, vom Arbeitgeber die Freistellung des Arbeitnehmers von der Arbeitspflicht verlangen zu können (vgl. Rz 123; – a. A. Hohmeister BB 1995, 2110; – differenzierend *Pfeifer*, NZA 1996, 738 f., der nur den einzelvertraglichen Urlaubsanspruch nach § 857 Abs. 3 ZPO für pfändbar hält). 125

7. Übertragbarkeit des Anspruchs auf Urlaubsentgelt

Anders als der Urlaubsanspruch, der allein auf die Befreiung von der Arbeitspflicht gerichtet ist, **kann der Anspruch auf Urlaubsentgelt grundsätzlich auf Dritte übertragen werden**. Das Urlaubsentgelt ist Arbeitsvergütung und hat seine Rechtsgrundlage im Arbeitsvertrag. Vererblichkeit, Pfändbarkeit und Abtretbarkeit dieses Vergütungsanspruches richten sich daher nach den hierfür geltenden allgemeinen Grundsätzen (näher dazu § 11 Rz 95 ff.). 126

8. Übertragbarkeit des Anspruchs auf Urlaubsgeld

Vom Urlaubsentgelt als fortzuzahlender Arbeitsvergütung ist das Urlaubsgeld zu unterscheiden (dazu im einzelnen § 11 Rz 86 ff.). Urlaubsgeld wird nach einzelvertraglicher Vereinbarung oder aufgrund Tarifvertrags bzw. Betriebsvereinbarung zusätzlich zum Urlaubsentgelt gewährt. Das Urlaubsgeld ist zwar wie das Urlaubsentgelt vererblich, soweit ein Anspruch hierauf im Zeitpunkt des Todes des Arbeitnehmers besteht und noch nicht erfüllt ist. **Urlaubsgeld ist aber nach § 850 a Nr. 2 ZPO unpfändbar.** Der Anspruch auf Urlaubsgeld ist deshalb gemäß § 400 BGB **auch nicht abtretbar**. 127

9. Erlöschen des Urlaubsanspruchs

Der Urlaubsanspruch erlischt durch **Erfüllung**, mit **Ablauf des Urlaubsjahres** bzw. des Übertragungszeitraumes sowie mit dem **Tod des Arbeitnehmers**. Ein Verzicht des Arbeitnehmers auf den gesetzlichen Mindesturlaub ist dagegen nicht wirksam. 128

a) Erfüllung

Der Urlaubsanspruch ist gemäß § 362 Abs. 1 BGB durch Erfüllung erloschen, wenn der Arbeitgeber dem Arbeitnehmer Urlaub gewährt und der 129

Arbeitnehmer den Urlaub genommen hat (§ 7 Abs. 3 Satz 1). **Erfüllungshandlung des Arbeitgebers** ist die Gewährung des Urlaubs durch Bestimmung der Urlaubszeit.

130 Mit der **Festlegung von Beginn und Ende des Urlaubs** hat der Arbeitgeber die für die Erfüllung des Urlaubsanspruchs erforderliche Leistungshandlung vorgenommen. Die Leistung ist bewirkt, wenn der Leistungserfolg eingetreten ist, der Arbeitnehmer also den Urlaub erhalten hat (vgl. GK-BUrlG/*Bachmann* § 7 Rz 1 und 107; ErfK/*Dörner* § 1 BUrlG Rz 31; *Hohmeister* § 7 Rz 5; *Lepke* DB 1988, Beil. 10 S. 3f.; *Natzel* § 7 Rz 13; – näher dazu § 7 Rz 11 ff.).

b) Ablauf des Urlaubsjahres

131 Der Urlaubsanspruch erlischt, wenn er nicht zum Ende des Kalenderjahres oder spätestens mit dem **Ende des Übertragungszeitraums am 31. März** des folgenden Kalenderjahres erfüllt worden ist (so bereits BAG 26. 6. 1969 BAGE 22, 85, 87f. = AP Nr. 1 zu § 7 BUrlG Urlaubsjahr mit Anm. *Richardi* = AR-Blattei Urlaub Entsch. 171 mit Anm. *Herbst* = SAE 1970, 149 mit Anm. *Meisel*; im übrigen ständige Rechtsprechung seit BAG 13. 5. 1982 BAGE 39, 53, 56 = AP Nr. 4 zu § 7 BUrlG Übertragung mit Anm. *Boldt* = AR-Blattei Urlaub Entsch. 248 mit Anm. *Buchner*; vgl. weiterhin BAG 7. 11. 1985 BAGE 50, 124, 129 = AP Nr. 16 zu § 3 BUrlG Rechtsmißbrauch = AR-Blattei Urlaub Entsch. 279 mit Anm. *Boldt*; BAG 24. 11. 1987 BAGE 56, 340, 342 = AP Nr. 41 zu § 7 BUrlG Abgeltung; BAG 28. 11. 1990 BAGE 66, 288, 289 = AP Nr. 18 zu § 7 BUrlG Übertragung; BAG 23. 6. 1992 AP Nr. 22 zu § 1 BUrlG; *Bengelsdorf* NZA 1985, 613ff.; *Boldt/Röhsler* § 1 Rz 55f.; *Dersch/Neumann* § 7 Rz 69ff.; *Dörner* AR-Blattei Urlaub V unter A III 3 und Urlaub XII unter III 1; *Leinemann* NZA 1985, 137, 141f.; *ders.* MünchArbR § 89 Rz 45; *Natzel* § 7 Rz 103ff.; *Tautphäus* Rz 61; – a. A. GK-BUrlG/*Bachmann* § 7 Rz 120; *Heither* AuR 1968, 165, 167ff.; *Künzl* BB 1991, 1630, 1632; *Plüm* NZA 1988, 716, 718).

132 **Fordert der Arbeitnehmer den Arbeitgeber nicht auf, den Urlaub festzusetzen,** und bestimmt der Arbeitgeber Urlaub auch nicht von sich aus, so erlischt nach § 1 der Urlaubsanspruch mit dem Ende des Kalenderjahres oder bei Vorliegen der Voraussetzungen des § 7 Abs. 3 mit dem Ende des Übertragungszeitraums am 31. März des Folgejahres (BAG 28. 11. 1990 BAGE 66, 288, 289 = AP Nr. 18 zu § 7 BUrlG Übertragung, zu II 4 der Gründe). Dies folgt aus der Befristung des Urlaubsanspruchs auf das Urlaubsjahr und ggf. den Übertragungszeitraum (näher dazu § 7 Rz 109ff.).

c) Tod des Arbeitnehmers

133 Der **Urlaubsanspruch erlischt ferner mit dem Tod des Arbeitnehmers** (BAG 18. 7. 1989 BAGE 62, 252, 254 = AP Nr. 49 zu § 7 BUrlG Abgeltung; BAG 26. 4. 1990 BAGE 65, 122, 125 = AP Nr. 53 zu § 7 BUrlG Abgeltung; BAG 23. 6. 1992 BAGE 70, 348 = AP Nr. 59 zu § 7 BUrlG Abgeltung; GK-BUrlG/*Bachmann* § 7 Rz 159; *Boldt/Röhsler* § 1 Rz 51; *Dörner* AR-Blattei Urlaub XII unter VII 2). Da der Urlaubsanspruch auf die Beseitigung der Arbeitspflicht gerichtet ist (dazu im einzelnen Rz 25ff.) und gemäß § 613

Urlaubsanspruch **§ 1 BUrlG**

Satz 1 BGB die Arbeitspflicht an die Person des Arbeitnehmers gebunden ist, können Pflichten, auf die der Urlaubsanspruch bezogen ist, nach dem Tod des Arbeitnehmers als dem zur Arbeit Verpflichteten nicht mehr entstehen. Der Urlaubsanspruch entfällt daher schon deshalb, weil der Arbeitgeber diesen Anspruch nicht erfüllen könnte. Im übrigen endet das Arbeitsverhältnis zugleich mit dem Tod des Arbeitnehmers. Auch deshalb erlischt der Urlaubsanspruch als Anspruch aus dem Arbeitsverhältnis mit dem Tod des Arbeitnehmers.

d) Verzicht

Der gesetzliche Urlaubsanspruch von 24 Werktagen ist für den Arbeitnehmer **unverzichtbar.** Der Anspruch erlischt auch nicht durch einen Erlaßvertrag nach § 397 BGB, weil der Urlaubsanspruch gemäß § 13 Abs. 1 Satz 1 unabdingbar ist (vgl. BAG 20. 1. 1998 AP Nr. 45 zu § 13 BUrlG und 9. 6. 1998 AP Nr. 23 zu § 7 BUrlG zu Aufhebungsverträgen). Der Arbeitnehmer kann über den gesetzlichen Urlaubsanspruch nicht wirksam rechtsgeschäftlich zu seinem Nachteil verfügen. Ein solches Rechtsgeschäft wäre nach § 134 BGB nichtig. 134

Der Arbeitnehmer kann den Anspruch auf gesetzlichen Urlaub auch nicht in einem gerichtlichen oder außergerichtlichen Vergleich zum **Gegenstand eines negativen Schuldanerkenntnisses** machen. Auch der in einer **Ausgleichsquittung erklärte Verzicht** auf diesen Urlaubsanspruch ist **unwirksam** (vgl. BAG 21. 7. 1978 AP Nr. 5 zu § 13 BUrlG Unabdingbarkeit mit Anm. *Herschel* = AR-Blattei Urlaub Entsch. 228 mit Anm. *Herbst;* BAG 31. 5. 1990 BAGE 65, 171, 173 f. = AP Nr. 13 zu § 13 BUrlG Unabdingbarkeit, zu III 2 b der Gründe; *Bleistein* GK-BUrlG § 1 Rz 93; *Boldt/Röhsler* § 1 Rz 64; *Dersch/Neumann* § 13 Rz 53 ff.; *Dörner* AR-Blattei Urlaub XII, unter V 1; *Hohmeister* § 13 Rz 2; *Natzel* § 1 Rz 84; *Schütz/Hauck* Rz 122). Das gleiche gilt im Grundsatz auch für den Urlaubsabgeltungsanspruch nach § 7 Abs. 4 (vgl. dazu BAG 18. 6. 1980 AP Nr. 6 zu § 13 BUrlG Unabdingbarkeit; BAG 31. 5. 1990 aaO). 135

Wie gesetzliche Urlaubsansprüche sind auch **tarifliche Urlaubsansprüche im Grundsatz unverzichtbar.** Dies gilt gemäß § 4 Abs. 4 Satz 1 TVG zunächst dann, wenn der Tarifvertrag kraft beiderseitiger Tarifbindung gilt oder gemäß § 5 TVG für allgemeinverbindlich erklärt ist (vgl. *Bleistein* GK-BUrlG § 1 Rz 95 ff.; *Boldt/Röhsler* § 1 Rz 66; *Dersch/Neumann* § 13 Rz 54; *Natzel* § 1 Rz 85). 136

Wird der **Tarifvertrag nur durch einzelvertragliche Vereinbarung in Bezug genommen,** so gilt der Inhalt des Tarifvertrages nur als arbeitsvertragliche Vereinbarung. Die tariflichen Urlaubsansprüche wirken also wie individualvertraglich vereinbarte Urlaubsansprüche, nicht aber wie tarifvertragliche Ansprüche. Der besondere Schutz tariflicher Rechte nach dem TVG gilt daher für tarifliche Urlaubsregelungen, die in Arbeitsverträgen in Bezug genommen sind, von vornherein nicht. Tarifvertragliche Rechte und Ansprüche, die zwischen den Arbeitsvertragsparteien allein kraft arbeitsvertraglicher Bezugnahme gelten, **können daher rechtsgeschäftlich abbedungen bzw. erlassen werden** (vgl. BAG 31. 5. 1990 BAGE 65, 171, 174 = AP Nr. 13 zu § 13 BUrlG Unabdingbarkeit, zu III 2 c der Gründe; *Kem-* 137

BUrlG § 1 Teil I. C. Erläuterungen zum BUrlG

pen/Zachert § 3 Rz 92; Löwisch/Rieble § 3 Rz 106f.; Wiedemann/Wank § 4 Rz 672).

138 Daraus folgt, daß auch ein **Verzicht** auf den Urlaubsanspruch, der den gesetzlichen Mindesturlaubsanspruch überschreitet, **möglich ist, wenn dieser Anspruch auf einem einzelvertraglich in Bezug genommenen Tarifvertrag beruht** (ebenso BAG 31. 5. 1990 BAGE 65, 171, 174 = AP Nr. 13 zu § 13 BUrlG Unabdingbarkeit; BAG 20. 1. 1998 AP Nr. 45 zu § 13 BUrlG; *Boldt/Röhsler* § 1 Rz 66; *Dersch/Neumann* § 13 Rz 57f.; unklar *Natzel* § 1 Rz 85 ff.; widersprüchlich *Bleistein* GK-BUrlG § 1 Rz 97).

139 Auf **einzelvertragliche Urlaubsansprüche** kann der Arbeitnehmer **ohne weiteres verzichten**, soweit sie über den gesetzlichen Mindesturlaub oder die kraft beiderseitiger Tarifbindung geltenden tarifvertraglichen Urlaubsansprüche hinausgehen. Insoweit besteht Vertragsfreiheit und damit auch die Möglichkeit zum Abschluß eines Erlaßvertrages (§ 397 BGB).

e) Aufrechnung

140 **Der Urlaubsanspruch des Arbeitnehmers kann nicht durch Aufrechnung mit oder gegen eine Geldforderung erlöschen.** Es fehlt hier an der Gleichartigkeit der Forderungen, die nach § 387 BGB notwendige Voraussetzung einer wirksamen Aufrechnung ist (ebenso *Bleistein* GK-BUrlG § 1 Rz 89; ErfK/*Dörner* § 1 BUrlG Rz 34; *Tautphäus* Rz 243). Gegenstand des Urlaubsanspruchs ist allein die Befreiung von der Arbeitspflicht (vgl. dazu Rz 25 ff.). Hiervon ist der Anspruch auf Urlaubsentgelt zu unterscheiden, der nichts anderes als der arbeitsvertragliche Lohn- oder Gehaltsanspruch ist.

141 Durch **Aufrechnung** kann allerdings gemäß § 389 BGB der Anspruch auf **Urlaubsentgelt** erlöschen (LAG Bremen BB 1991, 2496; *Bleistein* GK-BUrlG § 1 Rz 90; *Boldt/Röhsler* § 1 Rz 42; ErfK/*Dörner* § 11 BUrlG Rz 51; MünchArbR/*Leinemann* § 90 Rz 49; *Natzel* § 1 Rz 51; – a.A. *Dersch/ eumann* § 1 Rz 87; *Hohmeister* BB 1995, 2110). Die Aufrechnung gegen Ansprüche auf ein zusätzlich zum Urlaubsentgelt vereinbartes **Urlaubsgeld** ist dagegen gemäß § 394 BGB i.V.m. § 850a Nr. 2 ZPO unzulässig (MünchArbR/*Leinemann* § 90 Rz 49).

VI. Urlaub bei Betriebsübergang

142 Kommt es im Zusammenhang mit der Urlaubsgewährung zu einem rechtsgeschäftlichen Betriebsübergang im Sinne von § 613a BGB, stellt sich die Frage, gegen wen – Veräußerer oder den Erwerber – der Arbeitnehmer Urlaubsansprüche geltend zu machen hat. Hierbei ist insbesondere nach dem **Zeitpunkt der Geltendmachung** und der **Art des Anspruchs** – Freistellungsanspruch oder Urlaubsentgeltanspruch – **zu unterscheiden.**

1. Grundlagen

143 Bei einem rechtsgeschäftlichen Betriebsübergang tritt der Erwerber gemäß § 613a Abs. 1 Satz 1 BGB kraft Gesetzes in die Rechte und Pflichten aus dem Arbeitsverhältnis ein. Der **Erwerber wird damit neuer Vertrags-**

Urlaubsanspruch § 1 BUrlG

partner des vom Betriebsübergang betroffenen Arbeitnehmers. Zugleich endet für den Arbeitnehmer das Arbeitsverhältnis zu dem Veräußerer des Betriebes (zum Widerspruchsrecht des Arbeitnehmers vgl. BAG 19. 3. 1998 AP Nr. 177 zu § 613a BGB). Veräußerer und Erwerber haften gemäß § 613a Abs. 2 BGB als Gesamtschuldner (§ 426 BGB) für Verbindlichkeiten, die vor dem Betriebsübergang entstanden sind und vor Ablauf von einem Jahr nach dem Zeitpunkt des Betriebsübergangs fällig werden. Soweit Verpflichtungen erst nach dem Zeitpunkt des Übergangs fällig werden, haftet der Veräußerer für sie nur in dem Umfang, der dem im Zeitpunkt des Übergangs abgelaufenen Teil ihres Bemessungszeitraums entspricht. Für Ansprüche, die erst nach dem Betriebsübergang entstehen, haftet der Veräußerer nicht mehr.

2. Ansprüche des Arbeitnehmers gegen den Veräußerer

a) Urlaubsanspruch

Nach erfolgtem Betriebsübergang bestehen grundsätzlich keine Urlaubsansprüche gegen den Veräußerer. Da der Urlaubsanspruch allein auf die Befreiung von der Arbeitspflicht gerichtet ist und der Erwerber Gläubiger dieser arbeitsvertraglichen Pflicht des Arbeitnehmers ist, kann nur er – der Erwerber – den Arbeitnehmer von der Arbeitspflicht freistellen (vgl. *Bleistein* GK-BUrlG § 1 Rz 50; *Gaul* Der Betriebsübergang 1990 S. 89; MünchArbR/*Leinemann* § 91 Rz 92; *Leinemann/Lipke* DB 1988, 1217, 1218). Mit dem Betriebsübergang ist daher der Erwerber zugleich Schuldner des Urlaubsanspruchs geworden (BAG 2. 12. 1999 AP Nr. 202 zu § 613a BGB). 144

Eine Haftung des Veräußerers für die Erfüllung des Urlaubsanspruchs gemäß § 613a Abs. 2 BGB scheidet aus. Der Urlaubsanspruch ist zwar bereits vor dem Betriebsübergang fällig gewesen, da gemäß § 271 BGB der Anspruch auf Urlaub bei erfüllter Wartezeit mit seinem Entstehen zu Beginn des Kalenderjahres fällig wird (dazu oben Rz 77). Gleichwohl haftet der Veräußerer nicht für die noch nicht erfüllten Urlaubsansprüche, weil allein der Erwerber in der Lage ist, die Freistellungsverpflichtung zu erfüllen (MünchArbR/*Leinemann* § 91 Rz 92; – a. A. *Seiter* Betriebsinhaberwechsel 1980 S. 103 unter Zugrundelegung der Einheitstheorie). 145

Ist die **Urlaubsgewährung** nach dem Betriebsübergang wegen Zeitablaufs mit Ende des Urlaubsjahres oder des Übertragungszeitraums **unmöglich geworden,** bestehen ebenfalls keine Ansprüche gegen den Veräußerer. Sofern der Erwerber die eingetretene Unmöglichkeit nicht zu vertreten und demzufolge hierfür auch nicht zu haften hat, scheiden Ansprüche gegen den Veräußerer bereits aus, weil die Haftung des Veräußerers gemäß § 613a Abs. 2 BGB nicht weiter geht als die des Erwerbers (MünchArbR/*Leinemann* § 91 Rz 93; *Leinemann/Lipke* DB 1988, 1217, 1218f.). 146

Hat der **Erwerber die unterbliebene Urlaubsfreistellung und damit die Unmöglichkeit der Urlaubsgewährung zu vertreten,** scheidet eine Haftung des Veräußerers ebenfalls aus. Bei rechtzeitiger Geltendmachung des Urlaubsanspruchs und vom Erwerber zu vertretender Unmöglichkeit der Urlaubserteilung entsteht für den Arbeitnehmer ein neuer Ersatzurlaubsan- 147 spruch, der an die Stelle des erloschenen Urlaubsanspruchs tritt (dazu im einzelnen § 7 Rz 163 ff.). Da dieser Ersatzurlaubsanspruch erst nach dem Betriebsübergang entsteht, kommt eine Mithaftung des Veräußerers nach § 613a Abs. 2 BGB nicht in Betracht. Der Ersatzurlaubsanspruch besteht daher allein gegenüber dem Erwerber, der durch zurechenbares Verhalten die Erfüllung des Urlaubsanspruchs vereitelt hat.

148 Urlaubsansprüche gegen den Veräußerer bestehen jedoch dann, wenn der **Urlaub vor dem Betriebsübergang beginnen, aber erst nach dem Betriebsübergang enden soll.** Beantragt also der Arbeitnehmer für die Zeit vom 15. 6. bis zum 15. 7. Urlaub und erfolgt zum 1. 7. ein Betriebsübergang, so ist der Veräußerer Schuldner des Urlaubsanspruchs. Dies gilt auch dann, wenn zum Zeitpunkt des Urlaubsantrages feststeht, daß während des Urlaubs ein Betriebsübergang erfolgt. Nur der Veräußerer kann nämlich den Arbeitnehmer vor dem Betriebsübergang von den Arbeitspflichten gemäß § 7 freistellen, weil er zu diesem Zeitpunkt Vertragspartner des Arbeitnehmers ist.

149 Der vom **Veräußerer gewährte Urlaub** bewirkt dabei auch für die Zeit nach dem Betriebsübergang eine **wirksame Arbeitsbefreiung** für den Arbeitnehmer, weil dessen Arbeitsverhältnis durch den Betriebsübergang nicht unterbrochen wird (MünchArbR/*Leinemann* § 91 Rz 98). Das Arbeitsverhältnis besteht fort, der Arbeitnehmer erhält nur einen neuen Arbeitgeber – den Erwerber. Da dieser gemäß § 613a Abs. 1 BGB in alle Rechte und Pflichten aus dem bestehenden Arbeitsverhältnis eintritt, hat er die vom Veräußerer vorgenommene Urlaubserteilung gegen sich gelten zu lassen.

b) Urlaubsentgeltanspruch

150 Wird der Urlaub für einen **Zeitraum nach dem Betriebsübergang** gewährt, hat der Arbeitnehmer nur gegen den Erwerber Anspruch auf Urlaubsentgelt. Der Erwerber hat dem Arbeitnehmer daher das Urlaubsentgelt zu bezahlen, wenn der Arbeitnehmer vom 15. 7. bis zum 15. 8. Urlaub hat und der Betriebsübergang zum 1. 7. erfolgt. Dies gilt auch dann, wenn der Urlaub bereits vor dem Betriebsübergang – am 1. 6. für die Zeit vom 15. 7. bis zum 15. 8. – erteilt wurde. Gegen den Veräußerer bestehen in diesem Fall keine Urlaubsentgeltansprüche, weil diese erst nach dem Betriebsübergang zu Beginn der Freistellung entstehen und erst dann fällig werden (§ 11 Abs. 2). Der Veräußerer haftet gemäß § 613a Abs. 2 BGB weder voll noch anteilig für Urlaubsentgeltansprüche, die für einen Urlaub nach dem Zeitpunkt des Betriebsübergangs geltend gemacht werden. Alleiniger Schuldner dieser Ansprüche ist der Erwerber.

151 Gegen den Veräußerer bestehen jedoch Ansprüche auf Urlaubsentgelt, wenn der **Urlaub vor dem Zeitpunkt des Betriebsübergangs beginnt und erst danach endet.** Der Veräußerer ist in diesem Falle dem Arbeitnehmer zur Zahlung des Urlaubsentgelts verpflichtet, weil nach § 11 Abs. 2 das Urlaubsentgelt vor Urlaubsantritt fällig ist. Hat also der Arbeitnehmer vom 15. 6. bis zum 15. 7. Urlaub und erfolgt zum 1. 7. ein Betriebsübergang, so ist der Veräußerer Schuldner des Urlaubsentgeltanspruchs. Bezahlt der Veräußerer dem Arbeitnehmer nicht vor Urlaubsantritt das Urlaubsentgelt und gerät er deshalb in Verzug, so geht die Forderung auf Zahlung des Ur-

Urlaubsanspruch § 1 BUrlG

laubsentgelts bei Betriebsübergang über und ist gegen den Erwerber zu richten. Der Veräußerer haftet dann gem. § 613a Abs. 2 BGB neben dem Erwerber als Gesamtschuldner.

Tarifliche Ansprüche von Arbeitnehmern auf Urlaubsgeld können im 152 übrigen nach § 613a Abs. 1 Satz 3 BGB bei einem Betriebsübergang durch einen anderen, bei dem neuen Inhaber geltenden Tarifvertrag verschlechtert werden (BAG 19. 11. 1996 AP Nr. 153 zu § 613a BGB).

c) Urlaubsabgeltung

Der Betriebsübergang führt **nicht zu Urlaubsabgeltungsansprüchen des** 153 **Arbeitnehmers gegen den Veräußerer** (BAG 2. 12. 1999 AP Nr. 202 zu § 613a BGB = SAE 2000, 293 mit Anm. *Sandmann;* MünchArbR/*Leinemann* § 91 Rz 93). Gemäß § 7 Abs. 4 bestehen nur im Falle der Beendigung des Arbeitsverhältnisses Urlaubsabgeltungsansprüche. Die mit dem Betriebsübergang erfolgende Beendigung der Rechtsbeziehungen des Arbeitnehmers zu dem Veräußerer läßt jedoch nicht das Arbeitsverhältnis enden. Das Arbeitsverhältnis besteht vielmehr gemäß § 613a Abs. 1 BGB mit dem Erwerber fort. Deshalb kommt eine Urlaubsabgeltung aus Anlaß des Betriebsübergangs nicht in Frage.

Gegen den Veräußerer bestehen auch bei einer **Beendigung des Arbeits-** 154 **verhältnisses nach dem Zeitpunkt des Betriebsübergangs** keine Urlaubsabgeltungsansprüche. Da der Urlaubsabgeltungsanspruch als Surrogat urlaubsrechtlich entsprechend dem Urlaubsanspruch zu behandeln ist (dazu § 7 Rz 195 ff.) und damit neu an die Stelle des Freizeitanspruchs tritt, besteht der Abgeltungsanspruch nach dem Zeitpunkt des Betriebsübergangs allein gegen den Erwerber. Die als Abgeltung zu zahlende Geldschuld ist auch kein Schadenersatz, für den der Veräußerer gemäß § 613a Abs. 2 Satz 2 BGB ggf. anteilig einzustehen hätte (MünchArbR/*Leinemann* § 91 Rz 96). Auch unter diesem Gesichtspunkt scheidet daher eine Haftung des Veräußerers für Urlaubsabgeltungsansprüche aus. Setzt der Arbeitnehmer das Arbeitsverhältnis nach dem Betriebsübergang mit dem neuen Inhaber fort, hat der bisherige Arbeitgeber den Urlaub des Arbeitnehmers auch dann nicht abzugelten, wenn er wirksam betriebsbedingt gekündigt hat (BAG 2. 12. 1999 AP Nr. 202 zu § 613a BGB).

3. Ansprüche des Arbeitnehmers gegen den Erwerber

a) Urlaubsanspruch

Nach dem Betriebsübergang bestehen Urlaubsansprüche nur gegen den 155 Erwerber. Die Fortsetzung des Arbeitsverhältnisses mit dem Erwerber hat gemäß § 613a Abs. 1 Satz 1 BGB zur Folge, daß die Wartezeit (§ 4) für das Entstehen des vollen Urlaubsanspruchs durch den Betriebsübergang nicht unterbrochen wird. Bereits entstandene und fällige Urlaubsansprüche sind ausschließlich vom Erwerber zu erfüllen (RGRK/*Ascheid* § 613a Rz 135; MünchArbR/*Leinemann* § 91 Rz 97; *Leinemann/Lipke* DB 1988, 1217, 1219; MünchKomm/*Schaub* § 613a Rz 107).

Nicht entscheidend ist, ob die **Urlaubsansprüche auch dem Kalender-** 156 **jahr entstammen, in welchem der Betriebsübergang stattgefunden hat.**

BUrlG § 1 *Teil I. C. Erläuterungen zum BUrlG*

Auch übertragene Urlaubsansprüche aus dem vorangegangenen Urlaubsjahr sind vom Erwerber zu erfüllen, vorausgesetzt, der Betriebsübergang ist noch innerhalb des Übertragungszeitraumes vollzogen worden und der restliche Urlaubsanspruch kann ganz oder teilweise noch vor Ablauf des Übertragungszeitraums erfüllt werden. Trifft das nicht zu, bestehen gegen den Erwerber ebensowenig Ansprüche wie gegen die Veräußerer.

157 Hat der Arbeitnehmer **vor dem Zeitpunkt des Betriebsübergangs** vom Veräußerer rechtzeitig **die Gewährung von Urlaub verlangt,** muß der Erwerber dieses Urlaubsverlangen gemäß § 613a Abs. 1 Satz 1 BGB gegen sich gelten lassen. Eines neuen Urlaubsverlangens des Arbeitnehmers bedarf es nicht. Sofern der Veräußerer eine Erfüllungshandlung nach § 7 Abs. 1 für einen Zeitraum nach Betriebsübergang wirksam ausgeübt hat, ist der Erwerber als neuer Arbeitgeber an die damit erfolgte zeitliche Festlegung des Urlaubs gebunden. Neue, im Zusammenhang mit dem Betriebsübergang entstandene dringende betriebliche Gründe können dann nicht mehr gegen den Willen des Arbeitnehmers berücksichtigt werden. Insbesondere ist ein Widerruf des Urlaubs deswegen nicht wirksam (MünchArbR/*Leinemann* § 91 Rz 98; Kasseler Handbuch/*Schütz* 2.4 Rz 754; – a.A. insoweit *Leinemann/Lipke* DB 1988, 1217, 1219).

158 Hatte der Arbeitnehmer schon für die Zeit vor Betriebsübergang seinen **Urlaub geltend gemacht, der Veräußerer aber versäumt, den Urlaub zu erteilen,** so ist der Erwerber nach Betriebsübergang mit der Erfüllung der Pflicht zur Urlaubserteilung in Verzug. Dem Veräußerer ist die Gewährung des Urlaubs unmöglich geworden, da er den Arbeitnehmer nach dem Betriebsübergang nicht mehr von der Pflicht zur Arbeitsleistung suspendieren kann. Der Erwerber hat den noch erfüllbaren Urlaubsanspruch zu gewähren, obwohl er die unterbliebene rechtzeitige Urlaubserteilung durch den Veräußerer nicht zu vertreten hat.

159 Erlischt der rechtzeitig geltend gemachte Urlaubsanspruch mit Ablauf des Übertragungszeitraums gemäß § 7 Abs. 3 Satz 3 am 31.3. des Folgejahres und findet zu diesem Zeitpunkt auch der Betriebsübergang statt, so entsteht ein **Ersatzurlaubsanspruch** gegen den Erwerber (vgl. dazu § 7 Rz 163ff.). Dieser tritt gemäß § 613a Abs. 1 Satz 1 BGB in die Rechte und Pflichten aus dem im Zeitpunkt des Übergangs bestehenden Arbeitsverhältnis ein und ist deshalb Schuldner des Ersatzurlaubsanspruchs (MünchArbR/*Leinemann* § 91 Rz 100). Die Freistellung des Arbeitnehmers von der Arbeitspflicht, die aufgrund des Ersatzurlaubsanspruchs geschuldet ist, hat dann durch den Erwerber zu erfolgen, weil er neuer Arbeitgeber ist.

b) Urlaubsentgeltanspruch

160 Gegen den Erwerber bestehen Urlaubsentgeltansprüche für **Urlaubszeiten, die nach dem Zeitpunkt des Betriebsübergangs beginnen.** Auf den Zeitpunkt der Geltendmachung des Urlaubsanspruchs kommt es nicht an, weil nach § 11 Abs. 2 das Urlaubsentgelt erst vor Antritt des Urlaubs auszuzahlen ist. Nichts anderes gilt, wenn der Veräußerer dem Arbeitnehmer zwar vor Betriebsübergang Urlaub durch Freistellung gewährt, den Urlaubsentgeltanspruch jedoch nicht erfüllt hat. Das Urlaubsentgelt ist dann auf Verlangen des Arbeitnehmers gemäß § 613a Abs. 1 Satz 1 BGB vom

Urlaubsanspruch § 1 BUrlG

Erwerber zu bezahlen, weil dieser in die Rechte und Pflichten aus dem Arbeitsverhältnis eingetreten ist. In diesem Fall haftet allerdings gemäß § 613a Abs. 2 Satz 1 BGB der Veräußerer neben dem Erwerber als Gesamtschuldner, weil der Anspruch auf Urlaubsentgelt bereits vor dem Betriebsübergang entstanden und fällig gewesen ist (dazu oben Rz 151).

c) **Urlaubsabgeltung**
Urlaubsabgeltungsansprüche bestehen nach dem Betriebsübergang 161
nur gegen den Erwerber. Dieser ist bei Beendigung des Arbeitsverhältnisses nach Betriebsübergang zur Zahlung der vollen Abgeltung verpflichtet, selbst wenn der abzugeltende Urlaubsanspruch im wesentlichen aus der Zeit vor dem Betriebsübergang herrührt (MünchArbR/*Leinemann* § 91 Rz 101; ebenso *Staudinger/Richardi* § 613a Rz 170). Eine Mithaftung des Veräußerers gemäß § 613a Abs. 2 BGB kommt nicht in Betracht, weil der Urlaubsabgeltungsanspruch erst mit dem Ausscheiden des Arbeitnehmers aus dem Betrieb entsteht und fällig wird (dazu näher § 7 Rz 178ff.).

Ist der **Arbeitnehmer** infolge **eigener Kündigung** vor dem Betriebsüber- 162
gang aus dem Arbeitsverhältnis ausgeschieden, sind hingegen die offenen und noch abzugeltenden Urlaubsansprüche allein vom Veräußerer zu erfüllen. Der Erwerber kommt als Schuldner dieser Verpflichtungen gemäß § 613a Abs. 1 Satz 1 BGB nicht in Betracht, da im Zeitpunkt des Betriebsübergangs aufgrund der Kündigung des Arbeitnehmers kein Arbeitsverhältnis mehr bestanden hat.

4. Ausgleich zwischen Erwerber und Veräußerer

In § 613a Abs. 1 und 2 BGB ist nur geregelt, welche Ansprüche der Ar- 163
beitnehmer bei einem Betriebsübergang gegen seinen alten und seinen neuen Arbeitgeber hat. Diese Bestimmungen regeln das sog. **Außenverhältnis**. Die Ausgleichspflicht zwischen dem Veräußerer und dem Erwerber hinsichtlich dieser Ansprüche des Arbeitnehmers regelt sich im **Innenverhältnis nach § 426 BGB** (vgl. RGRK-*Ascheid* § 613a Rz 243f.; *Staudinger/Richardi* § 613a Rz 214; *Schaub* MünchKomm-BGB § 613a Rz 110; *Schreiber* RdA 1982, 137, 148). § 613a Abs. 2 Satz 1 BGB bestimmt, daß der bisherige Arbeitgeber neben dem neuen Inhaber des Betriebes insoweit als Gesamtschuldner haftet. Für eine Ausgleichspflicht im Innenverhältnis sind daher Bestand und Abwicklung eines Gesamtschuldverhältnisses maßgebend.

Bei Urlaubsansprüchen kommt **zwischen Veräußerer und Erwerber** ein 164
interner Ausgleich nur in Betracht, wenn der Arbeitnehmer zwar Urlaub durch Freistellung vom bisherigen Arbeitgeber erhalten hat, die Urlaubsentgeltansprüche aber erst vom neuen Arbeitgeber erfüllt worden sind. Dabei geht es nicht um einen Ausgleich von Urlaubsansprüchen, sondern ausschließlich um einen Ausgleich nicht rechtzeitig erfüllter Entgeltfortzahlungsansprüche nach § 611 BGB. Die Verpflichtung, das Entgelt für die Dauer des Urlaubs fortzuzahlen, war – vorbehaltlich abweichender vertraglicher Vereinbarungen – in diesem Fall bereits vor Betriebsübergang beim Veräußerer entstanden und bei Urlaubsantritt fällig (§ 11 Abs. 2; – dazu Rz 151 und 160).

165 Wenn der Erwerber mit Betriebsübergang als neuer Schuldner für diese noch nicht erfüllten Entgeltansprüche nach § 613 a Abs. 1 Satz 1 BGB einzutreten hat, haftet daneben der Veräußerer im Außenverhältnis gegenüber dem Arbeitnehmer nach § 613 a Abs. 2 Satz 1 BGB als **Gesamtschuldner** weiter. Erfüllt der Erwerber die offenen Zahlungsansprüche des Arbeitnehmers, so kann er im Innenverhältnis Ausgleich vom Veräußerer verlangen. Fehlt es an einer anderen Bestimmung unter den Gesamtschuldnern, so kann der Erwerber in diesem Falle nur die Hälfte des nicht gewährten Urlaubsentgelts vom Veräußerer fordern (§ 426 Abs. 1 Satz 1 BGB).

166 Im übrigen ist wegen der Besonderheiten des auf Freistellung von der Arbeitspflicht gerichteten Urlaubsanspruchs eine **Ausgleichspflicht zwischen Erwerber und Veräußerer im Innenverhältnis zu verneinen** (dazu ausführlich *Leinemann/Lipke* DB 1988, 1217, 1220 ff.; *Schmalz/Ebener* DB 2000, 1711 ff.; ebenso OLG Frankfurt 17. 2. 1983 AP Nr. 33 zu § 613 a BGB; ErfK/*Dörner* § 1 BUrlG Rz 43; wohl auch MünchKomm/*Schaub* § 613 a Rz 110; zweifelnd *Schwerdtner* Anm. zu BGH EWiR § 613 a BGB 13/85, S. 859). Der BGH (BGH 4. 7. 1985 AP Nr. 50 zu § 613 a BGB sowie BGH 25. 3. 1999 NJW 1999, 2962; dem wohl folgend *Staudinger/Richardi* § 613 a Rz 215) ist allerdings unter Zugrundelegung der vom BAG seit dem 28. Januar 1982 aufgegebenen Auffassung des Urlaubsanspruchs als Einheitsanspruch (dazu oben Rz 15 ff.) wie selbstverständlich von einer Ausgleichspflicht des Veräußerers und des Erwerbers ausgegangen. Eine solche Ausgleichspflicht läßt sich jedoch nicht begründen.

167 Ein **Gesamtschuldverhältnis** von Erwerber und Veräußerer hinsichtlich der vom Veräußerer nicht erfüllten Urlaubsansprüche scheitert, weil nur der jeweilige Arbeitgeber rechtlich und faktisch Urlaub als Freistellung von der Arbeit gewähren kann (ebenso ErfK/*Dörner* § 1 BUrlG Rz 43). Dies gilt sowohl für den Urlaubsanspruch als auch für den Urlaubsabgeltungsanspruch als dessen Surrogat (MünchArbR/*Leinemann* § 91 Rz 103). Die **Entscheidung des BGH** vom 4. 7. 1985 (AP Nr. 50 zu § 613 a BGB) zur Ausgleichspflicht zwischen Veräußerer und Erwerber eines Betriebes wegen Urlaubsansprüchen der vom Betriebsübergang betroffenen Arbeitnehmer **widerspricht damit der Rechtsprechung des BAG zum Urlaubsrecht**.

VII. Urlaub bei Insolvenz des Arbeitgebers

168 Die Behandlung von Urlaubsansprüchen im Falle der Insolvenz des Arbeitgebers hat sich **zum 1. 1. 1999 mit Inkrafttreten der InsO** geändert. Damit sind die bis dahin geltenden Bestimmungen der **KO und der GesO außer Kraft getreten.** Im Hinblick auf noch abzuwickelnde **Altfälle** und zum besseren Verständnis der **Gesetzesänderung** werden nachfolgend zunächst die sich aus der KO (1.) und der GesO (2.) ergebenden Folgen für Urlaubsansprüche dargestellt und dann die Auswirkungen der InsO (3.).

Urlaubsanspruch § 1 BUrlG

1. **Urlaub und Konkursordnung**

a) **Urlaubserteilung und Urlaubsabgeltung nach Konkurseröffnung**
Der Urlaubsanspruch des Arbeitnehmers wird durch die Eröffnung des Konkursverfahrens (ebenso des Gesamtvollstreckungsverfahrens) über das Vermögen des Arbeitgebers nicht berührt. Der Urlaubsanspruch ist nämlich allein auf die Freistellung von der Arbeitspflicht bezogen, während sich das Konkursverfahren nur auf die Zahlungsverpflichtungen des Gemeinschuldners erstreckt. **Der Konkursverwalter hat den Urlaubsanspruch zu erfüllen,** weil er mit der Eröffnung des Konkursverfahrens die Rechte und Pflichten übernimmt, die sich aus der Arbeitgeberstellung des Gemeinschuldners ergeben (vgl. dazu allgemein BAG 17. 9. 1974 BAGE 26, 257, 261 = AP Nr. 1 zu § 113 BetrVG 1972 sowie BAG 18. 12. 1986 BAGE 54, 59, 62 = AP Nr. 19 zu § 11 BUrlG = AR-Blattei Urlaub Entsch. 289 mit Anm. *Boldt;* BAG 15. 5. 1987 AP Nr. 35 zu § 7 BUrlG Abgeltung mit Anm. *Uhlenbruck; Bleistein* GK-BUrlG § 1 Rz 155; *Boldt/Röhsler* § 1 Rz 105; *Dersch/Neumann* § 1 Rz 94; *Natzel* § 1 Rz 108; *Schütz/Hauck* Rz 940; *Tautphäus* Rz 252). 169

Gewährt der Konkursverwalter dem Arbeitnehmer Urlaub, ist der Anspruch auf **Urlaubsentgelt als fortbestehender Lohnanspruch Masseschuld nach § 59 Abs. 1 Nr. 2 KO** (BAG 4. 6. 1977 BAGE 29, 211, 215 = AP Nr. 4 zu § 59 KO mit Anm. *Zeuner;* BAG 18. 12. 1986 BAGE 54, 59, 62 = AP Nr. 19 zu § 11 BUrlG; *Heinze* in *Gottwald* Insolvenzrechts-Handbuch 1990 § 98 Rz 39; *Natzel* § 1 Rz 108). Hat der Konkursverwalter den Urlaubsanspruch nicht bis zur Beendigung des Arbeitsverhältnisses erfüllt, wandelt sich der Urlaubsanspruch in einen Urlaubsabgeltungsanspruch um. Dieser gehört ebenfalls zu den Masseschulden i.s. des § 59 Abs. 1 Nr. 2 KO (BAG 15. 5. 1987 AP Nr. 35 zu § 7 BUrlG Abgeltung; BAG 9. 2. 1989 – 8 AZR 505/87 – n. v.; *Bleistein* GK-BUrlG § 1 Rz 157; *Dersch/Neumann* § 1 Rz 95; *Kuhn/Uhlenbruck* KO 10. Aufl. § 61 Rz 47 h; *Tautphäus* Rz 254 – a. A. *Oehlerking* Die Auswirkungen der Zahlungsunfähigkeit des Arbeitgebers auf die Bezüge des Arbeitnehmers 1981 S. 86 ff.). 170

Der **Urlaubsabgeltungsanspruch ist keine Konkursforderung, sondern Masseschuld,** weil er erst mit der Beendigung des Arbeitsverhältnisses nach der Konkurseröffnung entsteht. Erst dann steht fest, daß der Freistellungsanspruch ganz oder teilweise nicht mehr erfüllt werden kann (ebenso *Schütz/Hauck* Rz 947. Handelt es sich somit nicht um eine rückständige Forderung nach § 59 Abs. 1 Nr. 3a KO bzw. nach § 61 Nr. 1a KO, so kommt eine Zuordnung des Urlaubsabgeltungsanspruchs auf Tage vor oder nach der Konkurseröffnung nicht in Betracht. 171

Der Urlaubsanspruch kann, wenn er noch nicht zeitlich festgelegt ist, **nicht einem bestimmten Zeitraum im Jahr zugeordnet werden,** und es kann auch nicht unterschieden werden, ob der Urlaubsanspruch vor oder nach Konkurseröffnung hätte erfüllt werden können. Im übrigen ist nach § 7 Abs. 4 für den Abgeltungsanspruch nur maßgeblich, ob Urlaubsansprüche wegen der Beendigung des Arbeitsverhältnisses nicht gewährt werden können (offengelassen von BAG 15. 5. 1987 AP Nr. 35 zu § 7 BUrlG Abgeltung; wie hier *Boldt/Röhsler* § 1 Rz 104; *Dersch/Neumann* § 1 Rz 103; 172

BUrlG § 1 *Teil I. C. Erläuterungen zum BUrlG*

Heinze in Gottwald Insolvenzrechts-Handbuch § 98 Rz 45; Uhlenbruck Anm. zu BAG AP Nr. 35 zu § 7 BUrlG Abgeltung; – a. A. BAG 21. 5. 1980 AP Nr. 10 zu § 59 KO; *Bleistein* GK-BUrlG § 1 Rz 162).

173   Die **irrtümliche Eintragung eines Anspruchs auf Urlaubsabgeltung in die Konkurstabelle** steht einer Leistungsklage des Arbeitnehmers, mit der die Verurteilung zur Gewährung der Urlaubsabgeltung gefordert wird, nicht entgegen (BAG 15. 5. 1987 AP Nr. 35 zu § 7 BUrlG Abgeltung; *Dersch/Neumann* § 1 Rz 95; *Uhlenbruck* Anm. zu BAG AP Nr. 35 zu § 7 BUrlG Abgeltung). Zwar gilt nach § 145 Abs. 2 KO die Eintragung in die Konkurstabelle bezüglich der Forderungen ihrem Betrage und ihrem Vorrecht nach wie ein rechtskräftiges Urteil gegenüber allen Konkursgläubigern. Diese Wirkung bezieht sich aber nur auf Konkursforderungen im Sinne von § 61 KO.

174   Die **Feststellungswirkung des § 145 Abs. 2 KO** tritt jedoch bei unanmeldbaren Forderungen nicht ein. Meldet also ein Masseschuldgläubiger seine Forderung zur Konkurstabelle an, so geht diese Anmeldung ins Leere mit der Folge, daß die Eintragung keinerlei Feststellungs- oder Rechtskraftwirkung entfaltet (vgl. *Häsemeyer* Insolvenzrecht 1992 S. 509 f.; *Kuhn/Uhlenbruck* KO 10. Aufl. § 145 Rz 3; *Jaeger/Weber* KO 8. Aufl. § 145 Rz 7).

b) Urlaubsansprüche aus der Zeit vor Konkurseröffnung

175   Hatte der Arbeitgeber innerhalb der letzten **sechs Monate vor Konkurseröffnung** Urlaub gewährt, jedoch nicht das Urlaubsentgelt gezahlt, so ist der Anspruch hierauf Masseschuld im Sinne des § 59 Abs. 1 Nr. 3 a KO.

176   War zwischen dem **6. und dem 12. Monat vor Konkurseröffnung** Urlaub erteilt, so ist die Forderung auf Urlaubsentgelt gemäß § 61 Abs. 1 Nr. 1 KO bevorrechtigt.

177   Rückständige Urlaubsentgeltansprüche aus der Zeit, die **länger als 12 Monate vor Konkurseröffnung** entstanden waren, sind einfache Konkursforderungen nach § 61 Abs. 1 Nr. 6 KO.

178   Wenn das **Arbeitsverhältnis vor Konkurseröffnung beendet** wird, ist ebenfalls zu unterscheiden, zu welchem Zeitpunkt der Abgeltungsanspruch entstanden ist (vgl. *Bleistein* GK-BUrlG § 1 Rz 158; *Tautphäus* Rz 256). Maßgebend ist daher der Zeitpunkt, zu dem das Arbeitsverhältnis endet.

179   Für die letzten drei Monate vor Konkurseröffnung hat der Arbeitnehmer wegen des nicht gezahlten Urlaubsentgelts Anspruch auf **Konkursausfallgeld nach § 141 b AFG**. Der Arbeitnehmer kann wählen, ob er einen Urlaubsabgeltungsanspruch aus diesem Zeitabschnitt als Masseschuld oder als Konkursausfallgeld geltend macht (vgl. *Dersch/Neumann* § 1 Rz 99).

180   Hat die Bundesanstalt für Arbeit **Konkursausfallgeld für Urlaub** gezahlt, **der den Arbeitnehmern eines Gemeinschuldners vor Konkurseröffnung gewährt worden ist,** gehen die Urlaubsentgeltansprüche sowie ggf. die Ansprüche auf Urlaubsgeld auf die Bundesanstalt über. Dem steht nicht entgegen, daß Urlaubsgeldansprüche unpfändbar sind (BAG 11. 1. 1990 BAGE 64, 6, 10 f. = AP Nr. 11 zu § 4 TVG Gemeinsame Einrichtungen; vgl. hierzu auch BAG 25. 10. 1984 BAGE 47, 114, 117 ff. = AP Nr. 5 zu § 4 TVG Ausgleichskasse mit Anm. *Gagel*).

c) Konkurseröffnung während des Urlaubs

Wird während des Urlaubs des Arbeitnehmers über das Vermögen des Arbeitgebers das Konkursverfahren eröffnet, richtet sich nach der Rechtsprechung des BAG und des BSG der Anspruch auf das zu zahlende Urlaubsentgelt nicht nach dessen Fälligkeit. Entscheidend sei vielmehr, wie die Urlaubsentgeltansprüche jeweils den Tagen vor oder nach Konkurseröffnung zugeordnet werden können (BAG 4. 6. 1977 BAGE 29, 211, 215 f. = AP Nr. 4 zu § 59 KO; BSG 1. 12. 1976, 27. 9. 1994 AP Nr. 1 und 16 zu § 141 b AFG; BSG 22. 11. 1994 AP Nr. 18 zu § 141 b AFG = EzA § 141 b AFG Nr. 2 m.Anm. *Krause;* BSG 3. 12. 1996 ZIP 1997, 1040; zustimmend *Bleistein* GK-BUrlG § 1 Rz 156; *Dersch/Neumann* § 1 Rz 102; *Heinze* in *Gottwald* Insolvenzrechts-Handbuch § 98 Rz 40; *Natzel* § 1 Rz 109). 181

Urlaubsentgelt für die Urlaubstage unmittelbar vor Konkurseröffnung wird nach dieser Auffassung als Masseschuld nach § 59 Abs. 1 Nr. 3 a KO behandelt. Das den Tagen nach Konkurseröffnung zugeordnete Urlaubsentgelt wird als Masseschuld im Sinne des § 59 Abs. 1 Nr. 2 KO angesehen. Es handele sich hier um einen Anspruch, dessen Erfüllung „für die Zeit nach der Eröffnung des Verfahrens erfolgen muß", mit der Folge, daß insoweit ein Anspruch auf Konkursausfallgeld zu verneinen sei (vgl. BSG 22. 11. 1994 AP Nr. 18 zu § 141 b AFG). 182

Damit wird zu Unrecht § 11 Abs. 2 übergangen. Danach ist das Urlaubsentgelt vor Urlaubsantritt zu zahlen. Der Anspruch auf **Urlaubsentgelt ist also vor Urlaubsbeginn fällig.** Daher kommen Zuordnungsüberlegungen, wie sie in der früheren Rechtsprechung des BAG und gegenwärtig noch des BSG angestellt worden sind, nicht in Betracht. 183

Wird **während des Urlaubs des Arbeitnehmers der Konkurs über das Vermögen des Arbeitgebers eröffnet,** kann sich dies auf den Bestand der Forderung auf Urlaubsentgelt nicht auswirken, insbesondere kommt eine konkursrechtliche „Zuordnung" auf Arbeitstage vor oder nach Konkurseröffnung nicht in Betracht. In einem solchen Fall ist daher regelmäßig § 59 Abs. 1 Nr. 3 a KO maßgeblich, auch wenn der Urlaub bei Konkurseröffnung noch andauert. Ist im übrigen Urlaub vor Konkurseröffnung gewährt worden, kann der Urlaubsanspruch nicht noch einmal „für die Zeit nach Eröffnung des Konkursverfahrens" erfüllt werden, weil das Arbeitsverhältnis durch die Konkurseröffnung – abgesehen von der Kündigungsbefugnis nach § 22 KO (bzw. § 113 InsO) in seinem Inhalt und in seinen Wirkungen nicht berührt wird. Erteilt der Konkursverwalter Urlaub, richtet sich der Anspruch auf Urlaubsentgelt nach § 59 Abs. 1 Nr. 2 KO. 184

Entsprechend ist für einen **Anspruch auf Urlaubsabgeltung** entgegen der Auffassung des BSG (27. 9. 1994 und 22. 11. 1994 AP Nr. 16 und 18 zu § 141 b AFG; 3. 12. 1996 ZIP 1997, 1040) nur **entscheidend, wann der Anspruch auf Urlaubsabgeltung entstanden ist,** nicht aber „auf welchen Zeitraum nicht gewährter Freizeit die Abgeltung anzusetzen ist". Ist daher das Arbeitsverhältnis nach Eröffnung des Konkurses beendet worden, steht dem Arbeitnehmer kein Konkursausfallgeld zu, weil er gegen den Konkursverwalter den Anspruch nach § 7 Abs. 4 hat. Dieser Anspruch bestimmt sich konkursrechtlich nach § 59 Abs. 1 Nr. 2 KO. Er ist vom Konkursverwalter 185

BUrlG § 1 *Teil I. C. Erläuterungen zum BUrlG*

in voller Höhe zu erfüllen, gleichgültig, ob vor der Konkurseröffnung Urlaub hätte genommen werden können. Entscheidend ist allein, wieviel Urlaub dem Arbeitnehmer im Zeitpunkt seines Ausscheidens nach Eröffnung des Konkurses zusteht.

2. Urlaub und Gesamtvollstreckungsverfahren

186 In § 13 GesO ist die Reihenfolge bestimmt, in der Masseansprüche vom Verwalter vorab zu begleichen sind. Masseansprüche i. S. v. § 13 GesO sind keine Gesamtvollstreckungsforderungen und müssen unabhängig vom Verteilungsverfahren vom Verwalter aus der Masse befriedigt werden (vgl. *Haarmeyer/Wutzke/Förster*, GesO 3. Aufl. 1995, § 13 Rz 8; *Hess/Binz/ Wienberg*, GesO 3. Aufl. 1997, § 13 Rz 7).

187 **Urlaubsansprüche** gehören dabei zu den **nach § 13 Abs. 1 Nr. 1 GesO vorrangig zuberichtigenden Masseansprüchen,** wenn das Arbeitsverhältnis vor Eröffnung des Gesamtvollstreckungsverfahrens begründet und der Arbeitnehmer danach weiterbeschäftigt, das Vertragsverhältnis damit erfüllt wird. Gleiches gilt für Urlaubsansprüche aus nach der Eröffnung des Gesamtvollstreckungsverfahrens begründeten Arbeitsverhältnissen (*Haarmeyer/ Wutzke/Förster* aaO § 13 Rz 22; *Hess/Binz/Wienberg* aaO § 13 Rz 38) sowie richtigerweise für Urlaubsabgeltungsansprüche bei Beendigung des Arbeitsverhältnisses nach Eröffnung des Gesamtvollstreckungsverfahrens.

3. Urlaubsansprüche und Insolvenzordnung

188 Durch das vollständige Inkrafttreten der InsO am 1. 1. 1999 haben sich für Urlaubsansprüche in der Sache kaum Änderungen ergeben. Geändert hat sich allerdings die gesetzliche Terminologie. Der Urlaubsanspruch des Arbeitnehmers wird durch die **Eröffnung des Insolvenzverfahrens** (Konkurseröffnung) über das Vermögen des Arbeitgebers nicht berührt, weil er auf die Freistellung von der Arbeitspflicht bezogen ist, das Insolvenzverfahren wie zuvor das Konkursverfahren sich aber nur auf Zahlungsverpflichtungen des (Schuldners) Gemeinschuldners erstreckt. Der Urlaubsanspruch ist vom Insolvenzverwalter zu erfüllen, weil er mit Rücksicht auf § 113 InsO das Arbeitsverhältnis bis zum Ablauf einer Kündigungsfrist von drei Monaten zum Monatsende fortsetzen muß, es sei denn, eine kürzere Frist ist maßgeblich.

189 Gewährt der Insolvenzverwalter dem Arbeitnehmer Urlaub, ist der Anspruch auf **Urlaubsentgelt** als fortbestehender Lohnanspruch **Masseschuld** nach § 55 Abs. 1 Nr. 2 InsO (vgl. zu dem entsprechenden § 59 Abs. 1 Nr. 2 KO, BAG 18. 12. 1986 BAGE 54, 59 = AP Nr. 19 zu § 11 BUrlG). Hat der Insolvenzverwalter den Urlaubsanspruch nicht bis zur Beendigung des Arbeitsverhältnisses erfüllt, wandelt sich der Urlaubsanspruch in einen Urlaubsabgeltungsanspruch um. Er ist ebenfalls Masseschuld nach § 55 Abs. 1 Nr. 2 InsO (vgl. zu dem entsprechenden § 59 Abs. 1 Nr. 2 KO, BAG 15. 5. 1987 AP Nr. 35 zu § 7 BUrlG mit zust. Anm. *Uhlenbruck;* zur Neuregelung vgl. Obermüller/Hess, InsO 2. Aufl., Rz 586 ff.; *Kübler/Prütting/Pape,* InsO, § 55 Rz 52 ff.).

Urlaubsanspruch § 1 BUrlG

Die irrtümliche Eintragung eines Anspruchs auf Urlaubsabgeltung in 190
die Insolvenztabelle steht einer Leistungsklage nicht entgegen, mit der die
Verurteilung zur Gewährung einer Abgeltung gefordert wird. Zwar wirkt
nach § 178 Abs. 3 InsO (dem entsprach § 145 Abs. 2 KO) die Eintragung in
die Tabelle bezüglich der Forderungen ihrem Betrage und ihrem Rang nach
wie ein rechtskräftiges Urteil gegenüber dem Insolvenzverwalter und allen
Insolvenzgläubigern. Diese Wirkung tritt jedoch bei irrtümlich angemeldeten Masseschulden i. S. von § 55 InsO nicht ein (vgl. *Kübler/Prütting/Pape*
§ 53 Rz 15).

Anders als nach bisherigem Recht sind **rückständige Urlaubsentgelt-** 191
ansprüche aus der Zeit vor Eröffnung des Insolvenzverfahrens nicht mehr privilegiert. Sie sind ebenso wie alle anderen rückständigen Entgeltansprüche
Insolvenzforderungen i. S. von § 38 InsO (vgl. *Kübler/Prütting/Pape* § 53
Rz 2 ff.).

Für die **letzten drei Monate vor Eröffnung des Insolvenzverfahrens** hat 192
der Arbeitnehmer wegen des **nicht gezahlten Urlaubsentgelts** Anspruch
auf Insolvenzgeld nach § 183 Abs. 1 Nr. 3 SGB III (früher § 141 b AFG).
Hat die Bundesanstalt für Arbeit Insolvenzgeld für Urlaub gezahlt, der den
Arbeitnehmern eines Insolvenzschuldners vor Eröffnung des Insolvenzverfahrens gewährt worden ist, gehen die Urlaubsentgeltansprüche sowie gegebenenfalls die Ansprüche auf Urlaubsgeld auf die Bundesanstalt über. Dem
steht nicht entgegen, daß Urlaubsgeldansprüche unpfändbar sind (vgl. zu
§ 141 b AFG, BAG 11. 1. 1990 BAGE 64, 6, 10 f. = AP Nr. 11 zu § 4 TVG
Gemeinsame Einrichtungen sowie BAG 25. 11. 1984 BAGE 47, 114, 117 ff. =
AP Nr. 5 zu § 4 TVG Ausgleichskasse mit Anm. *Gagel*).

Wird **während des Urlaubs des Arbeitnehmers über das Vermögen des** 193
Arbeitgebers das Insolvenzverfahren eröffnet, so richtet sich nach der
Rechtsprechung des BAG und des BSG zum Konkursrecht der Anspruch
auf das zu zahlende Urlaubsentgelt nach dessen Fälligkeit (vgl. Rz 181 ff.).
Diese Auffassung trifft auch unter der Geltung der InsO nicht zu. Insoweit
gilt das, was oben bereits zur Fehlerhaftigkeit dieser zur KO vertretenen
Auffassung ausgeführt wurde in gleicher Weise (vgl. Rz 183 ff.).

Entsprechend ist für einen Anspruch auf **Urlaubsabgeltung** entgegen der 194
Auffassung des BSG (BSG 30. 1. 1977 BSGE 45, 191; ebenso zu § 184 Abs. 1
Nr. 1 SGB III *Gagel/Peters-Lange* § 184 Rz 8) nur entscheidend, wann der
Anspruch auf Urlaubsabgeltung entstanden ist, nicht aber „auf welchen
Zeitraum nicht gewährter Freizeit die Abgeltung anzusetzen ist". Ist das
Arbeitsverhältnis erst nach Eröffnung des Insolvenzverfahrens beendet
worden, steht dem Arbeitnehmer daher nach § 184 Abs. 1 Nr. 1 SGB III
kein Insolvenzgeld für nicht gewährten Urlaub zu (zutr. *Mues* Frankfurter
Kommentar zur InsO, 2. Aufl., Anh. zu § 113 Rz 23, 114 mit zutr. Hinweis
auf die Gesetzesbegründung). Hinzu kommt, daß es nach Inkrafttreten
der InsO am 1. 1. 1999 keine Masseverbindlichkeiten mehr gibt, die vor Eröffnung der Insolvenz entstanden sind. Auch unter diesem Gesichtspunkt
ist es geboten, die vom BSG zur Zuordnung von Urlaubstagen vertretene
Auffassung zu überprüfen (zum Insolvenzgeld vgl. *Gagel* ZIP 2000, 257).

VIII. Urlaub und Arbeitskampf

195 Während eines Arbeitskampfs kann Arbeitnehmern, die streiken oder ausgesperrt sind, kein Urlaub erteilt werden. Durch die Teilnahme an einem rechtmäßigen Streik werden die Hauptpflichten aus dem Arbeitsverhältnis suspendiert (BAG GS 21. 4. 1971 BAGE 23, 292 = AP Nr. 43 zu Art. 9 GG Arbeitskampf). Besteht somit während eines Arbeitskampfs für die daran beteiligten Arbeitnehmer keine Arbeitspflicht, kann einem Arbeitnehmer während dieser Zeit auch kein Urlaub gewährt werden. Umgekehrt kann ein Arbeitnehmer seinen Urlaub nicht abbrechen oder unterbrechen, um an einem Arbeitskampf teilzunehmen. Seine Arbeitspflichten sind bereits durch den Urlaub suspendiert, eine nochmalige Suspendierung durch Streikteilnahme kommt dann nicht in Betracht (vgl. zutr. *van Venroy* SAE 1988, 17, 20).

196 Ein an einem Streik teilnehmender **Arbeitnehmer kann den Urlaub nur dann wirksam geltend machen,** wenn er sich zumindest vorübergehend zur Wiederaufnahme der Arbeit bereiterklärt (BAG 24. 9. 1996 BAGE 84, 140 = AP Nr. 22 zu § 7 BUrlG m. Anm. *Rüthers/Beninca* = EzA § 7 BUrlG Nr. 102 m. Anm. *Peterek* = SAE 1998, 157 m. Anm. *Dütz/Dorrwächter;* vgl. dazu auch LAG Nürnberg 25. 1. 1995 LAGE Art. 9 GG Arbeitskampf Nr. 57). Mit der Erklärung seiner Arbeitsbereitschaft endet die Streikteilnahme des Arbeitnehmers. Erst dann ist der urlaubsrechtliche Freistellungsanspruch erfüllbar.

197 Die erklärte Bereitschaft des Arbeitnehmers, die durch den Streik suspendierten Arbeitspflichten jedenfalls vorübergehend wieder erfüllen zu wollen, ist auch erforderlich, weil der **Arbeitgeber nicht ohne weiteres zur Urlaubserteilung verpflichtet** ist. Sofern ein Leistungsverweigerungsrecht nach § 7 Abs. 1 Satz 1 Halbsatz 2 vorliegt (näher dazu § 7 Rz 36 ff.), kann der Arbeitgeber die Erfüllung des Urlaubsanspruchs ablehnen. Für den Arbeitgeber ist auch nicht „gleichgültig", ob er den Urlaubsanspruch während des Streiks oder im Anschluß daran erfüllt (so aber *Däubler/Colneric* Arbeitskampfrecht 2. Aufl. Rz 579), weil der Urlaubsanspruch befristet ist und deshalb am Jahresende bzw. nach Ablauf des Übertragungszeitraums erlischt.

198 Hat der Arbeitgeber die **Urlaubszeit bereits vor dem Beginn eines Streiks festgelegt** oder beginnt ein Streik erst während des Urlaubs, wird der Urlaub davon nicht berührt (vgl. BAG 9. 2. 1982 AP Nr. 16 zu § 11 BUrlG; BAG 31. 5. 1988 BAGE 58, 310 = AP Nr. 58 zu § 1 FeiertagslohnzahlungsG; ErfK/*Dörner* § 1 BUrlG Rz 47; MünchArbR/*Leinemann* § 91 Rz 79). In allen Fällen, in denen der Arbeitnehmer vor Beginn des Arbeitskampfs von dem Arbeitgeber von der Arbeitspflicht freigestellt war, kann sich die Pflicht zur Lohnzahlung nicht auf die Arbeitskampfparität auswirken (BAG 7. 12. 1993 – 9 AZR 541/91 n. v.; vgl. auch BAG 7. 4. 1992 AP Nr. 122 zu Art. 9 GG Arbeitskampf).

199 Das BAG hat in der Entscheidung vom 9. 2. 1982 (AP Nr. 16 zu § 11 BUrlG) jedoch für möglich gehalten, daß ein **Arbeitnehmer seinen Urlaub wegen des Arbeitskampfs abbrechen** kann, um sich am Streik zu beteiligen.

Geltungsbereich § 2 BUrlG

Dem kann nicht zugestimmt werden, weil die Arbeitspflicht bereits durch die Urlaubserteilung beseitigt ist. Durch eine vom Arbeitnehmer erklärte Streikteilnahme kann die Arbeitspflicht nicht noch einmal suspendiert werden. Der **Arbeitgeber** ist deshalb auch während eines Streiks **verpflichtet**, den 200 in Urlaub befindlichen Arbeitnehmern **Urlaubsentgelt zu bezahlen.** Etwas anderes kann nur dann gelten, wenn der Arbeitnehmer aktiv an dem Streik teilnimmt (BAG 15. 1. 1991 BAGE 67, 50 = AP Nr. 114 zu Art. 9 GG Arbeitskampf; BAG 1. 10. 1991 BAGE 68, 299 = AP Nr. 121 zu Art. 9 GG Arbeitskampf = EzA Art. 9 GG Arbeitskampf Nr. 99 m. Anm. *Weiss* = SAE 1992, 285 m. Anm. *Milde;* BAG 7. 4. 1992 BAGE 70, 119 = AP Nr. 122 zu Art. 9 GG Arbeitskampf; – vgl. dazu auch § 11 Rz 68 ff.) oder der Arbeitgeber zum Kampfmittel der Abwehraussperrung greift und ausdrücklich auch die Arbeitnehmer einbezieht, deren Arbeitspflichten vorübergehend schon aus anderen Gründen – wie etwa Urlaub – suspendiert sind (vgl. BAG 7. 6. 1988 BAGE 58, 332 = AP Nr. 107 zu Art. 9 GG Arbeitskampf; BAG 7. 4. 1992 aaO; BAG 7. 12. 1993–9 AZR 541/91 n. v., zu I 3 der Gründe).

§ 2 Geltungsbereich

¹**Arbeitnehmer im Sinne des Gesetzes sind Arbeiter und Angestellte sowie die zu ihrer Berufsausbildung Beschäftigten.** ²**Als Arbeitnehmer gelten auch Personen, die wegen ihrer wirtschaftlichen Unselbständigkeit als arbeitnehmerähnliche Personen anzusehen sind; für den Bereich der Heimarbeit gilt § 12.**

Schrifttum: *Berger-Delhey/Alfmeier,* Freier Mitarbeiter oder Arbeitnehmer?, NZA 1991, 257; *Boemke,* Neue Selbständigkeit und Arbeitsverhältnis, ZfA 1998, 285; *Griebeling,* Der Arbeitnehmerbegriff und das Problem der „Scheinselbständigkeit", RdA 1998, 208; *von Hase/Lembke,* Das Selbstbeurlaubungsrecht arbeitnehmerähnlicher Personen, BB 1997, 1095; *Hromadka,* Arbeitnehmerbegriff und Arbeitsrecht, NZA 1997, 569; *ders.,* Arbeitnehmerähnliche Personen, NZA 1997, 1249; *ders.,* Zur Begriffsbestimmung des Arbeitnehmers, DB 1998, 195; *Reinecke,* Neudefinition des Arbeitnehmerbegriffs durch Gesetz und Rechtsprechung?, ZIP 1998, 581; *ders.,* Der „Grad der persönlichen Abhängigkeit" als Abgrenzungskriterium für den Arbeitnehmerbegriff, FS für Dieterich, 1999, S. 463; *Rieble,* Die relative Verselbständigung von Arbeitnehmern – Bewegung in den Randzonen des Arbeitsrechts?, ZfA 1998, 327; *Schliemann,* Flucht aus dem Arbeitsverhältnis – falsche oder echte Selbständigkeit, RdA 1997, 322; *Tiefenbacher,* AR-Blattei SD 120 „Arbeitnehmerähnliche Personen", 1997; *Wank,* Arbeitnehmer und Selbständige, 1988; *ders.,* Die „neue Selbständigkeit", DB 1992, 90; *Worzalla,* Arbeitsverhältnis – Selbständigkeit, Scheinselbständigkeit, 1996.

Übersicht

	Rz
I. Allgemeines	1
II. Arbeitnehmerbegriff	2
1. Merkmale	3
a) Allgemeines	3
b) Persönliche Abhängigkeit	8

	Rz
c) Weisungsgebundenheit	10
d) Fehlendes Unternehmerrisiko	12
2. Einzelfälle (alphabetisch)	13
a) Urlaubsberechtigte Arbeitnehmer	13
b) Nichturlaubsberechtigte Personen	34
III. Arbeitnehmerähnliche Personen	42
1. Begriff	43
a) Wirtschaftliche Abhängigkeit	44
b) Soziale Schutzbedürftigkeit	46
2. Einzelfälle	50

I. Allgemeines

1   Nach § 1 hat jeder Arbeitnehmer in jedem Kalenderjahr Anspruch auf bezahlten Erholungsurlaub. Der Gesetzgeber hat mit dieser Regelung den **persönlichen Geltungsbereich des BUrlG** festgelegt und bestimmt, daß nur Arbeitnehmer anspruchsberechtigt sind. Wer Arbeitnehmer im Sinne des BUrlG ist, wird in § 2 umschrieben. Danach sind Arbeiter, Angestellte sowie die zu ihrer Berufsausbildung Beschäftigten Arbeitnehmer im Sinne des Gesetzes. Daneben gelten auch Personen, die wegen ihrer wirtschaftlichen Unselbständigkeit als arbeitnehmerähnliche Personen anzusehen sind, als Arbeitnehmer. Für die in Heimarbeit Beschäftigten enthält § 12 besondere Urlaubsregelungen (dazu näher Erläuterungen zu § 12).

II. Arbeitnehmerbegriff

2   Im BUrlG ist **nicht definiert, wer Arbeitnehmer ist.** In § 2 wird dies **lediglich umschrieben** (vgl. *Bleistein* GK-BUrlG § 2 Rz 1; *Boldt/Röhsler* § 2 Rz 1; *Dersch/Neumann* § 2 Rz 11; *Natzel* § 2 Rz 1). Die in § 2 Satz 1 genannten Personengruppen Arbeiter, Angestellte und zur Berufsausbildung Beschäftigten sind anerkanntermaßen sämtlich Arbeitnehmer. Mit dieser Auflistung verweist daher das Gesetz auf den allgemeinen Arbeitnehmerbegriff.

1. Merkmale

a) Allgemeines

3   Arbeitnehmer ist nach den Begriffsbestimmungen im Schrifttum eine aufgrund eines privatrechtlichen Vertrages im Dienst eines anderen zur abhängigen und weisungsgebundenen Arbeit verpflichtete Person (vgl. hierzu z. B. *Staudinger/Richardi* Vorbem. §§ 611 ff. Rz 132 ff.; *Zöllner/Loritz* § 4 III).

4   Mit diesen Formulierungen wird zwar einigermaßen zutreffend ein tatsächlicher Zustand beschrieben. Sie geben aber keinen zufriedenstellenden Ansatzpunkt für eine juristische Begriffsbestimmung. Arbeitnehmer kann nur sein, **wer aufgrund eines (Dauer-)Schuldverhältnisses für einen anderen Dienste verrichtet,** also Handlungen schuldet, die nach dem Arbeitsvertrag nur der Gattung nach bestimmt sind (näher dazu Kasseler Hand-

Geltungsbereich § 2 BUrlG

buch *Leinemann* Gruppe 1.1 Rz 23 ff.). Vom Dienstverpflichteten im Sinne von § 611 BGB unterscheidet sich der Arbeitnehmer dadurch, daß für ihn (arbeits-)täglich neu sich wiederholende Handlungspflichten entstehen.

Anders als beim Dienstverhältnis, das die Konkretisierungsbefugnis für 5
die geschuldeten Leistungen dem Dienstverpflichteten, also dem Schuldner, zuweist, obliegt die **Konkretisierungsbefugnis** für die vom Arbeitnehmer zu erbringenden Leistungen (Direktionsrecht, Weisungsrecht) im Arbeitsverhältnis **dem Gläubiger der Arbeitsleistung, also dem Arbeitgeber**. Nur insoweit ist der Arbeitnehmer von Entscheidungen des Arbeitgebers im Arbeitsverhältnis „persönlich abhängig", ist er „weisungsgebunden". Während die im Werkvertragsverhältnis dem Besteller nach § 645 BGB zustehende Anweisungsbefugnis sach- und ergebnisorientiert ist, bezieht sich das arbeitsvertragliche Weisungsrecht des Arbeitgebers auf die vom Arbeitnehmer geschuldeten Handlungen (vgl. dazu BAG 30. 1. 1991 AP Nr. 8 zu § 10 AÜG; BAG 1. 12. 1992 EzA § 99 BetrVG 1972 Nr. 110, zu B II 2c der Gründe).

Für die Frage, ob jemand als Arbeitnehmer tätig ist, kommt es grundsätz- 6
lich **nicht darauf an, wie die Vertragspartner das Vertragsverhältnis bezeichnen**. Der Status des Beschäftigten richtet sich nicht nach den Wünschen und Vorstellungen der Vertragsschließenden, sondern danach, wie die Vertragsbeziehung nach ihrem **Geschäftsinhalt objektiv einzuordnen** ist. Durch Parteivereinbarung kann die Beurteilung einer Rechtsbeziehung als Arbeitsverhältnis nicht abbedungen und der Geltungsbereich des Arbeitnehmerschutzrechts nicht eingeschränkt werden (st. Rspr. vgl. BAG 12. 9. 1996 BAGE 84, 108 = AP Nr. 1 zu § 611 BGB Freier Mitarbeiter).

Der wirkliche Geschäftsinhalt ist den ausdrücklichen Vereinbarungen und 7
der praktischen Durchführung des Vertrages zu entnehmen. Wenn der Vertrag abweichend von den ausdrücklichen Vereinbarungen vollzogen wird, ist die **tatsächliche Vertragsdurchführung** für die Bestimmung des Status des Beschäftigten maßgebend (so die ständige Rechtsprechung, vgl. BAG 23. 4. 1980 AP Nr. 34 zu § 611 BGB Abhängigkeit; BAG 13. 1. 1983 BAGE 41, 247, 258 = AP Nr. 42 zu § 611 BGB Abhängigkeit; BAG 27. 3. 1991, 30. 10. 1991,13. 11. 1991 und 16. 3. 1994 AP Nrn. 53, 59, 60 und 69 zu § 611 BGB Abhängigkeit).

b) Persönliche Abhängigkeit

Wesentlich für die Arbeitnehmereigenschaft ist, in welchem Maß der Be- 8
schäftigte nach dem Inhalt des vertraglich Vereinbarten und der tatsächlichen Durchführung der Vertragsbeziehung persönlich abhängig, also an die Entscheidungen des Arbeitgebers aufgrund des Direktions (Weisungs-) rechts gebunden ist. Eine **wirtschaftliche Abhängigkeit ist für die Eigenschaft als Arbeitnehmer weder erforderlich noch ausreichend** (BAG 8. 6. 1967 BAGE 19, 324, 329 = AP Nr. 6 zu § 611 BGB Abhängigkeit; BAG 14. 2. 1974 AP Nr. 12 zu § 611 BGB Abhängigkeit; BAG 20. 7. 1994 BAGE 77, 226 = AP Nr. 73 zu § 611 BGB Abhängigkeit; BAG 30. 9. 1998 AP Nr. 103 zu § 611 BGB Abhängigkeit). Allein bei den arbeitnehmerähnlichen Personen ist nach § 2 Satz 2 die wirtschaftliche Abhängigkeit von Bedeutung (dazu unten Rz 42 ff.).

9 Die persönliche Abhängigkeit des Arbeitnehmers im Arbeitsverhältnis beruht auf der Erbringung vom Arbeitgeber geplanter und von dessen Risikobereitschaft getragener Arbeit sowie in der Regel auf der Eingliederung in einen vom Arbeitgeber bestimmten Arbeitsprozeß. Dies ergibt sich aus § 84 Abs. 1 Satz 2 HGB, der allerdings unmittelbar nur für die Abgrenzung von Handlungsgehilfen zu selbständigen Handelsvertretern gilt. In dieser Vorschrift kommt jedoch eine allgemeine gesetzgeberische Wertung zum Ausdruck, wonach selbständig und daher nicht Arbeitnehmer ist, wer im wesentlichen frei seine Tätigkeit gestalten und seine Arbeitszeit bestimmen kann (vgl. BAG 15. 3. 1978 BAGE 30, 163, 169 = AP Nr. 26 zu § 611 BGB Abhängigkeit; BAG 9. 9. 1981 BAGE 36, 77, 84 = AP Nr. 38 zu § 611 BGB Abhängigkeit; BAG 13. 1. 1983 BAGE 41, 247, 253 = AP Nr. 42 zu § 611 BGB Abhängigkeit; BAG 9. 5. 1984, 30. 10. 1991 und 20. 7. 1994 AP Nr. 45, 59 und 73 zu § 611 BGB Abhängigkeit).

c) Weisungsgebundenheit

10 Arbeitnehmer sind im Rahmen ihrer arbeitsrechtlichen Pflichten weisungsgebunden (vgl. ErfK/*Preis* § 611 BGB Rz 82 ff.; *Staudinger/Richardi* Vorbem. §§ 611 ff. Rz 145 ff.). Das Weisungsrecht des Arbeitgebers als Gläubiger der Arbeitsleistung kann **Inhalt, Durchführung, Zeit, Dauer und Ort der Tätigkeit** betreffen. Es entspricht in seinem Inhalt der Konkretisierungsbefugnis in anderen Gattungsschuldverhältnissen, die dort regelmäßig dem Schuldner obliegt.

11 Die Frage, inwieweit ein Beschäftigter aufgrund derartiger Weisungsrechte gebunden ist, läßt sich nicht allgemein beantworten, sondern hängt von der **Eigenart der jeweiligen Tätigkeit** ab (vgl. BAG 15. 3. 1978 BAGE 30, 163, 169 = AP Nr. 26 zu § 611 BGB Abhängigkeit; BAG 13. 1. 1983 BAGE 41, 247, 254 f. = AP Nr. 42 zu § 611 BGB Abhängigkeit; BAG 9. 5. 1984 und 30. 10. 1991 AP Nr. 45 und 59 zu § 611 BGB Abhängigkeit; BAG 13. 11. 1991 EzA § 611 BGB Arbeitnehmerbegriff Nr. 45).

d) Fehlendes Unternehmerrisiko

12 Ein Indiz für die Tätigkeit als Arbeitnehmer ist das in der vertraglichen Vereinbarung zum Ausdruck kommende **fehlende unternehmerische Risiko des Beschäftigten** (vgl. BAG 21. 1. 1966 BAGE 18, 87, 91 = AP Nr. 2 zu § 92 HGB; BAG 13. 7. 1978 AP Nr. 29 zu § 611 BGB Abhängigkeit; ErfK/*Preis* § 611 BGB Rz 92 ff.).

2. Einzelfälle (alphabetisch)

a) Urlaubsberechtigte Arbeitnehmer

13 Die aufgrund einer **Arbeitsbeschaffungsmaßnahme Beschäftigten** sind nach § 260 ff. SGB III (früher § 91 ff. AFG) Arbeitnehmer. Sie stehen zum Arbeitgeber durch Abschluß eines Arbeitsvertrags in einem Arbeitsverhältnis. Die Zuweisung durch das Arbeitsamt begründet noch keinen Arbeitsvertrag. Die in einer Arbeitsbeschaffungsmaßnahme Beschäftigten haben Anspruch auf Urlaub wie jeder andere Arbeitnehmer (vgl. *Bleistein* GK-BUrlG § 2 Rz 16; *Dersch/Neumann* § 2 Rz 21).

Geltungsbereich § 2 BUrlG

Unter Zugrundelegung der oben (Rz 3 ff.) genannten Merkmale sind auch 14
die in einem **Aushilfsarbeitsverhältnis Beschäftigten** Arbeitnehmer (vgl.
BAG 19. 1. 1993 BAGE 72, 147 = AP Nr. 20 zu § 1 BUrlG m. Anm. *Sibben*).
(Teil-)Urlaubsansprüche erwerben die zur Aushilfe Beschäftigten gemäß § 5 Abs. 1 aber nur dann, wenn sie mindestens einen vollen Monat beschäftigt sind.

Ausländische Arbeitnehmer, die in Deutschland beschäftigt sind, haben 15
die gleichen Urlaubsansprüche aus dem BUrlG wie deutsche Arbeitnehmer
(Kasseler Handbuch/*Braasch* Gruppe 1.10 Rz 210 ff.).

Urlaubsberechtigte Arbeitnehmer sind auch **Auszubildende** im Sinne des 16
BBiG. Soweit diese Personen noch nicht 18 Jahre alt sind, richten sich deren
Urlaubsansprüche nach § 19 JArbSchG. Diese Regelung geht den Bestimmungen des BUrlG als lex specialis vor (vgl. *Natzel* § 2 Rz 33).

In einem der **Berufsausbildung dienenden Beschäftigungsverhältnis** 17
stehen Krankenpflegeschülerinnen (BAG 16. 12. 1976 BAGE 28, 269 = AP
Nr. 3 zu § 611 BGB Ausbildungsverhältnis mit Anm. *Schwerdtner;* BAG
18. 6. 1980 BAGE 33, 213 = AP Nr. 4 zu § 611 BGB Ausbildungsverhältnis
mit Anm. *Natzel;* BAG 14. 11. 1984 BAGE 47, 187 = AP Nr. 9 zu § 611
BGB Ausbildungsverhältnis mit Anm. *Natzel*). **Volontäre und Praktikanten** sind grundsätzlich Arbeitnehmer, die Anspruch auf Erholungsurlaub
haben (*Knigge* AR-Blattei SD 1740 Rz 109 ff.). Gleiches gilt für **Umschüler,**
sofern kein reines Schulverhältnis vorliegt.

Von den zur **Berufsausbildung Beschäftigten,** denen Urlaubsansprüche 18
zustehen, sind **Schüler zu unterscheiden,** die nicht urlaubsberechtigt sind.
So hat das BAG beispielsweise Flugschüler, die zu ihrer Ausbildung als
Flugzeugführer in eine Flugschule entsandt werden, als Schüler angesehen
und nicht als in einem Berufsausbildungsverhältnis befindliche Arbeitnehmer (BAG 16. 10. 1974 AP Nr. 1 zu § 1 BBiG). Soweit neben dem Schulverhältnis freilich ein Arbeitsverhältnis vorliegt – so etwa, wenn ein Mitarbeiter nur zum Zwecke der Ablegung der Pilotenprüfung auf eine
Flugschule entsandt wird –, bestehen Urlaubsansprüche.

Zur Eingliederung von förderungsbedürftigen Arbeitslosen können der 19
Arbeitgeber und der Arbeitslose mit Zustimmung des Arbeitsamtes nach
§ 231 SGB III einen **Eingliederungsvertrag** schließen. Hierdurch wird gemäß § 231 Abs. 1 Satz 3 SGB III ein sozialversicherungsrechtliches Beschäftigungsverhältnis begründet, auf das die Vorschriften und Grundsätze
des Arbeitsrechts Anwendung finden, soweit sich aus dem SGB III nichts
anderes ergibt (vgl. hierzu *Hanau* DB 1997, 1279; *Natzel* NZA 1997, 806;
ErfK/*Preis* § 611 BGB Rz 41). Da gemäß § 232 Abs. 1 SGB III der Eingliederungsvertrag auf längstens sechs Monate zu befristen ist, entstehen hier
nur Teilurlaubsansprüche nach § 5 Abs. 1 Buchst. a.

Die in einem **Eintagsarbeitsverhältnis** Beschäftigten können ebenfalls im 20
Einzelfall Arbeitnehmer sein (vgl. *Boldt/Röhsler* § 2 Rz 47; *Dersch/Neumann* § 2 Rz 44). Ein Eintagsarbeitsverhältnis liegt vor, wenn jemand immer
nur tage- oder stundenweise beschäftigt wird (vgl. BAG 19. 1. 1993 BAGE
72, 147 = AP Nr. 20 zu § 1 BUrlG; BAG 20. 10. 1993 – 7 AZR 657/92 n. v.).
Solche Eintagsarbeitsverhältnisse finden sich häufig im Einzelhandel oder
der Gastronomie. Urlaubsansprüche erwerben die dort Beschäftigten aber

nur dann, wenn bei wiederholter Beschäftigung nicht nur eine Vielzahl von Eintagsarbeitsverhältnissen besteht, sondern sich aus der vertraglichen Vereinbarung ein einheitliches Arbeitsverhältnis ergibt (dazu BAG 19. 1. 1993 aaO). Nach § 5 Abs. 1 erwächst ein Urlaubsanspruch nämlich nur für volle Beschäftigungsmonate. Eine unregelmäßige von Fall zu Fall erfolgende tageweise Beschäftigung reicht dafür grundsätzlich nicht aus (vgl. BAG 7. 12. 1962 AP Nr. 6 zu § 3 UrlG Niedersachsen).

21 Auch **Ferienarbeiter** haben grundsätzlich Anspruch auf Urlaub nach den allgemeinen Grundsätzen (zutreffend *Natzel* § 2 Rz 20 – a. A. *Franke* DB 1982, 1324). Da Ferienarbeiter aber regelmäßig nicht die Wartezeit des § 4 von 6 Monaten erfüllen, erwerben sie keinen vollen Urlaubsanspruch, sondern gemäß § 5 Abs. 1 regelmäßig nur Teilurlaubsansprüche.

22 **Franchisenehmer** sind nur ausnahmsweise Arbeitnehmer (vgl. LAG Düsseldorf NJW 1988, 725 sowie dazu auch *Bauder* NJW 1989, 78; *Buschmann* AiB 1988, 51; *Martinek* Franchising, 1987; *Mathießen* ZIP 1988, 1089; *Nolting* Die individualarbeitsrechtliche und betriebsverfassungsrechtliche Beurteilung von Franchisesystemen, 1994; *Weltrich* DB 1988, 806). Nur dann, wenn der Franchisenehmer durch eine vertragliche Vereinbarung vollständig in die Organisation des Franchisegebers einbezogen wird und er dadurch die Möglichkeit verliert, seine Tätigkeit frei zu gestalten, ist er Arbeitnehmer (vgl. dazu BAG 16. 7. 1997 AP Nr. 37 zu § 5 ArbGG 1979). Grundsätzlich sind allerdings Franchisenehmer selbständig und daher keine Arbeitnehmer (vgl. BGH 3. 10. 1984 NJW 1985, 1894, 1895; BAG 24. 4. 1980 AP Nr. 1 zu § 84 HGB; OLG Schleswig NJW-RR 1987, 220, 221; zum Franchisevertrag vgl. insbesondere *Martinek* Franchising 1987; *Skaupy* Franchising 1987).

23 **Fußballspieler** sind als Lizenzspieler Arbeitnehmer. Sie haben daher gegen den Bundesligaverein Urlaubsansprüche (BAG 24. 11. 1992, 23. 4. 1996 AP Nr. 34, 40 zu § 11 BUrlG; BAG 8. 12. 1998 AP Nr. 15 zu § 611 BGB Berufssport; näher hierzu *Arens/Scheffer* AR-Blattei SD 1480.2). Vertragsamateuere haben regelmäßig als arbeitnehmerähnliche Personen Urlaubsansprüche (BAG 3. 5. 1994 – 9 AZR 235/92 n.v.; ausf. hierzu *Arens/Scheffer* AR-Blattei SD 1480.2 Rz 61 ff.)

24 Unständig beschäftigte **Hafenarbeiter** können nach dem Gesetz über die Schaffung eines besonderen Arbeitgebers für Hafenarbeiter (Gesamthafenbetrieb) vom 3. 8. 1950 (BGBl III 800–10) in einem ständigen Arbeitsverhältnis zu dem Gesamthafenbetrieb stehen (vgl. *Boldt/Röhsler* § 2 Rz 48; *Dersch/Neumann* § 2 Rz 48; *Natzel* § 2 Rz 18). Sofern gemäß § 1 Abs. 2 GesamthafenbetriebsG in einem Hafen ein Gesamthafenbetrieb geschaffen worden ist, steht der Hafenarbeiter auch dann in einem Arbeitsverhältnis zu dem Gesamthafenbetrieb, wenn er jeweils bei verschiedenen Einzelhafenbetrieben beschäftigt wird. Urlaubsansprüche bestehen in diesem Fall gegenüber dem Gesamthafenbetrieb.

25 **Helfer im freiwilligen sozialen Jahr** sind zwar weder Arbeitnehmer noch zu ihrer Berufsausbildung Beschäftigte (BAG 12. 2. 1992 EzA § 5 BetrVG 1972 Nr. 53). Nach § 15 des Gesetzes zur Förderung eines freiwilligen sozialen Jahres vom 17. 8. 1964 (BGBl. I S. 640), geändert durch Gesetz vom 18. 12. 1989 (BGBl. I S. 2261), findet jedoch auf eine Tätigkeit im Rahmen

Geltungsbereich § 2 **BUrlG**

eines freiwilligen sozialen Jahres das BUrlG Anwendung. Die Helfer im freiwilligen sozialen Jahr sind daher urlaubsberechtigt.

Lehrkräfte, die an allgemeinbildenden Schulen unterrichten, sind in der 26 Regel Arbeitnehmer (BAG 16. 3. 1972 AP Nr. 10 zu § 611 BGB Lehrer, Dozenten; BAG 14. 1. 1982 BAGE 37, 305, 312f. = AP Nr. 65 zu § 620 BGB Befristeter Arbeitsvertrag). Dies gilt auch für Lehrer an Abendgymnasien (BAG 12. 9. 1996 AP Nr. 122 zu § 611 BGB Lehrer, Dozenten) sowie dann, wenn der Unterricht im Rahmen einer nebenberuflichen Tätigkeit erteilt wird. Die erforderliche persönliche Abhängigkeit ist bei Lehrkräften an Schulen bereits dadurch gegeben, daß diese hinsichtlich des Ortes und der Zeit der Dienstleistung vollständig an Weisungen des Dienstherrn gebunden sind. Außerdem sind Lehrer an öffentlichen Schulen an den Ausbildungs- und Lehrplan der jeweiligen Schulklasse gebunden (vgl. BAG 14. 1. 1982 aaO, zu B I 1 der Gründe – zu Volkshochschuldozenten vgl. Rz 40).

Bei **Leiharbeitsverhältnissen** ist zwischen echter und unechter Leiharbeit 27 zu unterscheiden: Echte Leiharbeitnehmer haben stets gegenüber dem Verleiherbetrieb Urlaubsansprüche. Auch bei der unechten (gewerbsmäßigen) Leiharbeit hat der Verleiher Urlaub zu gewähren. Nach § 11 Abs. 1 Nr. 7 AÜG ist er verpflichtet, den wesentlichen Inhalt des Arbeitsverhältnisses schriftlich festzulegen und hat dabei auch die Anzahl der Urlaubstage anzugeben. Hat der Verleiher bei der gewerbsmäßigen Leiharbeit jedoch keine Erlaubnis nach § 1 Abs. 1 AÜG, wird gemäß § 10 AÜG ein Arbeitsverhältnis zum Entleiher fingiert mit der Folge, daß der Leiharbeitnehmer dann Arbeitnehmer des Entleihers ist. In diesem Fall bestehen die Urlaubsansprüche nicht gegenüber dem Verleiher sondern gegenüber dem Entleiher.

Besonderheiten gelten bei einem **mittelbaren Arbeitsverhältnis.** Ein 28 mittelbares Arbeitsverhältnis liegt vor, wenn ein Arbeitnehmer von einem Mittelsmann beschäftigt wird, der seinerseits Arbeitnehmer eines Dritten ist und die Arbeit mit Wissen des Dritten unmittelbar für diesen geleistet wird (BAG 21. 2. 1990 AP Nr. 57 zu § 611 BGB Abhängigkeit). Beim mittelbaren Arbeitsverhältnis besteht ein Arbeitsverhältnis zwischen dem Arbeitnehmer und dem Arbeitgeber erster Stufe, der zugleich Arbeitnehmer im Verhältnis zum Arbeitgeber zweiter Stufe ist (vgl. dazu *Röhsler* AR-Blattei Arbeitsvertrag-Arbeitsverhältnis III 1988; zum Mißbrauch der Rechtsform des mittelbaren Arbeitsverhältnisses vgl. BAG 20. 7. 1982 AP Nr. 5 zu § 611 BGB Mittelbares Arbeitsverhältnis mit Anm. *Koller* = SAE 1983, 46 mit Anm. *Zeiss;* zu mittelbaren Arbeitsverhältnissen bei Hausmeistern vgl. BAG 9. 9. 1982 BAGE 40, 145 = AP Nr. 1 zu § 611 BGB Hausmeister mit Anm. *Jahnke).*

Mittelbare Arbeitsverhältnisse finden sich **insbesondere bei Rundfunk-** 29 **orchestern** (ausf. dazu *Heinemann* Das Arbeitsrecht des Orchestermusikers, 1994). Hier steht der einzelne Musiker in einem Arbeitsverhältnis mit dem Orchesterleiter und dieser wiederum in einem Arbeitsverhältnis zur Rundfunkanstalt. In diesen Fällen bestehen an sich Urlaubsansprüche der Musiker nur gegen den Arbeitgeber erster Stufe, also gegen den Orchesterleiter und nicht gegenüber der Rundfunkanstalt. Hierbei ist allerdings zu beachten, daß § 2 Bundesmanteltarifvertrag für Musiker grundsätzlich ein unmittelbares Arbeitsverhältnis zwischen den Orchestermusikern und dem

Unternehmer fingiert mit der Folge, daß im Anwendungsbereich dieses Tarifvertrags der Musiker Urlaubsansprüche gegen den Unternehmer hat (vgl. *Bleistein* GK-BUrlG § 2 Rz 27; *Boldt/Röhsler* § 2 Rz 30 ff.; *Dersch/Neumann* § 2 Rz 41 f.).

30 Auch Personen, die eine Tätigkeit **nebenberuflich** ausüben, können Arbeitnehmer sein und Urlaubsansprüche erwerben. Wenn ein Arbeitnehmer gleichzeitig in mehreren Arbeitsverhältnissen tätig ist, stehen ihm gegenüber jedem einzelnen Arbeitgeber Urlaubsansprüche zu (BAG 19. 6. 1959 BAGE 8, 47, 49 = AP Nr. 1 zu § 611 BGB Doppelarbeitsverhältnis mit Anm. *Dersch;* näher dazu § 1 Rz 61). Bei einer nebenberuflichen Tätigkeit entstehen Urlaubsansprüche allerdings nur dann, wenn eine ständige Beschäftigung vorliegt und nicht nur mehrere Eintagsarbeitsverhältnisse (dazu oben Rz 20).

31 Arbeitnehmer in **Saison- und Kampagnebetrieben** sind ebenfalls grundsätzlich urlaubsberechtigt. Sie werden allerdings in der Regel nicht die Wartezeit des § 4 von 6 Monaten erfüllen. Sie erwerben dann nur Teilurlaubsansprüche, deren Dauer sich nach § 5 Abs. 1 richtet und davon abhängt, wie viele volle Monate die Arbeitnehmer tätig waren (vgl. *Dersch/Neumann* § 2 Rz 47).

32 **Teilzeitarbeitnehmer** sind Arbeitnehmer. Auch der **geringfügig Beschäftigte** hat einen Urlaubsanspruch (dazu näher § 1 Rz 63 ff. und § 3 Rz 32 ff.).

33 Ob **Telearbeiter** Arbeitnehmer sind, ist von den Umständen des Einzelfalles abhängig (vgl. hierzu *Fenski* Außerbetriebliche Arbeitsverhältnisse, 2. Aufl., 2000, Rz 355 ff.; *Kappus* Rechtsfragen der Telearbeit 1981; *Müllner* Privatisierung des Arbeitsplatzes 1985; *Herb* DB 1986, 1823; *Kilian* NZA 1987, 401; *Simon/Kuhne* DB 1987, 201; *Pfarr* Rechtsfragen der Telearbeit 1989). Bei der Telearbeit werden Arbeiten aus dem Betrieb an einen anderen Ort, meist in die Wohnung des Telearbeiters verlagert, wobei jedoch eine kommunikationstechnische Anbindung des Arbeitsplatzes an das zentrale Büro vorhanden ist. Die persönliche Abhängigkeit des Telearbeiters ergibt sich aus der Möglichkeit der ständigen technischen Überwachung und Kontrolle der Arbeit. Man wird hier die Arbeitnehmereigenschaft bejahen können, wenn der Telearbeiter Abrufarbeit leistet, kürzere Ankündigungs- und Erledigungsfristen bestehen und eine Anbindung an den Zentralrechner erfolgt.

b) Nichturlaubsberechtigte Personen

34 **Beamte, Richter und Soldaten** haben keine Urlaubsansprüche aus dem BUrlG, weil sie nicht Arbeitnehmer sind. Der Urlaub dieser Personengruppen ist in anderen Gesetzen und Verordnungen geregelt (vgl. z. B. die Verordnung über den Erholungsurlaub der Bundesbeamten und Richter im Bundesdienst, abgedruckt Teil III B).

35 **Dienstordnungsangestellte** sind Arbeitnehmer, obwohl sich ihre Rechtsbeziehungen zum Arbeitgeber im wesentlichen nach beamtenrechtlichen Bestimmungen richten. Das BUrlG ist auf sie gleichwohl nicht anwendbar, weil für Urlaubsansprüche nach den jeweils maßgeblichen Satzungen eigenständige Regelungen bestehen. Diese verdrängen das BUrlG (BAG

Geltungsbereich § 2 **BUrlG**

21. 9. 1993 BAGE 74, 218 = AP Nr. 68 zu § 611 BGB Dienstordnungs-Angestellte).

Keinen Urlaubsanspruch nach dem BUrlG haben **Selbständige**. Dazu gehören grundsätzlich auch Handelsvertreter, sofern sie im wesentlichen frei ihre Tätigkeit gestalten und ihre Arbeitszeit bestimmen können (§ 84 Abs. 1 Satz 2 HGB). **Freie Mitarbeiter** haben nur dann Urlaubsansprüche, wenn sie gemäß § 2 Satz 2 wegen ihrer wirtschaftlichen Unselbständigkeit als arbeitnehmerähnliche Personen anzusehen sind (dazu näher unten Rz 42 ff.). Urlaubsansprüche nach dem BUrlG haben weiterhin nicht die **gesetzlichen Vertreter juristischer Personen,** wie Geschäftsführer einer GmbH (§ 35 GmbHG). Diese stehen grundsätzlich nicht in einem Arbeitsverhältnis, sondern in einem freien Dienstverhältnis zu der juristischen Person (vgl. BAG 26. 5. 1999 AP Nr. 10 zu § 35 GmbHG). Leitende Angestellte fallen dagegen unter das BUrlG, und zwar auch dann, wenn sie als Geschäftsführer einer Niederlassung tätig sind, ohne zugleich Geschäftsführer im Sinne von § 35 GmbHG zu sein.

Durch die stufenweise Wiederaufnahme der bisherigen Tätigkeit eines arbeitsunfähigen Arbeitnehmers wird gem. § 74 SGB V ein besonderes **Wiedereingliederungsverhältnis** begründet. Hierbei handelt es sich um ein Rechtsverhältnis eigener Art i. S. von § 305 BGB (BAG 29. 1. 1992 AP Nr. 1 zu § 74 SGB V = SAE 1992, 353 m. Anm. *Misera; von Hoyningen-Huene* NZA 1992, 49). Im Vordergrund der Beschäftigung stehen Gesichtspunkte der Rehabilitation. Da der Arbeitnehmer wegen seiner fortbestehenden Arbeitsunfähigkeit nicht die vertraglich geschuldete Arbeitsleistung erbringt, sondern eine Leistung eigener Art, die der Arbeitgeber auch nicht zu vergüten hat, kann für den im Rahmen eines Wiedereingliederungsverhältnisses tätigen Arbeitnehmer der Urlaubsanspruch nicht durch Befreiung von der Arbeitspflicht erfüllt werden (BAG 19. 4. 1994 AP Nr. 2 zu § 74 SGB V m. Anm. *Gitter*).

Keine Arbeitnehmer sind weiterhin Personen, die aufgrund familiärer Bindung Arbeit leisten (vgl. §§ 1353, 1356 Abs. 2, § 1619 BGB). Nur dann, wenn **Familienmitglieder** aufgrund besonderen Arbeitsvertrages in abhängiger Stellung tätig sind, wenn also beispielsweise ein Ehegatte im Geschäft des anderen oder der Sohn im Geschäft des Vaters als Handlungsgehilfe angestellt ist, kann ein Arbeitsverhältnis angenommen werden. In diesen Fällen bestehen auch Urlaubsansprüche nach dem BUrlG (näher zur Erwerbstätigkeit von Familienangehörigen *Fenn* Die Mitarbeit in den Diensten Familienangehöriger 1970; *Lieb* Die Ehegattenmitarbeit im Spannungsfeld zwischen Rechtsgeschäft, Bereicherungsausgleich und gesetzlichem Güterstand 1970; *Menken* DB 1993, 161).

Volkshochschuldozenten, die außerhalb schulischer Lehrgänge unterrichten, sind regelmäßig selbständige freie Mitarbeiter (vgl. BAG 23. 9. 1981 BAGE 37, 58, 63 f. = AP Nr. 22 zu § 611 BGB Lehrer, Dozenten; BAG 25. 8. 1982 BAGE 39, 329, 332 ff. = AP Nr. 32 zu § 611 BGB Lehrer, Dozenten; BAG 13. 11. 1991, 24. 6. 1992 EzA § 611 BGB Arbeitnehmerbegriff Nr. 45 und 46; – einschränkend nunmehr BAG 12. 9. 1996 EzA § 611 BGB Arbeitnehmerbegriff Nr. 60). Dies gilt auch dann, wenn es sich bei ihrem Unterricht um aufeinander abgestimmte Kurse mit vorher festgelegtem Programm handelt. Auch wenn Volkshochschuldozenten Lehrgänge zur Erlangung nachträglicher Schulabschlüsse abhalten, bedeutet dies noch nicht, daß sie Arbeitnehmer sind. Die Arbeitnehmereigenschaft von Volkshochschuldozenten hängt weniger vom Unterrichtsgegenstand als von der jeweiligen Arbeitsorganisation und vom jeweiligen Dienstvertrag ab. Anhand der Organisationsstrukturen der einzelnen Volkshochschule und der Ausgestaltung des Dienstverhältnisses ist einzelfallbezogen zu prüfen, inwieweit die Lehrtätigkeit fremdbestimmt ist (BAG 13. 11. 1991 AP Nr. 60 zu § 611 BGB Abhängigkeit, zu III 3 der Gründe). Aus diesem Grunde kommen Urlaubsansprüche von Volkshochschuldozenten häufig nur dann in Betracht, wenn sie wegen ihrer wirtschaftlichen Unselbständigkeit als arbeitnehmerähnliche Personen anzusehen sind (§ 2 Satz 2).

41 Pauschal bezahlte **Bildberichterstatter**, die einer Zeitungsredaktion monatlich eine bestimmte Zahl von Bildern liefern, sind jedenfalls dann keine Arbeitnehmer, wenn sie in der Übernahme der Fototermine frei sind (BAG 29. 1. 1992 AP Nr. 47 zu § 5 BetrVG 1972). Sie können jedoch im Einzelfall als arbeitnehmerähnliche Personen Ansprüche auf bezahlten Erholungsurlaub nach dem BUrlG haben.

III. Arbeitnehmerähnliche Personen

42 Nach § 2 Satz 2 gelten als Arbeitnehmer auch Personen, die wegen ihrer wirtschaftlichen Unselbständigkeit als arbeitnehmerähnliche Personen anzusehen sind. Aus der **Gleichstellung von Arbeitnehmern und arbeitnehmerähnlichen Personen** folgt, daß der Urlaubsanspruch bei beiden Personengruppen an die gleichen Voraussetzungen anknüpft und auch den gleichen Inhalt hat (vgl. *Bleistein* GK-BUrlG § 2 Rz 54; *Dersch/Neumann* § 2 Rz 69).

1. Begriff

43 Das BUrlG definiert den Begriff arbeitnehmerähnliche Person nicht. Zur **Konkretisierung** kann man jedoch § 12a Abs. 1 Nr. 1 TVG heranziehen (vgl. *Staudinger/Richardi* Vorbem. §§ 611 ff. BGB Rz 280). Dort ist bestimmt, daß arbeitnehmerähnliche Personen wirtschaftlich abhängig und vergleichbar einem Arbeitnehmer sozial schutzbedürftig sind.

a) Wirtschaftliche Abhängigkeit

44 Die wirtschaftliche Abhängigkeit ist unter Berücksichtigung der **Umstände des Einzelfalles** zu bestimmen. Das Gesetz hat bewußt auf feste Einkommensgrenzen verzichtet. Deshalb kann § 5 Abs. 3 ArbGG zur Feststellung der wirtschaftlichen Abhängigkeit von Handelsvertretern auch nicht analog angewendet werden (zutreffend *Dersch/Neumann* § 2 Rz 74). Es handelt sich hierbei allein um eine Zuständigkeitsregelung, die für Einfirmenvertreter im Sinne des § 92a HGB mit einem durchschnittlichen Einkommen von nicht mehr als monatlich 2000,– DM für die in § 2 ArbGG

Geltungsbereich § 2 BUrlG

genannten Rechtsstreitigkeiten die Zuständigkeit der Gerichte für Arbeitssachen begründet.
Der unter § 5 Abs. 3 ArbGG fallende Personenkreis entspricht allerdings 45
oftmals dem des § 2 Satz 2. Aufgrund der Tätigkeit für nur einen Unternehmer besteht regelmäßig eine wirtschaftliche Abhängigkeit des Handelsvertreters, die ihn **wie einen Arbeitnehmer sozial schutzbedürftig erscheinen läßt** (ebenso *Dersch/Neumann* § 2 Rz 74; *Natzel* § 2 Rz 40). Die wirtschaftliche Abhängigkeit beruht dabei aber in erster Linie auf der Tätigkeit für nur ein Unternehmen und weniger auf dem Verdienst von bis zu 2000,– DM monatlich (vgl. BAG 2. 10. 1990 BAGE 66, 95, 105 = AP Nr. 1 zu § 12a TVG; *Bleistein* GK-BUrlG § 2 Rz 55; *Dersch/Neumann* § 2 Rz 75f.).

b) Soziale Schutzbedürftigkeit

Die Zuordnung eines Selbständigen zur Gruppe der arbeitnehmerähnli- 46
chen Personen setzt voraus, daß das Rechtsverhältnis zwischen ihm und dem Auftraggeber **dem Arbeitsverhältnis eines Arbeitnehmers ähnelt** (vgl. *v. Hase/Lembke* BB 1997, 1095, 1096). Die hierfür wesentliche soziale Schutzbedürftigkeit ist nach der Rechtsprechung anzunehmen, wenn das Maß der Abhängigkeit nach der Verkehrsanschauung einen solchen Grad erreicht, wie er allgemein nur in einem Arbeitsverhältnis vorkommt und die geleisteten Dienste nach ihrer soziologischen Typik mit denen eines Arbeitnehmers vergleichbar sind (BAG 23. 12. 1961 BAGE 12, 158, 163 = AP Nr. 2 zu § 717 ZPO; BAG 13. 12. 1962 BAGE 14, 17, 20f. = AP Nr. 3 zu § 611 BGB Abhängigkeit; BAG 2. 10. 1990 BAGE 66, 95, 104 = AP Nr. 1 zu § 12a TVG).

Für die einem Arbeitnehmer vergleichbare soziale Schutzbedürftigkeit 47
einer arbeitnehmerähnlichen Person ist weiterhin kennzeichnend, daß sie von der **Erteilung einzelner, meist nicht unmittelbar aufeinander folgender Aufträge durch einen Auftraggeber abhängig ist** oder im Rahmen eines Dauerrechtsverhältnisses zur Erledigung einzelner Aufträge herangezogen wird. Anstelle der persönlichen Abhängigkeit eines Arbeitnehmers ist für eine arbeitnehmerähnliche Person die **Abhängigkeit von der Auftragsvergabe** durch den Auftraggeber ein maßgeblicher Umstand, der hinsichtlich der sozialen Schutzbedürftigkeit trotz formaler Entscheidungsfreiheit bei der Übernahme der einzelnen Aufträge eine Vergleichbarkeit mit einem Arbeitnehmer begründet (BAG 2. 10. 1990 BAGE 66, 95, 105 = AP Nr. 1 zu § 12a TVG).

Eine wirtschaftliche Abhängigkeit und die einem Arbeitnehmer ver- 48
gleichbare soziale Schutzbedürftigkeit kommt grundsätzlich allerdings nur bei einer **Tätigkeit für lediglich einen Auftraggeber** in Betracht. Werden die Dienste einer größeren Zahl von Unternehmen angeboten, fehlt es häufig an einer Abhängigkeit vom Auftraggeber, die der persönlichen Abhängigkeit eines Arbeitnehmers vom Arbeitgeber entspricht (BAG 28. 6. 1973 BAGE 25, 248, 252f. = AP Nr. 2 zu § 2 BUrlG; *Dersch/Neumann* § 2 Rz 85f.; *Natzel* § 2 Rz 40). Die wirtschaftliche Unselbständigkeit im Sinne des § 2 Satz 2 muß gleichwohl im Verhältnis der Parteien des Beschäftigungsverhältnisses zueinander gegeben sein und nicht nur bei einer allgemeinen Betrachtung der Verhältnisse des Dienstleistenden.

49 Damit ist freilich nicht gesagt, daß die Tätigkeit für mehrere Auftraggeber die wirtschaftliche Unselbständigkeit im Sinne des § 2 Satz 2 gegenüber einem oder mehreren von ihnen immer ausschließt (BAG 28. 6. 1973 BAGE 25, 248, 253 = AP Nr. 2 zu § 2 BUrlG; *Dersch/Neumann* § 2 Rz 86). Ein Selbständiger kann vielmehr ausnahmsweise nach dem BUrlG urlaubsberechtigt sein, **wenn die Beschäftigung für einen der Auftraggeber die wesentliche ist** und die hieraus fließende Vergütung die entscheidende Existenzgrundlage darstellt (BAG 28. 6. 1973 aaO; BAG 17. 10. 1990 BAGE 66, 113, 116f. = AP Nr. 9 zu § 5 ArbGG 1979). Die sonstigen Tätigkeiten müssen dann allerdings von wirtschaftlich untergeordneter Bedeutung sein.

2. Einzelfälle

50 Das BAG hat einer **freiberuflichen Journalistin,** die für verschiedene Sendeanstalten der ARD tätig war, und im wesentlichen mehr als ein Drittel, aber weniger als die Hälfte ihrer Gesamtbezüge von einer Rundfunkanstalt erhielt, als arbeitnehmerähnliche Person angesehen (BAG 17. 10. 1990 BAGE 66, 113, 117f. = AP Nr. 9 zu § 5 ArbGG 1979). Dagegen wurde die Urlaubsberechtigung eines **Nachrichtensprechers und Ansagers** nach § 2 Satz 2 verneint, der bei zwei Rundfunkanstalten tätig war und im Jahre 1971 jeweils 34500,- bzw. 17200,- DM verdiente (BAG 28. 6. 1973 BAGE 25, 248 = AP Nr. 2 zu § 2 BUrlG).

51 Die soziale Schutzbedürftigkeit und damit die Qualifizierung als arbeitnehmerähnliche Person wurde vom BAG ebenfalls verneint bei einem **Rundfunkgebührenbeauftragten,** der über Umfang und Ablauf seines Arbeitseinsatzes selbst entscheiden, im Verlaufe eines Jahres 280000,- DM verdienen konnte und darüber hinaus über anderweitige Einnahmen (Beamtenpension, Berufsunfähigkeitsrente) verfügte, die seine Existenz sicherten (BAG 17. 10. 1990 BAGE 66, 113, 116ff. = AP Nr. 9 zu § 5 ArbGG 1979).

52 Ein **Student,** der neben seinem Studium entgeltlich in der Familien- und Heimpflege „freiberuflich" tätig ist, kann nach Ansicht des BAG jedenfalls als arbeitnehmerähnliche Person angesehen werden, sofern nicht sogar ein Arbeitsverhältnis vorliegt. Der Student ist auf die Erträge seiner Tätigkeit für Dritte angewiesen, wobei sich hieran nichts ändert, wenn der Student auch auf anderem Wege seinen Lebensunterhalt bestreiten könnte, dies aber nicht tut, sondern sich wirtschaftlich selbst hilft (BAG 13. 2. 1979 AP Nr. 3 zu § 2 BUrlG).

53 **Studentische Aushilfskräfte** stehen häufig in einem Arbeitsverhältnis, in dem sie befristet oder unbefristet teilzeitbeschäftigt werden. Sie erwerben dann einen Urlaubsanspruch, dessen Dauer sich nach dem Umfang der vertraglich geschuldeten Arbeitsleistung richtet (BAG 23. 6. 1992 AP Nr. 22 zu § 1 BUrlG; BAG 19. 1. 1993 EzA § 1 BUrlG Nr. 20; – zur Berechnung der Urlaubsdauer von Teilzeitbeschäftigten vgl. § 3 Rz 29).

§ 3 Dauer des Urlaubs

(1) **Der Urlaub beträgt jährlich mindestens 24 Werktage.**

(2) **Als Werktage gelten alle Kalendertage, die nicht Sonn- oder gesetzliche Feiertage sind.**

Dauer des Urlaubs **§ 3 BUrlG**

Schrifttum: *Bengelsdorf,* Urlaubsdauer und Urlaubsvergütung bei ungleichmäßiger Verteilung der Arbeitszeit, DB 1988, 1161; *Busch,* Urlaubsdauer und -vergütung bei Änderungen der vertraglich geschuldeten Arbeitszeitdauer, NZA 1996, 1246; *Danne,* Urlaubsdauer bei unterschiedlicher Arbeitszeit, DB 1990, 1965; *Esche/Schwarz,* Zum geltenden Urlaubsrecht in den neuen Bundesländern, AuA 1991, 29; *Hohmeister,* Der arbeitsfreie Samstag im Urlaubsrecht, BB 1999, 2296; *ders.* Berechnung des Urlaubs bei Arbeit an Sonn- und Feiertagen, BB 2000, 406; *Leinemann,* Urlaubsentgelt und Freischichtenmodell, BB 1990, 201; *ders.* Der urlaubsrechtliche und der entgeltfortzahlungsrechtliche Freischichttag – Eine offenbar endlose Geschichte, FS für Schaub, 1998, S. 443; *Leinemann/Linck,* Berechnung der Urlaubsdauer bei regelmäßig und unregelmäßig verteilter Arbeitszeit, DB 1999, 1498; *Leinemann/Schütz,* Die Bedeutung internationaler und europäischer Arbeitsrechtsnormen für die Arbeitsgerichtsbarkeit, BB 1993, 2519; *dies.,* Wirkungen der Übereinkommen der IAO auf das Recht der Bundesrepublik Deutschland, ZfA 1994, 1; *Linck,* Die Urlaubsdauer bei atypischer Arbeitszeit, ArbGegw Bd. 31 (1994), 77; *Mitsch/Richter,* Erhöhung des gesetzlichen Mindesturlaubs und die Auswirkungen in der Praxis, NZA 1995, 771; *Rzadkowski,* Zur Dauer des Erholungsurlaubs für teilzeitbeschäftigte Angestellte, Der Personalrat 1993, 161; *Siebel,* Auswirkungen der Arbeitszeitverkürzung und ungleichmäßigen Arbeitszeitverteilung auf Wochenfeiertage und Urlaub sowie auf deren Bezahlung, BB 1987, 2222.

Übersicht

	Rz
I. Allgemeines	1
1. Entstehungsgeschichte	1
2. Andere urlaubsrechtliche Regelungen	4
II. Urlaubsdauer	7
1. Werktage	8
2. Urlaubsdauer bei einer Fünf-Tage-Woche	10
a) Anrechnung des arbeitsfreien Sonnabends	11
b) Umrechnung der Urlaubsdauer	16
3. Gesetzliche Feiertage	18
4. Urlaubsdauer bei Sonntagsarbeit	24
5. Urlaubsdauer bei Teilzeitarbeit	29
6. Urlaubsdauer bei flexibilisierter Arbeitszeit	39
7. Freischichtmodelle	48
8. Änderung der Arbeitszeit	53
9. Anrechnung anderer arbeitsfreier Tage	57
a) Besonderer Anlaß	57
b) Betriebsausflug	59
c) Betriebsferien	60
d) Arbeitsbereitschaft	61
e) Kurzarbeit	62
f) Bummeltage	70
g) Streikteilnahme	73
h) Annahmeverzug des Arbeitgebers	75
III. Tarifliche Urlaubsansprüche	76
1. Unabdingbarkeit des gesetzlichen Mindesturlaubs	76
2. Abweichende Berechnungsarten	79
IV. Urlaubsdauer in den neuen Bundesländern	80

I. Allgemeines

1. Entstehungsgeschichte

1   Nach § 3 Abs. 1 beträgt der gesetzliche Mindesturlaub nunmehr jährlich mindestens 24 Werktage. Diese Änderung der gesetzlichen Mindesturlaubsdauer ist durch das Arbeitszeitrechtsgesetz vom 6. 6. 1994 (BGBl. I S. 1170) zum 1. 1. 1995 in Kraft getreten. Der gesetzliche Mindesturlaub entspricht damit der Richtlinie 93/104 des Rats der Europäischen Union vom 23. 11. 1993 (Abl. EG Nr. L 307/18; vgl. Teil III A Nr. 3).

2   Vor dem 1. 1. 1995 hat der gesetzliche Mindesturlaub 18 Werktage betragen. Diese Urlaubsdauer war seit der **Änderung des BUrlG durch das HeimarbÄndG vom 29. 10. 1974** (BGBl. I S. 2879) maßgeblich. Bis dahin galt seit dem Inkrafttreten des BUrlG am 1. 1. 1963 gemäß § 3 Abs. 1 Satz 1 BUrlG a. F. eine Mindesturlaubsdauer von 15 Werktagen. Erst nach Vollendung des 35. Lebensjahres erhöhte sich gemäß § 3 Abs. 1 Satz 2 BUrlG a. F. die Urlaubsdauer auf 18 Werktage (vgl. zu Tarifverträgen, die für die Urlaubsdauer noch an das Lebensalter anknüpfen BAG 19. 11. 1996 AP Nr. 1 zu § 1 TVG Tarifverträge: Krankenanstalten). § 3 Abs. 2, wonach als Werktage alle Kalendertage gelten, die nicht Sonn- oder gesetzliche Feiertage sind, gilt seit dem Inkrafttreten des BUrlG am 1. 1. 1963 unverändert.

3   Die in § 3 Abs. 1 Satz 1 BUrlG a. F. festgelegte Mindesturlaubsdauer von 15 Werktagen wurde durch das HeimarbÄndG vom 29. 10. 1974 (BGBl. I S. 2879) geändert, um die Voraussetzungen für die **Ratifizierung des Übereinkommens Nr. 132 der Internationalen Arbeitsorganisation (IAO)** vom 24. 6. 1970 über den bezahlten Jahresurlaub zu schaffen (dazu *Leinemann/Schütz* BB 1993, 2519; *dies.*, ZfA 1994, 1; sowie Teil III A). In diesem Übereinkommen ist in Art. 3 Nr. 3 bestimmt, daß der Urlaub auf keinen Fall weniger als drei Arbeitswochen für ein Dienstjahr betragen darf. Das Ratifizierungsgesetz zu diesem Übereinkommen hat der Bundestag am 30. 4. 1975 beschlossen (BGBl. II S. 745).

4   Nach dem **Beitritt der ehemaligen DDR zur Bundesrepublik Deutschland** war § 3 in den neuen Bundesländern und Ost-Berlin gemäß Anlage I Kapitel VIII Sachgebiet A Abschnitt III Nr. 5a zum Einigungsvertrag (BGBl. II S. 889, 1020) bis zum 31. 12. 1994 in folgender Fassung anzuwenden: „Der Urlaub beträgt jährlich mindestens 20 Arbeitstage. Dabei ist von 5 Arbeitstagen je Woche auszugehen." In Nr. 5b der genannten Regelung des Einigungsvertrages war weiter bestimmt, daß, soweit in Rechtsvorschriften der DDR ein über 20 Arbeitstage hinausgehender Erholungsurlaub festgelegt ist, dieser bis zum 30. 6. 1991 als vertraglich vereinbarter Erholungsurlaub gilt. Bei diesen Rechtsvorschriften handelte es sich um die Verordnung über den Erholungsurlaub vom 28. 9. 1978 (DDR-GBl. I S. 365), die zweite Verordnung über den Erholungsurlaub vom 18. 12. 1980 (DDR-GBl. I S. 365), die Verordnung über die Erhöhung des Erholungsurlaubs für ältere Werktätige vom 1. 10. 1987 (DDR-GBl. I S. 231) und die dritte Verordnung über den Erholungsurlaub vom 22. 2. 1990 (DDR-GBl. I S. 85; – vgl. dazu auch Rz 80).

Dauer des Urlaubs § 3 BUrlG

2. Andere urlaubsrechtliche Regelungen

Schon vor Erlaß des BUrlG sind bundesrechtliche Teilregelungen zum 5
Urlaubsrecht ergangen. Mit der Neufassung des SeemG (vom 26. 7. 1957
BGBl. II S. 713, zuletzt geändert durch Gesetz vom 24. 2. 1997 BGBl. I
S. 311) ist in den §§ 53 bis 61 SeemG der Urlaub von Besatzungsmitgliedern
auf Kauffahrteischiffen geregelt worden (dazu Teil II 3). Zu nennen sind
weiter der Zusatzurlaub für Schwerbehinderte nach dem SchwbG (§ 33
SchwbG vom 16. 6. 1953 BGBl. I S. 389; nunmehr geregelt in § 125
SGB IX vom 19. 6. 2001, BGBl. I S. 1046; dazu Teil II B.) sowie der Urlaub
für jugendliche Arbeitnehmer im JArbSchG (§ 14 JArbSchG vom 9. 8. 1960,
BGBl. I S. 665; nunmehr geregelt in § 19 JArbSchG vom 12. 4. 1976,
BGBl. I S. 965; dazu Teil II 1).

Eine weitere Regelung zur Urlaubsdauer enthält § 17 BErzGG (i. d. F. der 6
Bekanntmachung vom 1. 12. 2000 BGBl. I S. 1645), der das **Verhältnis von
Elternzeit und Erholungsurlaub** bestimmt (dazu Teil II 5). Diese Vorschrift hat § 8a MuSchG mit einer ähnlichen Regelung zum Mutterschaftsurlaub abgelöst.

Vom Inkrafttreten des BUrlG sind nach § 15 unberührt geblieben die 7
landesrechtlichen Vorschriften über die Gewährung von Zusatzurlaub für
bestimmte Sondergruppen von Schwerbehinderten sowie von Opfern des
Nationalsozialismus und Mitgliedern in der Jugendpflege und der Jugendwohlfahrt, da insoweit der Bundesgesetzgeber seine konkurrierende Gesetzgebungsbefugnis im Sinne von Art. 74 Nr. 12 GG nicht ausgeübt hat
(dazu BAG 27. 5. 1997 AP Nr. 3 zu § 1 Saarland ZusatzurlaubsG sowie
Einleitung Rz 36 ff.; § 15 Rz 14 ff. und 21 ff.).

II. Urlaubsdauer

1. Werktage

Nach der gesetzlichen Regelung können nur Werktage Urlaubstage sein. 8
Werktage sind die **Tage der Woche von Montag bis Sonnabend** einschließlich, soweit nicht einer dieser Tage ein gesetzlicher Feiertag ist. Unerheblich ist, ob der Arbeitnehmer tatsächlich von Montag bis Sonnabend
(Samstag) zur Arbeit verpflichtet ist.

Werktage sind von **Arbeitstagen zu unterscheiden**. Anders als § 3 in der 9
in den neuen Bundesländern und Ost-Berlin bis zum 31. 12. 1994 geltenden
Fassung stellt § 3 nicht auf Arbeitstage für die Bestimmung der Urlaubsdauer ab. Dies beruht darauf, daß die Regelung zu einer Zeit entstanden ist, in
der noch die Sechs-Tage-Arbeitswoche selbstverständlich war. Hieran hat
die Gesetzgebung bei der Verlängerung der gesetzlichen Urlaubsdauer festgehalten. Demzufolge benennt das Gesetz alle Werktage, also die Tage von
Montag bis Sonnabend einschließlich, an denen ein Arbeitnehmer bei einer
solchen Verteilung der Arbeitszeit zu arbeiten hätte, als mögliche Urlaubstage (MünchArbR/*Leinemann* § 89 Rz 58). Tarifvertragliche Urlaubsregelungen knüpfen demgegenüber häufig an die Fünf-Tage-Woche an,
wenn sie die Urlaubsdauer auf Arbeitstage beziehen. Ist ein Arbeitnehmer

verpflichtet, auch an Sonntagen oder an gesetzlichen Wochenfeiertagen seine Arbeit zu verrichten, hat er trotz des Wortlauts von § 3 für diese Tage Anspruch auf Urlaub. Die Arbeitsbefreiung an Sonntagen, die in seinen Urlaub fallen, ist daher bei der Berechnung der Urlaubsdauer mitzuzählen (vgl. hierzu ausführlich unten Rz 18 ff. und 24 ff.).

2. Urlaubsdauer bei einer Fünf-Tage-Woche

10   Mit der **Einführung der Fünf-Tage-Woche,** also der Beschränkung der Verteilung der Arbeitszeit auf die Arbeitstage von Montag bis Freitag, stellte sich das Problem, wie die Dauer des gesetzlichen Urlaubs zu bestimmen war.

a) Anrechnung des arbeitsfreien Sonnabends

11   Der **Fünfte Senat** des BAG hatte in älteren Entscheidungen zunächst angenommen, der arbeitsfreie **Sonnabend sei als Werktag in den Urlaub einzubeziehen,** sofern er nicht gesetzlicher Feiertag sei (vgl. BAG 7. 2. 1963 BAGE 14, 96 = AP Nr. 1 zu § 611 BGB Urlaub und Fünf-Tage-Woche mit Anm. *Nikisch* = SAE 1964, 101 mit Anm. *Zöllner;* BAG 7. 2. 1963 und 4. 7. 1963 AP Nr. 2 und 7 zu § 611 BGB Urlaub und Fünf-Tage-Woche mit Anm. *Nikisch* und *Natzel*).

12   Für das BAG ergaben sich hierbei Probleme, wenn der Arbeitnehmer den Urlaub nicht zusammenhängend nahm, sondern nur tageweise. Durch eine geschickte Urlaubsverteilung konnte der Arbeitnehmer so eine Einbeziehung freier Sonnabende in den Urlaub vermeiden. Dies wurde im Schrifttum als nicht statthafte Urlaubsmanipulation gewertet (so namentlich *Boldt/Röhsler* § 3 Rz 28). Es wurde aus Gründen der Gleichbehandlung gefordert, daß bei einer Fünf-Tage-Woche in sechs Urlaubstagen jeweils der freie Sonnabend enthalten sein müsse. **Der Arbeitnehmer müsse sich bei einem Urlaub von 18 Werktagen 3 arbeitsfreie Sonnabende anrechnen** lassen (so heute noch *Dersch/Neumann* § 3 Rz 30 ff. und *Natzel* § 3 Rz 25 f. sowie aus dem älteren Schrifttum *Boldt/Röhsler* § 3 Rz 28; *Schelp/Herbst* § 3 Rz 17; *Siara* § 3 Anm. 11; – unklar *Bleistein* GK-BUrlG § 3 Rz 37).

13   Diese Auffassung ist **abzulehnen.** Gegen sie ist einzuwenden, daß § 3 Abs. 2 keine Grundlage für eine solche Einbeziehung der arbeitsfreien Sonnabende in den Urlaub bildet (ErfK/*Dörner* § 3 BUrlG Rz 16; *Schütz/Hauck* Rz 224 f.; ausf. dazu *Leinemann/Linck* DB 1999, 1498). Diese Bestimmung stellt nur klar, welche Tage Werktage im Sinne des Gesetzes sind. Dadurch werden aber nicht alle Werktage kraft Gesetzes zu Urlaubstagen. **Mögliche Urlaubstage sind sie nur, wenn der Arbeitnehmer an einem solchen Tag zur Arbeit verpflichtet wäre.** Gegen eine Anrechnung von arbeitsfreien Sonnabenden auf den Urlaubsanspruch spricht, daß Gegenstand des Urlaubsanspruchs die Beseitigung von Arbeitspflichten ist, an einem arbeitsfreien Sonnabend aber gerade keine Arbeitspflicht besteht, von der ein Arbeitnehmer durch Urlaubsgewährung zu befreien wäre.

14   Eine **Einbeziehung von arbeitsfreien Sonnabenden** in den Urlaub ist im übrigen allenfalls dann möglich, wenn der Urlaub einen Sonnabend ein-

schließt. Das führt aber schon dann nicht weiter, wenn ein Arbeitnehmer – wie es nach § 7 Abs. 2 Satz 2, § 13 Abs. 1 Satz 3 zulässig ist – Teile seines Urlaubs auf Tage verteilt, die nicht an einen arbeitsfreien Werktag anschließen. Dies kann der Arbeitgeber entgegen der Meinung *Neumanns* (*Dersch/ Neumann* § 3 Rz 34) auch nicht dadurch verhindern, daß er den Urlaub „kraft Direktionsrechts" so festlegt, daß „entsprechend viele Sonnabende" darin enthalten sind. Hier wird nicht nur verkannt, daß arbeitsfreie Sonnabende keine Urlaubstage sein können, sondern auch, daß der Urlaub nicht kraft Direktionsrechts, sondern nach Maßgabe der in § 7 Abs. 1 genannten Voraussetzungen erteilt wird und hierbei die Urlaubswünsche des Arbeitnehmers und nicht die Vorstellungen des Arbeitgebers vorrangig zu berücksichtigen sind (näher dazu § 7 Rz 26 ff.). Die Auffassung *Neumanns* versagt schließlich dann, wenn ein Arbeitnehmer an einem oder mehreren in den Urlaub fallenden Sonnabenden arbeitsunfähig krank ist. Konsequent müßten diese Tage dem Resturlaub hinzugerechnet werden. Hierzu äußern sich die Vertreter dieser Auffassung nicht.

Insgesamt bestehen gegen die Einbeziehung von arbeitsfreien Tagen in 15 den Urlaub aber auch deshalb **Bedenken,** weil mit dieser Auffassung die Gesamtdauer des Urlaubsanspruchs nur jeweils im nachhinein und nach der jeweiligen zeitlichen Lage des Urlaubs bestimmt werden kann, also nachdem der Urlaub zeitlich festgelegt oder ganz oder zum Teil genommen worden ist (MünchArbR/*Leinemann* § 89 Rz 60).

b) Umrechnung der Urlaubsdauer

Das BAG hat deshalb nunmehr zutreffend angenommen, daß für die Be- 16 stimmung der Urlaubsdauer **Arbeitstage und Werktage zueinander rechnerisch in Beziehung gesetzt werden müssen,** wenn die Arbeitszeit auf weniger als 6 Werktage in der Woche verteilt ist (erstmals im Urteil vom 8. 3. 1984 BAGE 45, 199, 202 = AP Nr. 15 zu § 13 BUrlG; vgl. weiter BAG 27. 1. 1987 BAGE 54, 141, 143 ff. = AP Nr. 30 zu § 13 BUrlG; BAG 25. 2. 1988 BAGE 57, 366, 373 = AP Nr. 3 zu § 8 BUrlG; BAG 14. 2. 1991 AP Nr. 1 zu § 3 BUrlG Teilzeit; BAG 22. 10. 1991 AP Nr. 6 zu § 3 BUrlG; ErfK/*Dörner* § 3 BUrlG Rz 17; *Hohmeister* § 3 Rz 44; *Schütz/Hauck* Rz 227; *Tautphäus* Rz 21). Für Arbeitnehmer, die an 5 Tagen einer Woche zur Arbeit verpflichtet sind, geschieht das, indem die **Gesamtdauer des gesetzlichen Urlaubs durch die Zahl 6 geteilt und mit der Zahl der für den Arbeitnehmer maßgeblichen Arbeitstage einer Woche multipliziert wird.** Die zur Bestimmung der individuellen gesetzlichen Urlaubsdauer entwickelten Grundsätze gelten auch für tarifliche Urlaubsregelungen, soweit dort nicht besondere Berechnungsformen vorgesehen sind (vgl. BAG 31. 5. 1990 BAGE 65, 176 = AP Nr. 14 zu § 5 BUrlG; BAG 14. 1. 1992 AP Nr. 5 zu § 3 BUrlG; BAG 18. 2. 1997 AP Nr. 13 zu § 1 TVG Tarifverträge: Chemie; BAG 8. 9. 1998 AP Nr. 216 zu § 1 TVG Tarifverträge: Bau; BAG 20. 6. 2000 DB 2001, 651).

Für den gesetzlichen Urlaub vollzieht sich diese Umrechnung mit der 17 folgenden **Formel:** Urlaubsanspruch geteilt durch Werktage, multipliziert mit den Arbeitstagen einer Woche. Das ergibt für den Arbeitnehmer, der an 5 Tagen einer Woche arbeitet, 20 Arbeitstage Urlaub; bei einem Arbeitnehmer, dessen Arbeitszeit auf 4 Tage verteilt ist, sind es 16 Tage Urlaub. 28 Tage Urlaub ergeben sich, wenn der Arbeitnehmer an allen Tagen der Woche (also auch an Sonntagen) zur Arbeit verpflichtet ist (dazu Rz 24 ff.).

3. Gesetzliche Feiertage

18 **Gesetzliche Feiertage und Sonntage** scheiden gemäß § 3 Abs. 2 als mögliche Urlaubstage in der Regel aus (vgl. aber Rz 24). Sie werden nicht auf den Urlaub angerechnet, weil sie nach § 9 Abs. 1 ArbZG grundsätzlich arbeitsfrei sind (zur Berechnung des Urlaubs bei Sonntagsarbeit vgl. unten Rz 24 ff.).

19 **Gesetzliche Feiertage** sind die durch Bundes- oder Landesgesetz als Feiertage anerkannten Tage. Gesetzliche Feiertage im ganzen Bundesgebiet sind: Neujahrstag, Karfreitag, Ostermontag, Maifeiertag (1. Mai), Christi Himmelfahrt, Pfingstmontag, Tag der Deutschen Einheit (3. Oktober), 1. Weihnachtstag und 2. Weihnachtstag.

20 Folgende Feiertage gelten nur in **einzelnen Bundesländern:**
– **Heilige Drei Könige** in Baden-Württemberg, Bayern und Sachsen-Anhalt;
– **Fronleichnam** in Baden-Württemberg, Bayern, Hessen, Nordrhein-Westfalen, Rheinland-Pfalz und Saarland, – in Thüringen in Gemeinden mit überwiegend katholischer Bevölkerung, – in Sachsen nur in einigen Gemeinden der Landkreise Bautzen, Hoyerswerda und Kamenz;
– **Mariä Himmelfahrt** (15. August) im Saarland, – in Bayern in Gemeinden mit überwiegend katholischer Bevölkerung;
– **Reformationstag** in Brandenburg, Mecklenburg-Vorpommern, Sachsen, Sachsen-Anhalt und Thüringen – **Allerheiligen** in Baden-Württemberg, Bayern, Nordrhein-Westfalen, Rheinland-Pfalz, Saarland; – in Thüringen in Gemeinden mit überwiegend katholischer Bevölkerung;
– **Buß- und Bettag** in Sachsen.

21 Von den gesetzlichen Feiertagen sind die **kirchlichen Feiertage** (sog. staatlich geschützte Feiertage) zu unterscheiden. Diese Tage (z. B. Peter und Paul, Josefstag, Mariä Empfängnis) sind **Werktage und deshalb mögliche Urlaubstage.** In einzelnen landesrechtlichen Regelungen wird Arbeitnehmern jedoch das Recht eingeräumt, der Arbeit – allerdings ohne Fortzahlung der Arbeitsvergütung – zum Besuch des Gottesdienstes fernzubleiben (z. B. § 4 Abs. 1 FeiertagsG Bad.-Württ.).

22 Liegen der **Arbeitsort und der Betriebssitz in verschiedenen Bundesländern** mit unterschiedlicher Feiertagsregelung, so ist grundsätzlich das am Ort des Betriebssitzes geltende Recht maßgeblich (dazu BAG 3. 12. 1985 AP Nr. 5 zu § 1 TVG Tarifverträge: Großhandel sowie *Bleistein* GK-BUrlG § 3 Rz 29; *Dersch/Neumann* § 3 Rz 25; *Natzel* § 3 Rz 22). Bei festbeschäftigten Montagearbeitern gilt daher nicht das am Ort der Baustelle maßgebliche Feiertagsrecht, sondern das für den Betriebssitz geltende Recht. Für Arbeitnehmer, die nur für ein bestimmtes Bauobjekt am Ort der Baustelle eingestellt sind (sog. Ortskräfte), gilt dagegen das am Arbeitsort maßgebliche Recht, weil für diese Arbeitnehmer der Schwerpunkt der Rechtsbeziehungen am Arbeitsort und nicht am Betriebssitz liegt.

Dauer des Urlaubs § 3 BUrlG

Liegt also der **Betriebssitz in Hessen und arbeitet der Arbeitnehmer auf** 23
einer Baustelle in Baden-Württemberg, so muß er für eine Arbeitsbefreiung am 6. Januar **(Heilige Drei Könige)** einen Tag Urlaub beantragen, weil dieser Tag in Hessen Werktag und in Baden-Württemberg Feiertag ist. Sofern der Arbeitnehmer dem Arbeitgeber jedoch an dem Feiertag seine Arbeitskraft anbietet, dieser ihn aber auf der Baustelle wegen des Feiertags nicht beschäftigen kann und auch keine anderen Beschäftigungsmöglichkeiten bestehen, gerät der Arbeitgeber in Annahmeverzug und ist deshalb gemäß § 615 BGB zur Vergütungszahlung verpflichtet.

4. Urlaubsdauer bei Sonntagsarbeit

Besondere Probleme bei der Bestimmung der Urlaubsdauer ergeben sich, 24
wenn in einem Betrieb **an Sonn- und Feiertagen gearbeitet wird**. Zu denken ist an die sog. Konti-Schichten bei der Chip-Fertigung oder an den Bereich der Gastronomie, wo an Sonn- und Feiertagen gearbeitet wird und dafür an einem der Werktage der Betrieb geschlossen bleibt (vgl. im übrigen § 10 Abs. 1 ArbZG).

Nach der **älteren Rechtsprechung des BAG** und einer auch heute noch 25
im Schrifttum vertretenen Auffassung werden **Sonn- und Feiertage auch dann nicht auf den Urlaub angerechnet**, wenn der Arbeitnehmer verpflichtet gewesen wäre, an diesen Tagen zu arbeiten (vgl. BAG 14. 5. 1964 AP Nr. 94 zu § 611 BGB Urlaubsrecht mit insoweit abl. Anm. *Nikisch*; *Bleistein* GK-BUrlG § 3 Rz 24; *Boldt/Röhsler* § 3 Rz 21; *Dersch/Neumann* § 3 Rz 27; *Natzel* § 3 Rz 28).

Nach der bemerkenswerten Ansicht des Fünften Senats des BAG erhält 26
der Arbeitnehmer allerdings **auch keine Vergütung** für den in den Urlaub fallenden arbeitsfreien Feiertag. Urlaubsentgelt könne der Arbeitnehmer für diesen Tag nicht beanspruchen, weil der Feiertag gemäß § 3 Abs. 2 kein Urlaubstag sein könne. Vergütungsansprüche nach § 1 Abs. 1 FeiertLohnzG (jetzt § 2 EFZG) kämen nicht in Betracht, weil nicht der gesetzliche Feiertag für den Arbeitsausfall ursächlich sei, sondern der Urlaub (BAG 14. 5. 1964 AP Nr. 94 zu § 611 BGB Urlaubsrecht, zu A I 4b der Gründe). Der Fünfte Senat hat in jenem Urteil freilich erkannt, daß dadurch Arbeitnehmer, die an Feiertagen zu arbeiten haben, gegenüber den an Feiertagen nicht zur Arbeit verpflichteten Arbeitnehmern schlechter behandelt werden und räumt ein, dies Ergebnis sei „zugegebenermaßen nicht sonderlich überzeugend" (BAG aaO, zu A I 4 d der Gründe).

Dieser Beurteilung ist beizupflichten. *Nikisch* hat in seiner Anmerkung zu 27
dem Urteil des BAG vom 14. 5. 1964 (AP Nr. 94 zu § 611 BGB Urlaubsrecht) bereits zutreffend darauf hingewiesen, daß Sonn- und Wochenfeiertage nach der gesetzlichen Regelung nur deshalb nicht auf den Urlaub angerechnet werden sollen, weil sie in der Regel ohnehin arbeitsfrei sind (vgl. § 9 ArbZG, früher § 105 a GewO). Sofern an diesen Tagen jedoch die Arbeit im Betrieb nicht ruht, sind sie **urlaubsrechtlich als Werktage zu behandeln**, weil sie dies ja auch für den Arbeitnehmer tatsächlich sind (ebenso BAG 11. 8. 1998 – 9 AZR 499/97 n.v.; ErfK/*Dörner* § 3 BUrlG Rz 21 f.; *Heilmann* § 3 Rz 5, *Leinemann/Linck*, DB 1999, 1498, 1502; *Schütz/Hauck*

109

Rz 235; unklar, aber im Ergebnis offenbar ebenso *Hohmeister* BB 2000, 406, 407). Würde dem Arbeitnehmer für einen solchen Tag kein Urlaub erteilt, wäre er zur Arbeit verpflichtet. Im Falle der Sonn- und Feiertagsarbeit sind diese Tage daher in den Urlaub einzubeziehen und auf den Urlaubsanspruch anzurechnen. Die Arbeitnehmer haben dann auch Anspruch auf Urlaubsentgelt für diese Urlaubstage.

28 Soweit im **Schrifttum** die Meinung vertreten wird, **§ 1 Abs. 1 Feiert-LohnzG (jetzt § 2 EFZG) sei erweiternd auszulegen** und dem Arbeitnehmer daher ein Anspruch auf Feiertagslohn zuzusprechen, obwohl die Arbeit nicht wegen des Feiertags, sondern wegen des Urlaubs ausfällt (so *Bleistein* GK-BUrlG § 3 Rz 23; *Dersch/Neumann* § 3 Rz 27), vermag dies nicht zu überzeugen. Hierbei wird übersehen, daß es sich bei der Anrechnung von arbeitspflichtigen Sonn- und Feiertagen auf den Urlaub nicht um ein Problem der Feiertagsvergütung handelt, sondern um eine Frage der richtigen Auslegung des § 3. Dem entspricht übrigens § 5 Abs. 4 Erholungsurlaubs-VO der Bundesbeamten und Richter im Bundesdienst, wonach Arbeitstage i. S. der Verordnung alle Kalendertage sind, an denen der Beamte Dienst tut. Im **Ergebnis** sind daher **Sonn- und Feiertage,** an denen der Arbeitnehmer zur Arbeit verpflichtet ist, **mögliche Urlaubstage.** Diese sind auf den Urlaub anzurechnen **und als Urlaubstage zu vergüten.**

5. Urlaubsdauer bei Teilzeitarbeit

29 Für einen teilzeitbeschäftigten Arbeitnehmer ergeben sich gegenüber einem vollzeitbeschäftigten Arbeitnehmer bei der Bestimmung der Urlaubsdauer dann keine Besonderheiten, wenn die **Arbeitszeit gleichmäßig verkürzt** ist, er also ebenso wie ein Vollzeitarbeitnehmer an fünf Tagen arbeitet, nur eben mit verkürzter täglicher Arbeitszeit (vgl. auch § 1 Rz 58 ff.). Der Teilzeitarbeitnehmer hat in diesem Fall ebenso viele Urlaubstage zu beanspruchen wie ein Vollzeitarbeitnehmer (MünchArbR/*Leinemann* § 89 Rz 62; Kasseler Handbuch/*Linck* Gruppe 4.2 Rz 262).

30 Teilzeitbeschäftigte Arbeitnehmer, die regelmäßig an weniger Arbeitstagen einer Woche als vollzeitbeschäftigte Arbeitnehmer arbeiten, haben entsprechend der Zahl der für sie maßgeblichen Arbeitstage ebenso Anspruch auf Erholungsurlaub wie vollzeitbeschäftigte Arbeitnehmer. Sofern ein Tarifvertrag keine Regelung zur **Umrechnung des Urlaubsanspruchs** eines vollzeitbeschäftigten Arbeitnehmers in den eines teilzeitbeschäftigten Arbeitnehmers enthält, sind die für den vollzeitbeschäftigten Arbeitnehmer maßgeblichen Arbeitstage und die Arbeitstage, an denen ein teilzeitbeschäftigter Arbeitnehmer zu arbeiten hat, rechnerisch zueinander in Beziehung zu setzen (vgl. BAG 14. 2. 1991 BAGE 67, 217 = AP Nr. 1 zu § 3 BUrlG Teilzeit = EzA § 13 BUrlG Nr. 50 mit abl. Anm. *Berger-Delhey;* ErfK/*Dörner* § 3 BUrlG Rz 23; MünchArbR/*Schüven* § 162 Rz 183). Das Erfordernis der Umrechnung ist für den Zusatzurlaub der Schwerbehinderten in § 125 Satz 2 Halbs. 2 SGB IX gesetzlich anerkannt worden.

31 Ist der Umfang des Urlaubs nach der Verteilung der regelmäßigen Arbeitszeit auf eine Fünf-Tage-Woche bemessen, so erhöht oder vermindert sich der Urlaubsanspruch, wenn die regelmäßige Arbeitszeit auf mehr oder

Dauer des Urlaubs § 3 BUrlG

weniger Wochentage verteilt ist (BAG 8. 9. 1998 BAGE 89, 362 = AP Nr. 216 zu § 1 TVG Tarifverträge: Bau). Bei einer regelmäßigen Arbeitszeit vollzeitbeschäftigter Arbeitnehmer von fünf Arbeitstagen in der Woche ist die **Gesamtdauer des Urlaubs durch die Zahl 5 zu teilen und mit der für den Teilzeitbeschäftigten maßgeblichen Zahl der Arbeitstage einer Woche zu multiplizieren.** Bei 30 Urlaubstagen im Jahr und vier Arbeitstagen in der Woche ergibt sich so ein Urlaubsanspruch von 24 Arbeitstagen (30 : 5 × 4). Ist die tarifliche regelmäßige Arbeitszeit auf **neun Arbeitstage in der Doppelwoche** verteilt (§ 4 Nr. 1.2 RTV Poliere), so muß die Anzahl der Urlaubstage für die an neun Tagen in der Doppelwoche arbeitenden Angestellten durch Umrechnung ermittelt werden. Der zeitlich gleichwertige Urlaubsanspruch wird wie folgt berechnet (BAG 8. 9. 1998 aaO):

$$\frac{30 \text{ Urlaubstage} \times 9 \text{ Arbeitstage}}{10 \text{ Arbeitstage}} = 27 \text{ Urlaubstage.}$$

Auch der **geringfügig Beschäftigte** i. S. v. § 8 SGB IV hat einen Urlaubsanspruch. Die Dauer der für die Erfüllung des Urlaubsanspruchs erforderlichen individuellen Befreiung von der Arbeitspflicht bemißt sich auch für diese Arbeitnehmer nach der Zahl der für sie maßgeblichen Arbeitstage. Deshalb hat auch eine Reinigungshilfe in einem Privathaushalt, die zweimal wöchentlich jeweils vier Stunden arbeitet, einen Urlaubsanspruch. Zur Berechnung der Urlaubsdauer ist die Gesamtdauer des Urlaubs (24 Werktage) durch die Zahl der Werktage (sechs Tage) zu teilen und mit der Zahl der maßgeblichen Arbeitstage (zwei Tage) zu multiplizieren. Die Putzhilfe kann daher verlangen, unter Fortzahlung der Vergütung an acht Tagen im Jahr, an denen sie sonst zu arbeiten hätte, von der Arbeit freigestellt zu werden. 32

Der im **Schrifttum** vertretenen Auffassung (vgl. *Danne* DB 1990, 1965; *Siebel* BB 1987, 2222; – unklar *Hohmeister* § 3 Rz 41), mit Rücksicht auf die in Teilzeitarbeitsverhältnissen sehr unterschiedliche Arbeitsstundenzahl müsse der Urlaubsanspruch in Stunden umgerechnet werden, um eine dem Vollzeitarbeitnehmer entsprechende Arbeitsbefreiung zu gewährleisten und damit zugleich zu verhindern, daß ein Teilzeitarbeitnehmer versucht, Urlaub möglichst dann zu erhalten, wenn Arbeitstage mit höheren Arbeitsstunden anfallen, **kann für den Mindesturlaubsanspruch nach dem BUrlG nicht zugestimmt werden.** Nach dem BUrlG hat der Urlaubsanspruch die Beseitigung der Arbeitspflicht an Tagen zum Inhalt, an denen der Arbeitnehmer nach seinem Arbeitsverhältnis zur Arbeit verpflichtet ist (dazu näher § 1 Rz 25 ff.). Das schließt aus, den Urlaubsanspruch von vornherein durch Berechnung von kleineren Zeiteinheiten, also auch nach Stunden, aufzuteilen (ebenso ErfK/*Dörner* § 3 BUrlG Rz 24; ähnlich *Bengelsdorf* DB 1988, 1161 mit verschiedenen Beispielen). 33

Für den „Urlaubstag" als Gegenstand des Urlaubsanspruchs kommt es nicht darauf an, wie viele Arbeitsstunden an dem Arbeitstag ausfallen würden (vgl. BAG 28. 11. 1989 BAGE 63, 274, 282 = AP Nr. 5 zu § 77 BetrVG 1972 Auslegung, zu II 3 b der Gründe). Vorher errechnete „**Urlaubsdeputate auf Stundenbasis**" sind für den gesetzlichen Urlaub nach dem BUrlG nicht möglich. Daß ein Arbeitnehmer mit unterschiedlicher Verteilung der Arbeitszeit Urlaub an Tagen zu erlangen sucht, die „mehr Wert" 34 haben, also z. B. aufgrund tariflicher Regelungen einen höheren Vergütungsanspruch auslösen können (vgl. BAG 7. 7. 1988 BAGE 59, 141, 150 ff. = AP Nr. 23 zu § 11 BUrlG; zur Berechnung des Urlaubsanspruchs von Teilzeitbeschäftigten im öffentlichen Dienst vgl. BAG 2. 10. 1987 AP Nr. 4 zu § 48 BAT), ändert daran nichts. Eine Umrechnung der Urlaubsdauer auf Stunden ist auch dann nicht möglich, wenn arbeitsvertraglich nur eine bestimmte monatliche oder jährliche Arbeitsstundenzahl festgelegt ist. Vereinbaren Arbeitgeber und Arbeitnehmer eine Jahresarbeitszeit von 800 Stunden, wobei der Arbeitnehmer seine Arbeitsleistung auf Abruf entsprechend dem Arbeitsanfall zu erbringen hat, ist eine tageweise Freistellung des Arbeitnehmers nicht möglich, weil die Anzahl und die Lage der Arbeitstage nicht feststeht. Dies ist jedoch mit § 3 Abs. 1 nicht zu vereinbaren, weil sich der gesetzliche Mindesturlaub zwingend (§ 13 Abs. 1 Satz 1) auf Tage bezieht. Die Urlaubsdauer muß auf einzelne Arbeitstage fixierbar sein.

35 Zur Bestimmung der individuellen Urlaubsdauer ist in diesen Fällen zunächst zu prüfen, ob im Wege der **ergänzenden Vertragsauslegung** – unter Berücksichtigung der bisherigen Vertragsdurchführung – die Verteilung der Jahresarbeitszeit auf einzelne Wochentage festgestellt werden kann. Scheidet dies aus, so bleibt noch die Möglichkeit, unter Berücksichtigung von **§ 12 TzBfG** (früher bis 31. 12. 2000: § 4 BeschFG) die Zahl der Arbeitstage zu bestimmen. Da nach § 12 Abs. 1 Satz 3 TzBfG bei fehlender Vereinbarung eine wöchentliche Arbeitszeit von 10 Stunden als vereinbart gilt und nach § 12 Abs. 1 Satz 4 TzBfG bei nicht festgelegter Dauer der Arbeitszeit der Arbeitgeber den Arbeitnehmer mindestens 3 Stunden beschäftigen muß, ergibt sich unter Berücksichtigung der täglichen Arbeitszeitgrenze von regelmäßig acht Stunden nach § 3 ArbZG, daß der Arbeitnehmer an zwei Tagen der Woche zu arbeiten hat. Der Urlaubsanspruch umfaßt dann ²/₅ der Urlaubsdauer eines in der Fünf-Tage-Woche vollzeitbeschäftigten Arbeitnehmers.

36 Von der Bestimmung der Urlaubsdauer ist die **Erfüllung des Urlaubsanspruchs** zu trennen. Der Arbeitgeber hat nach § 7 Abs. 1 BUrlG unter Berücksichtigung der Urlaubswünsche des Arbeitnehmers den Urlaub festzulegen (näher dazu § 7 Rz 26 ff.). Wenn der Arbeitnehmer daher für einen bestimmten Zeitraum Urlaub beantragt, hat der Arbeitgeber zu erklären, ob und ggf. in welchem Umfang in dieser Zeit Arbeitstage liegen. Mit der Urlaubserteilung werden die an diesen Tagen entstehenden Arbeitspflichten beseitigt.

37 Erklärt der Arbeitgeber, daß **in der vom Arbeitnehmer begehrten Urlaubszeit keine Arbeitspflichten bestehen** werden, hat der Arbeitnehmer in dieser Zeit nicht zu arbeiten. Eine Anrechnung auf den Urlaubsanspruch kommt nicht in Betracht. Der Arbeitnehmer kann daher noch zu einem späteren Zeitpunkt bis zum Ende des Kalenderjahres bzw., soweit die Voraussetzungen einer Übertragung des Urlaubs nach § 7 Abs. 3 vorliegen (näher dazu § 7 Rz 117 ff.), bis zum Ablauf des Übertragungszeitraums Erfüllung seines Urlaubsanspruchs verlangen. Gerät der Arbeitgeber mit der Erfüllung des Urlaubsanspruchs in Verzug, steht dem Arbeitnehmer als Schadenersatz ein Ersatzurlaubsanspruch zu (BAG 26. 6. 1986 BAGE 52, 254 = AP Nr. 5 zu § 44 SchwbG).

Dauer des Urlaubs § 3 BUrlG

Ergeben sich bei der Umrechnung **Bruchteile von Urlaubstagen**, sind 38
sie in diesem Umfang dem Arbeitnehmer zu gewähren. Sie sind **weder
auf- noch abzurunden** (BAG 14. 2. 1991 BAGE 67, 217 = AP Nr. 1 zu
§ 3 BUrlG Teilzeit). Die Aufrundungsregelung des § 5 Abs. 2 ist entgegen einer im Schrifttum vertretenen Auffassung (*Berger-Delhey* Anm.
zu BAG EzA § 13 BUrlG Nr. 50) nicht anwendbar, weil es sich um Bruchteile von Urlaubstagen handelt, die sich bei der Umrechnung der Urlaubsdauer auf Teilzeitverhältnisse ergeben, und nicht um Teilurlaubsansprüche,
die unter den Voraussetzungen des § 5 Abs. 1 entstehen (näher hierzu § 5
Rz 39 ff.).

6. Urlaubsdauer bei flexibilisierter Arbeitszeit

Ist die **Arbeitszeit eines Arbeitnehmers nicht regelmäßig auf eine Woche verteilt**, sondern so, daß in einem längeren Turnus in aufeinanderfolgenden Wochen jeweils unterschiedlich viele Arbeitstage anfallen, ggf. auch
mit einer jeweils unterschiedlichen Arbeitszeitdauer, so ist eine auf eine Woche bezogene Umrechnung der Urlaubsdauer nicht möglich. Da der Urlaubsanspruch als Jahresurlaubsanspruch entsteht, dessen Dauer nach den
Bestimmungen des BUrlG und der meisten Tarifverträge auf Vollzeitarbeitsverhältnisse mit regelmäßiger Arbeitszeit bezogen ist, ist bei einer hiervon abweichenden Arbeitszeitgestaltung eine Umrechnung erforderlich. Die
Berechnung muß in diesem Falle auf einen längeren Zeitraum bezogen werden (vgl. BAG 22. 10. 1991 BAGE 68, 377 = AP Nr. 6 zu § 3 BUrlG; 3. 5.
1994 BAGE 76, 359 = AP Nr. 13 zu § 3 BUrlG Fünf-Tage-Woche; BAG
8. 9. 1998 BAGE 89, 362 = AP Nr. 216 zu § 1 TVG Tarifverträge: Bau; *Leinemann/Linck* DB 1999, 1498, 1500 f.). 39

Die Umrechnung kann auch dadurch erfolgen, daß für die Bestimmung 40
der Urlaubsdauer von der möglichen **Jahresarbeitszeit** ausgegangen wird,
wenn sich die vertraglich vereinbarte Arbeitszeit nur jährlich wiederholt
(vgl. BAG 18. 2. 1997 AP Nr. 13 zu § 1 TVG Tarifverträge: Chemie). Dies
ist rechtlich unbedenklich. Denn der Urlaubsanspruch ist zwar nicht von
geleisteter Arbeit abhängig, wohl aber von der vom Arbeitnehmer nach dessen Arbeitsvertrag zu leistenden Arbeitszeit in einem Jahr (BAG 19. 1. 1993
BAGE 72, 147 = AP Nr. 20 zu § 1 BUrlG). Rechtlich steht auch nichts entgegen, Umrechnungen der Urlaubsdauer für Arbeitsverhältnisse mit unterschiedlich verteilter Arbeitszeit auf **kürzere Abschnitte,** also auf halbjährliche, vierteljährliche oder monatliche Arbeitszeiträume zu beziehen, sofern
die Verteilung der Arbeitszeit sich jeweils in diesen Zeiträumen wiederholt
(BAG 22. 10. 1991 BAGE 68, 377 = AP Nr. 6 zu § 3 BUrlG; BAG 3. 5. 1994
BAGE 76, 359 = AP Nr. 13 zu § 3 BUrlG Fünf-Tage-Woche).

Ist **beispielsweise** die Arbeitspflicht einer Arbeitnehmerin im Reinigungs- 41
dienst einer Schule auf die Schultage und die während der Ferienzeit anfallenden Tage der Grundreinigung beschränkt, ist die übrige Ferienzeit damit
arbeitsfrei (BAG 19. 4. 1994 BAGE 76, 244 = AP Nr. 7 zu § 1 TVG Gebäudereinigung). In diesem Fall ist eine auf die Woche bezogene Umrechnung
nicht möglich, weil nach der vertraglich vereinbarten Arbeitszeit nicht in
allen Wochen des Kalenderjahres gleich viele Arbeitstage liegen.

42 Die **individuelle Urlaubsdauer** errechnet sich, indem die Anzahl der individuellen Arbeitstage des Jahres und die Jahresarbeitstage eines Vollzeitbeschäftigten ins Verhältnis zueinander gesetzt werden und mit der gesetzlichen oder tariflichen Nominalurlaubsdauer Vollzeitbeschäftigter multipliziert werden. Bei einer Fünf-Tage-Woche ist von 260 möglichen Arbeitstagen im Jahr (52 Wochen × 5 Tage) auszugehen. Bei einer Sechs-Tage-Woche ist von 312 Arbeitstagen im Jahr auszugehen (52 Wochen × 6 Tage). Diese Berechnung ist zwar nicht ganz zutreffend, weil das Kalenderjahr nicht 364 Tage (52 Wochen × 7 Tage) hat, sondern nach § 191 BGB mit 365 Tagen, also mit einem weiteren Tag zu rechnen ist. Dieser Tag bleibt mit Rücksicht auf die Berechnungsvorschrift in § 11 Abs. 1 Satz 1 BUrlG außer Betracht. Dort ist auf 13 Wochen für ein Vierteljahr abgestellt.

43 Soweit tarifvertraglich nichts anderes bestimmt ist, bleiben bei der Umrechnung die gesetzlich **arbeitsfreien Wochenfeiertage unberücksichtigt.** Diese Tage sind nach § 2 EFZG arbeitsfrei (vgl. BAG 22. 10. 1991 AP Nr. 6 zu § 3 BUrlG). Der Nichtberücksichtigung der Wochenfeiertage steht auch § 3 Abs. 2 BUrlG nicht entgegen, weil diese Bestimmung keine Berechnungsregel enthält (zutr. ErfK/*Dörner* § 3 Rz 30). Sie besagt allein, daß diese Tage grundsätzlich keine Urlaubstage sein können, weil im Gesetz davon ausgegangen wird, daß an diesen Tagen regelmäßig nicht gearbeitet wird.

44 Hat ein Arbeitnehmer **an 200 Tagen im Jahr zu arbeiten** und beträgt die Urlaubsdauer eines Vollzeitbeschäftigten bei einer Fünf-Tage-Woche 30 Urlaubstage, errechnet sich die Urlaubsdauer wie folgt: 30 × 200 : 260 = 23,08 Tage. Bruchteile sind nach dem Gesetz weder auf- noch abzurunden (vgl. BAG 14. 2. 1991 BAGE 67, 217 = AP Nr. 1 zu § 3 BUrlG Teilzeit; näher dazu § 5 Rz 39ff.). § 5 Abs. 2 BUrlG ist hier nicht anwendbar, weil der Urlaubsanspruch eines Teilzeitbeschäftigten kein Teilurlaub i. S. v. § 5 Abs. 1 BUrlG ist. Abweichende Tarifregelungen sind zulässig (vgl. dazu BAG 18. 2. 1997 AP Nr. 13 zu § 1 TVG Tarifverträge: Chemie).

45 Diese Berechnung der Urlaubsdauer hat zur Folge, daß eine größere Zahl von freien Werktagen den in Arbeitstagen umzurechnenden **Urlaub dem Umfang nach herabsetzt** (BAG 14. 1. 1992 AP Nr. 5 zu § 3 BUrlG zu 2 b der Gründe; BAG 18. 2. 1997 AP Nr. 13 zu § 1 TVG Tarifverträge: Chemie). Entsprechendes gilt für einen zum Tarifurlaub zusätzlich zu gewährenden Treueurlaub (BAG 19. 4. 1994 AP Nr. 3 zu § 1 BUrlG Treueurlaub).

46 Auch bei dem überwiegend **im Einzelhandel praktizierten sog. rollierenden Freizeitsystem** ist eine Umrechnung vorzunehmen. Hat ein Arbeitnehmer mit einem Urlaubsanspruch von 38 Werktagen in einer Sechs-Tage-Woche im Rahmen eines rollierenden Freizeitsystems 26 Wochen an 5 Tagen, 21 Wochen an 4 Tagen und 5 Wochen an 3 Tagen zu arbeiten, so ist der Urlaub folgendermaßen zu berechnen (dazu BAG 14. 1. 1992 AP Nr. 5 zu § 3 BUrlG): Urlaubsdauer von 38 Werktagen geteilt durch 312 Jahreswerktage (52 Wochen × 6 Werktage) multipliziert mit 229 Arbeitstagen (26 Wochen × 5 Arbeitstagen + 21 Wochen × 4 Arbeitstagen + 5 Wochen × 3 Arbeitstagen). Hieraus ergibt sich eine Urlaubsdauer von 27,89 Arbeitstagen. Der über 27 Tage hinausreichende Bruchteil ist nicht aufzurunden, § 5 Abs. 2 ist nicht einschlägig. Ebenso würde eine „Abrundung", wenn der

Dauer des Urlaubs § 3 BUrlG

Bruchteil kleiner wäre als ein „halber" Arbeitstag, nicht in Betracht kommen (vgl. § 5 Rz 40ff.).

In einer Reihe von **Tarifverträgen** wird diese der Rechtsprechung des 47 BAG entsprechende Formel verwandt. So enthalten sie z.B. § 25 B Nr. 2 MTV-Metall Bayern (Arbeiter) und § 14 B Nr. 2 MTV-Metall Bayern (Angestellte) als verbindliche Berechnungsgrundlage (vgl. auch § 48 Abs. 4 Unterabs. 3 BAT und hierzu BAG 2. 10. 1987 AP Nr. 4 zu § 48 BAT; zur Berechnung des Urlaubsanspruchs eines teilzeitbeschäftigten, schwerbehinderten Arbeitnehmers vgl. BAG 31. 5. 1990 AP Nr. 14 zu § 5 BUrlG).

7. Freischichtmodelle

Bei der Berechnung der Urlaubsdauer bei Schichtarbeit ist zu beachten, 48 daß **Freischichttage,** also Wochentage, an denen ein Arbeitnehmer wegen der Verteilung der Arbeitszeit nicht zur Arbeit verpflichtet ist (z.B. in den Freischichtmodellen der Metallindustrie), keine Arbeitstage sind. Deshalb haben Freischichttage eine Verringerung der dem Arbeitnehmer zu gewährenden Urlaubstage zur Folge (dazu ausf. *Leinemann* FS Schaub S. 443, 448 ff.). Ist die regelmäßige wöchentliche Arbeitszeit eines Arbeitnehmers in der nordrhein-westfälischen Metallindustrie nicht auf fünf Kalendertage in der Woche verteilt, ist der tarifliche Urlaubsanspruch entsprechend der Arbeitsverpflichtung umzurechnen (BAG 3. 5. 1994 BAGE 76, 359 = AP Nr. 13 zu § 3 BUrlG Fünf-Tage-Woche; *Ziepke/Weiss* Kommentar zum MTV Metall NRW, 4. Aufl. 1998, § 13 Anm. 5).

Dieser Umrechnung steht nicht entgegen, daß im **Manteltarifvertrag der** 49 **Metallindustrie in Nordrhein-Westfalen** die Urlaubsdauer mit 30 Arbeitstagen angegeben ist und Arbeitstage nach diesem Tarifvertrag alle Kalendertage sind, an denen der Arbeitnehmer in regelmäßiger Arbeitszeit zu arbeiten hat. Diese Regelungen spiegeln lediglich den im Tarifvertrag zugrunde gelegten Normalfall der Verteilung der Arbeitszeit wider. Für andere Arbeitszeiten und auch deren Verteilung insbesondere auch für Schichtarbeit enthält der Tarifvertrag keine Regelung. Bei einer von der im Tarifvertrag als Normalfall festgeschriebenen Verteilung der Arbeitszeit ist deshalb die Urlaubsdauer der individuell maßgeblichen Arbeitszeit anzupassen (unzutreffend daher *Unterhinninghofen* AuR 1995, 235 mit falschen Angaben über den Verlauf der mündlichen Verhandlung in der Rechtssache BAGE 76, 359 = AP Nr. 13 zu § 3 BUrlG Fünf-Tage-Woche).

Für einen Arbeitnehmer, dessen Urlaubsanspruch nach Werktagen be- 50 messen, für dessen Arbeitsleistung aber eine **andere Verteilung der Arbeitszeit als nach Werktagen, nämlich nach Schichten** maßgeblich ist, sind zur Bestimmung der Urlaubsdauer Jahreswerktage und individuell geschuldete Arbeitstage zueinander rechnerisch in Beziehung zu setzen. Ist nämlich vereinbart, daß ein Arbeitnehmer an einzelnen Werktagen nicht zu arbeiten hat, kann für diesen Werktag auch keine Arbeitsbefreiung durch Urlaubsgewährung erfolgen. Für einen Arbeitnehmer in vollkontinuierlicher Wechselschicht ist daher zunächst festzustellen, in welchem Zeitraum die regelmäßige Arbeitszeit nach den bestehenden vertraglichen oder tarifvertraglichen Bestimmungen erreicht werden soll.

51 So bestimmt beispielsweise § 12 I Ziff. 1 Abs. 1 des **MTV für gewerbliche Arbeitnehmer und Angestellte der chemischen Industrie** vom 24. 6. 1992, daß die regelmäßige tarifliche Arbeitszeit im Durchschnitt eines Verteilungszeitraums von 12 Monaten erreicht werden kann (BAG 18. 2. 1997 AP Nr. 13 zu § 1 TVG Tarifverträge: Chemie). Hiervon ausgehend ist zunächst die Zahl der Jahresarbeitsstunden zu errechnen. Bei einer tariflichen wöchentlichen Arbeitszeit von 38 Stunden sind im Jahr 1976 Arbeitsstunden zu leisten (52 Wochen x 38 Stunden). Im zweiten Schritt ist die Zahl der Jahresarbeitsstunden durch die Schichtdauer zu dividieren. Beträgt die Schichtdauer beispielsweise 11,25 Stunden, hat ein im Schichtdienst beschäftigter Arbeitnehmer 175,64 Schichten zu leisten, um die tarifvertragliche Jahressollarbeitszeit zu erreichen (1976 Jahresarbeitsstunden: 11,25 Arbeitsstunden je Schicht). Zur Bestimmung der Urlaubsdauer des Schichtarbeiters ist nun in einem dritten Schritt die Zahl der zur Erreichung der Jahressollarbeitszeit zu leistenden Schichten (hier: 175,64) ins Verhältnis zu den möglichen Arbeitstagen der Arbeitnehmer zu setzen, deren tarifliche wöchentliche Arbeitszeit regelmäßig auf fünf Tage der Woche verteilt ist. Denn auf diese Personengruppe ist der tarifliche Urlaubsanspruch bezogen.

52 Die Urlaubsdauer des Schichtarbeiters ergibt sich daher bei einem Tarifurlaub von 30 Tagen aus folgender **Formel:**

$$\frac{175{,}64 \text{ Schichten} \times 30 \text{ Urlaubstage}}{260 \text{ Jahresarbeitstage}} = 20{,}27 \text{ Urlaubstage.}$$

8. Änderung der Arbeitszeit

53 Bei einer Änderung der regelmäßigen Arbeitszeit ist der **Urlaub jeweils neu zu berechnen,** wenn sich hierdurch die Zahl der Arbeitstage ändert (ebenso MünchArbR/*Schüren* § 162 Rz 188). Dies ergibt sich daraus, daß sich die Anzahl der Urlaubstage sowohl nach dem BUrlG als auch nach den tarifvertraglichen Regelungen auf ein Vollzeitarbeitsverhältnis mit einer Verteilung der Arbeitszeit auf alle Arbeitstage bzw. Werktage der Woche bezieht. Ändert sich dieser Bezug im Laufe des Kalenderjahres, ändert sich auch die individuelle Urlaubsdauer.

54 Dies gilt auch bei einer **Änderung im Übertragungszeitraum** (§ 7 Abs. 3 BUrlG). Hier muß die Zahl der aus dem übertragenen Urlaub zu gewährenden Urlaubstage ebenfalls umgerechnet werden (vgl. BAG 28. 4. 1998 AP Nr. 7 zu § 3 BUrlG; Kasseler Handbuch/*Linck* Gruppe 4.2 Rz 271; a. A. ErfK/*Dörner* § 3 BUrlG Rz 26 und § 7 BUrlG Rz 65). Dies beruht darauf, daß der Urlaub auch im Übertragungszeitraum als Freistellungsanspruch auf die Beseitigung der jeweils für den Arbeitnehmer maßgeblichen Arbeitspflicht gerichtet ist. Ist der Urlaub auf das Folgejahr übertragen, ist die im Übertragungszeitraum vereinbarte Arbeitszeit und deren Verteilung auf die einzelnen Wochentage maßgeblich. Der übertragene Urlaub ist insoweit nicht anders zu behandeln als der Urlaub des laufenden Kalenderjahres. Der Unterschied zum Jahresurlaub besteht nur darin, daß der übertragene Urlaub befristet bis zum Ende des Übertragungszeitraums besteht und Arbeitgeber während dieser Zeit keine Leistungsverweigerungsrechte sowie der Arbeitnehmer keine Annahmeverweigerungsrechte hat (vgl. dazu § 7

Dauer des Urlaubs § 3 BUrlG

Rz 127). War also ein Arbeitnehmer bis zum 31.12. vollzeitbeschäftigt an fünf Tagen einer Woche tätig und hat er ab 1.1. als Teilzeitbeschäftigter nur noch an drei Tagen einer Woche zu arbeiten, stehen ihm für vier Resturlaubstage des Vorjahres im Übertragungszeitraum insgesamt 2,4 Urlaubstage zu (4 × 3 : 5).

Ohne diese Umrechnung wäre die Urlaubsdauer eines Teilzeitbeschäftigten, der ab Beginn des neuen Kalenderjahres nur noch zwei Tage in der Woche arbeitet, zweieinhalbmal länger als die Urlaubsdauer während der Zeit der Vollzeitbeschäftigung. Beträgt beispielsweise die Urlaubsdauer Vollzeitbeschäftigter 30 Tage, entspricht dies einer Freistellung von sechs Wochen für diese Personengruppe. Würden einem Teilzeitbeschäftigten, der ab dem Beginn des neuen Kalenderjahres nur noch an zwei Tagen der Woche zur Arbeit verpflichtet ist, als übertragener Urlaubsanspruch die vollen 30 Tage zur Verfügung stehen, hätte dieser Arbeitnehmer einen Anspruch auf Freistellung für die Dauer von insgesamt 15 Wochen, weil er für jede Woche nur eine Freistellung für zwei Arbeitstage benötigt. Auch dieses Beispiel zeigt die Erforderlichkeit der Umrechnung des Urlaubsanspruchs.

55

Diese Grundsätze sind auch bei der Berechnung des **Urlaubsabgeltungsanspruchs** zu beachten. Denn der Urlaubsabgeltungsanspruch nach § 7 Abs. 4 ist Surrogat für den wegen der Beendigung des Arbeitsverhältnisses nicht mehr erfüllbaren Urlaubsanspruch (dazu näher § 7 Rz 195). Die Berechnung des Abgeltungsanspruchs hat daher nach den gleichen Regeln zu erfolgen wie die Berechnung der Urlaubsdauer. War ein Arbeitnehmer also zunächst an fünf Arbeitstagen in der Woche vollzeitbeschäftigt und vereinbart er zu Beginn des neuen Jahres mit seinem Arbeitgeber eine Teilzeitbeschäftigung mit zwei Arbeitstagen in der Woche, so steht ihm im Falle eines Ausscheidens im Übertragungszeitraum ein Urlaubsabgeltungsanspruch in Höhe von ²/₅ des übertragenen Urlaubsanspruches zu.

56

7. Anrechnung anderer arbeitsfreier Tage

a) Besonderer Anlaß

Arbeitsfreie Tage aus besonderem Anlaß wirken sich auf die Berechnung der individuellen Urlaubsdauer ebensowenig aus wie beispielsweise Wochenfeiertage (dazu Rz. 43). Sie **verkürzen die gesetzliche Mindesturlaubsdauer nicht** (ebenso *Dersch/Neumann* § 3 Rz 37; Erfk/*Dörner* § 3 BUrlG Rz 33; a. A. *Bleistein* GK-BUrlG § 3 Rz 10; *Boldt/Röhsler* § 3 Rz 40; *Natzel* § 3 Rz 20).

57

Sofern der Arbeitgeber die Arbeitnehmer z.B. an Volksfesttagen, am Rosenmontag (dazu BAG 24. 3. 1993 EzA § 242 BGB Betriebliche Übung Nr. 27) oder zu Firmenjubiläen für einzelne Tage von der Arbeit freistellt, erfolgt dies regelmäßig **nicht zur Erfüllung des Erholungsurlaubsanspruchs**. Die Freistellung wird vielmehr gewährt, um den jeweiligen Anlaß an diesen Tagen feiern zu können. Fällt ein solcher Freistellungstag in vom Arbeitgeber bereits gewährten Urlaub, hat der Arbeitnehmer allerdings keinen Anspruch auf Nachgewährung eines solchen arbeitsfreien Tages. Das schließt nicht aus, daß der Urlaub von vornherein unter Ausschluß des freien Tags gewährt wird (vgl. auch § 1 Rz. 48).

58

b) Betriebsausflug

59 Die Freistellung des Arbeitnehmers zur Teilnahme an einem Betriebsausflug kann nicht auf den Urlaub angerechnet werden (BAG 4. 12. 1970 AP Nr. 5 zu § 7 BUrlG mit Anm. *Löwisch/Friedrich*; ebenso *Bleistein* GK-BUrlG § 3 Rz 10). Auch hier erfolgt die Befreiung von der Arbeitspflicht **nicht zur Erfüllung des gesetzlichen Urlaubsanspruchs, § 7 Abs. 1.** Der Arbeitnehmer wird vielmehr vom Arbeitgeber von der Arbeit freistellt, um ihm die Teilnahme am Betriebsausflug zu ermöglichen. Gegen eine Anrechnung dieser Freistellung auf den Urlaubsanspruch spricht im übrigen auch, daß der Arbeitnehmer durch die Freistellung nicht selbstbestimmte Freizeit erhält, sondern zur Teilnahme an dem Ausflug verpflichtet ist.

c) Betriebsferien

60 Betriebsferien sind Zeiten, die auf die Urlaubsdauer angerechnet werden. Die Freistellung erfolgt hier zur **Erfüllung der Urlaubsansprüche** (dazu näher § 7 Rz 70 ff.).

d) Arbeitsbereitschaft

61 Tage der **Arbeitsbereitschaft** sind auf die Urlaubsdauer nicht anzurechnen (ebenso *Bleistein* GK-BUrlG § 3 Rz 19). Arbeitsbereitschaft ist nicht Freizeit, sondern nach der Rechtsprechung des BAG Zeit wacher Achtsamkeit im Zustand der Entspannung (vgl. 12. 2. 1986 BAGE 51, 131, 137f. = AP Nr. 7 zu § 15 BAT sowie zuletzt BAG 24. 9. 1992 – 6 AZR 8/91 – n.v.; vgl. hierzu auch EuGH 3. 10. 2000 AP Nr. 2 zu EWG-Richtlinie 93/104). Der Arbeitnehmer kann über die Zeit der Arbeitsbereitschaft nicht nach Belieben verfügen. Er hat sich vielmehr für den Bereitschaftsfall bereitzuhalten und dann ggf. Dienst zu leisten.

e) Kurzarbeit

62 Fallen in einem Betrieb infolge von **Kurzarbeit** ganze Arbeitstage aus, so sind zur Bestimmung der Urlaubsdauer – entsprechend der Umrechnung der Urlaubsdauer von der Sechs-Tage-Woche auf die Fünf-Tage-Woche (dazu oben Rz 16 f.) – die zu leistenden Arbeitstage und die Zahl der vertraglich festgelegten Arbeitstage zueinander rechnerisch in Beziehung zu setzen. Eine solche Umrechnung ist erforderlich, weil die arbeitsfreien Tage nicht in den Urlaub einzurechnen sind (ebenso ErfK/*Dörner* § 3 BUrlG Rz 35; *Schütz/Hauck* Rz 283; a.A. *Bleistein* GK-BUrlG § 3 Rz 13; *Boldt/Röhsler* § 3 Rz 50; *Dersch/Neumann* § 3 Rz 48).

63 Einer Einbeziehung der durch die **Einführung von Kurzarbeit ausgefallenen Arbeitstage in den Urlaub steht entgegen,** daß an den arbeitsfreien Tagen gerade keine Arbeitspflicht besteht, von der der Arbeitnehmer durch Urlaubsgewährung befreit werden könnte. Im übrigen könnte der Arbeitnehmer der Einbeziehung von arbeitsfreien Tagen in den Urlaub entgehen, indem er – wie es gemäß § 7 Abs. 2 Satz 2, § 13 Abs. 1 Satz 3 zulässig ist – beantragt, Teile des Urlaubs für Tage zu verteilen, die nicht an einen arbeitsfreien Werktag anschließen.

64 Wird in einem Betrieb **nach der Einführung von Kurzarbeit nur noch an zwei Tagen gearbeitet,** während die Arbeitszeit sonst auf sechs Arbeitstage verteilt ist, **berechnet sich die Urlaubsdauer in der Kurzarbeits-**

Dauer des Urlaubs § 3 BUrlG

periode wie folgt: Die Gesamtdauer des gesetzlichen Mindesturlaubs (24 Tage) ist durch die Zahl der regelmäßigen Arbeitstage (sechs Tage) zu teilen und mit der Zahl der aufgrund der Einführung von Kurzarbeit noch zu erbringenden Arbeitstage (zwei Tage) zu multiplizieren. Dies ergibt eine Urlaubsdauer von acht Tagen. Diese Urlaubsdauer entspricht während der Kurzarbeitsperiode dem gesetzlichen Mindesturlaub 24 Tagen, wie er ohne die Einführung von Kurzarbeit gelten würde.

Sofern dem Arbeitnehmer **vor Einführung der Kurzarbeit bereits Urlaub gewährt** wurde, ist dies bei der Umrechnung zu berücksichtigen. 65 Einem Arbeitnehmer, dem bereits zwölf Tage Urlaub gewährt wurden, stehen in der Kurzarbeitsperiode daher nicht mehr die verbleibenden zwölf Urlaubstage zur Verfügung. Bei einer kurzarbeitsbedingten Verringerung der Arbeitstage von sechs auf zwei in der Woche und einem hieraus resultierenden Vollurlaubsanspruch von acht Urlaubstagen während der Kurzbeitsperiode (dazu oben Rz 51) verkürzt sich die Resturlaubsdauer um $^{12}/_{24}$ von acht Urlaubstagen auf vier Urlaubstage. Während der Zeit der Kurzarbeit mit zwei Arbeitstagen in der Woche hat der Arbeitnehmer daher noch einen Urlaubsanspruch von vier Tagen.

Wird dem Arbeitnehmer von dem Urlaubsanspruch in Höhe von vier Ta- 66 gen während der Kurzarbeitsperiode ein Tag Urlaub gewährt, so ist **nach Ablauf der Kurzarbeit eine erneute Umrechnung** vorzunehmen. Dem Arbeitnehmer stehen bei einer Rückkehr zur Sechs-Tage-Woche nicht lediglich noch drei Urlaubstage zu, sondern $^3/_8$ von 24 Urlaubstagen, also noch neun Urlaubstage. Auch hier ist die Anzahl der noch vorhandenen Urlaubstage zu der zuvor umgerechneten Gesamturlaubsdauer in Beziehung zu setzen und dann auf die Urlaubsdauer bei Vollbeschäftigung hochzurechnen. Die Neubestimmung der zu gewährenden Urlaubstage ist keine Änderung des Urlaubsanspruchs, sondern lediglich eine Änderung der Berechnung der Urlaubstage, die dem Arbeitnehmer aufgrund seines Urlaubsanspruchs zustehen.

Von der Berechnung der Urlaubsdauer zu trennen ist die Frage, wie sich 67 die Einführung von Kurzarbeit auf die Erfüllung des Urlaubsanspruchs durch Urlaubserteilung auswirkt. Wird dem Arbeitnehmer **vor der Einführung von Kurzarbeit für einen Zeitraum Urlaub erteilt, in den nach der Urlaubserteilung Kurzarbeit fällt,** kann der mit der Festsetzung des Urlaubs bezweckte Leistungserfolg, Befreiung des Arbeitnehmers von der Arbeitspflicht für die Dauer des Urlaubs, insoweit nicht eintreten, wie die Arbeitspflicht bereits durch die eingeführte Kurzarbeit beseitigt worden ist. Wird die Kurzarbeit gemäß § 87 Abs. 1 Nr. 3 BetrVG durch Betriebsvereinbarung eingeführt, bestehen für die dort im einzelnen festgelegten Zeiten aufgrund der unmittelbaren und zwingenden Wirkung (§ 77 Abs. 4 BetrVG) der Betriebsvereinbarung keine Arbeitspflichten mehr.

Die Freistellung von der Arbeitspflicht durch die Urlaubserteilung wird 68 daher für die infolge der eingeführten Kurzarbeit arbeitsfreien Tage gemäß § 275 Abs. 1 BGB **nachträglich unmöglich** (zur nachträglichen Unmöglichkeit einer Freistellung nach dem AWbG NW, wenn nach der Erklärung des Arbeitgebers für die beantragte Freistellungszeit durch Betriebsvereinbarung eine Freischicht eingeführt wird, vgl. BAG 15. 6. 1993 BAGE 73,

BUrlG § 3 Teil I. C. Erläuterungen zum BUrlG

221 = AP Nr. 3 zu § 1 Bildungsurlaub NRW). Im Umfang der durch Kurzarbeit ausfallenden Arbeitstage erlischt gemäß § 275 Abs. 1 BGB der Urlaubsanspruch (zur Berechnung des Urlaubsentgelts vgl. § 11 Rz 62 ff.).

69 Sind dem Arbeitnehmer vom 1. bis zum 20. Juli 18 Werktage Urlaub gewährt worden und fallen aufgrund einer nach Urlaubserteilung in Kraft getretenen Betriebsvereinbarung in dieser Zeit sechs Werktage durch Kurzarbeit aus, so erlischt der Urlaubsanspruch gemäß § 362 Abs. 1 BGB in Höhe von zwölf Tagen durch urlaubsbedingte Arbeitsbefreiung und gem. § 275 Abs. 1 BGB in Höhe von sechs Tagen durch nachträgliche Unmöglichkeit. Eine **Anrechnung der Kurzarbeitstage auf den Urlaubsanspruch kommt wegen des Fehlens einer Anrechnungsvorschrift**, wie sie in § 9 für das Zusammentreffen von Urlaub und Arbeitsunfähigkeit enthalten ist, **nicht in Betracht**. Mit dieser Lösung stehen Arbeitnehmer, die vor der Einführung von Kurzarbeit Urlaub beantragt haben, im Hinblick auf die Urlaubsdauer während der Kurzarbeitsperiode den Arbeitnehmern gleich, denen nach der Einführung der Kurzarbeit Urlaub erteilt wurde (dazu oben Rz 64 ff.).

f) Bummeltage

70 Tage, an denen der Arbeitnehmer pflichtwidrig seiner Arbeitspflicht nicht nachgekommen ist, sog. **Bummeltage**, können weder durch Vereinbarung noch einseitig durch den Arbeitgeber nachträglich auf den Urlaub angerechnet werden. Der Mindesturlaubsanspruch bleibt in seinem Bestand von einem Fehlverhalten des Arbeitnehmers unberührt, weil der Arbeitgeber den Arbeitnehmer für diesen Tag nicht in Erfüllung des Urlaubsanspruchs freigestellt hat (BAG 5. 2. 1970 BAGE 22, 273, 275 = AP Nr. 4 zu § 3 BUrlG mit Anm. *Söllner*). Das gleiche gilt auch, wenn der Arbeitnehmer zu spät, etwa wegen einer Schneekatastrophe, aus dem Urlaub zurückkehrt.

71 Eine **nachträgliche Anrechnung** auf den gesetzlichen Urlaub kommt auch dann nicht in Betracht, wenn die Parteien hierüber **Einverständnis** erzielen, weil der Arbeitnehmer über den gesetzlichen Mindesturlaub gemäß § 13 Abs. 1 weder durch einen Erlaßvertrag noch durch ein negatives Schuldanerkenntnis verfügen kann (BAG 31. 5. 1990 BAGE 65, 171 = AP Nr. 13 zu § 13 BUrlG Unabdingbarkeit; BAG 20. 1. 1998 AP Nr. 45 zu § 13 BUrlG; BAG 9. 6. 1998 AP Nr. 23 zu § 7 BUrlG; a. A. unzutreffend *Nägele* BB 1991, 837; vgl. auch § 1 Rz 134 ff.). Der Anrechnung tariflicher Urlaubsansprüche steht § 4 Abs. 4 TVG entgegen. Anders verhält es sich nur, wenn die Arbeitsvertragsparteien über den gesetzlichen Mindesturlaub hinausgehende urlaubsrechtliche Regelungen im Arbeitsvertrag vereinbart haben und diese nicht kraft Tarifwirkung für das Arbeitsverhältnis gelten (BAG 31. 5. 1990 aaO).

72 Eine Anrechnung ist schließlich entgegen der Auffassung von *Hanau* (*Erman/Hanau* BGB 10. Aufl. § 611 Rz 402; ebenso MünchArbR/*Blomeyer* § 57 Rz 75) auch dann nicht möglich, wenn die **verschuldete Versäumnis über eine längere Zeit andauert**. Für die Auffassung, der Urlaubsanspruch sei dann um $^{1}/_{12}$ wegen Rechtsmißbrauchs zu kürzen, wenn die Zeit verschuldeter Arbeitsversäumnis einen Monat erreiche, ohne daß sie vom Arbeitgeber verziehen werde, gibt es keine rechtliche Grundlage.

Dauer des Urlaubs § 3 BUrlG

g) Streikteilnahme

Durch die **Teilnahme an einem Streik** wird die Urlaubsdauer ebenfalls 73
nicht verkürzt (siehe dazu auch § 1 Rz 195 ff.). Dies gilt auch dann, wenn
der Streik rechtswidrig ist. Die Anrechnung solcher Fehltage auf den Urlaub
ist nicht zulässig (vgl. BAG 29. 9. 1955 AP Nr. 4 zu Art. 9 GG Arbeitskampf; BAG 15. 6. 1964 BAGE 16, 117 ff. und 123 ff. = AP Nrn. 35, 36 zu
Art. 9 GG Arbeitskampf; *Bleistein* GK-BUrlG § 3 Rz 15 ff.; *Boldt/Röhsler*
§ 3 Rz 51; *Dersch/Neumann* § 3 Rz 46; ErfK/*Dörner* § 3 BUrlG Rz 34;
Natzel § 3 Rz 65 f.).

Durch die Teilnahme an einem rechtmäßigen Streik werden die **Haupt-** 74
pflichten aus dem Arbeitsverhältnis suspendiert, also auch die Arbeitspflicht (BAG GS 28. 1. 1955 BAGE 1, 291 = AP Nr. 1 zu Art. 9 GG Arbeitskampf; BAG 31. 5. 1988 BAGE 58, 320, 323 = AP Nr. 56 zu § 1
FeiertagslohnzahlungsG). Dem Arbeitnehmer kann während dieser Zeit daher auch kein Urlaub gewährt werden, weil keine Arbeitspflicht besteht
(vgl. dazu § 1 Rz 195). Ist der Urlaub bei Streikbeginn bereits festgesetzt
oder beginnt ein Arbeitskampf während des Urlaubs, wird der Urlaub hiervon nicht berührt (vgl. BAG 15. 1. 1991 AP Nr. 114 zu Art. 9 GG Arbeitskampf). Die Arbeitspflicht bleibt suspendiert (MünchArbR/*Leinemann* § 91
Rz 79; – zum Urlaubsentgelt während des Streiks § 11 Rz 68).

h) Annahmeverzug des Arbeitgebers

Eine **nachträgliche Anrechnung** von arbeitsfreien Arbeitszeiten auf den 75
Urlaubsanspruch ist auch dann nicht möglich, wenn sich der Arbeitgeber
mit der Annahme der Arbeitsleistung in Verzug befindet. Ist ein Arbeitgeber verpflichtet, einem Arbeitnehmer trotz Nichtbeschäftigung Entgelt
zu zahlen, weil er mit der Annahme der Arbeitsleistung in Verzug war
(§ 615 BGB), können diese Zeiten nicht nachträglich auf den Urlaub angerechnet werden (BAG 1. 10. 1991 BAGE 68, 308 = AP Nr. 12 zu § 7 BUrlG;
25. 1. 1994 BAGE 75, 294 = AP Nr. 16 zu § 7 BUrlG; *Dersch/Neumann* § 3
Rz 42; *Natzel* § 3 Rz 44). Daher wirken Ausfalltage, an denen im Betrieb
wegen einer Störung nicht gearbeitet wird, nicht urlaubsmindernd.

III. Tarifliche Urlaubsansprüche

1. Unabdingbarkeit des gesetzlichen Mindesturlaubs

Der gesetzliche Mindesturlaub kann weder durch tarifliche Regelungen 76
noch durch einzelvertragliche Vereinbarungen verkürzt werden (§ 13 Abs. 1
Satz 1, § 3 Abs. 1). Er ist **unabdingbar und tariffest**.

Die **durch Tarifverträge vereinbarte Urlaubsdauer** hat – jedenfalls in 77
den alten Bundesländern – den Umfang des gesetzlichen Mindesturlaubs
inzwischen jedoch längst überflügelt. Im Jahre 1999 hatten in den alten
und neuen Bundesländern 1% der tarifvertraglich gebundenen Arbeitnehmer einen Urlaub von 4 bis 5 Wochen. 19% der Arbeitnehmer in Westdeutschland und 44% der Arbeitnehmer in Ostdeutschland hatten 5 bis
unter 6 Wochen Urlaub. 80% (Westdeutschland) bzw. 55% (Ostdeutsch-

land) der tariflich erfaßten Arbeitnehmer erhielten 6 Wochen oder mehr Urlaub. Daraus errechnet sich ein durchschnittlicher (Grund-)Urlaub von 27,7 Tagen bei einer fünftägigen Arbeitswoche. Dieser Urlaub steigerte sich nach Altersstufen bis auf 30,1 Urlaubstage in Westdeutschland und 29,9 Urlaubstage in Ostdeutschland im Durchschnitt des Jahres 1999. Auch nach der Verlängerung des gesetzlichen Mindesturlaubs auf 24 Werktage (= 4 Wochen) seit 1. 1. 1995 bleibt der gesetzliche Urlaubsanspruch damit weit hinter dem tariflichen Urlaub in den meisten Branchen zurück.

78 Nach Tarifverträgen für gut die Hälfte der Arbeitnehmer in der Metall-, der Eisen- und Stahlindustrie, in der Druck-, Textil- und der Bekleidungsindustrie sowie im privaten Bank- und im privaten Versicherungsgewerbe haben das Lebensalter oder die Betriebszugehörigkeit für die Urlaubsdauer keine Bedeutung mehr. Hier beträgt die **einheitliche Urlaubsdauer jeweils 6 Wochen** (vgl. zu diesen Angaben die Informationen des Bundesministeriums für Arbeit und Sozialordnung im Internet unter www.bma.de).

2. Abweichende Berechnungsarten

79 Wollen **Tarifvertragsparteien** die Dauer von Urlaubsansprüchen für Arbeitsverhältnisse mit flexiblen Arbeitszeiten für die von ihnen vereinbarten tariflichen Urlaubsteile, also der Urlaubsdauer, die über die gesetzliche Mindesturlaubszeit hinausreicht, nicht nach Tagen, sondern durch Vereinbarung tariflicher Regelungen anders bestimmen, steht dem nichts entgegen (vgl. hierzu Rz 51).

IV. Urlaubsdauer in den neuen Bundesländern

80 In den neuen Bundesländern ist als unbefristet fortgeltendes Recht der DDR allein § 8 der Verordnung über den Erholungsurlaub vom 28. 9. 1978 (GBl. I S. 365, 366) in Kraft geblieben (Einigungsvertrag Anlage II Kapitel VIII Sachgebiet A Abschnitt III Nr. 2 – BGBl. II S. 889, 1207). Nach § 8 der Verordnung über den Erholungsurlaub vom 28. 9. 1978 erhalten Kämpfer gegen den Faschismus und Verfolgte des Faschismus einen jährlichen Erholungsurlaub von 27 Arbeitstagen. Alle Arten von Zusatzurlaub – mit Ausnahme des arbeitsbedingten Zusatzurlaubs – werden bei Vorliegen der Voraussetzungen zusätzlich gewährt.

§ 4 Wartezeit

Der volle Urlaubsanspruch wird erstmalig nach sechsmonatigem Bestehen des Arbeitsverhältnisses erworben.

Schrifttum: *Dörner,* Der Urlaubsanspruch, AR-Blattei Urlaub V; *Feller,* Urlaubsansprüche bei Arbeitgeberwechsel, RdA 1968, 4; *Leinemann/Lipke,* Betriebsübergang und Urlaubsanspruch, DB 1988, 1217.

Wartezeit § 4 BUrlG

Übersicht

	Rz
I. Allgemeines	1
II. Ablauf der Wartezeit	4
1. Beginn und Ende	4
2. Unterbrechung der Wartezeit	10
III. Erstmaliger Erwerb des Urlaubsanspruchs	17
IV. Unabdingbarkeit	21

I. Allgemeines

Der gesetzliche Urlaubsanspruch entsteht erstmalig nach **Ablauf der** 1
Wartezeit von 6 Monaten. Bis zum Ablauf der Wartezeit besteht – vorbehaltlich der Teilurlaubsregelungen in § 5 Abs. 1 Buchst. a und b – kein Urlaubsanspruch, und zwar auch kein aufschiebend bedingter Anspruch oder ein Teilanspruch (ebenso *Bleistein* GK-BUrlG § 4 Rz 4; *Dersch/Neumann* § 4 Rz 6; ErfK/*Dörner* § 4 BUrlG Rz 2 f.; – a. A. *Natzel* § 4 Rz 5, der den Ablauf der Wartezeit zu Unrecht als aufschiebende Bedingung für den Erwerb des Urlaubsanspruchs ansieht). Gegen die Annahme eines durch den Ablauf der Wartezeit aufschiebend bedingten Urlaubsanspruchs spricht, daß der Urlaubsanspruch nach der gesetzlichen Regelung des § 4 überhaupt erst nach dem Ablauf der Wartezeit erworben wird und bis dahin nicht existiert.

Bis zum Ende der Wartezeit besteht auch **keine Anwartschaft** auf den 2
Urlaubsanspruch (ebenso ErfK/*Dörner* § 4 BUrlG Rz 2; a. A. zu Unrecht *Bleistein* GK-BUrlG § 4 Rz 4; *Dersch/Neumann* § 4 Rz 6 ff.). Die Konstruktion einer Anwartschaft ist dem Gesetz nicht zu entnehmen und auch überflüssig. Denn entweder entsteht nach Ablauf der Wartezeit ein voller Anspruch oder der Arbeitnehmer erwirbt unter den Voraussetzungen des § 5 Abs. 1 Buchst. a oder b einen Teilurlaubsanspruch (ebenso *Dörner* AR-Blattei Urlaub V unter A II 1 a; *Schütz/Hauck* Rz 172). Scheidet der Arbeitnehmer während oder mit Ablauf der Wartezeit aus dem Arbeitsverhältnis aus, kommt nur ein Teilurlaubsanspruch nach § 5 Abs. 1 Buchst. b in Betracht (vgl. hierzu auch § 5 Rz 26). Weder dem Gesetzeswortlaut noch der Gesetzessystematik sind Anhaltspunkte dafür zu entnehmen, daß sich die Anwartschaft bei einem Ausscheiden des Arbeitnehmers aus dem Arbeitsverhältnis vor Vollendung der Wartezeit in ein „Vollrecht umwandelt" (so aber *Hohmeister* § 4 Rz 3).

Eine **tarifliche Regelung,** nach der jeglicher Urlaubsanspruch erst nach 3
mehr als dreimonatiger ununterbrochener Betriebszugehörigkeit entsteht, enthält keine mittelbare Diskriminierung i. S. von Art. 141 Abs. 1 EGV. Denn die Ungleichbehandlung der davon betroffenen Arbeitnehmer beruht nicht auf dem Geschlecht oder der Geschlechterrolle, sie trifft vielmehr Vollzeit- und Teilzeitkräfte gleichermaßen (LAG Düsseldorf 1. 9. 1992 LAGE § 5 BUrlG Nr. 1; Kasseler Handbuch/*I. Weber* Gruppe 3.5 Rz 95).

II. Ablauf der Wartezeit

1. Beginn und Ende

4 Erst nach Ablauf der Wartezeit erwirbt der Arbeitnehmer erstmalig den gesetzlichen Urlaubsanspruch. Die Wartezeit von 6 Monaten ist eine **Frist im Sinne der §§ 186 ff. BGB.** Sie beginnt regelmäßig mit dem Tag, für den die Arbeitsaufnahme vereinbart ist (*Bleistein* GK-BUrlG § 4 Rz 12 f.; *Dersch/Neumann* § 4 Rz 19 f.; ErfK/*Dörner* § 4 BUrlG Rz 5; MünchArbR/*Leinemann* § 89 Rz 41; *Natzel* § 4 Rz 26).

5 Wird in einem Arbeitsvertrag am 15. Februar vereinbart, daß der Arbeitnehmer zum 1. März eingestellt wird, so **beginnt die Wartezeit** nicht mit dem Zeitpunkt des Vertragsschlusses, sondern mit dem vereinbarten Tag der Arbeitsaufnahme, dem 1. März. Bei der Fristberechnung wird gemäß § 187 Abs. 2 BGB der 1. März mitgerechnet, wenn aufgrund des Arbeitsvertrages das Arbeitsverhältnis mit dem 1. März beginnen soll (also nicht mit Arbeitsbeginn oder sonst im Laufe des Tages). Die Wartezeit läuft dann gemäß § 188 Abs. 2 BGB am 31. August ab.

6 Wird ein Arbeitnehmer dagegen erst **im Laufe eines Tages eingestellt** und beginnt er noch an diesem Tage mit der Arbeit, so wird dieser Tag gemäß § 187 Abs. 1 BGB nicht mitgerechnet (*Boldt/Röhsler* § 4 Rz 19; ErfK/*Dörner* § 4 BUrlG Rz 5; – unzutreffend LAG Frankfurt DB 1965, 1863). Beginnt das Arbeitsverhältnis mit dem Arbeitsbeginn des 1. März oder sonst im Laufe des Tages, so endet die Wartezeit erst mit Ablauf des 1. September.

7 Für den Beginn der Wartezeit ist **unbeachtlich,** ob der Arbeitnehmer am Tag der vereinbarten Arbeitsaufnahme **zur Arbeit erscheint oder z. B. wegen Krankheit daran gehindert ist** (*Bleistein* GK-BUrlG § 4 Rz 12; *Boldt/Röhsler* § 4 Rz 17; *Dersch/Neumann* § 4 Rz 19; *Dörner* AR-Blattei Urlaub V unter A II 2 a; *Schütz/Hauck* Rz 177). Dies gilt auch dann, wenn der Arbeitnehmer schuldhaft, z. B. aus Bummelei, die Arbeit nicht antritt (zutreffend *Boldt/Röhsler* § 4 Rz 17).

8 Der Beginn der Wartezeit wird in Fällen der verspäteten Arbeitsaufnahme ebensowenig hinausgeschoben wie in Fällen, in denen der **Beginn des Arbeitsverhältnisses auf einen Sonn- oder Feiertag fällt** (*Bleistein* GK-BUrlG § 4 Rz 13; *Dersch/Neumann* § 4 Rz 23; ErfK/*Dörner* § 4 BUrlG Rz 7). Unerheblich ist auch, ob der letzte Tag der Frist ein Sonn- oder Feiertag ist. § 193 BGB findet keine Anwendung, weil die weiteren Voraussetzungen dieser Vorschrift nicht vorliegen (*Bleistein* GK-BUrlG § 4 Rz 13; *Dörner* AR-Blattei Urlaub V unter A II 2 e).

9 Die Wartezeit von 6 Monaten braucht **nicht in einem Kalenderjahr erfüllt** zu sein. Die Monate können auch auf zwei aufeinanderfolgende Jahre verteilt sein (*Bleistein* GK-BUrlG § 4 Rz 8; *Boldt/Röhsler* § 4 Rz 20; *Dersch/Neumann* § 4 Rz 18; MünchArbR/*Leinemann* § 89 Rz 41). Beginnt ein Arbeitsverhältnis mit dem 1. November, so läuft die Wartezeit am 30. April des folgenden Jahres ab.

Wartezeit § 4 BUrlG

2. Unterbrechung der Wartezeit

Der Urlaubsanspruch wird nach sechsmonatigem Bestehen des Arbeits- 10
verhältnisses erworben. Einer Arbeitsleistung des Arbeitnehmers bedarf es
während der Wartezeit nicht. Maßgeblich ist allein der **rechtliche Bestand
des Arbeitsverhältnisses** in dieser Zeit (*Bleistein* GK-BUrlG § 4 Rz 20;
Boldt/Röhsler § 4 Rz 9; *Dersch/Neumann* § 4 Rz 31; *Natzel* § 4 Rz 11).
Wird die Wartezeit auch nur kurzfristig unterbrochen – etwa durch Auflösung des Arbeitsverhältnisses und die spätere Begründung eines neuen
Arbeitsverhältnisses zum gleichen Arbeitgeber –, beginnt die Wartezeit
neu.

Zu einer Unterbrechung der Wartezeit führt nur eine **rechtliche Beendi-** 11
gung des Arbeitsverhältnisses. Zu einer rechtlichen Beendigung kann es
gemäß § 620 BGB durch Fristablauf oder Kündigung, gemäß § 142 BGB
durch Anfechtung, gemäß § 158 BGB durch Bedingungseintritt oder durch
Abschluß eines Aufhebungsvertrages kommen.

Das Arbeitsverhältnis wird dagegen rechtlich nicht beendet und damit 12
auch nicht die Wartezeit unterbrochen, wenn der **Arbeitnehmer der Arbeit
unerlaubt fernbleibt, arbeitsunfähig erkrankt** ist, **streikt oder ausgesperrt** wird (zu letzterem BAG GS 21. 4. 1971 BAGE 23, 292 ff. = AP
Nr. 43 zu Art. 9 GG Arbeitskampf) oder das **Arbeitsverhältnis kraft Gesetzes oder vereinbarungsgemäß ruht**. Zu einer Unterbrechung der Wartezeit des § 4 führen weiterhin nicht die Zeiten der Beschäftigungsverbote
nach dem MuSchG, Elternzeit nach §§ 15 ff. BErzGG, unbezahlter Urlaub
oder die Einberufung zum Grundwehrdienst, Zivildienst oder zu Wehrübungen. Auch ein Betriebsinhaberwechsel unterbricht die Wartezeit nicht,
weil gemäß § 613 a Abs. 1 BGB das Arbeitsverhältnis zum neuen Arbeitgeber ununterbrochen fortbesteht (dazu näher § 1 Rz 142 ff.).

Ist ein Arbeitsverhältnis rechtlich beendet worden, so ist für die Erfüllung 13
der Wartezeit nach § 4 **unerheblich, ob schon kurze Zeit danach** oder erst
längere Zeit später zwischen den Parteien des früheren Arbeitsverhältnisses
ein neues Arbeitsverhältnis begründet wird (ErfK/*Dörner* § 4 BUrlG
Rz 10; MünchArbR/*Leinemann* § 89 Rz 41; a. A. *Dersch/Neumannn* § 4
Rz 43; MünchArbR/*Schüren* § 162 Rz 174, der wegen Umgehungsmöglichkeiten unzutr. die relative Unwirksamkeit von kurzzeitigen Befristungen
eines Arbeitsverhältnisses im Hinblick auf den Urlaubsanspruch annimmt).
Die Wartezeit beginnt auf jeden Fall neu, sofern nichts Abweichendes vertraglich vereinbart ist (dazu unten Rz 15).

Die im Schrifttum teilweise vorgenommene **Unterscheidung zwischen** 14
kurzfristigen Unterbrechungen, die für die Erfüllung der Wartezeit unschädlich sein sollen, und **längerfristigen,** welche die Wartezeit beeinflussen, findet im Gesetz keine Grundlage und führt zu erheblicher **Rechtsunsicherheit** (*Dörner* AR-Blattei Urlaub V unter A II 2 d; *Schütz/Hauck*
Rz 189; ebenso im Grundsatz *Bleistein* GK-BUrlG § 4 Rz 41; – a. A.
Dersch/Neumann § 4 Rz 43 ff.; *Hohmeister* § 4 Rz 10). Deshalb hat grundsätzlich jede rechtliche Unterbrechung des Arbeitsverhältnisses zur Folge,
daß in dem nach der Zeit der Unterbrechung neu begründeten Arbeitsverhältnis eine neue Wartezeit beginnt.

15 Arbeitgeber und Arbeitnehmer können allerdings nach der Beendigung eines Arbeitsverhältnisses bei der späteren Begründung eines neuen Arbeitsverhältnisses **vereinbaren**, daß in dem neuen Arbeitsverhältnis die Wartezeit nicht neu zu laufen beginnt, sondern die Zeit des ununterbrochenen Bestehens des früheren Arbeitsverhältnisses auf die Wartezeit in dem neu begründeten Arbeitsverhältnis angerechnet wird. Eine solche Vereinbarung kann ausdrücklich oder konkludent erfolgen. Dabei ist freilich im Zweifel nicht davon auszugehen, daß auch die Zwischenzeit, in der das Arbeitsverhältnis nicht bestand, in die Wartezeit einbezogen wird (ebenso *Bleistein* GK-BUrlG § 4 Rz 47; ErfK/*Dörner* § 4 BUrlG Rz 11).

16 Die Wartezeit muß in einem **Arbeitsverhältnis** erfüllt sein. Ob es sich hierbei um ein befristetes, unbefristetes Aushilfs- oder um ein Teilzeitarbeitsverhältnis handelt, ist unerheblich (dazu näher § 1 Rz 57 ff.). Die Wartezeit muß nicht noch einmal erfüllt werden, wenn sich nach Beendigung eines Ausbildungsverhältnisses ein Arbeitsverhältnis unmittelbar anschließt (ebenso *Bleistein* GK-BUrlG § 4 Rz 15; *Dersch/Neumann* § 4 Rz 27; ErfK/*Dörner* § 4 BUrlG Rz 15; *Hohmeister* § 4 Rz 10). Denn § 2 ist bereits zu entnehmen, daß das Ausbildungs- und das sich unmittelbar anschließende Arbeitsverhältnis urlaubsrechtlich als Einheit anzusehen sind (BAG 29. 11. 1984 BAGE 47, 268, 270 = AP Nr. 22 zu § 7 BUrlG Abgeltung m. Anm. *Natzel*).

III. Erstmaliger Erwerb des Urlaubsanspruchs

17 Der Arbeitnehmer erwirbt den gesetzlichen Urlaubsanspruch gemäß § 4 **erstmalig** nach sechsmonatigem Bestehen des Arbeitsverhältnisses. Ist die Wartezeit bei Fortbestehen des Arbeitsverhältnisses erfüllt, hat der Arbeitnehmer Anspruch auf den gesetzlichen Jahresurlaub.

18 Aus dem Wortlaut des § 4 ergibt sich, daß in einem fortbestehenden Arbeitsverhältnis die **Wartezeit nur einmal zu Beginn des Arbeitsverhältnisses erfüllt werden muß**. In den folgenden Jahren kommt es auf die Wartezeit nicht an. Der Jahresurlaub entsteht dann ohne weiteres mit dem ersten Tag des Kalenderjahres jeweils in voller Höhe (*Bleistein* GK-BUrlG § 4 Rz 6; *Boldt/Röhsler* § 4 Rz 21; *Dersch/Neumann* 4 Rz 15; ErfK/*Dörner* § 4 BUrlG Rz 13; *Natzel* § 4 Rz 8).

19 **Zu Unrecht** wird teilweise angenommen, daß bereits **mit dem letzten Tage der Wartezeit der volle Urlaubsanspruch** entstehe (so insbesondere BAG 26. 1. 1967 AP Nr. 1 zu § 4 BUrlG mit zust. Anm. *Meisel*; *Bleistein* GK-BUrlG § 4 Rz 17; *Dersch/Neumann* § 5 Rz 6; *Schaub* § 102 Rz 16). Das ist weder mit dem Wortlaut von § 4 („nach sechsmonatigem Bestehen des Arbeitsverhältnisses") noch mit den Fristberechnungsregelungen in §§ 187, 188 BGB zu vereinbaren (*Boldt/Röhsler* § 4 Rz 22; ErfK/*Dörner* § 5 BUrlG Rz 13; MünchArbR/*Leinemann* § 89 Rz 42; *Natzel* § 5 Rz 21; *Schütz/Hauck* Rz 182). Beendigung der Wartezeit und Entstehen des Vollurlaubs können nicht auf den gleichen Tag fallen (vgl. dazu auch § 5 Rz 22 f.).

Teilurlaub § 5 BUrlG

Nach Ablauf der Wartezeit erwirbt der Arbeitnehmer den vollen Ur- 20
laubsanspruch. Für das Entstehen des gesetzlichen Urlaubsanspruchs für
Arbeitnehmer kommt es nämlich ausschließlich auf § 4 an.
Deshalb erwirbt ein Arbeitnehmer, der mit dem 1. April ein Arbeitsverhältnis beginnt, am
1. Oktober nach Erfüllung der Wartezeit den vollen Urlaubsanspruch
(*Dersch/Neumann* § 4 Rz 60; ebenso *Bleistein* GK-BUrlG § 4 Rz 17;
Boldt/Röhsler § 4 Rz 3; *Dörner* AR-Blattei Urlaub V unter B I). Eine
Zwölftelung des Urlaubsanspruchs kommt nur unter den Voraussetzungen
des § 5 Abs. 1 in Betracht, die in dem Beispielsfall jedoch nicht erfüllt sind
(dazu Erläuterungen zu § 5).

IV. Unabdingbarkeit

Die sechsmonatige Wartezeit des § 4 kann weder durch **Einzelarbeitsver-** 21
trag noch durch **Betriebsvereinbarung** – soweit gemäß § 77 Abs. 3 BetrVG
überhaupt zulässig – verlängert werden (zur Verlängerung der Wartezeit
durch Tarifvertrag vgl. § 13 Rz 51 f.). Eine Verlängerung der Wartezeit für
den gesetzlichen Urlaubsanspruch stellt eine gemäß § 13 Abs. 1 Satz 3 unzulässige Abweichung von § 4 zuungunsten des Arbeitnehmers dar. Längere
Wartezeiten für einzelvertraglich vereinbarte Urlaubsansprüche, die über
den gesetzlichen Mindesturlaub hinausgehen, sind dagegen zulässig. § 13
Abs. 1 Satz 3 betrifft nur den gesetzlichen Mindesturlaub (dazu im einzelnen § 13 Rz 51 f.).

§ 5 Teilurlaub

(1) Anspruch auf ein Zwölftel des Jahresurlaubs für jeden vollen Monat des
Bestehens des Arbeitsverhältnisses hat der Arbeitnehmer
a) für Zeiten eines Kalenderjahres, für die er wegen Nichterfüllung der Wartezeit in diesem Kalenderjahr keinen vollen Urlaubsanspruch erwirbt;
b) wenn er vor erfüllter Wartezeit aus dem Arbeitsverhältnis ausscheidet;
c) wenn er nach erfüllter Wartezeit in der ersten Hälfte eines Kalenderjahres
aus dem Arbeitsverhältnis ausscheidet.

(2) Bruchteile von Urlaubstagen, die mindestens einen halben Tag ergeben,
sind auf volle Urlaubstage aufzurunden.

(3) Hat der Arbeitnehmer im Falle des Absatzes 1 Buchstabe c bereits Urlaub über den ihm zustehenden Umfang hinaus erhalten, so kann das dafür
gezahlte Urlaubsentgelt nicht zurückgefordert werden.

Schrifttum: *Boewer*, Die Abgeltung von ¼ Urlaubstagen, AuR 1968, 325; *Gaul*,
Die Rückzahlung von Urlaubsgeld, BB 1965, 869; *van Gelder*, Teilurlaub und Ganztagsprinzip, AuR 1970, 267; *van Gelder/Böttner*, Bruchteile von Urlaubstagen und
ihre Abgeltung, AuR 1969, 321; *Petermeier*, Berechnung von anteiligem Urlaub im
Ein- und Austrittsjahr, BB 1981, 375; *Renaud*, Die Abgeltung von Urlaubsansprüchen, 1977; *Siara*, Urlaub im gekündigten Arbeitsverhältnis, DB 1979, 2276; *Thies*,
Behandlung von Viertelurlaubstagen DB 1970, 1880.

BUrlG § 5 Teil I. C. Erläuterungen zum BUrlG

Übersicht

	Rz
I. Allgemeines	1
II. Gemeinsame Voraussetzungen des Teilurlaubs vor erfüllter Wartezeit (§ 5 Abs. 1 Buchst. a und b)	6
1. Entstehen und Fälligkeit	6
2. Maßgebliche Beschäftigungszeiten	13
a) Berechnung	13
b) Angefangene Monate	15
3. Verhältnis von § 5 Abs. 1 Buchst. a zu § 5 Abs. 1 Buchst. b	20
III. Besondere Merkmale des Teilurlaubs vor erfüllter Wartezeit (§ 5 Abs. 1 Buchst. a)	21
1. Nichterfüllung der Wartezeit im Kalenderjahr	21
2. Übertragung auf das nächste Kalenderjahr gemäß § 7 Abs. 3 Satz 4	24
IV. Besondere Merkmale des Teilurlaubs bei Ausscheiden vor erfüllter Wartezeit (§ 5 Abs. 1 Buchst. b)	26
1. Berechnung	26
2. Übertragung	30
V. Der gekürzte Vollurlaub nach § 5 Abs. 1 Buchst. c	33
1. Merkmale	33
2. Zeitpunkt der Kürzung	36
VI. Bruchteile von (Teil-)Urlaubstagen	39
1. Bruchteile von mindestens einem halben Tag	39
2. Bruchteile von weniger als einem halben Tag	41
VII. Rückforderungsverbot (§ 5 Abs. 3)	52
1. Voraussetzungen	53
2. Inhalt	56
3. Rückforderungsansprüche aus ungerechtfertigter Bereicherung	59
VIII. Unabdingbarkeit	61

I. Allgemeines

1 Hat der Arbeitnehmer die sechsmonatige Wartezeit aus § 4 nicht erfüllt und ist deshalb ein (Voll-) Urlaubsanspruch nicht entstanden, erwirbt der Arbeitnehmer nach § 5 einen Anspruch auf $^1/_{12}$ **des Jahresurlaubs für jeden vollen Monat des Bestehens des Arbeitsverhältnisses,** wenn im Urlaubsjahr bei fortbestehendem Arbeitsverhältnis die Wartezeit nicht erfüllt werden kann (§ 5 Abs. 1 Buchst. a) oder wenn er vor erfüllter Wartezeit aus dem Arbeitsverhältnis ausscheidet (§ 5 Abs. 1 Buchst. b). Die Zwölftelungsregelung gilt auch für den gesetzlichen Zusatzurlaub Schwerbehinderter im Jahr des Eintritts oder Ausscheidens (BAG 21. 2. 1995 AP Nr. 7 zu § 47 SchwbG 1986; näher dazu Teil II B § 125 SGB IX Rz 8).

2 Als Teilurlaub wird in § 5 Abs. 1 Buchst. c auch der Urlaubsanspruch des Arbeitnehmers bezeichnet, dessen Arbeitsverhältnis nach erfüllter Wartezeit in der ersten Hälfte eines Kalenderjahres endet. Der **im Austrittsjahr zu gewährende gekürzte Urlaub** ist allerdings nicht wie der Urlaub nach § 5 Abs. 1 Buchst. a und b ein Teilurlaub, sondern ein Vollurlaub, der nach § 5 Abs. 1 Buchst. c zu kürzen ist. § 5 Abs. 1 Buchst. c begründet damit keinen

Anspruch, sondern enthält für den Anspruch aus § 1 eine auflösende Bedingung für den Teil des Urlaubs, der infolge des vorzeitigen Ausscheidens des Arbeitnehmers nicht mehr durch ein bestehendes Arbeitsverhältnis gedeckt ist (vgl. *Boldt/Röhsler* § 5 Rz 16; *Dersch/Neumann* § 5 Rz 13; *Hohmeister* § 5 Rz 11; MünchArbR/*Leinemann* § 89 Rz 105; – näher dazu Rz 33 ff.).

Die Regelung über den Teilurlaub in § 5 Abs. 1 ist **abschließend**. In anderen als den im Gesetz genannten Fällen kommt eine **Zwölftelung** des gesetzlichen Urlaubsanspruchs nicht in Betracht (GK-BUrlG/*Bachmann* § 5 Rz 1; *Boldt/Röhsler* § 5 Rz 6; ErfK/*Dörner* § 5 BUrlG Rz 3; *Natzel* § 5 Rz 6). 3

Scheidet der Arbeitnehmer nach erfüllter Wartezeit erst am 1. Juli oder später in der **zweiten Jahreshälfte** aus dem Arbeitsverhältnis aus, behält er daher den vollen Jahresurlaubsanspruch (BAG 16. 6. 1966 BAGE 18, 345 = AP Nr. 4 zu § 5 BUrlG; BAG 24. 10. 2000 NZA 2001, 663, 664; *Boldt/ Röhsler* § 5 Rz 6; *Dersch/Neumann* § 5 Rz 26; *Natzel* § 5 Rz 28; *Tautphäus* Rz 37; – a. A. GK-BUrlG/*Bachmann* § 5 Rz 25, der zu Unrecht annimmt, daß der Arbeitnehmer bereits beim Ausscheiden mit Ablauf des 30. 6. den vollen Jahresurlaub beanspruchen kann; zu abweichenden tarifvertraglichen Regelungen vgl. § 13 Rz 49, 56, 60). 4

Für den **Erwerb der Teilurlaubsansprüche** aus § 5 Abs. 1 kommt es ebenso wie beim (Voll-) Urlaubsanspruch nur auf den **rechtlichen Bestand des Arbeitsverhältnisses** an (dazu im einzelnen § 1 Rz 62 ff. und § 4 Rz 4 ff.). Das Bestehen von Arbeitspflichten oder die Erbringung von Arbeitsleistungen ist auch für den Erwerb des Teilurlaubsanspruchs nicht erforderlich. Der Umfang des Teilurlaubsanspruchs ist abhängig von der Zahl der vollen Monate, die das Arbeitsverhältnis vor Ablauf der Wartezeit besteht (dazu Rz 13 ff.). 5

II. Gemeinsame Voraussetzungen des Teilurlaubs vor erfüllter Wartezeit (§ 5 Abs. 1 Buchst. a und b)

1. Entstehen und Fälligkeit

Dem Gesetz ist nicht zu entnehmen, zu welchem Zeitpunkt jeweils die Teilurlaubsansprüche nach § 5 Abs. 1 Buchst. a und b entstehen. Richtig dürfte sein, daß in Arbeitsverhältnissen, die im Laufe der zweiten Jahreshälfte beginnen, der **Anspruch nach § 5 Abs. 1 Buchst. a bereits mit Beginn des Arbeitsverhältnisses entsteht.** Denn in diesen Fällen steht fest, daß die Wartezeit auch bei weiterbestehendem Arbeitsverhältnis nicht vor Jahresende erfüllt werden kann (ebenso GK-BUrlG/*Bachmann* § 5 Rz 11; *Boldt/Röhsler* § 5 Rz 21; ErfK/*Dörner* § 5 BUrlG Rz 7; MünchArbR/*Leinemann* § 89 Rz 97; *Natzel* § 5 Rz 17; *Schütz/Hauck* Rz 312). 6

Gegen die im Schrifttum vertretene Auffassung, der Arbeitnehmer erhalte für jeden vollen Monat, den das Arbeitsverhältnis andauere, **ein Zwölftel des Jahresurlaubs als echten Teilanspruch** (so *Dersch/Neumann* § 5 Rz 10; *Siara* § 5 Anm. 6 d), spricht das Teilungsverbot des § 7 Abs. 2 (BAG 10. 3. 1966 AP Nr. 2 zu § 59 KO). Da im Falle des § 5 Abs. 1 Buchst. a zu 7

BUrlG § 5 *Teil I. C. Erläuterungen zum BUrlG*

Beginn des Arbeitsverhältnisses bereits feststeht, daß der Arbeitnehmer im Urlaubsjahr Anspruch auf Teilurlaub hat, entsteht dieser Anspruch vielmehr in seinem gesamten Umfang sofort mit Beginn des Arbeitsverhältnisses (ebenso ErfK/*Dörner* § 5 BUrlG Rz 8).

8   **Endet ein in der ersten Jahreshälfte begründetes Arbeitsverhältnis noch vor Ablauf der Wartezeit durch eine Kündigung,** kommt nur ein Teilurlaubsanspruch nach § 5 Abs. 1 Buchst. b in Betracht. Nach Ablauf der Wartezeit entsteht der Vollurlaubsanspruch auch bei einer Kündigung, die das Arbeitsverhältnisses noch im Eintrittsjahr beendet. Dieser Vollurlaubsanspruch ist nicht gemäß § 5 Abs. 1 Buchst. c zu kürzen, weil der Arbeitnehmer bei einer Beendigung des Arbeitsverhältnisses im Eintrittsjahr nach Ablauf der Wartezeit nicht in der ersten Hälfte des Kalenderjahres aus dem Arbeitsverhältnis ausscheidet.

9   Der **Teilurlaubsanspruch nach § 5 Abs. 1 Buchst. b entsteht,** wenn feststeht, daß das Arbeitsverhältnis vor Erfüllung der Wartezeit endet (BAG 10. 3. 1966 AP Nr. 2 zu § 59 KO mit Anm. *F. Weber;* GK-BUrlG/ *Bachmann* § 5 Rz 17; *Boldt/Röhsler* § 5 Rz 27; *Dörner* AR-Blattei Urlaub V, unter B II 2b; MünchArbR/*Leinemann* § 89 Rz 99; *Natzel* § 5 Rz 23; *Schütz/Hauck* Rz 317). Das kann bereits bei Begründung des Arbeitsverhältnisses zutreffen (wegen einer Befristungsabrede) oder später, wenn das Arbeitsverhältnis vorzeitig gekündigt oder ein Aufhebungsvertrag geschlossen wird.

10 Bei einem am 1. April begründeten unbefristeten Arbeitsverhältnis, das am 30. Juni zum 31. Juli gekündigt wird, entsteht der Anspruch auf Teilurlaub daher mit **Zugang der Kündigung** am 30. Juni. Bei einem vom 1. April bis zum 31. Juli befristeten Arbeitsverhältnis **entsteht der Teilurlaubsanspruch** gemäß § 5 Abs. 1 Buchst. b bereits zu Beginn des Arbeitsverhältnisses, also am 1. April, weil zu dieser Zeit feststeht, daß der Arbeitnehmer vor erfüllter Wartezeit aus dem Arbeitsverhältnis ausscheidet.

11 Die Teilurlaubsansprüche nach § 5 Abs. 1 Buchst. a und b sind **mit ihrem Entstehen auch fällig** (ErfK/*Dörner* § 5 BUrlG Rz 10, 20). Sie sind daher vom Arbeitgeber nach Maßgabe des § 7 Abs. 1 zu erfüllen, wenn sie geltend gemacht werden (a. A. BAG 10. 3. 1966 AP Nr. 2 zu § 59 KO: Erfüllung erst, wenn feststeht, daß ein weiterer Urlaubsanspruch, insbesondere ein Vollurlaubsanspruch nicht entsteht; *Schaub* § 102 Rz 54).

12 **Beginnt das Arbeitsverhältnis mit dem 1. Oktober,** so steht zu diesem Zeitpunkt fest, daß der Arbeitnehmer im Eintrittsjahr nur einen Anspruch auf Teilurlaub nach § 5 Abs. 1 Buchst. a erwirbt. Der Arbeitnehmer hat daher mit Beginn des Arbeitsverhältnisses am 1. Oktober einen Anspruch auf Teilurlaub in Höhe von $^3/_{12}$ des gesetzlichen Jahresurlaubs (zur Übertragung dieses Teilurlaubsanspruchs auf das nächste Kalenderjahr vgl. Rz 24 f.).

2. Maßgebliche Beschäftigungszeiten

a) Berechnung

13 Für die beiden Teilurlaubsansprüche des § 5 Abs. 1 Buchst. a und b ist nicht der Kalendermonat maßgeblich, sondern der **Beschäftigungsmonat,** also der Zeitraum, in dem das Arbeitsverhältnis besteht (BAG 26. 1. 1989

Teilurlaub § **5 BUrlG**

BAGE 61, 52, 53 = AP Nr. 13 zu § 5 BUrlG = SAE 1990, 268 mit Anm. *Natzel* = EzA § 5 BUrlG Nr. 14 mit Anm. *Gans;* GK-BUrlG/ *Bachmann* § 5 Rz 4; *Boldt/Röhsler* § 5 Rz 10; *Dersch/Neumann* § 5 Rz 14; ErfK/*Dörner* § 5 BUrlG Rz 12; *Natzel* § 5 Rz 32). Für die Berechnung sind – wie bei der Wartezeit des § 4 – die §§ 186 ff. BGB anzuwenden (dazu § 4 Rz 3 ff.).

Beginnt das Arbeitsverhältnis im Laufe des 28. Juli eines Jahres, so ist gemäß § **187 Abs. 1,** § **188 Abs. 2 BGB** ein Beschäftigungsmonat am 28. August vollendet (BAG 26. 1. 1989 BAGE 61, 52, 53 = AP Nr. 13 zu § 5 BUrlG). Wenn demgegenüber angenommen wird, für den Beginn der Frist sei § 187 Abs. 2 BGB maßgeblich, sofern der Arbeitnehmer seine Arbeitszeit am ersten Arbeitstag pünktlich mit Beginn der Arbeitszeit aufnehme, dagegen § 187 Abs. 1 BGB, wenn er mit der Arbeit erst im Laufe der maßgeblichen Arbeitszeit anfange (so GK-BUrlG/*Bachmann* § 5 Rz 4; im Ergebnis auch *Hohmeister* § 5 Rz 3), kann dem nicht zugestimmt werden. § 187 Abs. 2 BGB stellt auf den Beginn eines Tages, nicht auf den Beginn der Arbeitspflicht an einem Arbeitstag ab. Auf § 187 Abs. 2 BGB kann es daher nur ankommen, wenn das Arbeitsverhältnis um Mitternacht anfängt, etwa weil im vorher geschlossenen Arbeitsvertrag vereinbart wird, daß das Arbeitsverhältnis mit dem Tag der Arbeitsaufnahme beginnen soll. **14**

b) Angefangene Monate

Für die Berechnung des Teilurlaubsanspruchs bleiben nach der gesetzlichen Regelung angefangene Monate außer Betracht. Auch eine „**Aufrundung des Arbeitsverhältnisses" auf einen vollen Monat entsprechend § 5 Abs. 2 wird durchweg zu Recht abgelehnt** (BAG 26. 1. 1989 BAGE 61, 52, 53 f. = AP Nr. 13 zu § 5 BUrlG; GK-BUrlG/*Bachmann* § 5 Rz 5; *Boldt/Röhsler* § 5 Rz 13; *Dersch/Neumann* § 5 Rz 15; *Dörner* AR-Blattei Urlaub V unter B II 1 c; *Gans* Anm. BAG EzA § 5 BUrlG Nr. 14; *Natzel* § 5 Rz 32). **15**

Fehlen zur Vollendung eines vollen Beschäftigungsmonats Tage, an denen für den Arbeitnehmer bei Fortbestehen des Arbeitsverhältnisses keine Arbeitspflicht bestanden hätte (Sonn- oder Feiertage), entsteht für den nichtvollendeten Monat gleichwohl kein Urlaubsanspruch. Das trifft auch dann zu, wenn das Arbeitsverhältnis an einem Freitag endet und die arbeitsfreien Tage des Wochenendes zur Vollendung des Monats fehlen (BAG 26. 1. 1989 BAGE 61, 52, 53 f. = AP Nr. 13 zu § 5 BUrlG unter Aufgabe von BAG 22. 2. 1966 BAGE 18, 167 = AP Nr. 3 zu § 5 BUrlG; zust. *Gans* Anm. zu BAG EzA § 5 BUrlG Nr. 14; *Natzel* SAE 1990, 270 f.; im Ergebnis auch GK-BUrlG/*Bachmann* § 5 Rz 8; ErfK/*Dörner* § 5 BUrlG Rz 14; *Hohmeister* § 5 Rz 4; *Schütz/Hauck* Rz 299 – a. A. *Künzl* EWiR § 5 BUrlG 1/89, S. 1201 sowie *Dersch/Neumann* § 5 Rz 16). **16**

Mit Recht hat das BAG in seinem Urteil vom 26. 1. 1989 (BAGE 61, 52, 54 = AP Nr. 13 zu § 5 BUrlG) darauf hingewiesen, daß § 5 Abs. 1 Buchst. b für den Teilurlaubsanspruch ebenso wie § 4 für den Vollurlaubsanspruch nur auf das **Bestehen des Arbeitsverhältnisses** abstellt. Wenn ein Arbeitnehmer daher befristet von Montag, dem 28. Juli, bis einschließlich Freitag, dem 26. September, beschäftigt ist, hat er gemäß § 5 Abs. 1 Buchst. b nur Anspruch auf ein Zwölftel des gesetzlichen Urlaubsanspruchs, weil sein **17**

Arbeitsverhältnis nur einen vollen und keine zwei volle Monate bestanden hat.

18 Entgegen der Auffassung der früheren Rechtsprechung des Fünften Senats (BAG 22. 2. 1966 BAGE 18, 167 = AP Nr. 3 zu § 5 BUrlG) ist es in einem solchen Fall nicht zulässig, aus Billigkeitsgründen ein zweimonatiges Bestehen des Arbeitsverhältnisses anzunehmen. Da bei einer derartigen vertraglichen Befristungsvereinbarung von Anfang an für den Arbeitnehmer erkennbar ist, daß das Arbeitsverhältnis keine zwei volle Monate andauert, liegt **keine rechtsmißbräuchliche Urlaubsverkürzung durch den Arbeitgeber** vor, wenn er nur einen Teilurlaub von einem Zwölftel des Jahresurlaubs gewährt.

19 Entgegen *Neumann* (*Dersch/Neumann* § 5 Rz 16) hängt es auch **nicht von „Zufällen"** ab, ob der Arbeitnehmer für einen vollen Monat eingestellt wird und der erste oder letzte oder beide Tage arbeitsfrei sind oder ob die Beschäftigung vom 2. bis zum 31. des Monats nur deshalb vereinbart ist, weil der 1. des Monats ein Sonntag ist. Beginn und Ende des Arbeitsverhältnisses ergeben sich vielmehr aus dem zwischen Arbeitgeber und Arbeitnehmer willentlich geschlossenen Arbeitsvertrag und beruhen damit offensichtlich nicht auf Zufällen. Die Auffassung des BAG ist daher nicht formalistisch (so aber *Neumann* aaO), sie beachtet lediglich das vertraglich Vereinbarte. Im übrigen sei darauf hingewiesen, daß Beginn und Ende des Arbeitsverhältnisses auch in anderen Bereichen von Bedeutung sind. So besteht kein Anspruch auf Feiertagsvergütung nach § 2 EFZG, wenn das Arbeitsverhältnis unmittelbar vor einem Feiertag endet (vgl. MünchArbR/*Boewer* § 81 Rz 9; *Schmitt* EFZG § 2 Rz 12).

3. Verhältnis von § 5 Abs. 1 Buchst. a zu § 5 Abs. 1 Buchst. b

20 Im Arbeitsverhältnis kann nur entweder der Anspruch nach § 5 Abs. 1 Buchst. a oder der Anspruch nach § 5 Abs. 1 Buchst. b gegeben sein, weil der erste das Fortbestehen des Arbeitsverhältnisses nach erfüllter Wartezeit voraussetzt, der zweite aber dessen Beendigung vor Erfüllung der Wartezeit. Eine **Konkurrenz zwischen beiden Ansprüchen kommt daher nicht in Betracht** (GK-BUrlG/*Bachmann* § 5 Rz 15; ErfK/*Dörner* § 5 BUrlG Rz 5; *Dörner* AR-Blattei Urlaub V, unter B II 2b; *van Gelder* AuR 1970, 191 f.; MünchArbR/*Leinemann* § 89 Rz 100; *Schütz/Hauck* Rz 322). Aus diesem Grund entsteht in einem auf Dauer angelegten Arbeitsverhältnis, das die Erfüllung der Wartezeit im Eintrittsjahr erwarten läßt, kein Teilurlaubsanspruch nach § 5 Abs. 1 Buchst. a (BAG 2. 10. 1974 BAGE 26, 312, 317 = AP Nr. 2 zu § 7 BUrlG Betriebsferien mit Anm. *Natzel* = SAE 1975, 169 mit Anm. *Herschel*).

III. Besondere Merkmale des Teilurlaubs vor erfüllter Wartezeit (§ 5 Abs. 1 Buchst. a)

1. Nichterfüllung der Wartezeit im Kalenderjahr

21 Ein Teilurlaub nach § 5 Abs. 1 Buchst. a kann nur bis zum **Ende des Eintrittsjahres** erworben werden. In einem Arbeitsverhältnis, das am

Teilurlaub § 5 BUrlG

15. September beginnt und am 30. Juni des folgenden Jahres endet, entsteht daher für die Zeit vom 15. September bis zum 31. Dezember gemäß § 5 Abs. 1 Buchst. a ein Teilurlaubsanspruch von $^3/_{12}$ (zutr. GK-BUrlG/*Bachmann* § 5 Rz 10; – zur Übertragung auf das folgende Kalenderjahr Rz 24 f.). Die mißverständlichen Ausführungen im Urteil des BAG vom 21. 3. 1985 (AP Nr. 11 zu § 13 BUrlG Unabdingbarkeit, zu 2 b der Gründe) beruhen offenbar auf einem Versehen, da für die Zeit vom 1. Januar bis 30. Juni nur Ansprüche auf gekürzten Vollurlaub nach § 5 Abs. 1 Buchst. c bestehen (dazu Rz 33 ff.).

Beginnt ein Arbeitsverhältnis am 1. Juli eines Jahres **mit dem Arbeitsbeginn**, so sind am 31. Dezember nicht sechs, sondern nur fünf volle Monate verstrichen (§§ 187 Abs. 1, 188 Abs. 2 BGB; – zur Berechnung § 4 Rz 4 f.). Der Teilurlaubsanspruch beträgt dann $^5/_{12}$ **des Jahresurlaubsspruchs**, also 10 Werktage oder 8,33 Arbeitstage bei einer Fünf-Tage-Woche (ebenso ErfK/*Dörner* § 5 BUrlG Rz 12; *Schütz/Hauck* Rz 306). Ein Vollurlaubsanspruch ist in diesem Jahr nicht entstanden, weil die Wartezeit nach § 4 erst mit Ablauf des 1. Januar des folgenden Jahres beendet ist. Der Vollurlaubsanspruch entsteht dann mit dem 2. Januar des Folgejahres (§ 4 BUrlG: „Nach sechsmonatigem Bestehen des Arbeitsverhältnisses"; – dazu § 4 Rz 19 f.). 22

Nur wenn aufgrund des Arbeitsvertrages das **Arbeitsverhältnis mit dem 1. Juli beginnt** (also nicht mit Arbeitsbeginn oder sonst im Laufe des Tages), besteht nach § 187 Abs. 2, § 188 Abs. 2 BGB das Arbeitsverhältnis am 31. Dezember 6 Monate, so daß ein **Teilurlaubsanspruch von** $^6/_{12}$ des Jahresurlaubs erworben ist (ebenso ErfK/*Dörner* § 5 BUrlG Rz 13; *Schütz/Hauck* Rz 305; a. A. GK-BUrlG/*Bachmann* § 5 Rz 9; *Dersch/Neumann,* § 5 Rz 22, die hier zu Unrecht das Entstehen des vollen Urlaubsanspruchs annehmen, obwohl dieser erst „nach" sechsmonatigem Bestehen des Arbeitsverhältnisses am 1. Januar erworben wird; – vgl. § 4 Rz 19). 23

2. Übertragung auf das nächste Kalenderjahr gemäß § 7 Abs. 3 Satz 4

Der Teilurlaubsanspruch aus § 5 Abs. 1 Buchst. a ist nach § 7 Abs. 3 Satz 4 **auf Verlangen des Arbeitnehmers** auf das nächste Kalenderjahr zu übertragen. Er kann bis zum Ablauf des Folgejahres gewährt und genommen werden, wenn der Arbeitnehmer vor Ablauf des laufenden Kalenderjahres eine entsprechende Erklärung gegenüber dem Arbeitgeber abgegeben hat. Die Erklärung ist formlos möglich, sie bedarf keiner Begründung (dazu im einzelnen § 7 Rz 180 f.). 24

Durch die Übertragung des Teilurlaubsanspruchs erhält der Arbeitnehmer die **Möglichkeit, den übertragenen Teilurlaub zusammen mit dem Urlaub des Folgejahres zu nehmen.** Unterbleibt ein solches Übertragungsverlangen, wird der Teilurlaubsanspruch nach § 7 Abs. 3 Satz 2 wie ein Urlaubsanspruch nach § 1 auf das folgende Kalenderjahr übertragen (dazu § 7 Rz 117 ff.). Die Übertragungsregelung des § 7 Abs. 3 Satz 2 gilt neben der Übertragungsregelung des § 7 Abs. 3 Satz 4 auch für Teilurlaubsansprüche nach § 5 Abs. 1 Buchst. a (BAG 25. 8. 1987 BAGE 56, 53 = AP Nr. 15 zu § 7 BUrlG Übertragung; LAG Rheinland-Pfalz 2. 9. 1999 NZA 2000, 262). 25

133

IV. Besondere Merkmale des Teilurlaubs bei Ausscheiden vor erfüllter Wartezeit (§ 5 Abs. 1 Buchst. b)

1. Berechnung

26   Für die Berechnung der Wartezeit nach § 5 Abs. 1 Buchst. b gilt grundsätzlich das oben zur Berechnung der Wartezeit nach § 5 Abs. 1 Buchst. a Ausgeführte (Rz 13f. und 20). Anders als der Teilurlaubsanspruch nach § 5 Abs. 1 Buchst. a, der nur bis zum Ende des Eintrittsjahres erworben werden kann (dazu oben Rz 21), ist für den Teilurlaubsanspruch nach § 5 Abs. 1 Buchst. b allerdings **unerheblich, ob sich das Arbeitsverhältnis auf zwei aufeinanderfolgende Kalenderjahre verteilt.** Eine gesonderte Berechnung des Teilurlaubs für die auf das Eintrittsjahr entfallende Zeit nach § 5 Abs. 1 Buchst. a ist nicht zulässig (BAG 9. 10. 1969 AP Nr. 7 zu § 5 BUrlG = AR-Blattei Urlaub Entsch. 174 m. Anm. *Herbst* = SAE 1970, 153 m. Anm. *Dütz* = AuR 1970, 122, 190 m. Anm. *van Gelder*; GK-BUrlG/*Bachmann* § 5 Rz 15; *Dersch/Neumann* § 5 Rz 17; ErfK/*Dörner* § 5 BUrlG Rz 21; *Natzel* § 5 Rz 19f.; *Schütz/Hauck* Rz 316 – a. A. *Boldt/Röhsler* § 5 Rz 23). Gegen eine Aufteilung spricht der Wortlaut des § 5 Abs. 1 Buchst. b, der anders als § 5 Abs. 1 Buchst. a und c nicht auf die Beschäftigungszeit in einem Kalenderjahr abstellt, sondern allein darauf, daß der Arbeitnehmer vor erfüllter Wartezeit aus dem Arbeitsverhältnis ausscheidet.

27   Besteht ein Arbeitsverhältnis vom 2. Dezember bis zum 28. Januar des folgenden Jahres, hat der Arbeitnehmer daher gemäß § 5 Abs. 1 Buchst. b Anspruch auf ein Zwölftel des Jahresurlaubs. Das Arbeitsverhältnis hat in diesem Fall einen vollen Beschäftigungsmonat bestanden. Eine **Aufteilung der Beschäftigungszeit nach Kalenderjahren,** mit dem Ergebnis, daß der Arbeitnehmer trotz der nahezu zweimonatigen Beschäftigung keinen Urlaubsanspruch erwirbt, weil das Arbeitsverhältnis weder im Dezember noch im Januar einen vollen Monat bestanden hat, ist **nicht zulässig.**

28   Der Teilurlaubsanspruch nach § 5 Abs. 1 Buchst. b entsteht auch dann, wenn das **Arbeitsverhältnis mit Ablauf der Wartezeit endet.** § 5 Abs. 1 Buchst. b erfaßt zwar seinem Wortlaut nach nur das Ausscheiden des Arbeitnehmers „vor" erfüllter Wartezeit. Da aber der volle Urlaubsanspruch gemäß § 4 erst „nach" Erfüllung der Wartezeit entsteht (vgl. § 4 Rz 19f.), ist auf den im Gesetz nicht geregelten Fall des Ausscheidens „mit" Ablauf der Wartezeit die Bestimmung des § 5 Abs. 1 Buchst. b entsprechend anzuwenden.

29   Beginnt ein Arbeitsverhältnis mit dem 1. April und **endet es mit Ablauf des 30. September,** hat der Arbeitnehmer daher gemäß § 5 Abs. 1 Buchst. b nur einen Anspruch auf sechs Zwölftel des Jahresurlaubs. Ein Anspruch auf den vollen Jahresurlaub ist nicht entstanden, weil der Arbeitnehmer mit Ablauf der Wartezeit und nicht nach Ablauf der Wartezeit aus dem Arbeitsverhältnis ausscheidet.

2. Übertragung

30   Eine Übertragung des Teilurlaubsanspruchs aus § 5 Abs. 1 Buchst. b in das nächste Kalenderjahr – etwa wegen Krankheit – kommt **nur unter den**

Teilurlaub § 5 BUrlG

Voraussetzungen des § 7 Abs. 3 Satz 2 und 3 in Betracht (dazu § 7 Rz 117ff.). Der Übertragungstatbestand des § 7 Abs. 3 Satz 4 mit der darin gegenüber § 7 Abs. 3 Satz 3 enthaltenen Erweiterung der Anspruchsdauer (dazu § 7 Rz 180ff.) ist nach seinem klaren Wortlaut auf die Teilurlaubsansprüche des § 5 Abs. 1 Buchst. a beschränkt. Er scheidet daher für Teilurlaubsansprüche nach § 5 Abs. 1 Buchst. b aus.

Wird das **Arbeitsverhältnis mit dem 30. Juni begonnen**, läuft die Wartezeit am 29. Dezember des Jahres ab. Damit entsteht noch am 30. Dezember der volle Jahresurlaub, ein Teilurlaubsanspruch nach § 5 Abs. 1 Buchst. a kommt nicht in Betracht, weil die Wartezeit im Kalenderjahr erfüllt ist. Dieser Urlaubsanspruch kann nicht mehr im Urlaubsjahr verwirklicht werden. Eine Übertragung nach § 7 Abs. 3 Satz 4 scheidet aus, weil sie auf Ansprüche nach § 5 Abs. 1 Buchst. a beschränkt ist. 31

Die Frage, ob dieser Anspruch **jedenfalls nach § 7 Abs. 3 Satz 2 auf das folgende Kalendervierteljahr** i.S. von § 7 Abs. 3 Satz 3 übertragen wird, dürfte zu bejahen sein, wenn davon ausgegangen werden kann, daß die Unmöglichkeit der Verwirklichung eines Urlaubsanspruchs, der erst am Ende des Kalenderjahres entsteht, als in der Person des Arbeitnehmers liegender Grund zu behandeln ist. Anders als der Teilurlaub nach § 5 Abs. 1 Buchst. a muß dieser Anspruch dann aber bis zum 31. März des Folgejahres verwirklicht werden. 32

V. Der gekürzte Vollurlaub nach § 5 Abs. 1 Buchst. c

1. Merkmale

Als Teilurlaubsanspruch wird in § 5 Abs. 1 Buchst. c auch der Urlaubsanspruch des Arbeitnehmers bezeichnet, dessen **Arbeitsverhältnis nach erfüllter Wartezeit in der ersten Hälfte eines Kalenderjahres endet**. Das trifft auch zu, wenn das Arbeitsverhältnis mit Ablauf des 30. Juni erlischt. Der Arbeitnehmer scheidet in diesem Fall in der ersten Hälfte des Kalenderjahres aus dem Arbeitsverhältnis aus. Dies folgt aus § 186, § 188 Abs. 2 BGB, weil auch der Ablauf des in § 188 Abs. 2 BGB näher bezeichneten Tages einen Teil der zeitlichen Einheit des Tages bildet und mit diesem auch einen Teil der jeweils in Frage kommenden Frist (BAG 16. 6. 1966 BAGE 18, 345, 349 = AP Nr. 4 zu § 5 BUrlG, zu 1 b der Gründe; ErfK/*Dörner* § 5 BUrlG Rz 25). 33

Bei einer **Beendigung des Arbeitsverhältnisses nach erfüllter Wartezeit in der ersten Jahreshälfte** wird der Urlaubsanspruch auf so viele Zwölftel des Jahresurlaubs gekürzt, wie das Arbeitsverhältnis im Urlaubsjahr volle Monate bestanden hat. Der Vollurlaubsanspruch entsteht nach § 5 Abs. 1 Buchst. c bereits zu Jahresbeginn gekürzt, wenn zum 1. Januar. feststeht, daß das Arbeitsverhältnis in der ersten Jahreshälfte **nach erfüllter Wartezeit** enden wird (ErfK/*Dörner* § 5 BUrlG Rz 26). Dies kann beispielsweise bei einer längeren Befristung, die zum 30. April endet, oder bei einer Kündigung der Fall sein, die im Dezember zum 31. März ausgesprochen wird. 34

135

BUrlG § 5 *Teil I. C. Erläuterungen zum BUrlG*

35 Der im Austrittsjahr zu gewährende gekürzte Urlaub ist nicht wie der Urlaub nach § 5 Abs. 1 Buchst. a oder b ein Teilurlaub, sondern der **Vollurlaub**, der nach § 5 Abs. 1 Buchst. c zu kürzen ist (ErfK/*Dörner* § 5 BUrlG Rz 26). § 5 Abs. 1 Buchst. c begründet damit keinen Anspruch, sondern enthält für den Urlaubsanspruch im Sinne von § 1 eine **auflösende Bedingung** für den Teil des Urlaubs, der infolge des vorzeitigen Ausscheidens des Arbeitnehmers nicht mehr durch ein bestehendes Arbeitsverhältnis gedeckt ist (vgl. *Boldt/Röhsler* § 5 Rz 13; *Dersch/Neumann* § 5 Rz 13; *Hohmeister* § 5 Rz 11; *Schütz/Hauck* Rz 326; entsprechend schon BAG 26. 4. 1960 AP Nr. 1 zu § 3 UrlaubsG Niedersachsen und BAG 18. 6. 1980 AP Nr. 6 zu § 13 BUrlG Unabdingbarkeit). Der gekürzte Vollurlaubsanspruch ist mit dem Anspruch nach § 1 identisch. Er unterliegt deshalb dem **Veränderungsschutz nach § 13 Abs. 1 Satz 1** (BAG 9. 6. 1998 NZA 1999, 80; siehe dazu auch § 13 Rz 56 ff.).

2. Zeitpunkt der Kürzung

36 Die Kürzung des nach erfüllter Wartezeit zu Jahresbeginn in voller Höhe entstandenen Vollurlaubsanspruchs erfolgt zu dem **Zeitpunkt, zu dem feststeht, daß der Arbeitnehmer in der ersten Jahreshälfte aus dem Arbeitsverhältnis ausscheidet** (ErfK/*Dörner* § 5 BUrlG Rz 26).

37 Wird ein Arbeitnehmer nach erfüllter Wartezeit am 15. Februar zum 31. März gekündigt, steht mit **Zugang der Kündigung** am 15. Februar fest, daß für diesen Arbeitnehmer nur ein gekürzter Vollurlaubsanspruch in Höhe von ³/₁₂ des Jahresurlaubs besteht. Ein Arbeitnehmer, dessen Arbeitsverhältnis vom 1. Juli bis zum 30. Juni des folgenden Jahres befristet ist, hat zum 1. Januar zwar die Wartezeit des § 4 erfüllt, wenn sein Arbeitsverhältnis mit dem 1. Juli begonnen hat. Da zum 1. Januar allerdings ebenfalls feststeht, daß der Arbeitnehmer in der ersten Hälfte des Kalenderjahres aus dem Arbeitsverhältnis ausscheidet, entsteht am 1. Januar gemäß § 5 Abs. 1 Buchst. c nur ein Anspruch auf gekürzten Vollurlaub in Höhe von ⁶/₁₂ des Jahresurlaubs (vgl. Rz 33).

38 Durch den Eintritt der Bedingung – Ausscheiden aus dem Arbeitsverhältnis in der ersten Jahreshälfte – wird der bei Jahresanfang in voller Höhe bereits entstandene Urlaubsanspruch nur **insoweit gekürzt**, wie er zu dem Zeitpunkt, zu dem feststeht, daß der Arbeitnehmer in der ersten Jahreshälfte ausscheidet, **noch nicht voll erfüllt ist** (§ 5 Abs. 1 Buchst. c, § 5 Abs. 3). Die Regelung über den gekürzten Vollurlaub enthält daher nur einen (gestuften) Ausschlußtatbestand für den Anspruch nach § 1 (BAG 18. 6. 1980 AP Nr. 6 zu § 13 BUrlG Unabdingbarkeit; BAG 8. 3. 1984 BAGE 45, 199 = AP Nr. 15 zu § 13 BUrlG; *Leinemann* AuR 1987, 193, 197; *Tautphäus* Rz 37).

VI. Bruchteile von (Teil-)Urlaubstagen

1. Bruchteile von mindestens einem halben Tag

39 Ergeben sich bei der Berechnung des Teilurlaubs oder des gekürzten Vollurlaubs aufgrund des Zwölftelungsprinzips Bruchteile von Urlaubstagen, sind sie nach **§ 5 Abs. 2 auf volle Urlaubstage aufzurunden**, wenn

Teilurlaub § 5 BUrlG

sie mindestens einen halben Tag ergeben. Besteht ein Arbeitsverhältnis vom 1. Januar bis zum 15. Mai, hat der Arbeitnehmer gemäß § 5 Abs. 1 Buchst. b einen Teilurlaubsanspruch in Höhe von $^4/_{12}$ des Jahresurlaubs, weil das Arbeitsverhältnis vier volle Beschäftigungsmonate (§ 5 Abs. 1) bestanden hat. Bei einem Jahresurlaub von 24 Werktagen beträgt damit der Urlaubsanspruch 8 Werktage bzw. 6,67 Arbeitstage unter Zugrundelegung einer Fünf-Tage-Woche. Nach der Regelung des § 5 Abs. 2 sind die sich bei dieser Berechnung ergebenden Bruchteile aufzurunden, so daß der Arbeitnehmer im Ergebnis einen Teilurlaubsanspruch in Höhe von 7 Arbeitstagen hat.

Die Aufrundungspflicht aus § 5 Abs. 2 erstreckt sich **nur auf Urlaubsan-** 40 **sprüche im Sinne von § 5 Abs. 1**. Auf Bruchteile von (Voll-) Urlaubsansprüchen, die sich außerhalb des Zwölftelungsregelung bei der Berechnung der individuellen Urlaubsdauer ergeben (dazu § 3 Rz 29 ff.) ergeben, ist § 5 Abs. 2 nicht anwendbar (BAG 9. 8. 1994 AP Nr. 19 zu § 7 BUrlG; ErfK/*Dörner* § 5 BUrlG Rz 38). Ergeben sich also bei der Berechnung der Urlaubsdauer von **Teilzeitbeschäftigten** Bruchteile von Urlaubstagen (dazu im einzelnen § 3 Rz 29 ff.), findet **§ 5 Abs. 2 keine Anwendung** (BAG 31. 5. 1990 BAGE 65, 176, 180 = AP Nr. 14 zu § 5 BUrlG, zu III 2 der Gründe). Ebenso scheidet die Anwendung der Rundungsregel auf Bruchteile eines Zusatzurlaubs aus (BAG 19. 4. 1994 AP Nr. 3 zu § 1 BUrlG Treueurlaub). Die sich bei der Berechnung der Urlaubsdauer ergebenden Bruchteile von Urlaubstagen sind in anteiliger Freizeit zu gewähren.

2. Bruchteile von weniger als einem halben Tag

Über die Behandlung von Bruchteilen von (Teil-)Urlaubstagen nach § 5 41 Abs. 1, die nicht gemäß § 5 Abs. 2 aufgerundet werden müssen, also **weniger als einen halben Tag** betragen, herrscht Uneinigkeit.

Das **BAG** hatte **früher die Auffassung** vertreten, daß Bruchteile von Ur- 42 laubstagen, die nicht mindestens einen halben Tag ergeben, nicht für den Urlaubsanspruch zu berücksichtigen, also **abzurunden** seien (BAG 28. 11. 1968 BAGE 21, 230 = AP Nr. 6 zu § 5 BUrlG; BAG 17. 3. 1970 AP Nr. 8 zu § 5 BUrlG). Dies sei zwar nicht ausdrücklich im Gesetz ausgesprochen, ergebe sich jedoch als Wille des Gesetzgebers bei einer die tragenden Grundgedanken des Urlaubsrechts berücksichtigenden Auslegung von § 5 Abs. 2. Zu diesen Grundgedanken gehöre seit jeher die Bemessung des Urlaubs nach der zeitlichen Einheit des ganzen Tages, also nicht nach Bruchteilen (Stunden) eines Tages. Von diesem Ganztagsprinzip habe der Gesetzgeber auch nicht im Rahmen der Zwölftelung des Urlaubs nach § 5 Abs. 1 abweichen wollen, anderenfalls wäre eine klare gegenteilige gesetzgeberische Aussage zu erwarten gewesen.

Diese Auffassung ist im **Schrifttum auf Zustimmung** (vgl. GK-BUrlG/ 43 *Bachmann* § 5 Rz 43; *Boldt/Röhsler* § 5 Rz 52; *Natzel* § 5 Rz 39; *Siara* § 5 Anm. 9; *Thiele* Anm. zu BAG AP Nr. 8 zu § 5 BUrlG; – s. auch *Dersch/ Neumann* § 5 Rz 36, der dem Arbeitnehmer für solche Bruchteile einen Abgeltungsanspruch gewähren will), aber auch auf **Ablehnung** gestoßen (*Falkenberg* Anm. zu BAG AR-Blattei Urlaub Entsch. 163; *van Gelder/*

BUrlG § 5 *Teil I. C. Erläuterungen zum BUrlG*

Böttner AuR 1969, 321; *van Gelder* AuR 1970, 270; *van Gelder/Leinemann* Übungen im Arbeitsrecht 1971, 85; *Renaud* S. 82; *Thies* DB 1970, 1880).

Das BAG hat sie inzwischen aufgegeben.

44 Das BAG hat entschieden, daß **Bruchteile** von Urlaubstagen, die nicht nach § 5 Abs. 2 aufgerundet werden müssen, entsprechend ihrem Umfang dem Arbeitnehmer durch **Befreiung von der Arbeitspflicht zu gewähren oder nach dem Ausscheiden aus dem Arbeitsverhältnis gemäß § 7 Abs. 4 abzugelten** sind (BAG 26. 1. 1989 BAGE 61, 52 = AP Nr. 13 zu § 5 BUrlG; BAG 14. 2. 1991 BAGE 67, 217 = AP Nr. 1 zu § 3 BUrlG Teilzeit = EzA § 13 BUrlG Nr. 50 m. Anm. *Berger-Delhey;* zust. ErfK/*Dörner* § 5 BUrlG Rz 36; *Gans* Anm. zu BAG EzA § 5 BUrlG Nr. 14; *Hohmeister* § 5 Rz 20; MünchArbR/*Leinemann* § 89 Rz 110f.; *Schütz/Hauck* Rz 337– abl. GK-BUrlG/*Bachmann* § 5 Rz 43; *Berger-Delhey* Anm. zu BAG EzA § 13 BUrlG Nr. 50; ders. SAE 1992, 103; *Künzl* EWiR § 5 BUrlG 1/89, S. 1201; *Natzel* SAE 1990, 270, 272; zur Abgeltung von Teilurlaubsansprüchen vgl. auch BAG 25. 8. 1987 BAGE 56, 53 = AP Nr. 15 zu § 7 BUrlG Übertragung).

45 Zutreffend ist das BAG davon ausgegangen, daß § 5 Abs. 2 eine Anspruchsgrundlage enthält, nach der Bruchteile eines halben Urlaubstages auf einen ganzen Urlaubstag aufzurunden sind, der Arbeitnehmer also berechtigt ist, eine längere Arbeitsbefreiung zu fordern, als ihm ohne diese Vorschrift zusteht. Die Regelung eines **Ausschlußtatbestandes**, nach dem Bruchteile eines Urlaubsanspruchs einem Arbeitnehmer nicht zustehen, wenn sie die Voraussetzungen nach § 5 Abs. 2 nicht erreichen, also weniger als einen halben Urlaubstag betragen, **enthält § 5 Abs. 2 nicht**. Einer solchen Bestimmung hätte es aber gerade bedurft, um den Anspruch auszuschließen.

46 Enthält das Gesetz keinen Ausschlußtatbestand, bleibt der (Bruchteils-)Urlaubsanspruch – ebenso wie der Urlaubsanspruch im übrigen – dem Arbeitnehmer solange erhalten, bis er erfüllt oder durch Zeitablauf erloschen ist. Daß dieser Zusammenhang im **Gesetzgebungsverfahren** nicht unbekannt war, ergibt sich aus § 5 Abs. 1 Buchst. c, der einen Ausschlußtatbestand enthält. Damit kann nicht davon ausgegangen werden, daß § 5 Abs. 2 entgegen seinem Wortlaut notwendigerweise ebenfalls einen Ausschlußtatbestand regelt.

47 Ein Ausschlußtatbestand ist auch nicht als **Umkehrschluß aus § 5 Abs. 2** ableitbar. Der Umkehrschluß aus § 5 Abs. 2 ergibt nur, daß Urlaubsansprüche von weniger als einem halben Tag nicht aufzurunden sind, nicht jedoch, daß sie abzurunden sind, also entfallen (a. A. *Künzl* EWiR § 5 BUrlG 1/89, S. 1201). Die von *Natzel* (SAE 1990, 270) beschworene Gefahr, es werde in der Praxis zur „Halbtagsgewährung von Urlaub in breitem Umfang" kommen, besteht nicht, weil die nicht abzurundenden Bruchteile weniger als einen halben Tag betragen und immer nur Reste von Urlaubsansprüchen sind, die im übrigen auch nur für Teilurlaubsansprüche nach § 5 Abs. 1 bestehen.

48 Für die Auslegung von § 5 Abs. 2 kann dahinstehen, welche Rolle früher dem sog. **Ganztagsprinzip** in den Ländergesetzen zum Urlaubsrecht und im Gesetzgebungsverfahren zum BUrlG beigemessen worden ist. Mit dem

Teilurlaub **§ 5 BUrlG**

Wort Ganztagsprinzip wird zutreffend umschrieben, daß Urlaubsansprüche, die nach Tagen bemessen werden, nur in ganzen Tagen zu erfüllen sind, Urlaubsansprüche also nicht in Bruchteile eines Tages aufgeteilt werden dürfen. Die Gewährung von Urlaub in „halben" Tagen, also die Aufteilung eines Urlaubstags in Bruchteile ist unzulässig, weil sie gegen § 7 Abs. 2 verstößt. Die Aufstückelung von Urlaubstagen in Bruchteile bewirkt keine Erfüllung des Urlaubsanspruchs (s. auch § 7 Rz 81).

Hiervon zu unterscheiden ist aber die nach § 5 Abs. 2 zu stellende **Frage, was mit dem Bruchteil eines Urlaubsanspruchs zu geschehen hat, wenn dem Arbeitnehmer kein voller Urlaubstag, sondern nur ein Bruchteil davon zusteht,** der kleiner als die Hälfte eines Urlaubstages ist. Auf diese Frage kann das Ganztagsprinzip keine Antwort geben. Ein Grund, unter Hinweis auf dieses nicht in § 5 enthaltene Prinzip von der klaren gesetzgeberischen Aussage in § 5 abzuweichen, ist daher nicht ersichtlich. 49

Entgegen *Neumann (Dersch/Neumann* § 5 Rz 36) ist die Gewährung von Bruchteilen eines Urlaubstages **nicht „praktisch nicht möglich und mit dem Erholungszweck nicht zu vereinbaren".** Eine Freistellung von der Arbeitspflicht kann vielmehr ohne weiteres auch für einzelne Stunden eines Arbeitstages erfolgen, wie bereits § 629 BGB zeigt. Der Anspruch des Arbeitnehmers auf Gewährung angemessener Zeit zur Stellensuche ist keineswegs auf ganze Tage bezogen, angemessen kann im Einzelfall auch die Freistellung für einzelne Stunden zum Besuch des Arbeitsamtes sein. Eine kurzzeitige Urlaubsgewährung widerspricht im übrigen ebensowenig dem Erholungszweck wie die Gewährung einzelner Urlaubstage nach Maßgabe von § 7 Abs. 2. 50

Dagegen ist eine **Abgeltung des Bruchteils** eines Urlaubstages, wie sie *Neumann (Dersch/Neumann* § 5 Rz 36) vertritt, **mit dem Ziel des BUrlG nicht zu vereinbaren.** Im bestehenden Arbeitsverhältnis scheidet eine Abgeltung von Urlaubsansprüchen aus, weil dem Arbeitnehmer durch die Urlaubserteilung die Möglichkeit zur eigenverantwortlichen Freizeitgestaltung eingeräumt werden soll (dazu näher § 1 Rz 10). 51

VII. Rückforderungsverbot (§ 5 Abs. 3)

Hat ein Arbeitnehmer im Falle des § 5 Abs. 1 Buchst. c mehr Urlaub erhalten als ihm zusteht, etwa weil ihm bereits zu Jahresbeginn der ganze Urlaub gewährt wurde, er dann aber vor dem 1. Juli des Jahres aus dem Arbeitsverhältnis ausscheidet, ist eine **Rückforderung des zuviel gezahlten Urlaubsentgelts nach § 5 Abs. 3 ausgeschlossen.** Die zuviel gewährte Arbeitsbefreiung ist ohnehin nicht rückholbar. 52

1. Voraussetzungen

Voraussetzung des Rückforderungsverbots aus § 5 Abs. 3 ist, daß der Arbeitnehmer den **Urlaub bereits erhalten** hat. Dies trifft nicht schon dann zu, wenn der Urlaub vom Arbeitgeber gewährt oder bewilligt wurde. Erhalten im Sinne des § 5 Abs. 3 hat der Arbeitnehmer den Urlaub erst mit der 53 tatsächlichen Freistellung von der Arbeit (so schon BAG 7.5. 1963 AP Nr. 6 zu § 5 UrlaubsG Nordrhein-Westfalen; GK-BUrlG/*Bachmann* § 5 Rz 65; *Boldt/Röhsler* § 5 Rz 54; *Dersch/Neumann* § 5 Rz 52; *Natzel* § 5 Rz 43).

54 Entsteht der **Kürzungstatbestand** des § 5 Abs. 1 Buchst. c nach Urlaubsgewährung aber **vor Urlaubsantritt**, so verringert sich der Vollurlaubsanspruch des Arbeitnehmers. Der Arbeitgeber kann dann die nicht mehr durch den gekürzten Urlaubsanspruch gedeckte Freistellungserklärung gemäß § 812 Abs. 1 Satz 2 BGB mit der Folge kondizieren, daß der Arbeitnehmer insoweit entgegen seinen ursprünglichen Wünschen zur Arbeit verpflichtet ist und dafür das geschuldete Entgelt erhält (BAG 23. 4. 1996 AP Nr. 140 zu § 1 TVG Tarifverträge: Metallindustrie).

55 War der **Arbeitnehmer dagegen bereits zur Erfüllung des Urlaubsanspruchs freigestellt** und hat der Arbeitnehmer damit den Urlaub erhalten und der Arbeitgeber gemäß § 11 Abs. 2 das Urlaubsentgelt vor Antritt des Urlaubs dem Arbeitnehmer ausbezahlt, kann der Arbeitgeber das Urlaubsentgelt gemäß § 5 Abs. 3 auch dann nicht vom Arbeitnehmer zurückverlangen, wenn der Arbeitnehmer mehr Urlaub erhalten hat, als er gemäß § 5 Abs. 1 Buchst. c beanspruchen konnte.

2. Inhalt

56 Wird das Arbeitsverhältnis nach der Festsetzung des Urlaubs und nach Erhalt des Urlaubsentgelts gekündigt und ergibt sich hierdurch, daß der Urlaubsanspruch des Arbeitnehmers nicht in dem bereits gewährten Umfange besteht, kann der Arbeitgeber für den noch nicht durch tatsächliche Freistellung von der Arbeit verbrauchten Teil des Urlaubs das Urlaubsentgelt vom Arbeitnehmer zurückfordern. Denn das **Rückforderungsverbot** des § 5 Abs. 3 erfaßt **nur den Teil des Urlaubs, den der Arbeitnehmer durch tatsächliche Freistellung bereits erhalten** hat (BAG 24. 10. 2000 NZA 2001, 663; *Dersch/Neumann* § 5 Rz 52; ErfK/*Dörner* § 5 BUrlG Rz 31; *Natzel* § 5 Rz 43).

57 Ist die Regelung des § 11 Abs. 2 tarifvertraglich abbedungen und das **Urlaubsentgelt** daher nicht vor Antritt des Urlaubs, sondern **mit der laufenden Vergütung am Monatsende** auszubezahlen, hat der Arbeitnehmer keinen Anspruch gegen den Arbeitgeber auf Zahlung von Urlaubsentgelt für Urlaub, den er über den ihm nach § 5 Abs. 1 Buchst. c zustehenden Umfang hinaus bereits erhalten hat (so schon BAG 13. 11. 1959 BAGE 8, 219 = AP Nr. 54 zu § 611 BGB Urlaubsrecht; ebenso nunmehr BAG 23. 4. 1996 AP Nr. 140 zu § 1 TVG Tarifverträge: Metallindustrie; zust. *Rieble* EWiR § 5 BUrlG 1/96, 933; GK-BUrlG/*Bachmann* § 5 Rz 65; *Boldt/Röhsler* § 5 Rz 56; *Natzel* § 5 Rz 44).

58 Das Gesetz schließt in § 5 Abs. 3 nur Rückforderungsansprüche des Arbeitgebers aus, begründet jedoch **keine der materiellen Rechtslage widersprechenden Ansprüche** des Arbeitnehmers auf Zahlung von Urlaubsentgelt (BAG 23. 4. 1996 AP Nr. 140 zu § 1 TVG Tarifverträge: Metallindustrie; ErfK/*Dörner* § 5 BUrlG Rz 31). Infolgedessen kann der Arbeitnehmer, der für zuviel gewährte Urlaubstage das Urlaubsentgelt noch nicht erhalten hat,

Ausschluß von Doppelansprüchen § **6 BUrlG**

dieses auch nicht gemäß § 5 Abs. 3 vom Arbeitgeber nachfordern (BAG 23. 1. 1996 AP Nr. 10 zu § 5 BUrlG).

3. **Rückforderungsansprüche aus ungerechtfertigter Bereicherung**

§ 5 Abs. 3 enthält **kein generelles Rückforderungsverbot** (GK-BUrlG/ 59 *Bachmann* § 5 Rz 61; *Boldt/Röhsler* § 5 Rz 57; MünchArbR/*Leinemann* § 89 Rz 115; *Natzel* § 5 Rz 40; – a. A. *Schaub* § 102 A. IV 4). Eine Ausdehnung dieser Regelung auf andere Fälle, etwa den, daß einem Arbeitnehmer bereits vor Ablauf der Wartezeit oder im „Vorgriff" auf das nächste Kalenderjahr Urlaub gewährt worden ist und das Arbeitsverhältnis vorzeitig endet, ist nicht möglich. Ein Rückforderungsverlangen des Arbeitgebers ist dann nach den §§ 812, 814, 818 Abs. 3 BGB zu beurteilen (vgl. GK-BUrlG/ *Bachmann* § 5 Rz 54 ff.; *Boldt/Röhsler* § 5 Rz 58; *Natzel* § 5 Rz 53). Der Anspruch des Arbeitgebers auf Rückzahlung des Urlaubsentgelts oder Urlaubsgelds ist dabei auf den überzahlten Bruttobetrag gerichtet (BAG 24. 10. 2000 NZA 2001, 663).

Soweit ein Rückzahlungsverlangen auf § 812 Abs. 1 Satz 1 BGB gestützt 60 wird, kann sich ein **Ausschluß des Bereicherungsanspruchs aus § 814 BGB** ergeben. Gewährt der Arbeitgeber dem Arbeitnehmer nämlich bewußt und vorbehaltlos Urlaub, obwohl ein Anspruch auf Urlaub noch nicht besteht, kann das geleistete Urlaubsentgelt gemäß § 814 BGB nicht zurückgefordert werden, weil der Arbeitgeber gewußt hat, daß er zur Leistung nicht verpflichtet war. Eine Rückforderung kann auch gemäß § 818 Abs. 3 BGB ausgeschlossen sein, sofern der Arbeitnehmer nicht nach § 818 Abs. 4, § 819 Abs. 1 BGB der verschärften Haftung unterliegt.

VIII. Unabdingbarkeit

Die Bestimmungen des **§ 5 Abs. 1 Buchst. a und b** über den Teilurlaub 61 des Arbeitnehmers vor Erfüllung der Wartezeit sind **tarifdispositiv**, während § 5 Abs. 1 Buchst. c dem Veränderungsschutz nach § 13 Abs. 1 Satz 1 unterliegt (vgl. § 13 Rz 65 ff.). Von **§ 5 Abs. 2 und 3** kann grundsätzlich durch **Tarifvertrag** abgewichen werden (vgl. § 13 Rz 65 ff.).

§ 6 Ausschluß von Doppelansprüchen

(1) Der Anspruch auf Urlaub besteht nicht, soweit dem Arbeitnehmer für das laufende Kalenderjahr bereits von einem früheren Arbeitgeber Urlaub gewährt worden ist.

(2) Der Arbeitgeber ist verpflichtet, bei Beendigung des Arbeitsverhältnisses dem Arbeitnehmer eine Bescheinigung über den im laufenden Kalenderjahr gewährten oder abgegoltenen Urlaub auszuhändigen.

Schrifttum: *Dörner*, Der Urlaubsanspruch, AR-Blattei Urlaub V; *Feller*, Urlaubsansprüche bei Arbeitgeberwechsel, RdA 1968, 4; *Leinemann*, Die neue Rechtsprechung des BAG zum Urlaubsrecht, NZA 1985, 137; *Neumann*, Die Urlaubs-

BUrlG § 6 *Teil I. C. Erläuterungen zum BUrlG*

abgeltung bei Wechsel des Arbeitsverhältnisses, AuR 1971, 107; *Renaud,* Die Abgeltung von Urlaubsansprüchen nach dem Mindesturlaubsgesetz für Arbeitnehmer, 1977.

Übersicht

	Rz
I. Allgemeines	1
II. Ausschluß von Doppelansprüchen	3
1. Voraussetzungen des § 6 Abs. 1	3
a) Gesetzlicher Mindesturlaub	3
b) Laufendes Kalenderjahr	5
c) Bereits gewährter Urlaub	7
d) Aufeinanderfolgende Arbeitsverhältnisse	11
2. Anwendungsfälle des § 6 Abs. 1	14
3. Teilurlaubsansprüche in beiden Arbeitsverhältnissen	22
4. Keine Anrechnung von nicht erfüllten Urlaubsansprüchen	25
5. Darlegungs- und Beweislast	31
III. Aushändigung der Urlaubsbescheinigung, § 6 Abs. 2	34
1. Urlaubsbescheinigung	34
a) Inhalt	34
b) Form	39
2. Aushändigung	41
3. Prozessuale Durchsetzung des Anspruchs	44
IV. Anspruch des neuen Arbeitgebers auf Vorlage der Urlaubsbescheinigung	46

I. Allgemeines

1 Wird das Arbeitsverhältnis eines Arbeitnehmers im Laufe eines Jahres beendet und beginnt ein neues Arbeitsverhältnis zu einem anderen Arbeitgeber, besteht nach § 6 Abs. 1 der Anspruch auf Urlaub nicht, soweit dem Arbeitnehmer für das laufende Kalenderjahr bereits von einem früheren Arbeitgeber Urlaub gewährt worden ist. **§ 6 Abs. 1 enthält eine Ausnahme** von dem Grundsatz, daß ein Arbeitnehmer in jedem Arbeitsverhältnis entsprechend den für dieses Arbeitsverhältnis maßgeblichen gesetzlichen oder tariflichen Regelungen einen eigenen (Teil-) oder Vollurlaubsanspruch erwirbt (BAG 28. 2. 1991 BAGE 67, 283 = AP Nr. 4 zu § 6 BUrlG = SAE 1992, 45 m. Anm. *Nebendahl;* GK-BUrlG/*Bachmann* § 6 Rz 1; *Boldt/Röhsler* § 6 Rz 1; *Dersch/Neumann* § 6 Rz 1).

2 Die Bestimmung des § 6 Abs. 1 **schließt das Entstehen von Urlaubsansprüchen in einem nachfolgenden Arbeitsverhältnis aus** („besteht nicht"), soweit dem Arbeitnehmer bereits in dem vorangegangenen Arbeitsverhältnis im laufenden Kalenderjahr Urlaub gewährt worden ist (BAG 25. 11. 1982 BAGE 40, 379, 382 = AP Nr. 3 zu § 6 BUrlG, zu 3c der Gründe; *Natzel* § 6 Rz 22 f.).

II. Ausschluß von Doppelansprüchen

1. Voraussetzungen des § 6 Abs. 1

a) Gesetzlicher Mindesturlaub

Der in § 6 Abs. 1 enthaltene Ausschlußtatbestand erstreckt sich **grund-** 3
sätzlich nur auf den gesetzlichen Mindesturlaub (GK-BUrlG/*Bachmann*
§ 6 Rz 8; *Boldt/Röhsler* § 6 Rz 3; *Natzel* § 6 Rz 4; – a. A. BAG 6. 11. 1969
BAGE 22, 291 = AP Nr. 1 zu § 6 BUrlG m. Anm. *Söllner; Dersch/Neumann* § 6 Rz 6). Mangels abweichender Regelungen ist er jedoch entsprechend auch auf den Mehrurlaub anwendbar, der aufgrund Tarifvertrags, Betriebsvereinbarung oder Einzelarbeitsvertrags gewährt wird. Dem Ausschluß des § 6 Abs. 1 unterliegen weiterhin die sonstigen gesetzlichen Urlaubsansprüche, wie der Zusatzurlaub für Schwerbehinderte nach § 125 SGB IX, der Urlaub Jugendlicher nach § 19 JArbSchG oder der Seemannsurlaub der §§ 53 ff. SeemG (ebenso im Ergebnis ErfK/*Dörner* § 6 BUrlG Rz 1).

Andere bezahlte oder unbezahlte Arbeitsfreistellungen beim früheren 4
Arbeitgeber, wie bezahlter Sonderurlaub aus bestimmtem Anlaß (Hochzeit, Todesfall oder Umzug), schließen die Entstehung des Anspruchs auf Erholungsurlaub bei dem späteren Arbeitgeber nicht aus (*Boldt/Röhsler* § 6 Rz 7). Gleiches gilt auch für den Bildungsurlaub nach den einschlägigen landesrechtlichen Vorschriften, weil es sich hierbei nicht um Erholungsurlaub handelt (dazu § 15 Rz 21 ff.).

b) Laufendes Kalenderjahr

Nur in Höhe des von einem früheren Arbeitgeber **für das laufende Ka-** 5
lenderjahr gewährten Urlaubs besteht nach § 6 Abs. 1 kein Urlaubsanspruch gegenüber dem späteren Arbeitgeber. Der Ausschlußtatbestand des § 6 Abs. 1 greift daher nicht ein, wenn der Arbeitnehmer in dem früheren Arbeitsverhältnis im laufenden Kalenderjahr nur Urlaub erhalten hat, der aus dem Vorjahr übertragen wurde (GK-BUrlG/*Bachmann* § 6 Rz 5; *Boldt/Röhsler* § 6 Rz 12; *Dersch/Neumann* § 6 Rz 12; ErfK/*Dörner* § 6 BUrlG Rz 5; *Natzel* § 6 Rz 10). In diesem Fall erwirbt der Arbeitnehmer durch den Wechsel zu dem neuen Arbeitgeber im Urlaubsjahr keinen höheren Urlaubsanspruch als nach dem BUrlG vorgesehen ist.

Endet ein Arbeitsverhältnis am 31. 3. und hat der Arbeitnehmer im Fe- 6
bruar 5 Tage Urlaub erhalten, wovon 3 Tage **übertragener Urlaub** aus dem Vorjahr waren und 2 Tage Urlaub des laufenden Kalenderjahres, so kann gemäß § 6 Abs. 1 nur in Höhe von 2 Tagen das Entstehen von Urlaubsansprüchen gegen den späteren Arbeitgeber ausgeschlossen sein.

c) Bereits gewährter Urlaub

§ 6 Abs. 1 kommt nur Bedeutung zu, wenn der Arbeitnehmer im voran- 7
gegangenen Arbeitsverhältnis **entweder bereits den vollen Urlaub erhalten hat** und im neuen Arbeitsverhältnis weitere Voll- oder Teilurlaubsansprüche entstehen würden **oder ihm im alten Arbeitsverhältnis Teilurlaub** nach § 5 Abs. 1 gewährt wurde und im neuen Arbeitsverhältnis ein voller Urlaubsan-

BUrlG § 6 *Teil I. C. Erläuterungen zum BUrlG*

spruch entstehen würde (BAG 25. 11. 1982 BAGE 40, 379, 382 = AP Nr. 3 zu § 6 BUrlG; BAG 28. 2. 1991 BAGE 67, 283 = AP Nr. 4 zu § 6 BUrlG; GK-BUrlG/*Bachmann* § 6 Rz 3; *Boldt/Röhsler* § 6 Rz 8; *Dersch/Neumann* § 6 Rz 4; *Dörner* AR-Blattei Urlaub V, unter C I; *Leinemann* NZA 1985, 137, 143; *Natzel* § 6 Rz 15).

8 Der Anspruch auf Urlaub im neuen Arbeitsverhältnis ist gemäß § 6 Abs. 1 **ganz oder teilweise ausgeschlossen, soweit der Urlaubsanspruch** bereits in dem früheren Arbeitsverhältnis **erfüllt worden ist** und im nachfolgenden Arbeitsverhältnis kein Anspruch auf eine höhere Zahl von Urlaubstagen besteht.

9 Das Entstehen von Urlaubsansprüchen in einem späteren Arbeitsverhältnis wird **nicht** schon dadurch **ausgeschlossen**, daß der Arbeitnehmer **noch nicht erfüllte Urlaubsansprüche** gegen den früheren Arbeitgeber hat. Sofern der Arbeitgeber dem Arbeitnehmer vor dessen Ausscheiden aus dem Arbeitsverhältnis keinen Urlaub gewährt hat, entsteht der Urlaubsanspruch in einem im Anschluß daran eingegangenen Arbeitsverhältnis entsprechend den hierfür anzuwendenden Vorschriften uneingeschränkt neu (BAG 25. 11. 1982 BAGE 40, 379, 382 = AP Nr. 3 zu § 6 BUrlG).

10 Erfüllt sind die Urlaubsansprüche nicht nur, wenn der Arbeitnehmer von der Arbeitspflicht befreit worden ist, sondern auch dann, wenn der Arbeitgeber bei Beendigung des vorangegangenen Arbeitsverhältnisses den **Urlaub abgegolten** hat (GK-BUrlG/*Bachmann* § 6 Rz 11; *Boldt/Röhsler* § 6 Rz 9; ErfK/*Dörner* § 6 BUrlG Rz 8; *Hohmeister* § 6 Rz 2; *Natzel* § 6 Rz 16; *Schaub* § 102 A. II 4; – a. A. *Dersch/Neumann* § 6 Rz 26; *Siara* § 6 Anm. 8). Dies ergibt sich bereits aus § 6 Abs. 2, wonach auch über abgegoltenen Urlaub eine Bescheinigung auszustellen ist. Eine solche Bescheinigung hat nur dann Bedeutung, wenn der vom früheren Arbeitgeber abgegoltene Urlaub die Urlaubsansprüche in einem späteren Arbeitsverhältnis ausschließt.

d) Aufeinanderfolgende Arbeitsverhältnisse

11 Der Ausschlußtatbestand des § 6 Abs. 1 findet nur Anwendung, wenn die Urlaubsansprüche des Arbeitnehmers in aufeinanderfolgenden Arbeitsverhältnissen entstanden sind (GK-BUrlG/*Bachmann* § 6 Rz 2). **Keine Auswirkungen** hat daher § 6 Abs. 1 auf **zeitlich zugleich bestehende Arbeitsverhältnisse.** Ist ein Arbeitnehmer in mehreren Arbeitsverhältnissen zugleich beschäftigt (sog. Doppelarbeitsverhältnisse; – dazu § 1 Rz 66), entstehen die Urlaubsansprüche für jedes Arbeitsverhältnis unabhängig voneinander (vgl. BAG 19. 6. 1959 BAGE 8, 47 = AP Nr. 1 zu § 611 BGB Doppelarbeitsverhältnis; *Boldt/Röhsler* § 6 Rz 22; *Dersch/Neumann* § 6 Rz 34; *Hohmeister* § 6 Rz 3; *Natzel* § 6 Rz 7). Ohne Bedeutung ist, ob der Arbeitnehmer die Pflichten im jeweils anderen Arbeitsverhältnis verletzt.

12 § 6 Abs. 1 ist auch auf den **Wechsel des Arbeitgebers** nach einem Betriebsübergang gemäß **§ 613a BGB unanwendbar** (ebenso ErfK/*Dörner* § 6 BUrlG Rz 4; vgl. dazu näher § 1 Rz 142ff.). Das Arbeitsverhältnis besteht in diesem Falle fort, der neue Arbeitgeber tritt gemäß § 613a Abs. 1 BGB in die Rechte und Pflichten aus dem bestehenden Arbeitsverhältnis ein.

13 Eine Anrechnung nach § 6 ist ebenfalls nicht möglich, wenn im gleichen Betrieb das Arbeitsverhältnis in ein anderes umgewandelt wird, etwa

Ausschluß von Doppelansprüchen § 6 BUrlG

wenn ein Auszubildender in ein Arbeitsverhältnis übernommen oder das Arbeitsverhältnis eines Arbeiters in ein Angestelltenverhältnis umgewandelt wird (BAG 29. 11. 1984 BAGE 47, 268 = AP Nr. 22 zu § 7 BUrlG Abgeltung m. Anm. *Natzel*; BAG 18. 7. 1989 ZTR 1989, 485). Wenn sich an ein Ausbildungsverhältnis ohne Unterbrechung ein Arbeitsverhältnis anschließt, sind beide urlaubsrechtlich als Einheit anzusehen (dazu auch § 4 Rz 16).

2. Anwendungsfälle des § 6 Abs. 1

§ 6 Abs. 1 ist anzuwenden, wenn der Arbeitnehmer in einem Kalenderjahr 14 nach Ablauf der Wartezeit in einem Arbeitsverhältnis einen Vollurlaubsanspruch und in einem anderen – früheren oder späteren – Arbeitsverhältnis einen Teilurlaubsanspruch erwirbt und einer der beiden Urlaubsansprüche vom früheren Arbeitgeber erfüllt worden ist. In diesen Fällen entstehen **für einen Teil des Kalenderjahres zwei Urlaubsansprüche**, weil der Arbeitnehmer mit dem Vollurlaubsanspruch einen Anspruch auf Erholungsurlaub für das gesamte Kalenderjahr erwirbt und mit dem Teilurlaubsanspruch aus § 5 Abs. 1 entsprechend der Dauer der Beschäftigung einen zusätzlichen Urlaubsanspruch für den entsprechenden Teil des Jahres.

Möglich ist auch, daß dem Arbeitnehmer im ersten Arbeitsverhältnis **zu** 15 **Beginn des Jahres der volle Urlaub gewährt** worden ist, das Arbeitsverhältnis am 31. März endet und der Arbeitnehmer am 1. April ein neues Arbeitsverhältnis beginnt, in dem er ebenfalls im laufenden Kalenderjahr einen Vollurlaubsanspruch erwerben würde.

Da gemäß § 6 Abs. 1 der Anspruch auf Urlaub nicht besteht, soweit dem 16 Arbeitnehmer für das laufende Kalenderjahr vom früheren Arbeitgeber bereits Urlaub gewährt worden ist, entsteht in dem späteren Arbeitsverhältnis für den Zeitraum, für den der Arbeitnehmer von dem früheren Arbeitgeber bereits Urlaub oder Urlaubsabgeltung erhalten hat, kein Urlaubsanspruch. Die Regelung des § 6 Abs. 1 wirkt sich **je nach Fallgestaltung unterschiedlich** aus:

– Ist die **Urlaubsdauer in beiden Arbeitsverhältnissen gleich lang** (24 Tage) 17 und war der Arbeitnehmer im früheren Arbeitsverhältnis vom 15. 12. bis zum 31. 3. beschäftigt und im späteren Arbeitsverhältnis mit Beginn des 1. 4., so verkürzt der im früheren Arbeitsverhältnis gemäß § 5 Abs. 1 gewährte Urlaub in Höhe von sechs Tagen ($3/_{12}$ von 24 Tagen) den am 1. Oktober im neuen Arbeitsverhältnis entstehenden Vollurlaubsanspruch. Der Urlaubsanspruch in dem neuen Arbeitsverhältnis besteht dann nur in Höhe von 18 Tagen.

– Ist der **Urlaubsanspruch im früheren Arbeitsverhältnis höher** (30 Tage) 18 **als in dem späteren** (24 Tage) und hat der Arbeitnehmer vom früheren Arbeitgeber einen Teilurlaub von $3/_{12}$, also gemäß § 5 Abs. 1 und 2 von acht Tagen, erhalten, so entstehen in Höhe von $3/_{12}$ Doppelansprüche. Von dem Vollurlaubsanspruch in Höhe von 24 Tagen entfallen nämlich nur $9/_{12}$ allein auf das neue Arbeitsverhältnis. Für drei Monate des Kalenderjahres hat der Arbeitnehmer bereits Urlaub in Höhe von $3/_{12}$ seines früheren Urlaubsanspruchs erhalten.

145

19 Da gemäß § 6 Abs. 1 der Anspruch auf Urlaub gegen den neuen Arbeitgeber nicht besteht, soweit der Arbeitnehmer bereits von einem früheren Arbeitgeber Urlaub erhalten hat, ist hier zu prüfen, ob der Urlaubsanspruch aus dem neuen Arbeitsverhältnis für den Teil des Kalenderjahres höher ist, als der Urlaub, den der Arbeitnehmer für diesen Teil des Kalenderjahres bereits vom früheren Arbeitgeber erhalten hat. Dies trifft hier nicht zu, weil der Arbeitnehmer im früheren Arbeitsverhältnis $3/12$ von 30 Tagen, also acht Tage Urlaub erhalten hat und im neuen Arbeitsverhältnis in diesem Zeitraum nur ein Urlaubsanspruch in Höhe von $3/12$ von 24 Tagen, also nur von sechs Tagen entstehen würde. Wegen des bereits erhaltenen Urlaubs von acht Tagen entsteht gemäß § 6 Abs. 1 im Umfang von $3/12$ des Kalenderjahres kein Urlaubsanspruch. Der Arbeitnehmer kann daher **in diesem Fall im Ergebnis vom neuen Arbeitgeber nur noch 18 Tage Urlaub** ($9/12$ von 24 Tagen) verlangen.

20 – War der **Urlaub in dem früheren Arbeitsverhältnis niedriger (24 Tage) als in dem späteren (30 Tage)** und hat der Arbeitnehmer vom früheren Arbeitgeber den vollen Urlaub (24 Tage) erhalten, so ist bei dem im späteren Arbeitsverhältnis (Beginn 1. 10.) entstehenden Teilurlaubsanspruch von $3/12$ von 30 Tagen (= 8 Tage) der bereits erhaltene volle Urlaub aus dem früheren Arbeitsverhältnis zu berücksichtigen. Der Urlaubsanspruch für die Beschäftigungszeit in dem späteren Arbeitsverhältnis ist bereits von dem erhaltenen Vollurlaub aus dem früheren Arbeitsverhältnis erfaßt, und zwar mit dem rechnerischen Anteil von $3/12$ von 24 Tagen, also sechs Tagen. Dieser Teilabschnitt des Kalenderjahres (1. 10. bis 31. 12.) wird damit durch zwei Urlaubsansprüche abgedeckt, nämlich durch den erhaltenen Urlaub mit anteilig sechs Tagen aus dem ersten Arbeitsverhältnis und dem Teilurlaubsanspruch in Höhe von $3/12$ von 30 Tagen, also acht Tagen, aus dem späteren Arbeitsverhältnis.

21 Da gemäß § 6 Abs. 1 der Teilurlaubsanspruch aus dem späteren Arbeitsverhältnis nicht besteht, soweit der Arbeitnehmer vom früheren Arbeitgeber Urlaub erhalten hat, kann der Arbeitnehmer hier nur die Differenz zwischen dem Teilurlaubsanspruch in Höhe von acht Tagen und dem auf diese Zeit entfallenen Urlaub aus dem früheren Arbeitsverhältnis in Höhe von sechs Tagen verlangen. Er hat daher gegen den späteren Arbeitgeber nur einen **Teilurlaubsanspruch in Höhe von zwei Tagen** (vgl. zu dieser Fallkonstellation BAG 6. 11. 1969 AP Nr. 1 zu § 6 BUrlG).

3. Teilurlaubsansprüche in beiden Arbeitsverhältnissen

22 Hat der Arbeitnehmer **in beiden Arbeitsverhältnissen nur Teilurlaubsansprüche** nach § 5 Abs. 1 Buchst. a und b erworben, ist **§ 6 Abs. 1 nicht anzuwenden.** Diese Teilurlaubsansprüche beziehen sich notwendig auf unterschiedliche Zeitabschnitte, weshalb es ausgeschlossen ist, daß der Arbeitnehmer einen höheren Urlaubsanspruch erwirbt als nach dem BUrlG vorgesehen ist (BAG 23. 9. 1965 BAGE 17, 289, 293 f. = AP Nr. 1 zu § 5 BUrlG mit Anm. *Witting*; GK-BUrlG/*Bachmann* § 6 Rz 3; *Boldt/Röhsler* § 6 Rz 1; *Dersch/Neumann* § 6 Rz 2; ErfK/*Dörner* § 6 BUrlG Rz 7; *Natzel* § 6 Rz 8; *Tautphäus* Rz 52).

Ausschluß von Doppelansprüchen § 6 BUrlG

Soweit bei zwei Teilurlaubsansprüchen in einem Kalenderjahr gemäß § 5 23
Abs. 2 eine **Aufrundung von Bruchteilen** zu erfolgen hat, wirkt sich dies
nicht nicht nach § 6 Abs. 1 auf die Entstehung von Urlaubsansprüchen bei
dem späteren Arbeitgeber aus (GK-BUrlG/*Bachmann* § 6 Rz 4; *Dersch/
Neumann* § 6 Rz 3; *Hohmeister* § 6 Rz 4; *Natzel* § 6 Rz 9; – a. A. *Boldt/
Röhsler* § 6 Rz 14; LAG Düsseldorf BB 1968, 874). Der Urlaubsanspruch in
dem zweiten Arbeitsverhältnis entsteht ungekürzt.
Zwar kann sich durch die Aufrundung nach § 5 Abs. 2 die Urlaubsdauer 24
verlängern. **Gegen eine Berücksichtigung des aufgerundeten Teilurlaubs** im
Rahmen des § 6 Abs. 1 spricht jedoch, daß diese Regelung nur zur Anwendung kommt, wenn sich Urlaubsansprüche auf gleiche Zeiträume beziehen.
Hieran fehlt es aber stets, wenn in zwei in einem Kalenderjahr nacheinander
bestehenden Arbeitsverhältnissen jeweils nur Teilurlaubsansprüche entstehen.

4. Keine Anrechnung von nicht erfüllten Urlaubsansprüchen

Nicht erfüllte Urlaubsansprüche aus einem früheren Arbeitsverhältnis 25
hindern nicht das Entstehen von Urlaubsansprüchen gegen den neuen Arbeitgeber. Zwar hatte der Sechste Senat des BAG im Jahre 1982 angenommen (BAG 25. 11. 1982 BAGE 40, 379, 381 ff. = AP Nr. 3 zu § 6 BUrlG),
daß die Erfüllung des Urlaubsanspruchs im neuen Arbeitsverhältnis auch
einen noch bestehenden Resturlaubsanspruch bzw. einen Abgeltungsanspruch aus dem früheren Arbeitsverhältnis zum Erlöschen bringe (vgl. dazu
(noch) zust. *Leinemann* NZA 1985, 137, 143; GK-BUrlG/*Bachmann* § 6
Rz 26; *Herbst* Anm. zu BAG AR-Blattei Urlaub Entsch. 187).
Diese Auffassung hat der Achte Senat des BAG (BAG 28. 2. 1991 BAGE 26
67, 283 = AP Nr. 4 zu § 6 BUrlG; zust. ErfK/*Dörner* § 6 BUrlG Rz 9; MünchArbR/*Leinemann* § 91 Rz 113; *Schütz/Hauck* Rz 848) nunmehr ausdrücklich aufgegeben. Er hat zu Recht darauf hingewiesen, daß Urlaubsabgeltungsansprüche aufgrund eines früheren Arbeitsverhältnisses durch das Entstehen von Urlaubsansprüchen in einem nachfolgenden Arbeitsverhältnis
nicht berührt werden. § 6 Abs. 1 schließt Urlaubsansprüche in einem nachfolgenden Arbeitsverhältnis nur aus, wenn die Urlaubsansprüche aus dem
vorangegangenen Arbeitsverhältnis erfüllt oder abgegolten sind. **Für noch
nicht abgegoltene, also noch abzugeltende Urlaubsansprüche** aus dem früheren Arbeitsverhältnis **enthält § 6 Abs. 1 keine Regelung**.
Durch § 6 Abs. 1 wird für den Arbeitgeber des vorangegangenen Arbeits- 27
verhältnisses **weder eine Kürzungsbefugnis** gegenüber dem Arbeitnehmer
eröffnet, **noch besteht ein Wahlrecht** des Arbeitnehmers, sich wegen seiner
Ansprüche an den früheren oder den nachfolgenden Arbeitgeber zu wenden
(so aber GK-BUrlG/*Bachmann* § 6 Rz 58, 63 mit unzutreffendem Hinweis
auf *Leinemann* NZA 1985, 137, 144).
Eine Verweisung des Arbeitnehmers auf den Arbeitsbefreiungsanspruch 28
im nachfolgenden Arbeitsverhältnis, weil dieser „vorrangig" vor dem Abgeltungsanspruch sei (so BAG 5. 11. 1970 BAGE 23, 41 ff. = AP Nr. 8 zu § 7
BUrlG Abgeltung mit Anm. *Meisel*; ArbG Reutlingen 18. 2. 1992 NZA
1993, 457; *Dersch/Neumann* § 6 Rz 25; *Schaub* § 102 A. II 4 b) scheidet aus.

147

Abgesehen davon, daß der **Vorrang des Freizeitanspruchs** vor dem Abgeltungsanspruch **nur im fortbestehenden Arbeitsverhältnis** beachtlich sein kann (*Leinemann* NZA 1985, 137, 144), ist § 7 Abs. 4 zu entnehmen, daß ein bei Beendigung eines Arbeitsverhältnisses noch bestehender Urlaubsanspruch abzugelten ist, ohne die Entstehung neuer Urlaubsansprüche in einem anderen Arbeitsverhältnis auszuschließen.

29 Mit der Klarstellung des BAG (Urteil vom 28. 2. 1991 BAGE 67, 283 = AP Nr. 4 zu § 6 BUrlG) ist nunmehr auch die Grundlage für die Auffassung hinfällig, der Arbeitnehmer habe ein Wahlrecht zwischen dem Abgeltungsanspruch gegen den früheren Arbeitgeber und dem Anspruch auf Arbeitsbefreiung gegen den neuen Arbeitgeber, da beide Ansprüche unabhängig voneinander bestehen. Der Arbeitnehmer kann zwar wählen, ob er den einen oder den anderen oder beide Ansprüche verfolgt. Seine „Wahl" hat **aber keinen Einfluß auf den Bestand des jeweils anderen Anspruchs** (*MünchArbR/Leinemann* § 91 Rz 113).

30 Soweit im Schrifttum ein **Gesamtschuldverhältnis zwischen beiden Arbeitgebern** angenommen wird (so etwa *Dersch/Neumann* § 6 Rz 30 f.; *Schaub* § 102 A. II 4 b), scheitert es bereits daran, daß ein Ausgleich nur in Geld möglich wäre, der Urlaubsanspruch und auch der Abgeltungsanspruch aber nicht beliebig in eine Geldforderung umwandelbar sind. Der Urlaubsanspruch ist als Arbeitsbefreiungsanspruch nicht gesamtschuldfähig (zutreffend *Natzel* § 6 Rz 29; im Ergebnis auch ErfK/*Dörner* § 6 BUrlG Rz 13; *Meisel* Anm. zu BAG AP Nr. 8 zu § 7 BUrlG Abgeltung; *Schütz/Hauck* Rz 850; *Tautphäus* § 13 Rz 56).

5. Darlegungs- und Beweislast

31 § 6 Abs. 1 enthält eine **rechtshindernde Einwendung,** deren Voraussetzungen der **Arbeitgeber darzulegen und zu beweisen** hat (ebenso *Dörner* AR-Blattei Urlaub V, unter C I; ErfK/*Dörner* § 6 BUrlG Rz 19; *Prütting* Gegenwartsprobleme der Beweislast, 1983, S. 308 ff.; *Schaub* § 102 A. II 4; *Schütz/Hauck* Rz 851; *Siara* § 6 Anm. 9). Wenn sich der Arbeitgeber auf den Ausschlußtatbestand des § 6 Abs. 1 beruft, hat er daher mindestens darzulegen, daß sich der Arbeitnehmer vor dem Eintritt in seinen Betrieb in einem Arbeitsverhältnis befunden hat, in dem er die Möglichkeit zum Erwerb von Urlaubsansprüchen hatte, die dem Entstehen von Urlaubsansprüchen in dem neuen Arbeitsverhältnis entgegenstehen könnten (BAG 9. 10. 1969 AP Nr. 7 zu § 5 BUrlG mit Anm. *Meisel* = SAE 1970, 153 mit Anm. *Dütz* = AuR 1970, 190 mit Anm. *van Gelder*).

32 Allein die Tatsache, daß es für den Arbeitnehmer leichter ist, das Fehlen der Voraussetzungen des § 6 Abs. 1 darzulegen, rechtfertigt nicht, von der in § 6 Abs. 1 enthaltenen Beweislastregel abzurücken (*Prütting* S. 308 f.; – a. A. GK-BUrlG/*Bachmann* § 6 Rz 19; *Boldt/Röhsler* § 6 Rz 15; *Dütz* SAE 1970, 155, 157 f.; *Meisel* Anm. zu BAG AP Nr. 7 zu § 5 BUrlG; *Natzel* § 6 Rz 31). In der Regel kann der neue Arbeitgeber aus der vom früheren Arbeitgeber gemäß § 6 Abs. 2 auszustellenden **Urlaubsbescheinigung** ersehen, in welchem Umfang der Arbeitnehmer im laufenden Urlaubsjahr bereits Urlaub vom früheren Arbeitgeber erhalten hat.

Ausschluß von Doppelansprüchen § 6 BUrlG

Wenn allerdings der Arbeitnehmer dem neuen Arbeitgeber keine Ur- 33
laubsbescheinigung des früheren Arbeitgebers übergeben hat und deshalb
der neue Arbeitgeber nicht darlegen kann, in welchem Umfang der Arbeitnehmer bereits Urlaub erhalten hat, geht nach den Grundsätzen der **abgestuften Darlegungs- und Beweislast** die Beweislast auf den Arbeitnehmer über.
Der Arbeitnehmer hat dann – nachdem der Arbeitgeber zuvor dargelegt hat, daß der Arbeitnehmer im laufenden Kalenderjahr bei einem anderen Arbeitgeber beschäftigt war – darzulegen, wie viele Tage Urlaub ihm bereits vom früheren Arbeitgeber gewährt worden sind.

III. Aushändigung der Urlaubsbescheinigung, § 6 Abs. 2

1. Urlaubsbescheinigung

a) Inhalt

Aus der nach § 6 Abs. 2 dem Arbeitnehmer auszuhändigenden Urlaubs- 34
bescheinigung muß sich die Identität des Arbeitnehmers ergeben, um Verwechselungen und Mißbrauch zu verhindern. Dazu ist regelmäßig die **volle Namensangabe** erforderlich (GK-BUrlG/*Bachmann* § 6 Rz 29; *Boldt/Röhsler* § 6 Rz 32; *Dersch/Neumann* § 6 § 7 Rz. 11 ff.; *Natzel* § 6 Rz 52). Die Angabe des Geburtsdatums ist nicht unbedingt notwendig, im Hinblick auf die sichere Feststellung der Identität des Arbeitnehmers allerdings zweckmäßig.

Der Arbeitgeber hat dem Arbeitnehmer die Dauer des im laufenden Ka- 35
lenderjahres gewährten oder abgegoltenen Urlaubs zu bescheinigen. Er muß daher in der Bescheinigung das **Kalenderjahr benennen,** für das die Bescheinigung gilt, sowie die Anzahl der für dieses Kalenderjahr tatsächlich gewährten oder abgegoltenen Urlaubstage. **Übertragener Urlaub aus dem Vorjahr hat dabei außer Betracht zu bleiben** (vgl. Rz 5 f.).

Der durch **Arbeitsbefreiung** gewährte Urlaub muß nicht gesondert von 36
den **abgegoltenen Urlaubstagen** ausgewiesen werden, weil gewährter und abgegoltener Urlaub gleichermaßen der Entstehung von Urlaubsansprüchen beim neuen Arbeitgeber entgegenstehen (GK-BUrlG/*Bachmann* § 6 Rz 32; *Natzel* § 6 Rz 50; – a. A. *Boldt/Röhsler* § 6 Rz 36).

Weiterhin muß die Urlaubsbescheinigung die **Dauer des Arbeitsver-** 37
hältnisses im laufenden Kalenderjahr erkennen lassen (GK-BUrlG/*Bachmann* § 6 Rz 30; *Boldt/Röhsler* § 6 Rz 32). Nur so ist nachvollziehbar, für welche Zeiten des Jahres der Arbeitnehmer bereits Urlaub erhalten hat.

Die Urlaubsbescheinigung muß sich grundsätzlich nur auf den **gewährten** 38
oder abgegoltenen gesetzlichen Mindesturlaub beziehen, weil der Ausschlußtatbestand des § 6 Abs. 1 nur hierfür gilt (dazu Rz 3 f.). Da § 6 Abs. 1 jedoch auf den tariflichen Urlaub, der den gesetzlichen Urlaub übersteigt, entsprechend anwendbar ist, soweit nicht besondere tarifliche Regelungen anderes bestimmen, hat sich die Urlaubsbescheinigung auch hierauf zu beziehen, wenn im Tarifvertrag nichts Abweichendes geregelt ist (im Ergebnis ebenso GK-BUrlG/*Bachmann* § 6 Rz 31).

b) Form

39 Die Urlaubsbescheinigung ist **schriftlich** auszustellen (GK-BUrlG/*Bachmann* § 6 Rz 34; ErfK/*Dörner* § 6 BUrlG Rz 15; *Natzel* § 6 Rz 51). Dies ergibt sich zwingend aus § 6 Abs. 2, wonach der Arbeitgeber verpflichtet ist, dem Arbeitnehmer eine „Bescheinigung ... auszuhändigen". Die Aushändigung einer Bescheinigung setzt denknotwendig deren schriftliche Ausstellung voraus. Gemäß § 126 Abs. 1 BGB muß die Urlaubsbescheinigung vom Aussteller unterzeichnet sein.

40 Die Urlaubsbescheinigung ist auf einer **gesonderten Urkunde** auszustellen. Wegen der besonderen Bedeutung im Hinblick auf § 6 Abs. 1 kann die Urlaubsbescheinigung auch nicht in Verbindung mit einem einfachen Zeugnis in einer Urkunde ausgestellt werden (ebenso GK-BUrlG/*Bachmann* § 6 Rz 34; *Hohmeister* § 6 Rz 19; einschränkend *Boldt/Röhsler* § 6 Rz 26; *Natzel* § 6 Rz 54 f.; – a. A. *Dersch/Neumann* § 6 Rz 17).

2. Aushändigung

41 Der Arbeitgeber hat gemäß § 6 Abs. 2 dem Arbeitnehmer die Urlaubsbescheinigung **bei Beendigung des Arbeitsverhältnisses** auszuhändigen. Der Anspruch des Arbeitnehmers auf die Urlaubsbescheinigung ist daher erst zum Zeitpunkt der rechtlichen Beendigung des Arbeitsverhältnisses, d. h. in der Regel mit Ablauf der Kündigungsfrist fällig (GK-BUrlG/*Bachmann* § 6 Rz 35; *Natzel* § 6 Rz 56).

42 Die Pflicht zur Aushändigung der Urlaubsbescheinigung ist eine **Holschuld,** die nur dann zu einer Schickschuld wird, wenn der Arbeitgeber dem Arbeitnehmer zum Zeitpunkt der Beendigung die Urlaubsbescheinigung nicht aushändigt (GK-BUrlG/*Bachmann* § 6 Rz 36; *Boldt/Röhsler* § 6 Rz 25; *Natzel* § 6 Rz 58).

43 Der Arbeitgeber kann an der Aushändigung der Urlaubsbescheinigung ebensowenig wie an anderen Arbeitspapieren ein **Zurückbehaltungsrecht** ausüben (*Boldt/Röhsler* § 6 Rz 24; ErfK/*Dörner* § 6 BUrlG Rz 16).

3. Prozessuale Durchsetzung des Anspruchs

44 Der Arbeitnehmer kann durch **Leistungsklage** vom Arbeitgeber die Ausstellung einer Urlaubsbescheinigung verlangen. Der Klageantrag muß dabei den Wortlaut der Urlaubsbescheinigung enthalten, insbesondere die Dauer des Arbeitsverhältnisses im laufenden Kalenderjahr und die Anzahl der gewährten oder abgegoltenen Urlaubstage.

45 Ein Urteil auf Ausstellung einer Urlaubsbescheinigung wird nach § 888 **ZPO** und nicht nach § 894 ZPO **vollstreckt,** weil Gegenstand der Verurteilung die Abgabe einer Wissenserklärung und nicht eine Willenserklärung ist (GK-BUrlG/*Bachmann* § 6 Rz 39; *Dersch/Neumann* § 6 Rz 15; *Natzel* § 6 Rz 66; – a. A. unzutreffend *Boldt/Röhsler* § 6 Rz 30).

Zeitpunkt, Übertragbarkeit und Abgeltung des Urlaubs § 7 BUrlG

IV. Anspruch des neuen Arbeitgebers auf Vorlage der Urlaubsbescheinigung

Entgegen wohl überwiegend vertretener Auffassung (vgl. *Boldt/Röhsler* 46 § 6 Rz 37; *Dersch/Neumann* § 6 Rz 14; *Natzel* § 6 Rz 61; *Siara* § 6 Anm. 15) hat der **neue Arbeitgeber gegen den Arbeitnehmer keinen Anspruch auf Vorlage einer Urlaubsbescheinigung** des früheren Arbeitgebers (ebenso GK-BUrlG/*Bachmann* § 6 Rz 43; ErfK/*Dörner* § 6 BUrlG Rz 18). Hierfür gibt es keine Anspruchsgrundlage.

Anders als andere Arbeitspapiere, wie insbesondere Lohnsteuerkarte, So- 47 zialversicherungsnachweisheft oder Arbeitserlaubnis ausländischer Arbeitnehmer (dazu im einzelnen *Schaub* § 33 I 1), ist die Urlaubsbescheinigung für den neuen Arbeitgeber **nicht erforderlich, um seinen öffentlich-rechtlichen Verpflichtungen nachzukommen.** Deshalb kann nicht aus der für diese Arbeitspapiere anerkannten Vorlagepflicht des Arbeitnehmers auf eine Pflicht zur Vorlage der Urlaubsbescheinigung geschlossen werden. Im Hinblick auf die Beweislastverteilung in § 6 Abs. 1 (dazu Rz 31 ff.) liegt es allerdings im Interesse des Arbeitnehmers, dem Arbeitgeber eine Urlaubsbescheinigung des früheren Arbeitgebers vorzulegen.

§ 7 Zeitpunkt, Übertragbarkeit und Abgeltung des Urlaubs

(1) ¹Bei der zeitlichen Festlegung des Urlaubs sind die Urlaubswünsche des Arbeitnehmers zu berücksichtigen, es sei denn, daß ihrer Berücksichtigung dringende betriebliche Belange oder Urlaubswünsche anderer Arbeitnehmer, die unter sozialen Gesichtspunkten den Vorrang verdienen, entgegenstehen. ²Der Urlaub ist zu gewähren, wenn der Arbeitnehmer dies im Anschluß an eine Maßnahme der medizinischen Vorsorge oder Rehabilitation verlangt.

(2) ¹Der Urlaub ist zusammenhängend zu gewähren, es sei denn, daß dringende betriebliche oder in der Person des Arbeitnehmers liegende Gründe eine Teilung des Urlaubs erforderlich machen. ²Kann der Urlaub aus diesen Gründen nicht zusammenhängend gewährt werden, und hat der Arbeitnehmer Anspruch auf Urlaub von mehr als zwölf Werktagen, so muß einer der Urlaubsteile mindestens zwölf aufeinanderfolgende Werktage umfassen.

(3) ¹Der Urlaub muß im laufenden Kalenderjahr gewährt und genommen werden. ²Eine Übertragung des Urlaubs auf das nächste Kalenderjahr ist nur statthaft, wenn dringende betriebliche oder in der Person des Arbeitnehmers liegende Gründe dies rechtfertigen. ³Im Fall der Übertragung muß der Urlaub in den ersten drei Monaten des folgenden Kalenderjahres gewährt und genommen werden. ⁴Auf Verlangen des Arbeitnehmers ist ein nach § 5 Abs. 1 Buchstabe a entstehender Teilurlaub jedoch auf das nächste Kalenderjahr zu übertragen.

(4) Kann der Urlaub wegen Beendigung des Arbeitsverhältnisses ganz oder teilweise nicht mehr gewährt werden, so ist er abzugelten.

BUrlG § 7 *Teil I. C. Erläuterungen zum BUrlG*

Schrifttum: *Bengelsdorf,* Befristung des gesetzlichen Urlaubsanspruchs und Mutterschaftsurlaub, NZA 1985, 613; *Besuden,* Der Urlaubsabgeltungsanspruch, 1997; *Compensis,* Die Vererblichkeit von Sozialplananspriichen und anderen Abfindungen, DB 1992, 888; *Corts,* Einstweilige Verfügung auf Urlaubsgewährung, NZA 1998, 357; *Dörner,* Der Urlaubsanspruch, AR-Blattei Urlaub V; *ders.,* Durchsetzung des Urlaubsanspruchs, AR-Blattei Urlaub X; *ders.,* Erlöschen des Urlaubsanspruchs, AR-Blattei Urlaub XII; *Färber,* Die Übertragung des Urlaubsanspruchs und seine Abgeltung, DB 1984, 1826; *Fieberg,* Vor dem Gesetz – Anmerkungen zum Verhältnis der tariflichen Urlaubsvorschriften des Öffentlichen Dienstes zum BUrlG anhand der Rechtsprechung des Bundesarbeitsgerichts –, ZTR 1988, 113; *Gaul,* Zur pfändungsrechtlichen Behandlung des Urlaubsabgeltungsanspruchs, NZA 1987, 473; *van Gelder/Böttner,* Bruchteile von Urlaubstagen und ihre Abgeltung, AuR 1969, 321; *ders.,* Teilurlaub und Ganztagsprinzip, AuR 1970, 267; *Gerauer,* Das Selbstbeurlaubungsrecht des Arbeitnehmers, NZA 1988, 154; *Hefermehl,* Erklärungen und Handlungen im Arbeitsverhältnis, BArbBl. 1967, 310; *Heither,* Das Erlöschen des Urlaubsanspruchs durch Zeitablauf, AuR 1968, 165; *Hiekel,* Die Durchsetzung des Urlaubsanspruchs, NZA Beil. 2/1990, S. 32; *Hohmeister,* Die zeitliche Festlegung des Urlaubs eines „freigestellten" Arbeitnehmers, DB 1998, 1130; *Hoß/Lohr,* Die Freistellung des Arbeitnehmers, BB 1998, 2575; *Klischan/Schlebusch,* Urlaubsrecht aktuell – Prüfpunkte auf der Grundlage der BAG-Rechtsprechung, DB 1986, 1017; *Kohte,* Kontinuität und Bewegung im Urlaubsrecht, BB 1984, 609; *Krasshöfer,* Die Erfüllung und Durchsetzung des Urlaubsanspruchs, AuA 1997, 181; *Künzl,* Die Befristung des Urlaubsanspruchs, BB 1991, 1630; *ders.,* Urlaubsabgeltung bei Erwerbsunfähigkeit, BB 1987, 687; *von der Laden,* Die Bestimmung der Urlaubszeit nach dem BUrlG und dem BetrVG, 1971; *Leege,* Das Verhältnis von Urlaubs- und Urlaubsabgeltungsanspruch, Diss. Bielefeld 1996; *Leinemann,* Der Urlaubsanspruch nach dem BUrlG, DB 1983, 989; *ders.,* Die neue Rechtsprechung des BAG zum Urlaubsrecht, NZA 1985, 137; *ders.,* Gesetzliches und tarifliches Urlaubsrecht, AuR 1987, 193; *ders.,* Reformversuche und Reformbedarf im Urlaubsrecht, FS für Stahlhacke, 1995, S. 317 = BB 1995, 1954; *ders.,* Der urlaubsrechtliche und der entgeltfortzahlungsrechtliche Freischichttag, FS für Schaub, 1998, S. 443; *Leinemann/Lipke,* Betriebsübergang und Urlaubsanspruch, DB 1988, 1217; *Leinemann/Schütz,* Die Bedeutung internationaler und europäischer Arbeitsrechtsnormen für die Arbeitsgerichtsbarkeit, BB 1993, 2519; *dies.,* Wirkungen der Übereinkommen der IAO auf das Recht der Bundesrepublik Deutschland, ZfA 1994, 1; *Lepke,* Die Gewährung gesetzlichen Erholungsurlaubs, DB 1988, Beil. 10; *ders.,* Die nachträgliche Änderung bereits erteilten Urlaubs, DB 1990, 1131; *Leuchten,* Die Abgeltung des Urlaubs bei Ausscheiden des Arbeitnehmers in zweiten Jahreshälfte, NZA 1996, 565; *Nägele,* Unabdingbarkeit des Mindesturlaubsanspruchs, BB 1991, 837; *ders.,* Die Vergütungs- und Urlaubsansprüche in der Zeit der Freistellung, DB 1998, 518; *Natzel,* Von den Elementen des Urlaubsbegriffs, DB 1968, 1491; *Ostrop,* Verfall des Urlaubsanspruchs nach Ablauf des Übertragungszeitraumes, NZA 1993, 208; *Peltzer,* Zur jüngsten Reform der Urlaubsabgeltungsvorschriften des öffentlichen Tarifrechts und deren Reichweite, NZA 1988, 493; *Petri,* Urlaubsabgeltung bei Beendigung des Arbeitsverhältnisses, AiB 1985, 7; *Pfeifer,* Pfändung urlaubsrechtlicher Ansprüche, NZA 1996, 738; *Plüm,* Urlaubsgewährung und Schuldnerverzug, NZA 1988, 716; *Renaud,* Die Abgeltung von Urlaubsansprüchen, 1977; *Richardi,* Ausschlußfristen bei unabdingbaren gesetzlichen Ansprüchen, insbesondere dem Urlaubsanspruch, RdA 1962, 62; *Rummel,* Arbeitsunfähigkeit und Urlaubsabgeltung, NZA 1986, 383; *Schäfer,* Urlaubsgewährung bei fortbestehender Arbeitsunfähigkeit, NZA 1993, 204; *Sowka,* Die Übertragung von Erholungsurlaub auf die Zeit nach Beendigung des Erziehungsurlaubs, NZA 1989, 497; *Steffen,* Urlaubsabgeltung, AR-Blattei SD 1640.3 (1997); *Streblow,* Erholungsurlaub trotz Krankheit, 1986; *Stein,* Schadenersatz oder Vererbung des Urlaubsanspruchs beim Tod des Arbeitnehmers, RdA 2000, 16; *Weber,* Die Ansprüche auf Urlaub, Urlaubsentgelt und Urlaubsabgeltung, RdA 1995, 229; *Weiler/Rath,* Der Urlaub nach Ausspruch einer Kündigung, NZA 1987, 337; *Widera,* Zu den Möglichkeiten und Grenzen der Urlaubsübertragung, DB 1988, 756; *Winderlich,* Urlaubsabgeltung und befristetes Arbeitsverhältnis, BB 1989, 2035; *Zetl,* Die Urlaubsabgeltung im Licht der neueren Rechtsprechung, ZTR 1989, 226; *Zöllner,* Die Festsetzung des Urlaubs und ihre Erzwingung, DB 1957, 508.

Übersicht

	Rz
Vorbemerkungen	3
I. Zeitliche Festlegung des Urlaubs (Abs. 1)	3
1. Merkmale der Urlaubserteilung	
a) Arbeitgeber als Schuldner des Urlaubsanspruchs	3
b) Willenserklärung	4
c) Freistellung zur Erfüllung des Urlaubsanspruchs	5
d) Erfüllungshandlung und Leistungsbestimmung	11
e) Bedeutung von Urlaubslisten	16
2. Keine Selbstbeurlaubung durch den Arbeitnehmer	19
3. Konkretisierung des Urlaubsanspruchs nach Maßgabe des § 7 Abs. 1	26
a) Merkmale des § 7 Abs. 1 Satz 1	26
b) Urlaubswünsche des Arbeitnehmers	33
c) Leistungsverweigerungsrecht des Arbeitgebers	36
aa) Dringende betriebliche Belange	38
bb) Urlaubswünsche anderer Arbeitnehmer	43
cc) Darlegungs- und Beweislast	47
d) Urlaubsverlangen im Anschluß an eine Maßnahme der medizinischen Vorsorge oder Rehabilitation (§ 7 Abs. 1 Satz 2)	48
4. Annahmeverweigerungsrecht des Arbeitnehmers	52
5. Nachträgliche Änderung des Urlaubs auf Veranlassung des Arbeitgebers	55
6. Urlaubserteilung während der Kündigungsfrist	61
7. Mitbestimmung des Betriebsrats	65
a) Allgemeines	65
b) Urlaubsgrundsätze	68
c) Betriebsferien	70
d) Aufstellung des Urlaubsplans	73
e) Zeitliche Lage des Urlaubs einzelner Arbeitnehmer	75
8. Gerichtliche Durchsetzung des Urlaubsanspruchs	77
a) Leistungsklage auf Urlaubsgewährung zu einem bestimmten Zeitpunkt	77
b) Leistungsklage auf Urlaubsgewährung ohne bestimmte Zeitangabe	80
c) Zwangsvollstreckung aus einem Leistungsurteil auf Urlaubsgewährung	82
d) Feststellungsklage	89
e) Einstweilige Verfügung	93
II. Die Pflicht zur zusammenhängenden Urlaubsgewährung (Abs. 2)	97
1. Gesundheitspolitische Zielsetzung der Regelung	97
2. Geltungsbereich	100
3. Inhalt der Regelung	102
4. Ausnahmen	106
5. Tarifliche Abdingbarkeit	107

BUrlG § 7   Teil I. C. Erläuterungen zum BUrlG

Rz
III. Befristung und Übertragung des Urlaubsanspruchs (Abs. 3) ... 109
  1. Befristung des Urlaubsanspruchs 109
  2. Erfüllung des Urlaubsanspruchs im laufenden Kalenderjahr 115
  3. Übertragung des Urlaubsanspruchs gemäß § 7 Abs. 3 Satz 2
     und 3 117
     a) Allgemeines 117
     b) Voraussetzungen der Übertragung 118
     c) Darlegungs- und Beweislast 122
     d) Übertragung kraft Gesetzes 123
     e) Übertragungszeitraum 126
     f) Urlaubsgewährung im Übertragungszeitraum 127
  4. Leistungsstörungen 130
     a) Unmöglichkeit der Erfüllung des Urlaubsanspruchs 131
     b) Erkrankung vor Festsetzung des Urlaubs 134
     c) Erkrankung des Arbeitnehmers bis zum Ende des Übertra-
        gungszeitraums 138
  5. Vom Arbeitgeber zu vertretende Unmöglichkeit der Erfüllung
     des Urlaubsanspruchs 157
     a) Allgemeines 157
     b) Schadenersatzanspruch des Arbeitnehmers 159
     c) Ersatzurlaubsanspruch 163
  6. Urlaubsanspruch und Kündigungsschutzprozeß 170
     a) Geltendmachung des Urlaubsanspruchs 170
     b) Urlaubsansprüche bei vorläufiger Weiterbeschäftigung 176
  7. Übertragung von Teilurlaubsansprüchen, § 7 Abs. 3 Satz 4 180
     a) Voraussetzungen 180
     b) Inhalt 183
     c) Verhältnis zur Übertragung nach § 7 Abs. 3 Satz 2 186

IV. Die Abgeltung des Urlaubsanspruchs (Abs. 4) 188
  1. Merkmale 189
     a) Entwicklung der Rechtsprechung 189
     b) Kritik 191
     c) Der Abgeltungsanspruch als Surrogat des Urlaubsan-
        spruchs 195
  2. Entstehen und Erfüllbarkeit 200
  3. Inhalt des Abgeltungsanspruchs 207
  4. Befristung des Urlaubsabgeltungsanspruchs 209
  5. Urlaubsabgeltung bei Erwerbsunfähigkeit 211
  6. Vereinbarkeit mit den Regelungen des IAO-Übereinkommens
     Nr. 132 214
  7. Vererblichkeit des Urlaubsabgeltungsanspruchs 217
  8. Pfändbarkeit und Abtretbarkeit des Urlaubsabgeltungsan-
     spruchs 222
  9. Sozialversicherungs- und steuerrechtliche Fragen 225

V. Abdingbarkeit 228

VI. Verjährung 229

VII. Ausschlußfristen 232
  1. Tarifliche Ausschlußfristen 232
  2. Einzelarbeitsverträge 235

Vorbemerkungen

1 In § 7 sind **wesentliche Grundsätze des Urlaubsrechts** geregelt. Abs. 1
   enthält die Merkmale, nach denen der Arbeitgeber den Urlaub zeitlich fest-

154

Zeitpunkt, Übertragbarkeit und Abgeltung des Urlaubs § 7 BUrlG

zulegen hat. Abs. 2 bestimmt, daß der Urlaub grundsätzlich zusammenhängend zu gewähren ist. Nach Abs. 3 hat der Arbeitgeber den Urlaub grundsätzlich im laufenden Kalenderjahr zu gewähren und der Arbeitnehmer den Urlaub in dieser Zeit zu nehmen. Nur ausnahmsweise ist eine Übertragung bis zum 31. März des folgenden Kalenderjahres möglich. Abs. 4 sieht vor, daß Urlaub, der wegen Beendigung des Arbeitsverhältnisses nicht gewährt werden kann, abzugelten ist.

§ 7 hat zahlreiche Änderungen erfahren. Diese Bestimmung ist zunächst 2 nach dem Inkrafttreten des BUrlG am 1. 1. 1963 durch das HeimArbÄndG vom 29. 10. 1974 (BGBl. I S. 2879) geändert worden. Abs. 2 wurde um Satz 2 ergänzt: „Kann der Urlaub aus diesen Gründen nicht zusammenhängend gewährt werden, und hat der Arbeitnehmer Anspruch auf Urlaub von mehr als zwölf Werktagen, so muß einer der Urlaubsteile mindestens zwölf aufeinanderfolgende Werktage umfassen." In Abs. 4 ist Satz 2 gestrichen worden. Dort war bestimmt, daß Abs. 4 Satz 1 nicht gilt, „wenn der Arbeitnehmer durch eigenes Verschulden aus einem Grund entlassen worden ist, der eine fristlose Kündigung rechtfertigt, oder das Arbeitsverhältnis unberechtigt vorzeitig gelöst hat und in diesen Fällen eine grobe Verletzung der Treuepflicht aus dem Arbeitsverhältnis vorliegt". Durch Art. 57 Nr. 1 PflegeVG vom 26. 5. 1994 (BGBl. I S. 1014, 1068) ist mit Wirkung zum 1. 6. 1994 § 7 Abs. 1 Satz 2 eingefügt worden.

I. Zeitliche Festlegung des Urlaubs (Abs. 1)

1. Merkmale der Urlaubserteilung

a) Arbeitgeber als Schuldner des Urlaubsanspruchs

Der Arbeitgeber ist nach § 7 Abs. 1 Schuldner der Pflicht zur Urlaubs- 3 erteilung. Er gewährt den Urlaub durch Festlegung der Urlaubszeit. Die Urlaubserteilung durch Bestimmung der Urlaubszeit erfolgt durch eine **Erklärung des Arbeitgebers**. Als Schuldner des Urlaubsanspruchs obliegt die Erteilung des Urlaubs allein dem Arbeitgeber, und zwar auch gegenüber freigestellten Betriebsratsmitgliedern.

b) Willenserklärung

Die Bestimmung der Urlaubszeit ist rechtlich eine **Willenserklärung** 4 **(rechtsgeschäftliche Erklärung)** des Arbeitgebers (ebenso BAG 23. 1. 1996 AP Nr. 10 zu § 5 BUrlG; GK-BUrlG/*Bachmann* § 7 Rz 6; *Boldt/Röhsler* § 7 Rz 36; ErfK/*Dörner* § 7 BUrlG Rz 5; *Hiekel* NZA 1990 Beil. 2 S. 32, 33; *Hohmeister* § 7 Rz 2; *Künzl* BB 1991, 1630, 1632; *Lepke* DB 1988 Beil. 10 S. 3; *Natzel* § 7 Rz 5; *Siara* § 7 Anm. 2). Es finden daher die Vorschriften der §§ 104 ff. BGB und namentlich die §§ 119 ff. BGB Anwendung (ebenso *Bachmann* aaO; *Boldt/Röhsler* aaO; *Lepke* aaO; *Schaub* § 102 Rz 70). Die Urlaubserteilung wird als einseitige empfangsbedürftige Willenserklärung nach § 130 BGB erst mit deren Zugang wirksam (BAG 23. 1. 1996 aaO). Für die Auslegung der Erklärung ist 133 BGB maßgeblich. Entscheidend ist daher, wie der Empfänger der Erklärung, also der Arbeitnehmer, die Erklärung verstehen muß (vgl. zur Bedeutung von Urlaubslisten Rz 16).

155

c) Freistellung zur Erfüllung des Urlaubsanspruchs

5   Aus der Erklärung des Arbeitgebers muß für den Arbeitnehmer erkennbar sein, daß der Arbeitgeber den Arbeitnehmer in Erfüllung der Pflicht zur Urlaubsgewährung durch die zeitliche Festlegung der Arbeitsbefreiung von den Arbeitspflichten freistellt (vgl. BAG 18. 12. 1986 BAGE 54, 59, 62 = AP Nr. 19 zu § 11 BUrlG = AR-Blattei Urlaub Entsch. 289 mit Anm. *Boldt;* BAG 31. 5. 1990 BAGE 65, 171, 172 f. = AP Nr. 13 zu § 13 BUrlG Unabdingbarkeit; BAG 9. 6. 1998 AP Nr. 23 zu § 7 BUrlG = DB 1999, 52 mit zust. Anm. *Hohmeister*). Der Erklärung des Arbeitgebers muß hinreichend klar zu entnehmen sein, daß der Arbeitgeber Urlaub erteilt und damit als Schuldner des Urlaubsanspruchs die geschuldete Leistung bewirkt und nicht als Gläubiger der Arbeitsleistung auf deren Annahme verzichtet (BAG 25. 1. 1994 BAGE 75, 294 = AP Nr. 16 zu § 7 BUrlG). Eine Urlaubserteilung unter Vorbehalt ist nicht geeignet, die Erfüllungswirkung der Urlaubsgewährung zu verhindern. Denn die Freistellung von der Arbeit ist keine Tatsache, die rückgängig gemacht werden könnte (BAG 16. 3. 1999 AP Nr. 25 zu § 7 BUrlG Übertragung).

6   **Eine Urlaubserteilung liegt nicht vor,** wenn der Arbeitgeber erklärt, er erwarte für einen bestimmten Zeitraum, etwa bis zum Ende der Kündigungsfrist, keine Arbeitsleistungen, er „**entbinde den Arbeitnehmer von der Arbeitspflicht**", oder er „verzichte" auf die Anwesenheit des Arbeitnehmers im Betrieb. Aus solchen Äußerungen ergibt sich nicht, daß der Arbeitgeber als **Schuldner** der Verpflichtung zur Urlaubsgewährung handelt, sondern nur, daß er als **Gläubiger** der Arbeitsleistung die Annahme der Arbeit mit den aus §§ 293 ff., 615 BGB folgenden Rechtswirkungen verweigert (ähnlich *Hohmeister* DB 1998, 1130 f.; *Hoß/Lohr* BB 1998, 2575, 2579 f.; a. A. *Nägele* DB 1998, 518).

7   Das gleiche gilt, wenn der Arbeitgeber während eines **Beschäftigungsverbots nach § 3 Abs. 1 MuSchG** der Arbeitnehmerin erklärt, er stelle sie von der Arbeit frei, weil er keine andere Tätigkeit anbieten könne. Auch hierin liegt keine Urlaubsgewährung, sondern ein Verzicht auf die Annahme der Arbeitsleistung, weil nicht ersichtlich ist, daß der Arbeitgeber als Schuldner des Urlaubsanspruchs die Arbeitnehmerin zur Erfüllung dieser Verpflichtung von der Arbeit freistellt. Hiergegen kann auch nicht eingewendet werden, die Arbeitnehmerin habe während des Beschäftigungsverbots den Urlaub selbst verwirklichen können. Damit wird verkannt, daß der Arbeitnehmer sich nicht selbst beurlauben kann. Der Arbeitgeber gerät in diesem Fall daher in Annahmeverzug, und zwar auch dann, wenn er Tätigkeiten, die von der Arbeitnehmerin nach dem Arbeitsvertrag geschuldet sind, nicht zuweisen kann. Urlaubsansprüche der Arbeitnehmerin bleiben unberührt (BAG 25. 1. 1994 BAGE 75, 294 = AP Nr. 16 zu § 7 BUrlG = SAE 1995, 193 mit Anm. *Coester;* zustimmend *Kaiser* ZfA 1996, 115, 151).

8   Eine Urlaubserteilung liegt gleichfalls nicht vor, wenn Arbeitgeber und Arbeitnehmer anläßlich der Beendigung des Arbeitsverhältnisses vereinbaren, daß der **Arbeitnehmer bis zum Ende der Kündigungsfrist von der Arbeitsleistung freigestellt** ist. Denn damit ist keine Abrede darüber getroffen, daß mit der Freistellung zugleich auch der Urlaubsanspruch des Ar-

beitnehmers erfüllt oder daß der Arbeitnehmer unter Anrechnung auf den Urlaubsanspruch von der Arbeit freigestellt werde (BAG 31. 5. 1990 BAGE 65, 171, 172 = AP Nr. 13 zu § 13 BUrlG Unabdingbarkeit; zuletzt BAG 23. 1. 2001, NZA 2001, 597; – a. A. *Nägele* BB 1991, 837). Aus diesem Grund ist unbeachtlich, ob der Arbeitnehmer z.B. vom Arbeitgeber während der Kündigungsfrist von der Arbeitsleistung unter voller Lohnzahlung freigestellt war und mit einem **Rückruf auf den Arbeitsplatz** nicht zu rechnen brauchte (a. A. BAG 16. 11. 1968 AP Nr. 3 zu § 7 BUrlG, das zwar ebenfalls hierin keine Urlaubserteilung gesehen, aber das Urlaubsabgeltungsverlangen des Arbeitnehmers als rechtsmißbräuchlich bezeichnet hat). Will der Arbeitgeber seine Verpflichtung zur Urlaubsgewährung erfüllen, muß er klarstellen, ob seine Erklärung sich auf diese Verpflichtung bezieht (BAG 18. 12. 1986 BAGE 54, 59 = AP Nr. 19 zu § 11 BUrlG; BAG 28. 2. 1991 BAGE 67, 283 = AP Nr. 4 zu § 6 BUrlG, zu II 1 der Gründe; vgl. dazu auch BAG 1. 10. 1991 BAGE 68, 308 = AP Nr. 12 zu § 7 BUrlG = EzA § 10 BUrlG n. F. Nr. 2 mit Anm. *Rotter;* BAG 25. 1. 1994 BAGE 75, 294 = AP Nr. 16 zu § 7 BUrlG = SAE 1995, 193 mit krit. Anm. *Coester).* 9

Erklärt demgegenüber der Arbeitgeber nach Ausspruch einer ordentlichen Kündigung, der Arbeitnehmer werde **bis zum Ablauf der Kündigungsfrist unter Anrechnung noch bestehender Urlaubsansprüche** auf die Freizeitgewährung von der Arbeitspflicht **freigestellt,** liegt eine Urlaubserteilung vor. Hieran ändert nichts, wenn der Arbeitgeber den Arbeitnehmer auch „zur Arbeitsvermittlung durch das zuständige Arbeitsamt" von der Arbeit freigestellt hat (BAG 18. 12. 1986 BAGE 54, 59, 63 = AP Nr. 19 zu § 11 BUrlG = EWiR § 7 BUrlG 2/87, 473 mit Anm. *Grunsky).* Denn diese Erklärung enthält nur den zusätzlichen Hinweis, daß der Arbeitgeber vom Arbeitnehmer keine Arbeitsbereitschaft mehr fordert. Eine Verpflichtung des Arbeitnehmers, sich zur Arbeitsvermittlung bereitzuhalten, kann hierin nicht gesehen werden, weil es ihm überlassen ist, ob und wann er sich beim Arbeitsamt zur Arbeitsvermittlung meldet. Urlaubsbeginn ist bei einer solchen Freistellung der erste Tag der Freistellung von der Arbeit, weil die Erklärung des Arbeitgebers gemäß §§ 133, 157 BGB so auszulegen ist, daß er zunächst seine Pflicht zur Urlaubserteilung erfüllen will. Wird der Arbeitnehmer während der Freistellung vor dem Ende des ihm zustehenden Urlaubs arbeitsunfähig, ist grundsätzlich nach § 9 zu verfahren. 10

d) Erfüllungshandlung und Leistungsbestimmung

Die **Urlaubserteilung ist Erfüllungshandlung** des Arbeitgebers (ErfK/ *Dörner* § 7 BUrlG Rz 5). Mit der Bestimmung der Urlaubszeit hat der Arbeitgeber das seinerseits zur Erfüllung des Urlaubsanspruchs Erforderliche getan. Die Leistung ist im Sinne von § 362 Abs. 1 BGB aber erst bewirkt, wenn der Leistungserfolg eingetreten ist, also der Arbeitnehmer den Urlaub erhalten hat. 11

Kommen für die vom Arbeitnehmer begehrte Freistellung von der Arbeitspflicht sowohl gesetzliche als auch tarifliche Urlaubsansprüche in Betracht, hat der Arbeitgeber auch zu bestimmen, welchen Anspruch des Arbeitnehmers er erfüllen will (BAG 1. 10. 1991 BAGE 68, 308 = AP Nr. 12 zu § 7 BUrlG = EzA § 10 BUrlG Nr. 2 mit krit. Anm. *Rotter).* Wenn ein 12

Arbeitnehmer **tariflichen Sonderurlaub** beantragt (z.B. nach § 50 Abs. 1 BAT), muß der Arbeitgeber bei der Urlaubsgewährung bestimmen, ob er dem Arbeitnehmer diesen tariflichen Sonderurlaub oder Erholungsurlaub erteilt. Gewährt der Arbeitgeber Sonderurlaub, ist es ihm grundsätzlich verwehrt, später die Zeit dieser Freistellung auf den Erholungsurlaub anzurechnen.

13 Der Arbeitgeber als Schuldner des Urlaubsanspruchs kann nicht nach Erfüllung seiner Verpflichtung oder nach Erlöschen durch Zeitablauf die Anspruchsgrundlagen für den durch die Urlaubserteilung bereits erloschenen Urlaubsanspruch austauschen. Nach **§ 366 Abs.** 1 BGB hat die Tilgungsbestimmung bei der Leistung und nicht (zeitlich) nach der Leistung zu erfolgen (BAG 1. 10. 1991 BAGE 68, 308 = AP Nr. 12 zu § 7 BUrlG, zu II 1 b der Gründe). Das hat für die Praxis zur Folge, daß der Arbeitgeber, wenn er der Auffassung ist, daß beispielsweise die Voraussetzungen für § 50 Abs. 1 BAT nicht gegeben sind, dies bei der Freistellung von der Arbeitspflicht klarstellen und dem Arbeitnehmer Erholungsurlaub erteilen muß.

14 **Tarifliche und gesetzliche Urlaubsregelungen können im Arbeitsverhältnis zusammentreffen,** etwa wenn in einem Tarifvertrag bestimmt ist, daß bei fristloser Kündigung oder vertragswidriger Auflösung des Arbeitsverhältnisses durch den Arbeitnehmer der über den gesetzlichen Mindesturlaub hinausgehende Urlaubsanspruch entfällt. Hat ein solcher Arbeitnehmer bereits einen Teil des tariflichen Urlaubs erhalten, stellt sich die Frage nach dem Umfang des ggf. bei Ende des Arbeitsverhältnisses bestehenden Abgeltungsanspruchs.

15 Die Antwort richtet sich danach, ob mit der Urlaubserteilung zunächst der tariflich vereinbarte oder der gesetzlich geregelte Teil des Urlaubsanspruchs erfüllt wird. **§ 366 Abs. 2 BGB ist nicht anwendbar,** weil es sich nicht um unterschiedliche Forderungen, sondern um einen einheitlichen tariflichen Anspruch handelt, und zwar auch dann, wenn aufgrund der Kündigung der Urlaubsanspruch gekürzt ist. Mit Rücksicht darauf, daß von diesem Anspruch der dem gesetzlichen Mindesturlaubsanspruch entsprechende Teil unabdingbar ist, muß davon ausgegangen werden, daß **der Urlaubsanspruch zunächst im Umfang des gesetzlichen Mindesturlaubs erfüllt wird.** Daher hängt das Entstehen eines Abgeltungsanspruchs in einem solchen Fall davon ab, ob dem Arbeitnehmer bei Beendigung des Arbeitsverhältnisses über den gewährten Urlaub hinaus noch Urlaub im gesetzlichen Mindestumfang zusteht. Hat ein Arbeitnehmer einen tariflichen Urlaubsanspruch von 30 Tagen und hiervon bereits 20 Tage erhalten, steht ihm ein Abgeltungsanspruch nicht zu, wenn im Tarifvertrag vorgesehen ist, daß im Falle einer fristlosen Kündigung der Abgeltungsanspruch entfällt.

e) Bedeutung von Urlaubslisten

16 Mit der Eintragung des Urlaubswunschs in eine vom Arbeitgeber in Umlauf gegebene Urlaubsliste ist gleichfalls noch **kein Urlaub festgelegt.** Der Arbeitnehmer teilt dem Arbeitgeber hierdurch nur einen Urlaubswunsch mit. Es bleibt Aufgabe des Arbeitgebers, gemäß § 7 Abs. 1 Satz 1 den Urlaub zu erteilen (GK-BUrlG/*Bachmann* § 7 Rz 7; *Boldt/Röhsler* § 7 Rz 17;

Zeitpunkt, Übertragbarkeit und Abgeltung des Urlaubs § **7 BUrlG**

Dersch/Neumann § 7 Rz 20; ErfK/*Dörner* § 7 BUrlG Rz 21; *Natzel* § 7 Rz 11; vgl. dazu auch BAG 24. 9. 1996 AP Nr. 22 zu § 7 BUrlG).

Besteht die betriebliche Übung, daß der Arbeitgeber die Liste alsbald nach 17 der Eintragung der Urlaubswünsche prüft und gegebenenfalls Korrekturen vornimmt, kann nach erfolgter Abstimmung der Urlaubswünsche von einer Urlaubserteilung durch **konkludentes Handeln** nur dann ausgegangen werden, wenn der Arbeitgeber nach der bestehenden betrieblichen Übung nicht nochmals gesondert ausdrücklich den einzelnen Arbeitnehmern Urlaub erteilt (vgl. *Dersch/Neumann* § 7 Rz 20; ErfK/*Dörner* § 7 BUrlG Rz 10; *Hohmeister* § 7 Rz 12; – weitergehend Hessisches LAG 8. 7. 1996 LAGE § 7 BUrlG Nr. 35). Bei Unklarheiten kann der Arbeitnehmer vom Arbeitgeber verlangen, daß dieser die Gewährung des Urlaubs bestätigt.

Der Arbeitgeber kann nach Eintragung der Urlaubswünsche in die Ur- 18 laubsliste die Urlaubserteilung grundsätzlich nicht mit der Begründung verweigern, für ihn sei nicht absehbar, ob in der vom Arbeitnehmer begehrten Urlaubszeit dringende betriebliche Belange der Urlaubserteilung entgegenstehen. Da der Urlaubsanspruch nach erfüllter Wartezeit zu **Beginn des Urlaubsjahres** fällig ist (dazu § 1 Rz 77 ff.), kann der Arbeitnehmer von diesem Zeitpunkt an vom Arbeitgeber die Erfüllung seines Urlaubsanspruchs verlangen. Die Erfüllungshandlung – Freistellung für eine bestimmte Zeit – kann dann vom Arbeitgeber nur unter Darlegung konkreter Tatsachen, die ein Leistungsverweigerungsrecht begründen (dazu Rz 36 ff.), verweigert werden. Im übrigen ist zu berücksichtigen, daß der Arbeitnehmer häufig auf eine frühzeitige Urlaubserteilung angewiesen ist, um z.B. eine Reise noch rechtzeitig buchen zu können.

2. Keine Selbstbeurlaubung durch den Arbeitnehmer

Ein „Selbstbeurlaubungsrecht" des Arbeitnehmers besteht nicht, und 19 zwar auch dann nicht, wenn sich das Urlaubsjahr oder der Übertragungszeitraum ihrem Ende nähern (BAG 31. 1. 1985 AP Nr. 6 zu § 8a MuSchG 1968 mit Anm. *Bemm* = SAE 1987, 64, mit Anm. *Pestalozza*, zu B III 4 der Gründe; BAG 25. 10. 1994 BAGE 78, 153 = AP Nr. 20 zu § 7 BUrlG = SAE 1995, 322 mit zust. Anm. *Ramrath*; vgl. auch BAG 20. 1. 1994 AP Nr. 114 zu § 626 BGB; GK-BUrlG/*Bachmann* § 7 Rz 70 ff.; *Boldt/Röhsler* § 7 Rz 44; *Dersch/Neumann* § 7 Rz 3; ErfK/*Dörner* § 7 BUrlG Rz 12; *Gerauer* NZA 1988, 154 ff.; *Leinemann* NZA 1985, 137, 138 Fn. 11; *Lepke* DB 1988 Beilage 10 S. 3; *Natzel* § 7 Rz 58; *Schaub* § 102 Rz 62; *Schütz/Hauck* Rz 461). Der eigenmächtige Urlaubsantritt durch den Arbeitnehmer ist eine **Verletzung seiner Arbeitspflichten**. Dies gilt auch für arbeitnehmerähnliche Personen (unzutreffend *v. Hase/Lembke* BB 1997, 1095). Die eigenmächtige Urlaubsnahme kann u.U. eine Kündigung und auch Schadenersatzansprüche des Arbeitgebers auslösen (vgl. BAG 25. 2. 1983 AP Nr. 14 zu § 626 BGB Ausschlußfrist; BAGE 31. 1. 1985 aaO; BAG 19. 12. 1991 AuR 1992, 221; BAG 20. 1. 1994 AP Nr. 114 zu § 626 BGB; BAG 31. 1. 1996 EzA § 1 KSchG Verhaltensbedingte Kündigung Nr. 47; BAG 22. 1. 1998 AP Nr. 38 zu § 626 BGB Ausschlußfrist; KR-*Fischermeier* § 626 BGB Rz 452; *v. Hoyningen-Huene/Linck* § 1 Rz 333).

20 Der Arbeitgeber kann die Zeit der Selbstbeurlaubung **nicht nachträglich als Urlaubszeit** bestimmen. Denn die Urlaubserteilung als Befreiung von zukünftigen Arbeitspflichten schließt die nachträgliche Behandlung einer Selbstbeurlaubung als Erfüllung der Pflicht zur Urlaubsgewährung aus (BAG 25. 10. 1994 BAGE 78, 153 = AP Nr. 20 zu § 7 BUrlG = SAE 1995, 322 mit zust. Anm. *Ramrath*).

21 Erklärt der Arbeitnehmer aus Anlaß einer Kündigung, er werde in der Kündigungsfrist seinen Urlaub nehmen und folglich nicht mehr arbeiten, steht ihm für diese Zeit kein Entgelt zu, wenn er der Arbeit tatsächlich fernbleibt. Denn der Entgeltanspruch für die Urlaubszeit setzt voraus, daß der **Arbeitgeber den Arbeitnehmer von der Arbeit freigestellt hat.** Dem steht die Entscheidung des BAG vom 20. 1. 1994 (AP Nr. 114 zu § 626 BGB) nicht entgegen. Dort hat das BAG unter Berücksichtigung der Besonderheiten des Streitfalls angenommen, daß einem Arbeitnehmer, dem der Arbeitgeber lange Zeit den Urlaub verwehrt und auch für die nächste Zeit nicht in Aussicht gestellt hat, nicht wirksam aus wichtigem Grund gekündigt werden kann, wenn er sich „selbst beurlaubt" hat. Daraus kann nur entnommen werden, daß das unerlaubte Fernbleiben in diesem besonderen Fall ausnahmsweise im Hinblick auf die nach § 626 Abs. 1 BGB erforderliche Interessenabwägung nicht als ausreichender Kündigungsgrund angesehen worden ist.

22 Es gibt auch **kein Recht** des Arbeitnehmers, seinen Urlaubsanspruch durch **Zurückhaltung der Arbeitsleistung** durchzusetzen. Dies gilt auch dann, wenn der Arbeitgeber die vom Arbeitnehmer geforderte Urlaubsgewährung grundlos verweigert (zutreffend GK-BUrlG/*Bachmann* § 7 Rz 72; *Hiekel* NZA 1990 Beilage 2 S. 32, 35; *Hohmeister* § 7 Rz 11; *Natzel* § 7 Rz 61; *Schütz/Hauck* Rz 464; – a. A. *Dersch/Neumann* § 7 Rz 43; *Tautphäus* Rz 270). § 7 Abs. 1 und 2 gehen insoweit als speziellere Regelungen vor (ErfK/*Dörner* § 7 BUrlG Rz 12). Ein Recht des Arbeitnehmers, die Arbeitsleistung bei grundloser Urlaubsverweigerung durch den Arbeitgeber gemäß § 273 BGB zurückzubehalten und so den Urlaub zu verwirklichen, kommt im übrigen nicht in Betracht, weil das Zurückbehaltungsrecht nur der Sicherung eines Anspruchs dient. Die Ausübung des Zurückbehaltungsrecht darf nicht zur Erfüllung des Anspruchs führen. Die Zurückhaltung der Arbeitsleistung zur Urlaubsverwirklichung hätte dies aber im Ergebnis zur Folge.

23 Die **abweichende Meinung** *Neumanns (Dersch/Neumann* § 7 Rz 43) überzeugt nicht. Die Behauptung, dem Arbeitnehmer stehe ein Zurückbehaltungsrecht bzw. ein „Selbstverwirklichungsrecht" zu, wenn der Arbeitgeber seiner Verpflichtung, Urlaub zu gewähren, nicht nachkomme, weil die Pflicht zur Urlaubserteilung während des Urlaubsjahres „so zwingend" sei „und vom Gesetzgeber in § 7 Abs. 2 Satz 1 nochmals so ausdrücklich in Form einer Mußvorschrift festgelegt" sei, verkennt zum einen die Rechtsfolgen des § 273 BGB und zum andern die Grenzen der Selbsthilfe. Ansprüche auf eigene Faust zu erzwingen, ist grundsätzlich nicht erlaubt. Der Berechtigte hat sich vielmehr gerichtlicher Hilfe zur Durchsetzung seiner Ansprüche zu bedienen. Dies kommt in §§ 229, 230 BGB hinreichend deutlich zum Ausdruck. Der Arbeitnehmer hat daher seine Urlaubsan-

sprüche gerichtlich durchzusetzen, wenn der Arbeitgeber seiner Pflicht zur Urlaubsgewährung nicht nachkommt.

Die Pflicht zur Urlaubsgewährung ist auch nicht „so zwingend" 24 *(Dersch/Neumann* § 7 Rz 43), daß sich aus dem Gesetz ein Selbsthilferecht des Arbeitnehmers bei der Durchsetzung seines Anspruchs ergibt. Durch das Gesetz wird schlicht ein Urlaubsanspruch begründet, der wie jeder schuldrechtliche Anspruch im Streitfall gerichtlich durchgesetzt werden muß. Das **BUrlG räumt dem Arbeitnehmer jedoch kein Selbsthilferecht ein.**

Im übrigen **vermengt** *Neumann (Dersch/Neumann* § 7 Rz 43) **urlaubs-** 25 **rechtliche und kündigungsrechtliche Zusammenhänge.** Sowohl die verhaltensbedingte ordentliche als auch die außerordentliche Kündigung sind nach § 1 Abs. 2 KSchG bzw. § 626 Abs. 1 BGB nur wirksam, wenn neben der Verletzung arbeitsvertraglicher Pflichten auch die in beiden Fällen – wenn auch mit unterschiedlichen Anforderungen (dazu *v. Hoyningen-Huene/Linck* § 1 Rz 123 ff.) – vorzunehmende Interessenabwägung das Beendigungsinteresse des Arbeitgebers überwiegen läßt. Im Rahmen dieser Abwägung ist zu prüfen, ob die Pflichtverletzung des sich selbst beurlaubenden Arbeitnehmers so schwer wiegt, daß sie die Kündigung rechtfertigt. Hierbei ist auch von Bedeutung, ob der Arbeitgeber sich seinerseits rechtswidrig verhalten hat, indem er den Urlaub nicht erteilt hat (dazu vor allem BAG 20. 1. 1994 AP Nr. 114 zu § 626 BGB; BAG 22. 1. 1998 AP Nr. 38 zu § 626 BGB Ausschlußfrist sowie *v. Hoyningen-Huene/Linck* § 1 Rz 333 ff.).

3. Konkretisierung des Urlaubsanspruchs nach Maßgabe des § 7 Abs. 1

a) Merkmale des § 7 Abs. 1 Satz 1

Mit der zeitlichen Festlegung des Urlaubs **konkretisiert der Arbeitgeber** 26 **als Schuldner die ihm obliegende Pflicht zur Urlaubsgewährung** (BAG 18. 12. 1986 BAGE 54, 63, 66 = AP Nr. 10 zu § 7 BUrlG mit krit. Anm. *Leipold; Leinemann* DB 1983, 989, 992). Ein Recht des Arbeitgebers zur beliebigen Urlaubserteilung im Urlaubsjahr besteht jedenfalls dann nicht, wenn der Arbeitnehmer die Festlegung des Urlaubs zu einem von ihm genannten Termin fordert. Hat der Arbeitgeber den Urlaub zeitlich festgelegt, so besteht keine Verpflichtung zur anderweiten Neufestsetzung, wenn die Arbeitnehmerin danach schwanger wird und für die vorgesehene Urlaubszeit ihre Beschäftigung verboten ist (BAG 9. 8. 1994 BAGE 77, 296 = AP Nr. 19 zu § 7 BUrlG; näher dazu § 1 Rz 57).

Der Arbeitgeber hat nach § 7 Abs. 1 Satz 1 bei der Festlegung der Ur- 27 laubszeit die **Urlaubswünsche des Arbeitnehmers** zu berücksichtigen. Nur dann, wenn ihrer Berücksichtigung dringende betriebliche Belange oder Urlaubswünsche anderer Arbeitnehmer, die unter sozialen Gesichtspunkten den Vorrang genießen, entgegenstehen, darf der Arbeitgeber den Urlaub anders als vom Arbeitnehmer gewünscht festsetzen.

Die Urlaubsgewährung durch Arbeitgeber erfolgt **nicht aufgrund** 28 **des Direktionsrechts,** das dem Arbeitgeber als Gläubiger der Arbeitsleistung zusteht (ebenso BAG 31. 1. 1996 EzA § 1 KSchG Verhaltensbedingte

Kündigung Nr. 47; GK-BUrlG/*Bachmann* § 7 Rz 4; ErfK/*Dörner* § 7 BUrlG Rz 15; *Leinemann* DB 1983, 989, 992; *Natzel* § 7 Rz 6 *Schütz/ Hauck* Rz 380 sowie bereits *Hefermehl* BArbBl 1967, 310, 319; *Zöllner* DB 1957, 508; – a. A. *Boldt/Röhsler* § 7 Rz 1; *Dersch/Neumann* § 7 Rz 6; *Hohmeister* § 7 Rz 4; *Lepke* DB 1988 Beilage 10 S. 4). Während das Direktionsrecht des Arbeitgebers auf die Individualisierung (Konkretisierung) der im Arbeitsvertrag meist nur der Gattung nach bestimmten Arbeitspflichten des Arbeitnehmers gerichtet ist und für das Arbeitsverhältnis im Gegensatz zu anderen Gattungsschuldverhältnissen nicht dem Schuldner, sondern dem Gläubiger der Arbeitsleistung zusteht, obliegt die Pflicht, den Urlaubszeitpunkt zu bestimmen, dem Arbeitgeber als Schuldner der Pflicht zur Urlaubsgewährung. Direktionsrecht und Pflicht zur Urlaubsgewährung sind voneinander verschieden, sie schließen einander gegenseitig aus.

29 Entgegen einer vereinzelt im Schrifttum geäußerten Meinung führt die hier vertretene Auffassung nicht dazu, daß der Urlaub durch den Arbeitnehmer festgelegt wird (so aber unzutreffend *Dersch/Neumann* § 7 Rz 6 und *Hohmeister* § 7 Rz 4). Der **Urlaubszeitpunkt wird vom Arbeitgeber festgesetzt**, aber nicht aufgrund seines Weisungsrechts, sondern nach Maßgabe der in § 7 Abs. 1 genannten Merkmale. Der Arbeitgeber ist bei der Urlaubserteilung nicht Gläubiger sondern Schuldner des Arbeitnehmers. Die Gegenauffassung verkennt nicht nur Inhalt und Bedeutung des Direktionsrechts, sondern auch wesentliche schuldrechtliche Zusammenhänge.

30 Für die Ausübung der Pflicht zur Urlaubserteilung ist entgegen einer im Schrifttum verbreiteten Meinung auch **nicht § 315 BGB bestimmend, sondern § 7 Abs. 1 Satz 1** (BAG 31. 1. 1996 EzA § 1 KSchG Verhaltensbedingte Kündigung Nr. 47; BAG 18. 12. 1986 BAGE 54, 63, 66 = AP Nr. 10 zu § 7 BUrlG; GK-BUrlG/*Bachmann* § 7 Rz 60, 65; *Dersch/Neumann* § 7 Rz 10; ErfK/*Dörner* § 7 BUrlG Rz 15; *von Hoyningen-Huene* Die Billigkeit im Arbeitsrecht 1978 S. 188; *Leinemann/Lipke* DB 1988, 1217, 1218; *Rzadkowski* Der Personalrat 1992, 47; *Schütz/Hauck* Rz 381; – a. A. *Natzel* § 7 Rz 6; *Schaub* § 102 Rz 61 unter Bezug auf die frühere Rechtsprechung des BAG). Ob diese Bestimmung als Spezialregelung zu § 315 BGB oder zu § 243 BGB als der für die Individualisierung von Gattungsschulden maßgeblichen Regelung anzusehen ist, kann dahinstehen, weil beide Vorschriften durch § 7 Abs. 1 Satz 1 für die Pflicht zur Urlaubsgewährung verdrängt sind.

31 Für eine rechtmäßige Urlaubsgewährung kommt es damit **weder auf das billige Ermessen nach § 315 BGB noch auf die Voraussetzungen des § 243 BGB** an. Zu berücksichtigen ist aber immerhin, daß § 315 BGB ebenso wie § 243 BGB die Beachtung nur der Interessen von Gläubiger und Schuldner fordert. Dagegen hat der Arbeitgeber nach § 7 Abs. 1 Satz 1 außerdem auch die Interessen der übrigen bei ihm beschäftigten Arbeitnehmer zu wahren.

32 Ist daher bei der Urlaubsgewährung nicht erheblich, ob die Voraussetzungen von § 315 BGB oder von § 243 BGB vorliegen, hat der Arbeitgeber die Urlaubszeit für den Arbeitnehmer ausschließlich nach den in § 7 Abs. 1

Satz 1 zusammengestellten Merkmalen zu bestimmen. Dazu ist erforderlich, daß er **nicht allein die Interessen des Arbeitnehmers** beachtet, sondern ggf. auch die dringenden betrieblichen Belange sowie die vorrangigen Urlaubswünsche anderer sozial schutzwürdigerer Arbeitnehmer berücksichtigt.

b) Urlaubswünsche des Arbeitnehmers

Der Arbeitgeber hat bei der zeitlichen Festlegung des Urlaubs gemäß § 7 Abs. 1 Satz **1 in erster Linie die Urlaubswünsche des Arbeitnehmers** zu berücksichtigen. Die Gründe, die der Arbeitnehmer für seinen Urlaubswunsch hat, sind dabei grundsätzlich unbeachtlich (GK-BUrlG/*Bachmann* § 7 Rz 11; *Boldt/Röhsler* § 7 Rz 5; *Lepke* DB 1988 Beil. 10 S. 4; *Natzel* § 7 Rz 15). Sie sind nur dann von Bedeutung, wenn der Arbeitgeber den Urlaubswunsch des Arbeitnehmers unter Hinweis auf dringende betriebliche Belange oder Urlaubswünsche anderer Arbeitnehmer, die unter sozialen Gesichtspunkten den Vorrang verdienen, nicht erfüllen will und damit sein Leistungsverweigerungsrecht ausübt (dazu unten Rz 36). 33

Der Arbeitgeber sollte sich vor der Urlaubserteilung nach den Urlaubswünschen des Arbeitnehmers **erkundigen,** sofern der Arbeitnehmer nicht bereits von sich aus Urlaubswünsche geltend gemacht hat. Es besteht hierzu jedoch **keine Rechtspflicht** des Arbeitgebers. Erteilt der Arbeitgeber dem Arbeitnehmer Urlaub, ohne ihn zuvor nach seinen Urlaubswünschen gefragt zu haben und äußert der Arbeitnehmer daraufhin keinen anderweitigen Urlaubswunsch, so ist der Urlaub gleichwohl wirksam erteilt (vgl. BAG 22. 9. 1992 AP Nr. 13 zu § 7 BUrlG m. abl. Anm. *Hj. Weber;* ErfK/*Dörner* § 7 BUrlG Rz 16; – zum Annahmeverweigerungsrecht des Arbeitnehmers Rz 52 ff.). Bei der Bestimmung der zeitlichen Lage des Urlaubs ist der Arbeitgeber nämlich frei, wenn der Arbeitnehmer keine Urlaubswünsche äußert (zutreffend *von der Laden* S. 28 f.). 34

Der Arbeitgeber erfüllt auch dann den gesetzlichen Urlaubsanspruch des Arbeitnehmers, wenn er **während der Kündigungsfrist Urlaub** gewährt und der Arbeitnehmer keine anderweitigen Urlaubswünsche äußert (BAG 23. 1. 2001 NZA 2001, 597). Widerspricht der Arbeitnehmer der Urlaubsgewährung, so ist dies keine Äußerung eines Urlaubswunsches im Sinne des § 7 Abs. 1 Satz 1 (BAG 22. 9. 1992 AP Nr. 13 zu § 7 BUrlG). 35

c) Leistungsverweigerungsrecht des Arbeitgebers

Entspricht der Arbeitgeber dem Urlaubsverlangen des Arbeitnehmers nicht, weil **dringende betriebliche Belange oder sozial vorrangige Urlaubswünsche anderer Arbeitnehmer** entgegenstehen, kann er den Urlaub nach § 7 Abs. 1 Satz 1 auch auf einen anderen als den vom Arbeitnehmer genannten Termin festlegen. Der Arbeitgeber ist aber auch berechtigt, die Gewährung des Urlaubs im Urlaubsjahr aus den in § 7 Abs. 1 Satz 1 genannten Gründen zu verweigern. Ihm steht insoweit ein **Leistungsverweigerungsrecht** zu (ebenso BAG 18. 12. 1986 AP Nr. 10 zu § 7 BUrlG; *Dörner* AR-Blattei Urlaub V, unter D I 2; ErfK/*Dörner* § 7 BUrlG Rz 22; *Leinemann/Lipke* DB 1988, 1217 f.; – a. A. GK-BUrlG/*Bachmann* § 7 Rz 4; *Dersch/Neumann* § 7 Rz 6; *Künzl* BB 1991, 1630 f.; *Lepke* DB 1988 Beil. 10 S. 4). 36

37 Hat sich der Arbeitgeber dem Arbeitnehmer gegenüber sein Leistungsverweigerungsrecht ausgeübt, ist die **Durchsetzbarkeit des Urlaubsanspruchs solange ausgeschlossen,** wie die in § 7 Abs. 1 Satz 1 aufgeführten Gründe zur Leistungsverweigerung fortdauern. Der Arbeitgeber kommt daher in der Zeit, in der er aus den in § 7 Abs. 1 Satz 1 genannten Gründen die Urlaubserteilung zu Recht verweigert, mit der Urlaubsgewährung nicht in Verzug. Seiner Verpflichtung zur Gewährung von Urlaub im Urlaubsjahr kann sich der Arbeitgeber freilich nur solange entziehen, wie ihm das Leistungsverweigerungsrecht zusteht. Es erlischt spätestens mit dem Ende des Kalenderjahres.

38 **aa) Dringende betriebliche Belange.** Der Arbeitgeber kann nach § 7 Abs. 1 Satz 1 die Erteilung des vom Arbeitnehmer geltend gemachten Urlaubs verweigern, wenn dem Urlaubswunsch dringende betriebliche Belange entgegenstehen. Solche dringenden betrieblichen Belange liegen nicht erst dann vor, wenn dem Betrieb bei Verwirklichung des Urlaubswunsches des Arbeitnehmers ein erheblicher Schaden droht (GK-BUrlG/*Bachmann* § 7 Rz 14; *Dörner* AR-Blattei Urlaub V, unter D I 3 a). Andererseits hat der Arbeitgeber allerdings auch in Zeiten der Hochkonjunktur und damit verbundener Produktionsauslastung durch eine **sachgerechte Organisation des Betriebsablaufs** die Erfüllung der Urlaubsansprüche zu gewährleisten (BAG 12. 12. 1962 AP Nr. 4 zu § 10 UrlG Nordrhein-Westfalen = SAE 1963, 97 mit Anm. *Neumann*).

39 Aus diesem Grund ist der Arbeitgeber nicht bereits dann berechtigt, die Urlaubserteilung zu verweigern, wenn die Berücksichtigung des Urlaubswunsches des Arbeitnehmers die **Regelmäßigkeit des Betriebsablaufs** stört. Eine solche Störung ist mit jeder Abwesenheit des Arbeitnehmers von seinem Arbeitsplatz verbunden und deshalb grundsätzlich vom Arbeitgeber hinzunehmen (ErfK/*Dörner* § 7 BUrlG Rz 23; *Schütz/Hauck* Rz 391). Wann konkret dringende betriebliche Belange den Urlaubswünschen des Arbeitnehmers entgegenstehen und ein Leistungsverweigerungsrecht des Arbeitgebers begründen, läßt sich nicht allgemein sagen. Maßgeblich sind die **Umstände des Einzelfalles** (*Lepke* DB 1988 Beil. 10 S. 5).

40 Zu den dringenden betrieblichen Belangen gehören **personelle Engpässe** wie sie in Saison- oder Kampagnebetrieben, aber auch in der Produktion, im Vertrieb oder in Verwaltungen auftreten können. Bei einer **Universität** oder einer vergleichbaren Einrichtung stehen bei Arbeitnehmern, die im Lehrbetrieb tätig sind, einer Urlaubserteilung in der Vorlesungszeit regelmäßig dringende betriebliche Belange entgegen (LAG Berlin 20. 5. 1985 LAGE § 7 BUrlG Nr. 9). In einem **Saisonbetrieb** kann die Urlaubsgewährung während der Saison verweigert werden (LAG Köln 17. 3. 1995 AR-Blattei ES Saisonarbeit 1390 Nr. 2). Im **Einzelhandel** wird dem Arbeitgeber häufig in der Zeit des Schlußverkaufs sowie in der Weihnachtszeit ein Leistungsverweigerungsrecht zustehen. Auch **krankheitsbedingte Ausfälle** anderer Arbeitnehmer können einen dringenden betrieblichen Belang begründen. Die wirksame Einführung von **Betriebsferien** kann gleichfalls betriebliche Belange begründen, die der Berücksichtigung individueller Urlaubswünsche entgegenstehen können (BAG 28. 7. 1981 BAGE 36, 15 = AP Nr. 2 zu § 87 BetrVG 1972 Urlaub mit Anm. *Boldt* = SAE 1984, 114 mit Anm. *Birk*; – näher dazu Rz 70 ff.).

Entgegen einer im Schrifttum vertretenen Auffassung (vgl. *Gröninger/* 41
Thomas MuSchG § 17 BErzGG Rz 6; *Meisel/Sowka* Mutterschutz und Erziehungsurlaub § 17 BErzGG Rz 20) ist in der **angekündigten Inanspruchnahme von Elternzeit** kein dringender betrieblicher Belang des Arbeitgebers zu sehen, der ihn berechtigt, im Hinblick auf die Kürzungsmöglichkeiten nach § 17 Abs. 1 BErzGG (dazu Teil II § 17 BErzGG Rz 2f.) die Erteilung von Urlaub (teilweise) zu verweigern. Denn hierbei handelt es sich um ein dem Arbeitgeber eingeräumtes Recht und nicht um einen betrieblichen Umstand (zutr. *Buchner/Becker* MuSchG 6. Aufl. § 17 BErzGG Rz 33).

Dies trifft auch zu, wenn der Arbeitnehmer seinen gesamten Urlaub vom 42
Arbeitgeber fordert, obwohl ihm für einen späteren Zeitraum bereits eine **Maßnahme der medizinischen Vorsorge oder Rehabilitation** von mehr als 6 Wochen Dauer bewilligt ist. Daß dem Arbeitgeber dadurch die Möglichkeit genommen wird, für die über den Entgeltfortzahlungszeitraum hinausgehende Kurzeit Urlaub zu erteilen, begründete kein Leistungsverweigerungsrecht nach § 7 Abs. 1 Satz 1.

bb) Urlaubswünsche anderer Arbeitnehmer. Der Arbeitgeber kann die 43
Urlaubserteilung zu der vom Arbeitnehmer gewünschten Zeit gemäß § 7 Abs. 1 Satz 1 auch verweigern, wenn Urlaubswünsche anderer Arbeitnehmer, die unter **sozialen Gesichtspunkten** den Vorrang verdienen, entgegenstehen. Die Urlaubswünsche anderer Arbeitnehmer sind allerdings nur von Bedeutung, wenn der Arbeitgeber wegen dringender betrieblicher Belange die verschiedenen Urlaubsansprüche der Arbeitnehmer nicht zur gleichen Zeit erfüllen kann (GK-BUrlG/*Bachmann* § 7 Rz 18; *Boldt/Röhsler* § 7 Rz 15; *Dersch/Neumann* § 7 Rz 16; ErfK/*Dörner* § 7 BUrlG Rz 25; *Schütz/ Hauck* Rz 394).

Der Begriff „soziale Gesichtspunkte" in § 7 Abs. 1 Satz 1 ist **im Zusam-** 44
menhang mit der Urlaubserteilung auszulegen und deshalb von den sozialen Gesichtspunkten des § 1 Abs. 3 KSchG (dazu *v. Hoyningen-Huene/ Linck* § 1 Rz 462ff.) zu unterscheiden (ebenso ErfK/*Dörner* § 7 BUrlG Rz 26). Der Urlaubswunsch eines älteren Arbeitnehmers, der schon viele Jahre beim Arbeitgeber beschäftigt ist, genießt daher keineswegs stets Vorrang vor den Urlaubswünschen eines jüngeren Arbeitnehmers mit kürzerer Betriebszugehörigkeit. Wenn der ältere Arbeitnehmer alleinstehend, der jüngere dagegen verheiratet ist und schulpflichtige Kinder hat, ist der Urlaubswunsch des jüngeren Arbeitnehmers nach Urlaub in den Schulferien grundsätzlich vorrangig vor einem konkurrierenden Wunsch des älteren Arbeitnehmers zu erfüllen. Der jüngere Arbeitnehmer hat in diesem Fall aus sozialen Gründen den Vorrang vor dem älteren.

Die sozialen Gesichtspunkte, die nach § 7 Abs. 1 Satz 1 zu berücksichti- 45
gen sind, können im übrigen **sehr verschiedenartig** sein. Neben Alter und Betriebszugehörigkeit der Arbeitnehmer sind Schulferien schulpflichtiger Kinder, Urlaub des Ehegatten sowie der Gesundheitszustand und die besondere Erholungsbedürftigkeit des Arbeitnehmers nach längeren Krankheit zu berücksichtigen.

Der Vorrang des Urlaubswunschs eines anderen Arbeitnehmers kann sich 46
auch daraus ergeben, daß dieser in den vergangenen Jahren mit seinem Ur-

laubswunsch nicht berücksichtigt wurde (vgl. GK-BUrlG/*Bachmann* § 7 Rz 18; *Boldt/Röhsler* § 7 Rz 16; *Dersch/Neumann* § 7 Rz 17; *Natzel* § 7 Rz 27). Zur Feststellung eines Vorrangs von Urlaubswünschen anderer Arbeitnehmer ist stets eine Interessenabwägung erforderlich.

47 **cc) Darlegungs- und Beweislast.** Der **Arbeitgeber** trägt die Darlegungs- und Beweislast für das Vorliegen des in § 7 Abs. 1 Satz 1 aufgeführten Leistungsverweigerungsrechts, weil er hiermit ein Gegenrecht gegenüber dem Urlaubswunsch des Arbeitnehmers geltend macht (ErfK/*Dörner* § 7 BUrlG Rz 22).

d) Urlaubsverlangen im Anschluß an eine Maßnahme der medizinischen Vorsorge oder Rehabilitation

48 Nach der Einfügung von § 7 Abs. 1 Satz 2 durch Art. 57 PflegeVG vom 26. 5. 1994 (BGBl. I S. 1014, 1068) ist der Arbeitgeber verpflichtet, Urlaub zu gewähren, wenn der Arbeitnehmer dies im Anschluß an eine Maßnahme der medizinischen Vorsorge oder Rehabilitation verlangt. Dies sind nach dem früheren Sprachgebrauch des Gesetzes Kuren und Heilverfahren. Die neuen Bezeichnungen stimmen nunmehr mit den Formulierungen in §§ 23 f., 40 f. SGB V, §§ 9 ff., 15 SGB VI und auch mit § 9 Abs. 4 EFZG überein. Durch § 7 Abs. 1 Satz 2 sind **Leistungsverweigerungsrechte ausgeschlossen,** die dem Arbeitgeber bei der Urlaubserteilung nach § 7 Abs. 1 Satz 1 zustehen (ebenso ErfK/Dörner § 7 BUrlG Rz 31; *Hohmeister* § 7 Rz 29; *Schütz/Hauck* Rz 386).

49 Die Neuregelung ermöglicht dem Arbeitnehmer, nach seiner Wahl die arbeitsfreie Zeit im Anschluß an eine Maßnahme der medizinischen Vorsorge oder Rehabilitation durch Verwendung seines Urlaubs zu verlängern. Voraussetzung hierfür ist, daß ihm zu diesem Zeitpunkt Urlaubsansprüche für das laufende Jahr zustehen. Der Ausschluß von Leistungsverweigerungsrechten des Arbeitgebers, die diesem nach § 7 Abs. 1 Satz 1 zustehen können, ist nach der Konzeption der Neuregelung eine „**Quasi-Kompensation**" für die im Gesetzgebungsverfahren des EFZG beabsichtigte Streichung der ärztlich verordneten Schonungszeiten für Angestellte (vgl. BAG 11. 3. 1971 BAGE 23, 244 = AP Nr. 10 zu § 10 BUrlG Schonzeit mit Anm. *Trieschmann*) durch § 9 EFZG (vgl. hierzu ausführlich § 10 Rz 27 ff., 34 ff.).

50 Das **Urlaubsverlangen** muß im Gegensatz zur mißverständlichen Formulierung in § 7 Abs. 1 Satz 2 der medizinischen Vorsorge oder Rehabilitation nicht (zeitlich) nachfolgen (ebenso *Dersch/Neumann* § 7 Rz 17a; ErfK/*Dörner* § 7 BUrlG Rz 31). Inhalt der Regelung ist, daß der Arbeitnehmer den Urlaub für die Zeit nach der Kurmaßnahme verlangen kann. Daher ist ein solches Urlaubsbegehren bereits vor Ende der Kurmaßnahme möglich. Leistungsverweigerungsrechte des Arbeitgebers nach § 7 Abs. 1 Satz 1 sind auch dann ausgeschlossen.

51 Dem Arbeitgeber stehen auch dann keine Leistungsverweigerungsrechte zu, wenn Entgeltfortzahlungsansprüche des Arbeitnehmers bereits vor dem Ende der Maßnahme der medizinischen Vorsorge oder Rehabilitation nicht mehr bestehen, etwa wenn die **Kur länger dauert als der nach dem Gesetz vorgesehene Sechs-Wochen-Zeitraum für die Entgeltfortzahlung,** oder dem Arbeitnehmer wegen einer vorangegangenen Arbeitsunfähigkeit nicht

Zeitpunkt, Übertragbarkeit und Abgeltung des Urlaubs § 7 BUrlG

mehr der volle Entgeltfortzahlungszeitraum zur Verfügung steht (vgl. hierzu ausführlich § 10 Rz 61 ff.). Maßgeblich ist, daß der Urlaub für die Zeit im Anschluß an eine Maßnahme der medizinischen Vorsorge oder Rehabilitation verlangt wird.

4. Annahmeverweigerungsrecht des Arbeitnehmers

Die Gewährung von Urlaub kann nach § 7 Abs. 3 Satz 2 ausnahmsweise durch **Gründe, die in der Person des Arbeitnehmers liegen,** ausgeschlossen sein (vgl. auch ErfK/*Dörner* § 7 BUrlG Rz 18, der das Annahmeverweigerungsrecht aus dem den §§ 293 ff. BGB zugrunde liegenden Gedanken herleitet, daß der Gläubiger mit der Annahme nicht in Verzug gerät, wenn er berechtigt ist, die Annahme der Leistung zu verweigern, was anzunehmen sei, wenn die Urlaubserteilung ohne Berücksichtigung der Urlaubswünsche des Arbeitnehmers erfolge). Der Arbeitnehmer ist dann berechtigt, den Urlaubsantritt zu dem vom Arbeitgeber bestimmten Zeitpunkt zu verweigern. Liegen solche persönlichen Gründe vor, hat der Arbeitnehmer ein Annahmeverweigerungsrecht (MünchArbR/*Leinemann* § 89 Rz 47), wenn dem Arbeitnehmer nicht ohnehin die Erfüllung der Arbeitspflicht wegen Arbeitsunfähigkeit unmöglich oder er i. S. von § 616 Satz 1 BGB an der Erbringung der Arbeitsleistung verhindert ist. 52

Außerdem kommen aber auch weitere persönliche Hinderungsgründe in Betracht, wie die **Erkrankung in Hausgemeinschaft lebender naher Angehöriger,** die **Niederkunft der Ehefrau** usw. Liegen solche persönlichen Gründe vor, ist der Arbeitnehmer berechtigt, entgegen der Urlaubserteilung des Arbeitgebers den Urlaub nicht anzutreten. Seine Arbeitspflicht besteht in diesen Fällen fort, wenn er das Annahmeverweigerungsrecht ausgeübt hat. Der Urlaub ist dann vom Arbeitgeber nach § 7 Abs. 1 Satz 1 neu festzulegen. 53

Für die **Ausübung eines Annahmeverweigerungsrechts** reicht es nicht aus, daß der Arbeitnehmer der Urlaubsgewährung in der vom Arbeitgeber bestimmten Zeit widerspricht. Ist das Arbeitsverhältnis gekündigt und deshalb der Urlaub vom Arbeitgeber in der Kündigungsfrist des Arbeitnehmers festgelegt, kommt ein Annahmeverweigerungsrecht des Arbeitnehmers in Betracht, wenn er nach entsprechenden Zusagen des Arbeitgebers bereits Dispositionen für einen späteren Urlaub (z. B. Buchung einer Urlaubsreise) getroffen und dies dem Arbeitgeber mitgeteilt hatte (ebenso ErfK/*Dörner* § 7 BUrlG Rz 20). Dann hat der Arbeitnehmer nach Beendigung des Arbeitsverhältnisses u. U. Anspruch auf eine Urlaubsabgeltung (vgl. dazu BAG 22. 9. 1992 AP Nr. 13 zu § 7 BUrlG). 54

5. Nachträgliche Änderung des Urlaubs auf Veranlassung des Arbeitgebers oder des Arbeitnehmers

Nach Festsetzung des Urlaubstermins ist ein **Widerruf („Rückruf aus dem Urlaub") vor und während des Urlaubs ausgeschlossen** (BAG 20. 6. 2000 AP Nr. 28 zu § 7 BUrlG mit insoweit zust. Anm. *Hohmeister*). Dies gilt auch dann, wenn der Arbeitgeber feststellt, daß dringende betriebliche Gründe ihn berechtigen würden, nunmehr den Urlaub zu verweigern 55

167

BUrlG § 7   *Teil I. C. Erläuterungen zum BUrlG*

(BAG 20. 6. 2000 aaO; GK-BUrlG/*Bachmann* § 7 Rz 50; ErfK/*Dörner* § 7 BUrlG Rz 43; MünchArbR/*Leinemann* § 89 Rz 87; *Schütz/Hauck* Rz 448; *Siara* § 7 Anm. 4; *Tautphäus* Rz 100; unentschieden *Natzel* § 7 Rz 39 ff.). Auch „zwingende Notwendigkeiten, welche einen anderen Ausweg nicht zulassen", können eine Arbeitspflicht für die Zeit des erteilten Urlaubs nicht begründen (a. A. BAG Zweiter Senat 19. 12. 1991 AuR 1992, 221 im Anschluß an *Dersch/Neumann* § 7 Rz 38 sowie *Boldt/Röhsler* § 7 Rz 41; *Hohmeister* § 7 Rz 24). Solche Notwendigkeiten, welcher Art sie auch sein mögen, sind nicht geeignet, die durch die Urlaubserteilung beseitigte Arbeitspflicht erneut entstehen zu lassen. Denn mit der Urlaubserteilung hat der Arbeitgeber die ihm obliegende Erfüllungshandlung vorgenommen, die nicht mehr einseitig aufgehoben werden kann (BAG 9. 8. 1994 AP Nr. 19 zu § 7 BUrlG; BAG 20. 6. 2000 aaO). Eine Wiederherstellung der Arbeitspflicht ist allenfalls nach den Grundsätzen des Wegfalls der Geschäftsgrundlage denkbar (ErfK/*Dörner* § 7 BUrlG Rz 43).

56 Damit ist auch **ausgeschlossen**, daß der Arbeitnehmer einen wie auch immer gearteten **Anspruch auf Abschluß eines Abänderungsvertrags** über die zeitliche Festlegung des Urlaubs haben kann (insoweit zutreffend LAG Köln 28. 8. 1996 LAGE § 7 BUrlG Nr. 34; – a. A. jeweils ohne Begründung GK-BUrlG/*Bachmann* § 7 Rz 58; *Boldt/Röhsler* § 7 Rz. 39; *Dersch/ Neumann* § 7 Rz. 39; *Natzel* § 7 Rz. 44; *Siara* § 7 Anm. 5; LAG Hamm 15. 3. 1995 – 1 Sa 108/95; vgl. auch *van Venroy* SAE 1988, 17, 20). Entsprechend besteht auch für den Arbeitgeber ein solcher Anspruch nicht. Denkbar ist lediglich eine Anfechtung der Urlaubserteilung wegen Irrtums oder arglistiger Täuschung. Dazu müssen allerdings die Voraussetzungen der §§ 119, 123 BGB vorliegen. Unberührt hiervon bleibt die Möglichkeit, daß beide Parteien des Arbeitsverhältnisses einvernehmlich die zeitliche Lage des Urlaubs durch eine Vereinbarung ändern (s. unten Rz 60).

57 Eine **Vereinbarung, in der sich der Arbeitnehmer verpflichtet, den Urlaub abzubrechen** und die Arbeit wieder aufzunehmen, verstößt gegen § 13 Abs. 1 und ist deshalb unwirksam. Dabei ist unerheblich, ob der Urlaub von vornherein im Einvernehmen mit dem Arbeitnehmer unter Vorbehalt gewährt wird oder ob er zunächst vorbehaltlos erteilt wird und sich der Arbeitnehmer erst später verpflichtet, dem Arbeitgeber auf dessen Verlangen zur Arbeitsleistung zur Verfügung zu stehen. In beiden Fällen hat das vereinbarte Recht des Arbeitgebers zum Rückruf zur Folge, daß der Arbeitnehmer für die Dauer der Freistellung entgegen § 1 nicht uneingeschränkt von seiner Arbeitspflicht befreit wird (BAG 20. 6. 2000 AP Nr. 28 zu § 7 BUrlG mit insoweit zust. Anm. *Hohmeister*).

58 Ebenso kann ein **Arbeitnehmer nicht einseitig seinen Urlaub unterbrechen** oder abbrechen, um seine Arbeitspflichten wieder auszuüben. Die Arbeitspflicht ist durch die Urlaubserteilung für die Urlaubszeit beseitigt und kann nicht einseitig – weder vom Arbeitgeber noch vom Arbeitnehmer – wiederhergestellt werden. Erforderlich hierfür ist vielmehr eine Vereinbarung zwischen Arbeitgeber und Arbeitnehmer. Unzutreffend ist daher die Entscheidung des BAG vom 5. 5. 1987 (BAGE 54, 325 = AP Nr. 5 zu § 44 BetrVG 1972 mit Anm. *Kraft/Raab*), in der die Teilnahme eines Arbeitnehmers an einer Betriebsversammlung während seines Urlaubs für zulässig

erklärt worden und ihm der „Anspruch auf eine Vergütung nach § 44 Abs. 1 Satz 2 oder 3 BetrVG" zugesprochen worden ist. Das Gericht hat hier u. a. nicht erkannt, daß diese Bestimmungen nicht Ansprüche enthalten, sondern Entgeltfortzahlungsregelungen, wie etwa § 616 BGB oder § 37 Abs. 2 BetrVG.

Es gibt keine Pflicht des Arbeitnehmers, im Hinblick auf etwaige Not- 59 und Erhaltungsarbeiten unaufgefordert oder auf Verlangen des Arbeitgebers die **Urlaubsanschrift** mitzuteilen (BAG 16. 12. 1980 BAGE 34, 305, 308 = AP Nr. 11 zu § 130 BGB = EzA § 130 BGB Nr. 10 mit Anm. *M. Wolf;* ErfK/Dörner § 7 BUrlG Rz 44; KR-*Friedrich* 5. Aufl. § 4 KSchG Rz 110; – a. A. *Dersch/Neumann* § 8 Rz 19 sowie *Schaub* § 102 Rz 124, der hierbei zwischen Camping- und anderen Urlaubsaufenthalten unterscheidet).

Der durch die Urlaubserteilung des Arbeitgebers festgelegte Urlaubster- 60 min kann stets **einvernehmlich geändert werden** (GK-BUrlG/*Bachmann* § 7 Rz 52; *Dersch/Neumann* § 7 Rz 36; *Lepke* DB 1990, 1131; *Natzel* § 7 Rz 45). Hierzu bedarf es einer ausdrücklichen oder konkludenten Vereinbarung von Arbeitgeber und Arbeitnehmer.

6. Urlaubserteilung während der Kündigungsfrist

Mit dem **Ende des Arbeitsverhältnisses wird eine zuvor erfolgte Festle-** 61 **gung** des Urlaubszeitpunktes für einen nach dem Beendigungszeitpunkt liegenden Zeitraum **hinfällig,** weil dann eine Befreiung von den Arbeitspflichten durch den Arbeitgeber nicht mehr möglich ist (BAG 10. 1. 1974 AP Nr. 6 zu § 7 BUrlG; GK-BUrlG/*Bachmann* § 7 Rz 37; *Dersch/Neumann* § 7 Rz 45; *Lepke* DB 1988 Beilage 10 S. 8). Der Arbeitnehmer hat dann nur den Anspruch nach § 7 Abs. 4, wenn das Arbeitsverhältnis durch die Kündigung beendet ist. An die Stelle des unmöglich gewordenen Urlaubsanspruchs tritt nach § 7 Abs. 4 der Abgeltungsanspruch.

Hat ein Arbeitnehmer nach Ausspruch einer ordentlichen Kündigung 62 noch einen Urlaubsanspruch, so kann der Arbeitgeber – sofern nicht Gründe in der Person des Arbeitnehmers entgegenstehen – diesen Anspruch **in der Kündigungsfrist erfüllen** (BAG 14. 5. 1986 BAGE 52, 67, 71 = AP Nr. 26 zu § 7 BUrlG Abgeltung = AR-Blattei Urlaub Entsch. 281 mit Anm. *Boldt* = SAE 1987, 75 mit Anm. *Oetker; Lepke* DB 1988 Beilage 10 S. 7; *Weiler/Rath* NZA 1987, 337).

Die grundsätzlich zulässige Urlaubserteilung während der Kündigungs- 63 frist unterliegt jedoch **Einschränkungen.** So hat der Arbeitgeber auch bei der Urlaubserteilung während der Kündigungsfrist gemäß § 7 Abs. 1 die Urlaubswünsche des Arbeitnehmers zu beachten. Die Möglichkeit, dem Arbeitnehmer in den Grenzen von § 7 Abs. 1 Satz 1 an einem anderen als dem vom Arbeitnehmer gewünschten Termin Urlaub zu erteilen, ist auch während der Kündigungsfrist für Zeiten ausgeschlossen, für die der Arbeitnehmer begründet ein Annahmeverweigerungsrecht geltend macht (dazu Rz 52 ff.). **Widerspricht der Arbeitnehmer der Urlaubsgewährung,** ist dies allein jedoch noch keine Äußerung eines Urlaubswunsches im Sinne von § 7 Abs. 1 Satz 1, der ein Annahmeverweigerungsrecht begründen könnte (vgl. BAG 22. 9. 1992 AP Nr. 13 zu § 7 BUrlG).

64 Den Antritt eines vom Arbeitgeber nach Ausspruch der Kündigung neu festgesetzten Urlaubs kann der Arbeitnehmer allerdings verweigern, wenn er aufgrund der zuvor erfolgten Urlaubserteilung bereits **Dispositionen für einen späteren Urlaub** (z.B. Buchung einer Urlaubsreise) getroffen hat. Der Arbeitnehmer hat dann gemäß § 7 Abs. 4 Anspruch auf Urlaubsabgeltung (vgl. dazu BAG 22. 9. 1992 AP Nr. 13 zu § 7 BUrlG mit abl. Anm. *Hj. Weber*).

7. Mitbestimmung des Betriebsrats

a) Allgemeines

65 Besteht im Betrieb des Arbeitgebers ein Betriebsrat, hat dieser nach **§ 87 Abs. 1 Nr. 5 BetrVG ein zwingendes Mitbestimmungsrecht** bei der Aufstellung allgemeiner Urlaubsgrundsätze und des Urlaubsplans sowie bei der Festsetzung der zeitlichen Lage des Urlaubs für einzelne Arbeitnehmer, wenn zwischen diesen und dem Arbeitgeber kein Einverständnis erzielt werden kann. Die Mitbestimmung bei der Aufstellung allgemeiner Urlaubsgrundsätze und des Urlaubsplans bezieht sich jeweils auf kollektive Sachverhalte, während die Mitbestimmung bei der Festsetzung der zeitlichen Lage des Urlaubs einzelner Arbeitnehmer Individualfälle betrifft.

66 Dem Mitbestimmungsrecht unterliegt **jede Art des Urlaubs,** auch der Zusatzurlaub für Schwerbehinderte (LAG Frankfurt NZA 1988, 257), Sonderurlaub für bestimmte Arbeitnehmergruppen (BAG 18. 6. 1974 BAGE 26, 193 = AP Nr. 1 zu § 87 BetrVG 1972 Urlaub = SAE 1976, 9 mit Anm. *Blomeyer*) und auch der Bildungsurlaub (*Wiese* GK-BetrVG § 87 Rz 444 m.w.N.).

67 Das Mitbestimmungsrecht aus § 87 Abs. 1 Nr. 5 BetrVG bezieht sich **nicht auf die Urlaubsdauer** (BAG 14. 1. 1992 AP Nr. 5 zu § 3 BUrlG = EzA § 13 BUrlG Nr. 52, zu 3 c der Gründe; Wiese GK-BetrVG § 87 Rz 446). Die Urlaubsdauer ergibt sich vielmehr entweder aus Gesetz, Tarifvertrag oder Arbeitsvertrag. Der erzwingbaren Mitbestimmung aus § 87 Abs. 1 Nr. 5 BetrVG unterliegt **allein die Verteilung des Urlaubs auf das Urlaubsjahr** (*Schaub* § 235 II 5; ausführlich *Bösche/Grimberg* AiB 1991, 218 f. mit dem Entwurf einer Muster-Betriebsvereinbarung zur Urlaubsplanung).

b) Urlaubsgrundsätze

68 Der Betriebsrat hat nach § 87 Abs. 1 Nr. 5 BetrVG bei der Aufstellung allgemeiner Urlaubsgrundsätze mitzubestimmen. Allgemeine Urlaubsgrundsätze betreffen nur die **kollektive Umsetzung des Urlaubs auf das Urlaubsjahr** (BAG 14. 1. 1992 AP Nr. 5 zu § 3 BUrlG). Das Mitbestimmungsrecht bezieht sich auf die Aufstellung von Richtlinien, nach denen den einzelnen Arbeitnehmern vom Arbeitgeber Urlaub erteilt oder verweigert werden kann (BAG 18. 6. 1974 AP Nr. 1 zu § 87 BetrVG 1972 Urlaub). Hierin können allgemeine Merkmale enthalten sein über die Verteilung der zeitlichen Lage des Urlaubs für Arbeitnehmer mit schulpflichtigen Kindern, die Aufteilung des Urlaubs auf Jahreszeiten sowie über die Berücksichtigung des Urlaubs berufstätiger Ehepartner. Ebenso gehört die Vereinbarung von Betriebsferien hierzu (dazu Rz 70 f.). Gegenstand allgemeiner Urlaubsgrund-

Zeitpunkt, Übertragbarkeit und Abgeltung des Urlaubs § 7 **BUrlG**

sätze kann auch das Verfahren zur Festlegung des Urlaubs sein, etwa eine Regelung über die Eintragung von Urlaubswünschen in eine Urlaubsliste (BAG 14. 1. 1992 aaO; *Dersch/Neumann* § 7 Rz 24; *Natzel* Anhang zu § 7 Rz 19; *Wiese* GK-BetrVG § 87 Rz 396).

Die **konkrete Berechnung der Urlaubsdauer** von Arbeitnehmern in 69 einem rollierenden Freizeitsystem mit wöchentlich wechselnder Arbeitsdauer ist nicht als allgemeiner Urlaubsgrundsatz im Sinne von § 87 Abs. 1 Nr. 5 BetrVG zu verstehen (BAG 14. 1. 1992 AP Nr. 5 zu § 3 BUrlG), und zwar auch dann nicht, wenn die Umrechnung des Urlaubs in Arbeitstage infolge der mitbestimmten Arbeitszeitregelung nach § 87 Abs. 1 Nr. 2 BetrVG erforderlich geworden ist. § 87 Abs. 1 Nr. 2 BetrVG räumt dem Betriebsrat nur das Recht ein, bei der Verteilung der vorgegebenen Arbeitszeit auf einzelne Wochentage mitzubestimmen. Eine weitergehende Kompetenz des Betriebsrats zur Mitbestimmung bei der Berechnung der Urlaubsdauer folgt daraus nicht (BAG 14. 1. 1992 aaO).

c) Betriebsferien

Die Einführung von Betriebsferien **unterliegt der Mitbestimmung** des 70 Betriebsrats (BAG 28. 7. 1981 BAGE 36, 14 = AP Nr. 2 zu § 87 BetrVG 1972 Urlaub mit Anm. *Boldt* = SAE 1984, 114 mit Anm. *Birk*; GK-BUrlG/*Bachmann* § 7 Rz 77; *Dersch/Neumann* § 7 Rz 31; *Natzel* Anhang zu § 7 Rz 23; *Wiese* GK-BetrVG § 87 Rz 449). Dabei steht die Bindung des Urlaubs an das Urlaubsjahr einer allgemeinen Regelung über die Einführung von Betriebsferien für mehrere aufeinander folgende Jahre in einer Betriebsvereinbarung nicht entgegen (BAG 28. 7. 1981, aaO). Unzulässig ist allerdings eine Betriebsvereinbarung, die bestimmt, daß Urlaubsansprüche des folgenden Jahres bereits im Vorgriff im laufenden Urlaubsjahr erfüllt werden (BAG 17. 1. 1974 AP Nr. 3 zu § 1 BUrlG mit Anm. *Boldt* = SAE 1975, 123 mit Anm. *Blomeyer*).

Betriebsvereinbarungen, mit denen Betriebsferien eingeführt werden, le- 71 gen den Urlaubszeitraum einheitlich für alle Arbeitnehmer oder für Gruppen von Arbeitnehmern im Betrieb fest. **Zur Einführung von Betriebsferien bedarf es keiner dringenden betrieblichen Belange**. Rechtswirksam eingeführte Betriebsferien begründen vielmehr solche Belange, hinter denen die individuellen Urlaubsinteressen der Arbeitnehmer zurückstehen müssen (BAG 28. 7. 1981 BAGE 36, 14 = AP Nr. 2 zu § 87 BetrVG 1972 Urlaub).

Arbeitsbereite, aber **noch nicht urlaubsberechtigte Arbeitnehmer**, die 72 während der Betriebsferien nicht beschäftigt werden, haben gemäß § 615 Satz 1 BGB Anspruch auf Lohnzahlung (vgl. BAG 2. 10. 1974 BAGE 26, 312 = AP Nr. 2 zu § 7 BUrlG Betriebsferien mit Anm. *Natzel* = SAE 1975, 169 mit Anm. *Herschel*; BAG 30. 6. 1976 AP Nr. 3 zu § 7 BUrlG Betriebsferien mit Anm. *Moritz* = AR-Blattei Urlaub Entsch. 218 mit Anm. *Herschel*).

d) Aufstellung des Urlaubsplans

Der Urlaubsplan enthält die **beabsichtigte Verteilung des Urlaubs der** 73 **einzelnen Arbeitnehmer** des Betriebes auf das Urlaubsjahr (*Fitting* BetrVG § 87 Rz 157 ff.; *Wiese* GK-BetrVG § 87 Rz 460). Durch einen mit dem

BUrlG § 7   *Teil I. C. Erläuterungen zum BUrlG*

Betriebsrat vereinbarten Urlaubsplan können die Urlaubszeiten aller Arbeitnehmer im Betrieb bereits so festgelegt werden, daß es keiner weiteren Handlung des Arbeitgebers für die Urlaubsgewährung bedarf. In diesem Fall ist der Urlaub durch die Betriebsvereinbarung festgelegt (*Wiese* GK-BetrVG § 87 Rz 464; *Däubler/Kittner/Klebe/Schneider* BetrVG § 87 Rz 115). Darin unterscheidet sich der Urlaubsplan von der Urlaubsliste (dazu Rz 16 ff.).

74 Nicht vom Mitbestimmungsrecht des Personalras gedeckt ist nach Auffassung des BVerwG die Vereinbarung einer **allgemeinen Urlaubssperre** im Betrieb (BVerwG 19. 1. 1993, Der Personalrat 1993, 167 m. krit. Anm. *Sabottig*). Dem kann jedoch für § 87 Abs. 1 Nr. 5 BetrVG nicht gefolgt werden. Denn die Festlegung einer Urlaubssperre für bestimmte Zeiten beinhaltet zugleich eine Regelung über die Verteilung des Urlaubs innerhalb des Kalenderjahres und damit allgemeine Urlaubsgrundsätze (ebenso *Fitting* § 87 Rz 194; *Wiese* GK-BetrVG § 87 Rz 453).

e) Zeitliche Lage des Urlaubs einzelner Arbeitnehmer

75 Das Mitbestimmungsrecht aus § 87 Abs. 1 Nr. 5 BetrVG bezieht sich schließlich auch auf die Festlegung der zeitlichen Lage des Urlaubs einzelner Arbeitnehmer, wenn zwischen diesen und dem Arbeitgeber kein Einverständnis über die Lage des Urlaubs erzielt wird. Das Mitbestimmungsrecht des Betriebsrats besteht daher **nur, wenn Arbeitgeber und Arbeitnehmer sich nicht einigen,** nicht jedoch bei jeder einzelnen Urlaubsfestsetzung.

76 Können sich Arbeitgeber und Betriebsrat nicht über die zeitliche Lage des Urlaubs des einzelnen Arbeitnehmers verständigen, entscheidet die **Einigungsstelle.** Diese hat bei ihrem Spruch § 7 Abs. 1 zu beachten. Die unzureichende Beachtung der dort genannten Merkmale kann der Arbeitnehmer vor dem Arbeitsgericht geltend machen (*Wiese* GK-BetrVG § 87 Rz 474).

8. Gerichtliche Durchsetzung des Urlaubsanspruchs

a) Leistungsklage auf Urlaubsgewährung zu einem bestimmten Zeitpunkt

77 Verweigert der Arbeitgeber die Erfüllung des Urlaubsanspruchs, kann der Arbeitnehmer seinen Anspruch durch eine Leistungsklage vor dem Arbeitsgericht geltend machen. Da der Arbeitgeber als Schuldner der Pflicht zur Urlaubserteilung den Urlaub festzusetzen hat, **kann der Arbeitnehmer beantragen, ihm x Tage Urlaub von ... bis ... zu gewähren** (BAG 18. 12. 1986 BAGE 54, 63, 66 = AP Nr. 10 zu § 7 BUrlG; *Dörner* AR-Blattei Urlaub X, unter A I 1; *Hiekel* NZA 1990 Beilage 2 S. 32, 36 f.).

78 Das BAG hat zu Recht darauf hingewiesen, daß es zur Festlegung des Urlaubszeitpunkts **keiner Gestaltungsklage nach § 315 Abs. 3 Satz 2 BGB bedarf** (BAG 18. 12. 1986 BAGE 54, 63, 66 = AP Nr. 10 zu § 7 BUrlG; zust. ErfK/*Dörner* § 7 BUrlG Rz 48; *Schütz/Hauck* Rz 969; – a. A. GK-BUrlG/*Bachmann* § 7 Rz 65; *Boldt/Röhsler* § 7 Rz 4; *Gerauer* NZA 1988, 154; *Hohmeister* § 7 Rz 34; *Künzl* BB 1991, 1630, 1632; *Leipold* Anm. zu BAG AP Nr. 10 zu § 7 BUrlG). Die Bestimmung des Urlaubs obliegt nicht

billigem Ermessen des Arbeitgebers im Sinne von § 315 BGB (vgl. Rz 30ff.). Maßgeblich hierfür ist allein § 7 Abs. 1.

Nach Auffassung des BAG ist die **Klage** auf Urlaubserteilung zu einem 79 näher bezeichneten Zeitpunkt **unzulässig,** wenn das Gericht zeitlich erst **nach dem beantragten Urlaubstermin** über die Klage des Arbeitnehmers **entscheidet** (BAG 18. 12. 1986 BAGE 54, 63, 66f. = AP Nr. 10 zu § 7 BUrlG). Die vom Arbeitnehmer geforderte Leistung sei dann wegen Zeitablaufs unmöglich geworden, weshalb für die Klage das notwendige Rechtsschutzbedürfnis fehle (kritisch dazu *Leipold* Anm. zu BAG AP Nr. 10 zu § 7 BUrlG, der eine solche Klage für unbegründet hält).

b) Leistungsklage auf Urlaubsgewährung ohne bestimmte Zeitangabe

Das **BAG** erachtet auch **Klagen auf Urlaubsgewährung ohne Zeitanga-** 80 **ben für zulässig.** Der Arbeitnehmer könne mit Rücksicht auf die Konkretisierungsbefugnis des Arbeitgebers nach § 7 Abs. 1 beantragen, den Arbeitgeber zu verurteilen, ihm (dem Arbeitnehmer) Urlaub in Höhe von x Tagen Urlaub zu gewähren (BAG 25. 11. 1982 BAGE 40, 379 = AP Nr. 3 zu § 6 BUrlG; BAG 7. 11. 1985 BAGE 50, 112 = AP Nr. 8 zu § 7 BUrlG Übertragung; BAG 30. 7. 1986 BAGE 52, 305 = AP Nr. 22 zu § 13 BUrlG; BAG 4. 9. 1987 – 8 AZR 96/85 – n.v.; BAG 25. 10. 1994 BAGE 78, 153 = AP Nr. 20 zu § 7 BUrlG; BAG 21. 2. 1995 BAGE 79, 207, 211 = AP Nr. 6 und 7 zu § 47 SchwbG 1986; BAG 20. 8. 1996 AP Nr. 144 zu § 1 TVG Tarifverträge: Metallindustrie; BAG 24. 9. 1996 BAGE 84, 140 = AP Nr. 22 zu § 7 BUrlG; zust. GK-BUrlG/*Bachmann* § 7 Rz 65).

Gegen die prozessuale Zulässigkeit eines solchen Klageantrags werden 81 Bedenken geäußert, weil er nicht hinreichend bestimmt im Sinne des § 253 Abs. 1 Nr. 2 ZPO sei (vgl. bereits *Pohle* Anm. zu BAG AP Nr. 83 zu § 611 BGB Urlaubsrecht) und deshalb **keinen vollstreckungsfähigen Inhalt** habe (so *Dersch/Neumann* § 7 Rz 50; *Schütz/Hauck* Rz 964; *Tautphäus* Rz 260 sowie Vorauflage Rz 63). Diese Einwände treffen jedoch nicht zu (überzeugend ErfK/*Dörner* § 7 BUrlG Rz 50). Die Tatsache, daß ein Urteil nicht vollstreckbar ist, besagt nichts über die Bestimmtheit des Antrags. Hier ist insbesondere auf § 888 Abs. 2 ZPO hinzuweisen, der u.a. die Vollstreckbarkeit von Urteilen auf Herstellung der ehelichen Lebensgemeinschaft ausschließt. Die Vollstreckbarkeit von Urteilen und die Bestimmtheit von Anträgen sind auseinanderzuhalten. Mit der Kritik an der Möglichkeit der Leistungsklage auf Gewährung einer bestimmten Zahl von Urlaubstagen wird übersehen, daß eine Leistungsklage, mit der die Freistellung von der Arbeit an einer bestimmten Zahl von Arbeitstagen begehrt wird, sehr wohl bestimmt im Sinne von § 253 Abs. 1 Nr. 2 ZPO ist.

c) Zwangsvollstreckung aus einem Leistungsurteil auf Urlaubsgewährung

Die Zwangsvollstreckung aus einem Urteil, das den Arbeitgeber ver- 82 pflichtet, dem Arbeitnehmer Urlaub zu gewähren, richtet sich nach der Rechtsprechung des **BAG** nach **§ 894 ZPO** (BAG 12. 10. 1961 BAGE 11, 312, 314 = AP Nr. 83 zu § 611 BGB Urlaubsrecht; zust. *Schilken* Münch-Komm-ZPO § 894 Rz 3; *Stein/Jonas/Brehm* ZPO § 894 Rz 9; *Thomas/*

BUrlG § 7 Teil I. C. *Erläuterungen zum BUrlG*

Putzo ZPO § 894 Anm. 2b), weil die Urlaubserteilung eine Willenserklärung des Arbeitgebers sei, mit der er den Urlaubsanspruch des Arbeitnehmers nach Maßgabe des § 7 Abs. 1 konkretisiere. Neuere Entscheidungen des BAG zu dieser Frage liegen bisher nicht vor.

83 Nach einer im **Schrifttum** vertretenen Auffassung soll sich die Zwangsvollstreckung aus einem Urteil, das den Arbeitgeber zur Urlaubserteilung ohne Zeitangaben verpflichtet, nach **§ 888 ZPO** richten (vgl. ErfK/*Dörner* § 7 BUrlG Rz 50). Habe der Arbeitnehmer einen Titel, wonach ihm der Arbeitgeber x Tage Urlaub zu gewähren habe, könne der Arbeitnehmer dem Arbeitgeber mitteilen, wann er den Urlaub wünsche. Verweigere der Arbeitgeber die Urlaubserteilung zu dem gewünschten Zeitpunkt, könne der Arbeitnehmer beim Arbeitsgericht beantragen, den Arbeitgeber zur Urlaubsgewährung durch Zwangsgeld oder Zwangshaft anzuhalten. Im Rahmen des Vollstreckungsverfahrens nach § 888 ZPO seien dann die Einwendungen des Arbeitgebers zu berücksichtigen (*Dörner* aaO).

84 Hiergegen ist einzuwenden, daß die **Urlaubserteilung nach § 7 Abs. 1 eine Willenserklärung** und daher für die **Zwangsvollstreckung § 894 ZPO** einschlägig ist. Zwar ist auch die Abgabe einer Willenserklärung eine Handlung. Gleichwohl kommt eine Vollstreckung aus Urteilen auf Abgabe von Willenserklärungen nach § 888 ZPO nicht in Betracht, weil die ZPO hierfür in § 894 eine Sonderregelung enthält, die eine Anwendung der Vorschriften über die Vollstreckung von Handlungen nach §§ 887, 888 ZPO ausschließt (*Brox/Walker* Zwangsvollstreckungsrecht Rz 1070; *Schilken* MünchKomm-ZPO § 894 Rz 1 und 5; – vgl. für nicht hinreichend bestimmte Willenserklärungen *Stein/Jonas/Brehm* ZPO § 894 Rz 5 und 9 Fn. 49; *Zöller/Stöber* ZPO § 894 Rz 2).

85 Beide Auffassungen können allerdings **rechtlich und auch in ihren praktischen Konsequenzen nicht befriedigen.** Weder § 888 ZPO noch § 894 ZPO passen auf die Vollstreckung von Klagen auf Urlaubserteilung (vgl. dazu *Leinemann* FS für Stahlhacke S. 317, 328ff.). § 888 ZPO setzt als Grundlage der Vollstreckung einen Anspruch auf eine konkret bestimmte Handlung des Schuldners voraus. § 894 ZPO ist eine Sonderbestimmung zu § 888 ZPO, die zwar auf eine rechtsgeschäftliche Erklärung des Schuldner bezogen, deren Inhalt aber ebenfalls im Urteil abschließend geklärt sein muß. Beide Voraussetzungen der §§ 888 und 894 ZPO sind bei einer Klage auf Erteilung von x Tagen Urlaub nicht gegeben und können auch nicht gegeben sein, weil die vom Arbeitgeber als Schuldner der Verpflichtung nach § 7 Abs. 1 Satz 1 zu beachtenden Merkmale bei der Erfüllung des Anspruchs regelmäßig nicht Inhalt der gerichtlichen Auseinandersetzung sind und meist auch nicht sein können.

86 Soweit auf § 894 ZPO als Grundlage der Vollstreckung hingewiesen wird, kommt hinzu, daß diese Vorschrift gar keine Vollstreckung ermöglicht, sondern mit **Rechtskraft des Urteils** die Erklärung als abgegeben gilt. Das rechtskräftige Urteil ersetzt die Erklärung (vgl. *Jauernig*, Zwangsvollstreckungsrecht und Konkursrecht § 28 I; *Stein/Jonas/Brehm* ZPO § 894 Rz 21).

87 Der Arbeitnehmer gelangt daher mit einem Urteil auf Urlaubserteilung nicht zur (vorläufigen) Vollstreckbarkeit, auch nicht zur Erklärung der Vollstreckung nach § 894 ZPO, weil der Anspruch regelmäßig im Verlauf

Zeitpunkt, Übertragbarkeit und Abgeltung des Urlaubs § 7 BUrlG

des Prozesses wegen Fristablaufs (§ 7 Abs. 3 Satz 1) untergeht. Auch wenn der Rechtsstreit in einem solchen Fall über einen möglichen Schadenersatzanspruch (dazu Rz 159 ff.), in den sich der Urlaubsanspruch verwandelt hat, fortgesetzt wird, hat der Arbeitnehmer, wenn nunmehr ein Ersatzurlaubsanspruch Gegenstand des Rechtsstreits ist, entgegen § 62 Abs. 1 Satz 1 ArbGG keinen Anspruch auf vorläufige Vollstreckung. Die **vorläufige Vollstreckbarkeit** eines Urteils, durch das der Arbeitgeber verurteilt worden ist, dem Arbeitnehmer für eine bestimmte Zeit Urlaub zu erteilen, ist nicht gegeben, weil gemäß § 894 ZPO die Erklärung des Schuldners erst dann als abgegeben gilt, wenn das Urteil Rechtskraft erlangt hat. Dies ist mit § 62 Abs. 1 Satz 1 ArbGG nicht vereinbar. Nach dieser Vorschrift des Prozeßrechts sind Urteile, gegen welche die Berufung zulässig ist, vorläufig vollstreckbar.

Diese Mißhelligkeiten beruhen darauf, daß bereits im **Gesetzgebungsverfahren** zum BUrlG die Frage der Zwangsvollstreckung aus Urteilen, die den Arbeitgeber zur Urlaubserteilung verpflichten, übersehen worden ist. Auch später ist diesem Problem weder anläßlich der Änderungen des ArbGG noch des BUrlG oder der ZPO Aufmerksamkeit geschenkt worden. Die Gesetzgebung ist aufgerufen, eine Sonderregelung zu § 888 ZPO zu schaffen, die der nach § 62 Abs. 1 Satz 1 ArbGG eröffneten Befugnis zur vorläufigen Vollstreckbarkeit auch für Urteile über Urlaubsansprüche gerecht wird. 88

d) Feststellungsklage

Wegen der oben (Rz 80 ff.) aufgezeigten Probleme der Leistungsklage auf Urlaubsgewährung ohne konkrete Angabe des Urlaubszeitraums wird im Schrifttum vorgeschlagen, eine entsprechende Feststellungsklage zuzulassen (vgl. GK-BUrlG/*Bachmann* § 7 Rz 68; *Boldt/Röhsler* § 1 Rz 87; *Dersch/ Neumann* § 7 Rz 50 f.; *Hohmeister* § 7 Rz 32; *Natzel* § 7 Rz 70; *Schütz/ Hauck* Rz 965). Auch das BAG hat solche Klagen auf **Feststellung, daß dem Arbeitnehmer für das Urlaubsjahr X noch Y Tage Erholungsurlaub zustehen,** für zulässig erachtet (BAG 27. 11. 1986 AP Nr. 13 zu § 50 BAT; BAG 23. 7. 1987 AP Nr. 11 zu § 7 BUrlG; BAG 13. 2. 1996 AP Nr. 10 zu § 47 SchwbG 1986; – kritisch dazu ErfK/*Dörner* § 7 BUrlG Rz 52; *Hiekel* NZA 1990 Beilage 2 S. 32, 37). 89

Regelmäßig **unzulässig** ist eine Feststellungsklage des Arbeitnehmers, mit der beantragt wird festzustellen, daß die für einen bestimmten **Zeitraum in der Vergangenheit** erteilte Freistellung ohne Anrechnung auf den Jahresurlaub erfolgt ist (BAG 8. 12. 1992, 19. 10. 1993 AP Nr. 19, 23 zu § 256 ZPO 1977). Der Antrag bezieht sich auf einen in der Vergangenheit liegenden Vorgang und ist deshalb nur zulässig, wenn sich aus der begehrten Feststellung Rechtsfolgen für die Gegenwart oder die Zukunft ergeben (BAG 22. 9. 1992 AP Nr. 17 zu § 256 ZPO 1977; ErfK/*Dörner* § 7 BUrlG Rz 53; *Stein/Jonas/Schumann* ZPO § 256 Rz 47; *Lüke* MünchKomm-ZPO § 256 Rz 28). 90

Das BAG hat zutreffend eine Klage als unzulässig abgewiesen, mit der der Arbeitnehmer beantragt hat festzustellen, daß er an einem zurückliegenden Rosenmontag Dienstbefreiung ohne Anrechnung auf den Jahresurlaub hatte 91

(BAG 8. 12. 1992 AP Nr. 19 zu § 256 ZPO 1977). Die beantragte Feststellung hatte nur eine **vergangenheitsbezogene Klarstellung** zum Gegenstand, nämlich ob der Kläger am Rosenmontag Erholungsurlaub hatte oder aus anderen Gründen freigestellt worden ist. Ein Feststellungsurteil zugunsten des Klägers hätte keine rechtlichen Auswirkungen gehabt, weil zwischenzeitlich der Urlaubsanspruch wegen Fristablauf (§ 7 Abs. 3 Satz 2 und 3) erloschen war.

92 Zu Unrecht meint **Neumann** (*Dersch/Neumann* § 7 Rz 51), der Arbeitnehmer sei verpflichtet, „**auf Leistungsklage überzugehen**", wenn das Urlaubsjahr abgelaufen sei oder während des Rechtsstreits ablaufe, weil mit dem Urteil des BAG vom 12. 10. 1961 (BAGE 11, 312 = AP Nr. 83 zu § 611 BGB Urlaubsrecht) davon auszugehen sei, daß die Bestimmung des Zeitpunktes des Urlaubs mit Ablauf des Urlaubsjahres dann auf den Arbeitnehmer übergehe, wenn der Arbeitgeber zu Unrecht den Urlaub während der Urlaubsjahres nicht gewährt habe. Dies trifft nicht zu. Auch nach Ablauf des Urlaubsjahres gibt es kein Selbstbeurlaubungsrecht (vgl. Rz 19 ff.), dem Arbeitgeber steht im Übertragungszeitraum lediglich kein Leistungsverweigerungsrecht zu (vgl. Rz 36 ff.). Im übrigen werden damit die vollstreckungsrechtlichen Probleme nicht gelöst.

e) Einstweilige Verfügung

93 Ob der Arbeitnehmer seinen Urlaubsanspruch auch im Wege der einstweiligen Verfügung nach §§ **935, 940 ZPO** durchsetzen kann, ist umstritten. Im Schrifttum wird dies überwiegend bejaht (vgl. GK-BUrlG/*Bachmann* § 7 Rz 69; *Boldt/Röhsler* § 1 Rz 100; *Dersch/Neumann* § 7 Rz 54; *Heinze* MünchKomm-ZPO § 935 Rz 42 f.; *Hiekel* NZA 1990 Beilage 2 S. 32, 39; *Hohmeister* § 7 Rz 35; *Natzel* § 7 Rz 71 f.; *Schütz/Hauck* Rz 976 ff.; *Tautphäus* Rz 266 ff.; *Walker* Einstweiliger Rechtsschutz im Zivilprozeß 1993 Rz 669 ff.). Die einstweilige Verfügung sei zu erlassen, wenn anders eine rechtzeitige Durchsetzung des Urlaubsanspruchs unter Berücksichtigung der Urlaubswünsche des Arbeitnehmers nicht gewährleistet sei, auch wenn dadurch der Urlaubsanspruch des Arbeitnehmers nicht nur gesichert, sondern befriedigt werde (LAG Hamburg LAGE § 7 BUrlG Nr. 26; GK-BUrlG/*Bachmann* § 7 Rz 69; ErfK/*Dörner* § 7 BUrlG Rz 55; *Heinze* aaO Rz 42; *Walker* aaO Rz 669).

94 Die einstweilige Verfügung, die den Arbeitgeber verpflichtet, dem Arbeitnehmer für eine näher bestimmte Zeit Urlaub zu gewähren, hat die **Abgabe einer Willenserklärung zum Gegenstand** (vgl. Rz 82 ff.). Die Abgabe von Willenserklärungen darf jedoch grundsätzlich nicht durch einstweilige Verfügung angeordnet werden, weil Willenserklärungen gemäß § 894 ZPO erst bei Rechtskraft der Entscheidung in der Hauptsache als abgegeben gelten (*Stein/Jonas/Grunsky* ZPO vor § 935 Rz 51). Allerdings wird in Einzelfällen eine einstweilige Verfügung zugelassen, wenn nur dadurch die Ansprüche des Gläubigers durchgesetzt werden können (vgl. *Brox/Walker* Zwangsvollstreckungsrecht Rz 1594). Soweit danach eine einstweilige Verfügung zulässig ist, soll die Fiktionswirkung des § 894 ZPO eintreten, wenn gegen die Entscheidung im einstweiligen Rechtsschutz ein Rechtsmittel oder Rechtsbehelf nicht mehr gegeben und den Erfordernissen nach §§ 936, 929,

926 ZPO genügt ist (vgl. *Stein/Jonas/Grunsky* ZPO vor § 935 Rz 50; ebenso Vorauflage Rz 75).

Diese in dem Bemühen um effektiven Rechtsschutz entwickelte Lösung führt jedoch letztlich zu einer **Übersicherung des Arbeitnehmers**, weil durch die einstweilige Verfügung der Urlaubsanspruch des Arbeitnehmers erfüllt wird. Dies ist jedoch zur Sicherung des Urlaubsanspruchs nicht erforderlich (zutr. *Corts* NZA 1998, 357 f.). Ausreichend ist vielmehr ein Antrag des Arbeitnehmers, der auf die Gestattung des Fernbleibens von der Arbeit gerichtet ist (*Corts* aaO; MünchArbR/*Leinemann* § 89 Rz 135). Durch eine entsprechende Regelungsverfügung wäre für den Arbeitnehmer sichergestellt, daß er wegen des Fernbleibens von der Arbeit nicht gekündigt wird. Über den Bestand des Urlaubsanspruchs wäre nicht entschieden, dies bliebe einem Hauptsacheverfahren vorbehalten.

95

Die **Vergütungsansprüche in der Zeit des gestatteten Fernbleibens** beurteilen sich nach §§ 323 ff. BGB: Bestand in dieser Zeit ein Urlaubsanspruch, hat der Arbeitgeber die eingetretene Unmöglichkeit der Arbeitsleistung für diesen Zeitraum zu vertreten und ist daher gem. § 324 Abs. 1 Satz 1 BGB zur Gegenleistung, d. h. zur Entgeltzahlung verpflichtet. War der Arbeitgeber dagegen nicht zur Urlaubserteilung verpflichtet, bestehen nach § 323 Abs. 1 BGB auch keine Vergütungsansprüche des Arbeitnehmers (zutr. *Corts* NZA 1998, 358).

96

II. Die Pflicht zur zusammenhängenden Urlaubsgewährung (Abs. 2)

1. Gesundheitspolitische Zielsetzung der Regelung

Nach § 7 Abs. 2 Satz 1 ist der Urlaub zusammenhängend zu gewähren, es sei denn, daß dringende betriebliche oder in der Person des Arbeitnehmers liegende Gründe eine Teilung des Urlaubs erforderlich machen. In dieser Regelung wird das mit dem Gesetz verfolgte **gesundheitspolitische Ziel** deutlich, dem Arbeitnehmer in regelmäßigen Abständen hinreichend Zeit zur Erholung zu geben, die nach den medizinischen Erkenntnissen zur Zeit des Inkrafttretens des BUrlG mindestens drei Wochen umfassen sollte (vgl. *Hittmair* Münchener medizinische Wochenschrift 1959, 1329; *Klemp* Arbu-SozR 1960, 108; *Wagner* BArbBl. 1/1960, 35; *Schelp/Trieschmann* BArbBl 2/1961, 43).

97

Nach Inkrafttreten des BUrlG am 1. 1. 1963 war offengeblieben, wie der Urlaub aufzuteilen war, wenn die in § 7 Abs. 2 Satz 1 genannten Gründe eine Aufteilung erforderlich machten. Durch die **Gesetzesänderung im Jahre 1974** ist auch im Hinblick auf die Ratifizierung des IAO-Übereinkommens Nr. 132 (Art. 8 Abs. 2) in § 7 Abs. 2 Satz 2 bestimmt worden, daß bei einer solchen Teilung einer der Urlaubsteile mindestens 12 aufeinanderfolgende Tage umfassen muß, wenn der Arbeitnehmer Anspruch auf Urlaub von mehr als 12 Werktagen hat (vgl. Rz 2).

98

Konnte schon diese Änderung aus gesundheitspolitischer und medizinischer Sicht nicht unbedingt als Fortschritt angesehen werden, weil damit die Pflicht zur ungeteilten Urlaubsgewährung nicht verstärkt worden ist, hat die

99

BUrlG § 7 *Teil I. C. Erläuterungen zum BUrlG*

zugleich eingefügte Änderung in § 13 Abs. 1 Satz 3, mit der § 7 Abs. 2 Satz 2 zur Disposition der Arbeitsvertragsparteien gestellt wird, das vom Gesetzgeber verfolgte Erholungsziel vollends in den Hintergrund gerückt, weil nun auch **einzelvertraglich eine Zerstückelung des Urlaubs möglich** ist (dazu Rz 102). Einer sozialen Gestaltung des Arbeitslebens ist damit nicht gedient (vgl. *Leinemann* AuR 1987, 193, 195). Daran ändert nichts, daß der Urlaub nicht selten auf Wunsch des Arbeitnehmers aufgespalten wird. Unzulässig und unwirksam ist die Aufstückelung des Urlaubs in „halbe" Urlaubstage (vgl. Rz 103).

2. Geltungsbereich

100 Die Pflicht zur zusammenhängenden Urlaubsgewährung gilt nicht nur für den **gesetzlichen Mindesturlaub,** den der Arbeitnehmer nach Ablauf der sechsmonatigen Wartezeit erwirbt. Auch der **Teilurlaub,** den der Arbeitnehmer nach § 5 Abs. 1 zu beanspruchen hat, ist zusammenhängend zu gewähren (BAG 10. 3. 1966 AP Nr. 2 zu § 59 KO mit Anm. *Weber;* GK-BUrlG/*Bachmann* § 7 Rz 92; *Dersch/Neumann* § 7 Rz 56).

101 Die Pflicht zur zusammenhängenden Urlaubsgewährung bezieht sich nur auf den **Urlaub des laufenden Kalenderjahres.** Aus dem Vorjahr gemäß § 7 Abs. 3 übertragener Urlaub ist daher nicht zusammenhängend mit dem Urlaub des laufenden Jahres zu gewähren (ebenso GK-BUrlG/ *Bachmann* § 7 Rz 93 ErfK/*Dörner* § 7 BUrlG Rz 39; a. A. *Boldt/Röhsler* § 7 Rz 46; *Dersch/Neumann* § 7 Rz 57; *Natzel* § 7 Rz 76). § 7 Abs. 2 soll allein sicherstellen, daß der Arbeitgeber den im laufenden Kalenderjahr entstehenden Urlaubsanspruch des Arbeitnehmers zusammenhängend erfüllt.

3. Inhalt der Regelung

102 Der Arbeitgeber hat gemäß § 7 Abs. 2 den Urlaub grundsätzlich zusammenhängend zu gewähren. Eine Aufstückelung des gesetzlichen Mindesturlaubs in einzelne Urlaubstage ist damit jedenfalls für den nach § 7 Abs. 2 Satz 2 **zusammenhängend zu gewährenden Teil des Urlaubs von zwölf aufeinanderfolgenden Werktagen** vorbehaltlich einer wirksamen abweichenden vertraglichen Vereinbarung unzulässig (vgl. BAG 29. 7. 1965 BAGE 17, 263, 265 = AP Nr. 1 zu § 7 BUrlG mit Anm. *G. Hueck*). Die einseitige Gewährung nur einzelner Urlaubstage gegen den Widerstand des Arbeitnehmers durch den Arbeitgeber ist keine rechtswirksame Erfüllung des Urlaubsanspruchs (ErfK/*Dörner* § 7 BUrlG Rz 41). Dem Arbeitnehmer bleibt der volle gesetzliche Urlaubsanspruch erhalten, er kann diesen Anspruch daher zur zusammenhängenden Gewährung nachfordern (BAG 29. 7. 1965 aaO).

103 Auch die Erteilung von „**halben Tagen**" Urlaub, also die Aufteilung von Urlaubstagen auf Bruchteile eines Arbeitstags ist nach § 7 Abs. 2 unzulässig (ebenso *Dersch/Neumann* § 7 Rz 59). Dadurch wird ebenfalls die Erfüllung des Urlaubsanspruchs nicht bewirkt. Daran ändert nichts, daß in der Praxis z. B. für Arztbesuche oder wenn vor dem Weihnachtsfest, am Silvestertag, im Karneval oder vor Ostern nicht die volle Arbeitszeit gearbeitet wird,

Zeitpunkt, Übertragbarkeit und Abgeltung des Urlaubs § 7 BUrlG

unter Verrechnung auf den Urlaubsanspruch jeweils „halbe Urlaubstage" gewährt werden, um die völlige Freistellung von der Arbeitspflicht an diesen Tagen zu erreichen (ErfK/*Dörner* § 7 BUrlG Rz 42).

Werden vollzeitbeschäftigte Arbeitnehmer aus bestimmten Anlässen wie 104 Heiliger Abend oder Silvester ab 12 Uhr (einvernehmlich) freigestellt, haben **teilzeitbeschäftigte Arbeitnehmer,** deren tägliche Arbeitszeit bereits um 12 Uhr endet, keinen Anspruch auf bezahlte Freizeit in der Zeit bis 12 Uhr. Dem stehen die gesetzlichen Gleichbehandlungsregelungen nicht entgegen, weil die Ungleichheit sich nicht aus einer Handlung des Arbeitgebers, sondern der Lage der individuellen Arbeitszeit ergibt (insoweit zutreffend BAG, 26. 5. 1993 AP Nr. 42 zu Art. 119 EWG-Vertrag).

Die Gewährung von „halben Urlaubstagen", durch die vollzeitbeschäf- 105 tigte Arbeitnehmer zur völligen Arbeitsbefreiung an solchen Tagen nur einen Urlaubstag für die **Arbeitsbefreiung an jeweils zwei verkürzten Arbeitstagen** aufzuwenden brauchen, Teilzeitbeschäftigte für die Arbeitsbefreiung an solchen Tagen aber zwei Urlaubstage nehmen müssen, ist jedoch eine nach § 2 Abs. 1 BeschFG unzulässige unterschiedliche Behandlung von Teilzeitarbeitnehmern (näher dazu Kasseler Handbuch/*Linck* Gruppe 4.2 Rz 160ff.). Das wird in der Entscheidung des BAG vom 26. 5. 1993 (AP Nr. 42 zu Art. 119 EWG-Vertrag) übersehen.

4. Ausnahmen

Nach § 7 Abs. 2 Satz 1 gilt die Verpflichtung, den Urlaub zusammenhän- 106 gend zu gewähren, nicht, wenn **dringende betriebliche oder in der Person des Arbeitnehmers liegende Gründe** eine Teilung des Urlaubs erforderlich machen. Diese Bestimmung knüpft hinsichtlich der dringenden betrieblichen Gründe an § 7 Abs. 1 an (vgl. dazu oben Rz 38ff.). Gründe in der Person des Arbeitnehmers, die eine Teilung des Urlaubs erforderlich machen, kommen insbesondere bei Erkrankungen, Todesfällen oder Hochzeiten naher Angehöriger in Betracht. Ein Urlaubswunsch ist allerdings noch kein Grund in der Person des Arbeitnehmers (GK-BUrlG/*Bachmann* § 7 Rz 96; *Dersch/Neumann* § 7 Rz 56 und 60; ErfK/*Dörner* § 7 BUrlG Rz 38).

5. Tarifliche Abdingbarkeit

Von § 7 Abs. 2 Satz 1 kann **nicht** in Tarifverträgen abgewichen werden. 107 Eine solche Abweichung würde unzulässig in § 1 eingreifen, weil dann eine beliebige Zerstückelung des Erholungsurlaubs möglich wäre (GK-BUrlG/ *Bachmann* § 7 Rz 102; *Dersch/Neumann* § 7 Rz 63).

Von § 7 Abs. 2 **Satz 2** kann gem. § 13 Abs. 1 Satz 3 **sowohl tarifver-** 108 **traglich, einzelvertraglich oder durch Betriebsvereinbarung** auch zuungunsten der Arbeitnehmer abgewichen werden (§ 13 Rz 75). Wenn die Voraussetzungen des § 7 Abs. 2 Satz 1 vorliegen, kann daher durch einzelvertragliche Vereinbarung weitergehend, als dies in § 7 Abs. 2 Satz 2 vorgesehen ist, der Urlaub aufgeteilt werden.

III. Befristung und Übertragung des Urlaubsanspruchs (Abs. 3)

1. Befristung des Urlaubsanspruchs

109 Der Urlaubsanspruch ist nach § 1 **auf das Kalenderjahr (Urlaubsjahr) befristet.** Nach dieser Bestimmung hat jeder Arbeitnehmer in jedem Kalenderjahr Anspruch auf bezahlten Erholungsurlaub. Das bedeutet, daß der Urlaubsanspruch mit Beginn des Urlaubsjahres entsteht und mit ihm endet (so im Grundsatz bereits BAG 26. 6. 1969 BAGE 22, 85 = AP Nr. 1 zu § 7 BUrlG; st. Rspr. seit 13. 5. 1982 BAGE 39, 53 = AP Nr. 4 zu § 7 BUrlG Übertragung mit Anm. *Boldt* = AR-Blattei Urlaub Entsch. 248 mit Anm. *Buchner* = SAE 1983, 78 mit Anm. *Buchner;* BAG 24. 11. 1987 BAGE 56, 340 = AP Nr. 41 zu § 7 BUrlG Abgeltung; BAG 28. 11. 1990 BAGE 66, 288 = AP Nr. 18 zu § 7 BUrlG Übertragung; BAG 23. 6. 1992 AP Nr. 22 zu § 1 BUrlG = EzA § 7 BUrlG Nr. 85; BAG 7. 12. 1993 AP Nr. 15 zu § 7 BUrlG; BAG 17. 1. 1995 AP Nr. 66 zu § 7 BUrlG Abgeltung; zust. *Beitzke* SAE 1985, 113 f.; *Bengelsdorf* NZA 1985, 613 ff.; *Boldt/Röhsler* § 1 Rz 55 f.; *Dersch/Neumann* § 7 Rz 65; ErfK/*Dörner* § 7 BUrlG Rz 56; *Hohmeister* Rz 50; *Natzel* § 7 Rz 103, 134; *Schütz/Hauck* Rz 486; *Sowka* NZA 1989, 497; *Tautphäus* Rz 61; *Widera* DB 1988, 756).

110 In Übereinstimmung mit dem befristeten Bestehen des Urlaubsanspruchs ist in § 7 Abs. 3 Satz 1 klargestellt, daß der Urlaub im laufenden Kalenderjahr gewährt und genommen werden muß, also **innerhalb der Befristung auf das Urlaubsjahr zu erfüllen ist.** Damit steht zugleich fest, daß der Urlaubsanspruch nur im Kalenderjahr besteht, eine Erfüllung des Anspruchs also außerhalb des Kalenderjahres ausgeschlossen ist, es sei denn, die Erfüllung des Urlaubsanspruchs ist aus den in § 7 Abs. 3 Satz 2 genannten Gründen unterblieben.

111 Gegen die Auffassung, der Urlaubsanspruch sei ein befristeter Anspruch, wird eingewandt, dies sei nur mit einer **Ausschlußfrist** zu rechtfertigen. Dafür fehle es aber im BUrlG an einer entsprechenden Regelung, so daß nicht davon ausgegangen werden könne, der Urlaubsanspruch erlösche mit dem Ende des Übertragungszeitraums (vgl. GK-BUrlG/*Bachmann* § 7 Rz 120 ff.; *Heither* AuR 1968, 165; *Kohte* BB 1984, 609, 614; *Künzl* BB 1991, 1630; *Plüm* NZA 1988, 716, 718; *Staudinger/Richardi* BGB § 611 Rz 901; *Streblow* S. 151; beharrlich LAG Düsseldorf 20. 9. 1989 LAGE § 7 BUrlG Übertragung Nr. 2, aufgehoben durch BAG 28. 11. 1990 BAGE 66, 288 = EzA § 7 BUrlG Nr. 79; LAG Düsseldorf 5. 9. 1991 DB 1992, 224 sowie 16. 9. 1993 LAGE § 7 BUrlG Nr. 5 Übertragung und 12. 6. 1998 LAGE § 7 BUrlG Abgeltung Nr. 10).

112 **Diese Ansicht ist unzutreffend.** Sie gründet auf der Überzeugung, daß Ansprüche ebenso wie Verpflichtungen jeweils nur für unbestimmte Zeit entstehen können, und es deshalb einer besonderen Beendigungsregelung bedürfe, um den Anspruch wieder auszuschließen. Soweit dafür auf eine Reihe von Vorschriften verwiesen wird, in denen jeweils Erlöschensgründe genannt werden, wird übersehen, daß die Gesetzgebung nicht auf eine solche Regelungstechnik beschränkt ist.

Zeitpunkt, Übertragbarkeit und Abgeltung des Urlaubs § 7 BUrlG

Verpflichtungen und Ansprüche, ebenso **Rechtsverhältnisse** (z.b. das 113 befristete Arbeitsverhältnis), **können auch von vornherein zeitlich beschränkt auf eine bereits bei Entstehen bestimmte Dauer begründet werden.** Sie bestehen dann während dieser Zeit und gehen unter, ohne daß es dazu einer weiteren Vorschrift über ihr Erlöschen bedarf. Die arbeitstäglich für den Arbeitnehmer entstehende Arbeitspflicht ist auf den Arbeitstag befristet. Sie endet jeweils mit dem Ende der täglichen Arbeitszeit. Der Hinweis, § 7 Abs. 3 enthalte keine Ausschlußfrist, ist damit zwar zutreffend, trägt aber nichts zur Problemlösung bei, weil es einer Ausschlußfrist weder für die in § 1 für die Begründung des Urlaubsanspruchs im Kalenderjahr noch für die in § 7 Abs. 3 Satz 2 und 3 enthaltene erneute Befristung des Anspruchs auf den Übertragungszeitraum bedarf (MünchArbR/*Leinemann* § 89 Rz 49).

Die **Befristung** des Urlaubsanspruchs wird auch **in § 4 Abs. 2 ArbPlSchG** 114 **sowie in § 17 Abs. 2 BErzGG** vorausgesetzt. Anders wäre nicht zu verstehen, daß dem Arbeitnehmer, der den ihm zustehenden Urlaub vor seiner Einberufung bzw. vor Beginn der Elternzeit nicht oder nicht vollständig erhalten hat, der Resturlaub nach dem Grundwehrdienst bzw. der Elternzeit im laufenden oder im nächsten Urlaubsjahr zu gewähren ist. Diese gesetzlichen Regelungen enthalten Ausnahmen zur Befristung des Urlaubsanspruchs nach § 7 Abs. 3. Der Urlaubsanspruch wird dadurch auf das Ende des dem Grundwehrdienst bzw. der Elternzeit folgenden Jahres befristet. Mit dem Ende dieser erneuten Befristung ist der Urlaubsanspruch erloschen.

2. Erfüllung des Urlaubsanspruchs im laufenden Kalenderjahr

Der Urlaubsanspruch ist gemäß § 7 Abs. 3 Satz 1 grundsätzlich im lau- 115 fenden Kalenderjahr zu erfüllen. Er ist vorbehaltlich des § 7 Abs. 3 Satz 2 in dieser Zeit vom Arbeitgeber zu gewähren und vom Arbeitnehmer zu nehmen. Der Urlaub muß deshalb **im laufenden Kalenderjahr durchgeführt** und nicht nur angetreten werden (BAG 13. 5. 1982 BAGE 39, 53 = AP Nr. 4 zu § 7 BUrlG Übertragung; BAG 17. 1. 1995 AP Nr. 66 zu § 7 BUrlG Abgeltung; GK-BUrlG/*Bachmann* § 7 Rz 105; *Boldt/Röhsler* § 7 Rz 51; *Dersch/Neumann* § 7 Rz 66; *Hohmeister* § 7 Rz 50; *Natzel* § 7 Rz 105).

Der gesetzliche Mindesturlaub kann **nicht im Vorgriff** auf Urlaubsan- 116 sprüche gewährt werden, die erst im folgenden Kalenderjahr entstehen. Vor Beginn des Urlaubsjahres, in dem der Urlaubsanspruch entsteht, kann er nicht erfüllt werden. Die dennoch im laufenden Kalenderjahr „im Vorgriff" auf das folgende Urlaubsjahr gewährten Urlaubstage kann der Arbeitnehmer in dem folgenden Kalenderjahr noch einmal fordern, ohne zur Rückgewähr des bereits erhaltenen Urlaubsentgelts verpflichtet zu sein (BAG 16. 3. 1972 AP Nr. 3 zu § 9 BUrlG mit Anm. *Natzel* = AR-Blattei Urlaub Entsch. 199 mit Anm. *Herbst* = SAE 1972, 260 mit Anm. *Meisel;* BAG 17. 1. 1974 AP Nr. 3 zu § 1 BUrlG mit Anm. *Boldt* = SAE 1975, 123 mit Anm. *Blomeyer*).

3. Übertragung des Urlaubsanspruchs gemäß § 7 Abs. 3 Satz 2 und 3

a) Allgemeines

117 Ist die Erfüllung des Urlaubsanspruchs aus **dringenden betrieblichen oder in der Person des Arbeitnehmers liegenden Gründen** nicht möglich, geht der Urlaubsanspruch nach § 7 Abs. 3 Satz 2 und 3 auf die ersten drei Kalendermonate des Folgejahres (Übertragungszeitraum) über. Der Urlaubsanspruch ist auf diesen Übertragungszeitraum (erneut) befristet und erlischt mit dem 31. März. An die Stelle der Befristung des Urlaubsanspruchs auf den 31. Dezember tritt gemäß § 7 Abs. 3 Satz 2 und 3 eine neue zeitliche Begrenzung auf den 31. März des folgenden Jahres (BAG 25. 8. 1987 BAGE 56, 53, 57 = AP Nr. 15 zu § 7 BUrlG Übertragung; BAG 7. 12. 1993 AP Nr. 15 zu § 7 BUrlG; ErfK/*Dörner* § 7 BUrlG Rz 63). Während dieser neuen Befristung ist der Urlaub zu verwirklichen, anderenfalls verfällt er mit Ablauf dieser Frist.

b) Voraussetzungen der Übertragung

118 Der Urlaubsanspruch ist auf das nächste Kalenderjahr nach § 7 Abs. 3 Satz 2 übertragen, wenn dringende betriebliche Gründe oder Gründe in der Person des Arbeitnehmers dies rechtfertigen. § 7 Abs. 3 Satz 2 knüpft an § 7 Abs. 1 Satz 1 an, wonach der Arbeitgeber bei Vorliegen dringender betrieblicher Gründe ein Leistungsverweigerungsrecht hat, das ihn berechtigt, die Gewährung von Urlaub im Urlaubsjahr ggf. ganz zu verweigern.

119 **Dringende betriebliche Gründe** sind die Erfüllung termingebundener Aufträge, krankheitsbedingte Ausfälle anderer Arbeitnehmer sowie Urlaubswünsche anderer Arbeitnehmer, die unter sozialen Gesichtspunkten Vorrang verdienen (dazu näher Rz 38 ff.). Dringende betriebliche Gründe für die Übertragung sind allerdings nicht bereits dann gegeben oder zu vermuten, wenn keine persönlichen Gründe genannt sind und der Arbeitgeber den Urlaub im laufenden Kalenderjahr nicht gewährt hat. Hierfür gibt es im Gesetz keine rechtliche Grundlage (BAG 23. 6. 1992 AP Nr. 22 zu § 1 BUrlG = EzA § 7 BUrlG Nr. 85).

120 Eine Übertragung des Urlaubsanspruchs ist gemäß § 7 Abs. 3 Satz 2 auch statthaft, wenn im laufenden Kalenderjahr die Gewährung von Urlaub durch Gründe ausgeschlossen ist, die in der **Person des Arbeitnehmers** liegen. Hierzu gehört insbesondere die krankheitsbedingte Arbeitsunfähigkeit des Arbeitnehmers (vgl. BAG 24. 11. 1992 AP Nr. 23 zu § 1 BUrlG). Der Arbeitnehmer kann aber auch aus anderen persönlichen Gründen berechtigt sein, den Urlaubsantritt zu dem vom Arbeitgeber bestimmten Zeitpunkt zu verweigern. Als solche Gründe kommen in Betracht: Erkrankung in Hausgemeinschaft lebender naher Angehöriger, Niederkunft der Ehefrau usw. Liegen solche persönlichen Gründe vor, hat der Arbeitnehmer ein Annahmeverweigerungsrecht (dazu Rz 52 f.).

121 Allein der **Wunsch des Arbeitnehmers** nach einer Urlaubsübertragung ist jedoch nicht geeignet, die Übertragung des Urlaubsanspruchs auf das nächste Kalenderjahr nach § 7 Abs. 3 Satz 2 zu rechtfertigen (GK-BUrlG/ *Bachmann* § 7 Rz 128; *Dersch/Neumann* § 7 Rz 83; ErfK/*Dörner* § 7 BUrlG Rz 66; *Hohmeister* § 7 Rz 58; *Natzel* § 7 Rz 117; *Schütz/Hauck*

Zeitpunkt, Übertragbarkeit und Abgeltung des Urlaubs § 7 BUrlG

Rz 529). Ansonsten stünde die Übertragung des Urlaubsanspruchs auf das nächste Kalenderjahr im Belieben des Arbeitnehmers. Dies aber würde der Befristung des Urlaubsanspruchs auf das laufende Kalenderjahr (§ 1, § 7 Abs. 3 Satz 1) widersprechen.

c) Darlegungs- und Beweislast

Der **Arbeitnehmer** trägt die Darlegungs- und Beweislast dafür, daß die Voraussetzungen für eine Übertragung vorliegen (BAG 26. 8. 1997 – 9 AZR 139/96 n.v.). Denn hierbei handelt es sich um eine für den Arbeitnehmer günstige Abweichung von dem gesetzlichen Grundtatbestand der Befristung des Urlaubsanspruchs auf das Kalenderjahr. 122

d) Übertragung kraft Gesetzes

Hat der Arbeitgeber sein Leistungsverweigerungsrecht oder der Arbeitnehmer sein Annahmeverweigerungsrecht ausgeübt und konnte deswegen, oder weil die Gewährung von Urlaub wegen Arbeitsunfähigkeit unmöglich war, Urlaub im Kalenderjahr nicht erteilt werden, geht der Urlaubsanspruch nach § 7 Abs. 3 Satz 2 auf den Übertragungszeitraum über. Die **Übertragung** des Urlaubsanspruchs am Jahresende auf den bis zum 31. März des folgenden Kalenderjahres dauernden Übertragungszeitraum **hängt** gemäß § 7 Abs. 3 Satz 2 **allein davon ab, ob die dort genannten Gründe vorliegen**. 123

Für die Übertragung des Urlaubsanspruchs bedarf es **keiner Handlung von Arbeitgeber oder Arbeitnehmer** (BAG 25. 8. 1987 BAGE 56, 53, 57 = AP Nr. 15 zu § 7 BUrlG Übertragung; BAG 24. 11. 1987 BAGE 56, 340, 342f. = AP Nr. 41 zu § 7 BUrlG Abgeltung; BAG 23. 6. 1992 AP Nr. 22 zu § 1 BUrlG = EzA § 7 BUrlG Nr. 85; BAG 9. 8. 1994 AP Nr. 19 zu § 7 BUrlG; *Dersch/Neumann* § 7 Rz 69; ErfK/*Dörner* § 7 BUrlG Rz 64; *Hohmeister* § 7 Rz 51; *Leinemann* NZA 1985, 137, 141f.; *Schütz/Hauck* Rz 532; – a.A. GK-BUrlG/*Bachmann* § 7 Rz 126; *Boldt/Röhsler* § 7 Rz 56). Die Übertragung erfolgt vielmehr kraft Gesetzes. Übertragen i.S. von § 7 Abs. 3 Satz 2 bedeutet, daß der Urlaubsanspruch des Vorjahres dem Urlaubsanspruch des nachfolgenden Jahres hinzugerechnet wird. Der übertragene Urlaubsanspruch ist demnach einem **Übertrag in einer laufenden Rechnung vergleichbar** (vgl. BAG 24. 11. 1987 BAGE 56, 340, 342 = AP Nr. 41 zu § 7 BUrlG Abgeltung). Ist der Urlaubsanspruch des Vorjahres übertragen, tritt an die Stelle der Befristung auf das Jahresende eine neue zeitliche Begrenzung auf das Ende des folgenden Vierteljahres. 124

Bei andauernder **Erkrankung des Arbeitnehmers** geht der Urlaubsanspruch gemäß § 7 Abs. 3 Satz 2 nur auf das nächste Kalenderjahr über, wenn der Arbeitnehmer wegen der Erkrankung seinen Urlaub bis zum Ablauf des Urlaubsjahres nicht nehmen kann (BAG 24. 11. 1992 AP Nr. 23 zu § 1 BUrlG). Dies trifft nicht zu, wenn der Arbeitnehmer vor Ablauf des Urlaubsjahres wieder arbeitsfähig wird und den Urlaub – wenn auch nur teilweise – verwirklichen könnte. Das BAG hat deshalb zutreffend entschieden, daß der Urlaubsanspruch nach § 7 Abs. 3 Satz 2 nur insoweit auf den Übertragungszeitraum übergeht, als er wegen der Erkrankung nicht mehr vollständig erfüllt werden kann. **Ansonsten erlischt der im Urlaubsjahr erfüll-** 125 bare Teil mit Ablauf des Kalenderjahres (BAG 23. 6. 1988 AP Nr. 16 zu § 7 BUrlG Übertragung; BAG 24. 11. 1992 AP Nr. 23 zu § 1 BUrlG). Hat ein Arbeitnehmer, der bis zum 14. Dezember des laufenden Jahres arbeitsunfähig ist, einen Urlaubsanspruch von 23 Tagen und verlangt er nicht für die Zeit vom 15. bis 31. Dezember Urlaub, erlischt sein Anspruch in Höhe von 12 Urlaubstagen, wenn er in dieser Zeit hätte Urlaub nehmen können. Auf das Folgejahr gehen dann gemäß § 7 Abs. 3 Satz 2 nur 11 Urlaubstage über (BAG 24. 11. 1992 aaO).

e) Übertragungszeitraum

126 Der nach § 7 Abs. 3 Satz 2 übertragene Urlaub muß gemäß § 7 Abs. 3 Satz 3 in den ersten drei Monaten des folgenden Kalenderjahres gewährt und genommen werden. An die Stelle der Befristung auf das Jahresende tritt damit eine **neue zeitliche Begrenzung auf den 31. März des folgenden Jahres**. Der gesetzliche Urlaub muß so rechtzeitig gewährt werden, daß er bis zum Fristende am 31. März erfüllt werden kann. Der Urlaubsantritt im Urlaubsjahr oder im Übertragungszeitraum genügt nicht, wenn der Urlaubsanspruch mehr Tage umfaßt, als für die Gewährung des Urlaubs bis zum Fristende verfügbar sind (BAG 7. 12. 1993 AP Nr. 15 zu § 7 BUrlG; *Dersch/Neumann* § 7 Rz 92; ErfK/*Dörner* § 7 BUrlG Rz 78; *Natzel* § 7 Rz 113; – zu abweichenden tariflichen Bestimmungen vgl. § 13 Rz 76 ff.).

f) Urlaubsgewährung im Übertragungszeitraum

127 Kommt es gemäß § 7 Abs. 3 Satz 2 zur Übertragung des Urlaubsanspruchs, muß der Arbeitgeber im nächsten Kalenderjahr bis zum 31. März auf Verlangen des Arbeitnehmers den Urlaub erteilen. Während dieser neuen Befristung des Urlaubsanspruchs ist ohne Rücksicht auf die vorher im Kalenderjahr bestehenden Rechte des Arbeitgebers und des Arbeitnehmers der Urlaub zu verwirklichen, anderenfalls verfällt er mit Ablauf dieser Frist (§ 7 Abs. 3 Satz 3). **Leistungsverweigerungsrechte** des Arbeitgebers **und Annahmeverweigerungsrechte** des Arbeitnehmers (dazu oben Rz 38 ff. und 52 f.) bestehen im Übertragungszeitraum nicht, weil in § Abs. 3 Satz 3 nicht auf die in § 7 Abs. 3 Satz 2 genannten Übertragungsgründe verwiesen wird (BAG 21. 1. 1997 AP Nr. 15 zu § 9 BUrlG; ErfK/*Dörner* § 7 BUrlG Rz 77; vgl. auch Rz 157 ff.). Die Urlaubswünsche des Arbeitnehmers sind nunmehr verbindlich.

128 Der Urlaub muß, ist er auf den Übertragungszeitraum übergegangen, gemäß § 7 Abs. 3 Satz 3 im ersten Kalendervierteljahr gewährt und genommen werden oder er erlischt spätestens mit Ablauf dieses Zeitraumes (BAG 28. 1. 1982 BAGE 37, 382 = AP Nr. 11 zu § 3 BUrlG Rechtsmißbrauch; BAG 7. 12. 1993 AP Nr. 15 zu § 7 BUrlG; BAG 17. 1. 1995 AP Nr. 66 zu § 7 BUrlG Abgeltung). Das **Erlöschen des Urlaubsanspruchs** wird auch nicht dadurch verhindert, daß der Urlaub während des Übertragungszeitraums nicht erfüllt werden kann, weil der Arbeitnehmer arbeitsunfähig krank ist (dazu näher Rz 138 ff.).

129 Ist der Urlaubsanspruch auf den Übertragungszeitraum übergegangen, stellt sich die Frage nach dem **Verhältnis des übertragenen Urlaubs und**

Zeitpunkt, Übertragbarkeit und Abgeltung des Urlaubs   § 7 **BUrlG**

des im Folgejahr neu entstandenen Urlaubsanspruchs, wenn die Parteien einvernehmlich oder der Arbeitgeber als Schuldner der Urlaubsverpflichtung nicht bestimmt haben, welcher Urlaubsanspruch durch eine Urlaubsgewährung im ersten Vierteljahr dieses Jahres erfüllt werden soll. Die Antwort hierzu ist § 366 Abs. 2 BGB zu entnehmen. Danach ist der Urlaubsanspruch aus dem Vorjahr zunächst getilgt, weil er mit Ablauf des Übertragungszeitraums, also mit dem 31. März erlöschen würde. Wenn die bis zum Ende des Übertragungszeitraums möglichen Arbeitstage nicht für die Erfüllung des Resturlaubs ausreichen, erlischt der Urlaubsanspruch im Umfang der überschießenden Urlaubstage.

4. Leistungsstörungen, die weder vom Arbeitgeber noch vom Arbeitnehmer zu vertreten sind

Im Zusammenhang mit der Urlaubserteilung kann es zu Leistungsstörun- 130 gen kommen, wenn die Urlaubsgewährung nicht möglich ist oder wenn der Arbeitnehmer erkrankt. Für den Fall der **Erkrankung des Arbeitnehmers** während des Urlaubs bestimmt § 9, daß die durch ärztliches Zeugnis nachgewiesenen Tage der Arbeitsunfähigkeit auf den Jahresurlaub nicht angerechnet werden (dazu im einzelnen Erläuterungen zu § 9). Die Folgen einer Erkrankung des Arbeitnehmers vor Festsetzung des Urlaubs sind in § 7 Abs. 3 geregelt.

a) Unmöglichkeit der Erfüllung des Urlaubsanspruchs

Der Arbeitnehmer kann aus verschiedensten Gründen gehindert sein, den 131 ihm zuvor vom Arbeitgeber erteilten Urlaub zu nehmen. In diesen Fällen ist fraglich, ob der Arbeitnehmer eine **neue Festsetzung des Urlaubstermins** vom Arbeitgeber verlangen kann. Dies ist jedoch grundsätzlich zu verneinen (dazu auch Rz 56). Mit der Festlegung des Urlaubszeitraums entsprechend den Wünschen des Arbeitnehmers hat der Arbeitgeber als Schuldner des Urlaubsanspruchs das seinerseits Erforderliche nach § 7 Abs. 1 getan. Wird die Freistellung des Arbeitnehmers zur Urlaubsgewährung nachträglich unmöglich, so besteht keine Verpflichtung des Arbeitgebers zur anderweiten Neufestsetzung des Urlaubs, wenn nicht die Unmöglichkeit auf krankheitsbedingter Arbeitsunfähigkeit (§ 9) beruht. Der Arbeitgeber wird von der Freistellungsverpflichtung nach § 275 BGB frei.

Wird nach Festlegung des Urlaubs durch Betriebsvereinbarung eine **Frei-** 132 **schicht in den Urlaubszeitraum des Arbeitnehmers gelegt,** ist die Freistellung wegen Urlaubs an diesem Tag unmöglich geworden. Die Verpflichtung zur Urlaubserteilung an diesem Freischichttag ist damit erloschen (vgl. BAG 15. 6. 1993 BAGE 73, 221 = AP Nr. 3 zu § 1 Bildungsurlaub NRW). Scheitert die Urlaubsgewährung daran, daß die Arbeitnehmerin **nach der Festsetzung des Urlaubs schwanger** wird und für die vorgesehene Urlaubszeit ihre Beschäftigung verboten ist, geht der durch die Leistungshandlung konkretisierte Anspruch auf Urlaubsgewährung nach § 243 Abs. 2, § 275 Abs. 1, § 300 Abs. 2 BGB ersatzlos unter (BAG 15. 6. 1993 BAGE 73, 221 = AP Nr. 3 zu § 1 BildungsurlaubsG NRW; BAG 25. 1. 1994 BAGE 75, 294 = AP Nr. 17 zu § 7 BUrlG = SAE 1995, 193 mit krit Anm. *Coester;* BAG 9. 8. 1994, BAGE 77, 296 = AP Nr. 19 zu § 7 BUrlG).

BUrlG § 7 Teil I. C. *Erläuterungen zum BUrlG*

133 Sieht ein Tarifvertrag vor, daß übertragener Urlaub bis spätestens 30. 6. des folgenden Kalenderjahres **anzutreten ist** und nur dann eine **weitere Übertragung bis zum 30. 9.** in Betracht kommt, wenn der **Urlaubsantritt bis zum 30. 6.** wegen Arbeitsunfähigkeit nicht möglich ist, ist der Arbeitgeber bei einer Erkrankung des Arbeitnehmers während des vor dem 30. 6. festgesetzten und über diesen Termin hinaus gehenden Urlaubs nicht verpflichtet, die wegen nachgewiesener Arbeitsunfähigkeit nach § 9 nicht anzurechnenden Urlaubstage nachzugewähren (BAG 21. 1. 1997 AP Nr. 15 zu § 9 BUrlG). Der wegen Krankheit im Urlaubszeitraum nicht erfüllte Urlaubsanspruch muß nur nachgewährt werden, wenn die für den Anspruch maßgebliche Befristung noch nicht erreicht ist (BAG 19. 3. 1996 AP Nr. 13 zu § 9 BUrlG). Eine weitere Übertragung scheidet aus, weil bei einer Erkrankung während des Urlaubs der Arbeitnehmer zuvor den Urlaub angetreten hat. Auch in diesem Fall geht vielmehr der durch die Leistungshandlung des Arbeitgebers konkretisierte Urlaubsanspruch gemäß § 243 Abs. 2, § 275 Abs. 1, § 300 Abs. 2 BGB ersatzlos unter (BAG 21. 1. 1997 aaO).

b) Erkrankung vor Festsetzung des Urlaubs

134 **Urlaub und Krankheit schließen einander aus,** weil während der Arbeitsunfähigkeit eines Arbeitnehmers keine Arbeitspflichten entstehen können, von denen der Arbeitnehmer durch Urlaubsgewährung befreit werden könnte. Dieser Grundsatz ist in § 7 Abs. 3 auch für die Fälle berücksichtigt, in denen bereits die Festsetzung des Urlaubs wegen Arbeitsunfähigkeit des Arbeitnehmers unterbleibt.

135 § 7 Abs. 3 bestimmt **abweichend von § 275 Abs. 1 BGB,** daß der Arbeitgeber von seiner Pflicht zur Urlaubsgewährung nicht frei wird, wenn der Urlaubsanspruch u.a. aus den in § 7 Abs. 3 Satz 2 genannten Gründen in der Person des Arbeitnehmers, also auch wegen Arbeitsunfähigkeit im Kalenderjahr nicht gewährt werden kann (BAG 24. 11. 1987 BAGE 56, 340, 344 = AP Nr. 41 zu § 7 BUrlG Abgeltung; BAG 9. 6. 1988 AP Nr. 10 zu § 9 BUrlG). Infolge einer Arbeitsunfähigkeit des Arbeitnehmers erlöschen daher Urlaubsansprüche des Arbeitnehmers im Kalenderjahr und im Übertragungszeitraum nicht. Das Erlöschen des Urlaubsanspruchs wegen des Fristendes mit dem Ablauf der Übertragungszeiten bleibt davon freilich unberührt.

136 Ein Arbeitnehmer kann, solange seine Krankheit fortdauert, den Urlaubsanspruch gegenüber dem Arbeitgeber für die Dauer der Arbeitsunfähigkeit **nicht wirksam geltend machen.** Die Geltendmachung ist nur beachtlich, wenn der Urlaubsanspruch vor dem Ende des Übertragungszeitraums am 31. März erfüllt werden kann (BAG 13. 11. 1986 BAGE 53, 328, 330 = AP Nr. 26 zu § 13 BUrlG).

137 Kann der Urlaubsanspruch nach **Wiederherstellung der Arbeitsfähigkeit** ganz oder teilweise im Übertragungszeitraum erfüllt werden, hat der Arbeitgeber dem Arbeitnehmer auf dessen Verlangen Urlaub zu erteilen. Dies gilt auch dann, wenn der Arbeitnehmer während des gesamten Urlaubsjahres bis dahin wegen seiner Arbeitsunfähigkeit gehindert war, den Urlaub zu verwirklichen. Denn das Entstehen und Bestehen des Urlaubsanspruchs ist nicht von erbrachten oder noch zu erbringenden Arbeitsleistungen abhängig

(BAG 26. 5. 1983 AP Nr. 12 zu § 7 BUrlG Abgeltung; BAG 24. 11. 1987 BAGE 56, 340, 343 = AP Nr. 41 zu § 7 BUrlG Abgeltung; – dazu § 1 Rz 107ff.).

c) Erkrankung des Arbeitnehmers bis zum Ende des Übertragungszeitraums

aa) In der früheren Rechtsprechung war zwar grundsätzlich anerkannt, daß der Urlaubsanspruch spätestens mit Ablauf des Übertragungszeitraums, d. h. mit dem 31. März des folgenden Kalenderjahres verfällt (vgl. BAG 26. 6. 1969 BAGE 22, 85, 87 ff. = AP Nr. 1 zu § 7 BUrlG Urlaubsjahr mit Anm. *Richardi;* BAG 24. 2. 1972 AP Nr. 10 zu § 11 BUrlG mit Anm. *Schmidt).* 138

Von diesem Grundsatz hatte der Fünfte Senat des BAG aber dann eine Ausnahme gemacht, „wenn der Arbeitnehmer infolge **langdauernder Arbeitsunfähigkeit** daran gehindert war, den Urlaub noch vor Ablauf des Übertragungszeitraums durchzuführen". Die gesetzliche Übertragungsregelung habe nicht den Fall im Auge, daß die Verwirklichung des Urlaubs im Kalenderjahr und im Übertragungszeitraum wegen der bestehenden Krankheit, also aus nicht zu behebenden Gründen, unmöglich gewesen sei. Hier vollziehe sich nicht i. S. von § 7 Abs. 3 eine Übertragung des Urlaubs auf das erste Vierteljahr des Nachjahres, „sondern kraft der gegebenen Umstände unvermeidbar und damit automatisch der Übergang des Urlaubs auf den späteren Zeitraum, der damit auch nicht allein auf die ersten Monate des Nachjahres beschränkt sein" könne (BAG 13. 11. 1969 BAGE 22, 211, 213 = AP Nr. 2 zu § 7 BUrlG Übertragung mit Anm. *Meisel).* In weiteren Entscheidungen ist von einem „infolge Arbeitsunfähigkeit erzwungenen Übergang auf das nächste Kalenderjahr" die Rede (vgl. BAG 3. 2. 1971 BAGE 23, 184 = AP Nr. 9 zu § 7 BUrlG Abgeltung; 21. 7. 1973 AP Nr. 3 zu § 7 BUrlG Übertragung). 139

Was unter „**Übergang**" im Gegensatz zur „**Übertragung**" nach § 7 Abs. 3 Satz 2 zu verstehen ist und woher die Begründung für diese Unterscheidung zu nehmen ist, hat der Fünfte Senat nicht erläutert. Weder im Urteil vom 13. 11. 1969 (BAGE 22, 211, 213 = AP Nr. 2 zu § 7 BUrlG Übertragung) noch in nachfolgenden Entscheidungen wird dargelegt, auf welchen Zeitraum dieser „Übergang" beschränkt ist. Dies hat – abgesehen von der hierdurch ausgelösten Rechtsunsicherheit für Tarif- und Arbeitsvertragsparteien – dazu geführt, daß in Tarifverträgen, in der Rechtsprechung der Instanzen (vgl. z. B. ArbG Siegen DB 1980, 744; LAG Bremen DB 1970, 1888; ArbG Kiel BB 1978, 713; LAG Düsseldorf DB 1982, 285 ff.) und im Schrifttum (vgl. *Röhsler* AR-Blattei IX, unter B II 2; *Dersch/Neumann* 6. Aufl. § 7 Rz 95 – anders nunmehr *ders.* 8. Aufl. § 7 Rz 95) hierfür eine Reihe von Lösungsvorschlägen angeboten worden sind, die je nach sozialem Standpunkt den Übergangszeitraum erweiterten, verringerten oder gar eine Abgeltung vorschlugen, obwohl dafür die Voraussetzungen nach § 7 Abs. 4 nicht vorliegen. 140

bb) Die Rechtsprechung des Fünften Senats überzeugt nicht und ist daher abzulehnen. **Von der Befristung des Urlaubsanspruchs gibt es nach dem BUrlG keine Ausnahme,** die es rechtfertigen würde, neben der gesetzlich 141 vorgesehenen Übertragung mit ihren im Gesetz bestimmten Grenzen einen nicht nach gesetzlichen Merkmalen bestimmbaren Übergang anzunehmen (vgl. *Leinemann* NZA 1985, 137, 141; MünchArbR/*Leinemann* § 91 Rz 12ff.).

142 **Die Unmöglichkeit der Urlaubsverwirklichung wegen Krankheit ist im BUrlG nicht übergangen worden**, sondern in § 7 Abs. 3 geregelt (BAG 13. 5. 1982 BAGE 39, 54 = AP Nr. 4 zu § 7 BUrlG Übertragung). Wenn nach dieser Bestimmung der Urlaub im laufenden Kalenderjahr gewährt und genommen werden muß und eine Übertragung nur ausnahmsweise u. a. wegen „in der Person des Arbeitnehmers liegenden Gründen", also auch wegen Krankheit des Arbeitnehmers, möglich ist, kann dies nur bedeuten, daß auch der Anspruch des Arbeitnehmers auf Urlaub erlischt, wenn der für ihn eröffnete Übertragungszeitraum endet (vgl. oben Rz 125).

143 Der in § 9 vorgesehenen **Nichtanrechnung von Krankheitstagen** auf den Urlaub ist ebenfalls der Hinweis zu entnehmen, daß im Gesetzgebungsverfahren dieses Problem nicht ganz unbekannt gewesen ist. § 9 kann zwar im Urlaubsjahr und auch im Übertragungszeitraum den Untergang des Urlaubsanspruchs verhindern, nicht aber das Erlöschen des Anspruchs am Ende der Befristung.

144 Für die Unmöglichkeit der Urlaubsgewährung am Ende der Befristung des Urlaubsanspruchs enthält das BUrlG **keine Abweichung von den Regeln des Leistungsstörungsrechts** (dazu auch Rz 131ff.). Wenn der Arbeitgeber durch Arbeitsunfähigkeit des Arbeitnehmers gehindert ist, den Arbeitnehmer von der Arbeitspflicht freizustellen, wird ihm – dem Arbeitgeber – die Leistung unmöglich mit der in § 275 Abs. 1 BGB vorgesehenen Folge, daß seine Leistungspflicht erlischt, wenn der Arbeitnehmer nicht vor dem Ende der Befristung rechtzeitig arbeitsfähig wird. Sofern der Arbeitnehmer vor Ende des Übertragungszeitraums wieder arbeitsfähig wird, ist ihm vom Arbeitgeber auf Verlangen Urlaub in dem Umfang zu gewähren, wie noch Arbeitstage vor Ablauf der Befristung für die Verwirklichung des Urlaubsanspruchs verfügbar sind.

145 **Ist der Anspruch erloschen, kann er nicht mehr erfüllt werden.** Damit geht der Hinweis, ein verspäteter Urlaub sei immer noch besser als gar kein Urlaub, ins Abseits (vgl. dazu BAG 28. 11. 1990 BAGE 66, 288 = AP Nr. 18 zu § 7 BUrlG Übertragung = EzA § 7 BUrlG Nr. 79; – a. A. LAG Düsseldorf LAGE § 7 BUrlG Übertragung Nr. 2 als Vorinstanz sowie GK-BUrlG/*Bachmann* § 7 Rz 120; *Heither* AuR 1968, 165, 169; *Richardi* Anm. zu BAG AP Nr. 1 zu § 7 BUrlG Urlaubsjahr).

146 Hätte im BUrlG die Rechtswirkung der Befristung vermieden werden und dem Arbeitnehmer der Urlaubsanspruch auch über den 31. März des Folgejahres hinaus erhalten bleiben sollen, hätte es einer **weiteren Regelung über die Fortdauer des Urlaubsanspruchs** entsprechend der Übertragungsregelung etwa im Anschluß an § 7 Abs. 3 bedurft. Eine solche Bestimmung gibt es nicht, sie läßt sich auch nicht aus dem Zusammenhang der Bestimmungen des BUrlG ermitteln.

147 Mit Recht hat deshalb der Sechste Senat des **BAG mit dem Urteil vom 13. 5. 1982 die frühere Rechtsprechung des Fünften Senats aufgegeben** (vgl. BAG 13. 5. 1982 BAGE 39, 54 = AP Nr. 4 zu § 7 BUrlG Übertragung

Zeitpunkt, Übertragbarkeit und Abgeltung des Urlaubs § 7 BUrlG

mit abl. Anm. *Boldt* = AR-Blattei Urlaub Entsch. 248 mit abl. Anm. *Buchner* = SAE 1983, 78 mit abl. Anm. *Buchner;* BAG 7. 11. 1985 BAGE 50, 107 = AP Nr. 24 zu § 7 BUrlG Abgeltung). Der Achte Senat ist dem Sechsten Senat nach Änderung der Geschäftsverteilung des Gerichts darin gefolgt (BAG 14. 5. 1986 BAGE 52, 67, 69 = AP Nr. 26 zu § 7 BUrlG Abgeltung; BAG 28. 11. 1990 BAGE 66, 288 = AP Nr. 18 zu § 7 BUrlG Übertragung), ebenfalls der seit 1991 zuständige Neunte Senat (vgl. BAG 5. 12. 1995 BAGE 81, 339 = AP Nr. 70 zu § 7 BUrlG Abgeltung; BAG 9. 11. 1996 BAGE 84, 325 = AP Nr. 71 zu § 7 BUrlG Abgeltung).

Alle drei Senate haben sich jeweils ausführlich mit der an der Änderung 148 dieser Rechtsprechung geübten Kritik auseinandergesetzt (vgl. BAG 8. 3. 1984 BAGE 45, 184 = AP Nr. 14 zu § 3 BUrlG Rechtsmißbrauch mit Anm. *Glaubitz;* BAG 7. 11. 1985 BAGE 50, 112 = AP Nr. 8 zu § 7 BUrlG Übertragung; BAG 7. 11. 1985 BAGE 50, 124 = AP Nr. 16 zu § 3 BUrlG Rechtsmißbrauch; BAG 31. 10. 1986 BAGE 53, 304 = AP Nr. 25 zu § 13 BUrlG; BAG 25. 1. 1990 BAGE 64, 88 = AP Nr. 15 zu § 47 BAT). Dabei ist hervorzuheben, daß das BAG im Urteil vom 28. 11. 1990 (BAGE 66, 288 = AP Nr. 18 zu § 7 BUrlG Übertragung = EzA § 7 BUrlG Nr. 79) sowie im Urteil vom 7. 12. 1993 (AP Nr. 15 zu § 7 BUrlG) die **Vereinbarkeit der Regelungen im BUrlG und der darauf beruhenden Rechtsprechung des BAG mit Art. 9 Abs. 1 des Übereinkommens Nr. 132 der Internationalen Arbeitsorganisation (IAO) vom 24. 6. 1970** über bezahlten Jahresurlaub bejaht hat.

Das **Übereinkommen Nr. 132 der IAO** ist mit der Ratifikation durch das 149 Gesetz vom 3. 4. 1975 (BGBl. II S. 746, abgedruckt Teil III A) **nicht unmittelbar anwendbares innerstaatliches Recht** des Inhalts geworden, daß daraus für den einzelnen Arbeitnehmer Ansprüche hergeleitet werden könnten. Die Bundesrepublik Deutschland ist ihrer Verpflichtung zur Durchführung des Übereinkommens dadurch nachgekommen, daß sie das Bundesurlaubsgesetz vor der Ratifizierung dem Übereinkommen angeglichen hat (BAG 7. 12. 1993 AP Nr. 15 zu § 7 BUrlG; BAG 5. 12. 1995 AP Nr. 70 zu § 7 BUrlG Abgeltung; BAG 24. 9. 1996 AP Nr. 22 zu § 7 BUrlG sowie ErfK/ *Dörner* § 7 BUrlG Rz 57; *Hohmeister* § 7 Rz 47; *Leinemann/Schütz* BB 1993, 2519; *dies.,* ZfA 1994, 1; *Ostrop* NZA 1993, 208; *Schütz/Hauck* Rz 516 ff.; vgl. auch *Muhr,* FS für *Gnade* S. 699, 708; *ders.,* ArbR Gegw. Bd. 29, S. 87 ff.; a. A. unzutreffend LAG Düsseldorf 5. 9. 1991 DB 1992, 224).

Art. 9 Abs. 1 des IAO-Übereinkommens Nr. 132 bestimmt, daß der un- 150 unterbrochene Teil des Jahresurlaubs (mindestens zwei ununterbrochene Arbeitswochen von mindestens drei Arbeitswochen) spätestens ein Jahr und der übrige Teil des bezahlten Arbeitsurlaubs spätestens 18 Monate nach Ablauf des Jahres, für das der Urlaubsanspruch erworben wurde, zu gewähren und zu nehmen ist. Diese Regelung enthält jedoch **nicht Mindestfristen für den Bestand des Urlaubsanspruchs**, sondern einen Zeitrahmen, innerhalb dessen der Urlaubsanspruch längstens verwirklicht werden muß.

§ 1 und § 7 Abs. 3 halten sich an diese Vorgaben des IAO-Überein- 151 **kommen Nr. 132.** Das Unterschreiten der nach dem Übereinkommen zulässigen zeitlichen Obergrenze für den Bestand des Urlaubsanspruchs begründet keinen Rechtsverstoß des Gesetzgebers gegen das Übereinkommen, weil er damit von der ihm nach Art. 1 des Übereinkommens übertragenen Befugnis, die Bestimmungen des Übereinkommens durchzuführen, Gebrauch gemacht hat. Eine Verpflichtung der Rechtsprechung, bei der Auslegung der Bestimmungen des BUrlG die Fristen des IAO-Übereinkommens Nr. 132 zu übernehmen, besteht nicht (BAG 7. 12. 1993 AP Nr. 15 zu § 7 BUrlG; *Leinemann/Schütz* BB 1993, 2519; *dies.* ZfA 1994, 1; *Ostrop* NZA 1993, 208; unzutr. LAG Düsseldorf 17. 6. 1998 LAGE § 7 BUrlG Abgeltung Nr. 10).

152 Soweit im übrigen vor allem die sozialpolitisch als unangemessen angesehenen Ergebnisse der veränderten Rechtsprechung bemängelt werden (vgl. z. B. GK-BUrlG/*Bachmann* § 7 Rz 120; *Kohte* BB 1984, 609, 618; *Künzl* BB 1991, 1630; *Plüm* NZA 1988, 716), übersehen die Kritiker, daß **jeder Rechtsverlust, der durch Fristablauf entsteht,** von demjenigen, der davon betroffen ist, **als Härte empfunden** wird. Dies kann aber nicht dadurch gemildert werden, daß deswegen die gesetzlichen Regelungen, aus denen sich eine Befristung ergibt, unbeachtet bleiben, oder sie aus sozialpolitischen Gründen mit anderem Inhalt behauptet werden (MünchArbR/*Leinemann* § 91 Rz 17).

153 „Unangemessene Ergebnisse" lassen sich im übrigen auch dadurch vermeiden, daß den Sachverhalten, die zu beurteilen sind, hinreichend Aufmerksamkeit gewidmet wird. Wenn etwa ein Arbeitnehmer auf Bitten des Arbeitgebers seine Urlaubspläne ändert und später wegen Arbeitsunfähigkeit gehindert ist, den Urlaub vor Ablauf des Kalenderjahres oder des Übertragungszeitraums zu nehmen, wird stets zu prüfen sein, ob die **Arbeitsvertragsparteien ausdrücklich oder stillschweigend vereinbart haben, den Urlaub nachzugewähren,** falls er bis zum Ende des Übertragungszeitraums nicht mehr verwirklicht werden kann (vgl. dazu BAG 25. 8. 1987 BAGE 56, 49 = AP Nr. 36 zu § 7 BUrlG Abgeltung).

154 Zwar ist durch § 13 Abs. 1 Satz 3 eine Vereinbarung, mit der Urlaub in das nächste Urlaubsjahr übertragen wird, ausgeschlossen. Darum handelt es sich hier aber nicht. Soll Urlaub nachgewährt werden, der im vorangegangenen Urlaubsjahr wegen Arbeitsunfähigkeit des Arbeitnehmers nicht genommen werden konnte, bedeutet dies die Nachgewährung bereits verfallenen Urlaubs. Das ist keine Urlaubsübertragung, sondern die **Vereinbarung von Urlaub über den gesetzlichen oder tariflichen Urlaub hinaus.** Einer solchen Abrede stehen weder § 13 Abs. 1 Satz 3 für den gesetzlichen noch § 4 Abs. 3 TVG für den tariflichen Urlaub entgegen.

155 Auch **Tarifverträge** enthalten nicht selten Regelungen, die Nachteile ausgleichen, die durch Fristablauf entstehen. Es gibt tarifliche Regelungen, die bestimmen, daß Urlaub, der im Kalenderjahr dem Arbeitnehmer wegen Krankheit nicht gewährt werden konnte, dem Urlaubsanspruch des folgenden Jahres hinzutritt oder daß Urlaubsansprüche, die deswegen erloschen sind, auch während des fortbestehenden Arbeitsverhältnisses abzugelten sind (vgl. dazu BAG 7. 11. 1985 BAGE 50, 112 = AP Nr. 8 zu § 7 BUrlG Übertragung; BAG 20. 4. 1989 BAGE 61, 355 = AP Nr. 48 zu § 7 BUrlG Abgeltung; BAG 9. 5. 1995 AP Nr. 22 zu § 7 BUrlG Übertragung; – näher dazu § 13 Rz 76 ff.).

Zeitpunkt, Übertragbarkeit und Abgeltung des Urlaubs § 7 BUrlG

So bestimmt etwa das **Urlaubsabkommen für die Arbeiter und Ange-** 156
stellten der Metallindustrie Nordwürttemberg/Nordbaden vom 22. 12.
1987 u. a., daß eine Abgeltung des Urlaubsanspruchs ausnahmsweise bei
längerer Krankheit möglich ist. Das BAG hat hierzu entschieden, daß der
Anspruch nicht erst entsteht, wenn der Arbeitnehmer sechs Wochen oder
länger krank ist. Eine Krankheitsdauer von 24 Kalendertagen ist vielmehr
bereits als längere Krankheit i. S. der Tarifbestimmung anzusehen (BAG
24. 11. 1992 AP Nr. 65 zu § 7 BUrlG Abgeltung = EzA § 7 BUrlG Nr. 88).

5. Vom Arbeitgeber zu vertretende Unmöglichkeit der Erfüllung des Urlaubsanspruchs

a) Allgemeines

Dem Erlöschen des Urlaubsanspruchs mit dem Ende des Kalenderjahres 157
oder des Übertragungszeitraums steht nicht entgegen, daß der **Arbeitgeber
die Nichtgewährung des Urlaubs zu vertreten hat,** etwa weil er die Arbeitsunfähigkeit des Arbeitnehmers verschuldet oder den Urlaub nicht erteilt hat, obwohl der Arbeitnehmer von der Arbeitspflicht hätte freigestellt
werden können und er dies gegenüber dem Arbeitgeber rechtzeitig geltend
gemacht hat. Auch ein Rechtsstreit über das Bestehen eines Urlaubsanspruchs hindert das Erlöschen des Urlaubsanspruchs mit dem Fristende
nicht, und zwar auch dann nicht, wenn über den Anspruch erst danach
rechtskräftig entschieden wird.

Rechtsprechung und Schrifttum haben **früher diese Zusammenhänge** 158
nicht hinreichend beachtet (vgl. dazu *Leinemann* DB 1983, 989, 994; *ders.*
AuR 1987, 193, 196) und Urlaubsansprüche, über die nicht selten erst lange
nach Ablauf des Urlaubsjahres entschieden worden ist, als weiterhin unverändert vorhanden, also als nicht erloschen behandelt (vgl. BAG 3. 2. 1971
BAGE 23, 184 = AP Nr. 9 zu § 7 BUrlG Abgeltung).

b) Schadenersatzanspruch des Arbeitnehmers

Das Bundesarbeitsgericht hat inzwischen klargestellt, daß bei Verzug des 159
Arbeitgebers und hierbei eintretender Unmöglichkeit der Urlaubserteilung
nur **Schadenersatzansprüche** des Arbeitnehmers in Betracht kommen, in
die sich Urlaubsansprüche mit Ablauf der Befristung umwandeln (BAG
5. 9. 1985 BAGE 49, 299 = AP Nr. 1 zu § 1 BUrlG Treueurlaub; BAG 7. 11.
1985 BAGE 50, 124 = AP Nr. 16 zu § 3 BUrlG Rechtsmißbrauch; BAG
30. 7. 1986 BAGE 52, 301 = AP Nr. 7 zu § 44 SchwbG; BAG 24. 9. 1996 AP
Nr. 22 zu § 7 BUrlG mit Anm. *Rüthers/Beninca;* zust. *Dersch/Neumann* § 7
Rz 71, 89; *Dörner* AR-Blattei Urlaub XII, unter III 2; *ErfK/Dörner* § 7
BUrlG Rz 61 f.; *Hohmeister* § 7 Rz 54; *Schütz/Hauck* Rz 507 ff.; *Tautphäus*
Rz 118; unklar *Natzel* § 7 Rz 139, 140; – a. A. LAG Düsseldorf LAGE § 7
BUrlG Übertragung Nr. 2, aufgehoben durch BAG 28. 11. 1990 BAGE 66,
288 = AP Nr. 18 zu § 7 BUrlG Übertragung = EzA § 7 BUrlG Nr. 79; GK-
BUrlG/*Bachmann* § 7 Rz 122; *Künzl* BB 1991, 1630; *Plüm* NZA 1988, 716).

Hat ein Arbeitnehmer seinen mit Jahresbeginn entstandenen und damit 160
von diesem Zeitpunkt an fälligen Urlaubsanspruch rechtzeitig geltend gemacht, gerät der Arbeitgeber in **(Schuldner-) Verzug,** wenn er die Erteilung

des Urlaubs unterläßt und sich weigert, den Urlaub festzusetzen, § 284 Abs. 1 BGB. Dies gilt nicht, wenn Leistungshindernisse i.S. von § 7 Abs. 1 Satz 1 bestehen oder der Arbeitgeber das im Urlaubsjahr mögliche Leistungsverweigerungsrecht nach § 7 Abs. 3 ausgeübt hat. Dementsprechend wird der Arbeitgeber durch ein Urlaubsverlangen des Arbeitnehmers während einer krankheitsbedingten Arbeitsunfähigkeit des Arbeitnehmers in bezug auf die Verpflichtung zur Urlaubserteilung nicht in Verzug gesetzt (Hessisches LAG 28. 10. 1996 LAGE § 7 BUrlG Abgeltung Nr. 8).

161 Die durch unberechtigte Verweigerung der Urlaubsgewährung eintretenden **Verzugsfolgen nach § 286 Abs. 1 BGB** enden mit dem Ende der Befristung des Urlaubsanspruchs, weil damit die Erfüllung des Urlaubsanspruchs unmöglich wird. Dafür sind von nun an gemäß § 287 Satz 2 BGB die Unmöglichkeitsregeln des § 280 Abs. 1 BGB maßgeblich, weil der Arbeitgeber als Schuldner der Verpflichtung, Urlaub zu gewähren, auch für die während des Verzugs durch Zufall eintretende Unmöglichkeit verantwortlich ist.

162 Schadensersatzansprüche des Arbeitnehmers kommen auch in Betracht, wenn der **Arbeitgeber die Unmöglichkeit der Urlaubsgewährung zu vertreten hat,** etwa wenn ein Arbeitnehmer einen Arbeitsunfall erleidet und der Arbeitgeber die nach § 618 BGB zu beachtenden Vorsichtsmaßregeln nicht beachtet hat, oder der Arbeitnehmer an einer vom Arbeitgeber zu vertretenden Berufskrankheit leidet. Kann deswegen der Urlaub nicht im Urlaubsjahr oder im Übertragungszeitraum gewährt werden, steht dem Arbeitnehmer ebenfalls ein Schadensersatzanspruch nach § 280 Abs. 1 BGB zu (vgl. zutreffend *Däubler,* Arbeitsrecht Bd. 2 S. 212; ErfK/*Dörner* § 7 BUrlG Rz 62).

c) Ersatzurlaubsanspruch

163 Das BAG hat angenommen, daß der nach § 280 Abs. 1 BGB wegen Nichterfüllung zu ersetzende Schaden nach § 249 Satz 1 BGB in der Gewährung von Arbeitsbefreiung im gleichen Umfang besteht. Dieser Ersatzurlaubsanspruch beruht auf dem **Grundsatz der Naturalrestitution** (BAG 5. 9. 1985 BAGE 49, 299 = AP Nr. 1 zu § 1 BUrlG Treueurlaub; BAG 7. 11. 1985 BAGE 50, 124 = AP Nr. 16 zu § 3 BUrlG Rechtsmißbrauch; BAG 26. 6. 1986 BAGE 52, 254 = AP Nr. 5 zu § 44 SchwbG; BAG 21. 2. 1995 AP Nr. 7 zu § 47 SchwbG 1986).

164 Da der Gläubiger nach § 249 Satz 1 BGB verlangen kann, so gestellt zu werden, wie er bei gehöriger Erfüllung stehen würde und die Erfüllung des Schadensersatzanspruchs durch eine der untergegangenen Verpflichtung gleichartige Leistung möglich ist, hat das BAG zu Recht **nicht die Zuerkennung von Schadenersatz in Geld i.S. von § 251 Abs. 1 BGB** als mögliche Alternative gewählt. Ein Schadensersatz in Geld ist nicht mit den im BUrlG verfolgten gesundheitspolitischen Zielsetzungen und dem gesetzgeberischen Zweck einer humanen Gestaltung des Arbeitslebens in Einklang zu bringen.

165 Eine Geldzahlungspflicht kommt auch im Hinblick auf § 7 Abs. 4 nicht in Betracht, weil Urlaubsansprüche im fortbestehenden Arbeitsverhältnis grundsätzlich nicht durch Geldzahlungen abgelöst werden sollen. Das als

Schadenersatz zu leistende **Erfüllungssurrogat** besteht daher nicht in der Pflicht zur Zahlung eines Geldbetrags, sondern in der Pflicht zur Gewährung von Freizeit durch Suspendierung der Arbeitspflicht (Ersatzurlaubsanspruch). Dieser Ersatzurlaubsanspruch entspricht in seinem Umfang dem nicht erfüllten Urlaubsanspruch.

Für den Fall, daß der als Schadenersatz geschuldete **Urlaub wegen Beendigung des Arbeitsverhältnisses nicht mehr gewährt werden kann**, ist der Arbeitnehmer in Geld zu entschädigen (BAG 26. 6. 1986 BAGE 52, 254 = AP Nr. 5 zu § 44 SchwbG). Die Gewährung einer Abgeltung nach § 7 Abs. 4 kommt nicht in Betracht, weil der Abgeltungsanspruch an den ursprünglichen Urlaubsanspruch anknüpft, nicht aber an den Schadenersatzanspruch. Der Schadenersatzanspruch in Geld entsteht, wenn der Arbeitnehmer vom Arbeitgeber die Gewährung der Abgeltung nach Beendigung des Arbeitsverhältnisses begehrt, der Arbeitgeber nicht leistet und das Urlaubsjahr danach abläuft. Dann ist der Abgeltungsanspruch erloschen. An seine Stelle tritt der Schadenersatzanspruch, der aber regelmäßig auf den gleichen Betrag geht wie der Anspruch auf Urlaubsabgeltung (BAG 17. 1. 1995 AP Nr. 66 zu § 7 BUrlG Abgeltung).

166

Eine schriftliche Mahnung des Arbeitnehmers, ihm Urlaub zu gewähren, wahrt dabei eine **tarifliche Ausschlußfrist** auch für den nach Ablauf des Urlaubsjahres oder des Übertragungszeitraums entstehenden Schadenersatzanspruch, der entweder auf Gewährung von Urlaub (Ersatzurlaubsanspruch) oder – nach Beendigung des Arbeitsverhältnisses – auf Zahlung von Geld gerichtet ist (BAG 24. 11. 1992 AP Nr. 23 zu § 1 BUrlG).

167

Unzutreffend ist die Annahme im **Schrifttum** (GK-BUrlG/*Bachmann* § 7 Rz 122 ff.; *Künzl* BB 1991, 1630; *Natzel* § 7 Rz 140; *Plüm* NZA 1988, 716), der Arbeitgeber habe die Unmöglichkeit fristgerechter Urlaubsgewährung auch zu vertreten, wenn er trotz fehlender Geltendmachung durch den Arbeitnehmer den Urlaub nicht von sich aus festgelegt oder wenigstens angeboten habe. Damit wird übersehen, daß der Arbeitgeber als Schuldner des Urlaubsanspruchs zwar seine Verpflichtung auch ohne Mahnung des Arbeitnehmers erfüllen kann, dies aber u. a. wegen der nach § 7 Abs. 1 Satz 1 zu beachtenden Wünsche des Arbeitnehmers nicht muß (MünchArbR/*Leinemann* § 91 Rz 24).

168

Nicht zugestimmt werden kann auch der Meinung, der Arbeitgeber habe die Nichtgewährung des Urlaubs zu vertreten, weil es sich bei der Pflicht zur Urlaubsgewährung um ein Fixgeschäft handele (*Plüm* NZA 1988, 716; im Anschluß daran LAG Düsseldorf LAGE § 7 BUrlG Übertragung Nr. 2, aufgehoben durch BAG 28. 11. 1990 BAGE 66, 288 = EzA § 7 BUrlG Nr. 79; ferner LAG Düsseldorf 5. 9. 1991 DB 1992, 224 sowie 16. 9. 1993 LAGE § 7 BUrlG Nr. 5 Übertragung; GK-BUrlG/*Bachmann* § 7 Rz 122). Der **Urlaubsanspruch besteht nicht an einem bestimmten Termin, sondern während des gesamten Urlaubsjahres.** Er ist mit den sich aus § 7 Abs. 1 und Abs. 3 ergebenden Einschränkungen auch während des gesamten Jahres fällig und entsprechend der Geltendmachung durch den Arbeitgeber zu erfüllen. Dagegen ist eine Fixschuld jeweils ohne weiteres nur zu bestimmten Terminen zu erfüllen und endet mit ihnen (vgl. BAG 28. 11. 1990 aaO; im Ergebnis ebenso *Künzl* BB 1991, 1630).

169

6. Urlaubsanspruch und Kündigungsschutzprozeß

a) Geltendmachung des Urlaubsanspruchs

170 Die Kündigung des Arbeitsverhältnisses, deren Unwirksamkeit in einem späteren Kündigungsschutzprozeß festgestellt wird, ändert nichts daran, daß der Urlaubsanspruch wegen Zeitablaufs erlöschen kann (BAG 1. 12. 1983 BAGE 44, 278 = AP Nr. 15 zu § 7 BUrlG Abgeltung; BAG 17. 1. 1995 BAGE 79, 92 = AP Nr. 66 zu § 7 BUrlG Abgeltung; ErfK/*Dörner* § 7 BUrlG Rz 54; – siehe dazu auch § 1 Rz 69ff.). Eine **Kündigungsschutzklage enthält nicht zugleich eine Geltendmachung des Urlaubsanspruchs**, da Gegenstand dieser Klage allein die Kündigung des Arbeitsverhältnisses ist, nicht dagegen einzelne Ansprüche aus dem Arbeitsverhältnis (BAG 21. 9. 1999 AP Nr. 77 zu § 7 BUrlG Abgeltung).

171 Nach Auffassung des BAG darf allerdings einem Arbeitnehmer der Ablauf **tariflicher Verfallfristen** nach Abschluß eines für ihn erfolgreichen Kündigungsschutzprozesses nicht entgegengehalten werden, wenn der Arbeitnehmer danach gegen den Arbeitgeber eine entsprechende Klage auf Urlaubsgewährung erhebt (BAG 1. 12. 1983 BAGE 44, 278 = AP Nr. 15 zu § 7 BUrlG Abgeltung; vgl. dazu auch BAG 13. 9. 1984 BAGE 46, 359 = AP Nr. 86 zu § 4 TVG Ausschlußfristen). Für den Arbeitnehmer ist dies aber **nur von Bedeutung, wenn der Urlaubsanspruch noch nicht wegen Ablaufs der Befristung erloschen ist.** Der Arbeitnehmer muß sich daher nach der Kündigung auch während eines Kündigungsrechtsstreits darum bemühen, Urlaub vom Arbeitgeber zu erhalten. Unterläßt dies der Arbeitnehmer, läuft er Gefahr, daß der Urlaubsanspruch oder der Urlaubsabgeltungsanspruch infolge Zeitablaufs erlischt (BAG 27. 8. 1986 BAGE 52, 405 = AP Nr. 29 zu § 7 BUrlG Abgeltung = EWiR § 7 BUrlG 1/87, 44 mit Anm. *Plander;* BAG 17. 1. 1995 BAGE 79, 92 = AP Nr. 66 zu § 7 BUrlG Abgeltung).

172 Mit der **Kündigungsschutzklage** können daher zwar im Ergebnis auch tarifliche Verfallfristen gewahrt, **aber nicht das Erlöschen von Urlaubs- oder Urlaubsabgeltungsansprüchen durch Zeitablauf verhindert** werden (BAG 1. 12. 1983 BAGE 44, 278 = AP Nr. 15 zu § 7 BUrlG Abgeltung unter Aufgabe der Auffassung des Urteils vom 9. 1. 1979 AP Nr. 4 zu § 1 BUrlG; BAG 17. 1. 1995 BAGE 79, 92 = AP Nr. 66 zu § 7 BUrlG Abgeltung; BAG 21. 9. 1999 AP Nr. 77 zu § 7 BUrlG Abgeltung). Kommt der Arbeitgeber der Aufforderung des Arbeitnehmers, ihm Urlaub zu erteilen, nicht nach, kann er, falls sich die Unwirksamkeit der Kündigung herausstellt, zum Schadenersatz verpflichtet sein, wenn der Urlaubsanspruch mittlerweile durch Ablauf des Urlaubsjahres oder des Übertragungszeitraums erloschen ist (vgl. dazu Rz 159 ff.).

173 Im Schrifttum (vgl. *Tautphäus* Rz 64 f.) wird hiergegen eingewandt, der Arbeitgeber habe durch die **Kündigung** zu erkennen gegeben, er gehe davon aus, daß keine Urlaubsansprüche des Arbeitnehmers mehr entstehen. Hierin liege eine **endgültige und ernsthafte Leistungsverweigerung,** die eine Mahnung entbehrlich mache. Insoweit gerate der Arbeitgeber auch ohne entsprechende Geltendmachung der Urlaubsansprüche durch den Arbeitnehmer in Verzug und sei bei Feststellung der Unwirksamkeit der Kün-

digung zum Schadenersatz verpflichtet, falls die Urlaubsansprüche inzwischen durch Fristablauf erloschen seien.

Die Begründetheit dieser Auffassung setzt voraus, daß in der Kündi- 174
gungserklärung gleichzeitig die Erklärung des Arbeitgebers enthalten ist, auf keinen Fall nach Ablauf der Kündigungsfrist irgendwelche Leistungen erbringen zu wollen. **Ein solcher Erklärungsinhalt kann der Kündigungserklärung jedoch nicht ohne weiteres beigemessen werden** (ebenso BAG 17. 1. 1995 AP Nr. 66 zu § 7 BUrlG Abgeltung; BAG 21. 9. 1999 AP Nr. 77 zu § 7 BUrlG Abgeltung; *Hohmeister* § 7 Rz 100). Der Arbeitnehmer ist daher auch während des Kündigungsschutzprozesses darauf verwiesen, seine Urlaubsansprüche geltend zu machen, um den Arbeitgeber mit der Urlaubsgewährung in Verzug zu setzen und sich so Schadenersatzansprüche zu sichern.

Wird das **Arbeitsverhältnis aufgrund eines gerichtlichen Vergleichs in** 175
einem Kündigungsschutzprozeß rückwirkend beendet, hindert dies ebenfalls nicht das Erlöschen des Urlaubsanspruchs am Ende des Urlaubsjahres bzw. des Übertragungszeitraums. Der Arbeitnehmer ist daher auch insoweit gehalten, sich rechtzeitig um seinen Urlaubsanspruch zu kümmern. Für die Zeit zwischen Vergleichsabschluß und rückwirkender Beendigung des Arbeitsverhältnisses können Urlaubsansprüche grundsätzlich nicht bestehen (BAG 27. 8. 1986 BAGE 52, 405 = AP Nr. 29 zu § 7 BUrlG Abgeltung; zustimmend *Plander* EWiR § 7 BUrlG 1/87, 44; BAG 21. 9. 1999 AP Nr. 77 zu § 7 BUrlG Abgeltung).

b) Urlaubsansprüche bei vorläufiger Weiterbeschäftigung

Wenn der Arbeitnehmer während des Kündigungsschutzprozesses **ge-** 176
mäß § 102 Abs. 5 BetrVG vorläufig weiterbeschäftigt wird, können auch in dieser Zeit Urlaubsansprüche entstehen (vgl. § 1 Rz 72). Der Arbeitnehmer befindet sich hier in einem Arbeitsverhältnis kraft Gesetzes, das auflösend bedingt ist durch die rechtskräftige Abweisung der Kündigungsschutzklage (BAG 12. 9. 1985 AP Nr. 7 zu § 102 BetrVG 1972 Weiterbeschäftigung; BAG 10. 3. 1987 BAGE 54, 232 = AP Nr. 1 zu § 611 BGB Weiterbeschäftigung).

Dasselbe gilt, wenn ein Auszubildender, der Mitglied der Jugend- oder 177
Auszubildendenvertretung oder des Betriebsrats, der Bordvertretung oder des Seebetriebsrats ist, **nach § 78 a Abs. 2 BetrVG** vom Arbeitgeber die **Weiterbeschäftigung** verlangt. Die in diesen kraft Gesetzes bestehenden Arbeitsverhältnissen entstehenden Urlaubsansprüche sind ebenso wie die Urlaubsansprüche in einem ungekündigten Arbeitsverhältnis auf das Kalenderjahr befristet. Eine Übertragung kommt gemäß § 7 Abs. 3 nur unter den dort genannten Voraussetzungen in Betracht. Der Übertragungszeitraum ist dabei auf den 31. März des Folgejahres befristet.

Ist der Arbeitgeber in einem Kündigungsschutzprozeß aufgrund des **all-** 178
gemeinen Weiterbeschäftigungsanspruchs verurteilt worden, den Arbeitnehmer vorläufig weiterzubeschäftigen, kommt ein Urlaubsanspruch nach der Rechtsprechung des BAG nicht in Betracht. Durch eine solche Verurteilung wird nach Ansicht des BAG weder ein Arbeitsverhältnis begründet, noch wird das gekündigte Arbeitsverhältnis auflösend bedingt durch die

rechtskräftige Entscheidung über die Kündigungsschutzklage fortgeführt, wenn der Arbeitnehmer aufgrund von Zwangsvollstreckungsmaßnahmen oder um sie abzuwenden, vom Arbeitgeber beschäftigt wird (vgl. BAG 10. 3. 1987 BAGE 54, 332 = AP Nr. 1 zu § 611 BGB Weiterbeschäftigung mit Anm. *von Hoyningen-Huene;* BAG 17. 1. 1991 BAGE 67, 88 = AP Nr. 8 zu § 611 BGB Weiterbeschäftigung = EzA § 611 BGB Beschäftigungspflicht Nr. 51 = SAE 1992, 358 mit Anm. *Bengelsdorf;* – siehe dazu auch § 1 Rz 69 ff.).

179 Setzt dagegen ein gekündigter Arbeitnehmer nach Ablauf der Kündigungsfrist seine Tätigkeit im Betrieb des Arbeitgebers fort und zahlt dieser das laufende Entgelt, so ist mangels gegenteiliger Anhaltspunkte davon auszugehen, daß das gekündigte **Arbeitsverhältnis auflösend bedingt** durch die rechtskräftige Abweisung der Kündigungsschutzklage fortgesetzt wird. Der Arbeitnehmer hat dann weiterhin Anspruch auf Urlaub aufgrund dieses auflösend bedingten Arbeitsverhältnisses (zur Weiterbeschäftigung in einem auflösend bedingten Arbeitsverhältnis vgl. BAG 15. 1. 1986 BAGE 50, 370 = AP Nr. 66 zu § 1 LohnFG = AR-Blattei Beschäftigungspflicht Entsch. 20 mit Anm. *Buchner* = SAE 1986, 258 mit Anm. *Misera;* BAG 4. 9. 1986 BAGE 53, 17 = AP Nr. 22 zu § 611 BGB Beschäftigungspflicht = AR-Blattei Beschäftigungspflicht Entsch. 21 mit Anm. *Buchner* = SAE 1987, 249 mit Anm. *Bengelsdorf*).

7. Übertragung von Teilurlaubsansprüchen, § 7 Abs. 3 Satz 4

a) Voraussetzungen

180 Nach § 7 Abs. 3 Satz 4 ist **auf Verlangen des Arbeitnehmers** ein nach § 5 Abs. 1 Buchstabe a entstandener **Teilurlaub** (dazu § 5 Rz 21 ff.) auf das nächste Kalenderjahr **zu übertragen**. Der Teilurlaubsanspruch nach § 5 Abs. 1 Buchstabe a kann damit bis zum **Ablauf des Folgejahres** gewährt werden, wenn der Arbeitnehmer eine entsprechende Erklärung gegenüber dem Arbeitgeber abgegeben hat. Die **Erklärung ist formlos möglich,** sie bedarf keiner Begründung (zutreffend *Boldt/Röhsler* § 7 Rz 64; *Natzel* § 7 Rz 121). Der Arbeitnehmer muß aber die Erklärung vor dem Ende des Kalenderjahres gegenüber dem Arbeitgeber abgegeben haben.

181 Das **Schweigen des Arbeitnehmers ist keine Erklärung** und genügt damit nicht den Anforderungen des § 7 Abs. 3 Satz 4 für die Übertragung des Teilurlaubsspruchs. In der fehlenden Geltendmachung kann grundsätzlich kein stillschweigendes Verlangen nach Urlaubsübertragung gesehen werden (zutreffend ErfK/*Dörner* § 7 BUrlG Rz 76; *Tautphäus* Rz 34; – a. A. zu Unrecht BAG 10. 3. 1966 AP Nr. 2 zu § 59 KO mit insoweit krit. Anm. *F. Weber;* GK-BUrlG/*Bachmann* § 7 Rz 130; *Dersch/Neumann* § 7 Rz 80).

182 § 7 Abs. 3 Satz 4 gilt nach dem eindeutigen Wortlaut **allein für Teilurlaubsansprüche aus § 5 Abs. 1 Buchstabe a.** Eine Übertragung des Teilurlaubsanspruchs aus § 5 Abs. 1 Buchstabe b in das nächste Kalenderjahr – etwa wegen Krankheit – kommt nur unter den Voraussetzungen des § 7 Abs. 3 Satz 2 und 3 in Betracht (ebenso LAG Berlin 20. 12. 1996 LAGE § 5 BUrlG Nr. 2). Der Übertragungstatbestand des § 7 Abs. 3 Satz 4 mit der darin gegenüber der Regelung in Abs. 3 Satz 3 enthaltenen Erweiterung der

Zeitpunkt, Übertragbarkeit und Abgeltung des Urlaubs § 7 BUrlG

Anspruchsdauer ist auf Teilurlaubsansprüche des § 5 Abs. 1 Buchstabe a beschränkt. Er scheidet daher für andere (Teil)-Urlaubsansprüche aus.

b) Inhalt

Der nach § 7 Abs. 3 Satz 4 übertragene Teilurlaubsanspruch aus § 5 Abs. 1 Buchstabe a **kann bis zum Ablauf des Folgejahres gewährt werden**. Der Arbeitnehmer erhält damit die Möglichkeit, den wegen Nichterfüllung der Wartezeit übertragenen Teilurlaub zusammen mit dem Vollurlaub des nächsten Kalenderjahres zu nehmen. Unterbleibt ein Übertragungsverlangen im Sinne des § 7 Abs. 3 Satz 4, kann der Anspruch auf Teilurlaub nur unter den Voraussetzungen des § 7 Abs. 3 Satz 2 auf das folgende Kalendervierteljahr (§ 7 Abs. 3 Satz 3) übertragen sein (vgl. Rz 117ff.). 183

Ein **besonderes Problem** ergibt sich, wenn das Arbeitsverhältnis mit dem 30. Juni beginnt und daher die Wartezeit gemäß § 187 Abs. 2, § 188 Abs. 2 BGB am 29. Dezember des Jahres abläuft. Dann entsteht am 30. Dezember der volle Jahresurlaub; ein Teilurlaubsanspruch nach § 5 Abs. 1 Buchstabe a kommt nicht mehr in Betracht, weil die Wartezeit im Kalenderjahr erfüllt ist. Der Urlaubsanspruch kann allerdings nicht mehr im Urlaubsjahr verwirklicht werden. Eine Übertragung nach § 7 Abs. 3 Satz 4 scheidet aus, weil diese Übertragungsmöglichkeit auf Ansprüche nach § 5 Abs. 1 Buchstabe a beschränkt ist (dazu Rz 182). 184

Die Frage, ob der in diesem Fall entstandene Urlaubsanspruch jedenfalls nach § 7 Abs. 3 Satz 2 und 3 auf das folgende Kalendervierteljahr übertragen wird, dürfte zu bejahen sein, wenn davon ausgegangen werden kann, daß die **Unmöglichkeit der Verwirklichung des Urlaubsanspruchs**, der erst am Ende des Kalenderjahres entsteht, als **in der Person des Arbeitnehmers liegender Grund** zu behandeln ist (im Ergebnis ebenso *Böckel* Rz 10.5). Anders als der Teilurlaub nach § 5 Abs. 1 Buchstabe a muß dieser Anspruch aber dann bis zum 31. März des Folgejahres (§ 7 Abs. 3 Satz 3) verwirklicht werden. 185

c) Verhältnis zur Übertragung nach § 7 Abs. 3 Satz 2

Für den nach § 5 Abs. 1 Buchstabe a entstandenen Teilurlaubsanspruch besteht neben der Übertragungsregelung des § 7 Abs. 3 Satz 4 **auch die Möglichkeit der Übertragung nach § 7 Abs. 3 Satz 2 und 3** aus dringenden betrieblichen oder in der Person des Arbeitnehmers liegenden Gründen (BAG 25. 8. 1987 BAGE 56, 53, 57 = AP Nr. 15 zu § 7 BUrlG Übertragung; *Dersch/Neumann* § 7 Rz 90; *Tautphäus* Rz 34). Dem steht nicht entgegen, daß es nach § 7 Abs. 3 Satz 4 möglich ist, den nach § 5 Abs. 1 Buchstabe a entstandenen Teilurlaubsanspruch auf das gesamte nächste Kalenderjahr zu übertragen, also nicht nur auf den Übertragungszeitraum des § 7 Abs. 3 Satz 3 bis zum 31. März des Folgejahres. 186

Im **Gegensatz zur Übertragung nach § 7 Abs. 3 Satz 2 hängt die Übertragung nach Satz 4 von § 7 Abs. 3** und die darin enthaltene Erweiterung der Anspruchsdauer vom **Verlangen des Arbeitnehmers**, also von einer entsprechenden Erklärung gegenüber dem Arbeitgeber ab. Einer solchen Erklärung bedarf es für die Übertragung nach § 7 Abs. 3 Satz 2 nicht (BAG 25. 8. 1987 BAGE 56, 53 = AP Nr. 15 zu § 7 BUrlG Übertragung sowie 187 oben Rz 123 ff.). Aus diesem Grunde kann ein Arbeitnehmer, der vom 17. August bis zum 15. Januar des Folgejahres in einem Arbeitsverhältnis stand und dabei vom 30. November bis zum 28. Februar des Folgejahres arbeitsunfähig erkrankt war, Urlaubsabgeltung in Höhe von $^4/_{12}$ des Jahresurlaubs verlangen, auch wenn er die Übertragung des Urlaubsanspruchs aus § 5 Abs. 1 Buchstabe a nicht verlangt hat.

IV. Die Abgeltung des Urlaubsanspruchs (Abs. 4)

188   Kann der Urlaub wegen **Beendigung des Arbeitsverhältnisses** ganz oder teilweise nicht mehr gewährt werden, ist er nach § 7 Abs. 4 abzugelten.

1. Merkmale

a) Entwicklung der Rechtsprechung

189   Schon in einer der ersten Entscheidungen des BAG zum Urlaubsrecht ist der Abgeltungsanspruch vom Ersten Senat als **Surrogat des Urlaubsanspruchs** bezeichnet worden (BAG 22. 6. 1956 BAGE 3, 60, 62 = AP Nr. 10 zu § 611 BGB Urlaubsrecht). Der Fünfte Senat des BAG hatte dann die Urlaubsabgeltung als Surrogat des während des Arbeitsverhältnisses nicht erfüllten Urlaubsanspruchs erkannt, das nur eine Erscheinungsform des Urlaubsanspruchs und von ihm nicht wesensverschieden sei (vgl. BAG 30. 11. 1977 AP Nr. 4 zu § 13 BUrlG Unabdingbarkeit). Damit war der Abgeltungsanspruch an sich ebenso wie der nach § 13 Abs. 1 Satz 1 unabdingbare Urlaubsanspruch nach § 1 dem verschlechternden Zugriff der Tarifvertragsparteien entzogen, obwohl § 7 Abs. 4 in § 13 Abs. 1 Satz 1 nicht als Ausnahme vom Tarifvorrang erwähnt ist (vgl. zur tariflichen Abdingbarkeit § 13 Rz 83 ff.). Diese Folgerung hat der Fünfte Senat allerdings nicht gezogen (vgl. Einl. Rz 72 ff.).

190   Nach Auffassung des **Fünften Senats des BAG** war die Urlaubsabgeltung auch zu leisten, wenn der Arbeitnehmer endgültig arbeitsunfähig war, er also bei Fortbestehen des Arbeitsverhältnisses Urlaub nicht hätte erhalten können (vgl. z. B. BAG 21. 4. 1966 AP Nr. 3 zu § 7 BUrlG; BAG 6. 6. 1968 AP Nr. 5 zu § 3 BUrlG Rechtsmißbrauch). Die Abgeltungspflicht des Arbeitgebers lief damit auf eine **Abfindungspflicht** hinaus, für die eine Bindung an die Voraussetzungen des Urlaubsanspruchs und seine Erfüllung nicht bestand (in diesem Sinne nach wie vor *Birk* SAE 1986, 167, 168 f.; *Natzel* § 7 Rz 175 f.; *Rummel* NZA 1986, 383 ff.; *Schäfer* NZA 1993, 204 ff.).

b) Kritik

191   Die **Rechtsprechung des Fünften Senats des BAG war in sich widersprüchlich.** Der Widerspruch bestand darin, daß der Fünfte Senat einen Abgeltungsanspruch nach Ausscheiden aus dem Arbeitsverhältnis trotz fortbestehender Arbeitsunfähigkeit bejaht hatte, obwohl im Vergleich hierzu ein Urlaubsanspruch bei fortbestehendem Arbeitsverhältnis wegen der Arbeitsunfähigkeit nicht erfüllbar gewesen wäre, also hätte verneint werden müssen (*Leinemann* NZA 1985, 137, 142).

Zeitpunkt, Übertragbarkeit und Abgeltung des Urlaubs § **7 BUrlG**

Diesen Widerspruch, der sich auch daraus ergab, daß trotz der Verneinung der nach § 1 zu fordernden Voraussetzungen dennoch angenommen wurde, der **Anspruch nach § 7 Abs. 4 sei tariffest** (vgl. BAG 30. 11. 1977 AP Nr. 4 zu § 13 BUrlG Unabdingbarkeit), hat der Sechste Senat des BAG aufgelöst (BAG 18. 6. 1980 AP Nr. 6 zu § 13 BUrlG Unabdingbarkeit). 192

Der **Sechste Senat** ist dem Fünften Senat zwar darin gefolgt, daß die Urlaubsabgeltung tariffest ist. Im Gegensatz zur früheren Rechtsprechung hat der Sechste Senat aber zu Recht angenommen, daß der Urlaubsabgeltungsanspruch mit Beendigung des Arbeitsverhältnisses **nicht als Abfindungsanspruch** entsteht, für den es auf weitere Merkmale nicht ankommt. Der Urlaubsabgeltungsanspruch entsteht vielmehr als Ersatz für den wegen Beendigung des Arbeitsverhältnisses nicht mehr erfüllbaren Anspruch auf Befreiung von der Arbeitspflicht und ist daher – abgesehen von der Beendigung des Arbeitsverhältnisses – an die gleichen Voraussetzungen gebunden wie im übrigen zuvor der Urlaubsanspruch (vgl. BAG 26. 5. 1983 AP Nr. 12 zu § 7 BUrlG Abgeltung mit Anm. *Trieschmann* = AR-Blattei Urlaub Entsch. 255 mit Anm. *Buchner* = EzA § 7 BUrlG Nr. 27 mit Anm. *Herschel;* BAG 28. 6. 1984 BAGE 46, 224 = AP Nr. 18 zu § 7 BUrlG Abgeltung m. Anm. *Kraft;* BAG 7. 3. 1985 BAGE 48, 186 = AP Nr. 21 zu § 7 BUrlG Abgeltung mit Anm. *Birk* = SAE 1986, 262 mit Anm. *Wandt;* BAG 7. 11. 1985 BAGE 50, 107 und 118 = AP Nr. 24, 25 zu § 7 BUrlG Abgeltung; BAG 7. 11. 1985 BAGE 50, 112 = AP Nr. 8 zu § 7 BUrlG Übertragung). 193

Der Rechtsprechung des Sechsten Senats haben sich inzwischen **der Achte Senat und der Neunte Senat des BAG angeschlossen** (BAG 14. 5. 1986 BAGE 52, 67 = AP Nr. 26 zu § 7 BUrlG Abgeltung; BAG 10. 2. 1987 BAGE 54, 184 = AP Nr. 12 zu § 13 BUrlG Unabdingbarkeit; BAG 24. 11. 1987 BAGE 56, 340 = AP Nr. 41 zu § 7 BUrlG Abgeltung; BAG 20. 4. 1989 BAGE 61, 362 = AP Nr. 48 zu § 7 BUrlG Abgeltung; BAG 28. 7. 1992 EzA § 17 BErzGG Nr. 4; BAG 19. 1. 1993 AP Nr. 63 zu § 7 BUrlG Abgeltung m. Anm. *Hj. Weber;* BAG 5. 12. 1995 BAGE 81, 339 = AP Nr. 70 zu § 7 BUrlG Abgeltung; BAG 19. 11. 1996 BAGE 84, 325 = AP Nr. 71 zu § 7 BUrlG Abgeltung). Aufgrund des Urlaubsabgeltungsanspruchs ist der Arbeitgeber verpflichtet, dem Arbeitnehmer einen Geldbetrag zu zahlen, der in seinem Umfang dem Urlaubsentgelt entspricht, das dem Arbeitnehmer bei fortbestehendem Arbeitsverhältnis zu gewähren gewesen wäre (BAG 19. 1. 1993 aaO). 194

c) Der Abgeltungsanspruch als Surrogat des Urlaubsanspruchs

Der Urlaubsabgeltungsanspruch ist ein **Surrogat (Ersatz) für den wegen Beendigung des Arbeitsverhältnisses nicht mehr erfüllbaren Urlaubsanspruch**. Mit der Beendigung des Arbeitsverhältnisses wandelt sich der Urlaubsanspruch gemäß § 7 Abs. 4 in den Abgeltungsanspruch um, wenn die Erfüllung des Urlaubsanspruchs wegen der Beendigung des Arbeitsverhältnisses unmöglich ist (ständige Rechtsprechung, vgl. BAG 28. 6. 1984 BAGE 46, 224, 226 ff. = AP Nr. 18 zu § 7 BUrlG Abgeltung mit Anm. *Kraft;* BAG 7. 3. 1985 BAGE 48, 186, 192 f. = AP Nr. 21 zu § 7 BUrlG Abgeltung mit Anm. *Birk* = AR-Blattei Urlaub Entsch. 272 mit Anm. *Echterhölter* = SAE 1986, 262 mit Anm. *Wandt;* BAG 7. 11. 1985 BAGE 50, 107, 111 = AP 195

BUrlG § 7   Teil I. C. Erläuterungen zum BUrlG

Nr. 24 zu § 7 BUrlG Abgeltung; BAG 7.11.1985 BAGE 50, 118, 121 f. = AP Nr. 25 zu § 7 BUrlG Abgeltung; BAG 14. 5. 1986 BAGE 52, 67, 70 = AP Nr. 26 zu § 7 BUrlG Abgeltung = AR-Blattei Urlaub Entsch. 281 mit Anm. *Boldt* = SAE 1987, 75 mit Anm. *Oetker* = BB 1986, 2338 mit Anm. *Künzl*, BB 1987, 687; BAG 24. 11. 1987 BAGE 56, 340, 344 f. = AP Nr. 41 zu § 7 BUrlG Abgeltung; BAG 20. 4. 1989 BAGE 61, 362, 364 f. = AP Nr. 48 zu § 7 BUrlG Abgeltung; BAG 31. 5. 1990 AP Nr. 54 zu § 7 BUrlG Abgeltung; BAG 22. 10. 1991 BAGE 68, 373 = AP Nr. 57 zu § 7 BUrlG Abgeltung; BAG 28. 7. 1992 EzA § 17 BErzGG Nr. 4; BAG 19. 1. 1993, 5. 12. 1995 AP Nr. 63, 66 zu § 7 BUrlG Abgeltung; BAG 27. 5. 1997 BAGE 86, 30 = AP Nr. 74 zu § 7 BUrlG Abgeltung).

196 Die **Abgeltungspflicht aus § 7 Abs. 4** knüpft an die Beendigung des Arbeitsverhältnisses an (*Leinemann* NZA 1985, 137, 143). Wegen der Beendigung des Arbeitsverhältnisses können Arbeitspflichten nicht mehr durch die Gewährung des Urlaubs suspendiert werden. Dennoch soll nach § 7 Abs. 4 der Arbeitnehmer so gestellt werden, als würde weiterhin bis zum Ende des Urlaubsjahres und ggf. des Übertragungszeitraumes die Arbeitspflicht durch Gewährung des Urlaubs suspendiert werden können und daher weiterhin ein Urlaubsentgeltanspruch, also ein Anspruch auf Fortzahlung des Entgelts ohne Arbeitsleistung, möglich sein. Für den Anspruch auf Urlaubsabgeltung wird das beendete Arbeitsverhältnis kraft Gesetzes als fortbestehend fingiert. Nur deswegen hat der Arbeitnehmer einen dem Urlaubsentgeltanspruch entsprechenden Zahlungsanspruch. Der Abgeltungsanspruch nach § 7 Abs. 4 ist daher **kein Abfindungsanspruch, sondern ein Ersatzanspruch (Surrogat)** für den wegen der Beendigung des Arbeitsverhältnisses weggefallenen Urlaubsanspruch (BAG 20. 4. 1989 BAGE 61, 362 = AP Nr. 48 zu § 7 BUrlG Abgeltung sowie BAG 19. 1. 1993, 5. 12. 1995 AP Nr. 63, 70 zu § 7 BUrlG Abgeltung jeweils m.w.N. aus der Rechtsprechung; ErfK/*Dörner* § 7 BUrlG Rz 96).

197 Mit Ausnahme der Auflösung des Arbeitsverhältnisses durch den Tod des Arbeitnehmers kommt es für die Entstehung des Abgeltungspruchs auf die **Art der Beendigung des Arbeitsverhältnisses**, etwa durch Kündigung, Befristung oder Aufhebungsvertrag, **nicht an**. Entscheidend ist allein, daß bei Beendigung des Arbeitsverhältnisses Urlaubsansprüche des Arbeitnehmers noch nicht erfüllt sind (BAG 18. 6. 1980 AP Nr. 6 zu § 13 BUrlG Unabdingbarkeit; BAG 18. 10. 1990 BAGE 66, 134, 139 = AP Nr. 56 zu § 7 BUrlG Abgeltung; GK-BUrlG/*Bachmann* § 7 Rz 156; *Dersch/Neumann* § 7 Rz 106; ErfK/*Dörner* § 7 BUrlG Rz 93; *Natzel* § 7 Rz 162; *Schütz/Hauck* Rz 615; *Steffen* AR-Blattei SD 1649.3 Rz 10; *Winderlich* BB 1989, 2035). Der Arbeitnehmer hat auch einen Anspruch auf Urlaubsabgeltung, wenn er wegen des **Erreichens der Altersgrenze** ausscheidet (BAG 21. 4. 1966 AP Nr. 3 zu § 7 BUrlG; BAG 6. 6. 1968 AP Nr. 5 zu § 3 BUrlG Rechtsmißbrauch).

198 Eine Urlaubsabgeltung **im bestehenden Arbeitsverhältnis** ist nach dem eindeutigen Wortlaut des § 7 Abs. 4 **ausgeschlossen** (zu tarifvertraglichen Regelungen vgl. § 13 Rz 84 ff.). Damit scheidet die Möglichkeit aus, dem Arbeitnehmer durch zusätzliche Zahlung des Urlaubsentgelts für Tage, an denen er keine Freistellung erhält, den Urlaub „abzukaufen". Haben

Zeitpunkt, Übertragbarkeit und Abgeltung des Urlaubs § 7 **BUrlG**

die Parteien hiergegen verstoßen, muß der Arbeitgeber ggf. ein zweites Mal leisten, wenn der Arbeitnehmer später dennoch die Gewährung von Urlaub oder nach Beendigung des Arbeitsverhältnisses Urlaubsabgeltung begehrt.

Als Surrogat des Urlaubsanspruchs ist der Urlaubsabgeltungsanspruch im 199 übrigen an die **gleichen Voraussetzungen gebunden wie zuvor der Urlaubsanspruch** (BAG 28. 6. 1984 BAGE 46, 224, 227 = AP Nr. 18 zu § 7 BUrlG Abgeltung; BAG 14. 5. 1986 BAGE 52, 67, 70 = AP Nr. 26 zu § 7 BUrlG Abgeltung; BAG 20. 4. 1989 BAGE 61, 362, 366 f. = AP Nr. 48 zu § 7 BUrlG Abgeltung; BAG 7. 12. 1993, 5. 12. 1995, AP Nr. 63, 66 zu § 7 BUrlG Abgeltung; BAG 27. 5. 1997 BAGE 86, 30 = AP Nr. 74 zu § 7 BUrlG Abgeltung; – a. A. zuletzt *Schäfer* NZA 1993, 204 m. w. N. zur abweichenden Ansicht). Bei Vorliegen dieser Voraussetzungen kann der Arbeitnehmer daher verlangen, jedenfalls für das ihm zu zahlende Urlaubsentgelt so gestellt zu werden, als ob das Arbeitsverhältnis fortbestünde. Das steht freilich Tarifregelungen nicht entgegen, nach denen die Gewährung der Abgeltung nicht an diese Voraussetzungen geknüpft ist (vgl. dazu § 13 Rz 84 ff.). Dann wird die Abgeltung als Abfindung geschuldet.

2. Entstehen und Erfüllbarkeit

Der Abgeltungsanspruch nach § 7 Abs. 4 entsteht mit der Beendigung des 200 Arbeitsverhältnisses, **ohne daß es dafür weiterer Handlungen des Arbeitgebers oder des Arbeitnehmers bedarf** (BAG 19. 1. 1993, 17. 1. 1995 AP Nr. 63, 66 zu § 7 BUrlG Abgeltung). Zu diesem Zeitpunkt wandelt sich der noch nicht erfüllte Urlaubsanspruch des Arbeitnehmers in einen Abgeltungsanspruch um.

Ohne Bedeutung für das Entstehen des Anspruchs auf Urlaubsabgel- 201 tung ist, ob die **Urlaubsgewährung vor Beendigung des Arbeitsverhältnisses möglich war** oder ob der **Anspruch erfolglos geltend gemacht worden ist**. Scheidet der Arbeitnehmer mit dem Jahresende oder dem Ende des Übertragungszeitraums aus dem Arbeitsverhältnis aus, ist allerdings stets festzustellen, ob zu diesem Zeitpunkt überhaupt noch Urlaubsansprüche bestehen (vgl. *Dersch/Neumann* § 7 Rz 98; *Steffen* AR-Blattei SD 1640.3 Rz 6) oder ob sie, etwa weil nicht rechtzeitig geltend gemacht, bereits teilweise oder auch ganz wegen Unmöglichkeit der Erfüllung vor Fristende erloschen sind (BAG 7. 12. 1993, 3. 5. 1994 AP Nr. 63, 64 zu § 7 BUrlG Abgeltung).

Der Urlaubsabgeltungsanspruch als Surrogat des Urlaubsanspruchs **ent-** 202 **steht** mit dem Ausscheiden des Arbeitnehmers aus dem Arbeitsverhältnis, gleichgültig, ob er zu diesem Zeitpunkt seine vertraglich geschuldete Arbeitsleistung erbringen kann, er also arbeitsfähig ist oder nicht (BAG 28. 6. 1984 BAGE 46, 224, 226 f. = AP Nr. 18 zu § 7 BUrlG Abgeltung; BAG 7. 11. 1985 BAGE 50, 107, 111 = AP Nr. 24 zu § 7 BUrlG Abgeltung; BAG 14. 5. 1986 BAGE 52, 67, 70 = AP Nr. 26 zu § 7 BUrlG Abgeltung; BAG 26. 4. 1990 BAGE 65, 122, 126 = AP Nr. 53 zu § 7 BUrlG Abgeltung). Nur bei einer Beendigung des Arbeitsverhältnisses durch den Tod des Arbeitnehmers entstehen keine Abgeltungsansprüche (vgl. Rz 217 ff.).

BUrlG § 7   *Teil I. C. Erläuterungen zum BUrlG*

203   Von der Entstehung des Urlaubsabgeltungsanspruchs ist dessen Erfüllbarkeit zu trennen. Zwar hatte der Sechste Senat des BAG in einem Rechtsstreit über den Abgeltungsanspruch eines nach Krankheit als erwerbsunfähig aus dem Arbeitsverhältnis ausgeschiedenen Arbeitnehmers angenommen, daß ein Urlaubsabgeltungsanspruch im Sinne von § 7 Abs. 4 nicht entsteht, wenn ein Arbeitnehmer nach dauernder Arbeitsunfähigkeit aus dem Arbeitsverhältnis ausscheidet, ohne die Arbeitsfähigkeit wieder zu erlangen (BAG 23. 6. 1983 BAGE 44, 75, 78 = AP Nr. 14 zu § 7 BUrlG Abgeltung; zust. *Färber* DB 1984, 1826, 1829f.). Damit wurden jedoch unzutreffend Entstehen und Erfüllbarkeit des Abgeltungsanspruchs gleichgesetzt und zugleich angenommen, daß die Erfüllbarkeit des Abgeltungsanspruchs bei Ausscheiden des Arbeitnehmers wegen Erwerbsunfähigkeit immer ausgeschlossen sei.

204   Den in der Gleichsetzung von Entstehen und Erfüllbarkeit des Abgeltungsanspruchs enthaltenen Fehler hat das Gericht schon bald darauf korrigiert und dargelegt, daß der Urlaubsabgeltungsanspruch als Surrogat des Urlaubsanspruchs mit dem Ausscheiden des Arbeitnehmers aus dem Arbeitsverhältnis **entsteht, gleichgültig, ob der Arbeitnehmer zu diesem Zeitpunkt seine vertraglich geschuldete Arbeitsleistung erbringen kann, er also arbeitsfähig ist oder nicht** (BAG 28. 6. 1984 BAGE 46, 224, 226f. = AP Nr. 18 zu § 7 BUrlG Abgeltung; BAG 10. 2. 1987 BAGE 54, 184, 187f. = AP Nr. 12 zu § 13 BUrlG Unabdingbarkeit; BAG 26. 4. 1990 BAGE 65, 122, 126 = AP Nr. 53 zu § 7 BUrlG Abgeltung; BAG 8. 2. 1994 AP Nr. 17 zu § 47 BAT; GK-BUrlG/*Bachmann* § 7 Rz 158; ErfK/*Dörner* § 7 BUrlG Rz 92).

205   Der **Abgeltungsanspruch ist erfüllbar,** wenn auch der Urlaubsanspruch bei fortbestehendem Arbeitsverhältnis noch hätte erfüllt werden können. Erforderlich ist daher, daß der Arbeitnehmer bei Fortdauer des Arbeitsverhältnisses jedenfalls für die Dauer des Urlaubsanspruchs seine vertraglich geschuldete Arbeitsleistung hätte erbringen können (BAG 27. 5. 1997 BAGE 86, 30 = AP Nr. 74 zu § 7 BUrlG Abgeltung). Das **trifft beispielsweise nicht zu,** wenn ein Arbeitnehmer fortdauernd bis zum Ende des Urlaubsjahres und des Übertragungszeitraums **arbeitsunfähig erkrankt** ist (st. Rspr. vgl. BAG 9. 8. 1994, 5. 12. 1995 AP Nr. 65, 66 zu § 7 BUrlG Abgeltung). Die Erfüllbarkeit des Abgeltungsanspruchs ist ebenso zu verneinen, wenn einem **ausländischen Arbeitnehmer** mit der Beendigung des Arbeitsverhältnisses die **Arbeitserlaubnis entzogen** wird und er deshalb nach § 284 SGB III einem Beschäftigungsverbot bis zum Ablauf des Übertragungszeitraums nach § 7 Abs. 3 Satz 3 unterliegt (LAG Berlin 8. 3. 1995 LAGE § 7 BUrlG Abgeltung Nr. 7). In diesem Fall ist der Arbeitnehmer wegen der fehlenden behördlichen Erlaubnis gehindert, seine Arbeitsleistung zu erbringen. Es besteht damit keine Arbeitspflicht, von welcher der Arbeitnehmer durch Urlaubserteilung befreit werden könnte.

206   Der Arbeitnehmer kann u.U. auch einen **Schadenersatzanspruch in Höhe des Urlaubsabgeltungsanspruchs** haben (vgl. BAG 23. 6. 1992 AP Nr. 59 zu § 7 BUrlG Abgeltung; BAG 17. 1. 1995 BAGE 79, 92 = AP Nr. 66 zu § 7 BUrlG Abgeltung; BAG 19. 11. 1996 BAGE 84, 325 = AP Nr. 71 zu § 7 BUrlG Abgeltung; ErfK/*Dörner* § 7 BUrlG Rz 108f.; *Schütz/*

Zeitpunkt, Übertragbarkeit und Abgeltung des Urlaubs § 7 BUrlG

Hauck Rz 633). Ist die Urlaubsgewährung infolge des Ablaufs des Kalenderjahres unmöglich geworden, tritt an die Stelle des Urlaubsanspruchs als Schadenersatz ein Ersatzurlaubsanspruch in gleicher Höhe, wenn der Arbeitgeber sich mit der Urlaubserteilung in Verzug befand (dazu im einzelnen Rz 160 ff.). Der Arbeitgeber ist dann ggf. für die wegen Ablauf des Kalenderjahres eintretende Unmöglichkeit der Urlaubsgewährung verantwortlich, § 287 Satz 2 BGB. Scheidet der Arbeitnehmer aus dem Arbeitsverhältnis aus, nachdem die Urlaubsgewährung während des Verzugs des Arbeitgebers infolge Ablauf des Kalenderjahres unmöglich geworden ist, kann der Arbeitnehmer vom Arbeitgeber gemäß §§ 249 Satz 1, 251 Abs. 1 BGB eine Entschädigung in Geld verlangen.

3. Inhalt des Abgeltungsanspruchs

Der Urlaubsabgeltungsanspruch ist ein **gesetzlich geregelter Fall des Leistungsstörungsrechts** (*Leinemann* DB 1983, 989, 994), er ist ein Erfüllungssurrogat für den wegen Beendigung des Arbeitsverhältnisses nicht mehr zu verwirklichenden Urlaub. Würde das Arbeitsverhältnis fortbestehen, hätte der Arbeitnehmer nur dann Anspruch auf Urlaub, wenn der Gewährung des Urlaubs keine Leistungshindernisse im Sinne von § 7 Abs. 1 Satz 1 und Abs. 3 entgegenstünden, wenn also der Arbeitnehmer während des Bestehens des Urlaubsanspruchs arbeitsfähig und arbeitsbereit gewesen wäre. Nur dann wäre auch der Anspruch auf Zahlung des Urlaubsentgelts vom Arbeitgeber zu erfüllen gewesen. Nichts anderes gilt für den Urlaubsabgeltungsanspruch (BAG 28. 6. 1984 BAGE 46, 224, 227 f. = AP Nr. 18 zu § 7 BUrlG Abgeltung; BAG 20. 4. 1989 BAGE 61, 362, 365 ff. = AP Nr. 48 zu § 7 BUrlG Abgeltung; BAG 22. 10. 1991 BAGE 68, 373 = AP Nr. 57 zu § 7 BUrlG Abgeltung; BAG 17. 1. 1995 BAGE 79, 92 = AP Nr. 66 zu § 7 BUrlG Abgeltung; BAG 5. 12. 1995 BAGE 81, 339 = AP Nr. 70 zu § 7 BUrlG Abgeltung; a. A. *Schäfer* NZA 1993, 205, der zu Unrecht annimmt, der Abgeltungsanspruch erhalte dem Arbeitnehmer wirtschaftlich die Gegenleistung für eine bereits erbrachte Leistung). 207

Der Urlaubsabgeltungsanspruch ist daher **nicht**, wie *Natzel* (§ 7 Rz 157) meint, ein „**simpler Geldanspruch**" (so auch GK-BUrlG/*Bachmann* § 7 Rz 153; *Rummel* NZA 1986, 383 ff.; *Schäfer* NZA 1993, 204, 206; *Tautphäus* Rz 134; *Compensis* DB 1992, 888, 891). Die Vertreter dieser Auffassung verwechseln damit den aufgrund des Abgeltungsanspruchs zu zahlenden Geldbetrag mit dem Anspruch selbst (wie hier ErfK/*Dörner* § 7 BUrlG Rz 96; *Schütz/Hauck* Rz 624). § 7 Abs. 4 verpflichtet den Arbeitgeber, Urlaub abzugelten, nicht jedoch, wie insbesondere das LAG Niedersachsen gemeint hat (27. 5. 1987 LAGE § 7 BUrlG Nr. 18, aufgehoben durch BAG 20. 4. 1989 BAGE 61, 362 = AP Nr. 48 zu § 7 BUrlG Abgeltung), eine „selbstverständlich" jederzeit erfüllbare Abfindung zu zahlen. Ebensowenig kann *Herschel* (Anm. zu BAG EzA § 7 BUrlG Nr. 27; im Gegensatz dazu allerdings *ders.* SAE 1978, 187) zugestimmt werden, der den Abgeltungsanspruch als „Schrumpfung auf eine Geldforderung" bezeichnet hat. Die Geldforderung ist nur zu zahlen, wenn die nach § 1 und § 7 Abs. 4 erforderlichen Voraussetzungen bestehen. 208

203

4. Befristung des Urlaubsabgeltungsanspruchs

209 Der Urlaubsabgeltungsanspruch unterliegt als Surrogat des Urlaubsanspruchs ebenso wie dieser selbst der Befristung. Deshalb **erlischt** der Urlaubsabgeltungsanspruch mit Ablauf des Kalenderjahres, in dem der Urlaubsanspruch entstanden ist, bzw. – bei Vorliegen der Voraussetzungen des § 7 Abs. 3 – mit Ablauf des Übertragungszeitraums am 31. März des folgenden Jahres (BAG 19. 1. 1993 EzA § 7 BUrlG Nr. 89; BAG 7. 12. 1993 EzA § 7 BUrlG Nr. 91; 5. 12. 1995 BAGE 81, 339 = AP Nr. 70 zu § 7 BUrlG Abgeltung; BAG 19. 11. 1996 BAGE 84, 325 = AP Nr. 71 zu § 7 BUrlG Abgeltung). Daraus ergibt sich, daß der aufgrund des Abgeltungsanspruchs aus § 7 Abs. 4 zu zahlende Geldbetrag einem Arbeitnehmer nur dann zusteht, wenn er bei Fortdauer des Arbeitsverhältnisses jedenfalls für die Dauer seines Urlaubsanspruchs seine vertraglich geschuldete Arbeitsleistung hätte erbringen können (BAG 20. 4. 1989 BAGE 61, 362, 365 = AP Nr. 48 zu § 7 BUrlG Abgeltung).

210 Ein Abgeltungsanspruch besteht daher **beispielsweise,** wenn ein Arbeitnehmer vom 8. Januar bis zum 7. Juli arbeitsunfähig ist, das Arbeitsverhältnis zum 30. Juni endet und der Arbeitnehmer am 15. Juli ein neues Arbeitsverhältnis eingeht (BAG 28. 6. 1984 BAGE 46, 224 = AP Nr. 18 zu § 7 BUrlG Abgeltung). Der Arbeitnehmer kann in diesem Fall die Abgeltung des noch nicht erfüllten gekürzten Vollurlaubs (§ 5 Abs. 1 Buchstabe c) verlangen. Ist der Arbeitnehmer dagegen nicht nur bis zum 7. Juli arbeitsunfähig, sondern bis zu einem Zeitpunkt nach dem 31. März des Folgejahres, steht ihm kein Anspruch auf Urlaubsabgeltung mehr zu. Der Urlaubsabgeltungsanspruch als Surrogat des Urlaubsanspruchs ist in diesem Fall mit Ablauf des Übertragungszeitraums erloschen (zur Geltendmachung im Kündigungsschutzprozeß vgl. Rz 170 ff.).

5. Urlaubsabgeltung bei Erwerbsunfähigkeit

211 Ein Abgeltungsanspruch kann entgegen der zunächst vom Sechsten Senat des BAG vertretenen Auffassung (BAG 23. 6. 1983 BAGE 44, 75 = AP Nr. 14 zu § 7 BUrlG Abgeltung) **auch bestehen, wenn ein Arbeitnehmer als erwerbsunfähig** aus dem Arbeitsverhältnis ausgeschieden ist. Erwerbsunfähig bedeutet zwar in den weitaus meisten Fällen, daß der Arbeitnehmer dauernd arbeitsunfähig ist. Beide Begriffe sind aber dennoch in ihren Merkmalen nicht völlig deckungsgleich (BAG 14. 5. 1986 BAGE 52, 67 = AP Nr. 26 zu § 7 BUrlG Abgeltung; BAG 20. 4. 1989 BAGE 61, 362 = AP Nr. 48 zu § 7 BUrlG Abgeltung; 8. 2. 1994 AP Nr. 17 zu § 47 BAT; BAG 27. 5. 1997 BAGE 86, 30 = AP Nr. 74 zu § 7 BUrlG Abgeltung; ebenso *Boldt* Anm. zu BAG AR-Blattei Urlaub Entsch. 281; *Dersch/Neumann* § 7 Rz 110; *ErfK/Dörner* § 7 BUrlG Rz 92; *Hohmeister* § 7 Rz 69; *Leinemann* AuR 1987, 193, 196; *Oetker* SAE 1987, 77, 79; *Schütz/Hauck* Rz 631; – a. A. *Färber* DB 1984, 1826; *Künzl* BB 1987, 687).

212 Erwerbsunfähig war nach der **Begriffsbestimmung in § 1247 Abs. 2 RVO,** wer infolge von Krankheit oder anderen Gebrechen oder von Schwäche seiner körperlichen oder geistigen Kräfte auf nicht absehbare Zeit eine Erwerbstätigkeit in gewisser Regelmäßigkeit nicht ausüben oder nicht mehr

Zeitpunkt, Übertragbarkeit und Abgeltung des Urlaubs § 7 BUrlG

als nur geringfügige Einkünfte aus Erwerbstätigkeit erzielen konnte. Seit dem 1. Januar 1992 ist § 1247 Abs. 2 RVO durch § 44 Abs. 2 SGB VI ersetzt. Danach sind Versicherte erwerbsunfähig, die wegen Krankheit oder Behinderung auf nicht absehbare Zeit außerstande sind, eine Erwerbstätigkeit in gewisser Regelmäßigkeit auszuüben oder Arbeitsentgelt oder Arbeitseinkommen zu erzielen, das ein Siebtel der monatlichen Bezugsgröße übersteigt.

Der Begriff Erwerbsunfähigkeit **setzt nicht** – jedenfalls nicht zwingend – 213 **voraus, daß der Arbeitnehmer eine bisher vertraglich geschuldete Tätigkeit nicht mehr ausüben kann** (BAG 8. 2. 1994 AP Nr. 17 zu § 47 BAT; BAG 27. 5. 1997 BAGE 86, 30 = AP Nr. 74 zu § 7 BUrlG Abgeltung; MünchArbR/*Leinemann* § 91 Rz 41). Deshalb ist es möglich, daß ein Arbeitnehmer zwar erwerbsunfähig, zugleich aber dennoch arbeitsfähig ist. Die Arbeitsfähigkeit hängt in solchen Fällen von der Ausgestaltung des Arbeitsvertrages ab (zur Darlegungs- und Beweislast Rz 226).

6. Vereinbarkeit mit den Regelungen des IAO-Übereinkommens Nr. 132

Die Rechtsprechung des BAG zur Erfüllbarkeit von Urlaubsabgeltungs- 214 ansprüchen steht mit dem **IAO-Übereinkommen Nr. 132**, das die Bundesrepublik Deutschland ratifiziert hat, in Einklang (abgedruckt in Teil III A). Dies haben der Sechste, der Achte und auch der Neunte Senat des BAG mehrfach zutreffend erkannt (BAG 7. 3. 1985 BAGE 48, 186, 191 = AP Nr. 21 zu § 7 BUrlG Abgeltung; BAG 7. 11. 1985 BAGE 50, 125, 127 f. = AP Nr. 16 zu § 3 BUrlG Rechtsmißbrauch; BAG 10. 2. 1987 BAGE 54, 184, 188 = AP Nr. 12 zu § 13 BUrlG Unabdingbarkeit; BAG 28. 11. 1990 BAGE 66, 288, 290 f. = EzA § 7 BUrlG Nr. 79; BAG 7. 12. 1993, 5. 12. 1995 AP Nr. 63, 66 zu § 7 BUrlG Abgeltung; ErfK/*Dörner* § 7 BUrlG Rz 100; *Leinemann/Schütz* BB 1993, 2519; dies. ZfA 1994, 1; *Ostrop* NZA 1993, 208; vgl. auch § 15 Rz 57 ff.).

Unzutreffend ist die Ansicht, es sei zweifelhaft, ob die Rechtsprechung 215 des BAG zur Nichterfüllbarkeit des Abgeltungsanspruchs bei Krankheit des aus dem Arbeitsverhältnis ausgeschiedenen Arbeitnehmers mit Art. 11 dieses Übereinkommens vereinbar sei (so aber LAG Düsseldorf 17. 6. 1998 LAGE § 7 BUrlG Abgeltung Nr. 10). Art. 11 enthält zwar die Möglichkeit für den Vertragsstaat, sich neben anderen Alternativen für den Anspruch auf Urlaubsabgeltung zu entscheiden. Diese Bestimmung des IAO-**Übereinkommens Nr. 132 ist aber keine Regelung über die bei der Erfüllung von Abgeltungsansprüchen zu beachtenden Voraussetzungen**, sondern überläßt dies dem nationalen Recht.

Dann kann es nicht richtig sein, wenn angenommen wird, der sich auf 216 Art. 11 des Übereinkommens Nr. 132 stützende Urlaubsabgeltungsanspruch werde „Arbeitnehmern bei Krankheit durch nationales Recht wieder entzogen" (a.A. *Tautphäus* Rz 135; *Birk* Anm. zu BAG AP Nr. 21 zu § 7 BUrlG Abgeltung; unzutreffend auch die allein sozialpolitisch motivierten Interpretationsversuche von *Lörcher* in *Däubler/Kittner/Lörcher*, Internationale Arbeits- und Sozialordnung S. 332 f.). Diese Kritik verkennt, daß die **Fest-**

7. Vererblichkeit des Urlaubsabgeltungsanspruchs

217 Ein Urlaubsabgeltungsanspruch nach § 7 Abs. 4 **entsteht nicht,** wenn das **Arbeitsverhältnis durch den Tod des Arbeitnehmers endet.** Der Anspruch nach § 7 Abs. 4 setzt voraus, daß der Arbeitnehmer bei Beendigung des Arbeitsverhältnisses lebt (BAG 18. 7. 1989 BAGE 62, 252 = AP Nr. 49 zu § 7 BUrlG Abgeltung; BAG 26. 4. 1990 BAGE 65, 122 = AP Nr. 53 zu § 7 BUrlG Abgeltung; BAG 23. 6. 1992 BAGE 70, 348 = AP Nr. 59 zu § 7 BUrlG Abgeltung; – vgl. aber auch BAG 15. 8. 1989 BAGE 62, 331 = AP Nr. 51 zu § 7 BUrlG Abgeltung; – a. A. zu Unrecht *Compensis* DB 1992, 888, 891).

218 Da der Abgeltungsanspruch Surrogat des auf Freistellung von den Arbeitspflichten gerichteten Urlaubsanspruchs ist (dazu Rz 95 ff.), ist das Entstehen eines Abgeltungsanspruchs nur möglich, wenn auch ein Urlaubsanspruch bei Fortbestand des Arbeitsverhältnisses bestehen und noch erfüllt, der Arbeitnehmer also noch von Arbeitspflichten freigestellt werden könnte. **Nach dem Tod des Arbeitnehmers können jedoch keine Arbeitspflichten mehr entstehen,** von denen der Arbeitnehmer durch Urlaubsgewährung freigestellt werden könnte. Daher kommt auch eine Urlaubsabgeltung nicht in Betracht, wenn das Arbeitsverhältnis durch den Tod des Arbeitnehmers endet. Der Abgeltungsanspruch aus § 7 Abs. 4 setzt damit voraus, daß der Arbeitnehmer bei Beendigung des Arbeitsverhältnisses lebt (BAG 23. 6. 1992 AP Nr. 59 zu § 7 BUrlG Abgeltung; BAG 19. 11. 1996 BAGE 84, 325 = AP Nr. 71 zu § 7 BUrlG Abgeltung = BB 1997, 1901 mit Anm. *Hohmeister*; insgesamt kritisch hierzu *Windel* Über die Modi der Nachfolge in das Vermögen einer natürlichen Person beim Todesfall, 1998, S. 122 ff.).

219 Der gesetzliche Urlaubsabgeltungsanspruch ist nur **vererblich,** wenn der Arbeitnehmer nach Beendigung des Arbeitsverhältnisses jedenfalls für die Dauer des ihm nicht gewährten Urlaubs noch gelebt hat, arbeitsfähig und arbeitsbereit war und er den Urlaubsabgeltungsanspruch erfolglos gegenüber dem Arbeitgeber geltend gemacht hat. In diesem Fall befindet sich der Arbeitgeber in Verzug. Mit dem Tod des Arbeitnehmers geht dessen Anspruch als Schadenersatzanspruch nach § 280 Abs. 1, § 284 Abs. 1, § 286 Abs. 1, § 287 Satz 2 BGB gemäß § 1922 Abs. 1 BGB auf die Erben über (BAG 31. 10. 1986 – 8 AZR 188/86 – n. v.; BAG 22. 10. 1991 BAGE 68, 373 = AP Nr. 57 zu § 7 BUrlG Abgeltung; BAG 19. 11. 1996 BAGE 84, 325 = AP Nr. 71 zu § 7 BUrlG Abgeltung; BAG 20. 1. 1998 – 9 AZR 601/96 n. v.; *Schütz/Hauck* Rz 646; – a. A. *Dersch/Neumann* § 7 Rz 115 m. w. N.; ErfK/ *Dörner* § 7 BUrlG Rz 106).

220 In einem **Tarifvertrag** kann auch eine **Ersatzleistung an die Hinterbliebenen** für einen mit dem Tode des Arbeitnehmers erloschenen Urlaubsanspruch vorgesehen werden (BAG 26. 4. 1990 BAGE 65, 122 = AP Nr. 53 zu § 7 BUrlG Abgeltung = EzA § 4 TVG Metallindustrie Nr. 69; ebenso insoweit im Ergebnis BAG 13. 11. 1985 BAGE 50, 147 = AP Nr. 35 zu § 1 TVG

Zeitpunkt, Übertragbarkeit und Abgeltung des Urlaubs § 7 BUrlG

Tarifverträge: Metallindustrie). Ist ein tariflicher Urlaubsabgeltungsanspruch nicht an die nach § 7 Abs. 4 für den gesetzlichen Urlaubsabgeltungsanspruch zu beachtenden Merkmale gebunden, geht er mit dem Tod des Arbeitnehmers auf die Erben über (BAG 26. 4. 1990 aaO; BAG 18. 7. 1989 BAGE 62, 252 = AP Nr. 49 zu § 7 BUrlG Abgeltung).

Wenn der **Tarifvertrag eine Geldzahlungspflicht des Arbeitgebers als** 221 **Ersatzleistung** für den mit dem Tod des Arbeitnehmers erloschenen Urlaubsanspruch vorsieht, ist nicht Voraussetzung, daß eine Urlaubsabgeltung für den Arbeitnehmer in Betracht gekommen wäre (BAG 26. 4. 1990 BAGE 65, 122, 126 = AP Nr. 53 zu § 7 BUrlG Abgeltung). Der Anspruch auf die Ersatzleistung entsteht hier – vorbehaltlich einer anderen Regelung – nicht in der Person des Arbeitnehmers, sondern zugunsten der Erben.

8. Pfändbarkeit und Abtretbarkeit des Urlaubsabgeltungsanspruchs

Der Urlaubsabgeltungsanspruch kann in den **Grenzen des § 850c ZPO** 222 ge- und verpfändet werden (ebenso *Bleistein* GK-BUrlG § 1 Rz 86f.; *Boldt/Röhsler* § 7 Rz 39; ErfK/*Dörner* § 7 BUrlG Rz 107; *Gaul* NZA 1987, 473; *Schütz/Hauck* Rz 648; *Steffen* AR-Blattei SD 1640.3 Rz 51; sowie im Ergebnis LG Münster 11. 6. 1999 – 5 T 223/99 HzA-aktuell 2/2000 S. 43 = MDR 1999, 1284, 1285; im Grundsatz auch *Pfeifer* NZA 1996, 738, 742 – a. A. LAG Nürnberg 24. 7. 1998 LAGE § 399 BGB Nr. 3; *Dersch/Neumann* § 1 Rz 80, der unzutreffend von der höchstpersönlichen Natur des Urlaubsanspruchs ausgeht; *Hohmeister* BB 1995, 2110; dazu näher § 1 Rz 124ff.). Er ist daher auch abtretbar (§ 400 BGB; – a. A. BAG 21. 1. 1988 (2. Senat) AP Nr. 19 zu § 4 KSchG 1969). Im Rahmen der Pfändungsgrenzen ist auch eine Aufrechnung nach §§ 387ff. BGB möglich (zur Aufrechenbarkeit des Urlaubsanspruchs vgl. § 1 Rz 140 f.).

Bei der **Berechnung der Pfändungsgrenze** ist zu berücksichtigen, daß 223 der nach § 7 Abs. 4 als Urlaubsabgeltung zu gewährende Betrag nach § 11 Abs. 1 zu berechnen ist (dazu § 11 Rz 18ff.). Er ist entweder sofort mit dem Ende des Arbeitsverhältnisses zu zahlen oder zu dem vom Arbeitnehmer zu bestimmenden Termin, wenn z.B. der Arbeitnehmer zuvor durch Arbeitsunfähigkeit gehindert war, die Urlaubsabgeltung geltend zu machen.

Fällig ist jeweils der gesamte zu zahlende Betrag. Damit kommt eine Zu- 224 ordnung oder Aufteilung des nicht pfändbaren Betrags auf einzelne Tage nicht in Betracht, wenn die Abgeltung für einen über eine Woche hinausgehenden Zeitraum zu gewähren ist.

9. Sozialversicherungs- und steuerrechtliche Fragen

Der **Anspruch auf Arbeitslosengeld ruht** für die Zeit, in der der Ar- 225 beitslose Urlaubsabgeltung erhalten oder noch zu beanspruchen hat (§ 143 Abs. 2 SGB III). Hat der Arbeitnehmer Arbeitslosengeld erhalten, geht der Anspruch auf Urlaubsabgeltung nur in Höhe der erbrachten Sozialleistungen gemäß § 115 SGB X auf die Bundesanstalt für Arbeit über (BAG 7. 11. 1985 BAGE 50, 118 = AP Nr. 25 zu § 7 BUrlG Abgeltung; *Schaub* § 102 Rz 112). Die Urlaubsabgeltung ist als sonstiger Bezug nach § 39b

Abs. 3 EStG einkommens- und lohnsteuerpflichtig und als Einmalzahlung nach § 14 Abs. 1 SGB IV sozialversicherungspflichtig (vgl. *Schaub* § 102 Rz 112).

10. Darlegungs- und Beweislast

226 Der **Arbeitnehmer** trägt die Darlegungs- und Beweislast für die Anzahl der abzugeltenden Urlaubstage. Er hat darzulegen, daß der Urlaubsanspruch nach dem Ausscheiden aus dem Arbeitsverhältnis erfüllbar gewesen wäre. Scheidet ein Arbeitnehmer wegen des Bezugs von Erwerbsunfähigkeitsrente aus dem Arbeitsverhältnis aus, muß davon ausgegangen werden, daß der Arbeitnehmer jedenfalls der bislang ausgeübten Tätigkeit nicht mehr nachgehen kann. Stützt er seinen Abgeltungsanspruch darauf, daß er andere Arbeiten hätte ausüben können, die vom Arbeitgeber als vertragsgemäß hätten angenommen werden müssen, so hat er dies im einzelnen darzulegen (BAG 20. 4. 1989 BAGE 61, 362, 368 = AP Nr. 48 zu § 7 BUrlG Abgeltung; BAG 27. 5. 1997 BAGE 86, 30 = AP Nr. 74 zu § 7 BUrlG Abgeltung).

V. Abdingbarkeit

227 Von den Bestimmungen des § 7 kann gemäß § 13 Abs. 1 Satz 1 grundsätzlich **durch Tarifvertrag abgewichen** werden, von § 7 Abs. 2 Satz 2 nach § 13 Abs. 1 Satz 3 auch in Betriebsvereinbarungen oder Arbeitsverträgen zuungunsten des Arbeitnehmers (zu den Einzelheiten vgl. § 13 Rz 69 ff.). Die Arbeitsvertragsparteien sind nicht gehindert, auch für verfallene oder verfallende Urlaubsansprüche zu vereinbaren, daß dennoch dem Arbeitnehmer ein vergleichbarer Anspruch auf Freistellung erhalten bleibt.

228 Vereinbaren die Parteien, daß der Arbeitnehmer im Umfang des **bereits erloschenen Urlaubsanspruchs zu einem bestimmten Zeitpunkt Urlaub erhalten** soll, erlischt der Anspruch mit Ablauf dieses Zeitraums, wenn die Urlaubsgewährung wegen Krankheit des Arbeitnehmers nicht möglich ist. Der Arbeitnehmer hat in diesem Fall nur dann einen Abgeltungsanspruch, wenn für den zusätzlichen Urlaub die Geltung des BUrlG bzw. des einschlägigen Tarifvertrags vereinbart wurde. Dies trifft nicht zu, wenn die Parteien nur übereingekommen sind, daß der restliche – verfallene – Urlaub in der Zeit von ... bis ... zu nehmen ist (BAG 25. 8. 1987 BAGE 56, 49 = AP Nr. 36 zu § 7 BUrlG Abgeltung).

VI. Verjährung

229 Eine Verjährung des Urlaubsanspruchs **kommt wegen der Befristung des Urlaubsanspruchs auf das Urlaubsjahr bzw. den Übertragungszeitraum nicht in Betracht.** Für die im Schrifttum angenommene Anwendung von § 196 Nr. 8 und 9 BGB und die daran anknüpfenden Erörterungen über

Zeitpunkt, Übertragbarkeit und Abgeltung des Urlaubs § 7 BUrlG

den Beginn der Verjährung (vgl. *Boldt/Röhsler* § 1 Rz 53; *Dersch/Neumann* § 13 Rz 78; *Natzel* § 1 Rz 104; dagegen zutreffend ErfK/*Dörner* § 7 BUrlG Rz 110; *Schütz/Hauck* Rz 151) fehlt es an jeder Grundlage.

Soweit es um die Verjährung von **Ansprüchen auf Urlaubsentgelt** geht, 230 richtet sich die Verjährung nach § 196 Abs. 1 Nr. 8 und 9 BGB, weil das Urlaubsentgelt nichts anderes als der arbeitsvertragliche Vergütungsanspruch ist (dazu § 11 Rz 1).

Der vom Arbeitgeber als **Schadenersatz zu** leistende Ersatzurlaubsan- 231 spruch verjährt gemäß § 195 BGB nach 30 Jahren (ErfK/*Dörner* § 7 BUrlG Rz 111; a. A. *Schütz/Hauck* Rz 151: § 196 Abs. 1 Nr. 8, 9 BGB).

VII. Ausschlußfristen

1. Tarifverträge

Eine tarifliche Ausschlußfrist, nach der **gegenseitige Ansprüche aller Art** 232 aus dem Arbeitsverhältnis nur innerhalb einer Ausschlußfrist von einem Monat seit Fälligkeit des Anspruchs schriftlich geltend gemacht werden können, ist auf gesetzliche Urlaubs- und Urlaubsabgeltungsansprüche nicht anzuwenden (BAG 24. 11. 1992 AP Nr. 23 zu § 1 BUrlG = EzA § 4 TVG Ausschlußfristen Nr. 102). Aufgrund des befristeten Bestehens dieser Ansprüche ist der Arbeitnehmer lediglich gezwungen, seine Ansprüche rechtzeitig vor Ablauf des Urlaubsjahres bzw. des Übertragungszeitraums zu verlangen.

Bei Anwendung einer **einmonatigen Ausschlußfrist** hätte der Arbeitneh- 233 mer dagegen jeweils bereits im Januar jeden Jahres seine Urlaubsansprüche geltend zu machen. Das wäre mit § 1 nicht zu vereinbaren (BAG 24. 11. 1992 AP Nr. 23 zu § 1 BUrlG). Zu weitgehend ist es deshalb, wenn nach Auffassung des BAG (Urteil vom 4. 12. 1997 AP Nr. 143 zu § 4 TVG Ausschlußfristen) unterschiedslos alle gesetzlichen Ansprüche des Arbeitnehmers, also auch Urlaubs- und Urlaubsabgeltungsansprüche, von einer (einseitigen) tariflichen Ausschlußfrist erfaßt werden. Die Tarifvertragsparteien können allerdings für den mit Beendigung des Arbeitsverhältnisses an die Stelle des Urlaubsanspruchs tretenden Abgeltungsanspruch im Umfang des tariflichen Mehranspruchs Ausschlußfristen vereinbaren (BAG 25. 8. 1992 AP Nr. 60 zu § 7 BUrlG Abgeltung).

Zu beachten sind tarifliche Ausschlußfristen für **Schadenersatzan-** 234 **sprüche des Arbeitnehmers**, in die sich Urlaubs- und Urlaubsabgeltungsansprüche wegen Fristablaufs umgewandelt haben. Diese Ansprüche beruhen auf einer anderen Rechtsgrundlage (dazu Rz 159 ff.) als die, an deren Stelle sie getreten sind. Schadenersatzansprüche unterliegen daher tariflichen Ausschlußfristen, die alle Ansprüche aus dem Arbeitsverhältnis erfassen (vgl. BAG 16. 3. 1999 AP Nr. 25 zu § 7 BUrlG Übertragung). Eine **schriftliche Mahnung** des Arbeitnehmers, ihm Urlaub zu gewähren, wahrt die tarifliche Ausschlußfrist auch für den nach Ablauf des Urlaubsjahres oder des Übertragungszeitraums entstehenden Schadenersatzanspruch, der entweder auf Gewährung von Urlaub (Ersatzurlaubsanspruch) oder auf Zahlung gerichtet ist (BAG 24. 11. 1992 AP Nr. 23 zu § 1 BUrlG; BAG 16. 3. 1999 aaO).

2. Einzelarbeitsverträge

235 Durch einzelvertragliche Vereinbarungen kann **nicht in gesetzliche Urlaubsansprüche** – weder in Teil- noch in Vollurlaubsansprüche – **eingegriffen werden**. Ausschlußfristen in Einzelarbeitsverträgen und auch in Betriebsvereinbarungen sind daher, soweit sie den gesetzlichen Urlaubs- und Urlaubsabgeltungsanspruch erfassen, unwirksam, weil Arbeitsvertragsparteien die nur den Tarifvertragsparteien eröffnete Veränderungskompetenz nach § 13 Abs. 1 Satz 1 nicht zusteht.

236 Das BAG hat entschieden, daß durch Einzelvertrag auch ein **Teilurlaubsanspruch** nicht an eine Ausschlußfrist geknüpft werden kann (BAG 5. 4. 1984 BAGE 45, 314 = AP Nr. 16 zu § 13 BUrlG mit Anm. *Hj. Weber; siehe dazu auch U. Preis*, ZIP 1989, 885, 891). Zum Inhalt eines Rechts gehört auch die Dauer, innerhalb deren es ausgeübt werden kann. Daher ändert eine Ausschlußfrist, die auf einer einzelvertraglichen Vereinbarung beruht, den Urlaubsanspruch des Arbeitnehmers zu seinem Nachteil ab (BAG 5. 4. 1984 aaO). Dazu sind die Arbeitsvertragsparteien nach § 13 Abs. 1 jedoch nicht befugt. Sie können nur einen den gesetzlichen Mindestanspruch übersteigenden Urlaubs- oder Urlaubsabgeltungsanspruch an eine Ausschlußfrist binden.

§ 8 Erwerbstätigkeit während des Urlaubs

Während des Urlaubs darf der Arbeitnehmer keine dem Urlaubszweck widersprechende Erwerbstätigkeit leisten.

Schrifttum: *Coester*, Der Anspruch auf Rückzahlung des Urlaubsentgelts bei verbotener Erwerbstätigkeit, DB 1973, 1124; *Nägele*, Die Vergütungs- und Urlaubsansprüche in der Zeit der Freistellung, DB 1998, 518; *Wachter*, Entsteht bei Verstoß gegen § 8 BUrlG ein erneuter Urlaubsanspruch?, AuR 1981, 303.

Übersicht

	Rz
I. Allgemeines	1
II. Inhalt der Verpflichtung aus § 8	2
1. Verbot urlaubszweckwidriger Erwerbstätigkeit	2
a) Erwerbstätigkeit	2
b) Urlaubszweckwidrigkeit	6
c) Verbotszeitraum	9
2. Kein gesetzliches Verbot	10
III. Folgen der Pflichtverletzung	13
1. Schadensersatz, Unterlassung, Kündigung	13
2. Kein Wegfall des Urlaubsanspruchs	14
3. Keine Ansprüche aus ungerechtfertigter Bereicherung	15
4. Unabdingbarkeit	20

Erwerbstätigkeit während des Urlaubs § 8 BUrlG

I. Allgemeines

Nach § 8 darf der Arbeitnehmer während des Urlaubs **keine dem Ur-** 1
laubszweck widersprechende Erwerbstätigkeit leisten. Hierdurch ist ihm
in seinem Arbeitsverhältnis die gesetzlich bedingte Pflicht auferlegt, während des Urlaubs jedenfalls urlaubszweckwidrige Tätigkeiten gegen Entgelt zu unterlassen (BAG 20. 10. 1983 AP Nr. 5 zu § 47 BAT; BAG 25. 2.
1988 BAGE 57, 366, 369f. = AP Nr. 3 zu § 8 BUrlG mit Anm. *Clemens* =
EzA § 8 BUrlG Nr. 2 mit Anm. *Schulin* = SAE 1989, 157 mit Anm. *Adomeit*). Die Erwerbstätigkeit während des Urlaubs ist daher die Verletzung
einer Pflicht, die für den Arbeitnehmer aufgrund des Arbeitsverhältnisses
besteht.

II. Inhalt der Verpflichtung aus § 8

1. Verbot urlaubszweckwidriger Erwerbstätigkeit

a) Erwerbstätigkeit

Dem Arbeitnehmer ist während des Urlaubs eine dem Urlaubszweck wi- 2
dersprechende Erwerbstätigkeit untersagt. Erwerbstätigkeit ist eine Arbeit,
die auf den Erwerb von Gegenleistungen gerichtet ist. Die **Tätigkeit muß**
daher erfolgen, um Geld oder geldwerte Güter als Gegenleistung zu erwerben (BAG 20. 10. 1983 AP Nr. 5 zu § 47 BAT; GK-BUrlG/*Bachmann*
§ 8 Rz 3ff.; *Boldt/Röhsler* § 8 Rz 9; *Hohmeister* § 6 Rz 5; – weitergehend
Dersch/Neumann § 8 Rz 4, nach dem die Gegenleistung auch im Erwerb
ideeller Güter bestehen kann).

Keine durch § 8 verbotenen Tätigkeiten sind Arbeiten zum eigenen 3
Nutzen, wie die Arbeit im eigenen Garten oder am eigenen Haus (GK-BUrlG/*Bachmann* § 8 Rz 5; *Natzel* § 8 Rz 18; *Siara* § 8 Rz 2; – im Ergebnis
ebenso *Boldt/Röhsler* § 8 Rz 11; *Dersch/Neumann* § 8 Rz 4, die allerdings
hier Erwerbstätigkeit annehmen, jedoch die Urlaubszweckwidrigkeit verneinen). Eine Tätigkeit zum Zwecke der **Fortbildung** ist ebenfalls nicht auf
den Erwerb einer Gegenleistung gerichtet und daher während des Urlaubs
zulässig (GK-BUrlG/*Bachmann* § 8 Rz 5; *Boldt/Röhsler* § 8 Rz 9; ErfK/
Dörner § 8 BUrlG Rz 3; *Natzel* § 8 Rz 12).

Bloße Gefälligkeitshandlungen sind von § 8 nicht erfaßt, weil sie nicht 4
um einer Geldleistung willen vorgenommen werden (GK-BUrlG/*Bachmann* § 8 Rz 5; *Dersch/Neumann* § 8 Rz 4; *Natzel* § 8 Rz 19). Gleiches gilt
für mildtätige oder karitative Tätigkeiten sowie für Arbeiten, die aufgrund
familienrechtlicher oder öffentlich-rechtlicher Verpflichtungen ausgeübt
werden, auch wenn der Arbeitnehmer hierfür eine Gegenleistung erhält
(GK-BUrlG/*Bachmann* § 8 Rz 5; *Boldt/Röhsler* § 8 Rz 9; *Natzel* § 8 Rz 12;
Schütz/Hauck Rz 879).

Die Erwerbstätigkeit kann **körperlicher oder geistiger Art** sein und **selb-** 5
ständig oder unselbständig erfolgen. Es ist daher unerheblich, ob die Tätigkeit in einem Dienst- oder Arbeitsverhältnis, aufgrund eines Werkvertrages oder sonstigen Vertragsverhältnisses erfolgt (BAG 20. 10. 1983 AP Nr. 5

BUrlG § 8 *Teil I. C. Erläuterungen zum BUrlG*

zu § 47 BAT; BAG 25. 2. 1988 BAGE 57, 366, 369f. = AP Nr. 3 zu § 8 BUrlG zu I 3 der Gründe; GK-BUrlG/*Bachmann* § 8 Rz 7; *Boldt/Röhsler* § 8 Rz 10; *Dersch/Neumann* § 8 Rz 4; *Natzel* § 8 Rz 17).

b) Urlaubszweckwidrigkeit

6 Nicht jede Erwerbstätigkeit ist „urlaubszweckwidrig" und damit eine Vertragsverletzung des Arbeitnehmers. Dem Urlaubszweck widerspricht nur eine solche **entgeltliche Tätigkeit**, die mit den während des Urlaubs suspendierten Arbeitspflichten annähernd zeitgleich erfolgt und von einer Verpflichtung zur Arbeit gekennzeichnet ist, **durch die sich der Arbeitnehmer die** mit der Arbeitsbefreiung während der Urlaubsdauer gegebene **Möglichkeit nimmt, das mit dem Gesetz angestrebte Ziel selbstbestimmter Erholung zu verwirklichen** (ErfK/*Dörner* § 8 BUrlG Rz 5; MünchArbR/*Leinemann* § 91 Rz 50).

7 Ob eine Erwerbstätigkeit dem Urlaubszweck widerspricht, ist aufgrund der **Umstände des Einzelfalles** zu beurteilen (GK-BUrlG/*Bachmann* § 8 Rz 8; *Boldt/Röhsler* § 8 Rz 11; *Dersch/Neumann* § 8 Rz 6; *Natzel* § 8 Rz 21). Von Bedeutung sind hierbei insbesondere Art, Dauer und Schwere der Erwerbstätigkeit. In der Regel nicht urlaubszweckwidrig ist eine Arbeit, die nur zum körperlichen Ausgleich für einen Schreibtischarbeiter dienen soll (ArbG Wilhelmshaven AuR 1970, 28; GK-BUrlG/*Bachmann* § 8 Rz 8; *Dersch/Neumann* § 8 Rz 5). Gleiches gilt für die stundenweise entgeltliche Mithilfe in der Landwirtschaft während eines Urlaubs auf dem Bauernhof. Dem Urlaubszweck widerspricht es auch nicht, wenn ein angestellter Jurist in seinem Urlaub zeitweise an einem Fachaufsatz oder gar an einem Kommentar zum BUrlG arbeitet (ähnlich *Wank* Nebentätigkeit 1995 Rz 201). Durch § 8 ist die individuelle Gestaltung des Urlaubs nicht angesprochen (MünchArbR/*Leinemann* § 91 Rz 50).

8 Ist ein Arbeitnehmer in **mehreren Teilzeitarbeitsverhältnissen** beschäftigt und wird ihm in einem davon Urlaub erteilt, verletzt er seine Pflichten aus § 8 nicht, wenn er in den anderen Arbeitsverhältnissen weiter tätig ist. § 8 bezieht sich nur auf Erwerbstätigkeiten, die im Urlaub **anstelle** der vom Arbeitnehmer geschuldeten Arbeitsleistungen erbracht werden. § 8 ist allerdings verletzt, wenn der Teilzeitbeschäftigte seinen Urlaub nutzt, um in dem anderen Arbeitsverhältnis länger zu arbeiten.

c) Verbotszeitraum

9 Der Arbeitnehmer darf **während des Urlaubs** keine urlaubszweckwidrige Erwerbstätigkeit leisten. Das Verbot des § 8 gilt damit während der Zeit der Arbeitsbefreiung durch gewährten Erholungsurlaub, und zwar **auch dann, wenn der Urlaub am Ende des Arbeitsverhältnisses in der Kündigungsfrist erteilt wurde** (BAG 19. 7. 1973 BAGE 25, 260, 263 = AP Nr. 1 zu § 8 BUrlG mit Anm. *Natzel* = AR-Blattei Urlaub Entsch. 207 mit Anm. *Herbst* = SAE 1974, 194 mit Anm. *M. Wolf;* BAG 25. 2. 1988 BAGE 57, 366, 373f. = AP Nr. 3 zu § 8 BUrlG mit Anm. *Clemens* = EzA § 8 BUrlG Nr. 2 mit Anm. *Schulin* = SAE 1989, 157 mit Anm. *Adomeit;* GK-BUrlG/*Bachmann* § 8 Rz 9; *Boldt/Röhsler* § 8 Rz 29; *Dersch/Neumann* § 8 Rz 2; ErfK/*Dörner* § 8 BUrlG Rz 8; *Hohmeister* § 6 Rz 6; *Natzel* § 8 Rz 8; – a. A. unzutreffend *Adomeit* und *Schulin* aaO).

Erwerbstätigkeit während des Urlaubs § 8 BUrlG

Wird der Urlaub nach Ende des Arbeitsverhältnisses gemäß § 7 Abs. 4 10
abgegolten, kommt § 8 nicht zur Anwendung, weil in diesem Fall keine
Erwerbstätigkeit „während des Urlaubs" erfolgt (im Ergebnis ebenso GK-
BUrlG/*Bachmann* § 8 Rz 9; *Boldt/Röhsler* § 8 Rz 28; *Dersch/Neumann* § 8
Rz 2; ErfK/*Dörner* § 8 BUrlG Rz 9; *Natzel* § 8 Rz 8).

2. Kein gesetzliches Verbot

Die Vorschrift des § 8 enthält nur eine Regelung über die gesetzlich be- 11
dingte Pflicht des Arbeitnehmers gegenüber seinem Arbeitgeber, bestimmte
(„dem Urlaubszweck widersprechende") Erwerbstätigkeiten während des
Urlaubs zu unterlassen. Damit erledigen sich zugleich Erwägungen darüber,
ob das für die Urlaubsdauer vereinbarte Rechtsverhältnis des Arbeitnehmers
mit einem Dritten nach § 134 BGB nichtig ist. **§ 8 enthält kein gesetzliches
Verbot** im Sinne dieser Vorschrift (BAG 25. 2. 1988 BAGE 57, 366, 370 =
AP Nr. 3 zu § 8 BUrlG; GK-BUrlG/*Bachmann* § 8 Rz 26; ErfK/*Dörner* § 8
BUrlG Rz 10; *Hunold* AR-Blattei SD 1190 Rz 135; *Hohmeister* § 8 Rz 1;
Schütz/Hauck Rz 881; *Siara* § 8 Anm. 7; *Wank* Nebentätigkeit Rz 213 ff.;
nun auch MünchArbR/*Blomeyer* § 55 Rz 24; a. A. *Boldt/Röhsler* § 8 Rz 15;
Dersch/Neumann § 8 Rz 7; *Fieberg* ZTR 1989, 146; *Natzel* § 8 Rz 32).

Der vom Arbeitnehmer mit dem Dritten abgeschlossene Vertrag kann 12
nicht wegen § 134 BGB in Verb. mit § 8 unwirksam sein, weil nach dem
Inhalt der Vorschrift des § 8 nicht der Vertragsschluß, sondern nur die Erwerbstätigkeit während des Urlaubs ausgeschlossen werden soll. Die Regelung richtet sich nur gegen den Arbeitnehmer, nicht gegen einen möglichen
Vertragspartner. Voraussetzung eines Verbotsgesetzes ist jedoch, daß sich
das gesetzliche Verbot gerade gegen die Vornahme des Rechtsgeschäfts richtet (BGH NJW 1983, 2873) und nicht nur die rechtsgeschäftliche Gestal-
tungsfreiheit einschränkt (vgl. BGHZ 46, 24, 26; 40, 160).

III. Folgen der Pflichtverletzung

1. Schadenersatz, Unterlassung, Kündigung

Die **Folgen der Pflichtverletzung** des Arbeitnehmers sind in § 8 nicht 13
genannt. In Betracht kommen Schadenersatzansprüche, Ansprüche auf Unterlassung sowie die Möglichkeit, ggf. wegen der Erwerbstätigkeit das
Arbeitsverhältnis durch ordentliche oder außerordentliche Kündigung zu
beenden (BAG 25. 2. 1988 BAGE 57, 366, 370 = AP Nr. 3 zu § 8 BUrlG;
GK-BUrlG/*Bachmann* § 8 Rz 10 ff.; *Coester* DB 1973, 1124, 1127; *Hohmeister* § 8 Rz 2; MünchKomm-BGB/*Müller-Glöge* § 611 Rz 392; *Schütz/
Hauck* Rz 882 f.).

2. Kein Wegfall des Urlaubsanspruchs

Handelt ein Arbeitnehmer der Pflicht nach § 8 zuwider, während des ge- 14
setzlichen Mindesturlaubs keine dem Urlaubszweck widersprechende Erwerbstätigkeit zu leisten, **entfällt dadurch weder sein Urlaubsanspruch**

noch die Grundlage für seinen Entgeltanspruch. Die Pflichten des Arbeitgebers nach §§ 1 und 3 zur Urlaubsgewährung und dementsprechend zur Fortzahlung der Vergütung während des Urlaubs stehen nicht unter der Einschränkung, daß der Arbeitnehmer im Urlaub keine Erwerbstätigkeit ausübt. § 8 enthält keinen Ausschlußtatbestand für die Pflicht des Arbeitgebers zur Urlaubsgewährung (GK-BUrlG/*Bachmann* § 8 Rz 23 ff.; *Birk* ZfA 1974, 441, 507; *Coester* DB 1973, 1124 ff.; ErfK/*Dörner* § 8 BUrlG Rz 11; *Eckert*, AR-Blattei SD 1620 Rz 154; *Hohmeister* § 8 Rz 2; *Schütz/Hauck* Rz 884 ff.; MünchKomm-BGB/*Müller-Glöge* § 611 Rz 392; a. A. *Boldt/Röhsler* § 8 Rz 27; *Dersch/Neumann* § 8 Rz 11; *Natzel* § 8 Rz 30; *Schulin* Anm. zu BAG EzA § 8 BUrlG Nr. 2).

3. Keine Ansprüche aus ungerechtfertigter Bereicherung

15   Ein Verstoß gegen die Pflicht aus § 8 hat **keine Wirkungen auf den während des Urlaubs weiterbestehenden Entgeltanspruch** (vgl. BAG 25. 2. 1988 BAGE 57, 366 = AP Nr. 3 zu § 8 BUrlG; GK-BUrlG/*Bachmann* § 8 Rz 24; *Coester* DB 1973, 1124; ErfK/*Dörner* § 8 BUrlG Rz 12; *Schütz/Hauck* Rz 886; – a. A. BAG 19. 7. 1973 BAGE 25, 260 ff. = AP Nr. 1 zu § 8 BUrlG mit Anm. *Natzel*; *Adomeit* SAE 1989, 159 f.; *Boldt/Röhsler* § 8 Rz 20; *Dersch/Neumann* § 8 Rz 9; *Natzel* § 8 Rz 38 f.; *Schulin* Anm. zu BAG EzA § 8 BUrlG Nr. 2; *Wachter* AuR 1981, 303 ff.; *M. Wolf* SAE 1974, 195 ff.).

16   Hat der Arbeitgeber entsprechend der Fälligkeitsregel in § 11 Abs. 2 das Urlaubsentgelt vor Antritt des Urlaubs bezahlt, so hat er damit seine Entgeltzahlungspflicht erfüllt. Die **Verbindlichkeit ist erloschen,** ein Anspruch aus ungerechtfertigter Bereicherung auf Rückzahlung dieses Betrags nach § 812 Abs. 1 Satz 1 BGB kann nicht bestehen, weil durch die urlaubszweckwidrige Erwerbstätigkeit der Urlaubsanspruch nicht rückwirkend entfallen ist.

17   Auch ein Anspruch nach § 812 Abs. 1 Satz 2 1. Alt. BGB kommt nicht in Betracht, weil der rechtliche Grund für die Entgeltzahlung durch die Erwerbstätigkeit während des Urlaubs nicht berührt wird (BAG 25. 2. 1988 BAGE 57, 366, 371 = AP Nr. 3 zu § 8 BUrlG, zu I 4 der Gründe).

18   Schließlich scheidet auch ein Anspruch auf Rückgewähr des Urlaubsentgelts nach § 812 Abs. 1 Satz 2 2. Alt. BGB entgegen der früher vom BAG hierzu vertretenen Auffassung aus. Der Fünfte Senat des BAG hatte angenommen, mit dem Urlaubsanspruch werde eine besondere Erfolgserwartung – nämlich die Erholung des Arbeitnehmers – verbunden (BAG 19. 7. 1973 BAGE 25, 260 ff. = AP Nr. 1 zu § 8 BUrlG; dem folgend *Adomeit* SAE 1989, 159 f.). Deren Nichteintritt rechtfertige den Rückzahlungsanspruch.

19   Abgesehen davon, daß es eine solche übereinstimmende Erfolgserwartung von Arbeitgeber und Arbeitnehmer nicht gibt, schon gar nicht aufgrund eines Rechtsgeschäfts zwischen den Parteien, ist der „Urlaubszweck" nach § 8 durch die Gesetzgebung zum BUrlG bestimmt, **jedenfalls aber nicht von den Parteien des Arbeitsverhältnisses übereinstimmend vorausgesetzt** (BAG 25. 2. 1988 BAGE 57, 366, 372 = AP Nr. 3 zu § 8 BUrlG, zu I 4 c der Gründe; GK-BUrlG/*Bachmann* § 8 Rz 25; *Coester* DB 1973, 1124 ff.;

Erkrankung während des Urlaubs **§ 9 BUrlG**

ErfK/*Dörner* § 8 BUrlG Rz 12; MünchKomm-BGB/*Müller-Glöge* § 611 Rz 392; *Schütz/Hauck* Rz 887 sowie früher schon *Biedenkopf* Grenzen der Tarifautonomie 1964 S. 260 Fn 161; – a. A. insbes. *Dersch/Neumann* § 8 Rz 9; *Schulin* Anm. zu BAG EzA § 8 BUrlG Nr. 2). Diese Verwechselung der Begriffe kann einen Anspruch nach § 812 Abs. 1 Satz 2 2. Alt. BGB nicht begründen.

4. Unabdingbarkeit

Von § 8 kann gemäß § 13 Abs. 1 Satz 1 in Tarifverträgen abgewichen 20
werden, soweit § 1 und § 3 Abs. 1 unberührt bleiben (vgl. im einzelnen § 13 Rz 92 ff.).

§ 9 Erkrankung während des Urlaubs

Erkrankt ein Arbeitnehmer während des Urlaubs, so werden die durch ärztliches Zeugnis nachgewiesenen Tage der Arbeitsunfähigkeit auf den Jahresurlaub nicht angerechnet.

Übersicht

	Rz
I. Allgemeines	1
II. Erkrankung während des Urlaubs	4
III. Arbeitsunfähigkeit	6
IV. Nachweis der Arbeitsunfähigkeit	11
V. Rechtsfolgen	16
VI. Abdingbarkeit	18

I. Allgemeines

Hat der Arbeitgeber den Urlaubstermin festgesetzt, also seine Erfül- 1
lungshandlung vorgenommen, und erkrankt der Arbeitnehmer arbeitsunfähig während des Urlaubs, ist die **Erfüllung des Urlaubsanspruchs vom Zeitpunkt der Erkrankung an nicht möglich.** Der mit der Festsetzung des Urlaubs bezweckte Leistungserfolg, die Befreiung des Arbeitnehmers von der Arbeitspflicht für die Dauer des Urlaubs, kann nicht eintreten, weil die Arbeitspflicht des Arbeitnehmers bereits aufgrund seiner Krankheit entfallen ist (BAG 15. 6. 1993 AP Nr. 3 zu § 1 BildungsurlaubsG NRW; Münch-ArbR/*Leinemann* § 91 Rz 1). Deshalb werden nach § 9 die Tage der krankheitsbedingten Arbeitsunfähigkeit, die durch ärztliches Attest nachgewiesen sind, auf den Jahresurlaub nicht angerechnet (ebenso ErfK/ *Dörner* § 9 BUrlG Rz 1). Sie sind dem Arbeitnehmer vielmehr nachzugewähren.

In § 9 ist für den Urlaubsanspruch eine **andere Folgerung gezogen**, als 2
nach § 275 Abs. 1 BGB für andere schuldrechtliche Pflichten vorgesehen ist. Die Vorschrift enthält eine Sonderregelung zur Unmöglichkeit der Leistung.

BUrlG § 9 *Teil I. C. Erläuterungen zum BUrlG*

Die Bestimmung des Urlaubszeitpunkts durch den Arbeitgeber und die damit verbundene Konkretisierung seiner Leistungspflicht nach § 7 Abs. 1 führen nicht zu einem Untergang des Urlaubsanspruchs, wie dies z. B. bei anderen Leistungen nach § 243 Abs. 2, § 275 Abs. 1 und § 300 Abs. 2 BGB grundsätzlich vorgesehen ist, wenn der Leistungserfolg nicht eintreten kann (BAG 9. 6. 1988 AP Nr. 10 zu § 9 BUrlG; ErfK/*Dörner* § 9 BUrlG Rz 2; *Leinemann/Lipke* DB 1988, 1217, 1218).

3 Anders als nach § 275 Abs. 1 BGB erlischt nach § 9 die Leistungspflicht des Arbeitgebers nicht, wenn die Erfüllung des Urlaubsanspruchs wegen der Erkrankung des Arbeitnehmers während des Urlaubs unmöglich ist. **Der Arbeitgeber wird nicht von der Verpflichtung zur Leistung frei**, wenn der mit der Gewährung des Urlaubs bezweckte Leistungserfolg nicht eintreten kann, weil die Arbeitspflicht des Arbeitnehmers bereits aufgrund seiner Krankheit entfallen ist, also wegen eines Umstands, den weder der Arbeitgeber als Schuldner des Urlaubsanspruchs noch der Arbeitnehmer zu vertreten hat.

II. Erkrankung während des Urlaubs

4 Die durch ärztliches Zeugnis nachgewiesenen Tage der Arbeitsunfähigkeit werden gemäß § 9 nur dann nicht auf den Jahresurlaub angerechnet, wenn der Arbeitnehmer während des Urlaubs erkrankt. § 9 setzt damit voraus, daß die **Arbeitsunfähigkeit in dem zuvor vom Arbeitgeber festgelegten Urlaubszeitraum eintritt**. Dies gilt auch dann, wenn der Arbeitnehmer nur Teilurlaub erhalten hat (*Natzel* § 9 Rz 54).

5 **Erkrankt der Arbeitnehmer bereits vor Beginn des Urlaubs** und dauert die Arbeitsunfähigkeit noch einige Tage des zuvor erteilten Urlaubs an, findet § 9 ebenfalls Anwendung. Auch in diesem Fall ist der Arbeitgeber nicht verpflichtet, den Urlaub insgesamt neu festzusetzen (ebenso ErfK/*Dörner* § 9 BUrlG Rz 23; MünchArbR/*Leinemann* § 91 Rz 8; *Schütz/Hauck* Rz 576; a. A. *Boldt/Röhsler* § 9 Rz 37; *Dersch/Neumann* § 9 Rz 2; *Hohmeister* § 6 Rz 22; GK-BUrlG/*Stahlhacke* § 9 Rz 27). Eine Pflicht zur Neufestsetzung des gesamten Urlaubs kommt nicht in Betracht, weil nach § 9 nur die Tage der Arbeitsunfähigkeit nicht auf den Jahresurlaub angerechnet werden, es im übrigen jedoch bei der festgesetzten Urlaubszeit verbleibt. Eine einvernehmliche Änderung der Urlaubszeit ist jedoch möglich.

III. Arbeitsunfähigkeit

6 Die Anwendung von § 9 setzt voraus, daß der Arbeitnehmer während des Urlaubs arbeitsunfähig erkrankt. Arbeitsunfähig ist ein Arbeitnehmer, wenn er infolge Krankheit oder Unfalls die Arbeitspflichten aus dem Arbeitsverhältnis mit dem Arbeitgeber nicht erfüllen kann. Der Begriff **Arbeitsunfähigkeit in § 9 ist mit dem Begriff des Entgeltfortzahlungsrechts**

Erkrankung während des Urlaubs **§ 9 BUrlG**

identisch (*Boldt/Röhsler* § 9 Rz 6; *Schütz/Hauck* Rz 562; GK-BUrlG/ *Stahlhacke* § 9 Rz 3; – zum Begriff Arbeitsunfähigkeit vgl. BAG 26. 7. 1989, 7. 8. 1991 AP Nr. 86, 94 zu § 1 LohnFG; ErfK/*Dörner* § 3 EFZG Rz 17 f.; *Schmitt* EFZG § 3 Rz 39 ff.). Es gilt daher auch die Fiktion des § 3 Abs. 2 EFZG (ErfK/*Dörner* § 9 BUrlG Rz 11). Keine Anwendung findet § 9 dagegen auf Arbeitnehmer, die einem Beschäftigungsverbot z. B. wegen einer Schwangerschaft unterliegen (BAG 9. 8. 1994 BAGE 77, 294 = AP Nr. 19 zu § 7 BUrlG; ErfK/*Dörner* § 9 BUrlG Rz 11; vgl. dazu auch § 1 Rz 57 f.).

Entgegen einer im Schrifttum verbreitet vertretenen Ansicht kommt eine 7 Nichtanrechnung von Tagen der Arbeitsunfähigkeit auf den Jahresurlaub nicht nur dann in Betracht, wenn die Arbeitsunfähigkeit unverschuldet ist (so aber *Boldt/Röhsler* § 9 Rz 11; *Natzel* § 9 Rz 21; GK-BUrlG/*Stahlhacke* § 9 Rz 10). Hierfür gibt es in § 9 keine Anhaltspunkte. Die Erfüllung des Urlaubsanspruchs wird durch jede, auch die vom Arbeitnehmer verschuldete Arbeitsunfähigkeit unmöglich. Deshalb sind **auch die vom Arbeitnehmer verschuldeten Tage der Arbeitsunfähigkeit gemäß § 9 auf den Urlaubsanspruch nicht anzurechnen.** Der Arbeitnehmer erhält für diese Tage jedoch gemäß § 3 EFZG keine Entgeltfortzahlung (ebenso *Dersch/ Neumann* § 9 Rz 8; ErfK/*Dörner* § 9 BUrlG Rz 9; *Schaub* § 102 Rn 44; *Schütz/Hauck* Rz 563; *Siara* § 9 Anm. 4).

§ 9 findet auch Anwendung, wenn der Arbeitgeber **mit Einverständnis** 8 **des Arbeitnehmers Urlaub während der Kündigungsfrist erteilt** und sich der Arbeitnehmer dann während des Urlaubs einer medizinisch zu dieser Zeit allerdings nicht gebotenen Operation unterzieht. Entgegen der Auffassung des LAG Köln (Urteil vom 28. 8. 1996 LAGE § 7 BUrlG Nr. 34) ist es dem Arbeitnehmer trotz der zunächst erklärten Zustimmung zur Lage des Urlaubs nicht nach § 162 BGB verwehrt, sich auf § 9 zu berufen. Entscheidend ist, daß die Operation (hier Entfernung von Krampfadern am linken Hoden des Arbeitnehmers) überhaupt medizinisch erforderlich ist und dann für die Dauer der Behandlung zur Arbeitsunfähigkeit des Arbeitnehmers führt.

Für die Anwendung des § 9 **ist nicht erheblich, ob sich der Arbeitneh-** 9 **mer trotz der Krankheit erholen konnte oder nicht.** Für die im Schrifttum vertretene Auffassung, die Nichtanrechnung von Krankheitstagen während des Urlaubs nach § 9 setze voraus, daß die durch Krankheit bedingte Arbeitsunfähigkeit den Erholungszweck des Urlaubs vereitele (so *Boldt/Röhsler* § 9 Rz 9; *Dersch/Neumann* § 9 Rz 7; GK-BUrlG/*Stahlhacke* § 9 Rz 7), gibt es im Gesetz keine Anhaltspunkte (ebenso ErfK/*Dörner* § 9 BUrlG Rz 10; *Schütz/Hauck* Rz 564).

Voraussetzung für die Anwendung des § 9 ist allein, daß der **Arbeit-** 10 **nehmer arbeitsunfähig erkrankt ist und dies durch ärztliches Zeugnis dem Arbeitgeber nachweist.** Deshalb hat auch der im Schrifttum (vgl. *Dersch/Neumann* § 9 Rz 7) immer wieder erwähnte Klavierspieler, der sich im Urlaub am Finger verletzt und deshalb seiner Berufstätigkeit nicht nachgehen kann, wie jeder andere arbeitsunfähige Arbeitnehmer Anspruch auf erneute Urlaubsgewährung für die Dauer der durch die Arbeitsunfähigkeit verlorenen Urlaubstage.

IV. Nachweis der Arbeitsunfähigkeit

11 Die Anrechnung von Krankheitstagen auf den Jahresurlaub ist nach § 9 nur dann ausgeschlossen, wenn der Arbeitnehmer durch **ärztliches Zeugnis** die Tage der Arbeitsunfähigkeit nachweist. Ein amtsärztliches Zeugnis ist hierfür nicht erforderlich (*Dersch/Neumann* § 9 Rz 5; GK-BUrlG/*Stahlhacke* § 9 Rz 12).

12 Zum Nachweis der Arbeitsunfähigkeit ist grundsätzlich auch ein **ärztliches Zeugnis aus dem Ausland geeignet**. Die Bescheinigung muß aber erkennen lassen, daß der ausländische Arzt zwischen einer bloßen Erkrankung und einer mit Arbeitsunfähigkeit verbundenen Krankheit unterschieden und damit eine den Begriffen des deutschen Arbeits- und Sozialversicherungsrechts entsprechende Beurteilung vorgenommen hat (BAG 15. 12. 1987 AP Nr. 9 zu § 9 BUrlG).

13 **Diesen Anforderungen genügt das Attest nicht**, wenn in ihm bescheinigt wird, daß an der linken Hand am Zeigefinger eine Quetschung und Prellung festgestellt ist und der Patient in die chirurgische Abteilung eines Krankenhauses zur weiteren Behandlung überwiesen wird. Hieraus ist nicht zu entnehmen, welche Folgen die Quetschung und die Prellung am linken Finger für die Arbeitsfähigkeit des Arbeitnehmers hatten (BAG 15. 12. 1987 AP Nr. 9 zu § 9 BUrlG, zu II 1 der Gründe).

14 Eine **Frist zur Vorlage** des ärztlichen Zeugnisses enthält § 9 nicht. Nach § 5 Abs. 1 Satz 1 EFZG sind jedoch Arbeitnehmer verpflichtet, dem Arbeitgeber die Arbeitsunfähigkeit und deren voraussichtliche Dauer unverzüglich mitzuteilen. Dauert die Arbeitsunfähigkeit länger als drei Kalendertage, hat der Arbeitnehmer nach § 5 Abs. 1 Satz 2 EFZG eine ärztliche Bescheinigung spätestens am darauffolgenden Arbeitstag vorzulegen. Die **verspätete Vorlage der Arbeitsunfähigkeitsbescheinigung** beim Arbeitgeber hat damit keine urlaubsrechtlichen Folgen (ebenso *Dersch/Neumann* § 9 Rz 5; ErfK/*Dörner* § 9 BUrlG Rz 16; GK-BUrlG/*Stahlhacke* § 9 Rz 17; – a.A. *Boldt/Röhsler* § 9 Rz 19a), sondern begründet allein ein Leistungsverweigerungsrecht des Arbeitgebers.

15 **Urlaubsentgelt ist für die wegen Arbeitsunfähigkeit nicht auf den Urlaub anzurechnenden Fehltage nicht zu gewähren.** An seine Stelle tritt der Anspruch auf Entgeltfortzahlung im Krankheitsfall (vgl. *Dersch/Neumann* § 9 Rz 14).

V. Rechtsfolgen

16 Die durch ärztliches Zeugnis nachgewiesenen Tage der Arbeitsunfähigkeit werden auf den Jahresurlaub nicht angerechnet. Sie sind daher vom Arbeitgeber **nachzugewähren**. Der Arbeitnehmer ist nicht berechtigt, von sich aus den Urlaub zu verlängern, ein „Selbstbeurlaubungsrecht" scheidet aus. Die Verpflichtung des Arbeitgebers, den Urlaub nachzugewähren, besteht, wenn der Arbeitnehmer wieder zur Erfüllung seiner Arbeitspflichten in der Lage und der Urlaubsanspruch noch nicht durch Fristablauf erloschen ist (BAG 9. 6. 1988 AP Nr. 10 zu § 9 BUrlG).

Maßnahmen d. med. Vorsorge oder Rehabilitation § 10 BUrlG

Wird einem Arbeitnehmer der nach § 7 Abs. 3 übertragene Urlaub inner- 17
halb des Übertragungszeitraums gewährt und wird der Arbeitnehmer während des Urlaubs bis zu einem Zeitpunkt nach Ablauf des Übertragungszeitraums am 31. 3. arbeitsunfähig krank, so verfallen die wegen der Krankheit gemäß § 9 nicht anzurechnenden Urlaubstage (BAG 31. 5. 1990 AP Nr. 12 zu § 9 BUrlG; BAG 19. 3. 1996, AP Nr. 13 zu § 9 BUrlG). Durch § 9 wird der Übertragungszeitraum des § 7 Abs. 3 nicht verlängert (BAG 21. 1. 1997 AP Nr. 15 zu § 9 BUrlG; ErfK/*Dörner* § 9 BUrlG Rz 21; *Schütz/Hauck* Rz 573). Ist dem Arbeitnehmer also vom 10. 3. bis zum 24. 3. der aus dem Vorjahr übertragene Urlaub gewährt worden und ist er vom 20. 3. bis zum 3. 4. arbeitsunfähig, werden gemäß § 9 zwar die in die Zeit vom 20. 3. bis 24. 3. fallenden Urlaubstage nicht auf den Urlaub angerechnet. Diese Tage können jedoch wegen der Befristung des Urlaubsanspruchs nicht nachgewährt werden (vgl. dazu auch § 7 Rz 109 ff.). Der Urlaubsanspruch ist vielmehr insoweit mit Ablauf des 31. 3. erloschen.

VI. Abdingbarkeit

Von § 9 kann gemäß § 13 Abs. 1 durch **Tarifvertrag abgewichen** werden, 18
soweit dadurch nicht der gesetzliche Mindesturlaubsanspruch berührt wird (vgl. § 13 Rz 96 f.).

§ 10 Maßnahmen der medizinischen Vorsorge oder Rehabilitation

Maßnahmen der medizinischen Vorsorge oder Rehabilitation dürfen nicht auf den Urlaub angerechnet werden, soweit ein Anspruch auf Fortzahlung des Arbeitsentgelts nach den gesetzlichen Vorschriften über die Entgeltfortzahlung im Krankheitsfall besteht.

Schrifttum: *Bauer/Lingemann*, Probleme der Entgeltfortzahlung nach dem neuen Recht, BB 1996 Beil 17, S. 8; *Bechstein/Weinspach*, Nichtanrechnung von Kuren und Schonungszeiten auf den Urlaub, BB 1970, 1180; *Friedemann Becker*, Unterschiedliche Behandlung von Arbeitern, Angestellten und Dienstschuldnern und verfassungsrechtliches Gleichbehandlungsgebot, DB 1987, 1090; *Beele*, Entgeltfortzahlung und Urlaubsanrechnung bei Schonungszeiten, BB 1971, 135; *Boerner*, Die Reform der Entgeltfortzahlung und der Urlaubsanrechnung im Lichte der Tarifautonomie, ZTR 1996, 435; *Brill*, Die Kur im Arbeitsrecht, ZfS 1980, 195; *Buschmann*, Gemeine Marktwirtschaft, AuR 1996, 285; *Dörner*, Die Anrechnung von Krankheits- und Kurtagen auf den tarifvertraglich geregelten Erholungsurlaub nach § 4a I EFZG und § 10 I BUrlG, FS für Schaub, 1998, 135; *derselbe*, Die Anrechnungsbestimmungen des § 4a I EFZG und § 10 I BUrlG und die Tarifautonomie, NZA 1998, 561; *Feichtinger*, AR-Blattei Urlaub VIII Krankheit und Kur; *Giesen*, Das neue Entgeltfortzahlungs- und Urlaubsrecht, RdA 1997, 193; *Gitter*, Urlaubsanrechnung und Tarifautonomie, Festschrift für Zöllner, 1999, S. 737; *Hanau*, Ergänzende Hinweise zur Neuregelung der Entgeltfortzahlung im Krankheitsfall, RdA 1997, 205; *Hock*, Die Anrechnung von Urlaub auf Kur im BAT-Arbeitsverhältnis, NZA 1998, 695; *Hohmeister*, Änderungen im Urlaubsrecht durch das Arbeitsrechtliche Beschäftigungsförderungsgesetz, NZA 1996, 1186; *derselbe*, Die Anrechnung einer Maßnahme der medizinischen Vorsorge

BUrlG § 10
Teil I. C. Erläuterungen zum BUrlG

oder Rehabilitation auf den zukünftigen Urlaub nach § 10 Abs. 3 BUrlG, DB 1997, 172; *Leinemann,* Fit für ein neues Arbeitsrecht?, BB 1996, 1381; *derselbe,* Keine Schonzeiten für Arbeitnehmer?, AuR 1995, 83; *Löden,* Die Anrechnung von Schonungszeiten auf den Erholungsurlaub von Angestellten, DB 1970, 124; *Löwisch,* Das neue Arbeitsrechtliche Beschäftigungsförderungsgesetz, NZA 1996, 1009; *Lorenz,* Das Arbeitsrechtliche Beschäftigungsförderungsgesetz, DB 1996, 1973; *Marburger,* Lohn- und Gehaltsfortzahlung bei Kuren nach Inkrafttreten des Gesundheitsreformgesetzes, RdA 1990, 149; *Mayer, Thomas,* Die Anrechnung von Krankheit auf bezahlte Arbeitsbefreiung, BB 1996 Beil. 17, S. 20; *Pieroth,* Die Anrechnungsbefugnis des Arbeitgebers gem. § 10 BUrlG zwischen Tarifvertragsrecht und Koalitionsfreiheit, AuR 1998, 190; *Preis,* Das Arbeitsrechtliche Beschäftigungsförderungsgesetz, NJW 1996, 3369; *Rieble,* Die Einschränkung der gesetzlichen Entgeltfortzahlung im Krankheitsfall und ihre Auswirkungen auf inhaltsgleiche Regelungen in Tarifverträgen, RdA 1997, 134; *Rzadkowski,* Anrechnung von Urlaubstagen bei Kuren, Personalrat 1997, 6; *Axel W.-O. Schmidt,* Zur Anrechnung von Urlaubstagen auf Kurtage im öffentlichen Dienst, ZTR 1998, 498; *derselbe,* Verringerter Urlaub durch Kurtage – BAT-Anspruchskürzung zulässig?, AuA 1998, 415; *Schmitt,* Die Neuregelung der Entgeltfortzahlung im Krankheitsfall, RdA 1996, 5; *Schwedes,* Das arbeitsrechtliche Beschäftigungsförderungsgesetz, BB 1996 Beil. 17, S. 2; *Töns,* Nichtanrechnung von Kuren und Schonungszeiten auf den Urlaub, BB 1970, 762; *Trieschmann,* Neue Gesetzgebung auf dem Gebiet des Arbeitsvertragsrechts, AuR 1969, 358; *Weinspach,* Nichtanrechnung von Kuren und Schonungszeiten auf den Urlaub, BB 1969, 1548; *Westphal,* Können Kuren und Schonungszeiten entgegen § 10 auf den Urlaub angerechnet werden?, BB 1971, 134.

Übersicht

	Rz
I. Entstehungsgeschichte	1
II. Persönlicher Geltungsbereich	9
III. Anrechnungsverbot	12
IV. Gegenstand des Anrechnungsverbots	17
1. Maßnahmen der medizinischen Vorsorge oder Rehabilitation	18
a) Überblick	18
b) Sozialversicherungsträger als Kostenträger	22
c) Ärztlich verordnete Maßnahme	24
d) Arbeitsverhinderung	25
e) Unabdingbarkeit	26
2. Schonungszeiten	27
3. Entgeltfortzahlung für Auszubildende	37
V. Rechtslage zwischen dem 1. 10. 1996 und dem 31. 12. 1998	38
1. Überblick	38
2. Verfassungsrechtliche Bedenken	43
3. Anrechenbare Tage	54
4. Anrechnungserklärung	56
a) Überblick	56
b) Merkmale der Anrechnungserklärung	58
c) Zeitpunkt der Anrechnung	61
5. Erholungsurlaub	64
a) Jahresurlaub	64
b) Keine Anrechnung auf den gesetzlichen Mindesturlaub	66
c) Einzelvertraglicher oder tariflicher Mehrurlaub	67
d) Urlaubsansprüche des nächsten Kalenderjahres	68

Maßnahmen d. med. Vorsorge oder Rehabilitation § 10 **BUrlG**

	Rz
e) Rückzahlungsansprüche bei vorzeitiger Beendigung	73
f) Urlaubsbescheinigung	76
6. Arbeitsunfähigkeit während der Kur	78
7. Verlängerung oder Verkürzung der Kur	83
8. Anrechnungsverbote	85
9. Wirkung der Anrechnung	90

I. Entstehungsgeschichte

Nach der bis zum 31. 12. 1969 geltenden Fassung des § 10 waren allein **1** urlaubsrechtliche Gesichtspunkte für die Anrechnung von **Kur- und Heilverfahren** auf den Erholungsurlaub entscheidend. Das Bundesarbeitsgericht (BAG 1. 3. 1962 BAGE 12, 311 = AP Nr. 1 zu § 611 BGB Urlaub und Kur) hatte hierzu in einer Grundsatzentscheidung ausgeführt, daß Kuren und Heilverfahren nur dann auf den Urlaub angerechnet werden können, wenn während der Kur die persönliche Freiheit des Arbeitnehmers und der unbeschwerte Lebensgenuß nicht erheblich eingeschränkt waren.

Die bis zum 1. 6. 1994 maßgebliche Fassung des § 10 ist durch Art. 3 § 8 **2** des Gesetzes über die Fortzahlung des Arbeitsentgelts im Krankheitsfalle und über die Änderungen des Rechts der gesetzlichen Krankenversicherung vom 27. 7. 1969 (BGBl. I S. 946) Gesetz geworden und galt seit 1. 1. 1970. Durch diese Änderung sind die zuvor maßgeblichen urlaubsrechtlichen Anknüpfungen zugunsten von **lohnfortzahlungsrechtlichen Gesichtspunkten** aufgegeben worden. Kuren und Schonungszeiten durften seither auf den Urlaub nicht angerechnet werden, soweit ein Anspruch auf Fortzahlung des Arbeitsentgelts nach den gesetzlichen Vorschriften über die Entgeltfortzahlung im Krankheitsfall bestand. Bei Erweiterungen des Anspruchs auf Entgeltfortzahlung durch Tarifvertrag, Betriebsvereinbarung oder Einzelarbeitsvertrag war der gesetzliche Ausschluß der Anrechnung auf den Urlaub ebenfalls zu beachten.

Für das **Gebiet der neuen Bundesländer** Brandenburg, Mecklenburg- **3** Vorpommern, Sachsen, Sachsen-Anhalt und Thüringen sowie für den Ostteil Berlins, in dem das Grundgesetz bis zum 3. 10. 1990 nicht galt, sind die Lohnfortzahlungsbestimmungen der §§ 616 Abs. 2 und 3 BGB, 63 HGB, 133c GewO und der §§ 1 bis 7 und 9 LFZG **nicht in Kraft getreten** (vgl. Anlage I zum Einigungsvertrag, Kapitel VIII Sachgebiet A Abschnitt III Nr. 1, 2, 3a, 4a, BGBl. 1990 II S. 885, 1020). Im Beitrittsgebiet galten für Arbeiter und Angestellte bis zu ihrer Aufhebung durch Art. 54 PflegeVG vom 26. 5. 1994 (BGBl. I S. 1014) die §§ 115a bis e AGB-DDR fort (vgl. Anlage II zum Einigungsvertrag, Kapitel VIII Sachgebiet A Abschnitt III Nr. 1a, BGBl. 1990 II S. 885, 1207).

Mit Wirkung vom **1. 6. 1994 wurde § 10 durch Art. 57 PflegeVG 4** (BGBl. I S. 1014, 1068) erneut geändert. Die Worte „Kur- und Heilverfahren" in der Überschrift und die Worte „Kuren und Schonungszeiten" im Text der Regelung sind durch die Begriffe „Maßnahmen der medizinischen Vorsorge oder Rehabilitation" ersetzt worden. Damit wurde der Gesetzeswortlaut an das zugleich durch Art. 53 PflegeVG (BGBl. I S. 1014, 1065)

BUrlG § 10 Teil I. C. *Erläuterungen zum BUrlG*

bundeseinheitlich geänderte Entgeltfortzahlungsrecht im Gesetz über die Zahlung des Arbeitsentgelts an Feiertagen und im Krankheitsfall (Entgeltfortzahlungsgesetz) nach § 9 Abs. 1 EFZG sowie an die sozialversicherungsrechtlichen Regelungen (§§ 23 f., 40 f. SGB V, §§ 9 ff., 15 SGB VI) angepaßt. Nach der Begründung zum „Entwurf eines Entgeltfortzahlungsgesetzes" (BT-Drucks. 12/5263) sollte durch die neuen Begriffe eine materiell-rechtliche Änderung des „Kur"-Begriffs nicht verbunden werden.

5   Durch Art. 54 PflegeVG (BGBl. I S. 1014, 1068) sind zugleich die §§ 115 a bis e AGB-DDR aufgehoben worden. Die Entgeltfortzahlung bei Kurmaßnahmen war damit bundeseinheitlich geregelt.

6   War der Arbeitnehmer bei Inkrafttreten des EFZG und der Änderung von § 10 am 1. 6. 1994 arbeitsunfähig oder befand er sich zu diesem Zeitpunkt in einer Maßnahme der medizinischen Vorsorge oder Rehabilitation, blieben die bisherigen Vorschriften maßgebend, soweit diese günstigere Regelungen enthielten (Art. 67 Abs. 1 PflegeVG, BGBl. I S. 1014, 1070). Entsprechendes galt, wenn im Zeitpunkt des Inkrafttretens ein Verfahren vor den zuständigen Gerichten anhängig war. Bei Inkrafttreten bestehende, von den neuen Vorschriften abweichende Vereinbarungen blieben unberührt.

7   Mit dem **Arbeitsrechtlichen Beschäftigungsförderungsgesetz** vom 25. 9. 1996 (BGBl. I S. 1476), in Kraft getreten zum 1. 10. 1996, hat § 10 eine erhebliche Änderung erfahren (dazu Rz 38 ff.). Das Gesetz räumte dem Arbeitgeber die Befugnis ein, von je 5 Tagen, an denen der Arbeitnehmer infolge einer Maßnahme der medizinischen Vorsorge oder Rehabilitation an seiner Arbeitsleistung verhindert ist, die ersten 2 Tage auf den Erholungsurlaubsanspruch anzurechnen. Der Arbeitgeber erlangte damit eine bislang unbekannte Ersetzungsbefugnis, die sich nach § 10 Abs. 3 sogar auf den Urlaub des folgenden Jahres beziehen konnte.

8   Die zum 1. 10. 1996 in Kraft getretene Änderung des § 10 ist mit Wirkung vom 1. 1. 1999 durch Art. 8 des **Gesetzes zu Korrekturen in der Sozialversicherung und zur Sicherung der Arbeitnehmerrechte vom 19. 12. 1998** aufgehoben worden (BGBl. I S. 3843). § 10 hat nunmehr wieder den gleichen Wortlaut wie in der Fassung vom 1. 10. 1994. Für den Übergangszeitraum gilt § 15 a.

II. Persönlicher Geltungsbereich

9   § 10 gilt für **alle Arbeitnehmer** i. S. von § 2, auch für schwerbehinderte Menschen i. S. d. § 2 Abs. 2 und 3 SGB IX.

10 Für jugendliche Arbeitnehmer gilt das Anrechnungsverbot aufgrund der Verweisungsregelung in § 19 Abs. 4 JArbSchG.

11 Für **Schiffsbesatzungen und Kapitäne** ist § 10 anzuwenden, weil das SeemG diesen Sachverhalt nicht regelt (vgl. Teil II D Rz 37, a. A. Vorauflage).

III. Anrechnungsverbot

12 Die Verwendung des **Begriffs „anrechnen"** in § 10 ist mißverständlich. Gemeint ist damit, daß ein Arbeitgeber, der für den Arbeitnehmer den

(gesetzlichen) Urlaub festgesetzt hat oder dessen Arbeitnehmer sich bereits im Urlaub befindet, nicht berechtigt ist, Urlaubsansprüche und Zeiten der Teilnahme an einer Maßnahme der medizinischen Vorsorge oder Rehabilitation miteinander zu vermischen. Er ist daher nicht befugt, dem Arbeitnehmer für diese Zeiten Urlaub zu erteilen. Der Sache nach ist der Regelungsgehalt von § 10 vergleichbar mit dem in § 9 (ebenso ErfK/*Dörner* § 10 BUrlG Rz 9).

Das in § 10 geregelte Anrechnungsverbot enthält wie § 9 eine **Ausnahme** 13
von § 275 Abs. 1 BGB. Durch die Teilnahme an der Kur ist der Arbeitnehmer verhindert, die Arbeitsleistung zu erbringen, weil nach § 9 Abs. 1, § 3 Abs. 1 EFZG diese Arbeitsverhinderung der Arbeitsunfähigkeit gleichgestellt ist. Damit wird die Urlaubsgewährung infolge der Bewilligung und des Antritts der Kur nachträglich unmöglich, weil der Arbeitnehmer bereits von Gesetzes wegen für die Dauer der Kur von der Arbeitspflicht befreit ist und deshalb eine weitere Arbeitsbefreiung durch Urlaubserteilung unmöglich geworden ist (vgl. ErfK/*Dörner* § 10 BUrlG Rz 10). Der Urlaubsanspruch müßte deshalb an sich nach § 275 BGB erlöschen. Dies wird für Kurmaßnahmen i. S. von § 9 Abs. 1 EFZG durch § 10 BUrlG verhindert.

Für den Fall, daß ein Arbeitnehmer nach Urlaubserteilung durch Be- 14
stimmung des Urlaubszeitraums oder nach Antritt des Urlaubs durch eine Maßnahme der medizinischen Vorsorge gehindert ist, seinen Urlaub zu verwirklichen, **erlischt gemäß § 10 die Leistungspflicht des Arbeitgebers nicht.** Der Arbeitgeber bleibt vielmehr verpflichtet, die Tage, die infolge der Maßnahme der medizinischen Vorsorge oder Rehabilitation nicht als Urlaub gewährt werden können, dem Arbeitnehmer auf dessen Verlangen als Urlaub zu einem späteren Zeitpunkt zu gewähren. Ebenso wie nach der Verhinderung durch eine Krankheit ist allerdings auch nach einer Kur der Arbeitnehmer nicht berechtigt, die ihm infolge der Kur entgangenen Urlaubstage an die Kur anzuhängen. Er ist statt dessen darauf verwiesen, diesen Teil des Urlaubsanspruchs nach Beendigung der Maßnahme der medizinischen Vorsorge oder Rehabilitation erneut beim Arbeitgeber geltend zu machen. § 10 hindert auch nicht den Verfall des Urlaubs am Ende des Übertragungszeitraums.

Das Anrechnungsverbot des § 10 umfaßt somit **zwei Fallgestaltungen:** 15

1. Der Arbeitgeber hat bereits den Urlaubstermin bestimmt und danach, aber noch vor Antritt des Urlaubs wird dem Arbeitnehmer für einen mit dem Urlaub identischen oder teilidentischen Zeitraum eine Maßnahme der medizinischen Vorsorge oder Rehabilitation bewilligt.
2. Der Arbeitnehmer hat den Urlaub bereits angetreten. Erst dann wird die Kur für einen Zeitraum bewilligt, der mit dem laufenden Urlaub zusammenfällt.

In beiden Fällen ist der Arbeitgeber nach § 10 nicht befugt, den Arbeitnehmer darauf zu verweisen, daß er bereits seine Leistungshandlung durch die Festsetzung des Urlaubs erbracht habe.

Hat der Arbeitgeber die ihm nach § 7 Abs. 1 obliegende Konkretisierung 16
des Urlaubs noch nicht vorgenommen und hat der Arbeitnehmer ihm nach § 9 Abs. 2 EFZG ordnungsgemäß mitgeteilt, daß er eine Kurmaßnahme

nach § 9 Abs. 1 EFZG antreten werde, ist der Arbeitgeber nicht berechtigt, ihm für die Dauer der Maßnahme oder auch einen Teil davon Urlaub zu erteilen. Auf § 10 BUrlG kommt es insoweit jedoch nicht an. § 10 BUrlG hat daher allenfalls **deklaratorische Bedeutung:** Denn die Gewährung von Urlaub ist nur an Tagen möglich, an denen der Arbeitnehmer zur Arbeit verpflichtet ist. Das trifft für die Dauer der Teilnahme an einer Maßnahme der medizinischen Vorsorge oder Rehabilitation nicht zu, weil der Arbeitnehmer nach § 9 Abs. 1 und § 3 Abs. 1 EFZG an der Erbringung seiner Arbeitsleistung von Gesetzes wegen gehindert ist. Die Festsetzung des Urlaubs für diese Zeit ist unwirksam, weil die Gewährung von Urlaub während der Teilnahme an einer entgeltfortzahlungspflichtigen Kur von Anfang an unmöglich ist. Auch wenn es diese Bestimmung nicht gäbe, könnte eine Anrechnung hierfür nicht in Betracht kommen.

IV. Gegenstand des Anrechnungsverbots

17 Nach § 10 ist der Arbeitgeber nicht berechtigt, Tage, an denen der Arbeitnehmer infolge einer Maßnahme der medizinischen Vorsorge oder Rehabilitation an der Arbeitsleistung verhindert ist, auf den Urlaub anzurechnen.

1. Maßnahmen der medizinischen Vorsorge oder Rehabilitation
a) Überblick

18 **Maßnahmen der medizinischen Vorsorge oder Rehabilitation** sind i. S. des früheren Sprachgebrauchs Kuren (Beschlußempfehlung und Bericht des Ausschusses für Arbeit und Sozialordnung [11. Ausschuß] – BT-Drucks. 12/5798 S. 22). Sie werden entweder zur Abwendung einer Krankheit oder zur Förderung der Heilung im Anschluß an eine Krankheit eingesetzt. Hiervon sind Maßnahmen der **beruflichen** Rehabilitation zu unterscheiden, die nicht unter § 9 Abs. 1 EFZG fallen (*Schmitt* EFZG § 9 Rz 14).

19 Der Begriff „Maßnahme der medizinischen Vorsorge oder Rehabilitation" ist 1994 in das EFZG und das BUrlG eingefügt worden (vgl. Rz 5 ff.). In der bis zum 1. 6. 1994 geltenden Gesetzesfassung von § 10 waren statt der jetzt eingeführten Begriffe **„Maßnahmen der medizinischen Vorsorge oder Rehabilitation"** in der Überschrift der Bestimmung die Bezeichnung **„Kur- und Heilverfahren"** gebraucht und im Text der Vorschrift die Worte **„Kuren und Schonungszeiten"** genannt. Eine Unterscheidung in der Sache ist mit diesem unterschiedlichen Wortgebrauch nicht verbunden, die Unterscheidung daher ohne Bedeutung, da der Begriff „Heilverfahren" in den Gesetzestext durch die Änderung zu § 7 LFZG aufgrund der Gesetzesänderung vom 27. 7. 1969 (BGBl. I S. 946) lediglich mit Rücksicht auf den in der damaligen Zeit gebräuchlichen Begriff „Kur- und Heilverfahren" aufgenommen worden war (*Natzel* § 10 Rz 3; *Weinspach* BB 1969, 1548 m. w. N. in Fn. 7).

20 Es kam damit auch vor der erneuten Änderung durch Art. 57 PflegeVG vom 26. 5. 1994 (BGBl. I S. 1014, 1068) nicht auf die Unterscheidung zwischen den verschiedenen Arten der Kuren oder Heilverfahren an (vgl. dazu die Aufzählung bei MünchArbR/*Schulin* 1. Aufl. § 84 Rz 2 ff.; *Natzel* § 10

Maßnahmen d. med. Vorsorge oder Rehabilitation § 10 BUrlG

Rz 3), sondern nur darauf, ob ein **Anspruch auf Fortzahlung des Arbeitsentgelts** nach den gesetzlichen Vorschriften über die Entgeltfortzahlung im Krankheitsfall bestand. Hieran hat sich bei der nunmehr wieder geltenden Fassung des Gesetzes nichts geändert.

Die Voraussetzungen des Anspruchs auf Entgeltfortzahlung bei Maß- 21
nahmen der medizinischen Vorsorge oder Rehabilitation richten sich seit 1. 6. 1994 für Arbeiter und Angestellte ausschließlich nach § 9 Abs. 1 EFZG. Das **Gesetz unterscheidet** zwischen der Bewilligung der Maßnahme durch einen öffentlich-rechtlichen Sozialversicherungsträger (§ 9 Abs. 1 Satz 1 EFZG) und einer ärztlichen Verordnung (§ 9 Abs. 1 Satz 2 EFZG). Damit wird berücksichtigt, daß zahlreiche Arbeitnehmer nicht mehr Mitglied einer gesetzlichen Krankenversicherung sind.

b) Sozialversicherungsträger als Kostenträger

Erforderlich ist nach § 9 Abs. 1 Satz 1 EFZG die **Bewilligung** der Maß- 22
nahme durch einen öffentlich-rechtlichen Sozialleistungsträger **und die stationäre Durchführung** in einer dafür vorgesehenen Einrichtung (näher dazu *Schmitt* EFZG § 9 Rz 12 ff.; *Vossen* Entgeltfortzahlung Rz 417 ff.). In § 107 Abs. 2 SGB V ist dabei näher bestimmt, was unter einer solchen Einrichtung zu verstehen ist. Der Entgeltfortzahlungsanspruch ist nicht davon abhängig, daß der Arbeitnehmer während der Kurmaßnahme arbeitsunfähig ist (*Vossen* Entgeltfortzahlung Rz 429). Regelmäßig wird vielmehr Arbeitsfähigkeit gegeben sein.

Erholungskuren, die nicht geeignet sind, die gefährdete Erwerbsfähigkeit 23
zu erhalten, und deren Ausgestaltung einem Erholungsaufenthalt gleichkommt (LAG Saarbrücken 17. 10. 1962 DB 1962, 1702), also **nicht stationär in einer dafür vorgesehenen Einrichtung durchgeführt** werden, lösen ebensowenig einen Entgeltfortzahlungsanspruch aus wie Badekuren oder andere Kurmaßnahmen, zu denen die Krankenkasse Kosten übernimmt oder Zuschüsse zahlt (LAG Baden-Württemberg 29. 5. 1961 DB 1961, 1231; vgl. insgesamt zuletzt BAG 31. 1. 1991 – 8 AZR 462/89 – n. v.; *Marburger* RdA 1990, 149; *Schmitt* EFZG § 9 Rz 19; *Worzalla/Süllwald* EFZG § 9 Rz 5).

c) Ärztlich verordnete Maßnahme

Ist der Arbeitnehmer **weder in der gesetzlichen Kranken- noch in der** 24
gesetzlichen Rentenversicherung versichert, besteht bei einer Arbeitsverhinderung infolge einer Maßnahme der medizinischen Vorsorge oder Rehabilitation ein Entgeltfortzahlungsanspruch, wenn die Maßnahme ärztlich verordnet ist und in einer dafür vorgesehenen Einrichtung stationär durchgeführt wird (vgl. dazu näher *Schmitt* EFZG § 9 Rz 54 ff.; *Vossen* Entgeltfortzahlung Rz 432 ff.). Im Gegensatz zur Regelung in § 9 Abs. 1 Satz 1 EFZG ist unter den in Satz 2 aufgeführten Voraussetzungen ein förmliches Bewilligungsverfahren nicht erforderlich, weil auch kein öffentlich-rechtlicher Sozialversicherungsträger beteiligt ist.

d) Arbeitsverhinderung

Während und wegen der Teilnahme an der Maßnahme der medizinischen 25
Vorsorge oder Rehabilitation i. S. v. § 9 Abs. 1 EFZG ist der **Arbeitnehmer**

verhindert zu arbeiten. Diese Arbeitsverhinderung steht rechtlich der durch Arbeitsunfähigkeit infolge Krankheit bedingten Arbeitsverhinderung i. S. v. § 3 Abs. 1 EFZG gleich.

e) Unabdingbarkeit

26 Gemäß § 12 EFZG ist der Anspruch auf Entgeltfortzahlung nach § 9 Abs. 1 EFZG für die Zeit der Teilnahme an der Maßnahme der medizinischen Vorsorge oder Rehabilitation **nicht zuungunsten des Arbeitnehmers abdingbar.** Dies entspricht dem früheren Rechtszustand (vgl. die ständige Rechtsprechung BAG 17. 11. 1960 AP Nr. 21 zu § 63 HGB; BAG 24. 2. 1961 AP Nr. 22 zu § 63 HGB; BAG 17. 3. 1961 AP Nr. 23 zu § 63 HGB; BAG 28. 11. 1963 AP Nr. 25 zu § 133 c GewO; BAG 1. 2. 1973 AP Nr. 33 zu § 63 HGB).

2. Schonungszeiten

27 Schonungszeiten oder auch Nachkuren werden vielfach im **Anschluß an die eigentliche Kur oder an eine Krankheit** vom Arzt angeordnet, um die Heilung zu fördern oder den Gesundheitszustand zu stabilisieren. Schonungszeiten sind Zeiten der Arbeitsruhe, die sich an stationäre Heilmaßnahmen anschließen und dem Arbeitnehmer die Möglichkeit geben sollen, sich schrittweise wieder auf die zu erwartende Arbeitsbelastung umzustellen (*Schmatz/Fischwasser* LFZG § 7 Rz 46; *Schmitt* LFZG 1. Aufl. § 7 Rz 67).

28 Während dieser Schonungszeiten bestand für einen Angestellten nach § 616 Abs. 1 BGB, § 63 Abs. 1 HGB und § 133 c Satz 1 GewO **keine Arbeitspflicht,** selbst wenn er nicht arbeitsunfähig war. Die Schonungszeit durfte einem Angestellten nicht auf den Erholungsurlaub angerechnet werden, soweit er während dieser Zeit einen gesetzlichen Anspruch auf Gehaltsfortzahlung hatte (BAG 11. 3. 1971 BAGE 23, 244 = AP Nr. 10 zu § 10 BUrlG Schonzeit mit Anm. *Trieschmann*).

29 Während einer ärztlich verordneten Schonungszeit im Anschluß an ein Kur- oder Heilverfahren waren bis zum **Inkrafttreten des Lohnfortzahlungsgesetzes am 1. 1. 1970** ebenso auch Arbeiter bei Arbeitsfähigkeit nicht zur Arbeitsleistung verpflichtet. Soweit § 616 Abs. 1 BGB insoweit nicht wirksam abbedungen war, bestand auch Anspruch auf Lohnfortzahlung. Für Arbeiter galten damit dieselben Grundsätze wie für Angestellte (BAG 26. 11. 1964 AP Nr. 4 zu § 10 BUrlG Schonzeit mit Anm. *Brackmann*).

30 Durch § 7 Abs. 4 LFZG war seit 1. 1. 1970 für Arbeiter dieser **Anspruch z. T. ausgeschlossen** worden. Nach dieser Bestimmung bestand für den Zeitraum einer an eine Kur anschließenden ärztlich verordneten Schonungszeit ein Anspruch auf Fortzahlung des Arbeitsentgelts nur, soweit der Arbeiter während dieses Zeitraums arbeitsunfähig war.

31 Gegen diese Unterscheidung von Arbeitern und Angestellten bestanden erhebliche **verfassungsrechtliche Bedenken** im Hinblick auf das Gleichheitsgebot in Art. 3 Abs. 1 GG (vgl. dazu *Becker* DB 1987, 1090; MünchArbR/*Schulin* 1. Aufl. § 80 Rz 31; *Schmitt* 1. Aufl. LFZG § 7 Rz 68; *ders.* ZTR 1991, 3; GK-BUrlG/*Stahlhacke* § 10 Rz 10). Durch die Neufassung von § 9 EFZG zum 1. 6. 1994 ist § 7 Abs. 4 LFZG aufgehoben und damit

Maßnahmen d. med. Vorsorge oder Rehabilitation § 10 BUrlG

dieser Ausschlußtatbestand weggefallen, so daß sich die verfassungsrechtlichen Bedenken erledigt haben.

Mit der Neuregelung von §§ 9, 3 EFZG wird nach den **Erklärungen im** 32 **Gesetzgebungsverfahren** zum EFZG (Beschlußempfehlung und Bericht des Ausschusses für Arbeit und Sozialordnung (11. Ausschuß) – BT-Drucks. 12/5798 vom 29. 9. 1993) für die Entgeltfortzahlung bei Maßnahmen der medizinischen Vorsorge oder Rehabilitation (Kuren) eine für alle Arbeitnehmer einheitliche Regelung in Anlehnung an das bisher für Arbeiter geltende Recht geschaffen. Einen Anspruch auf Entgeltzahlung für die im Gesetz genannten Kurmaßnahmen erhalten Arbeitnehmer einheitlich nach § 9 EFZG.

Wörtlich heißt es im **Ausschußbericht** (BT-Drucks. 12/5798 S. 22): „Die 33 gesetzlichen Regelungen über die Entgeltfortzahlung im Arbeitsrecht und im Sozialversicherungsrecht bei einer ärztlich verordneten Schonungszeit entfallen. Dem Arbeitnehmer ist jedoch auf sein Verlangen im Anschluß an eine Maßnahme der medizinischen Vorsorge oder Rehabilitation Urlaub zu gewähren". Ob dieser Auffassung zum Wegfall der Entgeltfortzahlung während ärztlich verordneter Schonungszeiten gefolgt werden kann, ist zweifelhaft. Durch das PflegeVG sind zwar einerseits die Entgeltfortzahlungsregelungen für die Gehalts- bzw. Lohnfortzahlung im Krankheitsfall durch die Art. 54 ff. PflegeVG aufgehoben bzw. geändert worden, andererseits ist aber § 616 Abs. 1 BGB als § 616 BGB unverändert aufrechterhalten worden.

Mit dem **Wegfall von § 7 Abs. 4 LFZG** ist nicht ein Anspruch auf Lohn- 34 fortzahlung bei Schonungszeiten beseitigt, sondern ein Ausschlußtatbestand, der nur für eine Gruppe von Arbeitnehmern, nämlich für Arbeiter maßgeblich war, entfallen (dazu näher *Leinemann* AuR 1995, 83). Daraus muß gesetzessystematisch geschlossen werden, daß nunmehr wieder alle Arbeitnehmer, also Angestellte und Arbeiter, wie bereits vor der Neuregelung durch § 7 Abs. 4 LFZG, einen Entgeltfortzahlungsanspruch nach § 616 BGB haben, es sei denn, diese Bestimmung ist tarif- oder einzelvertraglich abbedungen (vgl. dazu BAG 26. 11. 1964 AP Nr. 4 zu § 10 BUrlG Schonzeit; BAG 11. 3. 1971 BAGE 23, 244 = AP Nr. 10 zu § 10 BUrlG Schonzeit m. w. N. mit zust. Anm. *Trieschmann*). Das BAG hat in seiner Entscheidung vom 11. 3. 1971 (aaO) ausführlich und in Auseinandersetzung mit den hierzu vertretenen Auffassungen dargelegt, daß der Anspruch des Angestellten durch die damalige Änderung für Arbeiter nach § 7 Abs. 4 LFZG nicht betroffen war. Mit dem Wegfall von § 7 Abs. 4 LFZG ist somit der Rechtszustand nach § 616 BGB für alle Arbeitnehmer wiederhergestellt worden.

An den **durch § 616 BGB vorgegebenen Zusammenhängen** kann sach- 35 lich auch der durch Art. 57 PflegeVG eingeführte § 7 Abs. 1 Satz 2 BUrlG nichts ändern (a. A. *Schmitt* EFZG § 9 Rz 88 ff.; *Staudinger/Oetker* BGB 13. Aufl. § 616 Rz 277 f.). Danach ist Urlaub zu gewähren, wenn der Arbeitnehmer dies im Anschluß an eine Maßnahme der medizinischen Vorsorge oder Rehabilitation verlangt (vgl. § 7 Rz 33 a ff.). Diese Bestimmungen sind als „**Quasi-Kompensation**" in das Gesetz eingefügt worden, „weil keine Regelung über die Lohnfortzahlung bei einer ärztlich verordneten Schonungszeit getroffen ist" und „um dem Arbeitnehmer im Anschluß an eine Maßnahme der medizinischen Vorsorge oder Rehabilitation gleichwohl noch für einen gewissen Zeitraum die Möglichkeit zur Erholung einzuräumen" (Entwurf eines Entgeltfortzahlungsgesetzes BT-Drucks. 12/5263 S. 15 f.). § 7 Abs. 1 Satz 2 soll zwar den angenommenen Wegfall der Entgeltfortzahlungspflicht für die Dauer ärztlich verordneter Schonungszeiten ausgleichen, kann ihn aber nicht bewirken.

36 Ob das Bundesarbeitsgericht an seiner im Urteil vom 11. 3. 1971 (BAGE 23, 244 = AP Nr. 10 zu § 10 BUrlG Schonzeit) ausführlich begründeten Auffassung festhalten wird oder sie unter dem Eindruck der gesetzlichen Neuregelung und der im Zusammenhang damit vertretenen Zielvorstellungen aufgibt, bleibt abzuwarten. **Ärztlich verordnete Schonungszeiten** können jedenfalls auch in Zukunft für Angestellte und nunmehr auch wieder für Arbeiter einen gesetzlichen Entgeltfortzahlungsanspruch begründen (§ 616 BGB) und daher nach § 10 die Anrechnung auf Urlaubsansprüche ausschließen.

3. Entgeltfortzahlung für Auszubildende

37 Für Auszubildende besteht ein Anspruch auf Fortzahlung der Vergütung gem. § 12 BBiG. Nach § 12 Abs. 1 Satz 2 BBiG findet das EFZG Anwendung, wenn der Auszubildende infolge unverschuldeter Krankheit, einer Sterilisation oder eines Abbruchs der Schwangerschaft durch einen Arzt nicht an der Berufsausbildung teilnehmen kann oder aus einem sonstigen, in seiner Person liegenden Grund unverschuldet verhindert ist, seine Pflichten aus dem Berufsausbildungsverhältnis zu erfüllen (§ 12 Abs. 1 Satz 1 Nr. 2 Buchst. b BBiG). Damit sind für die Vergütungsfortzahlung für Auszubildende in einem Berufsausbildungsverhältnis dieselben Grundsätze anzuwenden wie für Arbeitnehmer. Gleiches gilt entsprechend für Praktikanten, Volontär- oder Umschulungsverhältnisse, für die § 12 BBiG gemäß § 19 BBiG maßgeblich ist.

V. Rechtslage zwischen dem 1. 10. 1996 und dem 31. 12. 1998

1. Überblick

38 Mit dem **Arbeitsrechtlichen Beschäftigungsförderungsgesetz vom 25. 9. 1996** (BGBl. I 1476) wurde dem Arbeitgeber zum 1. 10. 1996 die Befugnis eingeräumt, von je 5 Tagen, an denen der Arbeitnehmer infolge einer Maßnahme der medizinischen Vorsorge oder Rehabilitation an seiner Arbeitsleistung verhindert ist, die ersten 2 Tage auf den Erholungsurlaubsanspruch anzurechnen. Der Arbeitgeber erlangte damit eine bis dahin unbekannte Ersetzungsbefugnis, die sich nach § 10 Abs. 3 sogar auf den Urlaub des folgenden Jahres bezog.

39 § 10 idF vom 1. 10. 1996 hatte folgenden Wortlaut:

§ 10 Maßnahmen der medizinischen Vorsorge oder Rehabilitation

(1) Der Arbeitgeber ist berechtigt, von je 5 Tagen, an denen der Arbeitnehmer infolge einer Maßnahme der medizinischen Vorsorge oder Rehabilitation (§ 9 Abs. 1 des Entgeltfortzahlungsgesetzes) an seiner Arbeitsleistung verhindert ist, die ersten 2 Tage auf den Erholungsurlaub anzurechnen. Die angerechneten Tage gelten als Urlaubs-

Maßnahmen d. med. Vorsorge oder Rehabilitation § 10 BUrlG

tage; insoweit besteht kein Anspruch des Arbeitnehmers auf Entgeltfortzahlung im Krankheitsfall. Satz 1 gilt nicht
1. bei Arbeitsunfähigkeit des Arbeitnehmers nach § 3 des Entgeltfortzahlungsgesetzes,
2. für Maßnahmen, deren unmittelbarer Anschluß an eine Krankenhausbehandlung medizinisch notwendig ist (Anschlußrehabilitation); als unmittelbar gilt auch, wenn die Maßnahme innerhalb von 14 Tagen beginnt,
3. für Vorsorgekuren für Mütter nach § 24 des Fünften Buches Sozialgesetzbuch sowie für Müttergenesungskuren nach § 41 des Fünften Buches Sozialgesetzbuch,
4. für Kuren von Beschädigten nach § 11 Abs. 2 des Bundesversorgungsgesetzes.

(2) Durch die Anrechnung nach Absatz 1 dürfen der gesetzliche Jahresurlaub nach § 3 Abs. 1, § 19 des Jugendarbeitsschutzgesetzes und §§ 53, 54 des Seemannsgesetzes sowie der Zusatzurlaub nach § 47 des Schwerbehindertengesetzes nicht unterschritten werden.

(3) Soweit eine Anrechnung auf den Erholungsurlaub nach Absatz 1 nicht oder nur teilweise möglich ist, weil der Arbeitnehmer den für die Anrechnungsmöglichkeit des Arbeitgebers zur Verfügung stehenden Urlaub ganz oder teilweise bereits erhalten hat, darf der Arbeitgeber eine Anrechnung auf den Urlaub des nächsten Kalenderjahres vornehmen. Die Absätze 1 und 2 gelten entsprechend.

Die in § 10 dem Arbeitgeber eröffnete Anrechnungsbefugnis verfolgt 40 nach der Gesetzesbegründung im wesentlichen **zwei Ziele:** Zum einen sollten die Unternehmen von beschäftigungsfeindlich hohen Lohn- und Gehaltskosten entlastet werden. Zum andern sollte durch die stärkere Selbstbeteiligung der Arbeitnehmer bei der Inanspruchnahme von Kuren die Gesamtzahl der Maßnahmen der medizinischen Vorsorge oder Rehabilitation reduziert und damit die Sozialversicherung entlastet werden (vgl. BT-Drucks. 13/4612 S. 11).

Nach § 10 Abs. 1 konnte der Arbeitgeber von 5 Tagen Arbeitsverhinde- 41 rung infolge einer Maßnahme der medizinischen Vorsorge oder Rehabilitation die ersten **2 Tage auf den Erholungsurlaub anrechnen.** An diesen Tagen hatte der Arbeitnehmer dann Anspruch auf ungekürztes Urlaubsentgelt. Für die weiteren Tage bestand nach § 9 Abs. 1 iVm. § 4 Abs. 1 EFZG idF vom 1. 10. 1996 ein gesetzlicher Entgeltfortzahlungsanspruch in Höhe von 80% des regelmäßigen Arbeitsentgelts.

Durch die Anrechnung durfte allerdings nach § 10 Abs. 2 der **gesetzliche** 42 **Mindesturlaub** sowie der Zusatzurlaub für Schwerbehinderte **nicht unterschritten** werden. Anrechenbar war damit nur der einzelvertraglich oder tarifvertraglich vereinbarte Mehrurlaub. Die Anrechnung schied aus, wenn der Arbeitnehmer aus einem der in § 10 Abs. 1 Satz 2 genannten Fälle an der Arbeitsleistung verhindert war.

2. Verfassungsrechtliche Bedenken

Gegen die Wirksamkeit dieser Anrechnungsbefugnis bestehen erhebliche 43 verfassungsrechtliche Bedenken. Die Arbeitsgerichte Arnsberg (Beschluß vom 2. 7. 1997 – 1 Ca 1635/96) und Heilbronn (Beschluß vom 26. 9. 1997 (3 Ca 489/97) haben gemäß Art. 100 GG das BVerfG zur Entscheidung über die Verfassungswidrigkeit des § 10 angerufen. Nach Auffassung des BVerfG ist die Regelung verfassungsgemäß gewesen (BVerfG 3. 4. 2001 NZA 2001, 777).

44 Soweit von der Anrechnungsbefugnis tarifliche Urlaubsansprüche erfaßt wurden, verletzte § 10 Abs. 1 Satz 1 entgegen der Auffassung des BVerfG die durch Art. 9 Abs. 3 GG verfassungsrechtlich geschützte **Tarifautonomie** (ebenso *Boerner* ZTR 1996, 435, 442; *Dörner* FS für Schaub S. 135, 153; *ders.* NZA 1998 561, 566 f.; für eine verfassungskonforme Auslegung *Pieroth* AuR 1998, 190 ff.). Das Gesetz griff in die von den Tarifvertragsparteien für die Laufzeit des Tarifvertrages ausgehandelten Regelungen über die Urlaubsdauer ein, indem es dem Arbeitgeber die Befugnis einräumte, den unmittelbar und zwingend geltenden tarifvertraglichen Urlaubsanspruch einseitig zum Nachteil des Arbeitnehmers zu verkürzen. Die Regelung des Erholungsurlaubs gehört dabei zu dem Normsetzungsbereich, der den Koalitionen durch Art 9 Abs. 3 GG zur eigenverantwortlichen Regelung zugewiesen ist (vgl. dazu BVerfG 24. 4. 1996 AP Nr. 2 zu § 57a HRG). Durch § 10 Abs. 1 wurde das im Wege des Gebens und Nehmens ausgehandelte Gefüge des Tarifvertrages erheblich gestört (vgl. BVerfG 3. 4. 2001 NZA 2001, 777, das zwar auch den Normbereich des Art. 9 Abs. 3 GG verletzt sieht, diesen Eingriff aber als gerechtfertigt bewertet).

45 Der **Eingriffcharakter** des § 10 Abs. 1 kann nicht mit der Begründung verneint werden, der Teilnahme an einer Maßnahme der medizinischen Vorsorge oder Rehabilitation komme teilweise die gleiche Wirkung wie dem Urlaub zu (so aber *Bauer/Lingemann* BB 1996, Beil. 17. S. 8, 13). Hierbei wird übersehen, daß der Urlaub dem Arbeitnehmer für die Zeit der Freistellung von der Arbeit die Möglichkeit zu selbstbestimmter Freizeit eröffnet (dazu § 1 Rz 3). Während der Teilnahme an einer Maßnahme der medizinischen Vorsorge oder Rehabilitation ist dies dem Arbeitnehmer jedoch nicht möglich.

46 Unzutreffend ist auch die Annahme, die Anrechnungsbefugnis des Arbeitgebers verkürze nur den Freistellungsanspruch des Arbeitnehmers bei Kuren. Nach der von 1996 bis 1998 geltenden Regelung sei der Arbeitnehmer bei Kurmaßnahmen nämlich nur noch für 3 von 5 Tagen freigestellt gewesen, weshalb er teilweise auf Urlaub verzichten mußte, wenn er zur Kur gehen wollte. Mit der Freistellung während der Kur würde deshalb nur der tarifliche Urlaubsanspruch erfüllt (so *Giesen* RdA 1997, 193, 199). Dem steht bereits entgegen, daß der **Arbeitgeber keineswegs zur Anrechnung verpflichtet** war, das Gesetz ihm vielmehr nur die Befugnis hierzu einräumte. Machte der Arbeitgeber hiervon keinen Gebrauch oder hatte der Arbeitnehmer ohnehin nur Anspruch auf Urlaub im Umfang der gesetzlichen Bestimmungen, konnte der Arbeitnehmer gleichwohl an der Maßnahme teilnehmen und der Arbeit für die gesamte Dauer der Kur berechtigt fernbleiben.

47 Nicht jede gesetzliche Regelung im Schutzbereich des Art. 9 Abs. 3 GG führt freilich zur Verfassungswidrigkeit der Norm. Der Gesetzgeber hat vielmehr auch im Schutzbereich des Art. 9 Abs. 3 GG eine Regelungsbefugnis. Dieses Grundrecht verleiht den **Tarifvertragsparteien** nämlich nur ein **Recht zur Normsetzung, nicht aber ein Normsetzungsmonopol**. Nach der Rechtsprechung des BVerfG kommt eine gesetzliche Regelung in dem Bereich, der auch den Tarifvertragsparteien offensteht, in Betracht, wenn der Gesetzgeber sich dabei auf Grundrechte Dritter oder andere mit

Maßnahmen d. med. Vorsorge oder Rehabilitation § 10 BUrlG

Verfassungsrang ausgestattete Rechte stützen kann und den Grundsatz der Verhältnismäßigkeit wahrt (BVerfG 24. 4. 1996 AP Nr. 2 zu § 57a HRG).

Die mit der **Neuregelung verfolgten Ziele**, nämlich Entlastung der Sozialversicherung durch Reduzierung der Maßnahmen der medizinischen Vorsorge und Rehabilitation, Senkung der hohen Lohnzusatzkosten zur Verbesserung der Wachstumsdynamik und Schaffung neuer Arbeitsplätze (BT-Drucks 13/4612), haben **Verfassungsrang** (ebenso BVerfG 3. 4. 2001 NZA 2001, 777; *Boerner* ZTR 1996, 435, 448; *Dörner* FS für Schaub S. 135, 153). Die Sicherung der Funktionsfähigkeit der Träger der Sozialversicherung ist ein verfassungsrechtlich geschützter Gemeinwohlbelang, weil der Gesetzgeber damit im Hinblick auf das Sozialstaatsprinzip seinem Auftrag aus Art. 20 GG nachkommt (vgl. *Jarass/Pieroth* GG 3. Aufl. Art. 20 Rz 80f.). Gleiches gilt für die mit der Neuregelung angestrebten Förderung der Beschäftigung (vgl. BVerfG 13. 1. 1982 AP Nr. 1 zu Art. 5 Abs. 1 GG). 48

Höchst zweifelhaft ist allerdings, ob die **gesetzliche Neuregelung geeignet war, die gesetzten Ziele zu verwirklichen.** Auch wenn man davon ausgeht, daß dem Gesetzgeber insoweit ein weiter Beurteilungsspielraum zusteht und es nach der Rechtsprechung des BVerfG ausreicht, daß durch die gesetzliche Regelung das gesetzgeberische Ziel jedenfalls gefördert wird (vgl. dazu BVerfG 1. 3. 1979 AP Nr. 1 zu § 1 MitbestG), bestanden hieran erhebliche Bedenken (a. A. im Hinblick auf den weiten Beurteilungsspielraum BVerfG 3. 4. 2001 NZA 2001, 77). Den Gesetzesmaterialien ist insoweit nur zu entnehmen, daß in der Gesetzgebung von einer Kostenentlastung der Arbeitgeber in Höhe von etwa 0,4 Milliarden DM ausgegangen worden ist, wobei diese Zahl nicht näher erläutert ist (BT-Drucks. 13/5107). Die erwarteten finanziellen Auswirkungen im Sozialversicherungsbereich waren nicht einmal beziffert. 49

Diesen positiven Arbeitsmarkteffekten standen aber auch unmittelbar durch die **Neuregelung verursachte negative Auswirkungen** entgegen. So hat der angestrebte Rückgang durchgeführter Kuren notwendigerweise ein Absinken des Auftrags- und Beschäftigungsvolumens in Kureinrichtungen bewirkt. Diese Folge der Neuregelung war bei Erlaß des Gesetzes offenkundig und deshalb auch bei der Prüfung der Geeignetheit der Neuregelung zu berücksichtigen. Tatsächlich sind zwischenzeitlich zahlreiche Kur- und Erholungseinrichtungen geschlossen bzw. teilweise stillgelegt worden. Die dort Beschäftigten sind jedenfalls teilweise arbeitslos geworden. Hinzu kommt, daß die Gefahr bestand, daß sich Arbeitnehmer von der Neuregelung abschrecken ließen und keine erforderlichen Kuren durchführten mit der Folge, daß das Risiko einer viel teureren Heilbehandlung erhöht worden ist (vgl. *Dörner* NZA 1998, 561, 566). 50

Gegen die **Erforderlichkeit** der gesetzlichen Neuregelung des § 10 bestanden durchgreifende Bedenken. Der Gesetzgeber hätte das gesetzte Ziel auch mit milderen Mitteln erreichen können, die Art. 9 Abs. 3 GG nicht oder jedenfalls weniger fühlbar eingeschränkt hätten. So wäre beispielsweise eine Änderung sozialversicherungsrechtlicher Vorschriften denkbar gewesen. Durch eine Erhöhung der Zuzahlung, u. U. differenziert nach der medizinischen Notwendigkeit der Maßnahme, hätte das gesetzgeberische Ziel, die finanzielle Stabilität der Träger der Sozialversicherung zu sichern, auch 51 umgesetzt werden können (ebenso *Dörner* FS für Schaub S. 135, 155; *Rzadkowski* PersR 1997, 6, 8; a. A. *Boerner* ZTR 1996, 435, 448 und BVerfG 3. 4. 2001 NZA 2001, 777, das diese Frage kaum näher erörtert und nur pauschal auf den gesetzgeberischen Beurteilungsspielraum verweist). Ein Eingriff in die Tarifautonomie wäre damit vermieden worden.

52 Der Eingriff in die Tarifautonomie war jedenfalls **nicht verhältnismäßig im engeren Sinne**. Der Eingriff steht insbesondere unter Berücksichtigung der ansonsten bestehenden gesetzgeberischen Gestaltungsmöglichkeiten außer Verhältnis zu dem Gewicht und der Bedeutung des Grundrechts aus Art. 9 Abs. 3 GG (a. A. BVerfG 3. 4. 2001 NZA 2001, 777, mit dem bemerkenswerten Hinweis, daß der Gesetzgeber die Regelung auch wieder nach kurzer Zeit aufgehoben habe). Dabei ist hervorzuheben, daß Gegenstand der Prüfung ein Eingriff in das Grundrecht der Koalitionen aus Art. 9 Abs. 3 GG ist und nicht ein Individualrecht der betroffenen Arbeitnehmer. Demzufolge ist die Erwägung der Gesetzgebung, die Urlaubskürzung sei angesichts des allgemein in Deutschland zugesagten Urlaubs für die Arbeitnehmer zumutbar (BT-Drucks. 13/4612 S. 11), unerheblich (zutr. *Dörner* FS für Schaub S. 135, 155).

53 Maßgeblich ist hier, daß die verbindliche Normsetzung der Tarifvertragsparteien in einem **zentralen Bereich des Tarifrechts** zur einseitigen Disposition des Arbeitgebers gestellt wurde. Damit wurde die Ordnungs- und Schutzfunktion des Tarifvertrages ganz erheblich beeinträchtigt. Die gesetzgeberischen Ziele konnten diesen Eingriff nicht rechtfertigen, weil sie zu vage waren und auch durch andere Maßnahmen hätten verwirklicht werden können (ebenso *Boerner* ZTR 1996, 435, 448; *Dörner* FS für Schaub S. 135, 156; *Kaiser/Dunkl/Hold/Kleinsorge* EFZG § 9 Rz 33).

3. Anrechenbare Tage

54 § 10 Abs. 1 eröffnete dem Arbeitgeber eine auf Tage bezogene Anrechnungsmöglichkeit. Ob damit Kalendertage, individuelle Arbeitstage oder betriebsübliche Arbeitstage gemeint waren, ist nicht eindeutig gewesen. Der Begründung des Gesetzentwurfs war zu entnehmen, daß die an der Gesetzgebung Beteiligten mit Tagen **individuelle Arbeitstage** meinten.

55 In der Begründung ist ausgeführt, daß für jede Woche, in der ein Arbeitnehmer mit einer 5-Tage-Woche an einer Maßnahme der medizinischen Vorsorge oder Rehabilitation teilnehme, der Arbeitgeber künftig 2 Tage auf den Anspruch auf Erholungsurlaub anrechnen könne. Sei ein Arbeitnehmer lediglich an 2 Tagen in der Woche zur Arbeitsleistung verpflichtet, fielen bei einer dreiwöchigen Kur 6 Arbeitstage aus. Der Arbeitgeber könne daher 2 Tage anrechnen (BT-Drucks. 13/4612 S. 14). Maßgeblich war daher die **Anzahl der Tage, die der betroffene Arbeitnehmer in der Woche zu arbeiten hatte** (ebenso *Schiefer/Worzalla* Rz 189 ff.).

4. Anrechnungserklärung

a) Überblick

56 Das Gesetz räumte dem Arbeitgeber in § 10 Abs. 1 Satz 1 das Recht ein, von je 5 Tagen, an denen der Arbeitnehmer infolge einer Maßnahme der

Maßnahmen d. med. Vorsorge oder Rehabilitation § 10 BUrlG

medizinischen Vorsorge oder Rehabilitation an seiner Arbeitsleistung verhindert ist, die ersten 2 Tage auf den Erholungsurlaubsanspruch anzurechnen. Hiermit war eine **neuartige, dem Schuldrecht fremde Ersetzungsbefugnis** für den Arbeitgeber als Schuldner des Entgeltfortzahlungsanspruchs und des Urlaubsanspruchs geschaffen worden (ErfK/*Dörner* 1. Aufl. § 10 BUrlG Rz 9; *Leinemann* BB 1996, 1381).

Der Arbeitgeber konnte dadurch teilweise den **Entgeltfortzahlungsanspruch** des Arbeitnehmers **aus § 9 EFZG mit einer urlaubsrechtlichen Freistellungserklärung beseitigen.** Nach § 10 Abs. 1 trat an die Stelle des objektiven Tatbestandes der Arbeitsverhinderung infolge Kur die Fiktion einer schuldrechtliche Erfüllungshandlung, nämlich die durch § 10 Abs. 1 Satz 2 bewirkte Fiktion der Urlaubserteilung durch eine Anrechnungserklärung. Diese Erklärung bewirkte nach § 10 Abs. 1 Satz 2 Halbsatz 2, daß für diese Tage kein Anspruch des Arbeitnehmers aus § 9 EFZG auf Entgeltfortzahlung bestand. Eine solche Ersetzungsbefugnis war schuldrechtlich ohne Vorbild. 57

b) Merkmale der Anrechnungserklärung

Die Anrechnungserklärung des Arbeitgebers war eine **Willenserklärung** i.S. des Bürgerlichen Rechts. Es handelte sich um eine private Willensäußerung, die auf die Herbeiführung eines Rechtserfolgs gerichtet ist, und die den Erfolg, weil gewollt und von der Rechtsordnung in den Grenzen des § 10 anerkannt, auch – vorbehaltlich der verfassungsrechtlichen Bedenken – herbeiführen konnte. Auf die Anrechnungserklärung waren daher die §§ 116 ff. BGB anwendbar. 58

Mit der Anrechnungserklärung **konkretisierte der Arbeitgeber den Urlaubsanspruch** des Arbeitnehmers. Im Gegensatz zur Urlaubserteilung nach § 7 Abs. 1 waren allerdings Urlaubswünsche des Arbeitnehmers hierbei nicht zu berücksichtigen. Der Arbeitgeber konnte auch nicht die Lage des Urlaubs nach seinen Vorstellungen bestimmen. Nach § 10 Abs. 1 Satz 1 und 2 bewirkte die Anrechnungserklärung vielmehr, daß die ersten 2 von je 5 Kurtagen als Urlaubstage galten (zur Arbeitsunfähigkeit während der Kur vgl. Rz 78 ff.). Das Gesetz gab damit genau vor, welche Tage als Urlaubstage gelten sollten. 59

Mangels besonderer gesetzlicher Bestimmungen unterlag die Anrechnungserklärung **keiner besonderen Form.** Sie konnte daher schriftlich oder mündlich erfolgen (ebenso ErfK/*Dörner* 1. Aufl. § 10 BUrlG Rz 10; *Schiefer/Worzalla* Rz 185). Als Willenserklärung mußte sie gemäß § 130 BGB dem Arbeitnehmer zugehen. 60

c) Zeitpunkt der Anrechnung

Das Gesetz bestimmte nicht ausdrücklich, zu welchem **Zeitpunkt** die Anrechnung erklärt werden mußte. Hieraus wurde im Schrifttum teilweise gefolgert, der Arbeitgeber könne noch nach Abschluß der Maßnahme der medizinischen Vorsorge oder Rehabilitation bei der späteren Geltendmachung des verbleibenden Urlaubs des Arbeitnehmers die Anrechnungserklärung abgeben (vgl. ErfK/*Dörner* 1. Aufl. § 10 BUrlG Rz 11; *Schiefer/Worzalla* Rz 185; *Schütz/Hauck* Rz 1163). 61

233

62 Diese Auffassung berücksichtigte jedoch nicht hinreichend, daß die Anrechnung nach § 10 Abs. 1 Satz 2 urlaubsrechtliche Wirkung hatte. Wenn nach dieser Bestimmung die angerechneten Tage als Urlaubstage gelten sollten, waren auf die Anrechnungserklärung jedenfalls insoweit urlaubsrechtliche Grundsätze anzuwenden, als dem nicht § 10 entgegenstand (ebenso *Heise/Lessenich/Merten* Rz 107; *Hock* NZA 1998, 695, 696). Der Arbeitgeber hatte daher **grundsätzlich vor Antritt der Kur** gegenüber dem Arbeitnehmer die Anrechnung von Tagen der Arbeitsverhinderung infolge der Kur auf den Urlaubsanspruch zu erklären. Damit wurde auch § 11 Abs. 2 berücksichtigt, wonach der Arbeitgeber vor Urlaubsantritt das Urlaubsentgelt auszuzahlen hat (vgl. *Dersch/Neumann* § 10 Rz 34).

63 Für diese **zeitliche Begrenzung der Anrechnungserklärung** sprach weiterhin der gesetzessystematische Zusammenhang der Anrechnung nach § 10 Abs. 1 mit der in § 4a i. V m. § 9 EFZG a. F. dem Arbeitnehmer eingeräumten Befugnis zur Anrechnung von Kurtagen auf den Erholungsurlaubsanspruch. Da der Arbeitnehmer nach § 9 Abs. 1, § 4a Abs. 1 Satz 1 EFZG a. F. die Anrechnung durch eine bis zum 3. Arbeitstag nach dem Ende der Kur dem Arbeitgeber zugehenden Erklärung geltend zu machen hatte, mußte er rechtzeitig wissen, wie viele Urlaubstage er noch hatte und wie viele Kurtage auf den Urlaubsanspruch anzurechnen waren. Diesen Erfordernissen war nur dann ausreichend Rechnung getragen, wenn für den Arbeitnehmer bis zum Antritt der Kur feststellbar war, ob der Arbeitgeber seine Anrechnungserklärung abgegeben hat. Nur bis zu diesem Zeitpunkt ging die in § 10 Abs. 1 dem Arbeitgeber eingeräumte Anrechnungsbefugnis dem Recht des Arbeitnehmers zur Anrechnung nach §§ 9, 4a EFZG a. f. vor (ähnlich *Heise/Lessenich/Merten* Rz 112; für einen zeitlich unbegrenzten Vorrang von § 10 *Bauer/Lingemann* BB 1996, Beil. 17, S. 8, 12; *Schiefer/Worzalla* Rz 346; *Vossen* Entgeltfortzahlung Rz 466).

5. Erholungsurlaub

a) Jahresurlaub

64 Nach der gesetzlichen Regelung wurden Tage der Arbeitsverhinderung infolge einer Kur auf den Erholungsurlaub angerechnet. Dies war ungenau, weil die **Anrechnung** nicht auf den Urlaub als Freistellung von der Arbeitspflicht erfolgte. Anrechenbar waren allenfalls Entgeltfortzahlungsansprüche auf Urlaubsansprüche (*Leinemann* BB 1996, 1381, 1383).

65 Die Anrechnung bezog sich im Grundsatz auf den **Urlaubsanspruch des laufenden Kalenderjahres**. Gegenstand der Anrechnung konnten auch nach § 7 Abs. 3 übertragene Urlaubsansprüche sein sowie länger zurückliegende, aber aufgrund besonderer gesetzlicher Bestimmungen, wie beispielsweise § 4 Abs. 2 ArbPlSchG oder § 17 Abs. 2 BErzGG, noch nicht verfallene Ansprüche auf Erholungsurlaub (ebenso ErfK/*Dörner* 1. Aufl. § 10 BUrlG Rz 12).

b) Keine Anrechnung auf den gesetzlichen Mindesturlaub

66 Nach § 10 Abs. 2 durfte der **gesetzliche Mindesturlaubsanspruch** von 24 Werktagen (§ 3 Abs. 1) durch die Anrechnung **nicht unterschritten** wer-

Maßnahmen d. med. Vorsorge oder Rehabilitation § 10 **BUrlG**

den. Damit wurde Europäischem Gemeinschaftsrecht Rechnung getragen (vgl. Einl. Rz 45 f.). Von Anrechnungen unangetastet blieb weiterhin der gesetzliche Mindesturlaub Jugendlicher nach § 19 JArbSchG, der Urlaubsanspruch aus §§ 53, 54 SeemG sowie der Zusatzurlaub Schwerbehinderter nach § 47 SchwbG (nunmehr § 125 SGB IX).

c) Einzelvertraglicher oder tariflicher Mehrurlaub

Die Anrechnungsbefugnis des Arbeitgebers bezog sich auf den **Teil des** 67 **Urlaubsanspruchs, der aufgrund einzelvertraglicher oder tarifvertraglicher Regelungen über den gesetzlichen Mindesturlaubsanspruch hinausging.** Auch Mehrurlaub, der auf einer unter Beachtung des Tarifvorrangs aus § 77 Abs. 3 BetrVG wirksamen Betriebsvereinbarung beruhte, wurde von der Anrechnungsbefugnis erfaßt. Gegen die Anrechnung bestehen im Hinblick auf den einzelvertraglichen und betriebsverfassungsrechtlichen Mehrurlaub keine rechtlichen Bedenken. Der Zugriff auf den tariflichen Urlaubsanspruch dürfte jedoch verfassungswidrig sein (dazu Rz 43 ff.).

d) Urlaubsansprüche des nächsten Kalenderjahres

In **systemwidriger Weise** eröffnete § 10 Abs. 3 dem Arbeitgeber die Möglichkeit, eine Anrechnung auf den Urlaubsanspruch des nächsten Kalenderjahres vorzunehmen (vgl. ErfK/*Dörner* 1. Aufl. § 10 BUrlG Rz 13; *Hohmeister* NZA 1996, 1186, 1189; *Leinemann* BB 1996, 1381, 1382). Eine Urlaubserteilung im Vorgriff war nach bisher geltendem Recht ausgeschlossen, weil der Urlaubsanspruch des folgenden Jahres im laufenden Kalenderjahr noch nicht entstanden ist.

Nach § 10 Abs. 3 Satz 1 war die Anrechnung auf Urlaubsansprüche des 69 nächsten Jahres zulässig, wenn eine Anrechnung auf den Urlaub des laufenden Urlaubsjahres nicht oder nur teilweise möglich war, weil der Arbeitnehmer den für die Anrechnungsmöglichkeit des Arbeitgebers zur Verfügung stehenden **Urlaub ganz oder teilweise bereits erhalten** hatte. Der Arbeitnehmer hat dabei den Urlaub nicht schon mit der Urlaubserteilung erhalten. Damit hat der Arbeitgeber zwar seine Erfüllungshandlung vorgenommen. Erhalten hat der Arbeitnehmer den Urlaub aber erst mit der Freistellung von den Arbeitspflichten (vgl. *Heise/Lessenich/Merten* Rz 116; *Hock* NZA 1998, 695, 696). Dies entspricht auch der Auslegung von § 5 Abs. 3 (dazu § 5 Rz 53).

Eine Anrechnung von Kurtagen auf **Erholungsurlaubsansprüche des** 70 **nächsten Jahres** schied aus, wenn der anrechenbare Mehrurlaub des Urlaubsjahres (dazu Rz 61) geringer war als die anzurechnenden Kurtage (ebenso *Dersch/Neumann* § 10 Rz 33). Denn die Anrechnungsmöglichkeit bezog sich nach dem Gesetz auf den jeweiligen Jahresurlaub. Hatte also beispielsweise ein nicht tarifgebundener Arbeitnehmer einen einzelvertraglichen Urlaubsanspruch von 24 Urlaubstagen bei einer Fünf-Tage-Woche, konnte der Arbeitgeber jedes Jahr höchstens 4 Kurtage auf den Urlaubsanspruch anrechnen, weil der nach § 10 Abs. 2 geschützte gesetzliche Mindesturlaub 20 Arbeitstage beträgt. Eine Anrechnung von 2 weiteren Kurtagen auf Urlaubsansprüche des nächsten Kalenderjahres nach § 10 Abs. 3 schied aus. Denn die in § 10 Abs. 1 eröffnete Möglichkeit der Anrechnung

235

von 6 Kurtagen scheiterte im Beispielsfall nicht daran, daß der Arbeitnehmer den anrechenbaren Urlaub bereits erhalten hat, sondern daran, daß die Anzahl der anrechenbaren Tage zu gering war.

71 Probleme ergaben sich, wenn der Arbeitnehmer in der Zeit **zwischen Urlaubserteilung und Urlaubsantritt eine Kur durchführte,** die zum Zeitpunkt der Festlegung des Urlaubs noch nicht bewilligt war. Gewährte beispielsweise der Arbeitgeber dem Arbeitnehmer auf dessen Antrag im Januar Urlaub für die Zeit vom 1. 6. bis 21. 6. sowie vom 1. 9 bis 21. 9. und wurde dem Arbeitnehmer im März eine Kur für die Zeit vom 15. 4. bis 5. 5. bewilligt, war eine Anrechnung von Urlaubstagen nach § 10 Abs. 1 Satz 1 auf Kurtage noch möglich. Denn der Arbeitgeber hatte den Urlaubsanspruch zwar nach § 7 Abs. 1 konkretisiert, der Arbeitnehmer hatte den Urlaub jedoch noch nicht erhalten.

72 Machte der Arbeitgeber nun von seiner Anrechnungsbefugnis nach § 10 Abs. 1 Satz 1 Gebrauch, standen dem Arbeitnehmer für den erteilten Urlaub unter Umständen nicht mehr genügend Urlaubstage zur Verfügung. Eine einseitige Kürzung des bereits erteilten Urlaubs schied in diesem Fall aus, weil nicht objektiv feststellbar war, welche Tage des bereits gewährten Urlaubs wegfallen sollten. Die Anrechnungserklärung nach § 10 Abs. 1 hatte vielmehr zur Folge, daß die **Urlaubserteilung nachträglich rechtlich unmöglich** wurde. Der Arbeitgeber wurde jedoch nicht nach § 275 Abs. 1 BGB von der Leistung frei. Da er die Anrechnung vorgenommen hatte, hatte er die Unmöglichkeit der Freistellung des Arbeitnehmers zu den zuvor festgelegten Terminen zu vertreten. Der Urlaub des Arbeitnehmers war deshalb vom Arbeitgeber nach Maßgabe von § 7 Abs. 1 unter Berücksichtigung der Urlaubswünsche des Arbeitnehmers neu festzusetzen.

e) Rückzahlungsansprüche bei vorzeitiger Beendigung

73 Nahm der Arbeitgeber nach § 10 Abs. 3 eine Anrechnung auf Urlaubsansprüche des nächsten Kalenderjahres vor und **endete das Arbeitsverhältnis aber noch im laufenden Kalenderjahr,** kam es zu keiner finanziellen Entlastung des Arbeitgebers. Im Gegenteil: Der Arbeitgeber hatte dem Arbeitnehmer das volle Urlaubsentgelt sowie das möglicherweise geschuldete Urlaubsgeld bereits bezahlt, ohne aus der Verringerung der Urlaubsansprüche des Arbeitnehmers im folgenden Kalenderjahr finanziell entlastet zu werden.

74 Der Arbeitgeber hatte in diesem Fall nach **§ 812 Abs. 1 Satz 2 BGB** einen Anspruch auf Rückzahlung des Differenzbetrags zwischen dem Urlaubsentgelt und dem Entgeltfortzahlungsanspruch (im Ergebnis ebenso *Bauer/Lingemann* BB 1996 Beil. 17 S. 8, 13; *Hohmeister* DB 1997, 172, 174; – a.A. ErfK/*Dörner* 1. Aufl. § 10 BUrlG Rz 14). Denn die Zahlung des Urlaubsentgelts erfolgt in der Erwartung, daß das Arbeitsverhältnis im folgenden Kalenderjahr fortbesteht und daher die Anrechnung auf Urlaubsansprüche des folgenden Kalenderjahres wirkt.

75 Erfolgte die Anrechnung auf Urlaubsansprüche des folgenden Kalenderjahres nach § 10 Abs. 3 und **endete das Arbeitsverhältnis in der ersten Hälfte des folgenden Kalenderjahres,** bestand für dieses Jahr für den Arbeitnehmer nach § 5 Abs. 1 Buchst. c nur ein Teilurlaubsanspruch. Wenn

Maßnahmen d. med. Vorsorge oder Rehabilitation § 10 BUrlG

der Arbeitgeber nun mehr Urlaubstage angerechnet hatte als dem Arbeitnehmer nach § 5 Abs. 1 Buchst. c zustanden, kam wegen § 5 Abs. 3 ein Rückforderungsanspruch nicht in Betracht. Die angerechneten Tage galten nach § 10 Abs. 1 Satz 2 als Urlaubstage, die der Arbeitnehmer bei entsprechender Dauer der Kur erhalten hatte.

f) Urlaubsbescheinigung

Die nach § 10 Abs. 3 erfolgte Anrechnung von Kurtagen auf den Urlaubsanspruch des nächsten Jahres war in der nach § 6 Abs. 2 auszustellenden Urlaubsbescheinigung **nicht besonders auszuweisen.** Denn die durch die Anrechnung erfüllten Urlaubstage galten nach § 10 Abs. 3 Satz 2 i.V.m. Abs. 1 Satz 2 als Urlaubstage und waren daher auch in der Urlaubsbescheinigung als solche aufzuführen. 76

Endete das **Arbeitsverhältnis im laufenden Urlaubsjahr** und hatte der Arbeitgeber nach § 10 Abs. 3 eine Anrechnung auf den Urlaubsanspruch des nächsten Kalenderjahres vorgenommen, durfte dies auf der Urlaubsbescheinigung nicht ausgewiesen werden (ebenso *Leinemann* BB 1996, 1361, 1362; *Schütz/Hauck* Rz 1167; – a.A. *Dersch/Neumann* § 10 Rz 31). Der Urlaubsbescheinigung wäre – weil eine andere Möglichkeit der Erfüllung noch nicht entstandener Urlaubsansprüche nicht besteht – sonst zu entnehmen gewesen, daß sich der Arbeitnehmer in seinem letzten Arbeitsverhältnis einer Kur unterzogen hat. Hierin läge eine unverhältnismäßige Beeinträchtigung des Persönlichkeitsrechts des Arbeitnehmers aus Art. 2 Abs. 1 GG. § 6 Abs. 2 war daher verfassungskonform einschränkend auszulegen. 77

6. Arbeitsunfähigkeit während der Kur

Wurde der **Arbeitnehmer während einer Maßnahme der medizinischen Vorsorge oder Rehabilitation arbeitsunfähig** und hatte der Arbeitgeber von seiner Anrechnungsbefugnis Gebrauch gemacht, waren nach § 9 die zunächst auf den Erholungsurlaubsanspruch angerechneten Kurtage für die Dauer der Arbeitsunfähigkeit nicht auf den Jahresurlaub anzurechnen. Dies war Konsequenz der in § 10 Abs. 1 Satz 2 bestimmten Fiktion, wonach die angerechneten Tage als Urlaubstage galten. 78

Bei einer während der Kur eintretenden krankheitsbedingten Arbeitsunfähigkeit des Arbeitnehmers wurde die vom Arbeitgeber abgegebene **Anrechnungserklärung wirkungslos.** Der Arbeitgeber hatte daher zur Wahrung seiner Rechte aus § 10 eine neue Anrechnungserklärung unter Berücksichtigung der Arbeitsunfähigkeitszeiten des Arbeitnehmers abzugeben. Dies ergab sich aus § 10 Abs. 1 Satz 3 Nr. 1, wonach bei Arbeitsunfähigkeit des Arbeitnehmers keine Anrechnungsbefugnis des Arbeitgebers bestand. 79

§ 10 Abs. 1 Satz 3 Nr. 1 schloß nicht nur die Anrechnungsbefugnis vor Antritt der Maßnahme bei Arbeitsunfähigkeit des Arbeitnehmers aus. Diese Bestimmung bewirkte vielmehr weiterhin, daß eine **bereits erfolgte Anrechnung unwirksam** wurde, wenn der Arbeitnehmer an den angerechneten Kurtagen arbeitsunfähig erkrankte (vgl. *Heise/Lessenich/Merten* Rz 150ff.). In diesem Fall entsprach die durch die Anrechnungserklärung erfolgte Konkretisierung des Urlaubsanspruchs nicht mehr den gesetzlichen Vor- 80 gaben aus § 10 Abs. 1 Satz 1, weil sich durch die Arbeitsunfähigkeit die Lage der Kurtage verschob. Nach Mitteilung des Arbeitnehmers (§ 5 Abs. 1 EFZG) hatte der Arbeitgeber daher unverzüglich eine erneute Anrechnungserklärung abzugeben und damit den Urlaubsanspruch erneut zu konkretisieren.

81 War ein in der Fünf-Tage-Woche beschäftigter Arbeitnehmer **beispielsweise** von Montag, dem 1. 6., bis Freitag, dem 19. 6., infolge einer Maßnahme der medizinischen Vorsorge oder Rehabilitation an der Arbeitsleistung verhindert und hatte der Arbeitgeber vor Antritt der Kur gemäß § 10 Abs. 1 den 1. und 2., 8. und 9. sowie den 15. und 16. 6. auf den Erholungsurlaub angerechnet, führte eine Arbeitsunfähigkeit des Arbeitnehmers in der Zeit vom 8. bis einschließlich 15. 6. dazu, daß der Arbeitnehmer in dieser Zeit einen Anspruch auf Entgeltfortzahlung nach § 3 EFZG hatte. Der 8., 9. und 15. 6., die infolge der Anrechnungserklärung zunächst als Urlaubstage galten, konnten nach § 9 und § 10 Abs. 1 Satz 3 Nr. 1 wegen der eingetretenen Arbeitsunfähigkeit nicht auf den Urlaubsanspruch angerechnet werden. Die durch die Anrechnungserklärung zunächst erfolgte Anrechnung des 16. 6. auf den Erholungsurlaubsanspruch hatte keine Wirkung mehr, weil der Zeitraum vom 16. 6. bis zum 19. 6. keine 5 Tage umfaßte und deshalb eine Anrechnung nach § 10 Abs. 1 ausschied. Im Ergebnis konnten in diesem Beispiel daher nur 2 Kurtage, nämlich der 1. und 2. 6., auf den Urlaubsanspruch angerechnet werden.

82 Wurde der Arbeitnehmer im **vorstehenden Beispiel** am 8. und 9. 6 arbeitsunfähig, konnten diese beiden Tage nicht auf den Urlaub angerechnet werden. Die anrechenbaren Tage verschoben sich um 2 Tage. Auf den Urlaubsanspruch anrechenbar waren dann neben dem 1. und 2. 6. der 10. und 11. 6. Denn der 10. und 11. 6. waren nach der Arbeitsunfähigkeit die ersten 2 Tage des zweiten Blocks von 5 Tagen, an denen der Arbeitnehmer gemäß § 10 Abs. 1 Satz 1 infolge der Kur an seiner Arbeitsleistung verhindert war. Die von Arbeitgeber zu Beginn der Kur vorgenommenen Anrechnung des 15. und 16. 6. auf den Urlaubsanspruch war wegen der eingetretenen Arbeitsunfähigkeit gegenstandslos. Weitere Tage waren nicht anrechenbar, weil kein weiterer Zeitraum von 5 Tagen, an denen der Arbeitnehmer infolge der Kur an seiner Arbeitsleistung verhindert war, vorlag.

7. Verlängerung oder Verkürzung der Kur

83 Wurde die Dauer der Maßnahme der medizinischen Vorsorge oder Rehabilitation während des Kuraufenthalts verlängert, hatte der Arbeitnehmer dies dem Arbeitgeber nach § 9 Abs. 2 EFZG **unverzüglich mitzuteilen**. Der Arbeitgeber konnte dann eine weitere Anrechnung nach § 10 Abs. 1 vornehmen. Dies hatte er dem Arbeitnehmer unverzüglich mitzuteilen.

84 **Brach der Arbeitnehmer die Kur ab,** entfielen nachträglich die Voraussetzungen für eine Urlaubsanrechnung. Die Wirkung der Anrechnungserklärung, nämlich die in § 10 Abs. 1 Satz 2 bestimmte Geltung dieser Tage als Urlaubstage trat nicht ein, soweit durch den Abbruch der Kur die Voraussetzungen des § 10 Abs. 1 Satz 1 nicht mehr vorlagen.

Maßnahmen d. med. Vorsorge oder Rehabilitation § **10 BUrlG**

8. Anrechnungsverbote

In § 10 Abs. 1 Satz 3 war **abschließend** bestimmt, in welchen Fällen eine 85
Anrechnung von Kurtagen auf den Urlaubsanspruch ausschied (ebenso
ErfK/*Dörner* 1. Aufl. § 10 Rz 29).
Der Arbeitgeber war nach § 10 Abs. 1 Satz 3 Nr. 1 nicht zur Anrechnung 86
berechtigt, wenn der Arbeitnehmer **arbeitsunfähig** im Sinne von § 3 EFZG
war. Dies war systemgerecht, weil die angerechneten Tage nach § 10 Abs. 1
Satz 2 als Urlaubstage galten und nach § 9 die durch ärztliches Zeugnis
nachgewiesenen Tage der Arbeitsunfähigkeit nicht auf den Jahresurlaub angerechnet wurden.
Eine Anrechnung kam ferner bei einer **Anschlußrehabilitation** nicht in 87
Betracht, die sich medizinisch notwendig unmittelbar an die Kur anschloß.
Nach § 10 Abs. 1 Satz 3 Nr. 2 galt die Maßnahme auch dann als unmittelbar,
wenn sie innerhalb von 14 Tagen nach Beendigung der Krankenhausbehandlung begann.
Vorsorgekuren für Mütter nach § 24 SGB V in Einrichtungen des Müt- 88
tergenesungswerks oder gleichartigen Einrichtungen sowie **Müttergenesungskuren** nach §§ 41, 27 SGB V unterlagen nach § 10 Abs. 1 Satz 3 Nr. 3
aus sozialen Gründen gleichfalls einem Anrechnungsausschluß.
Nach § 10 Abs. 1 Satz 3 Nr. 4 bestand schließlich für **Badekuren** nach 89
§ 11 Abs. 2 des Bundesversorgungsgesetzes ein Verbot der Anrechnung auf
Urlaubsansprüche.

9. Wirkung der Anrechnung

Die Anrechnung von Kurtagen auf Urlaubsansprüche des Arbeitnehmers 90
bewirkte nach § 10 Abs. 1 Satz 2 Halbsatz 1 zunächst, daß diese Tage als
Urlaubstage galten. Hierbei handelte es sich um eine **Fiktion**, weil das Gesetz die Anrechnung des Arbeitgebers der Urlaubserteilung nach § 7 Abs. 1
gleichstellte, obwohl dessen Voraussetzungen nicht vorlagen.
Für die angerechneten Tage hatte der Arbeitnehmer nach § 10 Abs. 1 91
Satz 2 Halbsatz 2 keinen Anspruch auf Entgeltfortzahlung im Krankheitsfall, sondern einen **Anspruch auf Urlaubsentgelt** nach § 1 i.V.m. § 611
BGB sowie – bei entsprechender Vereinbarung – auf Urlaubsgeld. Die Höhe
des Urlaubsentgelts bemaß sich nach § 11 Abs. 1.
Machte der Arbeitgeber von seiner Anrechnungsbefugnis Gebrauch, hatte 92
der Arbeitnehmer für die **ersten beiden Tage** von je 5 Arbeitstagen einen
Anspruch auf **ungekürztes Arbeitsentgelt**. Für die **drei folgenden Tage** der
Woche hatte der Arbeitnehmer nach § 9 Abs. 1, § 4 Abs. 1 EFZG a.F. einen
Anspruch auf Entgeltfortzahlung in Höhe von **80%** des Arbeitsentgelts. Da
§ 9 Abs. 1 Satz 1 EFZG a.F. bei Kuren grundsätzlich auch die entsprechende Geltung von § 4a EFZG a.F. anordnete, konnte der Arbeitnehmer nach
Maßgabe dieser Bestimmung vom Arbeitgeber eine weitere Anrechnung auf
den Urlaubsanspruch verlangen (vgl. dazu *Schmitt* 3. Aufl. § 9 Rz 37 ff.).
Die Höhe des Anspruchs auf **Urlaubsentgelt** und der gesetzliche An- 93
spruch auf **Entgeltfortzahlung** im Krankheitsfall nach § 4 Abs. 1 EFZG
a.F. **unterschieden** sich allerdings nicht nur in der Höhe, sondern auch
in den Berechnungsgrundlagen. So waren nach § 4 Abs. 1 EFZG a. F. bei der

BUrlG § 11 *Teil I. C. Erläuterungen zum BUrlG*

Bestimmung der Höhe des dem Arbeitnehmer bei der für ihn maßgebenden regelmäßigen Arbeitszeit zustehenden Arbeitsentgelts Überstunden zu berücksichtigen (vgl. *Schmitt* § 4 EFZG 19 ff.; *Vossen* Rz 565 f.). Nach § 11 Abs. 1 findet das für Überstunden zusätzlich gezahlte Arbeitsentgelt dagegen bei der Bemessung des Geldfaktors zur Bestimmung des Urlaubsentgelts keine Berücksichtigung (dazu § 11 Rz 42 ff.).

§ 11 Urlaubsentgelt

(1) ¹Das Urlaubsentgelt bemißt sich nach dem durchschnittlichen Arbeitsverdienst, das der Arbeitnehmer in den letzten dreizehn Wochen vor dem Beginn des Urlaubs erhalten hat, mit Ausnahme des zusätzlich für Überstunden gezahlten Arbeitsverdienstes. ²Bei Verdiensterhöhungen nicht nur vorübergehender Natur, die während des Berechnungszeitraums oder des Urlaubs eintreten, ist von dem erhöhten Verdienst auszugehen. ³Verdienstkürzungen, die im Berechnungszeitraum infolge von Kurzarbeit, Arbeitsausfällen oder unverschuldeter Arbeitsversäumnis eintreten, bleiben für die Berechnung des Urlaubsentgelts außer Betracht. ⁴Zum Arbeitsentgelt gehörende Sachbezüge, die während des Urlaubs nicht weitergewährt werden, sind für die Dauer des Urlaubs angemessen in bar abzugelten.

(2) Das Urlaubsentgelt ist vor Antritt des Urlaubs auszuzahlen.

Schrifttum: *Bengelsdorf*, Urlaubsdauer und Urlaubsvergütung bei ungleichmäßiger Verteilung der Arbeitszeit, DB 1988, 1161; *Busch*, Urlaubsdauer und -vergütung bei Änderungen der vertraglich geschuldeten Arbeitszeitdauer, NZA 1996, 1246; *Hohn*, Zahltag des Urlaubsentgelts, BB 1990, 492; *Siebel*, Auswirkungen der Arbeitszeitverkürzung und ungleichmäßiger Arbeitszeitverteilung auf Wochenfeiertage und Urlaub sowie deren Bezahlung, BB 1987, 2222; *Leinemann*, Urlaubsentgelt und Freischichtenmodell, BB 1990, 201; *ders.*, Der urlaubsrechtliche und der entgeltfortzahlungsrechtliche Freischichttag, FS für Schaub, 1998, S. 443 sowie BB 1998, 1414; *Lieb*, Zur Problematik der Provisionsfortzahlung im Urlaubs-, Krankheits- und Feiertagsfall, DB 1976, 2207; *Löwisch*, Das Arbeitsrechtliche Beschäftigungsförderungsgesetz, NZA 1996, 1006; *Lorenz*, Das Arbeitsrechtliche Beschäftigungsförderungsgesetz, DB 1996, 1973; *Peterek*, Langandauernde Kurzarbeit und Urlaubsentgelt nach dem BUrlG, DB 1967, 1369; *Sibben*, Das Urlaubsgeld, DB 1997, 1178; *Hj. Weber*, Die Ansprüche auf Urlaub, Urlaubsentgelt und Urlaubsabgeltung, RdA 1995, 229.

Übersicht

	Rz
I. Allgemeines	1
II. Berechnungsgrundsätze	3
1. Überblick	3
2. Geld- und Zeitfaktor	6
3. Entgeltfortzahlung und „Lebensstandardprinzip"	10
4. Grenzen tariflicher Regelungsmacht	16
III. Berechnung des Geldfaktors	18
1. Arbeitsverdienst	18
a) Grundsatz	18
b) Akkord- und Prämienlohn	22

Urlaubsentgelt § 11 BUrlG

	Rz
c) Provisionen	24
d) Umsatzbeteiligungen, Tantiemen	29
e) Zulagen	30
f) Aufwendungsersatz	34
g) Bedienungsprozente	35
h) Sachbezüge	38
i) Gratifikationen und sonstige einmalige Zahlungen	39
j) Zahlungen durch Dritte	40
k) Vermögenswirksame Leistungen	41
2. Mehrarbeitsvergütung	42
3. Berechnungszeitraum von 13 Wochen	46
4. Durchschnittlicher Arbeitsverdienst	49
a) Berechnung bei gleichmäßiger Arbeitszeit	49
b) Berechnung bei Teilzeit und flexibilisierter Arbeitszeit	53
5. Verdiensterhöhungen	57
6. Verdienstkürzungen	61
a) Kurzarbeit	62
b) Arbeitsausfälle	67
c) Unverschuldete Arbeitsversäumnis	71
IV. Berechnung des Zeitfaktors	74
V. Fälligkeit des Anspruchs auf Urlaubsentgelt (§ 11 Abs. 2)	80
VI. Urlaubsgeld	86
VII. Vererbbarkeit, Pfändbarkeit und Abtretbarkeit des Urlaubsentgelt- und Urlaubsgeldanspruchs	95
VIII. Verzicht, Verwirkung, Verjährung und Verfall	99
IX. Mitbestimmung durch Betriebsrat oder Personalrat	105
X. Abdingbarkeit	107

I. Allgemeines

§ 11 enthält Regelungen über die **Bemessung des Urlaubsentgelts**. Diese 1
Bestimmung ergänzt § 1, wonach der Arbeitnehmer Anspruch auf bezahlten Erholungsurlaub hat, und bestimmt die Höhe des während des Urlaubs fortzuzahlenden Entgelts. § 11 ist keine Anspruchsgrundlage für den Anspruch auf Urlaubsentgelt (ebenso *Busch* NZA 1996, 1246; ErfK/*Dörner* § 11 BUrlG Rz 1; Kasseler Handbuch/*Schütz* 2.4 Rz 457). Dieser Anspruch ergibt sich dem Grunde nach vielmehr aus § 611 BGB, weil Urlaubsentgelt die fortgezahlte Arbeitsvergütung während der Urlaubszeit ist (vgl. BAG 20. 6. 2000 AP Nr. 28 zu § 7 BUrlG; BAG 22. 2. 2000 EzA § 11 BUrlG Nr. 46; BAG 9. 11. 1999 AP Nr. 47 zu § 11 BUrlG; BAG 24. 11. 1992 AP Nr. 34 zu § 11 BUrlG; BAG 24. 10. 1989 BAGE 63, 181, 183 = AP Nr. 29 zu § 11 BUrlG; BAG 12. 1. 1989 BAGE 61, 1, 3 = AP Nr. 13 zu § 47 BAT). Der Anspruch auf Urlaubsentgelt ist daher **mit dem Lohnanspruch identisch**. Er ist nicht etwa, wie von Vertretern der Einheitstheorie (§ 1 Rz 15 ff.) angenommen wird (vgl. *Dersch/Neumann* § 11 Rz 8 und 10; GK-BUrlG/ *Stahlhacke* § 11 Rz 1), Bestandteil des Urlaubsanspruchs.
Die Regelung über die Bemessung des Urlaubsentgelts in § 11 wurde bis- 2
her zweimal geändert. Mit dem **Heimarbeitsänderungsgesetz vom 29. 10.**

BUrlG § 11 *Teil I. C. Erläuterungen zum BUrlG*

1974 (BGBl. I S. 2879) ist klargestellt worden, daß die zum Arbeitsentgelt gehörenden Sachbezüge für die Dauer des Urlaubs angemessen in bar abzugelten sind, wenn sie während des Urlaubs nicht weitergewährt werden (§ 11 Abs. 1 Satz 4 BUrlG). Durch das „Arbeitsrechtliche Gesetz zur Förderung von Wachstum und Beschäftigung (**Arbeitsrechtliches Beschäftigungsförderungsgesetz**)" **vom 25. 9. 1996** (BGBl. I S. 1476) ist mit Wirkung vom 1. 10. 1996 auch § 11 geändert worden (vgl. zur Diskussion über den Gesetzentwurf und die endgültige Gesetzesfassung *Bauer/ Lingemann* BB 1996, Beil. 17 S. 13; *Boerner* ZTR 1996, 448; *Buchner* NZA 1996, 1177; *Buschmann* AuR 1996, 290; *Hohmeister* NZA 1996, 1186; *ders.* DB 1997 172; *Leinemann* BB 1996, 1381; *Löwisch*, NZA 1996, 1015; *Rzadkowski* Der Personalrat 1997, 6; *Schwedes* BB 1996 Beil. 17 S. 2, 7; *Zachert*, DB 1996, 2079). In Satz 1 wurde am Ende der Halbsatz „mit Ausnahme des zusätzlich für Überstunden gezahlten Arbeitsverdienstes" eingefügt (dazu Rz 42 ff.).

II. Berechnungsgrundsätze

1. Überblick

3   Bei der Bestimmung die Höhe des Urlaubsentgelts ist zu berücksichtigen, daß das Urlaubsentgelt die während des Urlaubs fortgezahlte Arbeitsvergütung ist (vgl. Rz 1). Da der Arbeitnehmer für die Dauer des Urlaubs von den in dieser Zeit bestehenden Arbeitspflichten befreit ist, besteht ein Anspruch auf Urlaubsentgelt nur für die **Arbeitszeit, die durch den Urlaub ausfällt**. Insoweit gilt das sog. „**Lohnausfallprinzip**" (vgl. ErfK/*Dörner* § 11 BUrlG Rz 4).

4   Das „Lohnausfallprinzip" ist allerdings für die Bemessung des Urlaubsentgelts nicht allein maßgebend. Nach § 11 Satz 1 bemißt sich die **Höhe des Urlaubsentgelts** vielmehr grundsätzlich nach dem durchschnittlichen Arbeitsverdienst, den der Arbeitnehmer in den letzten dreizehn Wochen vor dem Beginn des Urlaubs erhalten hat (sog. „**Referenzprinzip**"). Die Höhe des Arbeitsverdienstes für die durch den Urlaub ausgefallene Arbeitszeit wird durch eine vergangenheitsbezogene Berechnung ermittelt. Grundlage der Berechnung ist der durchschnittliche Verdienst der letzten dreizehn Wochen vor dem Beginn des Urlaubs. Hierin unterscheidet sich die Berechnung des Urlaubsentgelts von der Entgeltfortzahlung im Krankheitsfall. Für jene ist nach § 4 EFZG nämlich der Verdienst entscheidend, den der Arbeitnehmer tatsächlich in der Zeit der Arbeitsunfähigkeit erzielt hätte, wenn er gearbeitet hätte (vgl. ErfK/*Dörner* § 4 EFZG Rz 13; *Schmitt* EFZG § 4 Rz 12; Kasseler Handbuch/*Vossen* 2.2 Rz 338 f.).

5   § 11 Abs. 1 sieht verschiedene **Ausnahmen vom „Referenzprinzip"** vor. Bei Verdiensterhöhungen nicht nur vorübergehender Natur, die während des Berechnungszeitraums oder des Urlaubs eintreten, ist nach § 11 Abs. 1 Satz 2 von dem erhöhten Verdienst auszugehen. Dies entspricht eher dem Lohnausfallprinzip. Verdienstkürzungen im Berechnungszeitraum infolge Kurzarbeit, Arbeitsausfall oder unverschuldeter Arbeitsversäumnis bleiben

außer Betracht. Auch dies entspricht dem Lohnausfallprinzip. Urlaubsentgeltansprüche können daher höher als das Entgelt sein, das der Arbeitnehmer erhalten würde, wenn er, ohne Urlaub zu erhalten, weiter gearbeitet hätte.

2. Geldfaktor und Zeitfaktor

Für die konkrete Berechnung des Urlaubsentgelts sind die Grundsätze 6 des „Lohnausfallprinzips" und des „Referenzprinzips" zusammenzuführen. Dies geschieht, indem nach dem „Lohnausfallprinzip" der Zeitfaktor und nach dem „Referenzprinzip" der Geldfaktor bestimmt wird. Die Berechnung des Urlaubsentgelts erfolgt damit nach einem **gemischten System** (ErfK/*Dörner* § 11 BUrlG Rz 4; im Grundsatz ebenso *Busch* NZA 1996, 1246).

Der **Zeitfaktor** gibt die Dauer (nach Tagen bzw. Stunden) der durch den 7 Urlaub konkret ausfallenden Arbeitszeit an (näher dazu Rz 74 ff.). Für diese Zeit erhält der Arbeitnehmer Urlaubsentgelt. Die tatsächlich ausfallende Arbeitszeit und nicht etwa die in den vergangenen dreizehn Wochen durchschnittlich geleistete Arbeitszeit ist damit für die Berechnung des Urlaubsentgelts maßgeblich.

Der **Geldfaktor** gibt den Geldwert der konkret ausgefallenen Arbeitszeit 8 an (ErfK/*Dörner* § 11 BUrlG Rz 5; Kasseler Handbuch/*Schütz* 2.4 Rz 454). Er wird nach Maßgabe von § 11 Abs. 1 berechnet.

Das während des Urlaubs fortzuzahlende Entgelt errechnet sich damit 9 durch **Multiplikation des Zeitfaktors mit dem Geldfaktor** (ebenso BAG 9. 11. 1999 AP Nr. 47 zu § 11 BUrlG; BAG 22. 2. 2000 EzA § 11 BUrlG Nr. 46). Ein Arbeitnehmer, der einen monatlich gleichbleibenden Arbeitsverdienst hat, erhält damit diesen Arbeitsverdienst als Urlaubsentgelt, wenn sich die Arbeitszeit während des Urlaubs nicht verändert hat (vgl. hierzu Rz 75) und im Bezugszeitraum der letzten dreizehn Wochen vor dem Beginn des Urlaubs keine Änderungen bei der Verdiensthöhe eingetreten sind (vgl. hierzu Rz 57 ff.).

3. Entgeltfortzahlung und „Lebensstandardprinzip"

Gelegentlich wird auch heute noch im Schrifttum die Auffassung vertreten, die Höhe des Urlaubsgelds richte sich nach dem sog. Lebensstandardprinzip (vgl. *Boldt/Röhsler* § 11 Rz 1; *Dersch/Neumann* § 11 Rz 10; *Hohmeister* § 11 Rz 6; *Natzel* § 11 Rz 1 ff.; *Siara* § 1 Rz 13; GK-BUrlG/ *Stahlhacke* § 11 Rz 1). Damit wird an die **vor Inkrafttreten des BUrlG ergangene Rechtsprechung** angeknüpft. Der Erste Senat des Bundesarbeitsgerichts (BAG 22. 6. 1956 BAGE 3, 52 = AP Nr. 11 zu § 611 BGB Urlaubsrecht; 27. 7. 1956 BAGE 3, 99 = AP Nr. 12 zu § 611 BGB Urlaubsrecht; 16. 10. 1959 BAGE 8, 164 = AP Nr. 48 zu § 611 BGB Urlaubsrecht; 13. 11. 1959 BAGE 8, 219 = AP Nr. 54 zu § 611 BGB Urlaubsrecht) hatte in den fünfziger Jahren für das während der Urlaubszeit zu zahlende Entgelt angenommen, daß der Arbeitnehmer nicht besser-, aber auch nicht schlechtergestellt sein solle, als er stehen würde, wenn er gearbeitet hätte. Das Urlaubsentgelt solle dem Arbeitnehmer in die Lage versetzen, die ihm zur Erholung

BUrlG § 11 *Teil I. C. Erläuterungen zum BUrlG*

gewährte Freizeit möglichst ohne Einschränkung seines bisherigen Lebenszuschnitts zu verbringen.

11 Die hieraus vom Gericht gezogenen Folgerungen, z.b. die Nichtberücksichtigung von Krankheitszeiten oder von Zeiten der Teilnahme des Arbeitnehmers an einem rechtmäßigen Arbeitskampf, sind bei der **Normierung des Urlaubsrechts** in § 1 und in § 11 Abs. 1 berücksichtigt worden (vgl. dazu Rz 68). Mit der gesetzlichen Regelung der Entgeltfortzahlungspflicht in § 1 und der Festlegung der Berechnung in § 11 hat sich das Bedürfnis erledigt, das aus allgemeinen Erwägungen gewonnene Lebensstandardprinzip als Beurteilungsmaßstab für die Bemessung des Urlaubsentgelts heranzuziehen.

12 Dennoch haben der Fünfte Senat (BAG 20. 3. 1969 AP Nr. 3 zu § 13 BUrlG Unabdingbarkeit; vgl. ebenso schon BAG 29. 11. 1962 AP Nr. 5 zu § 3 UrlG Niedersachsen; anders noch BAG 10. 4. 1961 AP Nr. 2 zu § 5 UrlG Hessen) und bis zum Jahre 1981 auch der Sechste Senat (BAG 8. 10. 1981 AP Nr. 3 zu § 47 BAT; BAG 27. 1. 1981 AP Nr. 2 zu § 47 BAT; BAG 29. 11. 1984 BAGE 47, 268 = AP Nr. 22 zu § 7 BUrlG Abgeltung) das Lebensstandardprinzip weiter zur **Auslegung von tariflichen Urlaubsentgeltregelungen** benutzt, nun allerdings mit verändertem Inhalt. Sollte vor dem Inkrafttreten des BUrlG nach der Rechtsprechung des Ersten Senats durch den Hinweis auf den Lebenszuschnitt sichergestellt werden, daß der Arbeitnehmer während des Urlaubs das gleiche Entgelt wie zuvor erhielt, stand nunmehr umgekehrt die Rechtfertigung von Tarifbestimmungen im Vordergrund, die für den Arbeitnehmer nachteilig waren.

13 Nach Auffassung des Fünften Senats (BAG 20. 3. 1969 AP Nr. 3 zu § 13 BUrlG Unabdingbarkeit) waren nämlich bei der Beurteilung der Frage, ob eine tarifliche Regelung zur Ermittlung des Urlaubsentgelts in das hierbei zu beachtende Lebensstandardprinzip eingreift, die **Gesamtauswirkungen der Regelung** zu beachten. Eine Orientierung allein am Einzelfall oder einer Gruppe von Fallgestaltungen erscheine unzulässig. Wenn sich bei einer solchen Gesamtschau nach oben oder nach unten Abweichungen des errechneten Urlaubsentgelts von dem erzielbaren Verdienst ergäben, so sei die tarifliche Regelung grundsätzlich zulässig. Nur wenn die Abweichung zuungunsten des Arbeitnehmers unangemessen hoch sei, wenn „empfindlich" in das Lebensstandardprinzip eingegriffen werde, sei es nicht mehr möglich, sie hinzunehmen.

14 Mit diesem Inhalt des Lebensstandardprinzips hat das BAG **beispielsweise** die Nichtberücksichtigung von geleisteten Bereitschaftsstunden und von Nachtarbeitszuschlägen (BAG 8. 10. 1981 AP Nr. 3 zu § 47 BAT) bei der Berechnung des nach dem Tarifvertrag zu zahlenden Urlaubsentgelts für zulässig erachtet. Ebenso hat es mit dieser Überlegung auch Kürzungen des Urlaubsentgelts für zulässig gehalten, die sich aus Kurzarbeit im Betrieb ergaben (BAG 6. 5. 1976 – 5 AZR 338/75 – n. v.; BAG 27. 6. 1978 AP Nr. 15 zu § 11 BUrlG). Entsprechend hatte das LAG Baden-Württemberg gegen die tariflich angeordnete Minderung des Urlaubsentgelts bei Kurzarbeit unmittelbar vor oder während der Urlaubszeit keine Bedenken (LAG Baden-Württemberg 12. 1. 1977 DB 1977, 919; zur kritischen Würdigung MünchArbR/*Leinemann* § 90 Rz 10 m. w. N.; zur Beliebigkeit des Lebens-

standardprinzips als Mittel juristischer Argumentation schon BAG 29. 7.
1980 BAGE 34, 80, 87 = AP Nr. 37 zu § 37 BetrVG 1972).
An dieser Rechtsprechung hält das BAG zu Recht nicht mehr fest (vgl. 15
BAG 12. 1. 1989 BAGE 61, 1 = AP Nr. 13 zu § 47 BAT = SAE 1990, 265
m. zust. Anm. *Natzel*). Der Urlaubsentgeltanspruch wird ausschließlich
durch die aus dem Lohnausfallprinzip und dem Referenzprinzip entwickelten Geld- und Zeitfaktoren bestimmt. Auf ein aus allgemeinen Erwägungen
gewonnenes „Lebensstandardprinzip" kommt es nicht an. Die damit verbundenen Erwägungen sind durch die Einführung des BUrlG überholt (vgl.
Leinemann AuR 1987, 193, 198; wie hier auch ErfK/*Dörner* § 11 BUrlG
Rz 6; MünchKomm/*Müller-Glöge* § 611 Rz 388; *Schütz/Hauck* Rz 770).

4. Grenzen tariflicher Regelungsmacht

Mit Rücksicht auf die in § 1 festgeschriebene Entgeltfortzahlungspflicht 16
sind tarifliche Regelungen, die von § 11 Abs. 1 abweichen, nur dann zulässig, wenn damit gewährleistet ist, daß für den **gesetzlichen Mindesturlaub**
der Entgeltanspruch des Arbeitnehmers in dem durch § 11 Abs. 1 gegebenen
Rahmen erhalten bleibt. Die Grenze tariflicher Regelungsmacht ist also
nicht das Lebensstandardprinzip, für das durch Gesamtschau zu prüfen
wäre, ob es mehr oder weniger „empfindlich" verletzt ist. Unter Umständen kann es aber darauf ankommen, ob eine tarifliche Urlaubsentgeltregelung insgesamt günstiger ist als die gesetzliche Regelung (vgl. dazu § 13
Rz 101 ff.).

Für den von den Tarifvertragsparteien **zusätzlich** zum gesetzlichen Mindesturlaub geregelten Urlaubsanspruch bestehen diese Bindungen nicht. In 17
welcher Weise Tarifvertragsparteien mit Tarifregelungen den tariflichen Urlaubsanspruch selbst ausgestalten, etwa indem sie ihn an Arbeitsleistungen
des Arbeitnehmers binden und wie sie die Entgeltfortzahlungspflicht regeln,
ist ihnen überlassen. Auch insoweit kommt es auf das Lebensstandardprinzip nicht an (unklar *Dersch/Neumann* § 11 Rz 10, 83).

III. Berechnung des Geldfaktors

1. Arbeitsverdienst

a) Grundsatz

Der Geldfaktor für die Berechnung des Urlaubsgelds bestimmt sich nach 18
dem durchschnittlichen Arbeitsverdienst im Berechnungszeitraum der letzten dreizehn Wochen vor Beginn des Urlaubs. Arbeitsverdienst ist dabei die
vom Arbeitgeber erbrachte Gegenleistung für das Tätigwerden des Arbeitnehmers im Berechnungszeitraum (BAG 17. 1. 1991 BAGE 67, 94 =
AP Nr. 30 zu § 11 BUrlG; BAG 24. 11. 1992 AP Nr. 34 zu § 11 BUrlG).
Zum Arbeitsverdienst gehören alle Lohnarten, wie beispielsweise Stunden-,
Tage-, Wochen-, Monats-, Schicht- oder Jahreslohn, sowie das Gehalt, welches üblicherweise für die Zeitdauer des Monats gezahlt und berechnet wird.

Arbeitsverdienst ist auch das Entgelt, welches der Arbeitnehmer als **Ent-** 19
geltfortzahlung im Krankheitsfall nach §§ 3 und 4 EFZG vom Arbeitgeber

während der Arbeitsunfähigkeit erhält, sowie das Entgelt für **regelmäßige Sonn- und Feiertagsarbeit** einschließlich der dafür gezahlten Zuschläge (BAG 16. 6. 1961 AP Nr. 1 zu § 7 UrlG Schleswig-Holstein; BAG 8. 6. 1977 AP Nr. 13 zu § 11 BUrlG; *Natzel* § 11 Rz 32 m. w. N.; s. auch unten Rz 33). Hat der Arbeitnehmer während des Berechnungszeitraums Urlaub erhalten, ist auch das für diese Zeit gezahlte **Urlaubsentgelt** (aber **nicht das Urlaubsgeld**, vgl. Rz 39) zu berücksichtigen (ErfK/*Dörner* § 11 BUrlG Rz 18). Trotz nicht erbrachter Arbeitsleistung sind das Urlaubsentgelt und die Entgeltfortzahlung im Krankheitsfall bei der Berechnung des Geldfaktors zu berücksichtigen, weil es sich hierbei um den Arbeitsverdienst des Arbeitnehmers handelt, den der Arbeitgeber nach den Bestimmungen des BUrlG und des EFZG zu leisten hat, obwohl der Arbeitnehmer keine Arbeitsleistung erbracht hat. In die Berechnung einzubeziehen ist auch die Vergütung für **Rufbereitschaft**. Nach den Regelungen des MTV Stahl NRW wird die Vergütung für die Rufbereitschaft für das Bereithalten der Arbeitskraft als „variabler Lohnbestandteil" geschuldet. Sie ist deshalb bei der Berechnung der Urlaubsvergütung zu berücksichtigen vgl. BAG 20. 6. 2000 EzA § 11 BUrlG Nr. 47. Bereitschaftsdienst und Rufbereitschaft sind keine Überstunden i. S. v. § 11 Abs. 1 (BAG 24. 10. 2000 NZA 2001, 449).

20   **Bezahlte Arbeitspausen** sind bei der Berechnung der Urlaubsvergütung zu berücksichtigen (BAG 23. 1. 2001 – 9 AZR 4/00; vgl. dazu auch BAG 31. 1. 1991 AP Nr. 31 zu § 11 BUrlG; Kasseler Handbuch/*Schütz* 2.4 Rz 469). Nach § 2 Abs. 1 ArbZG ist Arbeitszeit zwar die Zeit vom Beginn bis zum Ende der Arbeit ohne die Ruhepausen. Sieht eine tarifliche oder einzelvertragliche Vereinbarung jedoch die Vergütung der Pausen vor, handelt es sich um Arbeitsverdienst, den der Arbeitgeber aufgrund besonderer Vereinbarung trotz fehlender Arbeitsleistung des Arbeitnehmers in dieser Zeit zu zahlen hat (vgl. zur Vergütung von Ruhepausen *Baeck/Deutsch* ArbZG § 4 Rz 25 ff.).

21   Die dem Arbeitnehmer nach vielen Tarifverträgen (vgl. etwa § 4 Nr. 5 Abs. 2 MTV Eisen-, Metall-, Elektro- und Zentralheizungsindustrie NRW vom 29. 2. 1988) ohne Lohn- oder Gehaltsabzug gewährte **Zeit zum Einnehmen der Mahlzeiten** ist eine Zeit der Arbeitsunterbrechung, in der die Arbeitnehmer befugt sind, ihren Arbeitsplatz zu verlassen. Diese Zeit ist **Pausenzeit** und daher gemäß § 2 Abs. 1 ArbZG arbeitsschutzrechtlich nicht zur Arbeitszeit zu rechnen. Die Vergütung der Pausenzeit bewirkt jedoch, daß diese Zeit bei der Berechnung des Geldfaktors zu berücksichtigen ist. Der Zeitfaktor bleibt jedoch unberührt, weil die Pausenzeit keine Arbeitszeit ist (BAG 31. 1. 1991 AP Nr. 31 zu § 11 BUrlG; BAG 23. 1. 2001 – 9 AZR 4/00).

b) Akkord- und Prämienlohn

22   Der Akkord (vgl. zu den verschiedenen Arten z. B. *Natzel* § 11 Rz 34) oder das Gedinge im Bergbau sind Arbeitsverdienst im Sinne des § 11. Dies gilt unabhängig davon, ob Geld- oder Zeitakkord vorliegt oder ob der Akkord als Einzelleistung oder Leistung einer Gruppe abgerechnet wird. Bei der Berechnung darf nicht auf den Akkordrichtsatz, den garantierten Akkordmindestverdienst oder gar auf den Zeitlohn zurückgegriffen werden.

Urlaubsentgelt **§ 11 BUrlG**

Maßgeblich ist vielmehr der **tatsächliche Akkordverdienst** der letzten 13 Wochen vor Urlaubsbeginn (zutreffend *Dersch/Neumann* § 11 Rz 17; Erf K/*Dörner* § 11 BUrlG Rz 9; GK-BUrlG/*Stahlhacke* § 11 Rz 18). Der Prämienlohn ist Arbeitsverdienst i. S. von § 11. **Leistungsprämien,** 23 die für Arbeitsleistungen während des Bezugszeitraums gewährt werden, sind für die Entgeltberechnung heranzuziehen. So sind bei Lizenzfußballspielern Einsatzprämien, Punktprämien, tabellenplatzorientierte Punktprämien und Punktprämien für Ersatzspieler nach § 11 für die Berechnung des Urlaubsentgelts maßgeblich (BAG 24. 2. 1972, 24. 11. 1992, 23. 4. 1996 AP Nr. 10, 34, 40 zu § 11 BUrlG). Leistungen, die nicht im gesetzlichen Berechnungszeitraum anfallen, sondern auf das gesamte Jahr bezogen sind, erhöhen nicht das Urlaubsentgelt (BAG 23. 4. 1996 AP Nr. 40 zu § 11 BUrlG). Daher wirken jahresbezogene Meisterschafts- oder Nichtabstiegsprämien, die im Berechnungszeitraum bezahlt werden, nicht entgelterhöhend, da sie nicht Verdienst für die letzten 13 Wochen, sondern ein besonderes Entgelt für die Saisonleistung sind.

c) Provisionen

Provisionen sind Arbeitsverdienst i. S. von § 11 und daher in die Berech- 24 nung des Urlaubsentgelts **einzubeziehen** (*Dersch/Neumann* § 11 Rz 23; Erf K/*Dörner* § 11 BUrlG Rz 15; *Hohmeister* § 11 Rz 30; Kasseler Handbuch/*Schütz* 2.4 Rz 473). Dies gilt sowohl für die Fälle, in denen der Arbeitsverdienst allein aus der Provision besteht, als auch für die Fälle, in denen die Provision zusätzlich zu einem Fixum oder Gehalt gezahlt wird. Für die Berechnung des Urlaubsentgelts sind alle Provisionsleistungen zu berücksichtigen, die ein Handlungsgehilfe für die Vermittlung oder den Abschluß von Geschäften vertragsgemäß erhält (BAG 11. 4. 2000 AP Nr. 48 zu § 11 BUrlG).

Umsatzprovisionen, die trotz Wegfalls der Arbeitsleistung im Urlaub 25 weitergezahlt werden (vgl. BAG 14. 3. 1966 AP Nr. 3 zu § 11 BUrlG), **Superprovisionen,** die der Vertreter für Geschäfte erhält, die von Dritten vermittelt werden (BAG 5. 2. 1970 AP Nr. 7 zu § 11 BUrlG), und **Provisionen, die für das gesamte Jahr gezahlt werden** (BAG 14. 3. 1966, 23. 4. 1996 AP Nr. 3, 40 zu § 11 BUrlG), sind zwar Arbeitsverdienst. Gleichwohl bleiben diese Zahlungen bei der Berechnung des Urlaubsentgelts außer Betracht. Denn diese Leistungen sind nicht Gegenleistung für eine in dem Berechnungszeitraum erbrachte Arbeitsleistung des Arbeitnehmers (vgl. BAG 24. 11. 1992 AP Nr. 34 zu § 11 BUrlG). Sie sind vielmehr eine Gegenleistung für die Gesamtleistung des Arbeitnehmers im laufenden Jahr bzw. beruhen auf Arbeitsleistungen Dritter. Diese Provisionen entfallen auch nicht wegen des Urlaubs. Ihre Berücksichtigung würde deshalb zu einer Doppelleistung des Arbeitgebers führen (zutreffend *Söllner* Anm. zu BAG AP Nr. 7 zu § 11 BUrlG; GK-BUrlG/*Stahlhacke* § 11 Rz 25). Gleiches gilt für **Bezirksprovisionen,** auch sie bleiben bei der Berechnung des Urlaubsentgelts unberücksichtigt (BAG 11. 4. 2000 AP Nr. 48 zu § 11 BUrlG).

Auch für die Provision muß auf den Durchschnittsverdienst der **letzten** 26 **13 Wochen** vor dem Urlaubsbeginn zurückgegriffen werden (vgl. LAG Frankfurt 27. 4. 1981 AuR 1982, 130; Erf K/*Dörner* § 11 BUrlG Rz 22; Kas-

BUrlG § 11 *Teil I. C. Erläuterungen zum BUrlG*

seler Handbuch/*Schütz* 2.4 Rz 476). Die in der älteren Rechtsprechung (vgl. BAG 16. 10. 1959 BAGE 8, 164 = AP Nr. 48 zu § 611 BGB Urlaubsrecht; BAG 29. 11. 1962 AP Nr. 6 zu § 419 BGB Betriebsnachfolge; BAG 30. 7. 1975 AP Nr. 12 zu § 11 BUrlG) und im Schrifttum (*Dersch/Neumann* § 11 Rz 24; *Natzel* § 11 Rz 54; GK-BUrlG/*Stahlhacke* § 11 Rz 23) befürwortete Ausdehnung des 13-Wochen-Zeitraumes bei schwankenden Provisionszahlungen auf einen Jahres- oder gar Dreijahreszeitraum ist mit dem Gesetz nicht vereinbar und kann allenfalls durch Tarifverträge in zulässiger Abweichung von § 11 vereinbart werden. Ist vereinbart, daß der Arbeitsgeber auf die erwarteten Provisionen monatliche Vorschüsse leistet und später abrechnet, sind die in den letzten drei vollen Kalendermonaten vor Urlaubsbeginn nach § 87a Abs. 1 Satz 1 HGB fällig gewordenen Provisionsansprüche nach § 11 Abs. 1 Satz 1 zu berücksichtigen (BAG 11. 4. 2000 AP Nr. 48 zu § 11 BUrlG).

27   Im Fall einer entsprechenden **tariflichen Regelung** kann das schwankende Provisionseinkommen des Arbeitnehmers für einen bestimmten Zeitraum insbesondere dann geschätzt werden, wenn im Tarifvertrag nicht das Referenz-, sondern das Lohnausfallprinzip vereinbart worden ist (vgl. BAG 19. 9. 1985 BAGE 49, 370 = AP Nr. 21 zu § 13 BUrlG). Sind die Einkünfte des Arbeitnehmers aus Provisionen im Verlauf eines Jahres unterschiedlich hoch, muß das Urlaubsentgelt, wenn darüber ein Rechtsstreit geführt wird, ggf. nach § 287 Abs. 2 ZPO ermittelt werden.

28   Ebenfalls abzulehnen ist die im Schrifttum vertretene Auffassung, der Bezugszeitraum dürfe für Provisionen **einzelvertraglich** auf einen längeren Zeitraum als 13 Wochen ausgedehnt werden (vgl. *Boldt/Röhsler* § 11 Rz 30; *Borrmann* § 11 Rz 10; *Dersch/Neumann* § 11 Rz 24; *Siara* § 11 Rz 13; *Stahlhacke* GK-BUrlG § 11 Rz 24). Mit dieser Auffassung wird übersehen, daß nach § 13 Abs. 1 nur die tarifvertragliche Abweichung mit der Ausnahme nach § 13 Abs. 1 Satz 2 ermöglicht wird. Nur soweit einzelvertragliche Regelungen, die einen längeren Bezugszeitraum als 13 Wochen vor Urlaubsantritt bestimmen, für den Arbeitnehmer **günstiger** sind, bestehen gegen sie keine Bedenken (ebenso ErfK/*Dörner* § 11 BUrlG Rz 22; Kasseler Handbuch/*Schütz* 2.4 Rz 477).

d) Umsatzbeteiligungen, Tantiemen

29   Wird eine **Beteiligung am Umsatz** auch dann gezahlt, wenn der Arbeitnehmer keine Arbeitsleistung erbringt, sind diese Leistungen wie die oben genannten Provisionen (s. Rz 25) **nicht zu berücksichtigen**. Gleiches gilt für **Tantiemen**. Ist die Umsatzbeteiligung allerdings auf die Arbeitsleistung des einzelnen Arbeitnehmers bezogen (z.B.: „5% des Umsatzes, der aufgrund ihrer Vermittlung zustandekommt"), besteht nicht die Gefahr der Doppelzahlung, da bei der Befreiung von der Arbeitspflicht keine Umsatzbeteiligungen anfallen (zu Bedienungsgeldern in der Gastronomie vgl. Rz 35). In diesem Fall zählt die Umsatzbeteiligung zum Arbeitsverdienst im Sinne von § 11 Abs. 1 Satz 1 (ebenso ErfK/*Dörner* § 11 BUrlG Rz 15).

e) Zulagen

30   **Zulagen und Zuschläge sind Arbeitsverdienst i.S. von § 11**, wenn sie für besondere Gegebenheiten des Arbeitsverhältnisses gezahlt werden und

Urlaubsentgelt § 11 BUrlG

nicht nur einen konkreten Aufwand ersetzen (dazu Rz 34), der nur bei tatsächlicher Arbeitsleistung anfällt. Auf das sog. **Lebensstandardprinzip** kommt es dabei nicht an (Rz 10 ff. und BAG 12. 1. 1989 BAGE 61,1 = AP Nr. 13 zu § 47 BAT, zu II 3 der Gründe). Die Zahlungen sind für die Berechnung des Urlaubsentgelts auch dann heranzuziehen, wenn sie unregelmäßig angefallen oder arbeitszeitrechtlich unzulässig waren (BAG 9. 12. 1965 AP Nr. 2 zu § 11 BUrlG).

Ist die Pflicht zur **Zahlung von tariflichen Zulagen von Tätigkeiten im** 31 **tariflichen Berechnungszeitpunkt abhängig** und steht sie demgemäß dem Angestellten nach dem Tarifvertrag nicht zu, wenn dieser seine Tätigkeit nicht erbracht hat, ist dies nicht zu beanstanden. Das trifft auch für einen vom Grundwehrdienst zurückgekehrten Assistenzarzt zu, der wegen seines Wehrdienstes keine für den Aufschlag nach § 47 Abs. 2 BAT erforderlichen Überstunden, Bereitschaftsdienste oder Rufbereitschaft hatte leisten können (vgl. dazu BAG 27. 1. 1981 und 7. 4. 1987 AP Nr. 2 und 7 zu § 47 BAT sowie § 13 Rz 108).

Wird im öffentlichen Dienst das Arbeitsverhältnis eines Arbeiters in ein 32 Angestelltenverhältnis geändert, bestimmt sich der **Aufschlag zur Urlaubsvergütung** nach § 47 Abs. 2 BAT und nicht nach dem zuvor maßgeblichen § 48 MTB II. Zeit- und Überstundenzuschläge, die der Arbeitnehmer als Arbeiter erhalten hatte, sind in die Berechnung nicht aufzunehmen (BAG 21. 4. 1988 AP Nr. 11 zu § 47 BAT).

Zum Arbeitsverdienst i.S. von § 11 gehören grundsätzlich folgende Zu- 33 schläge und Zulagen:
– Vergütung für **Bereitschaftsdienst und Rufbereitschaft,** (vgl. § 47 Abs. 2 BAT, dazu BAG 19. 3. 1996 AP Nr. 20 zu § 47 BAT; § 5 MTV Stahl NRW, dazu BAG 20. 6. 2000 DB 2001, 489);
– **Erschwernis- und Gefahrenzuschläge** (*Dersch/Neumann* § 11 Rz 35; ErfK/*Dörner* § 11 BUrlG Rz 14);
– **Familien- oder Kinderzuschläge** (*Dersch/Neumann* § 11 Rz 35);
– **Nachtzuschläge** (BAG 12. 1. 1989 AP Nr. 13 zu 47 BAT);
– **Nahauslösungen** gehören nach zum regelmäßigen Arbeitsverdienst, soweit sie versteuert werden müssen (BAG 10. 3. 1988 AP Nr. 21 zu § 11 BUrlG);
– **Schichtzulagen** (*Dersch/Neumann* § 11 Rz 35);
– **Schmutzzulagen,** die nicht für erhöhte Reinigungskosten bezahlt werden, sondern für die besonderen Erschwernisse am Arbeitsplatz;
– **Sonn- und Feiertagszuschläge,** sofern diese nicht im Rahmen von Mehrarbeit geleistet werden (vgl. BAG 8. 6. 1977 AP Nr. 13 zu § 11 BUrlG, wo auch im Hinblick auf § 11 a.F. Mehrarbeitszuschläge berücksichtigt wurden). Hat der Arbeitnehmer an Sonn- und Feiertagen regelmäßig zu arbeiten, wie beispielsweise im Hotel- und Gaststättengewerbe, handelt es sich hierbei um laufenden Arbeitsverdienst.

f) Aufwendungsersatz

Bei der Berechnung des Urlaubsentgelts bleiben Aufwendungsersatzlei- 34 stungen unberücksichtigt. Hierzu gehören vor allem **Spesen und Fahrgelder,** die nach entstandenem Aufwand abgerechnet werden, und zwar auch dann, wenn bei der Abrechnung Pauschalen angesetzt werden (vgl. BAG 9. 12. 1965 BAGE 18, 12 = AP Nr. 2 zu § 11 BUrlG). Denn auch diese Zahlung setzt einen tatsächlich entstandenen Aufwand voraus, der lediglich aus Gründen der Vereinfachung der Höhe nach nicht konkret sondern pauschal abgerechnet wird (ebenso im Ergebnis *Dersch/Neumann* § 11 Rz 36). **Fernauslösungen** sind regelmäßig Aufwandsentschädigungen und deshalb bei der Berechnung des Urlaubsgelds nicht zu berücksichtigen (BAG 28. 1. 1982 AP Nr. 11 zu § 2 LohnFG).

g) Bedienungsgelder und Trinkgeld

35 Im Gaststättengewerbe sind Entgeltregelungen üblich, die **zu einem Grundverdienst prozentuale Erhöhungen** – bezogen auf den Einzelumsatz des Arbeitnehmers – vorsehen. Hier gilt das (Rz 29) zu den Umsatzbeteiligungen Ausgeführte entsprechend: Die Bedienungsgelder sind Arbeitsverdienst, der von tatsächlich erbrachter Arbeitsleistung im Bezugszeitraum abhängig ist. Neben einem etwaigen Garantiegehalt sind daher auch die Bedienungsgelder bei der Berechnung des Urlaubsentgelt zu berücksichtigen (ebenso *Dersch/Neumann* § 11 Rz 27; ErfK/*Dörner* § 11 BUrlG Rz 16; Kasseler Handbuch/*Schütz* 2.4 Rz 479). Vereinbarungen, die vorsehen, daß als Urlaubsentgelt trotz im Bezugszeitraum gezahlter Bedienungsgelder nur der Garantielohn bezahlt wird, sind unwirksam (BAG 6. 6. 1958 BAGE 6, 90 = AP Nr. 1 zu § 4 TVG Nachwirkung; BAG 13. 11. 1959 AP Nr. 54 zu § 611 BGB Urlaubsrecht; BAG 28. 10. 1960 BAGE 10, 138 = AP Nr. 1 zu Art. 10 UrlG Bayern; BAG 2. 3. 1961 AP Nr. 3 zu § 1 UrlG Württemberg-Baden).

36 **Trinkgelder** werden freiwillig von Dritten erbracht. Der Arbeitnehmer hat gegen den Arbeitgeber keinen Anspruch auf Zahlung von Trinkgeld. Daher gehören Trinkgelder anders als die Bedienungsgelder arbeitsrechtlich nicht zum Arbeitsverdienst (vgl. BAG 28. 6. 1995 AP Nr. 112 zu § 37 BetrVG 1972; *Dersch/Neumann* § 11 Rz 29; *Natzel* § 11 Rz 38; GK-BUrlG/*Stahlhacke* § 11 Rz 29; *Tautphäus* Rz 153).

37 Wird die Vergütung nach dem sog. **Troncsystem** gezahlt (die Bedienungsprozente fließen in eine Kasse, deren Inhalt nach einem bestimmten Schlüssel auf die Prozentempfänger aufgeteilt wird, vgl. BAG 28. 4. 1993, 11. 3. 1998 AP Nr. 16, 20 zu § 611 BGB Croupier), darf das Urlaubsentgelt jedenfalls dann dem Tronc entnommen werden, wenn auch die Grundvergütung dem Tronc entstammt. Hier kommt es jedoch auf die entsprechende einzelvertragliche bzw. kollektivrechtliche Vereinbarung an. Wird dem Arbeitnehmer zusätzlich zur Grundvergütung ständig ein bestimmter Betrag aus dem Tronc ausgezahlt, ist dies keine Vergütung des Arbeitgebers für eine Leistung des Arbeitnehmers. Insofern gilt nichts anderes als beim Trinkgeld des Gastes (vgl. dazu bereits RAG 11. 9. 1929 ARS 7, 59 (Wiesbadener Kaffeehausfall) sowie RAG 10. 7. 1931 ARS 13, 88).

h) Sachbezüge

38 **Sachbezüge** sind ebenfalls Arbeitsverdienst im Sinne von § 11 Abs. 1. Werden sie während des Urlaubs nicht weitergewährt, sind sie gemäß § 11 Abs. 1 Satz 4 angemessen in bar abzugelten. Als angemessen sind die

Urlaubsentgelt § 11 BUrlG

Sätze für Sachbezüge anzusehen, die bei der Steuerfestsetzung oder der Beitragsbemessung zur Sozialversicherung zugrunde gelegt werden (vgl. dazu *Marschner* AR-Blattei SD 1380). Der Wert für Verpflegung und Unterkunft beträgt im Jahr 2000 monatlich für Verpflegung 366 DM im gesamten Bundesgebiet, für freie Unterkunft 355 DM in den alten Bundesländern, 260 DM in den neuen Bundesländern (vgl. dazu *Figge* DB 1999, 2412, 2420).

i) Gratifikationen und sonstige einmalige Zahlungen

Weihnachtsgeld als Gratifikation, das 13. oder 14. Monatsgehalt, Erfindervergütungen (vgl. *Boldt/Röhsler* § 11 Rz 15; *Natzel* § 11 Rz 39 und 41) und ähnliche einmalige Zahlungen des Arbeitgebers, wie auch Urlaubsgeld (ErfK/*Dörner* § 11 BUrlG Rz 18; zum Urlaubsgeld vgl. Rz 86 ff.), sind zwar Leistungen, auf die der Arbeitnehmer aufgrund des Arbeitsverhältnisses einen Anspruch haben kann. Dennoch wirkt sich die Zahlung derartiger Zuwendungen im Berechnungs- oder Urlaubszeitraum **nicht urlaubsentgelterhöhend** aus, da diese Leistungen aufgrund der Gesamtarbeitsleistung gewährt werden (BAG 14. 3. 1966, 17. 1. 1991 AP Nr. 3, 30 zu § 11 BUrlG; *Boldt/Röhsler* § 11 Rz 46; ErfK/*Dörner* § 11 BUrlG Rz 17; *Natzel* § 11 Rz 41). Sie sind deshalb weder anteilig noch – bei Auszahlung im Berechnungszeitraum – insgesamt zu berücksichtigen. Auch einmalige tarifliche **Ausgleichszahlungen** sind nur dann für die Berechnung der Urlaubsvergütung heranzuziehen, wenn sie wegen ihrer zeitlichen Zuordnung dem Entgelt des Arbeitnehmers im Bezugszeitraum hinzuzurechnen sind (BAG 21. 7. 1988 AP Nr. 24 zu § 11 BUrlG; BAG 17. 1. 1991 AP Nr. 30 zu § 11 BUrlG; *Tautphäus* Rz 151).

j) Zahlungen durch Dritte

Ebenso wie beim Trinkgeld (s. Rz 41) bleiben auch andere Zahlungen an den Arbeitnehmer durch Dritte im Bezugszeitraum bei der Berechnung des Urlaubsentgelts unberücksichtigt. Dies gilt etwa für das Kurzarbeitergeld nach §§ 169 ff. SGB III, das Schlechtwettergeld oder das Insolvenzgeld gemäß §§ 183 ff. SGB III (ebenso *Boldt/Röhsler* § 11 Rz 15; *Natzel* § 11 Rz 47). Hierbei handelt es sich nicht um Arbeitsverdienst.

k) Vermögenswirksame Leistungen

Vermögenswirksame Leistungen, die monatlich zwar aufgrund des Arbeitsvertrages, aber ohne Bezug zum Umfang der tatsächlich erbrachten Arbeitsleistung im jeweiligen Abrechnungszeitraum gezahlt werden, sind **kein Arbeitsverdienst** im Sinne von § 11 Abs. 1 Satz 1 und daher in die Entgeltberechnung nicht mit einzubeziehen (BAG 17. 1. 1991 AP Nr. 30 zu § 11 BUrlG). Da sie unabhängig von der Arbeitsleistung gewährt werden, erhält sie der Arbeitnehmer auch während des Urlaubs weiter (ErfK/*Dörner* § 11 BUrlG Rz 20; *Hohmeister* § 11 Rz 28; Kasseler Handbuch/*Schütz* 2.4 Rz 483). Gleiches gilt für die Arbeitnehmersparzulage gemäß § 13 Abs. 3 5. VermBG, auch wenn diese nicht Bestandteil des Arbeitsentgelts ist (BAG 23. 7. 1976 AP Nr. 1 zu § 12 3. VermBG, zu 3. der Gründe; GK-BUrlG/ *Stahlhacke* § 11 Rz 16; *Tautphäus* Rz 154).

39

40

41

2. Mehrarbeitsvergütung

42 Hat der Arbeitnehmer im Berechnungszeitraum Mehrarbeit geleistet, handelte es sich **bis zu der am 1. 1. 1996 in Kraft getretenen Änderung von § 11 bei dem dafür gezahlten Entgelt um Arbeitsverdienst im Sinne dieser Vorschrift**, der bei der Berechnung des Urlaubsentgelts zu berücksichtigen war. Aufgrund der Gesetzesänderung durch das Arbeitsrechtliche Beschäftigungsförderungsgesetz vom 25. 9. 1996 (BGBl. I, S. 1476) und dem damit in das Gesetz aufgenommenen Zusatzes „mit Ausnahme des zusätzlich für Überstunden gezahlten Arbeitsverdienstes" scheidet dies nunmehr aus.

43 Seit 1. 10. 1996 ist der im Berechnungszeitraum der letzten 13 Wochen erzielte Arbeitsverdienst für **Überstunden nicht mehr in die Berechnung des Geldfaktors für die Urlaubsvergütung einzubeziehen.** Umstritten ist, ob damit die gesamte Vergütung für die geleisteten Überstunden, d. h. der vereinbarte Stundenlohn sowie der Überstundenzuschlag außer Betracht bleiben (so *Dersch/Neumann* § 11 Rz 44; ErfK/*Dörner* § 11 BUrlG Rz 12; Kasseler Handbuch/*Schütz* 2.4 Rz 468) oder nur die Zuschläge für die geleisteten Überstunden (so BAG 22. 2. 2000 AP Nr. 171 zu § 1 TVG Tarifverträge: Metallindustrie; *Leinemann* FS für Schaub S. 443, 456 Fn. 35). Wenn auch die grammatikalische Auslegung eher dafür spricht, die gesamte Vergütung für geleistete Überstunden nicht zu berücksichtigen, macht doch der systematische Zusammenhang in § 11 Abs. 1 deutlich, daß infolge der Neuregelung nur der Mehrarbeitszuschlag unberücksichtigt bleibt (ebenso BAG 9. 11. 1999 AP Nr. 47 zu § 11 BUrlG = EzA § 11 BUrlG Nr. 44 mit abl. Anm. *Bengelsdorf* = SAE 2001, 91 mit zust. Anm. *Boemke*; BAG 22. 2. 2000 aaO).

44 Die Gegenmeinung übersieht, daß sich bei einer konsequenten Anwendung ihrer Auffassung der durchschnittliche **Arbeitsverdienst eines Arbeitnehmers, der Überstunden leistet,** gegenüber einem Arbeitnehmer, der nur die vertraglich vereinbarte Arbeitszeit arbeitet, **verringern** würde. Beträgt der Stundenlohn 20 DM und hat der Arbeitnehmer eine vertraglich vereinbarte Arbeitszeit von 8 Stunden an 4 Arbeitstagen in der Woche, die er auch im Berechnungszeitraum stets geleistet hat, beläuft sich der durchschnittliche Arbeitsverdienst nach § 11 Abs. 1 auf arbeitstäglich 8 × 20 DM = 160 DM. Hat der Arbeitnehmer dagegen im Berechnungszeitraum in jeder Woche an dem arbeitsfreien Wochentag jeweils 4 Überstunden geleistet, hat er wöchentlich insgesamt 36 Stunden gearbeitet. Wollte man nun den gesamten Überstundenverdienst unberücksichtigt lassen, gleichwohl aber zur Bestimmung des durchschnittlichen arbeitstäglichen Verdienstes die Tage heranziehen, an denen der Arbeitnehmer tatsächlich gearbeitet hat (so wohl ErfK/*Dörner* § 11 BUrlG Rz 28), ergäbe sich ein Stundenlohn von 17,78 DM (32 Stunden × 20 DM: 36 Stunden) und damit ein durchschnittlicher Verdienst von 142,24 DM je Arbeitstag. Dies ist mit § 1 nicht vereinbar (BAG 22. 2. 2000 AP Nr. 171 zu § 1 TVG Tarifverträge: Metallindustrie = EzA § 11 BUrlG Nr. 46 mit abl. Anm. *Gutzeit* = SAE 2001, 82 mit abl. Anm. *Buchner*). Daß eine solche Auslegung des § 11 Abs. 1 Satz 1 im übrigen nicht Ziel der Gesetzgebung war, macht der unverändert gebliebene § 11 Abs. 1 Satz 3 deutlich, wonach vom Arbeitnehmer nicht zu vertretende Verdienstkürzungen im Berechnungszeitraum unberücksichtigt bleiben.

Urlaubsentgelt § 11 BUrlG

Richtigerweise hat deshalb nur der **für die Überstunden zusätzlich be-** 45
zahlte Zuschlag bei der Bestimmung des Geldfaktors außer Betracht zu
bleiben. Damit wird dem gesetzlichen Ziel entsprochen, eine Erhöhung des
Urlaubsentgelts durch Überstundenvergütung zu verhindern (vgl. BAG
22. 2. 2000 AP Nr. 171 zu § 1 TVG Tarifverträge: Metallindustrie; wie hier
Boemke SAE 2001, 93, 94; *Leinemann* FS für Schaub S. 443, 456 Fn. 35).
Zur Bedeutung von Überstunden bei der Berechnung des Zeitfaktors vgl.
Rz 78.

Von dem gesetzlichen Ausschluß sind **nur konkret bezahlte Überstun-** 46
den erfaßt. Soweit nach dem Arbeitsvertrag mit dem vereinbarten Gehalt
auch Überstunden abgegolten sind, ist dieser Arbeitsverdienst der Berechnung des Geldfaktors zugrunde zu legen. Denn dieses Gehalt wird unabhängig davon bezahlt, ob und in welchem Umfang Überstunden anfallen
(*Dersch/Neumann* § 11 Rz 45; MünchArbR/*Leinemann* § 90 Rz 16).

Von dem gesetzlich geregelten Ausschluß des für Überstunden bezahlten 47
Arbeitsverdienstes kann nach § 13 Abs. 1 Satz 1 durch **Tarifvertrag zugunsten der Arbeitnehmer abgewichen** werden (vgl. dazu BAG 16. 3. 1999 AP
Nr. 13 zu § 1 TVG Tarifverträge: Großhandel; BAG 22. 2. 2000 AP Nr. 171
zu § 1 TVG Tarifverträge: Metallindustrie).

3. Berechnungszeitraum von 13 Wochen

Grundlage der Berechnung des Urlaubsentgelts ist der (im Gesetz sprach- 48
lich fehlerhaft „das") durchschnittliche Arbeitsverdienst des Arbeitnehmers,
den dieser in den letzten 13 Wochen vor Beginn des Urlaubs erhalten bzw.
auf den er einen Anspruch hat. Zwar spricht § 11 Abs. 1 Satz 1 ausdrücklich
von dem Arbeitsverdienst, den der Arbeitnehmer **erhalten hat.** Dies führt
jedoch nicht dazu, daß kein Urlaubsentgelt zu zahlen ist, wenn der Arbeitnehmer in den letzten 13 Wochen vor dem Urlaub vom Arbeitgeber trotz
seines Entgeltanspruchs keine Vergütung erhalten hat, etwa weil dieser mit
seiner Zahlungspflicht in Verzug ist (BAG 11. 4. 2000 AP Nr. 48 zu § 11
BUrlG). Dem steht nicht die Entscheidung des BAG vom 1. 10. 1991 (AP
Nr. 4 zu § 1 TVG Tarifverträge: Süßwarenindustrie) entgegen. Zwar führt
das BAG dort zu II 1b der Gründe aus, daß nicht ersichtlich sei, daß „...
die Vorschrift des § 11 Abs. 1 BUrlG etwa auf einem Redaktionsversehen
beruhen könnte und für die Bemessung des Urlaubsentgelts die Vergütung
maßgebend sei, die der Arbeitnehmer zu erhalten hatte." Dies ist jedoch auf
die **Fälligkeit** des Anspruchs auf Mehrarbeitsvergütung bezogen, welche die
Tarifvertragsparteien wirksam auf die nächsten Monate verschoben hatten
(so zutreffend nunmehr BAG 24. 11. 1992 AP Nr. 34 zu § 11 BUrlG, s. dazu auch Rz 95).

Eine **einzelvertragliche Verlängerung des Berechnungszeitraums** von 49
13 Wochen ist gemäß § 13 Abs. 1 zuungunsten der Arbeitnehmer nicht
möglich. Gleichwohl hat das BAG in einer älteren Entscheidung (30. 7. 1975
AP Nr. 12 zu § 11 BUrlG) unter Berufung auf das Lebensstandardprinzip
und die Besonderheiten bei der Urlaubsregelung von arbeitnehmerähnlichen
Personen (Reporter, freie Mitarbeiter, dazu § 2 Rz 42 ff.) eine Verlängerung
des gesetzlichen Berechnungszeitraums auf ein Jahr, ähnlich wie bei den

Heimarbeitern nach § 12 Nr. 1, für zulässig erachtet. Dem ist jedoch im Hinblick auf die neuere Rechtsprechung des BAG, die das Lebensstandardprinzip ablehnt, und auf den Wortlaut von § 2 Satz 2, § 11 Abs. 1 Satz 1 nicht zu folgen (ablehnend auch *Bickel* Anm. zu BAG AP Nr. 12 zu § 11 BUrlG; ErfK/*Dörner* § 11 BUrlG Rz 22; *Tautphäus* Rz 150). Tarifvertragsparteien steht diese Möglichkeit jedoch nach der Rechtsprechung des BAG gemäß § 13 Abs. 1 offen (vgl. BAG 17. 1. 1991 AP Nr. 30 zu § 11 BUrlG; vgl. dazu § 13 Rz 105). Hat das Arbeitsverhältnis weniger als 13 Wochen bestanden, ist die Dauer des Arbeitsverhältnisses als Bezugszeitraum zugrunde zu legen (BAG 20. 10. 1966 AP Nr. 1 zu § 2 BUrlG).

3. Durchschnittlicher Arbeitsverdienst

a) Berechnung bei gleichmäßiger Arbeitszeit

50 Die Berechnungsregelung des § 11 Abs. 1 ist auf die Arbeitswoche mit 6 Arbeitstagen (Werktagen) bezogen. Für einen Arbeitnehmer, der an 6 Arbeitstagen in der Woche zur Arbeit verpflichtet ist, errechnet sich das Urlaubsentgelt, indem der ggf. nach § 11 Abs. 1 Satz 1 und 2 korrigierte Arbeitsverdienst, den der Arbeitnehmer in den letzten 13 Wochen vor Urlaubsbeginn erhalten hat, durch 78 Werktage (13 Wochen × 6 Werktage) geteilt und dann mit der Zahl der Urlaubstage multipliziert wird.

51 Bei einer Arbeitswoche mit 5 Arbeitstagen ist eine **Umrechnung** erforderlich (vgl. BAG 27. 1. 1987 BAGE 54, 141 = AP Nr. 30 zu § 13 BUrlG; vgl. ebenso BAG 14. 2. 1991 AP Nr. 1 zu § 3 BUrlG Teilzeit; BAG 14. 1. 1992 AP Nr. 5 zu § 3 BUrlG – für ein rollierendes Freizeitsystem): Ebenso wie Urlaub nur an Tagen erteilt werden kann, an denen der Arbeitnehmer an sich zur Arbeit verpflichtet ist, besteht auch nur für solche Tage ein Anspruch auf Urlaubsentgelt. Damit entfällt auch hier die Frage nach der Einbeziehung von arbeitsfreien Tagen, bei der 5-Tage-Woche also regelmäßig der Einbeziehung von arbeitsfreien Sonnabenden (vgl. auch § 3 Rz 10 ff.).

52 Für die Berechnung des Urlaubsentgelts ist daher der Verdienst der letzten 13 Wochen vor dem Urlaub zu ermitteln und durch die Zahl der Arbeitstage in dieser Zeit zu teilen. Bei einer **Fünf-Tage-Woche** errechnet sich der arbeitstägliche Verdienst, indem der Arbeitsverdienst der letzten 13 Wochen durch 65 geteilt wird (13 Wochen × 5 Arbeitstage). Feiertage, entgeltfortzahlungspflichtige Tage der Arbeitsunfähigkeit und Urlaubstage sind einzubeziehen und nicht abzuziehen (BAG 24. 11. 1992 AP Nr. 34 zu § 11 BUrlG; ErfK/*Dörner* § 11 BUrlG Rz 26). Der so errechnete tägliche Verdienst ist dann für jeden dem Arbeitnehmer individuell zustehenden Urlaubstag entsprechend der für diesen Tag für ihn maßgeblichen Arbeitszeit zu zahlen. Bei gleichbleibender Arbeitszeit während des Berechnungszeitraums und der durch den Urlaub ausgefallenen Arbeitszeit ergeben sich keine Probleme für die Bemessung des Urlaubsentgelts, weil der durchschnittliche Arbeitsverdienst im Berechnungszeitraum als Entgelt im Urlaub zu zahlen ist.

b) Berechnung bei Teilzeit und flexibilisierter Arbeitszeit

53 Bei **regelmäßiger Teilzeitbeschäftigung** bereitet die Ermittlung des Geldfaktors keine Schwierigkeiten. Auch hier ist zunächst der Arbeitsver-

Urlaubsentgelt § 11 BUrlG

dienst zu ermitteln, den der Teilzeitbeschäftigte in den letzten 13 Wochen vor Urlaubsbeginn erhalten hat. Dieser Verdienst ist dann durch die Anzahl der Arbeitstage in diesem Zeitraum zu dividieren. Ist also ein Arbeitnehmer an 2 Tagen in der Woche teilzeitbeschäftigt, ist der Verdienst der letzten 13 Wochen durch 26 zu teilen (13 Wochen x 2 Arbeitstage).

Bei einer **Halbtagsbeschäftigung,** also einer Teilzeitbeschäftigung an 54 allen Arbeitstagen der Woche mit einer verringerten Stundenzahl, erfolgt die Berechnung dem Grunde nach wie bei Vollzeitbeschäftigten. Hier ist gleichfalls der Arbeitsverdienst der letzten 13 Wochen durch die Anzahl der Arbeitstage in diesem Zeitraum zu teilen, bei einer Fünf-Tage-Woche also durch 65.

Wird die Tätigkeit eines teilzeitbeschäftigten Arbeitnehmers unter **Ver-** 55 **stoß gegen § 4 Abs. 1 TzBfG** (bis 31. 12. 2000: § 2 Abs. 1 BeschFG) geringer als die eines vollzeitbeschäftigten Arbeitnehmern vergütet, richtet sich das Urlaubsentgelt (§ 11 Abs. 1) des Teilzeitbeschäftigten nach dem anteiligen üblichen Arbeitsverdienst eines vollzeitbeschäftigten Arbeitnehmers. Entsprechendes gilt, wenn die Tätigkeit eines teilzeitbeschäftigten Arbeitnehmers unter Verletzung des arbeitsrechtlichen Gleichbehandlungsgrundsatzes gegenüber anderen teilzeitbeschäftigten Arbeitnehmern unterschiedlich vergütet wird (BAG 24. 10. 1989 BAGE 63, 181 = AP Nr. 29 zu § 11 BUrlG).

Flexible Arbeitszeitsysteme sind häufig in Tarifverträgen näher ausge- 56 staltet, die dann auch besondere Urlaubsregelungen enthalten. Ist jedoch der Urlaub nicht abweichend vom BUrlG geregelt, bestimmt sich der Geldfaktor zur Errechnung des Urlaubsentgelts nach den allgemeinen Grundsätzen: Der Arbeitsverdienst der letzten 13 Wochen ist durch die Zahl der Arbeitstage zu teilen. Ist die Arbeitszeit an den einzelnen Arbeitstagen unterschiedlich lang, ist der im Berechnungszeitraum erzielte Arbeitsverdienst durch die Anzahl der in dieser Zeit geleisteten Arbeitsstunden zu teilen (zutr. *Busch* NZA 1996, 1246, 1247). Zur Berechnung des Zeitfaktors vgl. 76.

5. Verdiensterhöhungen

Verdiensterhöhungen im Bezugszeitraum oder im Urlaub sind zu berück- 57 sichtigen (§ 11 Abs. 1 Satz 2), wenn sie **nicht nur vorübergehend** gewährt werden. Damit sind Verdiensterhöhungen, die sich aus vorübergehender Mehrarbeit ergeben, unbeachtlich (ErfK/*Dörner* § 11 BUrlG Rz 34).

Eine Verdiensterhöhung kann sich beispielsweise aus einer **Erhöhung der** 58 **tariflichen Grundvergütung** (Stundenlohn oder Monatsgehalt), einer **Höhergruppierung** im Wege des Bewährungsaufstiegs oder einer **veränderten höher vergüteten Arbeitsaufgabe** ergeben. Um eine Verdiensterhöhung handelt es sich auch bei einem Übergang von einem **Ausbildungs- in ein Arbeitsverhältnis** (BAG 29. 11. 1984 BAGE 47, 268 = AP Nr. 22 zu § 7 BUrlG Abgeltung m. Anm. *Natzel;* vgl. aber auch BAG 21. 4. 1988 AP Nr. 11 zu § 47 BAT für die Änderung eines Arbeitsverhältnisses eines Arbeiters in ein Angestelltenverhältnis im öffentlichen Dienst). Die Änderung des Arbeitsverhältnisses von einem **Teilzeit-** zu einem **Vollzeitarbeitsver-**

BUrlG § 11 *Teil I. C. Erläuterungen zum BUrlG*

hältnis (BAG 21. 5. 1970 AP Nr. 1 zu § 11 BUrlG Teilzeitarbeit mit kritischer Anm. *Richardi; Natzel* § 11 Rz 56; GK-BUrlG/*Stahlhacke* § 11 Rz 49) betrifft dagegen nicht den Geldfaktor, sondern nur den Zeitfaktor (vgl. dazu Rz 79).

59   Tritt die **Verdiensterhöhung während des Berechnungszeitraums** oder während des Urlaubs ein, ist nach § 11 Satz 2 von dem erhöhten Verdienst auszugehen. Die Berechnung des Geldfaktors ist dann so vorzunehmen, als sei die Erhöhung mit Beginn des Berechnungszeitraums eingetreten (vgl. BAG 9. 12. 1965 BAGE 18, 12 = AP Nr. 2 zu § 11 BUrlG; ErfK/*Dörner* § 11 BUrlG Rz 35; Kasseler Handbuch/*Schütz* 2.4 Rz 500). Für den gesamten Bezugszeitraum hat damit eine fiktive Lohnberechnung nach dem erhöhten Verdienst zu erfolgen (MünchArbR/*Leinemann* § 90 Rz 24; *Schaub* § 102 Rz 91).

60   Soweit im Schrifttum die Auffassung vertreten wird, **Verdiensterhöhungen die erst während des Urlaubs eintreten,** seien erst von diesem Zeitpunkt an zu berücksichtigen, da der Arbeitnehmer nicht besser gestellt werden solle, nur weil er zufällig schon vorher den Urlaub angetreten habe (so *Dersch/Neumann* § 11 Rz 15 unter unzutreffender Berufung auf diesen Kommentar; wie hier *Schaub* § 102 Rz 91 und GK-BUrlG/*Stahlhacke* § 11 Rz 46 f.), ist dem nicht zu folgen. Hierfür gibt es keine gesetzliche Grundlage (zutr. bereits *Boldt/Röhsler* § 11 Rz 87 a). § 11 Satz 2 stellt vielmehr Verdiensterhöhungen während des Berechnungszeitraums und während des Urlaubs gleich, so daß für – auch in der Sache verfehlte – Billigkeitsüberlegungen kein Raum ist.

5. Verdienstkürzungen

61   Verdienstkürzungen im Berechnungszeitraum aufgrund von Kurzarbeit, Arbeitsausfällen oder unverschuldeter Arbeitsversäumnis mindern das Urlaubsentgelt gemäß § 11 Abs. 1 Satz 3 nicht. Im Gegensatz zu § 11 Abs. 1 Satz 2 bezieht sich § 11 Abs. 1 Satz 3 aber **nur auf den Berechnungszeitraum** der letzten 13 Wochen vor dem Beginn des Urlaubs und nicht auch auf Veränderungen während des Urlaubs.

a) Kurzarbeit

62   Hat der **Arbeitnehmer im Berechnungszeitraum Kurzarbeit geleistet** und kehrt der Betrieb zu Beginn des Urlaubs des Arbeitnehmers wieder zur Normalarbeitszeit zurück, erhält der Arbeitnehmer das volle Urlaubsentgelt nach § 11 Abs. 1 Satz 1. Bei der Berechnung des **Geldfaktors** haben Verdienstkürzungen, die im Berechnungszeitraum infolge von Kurzarbeit eingetreten sind, außer Betracht zu bleiben. Ist daher in den letzten 13 Wochen vor dem Urlaub eines Arbeitnehmers an 10 Tagen die Arbeit ausgefallen, dann bleibt bei der Berechnung des Durchschnittsverdienstes das Kurzbeitergeld für die Ausfalltage unberücksichtigt. Der Arbeitnehmer ist für den Bezugszeitraum so zu stellen, als hätte er voll gearbeitet (ebenso *Dersch/Neumann* § 11 Rz 49; ErfK/*Dörner* § 11 BUrlG Rz 38; Kasseler Handbuch/*Schütz* 2.4 Rz 504).

63   Wird **während des Urlaubs** im Betrieb **Kurzarbeit geleistet,** beeinflußt dies den **Zeitfaktor** für die Berechnung der Höhe des Urlaubsentgelts (dazu

Urlaubsentgelt § 11 BUrlG

§ 3 Rz 62 ff.). Der kurzarbeitbedingte Arbeitsausfall führt im Ergebnis zu einer Verringerung der Höhe des Urlaubsentgelts, weil der Arbeitgeber für diese Zeiten kein Arbeitsentgelt zu bezahlen hat (ebenso Kasseler Handbuch/*Schütz* 2.4 Rz 508). Für die Höhe des Urlaubsentgelts ist daher gerade nicht ohne Bedeutung, ob auch während des Urlaubs Kurzarbeit geleistet wird (so aber *Dersch/Neumann* § 11 Rz 56; GK-BUrlG/*Stahlhacke* § 11 Rz 51; *Tautphäus* Rz 159; vgl. dazu auch § 3 Rz 62 ff.).

Hat der Arbeitgeber beispielsweise den Urlaub für eine Dauer von 64 3 Wochen festgesetzt und wird ihm die Erfüllung für eine Woche dieser Zeit aufgrund von Kurzarbeit („-Null") nachträglich unmöglich, ist dem Arbeitnehmer das Urlaubsentgelt nur für zwei Wochen zu zahlen. Für die Woche, in der **Kurzarbeit (-"Null")** festgelegt wurde, hat der Arbeitnehmer unter den Voraussetzungen der §§ 169 ff. SGB III Anspruch auf Kurzarbeitergeld. § 170 Abs. 4 SGB III, wonach ein Arbeitsausfall vermeidbar ist, wenn er durch die Gewährung von bezahltem Erholungsurlaub verhindert werden kann, steht dem nicht entgegen. Während einer Kurzarbeitsperiode fällt die Arbeit nämlich nicht aufgrund des Urlaubs, sondern aufgrund der Kurzarbeit aus. § 170 Abs. 4 SGB III regelt nur eine Voraussetzung für die Gewährung von Kurzarbeitergeld für diese Zeit der Kurzarbeit.

Fällt in der **Kurzarbeitswoche** die Arbeit **nur an zwei Arbeitstagen** aus, 65 wird aber an drei Arbeitstagen weitergearbeitet, ist dem Arbeitgeber die Erfüllung des Urlaubsanspruchs für die verbleibenden drei Arbeitstage der Kurzarbeitswoche möglich. Der Arbeitnehmer erhält dann für jeden Arbeitstag, der durch die Urlaubsgewährung ausfällt, Urlaubsentgelt, das sich nach § 11 berechnet. Für die Tage, an denen während des Urlaubs Kurzarbeit eingeführt ist und der Arbeitnehmer deshalb nicht zu arbeiten hat, erhält der Arbeitnehmer kein Urlaubsentgelt, weil der Erfüllungserfolg der Urlaubserteilung mangels Arbeitspflicht an diesen Tagen nicht eintreten kann. Der Arbeitnehmer erhält in dieser Zeit Kurzarbeitergeld (ebenso ErfK/*Dörner* § 11 BUrlG Rz 39).

Wird in der Kurzarbeitswoche **an jedem Tag nur zwei Stunden weniger** 66 **gearbeitet,** wird der Urlaubsanspruch erfüllt. Der Arbeitnehmer erhält bei einer regelmäßigen täglichen Arbeitszeit von acht Stunden allerdings nur für sechs Stunden Urlaubsentgelt, weil nur für diese Zeit die Arbeitspflichten durch die Urlaubsgewährung entfallen (Zeitfaktor, vgl. Rz 74 ff.). Für die restlichen zwei Stunden steht dem Arbeitnehmer Kurzarbeitergeld zu. Sofern bei derartigen Konstellationen Arbeitsämter die Zahlung von Kurzarbeitergeld unter Hinweis auf den Grundsatz der zusammenhängenden Urlaubsgewährung (§ 7 Abs. 2) verweigern, in Ausnahmefällen (Klinikbesuche) aber dennoch gewähren, (s. die Beispiele bei *Bähringer/ Spiegelhalter* Kurzarbeit, Planung, Durchführung, Rechtsbestimmungen, 12. Aufl. 1993, S. 73), widerspricht dies dem Gesetz. Für die öffentlichrechtliche Zahlungspflicht der Arbeitsverwaltung kommt es auf eine zusammenhängende Urlaubsgewährung nicht an.

b) Arbeitsausfälle

Arbeitsausfälle im Berechnungszeitraum der letzten dreizehn Wochen vor 67 Beginn des Urlaubs beeinflussen nach § 11 Abs. 1 Satz 3 den Geldfaktor nicht. Zu solchen unbeachtlichen Arbeitsausfällen gehören beispielsweise **Betriebsunterbrechungen** wegen Stromausfalls, Rohstoffmangels oder Maschinenstillstands. Daß diese Arbeitsausfälle außer Betracht bleiben, ist selbstverständlich, wenn der Arbeitgeber nach den Grundsätzen der Betriebs- und Wirtschaftsrisikolehre (dazu *Schaub* § 101) für die ausgefallene Arbeitszeit den Arbeitsverdienst weiter zu zahlen hat (zutr. Kasseler Handbuch/*Schütz* 2.4 Rz 509). Denn dann liegt schon keine Verdienstkürzung vor. Nach der ausdrücklichen Anordnung in § 11 Abs. 1 Satz 3 sind Arbeitsausfälle aber auch dann unbeachtlich, wenn der Arbeitgeber nicht zur Fortzahlung des Arbeitsverdienstes verpflichtet ist. Der Arbeitnehmer ist dann so zu stellen, als hätte er den Arbeitsverdienst erhalten (ErfK/*Dörner* § 11 BUrlG Rz 42).

68 Beteiligt sich der Arbeitnehmer in dem Berechnungszeitraum an einem **rechtmäßigen Streik oder wird er ausgesperrt**, erhält er für diese Zeit zwar kein Arbeitsentgelt (zur Urlaubserteilung während eines Arbeitskampfs vgl. § 1 Rz 195 ff.). Nach § 11 Abs. 1 Satz 3 hat jedoch bei der Berechnung des Geldfaktors für das Urlaubsentgelt die durch die Streikteilnahme oder Aussperrung eingetretene Verdienstkürzung außer Betracht zu bleiben. Der Arbeitnehmer ist auch in diesem Fall so zu stellen, als hätte er den Arbeitsverdienst erhalten (*Boldt/Röhsler* § 11 Rz 76; *Dersch/Neumann* § 11 Rz 54; ErfK/*Dörner* § 11 BUrlG Rz 43; *Natzel* § 11 Rz 68; GK-BUrlG/*Stahlhacke* § 11 Rz 63).

69 Bei **rechtswidrigen Streiks** ist wie bei den Zeiten verschuldeter Arbeitsversäumnis das Entgelt zu kürzen (ebenso *Boldt/Röhsler* § 11 Rz 76; ErfK/ *Dörner* § 11 BUrlG Rz 43; Kasseler Handbuch/*Schütz* 2.4 Rz 515; unzutr. *Dersch/Neumann* § 11 Rz. 54). Bei einer **rechtswidriger Aussperrung** bleibt der Lohnanspruch des Arbeitnehmers erhalten, so daß keine Verdienstkürzung i.S.v. § 11 Abs. 1 Satz 3 eintritt (vgl. *Boldt/Röhsler* § 11 Rz 78; GK-BUrlG/*Stahlhacke* § 11 Rz 66).

70 Ist der Arbeitsausfall des Arbeitnehmers durch einen **Teilstreik** anderer Arbeitnehmer des gleichen Betriebs verursacht worden, ist der Arbeitnehmer nach der Rechtsprechung des Ersten Senats des BAG so zu stellen, als ob er selbst gestreikt hätte, er hat also keinen Entgeltanspruch (sog. Arbeitskampfrisiko, vgl. BAG 22. 11. 1980 BAGE 34, 331 = AP Nr. 70 zu Art. 9 GG Arbeitskampf; BAG 22. 12. 1980 BAGE 34, 355 = AP Nr. 71 zu Art. 9 GG Arbeitskampf mit Anm. *Rüthers*). Das BAG hat davon jedoch das Urlaubsentgelt des vom Teilstreik mittelbar betroffenen Arbeitnehmers zu Recht ausgenommen (BAG 9. 2. 1982 AP Nr. 16 zu § 11 BUrlG).

c) Unverschuldete Arbeitsversäumnis

71 Zeiten unverschuldeter Arbeitsversäumnis des Arbeitnehmers im Bezugszeitraum bleiben bei der Bemessung des Urlaubsentgelts außer Betracht. Der Arbeitnehmer ist daher bei der Berechnung des Geldfaktors so zu stellen, als hätte er seinen Arbeitsverdienst erhalten (*Dersch/Neumann* § 11 Rz 56; ErfK/*Dörner* § 11 BUrlG Rz 40). **Unverschuldet** ist die Versäumung der Arbeitszeit, die durch Krankheit, Kur- oder Heilverfahren ausfällt, die Wahrnehmung staatsbürgerlicher Pflichten (Vorladung als Zeuge, Tätigkeit als ehrenamtlicher Richter usw.), aber auch die Vereinbarung unbezahlter

Urlaubsentgelt § 11 BUrlG

Freizeit aus persönlichen Gründen (vgl. BAG 21. 5. 1970 AP Nr. 1 zu § 11 BUrlG Teilzeitarbeit; *Natzel* § 11 Rz 65; GK-BUrlG/*Stahlhacke* § 11 Rz 71).

Für die Zeiten **verschuldeter Arbeitsversäumnis** (Bummeltage, schuldhaft 72 verursachte Sportunfälle, durch Trunkenheit verursachter Autounfall) tritt eine Verdienstkürzung für die Berechnung des Urlaubsentgelts ein, weil das im Berechnungszeitraum zu berücksichtigende Entgelt sich verringert (*Hohmeister* § 11 Rz 26; *Natzel* § 11 Rz 67; GK-BUrlG/*Stahlhacke* § 11 Rz 73), sowie für Zeiten irrtümlich für erforderlich gehaltener Betriebsratstätigkeit (BAGE 79, 263 = AP Nr. 105 zu § 37 BetrVG 1972).

Treten im Berechnungszeitraum **zu Kurzarbeitszeiten auch Zeiten ver-** 73 **schuldeter Arbeitsausfälle** hinzu, führt dies zu einer Verringerung des durchschnittlichen Verdiensts, weil sie bei der Anzahl der Tage, durch die das erzielte Arbeitsentgelt geteilt wird, mitzählen. Der Divisor bleibt damit unverändert (ebenso ErfK/*Dörner* § 11 BUrlG Rz 41). Ist der Arbeitnehmer im Bezugszeitraum beispielsweise eine Woche der Arbeit unentschuldigt ferngeblieben und fallen weitere zwei Wochen Kurzarbeit im Berechnungszeitraum an, so ist bei einem Tagesverdienst von 150,– DM wie folgt zu rechnen:

$$\frac{12 \text{ Wochen} \times 5 \text{ Tage} \times 150,- \text{ DM}}{65} = 138{,}46 \text{ DM pro Tag.}$$

IV. Berechnung des Zeitfaktors

Die **durch den Urlaub konkret ausfallende Arbeitszeit** (Tage bzw. 74 Stunden) bestimmt den Zeitfaktor. Im Unterschied zum Geldfaktor ist damit die im Urlaub tatsächlich ausfallende Arbeitszeit und nicht etwa die in den vergangenen dreizehn Wochen durchschnittlich geleistete Arbeitszeit maßgeblich. Der Arbeitgeber hat für die Vergütung des Arbeitnehmers im Urlaub die Arbeitszeit zugrunde zu legen, die gelten würde, wenn der Arbeitnehmer im Betrieb anwesend und zur Arbeit verpflichtet wäre. Dies ergibt sich daraus, daß der Urlaubsanspruch ein durch das BUrlG bedingter Freistellungsanspruch gegen den Arbeitgeber ist, von den nach dem Arbeitsverhältnis entstehenden Arbeitspflichten befreit zu werden, ohne die übrigen Pflichten aus dem Arbeitsverhältnis, insbesondere die Pflicht zur Zahlung des Arbeitsentgelts, zu verändern. Dies ist durch § 1 klargestellt (BAG 7. 7. 1988 AP Nr. 22 zu § 11 BUrlG).

Die Bestimmung des Zeitfaktors bereitet bei Arbeitnehmern mit einer 75 **gleichmäßigen täglichen Arbeitszeit** keine Schwierigkeiten. Maßgeblich ist hier die vertraglich geschuldete Arbeitszeit, und zwar auch dann, wenn der Arbeitnehmer mit einer täglich verkürzten Arbeitszeit teilzeitbeschäftigt ist. In diesem Fall entspricht das Produkt aus Zeit- und Geldfaktor der laufenden Arbeitsvergütung.

Entspricht die im Urlaub **ausfallende Arbeitszeit nicht der regelmäßigen** 76 **Arbeitszeit** des Arbeitnehmers, ist eine konkrete Berechnung der Arbeitszeit während des Urlaubs vorzunehmen (zu tariflichen Regelungen vgl. § 13 Rz 110 ff.). Anders als bei die Entgeltfortzahlung nach § 4 Abs. 1 EFZG ist für die Berechnung des Urlaubsentgelts nicht auf die für den Arbeitnehmer maßgebliche regelmäßige Arbeitszeit abzustellen. Der Umfang der für jeden

BUrlG § 11 *Teil I. C. Erläuterungen zum BUrlG*

Urlaubstag zu vergütenden Stunden ist vielmehr nach der Anzahl der Arbeitsstunden zu beurteilen, die vom Arbeitnehmer an diesem Tage zu leisten wären, wenn er nicht Urlaub hätte (BAG 7.7.1988 AP Nr. 22 zu § 11 BUrlG).

77 Fallen im Urlaubszeitraum mehr oder weniger Arbeitsstunden an, als im Bezugszeitraum geleistet worden sind, muß für die Berechnung des Urlaubsentgelts nicht nur das Durchschnittsentgelt im Berechnungszeitraum ermittelt, sondern auch festgestellt werden, wie viele Arbeitsstunden im Urlaub tatsächlich ausfallen. Die genaue Höhe des Entgelts, das während des Urlaubs vom Arbeitgeber zu leisten ist, ergibt sich dann aus dem Produkt, das aus dem nach Tagen bzw. Stunden errechneten Zeitfaktor und dem auf Tage bzw. Stunden bezogenen Geldfaktor gebildet wird (vgl. *Busch* NZA 1996, 1246; ErfK/*Dörner* § 11 BUrlG Rz 30; Kasseler Handbuch/ *Schütz* 2.4 Rz 460).

78 Für **Mehrarbeitsstunden,** die in der Urlaubszeit für den Arbeitnehmer ohne die Freistellung angefallen wären, hat der Arbeitnehmer einen Anspruch auf Urlaubsentgelt. Die Mehrarbeitsstunden sind bei der Bestimmung des Zeitfaktors zu berücksichtigen (BAG 9.11.1999 AP Nr. 47 zu § 11 BUrlG; BAG 22.2.2000 AP Nr. 171 zu § 1 TVG Tarifverträge: Metallindustrie; ErfK/*Dörner* § 11 BUrlG Rz 31; MünchArbR/*Leinemann* § 90 Rz 33; a.A. Dersch/Neumann § 11 Rz 47). Nach dem klaren Wortlaut des Gesetzes hat nur der für Überstunden gezahlte Arbeitsverdienst im Berechnungszeitraum außer Betracht zu bleiben. Mehrarbeitsstunden sind damit nur in die Berechnung des Geldfaktors nicht einzubeziehen (dazu Rz 42 ff.; zu abweichenden tariflichen Regelungen vgl. § 13 Rz 106).

79 **Ändert sich die Arbeitszeit des Arbeitnehmers,** etwa weil statt der bisher maßgeblichen Vollzeitarbeit nunmehr Teilzeitarbeit oder eine flexibilisierte Arbeitszeit geschuldet wird, ist die Urlaubsdauer jeweils neu zu bestimmen (vgl. dazu BAG 28.4.1998 AP Nr. 7 zu § 3 BUrlG sowie § 3 Rz 53 ff.). Für die Berechnung des Urlaubsentgelts ergeben sich insoweit keine Probleme. Auch wenn z.B. im Berechnungszeitraum eine andere Arbeitszeit maßgeblich ist als für die Urlaubszeit, ist der Geldfaktor nach Maßgabe von § 11 Abs. 1 nach der im Berechnungszeitraum geschuldeten Vergütung zu errechnen. Der Zeitfaktor bestimmt sich nach der im Urlaub ausgefallenen möglicherweise höheren oder niedrigeren Arbeitszeit. Das trifft auch für den Urlaubsanspruch im Übertragungszeitraum zu. Ändert sich die Arbeitszeit oder ihre Verteilung ist auch der übertragene Urlaub und damit auch die aufgrund des nunmehr maßgeblichen Geld- und Zeitfaktors die Urlaubsvergütung neu zu berechnen.

V. Fälligkeit des Anspruchs auf Urlaubsentgelt (§ 11 Abs. 2)

80 Nach § 11 Abs. 2 ist das Urlaubsentgelt **vor Antritt des Urlaubs** zu zahlen. Die Bestimmung enthält eine **Ausnahme von der Fälligkeitsregelung** in § 614 BGB, nach der – wiederum abweichend von § 271 BGB – die Vergütung zeitlich nach der Leistung der Dienste zu entrichten ist (BAG 1.12.1983 BAGE 44, 278 = AP Nr. 15 zu § 7 BUrlG; BAG 18.12.1986 BAGE 54, 59 = AP Nr. 19 zu § 11 BUrlG; MünchArbR/*Leinemann* § 90 Rz 40).

Urlaubsentgelt § 11 BUrlG

Zahlt der Arbeitgeber das Urlaubsentgelt nicht vor Antritt des Urlaubs 81
aus, ist er mit seiner Entgeltzahlungspflicht in Verzug. Für die **Wirksamkeit
der Erteilung des Urlaubs hat dies keine Bedeutung**, weil die „rechtzeitige" Erfüllung der Entgeltfortzahlungspflicht nicht Inhalt der Pflicht zur Urlaubserteilung ist (BAG 18. 12. 1986 BAGE 54, 59 = AP Nr. 19 zu § 11 BUrlG; § 1 Rz 20 ff., 25 ff.). Damit sind zugleich auch die Versuche hinfällig, die Zahlung des Urlaubsentgelts zur Wirksamkeitsvoraussetzung für die Erteilung von Urlaub mit der Behauptung zu erklären, daß „Urlaub im gesetzlichen Sinne nur vorliegt, wenn der Arbeitnehmer Freizeit und Urlaubsentgelt erhält" (so noch BAG 9. 1. 1979 AP Nr. 4 zu § 1 BUrlG).

Aus dem Verzug des Arbeitgebers mit der Zahlung des Urlaubsentgelts 82
können sich für den Arbeitnehmer **Schadenersatzansprüche** wegen dieser Verspätung, z. B. aus Inanspruchnahme von Krediten, ergeben (BAG 18. 12. 1986 BAGE 54, 59 = AP Nr. 19 zu § 11 BUrlG). Eine Befugnis des Arbeitnehmers, den Antritt des Urlaubs zu verweigern und Neufestsetzung des Urlaubs zu verlangen, läßt sich § 11 Abs. 2 nicht entnehmen (ebenso ErfK/ *Dörner* § 11 BUrlG Rz 45; *Heilmann* § 11 BUrlG Rz 19; *Hohmeister* § 11 Rz 41; Kasseler Handbuch/*Schütz* 2.4 Rz 521; a. A. unzutreffend *Dersch/ Neumann* § 11 Rz 80).

§ 11 Abs. 2 gilt für **alle Arbeitnehmer**, also auch für Angestellte. Soweit 83
hiervon durch schlüssige Vereinbarung der Arbeitsvertragsparteien abgewichen wird und das Urlaubsentgelt wie das laufende Arbeitsentgelt erst am Monatsende ausgezahlt wird, ist dies wegen der aus der späteren Fälligkeit resultierenden Nachteile für den Arbeitnehmer nach § 13 Abs. 1 Satz 3 unwirksam (zutr. ErfK/*Dörner* § 11 BUrlG Rz 46; *Sibben* DB 1997, 1178, 1181; a. A. Vorauflage). Entsprechende tarifliche Regelungen sind dagegen nach § 13 Abs. 1 Satz 1 wirksam.

Die Zahlung des Urlaubsentgelts **setzt ferner nicht voraus, daß sie in** 84
bestimmter vom sonstigen Arbeitsentgelt abgegrenzter und unterscheidbarer Höhe erfolgt (so aber noch BAG 3. 11. 1965 AP Nr. 1 zu § 11 BUrlG; *Dersch/Neumann* § 11 Rz 81; *Hohmeister* § 11 Rz 41). Denn das Urlaubsentgelt ist die während des Urlaubs vom Arbeitgeber fortzuzahlende Arbeitsvergütung, die nach § 11 Abs. 2 lediglich zu einem anderen Zeitpunkt fällig ist, als das laufende Arbeitsentgelt (MünchArbR/*Leinemann* § 90 Rz 43 m. w. N.).

In der **Praxis** wird in Tarifverträgen oder in Betriebsvereinbarungen die 85
Fälligkeit von zusätzlichen Urlaubsvergütungen häufig so bestimmt, daß **unterschiedliche Fälligkeitstermine** für das während des Erholungsurlaubs fortzuzahlende Gehalt und die zusätzliche Urlaubsvergütung möglich sind. Das ist zulässig (vgl. BAG 25. 4. 1991 – 8 AZR 252/90 – n. v.).

VI. Urlaubsgeld

Vom **Urlaubsentgelt** als fortzuzahlender Arbeitsvergütung ist das **Ur-** 86
laubsgeld zu unterscheiden (vgl. hierzu *Sibben* DB 1997, 1178). Urlaubsgeld wird aufgrund Tarifvertrags oder Betriebsvereinbarung oder auch nach einzelvertraglicher Abrede zusätzlich zum Urlaubsentgelt gewährt. Vielfach

wird das Urlaubsgeld als 13. oder als 14. Monatsgehalt gezahlt (vgl. dazu BAG 14. 8. 1996 AP Nr. 19 zu § 15 BErzGG) oder als Urlaubsgratifikation bezeichnet. Wird es tariflich als Aufschlag, z.B. von 50% des Entgelts, zum Urlaubsentgelt gewährt, hat sich die Bezeichnung Urlaubsvergütung durchgesetzt (vgl. dazu BAG 18. 11. 1988 BAGE 60, 163 = AP Nr. 26 zu § 11 BUrlG und die dort wiedergegebene Tarifvorschrift § 12 MTV-Metall NRW). Sie umfaßt das Urlaubsentgelt sowie das Urlaubsgeld. Das Urlaubsgeld ist auf die Höhe des Urlaubsentgelts ohne Einfluß, ist also auch bei dessen Berechnung nicht zu berücksichtigen (vgl. *Natzel* § 11 Rz 87; GK-BUrlG/*Stahlhacke* § 11 Rz 93; *Tautphäus* Rz 174).

87 Die Tarifvertragsparteien können ohne Rücksicht auf Arbeitsleistung oder Betriebsanwesenheit eine ‚Urlaubsgeld' genannte Sonderzahlung, insbesondere wegen erwiesener Betriebstreue, vereinbaren. Ob das Urlaubsgeld streng **akzessorisch oder unabhängig vom Umfang des Urlaubs geregelt** worden ist, kann dabei nicht aufgrund eines aus der Lebenserfahrung abgeleiteten Regel-/Ausnahmeverhältnisses bestimmt werden. Maßgeblich ist vielmehr der konkrete Inhalt des einzelnen Tarifvertrages (BAG 6. 9. 1994, 19. 1. 1999 AP Nr. 50, 67, 68 zu § 1 TVG Tarifverträge: Einzelhandel zum TV Sonderzahlungen im Hessischen Einzelhandel, wofür das BAG angenommen hat, der Anspruch auf Urlaubsgeld setze nur das Bestehen eines Arbeitsverhältnisses voraus; BAG 11. 4. 2000 EzA § 4 TVG Luftfahrt Nr. 4). Die Tarifvertragsparteien können die Zahlung des Urlaubsgelds auch von der **Erfüllung einer Wartezeit** von 12 Monaten abhängig machen (BAG 24. 10. 1995 AP Nr. 8 zu § 1 TVG Tarifverträge: Gebäudereinigung). Der Arbeitgeber kann im Arbeitsvertrag ein Urlaubsgeld auch in der Weise in Aussicht stellen, daß er sich jedes Jahr erneut die Entscheidung vorbehält, ob und unter welchen Voraussetzungen es gezahlt werden soll (vgl. zu diesen **Freiwilligkeitsklauseln** BAG 12. 1. 2000 AP Nr. 223 zu § 611 BGB Gratifikation; BAG 11. 4. 2000 NZA 2001, 24).

88 Ein **von den Tarifvertragsparteien verfolgter Zweck** ist für die Auslegung des Tarifvertrages nur von Bedeutung, wenn er sich aus den im Tarifvertrag festgelegten Anspruchsvoraussetzungen und den tariflich vereinbarten Ausschluß- und Kürzungstatbeständen herleiten läßt. Ohne einen derartigen Anhalt im Tarifvertrag kann nicht aufgrund eines vermeintlichen Regel-/Ausanhmeverhältnisses angenommen werden, der Anspruch auf Urlaubsgeld setze grundsätzlich das Bestehen eines Urlaubsanspruchs oder dessen Erfüllbarkeit voraus (BAG 19. 1. 1999 AP Nr. 68 zu § 1 TVG Tarifverträge: Einzelhandel). Wird das Urlaubsgeld als prozentualer Aufschlag zum Urlaubsentgelt gewährt, kann – soweit nichts anderes bestimmt ist – im Zweifel davon ausgegangen werden, daß sich Entstehung, Bestand und Umfang des Anspruchs nach den gleichen Regelungen richten, die für das Urlaubsentgelt maßgeblich sind (BAG 24. 10. 2000 NZA 2001, 663; ErfK/*Dörner* § 11 BUrlG Rz 48).

89 Den Tarifvertrags- oder Arbeitsvertragsparteien steht es grundsätzlich auch frei zu bestimmen, für welchen Personenkreis und unter welchen Voraussetzungen ein Anspruch auf Urlaubsgeld entstehen soll. Dabei sind allerdings insbesondere die **Diskriminierungsverbote** aus Art. 3 GG und Art. 141 EGV zu beachten (ErfK/*Dörner* § 11 BUrlG Rz 49).

Urlaubsentgelt § 11 BUrlG

Art. 141 EGV steht einer Regelung nicht entgegen, die Arbeitnehmer in 90
der **Elternzeit** von der Gewährung einer Gratifikation ausschließt, wenn
die Gewährung dieser Leistung nur von der Voraussetzung abhängt, daß
sich der Arbeitnehmer in einem aktiven Beschäftigungsverhältnis befindet
(EuGH 21. 10. 1999 EzA Art. 119 EWG-Vertrag Nr. 57). Die Elternzeit ist
nicht zwingend mit den Tatbeständen gleichzubehandeln, für die Urlaubsgeld gezahlt wird. Der Anspruch auf tarifliches Urlaubsgeld kann vielmehr
für die Elternzeit ausgeschlossen sein oder gekürzt werden (BAG 8. 6. 1989
EzA § 17 BErzGG Nr. 3; 10. 2. 1993 EzA § 15 BErzGG Nr. 4).

Maßgeblich ist der jeweilige Inhalt der anspruchsbegründenden Norm. 91
Sagt der Arbeitgeber die Zahlung eines **Urlaubsgeldes ohne jede Einschränkung und unabhängig von der Urlaubsgewährung** zu, ist er jedoch nicht
berechtigt, den Anspruch wegen der Inanspruchnahme von Elternzeit zu
kürzen (BAG 18. 3. 1997 AP Nr. 8 zu § 17 BErzGG; vgl. dazu auch BAG
14. 8. 1996 AP Nr. 19 zu § 15 BErzGG). Aufgrund der tariflichen Regelungen im öffentlichen Dienst haben Angestellte, die ihre Arbeit nach Beendigung der Elternzeit nicht beim bisherigen, sondern bei einem anderen Arbeitgeber des öffentlichen Dienstes wieder aufnehmen, gegen den bisherigen
Arbeitgeber keinen Anspruch auf das tarifliche Urlaubsgeld (BAG 25. 8.
1992 AP Nr. 1 zu § 22, 23 BAT Urlaubsgeld). Aus der Bezeichnung
„13. Monatsgehalt" kann nicht geschlossen werden, daß es sich bei der tariflichen Leistung um eine arbeitsleistungsbezogene Zulage handelt, auf die
während der Elternzeit kein Anspruch besteht (BAG 11. 4. 2000 EzA § 611
BGB Gratifikation, Prämie Nr. 160).

Der Leistungszweck, der dem Urlaubsgeld zugrunde liegt, rechtfertigt ge- 92
mäß § 4 Abs. 1 TzBfG grundsätzlich keine unterschiedliche Behandlung der
teilzeitbeschäftigten Arbeitnehmer im Verhältnis zu den Vollzeitbeschäftigten. Das gilt jedenfalls dann, wenn keine geringfügige Beschäftigung erfolgt
(BAG 15. 11. 1990 BAGE 66, 220, 226 = AP Nr. 11 zu § 2 BeschFG 1985).
Denn das Urlaubsgeld dient dazu, erhöhte Urlaubsaufwendungen zumindest
teilweise abzudecken. Dieser Leistungszweck trifft auch auf teilzeitbeschäftigte Arbeitnehmer zu. Die vorübergehende Dauer einer Teilzeitbeschäftigung während der Elternzeit rechtfertigt gleichfalls nicht den Ausschluß vom
Bezug des Urlaubsgeldes (BAG 23. 4. 1996 AP Nr. 7 zu § 17 BErzGG). Die
rechtswidrig vom Bezug des Urlaubsgeldes ausgeschlossenen Arbeitnehmer
sind so zu behandeln, als wäre die Anspruchsnorm anwendbar.

Ist in einer Tarifvorschrift bestimmt, daß sich das Urlaubsentgelt nach 93
dem durchschnittlichen Arbeitsverdienst der letzten drei Monate und einem
Zuschlag von 50% bemißt, so hat auch der **Schwerbehinderte** während
des gesetzlichen Zusatzurlaubs nach § 125 SGB IX einen Anspruch auf
Urlaubsentgelt in dieser Höhe (BAG 23. 1. 1996 AP Nr. 9 zu § 47 SchwbG
1986). Ist der Anspruch auf zusätzliches Urlaubsgeld im Tarifvertrag auf die
tariflich festgelegte Urlaubsdauer begrenzt, scheidet ein Anspruch auf Urlaubsgeld für den Zusatzurlaub aus (BAG 30. 7. 1986 BAGE 52, 301 = AP
Nr. 7 zu § 44 SchwbG; vgl. auch BAG 9. 1. 1979 AP Nr. 1 zu § 44 SchwbG;
BAG 20. 10. 1983 AP Nr. 4 zu § 44 SchwbG).

Vertraglich zugesichertes **Urlaubsgeld ist Arbeitsentgelt i.S. von § 115** 94
SGB X. Soweit die Bundesanstalt für Arbeit anstelle des Arbeitgebers auch

insoweit Arbeitslosengeld nach § 143 Abs. 3 SGB III (früher § 117 Abs. 4 AFG) erbringt, gehen die Forderungen des Arbeitnehmers auf die Bundesanstalt über (BAG 26. 5. 1992 AP Nr. 4 zu § 115 SGB X). Auch **schadensrechtlich** ist im Regelfall davon auszugehen, daß das Urlaubsgeld – unabhängig von der arbeitsrechtlichen Beurteilung – auch ein Entgelt für geleistete Arbeit darstellt (dazu BGH 7. 5. 1996 AP Nr. 36 zu § 249 BGB).

VII. Vererbbarkeit, Pfändbarkeit und Abtretbarkeit des Urlaubsentgelt- und Urlaubsgeldanspruchs

95 Die Ansprüche auf **Urlaubsentgelt und Urlaubsgeld sind vererblich**, soweit sie im Zeitpunkt des Todes des Arbeitnehmers bestanden haben und noch nicht erfüllt sind (MünchArbR/*Leinemann* § 90 Rz 48; *Bleistein* GK-BUrlG § 1 Rz 70). Die Ansprüche gehen ohne weiteres nach § 1922 Abs. 1 BGB auf die Erben über (ErfK/*Dörner* § 11 BUrlG Rz 50; Kasseler Handbuch/*Schütz* 2.4 Rz 537). Denn sowohl Urlaubsentgelt als auch Urlaubsgeld sind Arbeitsvergütung. Die Übertragbarkeit dieser Ansprüche richtet sich deshalb nach den allgemeinen Grundsätzen. Davon ist die Vererblichkeit des **Urlaubsanspruchs und des Urlaubsabgeltungsanspruchs** zu unterscheiden. Diese erlöschen regelmäßig mit dem Tod des Arbeitnehmers (vgl. § 1 Rz 120f. sowie § 7 Rz 217ff.).

96 Da der **Urlaubsentgeltanspruch** der Anspruch des Arbeitnehmers auf fortzuzahlende Arbeitsvergütung ist (dazu Rz 1), ist er auch in den Grenzen **pfändbar**, in denen der Entgeltanspruch pfändbar ist (§ 850c ZPO, vgl. BAG 11. 1. 1990 BAGE 64, 6 = AP Nr. 11 zu § 4 TVG Gemeinsame Einrichtungen; BAG 20. 6. 2000 AP Nr. 28 zu § 7 BUrlG mit insoweit abl. Anm. *Hohmeister;* ErfK/*Dörner* § 11 BUrlG Rz 51; *Pfeifer* NZA 1996, 738, 740; *Schaub* § 102 A VIII 1; Kasseler Handbuch/*Schütz* 2.4 Rz 538; a.A. unzutreffend BAG 21. 1. 1988 AP Nr. 19 zu § 4 KSchG 1969 – insoweit nicht abgedruckt in BAGE 57, 231; *Dersch/Neumann* § 1 Rz 76; *Hohmeister* § 1 Rz 11; *ders.* BB 1995, 2110, 2111 sowie Anm. zu BAG AP Nr. 28 zu § 7 BUrlG, die unzutreffend von der überholten Einheitstheorie ausgehen; dazu wiederum § 1 Rz 15). Hierfür spricht auch § 850a Nr. 2 ZPO, wonach das Urlaubsgeld unpfändbar ist. Der Gesetzgeber hat damit erkennbar zwischen der Pfändbarkeit von Urlaubsgeld und Urlaubsentgelt als fortzuzahlender Arbeitsvergütung unterschieden.

97 Das **Urlaubsgeld** ist hingegen nach § 850a Nr. 2 ZPO **unpfändbar** (zum Übergang des Urlaubsgeldanspruchs auf die Bundesanstalt für Arbeit, wenn an den Arbeitnehmer Konkursausfallgeld gezahlt worden ist, vgl. BAG 11. 1. 1990 BAGE 64, 6 = AP Nr. 11 zu § 4 TVG Gemeinsame Einrichtungen). Nach § 394 BGB scheidet deshalb auch eine Aufrechnung gegen Urlaubsgeldforderungen aus. Sind in einem Tarifvertrag Urlaubsentgelt und Urlaubsgeld z. B. unter der Bezeichnung Urlaubsvergütung zusammengefaßt, muß daher zwischen dem unpfändbaren und dem pfändbaren Teil dieser Leistung unterschieden werden (ebenso ErfK/*Dörner* § 11 BUrlG Rz 52).

98 Der **Urlaubsentgeltanspruch ist abtretbar**, weil es sich hierbei um den Anspruch auf die fortzuzahlende Arbeitsvergütung handelt (§ 400 BGB).

Urlaubsentgelt § 11 BUrlG

Da der Anspruch auf das Urlaubsentgelt gepfändet werden kann, ist auch mit ihm und gegen ihn die **Aufrechnung** zulässig (so auch *Bleistein* GK-BUrlG § 1 Rz 71; ErfK/*Dörner* § 11 BUrlG Rz 51; MünchArbR/*Leinemann* § 90 Rz 49; *Natzel* § 1 Rz 51; *Schaub* § 102 Rz 115; Kasseler Handbuch/*Schütz* 2.4 Rz 538; a. A. unzutreffend *Dersch/Neumann* § 1 Rz 76).

VIII. Verzicht, Verwirkung, Verjährung und Verfall

Der **Urlaubsentgeltanspruch** ist im Umfang des gesetzlichen Urlaubs 99 nach § 13 Abs. 1 **unabdingbar** und **unverzichtbar**. Daraus folgt, daß ein Arbeitnehmer weder über den gesetzlichen Mindesturlaub noch über das für diese Zeit vom Arbeitgeber zu zahlende Arbeitsentgelt wirksam in einem Aufhebungsvertrag mit dem Arbeitgeber durch Erlaßvertrag (§ 397 BGB) oder durch negatives Schuldanerkenntnis (§ 781 BGB) verfügen kann (BAG 20. 1. 1998 AP Nr. 45 zu § 13 BUrlG; BAG 9. 6. 1998 BAGE 89, 91 = AP Nr. 23 zu § 7 BUrlG). Eine allgemeine Ausgleichsquittung in einem außergerichtlichen Vergleich erfaßt den Urlaubsentgeltanspruch im Umfang des gesetzlichen Mindesturlaubs nicht (BAG 31. 5. 1990 BAGE 65, 171 = AP Nr. 13 zu § 13 BUrlG Unabdingbarkeit; für einen gerichtlichen Vergleich vgl. BAG 21. 7. 1978 AP Nr. 5 zu § 13 BUrlG Unabdingbarkeit). Tarifliche Urlaubsentgeltansprüche sind gemäß § 4 Abs. 4 TVG unverzichtbar. Abdingbar sind damit lediglich einzelvertragliche Ansprüche, die über gesetzliche oder – bei gegebener Tarifbindung – tarifliche Ansprüche hinausgehen.

Der Anspruch auf Urlaubsentgelt kann zwar grundsätzlich **verwirken** 100 (vgl. BAG 13. 11. 1959 AP Nr. 54 zu § 611 BGB Urlaubsrecht; BAG 22. 3. 1962 AP Nr. 2 zu Art. 10 UrlG Bayern; BAG 5. 2. 1970 AP Nr. 7 zu § 11 BUrlG). Bei den kürzer verjährenden Forderungen des täglichen Lebens und den wiederkehrenden Leistungen nach §§ 196, 197 BGB kann eine **Verwirkung** vor Ablauf der Verjährungsfrist jedoch nur aus ganz besonderen Gründen angenommen werden (BGH 16. 6. 1982 BGHZ 84, 280; BGH 6. 12. 1988 AP Nr. 44 zu § 242 BGB Verwirkung; offengelassen von BAG 18. 2. 1992 – 9 AZR 118/91 – n. v.).

In jedem Falle sind die allgemeinen Voraussetzungen der **Verwirkung** zu 101 beachten (vgl. BAG 17. 2. 1988 BAGE 57, 329 = AP Nr. 17 zu § 630 BGB; BAG 25. 4. 2001 – 5 AZR 497/99), wonach ein Recht verwirkt, wenn es der Berechtigte über einen längeren Zeitraum hinweg nicht geltend macht, obwohl er dazu in der Lage wäre („Zeitmoment"), und der Verpflichtete sich mit Rücksicht auf das gesamte Verhalten des Berechtigten darauf einrichten durfte und eingerichtet hat, daß dieser sein Recht auch in Zukunft nicht geltend machen werde („Umstandsmoment"). Zum Zeitablauf müssen daher besondere Umstände, sowohl im Verhalten des Berechtigten als auch des Verpflichteten, hinzukommen, die es rechtfertigen, die späte Geltendmachung des Rechts als mit Treu und Glauben (§ 242 BGB) unvereinbar und für den Verpflichteten als unzumutbar anzusehen.

Das Urlaubsentgelt und das Urlaubsgeld unterliegen der **Verjährung** 102 nach § 196 Abs. 1 Nr. 8 BGB (ErfK/*Dörner* § 11 BUrlG Rz 56). Dabei ist der Einwand, daß § 196 Abs. 1 Nr. 8 BGB nur von erbrachter Gegenleistung abhängige Ansprüche erfasse, unbeachtlich. Denn das Urlaubsentgelt wird vom Arbeitgeber als Arbeitsvergütung geschuldet, die auch während des Urlaubs fortzuzahlen ist. Daß der Arbeitnehmer während des Urlaubs keine Arbeitsleistungen zu erbringen hat, ändert am Inhalt seines Anspruchs gegen den Arbeitgeber nichts (vgl. zuletzt BAG 26. 7. 1990 – 8 AZR 389/89 – n. v.). Fällig werden die Ansprüche gemäß § 11 Abs. 2 vor Urlaubsantritt, die Verjährung beginnt also gemäß §§ 196 Abs. 1 Nr. 8, 198 Satz 1 und 201 Satz 1 BGB mit dem 31. 12. des Jahres des Urlaubsantritts um 24.00 Uhr und endet 2 Jahre später am 31. 12. um 24.00 Uhr.

103 **Tarifliche Ausschlußfristen** erfassen die Ansprüche auf Urlaubsentgelt und Urlaubsgeld (BAG 9. 8. 1994 – 9 AZR 557/93 n. v. für Urlaubsgeld). Insoweit ist zu beachten, daß der Urlaubsentgeltanspruch im Gegensatz zu Urlaubsanspruch und Abgeltungsanspruch nicht befristet ist und daher in seiner Durchsetzbarkeit einer Ausschlußfrist unterworfen werden kann (ErfK/ *Dörner* § 11 BUrlG Rz 57). Haben die Tarifvertragsparteien den Anspruch auf ein zusätzliches Urlaubsgeld geregelt, so ist im Zweifel anzunehmen, daß innerhalb der für tarifliche Geldansprüche vereinbarten Verfallfrist alle mit der Berechnung und Zahlung des Urlaubsgelds zusammenhängenden Fragen geklärt werden sollen. Dazu gehören insbesondere Streitigkeiten über die zutreffende Forderungshöhe. Nach Ablauf der Ausschlußfrist ist sowohl die Geltendmachung einer nicht vollständigen Erfüllung des Anspruchs als auch einer Überzahlung ausgeschlossen (BAG 19. 1. 1999 AP Nr. 34 zu § 1 TVG Tarifverträge: Druckindustrie).

104 Die Verfallfrist in § 8 Nr. 8 des **Bundesrahmentarifvertrags für das Baugewerbe** vom 3. 2. 1981 idF vom 10. 9. 1992 betrifft alle Ansprüche, die mit dem Erholungsurlaub in Zusammenhang stehen. Die Anwendung der allgemeinen Ausschlußfrist von § 16 BRTV ist damit ausgeschlossen (BAG 28. 4. 1998 AP Nr. 211 zu § 1 TVG Tarifverträge: Bau).

IX. Mitbestimmung durch Betriebsrat oder Personalrat

105 Mitbestimmungsrechte des Betriebsrats in Urlaubsfragen sind in **§ 87 Abs. 1 Nr. 5 BetrVG** geregelt, die des Personalrats in **§ 75 Abs. 3 Nr. 3 BPersVG** bzw. in den entsprechenden Landespersonalvertretungsgesetzen (vgl. § 7 Rz 65 ff.). Die Berechnung und Zahlung des Urlaubsentgelts unterliegen als solche daher nicht der Mitbestimmung. Möglich ist aber die Mitbestimmung nach § 87 Abs. 1 Nr. 10 BetrVG, wenn es um die betriebliche Lohngestaltung sowie um Entlohnungsmethoden oder deren Änderung geht. Dieses Mitbestimmungsrecht scheidet in der Praxis allerdings häufig wegen des Tarifvorrangs gemäß § 87 Abs. 1 Eingangssatz BetrVG bzw. § 75 Abs. 3 Eingangssatz BPersVG aus.

106 Ebenfalls nicht der zwingenden Mitbestimmung unterliegt die Zahlung eines zusätzlichen übertariflichen **Urlaubsgelds.** Sie kann in den Grenzen von § 77 Abs. 3 BetrVG nur durch eine freiwillige Betriebsvereinbarung festgelegt werden. Die Regelungen einer solchen Betriebsvereinbarung wirken nach ihrem Ablauf grundsätzlich weder nach § 77 Abs. 6 BetrVG noch entsprechend § 4 Abs. 5 TVG nach (BAG 9. 2. 1989 BAGE 61, 87 = AP

Urlaub im Bereich der Heimarbeit § 12 BUrlG

Nr. 40 zu § 77 BetrVG 1972; BAG 26. 4. 1990 BAGE 64, 337 = AP Nr. 4 zu § 77 BetrVG 1972 Nachwirkung; *Leinemann* BB 1989, 1905, 1908). Enthält eine Betriebsvereinbarung sowohl Regelungen über mitbestimmungspflichtige als auch über andere Angelegenheiten, so wirken die Bestimmungen über mitbestimmungspflichtige Angelegenheiten gemäß § 77 Abs. 6 BetrVG nach, sofern diese eine aus sich heraus handhabbare Regelung enthalten (BAG 23. 6. 1992 AP Nr. 55 zu § 77 BetrVG 1972).

X. Abdingbarkeit

Die Tarifvertragsparteien können gemäß § 13 Abs. 1 grundsätzlich § 11 **abbedingen.** Allerdings darf gemäß § 13 Abs. 1 Satz 1 nicht von der nach § 1 bestehenden Verpflichtung des Arbeitgebers abgewichen werden, dem Arbeitnehmer die infolge der Urlaubserteilung ausfallende Arbeitszeit fortzuzahlen (BAG 22. 2. 2000 AP Nr. 171 zu § 1 TVG Tarifverträge: Metallindustrie). Hingegen sind die Tarifvertragsparteien hinsichtlich des über den gesetzlichen Mindesturlaub hinausgehenden Tarifurlaubs frei in der Gestaltung tariflicher Regelungen (BAG 12. 1. 1989 BAGE 61, 1 = AP Nr. 13 zu § 47 BAT; vgl. ausführlich § 13 Rz 101ff.). 107

Tarifverträge, insbesondere in der Metallindustrie, haben die Bestimmung des Urlaubsentgelts nach Geld- und Zeitfaktoren mit differenzierten und unterschiedlichen Regelungen verfeinert. Sie enthalten auf dieser Grundlage zum Teil sehr **konkrete Berechnungsanweisungen** (vgl. z.B. die in den Urteilen des BAG 7. 7. 1988 BAGE 59, 141 = AP Nr. 23 zu § 11 BUrlG [MTV-Metall Niedersachsen]; BAGE 60, 144 = AP Nr. 25 zu § 11 BUrlG [MTV-Metall Hessen]; BAG 8. 11. 1994 AP Nr. 38 zu § 11 BUrlG (MTV-Metall Nordrhein-Westfalen) wiedergegebenen Tarifvorschriften). 108

Berechnungsprobleme ergeben sich für das Urlaubsentgelt nicht selten aufgrund tariflicher Regelungen zur Arbeitszeitverteilung, auf welche die Entgeltregelungen in den gleichen Tarifverträgen nicht hinlänglich abgestimmt sind. So hat z.B. die Einführung der „**individuellen regelmäßigen Wochenarbeitszeit**" (IRWAZ) in der Metallindustrie mit dem Freischichtenmodell aufgrund des sog. Leberkompromisses zu zahlreichen Rechtsstreitigkeiten geführt (BAG 7. 7. 1988 BAGE 59, 141 = AP Nr. 22 zu § 11 BUrlG; BAG 18. 11. 1988 BAGE 60, 144, 154, 163 = AP Nr. 25, 26 und 27 zu § 11 BUrlG; BAG 8. 11. 1994 AP Nr. 38 zu § 11 BUrlG; vgl. dazu *Leinemann* BB 1990, 201 sowie BB 1998, 1414 m.w.N.; ausführlich auch *Ahrens* Anm. zu BAG 15. 5. 1991 EzA § 1 LFZG Nr. 118). Die Auseinandersetzungen waren vor allem dadurch vorbestimmt, daß in den Tarifvertragsverhandlungen im Jahre 1984 der Behandlung von Zeiten der Arbeitsunfähigkeit und des Urlaubs sowie der Ausfalltage im Sinne von § 616 Abs. 1 BGB keine hinlängliche Aufmerksamkeit gewidmet worden war (vgl. hierzu § 13 Rz 110ff.). 109

§ 12 Urlaub im Bereich der Heimarbeit

Für die in Heimarbeit Beschäftigten und die ihnen nach § 1 Abs. 2 Buchstaben a bis c des Heimarbeitsgesetzes Gleichgestellten, für die die Urlaubsregelung nicht ausdrücklich von der Gleichstellung ausgenommen ist, gelten

die vorstehenden Bestimmungen mit Ausnahme der §§ 4 bis 6, 7 Abs. 3 und 4 und § 11 nach Maßgabe der folgenden Bestimmungen:
1. Heimarbeiter (§ 1 Abs. 1 Buchstabe a des Heimarbeitsgesetzes) und nach § 1 Abs. 2 Buchstabe a des Heimarbeitsgesetzes Gleichgestellte erhalten von ihrem Auftraggeber oder, falls sie von einem Zwischenmeister beschäftigt werden, von diesem
bei einem Anspruch auf 24 Werktage
ein Urlaubsentgelt von 9,1 vom Hundert
des in der Zeit vom 1. Mai bis zum 30. April des folgenden Jahres oder bis zur Beendigung des Beschäftigungsverhältnisses verdienten Arbeitsentgelts vor Abzug der Steuern und Sozialversicherungsbeiträge ohne Unkostenzuschlag und ohne die für den Lohnausfall an Feiertagen, den Arbeitsausfall infolge Krankheit und den Urlaub zu leistenden Zahlungen.
2. War der Anspruchsberechtigte im Berechnungszeitraum nicht ständig beschäftigt, so brauchen unbeschadet des Anspruches auf Urlaubsentgelt nach Nummer 1 nur so viele Urlaubstage gegeben zu werden, wie durchschnittliche Tagesverdienste, die er in der Regel erzielt hat, in dem Urlaubsentgelt nach Nummer 1 enthalten sind.
3. Das Urlaubsentgelt für die in Nummer 1 bezeichneten Personen soll erst bei der letzten Entgeltzahlung vor Antritt des Urlaubs ausgezahlt werden.
4. Hausgewerbetreibende (§ 1 Abs. 1 Buchstabe b des Heimarbeitsgesetzes) und nach § 1 Abs. 2 Buchstaben b und c des Heimarbeitsgesetzes Gleichgestellte erhalten von ihrem Auftraggeber oder, falls sie von einem Zwischenmeister beschäftigt werden, von diesem als eigenes Urlaubsentgelt und zur Sicherung der Urlaubsansprüche der von ihnen Beschäftigten einen Betrag von 9,1 vom Hundert des an sie ausgezahlten Arbeitsentgelts vor Abzug der Steuern und Sozialversicherungsbeiträge ohne Unkostenzuschlag und ohne die für den Lohnausfall an Feiertagen, den Arbeitsausfall infolge Krankheit und den Urlaub zu leistenden Zahlungen.
5. Zwischenmeister, die den in Heimarbeit Beschäftigten nach § 1 Abs. 2 Buchstabe d des Heimarbeitsgesetzes gleichgestellt sind, haben gegen ihren Auftraggeber Anspruch auf die von ihnen nach den Nummern 1 und 4 nachweislich zu zahlenden Beträge.
6. Die Beträge nach den Nummern 1, 4 und 5 sind gesondert im Entgeltbeleg auszuweisen.
7. Durch Tarifvertrag kann bestimmt werden, daß Heimarbeiter (§ 1 Abs. 1 Buchstabe a des Heimarbeitsgesetzes), die nur für einen Auftraggeber tätig sind und tariflich allgemein wie Betriebsarbeiter behandelt werden, Urlaub nach den allgemeinen Urlaubsbestimmungen erhalten.
8. Auf die in den Nummern 1, 4 und 5 vorgesehenen Beträge finden die §§ 23 bis 25, 27 und 28 und auf die in den Nummern 1 und 4 vorgesehenen Beträge außerdem § 21 Abs. 2 des Heimarbeitsgesetzes entsprechende Anwendung. Für die Urlaubsansprüche der fremden Hilfskräfte der in Nummer 4 genannten Personen gilt § 26 des Heimarbeitsgesetzes entsprechend.

Schrifttum: *Brecht,* Heimarbeitsgesetz, 1977; *Engel,* Der Urlaubsanspruch des Heimarbeiters nach § 12 Ziff. 1–3 BUrlG, DB 1964, 1813; *Fenski,* Außerbetriebliche

Arbeitsverhältnisse, 2. Aufl. 2000; *Fitting/Karpf,* Heimarbeitsgesetz, 1953; *Gröninger/Rost,* Heimarbeitsgesetz, Loseblattkommentar, 1976; *Gros,* Der Urlaub des Heimarbeiters, AR-Blattei Urlaub VI D; *Mehrle,* AR-Blattei Heimarbeit, 1997; *Otten,* Heimarbeit – ein Dauerrechtsverhältnis eigener Art, NZA 1995, 289; *Schmidt/Koberski/Tiemann/Wascher,* Heimarbeitsgesetz, 4. Aufl., 1998; *Wachter,* Die Urlaubsberechnung in der Heimarbeit, BlStSozArbR 1981, 192; *ders.,* Urlaubsrechtliche Probleme in der Heimarbeit, DB 1982, 1406.

Übersicht

	Rz
I. Allgemeines	1
II. Persönlicher Geltungsbereich	6
1. Heimarbeiter	7
2. Hausgewerbetreibende mit nicht mehr als zwei fremden Hilfskräften oder Heimarbeitern	8
3. Gleichgestellte nach § 1 Abs. 2 Buchstaben a bis c HAG	10
a) Heimarbeiterähnliche Personen	11
b) Hausgewerbetreibende mit mehr als zwei fremden Hilfskräften	12
c) Lohngewerbetreibende	13
d) Gleichstellungsverfahren	14
4. Besondere Gruppen von in Heimarbeit Beschäftigten	16
III. Nicht anwendbare Urlaubsvorschriften	17
1. Wartezeit	18
2. Teilurlaub	21
3. Doppelansprüche	22
4. Bindung an das Urlaubsjahr	23
5. Urlaubsabgeltung	24
6. Urlaubsentgelt	25
IV. Anwendbare Urlaubsvorschriften im Bereich der Heimarbeit	26
1. Heimarbeiter und nach § 1 Abs. 2 HAG Gleichgestellte (§ 12 Nr. 1 und 3)	26
a) Urlaubsanspruch und Urlaubserteilung	26
b) Urlaubsentgelt	28
c) Sonstige Bestimmungen des BUrlG	35
2. Urlaubsentgelt nicht ständig Beschäftigter (Nr. 2)	36
3. Haus- und Lohngewerbetreibende gemäß § 1 Abs. 1 Buchst. b, § 1 Abs. 2 Buchst. b und c HAG (§ 12 Nr. 4)	39
4. Zwischenmeister (Nr. 5)	41
5. Entgeltbelege (Nr. 6)	42
6. Abweichende Bestimmung durch Tarifvertrag (Nr. 7)	43
7. Entgeltsicherung (Nr. 8)	44

I. Allgemeines

Vor Inkrafttreten des BUrlG im Jahre 1963 war der Urlaub im Bereich der Heimarbeit überwiegend in **bindenden Festsetzungen** geregelt, die von den Heimarbeitsausschüssen nach einem bestimmten Verfahren (vgl. dazu BAG 5. 5. 1992 AP Nr. 14 zu § 19 HAG) gemäß § 19 HAG erlassen wurden. Diese bindenden Festsetzungen haben nach § 19 Abs. 3 HAG die Wirkung allgemeinverbindlich erklärter Tarifverträge. Soweit es keine binden- 1

BUrlG § 12 *Teil I. C. Erläuterungen zum BUrlG*

den Festsetzungen gab, wurde Heimarbeitern ein gewohnheitsrechtlicher Anspruch auf Erholungsurlaub zuerkannt (BAG 20. 4. 1956 AP Nr. 6 und 7 zu § 611 BGB Urlaubsrecht).

2   Auch heute noch regeln bindende Festsetzungen für die in Heimarbeit Beschäftigten **Urlaubsansprüche abweichend vom BUrlG** (vgl. die Beispiele bei *Fenski* Rz 159). Dies ist zulässig (ebenso *Boldt/Röhsler* § 12 Rz 2; ErfK/*Dörner* § 12 BUrlG Rz 38; *Natzel* § 12 Rz 3; a. A. GK-BUrlG/ *Stahlhacke* § 12 Rz 2). Denn die gesetzlichen Entgelte und sonstigen Vertragsbedingungen sind nur Mindestbedingungen, die durch die Entgeltregelungen der §§ 17 ff. HAG verbessert werden können.

3   Verbesserungen sind zunächst möglich durch **schriftliche Vereinbarungen** zwischen Gewerkschaften einerseits und Auftraggebern oder deren Vereinigungen andererseits über Inhalt, Abschluß oder Beendigung von Vertragsverhältnissen der in Heimarbeit Beschäftigten oder Gleichgestellten mit ihren Auftraggebern (vgl. dazu *Fenski* Rz 155 ff.; *Schmidt/Koberski/ Tiemann/Wascher* § 17 Rz 20 ff.). Diese Vereinbarungen sind keine Tarifverträge, da Tarifverträge nur im Hinblick auf Arbeitsverhältnisse abgeschlossen werden können; sie gelten jedoch als Tarifverträge gemäß § 17 Abs. 1 HAG (*Fenski* Rz 11 und 155 ff. m. w. N.; MünchArbR/*Heenen* § 231 Rz 57 Fn 82).

4   Für die in Heimarbeit Beschäftigten enthält § 12 eine Reihe von **urlaubsrechtlichen Sonderregelungen.** Damit trägt das Gesetz den besonderen tatsächlichen und rechtlichen Verhältnissen der Heimarbeit Rechnung (vgl. Schriftl. Ber. Ausschuß für Arbeit, BT-Drucks. IV/785, S. 4). Die Urlaubsregelung in § 12 ist nach Inkrafttreten des BUrlG zweimal geändert worden, und zwar zunächst durch das Heimarbeitsänderungsgesetz vom 29. 10. 1974 (BGBl. I S. 2879) und durch das Arbeitszeitrechtsänderungsgesetz vom 6. 6. 1994 (BGBl. I S. 1170; zu den Gesetzesänderungen vgl. Einl. Rz 33 ff.). Bestehen jedoch keine Gewerkschaften oder Vereinigungen der Auftraggeber für den Zuständigkeitsbereich eines Heimarbeitsausschusses oder umfassen sie nur eine Minderheit der Auftraggeber oder Beschäftigten, kann der **Heimarbeitsausschuß** nach § 19 HAG Entgelte und sonstige Vertragsbedingungen, also auch Urlaubsentgelte, bindend festsetzen. Diese bindende Festsetzung hat gemäß § 19 Abs. 3 Satz 1 HAG die Wirkung eines für allgemeinverbindlich erklärten Tarifvertrags.

5   Entgegen *Neumann* (*Dersch/Neumann* § 12 Rz 2) sind bei der **Auslegung der gesetzlichen Urlaubsregelungen für in Heimarbeit Beschäftigte** die bindenden Festsetzungen, die vor der Entstehung des HAG und des BUrlG existierten, nicht heranzuziehen. Denn der Gesetzgeber hat im HAG und SchwbG die Bestimmungen, die vor dem Erlaß dieser Gesetze in den schon damals vereinbarten bindenden Festsetzungen getroffen worden waren, unkritisch und inkonsequent übernommen und damit unnötige Streitigkeiten etwa über den Bezugszeitraum (vgl. dazu Rz 30) herbeigeführt. So spricht § 12 Nr. 1 von einem Bezugszeitraum vom 1. Mai bis 30. April des folgenden Jahres, während § 127 Abs. 3 SGB IX von einem Bezugszeitraum vom 1. Mai bis vergangenen bis zum 30. April des laufenden Jahres ausgeht.

Urlaub im Bereich der Heimarbeit § 12 BUrlG

II. Persönlicher Geltungsbereich

Der persönliche Geltungsbereich des § 12 erfaßt die in Heimarbeit Be- 6
schäftigten nach der **Legaldefinition** in § 1 Abs. 1 HAG, also die Heimarbeiter und die Hausgewerbetreibenden mit nicht mehr als zwei fremden Hilfskräften oder Heimarbeitern.

1. Heimarbeiter

Heimarbeiter i.S. des HAG ist gemäß § 2 Abs. 1 HAG, wer in selbstge- 7
wählter Arbeitsstätte (eigener Wohnung oder selbstgewählter Betriebsstätte) allein oder mit seinen Familienangehörigen im Auftrag von Gewerbetreibenden oder Zwischenmeistern erwerbsmäßig arbeitet, jedoch die Verwertung der Arbeitsergebnisse dem unmittelbar oder mittelbar auftraggebenden Gewerbetreibenden überläßt. Beschafft der Heimarbeiter die Roh- und Hilfsstoffe selbst, so wird hierdurch seine Eigenschaft als Heimarbeiter nicht beeinträchtigt. Für die Einordnung ist entscheidend auf den tatsächlichen **Geschäftsinhalt** abzustellen und nicht auf die von den Parteien gewünschten Rechtsfolgen (BAG 3. 4. 1990 BAGE 65, 80 = AP Nr. 11 zu § 2 HAG).

2. Hausgewerbetreibende mit nicht mehr als zwei fremden Hilfskräften oder Heimarbeitern

Nach der Definition in § 2 Abs. 2 Satz 1 HAG ist **Hausgewerbetreiben-** 8
der i.S. des HAG, wer in eigener Arbeitsstätte (eigener Wohnung oder Betriebsstätte) mit nicht mehr als zwei fremden Hilfskräften, also Arbeitnehmern gemäß § 2 Abs. 6 HAG, oder Heimarbeitern im Auftrag von Gewerbetreibenden oder Zwischenmeistern Waren herstellt, bearbeitet oder verpackt, wobei er selbst wesentlich am Stück mitarbeitet, jedoch die Verwertung der Arbeitsergebnisse dem unmittelbar oder mittelbar auftraggebenden Gewerbetreibenden überläßt.

Das HAG geht von einem **einheitlichen Begriff** aus, gleichgültig, ob es 9
sich um einen Hausgewerbetreibenden mit nicht mehr als zwei fremden Hilfskräften oder Heimarbeitern oder einen Hausgewerbetreibenden mit mehr als zwei fremden Hilfskräften oder Heimarbeitern handelt. Beide Gruppen unterscheiden sich dadurch, daß auf die erste das HAG unmittelbar anwendbar ist, die zweite dagegen nur durch Gleichstellung in den Anwendungsbereich des HAG einbezogen werden kann.

3. Gleichgestellte nach § 1 Abs. 2 Buchstaben a bis c HAG

Den in Heimarbeit Beschäftigten können gemäß § 1 Abs. 2 HAG heim- 10
arbeiterähnliche Personen, Hausgewerbetreibende mit mehr als zwei Hilfskräften, Lohngewerbetreibende und Zwischenmeister gleichgestellt werden. Da § 12 Satz 1 für die Gleichgestellten nur auf die in § 1 Abs. 2 Buchstaben a bis c HAG erwähnten Gruppen Bezug nimmt, finden die urlaubsrechtlichen Bestimmungen für in Heimarbeit Beschäftigte aus § 12 für **Zwischenmeister**

grundsätzlich keine Anwendung, und zwar auch nicht, wenn sie gleichgestellt sind. Für Zwischenmeister gilt vielmehr die Sonderregelung in § 12 Nr. 5.

a) Heimarbeiterähnliche Personen

11 Darunter sind gemäß § 1 Abs. 2 Buchstabe a HAG Personen zu verstehen, die in der Regel allein oder mit ihren Familienangehörigen (§ 1 Abs. 5 HAG) in eigener **Wohnung** oder **selbstgewählter Betriebsstätte** eine sich in regelmäßigen Arbeitsvorgängen wiederholende Arbeit im Auftrag eines anderen gegen Entgelt ausüben, ohne daß ihre Tätigkeit als gewerblich anzusehen oder daß der Auftraggeber ein Gewerbetreibender oder Zwischenmeister ist.

b) Hausgewerbetreibende mit mehr als zwei fremden Hilfskräften

12 Gleichstellungsfähig sind weiterhin Hausgewerbetreibende, die mit **mehr als zwei** fremden Hilfskräften oder Heimarbeitern arbeiten. Der Begriff Hausgewerbetreibender ist im wesentlichen der gleiche wie in § 2 Abs. 2 HAG. Es kommt nur auf die Überschreitung der Anzahl von zwei Hilfskräften oder Heimarbeitern an (s. Rz 9).

c) Lohngewerbetreibende

13 Gemäß § 1 Abs. 2 Buchstabe c HAG sind ferner gleichstellungsfähig andere im Lohnauftrag arbeitende Gewerbetreibende, die infolge ihrer wirtschaftlichen Abhängigkeit eine **ähnliche Stellung wie Hausgewerbetreibende** einnehmen. Für sie hat sich die Bezeichnung „Lohngewerbetreibende" eingebürgert. Mit *Fitting/Karpf* (§ 1 Anm. 7; ebenso *Fenski* Rz 42; vgl. dazu auch *Schmidt/Koberski/Tiemann/Wascher* § 1 Rz 21 ff. m.w.N.) sind darunter Gewerbetreibende zu verstehen, die zwar nicht sämtliche Merkmale des Hausgewerbetreibenden erfüllen, die aber derartig abhängig von auftraggebenden Betrieben sind, daß sie sich wirtschaftlich von Hausgewerbetreibenden nicht unterscheiden.

d) Gleichstellungsverfahren

14 Die in § 1 Abs. 2 Buchstaben a bis c HAG genannten Personen können den Schutz des HAG oder des BUrlG nur durch die Gleichstellung erlangen. Dabei handelt es sich gemäß § 1 Abs. 4 HAG um einen **Verwaltungsakt** des zuständigen Heimarbeitsausschusses (§ 4 HAG), welcher der Zustimmung der (Landes-)Arbeitsbehörde bedarf (zur Rechtsnatur der Gleichstellung vgl. *Schmidt/Koberski/Tiemann/Wascher* § 1 Rz 66ff.). Die Gleichstellung erfaßt entweder eine Personengruppe oder einzelne Personen (§ 1 Abs. 3 Satz 3 HAG). Das Gleichstellungsverfahren ist **verfassungsgemäß** (vgl. BVerfG 27. 2. 1973 BVerfGE 34, 307, 316 = AP Nr. 7 zu § 19 HAG). Da die Gleichstellung nach § 1 Abs. 3 Satz 2 HAG auf einzelne Schutzvorschriften und Entgeltregelungen beschränkt werden kann, muß sie die besonderen Urlaubsregelungen des § 12 nicht unbedingt einschließen (zutr. ErfK/*Dörner* § 12 BUrlG Rz 12).

15 Eine Gleichstellung ist nur zulässig, wenn sie wegen der **Schutzbedürftigkeit** der betreffenden Person oder des Personenkreises gerechtfertigt ist.

Urlaub im Bereich der Heimarbeit § 12 BUrlG

Für die Feststellung der Schutzbedürftigkeit kommt es auf den Grad der **wirtschaftlichen Abhängigkeit** des Betroffenen vom Auftraggeber an. Nach § 1 Abs. 2 Satz 3 HAG bestimmt sich dieser insbesondere (also nicht abschließend, vgl. *Brecht* BArbBl. 1974, 677; *Schmidt/Koberski/Tiemann/ Wascher* § 1 Rz 35; MünchArbR/*Heenen* § 231 Rz 30) nach der Zahl der fremden Hilfskräfte, der Abhängigkeit von einem oder mehreren Auftraggebern, der Höhe und der Art der Eigeninvestitionen sowie dem Umsatz und dem unmittelbaren Zugang zum Absatzmarkt.

4. Besondere Gruppen von in Heimarbeit Beschäftigten

Für besondere Gruppen von in Heimarbeit Beschäftigten gelten hinsichtlich des Urlaubs Sonderbestimmungen außerhalb des BUrlG. So ist etwa der Urlaub für **jugendliche** Heimarbeiter in § 19 JArbSchG (Teil II 1, Rz 13 ff.), der Urlaub für **schwerbehinderte** Heimarbeiter in § 127 SGB IX (Teil II B, Rz 22 ff.) und der Urlaub in Verbindung mit dem Wehrdienst in § 7 in Verb. mit § 4 ArbPlSchG (Teil II C) geregelt. 16

III. Nicht anwendbare Urlaubsvorschriften

Nicht alle Vorschriften des BUrlG gelten im Bereich der Heimarbeit. Nach dem Wortlaut von § 12 sind nicht anwendbar: § 4 **(Wartezeit)**, § 5 **(Teilurlaub)**, § 6 **(Ausschluß von Doppelansprüchen)**, § 7 Abs. 3 **(Übertragung des Urlaubs)**, § 7 Abs. 4 **(Urlaubsabgeltung)** und § 11 **(Berechnung des Urlaubsentgelts und seine Fälligkeit)**. Die übrigen Vorschriften des BUrlG gelten nur nach Maßgabe der in § 12 Nrn. 1 bis 8 enthaltenen besonderen Bestimmungen. 17

1. Wartezeit

Für die in Heimarbeit Beschäftigten gilt für den Urlaubsanspruch zwar nicht die Wartezeit des § 4. Anders als der Urlaubsanspruch für Arbeitnehmer nach dem BUrlG muß der Urlaubsanspruch von den in Heimarbeit Beschäftigten jedoch „**verdient**" werden. Das ergibt sich aus § 12 Nr. 1 BUrlG. Danach errechnet sich das Urlaubsentgelt nach dem von dem in Heimarbeit Beschäftigten verdienten Arbeitsentgelt. 18

Aus § 12 Nr. 1 und der Regelung über die Auszahlung des Urlaubsentgelts in Nr. 3 ist zu schließen, daß der Anspruch auf Urlaub erst entsteht, wenn er durch Einkünfte des in Heimarbeit Beschäftigten gedeckt ist **(Ansammlungsprinzip)**. Daher kann der Anspruch auf den Jahresurlaub in voller Höhe erst nach Ablauf eines Jahres entstehen (MünchArbR/*Leinemann* § 92 Rz 37; Kasseler Handbuch/*Hauck* 2.4 Rz 730; ErfK/*Dörner* § 12 BUrlG Rz 29; *Wachter* DB 1982, 1406 f.; a.A. *Fenski* Rz 202; *Schmidt/ Koberski/Tiemann/Wascher* Anh. § 19 Rz 107; GK-BUrlG/*Stahlhacke* § 12 Rz 12 f.). Endet das Heimarbeiterverhältnis, verkürzt sich der Urlaubsanspruch auf die Dauer der Monate, in denen der Arbeitnehmer im Austrittsjahr Einkünfte hat, § 12 Nr. 1 BUrlG. 19

20 In der Praxis wirken sich die unterschiedlichen Auffassungen nicht aus, da die in Heimarbeit Beschäftigten durch Tarifverträge oder bindende Festsetzungen das Urlaubsentgelt in der Regel laufend als **Zuschlag** zum sonstigen Entgelt erhalten (vgl. *Fenski* S. 145 ff. und 158 ff. mit Hinweisen auf entsprechende Tarifverträge und bindende Festsetzungen).

3. Teilurlaub

21 Ansprüche des in Heimarbeit Beschäftigten auf Teilurlaub nach § 5 bestehen nicht, da § 12 Eingangssatz ausdrücklich bestimmt, daß diese Regelung nicht anwendbar ist und weder § 12 Nr. 1 noch in § 12 Nr. 4 eine Regelung über den Teilurlaubsanspruch enthalten. Auch diese Grundsätze werden in der **Praxis** häufig durch **Tarifverträge** und **bindende Festsetzungen** zugunsten der in Heimarbeit Beschäftigten mit der Zahlung regelmäßiger Entgeltzuschläge zum bestehenden Entgelt durchbrochen.

4. Doppelansprüche

22 § 6 gilt gemäß § 12 Eingangssatz nicht für die in Heimarbeit Beschäftigten und ihnen Gleichgestellten. Auch aus den in § 12 Nrn. 1 bis 8 enthaltenen Merkmalen ist ein Ausschluß von Doppelansprüchen nicht zu ersehen. Auch diese Vorschrift wird in der **Praxis** durch Gewährung laufender **Entgeltzuschläge** (zulässig) regelmäßig abbedungen.

5. Bindung an das Urlaubsjahr

23 § 7 Abs. 3 ist nach § 12 im Bereich der Heimarbeit nicht anzuwenden. Dies bedeutet jedoch nicht, daß für die in Heimarbeit Beschäftigten keine Bindung des Urlaubs an das Kalenderjahr besteht, da sich die **Befristung** des Urlaubsanspruchs bereits aus § 1 ergibt (BAG 28. 11. 1990 BAGE 66, 288 = AP Nr. 18 zu § 7 BUrlG Übertragung, zu I 3 a der Gründe; a. A. *Wachter* DB 1982, 1406, 1408). Ausgeschlossen ist für die in Heimarbeit Beschäftigten im Gegensatz zu den Betriebsarbeitern damit die weitere Befristung nach § 7 Abs. 3 Satz 2.

6. Urlaubsabgeltung

24 Für Heimarbeiter gibt es auch keine **Urlaubsabgeltung** entsprechend § 7 Abs. 4 bei Beendigung des Heimarbeitsverhältnisses (so auch *Dersch/Neumann* § 12 Rz 11; ErfK/*Dörner* § 12 BUrlG Rz 33; *Engel* DB 1964, 1813, 1814; Kasseler Handbuch/*Hauck* 2.4 Rz 730; *Natzel* § 12 Rz 7; GK-BUrlG/ *Stahlhacke* § 12 Rz 12; a. A. *Wachter* DB 1982, 1406, 1408). Dies folgt aus § 12 Eingangssatz und daraus, daß **kein „allgemeiner Abgeltungsanspruch"** existiert. Die Prämisse von *Wachter*, § 7 Abs. 4 sei auch ohne die gesetzliche Regelung für Betriebsarbeiter wie für Heimarbeiter anzuwenden, ist nicht richtig. § 7 Abs. 4 ist ein gesetzlich geregelter Fall des Leistungsstörungsrechts (vgl. *Leinemann* DB 1983, 989, 994; ders. AuR 1987, 193, 196). Ohne diese Vorschrift hätte auch der Betriebsarbeiter keinen Abgeltungsanspruch, es sei denn, der Arbeitgeber hätte die Leistungsstörung zu vertreten. Dann kann ein Schadenersatzanspruch gegeben sein (zum Verzug des Arbeitge-

bers BAG 7. 11. 1985 BAGE 50, 112 = AP Nr. 8 zu § 7 BUrlG Übertragung; BAG 23. 6. 1988 AP Nr. 16 zu § 7 BUrlG Übertragung, zu II der Gründe).

7. Urlaubsentgelt

§ 11 ist nach dem Wortlaut des § 12 nicht anzuwenden. Die **Entgeltbe-** 25 **rechnung** der in Heimarbeit Beschäftigten ist durch § 12 Nrn. 1 bis 4 besonders geregelt.

IV. Anwendbare Urlaubsvorschriften im Bereich der Heimarbeit

1. Heimarbeiter und nach § 1 Abs. 2 HAG Gleichgestellte (§ 12 Nr. 1 und 3)

a) Urlaubsanspruch und Urlaubserteilung

Die in Heimarbeit Beschäftigten haben nach §§ 1 und 3 einen Anspruch 26 auf 24 Werktage Urlaub. Bei der Urlaubsgewährung sind die Besonderheiten der Heimarbeit zu berücksichtigen. Der Urlaubsanspruch in einem Heimarbeitsverhältnis ist auf die **Freistellung von der Pflicht rechtzeitiger Bearbeitung von Aufträgen** im Urlaubszeitraum gerichtet, wenn zuvor von den Parteien ein konkreter Fertigstellungstermin für die erteilten Aufträge vereinbart worden ist. Ansonsten handelt es sich um die Verlängerung der zuvor vereinbarten oder zuvor festgesetzten Ablieferungsfrist (vgl. ErfK/ *Dörner* § 12 BUrlG Rz 16; Kasseler Handbuch/*Hauck* 2.4 Rz 730; MünchArbR/*Leinemann* § 92 Rz 36; teilweise enger Vorauflage sowie *Boldt/ Röhsler* § 12 Rz 3, 15; *Natzel* § 12 Rz 4; GK-BUrlG/*Stahlhacke* § 12 Rz 14 m. w. N.).

Der Urlaub ist vom Auftraggeber nach **Maßgabe von § 7 Abs. 1** festzu- 27 setzen (vgl. dazu § 7 Rz 26 ff.). Die Urlaubswünsche der in Heimarbeit Beschäftigten sind daher vorrangig zu berücksichtigen. Der Auftraggeber kann die Urlaubserteilung aus den in § 7 Abs. 1 und 2 genannten Gründen verweigern (vgl. dazu § 7 Rz 36 ff.). Auch für Heimarbeiter gibt es kein Selbstbeurlaubungsrecht (zutr. ErfK/*Dörner* § 12 BUrlG Rz 16; a. A. *v. Hase/ Lembke* BB 1997, 1095, 1097).

b) Urlaubentgelt

Nach § 12 Nr. 1 erhalten Heimarbeiter und Gleichgestellte ein Urlaubs- 28 entgelt von **9,1%.** des in der Zeit vom 1. Mai bis zum 30. April des folgenden Jahres oder bis zur Beendigung des Beschäftigungsverhältnisses verdienten Arbeitsentgelts vor Abzug der Steuern und Sozialversicherungsbeiträge ohne Unkostenzuschlag und ohne die für den Lohnausfall an Feiertagen, den Arbeitsausfall infolge Krankheit und den Urlaub zu leistenden Zahlungen.

Die Zahl von 9,1% erklärt sich aus der **Entstehungsgeschichte:** Die frü- 29 heren Regeln für Heimarbeiter sahen ein Entgelt von 4% bei 12 Urlaubstagen vor. Dies entspricht einer Annahme von 300 möglichen Arbeitstagen im Jahr (12 Tage = 4% von 300). Da diese Annahme unrealistisch war, weil von den 365 Jahrestagen außer den 52 Sonntagen und den gesetzlichen Feiertagen auch die Urlaubs- und die durchschnittlich zu erwartenden Krankheitszeiten abzurechnen waren, liegen der Regelung im BUrlG 267 Arbeitstage zugrunde. Hierbei sind ausgehend von den 365 Tagen im Jahr 52 Sonntage, durchschnittlich 12 Feiertage, 24 Urlaubstage und 16 Krankheitstage abgezogen (vgl. zur Entstehungsgeschichte *Wachter* BlStSozArbR 1981, 193, 195). Die 24 Urlaubstage entsprechen etwa 9,1% von 267 Arbeitstagen.

30 Berechnungszeitraum für den Verdienst nach dem BUrlG ist die Zeit vom **1. Mai des laufenden Jahres** bis zum **30. April des folgenden Jahres** und nicht etwa – entgegen dem Wortlaut des § 12 Nr. 1 – die Zeit vom 1. Mai des vergangenen bis zum 30. April des laufenden Jahres (ebenso *Dersch/Neumann* § 12 Rz 19; *Fenski* Rz 204; Kasseler Handbuch/*Hauck* 2.4 Rz 731; MünchArbR/*Leinemann* § 92 Rz 39 f.; a. A. ErfK/*Dörner* § 12 BUrlG Rz 24; *Schmidt/Koberski/Tiemann/Wascher* Anh. § 19 Rz 113; *Siara* § 12 Rz 4; GK-BUrlG/*Stahlhacke* § 12 Rz 17 m. w. N.). Die sich hieraus ergebenden Berechnungsschwierigkeiten sind nicht unüberwindlich und deshalb angesichts des klaren Wortlauts des Gesetzes hinzunehmen.

31 In der **Praxis** haben die hierzu vertretenen unterschiedlichen Auffassungen letztlich kaum Auswirkungen, da sowohl in Tarifverträgen als auch in bindenden Festsetzungen regelmäßig zum Entgelt des in Heimarbeit Beschäftigten ein **fester Zuschlag** gezahlt wird (MünchArbR/*Leinemann* § 92 Rz 41). Eine solche Regelung ist zulässig, da nicht nur § 12 Nr. 3, sondern § 12 insgesamt nach § 13 tarifdispositiv ist, sofern dadurch nicht auch von den §§ 1, 2 und § 3 Abs. 1 abgewichen wird.

32 Enthalten weder bindende Festsetzungen noch Tarifverträge Urlaubszuschläge, hat der Kläger, also der Heimarbeiter oder das nach § 25 HAG klagebefugte Land, im Prozeß die Anspruchsvoraussetzungen **darzulegen** und zu **beweisen**. Er oder das Land müssen daher vortragen, daß der Heimarbeiter für eine bestimmte Zeit von Aufträgen freigestellt war.

33 Für die **Berechnung** des Urlaubsentgelts sind nur die Tage einzubeziehen, an denen der Heimarbeiter Anspruch auf Arbeitsentgelt hat, wenn er gearbeitet hätte. Gesetzliche **Feiertage** und **Krankheitstage** von mehr als sechs Wochen sind nicht – auch nicht mit einem fiktiven Arbeitsverdienst – zu berücksichtigen (so auch MünchArbR/*Leinemann* § 92 Rz 42; *Wachter* BlStSozArbR 1981, 193, 195; a. A. *Dersch/Neumann* § 12 Rz 25 m. w. N.). Für gesetzliche Feiertage und für Krankheitstage bis zu 6 Wochen bestehen nach §§ 10, 11 EFZG eigenständige Ansprüche auf Zuschläge.

34 Das Urlaubsentgelt soll erst **bei der letzten Entgeltzahlung** vor Antritt des Urlaubs ausgezahlt werden, § 12 Nr. 3. In der **Praxis** werden dennoch die **Zuschläge** zum laufenden Entgelt gezahlt, so daß sich der in Heimarbeit Beschäftigte das Urlaubsentgelt selbst ansparen muß. Dies ist zulässig. Der Auftraggeber trägt jedoch die Darlegungs- und Beweislast dafür, daß in den bereits ausgezahlten Entgelten auch die Zuschläge für das Urlaubsentgelt enthalten waren (BAG 13. 3. 1963 BAGE 14, 132 = AP Nr. 1 zu § 20 HAG; BAG 21. 1. 1965 AP Nr. 1 zu § 1 HAG).

Urlaub im Bereich der Heimarbeit § 12 BUrlG

c) Sonstige Bestimmungen des BUrlG
Dem in Heimarbeit Beschäftigten ist während des Urlaubs nach § 8 eine 35 Erwerbstätigkeit verboten. Erkrankt er während des Urlaubs, sind nach § 9 die nachgewiesenen Tage der Arbeitsunfähigkeit nicht auf den Urlaub anzurechnen. Maßnahmen der medizinischen Vorsorge oder Rehabilitation dürfen nach § 10 auch bei in Heimarbeit Beschäftigten nicht auf den Urlaub angerechnet werden.

2. Urlaubsentgelt nicht ständig Beschäftigter (§ 12 Nr. 2)

Nach § 12 Nr. 2 gelten für nicht ständig Beschäftigte Besonderheiten. Zu 36 den nicht ständig Beschäftigten gehören Personen, die nicht dauerhaft, sondern **mit Unterbrechungen in Heimarbeit beschäftigt** sind (*Dersch/Neumann* § 12 Rz 16).
Hiervon sind **Teilzeitbeschäftigte zu unterscheiden.** Diese befinden sich 37 in einem dauerhaften Rechtsverhältnis zu ihrem Auftraggeber, das sie jedoch zu einer geringeren Arbeitsleistung verpflichtet (ErfK/*Dörner* § 12 BUrlG Rz 18; MünchArbR/*Leinemann* § 92 Rz 43). Eine längere Krankheit führt nicht zu einer nicht ständigen Beschäftigung.
Nicht ständig Beschäftigten sind nach § 12 Nr. 2 nur so viele Urlaubstage 38 zu gewähren, wie **Tagesverdienste, die der Beschäftigte in der Regel erzielt hat,** in dem Urlaubsentgelt nach § 12 Nr. 1 enthalten sind (vgl. zur Berechnung ErfK/*Dörner* § 12 BUrlG Rz 17; Kasseler Handbuch/*Hauck* 2.4 Rz 734). Das bedeutet, daß zunächst das im Bezugszeitraum des § 12 Nr. 1 verdiente Arbeitsentgelt (z.b. 10000 DM) und die geleisteten Arbeitstage (z.B. 90) festgestellt werden müssen. Der durchschnittliche Tagesverdienst beträgt dann im Beispiel 111,11 DM. Weiterhin ist das Urlaubsentgelt nach § 12 Nr. 1 zu errechnen (hier: 10000 DM × 9,1% = 910 DM). Das Urlaubsentgelt (hier: 910 DM) ist dann durch den durchschnittlichen Tagesverdienst (hier: 111,11 DM) zu teilen. Als Quotient ergibt sich dann die Zahl Urlaubstage (910: 111,11 = 8,19 Urlaubstage). Diese sind weder auf- noch abzurunden, § 5 ist nicht anwendbar.

3. Haus- und Lohngewerbetreibende gemäß § 1 Abs. 1 Buchst. b, § 1 Abs. 2 Buchst. b und c HAG (§ 12 Nr. 4)

Hausgewerbetreibende mit nicht mehr als zwei fremden Hilfskräften 39 oder Heimarbeitern bzw. die ihnen gemäß § 1 Abs. 2 Buchst. b und c HAG gleichgestellten Hausgewerbetreibenden mit mehr als zwei fremden Hilfskräften oder Heimarbeitern und die **Lohngewerbetreibenden** erhalten nach § 12 Nr. 4 ebenfalls 9,1% des an sie ausgezahlten Entgelts als eigenes Urlaubsentgelt und zur Sicherung der Urlaubsansprüche der von ihnen Beschäftigten, da ihr Entgelt die Vergütung dieser Personen umfaßt. Für die Höhe des Urlaubsanspruchs, die Wartezeiten, die Berechnung des Entgelts gilt das gleiche wie nach § 12 Nr. 1. Auf Hausgewerbetreibende und Lohngewerbetreibende findet die Regelung für nicht ständig Beschäftigte in Nr. 2 wegen der Sonderregelung in § 12 Nr. 4 keine Anwendung (ebenso *Dersch/ Neumann* § 12 Rz 27; Kasseler Handbuch/*Hauck* 2.4 Rz 735; Münch-

BUrlG § 12 *Teil I. C. Erläuterungen zum BUrlG*

ArbR/*Leinemann* § 92 Rz 45; a. A. ErfK/*Dörner* § 12 BUrlG Rz 19; *Natzel* § 12 Rz 23).

40 In der **Praxis** werden Hausgewerbetreibenden mit nicht mehr als zwei fremden Hilfskräften aufgrund schriftlicher Vereinbarungen nach § 17 HAG und bindenden Festsetzungen erheblich **höhere Zuschläge** ähnlich den Heimarbeitern gewährt (vgl. dazu *Fenski* S. 141 mit einem Beispiel aus dem Textilbereich).

4. Zwischenmeister (Nr. 5)

41 Zwischenmeister haben keinen eigenen Urlaubsanspruch, da sie durch § 12 Nr. 1 BUrlG nicht erfaßt werden (Rz 1). Sofern sie jedoch gemäß § 1 Abs. 2 Buchst. d HAG **gleichgestellt** sind, haben sie nach § 12 Nr. 5 BUrlG gegen ihren Auftraggeber Anspruch auf die von ihnen nach § 12 Nr. 1 und Nr. 4 an in Heimarbeit Beschäftigte und ihnen gemäß § 1 Abs. 2 Buchst. a bis c HAG Gleichgestellte zu zahlenden Beträge. Diesen Anspruch können sie schon geltend machen, bevor sie das Urlaubsentgelt an die angegebenen Beschäftigten bezahlt haben (allg. Meinung, vgl. *Dersch/Neumann* § 12 Rz 29 m.w. N.).

5. Entgeltbelege (Nr. 6)

42 Die Urlaubsentgelte sind gemäß § 12 Nr. 6 gesondert in den **Entgeltbelegen** nach § 9 HAG auszuweisen. Sie müssen wie alle anderen Entgelte eingetragen und aufgeschlüsselt werden (vgl. dazu *Fenski* Rz 136 ff.).

6. Abweichende Bestimmung durch Tarifvertrag (Nr. 7)

43 **§ 12 Nr. 7**, wonach Heimarbeiter unter besonderen Voraussetzungen durch Tarifvertrag wie Betriebsarbeiter nach dem BUrlG behandelt werden können, ist **überflüssig**, da § 13 den gesamten § 12 für tarifdispositiv erklärt (s. bereits Rz 31).

7. Entgeltsicherung (Nr. 8)

44 Schließlich finden die Vorschriften der Entgeltsicherung des HAG auf die in § 12 Nr. 1, 4 und 5 angegebenen Beträge gemäß § 12 Nr. 8 Anwendung. Danach hat die oberste Arbeitsbehörde des jeweiligen Bundeslandes gemäß § 23 Abs. 1 HAG für eine wirksame **Überwachung der Entgelte** und sonstigen Vertragsbedingungen durch Entgeltprüfer zu sorgen. Diese haben die Einhaltung der allgemeinen Schutzvorschriften (§§ 6 bis 9 HAG), der sonstigen Vertragsbedingungen und die Zahlung der Entgelte zu überwachen, sowie auf Antrag bei der Errechnung der Stückentgelte **Berechnungshilfe** zu leisten (§ 23 Abs. 2 HAG). Um die Prüftätigkeit wirksam wahrnehmen zu können, haben die Entgeltprüfer gemäß § 28 Abs. 1 HAG die Möglichkeit, durch Auskunftsersuchen u.a. Entgeltbelege für die Entgeltfestsetzung oder -prüfung vorgelegt zu bekommen. Die Nichtbefolgung der Auskunftspflicht ist gemäß § 32a Abs. 2 Nr. 1 HAG eine Ordnungswidrigkeit, die mit einer Geldbuße bis zu 5000,– DM geahndet werden kann (§ 32a Abs. 3 HAG).

Unabdingbarkeit § 13 BUrlG

Ergibt sich aus Beschwerden von in Heimarbeit Beschäftigten oder Prüfungen nach § 28 HAG, daß ein Auftraggeber oder Zwischenmeister einen in Heimarbeit Beschäftigten oder einem Gleichgestellten ein **Urlaubsentgelt zahlt, welches niedriger ist als das in einer Entgeltregelung** gemäß den §§ 17 bis 19 HAG festgesetzte, so kann ihn die zuständige Behörde gemäß § 24 HAG auffordern, innerhalb einer bestimmten Frist sowohl den Minderbetrag nachzuzahlen als auch den Zahlungsnachweis vorzulegen. Über den Wortlaut von § 24 HAG hinaus werden auch gesetzliche Entgeltansprüche erfaßt, die sich selbst auf den Entgeltschutz beziehen, also auch die Urlaubsentgeltansprüche (vgl. *Fenski* Rz 314; *Schmidt/Koberski/Tiemann/Wascher* § 24 Rz 7). 45

Folgt auf die Aufforderung zur Nachzahlung der Minderbeträge keine positive Reaktion des Auftraggebers, kann das Land, vertreten durch die oberste Arbeitsbehörde oder die von ihr bestimmte Stelle (regelmäßig das Gewerbeaufsichtsamt), **in eigenem Namen** nach § 25 HAG den Anspruch auf Nachzahlung des Minderbetrages an den Berechtigten geltend machen. Klagen sowohl das Land als auch der Heimarbeiter wegen derselben Forderung, wird weder die Klage des Heimarbeiters noch die des Landes unzulässig. Dies kann sich ändern, wenn der Heimarbeiter im Prozeß obsiegt, da dann das Rechtsschutzinteresse für die Klage des Landes fehlt (vgl. ArbG Nürnberg 2. 7. 1980 – 3 Ca 477/78 – n. v., in der Zweiten Instanz durch Vergleich beendet). 46

Die Regelungen zur Entgeltsicherung (vgl. Rz 44 ff.) sind auch für fremde Hilfskräfte maßgeblich, wenn ein Hausgewerbetreibender oder Gleichgestellter einer **fremden Hilfskraft** ein Entgelt zahlt, das geringer ist als das durch Mindestarbeitsbedingungen gemäß § 22 HAG festgestellte, oder wenn die fremde Hilfskraft nicht nach der einschlägigen tariflichen Regelung entlohnt wird, wenn die Entgelte des Hausgewerbetreibenden oder ihm Gleichgestellten durch eine Entgeltregelung gemäß §§ 17 bis 19 HAG festgelegt sind (Tarifverträge oder bindende Festsetzungen). 47

§ 13 Unabdingbarkeit

(1) ¹Von den vorstehenden Vorschriften mit Ausnahme der §§ 1, 2 und 3 Abs. 1 kann in Tarifverträgen abgewichen werden. ²Die abweichenden Bestimmungen haben zwischen nichttarifgebundenen Arbeitgebern und Arbeitnehmern Geltung, wenn zwischen diesen die Anwendung der einschlägigen tariflichen Urlaubsregelung vereinbart ist. ³Im übrigen kann, abgesehen von § 7 Abs. 2 Satz 2, von den Bestimmungen dieses Gesetzes nicht zuungunsten des Arbeitnehmers abgewichen werden.

(2) ¹Für das Baugewerbe oder sonstige Wirtschaftszweige, in denen als Folge häufigen Ortswechsels der von den Betrieben zu leistenden Arbeit Arbeitsverhältnisse von kürzerer Dauer als einem Jahr in erheblichem Umfange üblich sind, kann durch Tarifvertrag von den vorstehenden Vorschriften über die in Absatz 1 Satz 1 vorgesehene Grenze hinaus abgewichen werden, soweit dies zur Sicherung eines zusammenhängenden Jahresurlaubs für alle Arbeitnehmer erforderlich ist. ²Absatz 1 Satz 2 findet entsprechende Anwendung.

(3) Für den Bereich der Deutsche Bahn Aktiengesellschaft sowie einer gemäß § 2 Abs. 1 und § 3 Abs. 3 des Deutsche Bahn Gründungsgesetzes vom 27. Dezember 1993 (BGBl. I S. 2378, 2386) ausgegliederten Gesellschaft und für den Bereich der Deutschen Bundespost kann von der Vorschrift über das Kalenderjahr als Urlaubsjahr (§ 1) in Tarifverträgen abgewichen werden.

Schrifttum: *Buchner,* Tarifwille und Richtermacht, SAE 1987, 45; *Hermann,* Kommentar zum Rahmentarifvertrag für das Maler- und Lackiererhandwerk vom 20. Dezember 1976; *Herschel,* Nachwirkung gegenüber tarifdispositivem Recht, DB 1980, 687; *Hock,* Die Anrechnung von Urlaub auf Kur im BAT-Arbeitsverhältnis, NZA 1998, 695; *Karthaus/Müller,* Bundesrahmentarifvertrag für das Baugewerbe, Text und Erläuterungen, 5. Aufl. 1998; *Klischan/Schlebusch,* Urlaubsrecht aktuell – Prüfungspunkte auf der Grundlage der BAG-Rechtsprechung, DB 1986, 1017; *Kohte,* Kontinuität und Bewegung im Urlaubsrecht, BB 1984, 609; *Leinemann,* Gesetzliches und tarifliches Urlaubsrecht, AuR 1987, 193; *ders.,* Urlaubsentgelt und Freischichtenmodell, BB 1990, 201; *ders.,* Wirkungen von Tarifverträgen und Betriebsvereinbarungen auf das Arbeitsverhältnis, DB 1990, 733; *U. Preis,* Auslegung und Inhaltskontrolle von Ausschlußfristen in Arbeitsverträgen, ZIP 1989, 885; *Siebel,* Die Auswirkung von Arbeitszeitverkürzungen und ungleichmäßiger Arbeitsverteilung auf Wochenfeiertage und Urlaub sowie deren Bezahlung, BB 1987, 222; *Schlenke/Müller,* Handbuch des Personalwesens für den Baubetrieb (HP-Bau), 7. Aufl. 1993; *Schröer,* Arbeitsrecht, Grundlagen für die Praxis im Baubetrieb, 1991; *Sperner/Brocksiepe/Egger/Henrich/Unkelbach,* Die Sozialkassen der Bauwirtschaft, 1976; *Wiesner,* Das „neue" Urlaubsrecht, BB 1985, 1135; Das Beitragseinzugs-Verfahren im Baugewerbe, herausgegeben von der *Zusatzversorgungskasse des Baugewerbes VVaG.*

Übersicht

	Rz
I. Allgemeines	1
1. Grundsätze	1
2. Abdingbarkeit durch Tarifverträge	6
a) Allgemeines	6
b) Geltungsbereich	8
3. Abdingbarkeit durch Betriebsvereinbarungen	9
4. Abdingbarkeit durch Einzelarbeitsverträge	14
a) Vereinbarung einer einschlägigen tariflichen Urlaubsregelung (§ 13 Abs. 1 Satz 2	15
b) Form und Inhalt der Vereinbarung	17
c) Nachwirkende Tarifregelungen	23
d) Darlegungs- und Beweislast	25
5. Günstigkeitsvergleich	26
a) Allgemeines	26
b) Günstigkeitsvergleich im Urlaubsrecht	30
II. Einzelfälle	35
1. § 1 Urlaubsanspruch	36
a) Erlaßvertrag und negatives Schuldanerkenntnis	36
b) Abhängigkeit von tatsächlicher Arbeitsleistung	38
c) Abgeltungsverbot	39
d) Ausschlußfristen	41
e) Mittelbarer Verstoß durch Tarifvertrag oder Einzelabrede	44
2. § 3 Dauer des Urlaubs	47
3. § 4 Wartezeit	51
4. § 5 Teilurlaub	53

Unabdingbarkeit § 13 BUrlG

Rz

a) Tarifvertragliche Änderung des Teilurlaubs (§ 5 Abs. 1
Buchstaben a und b) 53
b) Tarifvertragliche Änderung des gekürzten Vollurlaubs (§ 5
Abs. 1 Buchstabe c) 56
c) Abweichung von § 5 Abs. 1 durch Betriebsvereinbarung
oder Einzelabrede 62
d) Aufrundungsregel in § 5 Abs. 2 65
e) Rückforderungsverbot in § 5 Abs. 3 66
5. § 6 Ausschluß von Doppelansprüchen 68
6. § 7 Zeitpunkt, Übertragbarkeit und Abgeltung des Urlaubs 69
a) Konkretisierung der Urlaubszeit (§ 7 Abs. 1) 70
b) Pflicht zur zusammenhängenden Urlaubsgewährung (§ 7
Abs. 2) 74
c) Übertragung des Urlaubsanspruchs (§ 7 Abs. 3) 76
d) Urlaubsabgeltung (§ 7 Abs. 4) 83
7. § 8 Erwerbstätigkeit während des Urlaubs 92
8. § 9 Erkrankung während des Urlaubs 96
9. § 10 Maßnahmen der medizinischen Vorsorge oder Rehabilitation 98
10. § 11 Urlaubsentgelt 101
a) Gesetzlicher Mindesturlaub 102
b) Einzelvertraglich oder tarifvertraglich verlängerte Urlaubsdauer 116
11. § 12 Urlaub im Bereich der Heimarbeit 117

III. **Besonderheiten in der Bauwirtschaft und verwandten Wirtschaftszweigen (§ 13 Abs. 2)** 118
1. Allgemeines 118
2. Urlaubsregelung der Bauwirtschaft 121
3. Urlaubskassenregelung 132
4. Besonderheiten in Berlin und Bayern 137
5. Urlaubsansprüche von Angestellten im Baugewerbe 138

IV. **Besonderheiten bei der Deutsche Bahn AG und der Bundespost (§ 13 Abs. 3)** 141

I. Allgemeines

1. Grundsätze

Das gesetzliche Urlaubsrecht kann durch Tarifverträge verändert werden. 1
Den Tarifvertragsparteien ist in § 13 Abs. 1 Satz 1 die Befugnis eingeräumt, von den Vorschriften des BUrlG mit Ausnahme der §§ 1, 2 und § 3 Abs. 1 abzuweichen. Dies wird in Rechtsprechung (BAG 9. 7. 1964 BAGE 16, 155 = AP Nr. 2 zu § 13 BUrlG) und Schrifttum (*Dersch/Neumann* § 13 Rz 2, 11 m. w. N.) als „**tarifvertragliches Vorrangprinzip**" bezeichnet, das es den Tarifvertragsparteien ermöglicht, für die Arbeitnehmer günstigere, aber auch ungünstigere Bestimmungen über den Urlaub zu treffen. Nach § 13 Abs. 1 Satz 2 gelten die abweichenden Bestimmungen auch zwischen nicht tarifgebundenen Arbeitgebern und Arbeitnehmern, wenn zwischen diesen die Anwendung der einschlägigen tariflichen Urlaubsregelung vereinbart ist (dazu Rz 15 ff.).

Soweit in Tarifverträgen die Urlaubsdauer verlängert wird, **günstigere** 2
Übertragungszeiträume oder ein **höheres Entgelt** für die Urlaubszeit ge-

281

regelt werden, gibt es keine Schwierigkeiten. Problematischer sind ungünstigere Regelungen im Tarifvertrag. Zwar können die §§ 4 ff. nach dem eindeutigen Wortlaut des § 13 Abs. 1 Satz 1 abbedungen werden, hierdurch darf aber – auch **nicht mittelbar** – in die Ansprüche der Arbeitnehmer aus den §§ 1 bis 3 eingegriffen werden. Dies bereitet insbesondere bei tariflichen Regelungen des Teilurlaubs Abgrenzungsschwierigkeiten (dazu Rz 56).

3   Haben die **Tarifvertragsparteien keine eigene Regelung** getroffen, etwa indem sie keine Vorschrift über die Abgeltung von Urlaubsansprüchen vorgesehen (BAG 28. 2. 1991 AP Nr. 4 zu § 6 BUrlG) oder indem sie zwar Abgeltungsregelungen im Tarifvertrag getroffen haben, nicht aber z. B. für befristete Arbeitsverhältnisse (BAG 18. 10. 1990 BAGE 66, 134 = AP Nr. 56 zu § 7 BUrlG Abgeltung), ist von der gesetzlichen Regelung auch für den tariflichen Urlaub auszugehen. Die Frage nach einer möglichen „**Lückenfüllung**" in Tarifverträgen beantwortet sich daher für urlaubsrechtliche Regelungen von selbst: Entweder haben die Tarifparteien mit ihrem Regelungswerk die Bestimmungen des BUrlG wirksam ausgeschlossen oder es sind die Vorschriften dieses Gesetzes anzuwenden, wenn dem Tarifvertrag keine Hinweise auf ein anderes tarifliches Regelungsziel zu entnehmen sind (ebenso BAG 28. 4. 1998 AP Nr. 7 zu § 3 BUrlG; ErfK/*Dörner* § 13 BUrlG Rz 15).

4   Für den **von den Tarifvertragsparteien zusätzlich zum gesetzlichen Mindesturlaub geregelten Urlaubsanspruch** bestehen die durch das BUrlG vorgegebenen Bindungen nicht. In welcher Weise Tarifvertragsparteien durch Tarifregelungen den Urlaubsanspruch selbst ausgestalten, indem sie ihn etwa an Arbeitsleistungen des Arbeitnehmers oder an Ausschlußfristen binden, und wie sie die Lohnfortzahlungspflicht regeln, ist ihnen überlassen (BAG 2. 12. 1965 AP Nr. 1 zu § 10 BUrlG Kur; BAG 10. 2. 1966 BAGE 18, 129 = AP Nr. 1 zu § 13 BUrlG Unabdingbarkeit; BAG 21. 6. 1968 BAGE 21, 63 = AP Nr. 1 zu § 9 BUrlG; BAG 25. 8. 1992 AP Nr. 60 zu § 7 BUrlG Abgeltung; BAG 18. 5. 1999 AP Nr. 1 zu § 1 Tarifverträge: Fleischerhandwerk).

5   Insgesamt ist daher festzustellen, daß der „**Tarifvorrang**" für die Regelung urlaubsrechtlicher Ansprüche in sehr viel kleinerem Ausmaß besteht, als dies im Schrifttum meist angenommen wird (ebenso ErfK/*Dörner* § 13 BUrlG Rz 3) Damit stellt sich das Problem der Einheitlichkeit der urlaubsrechtlichen Regelungen in einem Tarifvertrag. Der Regelungswille von Tarifvertragsparteien geht nicht selten in eine andere Richtung als sie das BUrlG weist. Andererseits wollen Tarifvertragsparteien nicht zuletzt auch aus Gründen der Praktikabilität gesetzlichen und zusätzlich tarifvertraglich geregelten Urlaub als Einheit behandeln. Das sind Regelungsziele, die wegen der Unabdingbarkeit des gesetzlichen Urlaubsanspruchs nicht immer miteinander vereinbar sind. Zu lösen ist dies nur durch einen Günstigkeitsvergleich bezogen auf die einzelnen Vorschriften des BUrlG. Ein Gesamtgruppenvergleich BUrlG-Tarifvertrag ist nicht möglich (hierzu ausführlich Rz 26 ff.).

2. Abdingbarkeit durch Tarifverträge

a) Allgemeines

6   Nach § 13 Abs. 1 Satz 1 kann von § 3 Abs. 2 bis einschließlich § 12 in Tarifverträgen abgewichen werden. Wird in Tarifverträgen von diesen gesetzli-

Unabdingbarkeit § 13 BUrlG

chen Bestimmungen Abweichendes geregelt, ist jedoch stets zu prüfen, ob dadurch nicht **mittelbar in den Anspruch des Arbeitnehmers aus § 1 eingegriffen** wird, was nach § 13 Abs. 1 Satz 1 unzulässig wäre. So ist beispielsweise eine tarifliche Regelung unwirksam, die Urlaubsansprüche von Arbeitnehmern, die in der zweiten Hälfte eines Kalenderjahres aus dem Arbeitsverhältnis ausscheiden, ausschließen oder mindern, etwa indem der (gesetzliche) Urlaubsanspruch insgesamt **gezwölftelt** oder von der Erbringung von Arbeitsleistungen abhängig gemacht wird (vgl. BAG 8. 3. 1984 BAGE 45, 199 = AP Nr. 15 zu § 13 BUrlG; a. A. GK-BUrlG/*Bachmann* § 5 Rz 27 ff.; unklar *Dersch/Neumann* § 5 Rz 32 ff.). Eine solche Tarifbestimmung betrifft nicht nur den Teilurlaub, sondern den unabdingbaren gesetzlichen Urlaubsanspruch nach § 1 (dazu näher Rz 56 f.).

Aus diesen Gründen ist die **Annahme unzutreffend,** daß durch die Einführung des § 13 „die Klärung der Frage, welche Vorschrift im Einzelfall Geltung hat, auf diesem Gebiet für die Praxis und die Rechtsprechung ganz außerordentlich erleichtert" worden wäre oder ein „Günstigkeitsvergleich für Tarifverträge entfällt" (*Dersch/Neumann* § 13 Rz 11). Unzutreffend ist daher auch die Feststellung: „Gilt für ein Arbeitsverhältnis ein Tarifvertrag, ist nur dieser und nicht das BUrlG in den Bestimmungen der §§ 3 Abs. 2 ff. anzuwenden" (*Dersch/Neumann* § 13 Rz 11; vgl. ebenso GK-BUrlG/ *Berscheid* § 13 Rz 13). 7

b) Geltungsbereich

Ob der Tarifvertrag nach seinem **zeitlichen, räumlichen, betrieblichen,** **fachlichen** und **persönlichen Geltungsbereich** für die Arbeitsvertragsparteien gilt, ist nach den Grundsätzen des Tarifrechts gem. § 4 TVG zu beurteilen (vgl. dazu *Kempen/Zachert* TVG § 4 Rz 13 ff.; *Löwisch/Rieble* TVG § 4 Rz 27 ff.; *Schaub* § 203; *Wiedemann* TVG § 4 Rz 93 ff.). 8

3. Abdingbarkeit durch Betriebsvereinbarungen

Urlaubsrechtliche Regelungen in Betriebsvereinbarungen sind wegen der Vorbehalte in § 77 Abs. 3, § 87 Abs. 1 Eingangssatz BetrVG nur eingeschränkt zulässig (vgl. zu einem Zusatzurlaub wegen geleisteter Betriebstreue BAG 19. 4. 1994 AP Nr. 3 zu § 1 BUrlG Treueurlaub). Durch Betriebsvereinbarungen kann **nicht zuungunsten der Arbeitnehmer vom BUrlG abgewichen** werden. Die gesetzlichen Urlaubsansprüche können nur verbessert werden (ebenso ErfK/*Dörner* § 13 BUrlG Rz 60; Kasseler Handbuch/*Schütz* 2.4 Rz 639). Dies folgt aus § 13 Abs. 1 Satz 3. Ausgenommen ist die Vorschrift des § 7 Abs. 2 Satz 2, so daß z.B. für Betriebsferien die Ansprüche nach § 615 BGB von Arbeitnehmern, die etwa wegen nicht erfüllter Wartezeit noch keinen Urlaubsanspruch haben, durch Betriebsvereinbarung so abbedungen werden können, daß der Urlaub unter Abweichung von § 7 Abs. 2 Satz 2 in die Betriebsferien gelegt wird. 9

Unwirksam sind auch Betriebsvereinbarungen, die aufgrund einer **tariflichen Öffnungsklausel** nach § 77 Abs. 3 Satz 2 BetrVG zuungunsten der Arbeitnehmer von Vorschriften des BUrlG abweichen. Durch eine Öffnungsklausel wird nämlich nur die Schranke für die betriebliche Mitbestimmung nach § 77 bzw. nach § 87 Abs. 1 Eingangssatz BetrVG beseitigt, nicht 10 aber die den Tarifvertragsparteien in § 13 Abs. 1 Satz 1 eingeräumte Regelungsbefugnis auf die Betriebspartner übertragen (ebenso ErfK/*Dörner* § 13 BUrlG Rz 60). Daher kann von den Vorschriften des BUrlG mit Ausnahme der §§ 1, 2 und § 3 Abs. 1 nur in Tarifverträgen abgewichen werden (a. A. GK-BUrlG/*Berscheid* § 13 Rz 43; *Dersch/Neumann* § 13 Rz 28).

11 Umstritten ist, ob abweichende tarifvertragliche Bestimmungen zwischen nichttarifgebundenen Arbeitgebern und Arbeitnehmern auch dann gelten, wenn die **tarifliche Urlaubsregelung durch Betriebsvereinbarung für die gesamte Belegschaft übernommen** wird (vgl. dazu *Dersch/Neumann* § 13 Rz 28; *Natzel* § 13 Rz 42; GK-BUrlG/*Berscheid* § 13 Rz 43, jeweils m. w. N.). Nach der überwiegenden Meinung in Rechtsprechung und im Schrifttum stehen § 77, § 87 Abs. 1 und § 88 BetrVG der Übernahme von tariflichen Regelungen in Betriebsvereinbarungen entgegen. Nach der Begründung zum Regierungsentwurf (BT-Drucks. VI/1786, S. 47) soll dies bereits durch den Wortlaut des § 77 Abs. 3 BetrVG zum Ausdruck kommen. Danach können die durch Tarifvertrag geregelten oder üblicherweise geregelten materiellen Arbeitsbedingungen nicht Gegenstand einer Betriebsvereinbarung sein, während in **§ 59 BetrVG 1952, dem Vorgänger des § 77 BetrVG**, darauf abgestellt war, daß Betriebsvereinbarungen unzulässig sind, soweit diese Arbeitsbedingungen üblicherweise durch Tarifvertrag geregelt werden. Unter der Geltung des § 59 BetrVG 1952 war jedoch überwiegend anerkannt, daß eine einschlägige tarifliche Urlaubsregelung auch durch Betriebsvereinbarung übernommen werden konnte (BAG 27. 3. 1963 BAGE 14, 140 = AP Nr. 9 zu § 59 BetrVG 1952; *Dersch/Neumann* 4. Aufl., § 13 Rz 39), obwohl auch dieser Auffassung der Wortlaut des § 59 BetrVG 1952 entgegenstand. Es kann daher zweifelhaft erscheinen, ob die Abweichung in der Formulierung genügt, um die Bestimmung anders als bisher auszulegen.

12 Wie sich aus der **Begründung zum Regierungsentwurf von § 77 BetrVG** aber weiter ergibt, hielt man den Wortlaut für ausreichend, um zu verhindern, „daß der persönliche Geltungsbereich von Tarifverträgen auf einem anderen als dem hierfür vorgesehenen Weg der Allgemeinverbindlicherklärung nach dem TVG ausgedehnt wird" (BT-Drucks. VI/1786, S. 47). Dementsprechend lehnen Rechtsprechung und Schrifttum zu Recht überwiegend eine Übernahme materieller Arbeitsbedingungen, die in Tarifverträgen geregelt sind, durch Betriebsvereinbarungen ab (zuletzt BAG 23. 6. 1992 AP Nr. 55 zu § 77 BetrVG 1972 für sog. Blankettverweisungen; GK-BUrlG/*Berscheid* § 13 Rz 43; *Dersch/Neumann* § 13 Rz 28; *Fitting* § 77 Rz 87; *Löwisch* BetrVG § 77 Rz 54 ff.; *Natzel* § 13 Rz 43; *Kreutz* GK-BetrVG § 77 Rz 110.; a. A. *Hess/Schlochauer/Glaubitz* BetrVG § 77 Rz 162; *Stege/Weinspach* BetrVG § 77 Rz 21).

13 Daran ändert auch die **neue Rechtsprechung** des Bundesarbeitsgerichts zum Verhältnis von § 77 Abs. 3 zu § 87 Abs. 1 und § 88 BetrVG nichts, nach der § 77 Abs. 3 BetrVG nicht für Betriebsvereinbarungen über Angelegenheiten gilt, die nach § 87 Abs. 1 BetrVG der Mitbestimmung des Betriebsrats unterliegen (BAG GS 3. 12. 1991 BAGE 69, 134 = AP Nr. 51 zu § 87 BetrVG 1972 Lohngestaltung; BAG 24. 2. 1987 BAGE 54, 191 = AP Nr. 21 zu § 77 BetrVG 1972), da die **materiellen Urlaubsbedingungen** nicht mitbestimmungspflichtig sind, sondern nur die Aufstellung allgemei-

Unabdingbarkeit § 13 BUrlG

ner Urlaubsgrundsätze und des Urlaubsplans gemäß § 87 Abs. 1 Nr. 5 BetrVG (vgl. BAG 14. 1. 1992 AP Nr. 5 zu § 3 BUrlG, zu 3 c der Gründe; *Fitting* BetrVG § 87 Rz 62; vgl. dazu § 7 Rz 65 ff.). In einer Betriebsvereinbarung kann daher keine Urlaubserteilung **im Vorgriff** auf das nächste Kalenderjahr geregelt werden (BAG 17. 1. 1974 AP Nr. 3 zu § 1 BUrlG).

4. Abdingbarkeit durch Einzelarbeitsverträge

Vom BUrlG kann schließlich durch **Einzelarbeitsvertrag** abgewichen werden. § 13 Abs. 1 sieht dazu **zwei Möglichkeiten** vor: Gemäß § 13 Abs. 1 Satz 2 können nichttarifgebundene Arbeitnehmer und Arbeitgeber vom BUrlG abweichende Tarifverträge einzelvertraglich vereinbaren, gemäß § 13 Abs. 1 Satz 2 können Einzelarbeitsverträge jedenfalls zugunsten der Arbeitnehmer vom Gesetz abweichen. Von § 7 Abs. 2 Satz 2 ist sogar eine Abweichung zuungunsten des Arbeitnehmers wirksam. 14

a) Vereinbarung einer einschlägigen tariflichen Urlaubsregelung (§ 13 Abs. 1 Satz 2)

Um innerhalb eines Betriebes nicht unterschiedliches Arbeitsrecht für zwei Gruppen von Arbeitnehmern, die tarifgebundenen und die nichttarifgebundenen, entstehen zu lassen, ist in einer Reihe von Gesetzen dem Arbeitgeber die Möglichkeit eingeräumt, die Anwendung von Tarifverträgen, die zuungunsten der Arbeitnehmer vom Gesetz abweichen, mit dem Arbeitnehmer im Arbeitsvertrag zu vereinbaren (vgl. § 13 Abs. 1 Satz 2; § 622 Abs. 4 Satz 2 BGB; § 4 Abs. 4 Satz 2 EFZG). Dies ist **verfassungsrechtlich nicht zu beanstanden,** da der Arbeitnehmer damit nicht auf sein Grundrecht auf negative Koalitionsfreiheit aus Art. 9 Abs. 3 GG, die auch die Freiheit von tariflicher Normsetzung umfaßt, verzichtet (BVerfG 14. 6. 1983 BVerfGE 64, 208, 215 = AP Nr. 21 zu § 9 BergmannsVersorgScheinG NRW; vgl. auch *Säcker/Oetker* Grundlagen und Grenzen der Tarifautonomie 1992, S. 141 m. w. N.). Der Arbeitnehmer wird durch eine solche Vereinbarung nicht etwa Mitglied der Koalition, sondern akzeptiert durch seine vertragliche Erklärung nur eine von der arbeitsrechtlichen Koalition getroffene Regelung. 15

Aus dem Wortlaut des § 13 Abs. 1 Satz 2 könnte gefolgert werden, daß nur beiderseits **nicht tarifgebundene Arbeitsvertragsparteien** eine derartige Bezugnahme vereinbaren können. Diese Auslegung wäre jedoch nicht zutreffend. Sinn dieser Bestimmung ist vielmehr die Ersetzung der Tarifgebundenheit durch eine einzelvertragliche Vereinbarung. Daher kann die Tarifregelung vereinbart werden zwischen tarifgebundenen Arbeitgebern und nichttarifgebundenen Arbeitnehmern, zwischen nichttarifgebundenen Arbeitgebern und tarifgebundenen Arbeitnehmern, zwischen nichttarifgebundenen Arbeitgebern und Arbeitnehmern und – im Nachwirkungszeitraum (vgl. Rz 23) – sogar zwischen tarifgebundenen Parteien (GK-BUrlG/ *Berscheid* § 13 Rz 34; *Dersch/Neumann* § 13 Rz 26; *Natzel* § 13 Rz 32). 16

b) Form und Inhalt der Vereinbarung

Die Vereinbarung der einschlägigen tariflichen Urlaubsregelung ist **formlos** möglich (zur Bezugnahme vgl. zuletzt BAG 4. 8. 1999 NZA 2000, 154; 17

BAG 30. 8. 2000 NZA 2001, 510; ausf. hierzu *Hanau/Kania* FS für Schaub, 1998, S. 239 ff.). Eine schriftlich niedergelegte Regelung ist zwar nützlich, aber nicht erforderlich. Die Vereinbarung der tariflichen Urlaubsbestimmungen kann auch auf **schlüssigem Verhalten** beruhen (BAG 5. 9. 1985 AP Nr. 1 zu § 1 BUrlG Treueurlaub) oder sich aus einer **betrieblichen Übung** (BAG 15. 2. 1965 AP Nr. 6 zu § 13 BUrlG mit zust. Anm. von *G. Hueck*) oder einer **Gesamtzusage** ergeben (vgl. GK-BUrlG/*Berscheid* § 13 Rz 28; *Natzel* § 13 Rz 36 jeweils m. w. N.). Erforderlich ist allerdings in allen Fällen, daß der Tarifvertrag, der gelten soll, eindeutig bezeichnet ist (BAG 5. 12. 1995 AP Nr. 70 zu § 7 BUrlG Abgeltung).

18 Der Tarifvertrag muß nicht insgesamt übernommen werden. Aus dem Wortlaut des § 13 Abs. 1 Satz 2 ergibt sich vielmehr, daß die einschlägige tarifliche Urlaubsregelung ausreicht (vgl. *Dersch/Neumann* § 13 Rz 23; GK-BUrlG/*Berscheid* § 13 Rz 29 f.; *Natzel* § 13 Rz 35 jeweils m. w. N.). Die **tarifliche Urlaubsregelung muß jedoch als Ganzes vereinbart** werden. Die Arbeitsvertragsparteien können nicht wirksam einzelne Bestimmungen der tarifvertraglichen Urlaubsregelung – z. B. eine ungünstigere Wartezeit – herausgreifen, da damit diese ausgewogene Regelung zerstört würde (ebenso die überwiegende Meinung im Schrifttum; vgl. GK-BUrlG/*Berscheid* § 13 Rz 29; ErfK/*Dörner* § 13 BUrlG Rz 54; *Dersch/Neumann* § 13 Rz 23; *Natzel* § 13 Rz 35); zum Problem des „Herauspickens" ungünstiger Bestimmungen des Tarifvertrags *Fenski* AuR 1989, 168; *Löwisch/Rieble* TVG § 30 Rz 115; *U. Preis* Grundfragen der Vertragsgestaltung im Arbeitsrecht, 1992, 392 m. w. N.).

19 Die vereinbarte tarifvertragliche Urlaubsregelung muß **einschlägig** sein. Die Bezugnahme muß sich deshalb auf einen Tarifvertrag beziehen, der nach seinem zeitlichen, räumlichen, persönlichen, fachlichen und betrieblichen Geltungsbereich Anwendung fände, wenn der Arbeitgeber und der Arbeitnehmer tarifgebunden wären. Die Vereinbarung eines nicht einschlägigen Tarifvertrages löst nicht die Wirkung des § 13 Abs. 1 Satz 2 aus, d. h. durch die vereinbarten Tarifregelungen kann nicht zuungunsten des Arbeitnehmers von den gesetzlichen Urlaubsregelungen abgewichen werden (GK-BUrlG/*Berscheid* § 13 Rz 33; *Boldt/Röhsler* § 13 Rz 42; *Hohmeister* § 13 Rz 9; Kasseler Handbuch/*Schütz* 2.4 Rz 634 f.). Dann ist ein Günstigkeitsvergleich durchzuführen (§ 13 Abs. 1 Satz 3) und festzustellen, ob die einzelvertragliche Regelung wirksam ist (ebenso *Boldt/Röhsler* § 13 Rz 42 f.; *Borrmann* § 13 Rz 10; *Dersch/Neumann* § 13 Rz 25; GK-BUrlG/*Berscheid* § 13 Rz 33; die mißverständliche Formulierung von *Natzel* § 13 Rz 34 beruht wohl auf einem Druckfehler).

20 **Dynamische Verweisungen** auf den jeweils gültigen Tarifvertrag, beispielsweise mit der Vertragsklausel „hinsichtlich der Urlaubsregelungen gilt der jeweils gültige Tarifvertrag", sind zulässig (so auch GK-BUrlG/*Berscheid* § 13 Rz 28; *Boldt/Röhsler* § 13 Rz 36; *Dersch/Neumann* § 13 Rz 20; ErfK/*Dörner* § 13 BUrlG Rz 53; *Natzel* § 13 Rz 37; LAG Hamm 29. 9. 1975 DB 1976, 874 = BB 1976, 603; BAG 20. 10. 1977 AP Nr. 5 zu 242 BGB Ruhegehalt Beamtenversorgung). Folge dieser Verweisungstechnik ist, daß bei einer Änderung der Tarifvorschriften die geänderten Tarifnormen maßgeblich sind (vgl. hierzu BAG 6. 9. 1996 AP Nr. 5 zu § 1 TVG

Unabdingbarkeit § 13 BUrlG

Bezugnahme auf Tarifvertrag; *Hanau/Kania* FS für Schaub 1998, S. 239, 242 ff.). Auslegungsprobleme (z.B. bei Geltung mehrerer Tarifverträge für einen Betrieb) sind nach §§ 133, 157 BGB zu lösen. Dem steht nicht entgegen, daß sog. dynamische Verweisungen auf andere Tarifverträge in einem Tarifvertrag unzulässig sind (vgl. dazu BAG 23. 6. 1992 AP Nr. 55 zu § 77 BetrVG 1972; 10. 11. 1993 AP Nr. 169 zu § 1 TVG Tarifverträge: Bau). Solche Verweisungen sind unwirksam, weil Tarifvertragsparteien ihre Rechtsetzungsmacht selbst ausüben müssen, sie also nicht durch Bezugnahme auf andere übertragen können. Diese Frage stellt sich für die Bezugnahme auf einen Tarifvertrag in einem Arbeitsvertrag nicht. Außerdem ist nach § 13 Abs. 1 Satz 2 die Verweisung auf einen Tarifvertrag für Arbeitsverträge ohne ersichtliche Einschränkung vorgesehen.

Kommt in der arbeitsvertraglichen Vereinbarung der **Wille der Vertrags-** 21 **parteien zur Übernahme** der tarifvertraglichen Urlaubsvorschriften nicht mit genügender Deutlichkeit zum Ausdruck, ist die Vereinbarung nicht nichtig, sondern an § 13 Abs. 1 Satz 3 zu messen. Sie bleibt insoweit anwendbar, als sie für den Arbeitnehmer im Verhältnis zum BUrlG günstigere Urlaubsbestimmungen enthält (zutreffend *Natzel* § 13 Rz 38).

Die Vereinbarung der Arbeitsvertragsparteien kann – entweder einver- 22 nehmlich oder mit Hilfe der Änderungskündigung – jederzeit **aufgehoben** werden. Dann ist das BUrlG anzuwenden, von dem dann – mit Ausnahme von § 7 Abs. 2 Satz 2 – allenfalls durch eine günstigere einzelvertragliche Abrede abgewichen werden könnte. § 4 Abs. 3 TVG steht dem nicht entgegen. Nicht der Tarifvertrag wird abbedungen, sondern die einzelvertragliche Abrede, weil durch die Bezugnahme auf einen Tarifvertrag **keine Tarifgebundenheit** begründet wird (*Boldt/Röhsler* § 13 Rz 39; *Dersch/Neumann* § 13 Rz 27 m.w.N.; *Natzel* § 13 Rz 39; vgl. auch *Fenski* AuR 1989, 168, 170 m.w.N. in Fn 28; a.A. *von Hoyningen-Huene* RdA 1974, 142). Daraus folgt, daß nach § 13 Abs. 1 einzelvertraglich übernommene Tarifvorschriften nicht tarifliche Wirkung haben können, also **weder unabdingbar, noch unverzichtbar** und auch **nicht unverwirkbar** sind. Ebenso wie wirksam nur auf die gesamte Urlaubsregelung verwiesen werden kann, darf auch nur auf die **gesamte Urlaubsregelung** verzichtet werden (im Ergebnis ebenso, wenn auch mit unterschiedlicher Begründung, GK-BUrlG/*Berscheid* § 13 Rz 38; *Dersch/Neumann* § 13 Rz 27; *Natzel* § 13 Rz 40).

c) Nachwirkende Tarifregelungen

Sind die tariflichen Bestimmungen nach einer Kündigung oder dem Aus- 23 laufen des Tarifvertrages nur noch kraft Nachwirkung (§ 4 Abs. 5 TVG) anwendbar, so **bleibt ihr Vorrang gemäß § 13 Abs. 1 Satz 2 dennoch erhalten** (ebenso BAG 27. 1. 1987 BAGE 54, 147, 159 = AP Nr. 42 zu § 99 BetrVG 1972, zu B III 2b der Gründe). Der Vorrang des § 13 Abs. 1 Satz 2 gilt auch, wenn die Vereinbarung ungünstigerer Tarifregelungen im Nachwirkungszeitraum des Tarifvertrages erfolgt. Denn diese Bestimmung verfolgt das Ziel, in den Betrieben möglichst eine einheitliche Regelung in urlaubsrechtlichen Fragen für alle Arbeitnehmer zu schaffen. Dieses Ziel würde durch das Verbot einer Bezugnahme auf einen nur nachwirkenden Tarifvertrag vereitelt werden. Ein derartiges Verbot würde vielmehr zu einer

BUrlG § 13 Teil I. C. Erläuterungen zum BUrlG

Gruppenbildung in der Belegschaft führen, deren Vermeidung gerade der Anlaß zur Schaffung der Zulassungsnorm war (BAG 27. 6. 1978 AP Nr. 12 zu § 13 BUrlG in Abweichung von BAG 15. 2. 1965 BAGE 17, 90 = AP Nr. 6 zu § 13 BUrlG; GK-BUrlG/*Berscheid* § 13 Rz 41; *Dersch/Neumann* § 13 Rz 12; ErfK/*Dörner* § 13 BUrlG Rz 55; *Natzel* § 13 Rz 41 jeweils m. w. N. auch der Gegenansichten).

24 Schließen tarifgebundene Arbeitgeber und Arbeitnehmer nach Ablauf des Tarifvertrages, also im **Nachwirkungszeitraum gemäß § 4 Abs. 5 TVG**, einen Arbeitsvertrag, ist fraglich, ob sie dann die Wirkung des Tarifvertrages gemäß § 13 Abs. 1 Satz 2 einzelvertraglich vereinbaren müssen oder ob der Tarifvertrag auch ohne die Vereinbarung für sie gilt. Der seinerzeit für das Urlaubsrecht zuständige Fünfte Senat des Bundesarbeitsgerichts war im Urteil vom 15. 2. 1965 (BAGE 17, 90 = AP Nr. 6 zu § 13 BUrlG) der Ansicht, daß sich die Normwirkung des Tarifvertrages nicht mehr auf die neu eintretenden Arbeitnehmer erstreckt, der Sechste Senat des Bundesarbeitsgerichts hat dem im Urteil vom 21. 6. 1978 (AP Nr. 12 zu § 13 BUrlG) inzident zugestimmt, der Vierte Senat des Bundesarbeitsgerichts ist zum Tarifvertragsrecht ohnehin stets dieser Auffassung gewesen (BAG 14. 2. 1973 BAGE 25, 34 = AP Nr. 6 zu § 4 TVG Nachwirkung; BAG 13. 8. 1986 AP Nr. 1 zu § 2 MTV AngDFVLR; BAG 10. 12. 1997 AP Nr. 30 zu § 4 TVG Nachwirkung). Das Schrifttum lehnt dies überwiegend ab (vgl. nur *Wiedemann/Wank* TVG § 4 Rz 332 ff.; *Kempen/Zachert* TVG § 4 Rz 52 jeweils m. w. N.). In der Praxis hat dieser Streit kaum Bedeutung, da die tarifgebundenen Arbeitgeber in aller Regel mit den neu eintretenden Arbeitnehmern ohne Rücksicht auf deren Tarifgebundenheit die Anwendung der tariflichen Regelung vereinbaren.

d) Darlegungs- und Beweislast

25 Im Streitfall muß derjenige, der sich auf die Geltung einer vom BUrlG abweichenden Tarifregelung beruft, dies darlegen und ggf. **beweisen.** Im Fall des § 13 Abs. 1 Satz 1 und Satz 2 ist dies der **Arbeitgeber** (zutreffend LAG Baden-Württemberg 28. 2. 1967 DB 1967, 912; *Natzel* § 13 Rz 37; *Dersch/ Neumann* § 13 Rz 22), im Falle einer für ihn günstigen Regel nach § 13 Abs. 1 Satz 3 der **Arbeitnehmer.**

5. Günstigkeitsvergleich

a) Allgemeines

26 Grundsätzlich kann das rangniedrigere vom ranghöheren Recht abweichen, wenn die Abweichung günstiger für den Arbeitnehmer ist. Dieser umfassende arbeitsrechtliche **Grundsatz des Günstigkeitsprinzips,** der aus verschiedenen anderen, auch aus Verfassungsgrundsätzen abgeleitet wird, gilt sowohl im Verhältnis von Gesetz zu Tarifvertrag, Betriebsvereinbarungen und Einzelarbeitsvertrag als auch im Verhältnis Tarifvertrag zum Einzelarbeitsvertrag und schließlich im Verhältnis von Betriebsvereinbarung zum Einzelarbeitsvertrag (vgl. zum Günstigkeitsprinzip BAG GS 16. 9. 1986 BAGE 53, 42 = AP Nr. 17 zu § 77 BetrVG 1972; BAG 17. 10. 1990 BAGE 66, 106 = AP Nr. 9 zu § 611 BGB Lohnzuschläge; BAG 20. 4. 1999

Unabdingbarkeit § 13 BUrlG

AP Nr. 89 zu Art. 9 GG; *Belling,* Das Günstigkeitsprinzip im Arbeitsrecht, 1984; Kasseler Handbuch/*Dörner* 8.1 Rz 185 ff.; *Gitter* FS für Wlotzke, 1996, 297; *Heinze* NZA 1991, 329; *Leinemann* BB 1989, 1905, 1909; *Säcker* Gruppenautonomie und Übermachtkontrolle im Arbeitsrecht 1972, S. 54, 293 f.; *Schaub* § 204 VII; *Th. Schmidt,* Das Günstigkeitsprinzip im Tarifvertrags- und Betriebsverfassungsrecht, 1994; *Wiedemann/Wank* § 4 Rz 432 ff. m. w. N.; *Wlotzke,* Das Günstigkeitsprinzip, 1957).

Ob der Arbeitsvertrag eine zuungunsten des Arbeitnehmers abweichende 27 Abmachung i. S. des § 4 Abs. 3 TVG enthält, erfordert nach der Rechtsprechung des BAG grundsätzlich einen **individuellen** Sachgruppenvergleich zwischen der tariflichen und der vertraglichen Regelung. Dabei ist auf das Interesse des einzelnen Arbeitnehmers abzustellen. Das Gesamtinteresse der Belegschaft oder einer Gruppe von Arbeitnehmern ist regelmäßig nur bei betrieblichen und betriebsverfassungsrechtlichen Normen entscheidend (BAG 8. 10. 1958 AP Nr. 1 zu Art. 7 UrlG Bayern; BAG 25. 11. 1958 AP Nr. 1 zu § 10 UrlG Hamburg; BAG 20. 7. 1961 AP Nr. 3 zu § 10 UrlG Hamburg; zum kollektiven Günstigkeitsvergleich bei ablösenden Betriebsvereinbarungen vgl. BAG GS 16. 9. 1986 BAGE 53, 41 = AP Nr. 17 zu § 77 BetrVG 1972).

Im Rahmen eines **Sachgruppenvergleichs** sind allein die einschlägige ta- 28 rifliche Regelung und die abweichende Vereinbarung in einem bestehenden Arbeitsverhältnis miteinander zu vergleichen. Durch Auslegung des Arbeitsvertrags und des Tarifvertrages ist festzustellen, welche Regelungen im Vertrag und im Tarifvertrag in einem sachlichen Zusammenhang stehen und miteinander verglichen werden können (BAG 23. 5. 1984 BAGE 46, 50 = AP Nr. 9 zu § 339 BGB; BAG 20. 4. 1999 AP Nr. 89 zu Art. 9 GG; MünchArbR/*Löwisch* § 265 Rz 41 ff.; *Wiedemann/Wank* § 4 Rz 470 ff.; krit. hierzu insbes. *Adomeit* NJW 1984, 26; *Buchner* DB 1996 Beil. 12, S. 1 ff.). Maßgebend ist vor allem, ob die Bestimmungen denselben Gegenstand betreffen, hilfsweise die Verkehrsanschauung.

Der **Vergleichsmaßstab ist objektiv.** Die subjektive Anschauung des be- 29 troffenen Arbeitnehmers ist damit grundsätzlich nicht maßgeblich. Entscheidend ist, wie ein verständiger Arbeitnehmer unter Berücksichtigung der Umstände des Einzelfalles die Bestimmung des Arbeitsvertrages im Vergleich zu der des Kollektivvertrages oder des einseitig zwingenden Gesetzes einschätzen würde (vgl. Kasseler Handbuch/*Dörner* 8.1 Rz 192; *Wiedemann/Wank* § 4 Rz 451 ff.; krit. hierzu *Gitter* FS für Wlotzke, 1996, 297; *Heinze* NZA 1991, 329). Läßt sich nicht feststellen, ob die getroffene einzelvertragliche Änderung der Arbeitsbedingungen zugunsten des Arbeitnehmers wirkt, ist sie unzulässig (BAG 12. 4. 1972 BAGE 24, 228 = AP Nr. 13 zu § 4 TVG Günstigkeitsprinzip).

b) Günstigkeitsvergleich im Urlaubsrecht

Durch § 13 Abs. 1 Satz 3 wird **unmittelbar die Befugnis der Arbeitsver-** 30 **tragsparteien beschränkt, durch rechtsgeschäftliche Vereinbarungen von den zwingenden Vorschriften des Urlaubsrechts abzuweichen.** Ziel von § 13 Abs. 1 ist sicherzustellen, daß der Arbeitnehmer den gesetzlichen Mindesturlaub auch tatsächlich in Anspruch nimmt und erhält. Zur Begründung der Unwirksamkeit ungünstigerer Vereinbarungen bedarf es deshalb keines Rückgriffs auf § 134 BGB (BAG 20. 6. 2000 NZA 2001, 100). § 13 Abs. 1 Satz 3 knüpft an das allgemeine Günstigkeitsprinzip an. Diese Regelung weicht jedoch von den allgemeinen Grundsätzen insofern ab, als sie auch Regelungen zuläßt, die **nicht ungünstiger** für den Arbeitnehmer sind als das (Mindest-) Urlaubsgesetz, während nach den allgemeinen Grundsätzen rangniedrigere Regelungen von ranghöheren nur dann abweichen dürfen, wenn sie günstiger für den Arbeitnehmer sind.

31 Der Unterschied zwischen den beiden Günstigkeitsvergleichen zeigt sich an den sog. neutralen Regelungen, wie beispielsweise bei der Verlängerung des Referenzzeitraums nach § 11 Abs. 1 Satz 1 durch Einzelarbeitsvertrag auf ein Jahr (vgl. dazu § 11 Rz 49). Nach § 13 Abs. 1 Satz 3 ist dies zulässig, da eine derartige Regelung nicht ungünstiger ist als die gesetzliche Bestimmung. Bei einem Günstigkeitsvergleich nach § 4 Abs. 3 TVG würde sich jedoch eine solche Regelung gegenüber der Tarifregelung nicht durchsetzen, weil sie nicht günstiger als die entsprechende Tarifbestimmung ist (vgl. BAG 12. 4. 1972 BAGE 24, 228 = AP Nr. 13 zu § 4 TVG Günstigkeitsprinzip). Es ergeben sich daher Unterschiede beim Vergleich zwischen Gesetz und Einzelarbeitsvertrag sowie zwischen Tarifvertrag und Einzelarbeitsvertrag.

32 **Vor dem Inkrafttreten** des **BUrlG** hat die Rechtsprechung angenommen, der Günstigkeitsvergleich sei im Sinne des sog. **Gruppenvergleichs** durchzuführen. Die Schwierigkeiten, die sich daraus ergaben, sind aus den folgenden Beispielen ersichtlich: So wurden Urlaubsdauer, Fälligkeit und Wartezeiten insgesamt miteinander verglichen (BAG 25. 1. 1958 BAGE 7, 76 = AP Nr. 1 zu § 10 UrlG Hamburg; BAG 29. 11. 1962 AP Nr. 5 zu § 3 UrlG Niedersachsen), andererseits die Frage des Urlaubs bei fristloser Entlassung (BAG 8. 10. 1958 AP Nr. 1 zu Art. 7 UrlG Bayern), eine Verfallklausel (LAG Kiel BB 1953, 385) oder die Zwölftelung nach dem ArbPlSchG (BAG 14. 11. 1963 AP Nr. 2 zu § 4 ArbPlSchG) für sich isoliert betrachtet. Das BAG hat früher davon gesprochen, daß von einer „gewissen komplexen Schau" ausgegangen werden müsse und „die in einem inneren Zusammenhang stehenden Vorschriften des Tarifvertrages und des Gesetzes sinnvoll verbunden und gegeneinander abgewogen werden" müßten (BAG 20. 7. 1961 AP Nr. 3 zu § 10 UrlG Hamburg; BAG 15. 3. 1962 AP Nr. 1 zu § 6 UrlG Niedersachsen; BAG 12. 12. 1962 AP Nr. 4 zu § 10 UrlG NRW).

33 Diese für die Praxis nicht sehr hilfreichen Formulierungen führten zu Unsicherheiten, welche die am Gesetzgebungsverfahren Beteiligten durch die Einfügung des § 13 Abs. 1 beheben wollten. Im **BUrlG ist nunmehr ein Einzelvergleich** gesetzlicher und tarifvertraglicher, gesetzlicher und betriebsverfassungsrechtlicher sowie gesetzlicher und einzelvertraglicher Urlaubsregelungen vorgesehen. Die Arbeitsvertragsparteien können die für den Arbeitnehmer jeweils günstigeren Regelungen herausgreifen (so inzwischen die Rechtsprechung und überwiegend das Schrifttum, vgl. BAG 8. 3. 1984 AP Nr. 15 zu § 13 BUrlG, BAG 21. 3. 1985 AP Nr. 11 zu § 13 BUrlG Unabdingbarkeit; BAG 10. 2. 1987 AP Nr. 12 zu § 13 BUrlG; BAG 22. 2. 2000 AP Nr. 171 zu § 1 TVG Tarifverträge: Metallindustrie GK-BUrlG/ *Berscheid* § 13 Rz 46 m. w. N.; *Dersch/Neumann* § 13 Rz 36 ff. m. w. N. in Rz 38; ErfK/*Dörner* § 13 BUrlG Rz 11 f.; *Hohmeister* § 13 Rz 10; Kasseler

Unabdingbarkeit § 13 BUrlG

Handbuch/*Schütz* 2.4 Rz 628; a. A. *Borrmann* § 13 Rz 6; *Wiedemann/ Stumpf* TVG 5. Aufl. § 4 Rz 252).
Die Notwendigkeit eines Einzelvergleichs ergibt sich aus dem **Wortlaut** 34 von § 13 Abs. 1 Satz 3 sowie aus der **Entstehungsgeschichte des Gesetzes** (vgl. hierzu Einl. Rz 21 ff.). Zwischen dem damaligen Entwurf der SPD-Fraktion und dem Entwurf der CDU/CSU-Fraktion im Deutschen Bundestag, der im Gegensatz zum SPD-Entwurf sämtliche Bestimmungen des BUrlG als Mindestbedingungen ansah und damit den Vergleich zwischen Gesetz und rangniedrigeren Bestimmungen nur als Einzelvergleich zuließ, bestanden Differenzen, die zugunsten des Entwurfs der CDU/CSU-Fraktion entschieden wurden und Gesetz geworden sind (vgl. *Boldt* RdA 1962, 130; *Dersch/Neumann* § 13 Rz 37).

II. Einzelfälle

Im folgenden werden – jeweils bezogen auf die einzelne Norm des BUrlG – 35 **typische Einzelfälle** aufgeführt, in denen sich die Rechtsprechung mit Abweichungen von den Vorschriften des BUrlG durch Tarifvertrag, Betriebsvereinbarung oder durch Einzelabrede befaßt hat.

1. § 1 Urlaubsanspruch

a) Erlaßvertrag und negatives Schuldanerkenntnis

Der Arbeitnehmer kann nach § 13 Abs. 1 Satz 3 weder durch **Erlaßver-** 36 **trag** (§ 397 BGB) noch durch ein **negatives Schuldanerkenntnis** im Rahmen einer allgemeinen Ausgleichsquittung, in einem **gerichtlichen oder außergerichtlichen Vergleich** oder einem **Aufhebungsvertrag** über den gesetzlichen Mindesturlaub zu seinen Ungunsten verfügen (BAG 21. 7. 1978 AP Nr. 5 zu § 13 BUrlG Unabdingbarkeit; BAG 31. 5. 1990 BAGE 65, 171 = AP Nr. 13 zu § 13 BUrlG Unabdingbarkeit; BAG 20. 1. 1998 AP Nr. 45 zu § 13 BUrlG; BAG 9. 6. 1998 AP Nr. 23 zu § 7 BUrlG mit zust. Anm. *Hoß*).

Arbeitgeber und Arbeitnehmer können sich jedoch über die dem Ur- 37 laubsanspruch zugrunde liegenden Tatsachen einigen und den sich daraus ergebenden Urlaubsanspruch in einem Vergleich festlegen. Ein solcher sog. **Tatsachenvergleich** ist grundsätzlich möglich (BAG 31. 7. 1967 AP Nr. 2 zu § 7 BUrlG Abgeltung; *Bleistein* GK-BUrlG § 1 Rz 105; *Dersch/Neumann* § 13 Rz 77). Ein wirksamer Tatsachenvergleich nach § 779 BGB liegt allerdings nur vor, wenn zwischen den Parteien eine Ungewißheit besteht, die im Wege gegenseitigen Nachgebens beseitigt werden soll. Bestand zwischen den Arbeitsvertragsparteien jedoch zum Zeitpunkt des Vertragsschlusses kein Streit über die Anzahl der noch nicht gewährten und damit noch offenen Urlaubstage, stellt die Einigung über den noch zu gewährenden Urlaubsanspruch keinen Tatsachenvergleich dar. Soweit der Arbeitnehmer in der Vereinbarung auf gesetzlichen Mindesturlaub verzichtet, verstößt diese Vereinbarung gegen § 13 Abs. 1 und ist deshalb unwirksam (BAG 20. 1. 1998 AP Nr. 45 zu § 13 BUrlG). Für tarifliche Urlaubsansprüche gilt bei allgemeinverbindlichen Tarifregelungen und bei beiderseitiger Tarifbindung nach § 4 Abs. 3 TVG entsprechendes.

b) Abhängigkeit von tatsächlicher Arbeitsleistung

38 Der Urlaubsanspruch nach § 1 ist nicht an Arbeitsleistungen des Arbeitnehmers gebunden (dazu § 1 Rz 61). Er kann daher durch tarifliche Regelungen **nicht** von der **Erbringung** von **Arbeitsleistungen** abhängig gemacht werden (BAG 8. 3. 1984 BAGE 45, 199 = AP Nr. 15 zu § 13 BUrlG). Tarifvertragsparteien sind allerdings nicht gehindert, Urlaubsansprüche, die nach dem Tarifvertrag über den gesetzlichen Urlaubsanspruch hinaus zu gewähren sind, an tatsächlich erbrachte Arbeitsleistungen zu knüpfen (BAG 10. 2. 1987 BAGE 54, 184 = AP Nr. 12 zu § 13 BUrlG Unabdingbarkeit; BAG 18. 5. 1999 EzA § 5 BUrlG Nr. 19). Insoweit sind auch Kürzungsregelungen zulässig.

c) Abgeltungsverbot

39 Der unabdingbare gesetzliche Urlaubsanspruch aus § 1 ist auf Freistellung des Arbeitnehmers von den Arbeitspflichten gerichtet. Eine tarifvertragliche oder arbeitsvertragliche Vereinbarung, die vorsieht, daß der Arbeitnehmer im fortbestehenden Arbeitsverhältnis vor Ablauf des Kalenderjahres oder des Übertragungszeitraums **statt des Freistellungsanspruchs einen Abgeltungsanspruch** hat, ist für den gesetzlichen Mindesturlaub unwirksam (ebenso ErfK/*Dörner* § 13 BUrlG Rz 17).

40 Im Tarifvertrag kann allerdings bestimmt werden, daß ein Urlaubsanspruch, der wegen **Krankheit im Urlaubsjahr und Übertragungszeitraum** nicht erfüllt werden konnte, im fortbestehenden Arbeitsverhältnis abzugelten ist. Eine solche Regelung weicht zugunsten des Arbeitnehmers von den gesetzlichen Bestimmungen ab, weil sie eine nach dem BUrlG nicht vorgesehene zusätzliche Leistung des Arbeitgebers als Ersatz für einen Urlaubsanspruch schafft, der mit Ablauf des Übertragungszeitraums erloschen ist. Dieser tarifliche Anspruch auf Urlaubsabgeltung kann auch einer tariflichen Ausschlußfrist unterliegen (BAG 20. 4. 1989 BAGE 61, 355 = AP Nr. 47 zu § 7 BUrlG Abgeltung; vgl. auch BAG 31. 5. 1990 BAGE 65, 171, 174 = AP Nr. 13 zu § 13 BUrlG Unabdingbarkeit).

d) Ausschlußfristen

41 Der gesetzliche **Urlaubsanspruch unterliegt nicht tarifvertraglichen Ausschlußfristen.** Der nach erfüllter Wartezeit entstandene gesetzliche Urlaubsanspruch kann im laufenden Kalenderjahr bzw. – wenn die Voraussetzungen des § 7 Abs. 3 Satz 2 vorliegen – im Übertragungszeitraum verlangt und genommen werden. Macht ein Arbeitnehmer seinen Urlaubsanspruch nicht geltend, verfällt dieser erst mit Ablauf des Urlaubsjahres bzw. des Übertragungszeitraums nach § 7 Abs. 3 Satz 3. Ist der Urlaub am Ende des Arbeitsverhältnisses nicht gewährt, wandelt sich der Urlaubsanspruch nach § 7 Abs. 4 in einen Abgeltungsanspruch um, der bei Untätigkeit des Arbeitnehmers spätestens mit dem Ende des Übertragungszeitraums erlischt (BAG 31. 5. 1990 BAGE 65, 171, 173f. = AP Nr. 13 zu § 13 BUrlG Unabdingbarkeit, zu II 3a der Gründe; BAG 24. 11. 1992 AP Nr. 23 zu § 1 BUrlG; *Dersch/Neumann* § 13 Rz 70; ErfK/*Dörner* § 13 BUrlG Rz 17; a. A. GK-BUrlG/*Berscheid* § 13 Rz 78; *Natzel* § 13 Rz 26).

Unabdingbarkeit § **13 BUrlG**

Tarifvertragsparteien können für den mit Beendigung des Arbeitsverhält- 42
nisses an die Stelle des Urlaubsanspruchs tretenden Abgeltungsanspruch
Ausschlußfristen nur im Umfange des tariflichen Urlaubsanspruchs vereinbaren (BAG 25. 8. 1992 AP Nr. 60 zu § 7 BUrlG Abgeltung). Eine tarifliche Ausschlußfrist, nach der alle gegenseitige Ansprüche – ausgenommen Lohnansprüche – nur innerhalb einer Ausschlußfrist von einem Monat seit Fälligkeit des Anspruchs schriftlich geltend gemacht werden können, ist jedoch auf Urlaubs- und Urlaubsabgeltungsansprüche nicht anwendbar. Denn diese Ansprüche bestehen befristet für einen bestimmten Zeitraum, ihre Erfüllung kann während dieser Zeit stets verlangt werden. Insoweit gehen die Befristungsregelungen für Urlaubsansprüche anderen Ausschlußregelungen vor (BAG 24. 11. 1992 AP Nr. 23 zu § 1 BUrlG).

Durch **Einzelabrede** kann der gesetzliche Urlaubsanspruch ebenfalls nicht 43
an eine **Ausschlußfrist** geknüpft werden (BAG 5. 4. 1984 BAGE 45, 314 =
AP Nr. 16 zu § 13 BUrlG mit zust. Anm. *Hj. Weber*).

e) Mittelbarer Verstoß durch Tarifvertrag oder Einzelabrede

Eine tarifliche Urlaubsregelung darf auch nicht **mittelbar** gegen die zwin- 44
genden Bestimmungen der §§ 1, 2 und § 3 Abs. 1 verstoßen (BAG 18. 6.
1980 AP Nr. 6 zu § 13 BUrlG Unabdingbarkeit; BAG 8. 10. 1981 AP Nr. 3
zu § 47 BAT; BAG 8. 3. 1984 BAGE 45, 199 = AP Nr. 15 zu § 13 BUrlG;
BAG 10. 2. 1987 BAGE 54, 184 = AP Nr. 12 zu § 13 BUrlG Unabdingbarkeit; BAG 25. 2. 1988 BAGE 57, 366 = AP Nr. 3 zu § 8 BUrlG;
BAG 12. 1. 1989 BAGE 61, 1 = AP Nr. 13 zu § 47 BAT; GK-BUrlG/
Berscheid § 13 Rz 55; *Boldt/Röhsler* § 13 Rz 14; *Dersch/Neumann* § 13
Rz 16, jeweils m.w.N.). Ein mittelbarer Verstoß gegen die zwingenden Bestimmungen der §§ 1, 2 und § 3 Abs. 1 liegt vor, wenn unmittelbar nur von
den Normen der § 3 Abs. 2 bis § 12 durch den Tarifvertrag abgewichen,
damit zugleich mittelbar aber der gesetzliche Urlaubsanspruch unterschritten wird.

Sieht ein Tarifvertrag z.B. vor, daß Angestellte, die **ohne Erlaubnis wäh-** 45
rend des Urlaubs gegen Entgelt arbeiten, dadurch den Anspruch auf die
Urlaubsvergütung für die Tage der Erwerbstätigkeit verlieren, berührt dies
mittelbar den unabdingbaren Urlaubsanspruch aus § 1 (BAG 25. 2. 1988
BAGE 57, 366 = AP Nr. 3 zu § 8 BUrlG mit Anm. *Clemens* = EzA § 8
BUrlG Nr. 2 mit Anm. *Schulin* = SAE 1989, 157 mit Anm. *Adomeit*). Denn
§ 1 bestimmt nicht nur, daß der Arbeitnehmer von seinen Arbeitspflichten
für die Dauer des Urlaubs aufgrund der Urlaubserteilung freigestellt wird,
sondern stellt auch sicher, daß der Arbeitnehmer trotz Nichtleistung der
Arbeit während der Urlaubszeit vom Arbeitgeber das vereinbarte Arbeitsentgelt verlangen kann (BAG 8. 3. 1984 BAGE 45, 184, 188 = AP Nr. 14 zu
§ 3 BUrlG Rechtsmißbrauch; BAG 7. 7. 1988 BAGE 59, 154 = AP Nr. 22
zu § 11 BUrlG m.w.N.). Die Tarifvertragsparteien sind deshalb nicht befugt, für den gesetzlichen Mindesturlaub von der nach § 1 fortbestehenden
Entgeltzahlungspflicht abzuweichen, und zwar auch nicht dadurch, daß sie
bei einem Vertragsverstoß des Arbeitnehmers dessen Vergütungsanspruch
verringern. Daran ändert nichts, daß § 11 in § 13 nicht genannt ist, weil § 11
nur eine Berechnungsregel zur Bestimmung des fortzuzahlenden Entgelts

enthält (BAG 25. 2. 1988 BAGE 57, 366 = AP Nr. 3 zu § 8 BUrlG, zu I 2 c der Gründe).

46 Ein mittelbarer Verstoß liegt ferner vor, wenn **kirchliche Arbeitsvertragsrichtlinien Nachtarbeitszuschläge** für den gesetzlichen Urlaub nicht als Arbeitsentgelt berücksichtigen. Fällt Nachtarbeit im Urlaub des Arbeitnehmers an und hätte der Arbeitnehmer dafür ansonsten Zeitzuschläge erhalten, dürfen einzelvertragliche oder tarifvertragliche Vereinbarungen diese im Urlaub nicht wegfallen lassen. Die Nichtberücksichtigung des Zeitzuschlags enthält keine lediglich von § 11 abweichende Art der Berechnung des Urlaubsentgelts, sondern verstößt gegen § 1 (BAG 12. 1. 1989 BAGE 61, 1 = AP Nr. 13 zu § 47 BAT).

2. § 3 Dauer des Urlaubs

47 Der gesetzliche Mindesturlaub von 24 Werktagen kann weder durch tarifliche Regelungen noch durch einzelvertragliche Vereinbarungen verkürzt werden (§ 13 Abs. 1 Satz 1, § 3 Abs. 1). Soweit in Tarifverträgen die **Urlaubsdauer vom Alter oder der Beschäftigungszeit** des Arbeitnehmers abhängig ist, darf dadurch die Mindesturlaubsdauer von 24 Werktagen, die für alle Arbeitnehmer gilt, nicht unterschritten werden. Denn die gesetzliche Mindesturlaubsdauer ist nach § 3 Abs. 1 weder vom Alter des Arbeitnehmers noch von dessen Betriebszugehörigkeit abhängig. Tarifverträge dürfen daher nur den über den gesetzlichen Mindesturlaub hinausgehenden Urlaub von weiteren Voraussetzungen, wie Alter oder Beschäftigungsdauer abhängig machen (vgl. dazu BAG 19. 11. 1996 AP Nr. 1 zu § 1 TVG Tarifverträge: Krankenanstalten).

48 Von der Bestimmung der Urlaubsdauer in Tarifverträgen sind Tarifregelungen zu unterscheiden, die vorsehen, wie die für Vollzeitbeschäftigte geltende **Urlaubsdauer für Teilzeitbeschäftigte oder Schichtarbeiter umzurechnen** ist. Hierdurch wird lediglich die für den tarifvertraglichen Normalfall geltende Urlaubsdauer an besondere Arbeitszeitgestaltungen angepaßt (ausf. hierzu § 3 Rz 39 ff. sowie *Leinemann/Linck* DB 1999, 1498 ff.).

49 Ein mittelbarer Verstoß gegen § 3 Abs. 1 liegt vor, wenn ein Tarifvertrag oder Arbeitsvertrag vorsieht, daß auch nach erfüllter Wartezeit bei einer **Beendigung des Arbeitsverhältnisses in der zweiten Jahreshälfte eine Zwölftelung** des Urlaubs erfolgt und dadurch der Mindesturlaub unterschritten wird (vgl. dazu auch § 5 Rz 3 f.). Durch eine tarifliche Regelung kann der gesetzliche Urlaubsanspruch eines Arbeitnehmers, der nach erfüllter Wartezeit in der zweiten Hälfte eines Kalenderjahres aus dem Arbeitsverhältnis ausscheidet, nicht ausgeschlossen oder durch Zwölftelung gemindert werden (BAG 8. 3. 1984 BAGE 45, 199 = AP Nr. 15 zu § 13 BUrlG; ErfK/*Dörner* § 13 BUrlG Rz 22; *Hohmeister* § 5 Rz 17; Kasseler Handbuch/*Schütz* 2.4 Rz 192). Denn dieser Anspruch ist der gesetzliche Urlaubsanspruch i. S. von §§ 1, 3 BUrlG. Der gesetzliche **Zusatzurlaub nach § 125 SGB IX** bleibt von tarifvertraglichen Zwölftelungsvorschriften unberührt (BAG 8. 3. 1994 BAGE 76, 74 = AP Nr. 5 zu § 47 SchwbG 1986).

50 Zu Unrecht wird vereinzelt im **Schrifttum eine Zwölftelung des Urlaubs** durch Tarifvertrag auch zu Ungunsten der Arbeitnehmer, die in der

Unabdingbarkeit § 13 BUrlG

zweiten Kalenderhälfte eines Jahres aus dem Arbeitsverhältnis ausscheiden, für zulässig gehalten, weil § 4 ebenso tarifdispositiv sei wie § 5 Abs. 1 Buchst. c BUrlG (GK-BUrlG/*Bachmann* § 5 Rz 33; *Dersch/Neumann* § 5 Rz 33 mit Nachw.) Aus der tariflichen Abdingbarkeit von § 4 BUrlG ergibt jedoch sich nur, daß die Wartefrist zu Beginn des Arbeitsverhältnisses hinausgeschoben werden, nicht jedoch, daß der Urlaubsanspruch unabhängig von dem in § 5 Abs. 1 Buchst. c geregelten Fall (Ausscheiden in der ersten Hälfte eines Kalenderjahres) tariflich gezwölftelt werden könnte (BAG 8. 3. 1984 BAGE 45, 199 = AP Nr. 15 zu § 13 BUrlG).

3. § 4 Wartezeit

Die Tarifvertragsparteien können gemäß § 13 Abs. 1 die **Wartezeit auch** 51 **für den gesetzlichen Urlaubsanspruch verlängern.** Sie sind hinsichtlich der Wartezeit grundsätzlich nicht an § 4 gebunden. Die Verlängerung der Wartezeit darf allerdings nicht mittelbar zu einer Abbedingung von § 1 führen. Eine tarifvertragliche Verlängerung der Wartezeit auf 12 Monate des Bestehens des Arbeitsverhältnisses wäre deshalb unwirksam (ebenso ErfK/*Dörner* § 13 BUrlG Rz 23). Ein mit dem 1. Januar in ein Arbeitsverhältnis eintretender Arbeitnehmer hätte dann im ersten Beschäftigungsjahr entgegen § 1 keinen Urlaubsanspruch. Eine solche Verlängerung der Wartezeit wäre allerdings für den über den gesetzlichen Mindesturlaub hinausgehenden Tarifurlaub wirksam, weil hierfür das Verbot des § 13 Abs. 1 Satz 1 nicht gilt.

Die sechsmonatige Wartezeit des § 4 kann im übrigen **weder** durch **Ein-** 52 **zelarbeitsvertrag** noch durch **Betriebsvereinbarung** – soweit gemäß § 77 Abs. 3 BetrVG überhaupt zulässig – verlängert werden. Eine Verlängerung der Wartezeit für den gesetzlichen Urlaubsanspruch stellt eine gemäß § 13 Abs. 1 Satz 3 unzulässige Abweichung von § 4 zuungunsten des Arbeitnehmers dar. **Längere Wartezeiten** für einzelvertraglich vereinbarte Urlaubsansprüche, die über den gesetzlichen Mindesturlaub hinausgehen, sind dagegen zulässig. Die Regelung des § 13 Abs. 1 Satz 3 betrifft nur den gesetzlichen Mindesturlaub.

4. § 5 Teilurlaub

a) Tarifvertragliche Änderung des Teilurlaubs (§ 5 Abs. 1 Buchstaben a) und b)

Von den Vorschriften über den Teilurlaub nach § 5 Abs. 1 Buchstaben a 53 und b **kann durch Tarifvertrag auch zum Nachteil der Arbeitnehmer abgewichen werden.** Diese Teilurlaubsansprüche wegen nicht erfüllter Wartezeit im Kalenderjahr und wegen Ausscheidens aus dem Arbeitsverhältnis vor erfüllter Wartezeit sind eigenständige Urlaubsansprüche. Sie haben nicht – wie der gekürzte Vollurlaub nach § 5 Abs. 1 Buchst. c (dazu Rz 56) – ihren Rechtsgrund in § 3. Die Bestimmung des § 13 Abs. 1 Satz 1 findet deshalb auf Teilurlaubsansprüche nach § 5 Abs. 1 Buchstaben a und b keine Anwendung.

Aus diesem Grund bestehen keine Bedenken, die Geltendmachung von 54 Teilurlaubsansprüchen aus § 5 Abs. 1 Buchstaben a und b an eine **tarif-**

BUrlG § 13   Teil I. C. Erläuterungen zum BUrlG

liche Ausschlußklausel zu binden (BAG 3. 12. 1970 AP Nr. 9 zu § 5 BUrlG).

55 Durch tarifliche Regelungen kann weiterhin die **Fälligkeit von Ansprüchen aus § 5 Abs. 1 Buchstaben a und b** auf einen Zeitraum nach Ablauf einer sechsmonatigen Wartefrist verschoben werden, wie sie auch für den Erwerb des Vollurlaubs i. S. von § 4 vorgesehen ist. Scheidet ein Arbeitnehmer vor Fälligkeit eines solchen Anspruchs aus dem Arbeitsverhältnis aus, steht ihm der Anspruch nicht zu (BAG 27. 6. 1978, 15. 12. 1983, 25. 10. 1984 AP Nr. 12, 14 und 17 zu § 13 BUrlG). Damit wird im Ergebnis der Anspruch auf Teilurlaub des vor erfüllter Wartezeit aus dem Arbeitsverhältnis ausscheidenden Arbeitnehmers durch tarifliche Regelungen ausgeschlossen.

b) Tarifvertragliche Änderung des gekürzten Vollurlaubs (§ 5 Abs. 1 Buchstabe c)

56 Der Anspruch auf **gekürzten Vollurlaub** aus § 5 Abs. 1 Buchst. c unterliegt dem **Veränderungsschutz nach § 13 Abs. 1 Satz 1 BUrlG** (BAG 18. 6. 1980 AP Nr. 6 zu § 13 BUrlG Unabdingbarkeit; BAG 9. 6. 1998 AP Nr. 23 zu § 7 BUrlG mit zust. Anm. *Hoß;* LAG Düsseldorf 1. 9. 1992 NZA 1993, 474; zust. ErfK/*Dörner* § 13 BUrlG Rz 26; Kasseler Handbuch/*Schütz* 2.4 Rz 191; im Ergebnis GK-BUrlG/*Bachmann* § 5 Rz 32; unklar *Dersch/Neumann* § 5 Rz 32 f.). Der Urlaubsanspruch aus § 5 Abs. 1 Buchst. c unterscheidet sich von dem Urlaubsanspruch nach § 1, § 3 Abs. 1 nur dadurch, daß er nachträglich kraft Gesetzes in seinem Umfang beschränkt wird. § 5 Abs. 1 Buchst. c enthält damit hinsichtlich des Mindesturlaubsanspruchs eine auflösende Bedingung für denjenigen Teil des Urlaubs, der infolge des vorzeitigen Ausscheidens des Arbeitnehmers nicht mehr durch ein bestehendes Arbeitsverhältnis gedeckt wird (dazu § 5 Rz 32 ff.). Damit handelt es sich bei dem gekürzten Vollurlaubsanspruch der Sache nach um den **Urlaubsanspruch aus § 1, § 3 Abs. 1.** § 5 Abs. 1 Buchst. c begründet demnach nicht einen Anspruch, sondern ist ein Ausschlußtatbestand (s. § 5 Rz 35).

57 Dementsprechend ist es auch nicht zulässig, gesetzliche Urlaubsansprüche von Arbeitnehmern, die in der **zweiten Hälfte eines Kalenderjahres aus dem Arbeitsverhältnis ausscheiden,** auszuschließen oder zu mindern, etwa indem der gesetzliche Urlaubsanspruch insgesamt gezwölftelt oder von der Erbringung von Arbeitsleistungen abhängig gemacht wird (BAG 8. 3. 1984 BAGE 45, 199 = AP Nr. 15 zu § 13 BUrlG; damit ist die Entscheidung BAG 25. 2. 1965 BAGE 17, 107 = AP Nr. 5 zu § 13 BUrlG überholt; BAG 7. 11. 1985 BAGE 50, 118 = AP Nr. 25 zu § 7 BUrlG Abgeltung; 10. 3. 1987 BAGE 54, 242 = AP Nr. 34 zu § 7 BUrlG Abgeltung; zum Zusatzurlaub für Schwerbehinderte 8. 3. 1994 BAGE 76, 74 = AP Nr. 5 zu § 47 SchwbG 1986; ErfK/*Dörner* § 13 BUrlG Rz 22; Kasseler Handbuch/*Schütz* 2.4 Rz 192). Solche Änderungen sind nur für Urlaub möglich, der von den Tarifvertragsparteien zusätzlich zum gesetzlichen Mindesturlaub vereinbart ist (dazu Rz 60).

58 Das trifft auch zu, wenn das Arbeitsverhältnis nach erfüllter Wartezeit aufgrund einer **Befristung** endet, die bereits vor oder mit Beginn des Jahres feststeht (vgl. § 5 Rz 33). Dann entsteht der Urlaubsanspruch gemäß § 5

Unabdingbarkeit § 13 BUrlG

Abs. 1 Buchst. c mit Beginn des Kalenderjahres als Teil des Vollurlaubsanspruchs im Umfang der für die Dauer des Arbeitsverhältnisses in der ersten Hälfte des Kalenderjahres verbleibenden Monate. Eine solche Befristung muß nicht vertraglich vereinbart sein, sie kann auch durch eine vor Ablauf des vorangehenden Jahres erklärte Kündigung bewirkt werden. Auch dieser Teil des Vollurlaubsanspruchs ist identisch mit dem Anspruch nach § 1 und unterliegt damit der Veränderungssperre nach § 13 Abs. 1 Satz 1. Scheidet der Arbeitnehmer in der zweiten Hälfte des Kalenderjahres aus, ist eine Zwölftelung des gesetzlichen Urlaubsanspruchs durch Tarifvertrag unzulässig (BAG 8. 3. 1984 BAGE 45, 199 = AP Nr. 15 zu § 13 BUrlG).

Die Unabdingbarkeit im Sinne von § 13 Abs. 1 bezieht sich nicht nur auf 59 den Urlaubsanspruch nach § 5 Abs. 1 Buchst. c, sondern auch auf den entsprechenden **Urlaubsabgeltungsanspruch,** wenn wegen des vorzeitigen Ausscheidens des Arbeitnehmers der Urlaubsanspruch nicht mehr gewährt werden kann (BAG 18. 6. 1980 AP Nr. 6 zu § 13 BUrlG Unabdingbarkeit; BAG 8. 3. 1984 BAGE 45, 199, 201 f. = AP Nr. 15 zu § 13 BUrlG; BAG 9. 6. 1998 AP Nr. 23 zu § 7 BUrlG; LAG Düsseldorf 1. 9. 1992 NZA 1993, 474; ErfK/*Dörner* § 13 BUrlG Rz 27; zustimmend im Ergebnis auch GK-BUrlG/*Bachmann* § 5 Rz 32; unklar *Dersch/Neumann* § 5 Rz 32).

Eine für den Arbeitnehmer nachteilige Änderungen der gesetzlichen Ur- 60 laubsregelung aus § 5 Abs. 1 Buchst. c ist nur für Urlaubs- und Urlaubsabgeltungsansprüche wirksam, die von den **Tarifvertragsparteien zusätzlich zum gesetzlichen Mindesturlaub vereinbart** sind (BAG 8. 3. 1984 BAGE 45, 199 = AP Nr. 15 zu § 13 BUrlG; BAG 22. 10. 1991 AP Nr. 6 zu § 3 BUrlG; BAG 24. 10. 2000 – 9 AZR 610/99; zust. *Buchner* AR-Blattei Urlaub Anm. zur Entsch. Nr. 261; *Leinemann* NZA 1985, 137, 144; *Schaub* § 102 Rz. 58; ablehnend GK-BUrlG/*Bachmann* § 5 Rz 33; *Natzel* § 5 Rz 57; krit. *Fieberg* ZTR 1988, 113). Hierauf bezieht sich die Beschränkung des § 13 Abs. 1 Satz 1 nicht.

So ist eine tarifvertragliche Bestimmung zulässig, die vorsieht, daß der 61 den gesetzlichen Mindesturlaub übersteigende tarifliche Jahresurlaub für jeden Monat, in dem der Arbeitnehmer nicht mehr als die Hälfte der festgelegten Arbeitstage **tatsächliche gearbeitet** hat, **anteilig gekürzt** wird. Eine solche Tarifregelung verstößt auch nicht gegen Art. 3 Abs. 1 GG (BAG 18. 5. 1999 AP Nr. 7 zu § 1 TVG Tarifverträge: Betonsteingewerbe).

c) Abweichung von § 5 Abs. 1 durch Betriebsvereinbarung oder Einzelabrede

Gemäß § 13 Abs. 1 Satz 3 kann durch Betriebsvereinbarung und durch 62 Arbeitsvertrag von den Regelungen über den Teilurlaub in § 5 Abs. 1 **nicht zuungunsten** des Arbeitnehmers abgewichen werden.

Die Einführung einer **Wartezeit für die Teilurlaubsansprüche** aus § 5 63 Abs. 1 Buchst. a und b, die durch Tarifvertrag regelbar ist, kann wirksam weder durch Betriebsvereinbarung noch durch Arbeitsvertrag eingeführt werden, weil dadurch zuungunsten des Arbeitnehmers von § 5 Abs. 1 Buchst. a und b abgewichen würde. Unzulässig ist auch die Bemessung des Teilurlaubs nach **Kalendermonaten anstatt nach Beschäftigungsmonaten,** wie in § 5 Abs. 1 vorgesehen (*Dersch/Neumann* § 5 Rz 31; vgl. § 5 Rz 13 ff.).

BUrlG § 13 Teil I. C. Erläuterungen zum BUrlG

64 In Betriebsvereinbarungen und in Arbeitsverträgen kann jedoch vereinbart werden, daß **angefangene Monate als volle Beschäftigungsmonate** i.S. von § 5 Abs. 1 gelten, weil hierdurch zugunsten des Arbeitnehmers von § 5 Abs. 1 abgewichen wird (GK-BUrlG/*Bachmann* § 5 Rz 28; *Boldt/Röhsler* § 5 Rz 66; vgl. § 5 Rz 15 ff.).

d) Aufrundungsregel in § 5 Abs. 2

65 Die Tarifvertragsparteien haben die Möglichkeit, sowohl für tarifliche Urlaubsansprüche als auch für gesetzliche Teilurlaubsansprüche abändernde Regelungen für die Behandlung von **Bruchteilen** von Urlaubstagen zu treffen, sofern nicht gesetzliche Urlaubsansprüche im Sinne von § 1 und von § 3 Abs. 1 betroffen sind (ErfK/*Dörner* § 13 BUrlG Rz 29; Kasseler Handbuch/*Schütz* 2.4 Rz 199). Durch Tarifvertrag kann daher auch **zuungunsten** der Arbeitnehmer von der **Aufrundungsvorschrift** des § 5 Abs. 2 abgewichen werden, soweit davon Teilurlaubsansprüche nach § 5 Abs. 1 Buchst. a und b betroffen sind. Für den gekürzten Vollurlaub nach § 5 Abs. 1 Buchst. c ist dies nicht möglich (ebenso ErfK/*Dörner* § 13 BUrlG Rz 29).

e) Rückforderungsverbot in § 5 Abs. 3

66 Von § 5 Abs. 3, wonach in den Fällen des § 5 Abs. 1 Buchst. c der Arbeitnehmer erhaltenes Urlaubsentgelt nicht zurückzuzahlen braucht, kann aufgrund von § 13 Abs. 1 Satz 1 **durch Tarifvertrag zuungunsten** des Arbeitnehmers abgewichen werden, so daß das entsprechende Urlaubsentgelt vom Arbeitnehmer dem Arbeitgeber zu erstatten ist (BAG 9. 7. 1964 AP Nr. 1 und 2 zu § 13 BUrlG; BAG 25. 2. 1965 AP Nr. 5 zu § 13 BUrlG; BAG 23. 1. 1996 AP Nr. 10 zu § 5 BUrlG; GK-BUrlG/*Bachmann* § 5 Rz 69; *Boldt/Röhsler* § 5 Rz 67; ErfK/*Dörner* § 13 BUrlG Rz 30; *Natzel* § 5 Rz 58; *Eckert*, AR-Blattei SD 1620 Rz 150 – a.A. *Dersch/Neumann* § 5 Rz 49 f.). Eine solche Tarifvorschrift verletzt nicht die tariffesten Bestimmungen des § 1 und des § 3 Abs. 1, weil der Arbeitnehmer durch die Rückzahlungsverpflichtung nur verpflichtet wird, dem Arbeitgeber Urlaubsentgelt zu erstatten, das er aufgrund der Kürzungsvorschrift des § 5 Abs. 1 Buchst. c gar nicht zu beanspruchen hatte (vgl. § 5 Rz 53 ff.).

67 Von dem Rückzahlungsverbot des § 5 Abs. 3 kann gemäß § 13 Abs. 1 Satz 3 im übrigen weder durch **Betriebsvereinbarung** noch durch **Arbeitsvertrag** zuungunsten des Arbeitnehmers abgewichen werden. Solche Regelungen können daher grundsätzlich nur die Rückzahlung zuviel gezahlten Urlaubsentgelts in den Fällen des § 5 Abs. 1 Buchst. a und b enthalten (*Boldt/Röhsler* § 5 Rz 68).

5. § 6 Ausschluß von Doppelansprüchen

68 § 6 ist durch die Tarifvertragsparteien nach § 13 Abs. 1 Satz 1 abdingbar, sofern dadurch **nicht mittelbar** in den Urlaubsanspruch nach § 1 eingegriffen wird. Der „**Ausschluß von Doppelansprüchen**" betrifft aber nur Urlaubsansprüche in einem **nachfolgenden Arbeitsverhältnis**. Durch die Regelung wird für den Arbeitgeber des vorangegangenen Arbeitsverhältnisses keine Kürzungsbefugnis eröffnet. Urlaubsabgeltungsansprüche aus dem vorhergehenden Arbeitsverhältnis werden durch das Entstehen von Urlaubsan-

Unabdingbarkeit § 13 BUrlG

sprüchen im nachfolgenden Arbeitsverhältnis nicht berührt (BAG 28. 2. 1991 BAGE 67, 283 = AP Nr. 4 zu § 6 BUrlG). Bestimmt ein Tarifvertrag, daß Urlaub, der im gleichen Urlaubsjahr in einem früheren Beschäftigungsverhältnis jeder Art gewährt oder abgegolten worden ist, auf den Urlaubsanspruch angerechnet werden kann, ist nur der Arbeitgeber des nachfolgenden Arbeitsverhältnisses befugt, die Anrechnung vorzunehmen (BAG 28. 2. 1991 aaO für § 78 Manteltarifvertrag für die Holz und Kunststoff verarbeitende Industrie im nordwestdeutschen Raum vom 3. 1. 1985).

6. § 7 Zeitpunkt, Übertragbarkeit und Abgeltung des Urlaubs

Von den Bestimmungen in § 7 kann nach § 13 Abs. 1 Satz 1 grundsätzlich 69 auch zum Nachteil der Arbeitnehmer **durch Tarifvertrag abgewichen** werden. § 7 Abs. 2 Satz 2 ist gemäß § 13 Abs. 1 Satz 3 auch durch **Betriebsvereinbarung** oder **Arbeitsvertrag** zuungunsten des Arbeitnehmers abdingbar. Im einzelnen gilt folgendes:

a) Konkretisierung der Urlaubszeit (§ 7 Abs. 1)

Von § 7 Abs. 1 kann durch Tarifvertrag, Betriebsvereinbarung und Ar- 70 beitsvertrag in der Weise abgewichen werden, daß nicht der Arbeitgeber als Schuldner des Urlaubsanspruchs die zeitliche Lage des Urlaubs konkretisiert, sondern die **Konkretisierung durch Kollektiv- oder Individualvereinbarung** erfolgt (GK-BUrlG/*Bachmann* § 7 Rz 8; *Boldt/Röhsler* § 7 Rz 1; *Natzel* § 7 Rz 10). Typisches Beispiel für eine solche Abweichung ist die Festsetzung von **Betriebsferien** durch Betriebsvereinbarung (dazu § 7 Rz 70 ff.).

Es ist auch möglich, daß der **Arbeitnehmer** im Einvernehmen mit dem 71 Arbeitgeber die Lage des Urlaubs jeweils **selbst bestimmt** (BAG 27. 1. 1987 BAGE 54, 141, 146 = AP Nr. 30 zu § 13 BUrlG, zu 2 der Gründe). Zwar obliegt es gemäß § 7 Abs. 1 dem Arbeitgeber als Schuldner des Urlaubsanspruchs, den Urlaub zu erteilen und damit zu erfüllen. Der Arbeitgeber kann die Ausübung dieser Befugnis jedoch dem Arbeitnehmer überlassen.

Die Tarifvertragsparteien sind berechtigt, abweichend von § 7 Abs. 1 72 Satz 1 die **Modalitäten der Urlaubserteilung** und die **Reihenfolge** der Gesichtspunkte, nach denen im Einzelfall Urlaub gewährt wird, festzulegen (*Boldt/Röhsler* § 7 Rz 105). Die bei der Urlaubsgewährung zu berücksichtigenden **sozialen Gesichtspunkte** können im Tarifvertrag im einzelnen genannt und auch gewichtet werden. Gleiches gilt für entgegenstehende betriebliche Belange. Eine Abweichung von § 7 Abs. 1 Satz 2 ist dagegen nicht zulässig.

Der Tarifvertrag kann weiterhin bestimmen, daß für angestellte Lehr- 73 kräfte als **Urlaubszeit nur die Schulferien** in Betracht kommen. Eine solche Regelung erfaßt dann auch den Zusatzurlaub für Schwerbehinderte nach dem SGB IX (BAG 13. 2. 1996 AP Nr. 12 zu § 47 SchwbG).

b) Pflicht zur zusammenhängenden Urlaubsgewährung (§ 7 Abs. 2)

Von § 7 Abs. 2 Satz 1 kann gemäß § 13 Abs. 1 durch Tarifvertrag **nicht** 74 **zuungunsten des Arbeitnehmers** abgewichen werden, weil damit in § 1 eingegriffen werden würde (ebenso GK-BUrlG/*Bachmann* § 7 Rz 102;

BUrlG § 13   Teil I. C. *Erläuterungen zum BUrlG*

Boldt/Röhsler § 7 Rz 106; Dersch/Neumann § 7 Rz 63; ErfK/Dörner § 13 BUrlG Rz 33). Eine beliebige **Zerstückelung** des Urlaubs würde der gesundheitspolitischen Zielsetzung des Erholungsurlaubs (dazu § 7 Rz 97 ff.) entgegenstehen (vgl. zu einer einvernehmlichen Aufteilung des Erholungsurlaubs in einzelne Urlaubstage BAG 29. 7. 1965 BAGE 17, 263 = AP Nr. 1 zu § 7 BUrlG). Unzulässig ist auch die Zerstückelung des Urlaubs in Bruchteile eines Arbeitstags, also auch in „halbe" Urlaubstage.

75 § 7 Abs. 2 Satz 2 ist demgegenüber nicht nur **tarifdispositiv**, es sind gemäß § 13 Abs. 1 Satz 3 auch **einzelvertragliche Abweichungen zuungunsten** der Arbeitnehmer zulässig. Von § 7 Abs. 2 Satz 2 kann außerdem auch durch **Betriebsvereinbarungen** abgewichen werden.

c) Übertragung des Urlaubsanspruchs (§ 7 Abs. 3)

76 Durch Tarifvertrag sind die Voraussetzungen für die **Übertragung des Urlaubsanspruchs abänderbar**. So kann tariflich bestimmt werden, daß ohne Rücksicht auf Übertragungsgründe der Urlaub 3 Monate nach Ablauf des Kalenderjahres erlischt, es sei denn, daß er erfolglos geltend gemacht wurde oder daß der Urlaub aus betrieblichen Gründen oder wegen Krankheit nicht genommen werden konnte (so z. B. § 12 Nr. 7 MTV Metall Nordrhein-Westfalen idF vom 11. 12. 1996 abgedruckt bei *Ziepke/Weiss*, MTV-Metall NRW, 4. Aufl. 1998; vgl. BAG 7. 11. 1985 BAGE 50, 112 = AP Nr. 8 zu § 7 BUrlG Übertragung; ebenso zu § 6 Nr. 14 BRTV Garten- und Landschaftsbau BAG 16. 3. 1999 AP Nr. 25 zu § 7 BUrlG Übertragung).

77 Ist ein Arbeitnehmer z. B. **durch Krankheit gehindert**, den Urlaub in Anspruch zu nehmen, tritt aufgrund einer solchen Tarifbestimmung nach dem 31. März des Folgejahres der nicht gewährte Urlaub dem Urlaub des Folgejahres hinzu. Der nicht gewährte Urlaub erlischt dann mit dem Urlaubsanspruch des Folgejahres, es sei denn, es treten wiederum Leistungshindernisse auf (BAG 7. 11. 1985 BAGE 50, 112 = AP Nr. 8 zu § 7 BUrlG Übertragung; BAG 20. 8. 1996 AP Nr. 144 zu § 1 TVG Tarifverträge: Metallindustrie). Die langandauernde krankheitsbedingte Arbeitsunfähigkeit eines Arbeitnehmers ist kein besonders begründeter Ausnahmefall im Sinne des § 16 Abs. 1 Nr. 9 Satz 2 MTV Hohlglasindustrie, der die Übertragung des Urlaubs über den 31. März des Folgejahres hinaus rechtfertigt (BAG 9. 5. 1995 AP Nr. 22 zu § 7 BUrlG Übertragung).

78 Zulässig ist auch eine **gestaffelte Regelung für die Übertragbarkeit** des Urlaubsanspruchs, wie sie etwa § 47 Abs. 7 BAT enthält. Danach ist der Urlaub grundsätzlich spätestens bis zum Ende des Urlaubsjahres anzutreten. Kann der Urlaub bis zum Ende des Urlaubsjahres jedoch nicht angetreten werden, ist er bis zum 30. April des folgenden Jahres anzutreten. Kann der Urlaub aus dienstlichen oder betrieblichen Gründen, wegen Arbeitsunfähigkeit oder wegen der Schutzfristen nach dem MuSchG nicht bis zum 30. April angetreten werden, ist er bis zum 30. Juni anzutreten. War ein innerhalb des Urlaubsjahres für dieses Urlaubsjahr festgelegter Urlaub auf Veranlassung des Arbeitgebers in die Zeit nach dem 31. Dezember des Urlaubsjahres verlegt worden und konnte er wegen Arbeitsunfähigkeit nicht bis zum 30. Juni angetreten werden, so ist er bis zum 30. September anzutreten. Mit dieser Regelung haben die Tarifvertragsparteien Probleme, die

Unabdingbarkeit § 13 BUrlG

sich aus der verhältnismäßig kurzen Übertragungszeit nach § 7 Abs. 3 ergeben, ausgeglichen (zum wortgleichen § 53 Abs. 1 MTV für Arbeiter des Bundes MTB II vgl. BAG 31. 5. 1990, 19. 3. 1996 und 21. 1. 1997 AP Nr. 12, 13 und 15 zu § 9 BUrlG).

Keine Änderung der Befristung des Urlaubsanspruchs enthalten tarifliche 79 Regelungen, in denen bestimmt ist (vgl. z. B. § 12 I Nr. 11 MTV – Chemie idF vom 24. 6. 1992), daß **Urlaubsansprüche erlöschen, wenn sie nicht bis zum 31. März des folgenden Jahres geltend gemacht sind.** Eine solche Bestimmung enthält nur den Hinweis, daß es der Geltendmachung des Urlaubs bedarf, um den mit dem Ende der Befristung eintretenden Rechtsverlust zu vermeiden (BAG 13. 11. 1986 BAGE 53, 328 = AP Nr. 26 zu § 13 BUrlG; BAG 31. 10. 1986 BAGE 53, 304 = AP Nr. 25 zu § 13 BUrlG; BAG 13. 6. 1991 AuR 1991, 248; a. A. unzutreffend LAG Düsseldorf 16. 9. 1993 DB 1994, 232). Von Gründen für die Übertragung des Urlaubsanspruchs in das erste Kalendervierteljahr des Folgejahres sieht diese Tarifregelung ab.

Ist in einem Tarifvertrag die **schriftliche Geltendmachung** des Urlaubs- 80 anspruchs vorgeschrieben, genügt ein mündliches Urlaubsverlangen nicht, um ggf. den Verfall des Urlaubsanspruchs auszuschließen. Der Urlaubsanspruch erlischt vielmehr bei nicht rechtzeitiger oder formgerechter Geltendmachung ersatzlos. Weigert sich der Arbeitgeber unter Hinweis auf die tarifliche Schriftformklausel, Urlaub auf ein mündliches Urlaubsverlangen zu erteilen, ist das nicht rechtsmißbräuchlich. Es liegt im Eigeninteresse des tarifgebundenen Arbeitnehmers, sich selbst über die materiellen und formellen Voraussetzungen tariflicher Ansprüche zu informieren (BAG 14. 6. 1994 BAGE 77, 82 = AP Nr. 21 zu § 7 BUrlG Übertragung; BAG 16. 3. 1999 AP Nr. 25 zu § 7 BUrlG Übertragung zu § 6 Nr. 14 BRTV-Bau).

Zulässig ist auch eine tarifliche Regelung, welche die **Übertragung von** 81 **Urlaubsansprüchen auf das folgende Kalenderjahr ausschließt.** Hierdurch wird der gesetzliche Mindesturlaub nicht beeinträchtigt, weil dieser nach § 1 nur im laufenden Kalenderjahr verlangt werden kann (ebenso Kasseler Handbuch/*Schütz* 2.4 Rz 362).

Die **einzelvertragliche Verlängerung des Übertragungszeitraums** von 82 § 7 Abs. 3 Satz 3 verstößt nicht gegen § 13 Abs. 1 Satz 3 und ist deshalb wirksam, wenn sie bis zum Ende des auf das Urlaubsjahr folgenden Jahres dauert (Hessisches LAG 8. 5. 1995 LAGE § 7 BUrlG Übertragung Nr. 6).

d) Urlaubsabgeltung (§ 7 Abs. 4)

Der Urlaubsabgeltungsanspruch nach § 7 Abs. 4 entsteht als Ersatz für 83 den wegen Beendigung des Arbeitsverhältnisses nicht mehr erfüllbaren Anspruch auf Befreiung von der Arbeitspflicht und nicht als Abfindungsanspruch (näher dazu § 7 Rz 195 ff.). Er ist daher abgesehen von der Beendigung des Arbeitsverhältnisses an die gleichen Voraussetzungen gebunden wie der Freistellungsanspruch. Abweichend von dieser gesetzlichen Regelung sind tarifliche Regelungen zulässig, nach denen der Abgeltungsanspruch **unabhängig von der Arbeitsfähigkeit oder der Arbeitsbereitschaft** des Arbeitnehmers als **Abfindungsanspruch bei Ausscheiden aus dem Arbeitsverhältnis** zu erfüllen ist (BAG 8. 3. 1984 BAG 45, 203 = AP Nr. 16 zu

BUrlG § 13 *Teil I. C. Erläuterungen zum BUrlG*

§ 7 BUrlG Abgeltung mit Anm. *Scheuring;* BAG 26. 5. 1992 AP Nr. 58 zu § 7 BUrlG Abgeltung; BAG 24. 11. 1992 BAGE 77, 291 = AP Nr. 65 zu § 7 BUrlG Abgeltung; BAG 3. 5. 1994 AP Nr. 64 zu § 7 BUrlG Abgeltung; BAG 9. 8. 1994 BAGE 77, 291 = AP Nr. 65 zu § 7 BUrlG Abgeltung = SAE 1996, 18 mit Anm. *Schmitt;* BAG 27. 5. 1997 BAGE 86, 30 = AP Nr. 74 zu § 7 BUrlG Abgeltung zu § 11 Nr. 3 MTV Metall-NRW; BAG 9. 11. 1999 AP Nr. 1 zu § 33 TV II zu § 33 TV AL II (Frz)). Dazu bedarf es allerdings einer hinreichend deutlichen Regelung, die im Wortlaut des Tarifvertrags erkennbar ihren Ausdruck finden muß (BAG 26. 5. 1992 AP Nr. 58 zu § 7 BUrlG Abgeltung; BAG 27. 5. 1997 BAGE 86, 30 = AP Nr. 74 zu § 7 BUrlG Abgeltung).

84 Die Tarifvertragsparteien können weiterhin regeln, daß ein **Urlaubsanspruch, der wegen längerer Krankheit im Urlaubsjahr und im Übertragungszeitraum nicht erfüllt** werden konnte, nur im fortbestehenden Arbeitsverhältnis abzugelten ist (BAG 3. 5. 1994 AP Nr. 64 zu § 7 BUrlG Abgeltung zum Urlaubsabkommen der Metallindustrie Nordwürttemberg/Nordbaden). Scheidet ein Arbeitnehmer arbeitsunfähig aus dem Arbeitsverhältnis aus, steht ihm dieser Anspruch nicht zu. Eine längere Krankheit liegt dabei nicht erst dann vor, wenn der Arbeitnehmer sechs Wochen und länger krank ist. Eine Krankheitsdauer von 24 Kalendertagen ist bereits als längere Krankheit i. S. der Tarifbestimmung (Urlaubsabkommen der Metallindustrie Nordwürttemberg/Nordbaden) anzusehen (BAG 24. 11. 1992 AP Nr. 61 zu § 7 BUrlG Abgeltung).

85 Solche tariflichen Abgeltungsregelungen sind **günstiger** als die Abgeltungsvorschrift des § 7 Abs. 4. Denn sie schaffen einen nach dem BUrlG nicht vorgesehenen zusätzlichen Anspruch als Ersatz für einen Urlaubsanspruch, der bereits wegen Zeitablaufs (§ 7 Abs. 3) erloschen ist. Die Abgeltung des Urlaubsanspruchs im bestehenden Arbeitsverhältnis ohne besonderen Grund ist allerdings für den gesetzlichen Mindesturlaub unwirksam, weil der hierdurch bewirkte Abkauf des Freistellungsanspruchs den unabdingbaren Urlaubsanspruch aus § 1 beeinträchtigen würde (zutr. ErfK/*Dörner* § 13 BUrlG Rz 38).

86 Haben die Tarifvertragsparteien **keine eigene Regelung** getroffen, etwa daß sie keine Vorschrift über die Abgeltung von Urlaubsansprüchen vorgesehen haben (vgl. BAG 28. 2. 1991 BAGE 67, 283 = AP Nr. 4 zu § 6 BUrlG sowie auch BAG 22. 10. 1987 BAGE 56, 262, 265 = AP Nr. 38, 39, 40 zu § 7 BUrlG Abgeltung) oder daß zwar Abgeltungsregelungen im Tarifvertrag enthalten sind, nicht aber für befristete Arbeitsverhältnisse (BAG 18. 10. 1990 BAGE 66, 134 = AP Nr. 56 zu § 7 BUrlG Abgeltung), ist von der gesetzlichen Regelung auch für den tariflichen Urlaub auszugehen (vgl. ausführlich Rz 7).

87 **Zuungunsten der Arbeitnehmer** kann von der Abgeltungsvorschrift des § 7 Abs. 4 für den gesetzlichen Urlaub in Tarifverträgen nicht abgewichen werden. Da der Abgeltungsanspruch ein Surrogat des Urlaubsanspruchs nach §§ 1 und 3 ist (vgl. § 7 Rz 195 ff.), unterliegt er dem gleichen Schutz vor tariflichen Abweichungen wie dieser und ist deshalb gemäß § 11 Abs. 1 Satz 1 **unabdingbar** (BAG 18. 6. 1980 AP Nr. 6 zu § 13 BUrlG Unabdingbarkeit; BAG 10. 2. 1987 BAGE 54, 184 = AP Nr. 12 zu § 13 BUrlG Unab-

Unabdingbarkeit § 13 BUrlG

dingbarkeit; siehe dazu auch BAG 25. 8. 1992 AP Nr. 60 zu § 7 BUrlG Abgeltung; GK-BUrlG/*Bachmann* § 7 Rz 201; ErfK/*Dörner* § 13 BUrlG Rz 39).

Zutreffend hat das BAG daher entschieden, daß durch eine tarifliche Regelung der gesetzliche Urlaubs- und Urlaubsabgeltungsanspruch eines Arbeitnehmers, der nach erfüllter Wartezeit **unberechtigt vorzeitig** aus dem Arbeitsverhältnis **ausscheidet**, nicht ausgeschlossen werden kann. Das trifft auch zu, wenn der Arbeitnehmer nach erfüllter Wartezeit in der ersten Hälfte eines Kalenderjahres aus dem Arbeitsverhältnis ausscheidet (BAG 18. 6. 1980 AP Nr. 6 zu § 13 BUrlG Unabdingbarkeit). 88

Unzulässig ist eine tarifliche Regelung, wenn durch sie in den gesetzlichen Zusatzurlaub des **Schwerbehinderten** eingegriffen wird (BAG 8. 3. 1994 BAGE 76, 74 = AP Nr. 5 zu § 47 SchwbG 1986). Zu Recht hat das BAG daher eine Tarifvorschrift, nach der Abgeltungsansprüche nur entstehen, wenn der Urlaub vor Beendigung des Arbeitsverhältnisses aus betrieblichen Gründen nicht gewährt werden konnte, insoweit als unwirksam angesehen, als dadurch der Abgeltungsanspruch im Umfange des gesetzlichen Urlaubsanspruchs nach §§ 1 und 3 und § 125 SGB IX gemindert wird (BAG 10. 2. 1987 BAGE 54, 184 = AP Nr. 12 zu § 13 BUrlG Unabdingbarkeit; vgl. oben Rz 6). 89

Unzulässig sind tarifliche Regelungen, die eine Abgeltung des gesetzlichen Urlaubsanspruchs bei einer **wirksamen außerordentlichen Kündigung** ausschließen (BAG 18. 6. 1980 AP Nr. 6 zu § 13 BUrlG Unabhängigkeit; ebenso GK-BUrlG/*Bachmann* § 7 Rz 202). Hierdurch wird in §§ 1 und 3 eingegriffen, weil der gesetzliche Urlaubsabgeltungsanspruch ebenso wie der gesetzliche Urlaubsanspruch nicht unter dem Vorbehalt eines vertragsgemäßen Verhaltens des Arbeitnehmers steht. Deshalb kann beispielsweise § 11 Nr. 3 Satz 2 MTV-Metall NRW den gesetzlichen Abgeltungsanspruch nur für den Teil des Urlaubs ausschließen, der den gesetzlichen Mindesturlaub übersteigt (vgl. BAG 30. 11. 1977 AP Nr. 4 zu § 13 BUrlG Unabdingbarkeit; näher zu dieser Tarifbestimmung Ziepke/Weiss Kommentar zum MTV-Metall NRW, 4. Aufl., § 11 Anm. 9). Aus dieser einschränkenden Vorschrift kann nicht im Umkehrschluß geschlossen werden, in allen sonstigen Fällen sei im Verhältnis zur gesetzlichen Regelung eine Ausweitung beabsichtigt. 90

Eine **tarifliche Ausschlußfrist**, die auch gesetzliche Urlaubsabgeltungsansprüche erfassen will, ist unwirksam. Der mit der Beendigung des Arbeitsverhältnisses entstehende Abgeltungsanspruch unterliegt lediglich hinsichtlich des tarifvertraglichen Anteils einer tarifvertraglichen Ausschlußfrist. Der Anteil, der dem Umfang des gesetzlichen Mindesturlaubs entspricht, bleibt von der Ausschlußfrist unberührt (BAG 23. 4. 1996 BAGE 83, 29 = AP Nr. 6 zu § 17 BErzGG). Eine tarifliche Ausschlußfrist ist insoweit nicht von der Ermächtigung des § 13 Abs. 1 gedeckt, weil der Abgeltungsanspruch als Ersatz für den unabdingbaren Urlaubsanspruch nach § 1 und § 3 Abs. 1 nicht zur Disposition der Tarifvertragsparteien steht (BAG 24. 11. 1992 AP Nr. 23 zu § 1 BUrlG). Urlaubsabgeltungsansprüche und Urlaubsansprüche sind vom Gesetzgeber befristet ausgestaltet worden. Die Möglichkeit, sie jederzeit innerhalb des Befristungszeitraums 91

BUrlG § 13 *Teil I. C. Erläuterungen zum BUrlG*

erfüllt zu bekommen, gehört zum tariffesten Teil des Anspruchs nach dem BUrlG.

7. § 8 Erwerbstätigkeit während des Urlaubs

92 Von § 8 kann gemäß § 13 Abs. 1 Satz 1 in Tarifverträgen abgewichen werden. Die Tarifvertragsparteien können daher **jede Erwerbstätigkeit** während des Urlaubs **zulassen** (GK-BUrlG/*Bachmann* § 8 Rz 28; Kasseler Handbuch/*Schütz* 2.4 Rz 611). Eine solche Regelung würde den Inhalt des tariffesten Urlaubsanspruchs aus § 1 nicht berühren (a. A. *Boldt/Röhsler* § 8 Rz 31; *Dersch/Neumann* § 8 Rz 1; ErfK/*Dörner* § 13 BUrlG Rz 40; *Natzel* § 8 Rz 48).

93 Ob eine tarifliche Regelung, die **jegliche** – nicht nur dem Urlaubszweck widersprechende – **Erwerbstätigkeit** während des Urlaubs **untersagt**, zulässig ist, erscheint zweifelhaft, weil damit die durch § 1 geschützte individuelle Gestaltung des Urlaubs beeinträchtigt wird (vgl. ErfK/*Dörner* § 13 BUrlG Rz 40; GK-BUrlG/*Bachmann* § 8 Rz 29).

94 Durch Tarifvertrag kann ein Anspruch des Arbeitgebers auf **Rückgewähr von Urlaubsentgelt** nur im Umfang des über den gesetzlichen Mindesturlaub hinaus gewährten tariflichen Urlaubs begründet werden (BAG 25. 2. 1988 BAGE 57, 366, 373 = AP Nr. 3 zu § 8 BUrlG). Die Tarifvertragsparteien sind nicht befugt, Regelungen zu treffen, mit denen durch ein tarifliches Verbot der Erwerbsarbeit während des Urlaubs in den gesetzlichen Urlaubsanspruch oder den Urlaubsentgeltanspruch eingegriffen wird.

95 Das BAG hat daher mit Recht **§ 47 Abs. 8 BAT** idF des 51. Änderungstarifvertrages vom 20. Juni 1983, wonach Angestellte, die ohne Erlaubnis während des Urlaubs gegen Entgelt arbeiten, den Anspruch auf die Urlaubsvergütung für die Tage der Erwerbstätigkeit verlieren, insoweit für **unwirksam** gehalten, als der nach der Tarifvorschrift entstehende Rückzahlungsanspruch den gesetzlichen Urlaub betrifft. Die Tarifvertragsparteien sind jedoch nicht gehindert, für einen tariflichen Urlaubsanspruch den Wegfall des Entgeltanspruchs vorzusehen, wenn der Arbeitnehmer ohne Zustimmung des Arbeitgebers während des Urlaubs erwerbstätig ist (BAG 25. 2. 1988 BAGE 57, 366, 373 = AP Nr. 3 zu § 8 BUrlG mit ablehnender Anm. *Clemens* = EzA § 8 BUrlG Nr. 2 mit ablehnender Anm. *Schulin* = SAE 1989, 157 mit ablehnender Anm. *Adomeit*).

8. § 9 Erkrankung während des Urlaubs

96 Von § 9 kann gemäß § 13 Abs. 1 durch Tarifvertrag **abgewichen** werden, soweit dadurch nicht der gesetzliche Mindesturlaubsanspruch berührt wird. Unzulässig ist damit eine tarifliche Regelung, wonach für jeden Monat der **Arbeitsunfähigkeit** auch der gesetzliche Urlaubsanspruch um $1/12$ gekürzt wird, weil der Urlaubsanspruch aus § 1 nicht von einer Arbeitsleistung abhängig ist (dazu § 1 Rz 60 ff.).

97 Eine tarifliche Regelung, nach der ein Arbeitnehmer seine im Urlaub aufgetretene **Erkrankung unverzüglich anzeigen** muß, um die Anrechnung der Tage der Arbeitsunfähigkeit zu vermeiden, ist dagegen nach Auffassung des BAG auch insoweit wirksam, als sich die Anzeigepflicht auf den gesetzlichen

Unabdingbarkeit **§ 13 BUrlG**

Mindesturlaub bezieht (BAG 15. 12. 1987 AP Nr. 9 zu § 9 BUrlG; Kasseler Handbuch/*Schütz* 2.4 Rz 383; a. A. ErfK/*Dörner* § 13 BUrlG Rz 42).

9. § 10 Maßnahmen der medizinischen Vorsorge oder Rehabilitation

Von § 10 kann in Tarifverträgen abgewichen werden, soweit nicht in den Anspruch auf Mindesturlaub nach §§ 1, 3 eingegriffen wird. Ohne weiteres zulässig ist die Regelung über die **Anrechnung** für Urlaubsansprüche, die den gesetzlichen Mindesturlaub **übersteigen** (MünchArbR/*Leinemann* § 91 Rz 73). 98

Zulässig ist damit auch eine Vereinbarung über die Anrechnung von Maßnahmen der medizinischen Vorsorge oder Rehabilitation für die Zeit, für die nach den gesetzlichen Vorschriften noch ein **Entgeltfortzahlungsanspruch** im Krankheitsfalle besteht (a. A. *Natzel* § 10 Rz 41; GK-BUrlG/ *Stahlhacke* § 10 Rz 60). Voraussetzung dafür ist jedoch, daß der **gesetzliche Mindesturlaub** nicht angetastet wird. So könnte ein Tarifvertrag auch regeln, daß eine 5-Wochen-Kur voll auf die Urlaubsansprüche angerechnet wird, die den gesetzlichen Mindesturlaub übersteigen. Damit werden die Ansprüche auf Entgeltfortzahlung nach § 3 EFZG nicht berührt, der **Lohnfortzahlungsanspruch** bleibt dem Arbeitnehmer erhalten, nur die **Urlaubsansprüche** werden in zulässiger Weise durch die Tarifvertragsparteien nach § 13 begrenzt. Nichts anderes ist entgegen der oben erwähnten Auffassung der Grundsatzentscheidung des BAG vom 10. 2. 1966 zu entnehmen (BAGE 18, 129 = AP Nr. 1 zu § 13 BUrlG Unabdingbarkeit). 99

Schließlich können die Tarifvertragsparteien – insbesondere im öffentlichen Dienst existieren derartige Tarifverträge – **Sonderurlaubsansprüche** nebst Vergütungen regeln. Auch sog. **freie Badekuren** konnten bis zum Inkrafttreten des EFZG am 1. Juni 1994 als „verordnet" i. S. von § 50 Abs. 1 BAT oder § 47a Abs. 1 BMT-G II angesehen werden, wenn der die Kur bewilligende Sozialversicherungsträger in irgendeiner Form Einfluß auch auf die planvolle Gestaltung des Kurverlaufs einschließlich der Lebensführung des Arbeitnehmers während der Kurzeit nimmt, damit auf die Erreichung des Kurzwecks hinwirkt und jedenfalls den überwiegenden Anteil der Kurkosten trägt (BAG 25. 11. 1965 AP Nr. 6 zu § 50 BAT; BAG 12. 12. 1990 ZTR 1991, 202). Diese Rechtsprechung ist mit dem Inkrafttreten des EFZG überholt (vgl. hierzu *Kramer* ZTR 1995, 9). Mit der Neuregelung der Entgeltfortzahlung bei Maßnahmen der medizinischen Vorsorge oder Rehabilitation nach § 9 EFZG und nach § 616 BGB ist das Merkmal „Kostenübernahme", das in § 7 Abs. 1 LFZG enthalten war, weggefallen. Die Tarifvertragsparteien im öffentlichen Dienst haben dem Rechnung getragen und § 50 Abs. 1 BAT durch den 71. Änderungstarifvertrag vom 12. 6. 1995 gestrichen. Ab 1. 9. 1995 kann für die Durchführung freier Badekuren kein Sonderurlaub unter Fortzahlung der Urlaubsvergütung mehr beansprucht werden. Maßnahmen der medizinischen Vorsorge oder Rehabilitation gelten nunmehr nach § 37 Abs. 1 Unterabs. 2 BAT als unverschuldete Arbeitsunfähigkeit (vgl. dazu *Hock* ZTR 1996, 201; *ders.* NZA 1998, 695). Freie Badekuren fallen nicht unter diese Vorschrift (*Uttlinger/Breier* BAT § 37 Rz 4). 100

BUrlG § 13   *Teil I. C. Erläuterungen zum BUrlG*

10. § 11 Urlaubsentgelt

101   Gegenüber § 11 besteht der **Vorrang des Tarifvertrags,** d. h., die Tarifvertragsparteien können gemäß § 13 Abs. 1 grundsätzlich § 11 abbedingen, und zwar ohne Rücksicht darauf, ob dies für den Arbeitnehmer günstiger ist oder nicht (vgl. hierzu jüngst zusammenfassend BAG 12. 12. 2000 NZA 2001, 514 zu tariflichen Urlaubsgeldbestimmungen vgl. § 11 Rz 86 ff.). Allerdings darf für den gesetzlichen Mindesturlaub die nach § 1 fortbestehende unabdingbare Entgeltfortzahlungspflicht nicht eingeschränkt werden. Hingegen sind die Tarifvertragsparteien hinsichtlich des über den gesetzlichen Mindesturlaub hinausgehenden Tarifurlaubs frei in der Gestaltung tariflicher Regelungen (BAG 12. 1. 1989 BAGE 61, 1 = AP Nr. 13 zu § 47 BAT; ErfK/*Dörner* § 13 BUrlG Rz 46).

a) Gesetzlicher Mindesturlaub

102   Tarifvertragsparteien sind **nicht befugt,** für den gesetzlichen Mindesturlaub den **Entgeltanspruch** des Arbeitnehmers zu **verringern.** Zwar hat der Gesetzgeber den Tarifvertragsparteien in § 13 Abs. 1 die Befugnis erteilt, andere **Berechnungsmethoden** anstelle der für den gesetzlichen Mindesturlaub in § 11 vorgeschriebenen Regelung zu vereinbaren. In Tarifverträgen sind daher Vereinbarungen über eine abweichende Berechnungsart zulässig. Mit ihnen kann von der gesetzlichen Regelung abgewichen werden. Dadurch darf aber nicht die nach § 1 bestehende Entgeltfortzahlungspflicht gemindert werden (a. A. ErfK/*Dörner* § 13 BUrlG Rz 47). Denn mit der gesetzlich gewährleisteten Unabdingbarkeit eines „bezahlten" Erholungsurlaubs in § 1 ist zugleich sichergestellt, daß der Arbeitnehmer während des Urlaubs nicht ein geringeres Arbeitsentgelt bezieht, als im Falle der Arbeitsleistung in diesem Zeitraum. Daraus folgt eine Entgeltpflicht für alle urlaubsbedingt ausfallenden Arbeitsstunden (BAG 22. 2. 2000 AP Nr. 171 zu § 1 TVG Tarifverträge: Metallindustrie). Aus diesem Grunde kann in Tarifverträgen auch nicht vom Verdienstbegriff und der Behandlung von Verdienstkürzungen in § 11 Abs. 1 Satz 3 zum Nachteil der Arbeitnehmer abgewichen werden (worauf auch ErfK/*Dörner* § 13 BUrlG Rz 49 zutreffend hinweist).

103   Für den gesetzlichen Urlaubsanspruch nach § 1 und § 3 sind die Tarifvertragsparteien gemäß § 13 Abs. 1 Satz 1 gehindert, Entgeltbestandteile bei der Berechnung der Urlaubsvergütung außer Ansatz zu lassen (BAG 9. 6. 1998 – 9 AZR 502/97 n. v.). So ist eine tarifliche Regelung unwirksam, die während des Urlaubs anfallende **Zeitzuschläge für Nachtarbeit** von der Vergütungspflicht ausschließt, obwohl der Arbeitnehmer, hätte er nicht Urlaub gehabt, Nachtarbeit hätte verrichten müssen. Der Ausschluß der Zahlungspflicht von Zeitzuschlägen für Nachtarbeit verstößt gegen § 1, wenn solche Tätigkeiten im Urlaub des Arbeitnehmers angefallen wären und ihm damit als Entgelt zugestanden hätten. Dem Arbeitnehmer wird durch die Nichtberücksichtigung des Zeitzuschlags für Nachtarbeit bei der Berechnung des Urlaubsentgelts ein Teil der ihm ansonsten arbeitsvertraglich geschuldeten Vergütung wegen der urlaubsbedingten Nichtleistung der Arbeit vorenthalten. Eine solche Regelung enthält damit nicht eine andere Art der Berechnung, sondern eine Kürzung des Entgelts. Das ist durch § 1

Unabdingbarkeit § 13 BUrlG

nicht gedeckt (BAG 12. 1. 1989 BAGE 61, 1 = AP Nr. 13 zu § 47 BAT; ebenso im Ergebnis GK-BUrlG/*Stahlhacke* § 11 Rz 102 ff., der allerdings auf das „Lebensstandardprinzip" abstellen will. Über die Entscheidung des BAG „erstaunt" ist *Däubler* Tarifvertragsrecht Rz 768).

Die Tarifvertragsparteien können auch nicht wirksam für den Erholungs- 104 urlaub ein **geringeres Entgelt** aufgrund der vorher im Bezugszeitraum geleisteten Kurzarbeit festsetzen, obwohl der Arbeitnehmer, wenn er statt des Urlaubs gearbeitet hätte, sein volles Entgelt erhalten hätte (offengelassen von BAG 2. 6. 1987 AP Nr. 20 zu § 11 BUrlG; zutreffend GK-BUrlG/ *Stahlhacke* § 11 Rz 104).

Das BAG hat tarifvertragliche Regelungen als wirksam erachtet, die für 105 die Berechnung des Urlaubsentgelts statt der in § 11 Abs. 1 enthaltenen Regelung das **Lohnausfallprinzip** einführt oder den **Berechnungszeitraum auf 12 Monate verlängert** haben (BAG 30. 7. 1975 AP Nr. 12 zu § 11 BUrlG; BAG 19. 9. 1985 BAGE 49, 378 = AP Nr. 21 zu 13 BUrlG Lohnausfallprinzip; BAG 17. 1. 1991 AP Nr. 30 zu § 11 BUrlG; BAG 13. 2. 1996 AP Nr. 19 zu § 47 BAT; ebenso *Dersch/Neumann* § 11 Rz 83; ErfK/*Dörner* § 13 BUrlG Rz 47 f.; GK-BUrlG/*Stahlhacke* § 11 Rz 104). Dies ist jedenfalls unproblematisch, wenn hierdurch keine Minderung des Urlaubsentgelts bewirkt wird oder aufgrund unregelmäßiger Arbeitszeitgestaltung bzw. besonderer Verdienstregelung, wie etwa bei Provisionsvereinbarungen (dazu BAG 19. 9. 1985 aaO) der gesetzliche Bezugszeitraum zu kurz bemessen ist. In einem Tarifvertrag können ferner statt der letzten 13 Wochen vor Urlaubsbeginn die letzten **abgerechneten** drei Monate als Referenzzeitraum festgelegt sein (BAG 26. 6. 1986 AP Nr. 17 zu § 11 BUrlG; BAG 18. 5. 1999 AP Nr. 223 zu § 1 TVG Tarifverträge: Bau) oder für die Bemessung des Urlaubsentgelts die letzten Lohnabrechnungsperioden von 13 Wochen maßgebend sein (BAG 12. 12. 2000 NZA 2001, 514).

Die Tarifvertragsparteien können nicht nach § 13 Abs. 1 **Mehrarbeits-** 106 **stunden,** die ohne Freistellung angefallen wären, im Zeitfaktor von der Entgeltfortzahlungspflicht nach § 1, § 11 Abs. 1 ausnehmen. Für den gesetzlichen Urlaubsanspruch sind Mehrarbeitsstunden zu bezahlen, die für den in Urlaub befindlichen Arbeitnehmer angefallen wären, wenn er gearbeitet hätte. Bei der Berechnung des Geldfaktors nach § 11 ist der Zuschlag für Mehrarbeitsstunden allerdings nicht zu berücksichtigen (vgl. dazu BAG 22. 2. 2000 AP Nr. 171 zu § 1 TVG Tarifverträge: Metallindustrie). Daher ist § 16 Nr. 1a Abs. 2 MTV Metallindustrie NRW idF vom 11. 12. 1996 unwirksam, soweit dort auch für den gesetzlichen Urlaub bestimmt ist, daß der Zeitfaktor für die Urlaubsvergütung ohne Mehrarbeitsstunden zu ermitteln ist (vgl. dazu bereits *Leinemann* BB 1998, 1498 Fn. 35). Sieht ein Tarifvertrag vor, daß bei monatlich schwankender Entgelthöhe zur Berechnung des während der Urlaubszeit zu zahlenden Entgelts mindestens der Durchschnitt des Entgelts der letzten 6 Monate vor Urlaubsantritt zugrunde zu legen ist, ist auch die in dem Berechnungszeitraum angefallene Überstundenvergütung einzubeziehen (BAG 16. 3. 1999 AP Nr. 13 zu § 1 TVG Tarifverträge: Großhandel; BAG 18. 5. 1999 AP Nr. 223 zu § 1 TVG Tarifverträge: Bau).

In einem Tarifvertrag kann ferner jeder an sich entgelterhöhende Arbeits- 107 verdienst im Berechnungszeitraum, wie beispielsweise Prämien, vom Erreichen einer bestimmten Anzahl von **Mehrarbeitsstunden abhängig** gemacht werden (BAG 23. 6. 1992 AP Nr. 33 zu § 11 BUrlG).

108 Ist die Pflicht zur Zahlung tariflicher Zulagen von Tätigkeiten im tariflichen Berechnungszeitpunkt abhängig und stehen die Zulagen demgemäß dem Arbeitnehmer nach dem Tarifvertrag nicht zu, wenn dieser seine **Tätigkeit nicht erbracht** hat, ist dies nicht zu beanstanden. Das trifft auch für einen vom **Grundwehrdienst** zurückgekehrten Assistenzarzt zu, der wegen seines Wehrdienstes keine für den Aufschlag nach § 47 Abs. 2 BAT erforderlichen Überstunden, Bereitschaftsdienste oder Rufbereitschaft hatte leisten können. Der Ausschluß des Anspruchs auf den tariflichen Aufschlag zum Urlaubsentgelt enthält auch keinen Verstoß gegen § 6 ArbPlSchG (BAG 27. 1. 1981 AP Nr. 2 zu § 47 BAT m. Anm. *Clemens;* BAG 7. 4. 1987 AP Nr. 7 zu § 47 BAT). Das BVerfG hat eine gegen das letztgenannte Urteil gerichtete Verfassungsbeschwerde wegen mangelnder Erfolgsaussicht nicht zur Entscheidung angenommen (BVerfG 6. 3. 1992 – 1 BvR 1010/87 –).

109 Wird im **öffentlichen Dienst** das Arbeitsverhältnis eines **Arbeiters** in ein **Angestelltenverhältnis** geändert, bestimmt sich der Aufschlag zur Urlaubsvergütung nach § 47 Abs. 2 BAT, nicht nach dem zuvor dafür maßgeblichen § 48 MTB II. Zeit- und Überstundenzuschläge, die der Arbeitnehmer als Arbeiter erhalten hatte, sind in die Berechnung nicht aufzunehmen (BAG 21. 4. 1988 AP Nr. 11 zu § 47 BAT). Bei der **Berechnung des Aufschlags zur Urlaubsvergütung** nach § 47 Abs. 2 Unterabsatz 2 BAT werden nur die Vergütungen für Bereitschaftsdienste berücksichtigt, die dem Angestellten im maßgeblichen Berechnungszeitraum des vorangegangenen Kalenderjahres zugestanden haben. Unberücksichtigt bleiben Bereitschaftsdienste, die zwar in dem dem Urlaub vorangegangenen Jahr tatsächlich geleistet worden sind, aber wegen des bei der Abrechnung nach § 36 Abs. 2 Unterabsatz 2 BAT zugrundezulegenden Vorvormonatsprinzips erst im laufenden Urlaubsjahr vergütet werden. Diese Bereitschaftsdienstvergütungen sind erst bei der Berechnung der Urlaubsvergütung des folgenden Urlaubsjahres zu berücksichtigen (BAG 13. 2. 1996 AP Nr. 19 zu § 47 BAT). Die aus der **Elternzeit zurückkehrende Angestellte** hat nach § 47 Abs. 2 BAT keinen Anspruch auf Berechnung ihrer Urlaubsvergütung wie eine neueingestellte Mitarbeiterin. § 47 Abs. 2 BAT verstößt nicht gegen den Gleichheitssatz des Art. 3 GG (BAG 19. 3. 1996 AP Nr. 20 zu § 47 BAT).

110 Zahlreiche Tarifverträge haben den sog. Leber-Kompromiß zur **Arbeitszeitverkürzung** in der Metallindustrie übernommen. **Folgeprobleme der Arbeitszeitflexibilisierung,** insbesondere die Entgeltberechnung an Ausfalltagen, wurden in den Tarifverträgen nicht geregelt und mußten von der Rechtsprechung bewältigt werden (vgl. dazu *Leinemann* BB 1990, 201; *ders.* FS für Schaub S. 443 ff. sowie *Ahrens* Anm. zu BAG EzA § 1 LohnFG Nr. 118). Im Anschluß an die Entscheidung des BAG vom 27. 1. 1987 (BAGE 54, 141 = AP Nr. 30 zu § 13 BUrlG) sind sowohl der Achte Senat als auch der Neunte Senat des BAG zutreffend stets davon ausgegangen, daß ein Urlaubsanspruch, der nach Werktagen bemessen ist, in Arbeitstage umgerechnet werden muß, wenn die Arbeitszeit für die Arbeitnehmer nicht auf alle Werktage einer Woche verteilt ist und entsprechend vergütet werden muß (BAG 14. 2. 1991 AP Nr. 1 zu § 3 BUrlG Teilzeit; BAG 22. 10. 1991

Unabdingbarkeit § 13 BUrlG

AP Nr. 6 zu § 3 BUrlG; BAG 14. 1. 1992 AP Nr. 5 zu § 3 BUrlG; BAG 3. 5. 1994 BAGE 76, 359 = AP Nr. 13 zu § 3 BUrlG Fünf-Tage-Woche; s. dazu auch § 3 Rz 16ff.). Für die Berechnung der **Urlaubsvergütung im sog. Freischichtenmodell nach § 16 Nr. 1a Abs. 2 MTV-Metall NRW** 1988 bleiben die Freischichttage unberücksichtigt. Der tarifliche Urlaubsanspruch eines Arbeitnehmers im Freischichtenmodell nach dem MTV-Metall NRW ist entsprechend der Arbeitsverpflichtung des Arbeitnehmers in einem halben Jahr umzurechnen (BAG 8. 11. 1994 BAGE 78, 213 = AP Nr. 122 zu § 1 TVG Tarifverträge: Metallindustrie). Für die Berechnung der Urlaubsvergütung im sog. Freischichtenmodell nach § 16 Nr. 1 Abs. 2 MTV-Metall NRW bleiben auch dann die zum Zeitausgleich für die Erreichung der individuellen regelmäßigen wöchentlichen Arbeitszeit festzulegenden Freischichttage unberücksichtigt, wenn durch eine von § 614 BGB abweichende Regelung der die tarifliche wöchentliche Arbeitszeit übersteigende Anteil der tatsächlich geleisteten wöchentlichen Arbeitszeit erst in dem Monat abgerechnet und bezahlt wird, in dem die Freischichttage liegen (BAG 8. 11. 1994 BAGE 78, 188 = AP Nr. 36 zu § 11 BUrlG). Bei der Ermittlung des Zeitfaktors für die Berechnung der Urlaubsvergütung ist nach § 15 Nr. 1a Abs. 2 MTV-Metall NRW 1988 nur auf die tatsächlichen Arbeitstage (Kalendertage mit Arbeitspflicht), nicht jedoch auf die zum Zeitausgleich zur Erreichung der individuellen regelmäßigen wöchentlichen Arbeitszeit festgesetzten freien Tage abzustellen (BAG 8. 11. 1994 BAGE 78, 200 = AP Nr. 35 zu § 11 BUrlG). Entsprechendes gilt für das Freischichtenmodell nach dem **MTV der Papierindustrie** idF vom 6. 11. 1992 (BAG 24. 9. 1996 AP Nr. 13 zu § 1 TVG Tarifverträge: Papierindustrie).

Beträgt die individuelle regelmäßige Arbeitszeit von Montag bis Freitag je 8 Stunden, so hat der Arbeitnehmer einen Anspruch auf Zahlung von Urlaubsentgelt für je 8 Stunden pro Tag (so BAG 7. 7. 1988 BAGE 59, 142 = AP Nr. 23 zu § 11 BUrlG für die niedersächsische Metallindustrie; BAG 7. 7. 1988 BAGE 59, 154 = AP Nr. 22 zu § 11 BUrlG für die Metallindustrie Schleswig-Holstein; BAG 18. 11. 1988 BAGE 60, 163 = AP Nr. 27 zu § 11 BUrlG für die Metallindustrie NRW). Beträgt die individuelle regelmäßige Arbeitszeit jedoch nur 7,7 Stunden, hat der Arbeitnehmer auch nur Anspruch auf ein entsprechendes Urlaubsentgelt für diese Zeit (BAG 18. 11. 1988 BAGE 60, 144 = AP Nr. 25 zu § 11 BUrlG für die Metallindustrie Hessen). **Zeitausgleichsanteile** hingegen fallen für Arbeitnehmer in den erwähnten Tarifverträgen im Freischichtmodell während des Urlaubs nicht an (vgl. BAG 7. 7. 1988 BAGE 59, 142 = AP Nr. 23 zu § 11 BUrlG; BAG 18. 11. 1988 BAGE 60, 154 = AP Nr. 26 zu § 11 BUrlG). Für die Gewährung von Zeitausgleichsanteilen auch für die Ausfalltage bedarf es einer besonderen tarifvertraglichen Regelung (*Leinemann* BB 1990, 201, 203).

Ist die regelmäßige Arbeitszeit eines Arbeitnehmers auf einen Zeitraum verteilt, der mit einer Kalenderwoche nicht übereinstimmt, muß für die Umrechnung eines nach Arbeitstagen bemessenen Urlaubsanspruchs auf **längere Zeitabschnitte** als eine Woche, ggf. auf ein **Kalenderjahr**, abgestellt werden, um zu einer zutreffenden Entgeltberechnung zu gelangen (BAG 22. 10. 1991 AP Nr. 6 zu § 3 BUrlG).

111

112

113

BUrlG § 13 *Teil I. C. Erläuterungen zum BUrlG*

114 Beschränkt sich die Arbeitsverpflichtung des Vollzeitbeschäftigten im Rahmen eines **rollierenden betrieblichen Freizeitsystems** auf einige Werktage in der Woche, ist der in Werktagen ausgedrückte tarifliche und vertragliche Urlaubsanspruch in Arbeitstage **umzurechnen** und dementsprechend die Vergütung hierfür zu bestimmen. Enthält der Tarifvertrag hierzu keine Regelungen, so sind die Arbeitstage zu den Werktagen rechnerisch zueinander in Beziehung zu setzen (BAG 14. 1. 1992 AP Nr. 5 zu § 3 BUrlG). War der Arbeitnehmer z.b. 1990 von 312 Werktagen (6 × 52) nach dem durch Betriebsvereinbarung eingeführten Freizeitsystem nur an 229 Tagen zur Arbeitsleistung verpflichtet, und hat er einen Urlaubsanspruch von jährlich 38 Werktagen, ergibt sich sein Urlaubsanspruch aus dem Quotienten der Arbeitstage (229) und der Werktage (312), der mit dem nach Werktagen bemessenen Urlaubsanspruch zu multiplizieren ist (229 : 312 × 38 = 27,89 Urlaubstage, vgl. BAG 14. 1. 1992 AP Nr. 5 zu § 3 BUrlG). Der Urlaubsentgeltanspruch errechnet sich dann, indem der Tagesverdienst bestimmt und mit dem Urlaubsanspruch multipliziert wird.

115 In **Betriebsvereinbarungen** oder im **Einzelarbeitsvertrag** kann nicht zuungunsten des Arbeitnehmers von § 11 abgewichen werden (§ 13 Abs. 1 Satz 3). Dies gilt für alle **Berechnungsmethoden** (zutreffend *Boldt/Röhsler* § 13 Rz 114; *Schelp/Herbst* § 1 Rz 44; a.A. *Dersch/Neumann* § 11 Rz 84 m.w.N.) und auch für den Berechnungszeitraum. Dabei kommt es nicht darauf an, ob ein größerer Berechnungszeitraum **gerechter** (so aber GK-BUrlG/*Stahlhacke* § 11 Rz 24; *Dersch/Neumann* § 11 Rz 24, jeweils m.w.N.), sondern nur darauf, ob er **nicht ungünstiger** für den Arbeitnehmer ist.

b) Einzelvertraglich oder tarifvertraglich verlängerte Urlaubsdauer

116 Wird in einem Tarifvertrag oder Arbeitsvertrag ein über den gesetzlichen Mindesturlaub hinausgehender Urlaubsanspruch gewährt, können die Tarifvertrags- bzw. Arbeitsvertragsparteien hierfür auch vom Gesetz zuungunsten der Arbeitnehmer abweichende Urlaubsentgeltregelungen treffen (zum tariflichen Urlaubsgeld vgl. § 11 Rz 86 ff.). Der Gesetzgeber hat nur für den gesetzlichen Mindesturlaub garantiert, daß der dem Arbeitnehmer zustehende Lohnanspruch trotz Nichtleistung der Arbeit während des Urlaubs unberührt von der Urlaubsgewährung bleibt. Hinsichtlich des zusätzlichen Urlaubs sind vom BUrlG abweichende Regelungen der Tarifvertragsparteien, aber auch der Arbeitsvertragsparteien, **grundsätzlich zulässig** (BAG 26. 5. 1983 AP Nr. 12 zu § 7 BUrlG Abgeltung; BAG 8. 3. 1984 BAGE 45, 199 = AP Nr. 15 zu § 13 BUrlG; BAG 25. 2. 1988 BAGE 57, 366 = AP Nr. 3 zu § 8 BUrlG; BAG 12. 1. 1989 BAGE 61, 1, 6 = AP Nr. 13 zu § 47 BAT, zu III der Gründe; zuletzt BAG 22. 9. 1992 AP Nr. 13 zu § 7 BUrlG; BAG 24. 11. 1992, 23. 4. 1996 AP Nr. 34, 40 zu § 11 BUrlG; ständige Rechtsprechung des BAG).

11. § 12 Urlaub im Bereich der Heimarbeit

117 Nach § 12 Nr. 1 erhalten **Heimarbeiter** und **Gleichgestellte** nach § 1 Abs. 2 Buchstabe a HAG bei einem Anspruch auf 24 Werktage Urlaub ein Urlaubsentgelt von 9,1 v.H. des in der Zeit vom 1. Mai des laufenden Jahres

Unabdingbarkeit § 13 BUrlG

bis zum 30. April des folgenden Jahres oder bis zur Beendigung des Beschäftigungsverhältnisses verdienten Arbeitsentgelts vor Abzug der Steuern und Sozialversicherungsbeiträge ohne Unkostenzuschlag und ohne die für den Lohnausfall an Feiertagen, dem Arbeitsausfall infolge Krankheit und den Urlaub zu leistenden Zahlungen. Von dieser Berechnungsregelung wird in Tarifverträgen und bindenden Festsetzungen abgewichen, indem zum Entgelt des in Heimarbeit Beschäftigten ein fester Zuschlag gezahlt wird. Eine solche Regelung ist zulässig (vgl. § 12 Rz 43).

III. Besonderheiten in der Bauwirtschaft und verwandten Wirtschaftszweigen (§ 13 Abs. 2)

1. Allgemeines

Für das Baugewerbe und sonstige Wirtschaftszweige, in denen als Folge 118 häufigen Ortswechsels Arbeitsverhältnisse von kürzerer Dauer als einem Jahr in erheblichem Umfang üblich sind und deshalb die Wartezeit des § 4 oftmals nicht erfüllt wird, läßt § 13 Abs. 2 eine von § 13 Abs. 1 Satz 1 abweichende tarifliche Regelung zu, soweit dies zur **Sicherung eines zusammenhängenden Jahresurlaubs** für alle Arbeitnehmer der betreffenden Branche erforderlich ist. Hiervon haben die Tarifvertragsparteien der **Bauwirtschaft** (Bundesrahmentarifvertrag für das Baugewerbe (BRTV-Bau) vom 3. 2. 1981, idF vom 20. 12. 1999; Tarifvertrag über das Sozialkassenverfahren im Baugewerbe (VTV) vom 12. 11. 1986, idF vom 26. 5. 1999; Urlaubsregelung für die gewerblichen Arbeitnehmer des Baugewerbes in Bayern vom 21. 11. 1983 idF vom 9. 6. 1997) und nach diesem Vorbild die des **Gerüstbauergewerbes** und der **Maler- und Lackiererhandwerks** (Rahmentarifvertrag für die gewerblichen Arbeitnehmer des Maler- und Lackiererhandwerks (RTV Maler) vom 19. 12. 1986 idF vom 28. 9. 1998; Tarifvertrag über das Verfahren für den Urlaub und die Zusatzversorgung im Maler- und Lackiererhandwerk (VTV Maler) vom 23. 11. 1992; zur tariflichen Wirksamkeit der Vorgängertarifverträge vgl. BAG 11. 6. 1975 BAGE 27, 175 = AP Nr. 29 zu § 2 TVG mit zust. Anm. *Wiedemann*) Gebrauch gemacht und eigenständige Urlaubsregelungen durch Tarifverträge geschaffen. Damit ist in diesen Branchen gewährleistet, daß die Arbeitnehmer, die nicht selten in einem Jahr hintereinander mehrere Arbeitsverhältnisse zu verschiedenen Arbeitgebern eingehen, dennoch einen Urlaubsanspruch erwerben, der den Ansprüchen der Arbeitnehmer in anderen Branchen vergleichbar ist.

Im Gegensatz zum Anspruch nach dem BUrlG ist die Urlaubsregelung 119 nach § 8 **BRTV-Bau** nicht auf das Arbeitsverhältnis mit einem Arbeitgeber ausgerichtet, sondern bezogen auf die Tätigkeit des Arbeitnehmers in der gesamten Bauwirtschaft. Die Dauer eines Arbeitsverhältnisses ist nicht entscheidend; **alle Beschäftigungszeiten** in Betrieben des Baugewerbes werden für den Urlaubsanspruch **zusammengerechnet.** Anders als nach dem BUrlG richten sich die Entstehung des Urlaubsanspruchs, die Urlaubsdauer und der Anspruch auf das Urlaubsentgelt grundsätzlich nach den zurückgelegten Beschäftigungstagen und dem während dieser Zeit erzielten Bruttolohn.

Wechselt der Arbeitnehmer in einen anderen Baubetrieb zu einem anderen Arbeitgeber, nimmt er seine Urlaubsansprüche mit. Der jeweilige Arbeitgeber ist daher verpflichtet, Urlaubsansprüche so zu erfüllen, als sei der Arbeitnehmer dauernd nur bei ihm beschäftigt gewesen und habe diese Ansprüche gegen ihn erworben. Der notwendige Ausgleich der Arbeitgeber untereinander wird durch eine Urlaubskassenregelung (Rz 132 ff.) organisiert.

120 Die nach § 13 Abs. 2 Satz 2 zulässige Vereinbarung auch von solchen Tarifregelungen zwischen nicht tarifgebundenen Arbeitgebern und Arbeitnehmern sind für Arbeitsverhältnisse im Bereich der Bauwirtschaft und des Maler- und Lackiererhandwerks gegenstandslos, weil die hier vereinbarten Tarifwerke bisher durchgängig für **allgemeinverbindlich erklärt** worden sind und deshalb in ihren sachlichen und räumlichen Geltungsbereichen unmittelbar auf die Arbeitsverhältnisse auch von Außenseitern sowohl auf Arbeitnehmer- als auch auf Arbeitgeberseite wirken, § 5 Abs. 4 TVG (zur Zulässigkeit von Allgemeinverbindlicherklärungen im Gerüstbaugewerbe vgl. BAG 22. 9. 1993 AP Nr. 2 zu § 1 TVG Tarifverträge: Gerüstbau).

2. Urlaubsregelung der Bauwirtschaft

121 Die **Urlaubsdauer** der Arbeitnehmer im Baugewerbe beträgt nach § 8 Nr. 1.1 BRTV-Bau in jedem Kalenderjahr 30 Arbeitstage. Samstage gelten nach § 8 Nr. 1.3 BRTV-Bau nicht als Arbeitstage. Wird dennoch an diesen Tagen gearbeitet, bedarf es zur Ermittlung der Urlaubsdauer der Umrechnung des Urlaubsanspruchs (vgl. § 3 Rz 16; a.A. *Dersch/Neumann* § 13 Rn. 80). Bei Urlaubsantritt sind die dem Arbeitnehmer zustehenden vollen Urlaubstage nach Maßgabe der Beschäftigungstage zu ermitteln (§ 8 Nr. 2.1 BRTV-Bau).

122 Für **Schwerbehinderte im Sinne der gesetzlichen Vorschriften** erhöht sich der Jahresurlaub um 5 Arbeitstage (§ 8 Nr. 1.2 BRTV-Bau). Diese Regelung entspricht § 125 Satz 1 SGB IX und ist nicht etwa als weiterer Zusatzurlaub im Sinne von § 125 Satz 2 SGB IX anzusehen. § 8 Nr. 1.2 BRTV-Bau gilt nur für Personen mit einem Grad der Behinderung von wenigstens 50 (Schwerbehinderte, § 2 Abs. 2 SGB IX), nicht jedoch für Gleichgestellte (§ 2 Abs. 3 SGB IX), also für Personen mit einem Grad der Behinderung von weniger als 50 aber wenigstens 30. Dies ist in § 68 Abs. 3 SGB IX ausdrücklich bestimmt. Sie sind von der Anwendbarkeit des § 125 SGB IX ausgenommen. Eine **Verfassungswidrigkeit** ist darin nicht zu erkennen (zutreffend *Großmann* GK-SchwbG § 47 Rz 17; *Neumann/Pahlen* SchwbG § 47 Rz 4 f.; *Schröer* S. 120 f.).

123 Die **Dauer des jeweils fälligen Urlaubs** richtet sich nach den vom Arbeitnehmer zurückgelegten Beschäftigungstagen, § 8 Nr. 1.4 BRTV-Bau. Das sind nach § 8 Nr. 2.3 BRTV-Bau alle Kalendertage des Bestehens von Arbeitsverhältnissen in Betrieben des Baugewerbes während des Urlaubsjahres. Ausgenommen hiervon sind Tage, an denen der Arbeitnehmer der Arbeit unentschuldigt ferngeblieben ist, Tage unbezahlten Urlaubs, wenn dieser länger als 14 Kalendertage gedauert hat und Tage, für die der arbeitsunfähig erkrankte Arbeitnehmer weder Arbeitsentgelt noch tariflich vorgesehene

Unabdingbarkeit § 13 BUrlG

Ausgleichsbeträge (vgl. § 8 Nr. 5 BRTV-Bau) erhalten hat. Damit ist gewährleistet, daß Urlaubsansprüche nicht vom ggf. häufigen Wechsel des Arbeitsplatzes abhängen, sofern dieser vorzugsweise innerhalb des Baugewerbes vollzogen wird.

Für den Urlaubsanspruch gibt es **keine Wartezeit**. Der Urlaubsanspruch 124 entsteht vielmehr im Umfang der im Kalenderjahr zurückgelegten Beschäftigungstage. Die dem Arbeitnehmer zustehenden vollen Urlaubstage sind nach Maßgabe der zurückgelegten Beschäftigungstage bei Antritt des Urlaubs zu ermitteln. Der Arbeitnehmer erwirbt nach jeweils 12 – als Schwerbehinderter nach jeweils 10,4 – Beschäftigungstagen den Anspruch auf einen Tag Urlaub. Daher wird der Anspruch auf den vollen Urlaub erst nach jeweils 12 Beschäftigungsmonaten erreicht, so daß ein Urlaubsanspruch in voller Höhe erst im Jahr nach dem Eintritt in ein Arbeitsverhältnis verlangt werden kann. Insoweit weist diese tarifliche Lösung gewisse Ähnlichkeiten mit dem Anspruch für Heimarbeiter auf. Der Urlaubsanspruch entsteht auch in den Folgejahren immer nur zeitlich nach den zurückgelegten Beschäftigungstagen.

Zum **Ende des Urlaubsjahres** sind nach § 8 Nr. 2.7 BRTV-Bau aus den 125 unverbrauchten Beschäftigungstagen die **Resturlaubsansprüche** zu errechnen und Bruchteile von Urlaubstagen, die mindestens einen halben Tag ergeben, auf volle Urlaubstage „kaufmännisch" zu runden. Damit sollen Bruchteile von Urlaubstagen, welche die Hälfte eines Tages betragen, aufgerundet und im übrigen Bruchteile, die kleiner sind, abgerundet werden. Diese Resturlaubsansprüche werden in das folgende Kalenderjahr übertragen.

Ein Anspruch auf **Urlaubsabgeltung** durch Auszahlung des Urlaubsent- 126 gelts und des zusätzlichen Urlaubsgeldes besteht gemäß § 8 Nr. 6 BRTV-Bau, wenn der Arbeitnehmer
- länger als drei Monate in einem **nicht vom BRTV-Bau erfaßten Betrieb beschäftigt** gewesen ist,
- länger als drei Monate nicht mehr in einem Arbeitsverhältnis zu einem vom BRTV-Bau erfaßten Betrieben gestanden hat und **berufsunfähig** oder auf nicht absehbare Zeit außerstande ist, seinen bisherigen Beruf im Baugewerbe auszuüben,
- Altersrente oder **Rente** wegen Erwerbsunfähigkeit bezieht,
- in ein **Angestellten- oder Ausbildungsverhältnis** zu einem Betrieb des Baugewerbes **überwechselt**,
- als **Gelegenheitsarbeiter, Werkstudent, Praktikant** oder in ähnlicher Weise beschäftigt war und das Arbeitsverhältnis endet,
- nach Deutschland entsandt wurde, seine Tätigkeit in Deutschland beendet und für länger als drei Monate entweder den räumlichen Geltungsbereich des BRTV-Bau verlassen hat oder in einem nicht vom BRTV-Bau erfaßten Betrieb beschäftigt war.

Mit dieser Regelung haben die Tarifvertragsparteien des Baugewerbes § 7 127 **Abs. 4** abbedungen. Eine Abgeltung in anderen als den aufgeführten Fällen ist ausgeschlossen. Zur Auszahlung ist der Arbeitgeber verpflichtet, bei dem der Arbeitnehmer zuletzt gewerblich beschäftigt war (vgl. § 8 Nr. 6.2 BRTV-Bau).

128 Stirbt der Arbeitnehmer, hat der Erbe oder derjenige, der nachweislich für die Bestattungskosten aufgekommen ist, Ansprüche auf Auszahlung der Urlaubsvergütung, Urlaubsabgeltung oder der Entschädigung, soweit diese noch nicht verfallen ist. Diese im BUrlG nicht enthaltene Regelung (vgl. BAG 22. 10. 1991 AP Nr. 57 zu § 7 BUrlG Abgeltung; sh. auch § 7 Rz 217 ff.) ist jedenfalls dann wirksam, wenn in § 8 Nr. 9 BRTV-Bau eine eigene und keine abgeleitete Anspruchsgrundlage des Erben zu sehen ist (vgl. zu diesem Problem auch BAG 18. 7. 1989 BAGE 62, 252 = AP Nr. 49 zu § 7 BUrlG Abgeltung; BAG 15. 8. 1989 BAGE 62, 331 = AP Nr. 51 zu § 7 BUrlG Abgeltung).

129 Urlaubsansprüche und ebenso auch die Urlaubsabgeltungsansprüche **verfallen** mit Ablauf des Kalenderjahres, das auf das Jahr der Entstehung der Urlaubsansprüche folgt, § 8 Nr. 7 BRTV-Bau. Mit Ablauf eines weiteren Kalenderjahres verfällt auch der Anspruch auf Eintragung in die Lohnnachweiskarte und deren Berichtigung, § 8 Nr. 7 Satz 2 BRTV-Bau. Die allgemeine tarifliche Ausschlußfrist nach § 16 BRTV ist ausdrücklich für Urlaubsansprüche ausgeschlossen (BAG 28. 4. 1998 AP Nr. 211 zu § 1 TVG Tarifverträge: Bau).

130 Mit Ablauf der Verfallfrist ist der Urlaubsabgeltungsanspruch gegen den letzten Bauarbeitgeber untergegangen. Soweit Urlaubsansprüche oder Urlaubsabgeltungsansprüche verfallen sind, hat der Arbeitnehmer allerdings nach § 8 Nr. 8 BRTV-Bau innerhalb eines weiteren Kalenderjahres einen **Anspruch auf Entschädigung durch die Urlaubskasse** (dazu Rz 132 ff.) in Höhe des Urlaubsentgelts und des zusätzlichen Urlaubsgeldes. Dieser von den Tarifvertragsparteien als „Entschädigung" bezeichnete Anspruch sichert den Arbeitnehmer für den Fall, daß der Arbeitgeber nicht innerhalb des auf das Urlaubsjahr folgenden Jahres seine urlaubsrechtlichen Verpflichtungen erfüllt. Nach dem klaren Wortlaut der tariflichen Regelung entsteht dieser Entschädigungsanspruch jedoch nur nach Verfall des gegen den Arbeitgeber gerichteten Urlaubsabgeltungsanspruchs und ist auf das weitere Kalenderjahr befristet. Die Urlaubskasse, die als gemeinsame Einrichtung der Tarifvertragsparteien die Aufgabe hat, die Auszahlung des Urlaubsentgelts und Urlaubsgelds zu sichern, ist dabei verpflichtet, die bei ihr Ansprüche geltend machenden Arbeitnehmer über das von ihnen einzuhaltenden Verfahren und die Fristen aufzuklären. Verletzt sie ihre Aufklärungspflichten, kann sie zum Schadenersatz verpflichtet sein (BAG 20. 8. 1996 AP Nr. 1 zu § 11 BUrlG Urlaubskasse).

131 Der Arbeitnehmer erhält für den Urlaub eine **Urlaubsvergütung** von 14,25 v. H. Schwerbehinderte von 16,63 v. H. des Bruttolohns. Die Urlaubsvergütung besteht aus dem Urlaubsentgelt von 11,4 v. H. – bei Schwerbehinderten von 13,3 v. H. – des Bruttolohns und dem zusätzlichen Urlaubsentgelt von 25 v. H. des Urlaubsentgelts, § 8 Nr. 4 BRTV-Bau.

3. Urlaubskassenregelung

132 **Herzstück** der tariflichen Urlaubsbestimmungen des Baugewerbes ist die Urlaubskassenregelung. Das Urlaubsentgelt wird finanziert und abgerechnet über die „**Urlaubs- und Lohnausgleichskasse der Bauwirtschaft**" (ULAK),

Unabdingbarkeit § 13 BUrlG

eine gemeinsame Einrichtung der Tarifvertragsparteien i.S. von § 4 Abs. 2 TVG, mit Sitz in Wiesbaden. Sie hat u.a. die Aufgabe, die Auszahlung des Urlaubsentgelts und des zusätzlichen Urlaubsgeldes zu sichern.

Die notwendigen Beiträge für die Urlaubskasse werden von den Arbeitgebern des Baugewerbes nach den Vorschriften des Tarifvertrags über das Sozialkassenverfahren im Baugewerbe (VTV) idF vom 26. 5. 1999 an die „Zusatzversorgungskasse des Baugewerbes" (ZVK), eine weitere gemeinsame Einrichtung, als Einzugsstelle gezahlt, die diese Beträge z.T. an die ULAK weiterleitet bzw. an die Gemeinnützige Urlaubskasse des Bayerischen Baugewerbes e.V. (UKB) mit Sitz in München, § 3 Abs. 1 VTV-Bau, die für das Urlaubskassenverfahren in Bayern zuständig ist (vgl. dazu die Urlaubsregelung für die gewerblichen Arbeitnehmer vom 9. 6. 1997. Für Berlin ist der Tarifvertrag über das Verfahren für den Urlaub, den Lohnausgleich, das Überbrückungsgeld und die Zusatzversorgung (VTV-Berlin) vom 1. 12. 1996 maßgebend). 133

Insgesamt waren von den Arbeitgebern im Bezugsjahr 1999 **19,0 v.H. der Bruttolohnsumme der Beschäftigten** eines Betriebs, die eine arbeiterrentenversicherungspflichtige Tätigkeit ausüben, als Beiträge an die ZVK abzuführen. Die Sozialkassenbeiträge werden gemäß § 88 VTV nach Bedarf jährlich für die Zukunft angepaßt (vgl. dazu z.B.: Tarifvertrag über die Aufteilung des an die tariflichen Sozialkassen des Baugewerbes abzuführenden Gesamtbetrages vom 18. 12. 1998). Die Beiträge umfassen neben Zahlungen für eine zusätzliche Altersversorgung (Zusatzversorgung), Leistungen für den Lohnausgleich sowie für Erstattungen von Kosten der Berufsausbildung, 14,45 v.H. für Urlaub, die von der ZVK an die ULAK weitergeleitet werden. Die Beitragspflicht besteht unabhängig von den Ansprüchen der Arbeitnehmer in den Betrieben (BAG 8. 10. 1981 AP Nr. 2 zu § 1 TVG Tarifverträge: Maler, für den vergleichbaren RTV-Maler mit Anm. *Boldt*; zum Urlaubskassenverfahren im Konkurs des Arbeitgebers vgl. BAG 25. 10. 1984 BAGE 47, 114 = AP Nr. 5 zu § 4 TVG Ausgleichskasse mit Anm. *Gagel*; BAG 11. 1. 1990 AP Nr. 11 zu § 4 TVG Gemeinsame Einrichtungen = SAE 1991, 387 mit im Ergebnis zust. Anm. *Mummenhoff*). Für Angestellte gelten andere Prozentsätze. Angestellte nehmen am Urlaubskassenverfahren nicht teil. 134

Zur Durchführung des Urlaubskassenverfahrens hat der Arbeitgeber für jeden Arbeitnehmer, der eine arbeiterrentenversicherungspflichtige Tätigkeit ausübt, eine **Lohnnachweiskarte** zu führen, §§ 4ff. VTV. Sie gehört zu den Arbeitspapieren des Arbeitnehmers (vgl. MünchArbR/*Buchner* § 45 Rz 34ff.; MünchArbR/*Winterfeld* § 184 Rz 73f. m.w.N.). In den Betrieben dient sie u.a. sowohl der Ermittlung von tariflichen Ansprüchen des Arbeitnehmers auf Urlaub und auf Urlaubsvergütung als auch zur Feststellung von Erstattungsansprüchen des Arbeitgebers gegen die ULAK bzw. die UKB. Solche Erstattungsansprüche entstehen, wenn der Arbeitgeber Urlaubsvergütung an anspruchsberechtigte Arbeitnehmer geleistet hat, § 19 VTV. Der Arbeitnehmer hat einen Anspruch auf Berichtigung der Lohnnachweiskarte, wenn der Arbeitgeber unrichtige Eintragungen vorgenommen hat. Hat der Arbeitnehmer für die Zeit eines vereinbarten Urlaubs Konkursausfallgeld erhalten, ist der Konkursverwalter berechtigt, den dem 135

Arbeitnehmer zugeflossenen Betrag als gewährte Urlaubsvergütung in die Lohnnachweiskarte einzutragen (BAG 20. 6. 2000 NZA 2001, 620).

136 Arbeitnehmer haben gegen die ULAK grundsätzlich keine Ansprüche, es sei denn, sie verlangen innerhalb eines Jahres nach Verfall ihres Urlaubs oder Urlaubsabgeltungsanspruchs **Entschädigung** von der Kasse in Höhe des Urlaubsentgelts und des zusätzlichen Urlaubsgeldes sowie auf Ersatzeintragung in die Lohnnachweiskarte, § 8 Nr. 9 BRTV-Bau, § 20 VTV.

4. Besonderheiten in Berlin und Bayern

137 **§ 8 BRTV-Bau gilt** gemäß § 8 Nr. 17 BRTV-Bau **nicht in Berlin und Bayern.** Auch die Bestimmungen über die Urlaubsgewährung im VTV gelten in Berlin und Bayern nicht. Im Gebiet des Freistaates Bayern erbringt die **Gemeinnützige Urlaubskasse des bayerischen Baugewerbes** e. V. **(UKB)** mit Sitz in München anstelle der Urlaubs- und Lohnausgleichskasse der Bauwirtschaft (ULAK) Leistungen im Urlaubsverfahren. Im Land Berlin existiert ein eigener Verfahrenstarifvertrag (zu den abweichenden Ansprüchen vgl. *Schröer*, S. 152).

5. Urlaubsansprüche von Angestellten im Baugewerbe

138 Die Urlaubsansprüche von **technischen** und **kaufmännischen Angestellten** und **Polieren** entsprechen weitgehend den gesetzlichen Ansprüchen nach dem BUrlG und sind in § 10 RTV-Angestellte vom 2. 3. 1998 idF vom 26. 5. 1999 geregelt. Eine **Sozialkassenregelung** existiert für diesen Personenkreis **nicht,** da das Erfordernis der Sicherung eines zusammenhängenden Urlaubs fehlt (ebenso GK-BUrlG/*Berscheid* § 13 Rz 119).

139 **Teilweise unzulässig** ist der in § 10 Nr. 5.3 Satz 2 RTV-Angestellte angeordnete **Verfall der Urlaubsentgeltansprüche bei Erwerbsarbeit während des Urlaubs.** Zulässig ist dies nur im Umfang des über den gesetzlichen Mindesturlaub hinausgehenden Urlaubs, also über 24 Werktage hinaus (vgl. BAG 25. 2. 1988 BAGE 57, 366 = AP Nr. 3 zu § 8 BUrlG; a. A. GK-BUrlG/*Berscheid* § 13 Rz 84). Denn der Inhalt des Urlaubsanspruchs umfaßt nicht eine „urlaubsgerechte Gestaltung der Freizeit", sondern lediglich die Verpflichtung des Arbeitgebers, den Arbeitnehmer für die Dauer des Urlaubs von den an sich geschuldeten Arbeitspflichten zu befreien. Die nach § 8 BUrlG dem Arbeitnehmer auferlegte Pflicht (Verbot der Erwerbstätigkeit während des Urlaubs) entsteht zeitlich erst nach Erfüllung des Urlaubsanspruchs durch den Arbeitgeber, so daß hieraus nichts für die Wirksamkeit des Urlaubsanspruchs oder den weiter zu gewährenden Entgeltanspruch gefolgert werden kann (vgl. dazu § 8 Rz 14).

140 Dagegen spricht auch nicht, daß gemäß § 13 Abs. 2 Satz 1 im Baubereich von den gesamten Vorschriften des BUrlG abgewichen werden kann. Dies ist nach § 13 Abs. 2 Satz 1 letzter Halbsatz nämlich **nur** möglich, „soweit dies **zur Sicherung eines zusammenhängenden Jahresurlaubs** für alle Arbeitnehmer erforderlich ist". Daß der Urlaubsentgeltanspruch bei Erwerbstätigkeiten während des Urlaubs entfällt, hängt mit der Sicherung des zusammenhängenden Jahresurlaubs für alle Arbeitnehmer aber nicht zusammen (so zutreffend auch *Dersch/Neumann* § 13 Rz 87, der sich

Berlin-Klausel § 14 BUrlG

dennoch im Ergebnis der unzutreffenden Auffassung von GK-BUrlG/ *Berscheid* § 13 Rz 84 anschließt).

IV. Besonderheiten bei der Deutsche Bahn AG und der Bundespost (§ 13 Abs. 3)

Im Gegensatz zu der weiten gesetzlichen Öffnungsklausel des § 13 Abs. 2 kann gemäß § 13 Abs. 3 für den Bereich der Deutsche Bahn AG sowie einer nach § 2 Abs. 1 und § 3 Abs. 3 des Deutsche Bahn AG Gründungsgesetzes vom 27. 12. 1993 (BGBl. I S. 2378, 2386) ausgegliederten Gesellschaft und der Deutschen Bundespost nur von den Vorschriften über das **Kalenderjahr als Urlaubsjahr** (§ 1) in Tarifverträgen abgewichen werden. Unstreitig gilt § 13 Abs. 3 nicht für die privaten oder kommunalen Bahnunternehmen außerhalb des Bereichs der Deutsche Bahn AG (vgl. *Boldt/Röhsler* § 13 Rz 73; GK-BUrlG/*Berscheid* § 13 Rz 127). 141

Nach der **Umstrukturierung** von **Bahn** (durch das Gesetz zur Neuordnung des Eisenbahnwesens vom 27. 12. 1993, BGBl. I S. 2378) und **Post** in privatrechtliche Unternehmen ändert sich am Anwendungsbereich von § 13 Abs. 3 in der Sache nichts. Auch danach gilt ein Urlaubsjahr für die Zeit vom 1. April bis zum 31. März eines jeden Jahres. 142

In § 13 Abs. 3 ist im Gegensatz zu § 13 Abs. 2 nicht auf § 13 Abs. 1 Satz 2 verwiesen worden. Eine **einzelvertragliche Verweisung auf die vom Gesetz abweichenden tarifvertraglichen Vorschriften** ist damit nicht möglich, wenn der Tarifvertrag zuungunsten der Arbeitnehmer vom Gesetz abweicht. Dennoch bejaht die überwiegende Meinung im Schrifttum die entsprechende Anwendung des § 13 Abs. 1 Satz 2 aus Gründen einer einheitlichen betrieblichen Urlaubsregelung und weil es sich beim Fehlen der Verweisung auf § 13 Abs. 1 Satz 2 in § 13 Abs. 3 um ein Redaktionsversehen handele (vgl. *Boldt/Röhsler* § 13 Rz 75; *Borrmann* § 13 Rz 15; *Dersch/Neumann* § 13 Rz 88; GK-BUrlG/*Berscheid* § 13 Rz 126; ErfK/*Dörner* § 13 BUrlG Rz 65). Der Nachweis eines Redaktionsversehens ist bisher nicht geführt worden. Im Gegenteil muß aus der Tatsache, daß § 13 Abs. 3 erst in dritter Lesung ins Gesetz eingefügt und besonders beraten worden ist (vgl. Stenografische Berichte der 51. Sitzung des Bundestages vom 7. 12. 1962, 2269 D), darauf geschlossen werden, daß dies nicht zutrifft. 143

§ 14 Berlin-Klausel

Dieses Gesetz gilt nach Maßgabe des § 13 Abs. 1 des Dritten Überleitungsgesetzes vom 4. Januar 1952 (BGBl. I S. 1) auch im Land Berlin.

Das BUrlG ist durch das Berliner Gesetz vom 18. 1. 1963 (GVBl. Berlin S. 80) in vollem Umfang mit Wirkung vom 1. 1. 1963 übernommen worden und hat das am 11. 12. 1962 noch verkündete Berliner UrlaubsG wegen § 15 Abs. 2 Satz 1 abgelöst. Auch die Änderung des BUrlG durch das LFZG vom 27. 7. 1969 (BGBl. I, S. 946) und das HeimArbÄndG vom 29. 10. 1974 1

(BGBl. I, S. 2879) sind im Land Berlin **übernommen** worden (vgl. ÜberleitungsG vom 31. 7. 1969, GVBl. Berlin S. 1161 und vom 14. 11. 1974 GVBl. Berlin S. 2721).

2   Durch Art. 8 des **Einigungsvertrages** vom 31. 8. 1990 in Verb. mit der Anlage I Kapitel VIII Sachgebiet A Abschnitt III Nr. 1 (BGBl. II, S. 885, 1020 f.) ist das BUrlG im Beitrittsgebiet der fünf neuen Bundesländer und in dem Teil des Landes Berlin, in dem das GG für die Bundesrepublik Deutschland bisher nicht galt, am 3. 10. 1990 mit der Maßgabe in Kraft getreten, daß § 3 in folgender Fassung anzuwenden ist: „Der Urlaub beträgt jährlich mindestens 20 Arbeitstage. Dabei ist von fünf Arbeitstagen je Woche auszugehen." Soweit in Rechtsvorschriften der DDR ein über 20 Arbeitstage hinausgehender Erholungsurlaub festgelegt war, galt dieser bis zum 30. 6. 1991 als vertraglich vereinbarter Erholungsurlaub. Damit war das Urlaubsrecht im Land Berlin auch über den 3. 10. 1990 hinaus **gespalten** (GK-BUrlG/*Berscheid* § 14 Rz 2).

3   Nach Art. 20 iV mit Art. 21 des Arbeitszeitrechtsgesetzes vom 6. 6. 1994 (BGBl. I S. 1170) ist die in der Anlage zum Einigungsvertrag aufgeführte Maßgabe **ab 1. 1. 1995 nicht mehr anzuwenden**. Durch die Änderung von § 3 Abs. 1 ist für den Mindesturlaub ein in den alten und neuen Bundesländern einheitliches Niveau von vier Wochen Urlaub geschaffen worden, so daß die in den neuen Bundesländern einschließlich Ost-Berlin bis dahin geltende Maßgabe zum Urlaubsrecht nicht mehr erforderlich ist. Sie hat sich erledigt.

§ 15 Änderung und Aufhebung von Gesetzen

(1) **Unberührt bleiben die urlaubsrechtlichen Bestimmungen des Arbeitsplatzschutzgesetzes vom 30. März 1957 (BGBl. I S. 293), geändert durch Gesetz vom 22. März 1962 (BGBl. I S. 169), des Neunten Buches Sozialgesetzbuch, des Jugendarbeitsschutzgesetzes vom 9. August 1960 (BGBl. I S. 665), geändert durch Gesetz vom 20. Juli 1962 (BGBl. I S. 449), und des Seemannsgesetzes vom 26. Juli 1957 (BGBl. II S. 713), geändert durch Gesetz vom 25. August 1961 (BGBl. II S. 1391), jedoch wird**

a) in § 19 Abs. 6 Satz 2 des Jugendarbeitsschutzgesetzes der Punkt hinter dem letzen Wort durch ein Komma ersetzt und folgender Satzteil angefügt:
„und in diesen Fällen eine grobe Verletzung der Treuepflicht aus dem Beschäftigungsverhältnis vorliegt";

b) § 53 Abs. 2 des Seemannsgesetzes durch folgende Bestimmung ersetzt:
„Das Bundesurlaubsgesetz vom 8. Januar 1963 (BGBl. I S. 2) findet auf den Urlaubsanspruch des Besatzungsmitglieds nur insoweit Anwendung, als es Vorschriften über die Mindestdauer des Urlaubs enthält."

(2) **Mit dem Inkrafttreten dieses Gesetzes treten die landesrechtlichen Vorschriften über den Erholungsurlaub außer Kraft. In Kraft bleiben jedoch die landesrechtlichen Bestimmungen über den Urlaub für Opfer des Nationalsozialismus und für solche Arbeitnehmer, die geistig oder körperlich in ihrer Erwerbsfähigkeit behindert sind.**

Änderung und Aufhebung von Gesetzen **§ 15 BUrlG**

Schrifttum: *Clausen,* Zum Begriff der beruflichen und politischen Weiterbildung nach dem AWbG.NRW, AuR 1990, 342; *Düwell,* Freistellung für die politische und berufliche Weiterbildung, BB 1994, 637; *Friauf,* Arbeitnehmerweiterbildung und gewerkschaftliche Schulung DB 1989 Beil. Nr. 2; *Haase,* Zur Bedeutung der IAO-Übereinkommen, ZfSH/SGB 1990, 238; *Kohte,* Kontinuität und Bewegung im Urlaubsrecht, BB 1984, 609; *Kleveman,* Das Arbeitnehmerweiterbildungsgesetz Nordrhein-Westfalen, BB 1989, 208; *Künzl,* Befristung des Urlaubsanspruchs, BB 1991, 1630; *Leinemann/Schütz,* Die Bedeutung internationaler und europäischer Arbeitsrechtsnormen für die Arbeitsgerichtsbarkeit, BB 1993, 2519; *dies.* Wirkungen der Übereinkommen der IAO auf das Recht der Bundesrepublik Deutschland, ZfA 1994, 1; *Lörcher,* Die Normen der internationalen Arbeitsorganisation und des Europarats – Ihre Bedeutung für das Arbeitsrecht der Bundesrepublik, AuR 1991, 97; *Mauer,* Rechtliche Aspekte der Bildungsfreistellung, 1992; *Mayer/Carl/Knebel,* Kommentar zum Niedersächsischen Bildungsurlaubsgesetz, 1979; *Müller,* Das Bildungsfreistellungs- und Qualifizierungsgesetz Schleswig-Holstein, 1991; *Muhr,* Die Internationale Arbeitsorganisation, ArbGegw Bd. 29 (1992), 87; *ders.,* Die Arbeits- und Sozialrechtsnormen der Internationalen Arbeitsorganisation, FS für Gnade 1992, 699; *Oetker,* Realisierung des Bildungsurlaubs durch einstweilige Verfügung? AuR 1984, 32; *Ostrop,* Verfall des Urlaubsanspruchs nach Ablauf des Übertragungszeitraums, NZA 1993, 208; *Schiefer,* Schulung und Weiterbildung im Arbeits- und Dienstverhältnis, 1993; *ders.,* Die Freistellung nach den Bildungsurlaubsgesetzen, DB 1994, 1926; *ders.* Gesetz zur Änderung des nordrhein-westfälischen Arbeitnehmerweiterbildungsgesetzes (AWbG) vom 28. 3. 2000, DB 2000 Beilage 7; *Schlömp/Röder,* Ausgrenzung von gewerkschaftlichen Bildungsveranstaltungen aus der Arbeitnehmerweiterbildung, DB 1989, 276; *Stege/Schiefer,* Die Anwendung des nordrhein-westfälischen Arbeitnehmerweiterbildungsgesetzes (AWbG), DB 1990 Beil. Nr. 12; *Stege/Sowka,* Das nordrhein-westfälische Arbeitnehmerweiterbildungsgesetz (AWbG) und die Entscheidung von Karlsruhe, DB 1988 Beil. Nr. 14; *Trieschmann,* Zur Frage der Rechtseinheit im Urlaubsrecht, DB 1963, 692, 731; *Vossen,* Arbeitsrechtliche Probleme des nordrhein-westfälischen Arbeitnehmerweiterbildungsgesetzes, RdA 1988, 346; *Wahsner/Wichert,* Das Arbeitnehmerweiterbildungsgesetz von Nordrhein-Westfalen, 1987.

Übersicht

	Rz
I. Allgemeines	1
II. Weitergeltende urlaubsrechtliche Bestimmungen in Bundesgesetzen	3
1. ArbPlSchG und ZivildienstG	4
2. SchwBeschG	5
3. JArbSchG	6
4. SeemG	7
5. EignungsübungsG	8
III. Änderung bundesrechtlicher Urlaubsvorschriften	10
IV. Änderung landesrechtlicher Vorschriften	12
1. Sonderurlaub für Jugendleiter	14
2. Arbeitnehmerweiterbildung	21
a) Allgemeines	21
b) Merkmale des Freistellungsanspruchs	24
c) Geeignetheit der Veranstaltung	28
d) Politische Bildung	31
e) Berufliche Weiterbildung	38
f) Jedermannzugänglichkeit	43
g) Durchsetzung des Freistellungsanspruchs	46

BUrlG § 15   Teil I. C. Erläuterungen zum BUrlG

	Rz
V. Verhältnis der urlaubsrechtlichen Vorschriften zueinander	57
1. IAO-Übereinkommen Nr. 132 über den bezahlten Jahresurlaub	57
2. ArbPlSchG und ZivildienstG	65
3. SchwbG	69
4. JArbSchG	71
5. SeemG	75
6. BErzGG	76
7. Landesgesetzliche Vorschriften neben § 47 SchwbG	78
a) Niedersachsen	81
b) Rheinland-Pfalz	82
c) Saarland	83
8. Befristete und aufgehobene Landesgesetze	88
9. ErholungsurlaubsVO DDR	91
10. Örtlicher Anwendungsbereich der Zusatzurlaubsbestimmungen	92

I. Allgemeines

1   In § 15 ist das Verhältnis des BUrlG zu den bei Inkrafttreten des BUrlG am 1. 1. 1963 bestehenden Bundes- und Landesgesetzen geregelt, die urlaubsrechtliche Bestimmungen zum Inhalt hatten. **Landesrechtliche Vorschriften** über den **Erholungsurlaub** (nicht jedoch über den Sonder- oder Bildungsurlaub, dazu Rz 12 ff.) traten ab 1. 1. 1963 mit Ausnahme von Bestimmungen für die Opfer des Nationalsozialismus und für solche Arbeitnehmer, die geistig oder körperlich in ihrer Erwerbstätigkeit behindert sind, gemäß § 15 Abs. 2 außer Kraft. § 15 bestimmt nicht das Verhältnis des BUrlG zu anderen den Erholungsurlaub der Arbeitnehmer regelnden Bestimmungen, die **nach** dem 1. 1. 1963 in Kraft getreten sind.

2   Von Bedeutung ist – bis auf das BErzGG (s. dazu unten Rz 55 f. sowie die Erläuterungen Teil II E) – mangels anderer als den in § 15 Abs. 1 schon am 1. 1. 1963 bestehenden aufgeführten besonderen Bundesgesetzen (zum nicht in § 15 Abs. 1 aufgeführten EignungsübungsG, vgl. Rz 8) das **IAO-Übereinkommen Nr. 132** über den bezahlten Jahresurlaub vom 24. 6. 1970 (abgedruckt Teil III A 1, 2). Umstritten ist dabei sowohl das Verhältnis des IAO-Übereinkommens Nr. 132 zum BUrlG, als auch das Verhältnis von IAO-Übereinkommen und der Rechtsprechung zum BUrlG zueinander (zum Streitstand vgl. BAG 28. 11. 1990 BAGE 66, 288, 290 f. = AP Nr. 18 zu § 7 BUrlG Übertragung, zu II 3 b der Gründe; BAG 7. 12. 1993 AP Nr. 15 zu § 7 BUrlG; BAG 5. 12. 1995 AP Nr. 70 zu § 7 BUrlG Abgeltung; BAG 24. 9. 1996 AP Nr. 22 zu § 7 BUrlG sowie ErfK/*Dörner* § 7 BUrlG Rz 57; *Hohmeister* § 7 Rz 47; GK-BUrlG/*Berscheid* § 15 Rz 13 ff.; *Kohte* BB 1984, 609, 615; *Künzl* BB 1991, 1630, 1631; *Leinemann/Schütz*, BB 1993, 2519; dies., ZfA 1994, 1; *Lörcher* AuR 1991, 97, 101 f.; *Ostrop* NZA 1993, 208, 209 ff.; ausführlich Rz 57 ff.).

II. Weitergeltende urlaubsrechtliche Bestimmungen in Bundesgesetzen

3   Neben den Urlaubsgesetzen der Länder bestanden bereits in einigen Bundesgesetzen **urlaubsrechtliche Bestimmungen** für **bestimmte Personen-**

Änderung und Aufhebung von Gesetzen **§ 15 BUrlG**

kreise. Nach § 15 Abs. 1 bleiben diese Vorschriften unberührt. Es handelt sich um folgende Gesetze:

1. ArbPlSchG und ZivildienstG

Das ArbPlSchG vom 30. 3. 1957 idF der Bekanntmachung vom 14. 4. **4**
1980 (BGBl. I S. 425) regelt den Urlaub derjenigen Arbeitnehmer, die zum **Grundwehrdienst** und zu **Wehrübungen** eingezogen werden (vgl. die Erläuterungen Teil II C). Das Gesetz enthält Regelungen für die Gewährung, Übertragung und Abgeltung des Urlaubs sowie eine Kürzungsmöglichkeit für die Zeit des Grundwehrdienstes nach dem Zwölftelungs-Prinzip (§ 4 ArbPlSchG). Nach § 78 des **ZivildienstG** idF der Bekanntmachung vom 31. 7. 1986 (BGBl. I S. 1205) gelten die Vorschriften des § 4 ArbPlSchG entsprechend (vgl. die Erläuterungen Teil II C).

2. SchwBeschG

An die Stelle des SchwBeschG idF der Bekanntmachung vom 14. 8. 1961 **5**
(BGBl. I S. 1233) ist das **SchwbG** vom 29. 4. 1974 idF der Bekanntmachung vom 26. 8. 1986 (BGBl. I S. 1421), mit weitgehenden Änderungen getreten (vgl. unten Rz 48 f. sowie die Erläuterungen Teil II B). Mit Wirkung vom 1. 7. 2001 ist an die Stelle des SchwbG das Neunte Buch des Sozialgesetzbuchs (SGB IX) getreten, das die Rehabilitation und Teilhabe behinderter Menschen regelt.

3. JArbSchG

Das JArbSchG vom 12. 4. 1976 (BGBl. I S. 900, 965) regelt nur die **Länge** **6**
des Urlaubs und seine **Lage** (§ 19 JArbSchG). Im übrigen verweist es auf das BUrlG (vgl. unten Rz 50 ff. sowie die Erläuterungen Teil II A).

4. SeemG

Die §§ 53 bis 60 SeemG (Gesetz vom 26. 7. 1957 BGBl. II S. 713) regeln **7**
den **Urlaub der Schiffsbesatzungen** (vgl. unten Rz 54 sowie die Erläuterungen Teil II D). Die vom BUrlG abweichenden Bestimmungen gelten nach § 78 Abs. 1 SeemG für **Kapitäne** sinngemäß.

5. EignungsübungsG

Eine Meinung im Schrifttum (vgl. GK-BUrlG/*Berscheid* § 15 Rz 6; *Dersch/* **8**
Neumann § 15 Rz 5; ErfK/*Dörner* § 4 ArbPlSchG Rz 12; *Natzel* § 15 Rz 1) ist der Auffassung, daß die urlaubsrechtlichen Bestimmungen in dem Gesetz über den Einfluß von Eignungsübungen der Streitkräfte auf Vertragsverhältnisse der Arbeitnehmer und Handelsvertreter sowie auf Beamtenverhältnisse (EignungsübungsG) vom 20. 1. 1956 (BGBl. I S. 13) und der hierzu ergangenen Verordnung trotz ihrer **Nichterwähnung** in § 15 Abs. 1 weitergelten, weil diese Regelungen anders als die landesrechtlichen Urlaubsvorschriften nicht aufgehoben worden seien.

Dafür sind jedoch in der Gesetzesgeschichte keinerlei Anhaltspunkte er- **9**
kennbar. Im Gegenteil muß davon ausgegangen werden, daß die am Gesetz-

BUrlG § 15 *Teil I. C. Erläuterungen zum BUrlG*

gebungsverfahren Beteiligten wußten, daß es sich beim EignungsübungsG zum damaligen Zeitpunkt um ein befristetes Gesetz handelte, welches nach damaliger Kenntnis zum 30. 4. 1966 auslief (vgl. BGBl. I S. 1961, 303). Es ist daher nicht nur aufgrund des Wortlauts folgerichtig, von einer **abschließenden Gesetzesaufzählung** in § 15 Abs. 1 auszugehen. Im übrigen würde sonst das BUrlG durch eine Verordnung verdrängt werden, da die maßgeblichen Urlaubsbestimmungen nicht im EignungsübungsG, sondern in der zu § 6 EignungsübungsG ergangenen Rechtsverordnung vom 15. 2. 1956 (BGBl. I S. 71), zuletzt geändert durch Änderungsverordnung vom 10. 5. 1971 (BGBl. I S. 450), enthalten sind (vgl. hierzu die Erläuterungen Teil II C Rz 20 ff.).

III. Änderung bundesrechtlicher Urlaubsvorschriften

10   Die Änderung von § 19 Abs. 6 Satz 2 JArbSchG durch § 15 Abs. 1 Satz 1 Buchstabe a ist heute ohne Bedeutung, da das JArbSchG von 1976 diese Bestimmung nicht mehr enthält. § 19 JArbSchG regelt nunmehr vom BUrlG abweichend lediglich die **Länge** und die besondere **Lage** (Berufsschulferien) des Urlaubs, im übrigen verweist § 19 JArbSchG in Abs. 4 Satz 1 auf das BUrlG.

11   Das **SeemG** hat vor dem Inkrafttreten des BUrlG hinsichtlich der Dauer des Mindesturlaubs auf die Landesurlaubsgesetze verwiesen. Nach § 15 Abs. 1 ist an deren Stelle nunmehr der Mindesturlaub des BUrlG getreten. Im **Beitrittsgebiet** betrug der Urlaub nach dem Einigungsvertrag vom 31. 8. 1990 (BGBl. II S. 885, 1020 f.) gemäß § 53 Abs. 2 SeemG in Verb. mit Anlage I Kapitel VIII Sachgebiet A Abschnitt III Nr. 7 in Verb. mit § 3 BUrlG a. F. in Verb. mit Anlage I Kapitel VIII Sachgebiet A Abschnitt III Maßgabe Nr. 5 a 20 Arbeitstage bei einer 5-Tage-Woche. Da seit 1. 1. 1995 der Mindesturlaub bundeseinheitlich 24 Werktage beträgt, hat sich nunmehr die Maßgabe der Anlage zum Einigungsvertrag auch für das SeemG erledigt (vgl. auch Einl. Rz 44, § 3 Rz 4, § 14 Rz 3).

IV. Änderung landesrechtlicher Vorschriften

12   Mit dem Inkrafttreten des BUrlG sind nach § 15 Abs. 2 alle landesrechtlichen Vorschriften über den **Erholungsurlaub** außer Kraft getreten. In Kraft geblieben sind die landesrechtlichen Bestimmungen über die **Opfer des Nationalsozialismus** und für solche Arbeitnehmer, die geistig oder körperlich in ihrer Erwerbstätigkeit behindert sind (vgl. unten Rz 78 ff. sowie Teil III E).

13   Da der Bundesgesetzgeber von seiner **konkurrierenden Gesetzgebungskompetenz** gem. Art. 72 Abs. 1, Art. 74 Nr. 12 GG Gebrauch gemacht hat, können die Länder keine Erholungsurlaubsgesetze mehr erlassen (Rz 1), wohl aber die Urlaubsbestimmungen für Opfer des Nationalsozialismus sowie für kriegs- und unfallbeschädigte Arbeitnehmer ändern, aufheben oder neu schaffen. Denn insoweit hat der Bundesgesetzgeber seine konkur-

Änderung und Aufhebung von Gesetzen § 15 BUrlG

rierende Gesetzgebungskompetenz nicht ausgeübt (LAG Saarbrücken 14. 4. 1963 AP Nr. 1 zu Saarland ZusatzurlaubsG; BAG 8. 3. 1994, 27. 5. 1997 AP Nr. 2 und 3 zu § 1 ZusatzurlaubsG Saarland; GK-BUrlG/*Berscheid* § 15 Rz 10; *Dersch/Neumann* § 15 Rz 8 m.w.N.).

1. Sonderurlaub für Jugendleiter

Andere **landesrechtliche Bestimmungen,** die nicht die Gewährung von 14 Erholungsurlaub zum Inhalt hatten, sind weiterhin in Kraft geblieben bzw. können von den Ländern neu erlassen werden (BVerfG 11. 2. 1992 AP Nr. 1 zu § 1 SonderUrlG Hessen). Dies sind insbesondere die Sonderurlaubsregelungen für Jugendleiter und andere Mitarbeiter in der Jugendpflege (vgl. GK-BUrlG/*Berscheid* § 15 Rz 11; *Boldt/Röhsler* § 15 Rz 17; *Natzel* § 15 Rz 7). Diese Landesgesetze sind abgedruckt in Teil III C.

Landesrechtliche Sonderurlaubsregelungen bestehen in: 15
Baden-Württemberg: Gesetz über die Erteilung von Sonderurlaub an Mitarbeiter in der Jugendpflege und Jugendwohlfahrt vom 13. 7. 1953 (GVBl. S. 110);
Bayern: Gesetz zur Freistellung von Arbeitnehmern für die Zwecke der Jugendarbeit vom 14. 4. 1980 (GVBl. S. 180);
Bremen: Gesetz über Sonderurlaub für ehrenamtliche in der Jugendarbeit tätige Personen vom 25. 4. 1961 (GVBl. S. 84);
Hamburg: Gesetz über Sonderurlaub für Jugendgruppenleiter vom 28. 7. 1955 (GVBl. S. 241);
Hessen: Gesetz über Sonderurlaub für Mitarbeiterinnen und Mitarbeiter in der Jugendarbeit vom 2. 8. 1983 (GVBl. I S. 130) idF vom 11. 2. 1994 (GVBl. I S. 125);
Niedersachsen: Gesetz über die Arbeitsbefreiung für Zwecke der Jugendpflege und des Jugendsportes vom 29. 7. 1962 (GVBl. S. 74) idF des Änderungsgesetzes vom 25. 5. 1980 (GVBl. S. 147);
Nordrhein-Westfalen: Gesetz zur Gewährung von Sonderurlaub für ehrenamtliche Mitarbeiter in der Jugendhilfe (Sonderurlaubsgesetz) vom 31. 7. 1974 (GVBl. S. 768), zuletzt geändert durch Gesetz vom 27. 3. 1984 (GVBl. S. 211);
Rheinland-Pfalz: Landesgesetz über die Erteilung von Sonderurlaub an Jugendgruppenleiter in der Jugendpflege vom 12. 11. 1953 (GVBl. S. 131);
Saarland: Gesetz Nr. 1412 über Sonderurlaub für ehrenamtliche Mitarbeiterinnen und Mitarbeiter in der Jugendarbeit vom 8. 7. 1998 (ABl. S. 862);
Sachsen: Gesetz des Freistaates Sachsen über die Erteilung von Sonderurlaub an Mitarbeiter in der Jugendhilfe (Sonderurlaubsgesetz vom 27. 8. 1991 (GVBl. S. 323);
Schleswig-Holstein: Gesetz über Sonderurlaub für ehrenamtliche Mitarbeiter in der außerschulischen Jugendbildung vom 25. 7. 1977 (GVBl. S. 190).

Diese Gesetze entsprechen einander in den Anspruchsvoraussetzungen 16 für die **Freistellung von der Arbeit.** Zumeist wird als Mindestalter die Vollendung des 16. oder des 18. Lebensjahres gefordert. Der Sonderurlaub wird

z. b. für die Tätigkeit als **Jugendleiter** oder **Jugendbetreuer** in Zeltlagern, Jugendherbergen und Heimen sowie bei Jugendwanderungen und Jugendbegegnungen, zum Besuch von Aus- und Fortbildungslehrgängen bzw. Schulungsmaßnahmen der öffentlichen und freien Träger der Jugendhilfe und zum Besuch von deren Tagungen sowie zur Wahrnehmung von Leitungsfunktionen bei Veranstaltungen des im Rahmen des Bundes- und Landesjugendplans geförderten Auslandsaustauschs gewährt. Anträge auf Urlaubsgewährung können regelmäßig nicht von den Arbeitnehmern selbst, sondern nur von den für den Mitarbeiter in der Jugendpflege **zuständigen Organisationen** gestellt werden.

17 Der Sonderurlaub beträgt regelmäßig bis zu **12**, in Bayern bis zu **15 Arbeitstagen** im Jahr. Er kann auf drei oder auch auf vier Veranstaltungen im Jahr verteilt werden. Auf das nächste Jahr ist er nicht übertragbar.

18 Die meisten dieser Landesgesetze **schließen** für die Dauer des Sonderurlaubs **Ansprüche auf Lohnfortzahlung** aus (vgl. Baden-Württemberg: § 2 Abs. 2, Bayern: § 2 Abs. 2, Bremen: § 5 Abs. 1, Hamburg: § 2 Abs. 2, Niedersachsen: § 4 Abs. 1, Rheinland-Pfalz: § 2 Abs. 2, Saarland: § 2 Abs. 2 und Sachsen: § 2 Abs. 2).

19 In **Schleswig-Holstein** kann nach § 10 in Härtefällen das Land den durch die Inanspruchnahme des Sonderurlaubs entstandenen **Verdienstausfall** ganz oder teilweise erstatten. Nach der für Nordrhein-Westfalen maßgeblichen Regelung (§ 5) erhalten die zuständigen Träger der Veranstaltungen auf Antrag von den Landschaftsverbänden nach Maßgabe des Haushaltsplans Landesmittel zum vollen oder teilweisen Ausgleich des Verdienstausfalls, der ehrenamtlichen Mitarbeitern infolge der Inanspruchnahme von Sonderurlaub entsteht.

20 Lediglich in **Hessen** besteht ein Anspruch auf **Bezahlung des Sonderurlaubs**, § 1. Nachdem das Bundesverfassungsgericht die Auferlegung der Lohnfortzahlungspflicht auf einzelne Arbeitgeber als mit Art. 12 GG unvereinbar erklärt hatte (BVerfG 11. 2. 1992 AP Nr. 1 zu § 1 SonderUrlG Hessen), war mit Gesetz vom 27. 7. 1993 (GVBl. I S. 364) bestimmt worden, daß private Arbeitgeber, die bezahlten Sonderurlaub nach dem Gesetz gewähren, nach dem 31. 12. 1993 Anspruch auf Erstattung des für die Dauer des Sonderurlaubs **gezahlten Arbeitsentgelts** aus einem **Ausgleichsfonds** haben. Zur Finanzierung dieses Ausgleichsfonds hatten Arbeitgeber mit mehr als 50 Arbeitsplätzen jährlich eine Ausgleichsabgabe zu entrichten. Auch diese Regelungen hatten vor dem Verfassungsrecht keinen Bestand. Das BVerfG hat im Einklang mit seiner Rechtsprechung zur Sonderabgabe (vgl. die Entscheidungen vom 10. 11. 1980 BVerfGE 55, 290 und 31. 5. 1990 BVerfGE 82, 159) die Ausgleichsabgabe nach diesem Gesetz als Sonderabgabe beurteilt und das Gesetz mit Beschluß vom 9. 11. 1999 (2 BvL 5/95 – NZA 2000, 139) insoweit für verfassungswidrig erklärt. Nach dem nunmehr maßgeblichen „Gesetz zur Stärkung des Ehrenamtes in der Jugendarbeit" in der Fassung vom 21. 12. 2000 (GVBl. I S. 66, vgl. dazu Teil III C 5.) erstattet das Land „privaten Beschäftigungsstellen", die bezahlten Sonderurlaub an Jugendleiter gewähren, die für die Fortzahlung der Entgelte bei der Freistellung entstandenen Kosten mit Ausnahme der Beiträge zur Sozialversicherung.

2. Arbeitnehmerweiterbildung

a) Allgemeines

Vom Inkrafttreten des BUrlG ist weiterhin die **(konkurrierende) Ge-** 21
setzgebungskompetenz der Länder unberührt geblieben, für Arbeitnehmer
Regelungen zur Arbeitnehmerweiterbildung zu schaffen (Art. 70, Art. 72
Abs. 1, Art. 74 Nr. 12 GG; GK-BUrlG/*Berscheid* § 15 Rz 12; *Boldt/Röhsler*
§ 1 Rz 43; *Dersch/Neumann* § 1 Rz 43; *Düwell* BB 1994, 637; Münch-
ArbR/*Boewer* § 93 Rz 2; *Schiefer* Schulung und Weiterbildung im Arbeits-
und Dienstverhältnis, 1993, Rz 251 ff.). Denn der Bund hat insoweit von
seiner Gesetzgebungskompetenz bisher keinen Gebrauch gemacht (BVerfG
15. 12. 1987 BVerfGE 77, 308 = AP Nr. 62 zu Art. 12 GG). Die Bundesrepublik Deutschland hat zwar das **IAO-Übereinkommen Nr. 140 vom
24. 6. 1974 über den bezahlten Bildungsurlaub** am 7. 9. 1976 ratifiziert
(BGBl. II S. 1526, abgedruckt Teil III A 2a, b), aber kein bundeseinheitliches Gesetz hierzu geschaffen. Die bei der Ratifizierung beteiligten Ausschüsse des Bundestags, die Bundesregierung und der Bundesrat sind übereinstimmend davon ausgegangen, daß einem Bundesgesetz flexiblere und
praxisgerechtere Regelungen der Länder oder auch Regelungen durch Tarifverträge vorzuziehen seien (BT-Drucks. 7/5355, 10/6085 S. 17; Münch-
ArbR/*Boewer* § 93 Rz 1).

Mit den Ansprüchen auf Bildungsurlaub soll Arbeitnehmern die Teil- 22
nahme an Veranstaltungen sowohl der **politischen Bildung** als auch der
beruflichen Weiterbildung ermöglicht werden. Die den Arbeitgebern auferlegten Freistellungs- und Entgeltfortzahlungspflichten für Arbeitnehmer,
die an Bildungsveranstaltungen teilnehmen, sind dabei nach der Rechtsprechung des BVerfG durch Gründe des Allgemeinwohls gerechtfertigt
(BVerfG 15. 12. 1987 BVerfGE 77, 308 = AP Nr. 62 zu Art. 12 GG).

Bildungsurlaubsgesetze (abgedruckt Teil III D) sind bisher in den fol- 23
genden Bundesländern ergangen:
Berlin: Berliner Bildungsurlaubsgesetz vom 24. 10. 1990 (GVBl. S. 2209)
und Ausführungsvorschriften über die Anerkennung von Bildungsveranstaltungen nach dem Berliner Bildungsurlaubsgesetz vom 3. 9. 1991 (ABl.
S. 1965);
Brandenburg: Gesetz zur Regelung und Förderung der Weiterbildung im
Land Brandenburg (Brandenburgisches Weiterbildungsgesetz – BbgWbG)
vom 15. 12. 1993 (GVBl. I S. 498); Verordnung über die Anerkennung von
Weiterbildungsveranstaltungen zur Bildungsfreistellung nach dem Brandenburgischen Weiterbildungsgesetz (Bildungsfreistellungsverordnung BFV)
vom 22. 11. 1995 (GVBl. II S. 686), geändert durch VO vom 9. 11. 2000
(GVBl. II S. 410);
Bremen: Bremisches Bildungsurlaubsgesetz vom 18. 12. 1974 (GBl.
S. 348), zuletzt geändert durch Gesetz vom 22. 12. 1998 (GBl. S. 351); Gesetz über die Weiterbildung im Lande Bremen (Weiterbildungsgesetz)
vom 19. 6. 1996 (GVBl. S. 127) und Verordnung über die Anerkennung
von Bildungsveranstaltungen nach dem Bremischen Bildungsgesetz vom
24. 1. 1983 (GBl. S. 3), zuletzt geändert durch VO vom 1. 2. 1994 (GBl.
S. 97);

BUrlG § 15 *Teil I. C. Erläuterungen zum BUrlG*

Hamburg: Hamburgisches Bildungsurlaubsgesetz vom 21. 1. 1974 (GVBl. S. 6), zuletzt geändert durch Gesetz vom 16. 4. 1991 (GVBl. S. 113); Verordnung über die Anerkennung von Bildungsveranstaltungen vom 9. 4. 1974 (GVBl. S. 113), zuletzt geändert am 18. 2. 1997 (GVBl. S. 25);
Hessen: Hessisches Gesetz über den Anspruch auf Bildungsurlaub idF 28. 7. 1998 (GVBl. S. 294), geändert durch Gesetz vom 28. 11. 2000 (GVBl. I S. 516);
Niedersachsen: Niedersächsisches Gesetz über den Bildungsurlaub für Arbeitnehmer und Arbeitnehmerinnen (Niedersächsisches Bildungsurlaubsgesetz-NBildUF) idF vom 25. 1. 1991 (GVBl. S. 29), zuletzt geändert durch Gesetz vom 17. 12. 1999 (GVBl. S. 430); Verordnung zur Durchführung des Niedersächsischen Bildungsurlaubsgesetzes (DVO-NBildUG) vom 26. 3. 1991 (GVBl. S. 167), zuletzt geändert durch VO vom 17. 4. 1997 (GVBl. S. 111);
Nordrhein-Westfalen: Gesetz zur Freistellung von Arbeitnehmern zum Zwecke der beruflichen und politischen Weiterbildung – Arbeitnehmerweiterbildungsgesetz (AWbG) – vom 6. 11. 1984, geändert durch Gesetz vom 28. 3. 2000 (GVBl. S. 361). **§§ 1 und 7 AWbG sind mit dem Grundgesetz vereinbar** (BVerfG 15. 12. 1987 BVerfGE 77, 308 = AP Nr. 62 zu Art. 12 GG); Erstes Gesetz zur Ordnung und Förderung der Weiterbildung im Lande Nordrhein-Westfalen (Weiterbildungsgesetz – WbG) vom 7. 5. 1982 idF 14. 4. 2000 (GVBl. S. 390);
Rheinland-Pfalz: Landesgesetz über die Freistellung von Arbeitnehmerinnen und Arbeitnehmern für Zwecke der Weiterbildung (Bildungsfreistellungsgesetz – BFG) vom 30. 3. 1993 (GVBl. S. 157), zuletzt geändert durch Gesetz vom 17. 11. 1995 (GVBl. S. 454);
Saarland: Saarländisches Weiterbildungs- und Bildungsfreistellungsgesetz (SWBG) vom 17. 1. 1990 (ABl. S. 234) in der Fassung vom 15. 9. 1994 (ABl. S. 1359);
Schleswig-Holstein: Bildungsfreistellungs- und Qualifizierungsgesetz (BFQG) vom 7. 6. 1990 (GVBl. S. 364), geändert durch Art. 20 der Verordnung vom 24. 10. 1996 (GVBl. S. 655).

b) Merkmale des Freistellungsanspruchs

24 Der Anspruch steht den Arbeitnehmern ebenso wie auch der Urlaubsanspruch nach dem BUrlG erst nach Ablauf einer **Wartezeit,** d.h. nach sechsmonatigem Bestehen des Arbeitsverhältnisses zu. Nach § 5 AWbG-NRW hat ein Arbeitnehmer keinen Anspruch auf Freistellung für die Bildungsveranstaltung, wenn es dies nicht spätestens vier Wochen vor dem Beginn der Veranstaltung beantragt hat (BAG 9. 11. 1999 AP Nr. 4 zu § 5 BildungsurlaubG NRW). Der Anspruch auf Bildungsurlaub ist regelmäßig **unabdingbar** und **darf nicht abgegolten** werden. **Erwerbstätigkeiten** während der Freistellung sind untersagt. **Erkrankt** ein Arbeitnehmer während der Freistellung, so wird wie nach § 9 BUrlG bei Nachweis durch ärztliches Zeugnis die Zeit der Arbeitsunfähigkeit auf den Freistellungsanspruch nicht angerechnet.

25 Die Bildungsurlaubsgesetze ermöglichen dem Arbeitgeber regelmäßig **keine Verweigerung der Lohnfortzahlung für einzelne Tage.** Vielmehr ist

insgesamt zu beurteilen, ob eine Veranstaltung der politischen oder beruflichen Weiterbildung stattgefunden hat. Wird am letzten Veranstaltungstag lediglich vormittags während der Dauer von 3¹/₄ Zeitstunden gearbeitet und der Nachmittag zur Abreise genutzt, hat eine Veranstaltung der politischen und beruflichen Weiterbildung stattgefunden, wenn an anderen Tagen sechs Zeitstunden und mehr zur Weiterbildung genutzt wurden (BAG 11. 5. 1993 AP Nr. 6 zu § 1 BildungsurlaubsG NRW = NZA 1993, 990).

Ansprüche auf Bildungsurlaub umfassen regelmäßig **fünf Arbeitstage im Jahr** oder 10 Arbeitstage in zwei aufeinanderfolgenden Kalenderjahren unter Zugrundelegung einer Arbeitswoche von fünf Arbeitstagen. Ist die Arbeit auf mehr oder weniger Arbeitstage verteilt, erhöht oder verringert sich der Umfang des Anspruchs anteilig (dazu allgemein § 3 Rz 16f.). Nach § 3 Abs. 1 Satz 2 AWbG-NRW kann der Arbeitnehmer den Anspruch auf Arbeitnehmerweiterbildung von zwei Kalenderjahren zusammenfassen. Der zusammengefaßte Anspruch darf nur zur Teilnahme an einer mehr als fünftägigen Bildungsveranstaltung oder an anderen zusammenhängenden Veranstaltungen von insgesamt mehr als fünftägiger Dauer benutzt werden (BAG 11. 5. 1993 AP Nr. 1 zu § 3 BildungsurlaubsG NRW = NZA 1993, 1086). Gemäß §§ 1 und 2 BildungsurlaubsG Hessen kann ein Arbeitnehmer, der eine anerkannte Bildungsveranstaltung besucht, für in diese Zeit fallende **arbeitsfreie Tage** vom Arbeitgeber keinen Freizeitausgleich durch Befreiung von der Arbeitspflicht an anderen Arbeitstagen verlangen (BAG 21. 9. 1999 AP Nr. 5 zu § 1 BildungsurlaubsG Hessen). 26

Der Anspruch ist **auf das Kalenderjahr befristet** (BAG 24. 10. 1995 BAGE 81, 173 = AP Nr. 11 zu § 7 BildungsurlaubsG NRW). Daher kommt nur eine Zusammenfassung des Anspruchs für das laufende mit dem des folgenden Kalenderjahres in Betracht. Der Arbeitnehmer muß daher im laufenden Kalenderjahr erklären, daß er den Anspruch dieses Jahres mit dem des nächsten Jahres zusammenfassen will. 27

c) Geeignetheit der Veranstaltung

Die Bildungsurlaubsveranstaltung muß anerkannt sein. Die Voraussetzungen für die Anerkennung von Veranstaltern und Veranstaltungen solcher Bildungsmaßnahmen sind **in den Landesgesetzen sehr unterschiedlich ausgestaltet**. Die Eignung eines Seminars als Veranstaltung der politischen Bildung oder beruflichen Weiterbildung folgt in den Ländern Hessen, Nordrhein-Westfalen, Hamburg und Rheinland-Pfalz allerdings nicht bereits aus der Anerkennung der Bildungsveranstaltung durch die zuständige Behörde (BAG 9. 2. 1993 AP Nr. 1 zu BildungsurlaubsG Hessen; BAG 3. 8. 1989 BAGE 62, 280 = AP Nr. 4 zu § 9 BildungsurlaubsG NRW; BAG 17. 2. 1998 AP Nr. 1 zu § 1 BildungsurlaubsG Hamburg; BAG 9. 6. 1998 AP Nr. 1 zu § 3 BildungsurlaubsG Rheinl.-Pfalz). 28

Die **Anerkennung einer Bildungsveranstaltung** durch die zuständige Behörde begründet keine tatsächliche Vermutung, daß es sich um eine gesellschaftspolitische Bildungsmaßnahme handelt. Sie ist vielmehr nur ein zusätzliches Tatbestandsmerkmal, das nicht von der gerichtlichen Prüfung der nach den Bildungsurlaubsgesetzen maßgeblichen gesetzlichen Merkmale entbindet (zutreffend *Düwell* BB 1994, 637, 638; a. A. *Schlömp/Röder* AuR 29

1988, 373; *Wahsner/Wichert*, S. 18, 20, 41 ff.). Bei thematisch umstrittenen Bildungsveranstaltungen obliegt es den Fachgerichten zu erkennen, ob diese inhaltlich den gesetzlichen Zielvorgaben (berufliche und politische Weiterbildung) entsprechen (BVerfG 15. 12. 1987 BVerfGE 77, 308 = AP Nr. 62 zu Art. 12 GG; BAG 18. 5. 1999 AP Nr. 2 zu § 1 BildungsurlaubsG Hamburg m. w. N.).

30   Das **didaktische Konzept und die zeitliche und sachliche Ausrichtung** der einzelnen Lerneinheiten sind sowohl bei Veranstaltungen der politischen Bildung als auch der beruflichen Weiterbildung vorrangig an Hand des Programms und der dazu abgegebenen Erläuterungen zu untersuchen. Läßt sich aus diesen Unterlagen des Veranstalters nicht oder nicht hinreichend entnehmen, ob das didaktische Konzept darauf ausgerichtet ist, das Verständnis der Arbeitnehmer für gesellschaftliche, soziale und politische Zusammenhänge zu verbessern, ist es allerdings dem Arbeitnehmer nicht verwehrt darzulegen und im Streitfall nachzuweisen, daß der Durchführung der Veranstaltung ein didaktisches Konzept zur politischen Weiterbildung tatsächlich zugrunde lag. Es genügt freilich nicht vorzubringen, einzelne Lerneinheiten hätten u. a. auch politische Kenntnisse verschiedener Art vermittelt (BAG 9. 5. 1995 AP Nr. 14 zu § 1 BildungsurlaubsG NRW).

d) Politische Bildung

31   **Ziel der politischen Bildung** ist nach der Rechtsprechung des BAG, dem einzelnen zu helfen, die Folgen des beschleunigten technischen und sozialen Wandels beruflich und sozial besser zu bewältigen. Danach liegt es im Gemeinwohl, neben dem erforderlichen Sachwissen für die Berufsausübung auch das Verständnis der Arbeitnehmer für die gesellschaftlichen, sozialen und politischen Zusammenhänge zu verbessern, um damit die in einem demokratischen Gemeinwesen anzustrebende Mitsprache und Mitverantwortung in Staat, Gesellschaft und Beruf zu fördern (BAG 24. 10. 1995 BAG 81, 185 und vom 5. 12. 1995 BAG 81, 328 = AP Nr. 16 und Nr. 22 zu § 1 BildungsurlaubsG NRW; BAG 9. 6. 1998 AP Nr. 1 zu § 3 BildungsurlaubsG Rheinl.-Pfalz).

32   Der politischen Bildung dienen damit zunächst **Veranstaltungen, die Kenntnisse über den Aufbau unseres Staates, die demokratischen Institutionen und die Verfahren unserer Verfassung sowie die Rechte und Pflichten der Staatsbürger vermitteln.** Der gesetzliche Begriff der politischen Weiterbildung darf aber nicht auf diese Inhalte begrenzt werden. Veranstaltungen dienen auch dann der politischen Weiterbildung, wenn sie das Verständnis der Arbeitnehmer für gesellschaftliche, soziale und politische Zusammenhänge verbessern, um damit die in einem demokratischen Gemeinwesen anzustrebende Mitsprache und Mitverantwortung in Staat, Gesellschaft und Beruf zu fördern. Davon kann ausgegangen werden, wenn dieses Ziel nach dem didaktischen Konzept sowie der zeitlichen und sachlichen Ausrichtung der einzelnen Lerneinheiten erreicht werden soll und kann (BAG 15. 6. 1993 AP Nr. 5 zu § 1 BildungsurlaubsG NRW; BAG 24. 8. 1993 BAGE 74, 99 = AP Nr. 9 zu § 1 BildungsurlaubsG NRW).

33   Eine Bildungsveranstaltung dient auch dann der politischen Weiterbildung, wenn sie **nicht speziell auf die Bedürfnisse und Interessen von**

Änderung und Aufhebung von Gesetzen § 15 BUrlG

Arbeitnehmern ausgerichtet ist. Für das AWbG-NRW hat das BAG angenommen, dem Gesetz lasse sich kein einschränkender Bezug auf die Arbeitnehmereigenschaft entnehmen. § 1 Abs. 2 Satz 1 AWbG enthalte keine Beschränkung. § 1 Abs. 2 Satz 2 AWbG erweitere den möglichen inhaltlichen Rahmen der politischen Weiterbildung auf Lehrveranstaltungen, die auf die Stellung des Arbeitnehmers in Staat, Gesellschaft, Familie oder Beruf bezogen sind (BAG 24. 8. 1993 BAG 74, 99, 107 = AP Nr. 9 zu § 1 BildungsurlaubsG NRW; BAG 17. 11. 1998 AP Nr. 26 zu § 1 BildungsurlaubsG NRW).

Eine als „**Ökologische Wattenmeerexkursion**" bezeichnete Lehrveranstaltung dient der politischen Weiterbildung, wenn durch die konkrete Ausgestaltung des Programms der Lehrplan darauf angelegt ist, aufbauend auf der erforderlichen Vermittlung naturkundlichen Grundlagenwissens das Interesse der Teilnehmer für das Beziehungsgeflecht zwischen Industriegesellschaft und natürlichen Lebensgrundlagen zu wecken sowie die Urteilsfähigkeit der Teilnehmer für umweltpolitische Rahmenbedingungen zu verbessern (BAG 24. 8. 1993 BAGE 74, 99 = AP Nr. 9 zu § 1 BildungsurlaubsG NRW). Entsprechendes gilt für eine Veranstaltung zum Thema „**Die Regionalentwicklung des Spreewalds im Spannungsfeld zwischen Ökonomie und Ökologie**" (BAG 19. 5. 1998 – 9 AZR 396/97 n. v.). Eine Bildungsveranstaltung mit dem Thema „**Rund um den ökologischen Alltag**" dient weder der beruflichen noch der politischen Weiterbildung einer Krankenschwester (BAG 15. 6. 1993 AP Nr. 5 zu § 1 BildungsurlaubsG NRW). Eine Veranstaltung mit dem Thema „**Mit dem Fahrrad auf Gesundheitskurs**", das als Gesundheits- und Fitneßtraining vom Veranstalter bezeichnet ist, genügt nicht den gesetzlichen Anforderungen (BAG 9. 5. 1995 AP Nr. 14 zu § 1 BildungsurlaubsG NRW). Die Studientagung „**Architektur, Städtebau und aktuelle Situation in den neuen Bundesländern**" dient nicht der politischen Weiterbildung i. S. des Arbeitnehmerweiterbildungsgesetzes Nordrhein-Westfalen (BAG 24. 10. 1995 AP Nr. 15 zu § 1 BildungsurlaubsG NRW). Eine von einem Landessportbund durchgeführte Veranstaltung an der **Costa Brava mit dem Thema „Das Meer – Ressource und Abfalleimer**" dient nicht der politischen Weiterbildung, wenn überwiegend Tauchgänge vorgenommen und Kenntnisse zur Naturkunde des Meeres vermittelt werden, auch wenn daneben umwelt- und gesellschaftspolitische Probleme bei der Nutzung des Meeres erörtert werden (BAG 24. 10. 1995 AP Nr. 16 zu § 1 BildungsurlaubsG NRW). Das Thema „**Nordsee – Müllkippe Europas**" dient der politischen Bildung, wenn das Interesse der teilnehmenden Arbeitnehmer für die Umweltschutzpolitik geweckt und sie motiviert werden, sich mit dem Beziehungsgeflecht zwischen Schutz der natürlichen Lebensgrundlagen, den politischen Rahmenbedingungen, den Bedürfnissen der Wirtschaft und den sozialen Folgewirkungen näher zu befassen und an der gesellschaftlichen Diskussion über den Umweltschutz mitzuwirken (BAG 5. 12. 1995 BAGE 81, 328 = AP Nr. 22 zu § 1 BildungsurlaubsG NRW). 34

Eine **Bildungsveranstaltung zur Streßerkennung und -bewältigung**, 35 die über ein Fitneß- und Gesundheitstraining hinausgeht, kann der beruflichen Arbeitnehmerweiterbildung dienen. Voraussetzung ist, daß das Konzept der Veranstaltung darauf abzielt, Kenntnisse und Fähigkeiten zu vermitteln, die von Arbeitnehmern bei ihrer beruflichen Tätigkeit zur besseren Bewältigung von Streß- und Konfliktsituationen verwertet werden und sich auch für den Arbeitsprozeß vorteilhaft, z.B. durch Verringerung der Fehlerquote, auswirken können (BAG 24. 10. 1995 AP Nr. 21 zu § 1 BildungsurlaubsG NRW).

36 Ein **Sprachkurs dient nicht der politischen Weiterbildung,** wenn er die Vertiefung vorhandener Sprachkenntnisse bezweckt und wenn landeskundliche und politische Themen dieser Veranstaltung nur die Übungsbereiche für die Anwendung der vorhandenen und erworbenen Sprachkenntnisse sind (BAG 24. 8. 1993 AP Nr. 11 zu § 1 BildungsurlaubsG NRW; zur beruflichen Weiterbildung vgl. Rz 38 ff.).

37 Ein **im Ausland durchgeführtes Studienseminar über die sozialen und politischen Verhältnisse dieses Landes** (hier: Kuba) kann der politischen Arbeitnehmerweiterbildung dienen, wenn ein hinreichender Bezug zu gesellschaftlichen, sozialen und politischen Fragen hergestellt wird, die die Bundesrepublik Deutschland betreffen (BAG 16. 3. 1999 AP Nr. 27 zu § 1 BildungsurlaubsG NRW). Erforderlich ist, daß der Arbeitnehmer durch eine vergleichende Betrachtung Kenntnisse und Erfahrungen für eine bessere Mitsprache und mehr Mitverantwortung in dem eigenen Gemeinwesen gewinnen kann (BAG 16. 3. 1999 aaO; BAG 16. 5. 2000 – 9 AZR 241/99).

e) Berufliche Weiterbildung

38 Eine Bildungsveranstaltung genügt nicht nur dann den gesetzlichen Voraussetzungen zur beruflichen Weiterbildung, wenn sie Kenntnisse zum ausgeübten Beruf vermittelt, sondern auch, wenn **das erlernte Wissen im Beruf verwendet werden kann und so auch für den Arbeitgeber von Vorteil ist.** Hierzu gehören auch der Erfahrungsgewinn im Umgang mit Menschen und der Erwerb von Eigeninitiative und Verantwortungsbereitschaft. Die gesetzlichen Vorgaben werden deshalb auch dann erfüllt, wenn Kenntnisse vermittelt werden, die zwar zunächst der allgemeinen Weiterbildung zuzuordnen sind, die der Arbeitnehmer aber zum mittelbar wirkenden Vorteil des Arbeitgebers in seinem Beruf verwenden kann (BAG 15. 6. 1993 AP Nr. 4 zu § 1 BildungsurlaubsG NRW; BAG 24. 8. 1993 AP Nr. 11 zu § 1 BildungsurlaubsG NRW; BAG 17. 2. 1998 AP Nr. 1 zu § 1 BildungsurlaubsG Hamburg).

39 Für die **Beurteilung der Berufsbezogenheit einer Bildungsveranstaltung** ist auf die gegenwärtige und künftige Verwendbarkeit der vermittelten Kenntnisse abzustellen. Dabei sind auch Sachverhalte aus der Vergangenheit einzubeziehen, wenn aus ihnen Rückschlüsse für den künftigen Einsatz gezogen werden können. Es genügt, daß die Kenntnisse voraussichtlich verwendbar sind (BAG 21. 10. 1997 AP Nr. 23 zu § 1 BildungsurlaubsG NRW). Die Aneignung von Vorratswissen ohne absehbare Verwendbarkeit im Arbeitsverhältnis begründet allerdings keine Freistellungsverpflichtung des Arbeitgebers (BAG 21. 10. 1997 aaO; BAG 18. 5. 1999 AP Nr. 2 zu § 1 BildungsurlaubsG Hamburg).

40 Ein **Sprachkurs Spanisch-Intensiv für eine Journalistin,** die mit der Öffentlichkeitsarbeit eines städtischen Presse- und Informationsamtes be-

traut ist, dient der beruflichen Weiterbildung im Sinne von § 1 Abs. 2 AWbG NRW, wenn die Stadt regelmäßig, wenn auch in größeren Abständen, kulturelle Veranstaltungen durchführt, an der sich die Bevölkerung spanischer Herkunft beteiligt, oder die sich mit dem spanischen Sprachraum, insbesondere auch mit Lateinamerika, befassen (BAG 21. 10. 1997 AP Nr. 23 zu § 1 BildungsurlaubsG NRW). Ein **Sprachkurs „Italienisch für Anfänger"** dient der beruflichen Weiterbildung einer **Krankenschwester** i. S. des AWbG-NW, die während ihrer Tätigkeit italienische Patienten zu betreuen hat (BAG 15. 6. 1993 AP Nr. 4 zu § 1 BildungsurlaubsG NRW).

Ein **Sprachkurs** erfüllt die gesetzlichen Voraussetzungen des **Hamburgischen Bildungsurlaubsgesetz** – Verbesserung oder Erweiterung der beruflichen Mobilität –, wenn der Arbeitnehmer die vermittelten Kenntnisse zwar nicht für seine gegenwärtige Arbeitsaufgabe benötigt, der Arbeitgeber aber grundsätzlich Wert auf Arbeitnehmer mit Sprachkenntnissen legt und entsprechende Tätigkeitsbereiche bestehen (BAG 17. 2. 1998 AP Nr. 1 zu § 1 BildungsurlaubsG Hamburg). Andererseits ist der Arbeitgeber nicht verpflichtet, den Erwerb von beruflichen Kenntnissen und Fähigkeiten durch Freistellung und Entgeltfortzahlung für eine Weiterbildung zu fördern, die ausschließlich dazu dient, den Stellenwechsel zu einem anderen Arbeitgeber vorzubereiten (BAG 18. 5. 1999 AP Nr. 2 zu § 1 BildungsurlaubsG Hamburg). Die Bildungsveranstaltung muß vielmehr auch dem Arbeitgeber ein Mindestmaß an greifbaren Vorteilen verschaffen können (BAG 21. 10. 1997 AP Nr. 23 zu § 1 BildungsurlaubsG NRW; BAG 18. 5. 1999 AP Nr. 2 zu § 1 BildungsurlaubsG Hamburg). Ein Spanischkurs für einen Programmierer, der nicht mit spanischen Texten arbeitet und auch keinen Kontakt zu spanisch sprechenden Kunden hat, erfüllt diese Anforderung nicht (BAG 18. 5. 1999 aaO). 41

Eine Lehrveranstaltung, die der **Schulung von Referenten** dient, die ihrerseits in Weiterbildungsveranstaltungen unterrichten sollen, ist keine berufliche oder politische Weiterbildung i. S. von § 1 Abs. 2 AWbG NW (BAG 3. 8. 1989 BAGE 62, 288 = AP Nr. 5 zu § 9 BildungsurlaubsG NRW). 42

f) Jedermannzugänglichkeit

Bildungsveranstaltungen müssen **allgemeinzugänglich** sein. Der Anspruch auf Bildungsurlaub eröffnet daher kein Recht auf Freistellung von der Arbeitspflicht, wenn z. B. nur Gewerkschaftsmitglieder eingeladen sind. Dann ist die Veranstaltung nicht für jedermann zugänglich. Dies haben die Arbeitsgerichte in einem Rechtsstreit über den Anspruch auf Fortzahlung des Arbeitsentgelts zu prüfen (BAG 3. 8. 1989 BAGE 62, 280 = AP Nr. 4 zu § 9 BildungsurlaubsG NRW). 43

Für den Anspruch auf Bildungsurlaub ist ohne Bedeutung, daß die betreffende Veranstaltung durch **staatliche Zuwendungen finanziell gefördert** wird (BAG 23. 2. 1989 BAGE 61, 168 = AP Nr. 2 zu § 9 BildungsurlaubsG NRW mit Anm. *Wank*). Wenn eine Bildungsveranstaltung wie ein Aufbaukurs Teil einer Veranstaltungsreihe ist und der Träger den Besuch des Aufbaukurses von der erfolgreichen Teilnahme der vorangehenden Kurse abhängig macht, ist die Jedermannzugänglichkeit nach § 9 44

AWbG, § 2 Abs. 3 WbG nur gewährleistet, wenn auch die vorangehenden Veranstaltungen für jedermann zugänglich waren (BAG 9. 11. 1993 BB 1994, 641).

45 Die Jedermannzugänglichkeit der Veranstaltung wird nicht dadurch ausgeschlossen, daß ein gewerkschaftlicher Veranstalter mit Rücksicht auf satzungsgemäß geleistete Mitgliedsbeiträge den teilnehmenden eigenen Mitgliedern die Erstattung der Hotelkosten in Aussicht stellt und von Nichtmitgliedern einen angemessenen Beitrag erhebt (BAG 21. 10. 1997 AP Nr. 24 zu § 1 BildungsurlaubsG NRW; BAG 9. 6. 1998 AP Nr. 1 zu § 3 BildungsurlaubsG Rheinl.-Pfalz).

g) Durchsetzung des Freistellungsanspruchs

46 Nach der ständigen Rechtsprechung des BAG zum AWbG NRW hat der Arbeitnehmer einen **gesetzlich bedingten Freistellungsanspruch von der Arbeit und kein Selbstbeurlaubungsrecht** (BAG 24. 10. 1995 AP Nr. 15 zu § 1 BildungsurlaubsG NRW; BAG 21. 9. 1993 AP Nr. 6 zu § 1 BildungsurlaubsG NRW; BAG 11. 5. 1993 BAGE 73, 135 = AP Nr. 2 zu § 1 BildungsurlaubsG NRW). Wenn die Voraussetzungen des Gesetzes vorliegen, bedarf es deshalb einer Handlung des Arbeitgebers, um den Anspruch des Arbeitnehmers zu erfüllen (BAG 2. 12. 1997 AP Nr. 15 zu § 7 BildungsurlaubsG NRW). Der Arbeitgeber muß die Freistellung des Arbeitnehmers von der Arbeitspflicht erklären.

47 Der **Entgeltfortzahlungsanspruch entsteht nur,** wenn der Arbeitgeber seiner Pflicht zur Erfüllung des Anspruchs auf Freistellung nach dem Weiterbildungsgesetz nachgekommen ist. Dabei obliegt es dem Arbeitgeber als Schuldner des Freistellungsanspruches zu bestimmen, welchen Freistellungsanspruch er erfüllen will, d. h. ob er den Freistellungsanspruch nach dem Weiterbildungsgesetz erfüllen oder eine anderweitige Freistellung erteilen möchte (BAG 24. 10. 1995 AP Nr. 21 zu § 1 BildungsurlaubsG NRW; BAG 1. 10. 1991 BAGE 68, 308, 312 = AP Nr. 12 zu § 7 BUrlG). Hat er die Erfüllungshandlung erbracht, ist ihm nach dieser Rechtsprechung verwehrt, später die Anspruchsgrundlagen für die getilgte Leistung mit einem anderen vom Gläubiger nicht erhobenen Anspruch auszutauschen (BAG 25. 10. 1994 AP Nr. 20 zu § 7 BUrlG).

48 **Stellt ein Arbeitgeber den Arbeitnehmer für den Besuch einer Bildungsveranstaltung von der Arbeit frei** und nimmt der Arbeitnehmer daraufhin an der Veranstaltung teil, so hat der Arbeitgeber für die Zeit der Freistellung die Vergütung nach den Vorschriften der Bildungsurlaubsgesetze zu zahlen, weil er damit regelmäßig den gesetzlichen Anspruch des Arbeitnehmers auf Arbeitnehmerweiterbildung erfüllt. Auf den Inhalt der Bildungsveranstaltung kommt es dann nicht an (BAG 11. 5. 1993 AP Nr. 2 zu § 1 BildungsurlaubsG NRW; 21. 9. 1993 AP Nr. 6 zu § 1 BildungsurlaubsG NRW = NZA 1994, 267; *Düwell* BB 1994, 637, 640). Unerheblich ist, ob der Arbeitgeber bei der Freistellungserklärung den Verpflichtungswillen für die Lohnfortzahlung hat. Es kommt nur darauf an, daß der Arbeitnehmer die Erklärung des Arbeitgebers als Freistellungserklärung nach § 1 Abs. 1 AWbG-NRW verstehen mußte (BAG 9. 11. 1993 AP Nr. 6 zu § 7 BildungsurlaubsG NRW; *Düwell* BB 1994, 637, 640).

Änderung und Aufhebung von Gesetzen **§ 15 BUrlG**

Stellt ein Arbeitgeber **nach Erlaß einer einstweiligen Verfügung** den 49
Arbeitnehmer von der Arbeit für die Teilnahme an einer Bildungsveranstaltung frei, erfüllt er damit regelmäßig den Anspruch auf Freistellung, wenn weder die Vollziehung der einstweiligen Verfügung bewirkt noch angedroht wird (BAG 19. 10. 1993 AP Nr. 10 zu § 1 BildungsurlaubsG NRW). Eine „einstweilige" Erfüllung des Anspruchs zur Abwendung der Zwangsvollstreckung liegt nur vor, wenn der Schuldner (Arbeitgeber) gegenüber dem Gläubiger (Arbeitnehmer) erkennbar zum Ausdruck bringt, daß er nicht zum Zwecke der Erfüllung, sondern zur Abwendung der Zwangsvollstreckung leisten will. Es ist daher Sache des Arbeitgebers, durch einen ausdrücklichen Vorbehalt dem Arbeitnehmer klarzumachen, daß er ihn ausschließlich zur Abwendung der Zwangsvollstreckung freistellt.

Weigert sich der Arbeitgeber, die Freistellungserklärung abzugeben, 50
muß der Arbeitnehmer versuchen, den Anspruch gerichtlich durchzusetzen. Erlangt der Arbeitnehmer die Freistellungserklärung vor dem Besuch der Veranstaltung nicht, so fehlt es an einer Voraussetzung für den gesetzlichen Entgeltanspruch (BAG 24. 10. 1995 AP Nr. 15 zu § 1 BildungsurlaubsG NRW).

Besteht zwischen Arbeitgeber und Arbeitnehmer Streit über die Ge- 51
eignetheit der Veranstaltung, können sie aufgrund ihrer Vertragsfreiheit vereinbaren, daß dem Arbeitnehmer die Teilnahme an der gewünschten Bildungsveranstaltung zunächst durch die Gewährung unbezahlten Sonderurlaubs ermöglicht wird und nach dem Besuch der Bildungsveranstaltung der Streit um die Entgeltfortzahlung auszutragen ist (vgl. BAG 24. 8. 1993 BAGE 74, 99 = AP Nr. 9 zu § 1 BildungsurlaubsG NRW; BAG 9. 2. 1993 BAGE 72, 200 = AP Nr. 1 zu § 9 BildungsurlaubsG Hessen; BAG 9. 11. 1999 AP Nr. 4 zu § 5 BildungsurlaubsG NRW). Dieses Regelungsziel wird dadurch erreicht, daß sich der Arbeitgeber rechtsgeschäftlich verpflichtet, für die außerhalb des Weiterbildungsgesetzes gewährte Freistellung von der Arbeit nach gerichtlicher Feststellung der Anerkennungsvoraussetzungen das Arbeitsentgelt unter Verrechnung mit dem gesetzlichen Freistellungsanspruch des Arbeitnehmers nach dem Weiterbildungsgesetz nachzugewähren (vgl. dazu BAG 24. 10. 1995 AP Nr. 21 zu § 1 BildungsurlaubsG NRW).

Der Arbeitnehmer kann dann **auf Feststellung klagen,** daß ihm für die 52
Zeit des Besuchs der Weiterbildungsveranstaltung Bildungsurlaub zustand. Zwar ist ein solcher Antrag auf einen in der Vergangenheit liegenden abgeschlossenen Sachverhalt gerichtet. Feststellungsanträge mit diesem Inhalt sind jedoch dann zulässig, wenn sich daraus Rechtsfolgen für die Gegenwart oder Zukunft ergeben (BAG 22. 9. 1992 AP Nr. 22 zu § 256 ZPO 1977). Diese Voraussetzungen liegen vor, wenn die Arbeitsvertragsparteien vereinbart haben, daß gerichtlich geklärt werden soll, ob die Veranstaltung anerkannt ist und der Arbeitgeber zur Entgeltfortzahlung nach dem Weiterbildungsgesetz verpflichtet ist (BAG 18. 5. 1999 AP Nr. 2 zu § 1 BildungsurlaubsG Hamburg; BAG 17. 11. 1998 AP Nr. 26 zu § 1 BildungsurlaubsG NRW; BAG 21. 10. 1997 AP Nr. 23 zu § 1 BildungsurlaubsG NRW; BAG 15. 6. 1993 BAGE 73, 225 = AP Nr. 4 zu § 1 BildungsurlaubsG NRW).

Stellt der Arbeitgeber den Arbeitnehmer auf dessen Antrag für die Zeit 53
einer Weiterbildungsmaßnahme **frei,** so erfüllt der Arbeitgeber damit den

BUrlG § 15   *Teil I. C. Erläuterungen zum BUrlG*

Anspruch des Arbeitnehmers auf Weiterbildung. Besucht der Arbeitnehmer dann die Veranstaltung, hat der Arbeitgeber für die Dauer der Freistellung die Vergütung zu entrichten. Auf den Inhalt der Bildungsveranstaltung kommt es dann nicht an (BAG 11. 5. 1993 AP Nr. 2 zu § 1 BildungsurlaubsG NRW; BAG 21. 9. 1993 AP Nr. 6 zu § 1 BildungsurlaubsG NRW).

54 Ist einem Arbeitnehmer **Erholungsurlaub** gewährt worden und nimmt er während dieser Zeit an einer Bildungsveranstaltung teil, kann darauf nicht später der Anspruch auf Bildungsurlaub angerechnet werden. Da der Anspruch auf Bildungsurlaub mit dem Ablauf des Kalenderjahres, für den er entstanden ist, erlischt, kommt jedoch ein **Schadenersatzanspruch** gegen den Arbeitgeber in Betracht, wenn der Arbeitnehmer Erfüllung des Anspruchs auf Bildungsurlaub verlangt und der Arbeitgeber dies zu Unrecht verweigert hat (BAG 15. 6. 1993 BAGE 73, 225 = AP Nr. 4 zu § 1 BildungsurlaubsG NRW).

55 Stellt ein Arbeitgeber einen Arbeitnehmer zur Teilnahme an einer Bildungsveranstaltung frei und wird durch eine Betriebsvereinbarung später für den Arbeitnehmer in dieser Zeit eine Freischicht festgelegt, so ist die Freistellung nach dem Bildungsurlaubsgesetz **nachträglich unmöglich** geworden. Der Arbeitgeber wird von der Verpflichtung zur bezahlten Freistellung frei (BAG 15. 6. 1993 AP Nr. 3 zu § 1 BildungsurlaubsG NRW).

56 Der Arbeitnehmer hat die **Darlegungs- und Beweislast** für die gesetzlichen Voraussetzungen des Anspruchs auf Bildungsurlaub. Er ist verpflichtet, im Streitfall den Gerichten für Arbeitssachen den Inhalt der Bildungsveranstaltungen vorzutragen (BAG 9. 2. 1993 AP Nr. 1 zu § 1 BildungsurlaubsG Hessen; 9. 11. 1993 BB 1994, 641); vgl. schon früher BAG 29. 7. 1982 BAGE 39, 255 = AP Nr. 1 zu § 8 BildungsurlaubsG Hessen; *Vossen* RdA 1988, 346; differenzierend nach Landesgesetzen *Mauer* S. 137 ff.).

V. Verhältnis der urlaubsrechtlichen Vorschriften zueinander

1. IAO-Übereinkommen Nr. 132 über den bezahlten Jahresurlaub

57 Das IAO-Übereinkommen Nr. 132 über den bezahlten Jahresurlaub vom 24. 6. 1970 ist durch Gesetz vom 30. 4. 1975 (BGBl. II S. 745; beide abgedruckt Teil III A 1 a, b) ratifiziert worden und zählt dadurch zum **einfachen innerstaatlichen Recht** (vgl. BAG 10. 6. 1980 BAGE 33, 140, 157 = AP Nr. 64 zu Art. 9 GG Arbeitskampf, zu A II 2 b der Gründe; BAG 7. 12. 1993 AP Nr. 15 zu § 7 BUrlG; BAG 5. 12. 1995 AP Nr. 70 zu § 7 BUrlG Abgeltung; BAG 24. 9. 1996 AP Nr. 22 zu § 7 BUrlG; GK-BUrlG/ *Berscheid* § 15 Rz 13; ErfK/*Dörner* § 7 BUrlG Rz 57; *Lörcher* AuR 1991, 97, 103; MünchArbR/*Birk* § 17 Rz 52; a. A. *Ostrop* NZA 1993, 208, 210; zur grundsätzlichen Frage der Transformation völkerrechtlicher Verträge BVerfG 21. 3. 1957 BVerfGE 6, 290, 294 = NJW 1957, 745; BVerfG 20. 10. 1981 BVerfGE 58, 233 = AP Nr. 31 zu § 2 TVG; *Haase* ZfSH/SGB 1990, 238, 245). Das IAO-Übereinkommen Nr. 132 ist damit jedoch nicht für einzelne Bürger verbindlich (BAG 7. 12. 1993 aaO; *Leinemann/Schütz*, BB 1993, 2519; *dies.*, ZfA 1994, 1). Ob ein Ratifikationsgesetz Rechte und Pflichten

Änderung und Aufhebung von Gesetzen **§ 15 BUrlG**

nicht nur der Vertragsstaaten, sondern auch einzelner Betroffener auslöst, hängt von dem Inhalt des völkerrechtlichen Vertrags ab. Es ist darauf abzustellen, ob der Vertrag Bestimmungen enthält, die unmittelbar die Rechte des einzelnen betreffen oder ob es sich um **Verpflichtungen des Staates** handelt. Nur im ersten Fall kann das Zustimmungsgesetz die materielle Wirkung haben, daß innerstaatliches Recht mit unmittelbarer Wirkung für den einzelnen Bürger entsteht (self-executing law, zutreffend *Haase* ZfSH/SGB 1990, 238, 245; *Leinemann/Schütz,* ZfA 1994, 1, 7, 15; *dies.* BB 1993, 2519; zur Doppeldeutigkeit des Begriffs self-executing *Ostrop* NZA 1993, 208, 210 m.w.N.).

Eine derartige **unmittelbare Wirkung** der Vorschriften des IAO-Über- 58
einkommens Nr. 132 für den einzelnen Bürger **besteht nicht** (zutreffend im Ergebnis *Ostrop* NZA 1993, 208, 210). Das IAO-Übereinkommen Nr. 132 richtet sich nur an den Vertragspartner Bundesrepublik Deutschland. Durch das Ratifizierungsgesetz vom 30. 4. 1975 (BGBl. II S. 745, Teil III A 1 b) ist entsprechend Art. 59 GG innerstaatlich die Bindung der Bundesrepublik Deutschland begründet worden, das IAO-Abkommen Nr. 132 in nationales Recht umzusetzen. Diese ist ihrer Verpflichtung durch die Änderung des BUrlG im Jahre 1974 bereits vor der Ratifizierung nachgekommen. Damit hat die Bundesrepublik Deutschland ihre Verpflichtung erfüllt. Eine weitere Verpflichtung besteht im innerstaatlichen Recht nicht (BAG 7. 12. 1993 AP Nr. 15 zu § 7 BUrlG). Der Gesetzgeber ging dabei davon aus, daß innerstaatliches Recht und IAO-Übereinkommen miteinander in Einklang stehen und das BUrlG – nach der Angleichung an das Übereinkommen, aber bereits vor dessen Ratifizierung – dem Übereinkommen entsprechende Vorschriften enthält (BT-Drucks. 7/3174, S. 10).

Die **ausnahmslose Verpflichtung** des Vertragspartners Bundesrepublik 59
Deutschland ergibt sich aus der Auslegung der Art. 1, Art. 3 Abs. 3, Art. 5 Abs. 4, Art. 9 Abs. 1 und Art. 11 IAO-Übereinkommen Nr. 132 (zu diesen Vorschriften *Birk* Anm. zu BAG 7. 3. 1985 AP Nr. 21 zu § 7 BUrlG Abgeltung; GK-BUrlG/*Berscheid* § 15 Rz 15ff.; *Kohte* BB 1984, 609, 615; *Künzl* BB 1991, 1630, 1631; *Leinemann/Schütz,* BB 1993, 2519; *dies.,* ZfA 1994, 1; *Lörcher,* AuR 1991, 97, 103; *Ostrop* NZA 1993, 208, 211):

Bereits nach dem **Wortlaut** von Art. 1 IAO-Übereinkommen Nr. 132 60
ist Adressat des Übereinkommens „die innerstaatliche Gesetzgebung" (zutreffend *Ostrop* NZA 1993, 208, 210). Art. 3 Abs. 3 IAO-Übereinkommen Nr. 132 entspricht § 3 Abs. 1 BUrlG. Art. 5 Abs. 4 IAO-Übereinkommen Nr. 132 hat lediglich die Bedeutung einer **Rahmenvorschrift** („Unter Bedingungen, die von der zuständigen Stelle oder durch geeignete Verfahren in jedem Land zu bestimmen sind, ...") und wird in jedem Land unterschiedlich ausgelegt (vgl. die Beispiele Frankreich und Luxemburg bei *Birk* Anm. zu BAG 7. 3. 1985 AP Nr. 21 zu § 7 BUrlG Abgeltung) und im innerstaatlichen Recht jeweils nach besonderer gesetzlicher Entscheidung umgesetzt.

Art. 9 Abs. 1 IAO-Übereinkommen Nr. 132 gibt der Bundesrepublik 61
Deutschland nur einen **Zeitrahmen** vor („Der in Art. 8 Abs. 2 dieses Übereinkommens erwähnte ununterbrochene Teil des bezahlten Jahresurlaubs ist spätestens ein Jahr ... nach Ablauf des Jahres, für das der Urlaubsanspruch erworben wurde, zu gewähren und zu nehmen."), der auch eine kürzere

335

Befristung nicht ausschließt, da im Text ausdrücklich das Wort „spätestens" verwendet wird (BAG 28. 11. 1990 BAGE 66, 288, 290f. = AP Nr. 18 zu § 7 BUrlG Übertragung, zu II 3b der Gründe; *Künzl* BB 1991, 1630, 1631; *Ostrop* NZA 1993, 208, 211). Die Befristung ist durch § 7 Abs. 3 Satz 1 und durch § 7 Abs. 3 Satz 2 bis 4 konkretisiert worden.

62 Schließlich ist auch Art. 11 IAO-Übereinkommen Nr. 132, der drei Möglichkeiten (bezahlten Urlaub, Abgeltung oder Urlaubsguthaben) der „Sicherung" des Urlaubs vorsieht, nur eine **Rahmenvorgabe**, die durch § 7 Abs. 4 als Abgeltungsvorschrift im deutschen Recht ausgestaltet worden ist (GK-BUrlG/*Berscheid* § 15 Rz 20; *Birk* Anm. zu BAG 7. 3. 1985 AP Nr. 21 zu § 7 BUrlG Abgeltung).

63 Richtet sich das IAO-Übereinkommen Nr. 132 also nur an die **innerstaatliche Gesetzgebung** der Bundesrepublik Deutschland, ist es verfehlt, die Rechtsprechung des BAG am IAO-Übereinkommen Nr. 132 zu messen und nicht am BUrlG (BAG 7. 12. 1993 AP Nr. 15 zu § 7 BUrlG; *Leinemann/Schütz* BB 1993, 2519; *dies.*, ZfA 1994, 1; *Ostrop* NZA 1993, 208, 211; a. A. GK-BUrlG/*Berscheid* § 15 Rz 13; *Kohte* BB 1984, 609, 615; *Künzl* BB 1991, 1630, 1631; *Lörcher* AuR 1991, 97, 103). Der Hinweis dieser Autoren auf das „**Verfassungsgebot der völkerrechtsfreundlichen Auslegung**" durch die Gerichte beachtet nicht, daß der deutsche Gesetzgeber nicht daran gehindert wäre, von ratifizierten Übereinkommen abweichendes innerstaatliches Recht zu setzen (zutreffend *Haase* ZfSH/SGB 1990, 238, 245; *Ostrop* NZA 1993, 208, 211; dies wird inzident auch vom BVerfG bestätigt, vgl. BVerfG 26. 3. 1987 BVerfGE 74, 358, 370). Damit würde allerdings die Bundesrepublik Deutschland vertragsbrüchig hinsichtlich der von ihr eingegangenen Staatsverpflichtungen. Die Wirksamkeit des nationalen Rechts würde dies aber nicht berühren (*Leinemann/Schütz* aaO).

64 Ein Teil der Vertreter der Auffassung, die das „Verfassungsgebot der völkerrechtsfreundlichen Auslegung" durch die Gerichte bemüht, gibt übrigens den **Wortlaut** des IAO-Übereinkommens Nr. 132 nur **einseitig** und **ausgewählt** wieder. So heißt es z.B. in Art. 9 Abs. 1 IAO-Übereinkommen Nr. 132 eindeutig, daß der Urlaub „spätestens" nach einem Jahr bzw. 18 Monaten „zu gewähren" und „zu nehmen" ist. Das **LAG Düsseldorf** (21. 3. 1991 LAGE § 7 AWbG NW Nr. 9) und *Berscheid* (GK-BUrlG § 15 Rz 16) lesen bei ihrer Interpretation des Art. 9 Abs. 1 IAO-Übereinkommen Nr. 132 nur die Wörter „spätestens... zu gewähren" und lassen die Wörter „zu nehmen" außer acht: „Nehmen" kann ein Arbeitnehmer den Urlaub nur, wenn er erfüllungsbereit, also nicht durch Arbeitsunfähigkeit gehindert ist, den Urlaub zu verwirklichen. Der Versuch zwischen „gewähren" und „nehmen" mit unterschiedlichen Merkmalen zu unterscheiden, ist mißlungen (vgl. unzutreffend LAG Düsseldorf 5. 9. 1991 LAGE § 7 BUrlG Übertragung Nr. 3).

2. ArbPlSchG und ZivildienstG

65 § 4 ArbPlSchG und § 78 ZivildienstG, der auf § 4 ArbPlSchG verweist (s. dazu die Erläuterungen Teil II C.), sind **Spezialregelungen** gegenüber einzelnen Bestimmungen des BUrlG für den Fall, daß ein Arbeitnehmer

Änderung und Aufhebung von Gesetzen § 15 BUrlG

zum Grundwehrdienst oder zu einer Wehrübung eingezogen wird oder Zivildienst zu leisten hat.

Wird ein Arbeitnehmer zum **Grundwehrdienst** oder zu einer **Wehr-** 66 **übung** einberufen, ruht nach § 1 Abs. 1 ArbPlSchG das Arbeitsverhältnis während des Wehrdienstes. Hiervon bleibt das Entstehen und Erlöschen des Urlaubsanspruchs unberührt. Weder beendet die Einberufung den Urlaubsanspruch noch wird das Entstehen neuer (Erholungs-)Urlaubsansprüche hierdurch ausgeschlossen.

Nach § 4 Abs. 1 Satz 1 ArbPlSchG ist der Arbeitgeber jedoch berechtigt, 67 den Urlaubsanspruch des Arbeitnehmers für jeden vollen Kalendermonat, den der Arbeitnehmer Grundwehrdienst leistet, um ein **Zwölftel zu kürzen.** Vom BUrlG abweichende Regelungen enthält § 4 ArbPlSchG außerdem für die Gewährung, die Befristung und die Abgeltung des Urlaubsanspruchs.

Diese Regelungen gelten für **jeden** dem Arbeitnehmer zustehenden **Er-** 68 **holungsurlaub,** also sowohl für den Mindesturlaub nach dem BUrlG als auch für den Urlaub nach dem JArbSchG oder dem SeemG sowie grundsätzlich für jeden tariflichen oder einzelvertraglichen Mehrurlaub (GK-BUrlG/*Berscheid* § 15 Rz 23; *Dersch/Neumann* § 15 Rz 13).

3. SGB IX

Der **Zusatzurlaubsanspruch** für **Schwerbehinderte** ist dem Urlaubsan- 69 spruch nach dem BUrlG oder entsprechenden tariflichen Regelungen **akzessorisch.** Er ist wie der Urlaubsanspruch nach dem BUrlG ein gesetzlicher Urlaubsanspruch. Aus diesem und dem Anspruch nach § 125 SGB IX (s. die Erläuterungen Teil II B.) setzt sich der Gesamturlaubsanspruch des Schwerbehinderten zusammen, der Anspruch nach § 125 SGB IX wird dem Urlaubsanspruch nach dem BUrlG gleichsam „aufgestockt" (BAG 18. 10. 1957 AP Nr. 2 zu § 33 SchwBeschG; BAG 26. 6. 1986 BAGE 52, 254 = AP Nr. 5 zu § 44 SchwbG; BAG 22. 10. 1991 BAGE 68, 362 = AP Nr. 1 zu § 47 SchwbG 1986).

Eine **Gesetzeskonkurrenz** zum BUrlG, zum JArbSchG oder zum SeemG 70 **liegt nicht vor** (zutreffend *Boldt/Röhsler* § 15 Rz 27; *Dersch/Neumann* § 15 Rz 15).

4. JArbSchG

Für Jugendliche enthält das JArbSchG eine **besondere Regelung** in § 19 71 JArbSchG (s. die Erläuterungen Teil II A.). Diese Sonderregelung geht der allgemeinen Regelung des BUrlG vor (*Boldt/Röhsler* § 15 Rz 33; GK-BUrlG/*Berscheid* § 15 Rz 21; *Dersch/Neumann* § 15 Rz 10; *Natzel* § 19 JArbSchG Rz 10). Der **Vorrang** des JArbSchG schließt auch aus, daß ergänzend die Bestimmungen des BUrlG sinngemäß angewendet werden können (a. A. *Boldt/Röhsler* § 15 Rz 34), weil § 19 Abs. 4 JArbSchG ausdrücklich auf diejenigen Vorschriften des BUrlG verweist, die für Jugendliche gelten sollen (zutreffend *Natzel* § 19 JArbSchG Rz 10). Da auf § 3 Abs. 2, §§ 4 bis 12 und § 13 Abs. 3 BUrlG verwiesen wird, gilt für Jugendliche jedoch bis auf die Vorschrift des § 13 Abs. 1 und Abs. 2 das gesamte BUrlG neben den Vorschriften des JArbSchG.

BUrlG § 15 *Teil I. C. Erläuterungen zum BUrlG*

72 **Jugendliche Schwerbehinderte** erhalten zusätzlich zum Jugendlichenurlaub den Zusatzurlaub von 5 Arbeitstagen nach § 125 SGB IX. Zu beachten ist dabei, daß sich der Zusatzurlaub des Schwerbehinderten nach Arbeitstagen berechnet, während dem Urlaub des Jugendlichen Werktage zugrunde gelegt werden (§ 19 Abs. 4 JArbSchG mit § 3 Abs. 2 BUrlG). Es bedarf daher der **Umrechnung in Arbeitstage** (GK-BUrlG/*Berscheid* § 15 Rz 21; MünchArbR/*Leinemann* § 92 Rz 5; vgl. dazu § 3 Rz 16 ff.).

73 Damit relativiert sich die Urlaubsdauer erheblich. Die **Umrechnung** ergibt einen Urlaub von 25, 22,5 und 20,83 Arbeitstagen. Der erhöhte Urlaub für Jugendliche, die im Bergbau unter Tage beschäftigt werden, beträgt nach Umrechnung 2,5 Arbeitstage. Eine Aufrundung dieser Urlaubsansprüche auf volle Urlaubstage kommt nicht in Betracht, weil die Merkmale des § 5 Abs. 2 BUrlG nicht gegeben sind (vgl. dazu § 5 Rz 38 f.). Der nach § 19 Abs. 2 JArbSchG zu gewährende Urlaub ist kein Teilurlaub.

74 **Stichtag** für den jeweiligen erhöhten Urlaub ist das Lebensalter des Jugendlichen am 1. Januar eines Jahres. Hat der Jugendliche am 1. Januar Geburtstag, ist das für den Anspruch maßgebliche Lebensjahr bereits am 31. Dezember des vorangegangenen Kalenderjahres vollendet (§ 187 Abs. 2 BGB). Daher hat Anspruch auf den jeweils nach den Altersstaffeln erhöhten Urlaub nach § 19 Abs. 2 Nr. 1 bis 3 JArbSchG nur, wer jeweils am 2. Januar oder später im Verlaufe des Jahres Geburtstag hat, weil er nur dann zu Beginn des Kalenderjahres noch nicht 16, 17 oder 18 Jahre alt ist. Die Vollendung eines höheren Lebensalters während des Kalenderjahres berührt den Umfang des Urlaubsanspruchs nicht. So erhalten Arbeitnehmer auch dann noch den erhöhten Urlaub nach § 19 Abs. 2 Nr. 3 JArbSchG, wenn sie im Kalenderjahr am 2. Januar oder später 18 Jahre alt geworden sind (*Dersch/ Neumann* Anhang V Rz 5; *Gröninger/Gehring/Taubert* § 19 Anm. 5 b; *Molitor/Volmer/Germelmann* § 19 Rz 58 f.; MünchArbR/*Leinemann* § 92 Rz 7).

5. SeemG

75 Nach § 53 Abs. 2 SeemG findet das **BUrlG** nur insoweit Anwendung, **als es Vorschriften über die Mindestdauer des Urlaubs enthält**. Das bedeutet, daß für die im SeemG nicht geregelte Behandlung von Doppelansprüchen bei einem Arbeitsplatzwechsel (§ 6 BUrlG) sowie die Auswirkungen von Maßnahmen der medizinischen Vorsorge oder Rehabilitation auf den Urlaubsanspruch (§ 10 BUrlG) die entsprechenden Bestimmungen des BUrlG anwendbar sind (s. die Erläuterungen Teil II D.).

6. BErzGG

76 Das BErzGG regelt in den §§ 15 bis 20 (s. die Erläuterungen Teil II E.) die Elternzeit, auf die berufstätige Mütter und Väter Ansprüche haben können. Der Anspruch auf Elternzeit läßt sich in einen – öffentlich-rechtlichen Anspruch auf **Erziehungsgeld** und einen privatrechtlichen Anspruch auf Elternzeit trennen. Der Anspruch auf Elternzeit ist ein arbeitsrechtlicher Anspruch des Arbeitnehmers gegen seinem Arbeitgeber auf **unbezahlte Freistellung** von der Arbeitspflicht (vgl. GK-BUrlG/*Berscheid* § 15 Rz 24; *Natzel* BErzGG § 15 Rz 8) und steht damit neben dem Anspruch des Ar-

Änderung und Aufhebung von Gesetzen **§ 15 BUrlG**

beitnehmers auf **bezahlte** Freistellung von der Arbeitspflicht nach dem BUrlG.

§ 17 BErzGG bestimmt die Auswirkungen der Elternzeit auf den Erholungsurlaub. Von Bedeutung ist insbesondere die § 4 ArbPlSchG nachgebildete Kürzungsmöglichkeit nach dem **Zwölftelungs-Prinzip** in § 17 Abs. 1 BErzGG (vgl. dazu BAG 28. 7. 1992 AP Nr. 3 zu § 17 BErzGG; BAG 1. 10. 1991 BAGE 68, 304 = AP Nr. 2 zu § 17 BErzGG) und die gegenüber dem BUrlG verlängerte Befristungsregelung in § 17 Abs. 2 BErzGG. Beide Vorschriften gehen als gesetzliche Sonderregelungen der Befristungsregelung in § 7 Abs. 3 und den entsprechenden tariflichen Bestimmungen vor (BAGE 46, 224 = AP Nr. 18 zu § 7 BUrlG Abgeltung; BAG 24. 10. 1989 AP Nr. 52 zu § 7 BUrlG Abgeltung; BAG 1. 10. 1991 BAGE 68, 304 = AP Nr. 2 zu § 17 BErzGG mit zust. Anm. *Sowka;* BAG 28. 7. 1992 AP Nr. 3 zu § 17 BErzGG, m. w. N.; vgl. auch § 7 Rz 114).

77

7. Landesgesetzliche Vorschriften neben § 125 SGB IX

Gemäß § 15 Abs. 2 Satz 2 sind die **landesrechtlichen Vorschriften** über den Urlaub für die **Opfer des Nationalsozialismus** und für solche Arbeitnehmer, die geistig und körperlich in ihrer Erwerbstätigkeit **behindert** sind, in Kraft geblieben. Problematisch ist zum einen das Zusammentreffen beider Zusatzurlaubsbestimmungen in den jeweiligen Gesetzen, da je nach Gesetz eine Kumulation oder eine Anrechnung des Zusatzurlaubs für die Opfer des Nationalsozialismus und schwerbehinderte Arbeitnehmer eintreten kann. Teilweise ist dies ausdrücklich geregelt, teilweise ist das Ergebnis durch Auslegung des Gesetzes zu ermitteln.

78

Zum anderen besteht eine **Konkurrenz** zwischen landesrechtlichen und bundesrechtlichen (§ 125 SGB IX) Zusatzurlaubsbestimmungen. Aufgrund von Art. 31 GG sind die landesrechtlichen Vorschriften über den Zusatzurlaub für Schwerbehinderte nur insofern anzuwenden, als sie andere Voraussetzungen haben als § 125 SGB IX und damit über dessen Anwendungsbereich hinausgehen (BAG 8. 3. 1994, 27. 5. 1997 AP Nr. 2 und 3 zu § 1 ZusatzurlaubsG Saarland; vgl. auch bereits BVerfG 22. 4. 1958 BVerfGE 7, 342, 344; GK-BUrlG/*Berscheid* § 15 Rz 26; *Boldt/Röhsler* § 15 Rz 27; *Dersch/Neumann* § 15 Rz 28; *Natzel* § 15 Rz 6).

79

Durch die **Verringerung des Zusatzurlaubs** für Schwerbehinderte nach § 47 SchwbG (= § 125 SGB IX seit 1. 7. 2001) von 6 auf nunmehr 5 Arbeitstage ist eine Verschlechterung gegenüber den angesprochenen Landesgesetzen eingetreten. Zwar werden gemäß § 125 SGB IX 6 Tage Zusatzurlaub gewährt, wenn der Schwerbehinderte an 6 Tagen einer Woche zur Arbeit verpflichtet ist. Es ist aber nicht richtig, daß in den Landesgesetzen eine § 125 SGB IX entsprechende Regelung bestanden hätte, da in diesen Gesetzen für den Anspruch auf Zusatzurlaub jeweils nur auf „Arbeitstage" oder auf „Werktage" abgestellt war (so zutreffend *Cramer* SchwbG § 47 Rz 11; a. A. GK-BUrlG/*Berscheid* § 15 Rz 26; *Dersch/Neumann* § 15 Rz 28; *Dörner* AR-Blattei Urlaub V, C). Dieser Streit könnte sich jedoch im Einzelfall nur dann auswirken, wenn die Tatbestandsvoraussetzungen des Landesgesetzes andere sind als die des Bundesgesetzes (vgl. Rz 57). Durch die

80

BUrlG § 15 *Teil I. C. Erläuterungen zum BUrlG*

Verkürzung des Zusatzurlaubs von 6 auf 5 Arbeitstage durch § 47 SchwbG (= § 125 SGB IX seit 1. 7. 2001) sind allerdings frühere landesrechtliche Vorschriften, die durch das SchwbG 1953 bzw. das SchwbG 1974 gegenstandslos geworden waren, nicht wieder aufgelebt (zutreffend *Dörner* AR-Blattei Urlaub V C; *Dersch/Neumann* § 15 Rz 28; LAG Saarland 14. 10. 1992 – 2 Sa 30/92 –). Gegenwärtig gibt es noch in den folgenden Ländern Zusatzurlaubsgesetze:

a) Niedersachsen

81   Gemäß **§ 2 UrlaubsG Niedersachsen** vom 10. 12. 1948 und der DurchführungsVO vom 26. 7. 1949 (s. Teil III E 1) erhalten anerkannte Opfer des Faschismus einen zusätzlichen Urlaub von 3 Werktagen. Soweit sie gesundheitliche Schädigungen erlitten haben, können sie einen zusätzlichen Urlaub von 6 Werktagen beanspruchen. Dabei handelt es sich um echten Zusatzurlaub, der mit einem aus anderen Rechtsgründen gewährten Zusatzurlaub **nicht verrechnet** werden darf (GK-BUrlG/*Berscheid* § 15 Rz 29; *Boldt/Röhsler* § 15 Rz 21; *Dersch/Neumann* § 15 Rz 31; a. A. *Schelp/Herbst* § 15 Rz 12; *Siara* § 15 Rz 8). Ein als Opfer des Faschismus und als Schwerbehinderter anerkannter Arbeitnehmer hat also Anspruch auf Zusatzurlaub von 6 Werktagen nach § 2 UrlaubsG Niedersachsen und von 5 Arbeitstagen nach § 125 SGB IX.

b) Rheinland-Pfalz

82   Entsprechendes gilt nach **§ 3 UrlaubsG Rheinland-Pfalz** vom 8. 10. 1948 (s. Teil III E 2). Nach der Gesetzesänderung vom 7. 2. 1983 (GVBl. S. 17) haben nur noch anerkannte Opfer des Faschismus einen Anspruch auf Zusatzurlaub von 6 Arbeitstagen. Ein schwerbehinderter Arbeitnehmer, der zugleich Opfer des Faschismus ist, hat einen Zusatzurlaub von 11 Arbeitstagen (5 Arbeitstage gemäß § 125 SGB IX, 6 Arbeitstage gemäß § 3 UrlaubsG Rheinland-Pfalz).

c) Saarland

83   Für Opfer des Nationalsozialismus und für kriegs- und unfallbeschädigte Arbeitnehmer in der Privatindustrie und ihnen gleichgestellte Erwerbsbeschränkte im Saarland ist eine Sonderregelung gemäß **§ 1 UrlaubsG Saarland** vom 22. 6. 1950 (Amtsbl. S. 759) hierzu ergangener Verordnungen – abgedruckt Teil III E 3 – getroffen worden. Dieses Gesetz ist am 1. 1. 2000 außer Kraft getreten. Anspruchsberechtigte, die nach § 1 bis zum 1. 1. 2000 Anspruch auf Zusatzurlaub hatten, erhalten ihn weiter (§ 2 ÄndG vom 23. 6. 1999 ABl. S. 1263).

84   Außer einem Zusatzurlaub von 4 Arbeitstagen für einen Schwerbeschädigten mit einer Erwerbsminderung von 50 bis ausschließlich 60 v. H. sowie von 6 Arbeitstagen für Schwerbeschädigte mit einer Erwerbsminderung von 60 v. H. und mehr, die in § 1 Abs. 1 Nrn. 2 und 3 geregelt waren, sind nach § 1 Nr. 1 und Nr. 4 Arbeitnehmern für eine Beschädigung mit einer Minderung der Erwerbsfähigkeit von 25 bis einschließlich 50 v. H. oder Arbeitnehmern, die aufgrund eines ärztlichen Gutachtens des Staatlichen Gesundheitsdienstes den Kriegs- und Unfallbeschädigten gleichgestellt sind, sowie anerkannten Opfern des Nationalsozialismus je 3 Arbeitstage Zusatzurlaub

zu gewähren. Arbeitnehmer, die kriegs- und unfallbeschädigt bzw. diesen gleichgestellt und gleichzeitig **Opfer des Nationalsozialismus** sind, haben jeweils nur Anspruch auf den Zusatzurlaub einer Kategorie. In diesen Fällen ist der für den Arbeitnehmer günstigste Zusatzurlaub zu gewähren (§ 1 DurchführungsVO). Nach § 3 DurchführungsVO wird bei Einstellungen und Entlassungen im Laufe des Jahres der Zusatzurlaub anteilig nach der Beschäftigungsdauer erteilt.

Die DurchführungsVO vom 5. 3. 1951 (Amtsbl. S. 442) enthält für die **in** 85 **Heimarbeit beschäftigten Arbeitnehmer** Bestimmungen über die Zahlung von Zulagen zur Abgeltung dieses Anspruchs auf Zusatzurlaub.

Während für Schwerbehinderte mit einem Grad der Behinderung von 86 wenigstens 50 i. S. von § 2 Abs. 2 SGB IX die landesrechtliche Regelung des § 1 Abs. 1 Nr. 2 und Nr. 3 UrlaubsG Saarland durch das bundesrechtliche Schwerbehindertenrecht verdrängt worden sind (LAG Saarland 14. 11. 1990 – 2 Sa 206/89 – n.v.; LAG Saarland 14. 10. 1992 – 2 Sa 30/92 –), gilt § 1 Abs. 1 Nr. 1 UrlaubsG Saarland für sog. **Minderbehinderte** weiter (vgl. BAG 27. 5. 1997 AP Nr. 3 zu § 1 ZusatzurlaubsG Saarland; LAG Saarland 14. 10. 1992 – 2 Sa 30/92 –; *Dersch/Neumann* § 15 Rz 29). Außerdem ist § 1 Abs. 1 Nr. 4 UrlaubsG Saarland von den Regelungen des SGB IX nicht betroffen. Arbeitnehmer mit einer Minderung der Erwerbsfähigkeit von 25 bis einschließlich 50 v. H., Erwerbsbeschränkte, die aufgrund eines ärztlichen Gutachtens des Staatlichen Gesundheitsamtes den Kriegs- und Unfallbeschädigten gleichgestellt sind (§ 1 Abs. 2 UrlaubsG Saarland), sowie anerkannte Opfer des Nationalsozialismus haben im Saarland nach wie vor einen Anspruch auf einen Zusatzurlaub von drei Arbeitstagen. Die Geltendmachung des Anspruchs auf Zusatzurlaub nach § 1 Abs. 2 des Landesgesetzes bedarf nicht des Vorbringens, daß die Behinderung des Arbeitnehmers auf einer Kriegs- oder Unfallbeschädigung beruht. Es genügt die Darlegung einer Behinderung von mindestens 25 v. H. und ihre gutachterliche Bestätigung durch das Staatliche Gesundheitsamt (vgl. BAG 27. 5. 1997 AP Nr. 3 zu § 1 ZusatzurlaubsG Saarland).

Nach § 1 der Durchführungsbestimmungen zum UrlaubsG Saarland vom 87 1. 6. 1989 (Amtsbl. S. 1471) sind mit Wirkung vom 1. 7. 1989 in dem **ärztlichen Gutachten des Staatlichen Gesundheitsamtes** die vorliegenden Leiden und die dadurch bedingte Minderung der Erwerbsfähigkeit festzustellen. Die Minderung der Erwerbsfähigkeit ist nach den körperlichen, geistigen oder seelischen Beeinträchtigungen im allgemeinen Erwerbsleben zu beurteilen und in Vomhundertsätzen nach den Anhaltspunkten für die ärztliche Gutachtertätigkeit im sozialen Entschädigungsrecht und nach dem Schwerbehindertengesetz festzulegen. Der Grad der Minderung der Erwerbsfähigkeit ist für die Berechnung der zusätzlichen Urlaubstage maßgeblich.

8. Befristete und aufgehobene Landesgesetze

Bayern (Gesetz über die Gewährung eines bezahlten zusätzlichen Ur- 88 laubs für Opfer des Faschismus vom 31. 5. 1948, GVBl. S. 96) und **Bremen** (Gesetz über die Gewährung eines Sonderurlaubs für die aus rassischen, religiösen oder politischen Gründen Verfolgten vom 2. 8. 1947, GVBl. S. 127) hatten Opfern des Nationalsozialismus einen Zusatzurlaub gewährt. Diese Gesetze waren jedoch befristet; sie sind inzwischen ausgelaufen und außer Kraft getreten. In den genannten Ländern haben Verfolgte insoweit keinen Anspruch auf Zusatzurlaub (*Boldt/Röhsler* § 15 Rz 25) neben dem Anspruch nach § 47 SchwbG.

89 Nach **Art. 6 UrlaubsG Bayern** vom 11. 5. 1950 (GVBl. S. 81) in der Fassung des Gesetzes vom 8. 11. 1954 (GVBl. S. 291) hatten Arbeitnehmer, die infolge einer gesundheitlichen Schädigung irgendwelcher Art 50 v. H. und mehr erwerbsbeschränkt sind, **ohne als Schwerbeschädigte** im Sinne des § 33 SchwBeschG vom 16. 6. 1953 zu gelten, Anspruch auf einen bezahlten Zusatzurlaub von 6 Arbeitstagen im Jahr. Tarifliche, betriebliche oder sonstige Urlaubsregelungen, die einen längeren Zusatzurlaub vorsehen, bleiben davon unberührt. Nach Art. 2 des Gesetzes über die Sammlung des bayerischen Landesrechts (Bayerisches Rechtssammlungsgesetz – BayRSG) vom 10. 11. 1983 (GVBl. S. 1013, BayRS 1141-1-5) ist diese Regelung seit Ablauf des 31. 12. 1983 **außer Kraft getreten,** da sie nicht in der Anlage zu diesem Gesetz aufgeführt ist.

90 In **Baden-Württemberg** hatten Schwerbeschädigte in jedem Urlaubsjahr Anspruch auf Zusatzurlaub von 3 (§ 4 MindesturlaubsG Baden vom 13. 7. 1949 GVBl. S. 289) bzw. von 6 (§ 2 Württemberg-Badisches Gesetz Nr. 711 zur Regelung des Mindesturlaubs in der privaten Wirtschaft und im öffentlichen Dienst vom 6. 8. 1949 RegBl. S. 78) Arbeitstagen. Als **Schwerbeschädigte** galten auch politisch, rassisch und religiös Verfolgte sowie Blinde. **Beide Gesetze** sind inzwischen durch Art. 1 des Zweiten Gesetzes zur Bereinigung des baden-württembergischen Landesrechts (Zweites Rechtsbereinigungsgesetz – 2. RBerG) vom 7. 2. 1994 **aufgehoben** worden.

9. § 8 ErholungsurlaubsVO DDR

91 Nach Art. 9 Abs. 2 des **Einigungsvertrages** vom 31. 8. 1990 in Verb. mit Anlage II Kapitel VIII Sachgebiet A Abschnitt III Nr. 2 (BT-Drucks. II S. 885, 1207) gilt § 8 der VO über den Erholungsurlaub vom 28. 9. 1978 (GBl. I Nr. 33 S. 365) im **Beitrittsgebiet** der fünf neuen Bundesländer und in dem Teil des Landes Berlin, in dem bis zum 3. 10. 1990 das Grundgesetz nicht galt, zeitlich unbeschränkt fort. Danach erhalten Kämpfer gegen den Faschismus und Verfolgte des Faschismus einen jährlichen Erholungsurlaub von 27 Tagen (§ 8 Satz 1 UrlaubsVO). Alle Arten von Zusatzurlaub, mit Ausnahme des arbeitsbedingten Zusatzurlaubs, werden bei Vorliegen der Voraussetzungen zusätzlich gewährt (§ 8 Satz 2 UrlaubsVO, s. Teil III E VII). Das bedeutet, daß Kämpfer gegen den Faschismus und Verfolgte des Faschismus, die gleichzeitig Schwerbehinderte im Sinne des § 2 Abs. 2 SGB IX sind, den Zusatzurlaub in Höhe von 5 Arbeitstagen nach § 125 SGB IX ebenfalls, also zusätzlich erhalten (GK-BUrlG/*Berscheid* § 15 Rz 33; *Neumann/Pahlen* SchwbG § 47 Rz 17).

10. Örtlicher Anwendungsbereich der Zusatzurlaubsbestimmungen

92 Ob der Arbeitnehmer einen Anspruch auf Zusatzurlaub nach den Länderurlaubsgesetzen oder in den neuen Bundesländern gemäß § 8 Erholungs-

urlaubsVO-DDR hat, beurteilt sich nach **interlokalem Privatrecht**. Danach ist grundsätzlich das Recht des Betriebssitzes als das des Erfüllungsortes ausschlaggebend (BAG 3. 12. 1985 AP Nr. 5 zu § 1 TVG Tarifverträge: Großhandel; BAG 30. 7. 1992 AP Nr. 1 zu § 1 TV Ang Bundespost, zu B II 2 b der Gründe; vgl. auch § 3 Rz 22). Dies gilt selbst dann, wenn Monteure ihre Arbeitsleistung an einem fremden Ort erbringen (vgl. aber § 5 Nr. 6 BRTV-Baugewerbe; danach ist für den Lohnanspruch die Arbeitsstelle maßgebend, es sei denn der Lohn am Einstellungsort ist höher, s. dazu BAG 10. 11. 1993 AP Nr. 169 zu § 1 TVG Tarifverträge: Bau).

Werden dagegen auf einer Baustelle ortsansässige Arbeitnehmer nur für 93 diesen Arbeitsplatz eingestellt, so gilt für diese das **Recht des Einsatzortes** (LAG Stuttgart 29. 4. 1955 AP Nr. 1 zu Interlokales Privatrecht, Arbeitsrecht; BAG 24. 2. 1994 BAGE 76, 57 = AP Nr. 1 zu § 1 BAT-O). Übertragen auf den Zusatzurlaub gemäß § 8 ErholungsurlaubsVO-DDR bedeutet dies, daß ein Arbeitnehmer, der von einem Unternehmen aus den alten Bundesländern für den neuen Betrieb in einem neuen Bundesland eingestellt wird, bei Vorliegen der Voraussetzungen einen Zusatzurlaub nach § 8 ErholungsurlaubsVO-DDR auch dann hat, wenn er für Schulungen einige Wochen zum Stammbetriebssitz des Unternehmens in die alten Bundesländer geschickt wird.

§ 15 a Übergangsvorschrift

Befindet sich der Arbeitnehmer von einem Tag nach dem 9. Dezember 1998 bis zum 1. Januar 1999 oder darüber hinaus in einer Maßnahme der medizinischen Vorsorge oder Rehabilitation, sind für diesen Zeitraum die seit dem 1. Januar 1999 geltenden Vorschriften maßgebend, es sei denn, daß diese für den Arbeitnehmer ungünstiger sind.

Die Übergangsvorschrift wurde durch Art. 8 Nr. 2 des Gesetzes zu Kor- 1 rekturen in der Sozialversicherung und zur Sicherung der Arbeitnehmerrechte vom 19. 12. 1998 (BGBl. I S. 3843) in das BUrlG eingefügt. Die Übergangsvorschrift bewirkt nur, daß der Arbeitgeber nicht erst ab Inkrafttreten des Korrekturgesetzes zum 1. 1. 1999 von der bis dahin bestehenden Anrechnungsmöglichkeit nach § 10 a. F. nicht mehr Gebrauch machen kann, sondern bereits nach dem Tag der **dritten Lesung des Korrekturgesetzes im Deutschen Bundestag**, dem 9. 12. 1998.

Von der Übergangsregelung werden nicht nur Anrechnungserklärungen 2 des Arbeitgebers erfaßt, die nach dem 9. 12. 1998 abgegeben wurden, sondern auch solche Anrechnungserklärungen, die der Arbeitgeber vor dem 9. 12. 1998 mit Wirkung für einen Zeitraum nach dem 9. 12. 1998 abgegeben hat (ErfK/*Dörner* § 15 a BUrlG Rz 2).

§ 16 Inkrafttreten

Dieses Gesetz tritt mit Wirkung vom 1. Januar 1963 in Kraft.

Schrifttum: *Brühl*, Die tarifvertraglichen Urlaubsregelungen für Arbeiter und Angestellte im ersten Jahr der Geltung des Bundesurlaubsgesetzes, BArBl. 1964, 425;

BUrlG § 16 *Teil I. C. Erläuterungen zum BUrlG*

Esche/Schwarz, Zum geltenden Urlaubsrecht in den neuen Bundesländern, AuA 1991, 29; *Hiersemann,* Bundesurlaubsgesetz und Urlaubstarife, BB 1963, 1301; *Popp,* Sind mit dem Bundesurlaubsgesetz die restlichen Urlaubsansprüche aus dem Jahre 1962 untergegangen?, DB 1963, 588.

1   Das BUrlG ist in den **alten Bundesländern** mit Wirkung vom 1. 1. 1963 in Kraft getreten. Soweit dadurch in bestehende Tarifverträge eingegriffen wurde, galt nunmehr das BUrlG, sofern die Tarifverträge dies nicht zulässigerweise abbedingen durften (GK-BUrlG/*Berscheid* § 16 Rz 2f.; *Boldt/Röhsler* § 16 Rz 7f.).

2   In den **neuen Bundesländern** ist das BUrlG ab 3. 10. 1990 mit folgenden Maßgaben in Kraft getreten:

3   a) § 3 **war zunächst** in folgender Fassung anzuwenden: „Der Urlaub beträgt jährlich mindestens 20 Arbeitstage. Dabei ist von 5 Arbeitstagen die Woche auszugehen." (vgl. dazu Einl. Rz 25).

4   b) Soweit in Rechtsvorschriften der ehemaligen DDR ein über 20 Arbeitstage hinausgehender Erholungsurlaub festgelegt war (dazu im einzelnen *Esche/Schwarz* AuA 1991, 29, 30), galt dieser bis zum 30. 6. 1991 als **vertraglich vereinbarter** Erholungsurlaub (vgl. Einigungsvertrag vom 31. 8. 1990, BGBl. II, 885, 1021).

5   Für das **Jahr 1991** war daher folgender Urlaubsanspruch eines Arbeitnehmers in den neuen Bundesländern bei einem angenommenen Zusatzurlaub etwa aufgrund von § 3 Abs. 2 Buchst. c ErholungsurlaubsVO-DDR in Höhe von 2 Urlaubstagen zu errechnen:

$6/_{12} \times 22 + 6/_{12} \times 20 = 21$ Arbeitstage.

6   Mit Wirkung vom 1. 1. 1995 umfaßt die Urlaubsdauer bundeseinheitlich 24 Werktage. Die Maßgabe des Einigungsvertrages ist von diesem Zeitpunkt an nicht mehr anzuwenden (Art. 20 Arbeitszeitrechtsgesetz vom 6. 6. 1994, BGBl. I S. 1170).

Teil II. Andere urlaubsrechtliche Bestimmungen mit Erläuterungen

A. Gesetz zum Schutze der arbeitenden Jugend (Jugendarbeitsschutzgesetz – JArbSchG)

Vom 12. April 1976

(BGBl. I S. 965), zuletzt geändert durch Gesetz vom 21. Dezember 2000 (BGBl. I S. 1983)

BGBl. III/FNA 8051-10

(Auszug)

§ 19 Urlaub

(1) Der Arbeitgeber hat Jugendlichen für jedes Kalenderjahr einen bezahlten Erholungsurlaub zu gewähren.

(2) ¹Der Urlaub beträgt jährlich
1. mindestens 30 Werktage, wenn der Jugendliche zu Beginn des Kalenderjahres noch nicht 16 Jahre alt ist,
2. mindestens 27 Werktage, wenn der Jugendliche zu Beginn des Kalenderjahres noch nicht 17 Jahre alt ist,
3. mindestens 25 Werktage, wenn der Jugendliche zu Beginn des Kalenderjahres noch nicht 18 Jahre alt ist.

²Jugendliche, die im Bergbau unter Tage beschäftigt werden, erhalten in jeder Altersgruppe einen zusätzlichen Urlaub von 3 Werktagen.

(3) ¹Der Urlaub soll Berufsschülern in der Zeit der Berufsschulferien gegeben werden. ²Soweit er nicht in den Berufsschulferien gegeben wird, ist für jeden Berufsschultag, an dem die Berufsschule während des Urlaubs besucht wird, ein weiterer Urlaubstag zu gewähren.

(4) ¹Im übrigen gelten für den Urlaub der Jugendlichen § 3 Abs. 2, §§ 4 bis 12 und § 13 Abs. 3 des Bundesurlaubsgesetzes. ²Der Auftraggeber oder Zwischenmeister hat jedoch abweichend von § 12 Nr. 1 des Bundesurlaubsgesetzes den jugendlichen Heimarbeitern für jedes Kalenderjahr einen bezahlten Erholungsurlaub entsprechend Abs. 2 zu gewähren; das Urlaubsentgelt der jugendlichen Heimarbeiter beträgt bei einem Urlaub von 30 Werktagen 11,6 v. H., bei einem Urlaub von 27 Werktagen 10,3 v. H. und bei einem Urlaub von 25 Werktagen 9,5 v. H.

Schrifttum: *Anzinger,* Erstes Gesetz zur Änderung des Jugendarbeitsschutzgesetzes – Ein Bericht, NZA 1984, 342; *Düwell,* Kinderarbeit im vereinten Deutschland – Rechtslage und soziale Wirklichkeit, AuR 1992, 138; *Gröninger/Gehring/Taubert,*

Teil II   A. Jugendarbeitsschutzgesetz

Kommentar zum Jugendarbeitsschutzgesetz, Stand 1998; *Molitor/Volmer/Germelmann,* Jugendarbeitsschutzgesetz, Kommentar, 3. Aufl. 1986; *Herschel,* Der Stichtag im Jugendurlaubsrecht, BB 1960, 941; *Lorenz,* Kommentar zum Jugendarbeitsschutzgesetz, 1997; *Schoden,* Jugendarbeitsschutzgesetz, Kommentar, 3. Aufl. 1992; *Taubert,* Jugendarbeitsschutz, HzA Gruppe 8; *Zmarzlik/Anzinger,* Jugendarbeitsschutzgesetz, Kommentar, 5. Auflage 1998.

Übersicht

	Rz
I. Allgemeines	1
II. Geltungsbereich	2
III. Dauer des Urlaubs	6
IV. Urlaub und Teilnahme am Berufsschulunterricht	14
V. Geltung der Bestimmungen des BUrlG	17
VI. Sonderregelungen für jugendliche Heimarbeiter	20

I. Allgemeines

1   Für Jugendliche ist der Urlaubsanspruch in § 19 JArbSchG geregelt. Diese Vorschrift enthält **Sonderregelungen zum BUrlG,** und zwar zum Umfang und zur tariflichen Änderbarkeit des Urlaubsanspruchs (*Dersch/Neumann* § 15 Rz 10; *Natzel* Teil II § 19 JArbSchG Rz 1, 10). Weil die Pflicht des Arbeitgebers zur Urlaubserteilung nach § 58 Abs. 1 Nr. 16 JArbSchG mit Bußgeld bewehrt ist, wird sie allgemein als öffentlichrechtliche Pflicht angesehen (vgl. *Gröninger/Gehring/Taubert* § 19 Rz 9; *Molitor/Volmer/Germelmann* § 19 Rz 36 f.; MünchArbR/*Zmarzlik* § 232 Rz 94). Diese Schlußfolgerung überzeugt jedoch nicht, weil auch die Einhaltung anderer nicht öffentlichrechtlicher Pflichten bzw. deren Verletzungen z.B. im Betriebsverfassungsrecht durch Bußgeldregelungen gesichert ist. Entscheidend ist vielmehr, daß § 19 JArbSchG Rechte und Pflichten des Arbeitgebers und jugendlichen Arbeitnehmers aus dem Arbeits- oder Berufsausbildungsverhältnis regelt und damit ein privatrechtliches Schuldverhältnis ausgestaltet. Daher sind auch die urlaubsrechtlichen Vorschriften des JArbSchG dem privaten Recht zuzuordnen (ebenso ErfK/*Dörner* § 19 JArbSchG Rz 2).

II. Geltungsbereich

2   § 19 gilt für Jugendliche i.S. des JArbSchG. Das sind nach § 2 Abs. 2, § 1 Abs. 1 JArbSchG **Personen mit einem Alter von mehr als 14 und weniger als 18 Lebensjahren, die in einem Arbeits-, einem Berufsausbildungs- oder einem ähnlichen Rechtsverhältnis beschäftigt werden.** Die Bestimmung des § 19 ist grundsätzlich für sämtliche Beschäftigungszweige anzuwenden, auch in der Heimarbeit. Sie gilt sowohl für Heimarbeiter als auch für Hausgewerbetreibende und Gleichgestellte (*Fenski* Rz 259 ff.; *Zmarzlik/Anzinger* § 1 Rz 15; a. A. *Gröninger/Gehring/Taubert* § 1 Anm. 5 b; *Molitor/Vollmer/Germelmann* § 1 Rz 57 ff.). Für jugendliche Besatzungsmitglieder auf Kauf-

A. Jugendarbeitsschutzgesetz   Teil II

fahrteischiffen gilt § 19 gemäß § 61 Abs. 1 JArbSchG nicht; die Urlaubsansprüche für diesen Personenkreis bestimmen sich nach § 54 Abs. 2 SeemG.
§ 19 JArbSchG enthält keine Bestimmungen für **Kinder** im Sinne von § 2   3
Abs. 1 und von § 3 JArbSchG. Nur für die gesetzlich **zulässige Beschäftigung** von Kindern ist in § 5 Abs. 2 und § 5 Abs. 3 JArbSchG (i.V.m. KindArbSchutzV vom 23. 6. 1998, BGBl. I S. 1508) auf § 19 JArbSchG verwiesen.
Streitig ist, ob auch bei **unzulässiger Beschäftigung** entsprechende Ur-   4
laubsansprüche bestehen. Dies wird im Schrifttum überwiegend unter Hinweis auf die erhöhte Schutzbedürftigkeit des Kindes gegenüber dem Jugendlichen bejaht oder damit begründet, daß das Kind eine tatsächliche Arbeitsleistung für den Arbeitgeber erbracht hat (*Dersch/Neumann* Anh. V Rz 3; *Molitor/Volmer/Germelmann* § 19 Rz 16ff., 21ff., jeweils m.w.N.; *Natzel* Teil II § 19 JArbSchG Rz 6; a.A. ErfK/*Dörner* § 19 JArbSchG Rz 4; *Gröninger/Gehring/Taubert* § 19 Rz 6; *Zmarzlik/Anzinger* § 19 Rz 6).
Dem ist zuzustimmen. Hat das Kind tatsächlich gearbeitet, entsteht im   5
Hinblick auf § 134 BGB in Verb. mit § 5 Abs. 1 JArbSchG ein Urlaubsanspruch im Rahmen eines **faktischen Arbeitsverhältnisses,** welches wie das rechtswirksame Arbeitsverhältnis Urlaubsansprüche entstehen lassen kann (Kasseler Handbuch/*Hauck* 2.4 Rz 676; MünchArbR/*Leinemann* § 92 Rz 3; zum faktischen Arbeitsverhältnis und Urlaubsansprüchen BAG 19. 6. 1959 BAGE 8, 47 = AP Nr. 1 zu § 611 BGB Doppelarbeitsverhältnis). In diesem Fall stehen dem Kind gegen den Arbeitgeber die Ansprüche zu, die es gehabt hätte, wenn das Arbeitsverhältnis wirksam gewesen wäre (BAG 19. 6. 1959 BAGE 8, 47, 50 = AP aaO m.w.N.). Wäre das Arbeitsverhältnis des Kindes aber rechtswirksam, also gesetzlich zulässig gewesen, hätte das Kind gemäß § 5 Abs. 2 Satz 2 JArbSchG einen Anspruch auf den erhöhten Urlaub für Jugendliche nach § 19 JArbSchG gehabt. Da Kinder in der Altersstaffelung des § 19 Abs. 2 JArbSchG nicht erwähnt sind, kommt für sie nur die längste Urlaubsdauer von 30 Werktagen (§ 19 Abs. 2 Nr. 1 JArbSchG) in Betracht (*Dersch/Neumann* Anh. V Rz 3; Kasseler Handbuch/*Hauck* 2.4 Rz 676).

III. Dauer des Urlaubs

Jugendliche haben nach § 19 JArbSchG einen Urlaubsanspruch von **grö-**   6
ßerer Dauer, als er nach § 3 Abs. 1 BUrlG vorgesehen ist. Der Urlaub beträgt jährlich mindestens 30 Werktage, wenn der Jugendliche zu Beginn des Kalenderjahres noch nicht 16 Jahre alt ist (§ 19 Abs. 2 Nr. 1 JArbSchG), mindestens 27 Werktage, wenn der Jugendliche zu Beginn des Kalenderjahres noch nicht 17 Jahre alt ist (§ 19 Abs. 2 Nr. 2 JArbSchG) und mindestens 25 Werktage, wenn der Jugendliche zu Beginn des Kalenderjahres noch nicht 18 Jahre alt ist (§ 19 Abs. 2 Nr. 3 JArbSchG).
Die Bemessung des Urlaubs erscheint auf den ersten Blick großzügiger,   7
als sie ist: Nach § 15 Satz 1 JArbSchG dürfen Jugendliche nur an 5 Tagen einer Woche (grundsätzlich von Montag bis Freitag, §§ 16, 17 JArbSchG) beschäftigt werden. Da andererseits der Urlaub nach dem Gesetz nach Werk-

347

Teil II *A. Jugendarbeitsschutzgesetz*

tagen bestimmt ist, bedarf es der **Umrechnung in Arbeitstage** (ebenso ErfK/*Dörner* § 19 JArbSchG Rz 9; Kasseler Handbuch/*Hauck* 2.4 Rz 681;). Daran ändert die Verweisung in § 19 JArbSchG auf § 3 Abs. 2 BUrlG nichts. Diese Bestimmung stellt nur klar, welche Tage Werktage im Sinne des Gesetzes sind. Sie werden damit nicht zu Urlaubstagen kraft Gesetzes.

8   Damit relativiert sich die Urlaubsdauer erheblich. Die Umrechnung ergibt einen Urlaub von 25, 22,5 und 20,83 Arbeitstagen. Der erhöhte Urlaub für Jugendliche, die im Bergbau unter Tage beschäftigt werden, beträgt nach Umrechnung 2,5 Arbeitstage. Eine **Aufrundung** dieser Urlaubsansprüche auf volle Urlaubstage kommt nicht in Betracht, weil die Voraussetzungen nach § 5 Abs. 2 BUrlG nicht gegeben sind. Der nach § 19 Abs. 2 JArbSchG zu gewährende Urlaub ist **kein Teilurlaub** (ErfK/*Dörner* § 19 JArbSchG Rz 9; Kasseler Handbuch/*Hauck* 2.4 Rz 681; aA. *Zmarzlik/Anzinger* § 19 Rz 14).

9   **Stichtag** für den jeweiligen erhöhten Urlaub ist das Lebensalter des Jugendlichen am **1. Januar** eines Jahres. Hat der Jugendliche am 1. Januar Geburtstag, ist das für den Anspruch maßgebliche Lebensjahr bereits am 31. Dezember des vorangegangenen Kalenderjahres vollendet (§ 187 Abs. 2 BGB; ebenso *Dersch/Neumann* Anh. V Rz 5; ErfK/*Dörner* § 19 JArbSchG Rz 7; GK-BUrlG/*Bachmann* Anh. I 4 § 19 Rz 6; *Natzel* Teil II § 19 JArbSchG Rz 24). Daher hat Anspruch auf den jeweils nach den Altersstaffeln erhöhten Urlaub nach § 19 Abs. 2 Nr. 1 bis 3 JArbSchG nur, wer jeweils am 2. Januar oder später im Verlauf des Jahres Geburtstag hat, weil er nur dann zu Beginn des Kalenderjahres noch nicht 16, 17 oder 18 Jahre alt ist (zutreffend *Zmarzlik/Anzinger* § 19 Rz 11).

10 Die **Vollendung eines höheren Lebensalters während des Kalenderjahres** berührt den Umfang des Urlaubsanspruchs nicht. So erhalten Arbeitnehmer auch dann noch den erhöhten Urlaub nach § 19 Abs. 2 Nr. 3 JArbSchG, wenn sie im Kalenderjahr am 2. Januar oder später 18 Jahre alt geworden sind (*Dersch/Neumann* Anh. V Rz 5; ErfK/*Dörner* § 19 JArbSchG Rz 8; *Gröninger/Gehring/Taubert* § 19 Anm. 47; *Molitor/Volmer/Germelmann* § 19 Rz 58 f.; *Zmarzlik/Anzinger* § 19 Rz 12).

11 Für die Bestimmung der Urlaubsdauer nach der Staffelung in § 19 JArbSchG ist unerheblich, ob das **Arbeitsverhältnis bereits am 1. Januar bestand**. Auch bei später im Laufe des Kalenderjahres begründeten Arbeits- oder Berufsausbildungsverhältnissen das Alter am 1. Januar maßgebend (*Dersch/Neumann* § 12 Rz 5; Kasseler Handbuch/*Hauck* 2.4 Rz 682).

12 Für Jugendliche, die **im Bergbau unter Tage** beschäftigt werden, erhöht sich der Urlaub für alle Altersgruppen um zusätzlich 3 Werktage. Nach Meinungen im Schrifttum (*Dersch/Neumann* Anh. V Rz 9; *Gröninger/Gehring/Taubert* § 19 Rz 55; *Molitor/Volmer/Germelmann* § 19 Rz 72) ist bei teilweiser Beschäftigung unter Tage während des Urlaubsjahres für die Monate der Untertagebeschäftigung der erhöhte Urlaub nach dem Zwölftelungsprinzip zu gewähren bzw. der erhöhte Urlaub voll zu gewähren, aber nur dann, wenn der Jugendliche mehr als die Hälfte des Kalenderjahres unter Tage arbeitet (*Herschel* BB 1960, 941, 942).

13 Beide Ansichten entbehren der gesetzlichen Grundlage (ebenso ErfK/*Dörner* § 19 JArbSchG Rz 11; Kasseler Handbuch/*Hauck* 2.4 Rz 680). Wird

A. Jugendarbeitsschutzgesetz   Teil II

der Jugendliche auch nur einen Tag „im Bergbau unter Tage beschäftigt",
erhält er nach Ablauf der Wartezeit nach § 19 Abs. 4 JArbSchG, § 4 BUrlG
einen **Zusatzurlaub** von (weiteren) 3 Werktagen. Eine Wartezeit nur für
den Zusatzurlaub oder dessen anteilige Gewährung kommt nicht in Betracht, weil der Beginn der Tätigkeit unter Tage Bedingungseintritt für das
Entstehen des Zusatzurlaubsanspruchs ist. Hier gilt das gleiche wie zum
Anspruch auf Zusatzurlaub nach dem Schwerbehindertenrecht (vgl. die Erläuterungen Teil II B § 125 SGB IX Rz 7 m.w.N.). Ist der Jugendliche
schwerbehindert, tritt zum Urlaubsanspruch nach § 19 JArbSchG der Zusatzurlaub des § 125 SGB IX hinzu (zutreffend Kasseler Handbuch/*Hauck*
2.4 Rz 680; *Natzel* Teil II § 19 JArbSchG Rz 13; vgl. die Erläuterungen
Teil II B § 125 SGB IX Rz 3).

IV. Urlaub und Teilnahme am Berufsschulunterricht

Nach § 19 Abs. 3 JArbSchG soll Jugendlichen, die am **Berufsschulunter-** 14
richt teilnehmen, der Urlaub in der Zeit der Berufsschulferien gegeben werden. Durch diese Bestimmung ist die Ausübung der Pflicht des Arbeitgebers
zur Urlaubsgewährung **gegenüber § 7 Abs. 1 Satz 1 BUrlG** modifiziert.
Der Arbeitgeber hat neben den von ihm nach § 7 Abs. 1 Satz 1 BUrlG zu
berücksichtigenden Merkmalen bei der Urlaubserteilung auch diesen Gesichtspunkt zu beachten.

Kommt eine Urlaubsgewährung während der **Berufsschulferien** nicht in 15
Betracht, weil etwa dringende betriebliche Belange (§ 7 Abs. 1 Satz 1 BUrlG)
entgegenstehen (vgl. *Dersch/Neumann* Anh. V Rz 17; *Natzel* Teil II § 19
JArbSchG Rz 30), kann der Urlaub außerhalb der Berufsschulferien gewährt
werden. Dies ist auch dann anzunehmen, wenn aufgrund einer Betriebsvereinbarung der Betrieb wegen Betriebsferien stilliegt (*Zmarzlik/Anzinger* § 19
Rz 21) oder wenn der Berufsschüler mit seinen Angehörigen verreisen will
und diese nur außerhalb dieser Zeit Urlaub nehmen können (*Molitor/Volmer/Germelmann* § 19 Rz 97; *Zmarzlik/Anzinger* § 19 Rz 21). Dann hat der
Jugendliche für jeden Berufsschultag, an dem er die Berufsschule während
des Urlaubs besucht, Anspruch auf einen weiteren Urlaubstag (§ 19 Abs. 3
Satz 2 JArbSchG).

Versäumt der Berufsschüler den Unterricht, besteht der Anspruch auf ei- 16
nen weiteren Urlaubstag nicht (a.A. ErfK/*Dörner* § 19 JArbSchG Rz 15);
wohl aber, wenn der Jugendliche die Berufsschule aufgesucht hat und der
Unterricht unangekündigt ausfällt (wie hier *Dersch/Neumann* Anh. V Rz 12;
Gröninger/Gehring/Taubert § 19 Rz 70; *Zmarzlik/Anzinger* § 19 Rz 23).
Auch bei **krankheitsbedingtem Fernbleiben** des Jugendlichen vom Berufsschulunterricht ist kein zusätzlicher Urlaubstag nach § 19 Abs. 3 S. 2
JArbSchG zu gewähren, da es nicht darauf ankommt, ob der Jugendliche entschuldigt oder unentschuldigt der Berufsschule fernbleibt (*Dersch/
eumann* Anh. V Rz 12 m.w.N.). Die durch ärztliches Zeugnis nachgewiesenen Tage der Arbeitsunfähigkeit werden aber nach § 9 BUrlG auf
den Jahresurlaub nicht angerechnet (zutreffend *Zmarzlik/Anzinger* § 19
Rz 23).

V. Geltung der Bestimmungen des BUrlG

17 Nach § 19 Abs. 4 JArbSchG sind die Regelungen in § 3 Abs. 2, §§ 4 bis 12 und § 13 Abs. 3 BUrlG für den Urlaub der Jugendlichen anzuwenden. Auch der Urlaub nach dem JArbSchG ist **gesetzlicher Mindesturlaub.** Er ist wie der Mindesturlaub nach dem BUrlG auf das Kalenderjahr befristet und kann weder einzelvertraglich noch tariflich wirksam an Verfallklauseln oder an **Ausschlußfristen** gebunden werden (*Gröninger/Gehring/Taubert* § 19 Rz 10f.).

18 Gegenüber dem BUrlG bestehen daher insoweit keine Besonderheiten, auch nicht für den Anspruch auf Urlaubsentgelt, der nach § 11 Abs. 1 BUrlG aufgrund der dort genannten Merkmale zu bestimmen ist. § 19 Abs. 4 JArbSchG verweist nur auf § 13 Abs. 3 BUrlG. Damit scheidet eine Anwendung von § 13 Abs. 1 und 2 BUrlG aus. Die danach möglichen **tariflichen Abweichungen zuungunsten** von Arbeitnehmern sind hierdurch **ausgeschlossen** (*Dersch/Neumann* Anh. V Rz 21; ErfK/*Dörner* § 19 JArbSchG Rz 18).

19 Daher sind außer der **tariflichen Möglichkeit** (zur Unzulässigkeit einer entsprechenden einzelvertraglichen Verweisung auf den Tarifvertrag im Rahmen von § 13 Abs. 3 BUrlG vgl. § 13 Rz 147; wie hier *Molitor/Volmer/Germelmann* § 19 Rz 54), auch für Jugendliche das Urlaubsjahr zeitlich zu verlegen, wenn sie bei der Deutsche Bahn AG oder der Deutschen Bundespost beschäftigt sind, nur tarifliche Abweichungen zugunsten der Jugendlichen möglich (*Dersch/Neumann* Anh. V Rz 21; Kasseler Handbuch/*Hauck* 2.4 Rz 686; *Zmarzlik/Anzinger* § 19 Rz 68).

VI. Sonderregelungen für jugendliche Heimarbeiter

20 Für **jugendliche Heimarbeiter** enthält § 19 Abs. 4 Satz 2 JArbSchG eine **Sonderregelung,** die § 12 BUrlG verdrängt. Danach erhält auch der jugendliche Heimarbeiter den Erholungsurlaub entsprechend der sonst für Jugendliche geltenden Urlaubsdauer aus § 19 Abs. 2 JArbSchG. „Heimarbeiter" i.S. dieser Vorschrift sind sowohl Heimarbeiter, Hausgewerbetreibende, als auch die ihnen nach § 2 Abs. 2 HAG Gleichgestellten (Rz 2).

21 Entsprechend der erhöhten Urlaubsdauer ist in § 19 Abs. 4 Satz 2 JArbSchG ein gegenüber § 12 BUrlG **erhöhtes Urlaubsentgelt** – wie nach § 12 BUrlG in Prozentsätzen – normiert.

22 Im übrigen gelten auch für jugendliche Heimarbeiter die durch § 12 BUrlG erheblich **modifizierten** sonstigen Bestimmungen des BUrlG (vgl. *Fenski* Rz 259ff.).

B. Sozialgesetzbuch (SGB). Neuntes Buch (IX)
– Rehabilitation und Teilhabe
behinderter Menschen –

Vom 19. Juni 2001 (BGBl. I S. 1046)

BGBl. III/FNA 860-9

(Auszug)

§ 125 Zusatzurlaub

Schwerbehinderte Menschen haben Anspruch auf einen bezahlten zusätzlichen Urlaub von fünf Arbeitstagen im Urlaubsjahr; verteilt sich die regelmäßige Arbeitszeit des schwerbehinderten Menschen auf mehr oder weniger als fünf Arbeitstage in der Kalenderwoche, erhöht oder vermindert sich der Zusatzurlaub entsprechend. Soweit tarifliche, betriebliche oder sonstige Urlaubsregelungen für schwerbehinderte Menschen einen längeren Zusatzurlaub vorsehen, bleiben sie unberührt.

§ 127 Beschäftigung schwerbehinderter Menschen in Heimarbeit

(1) Schwerbehinderte Menschen, die in Heimarbeit beschäftigt oder diesen gleichgestellt sind (§ 1 Abs. 1 und 2 des Heimarbeitsgesetzes) und in der Hauptsache für den gleichen Auftraggeber arbeiten, werden auf die Arbeitsplätze für schwerbehinderte Menschen dieses Auftraggebers angerechnet.

(2) [1]Für in Heimarbeit beschäftigte und diesen gleichgestellte schwerbehinderte Menschen wird die in § 29 Abs. 2 des Heimarbeitsgesetzes festgelegte Kündigungsfrist von zwei Wochen auf vier Wochen erhöht; die Vorschrift des § 29 Abs. 7 des Heimarbeitsgesetzes ist sinngemäß anzuwenden. [2]Der besondere Kündigungsschutz schwerbehinderter Menschen im Sinne des Kapitels 4 gilt auch für die in Satz 1 genannten Personen.

(3) [1]Die Bezahlung des zusätzlichen Urlaubs der in Heimarbeit beschäftigten oder diesen gleichgestellten schwerbehinderten Menschen erfolgt nach den für die Bezahlung ihres sonstigen Urlaubs geltenden Berechnungsgrundsätzen. [2]Sofern eine besondere Regelung nicht besteht, erhalten die schwerbehinderten Menschen als zusätzliches Urlaubsgeld zwei Prozent des in der Zeit vom 1. Mai des vergangenen bis zum 30. April des laufenden Jahres verdienten Arbeitsentgelts ausschließlich der Unkostenzuschläge.

(4) [1]Schwerbehinderte Menschen, die als fremde Hilfskräfte eines Hausgewerbetreibenden oder eines Gleichgestellten beschäftigt werden (§ 2 Abs. 6 des Heimarbeitsgesetzes), können auf Antrag eines Auftraggebers auch auf dessen Pflichtarbeitsplätze für schwerbehinderte Menschen angerechnet werden, wenn der Arbeitgeber in der Hauptsache für diesen Auftraggeber arbeitet. [2]Wird einem schwerbehinderten Menschen im Sinne des Satzes 1, dessen Anrechnung das Arbeitsamt zugelassen hat, durch seinen Arbeitgeber

gekündigt, weil der Auftraggeber die Zuteilung von Arbeit eingestellt oder die regelmäßige Arbeitsmenge erheblich herabgesetzt hat, erstattet der Auftraggeber dem Arbeitgeber die Aufwendungen für die Zahlung des regelmäßigen Arbeitsverdienstes an den schwerbehinderten Menschen bis zur rechtmäßigen Beendigung seines Arbeitsverhältnisses.

(5) Werden fremde Hilfskräfte eines Hausgewerbetreibenden oder eines Gleichgestellten (§ 2 Abs. 6 des Heimarbeitsgesetzes) einem Auftraggeber gemäß Absatz 4 auf seine Arbeitsplätze für schwerbehinderte Menschen angerechnet, erstattet der Auftraggeber die dem Arbeitgeber nach Absatz 3 entstehenden Aufwendungen.

(6) Die den Arbeitgeber nach § 80 Abs. 1 und 5 treffenden Verpflichtungen gelten auch für Personen, die Heimarbeit ausgeben.

Schrifttum: *Bengelsdorf,* Die Auswirkungen der rückwirkenden Anerkennung der Schwerbehinderteneigenschaft auf den Zusatzurlaub, RdA 1983, 25; *Cramer,* Erstes Gesetz zur Änderung des Schwerbehindertengesetzes vom 24. Juli 1986, NZA 1986, 555; *ders.* Schwerbehindertengesetz, Kommentar, 5. Aufl. 1998; *Dörner,* Schwerbehindertengesetz, Kommentar, Stand 1997; *ders.*, Gesetzlicher Zusatzurlaub, AR-Blattei, Urlaub V A;; *ders.* Die Rechtsprechung des Bundesarbeitsgerichts zum Zusatzurlaub nach dem Schwerbehindertengesetz, DB 1995, 1174; *Drees,* Zusatzurlaub für Schwerbehinderte und Schadenersatz, VersR 1983, 319; *Fenski,* Außerbetriebliche Arbeitsverhältnisse, 1994; *Großmann,* Das Schwerbehindertengesetz 1986 im Schnittpunkt von Rechtspolitik und Verfassungsrecht, BB 1987, 260; *ders.*, Schwerbehinderte im Konflikt zwischen Statusrecht und Offenbarungspflicht, NZA 1989, 702; *Großmann u. a.* Gemeinschaftskommentar zum Schwerbehindertengesetz, 2. Aufl. 1999; *Hoyer,* Die Novelle zum Schwerbehindertengesetz, DB 1986, 1673; *Neumann/Pahlen* Schwerbehindertengesetz, Kommentar, 9. Auflage 1999; *Thiele,* Schwerbehindertenrecht, HzA Gruppe 7.

Übersicht

	Rz
I. Geltungsbereich	1
II. Merkmale des Anspruchs auf Zusatzurlaub	4
1. Akzessorietät	4
2. Entstehen des Anspruchs	6
3. Dauer des Zusatzurlaubs	12
4. Teilurlaubsansprüche	17
5. Übertragung und Abgeltung	19
III. Fortfall des Schwerbehindertenschutzes	22
1. Entziehung	24
2. Erlöschen	25
IV. Geltendmachung des Anspruchs auf Zusatzurlaub	25
V. Urlaubsvergütung	31
1. Urlaubsentgelt	31
2. Urlaubsgeld	32
VII. In Heimarbeit Beschäftigte	35
1. § 49 Abs. 3 Satz 1 (Urlaubsentgelt)	35
2. § 49 Abs. 3 Satz 2 (Urlaubsgeld)	39

B. Sozialgesetzbuch IX   Teil II

I. Geltungsbereich

Seit dem 1. 1. 1987 haben schwerbehinderte Menschen gegen ihren Arbeitgeber Anspruch auf einen bezahlten zusätzlichen Urlaub von 5 Arbeitstagen im Urlaubsjahr, wenn die Arbeitszeit auf 5 Arbeitstage einer Woche verteilt ist. Dieser Anspruch auf Zusatzurlaub war bis zum 30. 6. 2001 in § 47 SchwbG geregelt. Mit Inkrafttreten des SGB IX zum 1. 7. 2001 ist **§ 125 SGB IX Rechtsgrundlage** dieses Anspruchs auf zusätzlichen Urlaub. Inhaltlich hat sich der Urlaubsanspruch nicht geändert, lediglich die Terminologie des Gesetzes hat sich gewandelt. Während bislang der Schwerbehinderte Anspruchsberechtigter war, ist dies nunmehr der schwerbehinderte Mensch. Die zu § 47 SchwbG ergangene Rechtsprechung gilt damit weiter. **1**

Schwerbehinderte Menschen sind gemäß **§ 2 Abs. 2 SGB IX Personen mit einem Grad der Behinderung von wenigstens 50**, die in ihrer körperlichen Funktion, geistigen Fähigkeit oder seelischen Gesundheit mit hoher Wahrscheinlichkeit länger als 6 Monate von dem für das Lebensalter typischen Zustand abweichen und daher in ihrer Teilhabe am Leben in der Gesellschaft beeinträchtigt sind und die ihren Wohnsitz, gewöhnlichen Aufenthalt oder ihre Beschäftigung auf einem Arbeitsplatz regelmäßig im Geltungsbereich des SGB IX haben. Arbeitnehmer mit einem geringeren Grad der Behinderung haben keinen Anspruch auf Zusatzurlaub. **1a**

Nach § 68 Abs. 3 SGB IX ist für **Gleichgestellte**, das sind gem. § 2 Abs. 3 SGB IX Personen mit einem Grad der Behinderung von weniger als 50 aber wenigstens 30, bei denen im übrigen die Voraussetzungen nach Abs. 2 vorliegen, § 125 SGB IX nicht anzuwenden. Sie haben **keinen Anspruch auf Zusatzurlaub**. Diese Rechtslage entspricht § 2 Abs. 2 SchwbG. **2**

Die Schwerbehinderteneigenschaft des Arbeitnehmers liegt mit ihren Voraussetzungen **kraft Gesetzes** vor, nicht etwa erst mit der behördlichen Feststellung. Der Bescheid nach § 69 SGB IX, der inhaltlich dem früheren § 4 SchwbG entspricht, hat nicht konstitutive, sondern **nur deklaratorische Bedeutung** (BAG 28. 1. 1982 BAGE 37, 379 = AP Nr. 3 zu § 44 SchwbG m. Anm. *Gröninger*; BAG 26. 6. 1986 BAGE 52, 258 = AP Nr. 6 zu § 44 SchwbG; BAG 26. 6. 1986 BAGE 52, 254 = AP Nr. 5 zu § 44 SchwbG; BAG 21. 2. 1995 BAGE 79, 211 = AP Nr. 7 zu § 47 SchwbG 1986). Auf die Kenntnis des Arbeitgebers von der Schwerbehinderteneigenschaft kommt es nicht an, ebensowenig darauf, ob die Pflichtzahl für die Beschäftigung Schwerbehinderter vom Arbeitgeber bereits erfüllt ist (BAG 3. 1. 1957 BAGE 3, 230 = AP Nr. 4 zu § 14 SchwBeschG; BAG 7. 5. 1957 BAGE 4, 101 = AP Nr. 9 zu § 14 SchwBeschG; BAG 28. 1. 1982 BAGE 37, 379 = AP Nr. 3 zu § 44 SchwbG; BAG 26. 6. 1986 BAGE 52, 254 = AP Nr. 5 zu § 44 SchwbG; BAG 13. 6. 1991 ZTR 1992, 156; MünchArbR/*Cramer* § 236 Rz 38; MünchArbR/*Leinemann* § 92 Rz 13; kritisch *Bengelsdorf* RdA 1983, 25, 36; *Gröninger* Anm. zu AP Nr. 3 zu BAG AP Nr. 3 zu § 44 SchwbG). **3**

Teil II   B. Sozialgesetzbuch IX

II. Merkmale des Anspruchs auf Zusatzurlaub

1. Akzessorietät

4   Der Zusatzurlaubsanspruch für Schwerbehinderte ist dem Urlaubsanspruch nach dem BUrlG oder entsprechenden tariflichen Regelungen akzessorisch. Er ist wie der Urlaubsanspruch nach dem BUrlG ein gesetzlicher Urlaubsanspruch. Aus diesem, dem Anspruch nach § 125 SGB IX und ggf. anderen gesetzlichen Ansprüchen auf Zusatzurlaub setzt sich der **Gesamturlaubsanspruch** des Schwerbehinderten zusammen. Andere Gesetze können bundesgesetzliche (§ 19 JArbSchG, s. Teil II A Rz 6) oder landesgesetzliche Vorschriften sein (UrlaubsG Saarland, s. dazu Teil I § 15 BUrlG Rz 83 ff.; *Cramer* § 47 Rz 2).

5   Das Vorliegen der **Schwerbehinderteneigenschaft im Sinne von § 2 SGB IX ist Bedingung** für das Entstehen des Anspruchs auf den Zusatzurlaub nach § 125 SGB IX (BAG 21. 2. 1995 BAGE 79, 207 = AP Nr. 6 zu § 47 SchwbG 1986; *Dörner* DB 1995, 1174, 1175; Kasseler Handbuch/*Hauck* 2.4 Rz 689). Durch ihn wird die Dauer des dem Arbeitnehmer nach dem BUrlG zustehenden Urlaubs verlängert. Ebenso tritt der Zusatzurlaub tarifvertraglichen oder einzelvertraglich vereinbarten Urlaubsansprüchen hinzu (*Bleistein* GK-BUrlG Anh. I 6 Rz 14; *Dörner* AR-Blattei Urlaub V A, B II 1; MünchArbR/*Leinemann* § 92 Rz 14; *Natzel* § 47 SchwbG Rz 27; unklar *Dersch/Neumann* Anh. II Rz 13).

2. Entstehen des Anspruchs

6   Der Zusatzurlaub für schwerbehinderte Menschen entsteht unter **denselben Voraussetzungen wie der Urlaubsanspruch nach dem BUrlG**. Nach Ablauf der Wartezeit des § 4 BUrlG steht dem Schwerbehinderten mit dem Vollurlaubsanspruch auch der Zusatzurlaubsanspruch in voller Höhe zu.

7   § 125 SGB IX enthält keine § 5 BUrlG vergleichbare Regelung zum Teilurlaub für die Fälle, in denen die **Schwerbehinderung erst im Laufe des Jahres entsteht oder anerkannt** wird. Maßgebend für das Entstehen des Zusatzurlaubsanspruchs in voller Höhe ist allein die Tatsache, daß im Urlaubsjahr überhaupt eine Schwerbehinderung bestanden hat. Das Gesetz kennt insbesondere für die Entstehung des Zusatzurlaubs keine besondere Wartezeit. Das bedeutet, daß der schwerbehinderte Mensch, der nach Ablauf des sechsmonatigen Wartezeit aus § 4 BUrlG während des gesamten Urlaubsjahrs beschäftigt wird, den vollen Zusatzurlaub erhält, auch wenn seine Schwerbehinderung nur für einen Teil des Jahres festgestellt wird (BAG 21. 2. 1995 BAGE 79, 207 = AP Nr. 6 zu § 47 SchwbG 1986).

8   Die gesetzlichen Vorschriften über die **Wartezeit und Zwölftelung des Mindesturlaubs nach §§ 4, 5 BUrlG** sind auf den zusätzlichen Urlaub eines Schwerbehinderten nach § 125 SGB IX ebenso wie auf den gesetzlichen Urlaubsanspruch nach dem BUrlG nur im Jahr des Eintritts oder Ausscheidens aus dem Arbeitsverhältnis anwendbar (BAG 21. 2. 1995 BAGE 79, 211 = AP Nr. 7 zu § 47 SchwbG 1986). Ein Teilanspruch auf Zusatzurlaub als

B. Sozialgesetzbuch IX **Teil II**

Teil des dem Schwerbehinderten zustehenden Gesamturlaubs nach dem BUrlG und dem SGB IX kommt damit – von tariflichen Sonderregelungen abgesehen (dazu Rz) – nur in den Jahren in Betracht, in denen das Arbeitsverhältnis begründet oder beendet wird (BAG 21. 2. 1995 BAGE 79, 207 = AP Nr. 6 zu § 47 SchwbG 1986; ebenso bereits im Ergebnis BAG 26. 6. 1986 BAGE 52, 258 = AP Nr. 6 zu § 44 SchwbG; BAG 26. 4. 1990 BAGE 65, 122 = AP Nr. 53 zu § 7 BUrlG Abgeltung; ebenso LAG Hamm 23. 11. 1993 LAGE § 47 SchwbG 1986 Nr. 2 und LAG Köln 1. 7. 1994 LAGE § 47 SchwbG 1986 Nr. 3; *Dörner* DB 1995, 1174, 1175 f.; *Großmann* GK-SchwbG § 47 Rz 16; Kasseler Handbuch/*Hauck* 2.4 Rz 694; a. A. unzutreffend *Bengelsdorf* RdA 1983, 25, 36; *Cramer* SchwbG § 47 Rz. 4; *ders.*, MünchArbR § 236 Rz. 38; *Dersch/Neumann* Anh. II Rz. 14).

Die Gegenauffassung verkennt, daß der Beginn der **Behinderung Bedingungseintritt** für das Entstehen des Zusatzurlaubsanspruchs ist und die Regelung in § 5 Abs. 1 Buchst. a BUrlG nicht einschlägig ist, wenn die Wartezeit des § 4 BUrlG erfüllt ist (zutr. BAG 21. 2. 1995 BAGE 79, 211 = AP Nr. 7 zu § 47 SchwbG 1986; BAG 26. 6. 1986 BAGE 52, 254 = AP Nr. 5 zu § 44 SchwbG; BAG 26. 4. 1990 BAGE 65, 122 = AP Nr. 53 zu § 7 BUrlG Abgeltung; *Dörner* DB 1995, 1174, 1175; MünchArbR/*Leinemann* § 92 Rz 17; *Tautphäus* § 13 B Rz 300; a. A. *Dersch/Neumann* Anh. II Rz 14 m. w. N.; *Cramer* § 47 Rz 4; *ders.* MünchArbR § 236 Rz 38; *Bengelsdorf* RdA 1983, 25, 36). Auch § 125 Satz 1 SGB IX sind keine Bestimmungen über Wartezeiten, Stichtage und Zwölftelung zu entnehmen (zutr. BAG 21. 2. 1995 BAGE 79, 211 = AP Nr. 7 zu § 47 SchwbG 1986; *Dörner* DB 1995, 1174, 1175; a. A. unzutreffend *Cramer* § 47 Rz. 4; *Dersch/Neumann* Anh. II Rz 14). 9

Die vom **abweichenden Schrifttum mit unbestimmten Billigkeitserwägungen** begründete Auffassung kann sich auch nicht auf § 125 Satz 1 Halbs. 2 SGB IX stützen. Danach erhöht oder vermindert sich der Zusatzurlaub, wenn die regelmäßige Arbeitszeit des Schwerbehinderten auf mehr oder weniger als fünf Arbeitstage in der Kalenderwoche verteilt ist. Diese Regelung enthält allein Vorgaben für die Umrechnung des Anspruchs auf Zusatzurlaub bei einer von der Fünf-Tage-Woche abweichenden Arbeitszeitverteilung (dazu Rz 12 ff.). Unzutreffend ist auch die Annahme, das schwerbehindertenspezifisch erhöhte Erholungsbedürfnis bestehe erst für die Zeit nach der Feststellung der Schwerbehinderteneigenschaft. Hierfür gibt es im Gesetz keine Anhaltspunkte. Der zusätzliche Urlaub nach § 125 SGB IX steht dem Schwerbehinderten vielmehr unabhängig vom individuellen Erholungsbedürfnis zu. Das Erholungsbedürfnis des Schwerbehinderten wird ebenso wie für den Anspruch nach dem BUrlG (dazu § 1 BUrlG Rz 5) gesetzlich unwiderleglich vermutet. 10

Die Erbringung von Arbeitsleistung ist für das Entstehen des Anspruchs auf Zusatzurlaub nicht Voraussetzung. Ebenso wie für das Entstehen des Urlaubsanspruchs nach dem BUrlG die **Erbringung von Arbeitsleistungen** im Urlaubsjahr keine Bedeutung hat (s. § 1 Rz 39, 60 ff.), hindert dauernde oder zeitweilige Arbeitsunfähigkeit des Arbeitnehmers nicht das Entstehen des Zusatzurlaubs und dessen Bestand (ebenso *Dörner* AR-Blattei Urlaub V A, B II 1; MünchArbR/*Leinemann* § 92 Rz 18; unklar *Dersch/Neumann* 11

Teil II B. *Sozialgesetzbuch IX*

Anh. II Rz 14 unter Hinweis auf das überholte Urteil BAG 25. 2. 1971 AP Nr. 6 zu § 34 SchwbG mit Anm. *Schnorr von Carolsfeld*).

3. Dauer des Zusatzurlaubs

12   Der Zusatzurlaub nach § 125 SGB IX beträgt **5 Arbeitstage**, wenn die individuelle Arbeitszeit des Arbeitnehmers auf eine Fünf-Tage-Woche bezogen ist. Ist die Arbeitszeit auf mehr oder weniger Arbeitstage in der Kalenderwoche verteilt, erhöht oder vermindert sich der Zusatzurlaub entsprechend.

13   Bei einer Verteilung der Arbeitszeit auf alle Werktage einer Woche steht daher dem Arbeitnehmer ein Zusatzurlaub von 6 Urlaubstagen zu. **Verteilt** sich z. B. die Arbeitszeit eines teilzeitbeschäftigten Arbeitnehmers **abwechselnd** auf 2 und 3 Tage einer Woche, hat er Anspruch auf 2,5 Arbeitstage Zusatzurlaub (BAG 31. 5. 1990 BAGE 65, 176 = AP Nr. 14 zu § 5 BUrlG).

14   Für **Bruchteile eines Urlaubstags**, die sich bei der Berechnung der Dauer des Zusatzurlaubs ergeben, kommt weder eine Auf- noch eine Abrundung in Betracht (BAG 18. 2. 1997 AP Nr. 13 zu § 1 TVG Tarifverträge: Chemie; BAG 31. 5. 1990 BAGE 65, 176 = AP Nr. 14 zu § 5 BUrlG; BAG 22. 10. 1991 BAGE 68, 362 = AP Nr. 1 zu § 47 SchwbG 1986), es sei denn, daß für eine Aufrundung die Voraussetzungen nach § 5 Abs. 1 Buchst. a, b oder c BUrlG vorliegen (MünchArbR/*Leinemann* § 92 Rz 29).

15   Der Zusatzurlaubsanspruch kann durch **Tarifvertrag** zugunsten des Arbeitnehmers verändert sein. Ist in einem Tarifvertrag nur auf die Regelungen des SchwbG bzw. SGB IX Bezug genommen, und enthält der Tarifvertrag nur Bestimmungen über die Berechnung des tariflichen Urlaubsanspruchs, ist der **Gesamturlaubsanspruch** in seinem Umfang getrennt nach den tariflichen und gesetzlichen Merkmalen im SGB IX zu bestimmen (vgl. BAG 18. 2. 1997 AP Nr. 13 zu § 1 TVG Tarifverträge: Chemie; BAG 31. 5. 1990 BAGE 65, 176 = AP Nr. 14 zu § 5 BUrlG; BAG 22. 10. 1991 BAGE 68, 362 = AP Nr. 1 zu § 47 SchwbG).

16   Soweit **tarifliche, betriebliche, landesrechtliche** (dazu BAG 27. 5. 1997 AP Nr. 3 zu § 1 ZusatzurlaubsG Saarland) und **einzelvertragliche Urlaubsregelungen für schwerbehinderte Menschen** einen längeren Zusatzurlaub vorsehen, bleiben sie unberührt (§ 125 Satz 2 SGB IX). Eine tarifliche Regelung, die einen eigenständigen tariflichen Anspruch begründet, liegt nicht vor, wenn ein Tarifvertrag auf die zur Zeit des Abschlusses vor dem 1. 1. 1987 bestehende günstigere gesetzliche Regelung verweist oder sie nur wortgleich wiederholt (BAG 9. 6. 1988 DB 1988, 1556; MünchArbR/ *Cramer* § 236 Rz 37).

4. Teilurlaubsansprüche

17   In einem **neu begründeten Arbeitsverhältnis** erwirbt der Schwerbehinderte vor Ablauf der Wartezeit aus § 4 BUrlG einen Teilurlaubsanspruch nach § 5 Abs. 1 Buchst. a oder b BUrlG (vgl. BAG 21. 2. 1995 BAGE 79, 211 = AP Nr. 7 zu § 47 SchwbG 1986 sowie oben Rz 8). Ist die Arbeitszeit des Arbeitnehmers auf 5 Tage einer Woche verteilt, steht ihm für jeden vollen Monat des Arbeitsverhältnisses ein Zwölftel des Jahresurlaubs von

B. Sozialgesetzbuch IX   Teil II

25 Arbeitstagen zu (20 Tage gesetzlicher Mindesturlaub bei einer Fünf-Tage-Woche – dazu § 3 BUrlG Rz 16 – zuzüglich 5 Tage Zusatzurlaub nach § 125 SGB IX), also jeweils pro Monat 2,08 Urlaubstage. Der Teilurlaubsanspruch eines schwerbehinderten Menschen beträgt bei einer Beschäftigungsdauer von 4 Monaten rechnerisch 8,33 Urlaubstage. Dieser Anspruch ist weder auf- noch abzurunden (vgl. § 5 BUrlG Rz 44).

Sieht eine **tarifliche Regelung** die **Zwölftelung** von Urlaubsansprüchen 18 bei Ausscheiden des Arbeitnehmers in der zweiten Hälfte eines Jahres vor, ist sie gegenüber einem Schwerbehinderten insoweit unwirksam, als dadurch der gesetzliche Anspruch auf Zusatzurlaub vermindert wird (BAG 8. 3. 1994 BAGE 76, 74 = AP Nr. 5 zu § 47 SchwbG). Durch Tarifverträge kann weder in den gesetzlichen Erholungsurlaubsanspruch noch in den Zusatzurlaubsanspruch des Schwerbehinderten wirksam eingegriffen werden.

5. Übertragung und Abgeltung

Der Zusatzurlaub wird unter den **gleichen Voraussetzungen wie der** 19 **Mindesturlaub des BUrlG übertragen** (*Dörner* DB 1995, 1174, 1177; näher dazu § 7 BUrlG Rz 117ff.). Voraussetzung ist daher, daß nach § 7 Abs. 3 Satz 2 BUrlG dringende betriebliche oder in der Person liegende Gründe vorliegen. Die Ungewißheit über die Schwerbehinderteneigenschaft ist dabei kein in der Person des Arbeitnehmers liegender Grund i.S. dieser gesetzlichen Regelung (BAG 21. 2. 1995 BAGE 79, 207 = AP Nr. 6 zu § 47 SchwbG 1986; BAG 13. 6. 1991 AuR 1991, 248; BAG 26. 6. 1986 AP Nr. 6 zu § 44 SchwbG).

Kann der gesetzliche Zusatzurlaub für Schwerbehinderte **wegen Beendi-** 20 **gung des Arbeitsverhältnisses nicht gewährt** werden, ist er nach § 7 Abs. 4 BUrlG abzugelten. Der wegen Beendigung des Arbeitsverhältnisses unmöglich werdende Anspruch auf Arbeitsbefreiung wird nicht abgefunden, sondern in einen Abgeltungsanspruch umgewandelt, der hinsichtlich Befristung und Erfüllbarkeit an die gleichen Voraussetzungen gebunden ist wie der Urlaubsanspruch. Der Abgeltungsanspruch geht als befristeter Anspruch ebenso wie der Anspruch auf Abgeltung des Erholungsurlaubs spätestens mit dem Ablauf des tariflichen Übertragungszeitraums unter (BAG 27. 5. 1997 AP Nr. 74 zu § 7 BUrlG Abgeltung; BAG 25. 6. 1996 BAGE 83, 225 = AP Nr. 11 zu § 47 SchwbG 1986).

Der Abgeltungsanspruch entsteht auch **ohne vorherige Geltendmachung** 21 des Freistellungsanspruches bei Beendigung des Arbeitsverhältnisses. Das gilt auch, wenn der Schwerbehinderte erstmals nach Beendigung des Arbeitsverhältnisses auf seine Schwerbehinderung hinweist (BAG 25. 6. 1996 AP Nr. 11 zu § 47 SchwbG 1986).

III. Fortfall des Schwerbehindertenschutzes

1. Entziehung

Wird durch das Integrationsamt (bis 30. 6. 2001: die Hauptfürsorgestelle) 22 nach § 117 SGB IX (früher: § 39 Abs. 1 und 2 SchwbG) dem Schwerbehinderten im Benehmen mit dem Landesarbeitsamt der Schwerbehindertenschutz **zeitweilig entzogen,** ist eine Verkürzung des Zusatzurlaubs nach § 125 SGB IX nicht zulässig. Mit der Entscheidung der Hauptfürsorgestelle entfällt kraft Gesetzes die für den Erwerb des Zusatzurlaubs notwendige Bedingung nur für die Zukunft bis zu einer Dauer von 6 Monaten (§ 39 Abs. 2 SchwbG). Soweit hierzu im Schrifttum (*Dersch/Neumann* Anh. II Rz 14, 15 m.w.N.; *Cramer* § 47 Rz 5; *Neumann/Pahlen* § 47 Rz 10) angenommen wird, in diesem Fall sei der Anspruch auf Zusatzurlaub für jeden vollen Monat des Bestehens des Schwerbehindertenschutzes zu zwölfteln, fehlt es an einer Rechtsgrundlage. § 5 Abs. 1 Buchst. c BUrlG, an den offenbar gedacht wird, ist nur auf die Beendigung von Arbeitsverhältnissen in der ersten Hälfte eines Kalenderjahres anzuwenden, nicht auf die zeitweilige Beendigung oder den Ausschluß von Zusatzurlaubsansprüchen bei fortbestehendem Arbeitsverhältnis.

23 Hatte der Schwerbehinderte den **Zusatzurlaub** nach § 125 SGB IX **vor dem Entzug** des Schwerbehindertenschutzes **noch nicht erhalten,** entfällt mit dem Beginn der Frist nach § 117 Abs. 2 SGB IX auch der Anspruch auf Zusatzurlaub. Bei fortbestehendem Arbeitsverhältnis ist der Arbeitnehmer darauf verwiesen, daß vor dem Ende des Urlaubsjahres die Frist für den Entzug des Schwerbehindertenschutzes rechtzeitig endet. Erst dann steht ihm der Anspruch in voller Höhe (wieder) zu. Hatte der Arbeitgeber den Zusatzurlaub bereits gewährt, ist der Anspruch nach § 362 BGB **durch Erfüllung erloschen.** § 5 Abs. 3 BUrlG ist nicht anwendbar (MünchArbR/ *Leinemann* § 92 Rz 20).

2. Erlöschen

24 Entsprechendes gilt, wenn der gesetzliche Schutz schwerbehinderter Menschen erlischt, weil sich der Grad der Behinderung auf weniger als 50 verringert hat. Die Rechtsfolgen treten jedoch erst am **Ende des 3. Kalendermonats nach Eintritt der Unanfechtbarkeit** des die Verringerung feststellenden Bescheides ein, § 116 Abs. 1 SGB IX.

IV. Geltendmachung des Anspruchs auf Zusatzurlaub

25 Um den Arbeitgeber zur Gewährung des Zusatzurlaubs zu veranlassen, muß der Arbeitnehmer die **Erfüllung dieses Anspruchs verlangen.** Dazu gehört – jedenfalls wenn der Arbeitnehmer erstmals den Zusatzurlaubsanspruch geltend macht –, daß er auch auf seine Behinderung im Sinne von § 2 Abs. 2 SGB IX hinweist, weil nur so der Arbeitgeber erkennen kann, ob die Anspruchsvoraussetzungen nach § 125 SGB IX gegeben sind (BAG 28. 1. 1982 BAGE 37, 379 = AP Nr. 3 zu § 44 SchwbG; BAG 26. 6. 1986 BAGE 52, 254 = AP Nr. 5 zu § 44 SchwbG). Der Anspruch auf Zusatzurlaub erlischt, wenn ihn der Schwerbehinderte nicht bis zum Ablauf des Kalenderjahres oder – beim Vorliegen der tarifvertraglichen oder gesetzlichen Übertragungsvoraussetzungen – nicht bis zum Ende des Übertragungszeitraums geltend macht (BAG 21. 2. 1995 BAGE 79, 207 = AP Nr. 6 zu § 47 SchwbG 1986; Kasseler Handbuch/*Hauck* 2.4 Rz 696).

B. Sozialgesetzbuch IX **Teil II**

Die **Mitteilung des Arbeitnehmers von seinem Antrag, als Schwer-** 26
behinderter anerkannt zu werden, genügt für die Geltendmachung gegenüber dem Arbeitgeber nicht. Unzureichend ist auch die Erklärung: "Vorsorglich mache ich den bei Eintritt der Schwerbehinderung für mich entstehenden Zusatzurlaub geltend". Hieraus ist nicht erkennbar, ob der Arbeitnehmer damit die Erfüllung des Urlaubsanspruchs verlangen oder z.B. nur künftige Urlaubsbegehren oder andere mit der Schwerbehinderteneigenschaft verbundene Ansprüche ankündigen will (BAG 28. 1. 1982 BAGE 37, 379 = AP Nr. 3 zu § 44 SchwbG mit abl. Anm. *Gröninger*; BAG 26. 6. 1986 BAGE 52, 254 = AP Nr. 5 zu § 44 SchwbG; BAG 26. 6. 1986 AP Nr. 6 zu § 44 SchwbG; *Dersch/Neumann* Anh. II Rz 12; *Dörner* SchwbG § 47 Anm. III.; unzutreffend a.A. LAG Düsseldorf 7. 7. 1993 LAGE § 47 SchwbG 1986 Nr. 1).

Liegt der **Bescheid** über eine Behinderung im Sinne von § 2 Abs. 2 27
SGB IX **noch nicht vor,** hindert das den Arbeitnehmer nicht, dennoch den Zusatzurlaubsanspruch geltend zu machen (BAG 28. 1. 1982 BAGE 37, 379 = AP Nr. 3 zu § 44 SchwbG; BAG 26. 6. 1986 BAGE 52, 254 = AP Nr. 5 zu § 44 SchwbG; BAG 26. 6. 1986 BAGE 52, 258 = AP Nr. 6 zu § 44 SchwbG; *Dörner* AR-Blattei Urlaub V A, B II 1 m.w.N.). Weigert sich dann der Arbeitgeber, den Urlaub zu erteilen, bleibt dem Arbeitnehmer der Urlaubsanspruch als **Ersatzurlaubsanspruch** auch nach Ablauf des Urlaubsjahres und ggf. des Übertragungszeitraumes erhalten (BAG 21. 2. 1995 BAGE 79, 207 = AP Nr. 6 zu § 47 SchwbG 1986; BAG 26. 6. 1986 BAGE 52, 254 = AP Nr. 5 zu § 44 SchwbG; *Dörner* DB 1995, 1175, 1178.). Anderenfalls erlischt er jedenfalls mit dem Ende des Übertragungszeitraums (BAG 26. 6. 1986 BAGE 52, 254 = AP Nr. 5 zu § 44 SchwbG; BAG 26. 6. 1986 BAGE 52, 258 = AP Nr. 6 zu § 44 SchwbG).

Ein Anspruch des Arbeitnehmers auf **nachträgliche** (rückwirkende) **Ge-** 28
währung des Zusatzurlaubs kommt nicht in Betracht, auch wenn der Bescheid rückwirkend die Anerkennung der Behinderung feststellt, aber das Urlaubsjahr bereits abgelaufen ist.

In einem Rechtsstreit über den Zusatzurlaub obliegt es dem Arbeit- 29
nehmer mangels Vorliegens eines Schwerbehindertenbescheids, die für den Anspruch erforderliche Behinderung durch Angabe von Tatsachen **darzulegen** und sie ggf. **zu beweisen.** Der Vortrag des Arbeitnehmers, er sei trotz des (noch) nicht ergangenen Bescheids nach § 69 SGB IX behindert, ist weder "dreist" noch "unverschämt" (so aber LAG Düsseldorf 7. 7. 1993 LAGE § 47 SchwbG 1986 Nr. 1). Nur durch eine solche rechtzeitige Geltendmachung kann sich der Arbeitnehmer den Anspruch über das Ende der Befristung hinaus als Ersatzurlaubsanspruch (vgl dazu § 7 BUrlG Rz 159 ff.) erhalten, wenn der Arbeitgeber sich weigert, den Anspruch zu erfüllen.

Kann Urlaub, der als Schadenersatz für verfallenen Urlaub geschuldet 30
wird, wegen Beendigung des Arbeitsverhältnisses nicht mehr gewährt werden, ist der Arbeitnehmer **in Geld zu entschädigen** (BAG 26. 6. 1986 BAGE 52, 254 = AP Nr. 5 zu § 44 SchwbG). Hat der Schwerbehinderte für den Urlaubsanspruch die **Ausschlußfrist des § 63 BMT-G II** gewahrt, braucht er den nach Eintritt der Unmöglichkeit wegen des Ablaufs der Be-

fristung an seine Stelle tretenden Ersatzurlaubsanspruch nicht noch einmal geltend zu machen (BAG 22. 10. 1991 BAGE 68, 362 = AP Nr. 1 zu § 47 SchwbG 1986).

V. Urlaubsvergütung

1. Urlaubsentgelt

31   Während des Zusatzurlaubs ist das **Urlaubsentgelt** wie im übrigen Urlaub weiterzuzahlen. Es gelten keine Besonderheiten.

2. Urlaubsgeld

32   Den Tarifvertragsparteien steht es frei zu bestimmen, für welchen Personenkreis ein Anspruch auf (zusätzliches) Urlaubsgeld entstehen soll. Anspruch auf ein **tarifliches Urlaubsgeld** haben Schwerbehinderte für die Dauer des Zusatzurlaubs daher nur, wenn die Tarifbestimmungen über Urlaubsgeld erkennbar den Zusatzurlaub als anspruchsbegründend einbeziehen (BAG 9. 1. 1979, 20. 10. 1983 AP Nr. 1 und 4 zu § 44 SchwbG; BAG 30. 7. 1986 BAGE 52, 301 = AP Nr. 7 zu § 44 SchwbG; *Neumann/Pahlen* § 47 Rz 15). Ist in einer Tarifvorschrift bestimmt, daß sich das Urlaubsentgelt nach dem durchschnittlichen Arbeitsverdienst der letzten drei Monate und einem Zuschlag von 50% bemißt, so hat auch der Schwerbehinderte während des gesetzlichen Zusatzurlaubs einen Anspruch auf Urlaubsentgelt in dieser Höhe (BAG 23. 1. 1996 AP Nr. 9 zu § 47 SchwbG 1986). Nimmt eine tarifliche Regelung für die Urlaubsdauer auf das SchwbG bzw. SGB IX Bezug und sieht sie ein zusätzliches Urlaubsgeld vor, das neben dem Urlaubsentgelt zu zahlen ist, kann der Schwerbehinderte auch für den ihm zustehenden Zusatzurlaub Urlaubsgeld verlangen.

33   Ist der Anspruch auf zusätzliches Urlaubsgeld im Tarifvertrag auf die **tariflich festgelegte Urlaubsdauer begrenzt,** scheidet ein Anspruch auf Urlaubsgeld für den Zusatzurlaub aus (BAG 30. 7. 1986 BAGE 52, 301 = AP Nr. 7 zu § 44 SchwbG). Die Tarifvertragsparteien können die Voraussetzungen für zusätzliche Leistungen aus Anlaß des Zusatzurlaubs auch ohne Bindung an die Vorschriften des BUrlG bzw. des SGB IX festlegen (BAG 18. 9. 1969 AP Nr. 6 zu § 7 BUrlG Abgeltung; BAG 15. 11. 1973 AP Nr. 11 zu § 11 BUrlG) und ihr Verhältnis zum Urlaub und zum Urlaubsentgelt unterschiedlich ausgestalten. Derartige Leistungen können etwa als Zuschläge zum jeweiligen Urlaubsentgelt oder als Einmalleistungen zu festen Terminen gewährt werden (BAG 15. 3. 1973 AP Nr. 78 zu § 611 BGB Gratifikation).

34   In der **Praxis** kommen auch **zahlreiche Mischformen** vor. Nach manchen Regelungen ist die Zusatzleistung ohne Rücksicht auf die Arbeitsleistung oder die Anwesenheit des Arbeitnehmers im Betrieb und auch ohne Rücksicht auf das Bestehen eines Urlaubsanspruchs zu gewähren (vgl. BAG 14. 1. 1992 – 9 AZR 546/90 – n. v.). Vielfach bestimmen die Tarifvertragsparteien aber auch, daß der Anspruch auf die Zusatzleistung von dem Anspruch auf Urlaub bzw. Zusatzurlaub abhängig ist (vgl. BAG 15. 11. 1973 AP Nr. 11

zu § 11 BUrlG). Dann entfällt der Anspruch auf die Zusatzleistung, wenn ein Anspruch auf Urlaub nicht oder nicht mehr besteht.

VII. In Heimarbeit Beschäftigte

1. § 127 Abs. 3 Satz 1 (Urlaubsentgelt)

Die **Bezahlung** des zusätzlichen Urlaubs der in Heimarbeit beschäftigten und diesen Heimarbeitern gleichgestellten Schwerbehinderten erfolgt gemäß § 127 Abs. 3 Satz 1 SGB IX nach den für die Bezahlung ihres sonstigen Urlaubs geltenden Berechnungsgrundsätzen, soweit es sich um den gesetzlichen Mindesturlaub handelt, also nach § 12 BUrlG (vgl. § 12 BUrlG Rz 28 ff.). 35

Der schwerbehinderte Heimarbeiter erhält für den Zusatzurlaub nach § 127 SGB IX das gleiche Urlaubsentgelt wie für den Grundurlaub nach § 12 Nr. 1 BUrlG. Für die ihm zustehenden Zusatzurlaubstage ist also **für jeden Zusatzurlaubstag von 0,379** v. H. als Entgeltanspruch auszugehen, wenn die Arbeitszeit auf 6 Werktage verteilt ist (9,1 : 24 = 0,379). Insgesamt sind das bei 30 Urlaubstagen Gesamturlaubsanspruch (vgl. Rz 19) 11,37 v. H. des nach § 12 Nr. 1 BUrlG zu ermittelnden Verdienstes. 36

Ist die **Arbeitszeit auf 5 Arbeitstage einer Woche verteilt**, stehen ihm bei dann anzusetzenden 20 Urlaubstagen Grundurlaub für jeden Zusatzurlaubstag 0,45 v. H. (9,1 : 201 = 0,455). Der schwerbehinderte Heimarbeiter, dessen Arbeitszeit auf 5 Arbeitstage verteilt ist, hat damit ebenfalls einen Urlaubsentgeltanspruch von 11,375 v. H. (a. A. *Pahlen/Neumann* § 49 Rz 25, die unzutreffend den Urlaubsentgeltanspruch nach § 12 Nr. 1 BUrlG, § 127 Abs. 3 Satz 1 SGB IX mit dem Urlaubsgeldanspruch nach § 127 Abs. 3 Satz 2 SGB IX addieren und so auf 8,75 v. H. kommen). 37

Der **Berechnungszeitraum** für das Urlaubsentgelt richtet sich gemäß § 127 Abs. 3 Satz 1 SGB IX nach § 12 Nr. 1 BUrlG. Danach ist der Berechnungszeitraum vom **1. Mai des laufenden bis zum 30. April des folgenden Jahres** maßgebend (vgl. dazu § 12 BUrlG Rz 28). Es gibt also für das Urlaubsentgelt keine unterschiedlichen Berechnungszeiträume (a. A. *Neumann/Pahlen* § 49 Rz 25 m. w. N.). 38

2. § 127 Abs. 3 Satz 2 (Urlaubsgeld)

Sofern eine besondere Regelung nicht besteht, erhalten die schwerbehinderten Heimarbeiter nach § 127 Abs. 3 Satz 2 SGB IX als **zusätzliches Urlaubsgeld** 2 v. H. des in der Zeit vom **1. Mai des vergangenen bis zum 30. April des laufenden Jahres verdienten Arbeitsentgelts** einschließlich der Unkostenzuschläge. Das **Urlaubsgeld** ist **getrennt** nach den gemäß § 12 Nr. 1 BUrlG für das **Urlaubsentgelt** maßgeblichen Berechnungsgrundlagen nach dem abgelaufenen Zeitraum zu bestimmen. 39

Das **Schrifttum** (vgl. *Bleistein* GK-BUrlG Anh. I 6 Rz 31 ff.; *Dersch/Neumann* Anh. II Rz 33; *Cramer* § 49 Rz 6; *Natzel* § 47 SchwbG Rz 45) **differenziert** trotz der eindeutigen Unterscheidung von **Urlaubsentgelt** in § 12 Nr. 1 BUrlG, auf den § 127 Abs. 3 Satz 1 SGB IX verweist, und 40

Urlaubsgeld gemäß § 127 Abs. 3 Satz 2 SGB IX **nicht** zwischen Urlaubsentgelt und Urlaubsgeld und kommt demzufolge in Begründungsschwierigkeiten sowohl hinsichtlich des Berechnungszeitraums als auch der Höhe der jeweiligen Vergütung. Die einschlägigen Tarifverträge unterscheiden dagegen zwischen Urlaubsentgelt und Urlaubsgeld (vgl. etwa §§ 4, 7 des Lohntarifvertrages für die Heimarbeit in der Bekleidungsindustrie vom 7. Juni 1991, abgedruckt bei *Fenski* S. 131 ff.).

C. Urlaub und Wehrdienst

1. Gesetz über den Schutz des Arbeitsplatzes bei Einberufung zum Wehrdienst (Arbeitsplatzschutzgesetz – ArbPlSchG)

In der Fassung der Bekanntmachung vom 14. Februar 2001 (BGBl. I S. 253)
BGBl. III/FNA 53-2

(Auszug)

§ 4 Erholungsurlaub

(1) ¹Der Arbeitgeber kann den Erholungsurlaub, der dem Arbeitnehmer für ein Urlaubsjahr aus dem Arbeitsverhältnis zusteht, für jeden vollen Kalendermonat, den der Arbeitnehmer Grundwehrdienst leistet, um ein Zwölftel kürzen. ²Dem Arbeitnehmer ist der ihm zustehende Erholungsurlaub auf Verlangen vor Beginn des Grundwehrdienstes zu gewähren.

(2) Hat der Arbeitnehmer den ihm zustehenden Urlaub vor seiner Einberufung nicht oder nicht vollständig erhalten, so hat der Arbeitgeber den Resturlaub nach dem Grundwehrdienst im laufenden oder im nächsten Urlaubsjahr zu gewähren.

(3) Endet das Arbeitsverhältnis während des Grundwehrdienstes oder setzt der Arbeitnehmer im Anschluß an den Grundwehrdienst das Arbeitsverhältnis nicht fort, so hat der Arbeitgeber den noch nicht gewährten Urlaub abzugelten.

(4) Hat der Arbeitnehmer vor seiner Einberufung mehr Urlaub erhalten als ihm nach Absatz 1 zustand, so kann der Arbeitgeber den Urlaub, der dem Arbeitnehmer nach seiner Entlassung aus dem Grundwehrdienst zusteht, um die zuviel gewährten Urlaubstage kürzen.

(5) Für die Zeit des Grundwehrdienstes richtet sich der Urlaub nach den Urlaubsvorschriften für Soldaten.

§ 7 Vorschriften für in Heimarbeit Beschäftigte

(1) Für in Heimarbeit Beschäftigte, die ihren Lebensunterhalt überwiegend aus der Heimarbeit beziehen, gelten die §§ 1 bis 4 sowie § 6 Abs. 2 sinngemäß.

(2) ¹Vor und nach dem Wehrdienst dürfen in Heimarbeit Beschäftigte aus Anlass des Wehrdienstes bei der Ausgabe von Heimarbeit im Vergleich zu den anderen in Heimarbeit Beschäftigten des gleichen Auftraggebers oder Zwischenmeisters nicht benachteiligt werden; andernfalls haben sie Anspruch auf das dadurch entgangene Entgelt. ²Der Berechnung des entgangenen Entgelts ist das Entgelt zugrunde zu legen, das der in Heimarbeit Beschäftigte im Durchschnitt der letzten zweiundfünfzig Wochen vor der Vorlage des Einberufungsbescheides beim Auftraggeber oder Zwischenmeister erzielt hat.

2. Gesetz über den Zivildienst der Kriegsdienstverweigerer (Zivildienstgesetz – ZDG)

In der Fassung vom 28. September 1994 (BGBl. I S. 2811), zuletzt geändert durch Gesetz vom 16. August 2001 (BGBl. I S. 2093)

BGBl. III/FNA 55-2

(Auszug)

§ 78 Entsprechende Anwendung weiterer Rechtsvorschriften

(1) Für anerkannte Kriegsdienstverweigerer gelten entsprechend
1. das Arbeitsplatzschutzgesetz mit der Maßgabe, daß in § 14a Abs. 2 an die Stelle des Bundesministers der Verteidigung und der von diesem bestimmten Stelle das Bundesministerium für Familie, Senioren, Frauen und Jugend und die von diesem bestimmte Stelle treten und in § 14a Abs. 6 an die Stelle des Bundesministers der Verteidigung das Bundesministerium für Familie, Senioren, Frauen und Jugend und daß an die Stelle der Dauer des Grundwehrdienstes die Dauer des Zivildienstes tritt,
...

3. a) Gesetz über den Einfluß von Eignungsübungen der Streitkräfte auf Vertragsverhältnisse der Arbeitnehmer und Handelsvertreter sowie auf Beamtenverhältnisse (Eignungsübungsgesetz)

Vom 20. Januar 1956 (BGBl. I S. 13), zuletzt geändert durch Gesetz vom 24. März 1997 (BGBl. I S. 594)

BGBl. III/FNA 53-5

(Auszug)

§ 6 Ausschluß von Nachteilen

(1) Aus der Teilnahme an einer Eignungsübung darf dem Arbeitnehmer in beruflicher und betrieblicher Hinsicht und dem Handelsvertreter in seinen vertraglichen Beziehungen zu dem Unternehmer kein Nachteil erwachsen.

(2) [1]Die Bundesregierung regelt durch Rechtsverordnung das Nähere hinsichtlich des Urlaubs, der zusätzlichen Alters- und Hinterbliebenenversorgung, der betrieblichen Pensions- und Urlaubskassen, der Zulagen und sonstigen Rechte, die sich ausschließlich aus der Dauer der Zugehörigkeit zum Beruf, zum Betrieb, oder zur Verwaltung oder aus der Dauer des Vertragsverhältnisses ergeben; darin ist zu bestimmen, daß der Bund Beiträge leistet. [2]Der Arbeitgeber kann verpflichtet werden, Beiträge vorab zu entrichten.

b) Verordnung zum Eignungsübungsgesetz

Vom 15. Februar 1956 (BGBl. I S. 71), zuletzt geändert durch VO vom 10. Mai 1971 (BGBl. I S. 450)

BGBl. III/FNA 53-5-1

(Auszug)

§ 1 Urlaub für Arbeitnehmer bei Ausscheiden aus den Streitkräften

(1) Ein Arbeitnehmer, der nach Teilnahme an einer Eignungsübung aus den Streitkräften ausscheidet, erhält von den Streitkräften für jeden angefangenen Monat, den er bei den Streitkräften Dienst geleistet hat, ein Zwölftel des Urlaubs, der ihm aufgrund des Arbeitsverhältnisses für das laufende Urlaubsjahr zusteht; der Urlaub wird auch dann gewährt, wenn der Arbeitnehmer eine für den Erwerb des Urlaubsanspruchs vorgesehene Wartezeit noch nicht erfüllt hat.

(2) Ergibt sich nach der Berechnung des Urlaubs nach Abs. 1 ein Bruchteil eines Tages, so wird der Urlaub auf volle Tage aufgerundet.

(3) Der Anspruch auf Urlaub entfällt, soweit der Arbeitnehmer seinen Erholungsurlaub vor der Eignungsübung bereits verbraucht hat.

(4) [1]Der Urlaub ist unter Fortzahlung der Dienstbezüge vor der Entlassung aus den Streitkräften zu gewähren. [2]Soweit der Urlaub wegen Krankheit oder wegen Entlassung auf eigenen Antrag bis zur Entlassung nicht gewährt werden kann, sind für den restlichen Urlaub die Dienstbezüge zu zahlen.

(5) Der Urlaub wird auf den Erholungsurlaub des Arbeitnehmers angerechnet.

(6) [1]Für Arbeitnehmer, für die eine Urlaubsmarkenregelung gilt, finden die Absätze 1 bis 5 keine Anwendung. [2]Die Urlaubsmarken werden für die Dauer der Eignungsübung von den Streitkräften geklebt.

§ 2 Urlaub für Arbeitnehmer beim Verbleiben in den Streitkräften

(1) [1]Ein Arbeitnehmer, der nach der Teilnahme an einer Eignungsübung als freiwilliger Soldat bei den Streitkräften bleibt, erhält den Urlaub aus dem bisherigen Arbeitsverhältnis, der bei Beginn der Eignungsübung im laufenden Urlaubsjahr noch nicht verbraucht ist, von den Streitkräften. [2]Eine Abgeltung findet nicht statt.

(2) Hat der Arbeitnehmer bei Beginn der Eignungsübung eine für den Erwerb des Urlaubsanspruchs vorgesehene Wartezeit noch nicht erfüllt, so ist der Urlaub so zu bemessen, als ob das Arbeitsverhältnis zu diesem Zeitpunkt geendet hätte.

§ 3 Urlaubsbescheinigung

[1]Der Arbeitgeber hat dem Arbeitnehmer vor Beginn der Eignungsübung eine Bescheinigung über den im laufenden Urlaubsjahr zustehenden und be-

Teil II   C. Urlaub und Wehrdienst

reits gewährten Erholungsurlaub oder die Urlaubskarte auszuhändigen. [2] Der Arbeitnehmer hat die Bescheinigung oder die Urlaubskarte unverzüglich bei der zuständigen Dienststelle der Streitkräfte abzugeben. [3] Ein Arbeitnehmer, der nach Teilnahme an einer Eignungsübung sein bisheriges Arbeitsverhältnis fortsetzt, erhält von den Streitkräften eine Bescheinigung über den gewährten oder abgegoltenen Urlaub.

§ 7 Urlaubskassen

[1] Beiträge für Urlaubskassen brauchen für die Dauer der Eignungsübung nicht entrichtet zu werden. [2] § 1 Abs. 6 bleibt unberührt.

Schrifttum: *Dörner*, AR-Blattei Urlaub XIII, Urlaub und Wehrdienst; *Heußner*, Der Einfluß des Wehrdienstes auf den Erholungsurlaub des Arbeitnehmers, DB 1964, 1336; *Hoppe*, Das Urlaubsrecht nach dem Arbeitsplatzschutzgesetz, BlStSozArbR 1976, 117; *Kreizberg*, AR-Blattei SD 1800, Wehr- und Zivildienst (1999); *Pods*, HzA Gruppe 15 Wehrpflicht Rz 93 ff.; *Sahmer*, AR-Blattei Wehrdienst IV, Arbeitsplatzschutzgesetz; *ders.* Arbeitsplatzschutzgesetz, Kommentar, Stand 1991.

Übersicht

	Rz
I. Urlaub und ArbPlSchG	1
1. Allgemeines	1
2. Kürzung des Erholungsurlaubs	6
3. Gewährung des Urlaubs vor dem Grundwehrdienst	11
4. Erweiterte Übertragung des Urlaubsanspruchs und Abgeltung	14
5. Urlaub und Wehrübungen	18
II. Urlaub und ZivildienstG	21
III. Urlaub und EignungsübungsG	22

I. Urlaub und ArbPlSchG

1. Allgemeines

1   Wird ein Arbeitnehmer zum **Grundwehrdienst** oder zu einer **Wehrübung** einberufen, ruht nach § 1 Abs. 1 ArbPlSchG das Arbeitsverhältnis während des Wehrdienstes. Hiervon bleibt das Entstehen und Erlöschen des Urlaubsanspruches unberührt. Weder beendet die Einberufung den Urlaubsanspruch noch wird das Entstehen neuer (Erholungs-)Urlaubsansprüche hierdurch ausgeschlossen (*Dörner* AR-Blattei Urlaub XIII A; Kasseler Handbuch/*Hauck* 2.4 Rz 755).

2   Nach § 4 Abs. 1 Satz 1 ArbPlSchG ist der Arbeitgeber jedoch berechtigt, den Urlaubsanspruch des Arbeitnehmers für jeden vollen Kalendermonat, den der Arbeitnehmer Grundwehrdienst leistet, um ein **Zwölftel** zu **kürzen**. Vom BUrlG abweichende Regelungen enthält § 4 ArbPlSchG außerdem für die Gewährung, die Befristung und die Abgeltung des Urlaubsanspruchs.

C. Urlaub und Wehrdienst   Teil II

§ 4 ArbPlSchG gilt nur für Arbeitnehmer, deren Einberufung auf der 3
deutschen Wehrgesetzgebung beruht (BAG 5. 12. 1969 BAGE 22, 232 =
AP Nr. 3 zu Art. 177 EWG-Vertrag m. Anm. *Boldt;* BAG 22. 12. 1982
BAGE 41, 229 = AP Nr. 23 zu § 123 BGB; BAG 30. 7. 1986 BAGE 52, 305
= AP Nr. 22 zu § 13 BUrlG). Eine **Gleichbehandlung** ausländischer Arbeitnehmer ist aber bei Arbeitnehmern geboten, die Staatsangehörige eines Mitgliedsstaats der **EU** sind und im Geltungsbereich des ArbPlSchG beschäftigt
werden (EuGH 15. 10. 1969 AP Nr. 2 zu Art. 177 EWG-Vertrag; BAG
22. 12. 1982 BAGE 41, 229 = AP Nr. 23 zu § 123 BGB; BAG 30. 7. 1986
BAGE 52, 305 = AP Nr. 22 zu § 13 BUrlG).

Für **Arbeitnehmer aus anderen Staaten** kann dagegen § 4 ArbPlSchG 4
auch nicht entsprechend angewandt werden (ebenso *Dersch/Neumann*
Anh. I Rz 2; ErfK/*Dörner* § 4 ArbPlSchG Rz 2): Ist z. B. ein türkischer
Arbeitnehmer zur Ableistung seines auf 2 Monate verkürzten Wehrdienstes
in seinem Heimatland durch den Arbeitgeber einvernehmlich ohne Vergütung von der Arbeitspflicht freigestellt worden, ist der Arbeitgeber nicht
berechtigt, für diese Zeit den Urlaubsanspruch des Arbeitnehmers anteilig
zu kürzen, weil das Arbeitsverhältnis nicht kraft der Einberufung ruht
(MünchArbR/*Leinemann* § 92 Rz 72; a. A. *Eich* Anm. zu AP Nr. 22 zu § 13
BUrlG).

Eine Kürzung kommt auch dann **nicht** in Betracht, wenn ein solcher Arbeitnehmer **ohne Einverständnis des Arbeitgebers** seiner Wehrpflicht nachkommt. Für den Anspruch auf Urlaubsentgelt ist dann aber zu prüfen, ob 5
die Arbeitsversäumnis unverschuldet im Sinne von § 11 Abs. 1 BUrlG ist
(vgl. dazu aus kündigungsrechtlicher Sicht BAG 22. 12. 1982 BAGE 41, 229
= AP Nr. 23 zu § 123 BGB; BAG 7. 9. 1983 BAGE 43, 263 = AP Nr. 7 zu
§ 1 KSchG 1969 Verhaltensbedingte Kündigung m. Anm. *Ortlepp*). Bei **verschuldeter Arbeitsversäumnis** im Bezugszeitraum kann sich die Höhe des
Urlaubsentgelts vermindern.

2. Kürzung des Erholungsurlaubs

§ 4 Abs. 1 Satz 1 ArbPlSchG berechtigt den Arbeitgeber, den Erholungs- 6
urlaub zu kürzen. Der Arbeitgeber kann den Erholungsurlaub kürzen, muß
aber von diesem Recht keinen Gebrauch machen. Will er seine Befugnis ausüben, ist eine (empfangsbedürftige) **rechtsgeschäftliche Erklärung** erforderlich, um den Anspruch auf Erholungsurlaub herabzusetzen (vgl. für den
ähnlichen Fall des BErzGG BAG 15. 2. 1984 BAGE 45, 155, 160 = AP
Nr. 1 zu § 8d MuSchG 1968, zu III der Gründe; BAG 27. 11. 1986 BAGE 53,
366, 370 = AP Nr. 4 zu § 8d MuSchG 1968, zu 2b der Gründe; BAG 28. 7.
1992 AP Nr. 3 zu § 17 BErzGG, zu 1c der Gründe).

Diese **Kürzungserklärung** kann **ausdrücklich** oder **konkludent (schlüs-** 7
sig) abgegeben werden. Es reicht aus, daß dem Arbeitnehmer kein oder nur
der gekürzte Urlaub gewährt wird und ihm erkennbar ist, daß der Arbeitgeber von der Kürzungsmöglichkeit Gebrauch machen will. Weitere Voraussetzungen für eine Kürzung des Urlaubs bzw. der Urlaubsabgeltung
sind nicht gegeben, insbesondere ist die Wirksamkeit der Kürzungserklärung nicht darauf beschränkt, daß sie vor Antritt des Wehrdienstes abgege-

Teil II   C. *Urlaub und Wehrdienst*

ben wird (Kasseler Handbuch/*Hauck* 2.4 Rz 755; vgl. zur vergleichbaren Regelung im BErzGG BAG 28. 7. 1992 AP Nr. 3 zu § 17 BErzGG m. w. N.).

8   Hiergegen spricht nicht, daß § 4 Abs. 2 ArbPlSchG eine **Verlängerung der Befristung** enthält. Der danach zeitlich erweiterten Pflicht zur Urlaubsgewährung ist nicht zu entnehmen, daß der Erholungsurlaub dem Arbeitnehmer ungekürzt erhalten bleiben muß. Der nachzugewährende Urlaub betrifft den gekürzten wie den ungekürzten Resturlaub. Der Arbeitgeber erfüllt seine Pflicht, den Urlaub gemäß § 4 Abs. 2 ArbPlSchG nachzugewähren auch dann, wenn er sein Kürzungsrecht erst nachträglich ausübt. Es ist auch nicht richtig, daß die Urlaubsabgeltungsregelung des §·4 Abs. 3 ArbPlSchG gegenstandslos wäre, wenn eine Kürzungserklärung möglich ist. § 4 Abs. 3 ArbPlSchG gewährleistet eine Urlaubsabgeltung nur im Umfang des noch durch Freistellung von der Arbeitspflicht zu erteilenden Urlaubs. Ist es möglich, den Erholungsurlaub nach § 4 Abs. 1 ArbPlSchG zu kürzen, kann der Arbeitgeber ebenso das Surrogat des Urlaubs, die Urlaubsabgeltung, kürzen. Der Arbeitnehmer erhält dann die im Umfang verminderte Urlaubsabgeltung (vgl. BAG 28. 7. 1992 AP Nr. 3 zu § 17 BErzGG m. w. N. zu der vergleichbaren Regelung im BErzGG).

9   Schließlich sind nach § 4 Abs. 4 ArbPlSchG **Kürzungen auch noch nach der Entlassung aus dem Grundwehrdienst** möglich, wenn der Arbeitnehmer vor seiner Einberufung mehr Urlaub erhalten hatte, als ihm zustand (*Dersch/Neumann* Anh. I Rz 11 m. w. N.; ErfK/*Dörner* 1. Aufl. § 4 ArbPlSchG Rz 10). Die Kürzung betrifft in diesem Fall den Urlaub, der dem Arbeitnehmer nach seiner Entlassung aus dem Wehrdienst zusteht. Hat also ein Arbeitnehmer zu Beginn des Jahres seinen gesamten Jahresurlaub erhalten und leistet er ab 1.10. seinen Grundwehrdienst, kann der Arbeitgeber nach Rückkehr aus dem Wehrdienst den dann entstehenden Urlaubsanspruch um $^3/_{12}$ kürzen. Ergeben sich bei der Kürzung Bruchteile von Urlaubstagen, kommt eine **Auf- oder Abrundung nicht** in Betracht, es sei denn, es handelt sich um Urlaubsansprüche nach § 5 Abs. 1 Buchst. a bis c BUrlG (s. dazu § 5 BUrlG Rz 39; ebenso ErfK/*Dörner* 1. Aufl. § 4 ArbPlSchG Rz 9; Kasseler Handbuch/*Hauck* 2.4 Rz 756; a. A. unzutreffend *Dersch/Neumann* Anh. I Rz 18 m. w. N.). Dann sind Bruchteile von Urlaubstagen, die mindestens einen halben Tag ergeben, auf volle Urlaubstage aufzurunden. Bei einer Kürzung nach Entlassung aus dem Wehrdienst muß der Arbeitgeber dem Arbeitnehmer seine Absicht, den Urlaubsanspruch zu kürzen, nicht vor Antritt des Wehrdienstes angezeigt haben. Für eine solche Pflicht des Arbeitgebers gibt es keine Rechtsgrundlage.

10   Die dem Arbeitgeber nach § 4 Abs. 1 Satz 1 ArbPlSchG zustehende Kürzungsbefugnis betrifft **alle Erholungsurlaubsansprüche** des Arbeitnehmers. Die Kürzungsmöglichkeit gilt daher für den Mindesturlaub nach dem BUrlG, den Urlaub nach dem JArbSchG, den Zusatzurlaub Schwerbehinderter, den Urlaub nach dem SeemG sowie einzelvertragliche, tarifvertragliche oder aufgrund betrieblicher Normsetzung geltende Erholungsurlaubsansprüche (ErfK/*Dörner* 1. Aufl. § 4 ArbPlSchG Rz 5; Kasseler Handbuch/*Hauck* 2.4 Rz 755). Die Kürzung ergreift **nur jeweils volle Kalendermonate**. Beginnt oder endet der Grundwehrdienst im Laufe eines Monats, scheiden diese

C. *Urlaub und Wehrdienst* Teil II

Monate für die Kürzung aus (*Dersch/Neumann* Anh. I Rz 5; ErfK/*Dörner* 1. Aufl. § 4 ArbPlSchG Rz 6).

3. Gewährung des Urlaubs vor dem Grundwehrdienst

Nach § 4 Abs. 1 Satz 2 ArbPlSchG ist dem Arbeitnehmer der ihm zuste- 11
hende Erholungsurlaub **auf Verlangen vor** dem **Beginn** des **Grundwehrdienstes** zu gewähren. Gemeint ist damit der Anspruch auf den nach § 4 Abs. 1 Satz 1 ArbPlSchG zu kürzenden Urlaub. Die Wirkungen der Vorschrift treten ein, wenn der wehrpflichtige Arbeitnehmer dem Arbeitgeber den Einberufungsbescheid vorlegt, § 1 Abs. 3 ArbPlSchG.

Verlangt der Arbeitnehmer den Urlaub, ist der Arbeitgeber nicht berech- 12
tigt, etwa unter Hinweis auf dringende betriebliche Belange oder die Urlaubswünsche anderer Arbeitnehmer die Erteilung des Urlaubs nach Vorlage des Einberufungsbescheids und vor dem Beginn des Grundwehrdienstes zu verweigern. **§ 7 Abs. 1 Satz 1 BUrlG ist nicht anwendbar,** weil § 4 Abs. 1 Satz 2 ArbPlSchG eine Rückausnahme zu den Leistungsverweigerungsrechten nach § 7 Abs. 1 Satz 1 BUrlG enthält (ErfK/*Dörner* § 4 ArbPlSchG Rz 5; MünchArbR/*Leinemann* § 92 Rz 75; a. A. *Dersch/Neumann* Anh. I Rz 10). Der Arbeitgeber ist demnach gemäß § 271 BGB verpflichtet, die Leistung für den Zeitraum zu bewirken, für den sie gefordert ist (insoweit im Ergebnis wie hier *Boldt/Röhsler* § 7 Rz 23; *Dörner* AR-Blattei Urlaub XIII, B III 2; GK-BUrlG/*Stahlhacke* Anh. I 1 Rz 4; a. A. *Dersch/Neumann* Anh. I Rz 8).

Richtet sich die Fälligkeit des Urlaubsanspruchs daher mit der Vorlage 13
des Einberufungsbescheids nicht nach § 7 Abs. 1 Satz 1 BUrlG, können der Gewährung **keine „zwingenden Gründe"** oder „ganz besondere Ausnahmefälle" entgegenstehen (ebenso *Dörner* AR-Blattei Urlaub XIII, B III 2; *Tautphäus* Rz 274; a. A. *Boldt/Röhsler* § 7 Rz 23; GK-BUrlG/*Stahlhacke* Anh. I 1 Rz 4). Andererseits ist auch für den zum Grundwehrdienst einberufenen Arbeitnehmer mangels gesetzlicher Grundlage eine Befugnis zur **„Selbstbeurlaubung"** zu verneinen (*Boldt/Röhsler* § 7 Rz 23; ErfK/*Dörner* § 4 ArbPlSchG Rz 5; Kasseler Handbuch/*Hauck* 2.4 Rz 758; *Sahmer* § 4 Rz 15; a. A. ohne Begründung *Dersch/Neumann* Anh. I Rz 10).

4. Erweiterte Übertragung des Urlaubsanspruchs und Abgeltung

Hat der Arbeitnehmer den ihm zustehenden Urlaub vor seiner Einberu- 14
fung nicht oder nicht vollständig erhalten, etwa weil er den Urlaub nicht verlangt oder der Zeitraum vor der Einberufung nicht dafür ausgereicht hat, ist abweichend von § 7 Abs. 3 Satz 3 BUrlG der Arbeitgeber nach § 4 Abs. 2 ArbPlSchG verpflichtet, den Resturlaub **nach dem Grundwehrdienst im laufenden oder nächsten Urlaubsjahr zu gewähren.** Auch insoweit ist § 7 Abs. 1 BUrlG nicht anwendbar, der Urlaubsanspruch ist vielmehr bis zum Ablauf des nächsten Urlaubsjahres entsprechend der zeitlichen Disposition des Arbeitnehmers zu erfüllen. Zur Übertragung des Urlaubsanspruchs bedarf es wie nach § 7 Abs. 3 Satz 2 BUrlG keiner Handlung von Arbeitgeber und Arbeitnehmer, die Übertragung erfolgt vielmehr kraft Gesetzes (ErfK/ *Dörner* 1. Aufl. § 4 ArbPlSchG Rz 16).

Teil II   *C. Urlaub und Wehrdienst*

15   Dieser **Anspruch auf Gewährung des Resturlaubs** ist wie der sonstige Urlaubsanspruch des Arbeitnehmers **befristet.** Anders wäre nicht zu verstehen, daß dem Arbeitnehmer, der den ihm zustehenden Urlaub vor seiner Einberufung nicht oder nicht vollständig erhalten hat, der Resturlaub nach dem Grundwehrdienst im laufenden oder im nächsten Urlaubsjahr zu gewähren ist. Der Urlaubsanspruch wird damit auf das Ende des dem Grundwehrdienst folgenden Jahres befristet. Mit dem Ende dieser erneuten Befristung erlischt der Urlaubsanspruch (vgl. § 7 BUrlG Rz 114).

16   Diese Regelung darf nicht mit dem **im Jahr der Rückkehr** aus dem Grundwehrdienst entstehenden Urlaubsanspruch verwechselt werden. Dieser wird durch § 4 Abs. 2 ArbPlSchG nicht betroffen.

17   **Endet das Arbeitsverhältnis** während des Grundwehrdienstes oder setzt der Arbeitnehmer im Anschluß daran das Arbeitsverhältnis nicht fort, hat der Arbeitgeber den dem Arbeitnehmer noch zustehenden Urlaubsanspruch abzugelten, § 4 Abs. 3 ArbPlSchG. Der Abgeltungsanspruch erlischt mit Ablauf des dem Ende des Grundwehrdiensts folgenden Jahres. Arbeitsunfähigkeit des Arbeitnehmers hindert auch insoweit nicht das Erlöschen dieses Anspruchs. Ist der Arbeitnehmer arbeitsunfähig krank, ist der Abgeltungsanspruch nicht zu erfüllen, solange die Arbeitsunfähigkeit andauert (vgl. § 7 BUrlG Rz 182 f.).

5. Urlaub und Wehrübungen

18   Wird ein Arbeitnehmer zu einer **Wehrübung** einberufen, hatte der Arbeitgeber früher keine Kürzungsbefugnis. Aufgrund der Gesetzesänderung vom 24. 7. 1995 ist die unterschiedliche Behandlung von Grundwehrdienst und Wehrübungen aufgehoben und die Regelung in Abs. 5 a. F. gestrichen worden. Damit stehen dem Arbeitgeber die Kürzungsmöglichkeiten auch bei einer Teilnahme des Arbeitnehmers an einer Wehrübung zu (ErfK/ *Dörner* § 4 ArbPlSchG Rz 11).

II. Urlaub und ZivildienstG

19   Für **Zivildienstleistende** gelten die Vorschriften des ArbPlSchG nach § 78 Abs. 1 Nr. 1 ZivildienstG entsprechend.

III. Urlaub und EignungsübungsG

20   Entgegen der im Schrifttum vertretenen Auffassung (GK-BUrlG/ *Berscheid* § 15 Rz 6; *Dersch/Neumann* § 15 Rz 5; ErfK/*Dörner* § 4 ArbPlSchG Rz 12; *Natzel* § 15 Rz 1) gehört das **EignungsübG** vom 20. 1. 1956 (BGBl. I S. 13) zuletzt geändert durch Gesetz vom 29. 7. 1994 (BGBl. I S. 1890) **nicht** zu den Bundesgesetzen, die vom Inkrafttreten des BUrlG **unberührt** geblieben sind (s. § 15 Rz 8). Dies wirkt sich zwar nicht auf die Wirksamkeit des EignungsübG insgesamt aus, das **BUrlG verdrängt** jedoch die den Urlaub regelnde Vorschrift des **§ 6 EignungsübG** bzw. die auf-

C. *Urlaub und Wehrdienst* **Teil II**

grund der Ermächtigung in § 6 Abs. 2 EignungsübG ergangene Verordnung vom 15. 2. 1956 (BGBl. I S. 71), zuletzt geändert durch Verordnung vom 10. 5. 1971 (BGBl. I S. 450).

Das bedeutet, daß das Ruhen des Arbeitsverhältnisses nach § 1 Abs. 1 21
EignungsübG ebenso wie das Ruhen des Arbeitsverhältnisses nach § 1 ArbPlSchG das Entstehen und Erlöschen des Urlaubsanspruches gegenüber dem Arbeitgeber **unberührt läßt** (s. Rz 1).

Der Arbeitnehmer hat nicht gegenüber den Streitkräften, sondern **gegen-** 22
über seinem Arbeitgeber den **vollen Urlaubsanspruch** unter den Voraussetzungen nach dem BUrlG. Verbleibt er in den Streitkräften, ist der Urlaubsanspruch gegenüber seinem Arbeitgeber nach den Voraussetzungen des BUrlG abzugelten, da das Arbeitsverhältnis gemäß § 3 Abs. 1 Satz 1 EignungsübungsG mit Ablauf der Eignungsübung endet.

D. Seemannsgesetz (SeemG)

Vom 26. Juli 1957 (BGBl. II S. 713), zuletzt geändert durch Gesetz vom 21. Dezember 2000 (BGBl. I S. 1983)

BGBl. III/FNA 9513-1

(Auszug)

§ 53 Urlaubsanspruch

(1) Das Besatzungsmitglied hat für jedes Beschäftigungsjahr Anspruch auf bezahlten Urlaub.

(2) Das Bundesurlaubsgesetz vom 8. Januar 1963 (BGBl. I S. 2) findet auf den Urlaubsanspruch des Besatzungsmitglieds nur insoweit Anwendung, als es Vorschriften über die Mindestdauer des Urlaubs enthält.

§ 54 Urlaubsdauer

(1) Die Urlaubsdauer muß angemessen sein. Bei ihrer Festsetzung ist insbesondere die Dauer der Beschäftigung bei demselben Reeder zu berücksichtigen.

(2) Jugendlichen ist in jedem Beschäftigungsjahr ein Mindesturlaub zu gewähren

1. von 30 Werktagen, wenn sie zu Beginn des Beschäftigungsjahres noch nicht 16 Jahre alt sind,
2. von 27 Werktagen, wenn sie zu Beginn des Beschäftigungsjahres noch nicht 17 Jahre alt sind,
3. von 25 Werktagen, wenn sie zu Beginn des Beschäftigungsjahres noch nicht 18 Jahre alt sind.

§ 55 Urlaubsgewährung

(1) [1] Der Urlaub wird vom Reeder oder vom Kapitän gewährt; dabei sind die Wünsche des Besatzungsmitglieds tunlichst zu berücksichtigen. [2] Der Urlaub ist im Geltungsbereich des Grundgesetzes zu gewähren, soweit nicht auf Verlangen des Besatzungsmitglieds etwas anderes vereinbart wird.

(2) [1] Der Urlaub ist, nach Möglichkeit zusammenhängend, bis zum Schluß des Beschäftigungsjahrs zu gewähren. [2] Wenn betriebliche Gründe, insbesondere längere Reisen des Schiffs es erfordern, kann der Urlaub für zwei Beschäftigungsjahre zusammen gegeben werden.

(3) [1] Dem Besatzungsmitglied muß nach zweijähriger, Jugendlichen nach einjähriger Abwesenheit vom letzten Hafen im Geltungsbereich des Grundgesetzes auf Verlangen der bis dahin erworbene Urlaub gewährt werden. [2] Diese Fristen können bis zu drei Monaten überschritten werden, wenn das Schiff innerhalb dieser Zeit einen europäischen Hafen anläuft.

D. *Seemannsgesetz* Teil II

(4) Während des Urlaubs darf das Besatzungsmitglied keiner dem Urlaubszweck widersprechenden Erwerbsarbeit nachgehen.

§ 56 Heimaturlaub

(1) Wird Heimaturlaub von einem Hafen außerhalb des Geltungsbereichs des Grundgesetzes aus gewährt, so beginnt er mit dem Ablauf des Tages, an dem das Besatzungsmitglied
1. in einem Hafen im Geltungsbereich des Grundgesetzes eintrifft oder
2. die Bundesgrenze auf dem Land- oder Luftwege überschreitet.

(2) Die Reisekosten (§ 26) trägt der Reeder im Falle des Absatzes 1 Nr. 1 bis zu diesem Hafen, im Falle des Absatzes 1 Nr. 2 bis zu dem Heimatort des Besatzungsmitglieds.

(3) Wenn sich das Besatzungsmitglied nach Beendigung des Heimaturlaubs in einem Hafen außerhalb des Geltungsbereichs des Grundgesetzes melden muß, gelten die Vorschriften der Absätze 1 und 2 sinngemäß mit der Maßgabe, daß das Besatzungsmitglied an dem auf den letzten Urlaubstag folgenden Tag nach näherer Weisung des Reeders einen der in Absatz 1 Nr. 1 oder 2 bezeichneten Orte erreichen muß und daß der Reeder die Reisekosten von den in Absatz 2 genannten Orten bis zu dem Meldeort trägt.

§ 57 Urlaubsentgelt

(1) Als Urlaubsentgelt ist dem Besatzungsmitglied die Heuer fortzuzahlen. Für Sachbezüge ist ein angemessener Abgeltungsbetrag zu gewähren.

(2) ¹Für jeden Urlaubstag sowie für jeden in den Urlaub fallenden Sonn- und Feiertag ist ein Dreißigstel der Monatsgrundheuer zu zahlen. ²Heuerteile, deren Höhe sich nach dem Ausmaß der Arbeit, dem Erfolg oder ähnlichen nicht gleichbleibenden Bemessungsgrundlagen richtet, sind bei der Berechnung des Urlaubsentgelts angemessen zu berücksichtigen.

(3) Das Urlaubsentgelt ist vor dem Urlaubsantritt zu entrichten.

§ 58 Erkrankung während des Urlaubs

¹Wird ein Besatzungsmitglied während des Urlaubs arbeitsunfähig krank, so werden diese Krankheitstage auf den Urlaub nicht angerechnet, soweit die Erkrankung durch ärztliches Zeugnis nachgewiesen wird. ²Ist anzunehmen, daß die Erkrankung über den Ablauf des Urlaubs hinaus fortdauern wird, so ist das Besatzungsmitglied verpflichtet, dies dem Reeder unverzüglich mitzuteilen. ³Das Besatzungsmitglied hat sich nach Ablauf des ihm bewilligten Urlaubs oder, falls die Erkrankung länger dauert, nach Wiederherstellung der Arbeitsfähigkeit zunächst dem Reeder oder dem Kapitän zur Arbeitsleistung zur Verfügung zu stellen. ⁴Der Reeder oder der Kapitän bestimmt den Zeitpunkt, von dem ab der restliche Urlaub gewährt wird; dabei sind die Wünsche des Besatzungsmitglieds tunlichst zu berücksichtigen.

Teil II   D. Seemannsgesetz

§ 59 Urlaub bei Beendigung des Heuerverhältnisses während des Beschäftigungsjahrs

(1) Endet das Heuerverhältnis des Besatzungsmitglieds vor Ablauf des Beschäftigungsjahrs, so hat das Besatzungsmitglied innerhalb der ersten sechs Monate der Beschäftigung bei demselben Reeder für jeden vollen Beschäftigungsmonat, danach für jeden angefangenen Beschäftigungsmonat Anspruch auf ein Zwölftel des Jahresurlaubs.

(2) Hat das Besatzungsmitglied bereits längeren als den ihm nach Absatz 1 zustehenden Urlaub erhalten, so kann das Urlaubsentgelt nicht zurückgefordert werden.

§ 60 Urlaubsabgeltung

Der Urlaub darf nur abgegolten werden, soweit er wegen Beendigung des Heuerverhältnisses nicht mehr gewährt werden kann und eine Verlängerung des Heuerverhältnisses infolge Eingehens eines neuen Heuer- oder sonstigen Arbeitsverhältnisses nicht möglich ist.

Schrifttum: *Bemm/Lindemann*, Seemannsgesetz, 4. Aufl. 1999; RGRK-*Bemm*, Das Arbeitsrecht der See- und Binnenschiffahrt, Anh. II zu § 630 BGB, 12. Aufl., 1990; *Fettback*, Seemannsgesetz, 3. Aufl. 1976; *Franzen*, Das Heuerverhältnis, AR-Blattei SD 1450.3 (1994); *Lindemann*, Sammlung Seearbeitsrechtlicher Entscheidungen (SeeAE); *Schaps/Abraham*, Das Deutsche Seerecht, 4. Aufl. 1978; *Wagner*, Die Höhe des Urlaubsentgelts in der Seeschiffahrt, RdA 1955, 271; *Schwedes/Franz*, Kommentar zum Seemannsgesetz, 2. Aufl. 1984.

Übersicht

	Rz
I. Allgemeines	1
II. Urlaubsanspruch	13
1. Entstehen des Urlaubsanspruchs	13
2. Urlaubsdauer	15
3. Teilurlaub	16
4. Ausschluß von Doppelansprüchen	24
5. Urlaubsgewährung	25
6. Urlaubsabgeltung	33
7. Erkrankung während des Urlaubs	36
8. Maßnahmen der medizinischen Vorsorge oder Rehabilitation	37
9. Urlaubsentgelt	38
III. Heimaturlaub	45

I. Allgemeines

1   Nach § 53 Abs. 2 SeemG findet das **BUrlG nur insoweit Anwendung, als es Vorschriften über die Mindestdauer des Urlaubs enthält.** Die Formulierung „nur insoweit" in § 53 Abs. 2 SeemG bezieht sich nur auf die im SeemG geregelten Tatbestände und nicht auch auf Sachverhalte, die vom

D. *Seemannsgesetz* Teil II

SeemG nicht erfaßt sind. Auf die im SeemG nicht geregelte Behandlung von Doppelansprüchen bei einem Arbeitsplatzwechsel (§ 6 BUrlG) sowie die Auswirkungen von Maßnahmen der medizinischen Vorsorge oder Rehabilitation auf den Urlaubsanspruch (§ 10 BUrlG) sind deshalb die entsprechenden Bestimmungen des BUrlG anwendbar (a.A. Vorauflage; ebenso *Boldt/Röhsler* § 15 Rz 35; GK-BUrlG/*Berscheid* § 15 Rz 22; *Dersch/Neumann* § 15 Rz 12; MünchArbR/*Leinemann* § 92 Rz 51; *Natzel* Teil II SeemG Rz 6; siehe auch Teil I § 10 Rz 9; Teil I § 15 Rz 53; offengelassen von BAG 19. 1. 1993 AP Nr. 1 zu § 53 SeemG = NZA 1993, 1129; anders *Trieschmann* AuR 1963, 88). Hierfür spricht auch, daß die im SeemG nicht gesondert geregelten Fälle des Ausschlusses von Doppelansprüchen und von Maßnahmen der medizinischen Vorsorge oder Rehabilitation die Urlaubsdauer betreffen und deshalb die Anwendung der §§ 6 und 10 BUrlG auch nach dem Wortlaut des § 53 Abs. 2 SeemG geboten ist.

Die **IAO-Übereinkommen Nr. 91** über den bezahlten Urlaub der Schiffsleute (Neufassung) vom 2. Juli 1949 und Nr. 146 über den bezahlten Jahresurlaub der Seeleute vom 29. Juni 1976 sind nicht anwendbar, da sie von der Bundesrepublik Deutschland nicht ratifiziert worden sind (vgl. MünchArbR/*Leinemann* § 92 Rz 49 Fn 68). 2

Die das SeemG teilweise modifizierenden Regelungen des **MTV-See** vom 17. April 1986 sind nur anwendbar, wenn sie günstiger als das SeemG sind (§ 10 Satz 2 SeemG; vgl. auch BAG 19. 1. 1993 AP Nr. 1 zu § 53 SeemG = NZA 1993, 1129, zu II 2 der Gründe). Eine dem § 13 BUrlG vergleichbare Vorschrift existiert nicht im SeemG, so daß die Grundsätze über die Abdingbarkeit des Gesetzes nach § 13 BUrlG nicht auf die Ansprüche aus dem SeemG übertragen werden dürfen (s. Rz 1). 3

Die Vorschriften des SeemG gelten für alle **Kauffahrteischiffe**, die nach dem Flaggenrechtsgesetz vom 8. Februar 1951 (BGBl. I, S. 79) die Bundesflagge führen (§ 1 SeemG). Ein Kauffahrteischiff ist ein Seeschiff, das dem Erwerb durch die Seefahrt dient, nach heutigem Sprachgebrauch also ein **Handelsschiff**. Darunter fallen auch Lotsen-, Hochseefischerei-, Bergungs-, Bagger-, Schlepp-, Küsten- und Kutterfischerei-, Walfang- und ähnliche Fahrzeuge (vgl. *Bemm/Lindemann* § 1 Rz 10 ff m. w. N. aus der Rechtsprechung des ArbG Hamburg; *Schwedes/Franz* § 1 Rz 3). 4

Die §§ 53 bis 60 SeemG über den Urlaub gelten für **Besatzungsmitglieder**. Besatzungsmitglieder im Sinne des SeemG sind gemäß § 3 SeemG die Schiffsoffiziere (§ 4 SeemG), die sonstigen Angestellten (§ 5 SeemG) und die Schiffsleute (§ 6 SeemG). 5

Schiffsoffiziere sind gemäß § 4 SeemG die Angestellten des nautischen oder des technischen Schiffsdienstes, die eines staatlichen Befähigungszeugnisses bedürfen, die Schiffsärzte, die Seefunker, die Inhaber eines Seefunkzeugnisses erster oder zweiter Klasse sind, und die Zahlmeister. 6

Sonstige Angestellte im Sinne des SeemG sind gemäß § 5 SeemG Besatzungsmitglieder, die, ohne Schiffsoffiziere zu sein, nach der seemännischen Verkehrsanschauung als Angestellte angesehen werden. Dies ist insbesondere anzunehmen, wenn eine überwiegend leitende, beaufsichtigende oder büromäßige Tätigkeit oder eine verantwortliche Tätigkeit ausüben, die besondere Kenntnisse erfordert. 7

Teil II *D. Seemannsgesetz*

8 **Schiffsmann** ist jedes andere in einem Heuerverhältnis (§§ 23 ff. SeemG) stehende Besatzungsmitglied, das nicht Angestellter im Sinne der §§ 4 und 5 SeemG ist (§ 6 SeemG).
9 Die Vorschriften des SeemG über den Urlaub finden auf **sonstige** im Rahmen des Schiffsbetriebes **an Bord tätige Personen** (§ 7 SeemG, z.B. der Bordgeistliche oder der Lotse) gemäß § 79 SeemG keine Anwendung.
10 Hingegen sind gemäß § 78 SeemG die Urlaubsvorschriften des SeemG sinngemäß auch auf den **Kapitän** anzuwenden.
11 Das SeemG gilt schließlich auch für **Jugendliche**, d.h. solche Personen, die 14 aber noch nicht 18 Jahre alt sind (§ 8 Abs. 2 SeemG). Das SeemG regelt den Urlaub der jugendlichen Arbeitnehmer, die auf einem Kauffahrteischiff i.S. des § 3 SeemG beschäftigt werden, in § 54 Abs. 2 SeemG abschließend. Entgegen der Regelung in § 19 JArbSchG ist das **Beschäftigungs-**, nicht das **Kalenderjahr** entscheidend *(Bemm/Lindemann* § 54 Rz 9); dies kann zu unterschiedlichen Urlaubsansprüchen von Jugendlichen gleichen Alters und gleichen Beschäftigungsjahren nach § 54 Abs. 2 SeemG einerseits und § 19 Abs. 1 JArbSchG andererseits führen (vgl. die Beispiele bei *Dersch/Neumann* Anh. VI Rz 11 ff.).
12 Entgegen der Rechtslage im JArbSchG erhalten **Kinder** oder ihnen gemäß § 8 Abs. 3 SeemG **gleichgestellte Jugendliche** keinen längeren Urlaub nach § 54 Abs. 2 SeemG, da eine dem § 5 Abs. 2 JArbSchG entsprechende Vorschrift fehlt (zum Streitstand im Rahmen des JArbSchG s. die Erläuterungen Teil II A Rz 5 f.).

II. Urlaubsanspruch

1. Entstehen des Urlaubsanspruchs

13 Abweichend von § 1 BUrlG hat das Besatzungsmitglied nach § 53 Abs. 1 SeemG Anspruch auf bezahlten Urlaub für jedes **Beschäftigungsjahr,** also nicht für das Kalenderjahr. Für jedes Besatzungsmitglied ist daher ein **eigenes Urlaubsjahr** festzustellen. Das Beschäftigungsjahr beginnt mit der vereinbarten Arbeitsaufnahme im Heuerverhältnis, nicht mit dem Abschluß des Heuervertrags *(Boldt/Röhsler* § 1 Rz 24, 26; Kasseler Handbuch/*Hauck* 2.4 Rz 745; MünchArbR/*Leinemann* § 92 Rz 50; *Natzel* Teil II SeemG Rz 8). **Wartezeiten** sind für den Urlaub nicht vorgesehen *(Bemm/Lindemann* § 53 Rz 4). Der volle Urlaubsanspruch entsteht sofort mit Beginn des Heuerverhältnisses und verkürzt sich bei Ausscheiden während des Beschäftigungsjahres gemäß § 59 SeemG.
14 Kein Urlaubsanspruch ist der **Anspruch** des Besatzungsmitgliedes **auf Landgang** (§ 61 SeemG); er besteht neben dem Urlaubsanspruch. Die Anrechnung auf den Erholungsurlaub ist unzulässig *(Bemm/Lindemann* § 61 Rz 2; MünchArbR/*Leinemann* § 92 Rz 51; *Natzel* Teil II SeemG Rz 31).

2. Urlaubsdauer

15 Nach § 53 Abs. 2 SeemG findet das BUrlG nur insoweit Anwendung, als es Vorschriften über die **Mindestdauer des Urlaubs** enthält. Besatzungsmit-

D. Seemannsgesetz **Teil II**

gliedern steht daher nach § 3 Abs. 1 BUrlG ein Mindesturlaub von 24 Werktagen zu. Sofern an Sonn- und Feiertagen Arbeitspflicht besteht, sind diese Tage urlaubsrechtlich wie Werktage zu behandeln. Beträgt die Arbeitsverpflichtung sieben Tage in der Woche, hat der Arbeitnehmer einen umgerechneten Urlaubsanspruch von 28 Tagen (BAG 11. 8. 1998 – 9 AZR 499/97 n.v.). § 54 Abs. 1 SeemG, wonach der Urlaub angemessen sein muß, enthält nur eine Aufforderung an die Parteien des Heuerverhältnisses und an die Tarifvertragsparteien, begründet aber keinen Anspruch des Besatzungsmitglieds auf einen längeren Urlaub (MünchArbR/*Leinemann* § 92 Rz 51). Nicht gefolgt werden kann daher der bei *Bemm/Lindemann* (§ 54 Rz 5) zitierten Auffassung des ArbG Hamburg (Urteil vom 8. 10. 1985 – S 1 Ca 439/83 –), wonach das Besatzungsmitglied einen längeren Urlaub beanspruchen könnte, wenn es konkrete Anhaltspunkte für seinen besonderen, über die Dauer des Urlaubsanspruchs nach § 3 Abs. 1 BUrlG hinausgehenden Bedarf vorträgt.

3. Teilurlaub

Teilurlaubsansprüche bestehen nach dem SeemG nur bei Ausscheiden 16 aus dem Arbeitsverhältnis. Die in § 5 Abs. 1 BUrlG geregelten Fälle sind auf das Beschäftigungsverhältnis auf einem Kauffahrteischiff schon deshalb nicht übertragbar, weil sie an den Begriff „Wartezeit" anknüpfen, der im SeemG nicht existiert. § 59 Abs. 1 SeemG regelt daher nur die Sachverhalte, die sich aus der Beendigung des Heuerverhältnisses während des Beschäftigungsjahres ergeben. Danach haben das Besatzungsmitglied und der Kapitän (nach § 78 SeemG) in den ersten 6 Monaten der Beschäftigung Anspruch auf ein Zwölftel des Jahresurlaubs für jeden **vollen** Beschäftigungsmonat, danach Anspruch auf ein Zwölftel des Jahresurlaubs für jeden **angefangenen** Beschäftigungsmonat.

Die ersten 6 Monate der Beschäftigung im Sinne von § 59 Abs. 1 SeemG 17 brauchen nur im ersten Beschäftigungsjahr des Heuerverhältnisses zurückgelegt werden, danach kommt es – auch im zweiten usw. Beschäftigungsjahr – nur auf jeden **angefangenen** Monat an (*Bemm/Lindemann* § 59 Rz 5; *Natzel* Teil II SeemG Rz 12). § 59 Abs. 1 SeemG gilt auch im zweiten Beschäftigungsjahr und den folgenden Jahren, d.h. auch bei Ausscheiden aus dem Heuerverhältnis im fünften Beschäftigungsjahr tritt für dieses Beschäftigungsjahr eine **Zwölftelung** des Jahresurlaubsanspruchs ein (*Bemm/Lindemann* § 59 Rz 4).

Für die **Berechnung** des Beschäftigungsmonats gelten die §§ 187, 188 18 BGB. Beginnt das Heuerverhältnis des Besatzungsmitglieds oder des Kapitäns mit dem 5. eines Monats, so ist der erste volle Beschäftigungsmonat mit Ablauf des 4. des darauffolgenden Monats erfüllt. Scheidet das Besatzungsmitglied vor Beendigung des ersten Beschäftigungsmonats aus, hat es überhaupt keinen Urlaubsanspruch. Scheidet es hingegen nach 6 Monaten und einem Tag Dienstzeit aus, hat es einen Teilurlaubsanspruch in Höhe von $7/12$ des Jahresurlaubs.

Für den **gesetzlichen Teilurlaubsanspruch** soll es nach Meinungen im 19 Schrifttum darauf ankommen, daß das Besatzungsmitglied in dem Monat auch **tatsächlich beschäftigt** worden ist, wobei lediglich kürzere Unterbrechungen, z.B. „Krankheitszeiten von einer bis zwei Wochen", unschädlich sein sollen (vgl. *Bemm/Lindemann* § 59 Rz 7; *Dersch/Neumann* Anh. VI Rz 44).

20 Dem kann nicht gefolgt werden. Diese Auffassung verkennt den Begriff „**Beschäftigungsjahr**" im Rahmen des SeemG, der lediglich der Abgrenzung zum Urlaubs-, also dem Kalenderjahr nach dem BUrlG dient (s. auch *Schwedes/Franz* § 59 Rz 4). Die Rechtslage entspricht insoweit der des BUrlG, wonach es auf Zeiten der Krankheit während des Urlaubsjahres nicht ankommt (ständige Rechtsprechung des BAG seit BAG 28. 1. 1982 BAGE 37, 382 = AP Nr. 11 zu § 3 BUrlG Rechtsmißbrauch; ebenso BAG 8. 3. 1984 BAGE 45, 184 = AP Nr. 14 zu § 3 BUrlG Rechtsmißbrauch; BAG 14. 5. 1986 BAGE 52, 67 = AP Nr. 26 zu § 7 BUrlG Abgeltung; BAG 24. 11. 1987 BAGE 56, 340 = AP Nr. 41 zu § 7 BUrlG Abgeltung; ausführlich dazu Einl. Rz 56 ff. und § 1 BUrlG Rz 90 ff.).

21 Die **Aufrundungsregel** nach § 5 Abs. 2 BUrlG findet im SeemG Anwendung, da eine § 5 Abs. 2 BUrlG entsprechende Regelung im SeemG nicht existiert und diese Bestimmung die Urlaubsdauer betrifft (s. Rz 1; ebenso *Bemm/Lindemann* § 59 Rz 10; GK-BUrlG/*Berscheid* Anh. I 7 §§ 59, 60 SeemG Rz 2; *Dersch/Neumann* Anh. VI Rz 45; a.A. Vorauflage). Eine **Abrundungsregelung** ergibt sich allerdings weder aus dem BUrlG (BAG 26. 1. 1989 BAGE 61, 52 = AP Nr. 13 zu § 5 BUrlG; BAG 14. 2. 1991 AP Nr. 1 zu § 3 BUrlG Teilzeit) noch aus dem SeemG (a.A. GK-BUrlG/ *Berscheid* Anh. I 7 §§ 59, 60 SeemG Rz 2: „Ganztagsprinzip").

22 Mangels **Wartezeit** entsteht der volle Urlaubsanspruch bereits mit der vereinbarten Arbeitsaufnahme im Heuerverhältnis. Wird der Urlaubsanspruch dementsprechend vor Ablauf des Beschäftigungsjahres voll gewährt, so kann bei vorzeitigem Ausscheiden das Urlaubsentgelt gemäß § 59 Abs. 2 SeemG nicht zurückgefordert werden. Abweichende Vereinbarungen, auch Tarifverträge, sind insoweit unwirksam (ArbG Hamburg 9. 8. 1978 SeeAE § 59 SeemG Nr. 2; ArbG Hamburg 9. 3. 1977 SeeAE § 59 SeemG Nr. 1).

23 Gleiches gilt, wenn das Besatzungsmitglied den Urlaub für das Folgejahr nach § 55 Abs. 2 SeemG bereits **vorzeitig erhält,** weil danach eine längere Schiffsreise angetreten wird, das Besatzungsmitglied aber vor Erreichen des Folgejahres aus dem Heuerverhältnis ausscheidet (ArbG Hamburg 9. 3. 1977 SeeAE § 59 SeemG Nr. 1; *Bemm/Lindemann* § 59 SeemG Rz 12; GK-BUrlG/*Berscheid* Anh. I 7 §§ 59, 60 SeemG Rz 3 m.w.N.). Das ArbG Hamburg hat im Urteil vom 9. 3. 1977 (SeeAE § 59 SeemG Nr. 1) diese gesetzliche Regel für den Fall durchbrochen, daß der Arbeitnehmer den Urlaub in sittenwidriger Weise „**erschlichen**" hat (zustimmend *Bemm/ Lindemann* § 59 SeemG Rz 13; GK-BUrlG/*Berscheid* Anh. I 7, §§ 59, 60 SeemG Rz 3; *Schwedes/Franz* § 59 Rz 6).

4. Ausschluß von Doppelansprüchen

24 Eine dem § 6 BUrlG entsprechende Vorschrift fehlt im SeemG. **§ 6 BUrlG ist ergänzend heranzuziehen,** weil diese Bestimmung die Urlaubsdauer betrifft (s. oben Rz 1).

5. Urlaubsgewährung

Schuldner des Urlaubsanspruchs ist der **Reeder** als Arbeitgeber, § 55 25
SeemG. Er oder der Kapitän als sein Vertreter gewähren den Urlaub.
Die Wünsche des Besatzungsmitglieds sind dabei „tunlichst" zu berücksichtigen.
§ 271 BGB ist damit auch hier durch eine Spezialvorschrift ersetzt, die
gegenüber § 7 Abs. 1 Satz 1 BUrlG die Beachtung von weniger Merkmalen
als dort vorgesehen erfordert. Der Reeder oder der Kapitän sind berechtigt,
bis zum Ablauf der Befristung des Urlaubsanspruchs nach § 55 Abs. 3 Satz 1
SeemG sowie ggf. dem weiteren Fristablauf nach § 55 Abs. 3 Satz 2 SeemG
die **Gewährung des Urlaubs** zu verweigern, wenn dies durch betriebliche
Gründe nach § 55 Abs. 2 Satz 2 SeemG gerechtfertigt ist. Der Urlaub muß
im Geltungsbereich des Grundgesetzes, also in der Bundesrepublik Deutschland, gewährt werden, es sei denn, mit dem Besatzungsmitglied ist etwas anderes vereinbart, § 55 Abs. 1 Satz 2 SeemG.

Können sich Reeder oder Kapitän und das betroffene Besatzungsmitglied 26
nicht über den Urlaubszeitrahmen einigen, so besteht ein **Mitbestimmungsrecht** der Bordvertretung gemäß § 87 Abs. 1 Nr. 5 in Verb. mit § 115 Abs. 7
BetrVG 1972 bzw. ein Mitbestimmungsrecht des Seebetriebsrats gemäß
§ 116 BetrVG 1972. Für die **Urlaubsgrundsätze** und den **Urlaubsplan** im
Sinne des § 87 Abs. 1 Nr. 5 BetrVG 1972 ist in der Regel der **Seebetriebsrat**
zuständig. Nur soweit der Urlaub des einzelnen Besatzungsmitglieds oder
der Urlaub für ein Schiff geregelt werden soll, kann die Zuständigkeit der
Bordvertretung gegeben sein. Bei fehlender Einigung, z.B. über den Urlaubsrahmen, entscheidet die Einigungsstelle bzw. unter den Voraussetzungen des § 115 Abs. 7 Nr. 4 BetrVG 1972 der Kapitän (vgl. *Schwedes/Franz*
§ 55 Rz 3).

Auch der **Urlaubsanspruch** nach dem SeemG ist **befristet**. Die Regelun- 27
gen des BUrlG sind nicht anwendbar. Der Anspruch endet regelmäßig mit
dem Ende des Beschäftigungsjahres, § 53 Abs. 1 SeemG (BAG 19. 1. 1993
AP Nr. 1 zu § 53 SeemG = NZA 1993, 1129). **Urlaubsansprüche** nach dem
MTV-See vom 17. 4. 1986 sind **nicht** befristet. Sie können auch nach Ablauf des Beschäftigungsjahres durchgesetzt werden (BAG 19. 1. 1993 aaO).
Wenn betriebliche Gründe, insbesondere längere Reisen des Schiffs es erfordern, kann der Urlaub nach dem SeemG aber auch für zwei Beschäftigungsjahre zusammen gegeben werden. Damit ist es möglich, sowohl den
Urlaub für zwei Beschäftigungsjahre bereits im ersten Urlaubsjahr, also im
Vorgriff auf den Urlaub im zweiten Beschäftigungsjahr, als auch den Urlaub
aus dem Vorjahr im folgenden Beschäftigungsjahr zu gewähren (*Bemm/Lindemann* § 55 Rz 10; *Dersch/Neumann* Anh. VI § 55 Rz 21; *MünchArbR/
Leinemann* § 92 Rz 53 m.w.N. in Fn 68). Dann wird der Urlaub aus dem
Vorjahr kraft Gesetzes auf das nachfolgende Beschäftigungsjahr übertragen.
Hierfür bedarf es keiner Handlungen der Beteiligten (vgl. allg. zur Übertragung des Urlaubsanspruchs § 7 BUrlG Rz 98ff.).

Dem Besatzungsmitglied muß **nach zweijähriger** – Jugendlichen nach ein- 28
jähriger – **Abwesenheit** vom letzten Hafen im Geltungsbereich des Grundgesetzes auf Verlangen der bis dahin erworbene Urlaub gewährt werden,
§ 55 Abs. 3 Satz 1 SeemG. Damit ist der Urlaubsanspruch ein weiteres Mal

befristet, wenn vorher betriebliche Gründe die Gewährung des Urlaubs nicht zulassen.

29 Eine letzte **Befristung** für die Gewährung des Urlaubsanspruchs ergibt sich aus § 55 Abs. 3 Satz 2 SeemG. Danach können trotz Geltendmachung des Urlaubsanspruchs die Fristen nach § 55 Abs. 3 Satz 1 SeemG überschritten werden, wenn das Schiff innerhalb dieser Zeit einen **europäischen Hafen** anläuft. Trifft das nicht zu, kommt die Möglichkeit der Fristüberschreitung nach § 55 Abs. 3 Satz 2 SeemG nicht in Betracht. Das Besatzungsmitglied ist dann gehalten, seinen Urlaubsanspruch zu einem früheren Zeitpunkt geltend zu machen, will es nicht riskieren, seinen Anspruch spätestens mit dem Fristende nach § 55 Abs. 3 Satz 1 SeemG zu verlieren.

30 Läuft das Schiff nicht – wie nach § 55 Abs. 3 Satz 2 SeemG vorausgesetzt – einen europäischen Hafen an, **verlängert** sich entgegen einer im Schrifttum (*Boldt/Röhsler* § 7 Rz 103; *Dersch/Neumann* Anh. VI § 55 Rz 23; *Schwedes/Franz* § 55 Rz 10) vertretenen Auffassung die **Befristung** des Urlaubsanspruchs **nicht**. In diesem Fall ist der Reeder oder der Kapitän des Schiffs verpflichtet, spätestens zum Ablauf der in § 55 Abs. 3 Satz 1 SeemG bestimmten Frist von zwei Jahren für Besatzungsmitglieder (einem Jahr für Jugendliche) den Urlaub zu gewähren. Dann beginnt der Urlaub mit dem Ablauf des Tages, an dem das Besatzungsmitglied in einem deutschen Hafen eintrifft oder die deutsche Grenze auf dem Land- oder Luftwege überschreitet, § 56 Abs. 1 SeemG. Der Reeder hat die Reisekosten hierfür zu tragen. Entsprechendes gilt für die Beendigung des Urlaubs, § 56 Abs. 3 SeemG.

31 Haben Besatzungsmitglieder ihren Urlaub vor Ablauf der genannten Fristen **nicht geltend gemacht,** erlischt der Urlaubsanspruch ersatzlos. Soweit hierzu dennoch angenommen wird, der Urlaub könne, wenn er vom Besatzungsmitglied nicht verlangt worden sei, „auch auf weitere spätere Urlaubsjahre übertragen werden" (*Dersch/Neumann* Anh. VI § 55 Rz 23), kann dem nicht gefolgt werden. Diese „Ewigkeits-"Auffassung zum Urlaubsanspruch ist mit § 53 Abs. 1 und § 55 Abs. 2 und 3 SeemG nicht zu vereinbaren. Haben Besatzungsmitglieder ihren Urlaubsanspruch rechtzeitig geltend gemacht, weigert sich aber der Reeder oder der Kapitän, den Urlaub zu erteilen, ohne daß dafür einer der in § 55 Abs. 2 und 3 SeemG genannten Gründe vorliegt, steht den Besatzungsmitgliedern nach Ablauf der Befristung ein Ersatzurlaubsanspruch zu (vgl. auch § 7 BUrlG Rz 163 ff.).

32 Nach § 55 Abs. 4 SeemG darf das Besatzungsmitglied während des Urlaubs keiner dem Urlaubszweck widersprechenden **Erwerbsarbeit** nachgehen. Diese Bestimmung entspricht § 8 BUrlG. Auf die Erläuterungen hierzu wird verwiesen.

6. Urlaubsabgeltung

33 Nach § 60 SeemG darf der Urlaub nur **abgegolten** werden, wenn er wegen Beendigung des Heuerverhältnisses nicht mehr gewährt werden kann und – anders als nach § 7 Abs. 4 BUrlG (s. § 7 BUrlG Rz 200 ff.) – eine Verlängerung des Heuerverhältnisses infolge des Eingehens eines neuen

D. Seemannsgesetz   Teil II

Heuer- oder sonstigen Arbeitsverhältnisses nicht möglich ist. § 60 SeemG enthält also eine **gesetzliche Pflicht** der Parteien eines Heuervertrags, das gekündigte oder befristete Heuerverhältnis um die Dauer des noch nicht gewährten Urlaubs zu verlängern. Diese Pflicht bezieht sich nur auf den gesetzlichen Mindesturlaub (BAG 21. 10. 1982 BAGE 40, 269 = AP Nr. 4 zu § 60 SeemG m. abl. Anm. *Bemm*, im Anschluß an BAG 10. 11. 1976 AP Nr. 3 zu § 60 SeemG m. zust. Anm. *Fettback*; anders zu § 63 SeemG (automatische Verlängerung des Heuerverhältnisses): BAG 20. 1. 1977 AP Nr. 4 zu § 63 SeemG m. zust. Anm. *Fettback*; vgl. auch *Dersch/Neumann* Anh. VI § 60 Rz 49; a. A. *Bemm/Lindemann* § 60 Rz 5 f.), **nicht** auf weitergehende **einzelvertragliche** oder **tarifliche** Urlaubsansprüche. Das Heuerverhältnis eines Seemanns verlängert sich nach dem MTV-See vom 17. 4. 1986 von selbst um die Zeit des noch nicht gewährten Urlaubs, jedoch längstens bis zu dem Zeitpunkt, zu dem der Seemann ein Studium oder einen Schulbesuch antritt oder ein neues Heuer- oder sonstiges Arbeitsverhältnis eingeht (BAG 19. 1. 1993 AP Nr. 1 zu § 53 SeemG = NZA 1993, 1129 = AR-Blattei ES 1450 Nr. 20 mit Anm. *Franzen*). Die Insolvenz des Reeders rechtfertigt keine weitere Ausnahmeregelung von dem in § 60 SeemG und § 65 MTV-See enthaltenen grundsätzlichen Verbot der Urlaubsabgeltung (BSG 22. 11. 1994 AP Nr. 18 zu § 141 b AFG).

Versuchen die Parteien **nicht,** sich über die Verlängerung des Heuerverhältnisses zu **einigen** oder lehnt es das Besatzungsmitglied ab, trotz entsprechender Möglichkeit das Heuerverhältnis zu verlängern, **entfällt** der Abgeltungsanspruch auf den gesetzlichen Mindesturlaub (BAG 21. 10. 1982 BAGE 40, 269 = AP Nr. 4 zu § 60 SeemG; *Dersch/Neumann* Anhang VI § 60 Rz 51; *Natzel* Teil II SeemG Rz 26). 34

Erkrankt das Besatzungsmitglied während der Verlängerung des Heuerverhältnisses, werden die **Krankheitstage nicht** auf den Urlaub **angerechnet** (§ 58 Satz 1 SeemG). Das Heuerverhältnis verlängert sich jedoch nicht noch einmal um die Dauer der Krankheit. Der Resturlaub ist in einem solchen Fall abzugelten (BAG 10. 11. 1976 AP Nr. 3 zu § 60 SeemG; BSG 22. 11. 1994 AP Nr. 18 zu § 141 b AFG). Ebenso verlängern Ausgleichstage im Sinne von § 91 SeemG das Heuerverhältnis nicht, da § 60 SeemG in § 91 SeemG nicht in Bezug genommen ist (BAG 21. 10. 1982 BAGE 40, 269 = AP Nr. 4 zu § 60 SeemG). Steht bei Beendigung des Heuerverhältnisses fest, daß eine bereits bestehende oder bei Beginn der Verlängerung des Heuerverhältnisses um den noch nicht gewährten Urlaub eintretende Erkrankung des Besatzungsmitgliedes den gesamten Verlängerungszeitraum andauern wird, ist eine Abgeltung des Urlaubs zulässig (BSG 22. 11. 1994 AP Nr. 18 zu § 141 b AFG). 35

7. Erkrankung während des Urlaubs

Für die **Erkrankung** eines Besatzungsmitglieds und des Kapitäns gemäß § 78 SeemG gelten nach § 58 SeemG die **gleichen Grundsätze** wie nach § 9 BUrlG, auch wenn der Wortlaut des § 58 SeemG über den des § 9 BUrlG hinausgeht (allgemeine Meinung, vgl. BAG 10. 11. 1976 AP Nr. 3 zu § 60 SeemG; *Bemm/Lindemann* § 58 Rz 1; GK-BUrlG/*Berscheid* Anh. I 7 § 58 36

Teil II   D. Seemannsgesetz

Rz 1; *Dersch/Neumann* Anh. VI Rz 40; *Schwedes/Franz* § 58 Rz 1), so daß insoweit auf die Erläuterungen zu § 9 BUrlG verwiesen wird.

8. Maßnahmen der medizinischen Vorsorge oder Rehabilitation

37   Eine § 10 und § 7 Abs. 1 Satz 2 BUrlG entsprechende Regelung über den Erholungsurlaub bei Maßnahmen der medizinischen Vorsorge oder Rehabilitation (**Kur- und Heilverfahren**) fehlt im SeemG. § 10 BUrlG ist deshalb ergänzend anzuwenden (vgl. Rz 1 sowie *Bemm/Lindemann* § 58 Rz 1; GK-BUrlG/*Berscheid* Anh. I 7 § 58 Rz 3; *Dersch/Neumann* § 15 Anm. 11; *Schwedes/Franz* § 58 Rz 1; a. A. Vorauflage).

9. Urlaubsentgelt

38   Im Gegensatz zu § 11 Abs. 1 BUrlG ist in § 57 SeemG für die Berechnung des Entgelts während des Seemannsurlaubs nicht ein modifiziertes Referenzprinzip, sondern das **Lohnausfallprinzip** maßgebend, von dem nur zugunsten des Besatzungsmitglieds (und des Kapitäns) abgewichen werden kann (§ 10 SeemG). Die tariflichen Regelungen des Urlaubsentgelts in § 62 Abs. 1 MTV-See bzw. § 23 Abs. 1 Kapitäns-MTV enthalten ein **Referenzprinzip** (Durchschnitt der letzten 6 Kalendermonate). Sofern sich daraus gegenüber dem Gesetz geringere Bezüge ergeben, sind diese **Tarifvertragsregelungen unwirksam** (GK-BUrlG/*Berscheid* Anh. I 7 § 57 Rz 1; *Dersch/Neumann* Anh. VI Rz 36; *Schwedes/Franz* § 57 Rz 1; a. A. *Bemm/Lindemann* § 57 Rz 1).

39   Die **Heuer,** die während des Urlaubs als Urlaubsentgelt weiterzuzahlen ist, umfaßt nach § 30 SeemG **alle** aufgrund des Heuerverhältnisses gewährten **Vergütungen,** also neben der Grund- bzw. Festheuer sämtliche für das Besatzungsmitglied in Betracht kommenden Zulagen und Zuschläge, Treueprämien, den Kühlbonus bei Kühlschiffen sowie Trossen- und Meilengelder in der Schleppschiffahrt (vgl. zu weiteren Beispielen *Bemm/Lindemann* § 57 Rz 10).

40   Nach § 57 Abs. 2 SeemG ist für jeden Urlaubstag sowie für jeden in den Urlaub fallenden Sonn- und Feiertag **ein Dreißigstel** der **Monatsgrundheuer** zu zahlen. Diese Bestimmung entspricht § 31 SeemG, wonach sich die Grundheuer nach Monaten bemißt (Satz 1) und bei Berechnung der Heuer für einzelne Tage der Monat zu 30 Tagen gerechnet wird (Satz 2). Hat daher ein Mitglied der Schiffsbesatzung vom 1. bis 16. Oktober Urlaub und arbeitet es anschließend vom 17. bis 31. Oktober, hat es nach der Rechtsprechung des BAG keinen Anspruch auf $^{16}/_{30}$ Urlaubs- und $^{15}/_{30}$ Arbeitsentgelt, sondern es ist lediglich die Grundheuer weiterzuzahlen (BAG 3. 11. 1976 AP Nr. 1 zu § 31 SeemG; zust. *Bemm/Lindemann* § 57 Rz 4 f.; *Dersch/Neumann* Anh. VI Rz 37; *Schwedes/Franz* § 57 Rz 3).

41   Dies ändert sich nur dann, wenn der Urlaub im Eintritts- oder im Austrittsmonat liegt und **Bruchteile von Monaten** beträgt, der Arbeitnehmer also z. B. zum 15. Oktober ausscheidet. Dann hat er einen Anspruch auf $^{15}/_{30}$ der Grundheuer zuzüglich den entsprechenden Anteil der variablen Heuerteile (BAG 3. 11. 1976 AP Nr. 1 zu § 31 SeemG). Soweit die Heueranteile variabel sind, weil sie vom Erfolg oder der Tätigkeit der Besatzungsmitglie-

D. Seemannsgesetz **Teil II**

der abhängen und damit bei der Auszahlung der Urlaubsheuer vor Urlaubsantritt noch nicht feststehen, sind sie in der vermutlich entstehenden Höhe zu berücksichtigen. Ergeben sich spätere Änderungen, ist die Urlaubsvergütung entsprechend zu berichtigen (*Bemm/Lindemann* § 57 Rz 5; *Schwedes/Franz* § 57 Rz 3).

Nach § 57 Abs. 1 Satz 2 SeemG ist für **Sachbezüge** ein angemessener **Abgeltungsbetrag** zu gewähren. Als abgeltungspflichtiger Sachbezug kommt regelmäßig die Verpflegung (§§ 39, 40 SeemG) in Betracht. Bei durchgehender Urlaubsgewährung in einem Kalendermonat mit 31 Tagen hat das Besatzungsmitglied anders als beim Urlaubsentgelt Anspruch auf Zahlung eines Verpflegungsgeldes für **jeden** Kalendertag (ArbG Hamburg 20. 2. 1979 SeeAE Nr. 3 (I) zu § 57 SeemG; *Bemm/Lindemann* § 57 Rz 13). 42

Nach § 57 Abs. 3 SeemG ist das Urlaubsentgelt **vor Urlaubsantritt** an das Besatzungsmitglied zu zahlen. Dies entspricht § 11 Abs. 2 BUrlG. Auf die Erläuterungen dazu wird verwiesen (vgl. § 11 BUrlG Rz 91 ff.). 43

Für die im Schrifttum ausführlich dargestellten Fragen der **Pfändbarkeit** von Urlaubsentgelt und -geld sowie der **Aufrechenbarkeit** im SeemG (vgl. *Bemm/Lindemann* § 57 Rz 19 bis 20; GK-BUrlG/*Berscheid* Anh. I 7 § 57 Rz 6 bis 10) gilt nichts anderes als im BUrlG. Es wird auf die Erläuterungen zu § 11 BUrlG verwiesen (vgl. § 11 BUrlG Rz 101 ff.). 44

III. Heimaturlaub

§ 56 SeemG regelt die in der Seeschiffahrt häufigen Fälle des Urlaubsantritts von einem **Hafen im Ausland** aus (Abs. 1 und 2) und umgekehrt den Dienstantritt im Ausland nach Beendigung des Urlaubs (Abs. 3). 45

Bei längerer Reise eines Schiffs kann es sein, daß der Heimaturlaub **von** einem **ausländischen Hafen aus** gewährt wird, z.B. wenn das Schiff längere Zeit keinen deutschen Hafen anläuft, vgl. § 55 Abs. 3 SeemG. Der Beginn des Heimaturlaubs ist dann nach § 56 Abs. 1 SeemG abhängig von der Art des zurück in die Bundesrepublik Deutschland verwendeten Transportmittels. Benutzt das Besatzungsmitglied oder der Kapitän das Schiff, beginnt der Heimaturlaub nach dem Gesetz mit dem Ablauf des Tages, an dem das Besatzungsmitglied in einem Hafen im Geltungsbereich des Grundgesetzes eintrifft; dies soll nach der Ansicht des Schrifttums erst der Zeitpunkt sein, in dem das Besatzungsmitglied oder der Kapitän nach Festmachen des Schiffes **an Land gehen** kann (*Bemm/Lindemann* § 56 Rz 5; *Dersch/Neumann* Anh. VI Rz 27; *Schwedes/Franz* § 56 Rz 3). 46

Dagegen spricht die **Auslegung** der 2. Alternative des Gesetzes (§ 56 Abs. 1 Nr. 2 SeemG) durch dieselben Autoren (Rz 46) bei der Wahl eines Transportmittels, welches die Grenzen zur Bundesrepublik auf dem Land- oder Luftweg überschreitet. In diesem Fall beginnt der Urlaub mit dem Ablauf des Tages, an dem die Bundesgrenze überschritten wird. Hierzu vertritt angesichts des ebenso eindeutigen Wortlauts wie in der 1. Alternative niemand die Auffassung, daß der Zeitpunkt entscheidend ist, an dem das Besatzungsmitglied oder der Kapitän etwa im Bahnhof oder im Flughafen ankommt und aussteigen kann. 47

Teil II *D. Seemannsgesetz*

48 Wenn der Urlaub von einem Ort im Bereich der Bundesrepublik aus gewährt wird, hat grundsätzlich das Besatzungsmitglied die **Reisekosten** vom Hafenort zum Heimat- oder Urlaubsort zu tragen. § 56 Abs. 2 SeemG macht hiervon für den Urlaubsantritt von einem **ausländischen Hafen** aus eine **Ausnahme:** Benutzt das Besatzungsmitglied oder der Kapitän als Transportmittel zur Bundesrepublik das Schiff, hat der Reeder die Reisekosten gemäß § 26 SeemG (notwendige Fahrt- und Gepäckbeförderungskosten sowie angemessene Tage- und Übernachtungsgelder) bis zum inländischen Hafen (§ 56 Abs. 2 1. Alternative SeemG), bei Grenzüberschreitung auf dem Land- oder Luftweg die Reisekosten nach § 26 SeemG bis zum Heimatort zu tragen.

49 Da nur die „notwendigen" **Reisekosten** nach § 26 SeemG zu ersetzen sind, kann das Besatzungsmitglied, wenn es seinen Urlaub in einem näher gelegenen Ort als dem Heimatort verbringt, auch nur die Kosten bis zu diesem Ort verlangen. Wird daher beispielsweise der Urlaub von Genua aus gewährt und verbringt das Besatzungsmitglied, welches seinen Heimatort in Hamburg hat, seinen Urlaub in Bayern, so kann es grundsätzlich nur die Reisekosten von Genua nach Bayern ersetzt verlangen (*Bemm/Lindemann* § 56 Rz 11; *Dersch/Neumann* Anh. VI Rz 30; *Schwedes/Franz* § 56 Rz 5).

50 Für den im Gesetz nicht geregelten Urlaubsantritt des Arbeitnehmers in einem Hafen, sowie den Arbeitsbeginn in einem anderen **deutschen Hafen** hat sich die Übung herausgebildet, daß die Reederei die Reisekosten des Besatzungsmitglieds für die Fahrt von dem deutschen Hafen, in dem das Besatzungsmitglied das Schiff verläßt, bis zum Annahmehafen trägt, in dem die Arbeit fortgesetzt werden soll. Die Reisekosten zum Urlaubsort und zurück trägt das Besatzungsmitglied (*Bemm/Lindemann* § 56 Rz 12; *Schwedes/Franz* § 56 Rz 4).

51 § 56 Abs. 3 SeemG regelt schließlich, daß das Besatzungsmitglied nach Beendigung seines Urlaubs den **Dienst an** einem **Ort außerhalb** des Geltungsbereichs des Grundgesetzes **antreten** muß. Wird für die Rückkehr zum Schiff im ausländischen Liegehafen der Seeweg benutzt, so muß das Besatzungsmitglied an diesem Tag den inländischen Hafen, von dem aus die Reise angetreten werden soll, erreichen. Wird dagegen die Anreise zum Schiff im Ausland auf dem Land- oder Luftweg angetreten, so muß die Bundesgrenze an dem dem letzten Urlaubstag folgenden Tag überschritten sein. Vom inländischen Hafen ins Ausland bzw. von der Bundesgrenze geht die Reisezeit nicht mehr zu Lasten des Urlaubs des Besatzungsmitglieds (*Bemm/Lindemann* § 56 Rz 9).

ность внешне кристаллических признаков пуэр-что-то в дополнение...

E. Gesetz zum Erziehungsgeld und zur Elternzeit (Bundeserziehungsgeldgesetz – BErzGG)

In der Fassung der Bekanntmachung 1. Dezember 2000 (BGBl. I S. 1645), zuletzt geändert durch Gesetz vom 17. August 2001 (BGBl. I S. 2144)

BGBl. III/FNA 83-5

(Auszug)

§ 17 Urlaub

(1) ¹Der Arbeitgeber kann den Erholungsurlaub, der dem Arbeitnehmer für das Urlaubsjahr aus dem Arbeitsverhältnis zusteht, für jeden vollen Kalendermonat, für den der Arbeitnehmer Elternzeit nimmt, um ein Zwölftel kürzen. ²Satz 1 gilt nicht, wenn der Arbeitnehmer während des Erziehungsurlaubs bei seinem Arbeitgeber Teilzeitarbeit leistet.

(2) Hat der Arbeitnehmer den ihm zustehenden Urlaub vor dem Beginn des Erziehungsurlaubs nicht oder nicht vollständig erhalten, so hat der Arbeitgeber den Resturlaub nach der Elternzeit im laufenden oder im nächsten Urlaubsjahr zu gewähren.

(3) Endet das Arbeitsverhältnis während der Elternzeit oder setzt der Arbeitnehmer im Anschluß an die Elternzeit das Arbeitsverhältnis nicht fort, so hat der Arbeitgeber den noch nicht gewährten Urlaub abzugelten.

(4) Hat der Arbeitnehmer vor dem Beginn der Elternzeit mehr Urlaub erhalten, als ihm nach Absatz 1 zusteht, so kann der Arbeitgeber den Urlaub, der dem Arbeitnehmer nach dem Ende der Elternzeit zusteht, um die zuviel gewährten Urlaubstage kürzen.

Übersicht

	Rz
I. Allgemeines	1
II. Kürzung des Erholungsurlaubs	2
III. Übertragung des Erholungsurlaubsanspruchs	8
IV. Abgeltung	13
V. Kürzung von Erholungsurlaub wegen zuviel erhaltenen Urlaubs	15

I. Allgemeines

§ 17 BErzGG ist von der Novellierung des BErzGG vom 26. 10. 2000 1 (BGBl. I S. 1426) inhaltlich unberührt geblieben. Es wurde lediglich das Wort „Erziehungsurlaub" durch das Wort „Elternzeit" ersetzt. Die Vorschrift behandelt die Auswirkungen des Erziehungsurlaubs auf den Erholungsurlaub:

Teil II E. *Bundeserziehungsgeldgesetz*

- Die **Kürzung** des Erholungsurlaubs bei Elternzeit (Abs. 1)
- Die **Übertragung** des Erholungsurlaubs auf den Zeitraum nach Beendigung der Elternzeit (Abs. 2)
- Die **Abgeltung** des Erholungsurlaubs bei Beendigung des Arbeitsverhältnisses während oder nach Beendigung der Elternzeit (Abs. 3)
- Das **Nachholen der Kürzung** des Erholungsurlaubs nach dem Ende der Elternzeit (Abs. 4).

II. Kürzung des Erholungsurlaubs

2   § 17 Abs. 1 Satz 1 BErzGG faßt die Grundsätze des Zusammentreffens von Erholungsurlaub und Elternzeit zusammen: Für jeden **vollen Kalendermonat**, den der Arbeitnehmer Elternzeit nimmt, kann der Arbeitgeber den Erholungsurlaub um ein Zwölftel kürzen. Sofern die Elternzeit im Laufe eines Monats beginnt oder endet, kommen diese Monate für eine Kürzung nicht in Betracht (*Buchner/Becker* § 17 BErzGG Rz 12f.; ErfK/*Dörner* § 17 BErzGG Rz 4). Für die Berechnung ist angesichts des klaren Wortlaut des Gesetzes unerheblich, ob der 1. eines Monats ein Arbeitstag oder ein Sonn- oder Feiertag ist (a. A. *Meisel/Sowka* § 17 BErzGG Rz 5). Beginnt beispielsweise die Elternzeit am 2. 2. 1999 und endet sie am 1. 12. 1999 bleiben die Monate Februar und Dezember unberücksichtigt, der Erholungsurlaub kann nur um 9/12 gekürzt werden.

3   **Erholungsurlaub** i. S. von § 17 BErzGG ist jeglicher Urlaub, unabhängig davon, auf welcher Rechtsgrundlage er beruht. Hierzu gehört daher auch der Urlaub nach dem JArbSchG oder der auf Einzelvertrag oder auf Tarifvertrag beruhende Urlaub (ErfK/*Dörner* § 17 BErzGG Rz 3; *Meisel/Sowka* § 17 Rz 2; *Sowka* NZA 1994, 102, 106).

4   Nimmt der Arbeitnehmer also ab 1. 7. 1998 Elternzeit bis zum 31. 7. 1999 und hatte der Arbeitnehmer Anspruch auf 30 Arbeitstage Urlaub, kann der Arbeitgeber den Erholungsurlaub auf 6/12 von 30, also auf 15 Arbeitstage Erholungsurlaub für 1998 kürzen. Ergeben sich aufgrund der Kürzung Bruchteile von Urlaubstagen, sind sie weder auf- noch abzurunden, wenn es sich um (Voll-)Urlaubsansprüche nach §§ 1, 3 BUrlG handelt. § 5 Abs. 2 BUrlG ist nur auf Teilurlaubsansprüche anzuwenden. Daher kommt insoweit bei Bruchteilen, die einen halben Urlaubstag oder mehr ergeben, **keine Aufrundung** in Betracht. Bruchteile von weniger als einem halben Tag sind ebenfalls ungekürzt zu gewähren (vgl. Teil I § 5 Rz 44 ff.; *Buchner/Becker* § 17 BErzGG Rz 16; ErfK/*Dörner* § 17 BErzGG Rz 7; *Klempt* HzA Gruppe 6 Rz 354; a. A. unzutreffend *Gröninger/Thomas* § 17 BErzGG Rz 7; MünchArbR/*Heenen* § 222 Rz 18; *Zmarzlik/Zipperer/Viethen* § 17 BErzGG Rz 15).

5   Der Arbeitgeber kann den Erholungsurlaub kürzen, er muß aber nicht von seinem Recht Gebrauch machen (ErfK/*Dörner* § 17 BErzGG Rz 5). Will er seine Befugnis ausüben, ist eine (**empfangsbedürftige**) **rechtsgeschäftliche Erklärung** erforderlich, um den Anspruch auf Erholungsurlaub herabzusetzen (BAG 15. 2. 1984 BAGE 45, 155, 160; BAG 27. 11. 1986 BAGE 53, 266, 370 = AP Nr. 1 und 4 zu § 8d MuSchG 1968). Diese Erklä-

rung kann ausdrücklich oder durch schlüssiges Verhalten abgegeben werden. Dafür reicht es aus, daß dem Arbeitnehmer nur der gekürzte Urlaub gewährt wird und ihm erkennbar ist, daß der Arbeitgeber von der Kürzungsmöglichkeit Gebrauch machen will.

Weitere Voraussetzungen für eine Kürzung des Urlaubs bzw. der Urlaubsabgeltung sind nicht gegeben, insbesondere ist die **Wirksamkeit der Kürzungserklärung** nicht darauf beschränkt, daß sie vor Antritt der Elternzeit abgegeben wird (BAG 28. 7. 1992 AP Nr. 3 zu § 17 BErzGG; *Meisel/Sowka* § 17 BErzGG Rz 21; *Zmarzlik/Zipperer/Viethen* § 17 BErzGG Rz 4). Der Arbeitgeber kann also auch **nach Beendigung der Elternzeit** (und der damit verbundenen Beendigung des Arbeitsverhältnisses) durch eine gekürzte Zahlung der Urlaubsabgeltung nach § 17 Abs. 2 BErzGG die Kürzung des Erholungsurlaubs nach § 17 Abs. 1 BErzGG zu erkennen geben (BAG 28. 7. 1992 aaO). Auch in der Erwiderung zu einer Klage auf Urlaubsabgeltung kann eine Kürzungserklärung gesehen werden (BAG 23. 4. 1996 AP Nr. 6 zu § 17 BErzGG). Die Kürzungserklärung bewirkt, daß der Urlaubsanspruch im Umfang der erklärten Kürzung erlischt. 6

Leistet der Arbeitnehmer **bei seinem Arbeitgeber Teilzeitarbeit während der Elternzeit**, besteht nach § 17 Abs. 1 Satz 2 BErzGG kein Kürzungsrecht des Arbeitgebers. In einem solchen Fall bleibt dem Arbeitnehmer der Anspruch auf den Erholungsurlaub ungekürzt erhalten. Leistet der Arbeitnehmer hingegen Teilzeitarbeit bei einem anderen Arbeitgeber oder übt er eine andere nach § 15 Abs. 4 BErzGG zulässige Erwerbstätigkeit aus, ist das Kürzungsrecht nach § 17 Abs. 1 Satz 2 BErzGG nicht ausgeschlossen (ebenso *Buchner/Becker* § 17 BErzGG Rz 18; ErfK/*Dörner* § 17 BErzGG Rz 4). Der Arbeitgeber ist dann berechtigt, den Urlaub nach § 17 Abs. 1 Satz 1 BErzGG zu kürzen. Die erweiterte Zulässigkeit von Tätigkeiten nach § 15 Abs. 4 Satz 1 BErzGG in der seit 1. 1. 1994 bzw. 1. 1. 2001 geltenden Fassung ist in § 17 Abs. 1 Satz 2 BErzGG nicht aufgenommen worden. 7

III. Übertragung des Erholungsurlaubsanspruchs

Nach § 17 Abs. 2 BErzGG hat der Arbeitgeber den **Resturlaub nach der Elternzeit** im laufenden oder im nächsten Urlaubsjahr zu gewähren. Die Vorschrift soll sicherstellen, daß die Inanspruchnahme von Elternzeit nicht zum Verfall des Erholungsurlaubs führt. Sie geht daher als gesetzliche Sonderregelung der Verfallvorschrift des § 7 Abs. 3 BUrlG und den entsprechenden tariflichen Bestimmungen vor (BAG 28. 6. 1984 BAGE 46, 224 = AP Nr. 18 zu § 7 BUrlG Abgeltung; BAG 24. 10. 1989 = AP Nr. 52 zu § 7 BUrlG Abgeltung; BAG 1. 10. 1991 BAGE 68, 304 = AP Nr. 2 zu § 17 BErzGG; BAG 28. 7. 1992 AP Nr. 3 zu § 17 BErzGG; BAG 23. 4. 1996 AP Nr. 6 zu § 17 BErzGG m. w. N. aus Rechtsprechung und Schrifttum). Die Übertragung bedarf wie bei § 7 Abs. 3 BUrlG keiner Handlung, sondern vollzieht sich kraft Gesetzes (BAG 25. 1. 1994 BAGE 75, 294 = AP Nr. 16 zu § 7 BUrlG). 8

Gegenstand der Übertragungsregelung ist der dem Arbeitnehmer zustehende Urlaub, den dieser vor Beginn der Elternzeit nicht oder nicht vollständig erhalten hat (BAG 9. 8. 1994 BAGE 77, 296 = AP Nr. 19 zu § 7 9

Teil II E. *Bundeserziehungsgeldgesetz*

BUrlG). Das BAG (1. 10. 1991 BAGE 68, 304 = AP Nr. 2 zu § 17 BErzGG) hat deswegen zutreffend in Übereinstimmung mit dem Schrifttum (vgl. nur *Köster/Schiefer/Überacker* S. 6; *Meisel/Sowka* § 17 BErzGG Rz 25; *Schaub* § 102 B. IV 5 c; *Zmarzlik/Zipperer/Viethen* § 17 BErzGG Rz 21) entschieden, daß von der Übertragung nach § 17 Abs. 2 BErzGG auch ein nach § 7 Abs. 3 BUrlG in das Urlaubsjahr übertragener Resturlaubsanspruch des Vorjahres erfaßt wird, soweit dieser bei Beginn des Erziehungsurlaubs noch nicht verfallen war.

10 Macht daher **beispielsweise** eine Arbeitnehmerin, die am 26. 3. 1986 die Elternzeit angetreten hatte, nach Beendigung der Elternzeit am 25. 3. 1987 den Erholungsurlaubsanspruch für das Jahr 1985 geltend, so hat sie lediglich einen Anspruch auf Resturlaub in Höhe von 4 Arbeitstagen, weil der Urlaubsanspruch nur noch in diesem Umfang vom 26. 3. bis 31. 3. 1986 erfüllbar und im übrigen erloschen war (BAG 1. 10. 1991 BAGE 68, 304 = AP Nr. 2 zu § 17 BErzGG). Der Urlaubsanspruch aus dem Jahr 1985 war bei diesem Beispiel zwar nach § 7 Abs. 3 Satz 2 und Satz 3 BUrlG auf die ersten drei Monate des nächsten Kalenderjahres (1986) übertragen worden. Zu Beginn der Elternzeit am 26. 3. 1986 stand der Arbeitnehmerin jedoch nur ein **Resturlaubsanspruch** von 4 Urlaubstagen zu, da sie vor Ablauf der Frist am 31. 3. 1986 (§ 7 Abs. 3 BUrlG) den Urlaub nur noch in diesem Umfang hätte verwirklichen können. Der Arbeitgeber hat nach § 17 Abs. 2 und Abs. 3 BErzGG dem Arbeitnehmer, wenn im Anschluß an die Elternzeit das Arbeitsverhältnis nicht fortgesetzt wird, nur den noch nicht gewährten und zugleich nicht verfallenen Erholungsurlaub abzugelten (BAG 1. 10. 1991 AP Nr. 2 zu § 17 BErzGG mit zust. Anm. von *Sowka*).

11 Dies gilt auch dann, wenn der Erholungsurlaub nur deshalb **verfallen** ist, weil die Arbeitnehmerin die **Mutterschutzfrist des § 6 MuSchG** in Anspruch genommen hat (BAG 1. 10. 1991 AP Nr. 2 zu § 17 BErzGG). Dieses rechtspolitisch unbefriedigende Ergebnis beruht darauf, daß weder die Gesetzgebung noch die Tarifvertragsparteien eine § 17 Abs. 2 bzw. Abs. 3 BErzGG entsprechende Vorschrift für die Mutterschutzfristen geschaffen haben, mit der ein Verfall des Urlaubs verhindert wird (vgl. *Steinmeyer* Anm. zu BAG EzA § 7 BUrlG Nr. 81).

12 **Übertragungszeitraum** ist nach § 17 Abs. 2 BErzGG das laufende Jahr der Beendigung der Elternzeit und das darauf folgende nächste Urlaubsjahr. Endet die am 1. 3. 1999 begonnene Elternzeit am 31. 10. 1999, so endet der Übertragungszeitraum am 31. 12. 2000. Eine weitere Übertragung erfolgt nicht (BAG 23. 4. 1996 AP Nr. 6 zu § 17 BErzGG). Der übertragene Urlaub verfällt auch dann mit Ablauf des nächsten Urlaubsjahres, wenn der Urlaub wegen der Inanspruchnahme eines zweiten Erziehungsurlaubs nicht genommen werden konnte (BAG 21. 10. 1997 AP Nr. 75 zu § 7 BUrlG Abgeltung).

IV. Abgeltung

13 **Endet das Arbeitsverhältnis während der Elternzeit oder setzt der Arbeitnehmer im Anschluß an die Elternzeit das Arbeitsverhältnis nicht fort,** ist der Urlaub nach § 17 Abs. 3 BErzGG abzugelten. Der Urlaubsabgeltungsanspruch unterliegt als Surrogat des Urlaubsanspruchs der gleichen

Befristung wie dieser (vgl. § 7 BUrlG Rz 187). Die **längere Befristung in § 17 Abs. 2 BErzGG** ist deshalb ebenfalls für die Urlaubsabgeltung zu beachten (BAG 28. 7. 1992 AP Nr. 3 zu § 17 BErzGG; *Buchner/Becker* § 17 BErzGG Rz 31). Auch § 17 Abs. 3 BErzGG gewährleistet eine Urlaubsabgeltung nur im Umfang des nach der Elternzeit noch durch Freistellung von der Arbeitspflicht zu erteilenden Urlaubs (ErfK/*Dörner* § 17 BErzGG Rz 16; *Zmarzlik/Zipperer/Viethen* § 17 BErzGG Rz 24).

Der Arbeitnehmer erhält die im Umfang entsprechend verminderte Urlaubsabgeltung, wenn der Arbeitgeber von der **Kürzungsbefugnis** nach § 17 Abs. 1 BErzGG Gebrauch macht (BAG 23. 4. 1996 AP Nr. 6 zu § 17 BErzGG). Voraussetzung für die Verpflichtung zur Gewährung der Urlaubsabgeltung ist auch nach § 17 Abs. 3 BErzGG, daß die Urlaubsgewährung nicht wegen Arbeitsunfähigkeit des Arbeitnehmers ausgeschlossen wäre. Insoweit gilt nichts anderes als nach § 7 Abs. 4 BUrlG (vgl. § 7 BUrlG Rz 182 ff.; *Buchner/Becker* § 17 BErzGG Rz 31; ErfK/*Dörner* § 17 BErzGG Rz 16; *Meisel/Sowka* § 17 BErzGG Rz 31). 14

V. Kürzung von Erholungsurlaub wegen zuviel erhaltenen Urlaubs

§ 17 Abs. 4 BErzGG enthält die **Kürzungsmöglichkeit** für den Arbeitgeber **nach der Elternzeit** für zuviel erhaltenen Erholungsurlaub. Ist dem Arbeitnehmer im Beispiel Rz 4 bereits der volle Jahresurlaub von 30 Arbeitstagen vor dem Elternzeitbeginn am 1. 7. 1993 gewährt worden, hat er unter Berücksichtigung der dem Arbeitgeber nach § 17 Abs. 1 BErzGG zustehenden Kürzungsbefugnis sechs Zwölftel des Urlaubsanspruchs, also 15 Urlaubstage zuviel erhalten. Der Arbeitgeber ist dann nach § 17 Abs. 4 BErzGG berechtigt, den Urlaub, der dem Arbeitnehmer nach dem Ende der Elternzeit zusteht, um diese zuviel gewährten Urlaubstage zu kürzen. 15

Diese **Kürzungsbefugnis erweitert** die dem Arbeitgeber nach § 17 Abs. 1 BErzGG zustehende Berechtigung. Sie hat damit zur Folge, daß zu Lasten des Arbeitnehmers auch der ihm nach dem Ablauf des Erziehungsurlaubs zustehende Urlaub in die Kürzung einbezogen wird (ErfK/*Dörner* § 17 BErzGG Rz 8; *Zmarzlik/Zipperer/Viethen* § 17 BErzGG Rz 18; GK-BUrlG/*Berscheid* Anh. I 2 § 17 BErzGG Rz 22). Für das Jahr 1999 stehen dem Arbeitnehmer im Beispielsfall nach Rückkehr aus der Elternzeit am 1. 8. 1999 für dieses Jahr noch fünf Zwölftel des Erholungsurlaubs, also 12,5 Urlaubstage zu. Dieser Anspruch sowie ein weiteres Zwölftel des Jahresurlaubs 2000 = 2,5 Urlaubstage unterliegen daher der Kürzungsbefugnis nach § 17 Abs. 4 BErzGG. 16

Hat der Arbeitnehmer seinen Jahresurlaub vor Beginn der Elternzeit bereits erhalten und scheidet er nach dessen Ende aus dem Arbeitsverhältnis aus, kann der Arbeitgeber zuviel gezahltes Urlaubsentgelt für den im Jahre 1993 gewährten Urlaub von 15 Urlaubstagen nach den Vorschriften über das **Bereicherungsrecht zurückfordern.** § 5 Abs. 3 BUrlG steht dem nicht entgegen (vgl. § 5 BUrlG Rz 53 m. w. N.; GK-BUrlG/*Berscheid* Anh. I 2 § 17 BErzGG Rz 23; a. A. *Dersch/Neumann* Anh. VII § 17 BErzGG Rz 10; ErfK/*Dörner* § 15 BErzGG Rz 10). 17

Teil III. Gesetzestexte zum Urlaubsrecht

A. Internationale Übereinkommen und Europäisches Gemeinschaftsrecht

1. a) Übereinkommen Nr. 132 der Internationalen Arbeitsorganisation über den bezahlten Jahresurlaub (Neufassung vom Jahre 1970)

Vom 24. Juni 1970
(BGBl. 1975 II S. 746)

(Übersetzung)

Die Allgemeine Konferenz der Internationalen Arbeitsorganisation, die vom Verwaltungsrat des Internationalen Arbeitsamtes nach Genf einberufen wurde und am 3. Juni 1970 zu ihrer vierundfünfzigsten Tagung zusammengetreten ist,
hat beschlossen, verschiedene Anträge anzunehmen betreffend den bezahlten Urlaub, eine Frage, die den vierten Gegenstand ihrer Tagesordnung bildet, und
dabei bestimmt, daß diese Anträge die Form eines internationalen Übereinkommens erhalten sollen.
Die Konferenz nimmt heute, am 24. Juni 1970, das folgende Übereinkommen an, das als Übereinkommen über den bezahlten Urlaub (Neufassung), 1970, bezeichnet wird.

Art. 1 Die Bestimmungen dieses Übereinkommens sind durch die innerstaatliche Gesetzgebung durchzuführen, soweit ihre Durchführung nicht durch Gesamtarbeitsverträge, Schiedssprüche, gerichtliche Entscheidungen, amtliche Verfahren zur Lohnfestsetzung oder auf irgendeine andere, den innerstaatlichen Gepflogenheiten entsprechende Art und Weise erfolgt, die unter Berücksichtigung der besonderen Verhältnisse jedes Landes geeignet erscheint.

Art. 2 1. Dieses Übereinkommen gilt für alle Arbeitnehmer mit Ausnahme der Seeleute.
2. Soweit notwendig, können von der zuständigen Stelle oder durch geeignete Verfahren in jedem Land nach Anhörung der beteiligten Arbeitgeber- und Arbeitnehmerverbände, soweit solche bestehen, Maßnahmen getroffen werden, um begrenzte Arbeitnehmergruppen von der Anwendung dieses Übereinkommens auszuschließen, wenn im Hinblick auf die Art ihrer Beschäftigung im Zusammenhang mit der Durchführung oder mit verfas-

sungsrechtlichen oder gesetzgeberischen Fragen besondere Probleme von erheblicher Bedeutung entstehen.

3. Jedes Mitglied, das dieses Übereinkommen ratifiziert, hat in seinem ersten Bericht, den es gemäß Artikel 22 der Verfassung der Internationalen Arbeitsorganisation über die Durchführung des Übereinkommens vorzulegen hat, die Gruppen anzugeben, die gegebenenfalls auf Grund von Absatz 2 dieses Artikels von der Anwendung ausgeschlossen worden sind, unter Angabe der Gründe für deren Ausschluß, und in den folgenden Berichten den Stand seiner Gesetzgebung und Praxis in bezug auf die ausgeschlossenen Gruppen anzugeben und mitzuteilen, in welchem Umfang dem Übereinkommen in bezug auf diese Gruppen entsprochen wurde oder entsprochen werden soll.

Art. 3 1. Jede Person, für die dieses Übereinkommen gilt, hat Anspruch auf einen bezahlten Jahresurlaub von einer bestimmten Mindestdauer.

2. Jedes Mitglied, das dieses Übereinkommen ratifiziert, hat in einer seiner Ratifikationsurkunde beigefügten Erklärung die Dauer des Urlaubs anzugeben.

3. Der Urlaub darf auf keinen Fall weniger als drei Arbeitswochen für ein Dienstjahr betragen.

4. Jedes Mitglied, das dieses Übereinkommen ratifiziert hat, kann in der Folge den Generaldirektor des Internationalen Arbeitsamtes durch eine weitere Erklärung davon in Kenntnis setzen, daß es einen längeren Urlaub festgelegt, als es im Zeitpunkt der Ratifikation angegeben hat.

Art. 4 1. Eine Person, deren Dienstzeit während eines bestimmten Jahres kürzer war als die im vorangehenden Artikel für den vollen Anspruch vorgeschriebene Dienstzeit, hat für dieses Jahr Anspruch auf bezahlten Urlaub im Verhältnis zur Dauer ihrer Dienstzeit während dieses Jahres.

2. Der Ausdruck „Jahr" in Absatz 1 dieses Artikels bedeutet Kalenderjahr oder jeden anderen gleich langen Zeitabschnitt, der von der zuständigen Stelle oder durch geeignete Verfahren in dem betreffenden Land bestimmt wird.

Art. 5 1. Für den Anspruch auf bezahlten Jahresurlaub kann eine Mindestdienstzeit verlangt werden.

2. Die Dauer jeder solchen Mindestdienstzeit ist in dem betreffenden Land von der zuständigen Stelle oder durch geeignete Verfahren zu bestimmen, darf aber sechs Monate nicht überschreiten.

3. Die Art und Weise, wie die Dienstzeit für die Bemessung des Urlaubsanspruchs zu berechnen ist, ist von der zuständigen Stelle oder durch geeignete Verfahren in jedem Land zu bestimmen.

4. Unter Bedingungen, die von der zuständigen Stelle oder durch geeignete Verfahren in jedem Land zu bestimmen sind, sind Arbeitsversäumnisse aus Gründen, die unabhängig vom Willen des beteiligten Arbeitnehmers bestehen, wie z. B. Krankheit, Unfall oder Mutterschaft, als Dienstzeit anzurechnen.

Übereinkommen über den bezahlten Jahresurlaub **Teil III**

Art. 6 1. Öffentliche und übliche Feiertage, gleichviel ob sie in die Zeit des Jahresurlaubs fallen oder nicht, sind in den in Artikel 3 Absatz 3 vorgeschriebenen bezahlten Mindestjahresurlaub nicht einzurechnen.

2. Unter Bedingungen, die von der zuständigen Stelle oder durch geeignete Verfahren in jedem Land zu bestimmen sind, dürfen Zeiten der Arbeitsunfähigkeit infolge von Krankheit oder Unfall in den in Artikel 3 Absatz 3 vorgeschriebenen Mindestjahresurlaub nicht eingerechnet werden.

Art. 7 1. Jede Person, die den in diesem Übereinkommen vorgesehenen Urlaub nimmt, hat für die ganze Urlaubsdauer mindestens ihr normales oder durchschnittliches Entgelt zu erhalten (einschließlich des Gegenwertes in bar für jeden Teil dieses Entgelts, der aus Sachleistungen besteht, sofern es sich nicht um Dauerleistungen handelt, die ohne Rücksicht darauf weitergewährt werden, ob sich die betreffende Person auf Urlaub befindet oder nicht); dieses Entgelt ist in jedem Land auf eine von der zuständigen Stelle oder durch geeignete Verfahren zu bestimmende Weise zu berechnen.

2. Die nach Absatz 1 dieses Artikels zustehenden Beträge sind dem betreffenden Arbeitnehmer vor Urlaubsantritt auszuzahlen, sofern in einer für ihn und seinen Arbeitgeber geltenden Vereinbarung nichts anderes vorgesehen ist.

Art. 8 1. Die Teilung des bezahlten Jahresurlaubs kann von der zuständigen Stelle oder durch geeignete Verfahren in jedem Land zugelassen werden.

2. Sofern in einer für den Arbeitgeber und den beteiligten Arbeitnehmer geltenden Vereinbarung nichts anderes vorgesehen ist und der beteiligte Arbeitnehmer auf Grund seiner Dienstzeit Anspruch auf eine solche Zeitspanne hat, hat einer der Teile mindestens zwei ununterbrochene Arbeitswochen zu umfassen.

Art. 9 1. Der in Artikel 8 Absatz 2 dieses Übereinkommens erwähnte ununterbrochene Teil des bezahlten Jahresurlaubs ist spätestens ein Jahr und der übrige Teil des bezahlten Jahresurlaubs spätestens achtzehn Monate nach Ablauf des Jahres, für das der Urlaubsanspruch erworben wurde, zu gewähren und zu nehmen.

2. Jeder Teil des Jahresurlaubs, der eine vorgeschriebene Mindestdauer übersteigt, kann mit der Zustimmung des beteiligten Arbeitnehmers über die in Absatz 1 dieses Artikels angegebene Frist hinaus und bis zu einem festgesetzten späteren Termin aufgeschoben werden.

3. Die Mindestdauer und der Termin, die in Absatz 2 dieses Artikels erwähnt werden, sind von der zuständigen Stelle nach Anhörung der beteiligten Arbeitgeber- und Arbeitnehmerverbände oder durch Kollektivverhandlungen oder auf irgendeine andere, den innerstaatlichen Gepflogenheiten entsprechende Art und Weise zu bestimmen, die unter Berücksichtigung der besonderen Verhältnisse jedes Landes geeignet erscheint.

Art. 10 1. Wird die Zeit, zu der der Urlaub zu nehmen ist, nicht durch Vorschriften, durch Gesamtarbeitsvertrag, Schiedsspruch oder auf eine andere, den innerstaatlichen Gepflogenheiten entsprechende Art und Weise bestimmt, so ist sie vom Arbeitgeber nach Anhörung des beteiligten Arbeitnehmers oder seiner Vertreter festzusetzen.

2. Bei der Festsetzung der Zeit, zu der der Urlaub zu nehmen ist, sind die Erfordernisse der Arbeit und die Gelegenheiten, die dem Arbeitnehmer zum Ausruhen und zur Erholung zur Verfügung stehen, zu berücksichtigen.

Art. 11 Ein Arbeitnehmer, der eine Mindestdienstzeit zurückgelegt hat, wie sie nach Artikel 5 Absatz 1 dieses Übereinkommens verlangt werden kann, hat bei der Beendigung seines Arbeitsverhältnisses Anspruch auf einen bezahlten Urlaub im Verhältnis zu der Dienstzeit, für die er keinen solchen Urlaub erhalten hat, oder auf eine Urlaubsabgeltung oder ein gleichwertiges Urlaubsguthaben.

Art. 12 Jede Vereinbarung über die Abdingung des Anspruchs auf den in Artikel 3 Absatz 3 dieses Übereinkommens vorgeschriebenen bezahlten Mindestjahresurlaub oder über den Verzicht auf diesen Urlaub gegen Entschädigung oder auf irgendeine andere Art hat je nach den Verhältnissen des betreffenden Landes als nichtig zu gelten oder ist zu verbieten.

Art. 13 Von der zuständigen Stelle oder durch geeignete Verfahren in jedem Land können besondere Regelungen für Fälle festgelegt werden, in denen der Arbeitnehmer während des Urlaubs eine Erwerbstätigkeit ausübt, die mit dem Urlaubszweck unvereinbar ist.

Art. 14 Es sind mit der Art der Durchführung dieses Übereinkommens im Einklang stehende wirksame Maßnahmen zu treffen, um die ordnungsgemäße Anwendung und Durchsetzung der Vorschriften oder Bestimmungen über den bezahlten Urlaub durch eine angemessene Aufsicht oder durch sonstige Mittel zu gewährleisten.

Art. 15 1. Jedes Mitglied kann die Verpflichtungen aus diesem Übereinkommen getrennt übernehmen für

a) Arbeitnehmer in Wirtschaftszweigen außerhalb der Landwirtschaft;
b) Arbeitnehmer in der Landwirtschaft.

2. Jedes Mitglied hat in seiner Ratifikationsurkunde anzugeben, ob es die Verpflichtungen aus dem Übereinkommen für die in Absatz 1 Buchstabe a) dieses Artikels angeführten Personen, für die in Absatz 1 Buchstabe b) dieses Artikels angeführten Personen oder für beide Personengruppen übernimmt.

3. Jedes Mitglied, das bei der Ratifikation die Verpflichtungen aus diesem Übereinkommen entweder nur für die in Absatz 1 Buchstabe a) dieses Artikels angeführten Personen oder nur für die in Absatz 1 Buchstabe b) dieses Artikels angeführten Personen übernommen hat, kann in der Folge dem Generaldirektor des Internationalen Arbeitsamtes mitteilen, daß es die Verpflichtungen aus dem Übereinkommen für alle Personengruppen übernimmt, für die dieses Übereinkommen gilt.

Übereinkommen über den bezahlten Jahresurlaub **Teil III**

Art. 16 Dieses Übereinkommen ändert das Übereinkommen über den bezahlten Urlaub, 1936, und das Übereinkommen über den bezahlten Urlaub (Landwirtschaft), 1952, nach Maßgabe der folgenden Bestimmungen:
a) die Übernahme der Verpflichtungen aus diesem Übereinkommen für Arbeitnehmer in Wirtschaftszweigen außerhalb der Landwirtschaft durch ein Mitglied, das das Übereinkommen über den bezahlten Urlaub, 1936, ratifiziert hat, schließt ohne weiteres die sofortige Kündigung jenes Übereinkommens in sich;
b) die Übernahme der Verpflichtungen aus diesem Übereinkommen für Arbeitnehmer in der Landwirtschaft durch ein Mitglied, das das Übereinkommen über den bezahlten Urlaub (Landwirtschaft), 1952, ratifiziert hat, schließt ohne weiteres die sofortige Kündigung jenes Übereinkommens in sich;
c) das Inkrafttreten dieses Übereinkommens schließt weitere Ratifikationen des Übereinkommens über den bezahlten Urlaub (Landwirtschaft), 1952, nicht aus.

Art. 17 Die förmlichen Ratifikationen dieses Übereinkommens sind dem Generaldirektor des Internationalen Arbeitsamtes zur Eintragung mitzuteilen.

Art. 18 1. Dieses Übereinkommen bindet nur diejenigen Mitglieder der Internationalen Arbeitsorganisation, deren Ratifikation durch den Generaldirektor eingetragen ist.
2. Es tritt in Kraft zwölf Monate nachdem die Ratifikationen zweier Mitglieder durch den Generaldirektor eingetragen worden sind.
3. In der Folge tritt dieses Übereinkommen für jedes Mitglied zwölf Monate nach der Eintragung seiner Ratifikation in Kraft.

Art. 19 1. Jedes Mitglied, das dieses Übereinkommen ratifiziert hat, kann es nach Ablauf von zehn Jahren, gerechnet von dem Tag, an dem es zum erstenmal in Kraft getreten ist, durch Anzeige an den Generaldirektor des Internationalen Arbeitsamtes kündigen. Die Kündigung wird von diesem eingetragen. Ihre Wirkung tritt erst ein Jahr nach der Eintragung ein.
2. Jedes Mitglied, das dieses Übereinkommen ratifiziert hat und innerhalb eines Jahres nach Ablauf des im vorigen Absatz genannten Zeitraumes von zehn Jahren von dem in diesem Artikel vorgesehenen Kündigungsrecht keinen Gebrauch macht, bleibt für einen weiteren Zeitraum von zehn Jahren gebunden. In der Folge kann es dieses Übereinkommen jeweils nach Ablauf eines Zeitraumes von zehn Jahren nach Maßgabe dieses Artikels kündigen.

Art. 20 1. Der Generaldirektor des Internationalen Arbeitsamtes gibt allen Mitgliedern der Internationalen Arbeitsorganisation Kenntnis von der Eintragung aller Ratifikationen und Kündigungen, die ihm von den Mitgliedern der Organisation mitgeteilt werden.
2. Der Generaldirektor wird die Mitglieder der Organisation, wenn er ihnen von der Eintragung der zweiten Ratifikation, die ihm mitgeteilt wird,

Teil III A. *Internationale Übereinkommen*

Kenntnis gibt, auf den Zeitpunkt aufmerksam machen, in dem dieses Übereinkommen in Kraft tritt.

Art. 21 Der Generaldirektor des Internationalen Arbeitsamtes übermittelt dem Generalsekretär der Vereinten Nationen zwecks Eintragung nach Artikel 102 der Charta der Vereinten Nationen vollständige Auskünfte über alle von ihm nach Maßgabe der vorausgehenden Artikel eingetragenen Ratifikationen und Kündigungen.

Art. 22 Der Verwaltungsrat des Internationalen Arbeitsamtes hat, sooft er es für nötig erachtet, der Allgemeinen Konferenz einen Bericht über die Durchführung dieses Übereinkommens zu erstatten und zu prüfen, ob die Frage seiner gänzlichen oder teilweisen Abänderung auf die Tagesordnung der Konferenz gesetzt werden soll.

Art. 23 1. Nimmt die Konferenz ein neues Übereinkommen an, welches das vorliegende Übereinkommen ganz oder teilweise abändert, und sieht das neue Übereinkommen nichts anderes vor, so gelten folgende Bestimmungen:
a) Die Ratifikation des neugefaßten Übereinkommens durch ein Mitglied schließt ohne weiteres die sofortige Kündigung des vorliegenden Übereinkommens in sich ohne Rücksicht auf Artikel 19, vorausgesetzt, daß das neugefaßte Übereinkommen in Kraft getreten ist.
b) Vom Zeitpunkt des Inkrafttretens des neugefaßten Übereinkommens an kann das vorliegende Übereinkommen von den Mitgliedern nicht mehr ratifiziert werden.
2. Indessen bleibt das vorliegende Übereinkommen nach Form und Inhalt jedenfalls in Kraft für die Mitglieder, die dieses, aber nicht das neugefaßte Übereinkommen ratifiziert haben.

Art. 24 Der französische und der englische Wortlaut dieses Übereinkommens sind in gleicher Weise maßgebend.

b) Gesetz zu dem Übereinkommen Nr. 132 der Internationalen Arbeitsorganisation vom 24. Juni 1970 über den bezahlten Jahresurlaub (Neufassung vom Jahre 1970)

Vom 30. April 1975
(BGBl. II S. 745)

Der Bundestag hat das folgende Gesetz beschlossen:

Art. 1 Dem in Genf am 24. Juni 1970 von der Allgemeinen Konferenz der Internationalen Arbeitsorganisation angenommenen Übereinkommen über den bezahlten Jahresurlaub (Neufassung vom Jahre 1970) wird zugestimmt. Das Übereinkommen wird nachstehend veröffentlicht.

Übereinkommen über den bezahlten Bildungsurlaub   Teil III

Art. 2 Dieses Gesetz gilt auch im Land Berlin, sofern das Land Berlin die Anwendung dieses Gesetzes feststellt.

Art. 3 (1) Dieses Gesetz tritt am Tage nach seiner Verkündung in Kraft.

(2) Der Tag, an dem das Übereinkommen nach seinem Artikel 18 Abs. 3 für die Bundesrepublik Deutschland in Kraft tritt, ist im Bundesgesetzblatt bekanntzugeben.

2. a) Übereinkommen Nr. 140 der Internationalen Arbeitsorganisation vom 24. Juni 1974 über den bezahlten Bildungsurlaub

(BGBl. II 1976 S. 1527)

(Übersetzung)

Die Allgemeine Konferenz der Internationalen Arbeitsorganisation,
  die vom Verwaltungsrat des Internationalen Arbeitsamtes nach Genf einberufen wurde und am 5. Juni 1974 zu ihrer neunundfünfzigsten Tagung zusammengetreten ist,
  verweist auf Artikel 26 der Allgemeinen Erklärung der Menschenrechte, in dem festgestellt wird, daß jeder Mensch das Recht auf Bildung hat,
  verweist ferner auf die Bestimmungen über die zeitweilige Freistellung von Arbeitnehmern oder die Gewährung von Freizeit zur Teilnahme an Bildungs- oder Berufsbildungsprogrammen, die in bestehenden internationalen Arbeitsempfehlungen betreffend die berufliche Ausbildung und den Schutz der Arbeitnehmervertreter enthalten sind,
  ist der Ansicht, daß die Notwendigkeit einer fortdauernden Bildung und Berufsbildung entsprechend der wissenschaftlichen und technischen Entwicklung und dem Wandel der wirtschaftlichen und sozialen Beziehungen angemessene Vorkehrungen für einen Urlaub zu Bildungs- und Berufsbildungszwecken erfordert, um neuen Bestrebungen, Bedürfnissen und Zielen sozialer, wirtschaftlicher, technischer und kultureller Art zu entsprechen,
  ist der Ansicht, daß der bezahlte Bildungsurlaub als eines der Mittel zur Befriedigung der echten Bedürfnisse des einzelnen Arbeitnehmers in einer modernen Gesellschaft betrachtet werden sollte,
  ist der Ansicht, daß der bezahlte Bildungsurlaub im Sinne einer Politik der fortdauernden Bildung und Berufsbildung konzipiert sein sollte, die schrittweise und wirksam durchgeführt wird,
  hat beschlossen, verschiedene Anträge anzunehmen betreffend den bezahlten Bildungsurlaub, eine Frage, die den vierten Gegenstand ihrer Tagesordnung bildet, und
  dabei bestimmt, daß diese Anträge die Form eines internationalen Übereinkommens erhalten sollen.
  Die Konferenz nimmt heute, am 24. Juni 1974, das folgende Übereinkommen an, das als Übereinkommen über den bezahlten Bildungsurlaub, 1974, bezeichnet wird:

Teil III A. Internationale Übereinkommen

Art. 1 In diesem Übereinkommen bedeutet der Begriff „bezahlter Bildungsurlaub" einen Urlaub, der einem Arbeitnehmer zu Bildungszwecken für eine bestimmte Dauer während der Arbeitszeit und bei Zahlung angemessener finanzieller Leistungen gewährt wird.

Art. 2 Jedes Mitglied hat eine Politik festzulegen und durchzuführen, die dazu bestimmt ist, mit Methoden, die den innerstaatlichen Verhältnissen und Gepflogenheiten angepaßt sind, und nötigenfalls schrittweise, die Gewährung von bezahltem Bildungsurlaub zu fördern, und zwar zum Zwecke

a) der Berufsbildung auf allen Stufen,
b) der allgemeinen und politischen Bildung,
c) der gewerkschaftlichen Bildung.

Art. 3 Diese Politik hat, falls erforderlich auf verschiedene Weise, einen Beitrag zu leisten

a) zur Aneignung, Vervollkommnung und Anpassung beruflicher und tätigkeitsbezogener Befähigungen sowie zur Förderung und Sicherung der Beschäftigung angesichts der wissenschaftlichen und technischen Entwicklung sowie der wirtschaftlichen und strukturellen Veränderungen;
b) zur sachkundigen und aktiven Beteiligung der Arbeitnehmer und ihrer Vertreter am Geschehen im Betrieb und in der Gemeinschaft;
c) zum persönlichen, sozialen und kulturellen Fortschritt der Arbeitnehmer; und
d) allgemein zur Förderung einer geeigneten fortdauernden Bildung und Berufsbildung, die dem Arbeitnehmer hilft, sich den zeitbedingten Erfordernissen anzupassen.

Art. 4 Diese Politik hat die Entwicklungsstufe und die besonderen Bedürfnisse des betreffenden Landes und der verschiedenen Tätigkeitsbereiche zu berücksichtigen und ist mit der allgemeinen Politik auf dem Gebiet der Beschäftigung, der Bildung und Berufsbildung sowie der Arbeitszeit abzustimmen, wobei saisonbedingte Schwankungen der Arbeitszeit oder des Arbeitsanfalls je nach Sachlage zu berücksichtigen sind.

Art. 5 Die Gewährung von bezahltem Bildungsurlaub kann durch innerstaatliche Gesetzgebung, Gesamtarbeitsverträge, Schiedssprüche oder auf jede andere den innerstaatlichen Gepflogenheiten entsprechende Weise erfolgen.

Art. 6 Die Behörden, die Arbeitgeber- und Arbeitnehmerverbände und die mit Bildung und Berufsbildung befaßten Institutionen oder Stellen sind in einer den innerstaatlichen Verhältnissen und Gepflogenheiten entsprechenden Weise bei der Festlegung und Durchführung der Politik zur Förderung des bezahlten Bildungsurlaubs heranzuziehen.

Art. 7 Die Finanzierung der Vorkehrungen für den bezahlten Bildungsurlaub hat in regelmäßiger und angemessener Weise sowie in Übereinstimmung mit den innerstaatlichen Gepflogenheiten zu erfolgen.

Übereinkommen über den bezahlten Bildungsurlaub **Teil III**

Art. 8 Der bezahlte Bildungsurlaub darf Arbeitnehmern nicht auf Grund der Rasse, der Hautfarbe, des Geschlechts, der politischen Meinung, der nationalen Abstammung oder der sozialen Herkunft verweigert werden.

Art. 9 Falls erforderlich, sind besondere Bestimmungen in bezug auf den bezahlten Bildungsurlaub zu erlassen
a) für bestimmte Arbeitnehmergruppen, deren Einordnung in den Rahmen allgemeiner Regelungen Schwierigkeiten bereitet, wie z. B. Arbeitnehmer in Kleinbetrieben, ländliche oder sonstige in entlegenen Gebieten lebende Arbeitnehmer, Schichtarbeiter oder Arbeitnehmer mit Familienpflichten;
b) für bestimmte Gruppen von Betrieben, deren Einordnung in den Rahmen allgemeiner Regelungen Schwierigkeiten bereitet, wie z. B. Klein- oder Saisonbetriebe, wobei vorausgesetzt wird, daß die Arbeitnehmer in diesen Betrieben nicht von der Inanspruchnahme des bezahlten Bildungsurlaubs ausgeschlossen werden.

Art. 10 Die Voraussetzungen für die Gewährung von bezahltem Bildungsurlaub können unterschiedlich sein, je nachdem, ob der bezahlte Bildungsurlaub einem der folgenden Zwecke dienen soll:
a) der Berufsbildung auf allen Stufen;
b) der allgemeinen und politischen Bildung;
c) der gewerkschaftlichen Bildung.

Art. 11 Zeiten des bezahlten Bildungsurlaubs sind Zeiten der tatsächlichen Beschäftigung zum Zwecke des Erwerbs von Ansprüchen auf Sozialleistungen und sonstigen sich aus dem Beschäftigungsverhältnis ergebenden Rechten gleichzustellen, wie durch die innerstaatliche Gesetzgebung, Gesamtarbeitsverträge, Schiedssprüche oder auf andere, den innerstaatlichen Gepflogenheiten entsprechende Weise vorgesehen.

Art. 12 Die förmlichen Ratifikationen dieses Übereinkommens sind dem Generaldirektor des Internationalen Arbeitsamtes zur Eintragung mitzuteilen.

Art. 13 1. Dieses Übereinkommen bindet nur diejenigen Mitglieder der Internationalen Arbeitsorganisation, deren Ratifikation durch den Generaldirektor eingetragen ist.
2. Es tritt in Kraft zwölf Monate nachdem die Ratifikation zweier Mitglieder durch den Generaldirektor eingetragen sind.
3. In der Folge tritt dieses Übereinkommen für jedes Mitglied zwölf Monate nach der Eintragung seiner Ratifikation in Kraft.

Art. 14 1. Jedes Mitglied, das dieses Übereinkommen ratifiziert hat, kann es nach Ablauf von zehn Jahren, gerechnet von dem Tag, an dem es zum erstenmal in Kraft getreten ist, durch Anzeige an den Generaldirektor des Internationalen Arbeitsamtes kündigen. Die Kündigung wird von diesem eingetragen. Ihre Wirkung tritt erst ein Jahr nach der Eintragung ein.

Teil III   A. *Internationale Übereinkommen*

2. Jedes Mitglied, das dieses Übereinkommen ratifiziert hat und innerhalb eines Jahres nach Ablauf des im vorigen Absatz genannten Zeitraumes von zehn Jahren von dem in diesem Artikel vorgesehenen Kündigungsrecht keinen Gebrauch macht, bleibt für einen weiteren Zeitraum von zehn Jahren gebunden. In der Folge kann es dieses Übereinkommen jeweils nach Ablauf eines Zeitraumes von zehn Jahren nach Maßgabe dieses Artikels kündigen.

Art. 15 1. Der Generaldirektor des Internationalen Arbeitsamtes gibt allen Mitgliedern der Internationalen Arbeitsorganisation Kenntnis von der Eintragung aller Ratifikationen und Kündigungen, die ihm von den Mitgliedern der Organisation mitgeteilt werden.

2. Der Generaldirektor wird die Mitglieder der Organisation, wenn er ihnen von der Eintragung der zweiten Ratifikation, die ihm mitgeteilt wird, Kenntnis gibt, auf den Zeitpunkt aufmerksam machen, in dem dieses Übereinkommen in Kraft tritt.

Art. 16 Der Generaldirektor des Internationalen Arbeitsamtes übermittelt dem Generalsekretär der Vereinten Nationen zwecks Eintragung nach Artikel 102 der Charte der Vereinten Nationen vollständige Auskünfte über alle von ihm nach Maßgabe der vorausgehenden Artikel eingetragenen Ratifikationen und Kündigungen.

Art. 17 Der Verwaltungsrat des Internationalen Arbeitsamtes hat, sooft er es für nötig erachtet, der Allgemeinen Konferenz einen Bericht über die Durchführung dieses Übereinkommens zu erstatten und zu prüfen, ob die Frage seiner gänzlichen oder teilweisen Abänderung auf die Tagesordnung der Konferenz gesetzt werden soll.

Art. 18 1. Nimmt die Konferenz ein neues Übereinkommen an, welches das vorliegende Übereinkommen ganz oder teilweise abändert, und sieht das neue Übereinkommen nichts anderes vor, so gelten folgende Bestimmungen:
a) Die Ratifikation des neugefaßten Übereinkommens durch ein Mitglied schließt ohne weiteres die sofortige Kündigung des vorliegenden Übereinkommens in sich ohne Rücksicht auf Artikel 14, vorausgesetzt, daß das neugefaßte Übereinkommen in Kraft getreten ist.
b) Vom Zeitpunkt des Inkrafttretens des neugefaßten Übereinkommens an kann das vorliegende Übereinkommen von den Mitgliedern nicht mehr ratifiziert werden.
2. Indessen bleibt das vorliegende Übereinkommen nach Form und Inhalt jedenfalls in Kraft für die Mitglieder, die dieses, aber nicht das neugefaßte Übereinkommen ratifiziert haben.

Art. 19 Der französische und der englische Wortlaut dieses Übereinkommens sind in gleicher Weise maßgebend.

b) Gesetz zu dem Übereinkommen Nr. 140 der Internationalen Arbeitsorganisation vom 24. Juni 1974 über den bezahlten Bildungsurlaub

Vom 7. September 1976

(BGBl. II S. 1526)

Der Bundestag hat das folgende Gesetz beschlossen:

Art. 1 Dem in Genf am 24. Juni 1974 von der Allgemeinen Konferenz der Internationalen Arbeitsorganisation angenommenen Übereinkommen über den bezahlten Bildungsurlaub wird zugestimmt. Das Übereinkommen wird nachstehend veröffentlicht.

Art. 2 Dieses Gesetz gilt auch im Land Berlin, sofern das Land Berlin die Anwendung dieses Gesetzes feststellt.

Art. 3 (1) Dieses Gesetz tritt am Tage nach seiner Verkündung in Kraft.

(2) Der Tag, an dem das Übereinkommen nach seinem Artikel 13 Abs. 3 für die Bundesrepublik Deutschland in Kraft tritt, ist im Bundesgesetzblatt bekanntzugeben.

3. Richtlinie 93/104/EG DES RATES vom 23. November 1993 über bestimmte Aspekte der Arbeitszeitgestaltung

(Auszug)

Art. 7 Jahresurlaub. (1) Die Mitgliedstaaten treffen die erforderlichen Maßnahmen, damit jeder Arbeitnehmer einen bezahlten Mindesturlaub von vier Wochen nach Maßgabe der Bedingungen für die Inanspruchnahme und die Gewährung erhält, die in den einzelstaatlichen Rechtsvorschriften und/oder nach den einzelstaatlichen Gepflogenheiten vorgesehen sind.

(2) Der bezahlte Mindesturlaub darf außer bei Beendigung des Arbeitsverhältnisses nicht durch eine finanzielle Vergütung ersetzt werden.

B. Sonstiges Bundesrecht

1. Verordnung über den Erholungsurlaub der Bundesbeamten und Richter im Bundesdienst (Erholungsurlaubsverordnung – EUrlV)

In der Fassung der Bekanntmachung vom 17. Juli 2001[1]
(BGBl. I S. 1671)

BGBl. III/FNA 2030-2-3

§ 1 Urlaubsjahr. Urlaubsjahr ist das Kalenderjahr. Für die bei den Nachfolgeunternehmen der Deutschen Bundespost beschäftigten Beamten kann die oberste Dienstbehörde eine abweichende Regelung treffen.

§ 2 Gewährleistung des Dienstbetriebes. (1) Der beantragte Urlaub ist nach den folgenden Vorschriften zu erteilen, sofern die ordnungsmäßige Erledigung der Dienstgeschäfte gewährleistet ist; Stellvertretungskosten sind möglichst zu vermeiden.

(2) Der Erholungsurlaub kann geteilt gewährt werden, soweit dadurch der Urlaubszweck nicht gefährdet wird.

§ 3 Wartezeit. Erholungsurlaub kann erst sechs Monate nach der Einstellung in den öffentlichen Dienst (Wartezeit) beansprucht werden. Er kann vor Ablauf der Wartezeit gewährt werden, wenn besondere Gründe dies erfordern.

§ 4 Bemessungsgrundlage. Für die Urlaubsdauer sind das Lebensjahr und die Besoldungsgruppe maßgebend, die von dem Beamten vor Beendigung des Urlaubsjahres erreicht werden. Für Beamte im Vorbereitungsdienst ist das Eingangsamt ihrer Laufbahn maßgebend.

§ 5 Urlaubsdauer. (1) Der Urlaub beträgt für Beamte, deren regelmäßige Arbeitszeit auf fünf Tage in der Kalenderwoche verteilt ist, für jedes Urlaubsjahr

In den Besoldungsgruppen	bis zum vollendeten 30. Lebensjahr	bis zum vollendeten 40. Lebensjahr	nach vollendetem 40. Lebensjahr
	Arbeitstage		
A 1 bis A 14, C 1, R 1	26	29	30
A 15 und darüber, C 2 und darüber, R 2 und darüber	26	30	30

---

[1] Neubekanntmachung der Fassung vom 25. April 1997 (BGBl. I S. 974) in der ab 17. 7. 2001 geltenden Fassung.

(2) Dem Beamten steht für jeden vollen Monat der Dienstleistungspflicht ein Zwölftel des Jahresurlaubs nach Absatz 1 zu, wenn
1. der Beamte erst in der zweiten Hälfte des Urlaubsjahres in den öffentlichen Dienst eingetreten ist,
2. ein Urlaub ohne Besoldung durch Aufnahme des Dienstes vorübergehend unterbrochen wird oder
3. das Beamtenverhältnis im Laufe des Urlaubsjahres endet.

Dem Beamten steht der halbe Jahresurlaub zu, wenn er in der ersten Hälfte des Urlaubsjahres, und der volle Jahresurlaub, wenn er in der zweiten Hälfte des Urlaubsjahres mit oder nach Erreichen der gesetzlichen Altersgrenze in den Ruhestand tritt.

(3) Der Jahresurlaub nach Absatz 1 wird für jeden vollen Kalendermonat
1. eines Urlaubs ohne Besoldung oder
2. einer Freistellung von der Arbeit nach § 3b Abs. 1 der Arbeitszeitverordnung
um ein Zwölftel gekürzt.

(4) Arbeitstage im Sinne dieser Verordnung sind alle Kalendertage, an denen der Beamte Dienst zu leisten hat. Endet eine Dienstschicht erst am folgenden Kalendertag, gilt als Arbeitstag nur der Kalendertag, an dem sie begonnen hat. Ein nach Absatz 1 als Erholungsurlaub zustehender Arbeitstag entspricht einem Fünftel der jeweiligen regelmäßigen Arbeitszeit des Beamten; ändert sich deren Dauer im Laufe eines Monats, ist die höhere Dauer für den ganzen Monat anzusetzen.

(5) Ist die regelmäßige Arbeitszeit im Durchschnitt des Urlaubsjahres auf mehr oder weniger als fünf Tage in der Kalenderwoche verteilt, ist der Urlaubsanspruch nach Absatz 1 entsprechend umzurechnen. Bei der Umrechnung auf eine Sechs-Tage-Woche gelten alle Kalendertage, die nicht Sonntage sind, als Arbeitstage; ausgenommen sind Tage, die nach § 1 Abs. 2 der Arbeitszeitverordnung zu einer Verminderung der regelmäßigen Arbeitszeit führen. In Verwaltungen, in denen die Verteilung der regelmäßigen Arbeitszeit häufig wechselt, kann der Erholungsurlaub generell auf der Grundlage einer Sechs-Tage-Woche berechnet werden. Ändert sich die Verteilung der regelmäßigen Arbeitszeit, ist bei der Urlaubsberechnung, soweit sie nicht nach Absatz 5a erfolgt, die Zahl der Arbeitstage zugrunde zu legen, die sich ergeben würde, wenn die für die Zeit des Erholungsurlaubs maßgebende Verteilung für das ganze Urlaubsjahr gelten würde.

(5a) Die Dienststelle kann den Erholungsurlaub einschließlich eines Zusatzurlaubs nach Stunden berechnen.

(6) In einem Urlaubsjahr zu viel gewährter Zusatz- oder Erholungsurlaub ist so bald wie möglich durch Anrechnung auf einen neuen Urlaubsanspruch auszugleichen. Soweit der Beamte den ihm zustehenden Zusatz- oder Erholungsurlaub vor dem Beginn eines Urlaubs ohne Besoldung nicht erhalten hat, ist der Resturlaub nach dem Ende dieses Urlaubs ohne Besoldung dem Erholungsurlaub des laufenden Urlaubsjahres hinzuzufügen; dieser Resturlaub kann in vollem Umfang auch nach Maßgabe des § 7a angespart werden.

Erholungsurlaubsverordnung Teil III

(7) Für Professoren, Hochschuldozenten, Oberassistenten, Oberingenieure, Künstlerische Assistenten und Wissenschaftliche Assistenten an Hochschulen wird der Anspruch auf Erholungsurlaub durch die vorlesungs- oder unterrichtsfreie Zeit abgegolten; dies gilt auch für Lehrer an Bundeswehrfachschulen. Bei einer Erkrankung während der vorlesungs- oder unterrichtsfreien Zeit gilt § 9 entsprechend. Bleiben wegen einer dienstlichen Inanspruchnahme oder einer Erkrankung die vorlesungs- oder unterrichtsfreien Tage hinter der Zahl der zustehenden Urlaubstage zurück, so ist insoweit Erholungsurlaub außerhalb der vorlesungs- oder unterrichtsfreien Zeit zu gewähren.

§ 6 Anrechnung früheren Urlaubs. Erholungsurlaub, den der Beamte in einem anderen Beschäftigungsverhältnis für Zeiten erhalten hat, für die ihm Urlaub nach dieser Verordnung zusteht, ist auf den Erholungsurlaub anzurechnen.

§ 7 Urlaubsabwicklung, Verfall des Urlaubs. Der Urlaub soll grundsätzlich im Urlaubsjahr abgewickelt werden. Urlaub, der nicht innerhalb von neun Monaten nach dem Ende des Urlaubsjahres genommen worden ist, verfällt.

§ 7a Urlaubsansparung zur Kinderbetreuung. (1) Der Beamte kann auf Antrag den Erholungsurlaub nach § 5 Abs. 1, der einen Zeitraum von vier Wochen übersteigt, ansparen, solange ihm für mindestens ein Kind unter zwölf Jahren die Personensorge zusteht.

(2) Der angesparte Erholungsurlaub wird dem Erholungsurlaub des zwölften Urlaubsjahres nach der Geburt des letzten Kindes hinzugefügt, soweit er noch nicht abgewickelt ist. Eine zusammenhängende Inanspruchnahme des angesparten Erholungsurlaubs von mehr als 30 Arbeitstagen soll mindestens drei Monate vorher beantragt werden. Bei der Urlaubsgewährung sind dienstliche Belange zu berücksichtigen.

(3) Der angesparte Erholungsurlaub ist nach Stunden zu berechnen.

§ 8 Widerruf und Verlegung. (1) Erholungsurlaub kann ausnahmsweise widerrufen werden, wenn bei Abwesenheit des Beamten die ordnungsmäßige Erledigung der Dienstgeschäfte nicht gewährleistet wäre. Mehraufwendungen, die dem Beamten durch den Widerruf entstehen, werden nach den Bestimmungen des Reisekostenrechts ersetzt.

(2) Wünscht der Beamte aus wichtigen Gründen seinen Urlaub hinauszuschieben oder abzubrechen, so ist dem Wunsche zu entsprechen, wenn dies mit den Erfordernissen des Dienstes vereinbar ist und die Arbeitskraft des Beamten dadurch nicht gefährdet wird.

§ 9 Erkrankung. (1) Wird ein Beamter während seines Urlaubs durch Krankheit dienstunfähig und zeigt er dies unverzüglich an, so wird ihm die Zeit der Dienstunfähigkeit nicht auf den Erholungsurlaub angerechnet. Der Beamte hat die Dienstunfähigkeit nachzuweisen; dafür ist grundsätzlich ein ärztliches, auf Verlangen ein amts- oder vertrauensärztliches Zeugnis beizubringen.

Teil III   B. Sonstiges Bundesrecht

(2) Will der Beamte wegen der Erkrankung Urlaub über die bewilligte Zeit hinaus nehmen, bedarf er dazu einer neuen Bewilligung.

§ 10 *(weggefallen)*

§ 11 *(weggefallen)*

§ 12 Zusatzurlaub für Schichtdienst. (1) Verrichtet ein Beamter Dienst nach einem Schichtplan, der einen regelmäßigen Wechsel der täglichen Arbeitszeit in Wechselschichten bei ununterbrochenem Fortgang der Arbeit während der ganzen Woche, gegebenenfalls mit einer Unterbrechung der Arbeit am Wochenende von höchstens 48 Stunden Dauer, vorsieht, und sind dabei nach dem Dienstplan im Jahresdurchschnitt in je fünf Wochen mindestens 40 Arbeitsstunden in der Nachtschicht zu leisten, so erhält er bei einer solchen Dienstleistung Zusatzurlaub nach der folgenden Übersicht:

In der Fünf-Tage-Woche	In der Sechs-Tage-Woche	Zusatzurlaub
Dienstleistung an mindestens		
87 Arbeitstagen	104 Arbeitstagen	1 Arbeitstag
130 Arbeitstagen	156 Arbeitstagen	2 Arbeitstage
173 Arbeitstagen	208 Arbeitstagen	3 Arbeitstage
195 Arbeitstagen	234 Arbeitstagen	4 Arbeitstage.

Beginnen an einem Kalendertag zwei Dienstschichten und endet die zweite Dienstschicht in einem anderen Kalendertag, gelten abweichend von § 5 Abs. 4 Satz 2 beide Kalendertage als Arbeitstage.

(2) Verrichtet ein Beamter, der die Voraussetzungen des Absatzes 1 nicht erfüllt, nach einem Schichtplan Dienst zu erheblich unterschiedlichen Zeiten, so erhält er
- einen Arbeitstag Zusatzurlaub, wenn er mindestens 110 Stunden,
- zwei Arbeitstage Zusatzurlaub, wenn er mindestens 220 Stunden,
- drei Arbeitstage Zusatzurlaub, wenn er mindestens 330 Stunden,
- vier Arbeitstage Zusatzurlaub, wenn er mindestens 450 Stunden

Nachtdienst geleistet hat. Die Voraussetzungen des Satzes 1 sind nur erfüllt, wenn die Lage oder die Dauer der Schichten überwiegend um mindestens drei Stunden voneinander abweichen.

(3) Erfüllt ein Beamter weder die Voraussetzungen des Absatzes 1 noch die des Absatzes 2, so erhält er
- einen Arbeitstag Zusatzurlaub, wenn er mindestens 150 Stunden,
- zwei Arbeitstage Zusatzurlaub, wenn er mindestens 300 Stunden,

Erholungsurlaubsverordnung **Teil III**

– drei Arbeitstage Zusatzurlaub,
   wenn mindestens 450 Stunden,
– vier Arbeitstage Zusatzurlaub,
   wenn er mindestens 600 Stunden
Nachtdienst geleistet hat.

(4) Auf Zeiträume, in denen die regelmäßige Arbeitszeit des Beamten ermäßigt war, sind die Absätze 1 bis 3 mit der Maßgabe anzuwenden, dass die Zahl der geforderten Arbeitsstunden in der Nachtschicht oder der geforderten Nachtdienststunden im Verhältnis der jeweiligen ermäßigten zur vollen regelmäßigen Arbeitszeit gekürzt wird. Der Zusatzurlaub ist nach Stunden zu berechnen. Dabei entspricht ein als Zusatzurlaub zustehender Arbeitstag der jeweiligen ermäßigten regelmäßigen Arbeitszeit geteilt durch die Zahl der Tage, auf die die jeweilige ermäßigte regelmäßige Arbeitszeit durchschnittlich in der Kalenderwoche verteilt war. Bei ungleichmäßiger Verteilung der regelmäßigen Arbeitszeit sind für die Zeiträume, in denen der Beamte Dienst im Umfang der vollen regelmäßigen Arbeitszeit zu leisten hatte, die Absätze 1 bis 3 ohne die in Satz 1 bezeichnete Maßgabe anzuwenden.

(5) Der Bemessung des Zusatzurlaubs für ein Urlaubsjahr werden die in diesem Urlaubsjahr erbrachten Dienstleistungen nach den Absätzen 1 bis 4 zugrunde gelegt. Der Zusatzurlaub nach den Absätzen 1 bis 4 darf insgesamt vier Arbeitstage für das Urlaubsjahr nicht überschreiten; Absatz 7 bleibt unberührt. § 5 Abs. 5 ist nicht anzuwenden.

(6) Nachtdienst ist der dienstplanmäßige Dienst zwischen 20.00 Uhr und 6.00 Uhr.

(7) Für Beamte, die das 50. Lebensjahr vollendet haben oder im Laufe des Urlaubsjahres vollenden, erhöht sich der Zusatzurlaub um einen Arbeitstag.

(8) Für den Bereich der Deutsche Bahn Aktiengesellschaft sowie einer gemäß § 2 Abs. 1 und § 3 Abs. 3 des Deutsche Bahn Gründungsgesetzes vom 27. Dezember 1993 (BGBl. I S. 2378, 2386) ausgegliederten Gesellschaft kann die oberste Dienstbehörde
1. von der Anwendung des Absatzes 1 absehen,
2. der Bemessung des Zusatzurlaubs nach den Absätzen 1, 5 und 7 das Kalenderjahr zugrunde legen und dabei abweichend von Absatz 5 auch die in den Monaten Januar und Februar des folgenden Kalenderjahres erbrachten Dienstleistungen berücksichtigen.
Werden nach Satz 1 Nr. 2 Dienstleistungen für das vorangegangene Kalenderjahr berücksichtigt, entfällt ihre Berücksichtigung für das laufende Kalenderjahr.

(9) Für die bei den Nachfolgeunternehmen der Deutschen Bundespost beschäftigten Beamten kann die oberste Dienstbehörde
1. statt des Zusatzurlaubs unter den gleichen Voraussetzungen Freischichten in entsprechendem Umfang gewähren,
2. von der Anwendung des Absatzes 1, des Absatzes 2 Satz 2 und des Absatzes 4 absehen,

407

3. der Bemessung der Freischichten nach den Absätzen 1, 5 und 7 das Kalenderjahr zugrunde legen und dabei abweichend von Absatz 5 auch die in den Monaten Januar und Februar des folgenden Kalenderjahres erbrachten Dienstleistungen berücksichtigen.

Werden nach Satz 1 Nr. 3 Dienstleistungen für das vorangegangene Kalenderjahr berücksichtigt, entfällt ihre Berücksichtigung für das laufende Kalenderjahr.

(10) Die Absätze 1 bis 7 gelten nicht
1. für Beamte der Feuerwehr und des Wachdienstes, wenn sie nach einem Schichtplan eingesetzt sind, der für den Regelfall Schichten von 24 Stunden Dauer vorsieht,
2. für Beamte, die sich zwischen Dienstende und nächstem Dienstbeginn an Bord von ruhenden Schiffen oder auf ruhenden anderen schwimmenden Geräten bereithalten,
3. für Beamte, die an Bord von Schiffen oder auf anderen schwimmenden Geräten zur Bord- und Hafenwache oder zur Ankerwache eingesetzt sind.

Ist mindestens ein Viertel der Schichten, die Beamte der Feuerwehr und des Wachdienstes leisten, kürzer als 24, aber länger als 11 Stunden, so erhalten die Beamten für je fünf Monate Schichtdienst im Urlaubsjahr einen Arbeitstag Zusatzurlaub; Absatz 7 ist nicht anzuwenden.

§§ 13 und 14 *(weggefallen)*

§ 15 Geltungsbereich. Diese Verordnung gilt auch für die Richter im Bundesdienst und die Beamten der nach Artikel 130 des Grundgesetzes der Bundesregierung unterstehenden Verwaltungsorgane und Einrichtungen.

§ 16 Auslandsverwendung. (1) Für im Ausland tätige Beamte, die nicht dem Auswärtigen Dienst angehören, gilt die Heimaturlaubsverordnung mit den dazu erlassenen Verwaltungsvorschriften in der jeweils geltenden Fassung entsprechend. Soweit Beamte in Ländern oder Gebieten nach § 2 Abs. 1 der Heimaturlaubsverordnung tätig sind, die nicht von der Verwaltungsvorschrift zu § 2 Abs. 2 Satz 2 der Heimaturlaubsverordnung erfaßt sind, setzt das Bundesministerium des Innern den Zusatzurlaub im Einvernehmen mit dem Bundesministerium des Auswärtigen fest.

(2) Im Ausland tätige behinderte Beamte mit einem Grad der Behinderung von wenigstens 50 erhalten einen Zusatzurlaub von fünf Arbeitstagen im Jahr; verteilt sich die regelmäßige Arbeitszeit des Behinderten auf mehr oder weniger als fünf Arbeitstage in der Kalenderwoche, erhöht oder vermindert sich der Zusatzurlaub entsprechend.

§ 17 *(Inkrafttreten)*

Elternzeitverordnung Teil III

2. Verordnung über Elternzeit für Bundesbeamte und Richter im Bundesdienst (Elternzeitverordnung – EltZV)

In der Fassung der Bekanntmachung vom 17. Juli 2001[1]
(BGBl. I S. 1669)

BGBl. III/FNA 2030-2-23

§ 1 (1) Beamte haben nach Maßgabe des § 15 Abs. 1 des Bundeserziehungsgeldgesetzes Anspruch auf Elternzeit ohne Dienst- oder Anwärterbezüge.

(2) Ein Anspruch auf Elternzeit besteht bis zur Vollendung des dritten Lebensjahres des Kindes, bei einem angenommenen oder in Adoptionspflege genommenen Kind bis zu drei Jahren ab der Inobhutnahme, längstens bis zur Vollendung des achten Lebensjahres des Kindes. Ein Anteil von bis zu zwölf Monaten kann jedoch zu einem späteren Zeitpunkt nach Maßgabe des § 72a Abs. 4 Satz 1 des Bundesbeamtengesetzes genommen werden. Insgesamt kann die Elternzeit auf bis zu vier Zeitabschnitte verteilt werden.

(3) Die Elternzeit steht beiden Eltern zu; sie können sie, auch anteilig, jeweils allein oder gemeinsam nehmen. Die Zeit der Mutterschutzfrist nach § 3 Abs. 1 der Mutterschutzverordnung ist auf die Elternzeit anzurechnen, soweit nicht die Anrechnung wegen eines besonderen Härtefalles nach § 1 Abs. 5 des Bundeserziehungsgeldgesetzes unbillig ist. Satz 1 gilt auch für Adoptiveltern und Adoptivpflegeeltern.

(4) Während der Elternzeit ist Beamten auf Antrag eine Teilzeitbeschäftigung beim selben Dienstherrn bis zu 30 Stunden wöchentlich zu bewilligen, wenn zwingende dienstliche Gründe nicht entgegenstehen. Im Übrigen darf während der Elternzeit mit Genehmigung des Dienstvorgesetzten eine Teilzeitbeschäftigung in dem nach Satz 1 genannten Umfang als Arbeitnehmer oder Selbständiger ausgeübt werden. Die Genehmigung kann nur innerhalb von vier Wochen aus dringenden dienstlichen Gründen versagt werden.

§ 2 (1) Die Elternzeit soll, wenn sie unmittelbar nach der Geburt des Kindes oder nach Ablauf der Mutterschutzfrist (§ 3 Abs. 1 Satz 1 der Mutterschutzverordnung) beginnen soll, sechs Wochen, andernfalls acht Wochen vor Beginn schriftlich beantragt werden. Dabei ist anzugeben, für welche Zeiträume innerhalb von zwei Jahren sie beantragt wird.

(2) Kann der Beamte aus einem von ihm nicht zu vertretenden Grund eine sich unmittelbar an das Beschäftigungsverbot des § 6 Abs. 1 des Mutterschutzgesetzes oder des § 3 Abs. 1 der Mutterschutzverordnung anschließende Elternzeit nicht rechtzeitig beantragen, so kann er dies innerhalb einer Woche nach Wegfall des Grundes nachholen.

---

[1] Neubekanntmachung der Fassung vom 25. April 1997 (BGBl. I S. 983) in der ab 17. 7. 2001 geltenden Fassung.

(3) Die Elternzeit kann vorzeitig beendet oder im Rahmen des § 1 Abs. 2 verlängert werden, wenn der Dienstvorgesetzte zustimmt. Die vorzeitige Beendigung wegen der Geburt eines weiteren Kindes oder wegen eines besonderen Härtefalles (§ 1 Abs. 5 des Bundeserziehungsgeldgesetzes) kann nur innerhalb von vier Wochen nach Antragstellung aus dringenden dienstlichen Gründen abgelehnt werden. Eine vorzeitige Beendigung der Elternzeit zum Zwecke der Inanspruchnahme der Mutterschutzfristen nach § 1 Abs. 2 und § 3 Abs. 1 der Mutterschutzverordnung ist nicht zulässig. Die Elternzeit ist auf Wunsch zu verlängern, wenn ein vorgesehener Wechsel in der Anspruchsberechtigung aus einem wichtigen Grund nicht erfolgen kann.

(4) Stirbt das Kind während der Elternzeit, endet diese spätestens drei Wochen nach dem Tode des Kindes.

(5) Eine Änderung der Anspruchberechtigung hat der Beamte dem Dienstvorgesetzten unverzüglich mitzuteilen.

§ 3 Der Erholungsurlaub wird nicht nach § 5 Abs. 3 Nr. 1 der Erholungsurlaubsverordnung gekürzt, wenn der Beamte während der Elternzeit bei seinem Dienstherrn eine Teilzeitbeschäftigung als Beamter ausübt.

§ 4[1] (1) Während der Elternzeit darf die Entlassung eines Beamten auf Probe und auf Widerruf gegen seinen Willen nicht ausgesprochen werden.

(2) Die oberste Dienstbehörde kann abweichend von Absatz 1 die Entlassung eines Beamten auf Probe oder auf Widerruf aussprechen, wenn ein Sachverhalt vorliegt, bei dem ein Beamter auf Lebenszeit im Wege des förmlichen Disziplinarverfahrens aus dem Dienst zu entfernen wäre.

(3) Die §§ 28 und 29 des Bundesbeamtengesetzes bleiben unberührt.

§ 5 (1) Während der Elternzeit hat der Beamte Anspruch auf Beihilfe in entsprechender Anwendung der Beihilfevorschriften, sofern er nicht bereits auf Grund einer Teilzeitbeschäftigung unmittelbar Anspruch auf Beihilfe nach den Beihilfevorschriften hat. Satz 1 gilt für den Anspruch auf Heilfürsorge der Polizeivollzugsbeamten im Bundesgrenzschutz entsprechend.

(2) Dem Beamten werden für die Dauer der Elternzeit die Beiträge für seine Kranken- und Pflegeversicherung bis zu monatlich 60 Deutsche Mark erstattet, wenn seine Dienstbezüge oder Anwärterbezüge – ohne die mit Rücksicht auf den Familienstand gewährten Zuschläge und ohne Aufwandsentschädigung sowie ohne Auslandsdienstbezüge nach § 52 Abs. 1 Satz 3 des Bundesbesoldungsgesetzes – vor Beginn der Elternzeit die Versicherungspflichtgrenze in der gesetzlichen Krankenversicherung nicht überschritten haben oder überschritten hätten. Nehmen die Eltern gemeinsam Elternzeit, steht die Beitragserstattung nur dem Elternteil zu, bei dem das

---

[1] Amtl. Anm.: Gemäß Art. 6 in Verbindung mit Art. 27 Abs. 1 des Gesetzes zur Neuordnung des Bundesdisziplinarrechts vom 9. Juli 2001 (BGBl. I S. 1510) werden am 1. Januar 2002 in § 4 Abs. 2 die Wörter „des förmlichen" durch das Wort „eines" ersetzt.

Sonderurlaubsverordnung **Teil III**

Kind im Familienzuschlag berücksichtigt wird oder berücksichtigt werden soll.

(3) Auf Antrag des Beamten werden die Beiträge für seine Kranken- und Pflegeversicherung, soweit sie auf einen auf den Beihilfebemessungssatz abgestimmten Prozenttarif entfallen, über die Erstattung nach Absatz 2 hinaus in voller Höhe erstattet, wenn er nachweist, dass ihm in der Zeit ab dem siebten Lebensmonat des Kindes volles Erziehungsgeld zusteht; steht ihm ein vermindertes Erziehungsgeld zu, wird die Differenz zwischen den vollen Beiträgen und dem Erstattungsbetrag nach Absatz 2 nur in der Höhe erstattet, die dem Verhältnis des verminderten zum vollen Erziehungsgeld entspricht. Für diejenigen Monate einer Elternzeit, in denen das Bundeserziehungsgeldgesetz die Zahlung von Erziehungsgeld generell nicht vorsieht, wird die erhöhte Beitragserstattung nach Satz 1 weitergezahlt, solange der Beamte nicht oder mit weniger als der Hälfte der regelmäßigen Arbeitszeit beschäftigt ist. Satz 1 gilt für die ersten sechs Lebensmonate des Kindes entsprechend, soweit ohne eine erst danach eingetretene Änderung der Einkommensverhältnisse ein Anspruch auf Erziehungsgeld ab dem siebten Lebensmonat des Kindes bestehen würde. Bei angenommenen oder mit dem Ziel der Annahme aufgenommenen Kindern tritt für die Anwendung der Sätze 1 bis 3 an die Stelle des Lebensmonats der Monat der Inobhutnahme.

§ 6 Für die vor dem 1. Januar 2001 geborenen Kinder oder für die vor diesem Zeitpunkt mit dem Ziel der Adoption in Obhut genommenen Kinder sind die Vorschriften dieser Verordnung in der bis zum 31. Dezember 2000 geltenden Fassung weiter anzuwenden.

§ 7 Diese Verordnung gilt für Richter im Bundesdienst entsprechend. Während der Elternzeit ist eine Teilzeitbeschäftigung als Richter von mindestens der Hälfte bis zu drei Vierteln des regelmäßigen Dienstes zulässig.

§ 8 (Inkrafttreten)

3. Verordnung über Sonderurlaub für Bundesbeamte und Richter im Bundesdienst (Sonderurlaubsverordnung – SUrlV)

In der Fassung der Bekanntmachung vom 25. April 1997
(BGBl. I S. 978)

Geändert durch VO vom 17. Juli 2001 (BGBl. I S. 1664)
BGBl. III/FNA 2030-2-11

§ 1 Urlaub zur Ausübung staatsbürgerlicher Rechte und zur Erfüllung staatsbürgerlicher Pflichten. (1) Für die Dauer der notwendigen Abwesenheit vom Dienst ist Urlaub unter Fortzahlung der Besoldung zu gewähren

1. für die Teilnahme an öffentlichen Wahlen und Abstimmungen,
2. zur Wahrnehmung amtlicher, insbesondere gerichtlicher oder polizeilicher Termine, soweit sie nicht durch private Angelegenheiten des Beamten veranlaßt sind,
3. zur Ausübung einer ehrenamtlichen Tätigkeit oder eines öffentlichen Ehrenamtes, wenn der Beamte zur Übernahme gesetzlich verpflichtet ist, es sei denn, daß er sich für diese Tätigkeit oder dieses Ehrenamt beworben hat.

(2) Beruht eine ehrenamtliche Tätigkeit oder ein öffentliches Ehrenamt auf gesetzlicher Vorschrift, besteht aber zur Übernahme keine Verpflichtung, kann der zur Ausübung erforderliche Urlaub unter Fortzahlung der Besoldung gewährt werden, wenn dienstliche Gründe nicht entgegenstehen.

§ 2 *(weggefallen)*

§ 3 Urlaub zur Ableistung eines freiwilligen sozialen oder ökologischen Jahres. Zur Ableistung eines freiwilligen sozialen Jahres nach dem Gesetz zur Förderung eines freiwilligen sozialen Jahres vom 17. August 1964 (BGBl. I S. 640) in der jeweils geltenden Fassung oder eines freiwilligen ökologischen Jahres nach dem Gesetz zur Förderung eines freiwilligen ökologischen Jahres vom 17. Dezember 1993 (BGBl. I S. 2118) in der jeweils geltenden Fassung ist Beamten auf Probe und auf Widerruf Urlaub unter Wegfall der Besoldung bis zur Dauer eines Jahres zu gewähren, wenn dringende dienstliche Gründe nicht entgegenstehen.

§ 4 Urlaub für eine Ausbildung als Schwesternhelferin. Für eine Ausbildung als Schwesternhelferin soll Urlaub unter Fortzahlung der Besoldung für die Dauer eines geschlossenen Lehrganges, höchstens jedoch für zwanzig Arbeitstage im Urlaubsjahr, gewährt werden, wenn dienstliche Gründe nicht entgegenstehen. § 6 Satz 3 und 4 gilt entsprechend. Urlaub nach § 5 darf daneben vor Ablauf eines Jahres nach Urlaubsende nicht gewährt werden.

§ 5 Urlaub für Zwecke der militärischen und zivilen Verteidigung und entsprechender Einrichtungen. Für die Teilnahme an dienstlichen Veranstaltungen im Sinne des § 1 Abs. 4 des Soldatengesetzes und die Teilnahme an Ausbildungsveranstaltungen von Organisationen der zivilen Verteidigung sowie im Falle des Einsatzes durch eine dieser Organisationen soll Urlaub unter Fortzahlung der Besoldung gewährt werden, wenn dienstliche Gründe nicht entgegenstehen. Das gleiche gilt bei Heranziehung zum Feuerlöschdienst, bei Heranziehung zum Wasserwehr- oder Deichdienst einschließlich der von den örtlichen Wehrleitungen angeordneten Übungen sowie bei Heranziehung zum Bergwachtdienst oder zum Seenotrettungsdienst zwecks Rettung von Menschenleben und zum freiwilligen Sanitätsdienst bei Vorliegen eines dringenden öffentlichen Interesses. Die Dauer des Urlaubs richtet sich nach § 8.

§ 6 Urlaub für gewerkschaftliche Zwecke. Für die Teilnahme an Sitzungen eines überörtlichen Gewerkschafts- oder Berufsverbandsvorstandes,

Sonderurlaubsverordnung **Teil III**

dem der Beamte angehört, und an Tagungen von Gewerkschaften oder Berufsverbänden auf internationaler, Bundes- oder Landesebene (beim Fehlen einer Landesebene auf Bezirksebene), wenn der Beamte als Mitglied eines Gewerkschafts- oder Berufsverbandsvorstandes oder als Delegierter teilnimmt, soll Urlaub unter Fortzahlung der Besoldung bis zu fünf Arbeitstagen im Urlaubsjahr gewährt werden, wenn dienstliche Gründe nicht entgegenstehen. Die oberste Dienstbehörde kann in besonders begründeten Fällen Urlaub bis zu zehn Arbeitstagen im Urlaubsjahr bewilligen; Urlaub in den Fällen der §§ 5 und 7 ist anzurechnen, soweit er fünf Arbeitstage im Urlaubsjahr überschreitet. Verteilt sich die regelmäßige Arbeitszeit auf mehr oder weniger als fünf Arbeitstage in der Woche, erhöht oder vermindert sich die Zahl der Arbeitstage entsprechend. In Verwaltungen, in denen der Erholungsurlaub nach Werktagen bemessen wird, kann mit Zustimmung des Bundesministeriums des Innern der Urlaub ebenfalls nach Werktagen bemessen werden. Die oberste Dienstbehörde kann die ihr nach Satz 2 zustehende Befugnis auf unmittelbar nachgeordnete Behörden übertragen.

§ 7 Urlaub für fachliche, staatspolitische, kirchliche und sportliche Zwecke. In folgenden Fällen kann Urlaub unter Fortzahlung der Besoldung gewährt werden, wenn dienstliche Gründe nicht entgegenstehen

1. für die Teilnahme an wissenschaftlichen Tagungen sowie an beruflichen Aus- und Fortbildungsveranstaltungen, die von staatlichen oder kommunalen Stellen durchgeführt werden, wenn die Teilnahme für die dienstliche Tätigkeit von Nutzen ist;
2. zur Ablegung von Prüfungen (Klausurarbeiten und mündliche Prüfung) nach einer Aus- oder Fortbildung im Sinne der Nummer 1 und bei Verwaltungs- und Wirtschaftsakademien;
3. für die Teilnahme an förderungswürdigen staatspolitischen Bildungsveranstaltungen; wird die Veranstaltung nicht von einer staatlichen Stelle durchgeführt, muß die Förderungswürdigkeit von der zuständigen obersten Bundesbehörde anerkannt worden sein; das Nähere regelt der Bundesminister des Innern;
4. für die Teilnahme an Lehrgängen, die der Ausbildung zum Jugendgruppenleiter dienen, und für die Tätigkeit als ehrenamtlicher Jugendgruppenleiter, wenn die Lehrgänge oder Veranstaltungen von Trägern der öffentlichen Jugendhilfe oder anerkannten Trägern der freien Jugendhilfe (§ 75 des Achten Buches des Sozialgesetzbuchs) durchgeführt werden;
5. für die Teilnahme an Sitzungen eines überörtlichen Parteivorstandes, dem der Beamte angehört, und an Bundes-, Landes- oder Bezirksparteitagen, wenn der Beamte als Mitglied eines Parteivorstandes oder als Delegierter teilnimmt;
6. für die Teilnahme an Arbeitstagungen überörtlicher Selbsthilfeorganisationen zur Betreuung behinderter Personen, wenn es sich um eine Veranstaltung auf Bundes- oder Landesebene handelt und der Beamte als Mitglied eines Vorstandes der Organisation teilnimmt;
7. für die Teilnahme an Sitzungen der Verfassungsorgane oder überörtlicher Verwaltungsgremien der Kirchen oder sonstigen öffentlich-rechtlichen

Teil III B. *Sonstiges Bundesrecht*

Religionsgesellschaften, wenn der Beamte dem Verfassungsorgan oder Gremium angehört, und für die Teilnahme an Tagungen der Kirchen oder öffentlich-rechtlichen Religionsgesellschaften, wenn der Beamte auf Anforderung der Kirchenleitung oder obersten Leitung der Religionsgesellschaft als Delegierter oder als Mitglied eines Verwaltungsgremiums der Kirche oder der Religionsgesellschaft teilnimmt, sowie an Veranstaltungen des Deutschen Evangelischen Kirchentages und des Deutschen Katholikentages;

8. für die aktive Teilnahme

a) an den Olympischen Spielen, sportlichen Welt- und Europameisterschaften, internationalen sportlichen Länderwettkämpfen und den dazugehörigen Vorbereitungskämpfen auf Bundesebene, wenn der Beamte von einem dem Deutschen Sportbund angeschlossenen Verband als Teilnehmer benannt worden ist,

b) an Europapokal-Wettbewerben sowie den Endkämpfen um deutsche sportliche Meisterschaften, wenn der Beamte von einem dem Deutschen Sportbund angeschlossenen Verband oder Verein als Teilnehmer benannt worden ist,

c) an den Wettkämpfen beim Deutschen Turnfest;

9. für die Teilnahme an Kongressen und Vorstandssitzungen internationaler Sportverbände, denen der Deutsche Sportbund oder ein ihm angeschlossener Sportverband angehören, Mitgliederversammlungen und Vorstandssitzungen des Nationalen Olympischen Komitees, des Deutschen Sportbundes und ihm angeschlossener Sportverbände auf Bundesebene sowie Vorstandssitzungen solcher Verbände auf Landesebene, wenn der Beamte dem Gremium angehört.

Die Dauer des Urlaubs richtet sich nach § 8.

§ 8 Dauer des Urlaubs in den Fällen der §§ 5 und 7. Urlaub für Ausbildungsveranstaltungen nach § 5 und Urlaub nach § 7 darf im Einzelfall drei Arbeitstage, in besonders begründeten Fällen oder bei mehreren Veranstaltungen fünf Arbeitstage im Urlaubsjahr nicht überschreiten. Die oberste Dienstbehörde kann Urlaub bis zu zehn Arbeitstagen im Urlaubsjahr bewilligen; sie kann diese Befugnis auf unmittelbar nachgeordnete Behörden übertragen. Urlaub nach § 6 ist anzurechnen, soweit er fünf Arbeitstage im Urlaubsjahr überschreitet. Für die aktive Teilnahme an den Olympischen Spielen, sportlichen Welt- und Europameisterschaften, internationalen sportlichen Länderwettkämpfen und den dazugehörigen Vorbereitungskämpfen auf Bundesebene sowie an Europapokal-Wettbewerben kann die oberste Dienstbehörde Urlaub auch über zehn Arbeitstage hinaus bewilligen. § 6 Satz 3 und 4 gilt entsprechend.

§ 9 Urlaub zur Ausübung einer Tätigkeit in öffentlichen zwischenstaatlichen oder überstaatlichen Einrichtungen oder zur Wahrnehmung von Aufgaben der Entwicklungszusammenarbeit. (1) Wird ein Beamter zur Wahrnehmung einer hauptberuflichen Tätigkeit in öffentliche zwischenstaatliche oder überstaatliche Einrichtungen entsandt, ist ihm für die Dauer

Sonderurlaubsverordnung **Teil III**

dieser Tätigkeit Urlaub unter Wegfall der Besoldung zu gewähren; die Entscheidung trifft die oberste Dienstbehörde.

(2) Einem nicht entsandten Beamten kann zur Wahrnehmung einer hauptberuflichen Tätigkeit in einer öffentlichen zwischenstaatlichen oder überstaatlichen Einrichtung Urlaub unter Wegfall der Besoldung bis zur Dauer von einem Jahr bewilligt werden, wenn dienstliche Gründe nicht entgegenstehen.

(3) Zur Übernahme von Aufgaben der Entwicklungszusammenarbeit kann die oberste Dienstbehörde Urlaub unter Wegfall der Besoldung gewähren, wenn dienstliche Gründe nicht entgegenstehen.

§ 10 Urlaub für eine fremdsprachliche Aus- oder Fortbildung. Für eine fremdsprachliche Aus- oder Fortbildung im Ausland kann die oberste Dienstbehörde Urlaub unter Fortzahlung der Besoldung bis zur Dauer von drei Monaten bewilligen, wenn die Ausbildung im dienstlichen Interesse liegt und zu erwarten steht, daß ausreichende Fortschritte im Erlernen der Fremdsprache gemacht werden. Ein weiterer Urlaub zu einem solchen Zweck darf frühestens zwei Jahre nach Beendigung des letzten Urlaubs aus diesem Anlaß gewährt werden.

Fassung von § 11 bis 31. 12. 2001:

§ 11 Urlaub für Familienheimfahrten. (1) Trennungsgeldberechtigten nach § 3 Abs. 2 Satz 1 Nr. 1 Buchstabe a oder b der Trennungsgeldverordnung wird Urlaub unter Fortzahlung der Besoldung bis zu neun Arbeitstagen im Urlaubsjahr für Familienheimfahrten gewährt; hat der Beamte in der Regel an mehr als fünf Tagen in der Woche Dienst, erhält er Urlaub bis zu zwölf Arbeitstagen im Urlaubsjahr. Besteht ein Anspruch auf Trennungsgeld nur für einen Teil des Urlaubsjahres, verringert sich der Urlaubsanspruch entsprechend. Der Zeitpunkt des Urlaubsantritts ist mit den dienstlichen Bedürfnissen abzustimmen. Bei einer Entfernung von weniger als 150 km zwischen dem Wohnort der Familie und dem Dienstort wird Urlaub für Familienheimfahrten nicht gewährt, es sei denn, daß die Verkehrsverbindungen besonders ungünstig sind.

(2) Im Ausland tätige Beamte erhalten für jede Familienheimfahrt, für die ihnen eine Reisebeihilfe nach § 13 Abs. 1 der Auslandstrennungsgeldverordnung gewährt wird, bis zu drei Arbeitstagen Urlaub unter Fortzahlung der Besoldung, höchstens jedoch zwölf Arbeitstage im Jahr.

Fassung von § 11 ab 1. 1. 2002:

§ 11 Urlaub für Familienheimfahrten. (1) Trennungsgeldberechtigten nach § 3 Abs. 3 Satz 2 Buchstabe a oder b der Trennungsgeldverordnung, deren regelmäßige Arbeitszeit auf mindestens fünf Tage in der Woche verteilt ist, kann oder, wenn ihnen keine Reisebeihilfe für eine wöchentliche Heimfahrt zusteht, soll Urlaub unter Fortzahlung der Besoldung bis zu sechs Arbeitstagen im Urlaubsjahr für Familienheimfahrten gewährt werden. Der Zeitpunkt des Urlaubsantritts ist mit den dienstlichen Bedürfnissen abzustimmen. Bei einer Entfernung von weniger als 150 Kilometern zwi-

415

Teil III   B. *Sonstiges Bundesrecht*

schen der Wohnung der Familie und der Dienststelle wird kein Urlaub für Familienheimfahrten gewährt.

§ 12 Urlaub aus persönlichen Anlässen. (1) Für die Dauer der notwendigen Abwesenheit vom Dienst bei amts-, vertrauens- oder versorgungsärztlich angeordneter Untersuchung oder kurzfristiger Behandlung einschließlich der Anpassung, Wiederherstellung oder Erneuerung von Körperersatzstücken oder wegen einer sonstigen ärztlichen Behandlung des Beamten die während der Arbeitszeit erfolgen muß, ist Urlaub unter Fortzahlung der Besoldung zu gewähren, wenn dringende dienstliche Gründe nicht entgegenstehen.

(2) Für eine Heilkur und eine Heilbehandlung in einem Sanatorium, deren Notwendigkeit durch ein amts- oder vertrauensärztliches Zeugnis nachgewiesen ist, wird Urlaub unter Fortzahlung der Besoldung gewährt; Dauer und Häufigkeit des Urlaubs bestimmen sich nach den Beihilfevorschriften vom 10. Juli 1995 (GMBl. S. 470) in der jeweils geltenden Fassung. Satz 1 Halbsatz 1 gilt entsprechend für die Durchführung einer auf Grund des § 11 Abs. 2 des Bundesversorgungsgesetzes versorgungsärztlich verordneten Badekur. Soweit für eine in Satz 1 bezeichnete Kur kein Urlaub unter Fortzahlung der Besoldung gewährt wird, ist auf Antrag des Beamten Urlaub unter Wegfall der Besoldung oder Erholungsurlaub zu gewähren.

(3) Aus anderen wichtigen persönlichen Gründen kann, wenn dienstliche Gründe nicht entgegenstehen, Urlaub unter Fortzahlung der Besoldung im notwendigen Umfang gewährt werden; in den nachstehenden Fällen wird Urlaub in dem angegebenen Umfang gewährt:
1. Niederkunft der Ehefrau 1 Arbeitstag,
2. Tod des Ehegatten, eines Kindes oder Elternteils 2 Arbeitstage,
3. Umzug an einen anderen Ort aus dienstlichem Anlaß 1 Arbeitstag, oder, wenn der letzte Umzug aus dienstlichem Anlass nicht länger als fünf Jahre zurückliegt, drei Arbeitstage,
4. grenzüberschreitender Umzug aus dienstlichem Anlaß bis zu 3 Arbeitstagen,
5. 25-, 40- und 50jähriges Dienstjubiläum 1 Arbeitstag,
6. schwere Erkrankung eines im Haushalt des Beamten lebenden Angehörigen 1 Arbeitstag im Urlaubsjahr,
7. schwere Erkrankung eines Kindes unter zwölf Jahren bis zu 4 Arbeitstagen im Urlaubsjahr,
8. schwere Erkrankung der Betreuungsperson eines Kindes des Beamten, das das achte Lebensjahr noch nicht vollendet hat oder wegen körperlicher, geistiger oder seelischer Behinderung dauernd pflegebedürftig ist, bis zu 4 Arbeitstagen im Urlaubsjahr.

In den Fällen des Satzes 1 Nr. 6 bis 8 wird Urlaub nur gewährt, soweit eine andere Person zur Pflege oder Betreuung nicht zur Verfügung steht und der Arzt in den Fällen des Satzes 1 Nr. 6 und 7 die Notwendigkeit der Anwesenheit des Beamten zur Pflege bescheinigt; der Urlaub darf insgesamt fünf Arbeitstage im Urlaubsjahr nicht überschreiten. Für die im Bereich der Deutsche Bahn Aktiengesellschaft sowie einer nach § 2 Abs. 1 und § 3

Sonderurlaubsverordnung Teil III

Abs. 3 des Deutsche Bahn Gründungsgesetzes ausgegliederten Gesellschaft beschäftigten Beamten kann die oberste Dienstbehörde im Einvernehmen mit dem Bundesministerium des Innern eine von Satz 1 Nr. 1 bis 8 und Satz 2 abweichende Regelung treffen. Für die bei den Nachfolgeunternehmen der Deutschen Bundespost beschäftigten Beamten kann die oberste Dienstbehörde im Einvernehmen mit dem Bundesministerium der Finanzen und dem Bundesministerium des Innern eine von Satz 1 Nr. 1 bis 8 und Satz 2 abweichende Regelung treffen. In den Fällen des Satzes 1 Nr. 7 kann einem Beamten, dessen Dienstbezüge oder Anwärterbezüge die Jahresarbeitsentgeltgrenze nach § 6 Abs. 1 Nr. 1 des Fünften Buches Sozialgesetzbuch nicht überschreiten, Urlaub unter Fortzahlung der Besoldung über vier Arbeitstage im Urlaubsjahr hinaus bis zu dem in § 45 des Fünften Buches Sozialgesetzbuch für eine Freistellung von der Arbeitsleistung vorgesehenen Umfang gewährt werden, wenn dadurch keine haushaltsmäßigen Mehraufwendungen entstehen.

§ 13 Urlaub in anderen Fällen. (1) Urlaub unter Wegfall der Besoldung kann gewährt werden, wenn ein wichtiger Grund vorliegt und dienstliche Gründe nicht entgegenstehen. Urlaub für mehr als drei Monate kann nur in besonders begründeten Fällen durch die oberste Dienstbehörde bewilligt werden.

(2) Dient Urlaub, der für einen in den §§ 1 bis 12 nicht genannten Zweck gewährt wird, auch dienstlichen Zwecken, kann die Besoldung bis zur Dauer von zwei Wochen, durch die oberste Dienstbehörde bis zur Dauer von sechs Monaten, für die sechs Wochen überschreitende Zeit jedoch nur bis zur halben Höhe, belassen werden. Die oberste Dienstbehörde kann mit Zustimmung des Bundesministers des Innern Ausnahmen bewilligen.

§ 14 Verfahren. Der Urlaub ist rechtzeitig, in den Fällen des § 1 und des § 89 Abs. 3 des Bundesbeamtengesetzes unverzüglich nach Bekanntwerden des Urlaubsanlasses zu beantragen.

§ 15 Widerruf. (1) Die Urlaubsbewilligung kann widerrufen werden, bei einem befristeten Urlaub jedoch nur aus zwingenden dienstlichen Gründen.

(2) Die Urlaubsbewilligung ist zu widerrufen, wenn der Urlaub zu einem anderen als dem bewilligten Zweck verwendet wird oder wenn andere Gründe, die der Beamte zu vertreten hat, den Widerruf erfordern.

§ 16 Ersatz von Aufwendungen. (1) Mehraufwendungen, die durch einen Widerruf der Urlaubsbewilligung entstehen, werden nach den Bestimmungen des Reisekosten- und Umzugskostenrechts ersetzt, es sei denn, daß der Widerruf nach § 15 Abs. 2 ausgesprochen wird. Zuwendungen, die von anderer Seite zur Deckung der Aufwendungen geleistet werden, sind anzurechnen.

(2) Absatz 1 gilt auch für Mehraufwendungen, die anläßlich der Wiederaufnahme des Dienstes in den Fällen des § 9 Abs. 1 und 3 entstehen, wenn

Teil III   B. *Sonstiges Bundesrecht*

die oberste Dienstbehörde oder die von ihr bestimmte Stelle spätestens bei Beendigung, des Urlaubs schriftlich anerkannt hat, daß dieser dienstlichen Interessen oder öffentlichen Belangen dient.

§ 17 Besoldung. (1) Zur Besoldung im Sinne der Verordnung gehören die in § 1 Abs. 2 und 3 des Bundesbesoldungsgesetzes genannten Dienstbezüge und sonstigen Bezüge.

(2) Erhält der Beamte in den Fällen des § 10 oder des § 13 Abs. 2 Zuwendungen von anderer Seite, so ist die Besoldung entsprechend zu kürzen, es sei denn, daß der Wert der Zuwendungen gering ist.

(3) Ein Urlaub unter Wegfall der Besoldung von längstens einem Monat läßt den Anspruch auf Beihilfe oder auf Heilfürsorge nach § 70 Abs. 2 des Bundesbesoldungsgesetzes unberührt.

§ 18 Geltungsbereich. Diese Verordnung gilt für Richter im Bundesdienst entsprechend.

§ 19 (Inkrafttreten)

C. Landesgesetze zum Sonderurlaub für Mitarbeiter in der Jugendarbeit

1. Baden-Württemberg

Gesetz über die Erteilung von Sonderurlaub an Mitarbeiter in der Jugendpflege und Jugendwohlfahrt

Vom 13. Juli 1953

(GVBl. S. 110)

§ 1 (1) Den in der Jugendhilfe tätigen Personen über 18 Jahren ist auf Antrag Sonderurlaub in folgenden Fällen zu gewähren:
a) für die Tätigkeit in Zeltlagern, Jugendherbergen und Heimen, in denen Jugendliche vorübergehend zur Erholung untergebracht sind, und bei Jugendwanderungen;
b) zum Besuch von Ausbildungslehrgängen bzw. von Schulungsveranstaltungen der Jugendpflege- und Jugendwohlfahrtsverbände;
c) zum Besuch von Tagungen der Jugendpflege- und Jugendwohlfahrtsverbände;
d) zur Leitung von Veranstaltungen des im Rahmen des Bundes- und Landesjugendplans geförderten Auslandsaustausches.

(2) Als Jugendpflege- und Jugendwohlfahrtsverbände im Sinne dieses Gesetzes gelten die dem Landesjugendring Baden-Württemberg und der Liga der Freien Wohlfahrtspflege in Baden-Württemberg angehörenden Organisationen der Jugendhilfe sowie die sonstigen von der obersten Landesjugendbehörde anerkannten Organisationen der freien Jugendpflege und Jugendwohlfahrt.

§ 2 (1) Der Sonderurlaub beträgt bis zu zwölf Arbeitstage im Jahr. Er kann auf höchstens vier Veranstaltungen im Jahr verteilt werden.

(2) Ein Anspruch auf Bezahlung des Sonderurlaubs besteht nicht. Der Sonderurlaub ist auf das nächste Jahr nicht übertragbar.

§ 3 (1) Anträge auf Sonderurlaub für einen Mitarbeiter der Jugendpflege und Jugendwohlfahrt können nur von seiner Organisation gestellt werden.

(2) Die Anträge sind der urlaubgewährenden Stelle (Arbeitgeber, Behördenleiter, Schulleiter usw.) mindestens zwölf Tage vor Antritt des Sonderurlaubs vorzulegen.

§ 4 (1) Die Arbeitgeber haben für die Tage, für die ein kranken- und arbeitslosenversicherungspflichtiger Arbeitnehmer einen Sonderurlaub ohne Zahlung von Entgelt erhält, die sonst fälligen Beiträge zur Sozialversicherung einschließlich der Zusatzversicherung entsprechend den gesetzlichen Bestimmungen zu tragen.

(2) Die Beiträge und Leistungen bemessen sich in diesen Fällen nach dem Arbeitsverdienst, den der Versicherte bei Fortführung seiner Beschäftigung erzielen würde.

(3) Die für die Leistungsgewährung erforderlichen Bescheinigungen sind gegebenenfalls entsprechend auszustellen.

§ 5 Arbeitnehmern, die einen Sonderurlaub nach § 1 erhalten, dürfen Nachteile in ihrem Arbeits- bzw. Dienstverhältnis deswegen nicht erwachsen. Dies gilt auch für den Nachweis der Dienstzeit bzw. der Dauer eines Arbeitsverhältnisses.

§ 6 Das Gesetz tritt mit dem Tage der Verkündung in Kraft.

2. Bayern

Gesetz zur Freistellung von Arbeitnehmern für Zwecke der Jugendarbeit

Vom 14. April 1980

(GVBl. S. 180)

(BayRS 2162 – 3 – K)

Art. 1 [Freistellungsanspruch] (1) Ehrenamtliche Jugendleiter, die das 16. Lebensjahr vollendet haben und in einem Arbeits- oder Ausbildungsverhältnis stehen, haben gegenüber dem Arbeitgeber nach Maßgabe dieses Gesetzes Anspruch auf Freistellung für Zwecke der Jugendarbeit.

(2) Die Freistellung kann nur beansprucht werden
a) für die Tätigkeit als Leiter von Bildungsmaßnahmen für Kinder und Jugendliche,
b) für die Tätigkeit als Leiter oder Helfer in Zeltlagern, Jugendherbergen und Heimen, in denen Kinder und Jugendliche vorübergehend zur Erholung untergebracht sind, und bei Jugendwanderungen,
c) zur Teilnahme an Ausbildungslehrgängen und Schulungsveranstaltungen der Jugendverbände und der öffentlichen Träger der Jugendarbeit,
d) zur Teilnahme an Tagungen der Jugendverbände und der öffentlichen Träger der Jugendarbeit,
e) zur Teilnahme an Maßnahmen der internationalen und der sonstigen zwischenstaatlichen Jugendbegegnung,
f) zur Teilnahme an Berlin- und Grenzlandfahrten.

(3) Der Arbeitgeber darf die Freistellung nur verweigern, wenn im Einzelfall ein unabweisbares betriebliches Interesse entgegensteht. Die Beteiligung des Betriebsrats richtet sich nach den Bestimmungen des Betriebsverfassungsgesetzes.

Art. 2 [Höchstdauer. Vergütung] (1) Freistellung nach diesem Gesetz kann nur für höchstens 15 Arbeitstage und für nicht mehr als vier Veranstaltungen im Jahr verlangt werden. Der Anspruch ist auf das nächste Jahr nicht übertragbar.

(2) Der Arbeitgeber ist nicht verpflichtet, für die Zeit der Freistellung nach diesem Gesetz eine Vergütung zu gewähren.

Art. 3 [Antragstellung] (1) Anträge auf Freistellung können nur von öffentlich anerkannten Jugendverbänden, von den Jugendringen auf Landes- und Bezirksebene, von den Landesverbänden der im Ring Politischer Jugend zusammengeschlossenen Jugendorganisationen der politischen Parteien sowie von den Spitzenverbänden der freien Wohlfahrtspflege gestellt werden. Das Staatsministerium für Unterricht und Kultus wird ermächtigt, die antragsberechtigten Verbände und Jugendringe durch Rechtsverordnung näher zu bezeichnen.

(2) Die Anträge sollen in schriftlicher Form gestellt werden. Sie müssen dem Arbeitgeber, von besonders zu begründenden Ausnahmefällen abgesehen, mindestens 14 Tage vor Beginn des Zeitraums, für den die Freistellung beantragt wird, zugehen.

(3) Wird die Freistellung nicht antragsgemäß gewährt, so ist das dem antragstellenden Verband oder Jugendring und dem Arbeitnehmer rechtzeitig unter Angabe von Gründen mitzuteilen. Die Ablehnung soll gegenüber dem antragstellenden Verband oder Jugendring schriftlich begründet werden.

Art. 4 [Nachteilsverbot] Arbeitnehmern, denen eine Freistellung nach diesem Gesetz gewährt oder versagt wird, dürfen Nachteile in ihrem Arbeits- oder Ausbildungsverhältnis nicht erwachsen.

Art. 5 [Erstreckung auf Jugendmusikgruppen] Dieses Gesetz gilt entsprechend für ehrenamtliche Leiter von Jugendchören, Jugendorchestern und sonstigen Jugendmusikgruppen, wenn sie an Veranstaltungen der musikalischen Jugendbildung mitwirken, die den Veranstaltungen nach Art. 1 Abs. 2 Buchst. a, c, d und e entsprechen. Anträge auf Freistellungen können in diesen Fällen nur vom Bayerischen Musikrat e. V. gestellt werden.

Art. 6 [Öffentl. Dienst] Dieses Gesetz findet auf Beamte und in einem öffentlich-rechtlichen Ausbildungsverhältnis stehende Personen entsprechende Anwendung.

Art. 7 [Inkrafttreten] Dieses Gesetz tritt am 1. Juli 1980 in Kraft. *(Satz 2 gegenstandslos)*

Teil III C. Landesgesetze zum Sonderurlaub

3. Bremen

Bremisches Kinder-, Jugend- und Familienförderungsgesetz (BremKJFFöG)

Vom 22. Dezember 1998

(GBl. S. 351)

Abschnitt I. Grundsätze

§§

Zweck des Gesetzes 1
Bedeutung der Kinder-, Jugend- und Familienförderung 2
Mitwirkung und Beteiligung von Kindern, Jugendlichen und deren
 Familien 3
Mädchen und junge Frauen 4
Integration von jungen Menschen aus Zuwandererfamilien 5
Berücksichtigung sozialer Benachteiligungen und beeinträchtigender
 individueller Lebenslagen 6

Abschnitt II. Kinder- und Jugendarbeit

Ziele und Aufgaben der Kinder- und Jugendarbeit 7
Spielförderung 8
Kinder- und Jugenderholung 9
Jugendberatung und Jungendinformation 10
Einrichtungen und Maßnahmen der offenen und stadtteilbezogenen
 Jugendarbeit 11

Abschnitt III. Jugendverbände, außerschulische Jugendbildung

Jugendverbände und Jugendgruppen 12
Ziele und Aufgaben der außerschulischen Jugendbildung 13
Träger, Einrichtungen und Maßnahmen der außerschulischen Jugend-
 bildung 14
Aufgaben der Jugendbildungseinrichtungen 15
Anerkennungsvoraussetzung und Grundsätze der Förderung 16
Zuschußgewährung 17
Sachverständigenbeirat für Jugendbildung 18

Abschnitt IV. Jugendsozialarbeit

Jugendsozialarbeit 19
Jugendberufshilfe 20
Sozialpädagogisch begleitete Wohnformen 21
Abstimmung mit anderen Trägern 22

Abschnitt V. Kinder- und Jugendschutz

Ziele und Aufgaben des erzieherischen Kinder- und Jugendschutzes 23
Angebote des erzieherischen Kinder- und Jugendschutzes 24
Schutz junger Menschen vor Mißhandlung und Gewalt 25
Zusammenwirken mit anderen Stellen 26
Jugendmedienschutz 27

Abschnitt VI. Allgemeine Förderung der Erziehung in der Familie

Ziele und Angebote der allgemeinen Förderung der Erziehung in der
 Familie 28
Eltern- und Familienbildung 29
Familienerholung, Familienfreizeit 30
Familienfreundliche Umwelt 31

für Mitarbeiter in der Jugendarbeit **Teil III**

§§

Abschnitt VII. Freistellung für die ehrenamtliche Mitarbeit
Freistellung ehrenamtlich tätiger Kräfte 32

Abschnitt VIII. Gewährleistungsverpflichtung
Gesamtverantwortung der öffentlichen Träger 33
Modellförderung durch das Land 34
Zusammenarbeit mit anderen Stellen und öffentlichen Einrichtungen ... 35
Haushaltsvorbehalt 36

Abschnitt I. Grundsätze

§ 1 Zweck des Gesetzes. Dieses Gesetz regelt das Nähere über Inhalt und Umfang der Aufgaben und Leistungen der Kinder-und Jugendarbeit (§§ 11 und 12 Achtes Buch Sozialgesetzbuch), der Jugendsozialarbeit (§ 13 Achtes Buch Sozialgesetzbuch), des erzieherischen Kinder- und Jugendschutzes (§ 14 Achtes Buch Sozialgesetzbuch) und der allgemeinen Förderung der Erziehung (§ 16 Achtes Buch Sozialgesetzbuch) im Lande Bremen. Im Regelungsbreich nach Satz 1 werden Art und Umfang der Freistellung für ehrenamtliche Mitarbeit geregelt.

§ 2 Bedeutung der Kinder-, Jugend- und Familienförderung. (1) Die Leistungen der Kinder-, Jungend- und Familienförderung orientieren sich vor allem an folgenden Zielen:
1. Befähigung junger Menschen und deren Familien zur Selbstbestimmung, zur Übernahme sozialer Verantwortung und zur aktiven Mitwirkung an der Gestaltung ihrer Lebensumwelt,
2. Befähigung junger Menschen zur Solidarität, Toleranz und Respekt gegenüber anderen Menschen,
3. Verwirklichung der gesellschaftlichen Gleichstellung von Frauen und Männern,
4. Befähigung zum aktiven Eintreten für Interessen und Bedürfnisse von Kindern, Jugendlichen und deren Familien in der Gesellschaft,
5. der Erhaltung oder Schaffung einer kinder- und familienfreundlichen Umwelt.

(2) Die Leistungen nach diesem Gesetz stehen den jungen Menschen und deren Familien ohne Rücksicht auf Nationalität, Bildungsstand, Geschlecht oder auf gesellschaftliche, berufliche und weltanschauliche Zugehörigkeit oder politische Überzeugung offen.

(3) Mit diesem Gesetz soll ein Beitrag zum Schutz von Kindern und Jugndlichen vor Diskriminierung, Ausbeutung, Mißhandlung und gesundheitlichen Risiken geleistet werden.

§ 3 Mitwirkung und Beteiligung von Kindern, Jugendlichen und deren Familien. (1) Kinder und Jugendliche haben ein eigenständiges Recht auf Wahrnehmung ihrer Interessen und Bedürfnisse.

(2) Junge Menschen und ihre Familien sind über alle sie unmittelbar betreffenden Planungen, Entscheidungen und Maßnahmen im Bereich der Jugendhilfe auf angemessene Weise und rechtzeitig zu informieren und an

ihrer Durchführung zu beteiligen. Hierzu entwickeln die Stadtgemeinden Bremen und Bremerhaven geeignete, dem Entwicklungsstand der betroffenen jungen Menschen entsprechende Beteiligungs- und Mitverantwortungsformen und stellen sie organisatorisch sicher. Bei der Durchführung von entsprechenden Planungen ist darzulegen, wie die Interessen junger Menschen und ihrer Familien berücksichtigt worden sind und die Beteiligung durchgeführt worden ist. Über die Maßnahmen und Erfahrungen ist den Jugendhilfeausschüssen in der Mitte jeder Legislaturperiode zu berichten.

(3) Die in diesem Gesetz genannten Leistungen der Jungendhilfe bedürfen zu ihrer Wirksamkeit der Mitwirkung und Beteiligung junger Menschen und ihrer Familien. Sie sind daher so auszugestalten, daß junge Menschen und ihre Familien eigenständige und selbstverantwortete Beiträge bei der praktischen Umsetzung von Maßnahmen übernehmen.

§ 4 Mädchen und junge Frauen. Die in diesem Gesetz geregelten Leistungsbereiche der Kinder- und Jungendhilfe sollen bedarfsgerechte Ansätze und Angebote für Mädchen und junge Frauen entwickeln. Mit der Berücksichtigung der Interessen und Problemlagen von Mädchen und jungen Frauen wird ein Beitrag zur Stärkung weiblicher Identitäten und Selbständigkeit geleistet und auf die Chancengleichheit der Geschlechter hingewirkt. Durch gezielte Beratungs- und Hilfemöglichkeiten sollen Mädchen und junge Frauen bei ihrer individuellen Lebensgestaltung unterstützt werden.

§ 5 Integration von jungen Menschen aus Zuwandererfamilien. (1) Die in diesem Gesetz geregelten Leistungsbereiche der Kinder- und Jugendhilfe sind auf die Normalisierung des Umgangs der Menschen verschiedener kultureller Herkunft miteinander ausgerichtet. Einrichtungen, Dienste und Maßnahmen nach diesem Gesetz richten sich gleichermaßen an deutsche und ausländische junge Menschen und ihre Familien und sollen zum Abbau von Vorurteilen und zu gegenseitigem Verständnis beitragen.

(2) Jungen Spätaussiedlerinnen und Spätaussiedlern, Ausländerinnen und Auländern und deren Familien sind nach Maßgabe des § 6 Abs. 2 Achtes Buch Sozialgesetzbuch in Form von Beratung, Hilfestellung und Begleitung Integrationshilfen anzubieten, die ihre Chancen verbessern, sich gleichberechtigt in Schule, Ausbildung und Beruf einzugliedern, zu behaupten und am gesellschaftlichen Leben teilzunehmen. Interkulturelle Konzepte sollen durch die Auswertung der Praxis und durch die Fortbildung von Fachkräften weiterentwickelt werden.

(3) Jungen Asylsuchenden und deren Familien sollen im Rahmen der Jugendhilfe geeignete Angebote gemacht werden, die es ihnen erleichtern, für die Dauer ihres Aufenthaltes den Anforderungen des Alltags gerecht zu werden, sich zu stabilisieren und weiterzuentwickeln.

§ 6 Berücksichtigung sozialer Benachteiligungen und beeinträchtigender individueller Lebenslagen. Die Leistungen nach diesem Gesetz wirken drohender Ausgrenzung und Randständigkeit junger Menschen und deren Familien entgegen und sollen dazu beitragen, soziale Benachteiligun-

für Mitarbeiter in der Jugendarbeit Teil III

gen einzelner und ganzer Gruppen junger Menschen zu überwinden, um allen jungen Menschen im Lande Bremen dadurch gleiche Entwicklungs- und Entfaltungschancen zu gewährleisten. Bei Leistungen für behinderte junge Menschen sollen dabei solche Angebote Vorrang haben, die von behinderten und nicht behinderten jungen Menschen gemeinsam angenommen werden können.

Abschnitt II. Kinder- und Jugendarbeit

§ 7 Ziele und Aufgaben der Kinder- und Jugendarbeit. (1) Die Kinder- und Jugendarbeit ist als Teil der Jugendhilfe ein eigenständiger Sozialisationsbereich. Sie umfaßt die Förderung von jungen Menschen durch Einrichtungen, Dienste und Veranstaltungen freier und öffentlicher Träger der Jugendhilfe.

(2) Die Kinder- und Jugendarbeit unterstützt Mädchen und Jungen in ihrer Entwicklung zu selbständigen Persönlichkeiten in sozialer Verantwortung. Sie soll sie zu eigenverantwortlichem gesellschaftlichen und politischen Handeln befähigen, die Entwicklung ihrer Wahrnehmungsfähigkeit, Kreativität und der kulturellen Ausdrucksformen fördern und ihnen selbstbestimmte Formen von Lebens- und Freizeitgestaltung ermöglichen.

(3) In der Kinder- und Jugendarbeit sollen sich die unterschiedlichen Ziele und Wertvorstellungen der verschiedenen gesellschaftlichen Gruppen widerspiegeln. Sie soll durch eine Vielfalt von Inhalten, Methoden, Angebotsformen und Trägerstrukturen gekennzeichnet sein.

(4) Kinder- und Jugendarbeit ist durch die Offenheit ihrer Angebote für alle Kinder und Jugendlichen, die Freiwilligkeit der Teilnahme junger Menschen und durch Hinführung zur aktiven Mitgestaltung und Selbstverantwortung gekennzeichnet.

(5) Die Träger der Kinder- und Jugendarbeit unterstützen Kinder und Jugendliche bei der Erkennung und Wahrnehmung ihrer Interessen. Sie fördern ihre aktive Mitwirkung an der Gestaltung ihrer Lebensumwelt und leisten damit einen wesentlichen Beitrag zur Erziehung zur Selbständigkeit und zu sozialer Verantwortung.

§ 8 Spielförderung. (1) Die örtlichen Träger der öffentlichen Jugendhilfe haben das Spiel im öffentlichen Raum durch Spielplätze und Aktionsräume sowie durch kinderfreundliche Gestaltung des Stadtbildes und des Wohnumfeldes anzuregen und zu fördern. Das Spiel- und Kommunikationsbedürfnis von Kindern und von Jungendlichen nach geeigneten Räumen und öffentlichen Orten ist entsprechend zu berücksichtigen.

(2) Die örtlichen Träger der öffentlichen Jugendhilfe haben in ausreichendem Maße Spielmöglichkeiten im öffentlichen Raum und auf öffentlichen Spielplätzen zu schaffen und zu erhalten. Junge Menschen und ihre Eltern sollen nach Maßgabe des § 3 Abs. 2 als Nutzer von Spielplätzen bei Planung, Betrieb und Unterhaltung beteiligt werden. Sie sollen angeregt werden, selbst Verantwortung zu übernehmen und dabei gefördert werden.

(3) Bei der Errichtung neuer Wohngebiete ist eine zeitgerechte Grundversorgung mit Spielmöglichkeiten für die verschiedenen Altersgruppen zu gewährleisten.

(4) Bei der Erfüllung der Aufgaben nach Absatz 1 und 2 sind Träger der freien Jugendhilfe zu beteiligen.

(5) Bei der Planung und Realisierung von Spielplätzen und Aktionsräumen für Kinder und Jungendliche haben die planenden und bauenden Ämter und Eigenbetriebe der Verwaltung die örtlichen Träger der öffentlichen Jugendhilfe frühzeitig zu beteiligen. Die Stadtgemeinden Bremerhaven und Bremen legen in ihren Zuständigkeitsbereichen Grundsätze über Form und Inhalt dieser Zusammenarbeit fest.

§ 9 Kinder- und Jugenderholung. Die örtlichen Träger der öffentlichen Jugendhilfe fördern Maßnahmen der Kinder- und Jugenderholung, um die seelische, geistige und körperliche Entwicklung junger Menschen zu fördern, ihnen die Erfahrung sozialer Beziehungen untereinander zu vermitteln und soziale Benachteiligungen auszugleichen. Die Maßnahmen sollen der Erholung und Entspannung, der Selbstverwirklichung und der Selbstfindung dienen.

§ 10 Jugendberatung und Jugendinformation. (1) Junge Menschen haben das Recht, sich in allen Fragen der Erziehung und Entwicklung, insbesondere in Angelegenheiten der Bildungs-, Wohn- und Fördermöglichkeiten sowie der Konfliktbewältigung an den örtlichen Träger der öffentlichen Jugendhilfe oder hierzu beauftragte Träger der freien Jugendhilfe zu wenden. Die örtlichen Träger der öffentlichen Jugendhilfe sollen geeignete Beratungsangebote bereithalten oder sie fördern.

(2) Die öffentlichen Träger der Jugendhilfe fördern Angebote und Einrichtungen der Jugendinformation, um die Entwicklung von Fähigkeiten zur eigenständigen Ermittlung, zur kritischen Hinterfragung und zur wirksamen Nutzung von Informationen bei jungen Menschen zu unterstützen.

§ 11 Einrichtungen und Maßnahmen der offenen und stadtteilbezogenen Jugendarbeit. (1) Die örtlichen Träger der öffentlichen Jugendhilfe haben die Aufgaben, die offene Jugendarbeit öffentlicher und freier Träger zu fördern und bedarfsgerecht abzusichern. Hierzu zählen neben den stadtteilbezogenen Einrichtungen und Maßnahmen auch zentrale, cliquen- oder szenebezogene Angebote.

(2) In kleineren Einrichtungen der Kinder- und Jugendarbeit im Einzugsbereich eines Wohngebiets stehen das ehrenamtliche Engagement und das Selbsthilfepotential junger Menschen im Vordergrund. Die Errichtung und das Betreiben von kleineren Jugendeinrichtungen sollen gefördert werden, soweit hierfür nach Maßgabe der Jugendhilfeplanung ein Bedarf besteht.

(3) Größere Einrichtungen der stadtteilbezogenen Jugendarbeit haben die Aufgabe, Kindern und Jugendlichen in ihren Einzugsbereichen Freizeit-, Bildungs- und Hilfeangebote zu machen, die ihre Eigeninitiative, Selbstän-

für Mitarbeiter in der Jugendarbeit **Teil III**

digkeit und gesellschaftliche Integration fördern. Sie erfüllen folgende Funktionen:
1. Beteitstellung und Schaffung von Möglichkeiten zur Teilhabe und Mitwirkung an gesellschaftlichen Gestaltungsprozessen,
2. Angebote von geschützten, nichtkommerziellen und wenig verregelten Räumen als Treffpunkt für Gleichaltrige und als Orte für Jugendkultur- und Freizeitaktivitäten,
3. Bereitstellung von niedrigschwelliger und jugendspezifischer Unterstützung zur eigenverantwortlichen Lebensbewältigung.

(4) Junge Menschen, die sozial benachteiligt oder von Ausgrenzungen bedroht sind, sollen zur Förderung ihrer Entwicklungsmöglichkeiten und ihrer sozialen Integration Maßnahmen und Projekte der sozialpädagogischen Gruppenarbeit oder der aufsuchenden Jugendarbeit angeboten werden.

Abschnitt III. Jugendverbände, außerschulische Jugendbildung

§ 12 Jugendverbände und Jugendgruppen. (1) Anerkannte Jugendverbände und demokratisch organisierte Jugendgruppen haben aufgrund der durch sie gewährleisteten Eigenverantwortlichkeit junger Menschen eine tragende Funktion in der Jugendarbeit.

(2) Die Jugendverbände und Jugendgruppen richten neben ihrer Verbandsarbeit offene Gesamtangebote nach Maßgabe des § 12 Abs. 2 Achtes Buch Sozialgesetzbuch an junge Menschen und führen sie durch.

(3) Die Tätigkeit der Jugendverbände, Jugendgruppen und Jugendinitiativen und der Zusammenschlüsse von Jugendverbänden ist angemessen zu fördern. Umfang und Verfahren der Förderung werden durch die öffentlichen Träger der Jugendhilfe auf überörtlicher und örtlicher Ebene in Richtlinien geregelt.

(4) Die Zusammenschlüsse der Jugendverbände haben insbesondere die Aufgabe:
1. die politischen und inhaltlichen Interessen der Mitgliedsorganisationen zu vertreten und hierbei die Interessen von Kindern und Jugendlichen selbst und die Interessen der sonstigen anerkannten Jugendgruppen und Verbände ausdrücklich mit einzubeziehen,
2. zur Durchsetzung der Interessen der Jugendverbände und zur Förderung der Interessenvertretung durch Kinder und Jugendliche Fachveranstaltungen, Modellvorhaben, Projekte und andere in der Jugendbildung dafür geeignete Maßnahmen druchführen.
Unberührt bleibt das Recht der Zusammenschlüsse von Jugendverbänden, ihre Arbeitsschwerpunkte und Projekte zu formulieren und auszuführen.

§ 13 Ziele und Aufgaben der außerschulischen Jugendbildung. (1) Die außerschulische Jugendbildung ist ein eigenständiger Teil der Jugendhilfe. Sie nimmt sowohl Erziehungs- als auch Bildungsaufgaben für junge Men-

Teil III C. Landesgesetze zum Sonderurlaub

schen bis zur Vollendung des 27. Lebensjahres wahr. Angebote der außerschulischen Jugendbildung wenden sich vorrangig an junge Menschen ab zwölf Jahren.

(2) Außerschulische Jugendbildung soll dem jungen Menschen ermöglichen, ein zur Selbstbestimmung fähiger Mensch zu werden, der seine Rechte kennt, in der Lage ist, seine Interessen wahrzunehmen und seine Handlungen zu verantworten, der die Rechte anderer achtet, sich solidarisch in der Gesellschaft verhält und seine Verpflichtungen gegenüber der Gesellschaft erkennt und akzeptiert. Außerschulische Jugendbildung soll junge Menschen insbesondere dazu befähigen,

1. soziale und kulturelle Erfahrungen, Kenntnisse und Vorstellungen kritisch zu verarbeiten, um gesellschaftliche Realitäten und ihre Wirkungsweisen zu begreifen, zu ändern oder weiter zu entwickeln,
2. die Mitarbeit im öffentlichen Leben zur Verwirklichung des Grundgesetzes kritisch, wirksam und widerstandsfähig zu gestalten,
3. Verhaltensweisen zu erlernen, um in ihren Ursachen erkannte gesellschaftliche Konflikte gewaltfrei steuern und überwinden zu können,
4. die durch Geschlechterrollen, soziale Herkunft, durch gesellschaftliche Entwicklungen und durch ungleiche Bildungsverhältnisse entstandenen Ungleichheiten abzubauen und
5. Toleranz gegenüber anderen Weltanschauungen, Kulturen, Lebensformen und Glaubensbekenntnissen zu üben.

(3) Angebote der außerschulischen Jugendbildung sollen zur Umsetzung der Zielvorgaben des Absatzes 2 die nachstehenden Schwerpunkte aufnehmen und besonders berücksichtigen:

1. politische Jugendbildung,
2. internationale Jugendbildung,
3. soziale und kulturelle Jugendbildung,
4. sportlich orientierte Jugendbildung,
5. ökologische Jugendbildung,
6. technisch-naturwissenschaftlich orientierte Jugendbildung,
7. arbeitsweltorientierte Jugendbildung.

(4) Ausgeschlossen von der Förderung sind Maßnahmen, die ausschließlich oder überwiegend

1. konfessionellen, gewerkschaftlichen, sportlichen, technischen oder parteipolitischen Zwecken oder
2. der unmittelbaren schulischen oder beruflichen Aus- und Fortbildung dienen.

§ 14 Träger, Einrichtungen und Maßnahmen der außerschulischen Jugendbildung. (1) Träger der außerschulischen Jugendbildung sind die öffentlichen Träger der Jugendhilfe sowie die dafür nach Maßgabe des § 16 anerkannten Jugendverbände, Zusammenschlüsse von Jugendverbänden und anderen Trägern der freien Jugendhilfe im Sinne des § 3 Achtes Buch Sozialgesetzbuch. Sie müssen die Voraussetzungen des § 74 Achtes Buch Sozialgesetzbuch erfüllen und außerschulische Jugendbildung im Sinne des § 13 dieses Gesetzes durchführen.

(2) Einrichtungen der außerschulischen Jugendbildung werden von Trägern nach Absatz 1 für die Durchführung der außerschulischen Jugendbildung unterhalten.

(3) Maßnahmen der außerschulischen Jugendbildung sind Aktivitäten von Trägern und Einrichtungen der außerschulischen Jugendbildung zur Erfüllung dieses Gesetzes.

§ 15 Aufgaben der Jugendbildungseinrichtungen. (1) Jugendbildungseinrichtungen haben einen Schwerpunkt in der Aus- und Fortbildung der außerschulischen Jugendbildung. Sie könnnen zu geeigneten Themen Fachtagungen, Projekte und andere Veranstaltungen, die in der Jugendarbeit Bedeutung haben, durchführen. Sie sollen die Vernetzung der im Bereich dieses Gesetzes tätigen Fachkräfte unterstützen und innovative Arbeitsansätze verstärken.

(2) Jugendbildungseinrichtungen sollen in ihrer Angebotsplanung insbesondere die sich aus den Grundsätzen dieses Gesetzes ergebenden Entwicklungsaufgaben berücksichtigen.

§ 16 Anerkennungsvoraussetzung und Grundsätze der Förderung.
(1) Nichtöffentliche Träger der außerschulischen Jungendbildung werden für das Land Bremen und für die Stadtgemeinde Bremen durch den Senator für Frauen, Gesundheit, Jugend, Soziales und Umweltschutz und für die Stadtgemeinde Bremerhaven durch den Magistrat nach Anhörung des jeweils zuständigen Jugendhilfeausschusses anerkannt, wenn

1. sie der Jugendbildung nach § 13 dienen,
2. sie ihre Einrichtungen und Maßnahmen der Jugendbildung für jedermann offenhalten,
3. die Jugendbildungsarbeit von einer nach Vorbildung oder Werdegang geeigneter, hauptberuflich tätigen Fachkraft geleitet wird. In begründeten Ausnahmefällen kann die Beratung durch eine entsprechende Fachkraft als ausreichend anerkannt werden,
4. sie an der Entwicklung und Durchführung eines Gesamtangebotes von Jugendbildungsmaßnahmen im Lande Bremen arbeiten und zur Kooperation und Zusammenarbeit im Sinne des § 18 bereit sind,
5. sie zur Offenlegung der Arbeitsinhalte, der Arbeitsergebnisse und der Finanzierung bereit sind,
6. ihre Arbeit nach Inhalt und Umfang eine Förderung rechtfertigt und die Voraussetzungen für eine kontinuierliche Jugendbildungsarbeit erfüllt sind,
7. sie durch Satzung die Mitbestimmung von Lehrenden und Lernenden sichern und
8. sie die Feiheit der Meinungsäußerung gewährleisten und sichern.

(2) Das Anerkennungsverfahren wird in Richtlinien geregelt. Diese werden auf Landesebene und für die Stadtgemeinde Bremen vom Senator für Frauen, Gesundheit, Jugend, Soziales und Umweltschutz und für die Stadtgemeinde Bremerhaven vom Magistrat erlassen.

(3) Die Anerkennung eines Trägers der Jugendbildung gilt zugleich für seine Einrichtungen und Maßnahmen.

(4) Die Anerkennung eines Trägers der Jugendbildung ist zurückzunehmen oder zu widerrufen, wenn die Voraussetzung bei der Anerkennung nicht vorlagen oder nachträglich entfallen sind. Wiederruf und Rücknahme bedürfen der Schriftform und sind zu begründen.

(5) Anerkannte Träger oder Einrichtungen der außerschulischen Jugendbildung, die nicht nur in der außerschulischen Jugendbildung tätig sind, müssen für den Aufgabenbereich der außerschulischen Jugendbildung eine besondere, von anderen Bereichen abgegrenzte, rechtlich eigenständige Satzung haben und eine dafür eigene Wirtschaftsführung nachweisen.

(6) Ausgeschlossen von Förderungen nach diesem Gesetz sind Träger, Einrichtungen und Maßnahmen, die der Gewinnerzielung dienen oder sonst gewerblich oder in Anlehnung an gewerbliche Unternehmungen betrieben werden.

§ 17 Zuschußgewährung. (1) Das Land Bremen und die Stadtgemeinden Bremen und Bremerhaven fördern die außerschulische Jugendbildung nach Maßgabe dieses Gesetzes in ihren Zuständigkeitsbereichen. Das Land fördert darüber hinaus die außerschulische Jugendbildung der örtlichen Träger durch eine globale Mittelzuweisung, die 50 von Hundert der jeweils auf örtlicher Ebene für die außerschulische Jugendbildung eingesetzten Mittel nich überschreitet.

(2) Unberührt bleibt die Befugnis der öffentlichen Träger der Jugendhilfe, Einrichtungen und Maßnahmen der Jugendbildung zu fördern, die den Tätigkeitsbereich außerhalb des Landes haben, wenn diese die Voraussetzungen des § 16 Abs. 1 erfüllen.

(3) Einrichtungen und anerkannte Träger der außerschulischen Jugendbildung können für ihre Einrichtungen und Maßnahmen Zuwendungen zu den Personalkosten der hauptberuflich tätigen pädagogischen Fachkräfte und für die hauptberuflichen Verwaltungskräfte sowie zu den Kosten der außerschulischen Jugendbildungsmaßnahmen und den Betriebskosten erhalten.

(4) Anerkannte Träger nach § 75 Achtes Buch Sozialgesetzbuch und sonstige Träger der Kinder- und Jugendarbeit können für Einzelmaßnahmen und Projekte im Rahmen der außerschulischen Jugendbildung Zuwendungen erhalten.

(5) Für die Landeszuwendungen und die Zuwendungen der Stadtgemeinde Bremen werden vom Senator für Frauen, Gesundheit, Jugend, Soziales und Umweltschutz Richtlinien erlassen. Für die Zuwendungen der Stadtgemeine Bremerhaven erläßt der Magistrat Richtlinien.

§ 18 Sachverständigenbeirat für Jugendbildung. (1) Im Lande Bremen wird ein Sachverständigenbeirat für Jugendbildung gebildet. Der Beirat setzt sich zusammen aus den Vertreterinnen oder Vertretern der freien und der öffentlichen Träger der Jugendbildung im Lande Bremen. Der Sachverstän-

für Mitarbeiter in der Jugendarbeit Teil III

digenbeirat bildet in der Besetzung ohne die Vertreterinnen oder Vertreter Bremerhavens den Sachverständigenbeirat in der Stadtgemeinde Bremen. in der Stadtgemeinde Bremerhaven ist ein Sachverständigenbeirat zu bilden.

(2) Die Sachverständigenbeiräte treten bei Bedarf, mindestens einmal in einem Kalenderjahr zusammen und haben folgende Aufgaben:
1. Sicherstellung der Zusammenarbeit der Träger und Einrichtungen der außerschulischen Jugendbildung,
2. Erarbeitung und Empfehlung von fachlichen Standards der außerschulischen Jugendbildung und Formulierung von Bedürfnissen und Interessen der Praxis,
3. Bearbeitung und Vermittlung grundsätzicher Fragen der außerschulischen Jugendbildung, die alle Träger der außerschulischen Jugendbildung gleichermaßen betreffen.

(3) Die Sachverständigenbeiräte nehmen die Aufgaben von Arbeitsgemeinschaften nach § 78 Achtes Buch Sozialgesetzbuch zum Bereich dieses Abschnitts wahr.

Abschnitt IV. Jugendsozialarbeit

§ 19 Jugendsozialarbeit. (1) Zur Förderung ihrer schulischen und beruflichen Ausbildung, ihrer Eingliederung in die Arbeitswelt und ihrer sozialen Integration werden für junge Menschen im Rahmen des § 13 Achtes Buch Sozialgesetzbuch Angebote bereitgestellt, die geeignet sind, eine selbstbestimmte Lebensplanung und eigenverantwortliche Lebensführung zu fördern. Jugendsozialarbeit findet statt insbesondere:
1. als offenes, vorbeugendes und an den aktuellen Problemen ansetzendes Hilfeangebot durch Beratung,
2. als aufsuchende Jugendarbeit,
3. als gezielte sozialpädagogische Maßnahme,
4. in Einrichtungen, Kursen sowie durch therapeutische und sonstige Dienste.

(2) Die Angebote der Jugendsozialarbeit sollen insbesondere den Jugendlichen und jungen Menschen angeboten werden, die auf Grund individueller Beeinträchtigungen oder sozialer Benachteiligung erschwert Zugang zu schulischer und beruflicher Ausbildung finden oder bei denen Ausbildungsabbruch oder Arbeitslosigkeit droht.

(3) Soweit die Angebote besondere fachliche Kompetenzen, Erfahrungen oder Sprachkenntnisse erfordern, sollen entsprechende Fachkräfte eingesetzt werden.

§ 20 Jugendberufshilfe. (1) Jungen Menschen, deren Zugang zu schulischen Bildungsmaßnahmen oder zu beruflichen Ausbildungsmaßnahmen oder Beschäftigungsmaßnahmen nicht anderweitig sichergestellt ist, sollen begleitende pädagogische Hilfen angeboten werden. Dazu zählen insbesonder die sozialpädagogische Begleitung im Rahmen von Kooperationsprojekten mit Schulen, sozialpädagogisch begleitende Ausbildungs- und Beschäftigungsmaßnahmen nach § 13 Abs. 1 Achtes Buch Sozialgesetzbuch sowie außerschulische Bildungsveranstaltungen und Beratungsangebote.

(2) Die örtlichen Träger der öffentlichen Jugendhilfe haben ausreichende Kinderbetreuungsmöglichkeiten für solche jungen Mütter und Väter zu gewährleisten, die an Maßnahmen nach Absatz 1 teilnehmen.

§ 21 Sozialpädagogisch begleitete Wohnformen. Jungen Menschen sollen sozialpädagogisch begleitete Wohnformen nach § 13 Abs. 3 Achtes Buch Sozialgesetzbuch angeboten werden. Diese eigenständigen Hilfen der Jugendsozialarbeit finden in Einzelwohnungen, in Wohngemeinschaften und in anderen betreuten Wohnformen sowie in Verbindung von Arbeiten und Wohnen statt. Die sozialpädagogische Begleitung dient insbesondere der Unterstützung von Maßnahmen zur Integration in Schule, Ausbildung und Beruf und soll die jungen Menschen zu einer selbständigen und unabhängigen Lebensgestaltung befähigen.

§ 22 Abstimmung mit anderen Trägern. (1) Die Leistungen der Jugendsozialarbeit sind mit den Maßnahmen der Schulverwaltung, der Arbeitsverwaltung, der Bundesanstalt für Arbeit, sowie mit Maßnahmen der Träger der Berufsvorbereitung, der betrieblichen und überbetrieblichen Ausbildung und der Träger von Qualifizierungs- und Beschäftigungsangeboten abzustimmen und bedarfsgerecht einzusetzen. Dazu sollen auf örtlicher und überörtlicher Ebene Arbeitsgemeinschaften nach § 78 Achtes Buch Sozialgesetzbuch gebildet werden.

Abschnitt V. Kinder- und Jugendschutz

§ 23 Ziele und Aufgaben des erzieherischen Kinder- und Jugendschutzes. (1) Die Leistungen des erzieherischen Kinder- und Jugendschutzes sollen junge Menschen in ihren Persönlichkeiten stärken, sie in ihrer Kritikfähigkeit und ihrem Beurteilungsvermögen gegenüber gefährdenden Einflüssen fördern und sie zu Entscheidungsfähigkeit und Eigenverantwortlichkeit sowie zur Verantwortung gegenüber ihren Mitmenschen führen. Sie sollen in geeigneter Weise den strukturellen Jugendschutz fördern und zu seiner Weiterentwicklung beitragen.

(2) Die präventiven Maßnahmen sollen Eltern, andere Erziehungsberechtigte und Fachkräfte der Kinder- und Jugendhilfe befähigen, Mädchen und Jungen besser vor gefährdenden Einflüssen zu schützen.

§ 24 Angebote des erzieherischen Kinder- und Jugendschutzes. (1) Die öffentlichen Träger der Jugendhilfe sollen selbst oder gemeinsam mit freien Trägern geeignete Maßnahmen treffen, mit denen Entwicklungschancen junger Menschen eröffnet, unterstützt oder verbessert werden können, die Gefährdungen oder Fehlentwicklungen vorbeugen, ihnen entgegenwirken oder sie vermeiden können.

für Mitarbeiter in der Jugendarbeit **Teil III**

(2) Die Maßnahmen sollen dazu dienen, Kompetenz und Selbstwertgefühl der Zielgruppen zu stärken. Dazu gehören zielgruppenspezifische Angebote und Maßnahmen zu Problemfeldern, insbesondere:
1. zu körperlicher, psychischer und sexueller Gewalt innerhalb und außerhalb der Familie,
2. zu Drogen- und Suchtproblemen,
3. zu Sexualität und Rollenverhalten,
4. zum Umgang mit Medien, Werbung und Konsum,
5. zu Gefahren durch destruktive Kulte und Heilslehren,
6. zur Arbeit und Beschäftigung von Kindern und Jugendlichen,
7. zum Umgang mit Gesundheitsrisiken, Krankheit, Behinderung und Tod.

(3) Zu den Angeboten des erzieherischen Kinder- und Jugendschutzes gehört die Fortbildung von haupt- und ehrenamtlichen Mitarbeiterinnen und Mitarbeitern der Kinder- und Jugendhilfe sowie anderen Fachkräften zu Ansätzen und Methoden der präventiven Kinder- und Jugendschutzarbeit.

§ 25 Schutz junger Menschen vor Mißhandlung und Gewalt. Die pädagogischen Fachkräfte der Kinder-, Jugend- und Familienförderung sind verpflichtet, in ihren Tätigkeitsfeldern darauf hinzuwirken, daß junge Menschen vor Belästigungen und Gefährdungen durch andere Personen, insbesondere vor Mißhandlung, Gewalt und sexuellen Übergriffen wirksam geschützt werden können.

§ 26 Zusammenwirken mit anderen Stellen. (1) Der Schutz junger Menschen ist eine gesamtgesellschaftliche Verpflichtung. Das Land Bremen, die Stadtgemeinden Bremen und Bremerhaven, insbesondere die Träger der öffentlichen und der freien Jugendhilfe, die Einrichtungen des öffentlichen Schulwesens, die Behörden und Dienststellen der Justiz und der Polizei, die Gesundheitsbehörden und die bauenden und planenden Ämter und Behörden sollen daher zum Schutz von Kindern und Jugendlichen vor gefährdenden Einflüssen, Stoffen und Handlungen eng zusammenwirken.

(2) Der Zusammenschluß von öffentlichen und freien Trägern der Jugendhilfe auf Landesebene zur Durchsetzung der Ziele und Aufgaben des präventiven Kinder- und Jugendschutzes soll gefördert werden.

§ 27 Jugendmedienschutz. (1) Als Oberste Landesjugendbehörde wirkt der Senator für Frauen, Gesundheit, Jugend, Soziales und Umweltschutz im Rahmen der Vereinbarung über die Freigabe und Kennzeichnung von Filmen, Videokassetten und vergleichbaren Bildträgern mit den Ländern zusammen; desgleichen zur Durchführung des Kinder- und Jugendschutzes in den Mediendiensten in der länderübergreifenden Stelle „jugendschutz.net".

(2) Der Senator für Frauen, Gesundheit, Jugend, Soziales und Umweltschutz benennt Beisitzer für die Mitwirkung in den Prüfverfahren bei der Bundesprüfstelle für jugendgefährdende Schriften (BPjS), beruft Sachverständige für Jugendschutz bei der Freiwilligen Selbstkontrolle der Filmwirtschaft (FSK) und soll ihren Erfahrungsaustausch und ihre Qualifizierung fördern.

Teil III C. *Landesgesetze zum Sonderurlaub*

Abschnitt VI. Allgemeine Förderung der Erziehung in der Familie

§ 28 Ziele und Angebote der allgemeinen Förderung der Erziehung in der Familie. (1) Die Leistungen nach diesem Gesetz sollen dazu beitragen, daß Mütter, Väter und andere Erziehungsberechtigte ihre Erziehungsverantwortung besser wahrenehmen können und sie darin unterstützen. Sie haben eine die Erziehung in der Familie ergänzende und präventive Wirkung.

(2) Sie sollen bewirken, allen in familialen Gemeinschaften lebenden Personen gleiche Entwicklungschancen zu geben, den Familien eine politisch aktive und gesellschaftlich gleichberechtigte Mitgestaltung zu ermöglichen, inhaltlich auf die Gleichstellung von Frauen und Männern in der Familie ausgerichtet sein und auf die Vereinbarkeit von Familie und Beruf für Mütter und Väter hinwirken.

(3) Entsprechende Angebote sollen gefördert werden,

1. um Mütter, Väter und andere Erziehungsberechtigte bei der Erfüllung ihrer Erziehungsverantwortung und einer partnerschaftlichen Lebensgestaltung zu unterstützen und

2. sie zu befähigen, Familieninteressen zur Geltung zu bringen und sich für positive Entwicklungsbedingungen für junge Menschen einzusetzen sowie junge Menschen auf ein partnerschaftliches Leben mit Kindern vorzubereiten.

(4) Bildungs-, Beratungs-, Betätigungs- und Erholungsangebote sollen vorrangig unter Beteiligung der Eltern so entwickelt werden, daß sie geeignet sind, das Selbsthilfepotential von Eltern zu stärken. Den Bedürfnissen alleinerziehender Mütter und Väter sowie schwangerer Frauen ist besonders Rechnung zu tragen.

§ 29 Eltern- und Familienbildung. (1) Angebote der Eltern- und Familienbildung sollen den verschiedenen Lebenssituationen unterschiedlicher Familienformen Rechnung tragen. Sie sind in Abstimmung mit den Angeboten der Träger der freien Jugendhilfe und der Träger der Weiterbildung zu entwickeln. Mit ihnen sollen insbesondere in der Beratung von Familien bekannt werdende besondere Problemlagen aufgegriffen werden. Die Angebote sollen auch in geeigneter Weise mit Freizeit- und Erholungsmaßnahmen der Familienförderung verknüpft werden.

(2) Die örtlichen Träger der öffentlichen Jugendhilfe sollen Eltern auf geeignete Weise Informationen und Beratung zu allgemeinen Fragen der Erziehung und Entwicklung ihrer Kinder anbieten. Die Empfänger sind bei der ersten Übermittlung eines Angebotes darauf hinzuweisen, daß sie die weitere Übermittlung von Angeboten dieser Art ablehnen können. Die örtlichen Träger der öffentlichen Jugendhilfe müssen in diesem Fall sicherstellen, daß weitere Angebote dieser Art nicht übermittelt werden.

§ 30 Familienerholung, Familienfreizeit. Angebote der Familienfreizeit und Familienerholung sollen gemeinsame Freizeitgestaltung und Familienerholung ermöglichen, die den Zusammenhalt in den Familien festigen und die Erziehung stützen. Die Angebote werden von den örtlichen Trägern der

für Mitarbeiter in der Jugendarbeit Teil III

öffentlichen Jugendhilfe insbesondere für Familien mit geringem Einkommen oder besonderen Belastungen gefördert. Nähere Bestimmungen werden von den örtlichen Trägern der öffentlichen Jugendhilfe durch Richtlinien festgelegt.

§ 31 Familienfreundliche Umwelt. Die Planungen zur familiengerechten Weiterentwicklung und Verbesserung der Wohnquartiere sind mit dem Ziel der familienfreundlichen Stadt durchzuführen. Sie sollen auf die Interessen und Bedürfnisse von Familien ausgerichtet sein und ihnen umfassend Beteiligung ermöglichen, insbesondere
1. bei Maßnahmen der Wohnumfeldverbesserung,
2. bei der Gestaltung von Spielflächen und Aktionsräumen in der Stadt,
3. bei der Verkehrsberuhigung,
4. bei den Möglichkeiten sportlicher Betätigung und der Naherholung und
5. der Nutzung kultureller Einrichtungen und Angebote im Stadtteil.

Abschnitt VII. Freistellung für die ehrenamtliche Mitarbeit

§ 32 Freistellung ehrenamtlich tätiger Kräfte. (1) Ehrenamtliche Tätigkeit in den Leistungsbereichen dieses Gesetzes erfüllt eine wichtige Aufgabe für die Gesellschaft und ist daher zu unterstützen und zu stärken.

(2) Ehrenamtlich in den Bereichen dieses Gesetzes tätigen Personen, die in einem Arbeitsverhältnis im Lande Bremen beschäftigt sind, ist auf Antrag in folgenden Fällen Freistellung von der Arbeit zu gewähren:
1. Tätigkeit als Leiterin oder Leiter oder Mitarbeiterin oder Mitarbeiter in Freizeit- oder Erholungsmaßnahmen der Kinder-, Jugend- oder Familienförderung,
2. Teilnahme an Ausbildungslehrgängen, Schulungsveranstaltungen oder Tagungen, die geeignet sind, die ehrenamtliche Tätigkeit in der Kinder-, Jugend- oder Familienförderung zu qualifizieren,
3. Teilnahme an Veranstaltungen, die der Vorbereitung und Durchführung internationaler Begegnungen der Kinder-, Jugend- oder Familienförderung dienen.

Der Freistellungsanspruch beträgt bis zu zwölf Tagen im Kalenderjahr und kann auf höchstens drei Veranstaltungen im Jahr aufgeteilt werden; der Anspruch auf Freistellung ist nicht auf das nächste Jahr übertragbar.

(3) Anträge auf Freistellung nach Absatz 2 können ausschließlich von öffentlichen und anerkannten freien Trägern der Jugendhilfe für die bei ihnen tätigen Personen gestellt werden. Sie sind mindestens 20 Tage vor Beginn der Veranstaltung über die im Lande Bremen zuständigen Stellen dem Arbeitgeber einzureichen. Dem Antrag an den Arbeitgeber sind beizufügen:
1. die Angabe des Namens, des Geburtsdatums und der Anschrift der ehrenamtlichen Mitarbeiterin oder des ehrenamtlichen Mitarbeiters;
2. die Angabe über Art, Dauer und Veranstaltungsort der Veranstaltung;
3. die Bestätigung des örtlich zuständigen Jugendamts, daß es sich um einen anerkannten Träger der Jugendhilfe handelt;
4. und die Bestätigung der im Lande Bremen zuständigen Stelle, daß es sich um eine Veranstaltung nach diesem Gesetz handelt.

Teil III   C. *Landesgesetze zum Sonderurlaub*

Zuständige Stellen sind für das Land Bremen der Senator für Frauen, Gesundheit, Jugend, Soziales und Umweltschutz, für die Stadtgemeinde Bremen das Amt für Soziale Dienste und für die Stadtgemeinde Bremerhaven der Magistrat.

(4) Der Arbeitgeber darf die Freistellung nur verweigern, wenn der Gewährung ein unabweisbares betriebliches oder dienstliches Interesse entgegensteht. Beschäftigten oder Bediensteten, die für eine ehrenamtliche Tätigkeit nach diesem Gesetz freigestellt werden, dürfen daraus keine Nachteile in ihrem Beschäftigungs- oder Dienstverhältnis entstehen.

(5) Unterstützt ein Arbeitgeber die Ehrenamtlichkeit dadurch, daß er die Auszahlung des Lohnes, des Gehaltes oder der Dienstbezüge freiwillig oder auf der Grundlage bestehender Vereinbarungen für den Zeitraum der Freistellung ganz oder teilweise fortsetzt, erwirbt er einen Erstattungsanspruch gegenüber dem Land Bremen in Höhe seiner hierfür geleisteten Anteile zu den Sozialversicherungen.

Abschnitt VIII. Gewährleistungsverpflichtung

§ 33 Gesamtverantwortung der öffentlichen Träger. (1) Der überörtliche und die überörtlichen Träger der öffentlichen Jugendhilfe haben in ihrem Zuständigkeitsbereich zu gewährleisten, daß die nach Maßgabe der von ihnen durchzuführenden überörtlichen oder örtlichen Jugendhilfeplanung erforderlichen und geeigneten Einrichtungen, Dienste und Veranstaltungen der Kinder- und Jugendarbeit, der außerschulischen Jugendbildung, der Jugendsozialarbeit, des Kinder- und Jugendschutzes und der allgemeinen Förderung der Erziehung in der Familie für junge Menschen und ihre Familien rechtzeitig und ausreichend zur Verfügung stehen.

(2) Die Stadtgemeinden Bremerhaven und Bremen haben dafür zu sorgen, daß rechtzeitig die erforderlichen Standorte und Freiflächen für Einrichtungen und Dienste der Jugendhilfe zur Verfügung stehen. Sie sind in die Stadtentwicklungsplanung einzubeziehen und im Rahmen der verbindlichen Bauleitplanung festzusetzen und regelmäßig fortzuschreiben. Die Standards für den Flächenbedarf und die räumliche Gestaltung von Spielräumen und für Jugendhilfeeinrichtungen werden von den Jugendämtern festgelegt.

(3) Die örtlichen Träger der öffentlichen Jugendhilfe haben sicherzustellen, daß bei der Ausgestaltung der Leistungen die Grundsätze dieses Gesetzes nach §§ 2 bis 6 Anwendung finden.

(4) Von den für die Jugendhilfe bereitgestellten Mitteln ist nach § 79 Abs. 2 Satz 2 Achtes Buch Sozialgesetzbuch ein angemessener Anteil für die Kinder- und Jugendarbeit zu verwenden. Der Landesjugendhilfeausschuß und die örtlichen Jugendhilfeausschüsse geben im Rahmen der Jugendhilfeplanung Empfehlungen für den jährlich im voraus durch die zuständigen Gremien festzulegenden angemessenen Anteil ab.

§ 34 Modellförderung durch das Land. (1) Das Land Bremen hat auf einen gleichmäßigen Ausbau der Angebote dieses Gesetzes in seinen Stadt-

für Mitarbeiter in der Jugendarbeit **Teil III**

gemeinden hinzuwirken. Es unterstützt die Entwicklung neuer Ansätze, die von besonderer oder modellhafter Bedeutung sind.

(2) Modellprojekte für sozialpädagogische Ansätze in der Kinder- und Jugendförderung können gefördert werden, wenn
1. die Modellprojekte innovativ und zeitlich begrenzt sind,
2. sich die Bezüge zu anderen Arbeitsfeldern der Jugendhilfe herstellen lassen,
3. sie der Weiterentwicklung in der Kinder- und Jugendförderung dienen und
4. die Ergebnisse des Modellprojektes in geeigneter Weise und umfassend dargestellt und veröffentlicht werden.

(3) Bei der Festlegung von Schwerpunkten in der Modellförderung des Landes sind der Landesjugendhilfeausschuß und die Jugendhilfeausschüsse der Stadtgemeinden zu beteiligen.

(4) Zur Unterstützung der fachlichen Weiterentwicklung der Kinder- und Jugendförderung nach diesem Gesetz wird vom Senator für Frauen, Gesundheit, Jugend, Soziales und Umweltschutz alle drei Jahre ein Bremer Förderpreis ausgeschrieben. Die Themenstellungen werden im Landesjugendhilfeausschuß beraten.

§ 35 Zusammenarbeit mit anderen Stellen und öffentlichen Einrichtungen. (1) Zur Verwirklichung der in § 1 Achtes Buch Sozialgesetzbuch genannten Ziele arbeiten insbesondere die nachfolgend aufgeführten Stellen und öffentlichen Einrichtungen im Rahmen ihrer Aufgaben und Befugnisse mit den Trägern der öffentlichen Jugendhilfe auf überörtlicher und örtlicher Ebene zusammmen:
1. Schulen und Stellen der Schulverwaltung,
2. Einrichtungen und Stellen der beruflichen Aus- und Weiterbildung,
3. Einrichtung und Stellen des Öffentlichen Gesundheitswesens,
4. Gewerbeaufsicht,
5. Polizei- und Ordnungsbehörden,
6. Justizvollzugsbehörden,
7. Einrichtungen der Ausbildung für Fachkräfte, der Weiterbildung und der Forschung,
8. planende und bauende Behörden, Ämter und Dienststellen.

(2) Über Form und Umfang der Zusammenarbeit sollen sie Grundsätze vereinbaren, die auch das Zusammenwirken mit den Trägern der freien Jugendhilfe regeln.

(3) Die Hochschulen sollen bei der Entwicklung von Lernzielen, Inhalten und Methoden, bei der Ausbildung von Fachkräften und der Fortbildung im Kontaktstudium für die in diesem Gesetz geregelten Leistungsbereiche mit den Trägern der freien und öffentlichen Jugendhilfe zusammenarbeiten.

§ 36 Haushaltsvorbehalt. Die Gewährung von Leistungen nach diesem Gesetz und die Förderung von Angeboten steht unter dem Vorbehalt der Bereitstellung entsprechender Haushalts- und Wettmittel durch die zuständigen Stellen.

Teil III C. Landesgesetze zum Sonderurlaub

4. Hamburg

Gesetz über Sonderurlaub für Jugendgruppenleiter
Vom 28. Juni 1955
(GVBl. S. 241)
(Samml. b. h. LR 800-c)

§ 1 (1) Den ehrenamtlich in der Jugendhilfe tätigen Jugendgruppenleitern ist auf Antrag Sonderurlaub zu gewähren:
a) für die Tätigkeit als Leiter oder Helfer bei Jugendwanderungen sowie bei Freizeit- und Erholungsveranstaltungen, zu denen Jugendliche vorübergehend in Zeltlagern, Jugendherbergen oder Jugendheimen zusammengefaßt werden,
b) zum Besuch von Arbeitstagungen, Ausbildungslehrgängen oder Schulungsveranstaltungen über Fragen der Jugendwohlfahrt,
c) zur Teilnahme an Veranstaltungen, die der internationalen Begegnung Jugendlicher dienen.

(2) Der Anspruch auf Sonderurlaub besteht nur für Veranstaltungen, die von Jugendverbänden, freien Vereinigungen der Jugendwohlfahrt oder sonstigen Stellen, die der Jugendwohlfahrt dienen, durchgeführt werden. Voraussetzung für den Anspruch ist außerdem, daß der Jugendgruppenleiter einen gültigen, von der zuständigen Behörde ausgestellten Jugendgruppenleiterausweis besitzt.

(3) Ein Sonderurlaub darf nur dann verweigert werden, wenn ein zwingendes betriebliches Interesse dem Antrage entgegensteht.

§ 2 (1) Der Sonderurlaub beträgt bis zu 12 Arbeitstagen im Jahr. Er kann auf höchstens drei Veranstaltungen im Jahr verteilt werden.

(2) Ein Anspruch auf Bezahlung des Sonderurlaubs besteht nicht. Der Sonderurlaub ist auf das nächste Jahr nicht übertragbar.

§ 3 (1) Anträgen auf Erteilung des Sonderurlaubs braucht nur dann entsprochen zu werden, wenn sie vier Wochen vor dem beantragten Urlaub dem Arbeitgeber, im öffentlichen Dienst dem Leiter der Beschäftigungsbehörde vorgelegt sind.

(2) Auf Antrag des Veranstalters nimmt die Jugendbehörde gutachtlich zu der Frage Stellung, ob die Voraussetzungen des § 1 Absätze 1 und 2 vorliegen. Die Erteilung des Sonderurlaubs kann von der Vorlage dieser Stellungnahme der Jugendbehörde abhängig gemacht werden.

§ 4 Den Jugendgruppenleitern, die einen Sonderurlaub nach § 1 erhalten, dürfen aus diesem Grunde Nachteile in ihrem Arbeits- oder Dienstverhältnis nicht erwachsen. Dies gilt auch für den Nachweis der Dienstzeit und der Dauer des Arbeitsverhältnisses.

für Mitarbeiter in der Jugendarbeit Teil III

5. *Hessen*

Gesetz zur Stärkung des Ehrenamtes in der Jugendarbeit

In der Fassung vom 21. Dezember 2000
(GVBl. I 2001 S. 66)

§ 1 (1) Den ehrenamtlich und führend in der Jugendarbeit der Jugendverbände, der öffentlichen Jugendpflege und -bildung, sonstiger Jugendgemeinschaften und deren Zusammenschlüsse sowie den im Jugendsport in Vereinen, dem Landessportbund und in den Sportfachverbänden tätigen Personen über sechzehn Jahren ist auf Antrag bezahlter Sonderurlaub zu gewähren
1. für die Mitarbeit in Zeltlagern, Jugendherbergen und Heimen, in denen Jugendliche vorübergehend zur Erholung untergebracht sind, sowie bei sonstigen Veranstaltungen, in denen Jugendliche betreut werden,
2. zum Besuch von Tagungen, Lehrgängen und Seminaren der Jugendverbände, der öffentlichen Jugendpflege und -bildung sowie im Rahmen des Jugendsports.

(2) Sonderurlaub ist ferner zu gewähren für die Leitung oder pädagogische Mitarbeit bei Veranstaltungen nach Abs. 1 Nr. 1 und 2.

(2a) § 1 Abs. 1 Satz 2 des Hessischen Gesetzes über den Anspruch auf Bildungsurlaub in der Fassung vom 28. Juli 1998 (GVBl. I S. 294, 348) gilt entsprechend.

(3) Der Sonderurlaub kann nur dann nicht in der von den Beschäftigten vorgesehenen Zeit genommen werden, wenn dringende betriebliche Erfordernisse entgegenstehen.

§ 2 (1) Der Sonderurlaub beträgt bis zu zwölf Arbeitstage im Jahr. Er kann auf höchstens vierundzwanzig halbtägige Veranstaltungen im Jahr verteilt werden.

(2) Der Sonderurlaub ist auf das nächste Jahr nicht übertragbar.

§ 3 (1) Anträge auf Sonderurlaub sind zu stellen
1. für Veranstaltungen eines auf Landesebene als förderungswürdig anerkannten Jugendverbandes von der Landesorganisation; der Antrag muss vom Hessischen Jugendring befürwortet werden,
2. für Veranstaltungen des Landessportbundes oder seiner Sportfachverbände und deren Vereine vom Landessportbund Hessen,
3. für Veranstaltungen der politischen Jugendverbände der im Hessischen Landtag vertretenen Parteien durch deren Landesorganisationen,
4. in allen übrigen Fällen von dem zuständigen Jugendamt.

(2) Die Anträge sind der Beschäftigungsstelle mindestens sechs Tage vor dem beabsichtigten Antritt des Sonderurlaubs vorzulegen.

Teil III C. *Landesgesetze zum Sonderurlaub*

§ 4 Personen, die Sonderurlaub nach § 1 erhalten, dürfen daraus in ihrem Beschäftigungsverhältnis keine Nachteile erwachsen.

§ 5 Der Anspruch auf Erholungsurlaub oder auf Freistellung von der Arbeit nach anderen gesetzlichen oder vertraglichen Bestimmungen wird durch dieses Gesetz nicht berührt.

§ 6 Privaten Beschäftigungsstellen, die bezahlten Sonderurlaub nach § 1 gewähren, erstattet das Land die für die Fortzahlung der Entgelte bei der Freistellung entstandenen Kosten. Dies gilt nicht für die Beiträge zur Sozialversicherung. § 1 Abs. 1 Satz 3 des Hessischen Gesetzes über den Anspruch auf Bildungsurlaub gilt entsprechend.

§ 7[1] Des Gesetz tritt mit dem Tage der Verkündung in Kraft.

§ 8 Das Gesetz tritt mit Ablauf des 31. Dezember 2006 außer Kraft.

6. Niedersachsen

Gesetz über die Arbeitsbefreiung für Zwecke der Jugendpflege und des Jugendsports

Vom 29. Juni 1962

(GVBl. S. 74)

Geändert durch Gesetz vom 25. Mai 1980 (GVBl. S. 147)

§ 1 (1) Den in der Jugendpflege und im Sport ehrenamtlich tätigen Leitern von Jugendgruppen und deren Helfern (Jugendgruppenleitern), die bei einem privaten Arbeitgeber beschäftigt sind, ist unter den Voraussetzungen der Absätze 2 bis 4 Arbeitsbefreiung zu gewähren für
1. die leitende oder helfende Tätigkeit bei Freizeit- und Sportveranstaltungen mit Kindern und Jugendlichen, bei Reisen und Wanderungen von Jugendgruppen sowie bei sonstigen Veranstaltungen, zu denen Kinder und Jugendliche in Zeltlagern, Jugendherbergen, Jugendheimen oder ähnlichen Einrichtungen zusammenkommen,
2. die Teilnahme an Arbeitstagungen, Lehrgängen und Kursen zu ihrer Ausbildung, Fortbildung und Unterrichtung in Fragen der Jugendpflege und des Sports,
3. Veranstaltungen, die der gesamtdeutschen oder der internationalen Begegnung Jugendlicher dienen,
4. die besondere Betreuung von Kindern und Jugendlichen bei Veranstaltungen der Familienbildung und -erholung.

(2) Die Jugendgruppenleiter müssen Inhaber eines Jugendgruppenleiterausweises sein, den die für ihren Wohnsitz oder gewöhnlichen Aufenthalt

---

[1] **Amtl. Anm.:** Diese Vorschrift betrifft das In-Kraft-Treten des Gesetzes in der ursprünglichen Fassung vom 28. März 1951.

für Mitarbeiter in der Jugendarbeit **Teil III**

zuständige Behörde ausgestellt hat, es sei denn, sie nehmen an einer Veranstaltung im Sinne des Absatzes 1 Nr. 2 teil, die zum Erwerb des Jugendgruppenleiterausweises führt.

(3) Die Veranstaltung, für die die Arbeitsbefreiung in Anspruch genommen wird, muß von einer Behörde, einer Kirche, einem Mitgliedsverband der Landesarbeitsgemeinschaft der freien Wohlfahrtspflege in Niedersachsen oder von einem gemäß § 9 des Gesetzes für Jugendwohlfahrt in Verbindung mit § 17 des Gesetzes zur Ausführung des Gesetzes für Jugendwohlfahrt anerkannten Träger der freien Jugendhilfe oder einem dem Landessportbund Niedersachsen angehörenden Sportverband durchgeführt werden. Veranstaltungen anderer Träger müssen von der für den Sitz des Veranstalters zuständigen Behörde als förderungswürdig anerkannt worden sein.

(4) Der Arbeitsbefreiung darf kein dringendes betriebliches Interesse entgegenstehen.

§ 2 Anspruch auf Arbeitsbefreiung besteht für höchstens zwölf Werktage im Kalenderjahr. Die Arbeitsbefreiung kann auf höchstens drei Veranstaltungen im Jahr verteilt werden und ist auf das nächste Jahr nicht übertragbar.

§ 3 (1) Der Arbeitgeber gewährt die Arbeitsbefreiung auf Antrag des Jugendgruppenleiters.

(2) Der Antrag auf Arbeitsbefreiung ist dem Arbeitgeber spätestens einen Monat vor Beginn der Arbeitsbefreiung vorzulegen. Der Arbeitgeber kann einen Nachweis darüber verlangen, daß die Voraussetzungen des § 1 Abs. 3 vorliegen; für die Beibringung des Nachweises gilt die in Satz 1 genannte Frist nicht.

(3) Die Beteiligung des Betriebsrats oder des Personalrats richtet sich nach den Vorschriften des Betriebsverfassungsgesetzes vom 15. Januar 1972 (Bundesgesetzbl. I S. 13), zuletzt geändert durch Artikel 238 des Einführungsgesetzes zum Strafgesetzbuch vom 2. März 1974 (Bundesgesetzbl. I S. 469), beziehungsweise des Personalvertretungsgesetzes für das Land Niedersachsen in der Fassung vom 24. April 1972 (Nieders. GVBl. S. 231), zuletzt geändert durch § 170 des Niedersächsischen Hochschulgesetzes vom 1. Juni 1978 (Nieders. GVBl. S. 473).

§ 4 (1) Für die Dauer der Arbeitsbefreiung hat der Jugendgruppenleiter keinen Anspruch auf Arbeitsverdienst.

(2) Den Jugendgruppenleitern, die auf Grund dieses Gesetzes Arbeitsbefreiung erhalten, dürfen daraus Nachteile in ihrem Beschäftigungsverhältnis nicht erwachsen. Dies gilt auch für die Berechnung der Dauer des Beschäftigungsverhältnisses.

§ 5 Zuständige Behörde im Sinne dieses Gesetzes sind als Jugendamt die Landkreise und kreisfreien Städte sowie die kreisangehörigen Städte, die ein Jugendamt errichtet haben.

Teil III C. Landesgesetze zum Sonderurlaub

§ 6 Auf ehrenamtlich tätige Jugendgruppenleiter, die als Beamte, Richter, Angestellte oder Arbeiter im öffentlichen Dienst beschäftigt sind, finden die Vorschriften dieses Gesetzes entsprechende Anwendung. Weitergehende Vorschriften des öffentlichen Dienstrechts bleiben unberührt.

§ 7 Dieses Gesetz tritt am Tage nach seiner Verkündung in Kraft.

7. Nordrhein-Westfalen

Gesetz zur Gewährung von Sonderurlaub für ehrenamtliche Mitarbeiter in der Jugendhilfe (Sonderurlaubsgesetz)

Vom 31. Juli 1974

(GVBl. S. 768)

Geändert durch Gesetze vom 16. Dezember 1981 (GVBl. S. 732), vom 24. November 1982 (GVBl. S. 699) und vom 27. März 1984 (GVBl. S. 211)

§ 1 [Voraussetzungen] (1) Den ehrenamtlich in der Jugendhilfe tätigen Personen über 16 Jahre ist auf Antrag Sonderurlaub zu gewähren

1. für die leitende und helfende Tätigkeit, die in Jugendferienlagern, bei Jugendreisen, Jugendwanderungen, Jugendfreizeit- und Jugendsportveranstaltungen, internationalen Begegnungen und Begegnungen mit Jugendlichen aus oder in der Deutschen Demokratischen Republik sowie Berlinfahrten und Berlinseminaren ausgeübt wird,

2. zur erzieherischen Betreuung von Kindern und Jugendlichen in Heimen und ähnlichen Einrichtungen im Rahmen der Familien- und Kindererholung.

(2) Sonderurlaub ist auf Antrag auch Personen über 16 Jahre zu gewähren zur Teilnahme an Aus- und Fortbildungsmaßnahmen sowie Fachtagungen in Fragen der Jugendhilfe, wenn diese einer Aufgabe nach Absatz 1 Nr. 1 bis 2 dienen oder auf sie vorbereiten.

(3) Die Prüfung und Anerkennung der Eignung und Befähigung des ehrenamtlichen Mitarbeiters in der Jugendhilfe obliegt dem Träger der Maßnahme oder Veranstaltung, in der der ehrenamtliche Mitarbeiter eingesetzt werden oder an der er teilnehmen soll. Die Anerkennung der Eignung und Befähigung des ehrenamtlichen Mitarbeiters ist im Antrag nach § 3 Abs. 1 Satz 1 vom Träger zu bescheinigen.

(4) Zum ehrenamtlichen Mitarbeiter in der Jugendhilfe ist geeignet und befähigt,
a) wer über den Aufgaben- und Verantwortungsbereich in der Kinder- und Jugendgruppenarbeit hinreichend unterwiesen worden ist oder bereits die für diese Tätigkeit erforderlichen praktisch-pädagogischen Erfahrungen und Kenntnisse besitzt, oder über eine geeignete beruflich-pädagogische Vorbildung verfügt, oder
b) wer durch besondere Fähigkeiten in künstlerischen, sportlichen, handwerklich-technischen, wissenschaftlichen oder ähnlichen Bereichen die Gruppenarbeit vertiefen und ergänzen kann.

für Mitarbeiter in der Jugendarbeit **Teil III**

Der ehrenamtliche Mitarbeiter muß in seiner Person die Gewähr für eine die Entwicklung der Kinder und Jugendlichen fördernde Arbeit bieten.

(5) Der ehrenamtliche Mitarbeiter soll insbesondere an folgenden Lehrgängen teilgenommen haben:
1. an einem Kursus in Erster Hilfe;
2. an einer Grundausbildung in der Kinder- und Jugendgruppenarbeit. Die Grundausbildung soll sich auf die für die ehrenamtliche Mitarbeit in der Jugendhilfe wesentlichen Kenntnisse (Gruppenpädagogik, Entwicklungspsychologie, Rechts- und Versicherungsfragen, Planung und Durchführung von Maßnahmen) erstrecken.

§ 2 [Anerkannte Träger] (1) Sonderurlaub für die in § 1 bezeichneten Veranstaltungen und Maßnahmen ist nur zu gewähren, wenn diese von einem nach § 9 des Gesetzes für Jugendwohlfahrt (JWG) in der Fassung der Bekanntmachung vom 25. April 1977 (BGBl. I S. 633), zuletzt geändert durch Gesetz vom 22. Dezember 1983 (BGBl. I S. 1532) anerkannten Träger der freien Jugendhilfe oder von einem Träger der öffentlichen Jugendhilfe selbst oder in seinem Auftrag von einem öffentlichen oder anderen anerkannten Träger der Weiterbildung durchgeführt werden.

(2) Der Anspruch auf Sonderurlaub kann erst nach Ablauf von sechs Monaten, bei Berechtigten unter 21 Jahren von drei Monaten, nach der Einstellung in den Betrieb des Arbeitgebers geltend gemacht werden.

§ 3 [Antragstellung] (1) Sonderurlaub ist von Berechtigten mit Zustimmung des Trägers der in § 1 genannten Maßnahmen zu beantragen. Der Antrag ist spätestens sechs Wochen vor dem beabsichtigten Urlaubsantritt beim Arbeitgeber einzureichen; über ihn ist innerhalb angemessener Frist zu entscheiden.

(2) Dem Antrag auf Sonderurlaub ist stattzugeben, wenn die Voraussetzungen der §§ 1 und 2 vorliegen. Eine Verpflichtung zur Stattgabe besteht nicht, wenn im Einzelfall der Gewährung von Sonderurlaub ein unabweisbares betriebliches Interesse entgegensteht. Die Beteiligung des Betriebsrats richtet sich nach den Vorschriften des Betriebsverfassungsgesetzes.

§ 4 [Höchstdauer] Sonderurlaub nach diesem Gesetz ist bis zu acht Arbeitstagen im Kalenderjahr zu gewähren. Der Sonderurlaub kann auf höchstens drei Veranstaltungen oder Maßnahmen im Kalenderjahr aufgeteilt werden; er ist nicht auf das nächste Jahr übertragbar.

§ 5 [Ausgleich des Verdienstausfalls] Die in § 2 genannten Träger und Trägergruppen erhalten auf Antrag von den Landschaftsverbänden nach Maßgabe des Haushaltsplans Landesmittel zum vollen oder teilweisen Ausgleich des Verdienstausfalls, der ehrenamtlichen Mitarbeitern infolge der Inanspruchnahme von Sonderurlaub für die Teilnahme an Maßnahmen im Sinne des § 1 entsteht.

§ 6 [Erkrankung] Erkrankt ein Arbeitnehmer während des Sonderurlaubs, so wird bei Nachweis der Arbeitsunfähigkeit durch ärztliches

Teil III   *C. Landesgesetze zum Sonderurlaub*

Zeugnis die Zeit der Arbeitsunfähigkeit auf den Sonderurlaub nicht angerechnet.

§ 7 [Weitergehende Ansprüche] (1) Regelungen in Gesetzen, Rechtsverordnungen und Verträgen, die dem Arbeitnehmer weitergehende Ansprüche gewähren, bleiben unberührt.

(2) Die Gewährung von Sonderurlaub für Angehörige des öffentlichen Dienstes als ehrenamtliche Mitarbeiter in der Jugendhilfe richtet sich nach den geltenden Vorschriften.

§ 8 [Nachteilsverbot] Arbeitnehmern, die einen Sonderurlaub nach Maßgabe dieses Gesetzes erhalten, dürfen Nachteile in ihrem Arbeitsverhältnis daraus nicht erwachsen. Das gilt auch für den Nachweis der Dauer des Arbeitsverhältnisses.

§ 9 *(aufgehoben)*

§ 10 [Inkrafttreten] Das Gesetz tritt am 1. Januar 1975 in Kraft.

8. Rheinland-Pfalz

Landesgesetz über die Erteilung von Sonderurlaub an Jugendgruppenleiter in der Jugendpflege

Vom 12. November 1953

(GVBl. S. 131)

§ 1 [Zweck der Urlaubsgewährung] (1) Den ehrenamtlich in der Jugendpflege tätigen Jugendgruppenleitern über 18 Jahre ist auf Antrag Sonderurlaub zu gewähren:
a) für die Tätigkeit als Helfer in Zeltlagern, Jugendherbergen und Heimen, in denen Jugendliche vorübergehend zur Erholung untergebracht sind, und bei Jugendwanderungen;
b) zum Besuch von Ausbildungslehrgängen und Schulungsveranstaltungen der Jugendpflegeverbände und Jugendbehörden;
c) zum Besuch von Tagungen der Jugendpflegeverbände und der Jugendbehörden;
d) zur Teilnahme an Veranstaltungen, die der internationalen Begegnung der Jugend dienen.

(2) Dies gilt nur, wenn Träger der unter a) bis d) bezeichneten Veranstaltungen die anerkannten Jugendpflegeverbände und Jugendbehörden sind.

§ 2 [Dauer. Bezahlung] (1) Der Sonderurlaub beträgt bis zu 12 Arbeitstagen im Kalenderjahr.

(2) Ein Anspruch auf Bezahlung des Sonderurlaubs besteht nicht. Der Anspruch auf Sonderurlaub ist auf das nächste Jahr nicht übertragbar.

für Mitarbeiter in der Jugendarbeit Teil III

§ 3 [Antragspflicht. Verweigerung durch Arbeitgeber] (1) Anträge auf Sonderurlaub für Jugendgruppenleiter in der Jugendpflege bedürfen der Befürwortung der veranstaltenden Jugendorganisationen (Bezirks- oder Landesleitung).

(2) Antragsberechtigt sind:
a) die örtlichen Leitungen der Jugendpflegeorganisationen für die ihr angehörenden Jugendgruppenleiter;
b) die behördlichen Jugendpfleger.

(3) Die Anträge sind der urlaubsgewährenden Stelle mindestens eine Woche vor dem beabsichtigten Antritt des Sonderurlaubs vorzulegen.

(4) Der Arbeitgeber kann im Einzelfall – bei betriebsratspflichtigen Betrieben mit Zustimmung des Betriebsrates – den Sonderurlaub nur verweigern, wenn ein unabweisbares betriebliches Interesse entgegensteht.

§ 4 [Benachteiligungsverbot] Arbeitnehmern, die einen Sonderurlaub nach § 1 erhalten, dürfen Nachteile in ihrem Arbeits- bzw. Dienstverhältnis deswegen nicht erwachsen. Dies gilt auch für den Nachweis der Dienstzeit bzw. die Dauer eines Arbeitsverhältnisses.

§ 5 [Erlaß von Verwaltungsvorschriften] Die zur Durchführung des Gesetzes notwendigen Verwaltungsvorschriften erläßt der Sozialminister.

§ 6 [Inkrafttreten] Dieses Gesetz tritt mit dem Tage der Verkündung in Kraft.

9. Saarland

Gesetz Nr. 1412 über Sonderurlaub für ehrenamtliche Mitarbeiterinnen und Mitarbeiter in der Jugendarbeit

Vom 8. Juli 1998

(ABl. S. 862)

§ 1 [Voraussetzungen] (1) Den in der Jugendarbeit im Sinne des § 11 SGB VIII ehrenamtlich tätigen Mitarbeiterinnen und Mitarbeitern mit einem Lebensalter von mindestens 15 Jahren ist auf Antrag unbezahlter Sonderurlaub oder Freistellung vom Schulbesuch zu gewähren
a) für die Mitarbeit im Bereich der Kinder- und Jugenderholung (Freizeiten, Lager und Wanderungen) und der internationalen Jugendarbeit,
b) zur Teilnahme an Veranstaltungen der außerschulischen Jugendbildung sowie Konferenzen und Tagungen von freien und öffentlichen Trägern der Jugendhilfe,
c) zur Teilnahme an Maßnahmen der Fortbildung ehrenamtlicher Mitarbeiterinnen und Mitarbeiter gemäß § 4 Abs. 1 des Gesetzes zur Förderung der Kinder- und Jugendarbeit, der Jugendsozialarbeit und des erzieherischen Kinder- und Jugendschutzes (2. AGKJHG) vom 1. Juni 1994 (Amtsbl. S. 1258).

Teil III   C. *Landesgesetze zum Sonderurlaub*

(2) Das Vorliegen der Voraussetzungen des Absatzes 1 ist vom Landesamt für Jugend, Soziales und Versorgung auf Aufforderung des jeweiligen Trägers der Maßnahme zu prüfen und zu bescheinigen.

§ 2 [Dauer, Bezahlung] (1) Der Sonderurlaub beträgt bis zu zwei Arbeitswochen im Kalenderjahr. Er ist auf das folgende Jahr nicht übertragbar.

(2) Ein Anspruch auf Bezahlung des Sonderurlaubs besteht nicht. Ob im Einzelfall vom Arbeitgeber ein freiwilliger Ausgleich gewährt wird, bleibt den betrieblichen Möglichkeiten überlassen.

(3) Absatz 1 gilt entsprechend für ehrenamtliche Mitarbeiterinnen und Mitarbeiter, die allgemeinbildende oder berufsbildende Schulen im Saarland besuchen.

§ 3 [Antragstellung] (1) Die Anträge sind mindestens zwei Wochen vor Beginn des Sonderurlaubs bzw. der Freistellung vom Schulbesuch dem Arbeitgeber oder der Schulleitung vorzulegen.

(2) Der Sonderurlaub bzw. die Freistellung vom Schulbesuch kann nur verweigert werden, wenn ein unabweisbares betriebliches oder schulisches Interesse entgegensteht.

(3) Dem Antrag auf Gewährung von Sonderurlaub bzw. Freistellung vom Schulbesuch ist eine Bescheinigung des Landesamtes für Jugend, Soziales und Versorgung über die Feststellung der Voraussetzungen gemäß § 1 Abs. 2 beizufügen.

§ 4 [Benachteiligungsverbot] (1) Beschäftigten die einen Sonderurlaub nach diesem Gesetz erhalten, dürfen Nachteile in ihrem Arbeits- oder Dienstverhältnis nicht entstehen. Dies gilt auch für den Nachweis der Dienstzeit oder der Dauer eines Arbeitsverhältnisses.

(2) Absatz 1 Satz 1 gilt sinngemäß für Schülerinnen und Schüler von allgemeinbildenden und berufsbildenden Schulen.

§ 5 [Inkrafttreten] (1) Dieses Gesetz tritt am Tage nach der Verkündung in Kraft.

(2) Gleichzeitig tritt das Gesetz Nr. 759 über Sonderurlaub für in der Jugendpflege ehrenamtlich tätige Personen vom 8. Juni 1962 (Amtsbl. S. 481), zuletzt geändert am 8. April 1970 (Amtsbl. S. 377), außer Kraft.

10. Sachsen

Gesetz des Freistaates Sachsen über die Erteilung von Sonderurlaub an Mitarbeiter in der Jugendhilfe (Sonderurlaubsgesetz)

Vom 27. August 1991
(GVBl. S. 323)

§ 1 (1) Den in der Jugendhilfe tätigen Personen, in der Regel über 18 Jahre, ist auf Antrag Sonderurlaub in folgenden Fällen zu gewähren:

für Mitarbeiter in der Jugendarbeit **Teil III**

a) für die Tätigkeit als Jugendleiter oder Jugendbetreuer, insbesondere in Zeltlagern, Jugendherbergen und Heimen, in denen Jugendliche vorübergehend zur Erholung und Ferienfreizeitgestaltung untergebracht sind, sowie bei Jugendwanderungen und Jugendbegegnungen
b) zum Besuch von Aus- und Fortbildungslehrgängen bzw. Schulungsmaßnahmen der öffentlichen und freien Träger der Jugendhilfe
c) zum Besuch von Tagungen der öffentlichen und freien Träger der Jugendhilfe
d) zur Wahrnehmung von Leitungsfunktionen bei Veranstaltungen des im Rahmen des Bundes- und Landesjugendplanes geförderten Auslandaustausches.

Das Staatsministerium für Kultus wird ermächtigt, durch Rechtsverordnung die Voraussetzungen zu bestimmen, unter denen auch Personen, die das 16., aber noch nicht das 18. Lebensjahr vollendet haben, ein Anspruch auf Gewährung des Sonderurlaubs zusteht.

(2) Als öffentliche und freie Träger der Jugendhilfe im Sinne des Gesetzes gelten die im Sächsischen Jugendring vertretenen Mitgliedsorganisationen, die Mitglieder der Liga der Spitzenverbände der freien Wohlfahrtspflege sowie die sonstigen gemäß § 75 SGB VIII anerkannten Organisationen der freien und öffentlichen Träger der Jugendhilfe.

(3) Ein Anspruch auf Gewährung des Sonderurlaubs besteht nicht, soweit dieser im Einzelfall zu einer Gefährdung der wirtschaftlichen Existenz des Arbeitgebers führen würde. Der Arbeitgeber hat dem Antragsteller die Gründe für eine mögliche Existenzgefährdung mitzuteilen.

§ 2 (1) Der Sonderurlaub beträgt bis zu 12 Arbeitstage jährlich. Er kann auf höchstens vier Veranstaltungen im Jahr verteilt werden.

(2) Ein Anspruch auf Bezahlung des Sonderurlaubs besteht nicht. Der Sonderurlaub ist auf das nächste Jahr nicht übertragbar.

§ 3 (1) Anträge auf Sonderurlaub für einen Mitarbeiter der Jugendhilfe können nur von der durchführenden, anerkannten Organisation gestellt werden.

(2) Die Anträge sollen der urlaubsgewährenden Stelle (Behörden- oder Schulleiter, Arbeitgeber usw.) mindestens 8 Wochen vor Antritt des Sonderurlaubs vorliegen.

§ 4 Nachteile dürfen den Arbeitnehmern und Beschäftigten, die einen Sonderurlaub nach § 1 erhalten, in ihrem Dienst- und Anstellungsverhältnis nicht entstehen.

§ 5 Für die Zeit bis zum 30. September 1991 findet § 3 Abs. 2 keine Anwendung.

§ 6 Das Gesetz tritt am Tag nach seiner Verkündung in Kraft.

Teil III C. Landesgesetze zum Sonderurlaub

11. Schleswig-Holstein

Gesetz über Sonderurlaub für ehrenamtliche Mitarbeiter in der außerschulischen Jugendbildung

Vom 25. Juli 1977
(GVBl. S. 190)
(GS Schl.-H. II, Gl. Nr. 800-2)

§ 1 Grundsatz. (1) Ehrenamtlichen Mitarbeitern in der außerschulischen Jugendbildung über sechzehn Jahren ist auf Antrag unbezahlter Sonderurlaub zu gewähren, wenn sie
1. einen gültigen Mitarbeiterausweis (§ 7) besitzen und
2. an einer Veranstaltung der außerschulischen Jugendbildung teilnehmen, die aus öffentlichen Mitteln gefördert wird oder vom zuständigen Jugendamt für förderungswürdig erklärt worden ist.

(2) Ehrenamtlichen Mitarbeitern in der außerschulischen Jugendbildung über sechzehn Jahren ohne gültigen Mitarbeiterausweis ist auf Antrag einmalig unbezahlter Sonderurlaub für die Teilnahme an einer Grundausbildung zu gewähren, die der Erlangung des Mitarbeiterausweises dient.

§ 2 Anspruch. (1) Sonderurlaub für die in § 1 bezeichneten Veranstaltungen ist nur zu gewähren, wenn diese von einem nach § 9 des Gesetzes für Jugendwohlfahrt in der Fassung der Bekanntmachung vom 6. August 1970 (BGBl. I S. 1197), zuletzt geändert durch Gesetz vom 2. Juli 1976 (BGBl. I S. 1762), anerkannten Träger der freien Jugendhilfe, einem Zusammenschluß solcher Träger oder einem Träger der öffentlichen Jugendhilfe durchgeführt werden.

(2) Der Anspruch auf Sonderurlaub kann erst nach einer sechsmonatigen Betriebszugehörigkeit geltend gemacht werden.

§ 3 Antragsverfahren. (1) Der Berechtigte hat den Sonderurlaub mit Zustimmung des Trägers der in § 1 genannten Veranstaltung und der entsendenden Stelle spätestens vier Wochen vor Beginn des Urlaubs beim Arbeitgeber schriftlich zu beantragen. Der Träger der Veranstaltung darf im Falle des § 1 Abs. 2 nur zustimmen, wenn ihm die entsendende Stelle mitgeteilt hat, daß der Antragsteller bereits ein halbes Jahr Erfahrungen durch die Übernahme besonderer Aufgaben in der außerschulischen Jugendbildung gewonnen hat. Entsendende Stelle ist die Stelle, bei der der Berechtigte im Rahmen der außerschulischen Jugendbildung tätig ist.

(2) Dem Antrag auf Sonderurlaub ist stattzugeben, wenn die Voraussetzungen der §§ 1, 2 und 3 Abs. 1 vorliegen, es sei denn, daß im Einzelfall der Gewährung von Sonderurlaub ein unabweisbares betriebliches Interesse entgegensteht. Die Beteiligung des Betriebsrates oder des Personalrates richtet sich nach den Vorschriften des Betriebsverfassungsgesetzes vom 15. Januar 1972 (BGBl. I S. 13), zuletzt geändert durch das Gesetz vom 4. Mai 1976 (BGBl. I S. 1153), bzw. des Personalvertretungsgesetzes.

für Mitarbeiter in der Jugendarbeit **Teil III**

§ 4 Dauer. (1) Sonderurlaub nach diesem Gesetz ist bis zu zwölf Arbeitstagen im Kalenderjahr zu gewähren. Der Sonderurlaub kann auf höchstens drei Veranstaltungen im Jahr aufgeteilt werden; er ist nicht auf das nächste Jahr übertragbar.

(2) Erkrankt der Berechtigte während des Sonderurlaubs, so wird bei Nachweis der Arbeitsunfähigkeit durch ärztliches Zeugnis die Zeit der Arbeitsunfähigkeit auf den Sonderurlaub nicht angerechnet.

§ 5 Verbot von Nachteilen. Berechtigte, die einen Sonderurlaub nach Maßgabe dieses Gesetzes erhalten, dürfen daraus in ihrem Ausbildungs- oder Arbeitsverhältnis keine Nachteile erleiden.

§ 6 Weitergehende Ansprüche. Regelungen in Gesetzen, Rechtsverordnungen und Verträgen oder für den öffentlichen Dienst erlassenen Vorschriften, die dem Berechtigten weitergehende Ansprüche gewähren, bleiben unberührt.

§ 7 Voraussetzungen für einen Mitarbeiterausweis. (1) Ehrenamtliche Mitarbeiter in der außerschulischen Jugendbildung erhalten auf Antrag einen Mitarbeiterausweis, wenn

1. sie erfolgreich an einer Grundausbildung und an einem Kursus in „Erster Hilfe" teilgenommen haben; der Kursus darf bei Antragstellung nicht mehr als zwei Jahre zurückliegen,
2. gegen die Eignung als Mitarbeiter in der außerschulischen Jugendbildung keine in der Person begründeten Bedenken bestehen.

(2) Zum ehrenamtlichen Mitarbeiter in der außerschulischen Jugendbildung ist geeignet, wer bei einem anerkannten Träger der freien Jugendhilfe oder einem Träger der öffentlichen Jugendhilfe leitend oder helfend tätig sein kann. Über die Eignung entscheidet das zuständige Jugendamt mit Zustimmung der entsendenden Stelle. Der Antragsteller hat dem Jugendamt eine ärztliche Bescheinigung über die Unbedenklichkeit seines Gesundheitszustandes vorzulegen, die insbesondere ausweist, daß der Antragsteller frei von übertragbaren Krankheiten ist. Das Jugendamt kann sich für den Antragsteller ein Führungszeugnis nach § 29 des Bundeszentralregistergesetzes in der Fassung der Bekanntmachung vom 22. Juli 1976 (BGBl. I S. 2005) erteilen lassen.

(3) Ehrenamtliche Mitarbeiter in der außerschulischen Jugendbildung mit abgeschlossener pädagogischer oder sozialpädagogischer Ausbildung können auf Antrag mit Zustimmung eines anerkannten freien Trägers der Jugendhilfe oder eines Trägers der öffentlichen Jugendhilfe von der Grundausbildung nach § 9 befreit werden. Die Befreiung spricht das zuständige Jugendamt aus.

§ 8 Mitarbeiterausweis. (1) Soweit die Voraussetzungen des § 7 vorliegen, stellt das zuständige Jugendamt einen Mitarbeiterausweis nach dem diesem Gesetz als Anlage beigefügten Muster aus. Die Gültigkeitsdauer des Mitarbeiterausweises beträgt ein Jahr; der Mitarbeiterausweis kann anschließend mit Zustimmung der entsendenden Stelle jeweils um ein Jahr verlängert werden.

(2) Das zuständige Jugendamt hat im Benehmen mit der entsendenden Stelle den Mitarbeiterausweis einzuziehen oder für ungültig zu erklären, wenn Gründe für die Annahme vorliegen, daß der Ausweisinhaber nicht als ehrenamtlicher Mitarbeiter in der außerschulischen Jugendbildung geeignet ist.

(3) Zuständiges Jugendamt im Sinne dieses Gesetzes ist das für den Wohnsitz des Antragstellers zuständige Jugendamt in Schleswig-Holstein.

§ 9 Grundausbildung. (1) Die Grundausbildung wird von einem anerkannten Träger der freien Jugendhilfe oder einem Zusammenschluß von Trägern unter Beteiligung des für den Träger zuständigen Jugendamtes, bei überregionalen Veranstaltungen des Landesjugendamtes Schleswig-Holstein durchgeführt. Sie kann auch von einem Träger der öffentlichen Jugendhilfe durchgeführt werden.

(2) Mit der Grundausbildung sollen den ehrenamtlichen Mitarbeitern in der außerschulischen Jugendbildung Grundkenntnisse der außerschulischen Jugendbildung sowie der Rechts- und Organisationskunde vermittelt werden.

§ 10 Erstattung des Verdienstausfalls. In Härtefällen kann das Land den durch die Inanspruchnahme des Sonderurlaubs entstandenen Verdienstausfall ganz oder teilweise erstatten. Anträge sind über das zuständige Jugendamt an das Landesjugendamt Schleswig-Holstein zu richten.

§ 11 Richtlinien. Das Landesjugendamt Schleswig-Holstein erläßt Richtlinien über Form und Inhalt der Grundausbildung und über das Verfahren für die Erstattung des Verdienstausfalls.

§ 12 Inkrafttreten. (1) Dieses Gesetz tritt am 1. Januar 1978 in Kraft.

(2) Gleichzeitig tritt das Gesetz über die Gewährung von Sonderurlaub für Jugendgruppenleiter vom 14. April 1969 (GVOBl. Schl.-H. S. 47)[1] außer Kraft.

---

[1] **Amtl. Anm.:** GS Schl.-H. II, GL Nr. 800-1.

D. Landesgesetze zum Bildungsurlaub

1. Berlin

Berliner Bildungsurlaubsgesetz (BiUrlG)
Vom 24. Oktober 1990
(GVBl. S. 2209)
Geändert durch Gesetz vom 17. Mai 1999 (GVBl. S. 178)

§ 1 Grundsätze. (1) Arbeitnehmer haben unter Fortzahlung des Arbeitsentgelts gegenüber ihrem Arbeitgeber Anspruch auf Freistellung von der Arbeit für die Teilnahme an anerkannten Bildungsveranstaltungen (Bildungsurlaub). Als Arbeitnehmer im Sinne dieses Gesetzes gelten auch die zu ihrer Berufsausbildung Beschäftigten, die in Heimarbeit Beschäftigten und ihnen Gleichgestellte sowie andere Personen, die wegen ihrer wirtschaftlichen Unselbständigkeit als arbeitnehmerähnliche Personen anzusehen sind. Arbeitnehmer und arbeitnehmerähnliche Personen im Sinne des Satzes 2 sind auch Teilnehmer an Maßnahmen in Einrichtungen zur Eingliederung Behinderter in das Arbeits- und Berufsleben.

(2) Bildungsurlaub dient der politischen Bildung und der beruflichen Weiterbildung. Bildungsurlaub für zu ihrer Berufsausbildung Beschäftigte dient allein der politischen Bildung.

(3) Politische Bildung soll die Fähigkeit des Arbeitnehmers fördern, politische Zusammenhänge zu beurteilen und politische und gesellschaftliche Aufgaben wahrzunehmen.

(4) Berufliche Weiterbildung soll die berufliche Qualifikation erhalten, verbessern oder erweitern und die Kenntnis gesellschaftlicher und betrieblicher Zusammenhänge vermitteln.

§ 2 Dauer des Bildungsurlaubes. (1) Der Bildungsurlaub beträgt zehn Arbeitstage innerhalb eines Zeitraumes von zwei aufeinanderfolgenden Kalenderjahren. Für Arbeitnehmer bis zur Vollendung des 25. Lebensjahres beträgt der Bildungsurlaub zehn Arbeitstage im Kalenderjahr.

(2) Wird regelmäßig an mehr oder weniger als fünf Tagen in der Woche gearbeitet, so erhöht oder verringert sich der Anspruch gemäß Absatz 1 entsprechend. Bruchteile eines Tages werden zugunsten des Arbeitnehmers aufgerundet.

(3) Im Falle des Arbeitsplatzwechsels muß sich der Arbeitnehmer die in demselben Kalenderjahr von einem anderen Arbeitgeber gewährte Freistellung anrechnen lassen.

§ 3 Wartezeit. Der Anspruch auf Bildungsurlaub entsteht erstmalig nach sechsmonatigem Bestehen des Arbeits- bzw. Ausbildungsverhältnisses. Schließt sich ein Arbeitsverhältnis unmittelbar an ein Ausbildungsverhältnis bei demselben Arbeitgeber an, so muß der Anspruch nicht erneut erworben werden.

§ 4 Gewährung des Bildungsurlaubes. (1) Der Bildungsurlaub ist für den Zeitraum der vom Arbeitnehmer ausgewählten anerkannten Bildungsveranstaltung im Rahmen des Freistellungsanspruches gemäß § 2 zu gewähren. Die Inanspruchnahme und der Zeitpunkt des Bildungsurlaubes sind dem Arbeitgeber so frühzeitig wie möglich, grundsätzlich sechs Wochen vor Beginn der Freistellung, mitzuteilen.

(2) Der Bildungsurlaub kann nicht in der von dem Arbeitnehmer vorgesehenen Zeit genommen werden, wenn zwingende betriebliche Belange oder Urlaubsansprüche anderer Arbeitnehmer, die unter sozialen Gesichtspunkten den Vorrang verdienen, entgegenstehen. Die Ablehnung ist dem Arbeitnehmer so frühzeitig wie möglich, grundsätzlich innerhalb von vierzehn Tagen nach der Mitteilung entsprechend Absatz 1 Satz 2, unter Darlegung der Gründe schriftlich mitzuteilen.

(3) In Betrieben mit in der Regel nicht mehr als 20 Arbeitnehmern kann der Arbeitgeber die Freistellung von Arbeitnehmern über 25 Jahren auch ablehnen, sobald die Gesamtzahl der Arbeitstage, die im laufenden Kalenderjahr von seinen Arbeitnehmern für Zwecke der Freistellung nach diesem Gesetz in Anspruch genommen worden sind, das 2,5fache der Zahl seiner Arbeitnehmer erreicht hat.

(4) Der Arbeitnehmer hat dem Arbeitgeber auf Verlangen die Anmeldung zur Bildungsveranstaltung, deren Anerkennung und die Teilnahme an der Bildungsveranstaltung nachzuweisen. Die dafür erforderlichen Bescheinigungen sind dem Arbeitnehmer vom Träger der Bildungsveranstaltung unentgeltlich auszustellen.

§ 5 Übertragbarkeit des Bildungsurlaubes. (1) Wird dem Arbeitnehmer die Freistellung innerhalb eines Kalenderjahres trotz Verlangens auf Grund der in § 4 Abs. 2 und 3 dargelegten Gründe nicht gewährt, ist eine Freistellung zu einem anderen Zeitpunkt innerhalb eines Jahres nach Antragstellung bevorzugt zu gewähren.

(2) Der Anspruch gemäß § 2 Abs. 1 und 2 kann durch schriftliche Abrede zwischen Arbeitgeber und Arbeitnehmer unter Anrechnung des Bildungsurlaubsanspruchs zukünftiger Jahre zu längerfristigen Veranstaltungen der beruflichen Weiterbildung zusammengefaßt werden. Für den Fall des § 4 Abs. 3 gilt, daß der Arbeitgeber die gemäß Satz 1 zusammengefaßten Bildungsurlaubszeiten auf den Bildungsurlaubsanspruch anderer Arbeitnehmer lediglich bis zum Ende des laufenden Kalenderjahres und mit nur 10 Tagen anrechnen darf.

§ 6 Verhältnis zu sonstigen Freistellungen. Sonstige Freistellungen zur Teilnahme an Bildungsveranstaltungen, die auf anderen Rechts- und Verwaltungsvorschriften, Tarifverträgen, Betriebsvereinbarungen oder Einzelverträgen beruhen, werden angerechnet, wenn die Erreichung der in § 1 Abs. 2 bis 4 dieses Gesetzes niedergelegten Ziele ermöglicht wird und ein Anspruch auf Fortzahlung des Arbeitsentgeltes besteht.

Berlin Teil III

§ 7 Verbot der Erwerbstätigkeit. Während des Bildungsurlaubes darf der Arbeitnehmer keine dem Zwecke dieses Gesetzes zuwiderlaufende Erwerbstätigkeit ausüben.

§ 8 Wahlfreiheit und Benachteiligungsverbot. Der Arbeitgeber darf den Arbeitnehmer nicht in der freien Auswahl unter den anerkannten Bildungsurlaubsveranstaltungen behindern oder wegen der Inanspruchnahme des Bildungsurlaubes benachteiligen.

§ 9 Bildungsurlaubsentgelt. Für die Berechnung des Bildungsurlaubsentgeltes und im Falle der Erkrankung während des Bildungsurlaubes gelten die §§ 9, 11 und 12 des Bundesurlaubsgesetzes entsprechend.

§ 10 Unabdingbarkeit, Abgeltungsverbot. (1) Von den Vorschriften dieses Gesetzes darf nur zugunsten des Arbeitnehmers abgewichen werden.
(2) Eine Abgeltung des Bildungsurlaubes findet nicht statt.

§ 11 Anerkennung von Bildungsveranstaltungen. (1) Berufliche Bildungsveranstaltungen, die von öffentlichen Schulen, öffentlichen Volkshochschulen, Hochschulen oder anerkannten Privatschulen durchgeführt werden, gelten als anerkannt. Dies gilt auch für Veranstaltungen, die den Erwerb nachträglicher Schulabschlüsse zum Ziel haben. Im übrigen erfolgt die Anerkennung von Bildungsveranstaltungen durch die für Berufsbildung zuständige Senatsverwaltung.
(2) Anerkennungsfähig sind Veranstaltungen, die von Trägern der Jugend- und Erwachsenenbildung durchgeführt werden. Als solche sind insbesondere die anerkannten Jugendgemeinschaften und Jugendorganisationen, die öffentlichen Einrichtungen der Jugendhilfe, die Volkshochschulen sowie Bildungseinrichtungen der demokratischen Parteien, der Arbeitgeberorganisationen, der Kammern und der Gewerkschaften anzusehen. Im übrigen müssen die zur Durchführung der Bildungsveranstaltungen erforderlichen persönlichen und sachlichen Voraussetzungen gegeben sein. Die Anerkennung ist zu versagen, wenn die Ziele der Veranstalter oder Veranstaltungen nicht mit der demokratischen Grundordnung der Verfassung von Berlin im Einklang stehen.
(3) Anträge auf Anerkennung von Veranstaltungen können nur von den Veranstaltern gestellt werden. Die für die Anerkennung erforderlichen Nachweise sind beizufügen.
(4) Die für Berufsbildung zuständige Senatsverwaltung regelt im Benehmen mit den für Arbeit und Wirtschaft sowie Frauen und Jugend zuständigen Senatsverwaltungen das Anerkennungsverfahren durch Rechtsverordnung.

§ 12 Berichtspflicht. Die Träger anerkannter Bildungsveranstaltungen sind verpflichtet, der Anerkennungsbehörde Auskunft über Gegenstand, Verlauf und Teilnehmer der anerkannten Veranstaltungen in nichtpersonenbezogener Form zu erteilen. Dazu gehören auch Angaben über Anzahl, Ge-

Teil III D. *Landesgesetze zum Bildungsurlaub*

schlecht, Alter, Vorbildung, Beruf und Staatsangehörigkeit der Teilnehmer sowie die Betriebsgröße des Arbeitgebers.

§ 13 Inkrafttreten. (1) Dieses Gesetz tritt am 1. Januar 1991 in Kraft.

(2) Gleichzeitig tritt das Gesetz zur Förderung der Teilnahme an Bildungsveranstaltungen vom 16. Juli 1970 (GVBl. S. 1140) außer Kraft.

Ausführungsvorschriften über die Anerkennung von Bildungsveranstaltungen nach dem Berliner Bildungsurlaubsgesetz (AV BiUrlG)

Vom 3. September 1991
(ABl. S. 1965)

1. Arten der Bildungsveranstaltungen. (1) Von der zuständigen Behörde können Bildungsveranstaltungen anerkannt werden, die der politischen Bildung und/oder beruflichen Weiterbildung im Sinne von § 1 BiUrlG dienen.

(2) Zu den Bildungsveranstaltungen nach Absatz 1 gehören nicht:
a) Veranstaltungen, die unmittelbar der Durchsetzung partei- und verbandspolitischer Ziele dienen.
b) Veranstaltungen mit dem Ziel der Berufsausbildung oder beruflichen Umschulung.
c) Veranstaltungen im Rahmen beruflicher Rehabilitation.
d) Veranstaltungen zur Einarbeitung auf bestimmte betriebliche Arbeitsplätze.
e) Veranstaltungen der beruflichen Weiterbildung im Rahmen betrieblicher Bildungsmaßnahmen, deren Inhalt weit überwiegend auf betriebsinterne Erfordernisse ausgerichtet ist.
f) Andere Bildungsveranstaltungen, deren Inhalte nicht eindeutig und weit überwiegend der politischen Bildung oder der beruflichen Weiterbildung zuzuordnen sind.

2. Anerkennungsvoraussetzungen. Im Interesse der Gewährleistung einer sachgemäßen Bildung kann die Anerkennung nur erfolgen, wenn es sich grundsätzlich um eine Veranstaltung handelt,
a) der eine inhaltliche Veranstaltungsbezeichnung (Hauptthema, Zielsetzung) vorangestellt ist;
b) der ein Arbeits- und Zeitplan nach einem didaktisch-methodischen Konzept zugrunde liegt, das eine hinreichende Bildungsintensität aufweist;
c) für deren Durchführung dem Antragsteller eine ausreichende Zahl fachlich qualifizierter Kursleiter und Lehrkräfte zur Verfügung steht;
d) die den Teilnehmern, gemessen an dem vorgesehenen täglichen Arbeitsprogramm und der zeitlichen Gesamtdauer der Bildungsveranstaltungen, das Erreichen der Lernziele ermöglicht;

e) für deren Durchführung dem Antragsteller ausreichende Räumlichkeiten mit einer geeigneten Ausstattung und die erforderlichen Lehrmittel zur Verfügung stehen.

3. Antragsverfahren. Der Antrag auf Anerkennung einer Bildungsveranstaltung soll vom Veranstalter schriftlich 10 Wochen vor Beginn der Maßnahme bei der zuständigen Senatsverwaltung unter Verwendung des amtlichen Vordrucks eingereicht werden.

4. Anerkennung von Wiederholungsveranstaltungen. Wiederholungsveranstaltungen können ohne erneuten Nachweis der Voraussetzungen nach § 2 anerkannt werden, wenn sie nach Thema, Inhalt, Arbeits- und Zeitplan mit einer bereits anerkannten Bildungsveranstaltung desselben Antragstellers übereinstimmen.

5. Verfahren bei länderübergreifenden Regelungen. Bei der Anerkennung von Weiterbildungsveranstaltungen, die durch Behörden des Bundes oder anderer Bundesländer anerkannt worden sind, sollte dem Antrag des Veranstalters der entsprechende Anerkennungsbescheid beigefügt werden. Die zuständige Behörde kann von der Prüfung einzelner Voraussetzungen nach § 2 absehen, wenn der Anerkennungsbescheid auf das Vorliegen vergleichbarer Voraussetzungen schließen läßt.

6. Öffentlichkeit. Veranstaltungen müssen allgemein zugänglich sein, sei denn, eine bestimmte Auswahl der Teilnehmerinnen und Teilnehmer ist aus besonderen Gründen, insbesondere aufgrund von Bildungskonzepten für spezifische Zielgruppen geboten. Veranstaltungen sollen im Rahmen des zumutbar Gebotenen öffentlich angekündigt werden.

7. Berichtspflicht. Die Träger anerkannter Bildungsveranstaltungen sind gemäß § 12 BiUrlG verpflichtet, der Anerkennungsbehörde die dort im einzelnen genannten Auskünfte zu erteilen. Dies soll innerhalb von 4 Wochen nach Ende der Veranstaltung auf dem von der Anerkennungsbehörde herausgegebenen Vordruck erfolgen.

8. Inkrafttreten, Außerkrafttreten. Diese Ausführungsvorschriften treten am Tage nach der Bekanntmachung im Amtsblatt in Kraft. Sie treten mit Ablauf des 13. September 2001 außer Kraft.

Teil III D. *Landesgesetze zum Bildungsurlaub*

2. *Brandenburg*

Gesetz zur Regelung und Förderung der Weiterbildung im Land Brandenburg (Brandenburgisches Weiterbildungsgesetz – BbgWBG)

Vom 15. Dezember 1993
(GVBl. I S. 498)

Abschnitt 1. Grundsätze

§ 1 Begriff und Stellung der Weiterbildung. (1) Die Weiterbildung ist ein integrierter und gleichberechtigter Teil des Bildungswesens. Weiterbildung im Sinne dieses Gesetzes umfaßt alle Formen der Fortsetzung, Wiederaufnahme oder Ergänzung organisierten Lernens außerhalb der Bildungsgänge der allgemeinbildenden Schulen und der berufsbildenden Schulen. Soweit die außerschulische Jugendbildung nicht anderweitig geregelt ist, gehört sie zur Weiterbildung im Sinne dieses Gesetzes. Die Hochschul- und Berufsbildung fallen nicht unter dieses Gesetz.

(2) Die Träger und Einrichtungen der Weiterbildung haben das Recht auf selbständige Lehrplangestaltung.

(3) Die durch besondere Gesetze und Rechtsvorschriften geregelte Weiterbildung einzelner Berufsgruppen bleibt von diesem Gesetz unberührt, ebenso die arbeitsmarktbezogene berufliche Weiterbildung aufgrund von Gesetzen, Rechtsvorschriften und öffentlichen Förderprogrammen.

(4) Die Förderung von politischer Bildung durch die Landeszentrale für politische Bildung bleibt unberührt.

§ 2 Ziele, Aufgaben und Inhalte der Weiterbildung. (1) Weiterbildung dient der Verwirklichung des Rechts auf Bildung. Sie steht allen Menschen im Land offen.

(2) Weiterbildung soll durch bedarfsgerechte Angebote zur Chancengleichheit beitragen, die Vertiefung und Ergänzung vorhandener oder den Erwerb neuer Kenntnisse, Fähigkeiten und Qualifikationen ermöglichen, zur Orientierung und Lebenshilfe dienen, zu selbständigem, eigenverantwortlichem und kritischem Handeln im persönlichen, sozialen, politischen, kulturellen und beruflichen Leben befähigen. Dazu gehört auch die Fähigkeit zum verantwortlichen Umgang mit der Natur. Mit der Weiterbildung ist die Gleichstellung von Frau und Mann zu fördern.

(3) Weiterbildung umfaßt neben abschlußbezogenen Lehrgängen insbesondere Angebote der allgemeinen, beruflichen, kulturellen und politischen Bildung. Auf die integrative Vermittlung der jeweiligen Inhalte ist hinzuwirken.

(4) Für Lehrgänge und Prüfungen zum nachträglichen Erwerb von Schulabschlüssen an kommunalen Weiterbildungseinrichtungen sind die für Abendschulen geltenden Vorschriften anzuwenden. Die Weiterbildungsein-

richtungen unterliegen mit diesen Bildungsangeboten der Schulaufsicht durch die zuständigen staatlichen Schulämter. Für Lehrgänge zum nachträglichen Erwerb von Schulabschlüssen an anerkannten Einrichtungen der Weiterbildung in freier Trägerschaft sind die für Ergänzungsschulen geltenden Vorschriften anzuwenden.

§ 3 Träger, Einrichtungen und Landesorganisationen der Weiterbildung. (1) Träger der Weiterbildung sind juristische Personen des öffentlichen oder privaten Rechts, die durch ihre Einrichtungen Veranstaltungen der Weiterbildung in eigener Verantwortung organisieren, öffentlich anbieten und durchführen lassen.

(2) Einrichtungen der Weiterbildung sind Bildungseinrichtungen, die in öffentlicher oder privater Trägerschaft oder als juristische Person des öffentlichen oder privaten Rechts eine planmäßige und kontinuierliche Weiterbildungsarbeit im Sinne dieses Gesetzes gewährleisten.

(3) Landesorganisationen der Weiterbildung sind Zusammenschlüsse von Trägern der Weiterbildung auf Landesebene. Sie fördern und koordinieren die Weiterbildungsarbeit ihrer Mitglieder.

§ 4 Aufgaben des Landes. (1) Die Weiterbildung ist nach Maßgabe dieses Gesetzes durch das Land zu fördern. Dazu gewährt das Land finanzielle Unterstützung gemäß § 27.

(2) Die obersten Landesbehörden und ihre nachgeordneten Behörden und Einrichtungen unterstützen die Arbeit der nach diesem Gesetz anerkannten Einrichtungen der Weiterbildung.

§ 5 Aufgaben der Kreise und kreisfreien Städte. (1) Die Kreise und kreisfreien Städte sichern für ihr Gebiet ein Weiterbildungsangebot gemäß § 6 unter Berücksichtigung der Trägervielfalt. In der Regel bedienen sie sich dazu einer Weiterbildungseinrichtung.

(2) Kreise und kreisfreie Städte können zur gemeinsamen Erfüllung der Aufgaben nach Absatz 1 Zweckverbände bilden oder öffentlich-rechtliche Vereinbarungen nach Maßgabe des Gesetzes über kommunale Gemeinschaftsarbeit im Land Brandenburg schließen.

§ 6 Grundversorgung. (1) Die Kreise und kreisfreien Städte haben als Mindestangebot eine Grundversorgung sicherzustellen. Der Umfang der Grundversorgung bemißt sich an der Einwohnerzahl der Kreise und der kreisfreien Städte.

(2) Die Grundversorgung umfaßt die in § 2 Abs. 3 aufgeführten Bereiche.

(3) Nicht zur Grundversorgung gehören:
1. Veranstaltungen des Zweiten Bildungsweges gemäß §§ 17 und 18 des Ersten Schulreformgesetzes,
2. Bildungsveranstaltungen im Rahmen der Bildungsfreistellung gemäß § 24 Abs. 1,
3. Bildungsveranstaltungen der Heimbildungsstätten,

Teil III   D. *Landesgesetze zum Bildungsurlaub*

4. Bildungsmaßnahmen, die aus sonstigen öffentlichen oder privaten Förderprogrammen finanziert werden,
5. Bildungsveranstaltungen der außerschulischen Jugendbildung.

(4) Die Grundversorgung wird von anerkannten Einrichtungen in kommunaler oder freier Trägerschaft erbracht. Das für Bildung zuständige Mitglied der Landesregierung wird ermächtigt, durch Rechtsverordnung die Durchführung der Grundversorgung zu regeln. Die Rechtsverordnung bedarf der Zustimmung des für Bildung zuständigen Ausschusses des Landtages.

Abschnitt 2. Anerkennung von Einrichtungen und Landesorganisationen

§ 7 Anerkennung von Einrichtungen. Als Weiterbildungseinrichtungen werden Einrichtungen freier Träger gemäß § 3 Abs. 2 anerkannt, die

1. nicht mit dem Ziel der Erwirtschaftung von Gewinnen arbeiten und nicht ausschließlich organisations- oder betriebsbezogene Weiterbildungsveranstaltungen anbieten,
2. Veranstaltungen jeder Person ohne Rücksicht auf ihre gesellschaftliche und berufliche Stellung, Nationalität, ihr Geschlecht und ihre Religion öffnen. Vorbildungsnachweise dürfen ausschließlich bei schulabschlußbezogenen Maßnahmen und Maßnahmen der beruflichen Weiterbildung als Zugangsvoraussetzung verlangt werden,
3. die Freiheit der Meinungsäußerung gewährleisten und fördern, planmäßig und kontinuierlich arbeiten und nach dem Umfang des Bildungsangebotes, der Programm- und Veranstaltungsplanung sowie nach ihrer räumlichen und fachlichen Ausstattung erwarten lassen, daß sie die Aufgaben der Weiterbildung angemessen erfüllen,
4. die Mitwirkung von Lehrenden und Lernenden sowie von Beschäftigten sichern,
5. ihren Sitz und ihren Tätigkeitsbereich im Land haben und deren Bildungsmaßnahmen überwiegend Personen aus dem Land gelten,
6. ihre Arbeitsprogramme, Arbeitsergebnisse, Personalausstattung, Teilnehmerzahlen und Finanzierung gegenüber dem für Bildung zuständigen Ministerium und dem Landesrechnungshof auf Verlangen offenlegen,
7. sich zur Mitarbeit im regionalen Weiterbildungsbeirat gemäß § 10 verpflichten,
8. den Lehrenden, ihren Mitarbeiterinnen und Mitarbeitern regelmäßige Fortbildungen ermöglichen,
9. grundsätzlich von einer nach Ausbildung und Berufserfahrung geeigneten Fachkraft geleitet werden,
10. nach Ziel und Inhalt mit dem Grundgesetz und der Verfassung des Landes im Einklang stehen.

Eine Anerkennung von überregional tätigen Einrichtungen ist auch dann möglich, wenn eine Mitarbeit im regionalen Weiterbildungsbeirat nicht erfolgt.

Brandenburg **Teil III**

§ 8 Anerkennung von Landesorganisationen. Landesorganisationen der Weiterbildung sind anzuerkennen, wenn sie
1. die Voraussetzungen des § 7 Nr. 1 bis 6 sowie 8 und 10 erfüllen,
2. von einer juristischen Person des öffentlichen Rechts oder einer gemeinnützigen juristischen Person des Privatrechts getragen werden,
3. durch die ihnen angeschlossenen Träger anerkannter Weiterbildungseinrichtungen in mindestens einem Drittel der Kreise und kreisfreien Städte Weiterbildung organisieren und durchführen,
4. sich zur Mitarbeit im Landesbeirat für Weiterbildung gemäß § 12 verpflichten.

Rechtlich selbständige Heimbildungsstätten oder Träger dieser Einrichtungen können je nach Umfang ihrer Leistung einer Landesorganisation gleichgestellt werden.

§ 9 Anerkennungs- und Widerrufsverfahren. (1) Die Anerkennung einer Einrichtung oder einer Landesorganisation erfolgt auf schriftlichen Antrag durch das für Bildung zuständige Ministerium im Einvernehmen mit den anderen, fachlich zuständigen Ministerien. Sie kann rückwirkend zum Beginn des Jahres der Antragstellung ausgesprochen werden, sofern die Voraussetzungen der Anerkennung zu diesem Zeitpunkt vorgelegen haben.

(2) Einrichtungen von Trägern, die nicht ausschließlich in der Weiterbildung tätig sind, werden nur anerkannt, wenn sie von anderen Einrichtungen des Trägers organisatorisch abgegrenzt sind.

(3) Die Anerkennung berechtigt die Einrichtungen und Landesorganisationen, neben ihrer Bezeichnung einen Zusatz zu führen, der auf die Anerkennung hinweist.

(4) Die Anerkennung kann zurückgenommen werden, wenn festgestellt wird, daß eine der Voraussetzungen für ihre Erteilung von Anfang an nicht gegeben war; sie ist zu widerrufen, wenn die Voraussetzungen nicht mehr vorliegen.

Abschnitt 3. Kooperation und Koordination

§ 10 Regionaler Weiterbildungsbeirat. (1) Für jeden Kreis und für jede kreisfreie Stadt ist ein regionaler Weiterbildungsbeirat zu errichten. Kreise und kreisfreie Städte, die sich zur Erbringung der Grundversorgung zu Zweckverbänden zusammenschließen, haben einen gemeinsamen regionalen Weiterbildungsbeirat zu errichten. Die Errichtung der regionalen Weiterbildungsbeiräte ist Aufgabe der Kreise und kreisfreien Städte. Ihre Einberufung erfolgt in den Kreisen durch die Landräte und in den kreisfreien Städten durch die Oberbürgermeister.

(2) Der regionale Weiterbildungsbeirat hat in seinem Tätigkeitsbereich im Interesse bedarfsgerechter Bildungsangebote und gemäß den Zielsetzungen dieses Gesetzes zu einer Kooperation der anerkannten Einrichtungen der Weiterbildung beizutragen und die Zusammenarbeit mit Einrichtungen anderer Bildungsbereiche zu unterstützen.

(3) Die regionalen Weiterbildungsbeiräte erfüllen ihre Aufgaben, indem sie insbesondere
1. den jeweiligen regionalen Bedarf an Weiterbildung ermitteln,
2. nach Maßgabe von § 6 Abs. 4 auf die Sicherung einer bedarfsgerechten Grundversorgung hinwirken und Möglichkeiten einer arbeitsteiligen thematischen und terminlichen Abstimmung von Einzelprogrammen prüfen,
3. auf die Planung und Durchführung gemeinsamer Veranstaltungen sowie Maßnahmen der Bildungswerbung und Beratung im Bildungsbereich hinwirken,
4. gemeinsame Veranstaltungsprogramme herausgeben, die über die Weiterbildungsangebote aller im Kreis- oder Stadtgebiet tätigen, anerkannten Einrichtungen Auskunft geben,
5. Vorschläge zur Verteilung der Mittel zur Förderung der Grundversorgung gemäß § 27 unterbreiten,
6. in Zusammenarbeit mit anderen regionalen Bildungseinrichtungen, wie den Schulen, den Trägern und Einrichtungen der außerschulischen Jugendbildung, den Kreisbildstellen und Bibliotheken, ihre Programme abstimmen sowie die gemeinsame wirtschaftliche Nutzung von Räumen, Gebäuden sowie Lehr- und Lernmitteln koordinieren.

§ 11 Zusammensetzung und Organisation des regionalen Weiterbildungsbeirats. (1) Dem regionalen Weiterbildungsbeirat gehören stimmberechtigt an:
1. je eine vertretungsbefugte Person der im Kreis- oder Stadtgebiet tätigen, anerkannten Einrichtungen der Weiterbildung, die zur Grundversorgung beitragen,
2. je eine vertretungsbefugte Person des Kreises oder der kreisfreien Stadt, die nicht der kommunalen Weiterbildungseinrichtung angehört.

(2) Je eine vertretungsbefugte Person anerkannter Einrichtungen, die nicht zur Grundversorgung beitragen, deren Wirkungskreis sich aber auf den Kreis oder die kreisfreie Stadt erstreckt, ist zu den Sitzungen einzuladen.

(3) Vertretungsbefugte Personen anderer im Kreis- oder Stadtgebiet tätiger Weiterbildungseinrichtungen können ebenfalls zu den Sitzungen eingeladen werden.

(4) Die regionalen Weiterbildungsbeiräte wählen jeweils aus ihrer Mitte die den Vorsitz führende Person und eine stellvertretende Person. Die Beiräte geben sich unter Berücksichtigung der Empfehlungen des Landesbeirats für Weiterbildung eine Geschäftsordnung.

(5) Frauen und Männer sollen möglichst in gleicher Anzahl vertreten sein.

§ 12 Landesbeirat für Weiterbildung. (1) Das für Bildung zuständige Ministerium beruft einen Landesbeirat für Weiterbildung.

(2) Der Landesbeirat für Weiterbildung berät die Landesregierung in allen grundsätzlichen Fragen der Weiterbildung und ihrer finanziellen Förderung.

Brandenburg Teil III

(3) Er hat die Aufgabe, bei der Verwirklichung dieses Gesetzes mitzuwirken und die Entwicklung der Weiterbildung im Land zu fördern, die Zusammenarbeit der anerkannten Einrichtungen der Weiterbildung und deren Kooperation mit öffentlichen und privaten Einrichtungen des Bildungs-, Kultur- und Sozialwesens zu fördern und die Arbeit der regionalen Weiterbildungsbeiräte zu unterstützen.

(4) Der Landesbeirat für Weiterbildung soll vor der Anerkennung sowie vor dem Widerruf der Anerkennung von Einrichtungen und Landesorganisationen der Weiterbildung gehört werden.

(5) Der Landesbeirat für Weiterbildung wirkt bei der Erarbeitung von Kriterien für die Anerkennung von Weiterbildungsveranstaltungen gemäß § 24 mit.

(6) Ist die Anerkennung einer Weiterbildungsveranstaltung gemäß § 24 strittig, soll der Landesbeirat gehört werden.

§ 13 Zusammensetzung und Organisation des Landesbeirats für Weiterbildung. (1) Der Landesbeirat für Weiterbildung setzt sich aus folgenden stimmberechtigten Mitgliedern zusammen:

1. je einer von den anerkannten Landesorganisationen für Weiterbildung zu benennenden Person,
2. je einer Person von insgesamt vier der regionalen Weiterbildungsbeiräte, die im Benehmen mit den regionalen Weiterbildungsbeiräten in einer festzulegenden Reihenfolge für jeweils zwei Jahre aus den Kreisen und kreisfreien Städten benannt wird,
3. je einer von den kommunalen Spitzenverbänden zu benennenden Person,
4. je einer benannten Person der im Landesausschuß für berufliche Bildung vertretenen Arbeitnehmerschaft und Arbeitgeberschaft,
5. je einer benannten Person weiterer von mit Fragen der Weiterbildung befaßten Organisationen im Land Brandenburg, die auf Antrag nach Anhörung des Landesbeirats als stimmberechtigtes Mitglied durch das für Bildung zuständige Ministerium berufen wird.

(2) An den Sitzungen des Landesbeirats für Weiterbildung können vertretungsbefugte Personen der Ministerien teilnehmen.

(3) Für jedes stimmberechtigte Mitglied ist eine stellvertretende Person zu benennen.

(4) Die stimmberechtigten Mitglieder des Landesbeirats für Weiterbildung wählen aus ihrer Mitte die den Vorsitz führende und jeweils eine stellvertretende Person.

(5) Frauen und Männer sollen möglichst in gleicher Anzahl vertreten sein.

(6) Der Landesbeirat gibt sich eine Geschäftsordnung, die der Genehmigung durch das für Bildung zuständige Ministerium bedarf. Die Geschäftsführung wird durch das Pädagogische Landesinstitut Brandenburg wahrgenommen.

(7) Die Erstattung von Reisekosten für stimmberechtigte Mitglieder für die Teilnahme an den Sitzungen wird im Einvernehmen mit dem Ministerium für Finanzen in Verwaltungsvorschriften geregelt.

Abschnitt 4. Bildungsfreistellung

§ 14 Grundsätze. (1) Beschäftigte haben nach Maßgabe dieses Gesetzes unter Fortzahlung des Arbeitsentgelts gegenüber ihrer Beschäftigungsstelle Anspruch auf Freistellung von der Arbeit zur Teilnahme an anerkannten Weiterbildungsveranstaltungen gemäß § 24 zum Zwecke beruflicher, kultureller oder politischer Weiterbildung.

(2) Als Beschäftigte im Sinne dieses Gesetzes gelten Arbeiterinnen und Arbeiter, Angestellte und Auszubildende, deren Arbeitsstätte im Land liegt, sowie die in Heimarbeit beschäftigten samt der ihnen gleichgestellten Personen, die wegen ihrer wirtschaftlichen Unselbständigkeit als beschäftigte Personen anzusehen sind.

§ 15 Dauer der Bildungsfreistellung. (1) Die Bildungsfreistellung beträgt zehn Arbeitstage innerhalb eines Zeitraumes von zwei aufeinanderfolgenden Kalenderjahren.

(2) Wird regelmäßig an mehr oder weniger als fünf Tagen in der Woche gearbeitet, so erhöht oder verringert sich der Anspruch gemäß Absatz 1 entsprechend. Bruchteile eines Tages werden zugunsten des Anspruchs aufgerundet.

(3) Im Falle eines Arbeitsplatzwechsels wird die in demselben Kalenderjahr gewährte Freistellung angerechnet.

§ 16 Wartezeit. Der Anspruch auf Bildungsfreistellung entsteht erstmalig nach sechsmonatigem Bestehen des Beschäftigungs- oder Ausbildungsverhältnisses. Schließt sich ein Beschäftigungsverhältnis unmittelbar an ein Ausbildungsverhältnis bei derselben Beschäftigungsstelle an, gilt für den Anspruch der Beginn des Ausbildungsverhältnisses.

§ 17 Gewährung der Bildungsfreistellung. (1) Die Bildungsfreistellung ist für den Zeitraum der von der berechtigten Person ausgewählten anerkannten Bildungsveranstaltung im Rahmen des Freistellungsanspruchs gemäß § 15 zu gewähren. Die Inanspruchnahme und der Zeitpunkt der Bildungsfreistellung sind der Beschäftigungsstelle so frühzeitig wie möglich, spätestens jedoch sechs Wochen vor Beginn der Freistellung, schriftlich mitzuteilen.

(2) Die Bildungsfreistellung kann nicht in der gewünschten Zeit erfolgen, wenn zwingende betriebliche Belange oder Urlaubsansprüche anderer, die unter sozialen Gesichtspunkten den Vorrang verdienen, entgegenstehen. Die Ablehnung ist der entsprechenden Person so frühzeitig wie möglich, grundsätzlich jedoch innerhalb von vierzehn Tagen nach der Mitteilung entsprechend Absatz 1 Satz 2 unter Darlegung der Gründe, schriftlich mitzuteilen.

(3) Die Freistellung kann auch abgelehnt werden, sobald die Gesamtzahl der Arbeitstage, die im laufenden Kalenderjahr für Zwecke der Freistellung nach diesem Gesetz in Anspruch genommen worden sind, das Zweiein-

Brandenburg Teil III

halbfache, in Betrieben mit in der Regel nicht mehr als zwanzig Beschäftigten das Eineinhalbfache der Zahl der Beschäftigten erreicht hat. Bei Ablehnung aus diesem Grund ist die Gesamtzahl der gewährten Arbeitstage für das laufende Jahr der beschäftigten Person nachzuweisen.

(4) Die beschäftigte Person hat auf Verlangen der Arbeitsstelle die Anmeldung zur Bildungsveranstaltung, deren Anerkennung und die Teilnahme an der Bildungsveranstaltung nachzuweisen. Die dafür erforderlichen Bescheinigungen sind dazu vom Bildungsveranstalter unentgeltlich auszustellen.

§ 18 Übertragbarkeit der Bildungsfreistellung. (1) Wird die Freistellung innerhalb eines Kalenderjahres trotz Verlangens wegen der in § 17 Abs. 2 und 3 dargelegten Gründen nicht gewährt, ist eine Freistellung zu einem anderen Zeitpunkt bis zum Ablauf des folgenden Kalenderjahres zu gewähren.

(2) Der Anspruch gemäß § 15 Abs. 1 und 2 kann durch schriftliche Abrede der Beschäftigungsstelle und der beschäftigten Person unter Anrechnung des Bildungsfreistellungsanspruchs zukünftiger Jahre zu längerfristigen Veranstaltungen der beruflichen Weiterbildung zusammengefaßt werden. Für den Fall des § 17 Abs. 3 gilt, daß die gemäß Satz 1 zusammengefaßten Bildungsfreistellungszeiten auf den Bildungsfreistellungsanspruch anderer lediglich bis zum Ende des laufenden Kalenderjahres mit nur zehn Tagen angerechnet werden dürfen.

§ 19 Verhältnis zu sonstigen Freistellungen. Sonstige Freistellungen zur Teilnahme an Bildungsveranstaltungen, die auf anderen Rechts- und Verwaltungsvorschriften, Tarifverträgen, Betriebsvereinbarungen oder Einzelverträgen beruhen, werden angerechnet, wenn sie den Grundsätzen der Bildungsfreistellung gemäß § 14 entsprechen und ein Anspruch auf Fortzahlung des Arbeitsentgelts besteht. Weitergehende tarifvertragliche oder betriebliche Vereinbarungen bleiben unberührt.

§ 20 Verbot der Erwerbstätigkeit. Während der Bildungsfreistellung darf die freigestellte Person keine dem Freistellungszweck dieses Gesetzes zuwiderlaufende Erwerbstätigkeit ausüben.

§ 21 Wahlfreiheit und Benachteiligungsverbot. Die beschäftigte Person darf durch die Beschäftigungsstelle nicht in der freien Auswahl unter den gemäß § 24 anerkannten Veranstaltungen zur Bildungsfreistellung behindert oder wegen der Inanspruchnahme der Bildungsfreistellung benachteiligt werden.

§ 22 Bildungsfreistellungsentgelt. Für die Berechnung des Bildungsfreistellungsentgelts und im Falle der Erkrankung während der Bildungsfreistellung gelten die §§ 9, 11 und 12 des Bundesurlaubsgesetzes entsprechend. Für den Anspruchsberechtigten günstigere vertragliche Regelungen bleiben unberührt.

Teil III   D. *Landesgesetze zum Bildungsurlaub*

§ 23 Unabdingbarkeit und Abgeltungsverbot. (1) Von den Vorschriften dieses Gesetzes darf nur zugunsten der beschäftigten Person abgewichen werden.

(2) Eine Abgeltung der Bildungsfreistellung findet nicht statt.

§ 24 Anerkennung von Weiterbildungsveranstaltungen zur Bildungsfreistellung. (1) Anerkennungsfähig sind Veranstaltungen, die ausschließlich der Weiterbildung im Sinne des § 14 Abs. 1 dienen und von Einrichtungen der Weiterbildung durchgeführt werden. Als solche sind neben den anerkannten Einrichtungen der kommunalen und freien Träger gemäß § 7 insbesondere Heimbildungsstätten und Bildungseinrichtungen der Arbeitgeberorganisationen und der Gewerkschaften anzusehen. Anerkennungsfähig sind außerdem die Veranstaltungen der außerschulischen Jugendbildung und Veranstaltungen, die von der Landeszentrale für politische Bildung gefördert werden. Die zur Durchführung der Bildungsveranstaltungen erforderlichen persönlichen und sächlichen Voraussetzungen müssen gegeben sein. Die Anerkennung ist zu versagen, wenn die Ziele der Veranstalter oder Veranstaltungen nicht mit dem Grundgesetz der Bundesrepublik Deutschland und der Verfassung des Landes im Einklang stehen.

(2) In grundsätzlichen Fragen der Anerkennung werden die Sozialpartner, der Landesbeirat für Weiterbildung sowie die fachlich zuständigen Ministerien beteiligt.

(3) Anträge auf Anerkennung von Veranstaltungen können nur von den jeweiligen Einrichtungen oder den Trägern der außerschulischen Jugendarbeit gestellt werden. Die für die Anerkennung erforderlichen Nachweise sind beizufügen.

(4) Die Anerkennung erfolgt durch das für Bildung zuständige Mitglied der Landesregierung.

(5) Das für Bildung zuständige Mitglied der Landesregierung regelt im Einvernehmen mit dem für Bildung zuständigen Ausschuß des Landtages durch Rechtsverordnung die Kriterien und das Verfahren der Anerkennung.

§ 25 Kinderbetreuung. Wird nachgewiesen, daß während der Unterrichtszeiten der Bildungsfreistellungsmaßnahmen von Heimbildungsstätten für Kinder bis zu sechs Jahren, die im Haushalt der freigestellten Personen leben, keine anderweitige Betreuung durch das örtliche Angebot von Kindertagesstätten gewährleistet werden kann, ist von der Heimbildungsstätte die Betreuung durch geeignete Personen sicherzustellen.

§ 26 Berichtspflicht. Die Einrichtungen oder Träger anerkannter Bildungsveranstaltungen sind verpflichtet, der anerkennenden Behörde Auskunft über Gegenstand, Verlauf und teilnehmende Personen der anerkannten Veranstaltungen in nichtpersonenbezogener Form zu erteilen. Dazu gehören auch Angaben über Anzahl, Geschlecht, Alter, Vorbildung, Beruf und Staatsangehörigkeit der teilnehmenden Personen sowie die Betriebsgröße des Arbeitgebers.

Abschnitt 5. Sonstige Vorschriften

§ 27 Förderung. (1) Die Höhe der Förderung erfolgt im Rahmen vorhandener Haushaltsmittel.

(2) Das Land fördert die zu erbringende Grundversorgung gemäß § 6 durch anteilige Erstattung der Personal- und Sachkosten.

(3) Darüber hinaus kann das Land im Rahmen der vorhandenen Haushaltsmittel
1. Veranstaltungen von Heimbildungsstätten gemäß § 24,
2. Maßnahmen der Kinderbetreuung gemäß § 25,
3. Modellvorhaben mit aktueller Schwerpunktsetzung,
4. anerkannte Landesorganisationen
fördern.

(4) Die Einzelheiten der Förderung nach den Absätzen 2 und 3 werden von dem für Bildung zuständigen Ministerium im Einvernehmen mit dem für Finanzen und dem für Inneres zuständigen Mitglied der Landesregierung in einer Rechtsverordnung festgelegt. Die Rechtsverordnung bedarf der Zustimmung des für Bildung zuständigen Ausschusses des Landtages.

§ 28 Weiterbildungsbericht. Die Landesregierung legt dem Landtag in jeder Legislaturperiode, erstmals drei Jahre nach Inkrafttreten dieses Gesetzes, einen Bericht über die Lage und die Entwicklung der Weiterbildung und der Inspruchnahme der Bildungsfreistellung im Land vor.

§ 29 Erlaß von Verwaltungsvorschriften. Die zur Durchführung dieses Gesetzes erforderlichen Verwaltungsvorschriften erläßt das für Bildung zuständige Ministerium im Benehmen mit den Mitgliedern der Landesregierung, deren Zuständigkeit berührt wird.

§ 30 Übergangsvorschriften. (1) Der Anspruch auf Bildungsfreistellung gemäß §§ 14 bis 26 besteht ab 1. Januar 1996.

(2) Bis zum 31. Dezember 1995 gilt die Regelung des § 8 Nr. 3 mit der Maßgabe, daß die Landesorganisationen durch die ihnen angeschlossenen Träger anerkannter Weiterbildungseinrichtungen in mindestens vier aller Kreise und kreisfreien Städte Weiterbildung organisieren und durchführen.

§ 31 Inkrafttreten. Dieses Gesetz tritt am Tage nach der Verkündung in Kraft.

Teil III D. *Landesgesetze zum Bildungsurlaub*

Verordnung über die Anerkennung von Weiterbildungsveranstaltungen zur Bildungsfreistellung nach dem Brandenburgischen Weiterbildungsgesetz (Bildungsfreistellungsverordnung – BFV)

Vom 22. November 1995
(GVBl. II S. 686)
Geändert durch VO vom 9. November 2000 (GVBl. II S. 410)

Auf Grund des § 24 Abs. 5 des Brandenburgischen Weiterbildungsgesetzes vom 15. Dezember 1993 (GVBl. I S. 498) verordnet die Ministerin für Bildung, Jugend und Sport im Einvernehmen mit dem für Bildung zuständigen Ausschuß des Landestages:

§ 1 Antragsverfahren. (1) Die Anträge auf Anerkennung von Veranstaltungen gemäß § 24 Abs. 1 des Brandenburgischen Weiterbildungsgesetzes sind von den sie durchführenden Einrichtungen, gegebenenfalls ihren Trägern, Organisationen oder den Trägern der außerschulischen Jugendarbeit (Veranstalter) spätestens zehn Wochen vor Beginn der Veranstaltung unter Verwendung des amtlichen Vordrucks bei dem für Bildung zuständigen Ministerium einzureichen. In zu begründenden Ausnahmefällen kann die Antragsfrist unterschritten werden, wenn die Veranstaltung ein aktuelles politisches Thema zum Gegenstand hat. Eine rückwirkende Anerkennung ist ausgeschlossen.

(2) Veranstalter, die nicht juristische Personen des öffentlichen Rechts oder nicht nach den Rechtsvorschriften anderer Bundesländer für den Bereich der Weiterbildung oder der Bildungsfreistellung anerkannt sind und erstmals die Anerkennung einer Veranstaltung im Land Brandenburg beantragen, müssen bei der erstmaligen Antragstellung mindestens zwei durchgeführte anerkennungsfähige Weiterbildungsveranstaltungen aus den letzten beiden Jahren vor der Antragstellung nachweisen, die sie in eigener pädagogischer und organisatorischer Verantwortung geplant und durchgeführt haben.

(3) Die Anerkennung erfolgt durch Bescheid des für Bildung zuständigen Ministeriums. Verwaltungsgebühren werden für Einrichtungen oder deren Träger, die nach den Vorschriften der Länder als Einrichtung oder Träger der Weiterbildung anerkannt oder gemeinnützig im Sinne des Steuerrechts sind oder sich in staatlicher Trägerschaft befinden, nicht erhoben.

§ 2 Arten der Weiterbildungsveranstaltungen. (1) Eine Weiterbildungsveranstaltung stellt eine berufliche, kulturelle oder politische Weiterbildung im Sinne des § 14 Abs. 1 des Brandenburgischen Weiterbildungsgesetzes dar, wenn sie geeignet ist, die Kenntnisse, Fähigkeiten und Fertigkeiten der Beschäftigten zu fördern, und dem Ziel dient, Urteilsvermögen und eigenständiges Verhalten im beruflichen, kulturellen oder politischen Lebensbereich zu stärken.

(2) Als Veranstaltungen der beruflichen Weiterbildung gelten insbesondere solche Veranstaltungen, die

Brandenburg Teil III

1. der Erneuerung, Erhaltung, Erweiterung oder Verbesserung von berufsübergreifenden oder berufsbezogenen Kenntnissen, Fertigkeiten, Fähigkeiten und Zusammenhängen sowie dem Erwerb von Schlüsselqualifikationen dienen
oder
2. zur Erlangung von beruflichen Qualifikationen führen, wobei Prüfungen, die im Zusammenhang mit anerkannten Veranstaltungen nach dieser Verordnung durchgeführt werden, der beruflichen Weiterbildung zuzurechnen sind; dies gilt auch für Prüfungen bei schulabschlußbezogenen Lehrgängen.

(3) Als Veranstaltungen der kulturellen Weiterbildung gelten solche Veranstaltungen, die

1. der Information über kulturelle Entwicklungen, Zusammenhänge und Besonderheiten dienen und das Verständnis der Beschäftigten dafür verbessern und
der Vermittlung von Orientierungswissen dienen, das den einzelnen zur sachkompetenten, kritischen Auseinandersetzung mit kulturellen und interkulturellen Prozessen befähigt
oder
2. dem qualifizierten Erwerb von Sprachen und Fremdsprachen dienen.

(4) Als Veranstaltungen der politischen Weiterbildung gelten insbesondere solche Veranstaltungen, die

1. motivieren und befähigen, politische, soziale und gesellschaftliche Zusammenhänge zu verstehen, und das Verständnis der Beschäftigten für diese Zusammenhänge verbessern,
2. motivieren und befähigen, Aufgaben aktiv wahrzunehmen, die zur Gestaltung des Gemeinwesens beitragen,
3. der Information und Vermittlung von Kenntnissen und Fähigkeiten dienen, welche die Herausbildung des Demokratiebewußtseins und entsprechendes Handeln fördern
oder
4. politisches Orientierungswissen vermitteln und sachbezogenes Urteilsvermögen fördern.

Auch Veranstaltungen mit allgemeinbildenden, insbesondere historischen oder geographischen Bezügen können der politischen Weiterbildung zugeordnet werden, wenn damit politische Weiterbildung bezweckt wird.

§ 3 Anerkennungsvoraussetzungen. (1) Vom für Bildung zuständigen Ministerium werden Weiterbildungsveranstaltungen anerkannt, die der beruflichen, kulturellen oder politischen Weiterbildung gemäß den jeweiligen Voraussetzungen des § 2 entsprechen, für die ein Antragsverfahren gemäß § 1 durchgeführt wurde und die die Voraussetzungen gemäß Absatz 2 erfüllen. Die Bestimmungen der §§ 4, 5 und 7 bleiben unberührt.

(2) Die Anerkennung einer Weiterbildungsveranstaltung erfolgt, wenn
1. ihr eine inhaltliche Veranstaltungsbezeichnung vorangestellt ist,
2. ihr ein didaktisch-methodisches Konzept zugrunde liegt, das mindestens Angaben über die Zielgruppe, die Lernziele, den inhaltlichen Aufbau, die

zeitliche Ablaufplanung, das methodische Vorgehen und die Verwendung von Medien beinhaltet und das mindestens sechs Unterrichtsstunden täglich nachweist,
3. sie vom Veranstalter eigenverantwortlich geplant und organisiert wird und die fachlich-pädagogische Durchführung bei der Einrichtung liegt, die die Anerkennung beantragt; die Einrichtung hat hinsichtlich ihrer Ausstattung, Lehrenden, Bildungsziele und der Qualität ihrer Bildungsarbeit eine sachgemäße Weiterbildung zu gewährleisten,
4. für deren Durchführung dem Veranstalter geeignete und ausreichende Räumlichkeiten mit einer geeigneten Ausstattung und die erforderlichen Lehrmittel zur Verfügung stehen,
5. deren Ziele mit dem Grundgesetz der Bundesrepublik Deutschland und der Verfassung des Landes Brandenburg in Einklang stehen,
6. sie offen zugänglich ist und eine Veröffentlichung gewährleistet wird,
7. sie an mindestens drei aufeinanderfolgenden Tagen stattfindet. An- und Abreisetag können als ein Tag berechnet werden. Wenn die Art der Bildungsveranstaltung es erfordert, kann diese innerhalb von höchstens zwölf Wochen auch in Form von Tagesveranstaltungen durchgeführt werden. Die Bildungsveranstaltung muss dann insgesamt mindestens fünf Tage umfassen. Auch eintätige Veranstaltungen können anerkannt werden, wenn sie mit einer Mindestanzahl von sechs Unterrichtsstunden eindeutig der politischen Weiterbildung zuzuordnen sind,
8. gewährleistet ist, dass bei deren Abschluss den Teilnehmerinnen und Teilnehmern eine Bescheinigung über die Teilnahme unter Verwendung der amtlichen Vordrucke unentgeltlich ausgestellt wird und
9. gewährleistet wird, daß Bediensteten oder Beauftragten des für Bildung zuständigen Ministeriums der Zutritt zu den anerkannten Weiterbildungsveranstaltungen möglich ist.

Die Teilnahme an den Veranstaltungen muß freiwillig erfolgen, sie darf nicht von der Zugehörigkeit zu einer Partei, Gewerkschaft, Religionsgemeinschaft oder sonstigen Vereinigung oder Institution abhängig gemacht werden. Dies schließt die Anerkennung einer Veranstaltung in Trägerschaft derartiger Vereinigungen oder Institutionen nicht aus. Die Teilnahme darf von pädagogisch begründeten Voraussetzungen sowie einer begründeten Zielgruppenorientierung abhängig gemacht werden.

§ 4 Nichtanerkennung. (1) Veranstaltungen sind nicht der beruflichen, kulturellen oder politischen Weiterbildung im Sinne dieser Verordnung zuzuordnen und von der Anerkennung ausgeschlossen, wenn sie
1. unmittelbar der Durchsetzung partei- und verbandspolitischer Ziele oder der religiösen oder weltanschaulichen Überzeugung oder Betätigung,
2. der privaten Freizeitgestaltung, der Erholung, der Unterhaltung, touristischen Besichtigungen, der Geselligkeit,
3. der privaten Lebensführung oder der persönlichen Lebenshilfe oder der Vermittlung entsprechender Kenntnisse oder Fertigkeiten,
4. überwiegend dem Erlernen künstlerischer, sportlicher und handwerklicher Techniken oder überwiegend der Betätigung in künstlerischen, sportlichen und handwerklichen Bereichen,

Brandenburg **Teil III**

5. dem Erwerb von Fahrerlaubnissen oder ähnlichen Berechtigungen,
6. dem Ziel der Berufsausbildung gemäß dem Berufsbildungsgesetz oder der Handwerksordnung oder der beruflichen Umschulung,
7. der beruflichen Rehabilitation,
8. der Einarbeitung auf bestimmte betriebliche Arbeitsplätze oder
9. überwiegend betriebsinternen Erfordernissen
dienen.

(2) Abweichend von Abs. 1 Nr. 3 und 4 können Veranstaltungen anerkannt werden, die der beruflichen Weiterbildung auf dem betreffenden Gebiet dienen.

(3) Weiterbildungsveranstaltungen, deren Inhalte nicht eindeutig der politischen, der beruflichen oder der kulturellen Weiterbildung zuzuordnen sind, können nicht anerkannt werden.

(4) Die Anerkennung von Veranstaltungen kann abgelehnt werden, wenn der Veranstalter wiederholt schuldhaft gegen die Bestimmungen dieser Verordnung und die daraus erwachsenden Verpflichtungen verstoßen hat.

§ 5 Anerkennung von Wiederholungsveranstaltungen. (1) Wiederholungsveranstaltungen können ohne erneuten Nachweis der Voraussetzungen gemäß § 3 Abs. 2 anerkannt werden, wenn sie nach der Veranstaltungsbezeichnung und dem didaktisch-methodischen Konzept mit einer bereits anerkannten Weiterbildungsveranstaltung desselben Antragstellers übereinstimmen.

(2) Wiederholungsveranstaltungen im Sinne des Absatzes 1 können auf Antrag auch für die Dauer eines Jahres anerkannt werden, wenn die gemäß § 8 geforderten Auskünfte nach Durchführung der ersten Veranstaltung vorliegen.

§ 6 Beteiligung in grundsätzlichen Fragen. (1) In allen Fragen der Anerkennung, die vom Landesbeirat für Weiterbildung und dem für Bildung zuständigen Ministerium als grundsätzlich eingeordnet werden, beteiligt das für Bildung zuständige Ministerium
1. die Vereinigung der Unternehmensverbände Berlin-Brandenburg,
2. den Landesbeirat für Weiterbildung,
3. die Spitzenorganisationen der Gewerkschaften (Deutscher Gewerkschaftsbund, Deutscher Beamtenbund),
4. das für Arbeit zuständige Mitglied der Landesregierung,
5. das für Kultur zuständige Mitglied der Landesregierung,
6. die Brandenburgische Landeszentrale für politische Bildung.

(2) Die Beteiligung umfaßt insbesondere die Abgabe von Stellungnahmen und Empfehlungen zur Praxis und zum Verfahren der Anerkennung.

(3) Davon unberührt bleibt die Funktion des Landesbeirates gemäß § 12 Abs. 5 und 6 des Brandenburgischen Weiterbildungsgesetzes.

§ 7 Verfahren bei länderübergreifenden Regelungen. Bei der Anerkennung von Weiterbildungsveranstaltungen, die durch zuständige Behörden des Bundes oder anderer Bundesländer für die Bildungsfreistellung anerkannt sind, soll dem Antrag des Veranstalters der entsprechende Aner-

Teil III D. *Landesgesetze zum Bildungsurlaub*

kennungsbescheid beigefügt werden. In diesen Fällen kann von der Prüfung einzelner Anerkennungsvoraussetzungen abgesehen werden, wenn der Anerkennungsbescheid auf das Vorliegen vergleichbarer Voraussetzungen schließen läßt. Anstelle einer behördlichen Anerkennungsentscheidung können auch Anerkennungen auf Grund einer gesetzlichen Geltungsanordnung entsprechend berücksichtigt werden. Veranstaltungen, die auf Grund des Berliner Bildungsurlaubsgesetzes anerkannt wurden oder als anerkannt gelten, gelten als anerkannt, wenn der Anerkennungsbescheid zum Zeitpunkt der Antragstellung nicht älter als zwei Jahre ist und die Veranstaltungen den Anforderungen gemäß § 3 Abs. 2 Nr. 7 und 8 entsprechen.

§ 8 Berichtspflicht. Veranstalter, die anerkannte Weiterbildungsveranstaltungen durchgeführt haben, sind verpflichtet, die Auskunft gemäß § 26 des Brandenburgischen Weiterbildungsgesetzes spätestens innerhalb von vier Wochen nach Beendigung der Veranstaltung unter Verwendung des amtlichen Vordrucks einzureichen.

§ 9 *(aufgehoben)*

§ 10 Inkrafttreten. Diese Verordnung tritt am Tage nach der Verkündung in Kraft.

3. Bremen

Bremisches Bildungsurlaubsgesetz

Vom 18. Dezember 1974

(GBl. S. 348)

Zuletzt geändert durch Gesetz vom 22. Dezember 1998 (GBl. S. 351)

(SaBremR 223–i–1)

§ 1 Grundsatz. (1) Bildungsurlaub dient der politischen, beruflichen und allgemeinen Weiterbildung im Sinne von § 13 und § 27 Abs. 3 des Bremischen Kinder-, Jugend- und Familienförderungsgesetzes.[1]

(2) Durch die Gewährung von Bildungsurlaub nach Maßgabe dieses Gesetzes soll Arbeitnehmern unter Fortzahlung des Arbeitsentgeltes die Teilnahme an anerkannten Veranstaltungen der Weiterbildung, der außerschulischen Jugendbildung und der Familienbildung ermöglicht werden.

§ 2 Geltungsbereich. (1) Dieses Gesetz gilt
1. für alle Arbeitnehmer, deren Beschäftigungsverhältnisse ihren Schwerpunkt in der Freien Hansestadt Bremen haben,

---

[1] So der Wortlaut gemäß der amtlichen Sammlung SaBremR. Offenbar infolge eines redaktionellen Versehens fehlt der Hinweis auf Weiterbildung „im Sinne der §§ 1 und 2 des Gesetzes über die Weiterbildung im Lande Bremen (Weiterbildungsgesetz) vom 18. Juni 1996 (Brem. GBl. S. 127)", so noch Art. 3 Nr. 1 des Gesetzes vom 18. 6. 1996, GBl. S. 127 (131).

Bremen Teil III

2. für Personen, die zu Beginn der Teilnahme an Bildungsveranstaltungen nach diesem Gesetz nicht Arbeitnehmer sind und die seit mindestens sechs Monaten ihren Wohnsitz in der Freien Hansestadt Bremen haben, nach Maßgabe des § 12.

(2) Arbeitnehmer im Sinne dieses Gesetzes sind
1. Arbeiter und Angestellte,
2. die zu ihrer Berufsausbildung Beschäftigten,
3. die in Heimarbeit Beschäftigten und die ihnen Gleichgestellten sowie sonstige Personen, die wegen ihrer wirtschaftlichen Unselbständigkeit als arbeitnehmerähnliche Personen anzusehen sind.

(3) Ein Beschäftigungsverhältnis hat seinen Schwerpunkt in der Freien Hansestadt Bremen, wenn der Beschäftigte in einem in der Freien Hansestadt Bremen ansässigen Betrieb eingegliedert ist oder von einem solchen Betrieb angewiesen wird oder wenn der Beschäftigte in einer Dienststelle im Bereich der Freien Hansestadt Bremen tätig ist. Das Beschäftigungsverhältnis eines Seemanns hat im Sinne dieses Gesetzes seinen Schwerpunkt in der Freien Hansestadt Bremen, wenn sich
1. der Sitz des Reeders, der Partenreederei, des Korrespondentreeders oder des Vertragsreeders im Lande Bremen befindet oder
2. der Heimathafen des Schiffes in der Freien Hansestadt Bremen befindet und das Schiff die Bundesflagge führt.

(4) Dieses Gesetz gilt vorbehaltlich einer anderen Regelung nicht für Beamte und Richter.

§ 3 Anspruch auf Bildungsurlaub. (1) Jeder Arbeitnehmer hat innerhalb eines Zeitraums von zwei aufeinanderfolgenden Kalenderjahren Anspruch auf Gewährung eines bezahlten Bildungsurlaubs von zehn Arbeitstagen.

(2) Wird regelmäßig an mehr oder weniger als fünf Tagen in der Woche gearbeitet, so erhöht oder verringert sich der Bildungsurlaub entsprechend. Bruchteile eines Tages werden zugunsten des Arbeitnehmers aufgerundet.

(3) Ein Anspruch auf Gewährung von Bildungsurlaub gegen einen späteren Arbeitgeber besteht nicht, soweit der Arbeitnehmer für den laufenden Zweijahreszeitraum bereits von einem früheren Arbeitgeber Bildungsurlaub erhalten hat.

§ 4 Verbot der Benachteiligung. Arbeitnehmer dürfen wegen Inanspruchnahme des Bildungsurlaubs nicht benachteiligt werden.

§ 5 Verhältnis zu anderen Ansprüchen. (1) Freistellungen zur Teilnahme an Bildungsveranstaltungen, die auf anderen Gesetzen, tarifvertraglichen Vereinbarungen, betrieblichen Vereinbarungen und Einzelverträgen beruhen, können auf den Freistellungsanspruch nach diesem Gesetz nur dann angerechnet werden, wenn sie dem Arbeitnehmer uneingeschränkt die Erreichung der in § 1 dieses Gesetzes niedergelegten Ziele ermöglichen und wenn in den betreffenden Vereinbarungen oder Verträgen die Anrechenbarkeit ausdrücklich vorgesehen ist.

Teil III　　　　　　　　D. *Landesgesetze zum Bildungsurlaub*

(2) Der gesetzlich, tariflich oder arbeitstariflich festgelegte Erholungsurlaub oder sonstige Freistellungen dürfen nicht auf die Zeit angerechnet werden, für die der Arbeitnehmer zur Teilnahme an anerkannten Bildungsveranstaltungen Bildungsurlaub erhält.

§ 6 Wartezeit. Ein Arbeitnehmer erwirbt den Freistellungsanspruch für den laufenden Zweijahreszeitraum im Sinne von § 3 Abs. 1 erstmalig nach sechsmonatigem Bestehen seines Beschäftigungsverhältnisses.

§ 7 Zeitpunkt des Bildungsurlaubs. (1) Der Zeitpunkt des Bildungsurlaubs richtet sich nach den Wünschen des Arbeitnehmers. Die Inanspruchnahme und der Zeitraum des Bildungsurlaubs sind dem Arbeitgeber so frühzeitig wie möglich, in der Regel vier Wochen vor Beginn, mitzuteilen.

(2) Der Bildungsurlaub zu dem vom Arbeitnehmer beantragten Zeitpunkt kann nur abgelehnt werden, wenn zwingende betriebliche Belange oder Urlaubswünsche anderer Arbeitnehmer, die unter sozialen Gesichtspunkten den Vorrang verdienen, entgegenstehen. Der Arbeitgeber ist verpflichtet, dem Arbeitnehmer so frühzeitig wie möglich, in der Regel innerhalb einer Woche, mitzuteilen, ob Bildungsurlaub gewährt wird.

(3) Lehrer, Sozialpädagogen im schulischen Bereich und sonstige Lehrkräfte sowie Professoren und andere an Hochschulen hauptberuflich selbständig Lehrende können den Bildungsurlaub nur während der unterrichtsfreien bzw. veranstaltungsfreien Zeit nehmen. Im übrigen gelten die Absätze 1 und 2 entsprechend.

(4) Der Bildungsurlaub ist während des laufenden Zweijahreszeitraums zu gewähren. Auf Antrag des Arbeitnehmers ist der in dem laufenden Zweijahreszeitraum entstandene Anspruch auf Bildungsurlaub auf den nächsten Zweijahreszeitraum zu übertragen.

(5) Erkrankt ein Arbeitnehmer während des Bildungsurlaubs, so werden die durch ärztliches Zeugnis nachgewiesenen Tage der Arbeitsunfähigkeit auf den Bildungsurlaub nicht angerechnet.

§ 8 Gewährung des Bildungsurlaubs. (1) Bildungsurlaub wird nur für anerkannte Bildungsveranstaltungen gewährt, die in der Regel an mindestens fünf, in Ausnahmefällen an mindestens drei aufeinanderfolgenden Tagen stattfinden. Eine Unterbrechung durch arbeitsfreie Tage bleibt unberücksichtigt.

(2) Der Arbeitnehmer ist verpflichtet, dem Arbeitgeber auf Verlangen die Anmeldung zur Bildungsveranstaltung und die Teilnahme an der Bildungsveranstaltung nachzuweisen. Die für den Nachweis erforderlichen Bescheinigungen sind dem Arbeitnehmer vom Träger der Bildungsveranstaltung kostenlos auszustellen. Der Arbeitgeber ist verpflichtet, dem Arbeitnehmer auf Verlangen bei Beendigung des Arbeitsverhältnisses eine Bescheinigung über die im laufenden Zweijahreszeitraum gewährte Freistellung auszuhändigen.

(3) Während des Bildungsurlaubs darf der Arbeitnehmer keine dem Zwecke dieses Gesetzes zuwiderlaufende Erwerbstätigkeit ausüben.

§ 9 Fortzahlung des Arbeitsentgelts. (1) Bildungsurlaub wird vom Arbeitgeber ohne Minderung des Arbeitsentgeltes gewährt. Das fortzuzahlende Entgelt für die Zeit des Bildungsurlaubs wird entsprechend den Bestimmungen des Bundesurlaubsgesetzes vom 8. Januar 1963 (BGBl. I S. 2) in der jeweils geltenden Fassung berechnet. Günstigere vertragliche Regelungen bleiben unberührt.

(2) Der Arbeitnehmer muß denjenigen Betrag an den Arbeitgeber abführen, den er wegen seiner Teilnahme an der Bildungsveranstaltung von dem Bildungsträger oder von anderer Seite als Beihilfe oder Zuschuß aufgrund anderer Bestimmungen erhalten hat, soweit dieser Betrag als Ersatz für Einkommensverluste gezahlt wird.

§ 10 Anerkennung von Bildungsveranstaltungen. (1) Bildungsurlaub im Sinne dieses Gesetzes kann nur für Bildungsveranstaltungen beansprucht werden, die von der zuständigen Behörde anerkannt sind.

(2) Veranstaltungen von Einrichtungen, die nach § 4 des Gesetzes über die Weiterbildung im Lande Bremen vom 18. Juni 1996 (Brem. GBl. S. 127) anerkannt sind, gelten als anerkannt, wenn sie den Anforderungen von § 8 Abs. 1 des Gesetzes über den Bildungsurlaub entsprechen. Das gleiche gilt für Veranstaltungen von anerkannten Trägern der Jugendbildung und der Familienbildung, die nach dem Bremischen Kinder-, Jugend- und Familienförderungsgesetz durchgeführt werden.

(3) Veranstaltungen von Einrichtungen, die nicht nach dem Gesetz über Weiterbildung im Lande Bremen oder dem Bremischen Kinder-, Jugend- und Familienförderungsgesetz anerkannt sind, werden anerkannt, wenn
1. sie ausschließlich der Weiterbildung im Sinne von § 1 des Gesetzes über den Bildungsurlaub dienen,
2. sie jedermann offenstehen und die Teilnahme an ihnen freigestellt ist,
3. die Einrichtungen bzw. ihre Träger Leistungen nachweisen, die nach Inhalt und Umfang eine Anerkennung rechtfertigen und
4. sie den Anforderungen von § 8 Abs. 1 Satz 1 dieses Gesetzes entsprechen.

(4) Ausgeschlossen von der Anerkennung sind Veranstaltungen von Trägern, die der Gewinnerzielung dienen oder sonst gewerblich oder in Anlehnung an ein gewerbliches Unternehmen betrieben werden.

(5) Der Senat wird ermächtigt, durch Rechtsverordnung die zur Ausführung der Absätze 1 bis 3 erforderlichen Vorschriften, insbesondere Vorschriften über die Zuständigkeit und über das Anerkennungsverfahren, zu erlassen. Dabei kann der Senat auch bestimmen, daß andere als die in Absatz 2 genannten Veranstaltungen als anerkannt gelten, z.B. Veranstaltungen einer anderen Landesregierung, der Bundesregierung oder der Bundesanstalt für Arbeit.

§ 11 Unabdingbarkeit. Von den vorstehenden Bestimmungen darf nicht zuungunsten des Arbeitnehmers abgewichen werden.

§ 12 Zuschußgewährung. (1) Personen im Sinne von § 2 Abs. 1 kann in besonderen Härtefällen im Rahmen der im Haushalt festzulegenden Höhe

Teil III   D. *Landesgesetze zum Bildungsurlaub*

der Gesamtförderung nach diesem Gesetz auf Antrag ein besonderer Zuschuß gewährt werden zur Deckung der Kosten, die durch die Teilnahme an Bildungsveranstaltungen entstehen.

(2) Die Vorschriften der §§ 1, 3, 8 und 10 gelten entsprechend.

(3) Der Senat wird ermächtigt, durch Rechtsverordnung Vorschriften über die Zuschußgewährung zu erlassen. Zuschüsse können solche Personen erhalten, die unter Berücksichtigung des Gesamteinkommens der Familie aus finanziellen Gründen an der Teilnahme von Weiterbildungsveranstaltungen gehindert sein würden.

§ 13 Inkrafttreten. Dieses Gesetz tritt am 1. Januar 1975 in Kraft.

Verordnung über die Anerkennung von Bildungsveranstaltungen nach dem Bremischen Bildungsurlaubsgesetz

Vom 24. Januar 1983 (Brem. GBl. S. 3)
Zuletzt geändert durch Verordnung vom 1. Februar 1994 (Brem. GBl. S. 97)
(SaBremR 223-;-2)

§ 1 Zuständigkeit. Zuständige Behörden für die Anerkennung von Bildungsveranstaltungen nach § 10 Abs. 3 des Bremischen Bildungsurlaubsgesetzes sind

1. das Landesamt für Weiterbildung für Veranstaltungen nach dem Weiterbildungsgesetz vom 26. März 1974 (Brem. GBl. S. 155 – 223-h-1),
2. der Senator für Gesundheit, Jugend und Soziales und die Jugendämter Bremen und Bremerhaven für Veranstaltungen nach dem Jugendbildungsgesetz vom 1. Oktober 1974 (Brem. GBl. S. 309 – 223-h-2).

§ 2 Antrag auf Anerkennung. (1) Der Antrag auf Anerkennung einer Bildungsveranstaltung ist vom Veranstalter schriftlich bei der zuständigen Behörde drei Monate vor Beginn der Veranstaltung einzureichen. Die zuständige Behörde kann im Ausnahmefall eine spätere Einreichung gestatten.

(2) Für die Antragstellung sind die von den zuständigen Behörden herausgegebenen Vordrucke zu verwenden.

§ 3 Arten der Bildungsveranstaltungen. (1) Nach § 10 Abs. 3 des Bremischen Bildungsurlaubsgesetzes werden Veranstaltungen anerkannt, die der politischen, beruflichen und allgemeinen Weiterbildung im Sinne von § 1 Abs. 2 des Weiterbildungsgesetzes und von § 1 Abs. 2 und 3 des Jugendbildungsgesetzes dienen.

(2) Zu den Veranstaltungen nach Absatz 1 gehören nicht:
1. Maßnahmen, die ausschließlich beruflicher Ausbildung oder Umschulung dienen und auf eine Abschlußprüfung hinzielen,
2. Veranstaltungen, die ausschließlich der beruflichen Rehabilitation dienen,

Bremen Teil III

3. Veranstaltungen, die der Einarbeitung auf bestimmte Arbeitsplätze dienen,
4. Veranstaltungen der beruflichen Fortbildung im Rahmen betrieblicher Bildungsmaßnahmen, deren Inhalt überwiegend auf betriebsinterne Erfordernisse ausgerichtet ist,
5. Schulungs- und Bildungsveranstaltungen für Betriebs- und Personalräte, die ausschließlich nach § 37 Abs. 6 des Betriebsverfassungsgesetzes vom 15. Januar 1972 (BGBl. I S. 13) und den entsprechenden Bestimmungen der Personalvertretungsgesetze durchgeführt werden.

(3) Veranstaltungen sind nicht anzuerkennen, wenn sie
1. touristisch ausgerichtet sind,
2. vorrangig Freizeit- und Sportaktivitäten beinhalten,
3. dem Erwerb von Fahrerlaubnissen, Funklizenzen oder ähnlichen Berechtigungen dienen oder
4. im Ausland stattfinden,
es sei denn, sie dienen dem Erwerb europäischer Fremdsprachen in Europa, der europäischen Integration durch berufliche oder politische Bildung oder der Völkerverständigung.

§ 4 Öffentlichkeit. Die Veranstaltung muß jedermann offenstehen. Das setzt voraus, daß
1. die Veranstaltung öffentlich angekündigt wird und
2. die Teilnahme nicht nach Zugehörigkeit zu Parteien, Gewerkschaften, Religionsgemeinschaften, Betrieben und sonstigen Vereinigungen eingeschränkt wird.

§ 5 Inhalt und Umfang der Leistungen. Inhalt und Umfang der Leistungen von Einrichtungen bzw. Trägern rechtfertigen die Anerkennung einer Bildungsveranstaltung, wenn sie
1. in der Regel mindestens einjährige Erfahrung in der Planung und Organisation von Weiterbildungsmaßnahmen,
2. eine personelle Kapazität, die die Planung und Durchsetzung pädagogischer Konzepte sicherstellt, und
3. pädagogische Konzepte, die an den Zielsetzungen des Weiterbildungsgesetzes und des Jugendbildungsgesetzes orientiert sind,
nachweisen.

§ 6 Dauer der Bildungsveranstaltung. (1) Die Veranstaltung muß in der Regel an mindestens fünf, in Ausnahmefällen an mindestens drei aufeinanderfolgenden Tagen stattfinden. Zeiten der An- und Abreise werden nicht eingerechnet.

(2) Bei Veranstaltungen nach dem Weiterbildungsgesetz liegt ein Ausnahmefall im Sinne von Absatz 1 nur dann vor, wenn die Veranstaltung ein Teil einer Weiterbildungsmaßnahme ist, deren Gesamtdauer einer 5-tägigen Bildungsveranstaltung entspricht.

(3) Die Dauer des täglichen Bildungsprogramms soll sechs Unterrichtsstunden nicht unterschreiten und darf acht Unterrichtsstunden nicht über-

schreiten. Die Mindestdauer einer Bildungsurlaubsveranstaltung ist 30 Unterrichtsstunden.

§ 7 Anerkennung von Wiederholungsveranstaltungen. Wiederholungsveranstaltungen können ohne gesonderten Nachweis der Voraussetzungen nach §§ 3 bis 6 anerkannt werden, wenn sie nach Thema, Inhalt, Arbeits- und Zeitplan mit einer bereits anerkannten Veranstaltung übereinstimmen.

§ 8 Mitteilungs- und Auskunftspflichten. (1) Der Veranstalter einer Bildungsmaßnahme hat der für die Anerkennung zuständigen Behörde alle Veränderungen der für die Anerkennung maßgebenden Tatsachen unverzüglich mitzuteilen.

(2) Auf Verlangen der zuständigen Behörde hat der Veranstalter die Teilnehmerzahlen, Arbeitsinhalte und Arbeitsergebnisse laufender und abgeschlossener Bildungsveranstaltungen sowie deren Finanzierung offenzulegen.

§ 9 Zutritt zu den Bildungsveranstaltungen. Der Veranstalter hat Beauftragten der zuständigen Behörde den Zutritt zu anerkannten Bildungsveranstaltungen zu gestatten.

§ 10 Widerruf der Anerkennung. Die Anerkennung ist zu widerrufen, wenn
1. die Voraussetzungen nicht vorlagen, als die Anerkennung ausgesprochen wurde,
2. die Voraussetzungen nachträglich entfallen sind oder
3. ein Veranstalter seinen Pflichten nach §§ 8 und 9 nicht nachkommt.

§ 11 Anerkennung ohne Nachweis der Voraussetzungen. Bildungsveranstaltungen, die aufgrund von Bildungsurlaubsgesetzen anderer Länder anerkannt sind, gelten bis zum 31. Dezember 1984 in der Regel ohne gesonderten Nachweis der Voraussetzungen nach dieser Verordnung als anerkannt, sofern die Voraussetzung des § 8 Abs. 1 des Bremischen Bildungsurlaubsgesetzes erfüllt ist und nicht andere Bestimmungen des Bremischen Bildungsurlaubsgesetzes entgegenstehen.

§ 12 Inkrafttreten. (1) Diese Verordnung tritt am Tage nach ihrer Verkündung in Kraft.

(2) Gleichzeitig tritt die Verordnung über die Anerkennung von Bildungsveranstaltungen nach dem Bremischen Bildungsurlaubsgesetz vom 25. März 1975 (Brem. GBl. S. 175 – 223-i-2) außer Kraft.

4. Hamburg

Hamburgisches Bildungsurlaubsgesetz

Vom 21. Januar 1974
(GVBl. S. 6)
Geändert durch Gesetz vom 16. April 1991 (GVBl. S. 113)

§ 1 Grundsatz. (1) Durch ihre Freistellung von der Arbeit nach Maßgabe dieses Gesetzes soll Arbeitnehmern die Teilnahme an anerkannten Veranstaltungen sowohl der politischen Bildung als auch der beruflichen Weiterbildung und zur Qualifizierung für die Wahrnehmung ehrenamtlicher Tätigkeiten ermöglicht werden.

(2) Politische Bildung soll die Fähigkeit der Arbeitnehmer fördern, politische Zusammenhänge zu beurteilen und politische und gesellschaftliche Aufgaben wahrzunehmen.

(3) Berufliche Weiterbildung soll den Arbeitnehmern dazu verhelfen, ihre berufliche Qualifikation und Mobilität zu erhalten, zu verbessern oder zu erweitern.

(4) Der Senat wird ermächtigt, durch Rechtsverordnung die Bereiche der ehrenamtlichen Tätigkeit festzusetzen, für deren Vorbereitung Freistellungen zu gewähren sind.

§ 2 Geltungsbereich. Dieses Gesetz findet Anwendung auf alle Arbeiter und Angestellten sowie die zu ihrer Berufsausbildung Beschäftigten (Arbeitnehmer), deren Arbeitsverhältnisse ihren Schwerpunkt in Hamburg haben. Den Arbeitnehmern werden die in Werkstätten für Behinderte Beschäftigten gleichgestellt.

§ 3 Freistellungsanspruch. Jeder Arbeitnehmer kann innerhalb eines Zeitraumes von zwei aufeinanderfolgenden Kalenderjahren Freistellung von der Arbeit zur Teilnahme an anerkannten Bildungsveranstaltungen beanspruchen.

§ 4 Dauer der Freistellung. Die Dauer der Freistellung, die ein Arbeitnehmer innerhalb von zwei Kalenderjahren beanspruchen kann, beträgt zehn Arbeitstage. Wird regelmäßig an mehr als fünf Tagen in der Woche gearbeitet, so beträgt die Freistellungsdauer zwölf Werktage.

§ 5 Anrechenbarkeit anderweitiger Freistellungsansprüche. (1) Freistellungen zur Teilnahme an Bildungsveranstaltungen, die auf anderen Gesetzen, tarifvertraglichen Vereinbarungen, betrieblichen Vereinbarungen und Einzelverträgen beruhen, können auf den Freistellungsanspruch nach diesem Gesetz nur dann angerechnet werden, wenn sie dem Arbeitnehmer uneingeschränkt die Erreichung eines der in § 1 dieses Gesetzes niedergelegten Ziele ermöglichen und wenn in den betreffenden Vereinbarungen oder Verträgen die Anrechenbarkeit ausdrücklich vorgesehen ist.

(2) Die Zeit, für die der Arbeitnehmer nach diesem Gesetz von der Arbeit freigestellt wird, darf auf den gesetzlichen, tariflichen oder durch Arbeitsvertrag vereinbarten Erholungsurlaub nicht angerechnet werden.

§ 6 Wartezeit. Ein Arbeitnehmer erwirbt den vollen Freistellungsanspruch für den laufenden Zweijahreszeitraum im Sinne von § 3 erstmalig nach sechsmonatigem Bestehen seines Arbeitsverhältnisses. Teilansprüche können nicht erworben werden.

§ 7 Zeitpunkt der Freistellung. (1) Der Zeitpunkt der Freistellung richtet sich nach den Wünschen des Arbeitnehmers. Die Inanspruchnahme und die zeitliche Lage der Freistellung sind dem Arbeitgeber so frühzeitig wie möglich, in der Regel sechs Wochen vor Beginn der Freistellung, mitzuteilen.

(2) Die Freistellung zu dem vom Arbeitnehmer beantragten Zeitpunkt kann nur abgelehnt werden, wenn zwingende betriebliche Belange oder Urlaubswünsche anderer Arbeitnehmer, die unter sozialen Gesichtspunkten den Vorrang verdienen, entgegenstehen.

(3) Pädagogisches Personal an Schulen und Hochschullehrer können die Freistellung grundsätzlich nur während der unterrichtsfreien Zeit in Anspruch nehmen. Im übrigen gelten die Absätze 1 und 2 entsprechend.

§ 8 Übertragung des Freistellungsanspruchs. (1) Ist dem Arbeitnehmer innerhalb des laufenden Zweijahreszeitraums die Freistellung gemäß § 7 Absatz 2 nicht gewährt worden, so ist der Freistellungsanspruch auf das darauffolgende Kalenderjahr, soweit er sich auf die Teilnahme an Veranstaltungen der beruflichen Weiterbildung richtet, auf den folgenden Zweijahreszeitraum zu übertragen.

(2) Hat der Arbeitnehmer innerhalb des laufenden Zweijahreszeitraums die Freistellung nicht ausgeschöpft, so ist der nicht verbrauchte Freistellungsanspruch auf den folgenden Zweijahreszeitraum zu übertragen, wenn er zur Teilnahme an Veranstaltungen der beruflichen Weiterbildung mit anerkanntem Zertifikatsabschluß verwendet wird. Über die zeitliche Lage einer Freistellung von mehr als zehn Arbeitstagen ist zwischen Arbeitnehmer und Arbeitgeber Einvernehmen herzustellen.

§ 9 Gewährung der Freistellung. (1) Freistellung soll nur für anerkannte Bildungsveranstaltungen gewährt werden, die in der Regel an mindestens fünf, in Ausnahmefällen an mindestens drei aufeinanderfolgenden Tagen stattfinden. Wenn die Art der Bildungsveranstaltung es erfordert, kann Freistellung innerhalb eines Zeitraumes von höchstens zehn Wochen für jeweils einen Tag in der Woche gewährt werden.

(2) Der Arbeitnehmer ist verpflichtet, dem Arbeitgeber auf Verlangen die Anmeldung zur Bildungsveranstaltung und die Teilnahme an der Bildungsveranstaltung nachzuweisen. Die für den Nachweis erforderlichen Bescheinigungen sind dem Arbeitnehmer vom Träger der Bildungsveranstaltung kostenlos auszustellen.

Hamburg Teil III

§ 10 Ausschluß von Doppelansprüchen. (1) Der Anspruch auf Freistellung besteht nicht, soweit dem Arbeitnehmer für den laufenden Zweijahreszeitraum im Sinne von § 3 bereits von einem früheren Arbeitgeber Freistellung gewährt worden ist.

(2) Der Arbeitgeber ist verpflichtet, bei Beendigung des Arbeitsverhältnisses dem Arbeitnehmer auf Verlangen eine Bescheinigung über die im laufenden Zweijahreszeitraum gewährte Freistellung auszustellen.

§ 11 Verbot der Erwerbstätigkeit. Während der Freistellung darf der Arbeitnehmer keine dem Zweck dieses Gesetzes zuwiderlaufende Erwerbstätigkeit ausüben.

§ 12 Erkrankung. Erkrankt ein Arbeitnehmer während der Freistellung, so wird bei Nachweis der Arbeitsunfähigkeit durch ärztliches Zeugnis die Zeit der Arbeitsunfähigkeit auf den Freistellungsanspruch nicht angerechnet.

§ 13 Fortzahlung des Arbeitsentgelts. (1) Für die Zeit, in der der Arbeitnehmer zur Teilnahme an anerkannten Bildungsveranstaltungen freigestellt ist, hat der Arbeitgeber dem Arbeitnehmer das durchschnittliche Arbeitsentgelt, das der Arbeitnehmer in den letzten dreizehn Wochen vor Beginn der Freistellung erhalten hat, fortzuzahlen. Bei Verdiensterhöhungen nicht nur vorübergehender Natur, die während des Berechnungszeitraumes oder der Freistellung eintreten, ist von dem erhöhten Verdienst auszugehen. Verdienstkürzungen, die im Berechnungszeitraum infolge von Kurzarbeit, Arbeitsausfall oder unverschuldeter Arbeitsversäumnis eintreten, bleiben bei der Berechnung außer Betracht. Soweit tarifvertragliche Regelungen über die Berechnung des Entgelts für den Erholungsurlaub bestehen, sind sie an Stelle der vorstehenden Regelung entsprechend anzuwenden.

(2) Hat ein Arbeitnehmer nach erfüllter Wartezeit die gesamte ihm im laufenden Zweijahreszeitraum zustehende Freistellung beansprucht und ist das Arbeitsverhältnis vor Ablauf dieses Zweijahreszeitraumes beendet worden, so kann der Arbeitgeber eine teilweise Rückzahlung des für die Freistellung gezahlten Arbeitsentgelts nicht verlangen.

(3) Der Arbeitnehmer muß sich auf das Arbeitsentgelt denjenigen Betrag anrechnen lassen, den er wegen seiner Teilnahme an der Bildungsveranstaltung von dem Bildungsträger oder von anderer Seite als Beihilfe oder Zuschuß auf Grund anderer Bestimmungen erhalten hat. Der Arbeitnehmer ist verpflichtet, sich um derartige Beihilfen und Zuschüsse zu bemühen.

(4) Ausgenommen von der Anrechnung nach Absatz 3 Satz 1 bleiben Beträge, die der Arbeitnehmer als Entschädigung entstandener Auslagen, insbesondere für Fahrkosten, erhalten hat.

(5) Entfällt gemäß Absatz 3 Satz 1 infolge der Anrechnung anderweitiger Beträge die Fortzahlung des Arbeitsentgelts ganz oder teilweise, so wird dadurch die Verpflichtung des Arbeitgebers zur Weiterentrichtung der Beiträge zur gesetzlichen Sozialversicherung nach der Höhe des Arbeitsentgelts gemäß Absatz 1 nicht berührt.

Teil III D. *Landesgesetze zum Bildungsurlaub*

§ 14 Verbot der Benachteiligung. Arbeitnehmer, die die Freistellung zur Teilnahme an Bildungsveranstaltungen in Anspruch nehmen, dürfen deswegen nicht benachteiligt werden.

§ 15 Anerkennung von Bildungsveranstaltungen. (1) Freistellung im Sinne dieses Gesetzes kann nur für Bildungsveranstaltungen beansprucht werden, die von der zuständigen Behörde oder in einem anderen Land der Bundesrepublik Deutschland nach mit den Bestimmungen dieses Gesetzes inhaltlich übereinstimmenden Kriterien anerkannt sind.

(2) Die Anerkennung setzt voraus, daß es sich um Veranstaltungen im Sinne des § 1 dieses Gesetzes handelt und daß die Veranstalter die Bildungsveranstaltungen selbst planen und durchführen sowie hinsichtlich ihrer Einrichtungen und materiellen Ausstattung, ihrer Lehrkräfte und ihrer Bildungsziele eine sachgemäße Bildung gewährleisten. Die Ziele der Veranstalter und der Bildungsveranstaltungen müssen mit der freiheitlichen demokratischen Grundordnung im Sinne des Grundgesetzes im Einklang stehen.

(3) Die Anerkennung kann versagt oder zurückgenommen werden, wenn der Veranstalter wiederholt schuldhaft gegen die Bestimmungen dieses Gesetzes und daraus erwachsene Verpflichtungen verstoßen hat.

(4) Die zur Ausführung der Absätze 1 und 2 notwendigen Vorschriften erläßt der Senat durch Rechtsverordnung.

§ 16 Übergangsvorschrift. (1) Für Arbeitnehmer, die bei Inkrafttreten dieses Gesetzes bereits seit Jahresanfang in einem Arbeitsverhältnis stehen, gilt das Jahr des Inkrafttretens als erstes Kalenderjahr des Zweijahreszeitraumes im Sinne von § 3.

(2) Für Arbeitnehmer, die erst nach Inkrafttreten dieses Gesetzes ein Arbeitsverhältnis eingehen, gilt das darauffolgende Kalenderjahr als das erste Jahr des Zweijahreszeitraumes im Sinne von § 3.

§ 17 Unabdingbarkeit. Von den vorstehenden Bestimmungen darf nicht zu Ungunsten des Arbeitnehmers abgewichen werden.

§ 18 Inkrafttreten. Dieses Gesetzes tritt am 1. April 1974 in Kraft.

Verordnung über die Anerkennung von Bildungsveranstaltungen

Vom 9. April 1974 (GVBl. S. 113)

Zuletzt geändert durch Verordnung vom 18. Februar 1997 (GVBl. S. 25)

§ 1 Arten der Bildungsveranstaltungen. (1) Für die Freistellung von der Arbeit werden Veranstaltungen anerkannt, die politische Bildung oder berufliche Weiterbildung oder beides vermitteln oder die dem Nachweis der auf diesen Gebieten erworbenen Kenntnisse und Fertigkeiten oder der Qualifizierung für die Wahrnehmung ehrenamtlicher Tätigkeiten dienen.

(2) Zu diesen Bildungsveranstaltungen gehören nicht:
1. Veranstaltungen, die unmittelbar der Durchsetzung politischer Ziele dienen,
2. Veranstaltungen im Rahmen von Auseinandersetzungen politischer und gesellschaftlicher Gruppen,
3. Veranstaltungen der Berufsausbildung und der beruflichen Umschulung,
4. Veranstaltungen im Rahmen der beruflichen Rehabilitation,
5. Veranstaltungen, die der Einarbeitung auf bestimmte Arbeitsplätze dienen oder
6. Veranstaltungen der beruflichen Fortbildung im Rahmen betrieblicher Bildungsmaßnahmen, deren Inhalt überwiegend auf interne Erfordernisse ausgerichtet ist.

(3) Ehrenamtliche Tätigkeit im Sinne von Absatz 1 ist
1. die Tätigkeit als ehrenamtlicher Richter oder ehrenamtliche Richterin,
2. die ehrenamtliche Tätigkeit als Vormund,
3. die ehrenamtliche Übungsleitung im Rehabilitationssport,
4. die ehrenamtliche Übungsleitung im Breitensport und die ehrenamtliche Jugendleitung in Vereinen, die dem Deutschen Sportbund angeschlossen sind,
5. die ehrenamtliche Jugendleitung in der offenen Kinder- und Jugendarbeit und der Jugendverbandsarbeit.

§ 2 Gewährleistung einer sachgemäßen Bildung. Die veranstaltenden Stellen haben eine sachgemäße Bildung auf folgende Weise zu gewährleisten:
1. Dem Arbeitsplan für die Bildungsveranstaltung muß ein geeignetes methodisches und didaktisches Konzept zugrunde liegen.
2. Die zeitliche Dauer der Bildungsveranstaltung muß so bemessen sein, daß den Teilnehmenden das Erreichen der Lernziele möglich ist. Zwischen der Dauer des Arbeitsprogramms und dem Freistellungszeitraum muß ein angemessenes zeitliches Verhältnis bestehen. Die Dauer des täglichen Arbeitsprogramms soll sechs Stunden nicht unterschreiten.
3. Die Anforderungen, die in der Bildungsveranstaltung an die Teilnehmenden gestellt werden, sollen in einem angemessenen Verhältnis zur Vorbildung des angesprochenen Teilnehmerkreises stehen.
4. Für die Durchführung der Bildungsveranstaltung müssen der veranstaltenden Stelle ausreichende Räumlichkeiten mit einer geeigneten Ausstattung und die erforderlichen Lehrmittel zur Verfügung stehen. Den Teilnehmenden müssen die erforderlichen Arbeitsunterlagen und Lernmittel zugänglich sein.
5. Die Bildungsveranstaltung muß unter der Verantwortung einer Kursleiterin oder eines Kursleiters durchgeführt werden. Lehrkräfte müssen die erforderlichen fachlichen und pädagogischen Fähigkeiten besitzen. Die Zahl der Lehrkräfte muß in einem der Art der Veranstaltung angemessenen Verhältnis zur Zahl der Teilnehmenden stehen.
6. Die veranstaltende Stelle muß diejenigen, die an der Veranstaltung teilnehmen wollen, vor dem Abschluß einer Teilnahmevereinbarung schriftlich über Thema, Inhalt, Arbeits- und Zeitplan der Bildungsveranstaltung

Teil III D. *Landesgesetze zum Bildungsurlaub*

sowie über die notwendigen Vorkenntnisse und alle übrigen wesentlichen Teilnahmebedingungen unterrichten, wenn es nach der Art der Bildungsveranstaltung angebracht ist. Wenn eine Vorbereitung auf die Bildungsveranstaltung erforderlich oder vorteilhaft ist, hat sich die Unterrichtung auch hierauf zu erstrecken. Zum Abschluß der Bildungsveranstaltung sollen nach Möglichkeit die Teilnehmenden schriftlich, insbesondere durch Literaturhinweise, darüber unterrichtet werden, wie sie sich zum Thema der Bildungsveranstaltung selbst weiterbilden können.
7. Die veranstaltenden Stellen berichten der zuständigen Behörde einmal jährlich über Art und Inanspruchnahme der Bildungsveranstaltungen.

Der Senat teilt der Bürgerschaft auf der Basis einer Zufallsstichprobe jährlich die Entwicklung der Inanspruchnahme von Bildungsurlaub mit.

§ 3 Übereinstimmung mit der freiheitlichen demokratischen Grundordnung. Die veranstaltenden Stellen haben auf Verlangen der zuständigen Behörde zu begründen, daß ihre Ziele und die Ziele der Bildungsveranstaltung mit der freiheitlichen demokratischen Grundordnung im Sinne des Grundgesetzes übereinstimmen. Sie können sich dabei nicht allein darauf berufen, daß die politischen Ziele, für die sie sich einsetzen oder die durch die Bildungsveranstaltung vermittelt werden sollen, von einer Partei oder Vereinigung verfolgt werden, die nicht verboten ist.

§ 4 Anträge auf Anerkennung. Anträge auf Anerkennung hat die veranstaltende Stelle spätestens zehn Wochen vor Beginn der Veranstaltung bei der zuständigen Behörde auf den von dieser herausgegebenen Vordrucken einzureichen.

§ 5 Anerkennung von Wiederholungsveranstaltungen. Bei oder nach der Anerkennung einer Bildungsveranstaltung können Wiederholungsveranstaltungen ohne gesonderten Nachweis der Voraussetzungen nach den §§ 1 bis 3 anerkannt werden, wenn sie nach Thema, Arbeits- und Zeitplan, Tagungsort, Ausstattung und Lehrkräften mit der ersten Bildungsveranstaltung übereinstimmen. Wenn die Übereinstimmung hinsichtlich Tagungsort, Ausstattung oder Lehrkräfte nicht gegeben ist, so ist der Nachweis nur insoweit zu erbringen. Die §§ 6 bis 9 gelten auch für Wiederholungsveranstaltungen. Die Anerkennung von Wiederholungsveranstaltungen kann befristet werden.

§ 6 Mitteilungs- und Auskunftspflichten. (1) Die veranstaltende Stelle hat der zuständigen Behörde spätestens zwei Wochen vor Beginn den Zeitpunkt der Bildungsveranstaltung mitzuteilen, soweit dies nicht bereits im Antrag auf Anerkennung möglich war.

(2) Die veranstaltende Stelle hat der zuständigen Behörde alle wesentlichen Veränderungen der für die Anerkennung maßgebenden Tatsachen unverzüglich mitzuteilen.

(3) Auf Verlangen der zuständigen Behörde hat die veranstaltende Stelle Auskünfte über laufende, und wenn sie mehrfach Bildungsveranstaltungen durchführt, auch über abgeschlossene Bildungsveranstaltungen zu erteilen.

Hessen Teil III

§ 7 Zutritt der zuständigen Behörde. Beauftragten der zuständigen Behörde ist der Zutritt zu den anerkannten Bildungsveranstaltungen zu gestatten.

§ 8 *(aufgehoben)*

§ 9 Bescheinigungen. Die veranstaltende Stelle hat den Teilnehmenden auf einem von der zuständigen Behörde herausgegebenen Vordruck die Anmeldung zu und die Teilnahme an der Bildungsveranstaltung zu bescheinigen.

§ 10 Änderungsvorschrift. *(nicht abgedruckt)*

5. Hessen

Hessisches Gesetz über den Anspruch auf Bildungsurlaub

In der Fassung vom 28. Juli 1998
(GVBl. I S. 294; ber. S. 348)
Geändert durch Gesetz vom 28. November 2000 (GVBl. I S. 516)
(GVBl. II 73–11)

§ 1 Grundsätze. (1) Alle mit ihrem Tätigkeitsschwerpunkt in Hessen Beschäftigten haben gegenüber ihrer Beschäftigungsstelle Anspruch auf bezahlten Bildungsurlaub. Beschäftigte im Sinne dieses Gesetzes sind Arbeiterinnen und Arbeiter, Angestellte, zu ihrer Berufsausbildung Beschäftigte, in Heimarbeit Beschäftigte und ihnen Gleichgestellte, andere Personen, die wegen ihrer wirtschaftlichen Unselbständigkeit als arbeitnehmerähnliche Personen anzusehen sind, sowie Beschäftigte in Werkstätten für Behinderte. Beschäftigungsstellen im Sinne dieses Gesetzes sind Arbeitgeberinnen und Arbeitgeber, Ausbildungsstellen und Werkstätten für Behinderte.

(2) Bildungsurlaub dient der politischen Bildung, der beruflichen Weiterbildung oder der Schulung (Qualifizierung und Fortbildung) für die Wahrnehmung eines Ehrenamtes. Bildungsurlaub für zu ihrer Berufsausbildung Beschäftigte dient allein der politischen Bildung.

(3) Politische Bildung soll Beschäftigte in die Lage versetzen, ihren Standort in Betrieb oder Gesellschaft sowie gesellschaftliche Zusammenhänge zu erkennen. Bildungsurlaub zur politischen Bildung verfolgt das Ziel, das Verständnis der Beschäftigten für gesellschaftliche, soziale oder politische Zusammenhänge zu verbessern, um damit die in einem demokratischen Gemeinwesen anzustrebende Mitsprache in Staat, Gesellschaft oder Betrieb zu fördern.

(4) Berufliche Weiterbildung soll den Beschäftigten ermöglichen, ihre berufliche Qualifikation zu erhalten, zu verbessern oder zu erweitern, und ihnen zugleich in nicht unerheblichem Umfang die Kenntnis gesellschaftlicher Zusammenhänge vermitteln, damit sie ihren Standort in Betrieb oder Gesellschaft erkennen.

(5) Bildungsurlaub zur Schulung für die Wahrnehmung eines Ehrenamtes soll Beschäftigte in die Lage versetzen, ein übernommenes Ehrenamt ausüben zu können. Neben der Vermittlung der erforderlichen Kenntnisse zur Ausübung des Ehrenamtes ist Beschäftigten zugleich in nicht unerheblichem Umfang die Kenntnis gesellschaftspolitischer Zusammenhänge zu vermitteln, damit sie ihren Standort in Betrieb oder Gesellschaft erkennen. Als Ehrenämter im Sinne dieses Gesetzes gelten nur solche, die in Erfüllung staatsbürgerlicher Pflichten zur Stärkung des demokratischen Gemeinwesens oder in sonstigem besonderen Gemeinwohlinteresse ausgeübt werden. Die Regelungen dieses Gesetzes gelten nicht für Ehrenämter, für die nach anderen Regelungen, Vergütung, Ersatz des Verdienstausfalls oder Entschädigung für die Zeit der Teilnahme an einer Schulungsveranstaltung gewährt wird. Die Bereiche ehrenamtlicher Tätigkeit, für deren Schulung ein Anspruch auf Bildungsurlaub besteht, werden durch Rechtsverordnung festgelegt.

§ 2 Dauer des Bildungsurlaubs und Verhältnis zu sonstigen Freistellungen. (1) Der Bildungsurlaub beträgt jährlich fünf Arbeitstage. Wird regelmäßig an mehr oder weniger als fünf Tagen in der Woche gearbeitet, so erhöht oder verringert sich der Anspruch auf Freistellung von der Arbeit zur Teilnahme an einer Bildungsveranstaltung entsprechend. Dies gilt auch für die Teilnahme an Bildungsveranstaltungen nach § 11 Abs. 1 Nr. 2 Satz 2. Fällt der Bildungsurlaub ganz oder teilweise auf arbeitsfreie Tage, so werden diese auf den Anspruch auf Bildungsurlaub angerechnet.

(2) Freistellungen nach den im öffentlichen Dienst geltenden besonderen Rechtsvorschriften können dann auf den Anspruch nach diesem Gesetz angerechnet werden, wenn die Teilnahme an der Bildungsveranstaltung den Beschäftigten uneingeschränkt die Erreichung der in § 1 dieses Gesetzes niedergelegten Ziele ermöglicht. Im übrigen sind sonstige Freistellungen zur Teilnahme an Bildungsveranstaltungen nur dann auf den Anspruch nach diesem Gesetz anrechenbar, wenn sie auf anderen Rechtsvorschriften, Tarifverträgen oder Betriebsvereinbarungen beruhen, dem Beschäftigten uneingeschränkt die Erreichung der in § 1 dieses Gesetzes niedergelegten Ziele ermöglichen und in den betreffenden anderen Rechtsvorschriften, Tarifverträgen oder Betriebsvereinbarungen die Anrechenbarkeit ausdrücklich vorgesehen ist.

(3) Der Anspruch auf Erholungsurlaub und sonstige Freistellungen von der Arbeit nach anderen Rechtsvorschriften oder vertraglichen Bestimmungen werden durch dieses Gesetz nicht berührt.

§ 3 Zusatzurlaub für die pädagogische Mitwirkung in anerkannten Bildungsveranstaltungen. (1) Für die pädagogische Mitwirkung in nach diesem Gesetz anerkannten oder als anerkannt geltenden Bildungsveranstaltungen haben Beschäftigte Anspruch auf zusätzlich jährlich fünf Arbeitstage unbezahlten Bildungsurlaub. § 2 Abs. 1 Satz 2 gilt entsprechend.

(2) Haben Beschäftigte Anspruch auf Freistellung nach dem Gesetz zur Stärkung des Ehrenamtes in der Jugendarbeit vom 28. November 2000

(GVBl. I S. 516)[1] für das laufende Kalenderjahr geltend gemacht, so ist die Freistellung auf den Anspruch aus Abs. 1 anrechenbar.

§ 4 Wartezeit. Der Anspruch auf Bildungsurlaub wird erstmals nach sechsmonatigem Bestehen des Arbeits- oder Ausbildungsverhältnisses erworben. Der Anspruch muß nicht neu erworben werden, wenn bei derselben Beschäftigungsstelle innerhalb einer Frist von vier Monaten ein Beschäftigungsverhältnis im Anschluß an ein Ausbildungsverhältnis oder an ein anderes Beschäftigungsverhältnis begründet wird.

§ 5 Inanspruchnahme und Übertragung des Bildungsurlaubs. (1) Die Inanspruchnahme und die zeitliche Lage des Bildungsurlaubs sind der Beschäftigungsstelle so frühzeitig wie möglich, mindestens sechs Wochen vor Beginn der gewünschten Freistellung schriftlich mitzuteilen. Der Anspruch kann nur geltend gemacht werden für die Teilnahme an nach diesem Gesetz anerkannten oder als anerkannt geltenden Bildungsveranstaltungen.

(2) Bei einer nach § 11 Abs. 1 Nr. 2 Satz 2 auf zwei zeitliche Blöcke verteilten Veranstaltung handelt es sich um eine einheitliche Bildungsveranstaltung. Die Mitteilung der Beschäftigten und die Freistellung durch die Beschäftigungsstelle erfolgen gleichzeitig für beide Blöcke vor Beginn des ersten Blocks.

(3) Der Mitteilung nach Abs. 1 Satz 1 haben die Beschäftigten eine Anmeldebestätigung, den Nachweis über die Anerkennung der Bildungsveranstaltung sowie das Programm der Bildungsveranstaltung, aus dem sich die Zielgruppe, Lernziele und Lerninhalte sowie der zeitliche Ablauf der Veranstaltung ergeben, beizufügen. Nach Beendigung der Bildungsveranstaltung ist der Beschäftigungsstelle eine Teilnahmebestätigung vorzulegen. Die nach Satz 1 und 2 erforderlichen Bescheinigungen und Unterlagen sind den Beschäftigten vom Träger der Bildungsveranstaltung kostenlos auszuhändigen.

(4) Der Bildungsurlaub kann nicht in der von den Beschäftigten vorgesehenen Zeit genommen werden, wenn dringende betriebliche Erfordernisse entgegenstehen. Diese können bei den zu ihrer Berufsausbildung Beschäftigten nicht geltend gemacht werden.

(5) Die Freistellung kann abgelehnt werden, wenn im laufenden Kalenderjahr mehr als ein Drittel der Beschäftigten des Betriebes an nach diesem Gesetz anerkannten Bildungsveranstaltungen teilgenommen haben. Abs. 4 Satz 2 gilt entsprechend.

(6) Wird die Freistellung verweigert, so ist dies den Beschäftigten innerhalb von drei Wochen nach Erhalt der Mitteilung nach Abs. 1 Satz 1 schriftlich unter Angabe der Gründe zu eröffnen. Erfolgt die Ablehnung der Freistellung nicht formgerecht innerhalb dieser Frist, gilt die Freistellung als erteilt. Dies gilt nicht, wenn die Mitteilung der Beschäftigten nicht den Anforderungen des Abs. 1 Satz 1 und Abs. 3 Satz 1 entsprochen hat.

---

[1] Neufassung abgedruckt unter C 5., S. 439.

Teil III   D. *Landesgesetze zum Bildungsurlaub*

(7) Im Falle des Widerrufs der Freistellung für den gesamten Bildungsurlaub oder für einen Teil des Bildungsurlaubs besteht ein Anspruch auf Nachgewährung in entsprechendem zeitlichen Umfang. Ansprüche auf Schadenersatz bleiben unberührt.

(8) Die Beschäftigten können den gesamten Anspruch auf Bildungsurlaub nur auf das nächste Kalenderjahr übertragen. Sofern sie innerhalb des Kalenderjahres keinen Bildungsurlaub beansprucht haben, ist die Übertragung bis zum 31. Dezember des laufenden Jahres schriftlich gegenüber der Beschäftigungsstelle zu erklären. Wurde die Freistellung verweigert oder nach Abs. 7 widerrufen, so ist der Anspruch auf Bildungsurlaub bei Fortbestand des Beschäftigungsverhältnisses auf das folgende Kalenderjahr zu übertragen, ohne daß es einer Erklärung der Beschäftigten bedarf.

(9) Eine Abgeltung des Bildungsurlaubs findet nicht statt.

§ 6 Ausschluß von Doppelansprüchen. (1) Der Anspruch auf Bildungsurlaub besteht nicht, soweit Beschäftigten für das laufende Kalenderjahr bereits von einer früheren Beschäftigungsstelle Bildungsurlaub gewährt worden ist.

(2) Die Beschäftigungsstelle ist verpflichtet, bei Beendigung des Arbeitsverhältnisses den Beschäftigten eine Bescheinigung über den im laufenden Kalenderjahr gewährten Bildungsurlaub auszuhändigen.

§ 7 Verbot der Erwerbstätigkeit. Während des Bildungsurlaubs dürfen Beschäftigte keine Erwerbstätigkeit leisten.

§ 8 Wahlfreiheit, Benachteiligungsverbot und Bildungsurlaubsentgelt. (1) Die Beschäftigungsstelle darf Beschäftigte nicht in der freien Auswahl unter den anerkannten Bildungsurlaubsveranstaltungen behindern oder wegen der Inanspruchnahme des Bildungsurlaubs benachteiligen.

(2) Für die Berechnung des Bildungsurlaubsentgelts und die Fälle der Erkrankung während des Bildungsurlaubs gelten die §§ 9, 11 und 12 des Bundesurlaubsgesetzes.

(3) Sofern Bildungsurlaub zur Schulung für die Wahrnehmung eines Ehrenamtes nach § 1 Abs. 2 Satz 1 in Verbindung mit Abs. 5 gewährt wird, erstattet das Land den privaten Beschäftigungsstellen nach Maßgabe des Landeshaushaltes das für den Zeitraum der Freistellung fortzuzahlende Arbeitsentgelt auf der Grundlage des durchschnittlich in Hessen gezahlten Arbeitsentgelts pro Tag. Das Nähere regelt die Rechtsverordnung nach § 1 Abs. 5 Satz 5.

§ 9[1] **Anerkennung von Trägern.** (1) Die Anerkennung von Bildungsveranstaltungen setzt vorbehaltlich des § 10 Abs. 4 Satz 1 und 3 voraus, daß die Eignung des Trägers für die Durchführung von Bildungsveranstaltungen im Sinne dieses Gesetzes anerkannt ist.

---

[1] § 9 Abs. 6 berichtigt in GVBl. 1998 S. 348.

(2) Die Anerkennung der Eignung von Trägern der Jugend- und Erwachsenenbildung für die Durchführung von Bildungsveranstaltungen im Sinne dieses Gesetzes und der Widerruf der Anerkennung erfolgen durch die zuständige Behörde nach Anhörung des Landesjugendhilfeausschusses und des Landeskuratoriums für Erwachsenenbildung. Der Träger muß seinen Sitz in der Bundesrepublik Deutschland haben.

(3) Die Anerkennung der Eignung erfolgt auf Antrag des Trägers. Der Antrag ist zu begründen. Dem Antrag sind die erforderlichen Nachweise zu den Voraussetzungen der Trägeranerkennung sowie Programme im Sinne von § 10 Abs. 1 Satz 3 der nach diesem Gesetz geplanten Bildungsveranstaltungen beizufügen.

(4) Die Anerkennung der Eignung setzt voraus, daß der Träger anerkennungsfähige Bildungsveranstaltungen im Sinne der §§ 1 und 11 dieses Gesetzes anbietet und über die für die Durchführung der Bildungsveranstaltung erforderliche personelle und organisatorische Ausstattung verfügt. Die Ziele des Trägers und die Inhalte seiner Bildungsveranstaltungen müssen mit der freiheitlich demokratischen Grundordnung im Sinne des Grundgesetzes für die Bundesrepublik Deutschland und der Verfassung des Landes Hessen in Einklang stehen.

(5) Die zum Zeitpunkt des Inkrafttretens dieses Gesetzes nach dem Hessischen Gesetz über den Anspruch auf Bildungsurlaub vom 24. Juni 1974 (GVBl. I S. 300) als geeignet anerkannten Träger der Jugend- und Erwachsenenbildung sowie deren Mitgliedsorganisationen gelten weiter als anerkannt. Die nach dem Jugendbildungsförderungsgesetz in der Fassung vom 5. Juni 1981 (GVBl. I S. 200) oder nach dem Erwachsenenbildungsgesetz in der Fassung vom 9. August 1978 (GVBl. I S. 502) anerkannten Träger der Jugend- und Erwachsenenbildung, deren Mitgliedsorganisationen und die Volkshochschulen im Sinne des Gesetzes über Volkshochschulen in der Fassung vom 21. Mai 1981 (GVBl. I S. 198) sowie der Hessische Volkshochschulverband gelten ebenfalls als nach dieser Vorschrift anerkannt.

(6) Ausgeschlossen von der Anerkennung sind Unternehmen, die mit der Absicht der Gewinnerzielung betrieben werden, und Träger, deren Bildungsveranstaltungen der Gewinnerziehung dienen.

§ 10 Anträge auf Anerkennung von Bildungsveranstaltungen. (1) Anträge auf Anerkennung einer Bildungsveranstaltung können nur von einem nach § 9 anerkannten Träger gestellt werden. Sie sind spätestens zehn Wochen vor Veranstaltungsbeginn schriftlich bei der zuständigen Behörde einzureichen. Die für die Anerkennung erforderlichen Nachweise, insbesondere ein ausführliches Programm der Bildungsveranstaltung, aus dem sich die Zielgruppe, Lernziele und Lerninhalte sowie der zeitliche Ablauf der Veranstaltung ergeben, sind beizufügen.

(2) Die Anerkennung einer Veranstaltung kann mit der Auflage erteilt werden, daß der Träger der Anerkennungsbehörde unverzüglich nach Beendigung der Bildungsveranstaltung einen schriftlichen Bericht über Inhalt und Verlauf vorlegt, wenn zu besorgen ist, daß die Veranstaltung abweichend von dem anerkannten Programm durchgeführt wird. Sofern nach Be-

Teil III D. Landesgesetze zum Bildungsurlaub

endigung der Veranstaltung Umstände bekannt werden, die auf ein Abweichen der durchgeführten von der anerkannten Veranstaltung schließen lassen, ist der Träger auf Verlangen der Anerkennungsbehörde verpflichtet, unverzüglich einen Bericht über Inhalt und Verlauf der Bildungsveranstaltung vorzulegen.

(3) Auf Antrag des Trägers kann die zuständige Behörde für die Dauer eines Jahres Bildungsveranstaltungen anerkennen. Dies gilt nicht für Veranstaltungen nach § 11 Abs. 1 Nr. 2 Satz 2. Die Anerkennung ist mit der Auflage zu erteilen, daß der Träger spätestens mit dem Ablauf des Anerkennungszeitraumes Zeitpunkt und Ort jeder Bildungsveranstaltung schriftlich mitteilt.

(4) Bildungsveranstaltungen, die auf Grund von in anderen Bundesländern bestehenden Rechtsvorschriften zur Freistellung von Beschäftigten zum Zwecke der Weiterbildung anerkannt sind, gelten als nach diesem Gesetz anerkannt, wenn sie den Anforderungen des § 1 Abs. 2 bis 5 genügen und darüber hinaus die Voraussetzungen des § 11 erfüllen. Hierüber hat der Veranstalter den Beschäftigten eine schriftliche Bestätigung zu erteilen. Satz 1 und 2 gelten auch für Veranstaltungen, die von der Bundeszentrale für politische Bildung und den Landeszentralen für politische Bildung durchgeführt werden.

§ 11 Voraussetzungen zur Anerkennung von Bildungsveranstaltungen. (1) Eine Veranstaltung kann als Bildungsveranstaltung anerkannt werden, wenn sie den Grundsätzen von § 1 Abs. 2 bis 5 entspricht und folgende Voraussetzungen erfüllt sind:

1. Das Ziel der Veranstaltung muß aus der konkreten Ausgestaltung des zur Anerkennung vorgelegten Veranstaltungsprogramms und dem zugrunde liegenden Lernkonzept hervorgehen. Das gilt insbesondere für das Ziel der politischen Bildung nach § 1 Abs. 3 Satz 2. Bei Veranstaltungen der beruflichen Weiterbildung sowie zur Schulung für ein Ehrenamt müssen auch die nach § 1 Abs. 4 und Abs. 5 Satz 2 zu vermittelnden Kenntnisse gesellschaftlicher Zusammenhänge konkret aus dem Veranstaltungsprogramm hervorgehen.
2. Eine Bildungsveranstaltung muß an mindestens fünf aufeinanderfolgenden Tagen stattfinden. Sie kann jedoch unter der Voraussetzung des inhaltlichen und organisatorischen Zusammenhangs auf zwei, jeweils an aufeinanderfolgenden Tagen stattfindende zeitliche Blöcke, von denen einer mindestens zwei Tage umfassen muß, verteilt werden, wenn beide Blöcke innerhalb von höchstens acht zusammenhängenden Wochen durchgeführt werden. Bildungsveranstaltungen für die zu ihrer Berufsausbildung Beschäftigten müssen an mindestens fünf aufeinanderfolgenden Tagen stattfinden.
3. Die Dauer des täglichen Arbeitsprogrammes soll sechs Zeitstunden nicht unterschreiten.
4. Die Veranstaltung muß jeder Person offenstehen, es sei denn, daß eine Beschränkung des Teilnehmerkreises auf pädagogisch begründeten Voraussetzungen oder einer Zielgruppenorientierung beruht.

(2) Eine Veranstaltung wird nicht als Bildungsveranstaltung anerkannt,
1. wenn sie der Freizeitgestaltung oder Erholung oder
2. der Gestaltung der privaten Lebensführung oder im Rahmen der politischen Bildung überwiegend der Erweiterung der privaten Allgemeinbildung oder
3. ausschließlich der Schulung betrieblicher Interessenvertretungen oder
4. unmittelbar der Durchsetzung partei- oder verbandspolitischer Ziele dient oder
5. wenn die Teilnahme an der Veranstaltung von der Zugehörigkeit zu einer Religionsgemeinschaft, Partei, Gewerkschaft oder sonstigen Vereinigungen oder Organisationen abhängig gemacht wird.

(3) Abweichend von Abs. 2 Nr. 2 und 5 können Veranstaltungen anerkannt werden, die der Schulung für die Wahrnehmung eines Ehrenamtes im Sinne von § 1 Abs. 2 Satz 1 und Abs. 5 dienen.

§ 12 Verfahren der Anerkennung von Trägern und Bildungsveranstaltungen. Das Verfahren der Anerkennung von Trägern und der Anerkennung von Bildungsveranstaltungen wird durch Rechtsverordnung geregelt. In der Rechtsverordnung werden der Inhalt der Anträge, die Pflicht zur Vorlage von Unterlagen und Nachweisen sowie die Dauer einer Bildungsveranstaltung (§ 11 Abs. 1 Nr. 3) bestimmt.

§ 13 Widerruf und Rücknahme der Anerkennung. (1) Die Anerkennung der Eignung des Trägers kann zurückgenommen werden, wenn sie durch arglistige Täuschung oder durch unrichtige oder unvollständige Angaben erwirkt wurde. Die Anerkennung kann widerrufen werden, wenn der Träger die Eignungsvoraussetzungen nicht mehr erfüllt, seinen Pflichten aus diesem Gesetz nicht nachkommt oder wiederholt Bildungsveranstaltungen durchgeführt hat, deren Anerkennung von der zuständigen Behörde nach Abs. 2 zurückgenommen oder widerrufen wurde.

(2) Die Anerkennung einer Bildungsveranstaltung kann zurückgenommen werden, wenn sie durch arglistige Täuschung oder durch unrichtige oder unvollständige Angaben erwirkt wurde. Die Anerkennung kann widerrufen werden, wenn bei der Durchführung der Veranstaltung in wesentlichen Teilen von dem der Anerkennung zugrundeliegenden Programm abgewichen wurde und die durchgeführte Veranstaltung nicht nach diesem Gesetz anerkennungsfähig war.

§ 14 Berichtspflichten. (1) Die zuständige Behörde soll dem Landesjugendhilfeausschuß und dem Landeskuratorium für Erwachsenenbildung jährlich, erstmals im Jahre 1999, einen statistischen Bericht, insbesondere über Anzahl, Inhalte und Teilnehmerstruktur der nach diesem Gesetz durchgeführten Bildungsveranstaltungen, vorlegen.

(2) Die Landesregierung legt dem Landtag in vierjährigem Abstand zum 1. Oktober, erstmals bis zum 1. Oktober 2003, einen Erfahrungsbericht über die Durchführung dieses Gesetzes vor.

(3) Die Träger der anerkannten Bildungsveranstaltungen sind verpflichtet, der zuständigen Behörde bis zum 1. April jedes Jahres einen Bericht vorzu-

legen, der insbesondere Angaben über Anzahl, Inhalte und Teilnehmerstruktur der Veranstaltungen enthalten muß. Das Nähere zum Berichtsverfahren wird durch Rechtsverordnung geregelt.

§ 15 Zuständige Behörde. Zuständige Behörde für die Anerkennung von Trägern und Bildungsveranstaltungen sowie für die Wahrnehmung der Aufgaben nach § 8 Abs. 3 und § 14 Abs. 1 und 3 Satz 1 ist das für das Bildungsurlaubsrecht zuständige Ministerium.

§ 16 Zuständigkeit für den Erlaß von Rechtsverordnungen. (1) Die für das Bildungsurlaubsrecht zuständige Ministerin oder der dafür zuständige Minister erläßt die Rechtsverordnungen nach § 1 Abs. 5 Satz 5 auch in Verbindung mit § 8 Abs. 3 Satz 2, nach § 12 und § 14 Abs. 3 Satz 2 und kann die zuständige Behörde abweichend von § 15 bestimmen. Die Regelung nach § 1 Abs. 5 Satz 5 wird im Einvernehmen mit der zuständigen Ressortministerin oder dem zuständigen Ressortminister getroffen.

(2) Für den Fall, daß die Zuständigkeit für die Durchführung des Erstattungsverfahrens nach § 8 Abs. 3 Satz 1 nicht einer Behörde, sondern einer sonstigen geeigneten Stelle übertragen wird, kann die Rechtsverordnung vorsehen, daß die erforderlichen Personal- und Sachkosten bis zu einer Höhe von 3 vom Hundert des im Haushaltsplan festgelegten Pauschbetrages in das Erstattungsverfahren einbezogen werden.

§ 17 Unabdingbarkeit. Von den vorstehenden Bestimmungen darf nur zugunsten der Beschäftigten abgewichen werden.

§ 18 Inkrafttreten.[1] (1) Dieses Gesetz tritt am 1. Januar 1985 in Kraft.

(2) Mit dem Inkrafttreten dieses Gesetzes wird das Hessische Gesetz über den Anspruch auf Bildungsurlaub vom 24. Juni 1974 (GVBl. I S. 300) aufgehoben.

6. Niedersachsen

Niedersächsisches Gesetz über den Bildungsurlaub für Arbeitnehmer und Arbeitnehmerinnen (Niedersächsisches Bildungsurlaubsgesetz – NBildUG)

In der Fassung vom 25. Januar 1991
(GVBl. S. 29)
Zuletzt geändert durch Gesetz vom 17. Dezember 1999 (GVBl. S. 430)

§ 1 [Zweck der Freistellung] Bildungsurlaub dient der Erwachsenenbildung im Sinne des Niedersächsischen Erwachsenenbildungsgesetzes.

---

[1] Die Bestimmung betrifft das Inkrafttreten des Gesetzes in der ursprünglichen Fassung.

Niedersachsen Teil III

§ 2 [Freistellungsanspruch. Berechtigte. Dauer. Anrechnung bei Arbeitsplatzwechsel] (1) Arbeitnehmer und Arbeitnehmerinnen haben einen Anspruch auf Bildungsurlaub zur Teilnahme an nach § 10 dieses Gesetzes anerkannten Bildungsveranstaltungen. Ein Anspruch auf Bildungsurlaub nach diesem Gesetz besteht nicht, wenn dem Arbeitnehmer oder der Arbeitnehmerin für die Bildungsveranstaltung nach anderen Gesetzen, tarifvertraglichen oder betrieblichen Vereinbarungen Freistellung von der Arbeit mindestens für die Zeitdauer nach Absatz 4 und unter Lohnfortzahlung mindestens in Höhe des nach § 5 zu zahlenden Entgelts zusteht. Dasselbe gilt, wenn dem Arbeitnehmer oder der Arbeitnehmerin Freistellung nach den anderen Regelungen nur deshalb nicht zusteht, weil diese bereits für andere Bildungsveranstaltungen in Anspruch genommen wurde.

(2) Arbeitnehmer und Arbeitnehmerinnen sind Arbeiter und Arbeiterinnen, Angestellte sowie die zu ihrer Berufsausbildung Beschäftigten. Als Arbeitnehmer oder Arbeitnehmerinnen gelten auch
1. die in Heimarbeit Beschäftigten und die ihnen gleichgestellten Personen,
2. andere Personen, die wegen ihrer wirtschaftlichen Unselbständigkeit als arbeitnehmerähnliche Personen anzusehen sind, und
3. Beschäftigte im Sinne von § 40 Abs. 2 des Bundessozialhilfegesetzes, die in Werkstätten für Behinderte tätig sind.

(3) Der Anspruch auf Bildungsurlaub kann erstmals nach sechsmonatigem Bestehen des Beschäftigungsverhältnisses geltend gemacht werden.

(4) Der Anspruch des Arbeitnehmers oder der Arbeitnehmerin auf Bildungsurlaub umfaßt fünf Arbeitstage innerhalb des laufenden Kalenderjahres. Arbeitet der Arbeitnehmer oder die Arbeitnehmerin regelmäßig an mehr oder an weniger als fünf Arbeitstagen in der Woche, so ändert sich der Anspruch auf Bildungsurlaub entsprechend.

(5) Bei einem Wechsel des Beschäftigungsverhältnisses wird auf den Anspruch der Bildungsurlaub angerechnet, der schon vorher in dem betreffenden Kalenderjahr gewährt wurde.

(6) Ein nicht ausgeschöpfter Bildungsurlaubsanspruch des vorangegangenen Kalenderjahres kann noch im laufenden Kalenderjahr geltend gemacht werden. Soweit der Arbeitgeber oder die Arbeitgeberin zustimmt, können im laufenden Kalenderjahr auch die nicht ausgeschöpften Bildungsurlaubsansprüche der beiden Kalenderjahre unmittelbar vor dem vorangegangenen Kalenderjahr geltend gemacht werden; dies gilt jedoch nur, wenn sie gemeinsam mit den Bildungsurlaubsansprüchen des laufenden und des vorangegangenen Kalenderjahres für eine zusammenhängende Bildungsveranstaltung geltend gemacht werden. Der Arbeitnehmer oder die Arbeitnehmerin kann verlangen, daß der Arbeitgeber oder die Arbeitgeberin eine Zustimmung nach Satz 2 in schriftlicher Form erklärt.

(7) Der Arbeitgeber oder die Arbeitgeberin ist verpflichtet, bei Beendigung des Beschäftigungsverhältnisses auf Verlangen eine Bescheinigung darüber auszustellen, ob und in welchem Umfange dem Arbeitnehmer oder der Arbeitnehmerin in den vorangegangenen drei Kalenderjahren und im laufenden Kalenderjahr Bildungsurlaub nach diesem Gesetz gewährt worden ist.

Teil III   D. *Landesgesetze zum Bildungsurlaub*

§ 3 [Ablehnung durch Arbeitgeber] Der Arbeitgeber oder die Arbeitgeberin kann die Gewährung von Bildungsurlaub ablehnen, sobald die Gesamtzahl der Arbeitstage, die im laufenden Kalenderjahr von den Arbeitnehmern und Arbeitnehmerinnen für Zwecke des Bildungsurlaubs nach diesem Gesetz in Anspruch genommen worden sind, das Zweieinhalbfache der Zahl der Arbeitnehmer und Arbeitnehmerinnen, die am 30. April des Jahres nach diesem Gesetz bildungsurlaubsberechtigt waren, erreicht hat. Beträgt der Bildungsurlaub, den der Arbeitgeber oder die Arbeitgeberin danach zu gewähren hat, weniger als fünf Tage, so entsteht für den Arbeitgeber oder die Arbeitgeberin in diesem Kalenderjahr keine Verpflichtung, Bildungsurlaub zu gewähren. Ergibt im übrigen die Teilung der errechneten Bildungsurlaubstage durch fünf Resttage, so gilt das gleiche für die Resttage. Die Bildungsurlaubstage, für die eine Verpflichtung zur Gewährung von Bildungsurlaub in einem Kalenderjahr nicht entstanden ist, werden bei der Berechnung im folgenden Kalenderjahr berücksichtigt.

§ 4 [Benachteiligungsverbot] Arbeitnehmer und Arbeitnehmerinnen dürfen wegen der Inanspruchnahme von Bildungsurlaub nach diesem Gesetz nicht benachteiligt werden.

§ 5 [Entgeltfortzahlung] Bildungsurlaub wird vom Arbeitgeber oder von der Arbeitgeberin ohne Minderung des Arbeitsentgelts gewährt. Das fortzuzahlende Entgelt für die Zeit des Bildungsurlaubs wird entsprechend den Bestimmungen des Gesetzes zur Regelung der Lohnzahlung an Feiertagen vom 2. August 1951 (Bundesgesetzbl. I S. 479), geändert durch Artikel 20 des Haushaltsstrukturgesetzes vom 18. Dezember 1975 (Bundesgesetzbl. I S. 3091), berechnet.

§ 6 [Anrechnungsverbot. Unabdingbarkeit] (1) Der Anspruch auf Erholungsurlaub sowie der Anspruch auf Freistellung von der Arbeit nach anderen Gesetzen, tarifvertraglichen oder betrieblichen Vereinbarungen, werden durch dieses Gesetz nicht berührt.

(2) Von den Vorschriften dieses Gesetzes darf vom Arbeitgeber oder von der Arbeitgeberin nur zugunsten des Arbeitnehmers oder der Arbeitnehmerin abgewichen werden. Abweichungen von § 2 Abs. 6 Satz 2 Halbsatz 2 sind unzulässig.

§ 7 [Erkrankung während der Freistellung] Erkrankt ein Arbeitnehmer oder eine Arbeitnehmerin während des Bildungsurlaubs und ist wegen der Erkrankung eine Teilnahme an der Bildungsveranstaltung nicht möglich, so ist die Zeit der Erkrankung auf den Bildungsurlaub nicht anzurechnen, wenn die Erkrankung und die dadurch bedingte Unfähigkeit, an der Bildungsveranstaltung teilzunehmen, dem Arbeitgeber oder der Arbeitgeberin durch die ärztliche Bescheinigung nachgewiesen werden.

§ 8 [Zeitliche Lage der Freistellung] (1) Die Inanspruchnahme und die zeitliche Lage des Bildungsurlaubs sind unter Angabe der Bildungsveranstaltung dem Arbeitgeber oder der Arbeitgeberin so früh wie möglich, in der Regel mindestens vier Wochen vorher, schriftlich mitzuteilen.

Niedersachsen Teil III

(2) Der Arbeitgeber oder die Arbeitgeberin kann unbeschadet der Regelung des § 3 die Gewährung von Bildungsurlaub für den mitgeteilten Zeitraum nur ablehnen, wenn zwingende betriebliche oder dienstliche Belange entgegenstehen; die Erholungswünsche anderer Arbeitnehmer und Arbeitnehmerinnen, denen unter sozialen Gesichtspunkten eine Verlegung des Erholungsurlaubs nicht zuzumuten ist, sind vorrangig zu berücksichtigen. Bei der Gewährung des Bildungsurlaubs haben diejenigen Arbeitnehmer und Arbeitnehmerinnen den Vorrang, die im Verhältnis zu den übrigen Arbeitnehmern und Arbeitnehmerinnen den Bildungsurlaub in geringerem Umfang in Anspruch genommen haben. Haben Arbeitnehmer und Arbeitnehmerinnen an Schulen oder Hochschulen ihren Erholungsurlaub in der unterrichtsfreien oder vorlesungsfreien Zeit zu nehmen, so gilt das gleiche für den Bildungsurlaub.

(3) Den zu ihrer Berufsausbildung Beschäftigten kann die Gewährung von Bildungsurlaub für den mitgeteilten Zeitraum nur abgelehnt werden, wenn besondere betriebliche oder dienstliche Ausbildungsmaßnahmen entgegenstehen.

(4) Hat der Arbeitgeber oder die Arbeitgeberin die nach Absatz 1 rechtzeitig mitgeteilte Teilnahme an einer Bildungsveranstaltung nicht spätestens zwei Wochen vor Beginn der Veranstaltung schriftlich abgelehnt, so gilt der Bildungsurlaub als bewilligt.

(5) Ist der Bildungsurlaub für das vorangegangene Kalenderjahr versagt worden, so können dem Anspruch auf Bildungsurlaub im laufenden Jahr Versagungsgründe nach Absatz 2 Satz 1 Halbsatz 1 nicht entgegengehalten werden.

(6) Die Teilnahme an der Bildungsveranstaltung ist dem Arbeitgeber oder der Arbeitgeberin nachzuweisen.

§ 9 *(aufgehoben)*

§ 10 [Anträge auf Anerkennung von Bildungsveranstaltungen]
(1) Die Anerkennung von Bildungsveranstaltungen spricht eine vom Landesministerium bestimmte Stelle aus. Das Landesministerium kann diese Aufgabe auch einer nichtstaatlichen Stelle übertragen, die zu deren Übernahme bereit ist. Die Stelle handelt dabei im Auftrage des Ministeriums für Wissenschaft und Kultur und ist an dessen Weisungen gebunden.

(2) Anträge auf Anerkennung von Bildungsveranstaltungen sind zu begründen. Das Landesministerium wird ermächtigt, durch Verordnung nähere Vorschriften über das Anerkennungsverfahren zu treffen. In der Verordnung kann insbesondere festgelegt werden, welche Angaben Anträge auf Anerkennung von Bildungsveranstaltungen enthalten müssen, welche Nachweise den Anträgen beizufügen sind und für welche Zeiträume Anerkennungen ausgesprochen werden können.

(3) Zu den Anträgen auf Anerkennung von Bildungsveranstaltungen, die überwiegend der beruflichen Bildung dienen, sind in Zweifelsfällen die niedersächsischen Spitzenorganisationen der Gewerkschaften und Arbeitgeberverbände zu hören.

Teil III D. *Landesgesetze zum Bildungsurlaub*

§ 11 [Voraussetzungen zur Anerkennung von Bildungsveranstaltungen] (1) Eine Veranstaltung wird anerkannt, wenn
1. sie ausschließlich der Weiterbildung im Sinne des § 1 dient,
2. sie jeder Person offensteht, es sei denn, daß eine bestimmte Auswahl des Teilnehmerkreises aus besonderen pädagogischen Gründen geboten ist,
3. ihr Programm veröffentlicht wird,
4. der Träger hinsichtlich seiner Einrichtungen und materiellen Ausstattung, seiner Lehrkräfte und Bildungsziele eine sachgemäße Bildungsarbeit gewährleistet und
5. die Ziele des Trägers und der Inhalt der Bildungsveranstaltung mit der freiheitlichen demokratischen Grundordnung im Sinne des Grundgesetzes für die Bundesrepublik Deutschland und der Vorläufigen Niedersächsischen Verfassung im Einklang stehen.

(2) Eine Veranstaltung darf nicht anerkannt werden, wenn
1. die Teilnahme von der Zugehörigkeit zu Parteien, Gewerkschaften, Religionsgemeinschaften oder ähnlichen Vereinigungen abhängig gemacht wird

oder wenn die Veranstaltung
2. unmittelbar der Durchsetzung politischer Ziele,
3. ausschließlich betrieblichen oder dienstlichen Zwecken,
4. der Erholung, der Unterhaltung, der privaten Haushaltsführung, der Körper- oder Gesundheitspflege, der sportlichen, künstlerischen oder kunsthandwerklichen Betätigung oder der Vermittlung entsprechender Kenntnisse oder Fertigkeiten,
5. dem Einüben psychologischer oder ähnlicher Fertigkeiten,
6. dem Erwerb von Fahrerlaubnissen oder ähnlichen Berechtigungen

dient oder wenn sie
7. als Studienreise durchgeführt wird.

(3) Abweichend von Absatz 2 Nrn. 4 bis 6 können Veranstaltungen anerkannt werden, die
1. der beruflichen Weiterbildung oder
2. der Aus- und Fortbildung ehrenamtlicher oder nebenberuflicher Mitarbeiter und Mitarbeiterinnen

auf dem betreffenden Gebiet dienen.

(4) Abweichend von Absatz 2 Nrn. 4 und 5 können Veranstaltungen anerkannt werden, wenn diese aus pädagogischen oder didaktischen Gründen Abschnitte der Betätigung auf den betreffenden Gebieten von insgesamt nicht mehr als einem Viertel der Veranstaltungsdauer enthalten.

(5) Abweichend von Absatz 2 Nr. 7 können Veranstaltungen anerkannt werden, die vom Presse- und Informationsamt der Bundesregierung durchgeführt werden und der politischen Bildung dienen; dies gilt entsprechend für Veranstaltungen am Sitz von Institutionen der Europäischen Gemeinschaft.

(6) Soweit Träger von Veranstaltungen nicht juristische Personen des öffentlichen Rechts sind, sollen sie die Anforderungen des Steuerrechts an die

Gemeinnützigkeit erfüllen. Hiervon kann abgesehen werden, wenn ein Träger besonders qualifizierte Leistungen im Sinne von Absatz 1 Nr. 4 nachweist.

(7) Eine Bildungsveranstaltung soll in der Regel an fünf, mindestens jedoch an drei aufeinanderfolgenden Tagen stattfinden. Wenn die Art der Bildungsveranstaltung es erfordert, kann diese innerhalb von höchstens zwölf zusammenhängenden Wochen auch an nur einem Tag wöchentlich, insgesamt aber an mindestens fünf Tagen, durchgeführt werden.

(8) Das Landesministerium wird ermächtigt, die Anforderungen, die
1. an die Veröffentlichung von Programmen und
2. in pädagogischer Hinsicht an Dauer, Form und Teilnehmerzahl von Bildungsveranstaltungen

zu stellen sind, durch Verordnung näher festzulegen.

§ 12 [Bericht der Landesregierung] (1) Die Landesregierung berichtet dem Landtag einmal in jeder Wahlperiode über die Durchführung dieses Gesetzes.

(2) Die Träger anerkannter Bildungsveranstaltungen sind verpflichtet, der nach § 10 Abs. 1 zuständigen Stelle Auskunft über Gegenstand, Verlauf und Teilnehmer der anerkannten Veranstaltungen zu erteilen. Der Veranstalter oder die Veranstalterin hat Beauftragten der nach § 10 Abs. 1 zuständigen Stelle zu dem Zwecke, sich über den Verlauf anerkannter Veranstaltungen zu informieren, nach vorheriger Ankündigung den Zutritt zu diesen zu gestatten.

(3) Das Landesministerium wird ermächtigt, durch Verordnung nähere Vorschriften über das Berichtsverfahren nach Absatz 2 Satz 1 zu treffen.

§ 13 *(aufgehoben)*

§ 14 [Inkrafttreten] Dieses Gesetz tritt am 1. Januar 1975 in Kraft.

Verordnung zur Durchführung des Niedersächsischen Bildungsurlaubsgesetzes (DVO – NBildUG)

Vom 26. März 1991

(GVBl. S. 167)

Zuletzt geändert durch Verordnung vom 17. April 1997 (GVBl. S. 111)

§ 1 (1) Anträge auf Anerkennung von Bildungsveranstaltungen nach § 10 NBildUG sollen spätestens drei Monate vor Beginn der Veranstaltung bei der Anerkennungsbehörde gestellt werden.

(2) Arbeitnehmer und Arbeitnehmerinnen können die Anerkennung von Bildungsveranstaltungen nur beantragen, wenn diese außerhalb Niedersachsens stattfinden, die Träger dieser Veranstaltungen nicht ihren Sitz in Niedersachsen haben und sie selbst die Anerkennung nicht beantragt haben.

Teil III D. Landesgesetze zum Bildungsurlaub

§ 2 (1) Bildungsveranstaltungen können unter folgenden Voraussetzungen anerkannt werden:
1. gleichbleibender Teilnehmerkreis mit in der Regel höchstens 50 Personen,
2. einheitliche Leitung,
3. einheitliches Thema,
4. Mindestarbeitsumfang von in der Regel acht Unterrichtsstunden täglich, je vier Unterrichtsstunden am An- und Abreisetag.

Bildungsveranstaltungen, die für Teilzeitbeschäftigte ausgeschrieben sind, deren Arbeitszeit die Hälfte oder weniger als die Hälfte der Arbeitszeit entsprechend voll beschäftigter Arbeitnehmer oder Arbeitnehmerinnen beträgt, können auch mit einem Mindestarbeitsumfang von vier Unterrichtsstunden täglich anerkannt werden.

(2) Die Anerkennung wird grundsätzlich für die beantragte Veranstaltung ausgesprochen. Auf Antrag kann die Anerkennung Wiederholungsveranstaltungen einbeziehen, die bis zum Ablauf des übernächsten Kalenderjahres durchgeführt werden.

§ 3 Bei einer Studienreise im Sinne von § 11 Abs. 5 NBildUG kann Bildungsarbeit bei beiden dort genannten Institutionen und bei unterschiedlichen Stellen durchgeführt werden.

§ 4 Die Träger der anerkannten Bildungsveranstaltungen haben bis spätestens zum 31. März des der Veranstaltung folgenden Kalenderjahres der Anerkennungsbehörde Auskunft über Gegenstand, Verlauf sowie Teilnehmerinnen und Teilnehmer der Veranstaltungen nach amtlich eingeführtem Muster zu geben.

§ 5 (1) Diese Verordnung tritt mit Wirkung vom 1. Januar 1991 in Kraft.

(2) Gleichzeitig tritt die Verordnung zur Durchführung des Niedersächsischen Freistellungsgesetzes vom 27. Oktober 1984 (Nieders. GVBl. S. 247) außer Kraft.

7. Nordrhein-Westfalen

Erstes Gesetz zur Ordnung und Förderung der Weiterbildung im Lande Nordrhein-Westfalen (Weiterbildungsgesetz – WbG)

in der Fassung der Bekanntmachung vom 14. April 2000
(GVBl. S. 390)

Übersicht

Abschnitt I. Grundsätze

	§§
Recht auf Weiterbildung	1
Gesamtbereich der Weiterbildung	2
Aufgaben der Weiterbildung	3
Sicherung der Weiterbildung	4

Nordrhein-Westfalen   Teil III

§§
Zusammenarbeit 5
Prüfungen 6
Förderung der Weiterbildung 7
Stellen, Unterrichtsstunden und Teilnehmertage 8
Ausbildung 9

**Abschnitt II. Einrichtungen der Weiterbildung
in der Trägerschaft von Gemeinden und Gemeindeverbänden**

Errichtung und Unterhaltung von Einrichtungen der Weiterbildung 10
Grundversorung 11
Personalstruktur 12
Zuweisungen des Landes 13

**Abschnitt III. Einrichtungen der Weiterbildung
in anderer Trägerschaft**

Allgemeines 14
Anerkennungsvoraussetzungen 15
Finanzierung von Einrichtungen der Weiterbildung in anderer Trägerschaft 16

Abschnitt VI. Ergänzende Bestimmungen

Investitionskosten 17
Weiterförderung von Förderungsmaßnahmen 18
Förderungsvoraussetzungen und -verfahren 19
Weiterbildungskonferenz 20
Regionalkonferenz 21

Abschnitt V. Inkrafttreten, Übergang

Inkrafttreten, Übergang 22

I. Abschnitt. Grundsätze

§ 1 Recht auf Weiterbildung. (1) Jede und jeder hat das Recht, die zur freien Entfaltung der Persönlichkeit und zur freien Wahl des Berufs erforderlichen Kenntnisse und Qualifikationen zu erwerben und zu vertiefen.

(2) Soweit Kenntnisse und Qualifikationen nach Beendigung einer ersten Bildungsphase in Schule, Hochschule oder Berufsausbildung erworben werden sollen, haben Einrichtungen der Weiterbildung die Aufgabe, ein entsprechendes Angebot an Bildungsgängen nach den Vorschriften dieses Gesetzes bereitzustellen.

(3) Einrichtungen der Weiterbildung erfüllen ihre Aufgaben im Zusammenwirken mit anderen Bildungseinrichtungen.

§ 2 Gesamtbereich der Weiterbildung. (1) Der Gesamtbereich der Weiterbildung ist gleichberechtigter Teil des Bildungswesens.

(2) Einrichtungen der Weiterbildung im Sinne dieses Gesetzes sind Bildungsstätten in kommunaler Trägerschaft und anerkannte Bildungsstätten in anderer Trägerschaft, in denen Lehrveranstaltungen zur Fortset-

Teil III   D. *Landesgesetze zum Bildungsurlaub*

zung und Wiederaufnahme organisierten Lernens unabhängig vom Wechsel des pädagogischen Personals und der Teilnehmerinnen und Teilnehmer geplant und durchgeführt werden. Diese Einrichtungen decken einen Bedarf an Bildung neben Schule oder Hochschule sowie der Berufsausbildung und der außerschulischen Jugendbildung. Als Bedarf im Sinne dieses Gesetzes gelten sowohl die Vertiefung und Ergänzung vorhandener Qualifikationen als auch der Erwerb von neuen Kenntnissen, Fertigkeiten und Verhaltensweisen.

(3) Zu den Einrichtungen der Weiterbildung im Sinne dieses Gesetzes gehören nicht Bildungsstätten, die überwiegend der Weiterbildung der Mitglieder des Trägers im Bereich der freizeitorientierten und die Kreativität fördernden Bildung oder die überwiegend der Weiterbildung der Bediensteten des Trägers dienen oder die überwiegend Lehrveranstaltungen in einem Spezialgebiet planen und durchführen.

(4) Die von Einrichtungen der Weiterbildung angebotenen Lehrveranstaltungen sind für alle zugänglich. Bei abschlußbezogenen Lehrveranstaltungen kann die Teilnahme von bestimmten Vorkenntnissen abhängig gemacht werden.

§ 3 Aufgaben der Weiterbildung. (1) Das Bildungsangebot der Einrichtungen der Weiterbildung umfasst Inhalte, die die Entfaltung der Persönlichkeit fördern, die Fähigkeit zur Mitgestaltung des demokratischen Gemeinwesens stärken und die Anforderungen der Arbeitswelt bewältigen helfen. Es umfasst die Bereiche der allgemeinen, politischen, beruflichen und kulturellen Weiterbildung und schließt den Erwerb von Schulabschlüssen und Eltern- und Familienbildung ein.

(2) Das in Absatz 1 genannte Bildungsangebot ist nach dem Grundsatz der Einheit der Bildung zu planen und zu organisieren.

§ 4 Sicherung der Weiterbildung. (1) Die Sicherstellung eines bedarfsdeckenden Angebots an Lehrveranstaltungen zur Weiterbildung soll durch Einrichtungen der Kreise, kreisfreien Städte, kreisangehörigen Gemeinden (§ 10) sowie anderer Träger (§ 14) gewährleistet werden.

(2) Die Einrichtungen der Weiterbildung haben das Recht auf selbständige Lehrplangestaltung. Die Freiheit der Lehre wird gewährleistet; sie entbindet nicht von der Treue zur Verfassung.

(3) Zur Sicherung einer bedarfsgerechten Planung und Durchführung von Lehrveranstaltungen räumt der jeweilige Träger einer Einrichtung der Weiterbildung den Mitarbeiterinnen und Mitarbeitern und Teilnehmerinnen und Teilnehmern ein Mitwirkungsrecht ein. Art und Umfang dieses Mitwirkungsrechts sind in einer Satzung festzulegen.

§ 5 Zusammenarbeit. (1) Zum Aufbau eines Systems lebensbegleitenden Lernens arbeiten die Einrichtungen der Weiterbildung, die Schulen, insbesondere Schulen des Zweiten Bildungswegs, die Hochschulen und die Einrichtungen der beruflichen Aus- und Weiterbildung zusammen.

Nordrhein-Westfalen **Teil III**

(2) In diese Zusammenarbeit sind auch die Landesorganisationen der Weiterbildung und Fachinstitute einzubeziehen.

(3) Der Träger der Pflichtaufgabe (§ 10) soll die Abstimmung der Planung und die Zusammenarbeit der in seinem Bereich tätigen Weiterbildungseinrichtungen fördern.

§ 6 Prüfungen. (1) Einrichtungen der Weiterbildung haben das Recht, staatliche Prüfungen durchzuführen, wenn die vorbereitenden Lehrgänge den entsprechenden staatlichen Bildungsgängen gleichwertig sind. Dies gilt insbesondere für Prüfungen zum nachträglichen Erwerb von Schulabschlüssen. Die Durchführung dieser Prüfungen und der vorbereitenden Lehrgänge unterliegt der Fachaufsicht des zuständigen Ministeriums und der von ihm durch Rechtsverordnung bestimmten Aufsichtsbehörde.

(2) Das zuständige Ministerium bestimmt durch Rechtsverordnung, inwieweit typisierte und kombinierbare Einheiten von Lehrveranstaltungen den Erwerb von Zeugnissen und Abschlußzertifikaten in Teilabschnitten ermöglichen.

(3) Für Prüfungen zum nachträglichen Erwerb von Schulabschlüssen erläßt das zuständige Ministerium durch Rechtsverordnung Prüfungsordnungen; § 26 b Abs. 1 des Schulverwaltungsgesetzes gilt entsprechend.

§ 7 Förderung der Weiterbildung. Das Land ist nach Maßgabe dieses Gesetzes zur Förderung der Weiterbildung verpflichtet. Es beteiligt sich nach Maßgabe der §§ 13 und 16 an den Kosten für das hauptamtliche bzw. hauptberufliche pädagogische Personal und für die Maßnahmen, die nach Unterrichtsstunden und Teilnehmertagen berechnet werden.

§ 8 Stellen, Unterrichtsstunden und Teilnehmertage. (1) Die Beteiligung des Landes an den Kosten für das hauptamtlich bzw. hauptberufliche pädagogische Personal bemisst sich nach Stellen. Eine Stelle gilt als besetzt, wenn auf ihr eine vollzeitlich beschäftigte Person oder in entsprechendem Umfang mehrere teilzeitbeschäftigte Personen geführt werden.

(2) Eine Unterrichtsstunde ist eine Lehrveranstaltung von 45 Minuten Dauer.

(3) Bei mehrtätigen Lehrveranstaltungen mit einer Mindestdauer von zwölf Unterrichtsstunden bilden sechs Unterrichtsstunden bezogen auf eine teilnehmende Person einen Teilnehmertag. Je Tag kann ein Teilnehmertag abgerechnet werden.

(4) An den geförderten Unterrichtsstunden müssen im Jahresdurchschnitt mindestens zehn Personen teilnehmen, die in Nordrhein-Westfalen wohnen oder arbeiten. Bei den geförderten Teilnehmertagen darf der Anteil der Personen, die nicht in Nordrhein-Westfalen wohnen oder arbeiten, jährlich 15 vom Hundert der geförderten Teilnehmertage nicht übersteigen.

§ 9 Ausbildung. An Hochschulen werden die Voraussetzungen für Forschung, Lehre und Studium auf dem Gebiet der Organisation und Didaktik der Weiterbildung geschaffen.

Teil III D. *Landesgesetze zum Bildungsurlaub*

II. Abschnitt. Einrichtungen der Weiterbildung in der Trägerschaft von Gemeinden und Gemeindeverbänden

§ 10 Errichtung und Unterhaltung von Einrichtungen der Weiterbildung. (1) Kreisfreie Städte, Große kreisangehörige Städte und Mittlere kreisangehörige Städte sind verpflichtet, Einrichtungen der Weiterbildung zu errichten und zu unterhalten. Sie können die Einrichtungen auch in einer Rechtsform des privaten Rechts führen. Dabei muss sichergestellt sein, dass die Gemeinde oder der Gemeindeverband die bestimmenden Entscheidungsbefugnisse behält.

(2) Mittlere kreisangehörige Städte können diese Aufgabe auf den Kreis übertragen.

(3) Für den Bereich der übrigen kreisangehörigen Gemeinden ist der Kreis verpflichtet, Einrichtungen der Weiterbildung zu errichten und zu unterhalten, soweit nicht mehrere Gemeinden mit zusammen mindestens 25 000 Einwohnerinnen und Einwohnern diese Aufgabe nach den Vorschriften des Gesetzes über kommunale Gemeinschaftsarbeit gemeinsam wahrnehmen.

(4) Die Einrichtungen der Weiterbildung in der Trägerschaft von Gemeinden und Gemeindeverbänden gemäß Abs. 1 heißen Volkshochschulen.

§ 11 Grundversorgung. (1) Die Grundversorgung mit Weiterbildungsangeboten wird durch das Pflichtangebot der Volkshochschulen sichergestellt.

(2) Das Pflichtangebot der Volkshochschulen umfasst Lehrveranstaltungen der politischen Bildung, der arbeitswelt- und berufsbezogenen Weiterbildung, der kompensatorischen Grundbildung, der abschluss- und schulabschlussbezogenen Bildung, Angebote zur lebensgestaltenden Bildung und zu Existenzfragen einschließlich des Bereichs der sozialen und interkulturellen Beziehungen, sowie Angebote zur Förderung von Schlüsselqualifikationen mit den Komponenten Sprachen und Medienkompetenz. Zur Grundversorgung gehören auch Bildungsangebote, wie sie im Kinder- und Jugendhilfegesetz der Familienbildung zugewiesen sind.[1]

(3) Das Pflichtangebot beträgt für Kreise, kreisfreie Städte und kreisangehörige Gemeinden, die Aufgaben nach § 10 wahrnehmen, ab 25 000 Einwohnerinnen und Einwohnern 3200 Unterrichtsstunden jährlich.

(4) Das Pflichtangebot erhöht sich ab 60 000 Einwohnerinnen und Einwohner je angefangene 40 000 Einwohnerinnen und Einwohner um 1600 Unterrichtsstunden jährlich.

§ 12 Personalstruktur. (1) Zur personellen Grundausstattung von Einrichtungen der Weiterbildung können gehören:

---

[1] **Amtl. Anm.:** Das Änderungsgesetz vom 19. Oktober 1999 (GV NRW S. 574) tritt am 1. Januar 2000 in Kraft. Abweichend davon tritt § 11 Abs. 2 am 1. Januar 2005 in Kraft.

Nordrhein-Westfalen   Teil III

1. pädagogische Mitarbeiterinnen und Mitarbeiter für Planung und Durchführung von Lehrveranstaltungen,
2. Mitarbeiterinnen und Mitarbeiter für den Verwaltungsdienst,
3. sonstige Mitarbeiterinnen und Mitarbeiter.

(2) Sie sind Bedienstete des Trägers der jeweiligen Einrichtung.

(3) Die Einrichtungen der Weiterbildung werden von einer hauptamtlichen oder hauptberuflichen pädagogischen Mitarbeiterin oder einem hauptamtlichen oder hauptberuflichen pädagogischen Mitarbeiter geleitet.

(4) Die Durchführung von Lehrveranstaltungen kann auch entsprechend vorgebildeten pädagogischen Mitarbeiterinnen und Mitarbeitern übertragen werden, die nebenamtlich oder nebenberuflich für die Einrichtung der Weiterbildung tätig sind.

§ 13 Zuweisungen des Landes. (1) Das Land erstattet dem Träger die im Rahmen des Pflichtangebots entstehenden Kosten für Unterrichtsstunden sowie für je 1600 Unterrichtsstunden die Kosten einer pädagogisch hauptberuflich bzw. hauptamtlich besetzten Stelle.

(2) Die Kostenerstattung erfolgt für Stellen, die ausschließlich für die Einrichtung der Weiterbildung eingesetzt werden.

(3) Die Kostenerstattung erfolgt nach Durchschnittsbeträgen, die jährlich im Haushaltsgesetz festgesetzt werden.

III. Abschnitt. Einrichtungen der Weiterbildung
in anderer Trägerschaft

§ 14 Allgemeines. (1) Bildungsstätten anderer Träger wie der Kirchen und freien Vereinigungen werden nach Maßgabe der §§ 15 und 16 als Einrichtungen der Weiterbildung gefördert.

(2) Das Angebot an Lehrveranstaltungen dieser Einrichtungen kann die in § 3 genannten Inhalte und Bereiche umfassen.

§ 15 Anerkennungsvoraussetzungen. (1) Voraussetzung für die Förderung der Einrichtungen aus Mitteln des Landes ist die Anerkennung durch die zuständige Bezirksregierung oder für Einrichtungen der Weiterbildung, die nach ihrer Bezeichnung dem Bereich der Eltern- und Familienbildung angehören und zumindest zu drei Vierteln ihres Lernprogramms in diesem Bereich tätig sind, das zuständige Landesjugendamt.

(2) Die Anerkennung einer Bildungsstätte ist auf Antrag auszusprechen, wenn folgende Voraussetzungen erfüllt werden:
1. Sie muß nach Art und Umfang ihrer Tätigkeit die Gewähr der Dauer bieten.
2. Sie muss ein Mindestangebot auf dem Gebiet der Weiterbildung von 2800 Unterrichtsstunden jährlich in ihrem Einzugsbereich innerhalb des Landes Nordrhein-Westfalen durchführen. Als Einrichtungen der Weiterbildung mit Internatsbetrieb anerkannte Bildungsstätten, die be-

reits im Jahr 1999 eine Förderung nach dem Weiterbildungsgesetz erhalten haben, können das in Satz 1 genannte Mindestangebot auch mit 2600 durchgeführten Teilnehmertagen nachweisen.
3. Sie muß ausschließlich dem Zweck der Weiterbildung dienen.
4. Ihr Angebot an Lehrveranstaltungen darf nicht vorrangig Zwecken einzelner Betriebe dienen.
5. Ihr Angebot an Lehrveranstaltungen darf nicht der Gewinnerzielung dienen.
6. Der Träger muss sich verpflichten, der zuständigen Bezirksregierung oder dem zuständigen Landesjugendamt auf Anfrage Auskunft über die Lehrveranstaltungen zu geben.
7. Der Träger muss sich zur Zusammenarbeit gemäß § 5 verpflichten.
8. Der Träger muss zur Kontrolle seines Finanzgebarens in Bezug auf die Bildungsstätte durch die zuständige Bezirksregierung oder das zuständige Landesjugendamt bereit sein.
9. Der Träger muss die Gewähr für die ordnungsgemäße Verwendung der Förderungsmittel bieten.
10. Die Bildungsstätte muss eine Satzung entsprechend § 4 Abs. 3 haben.

§ 16 Finanzierung von Einrichtungen der Weiterbildung in anderer Trägerschaft. (1) Die Träger der anerkannten Einrichtungen der Weiterbildung haben Anspruch auf Bezuschussung durch das Land.

(2) Das Land gewährt dem Träger einen Zuschuss zu den von der Einrichtung in den § 11 Abs. 2 genannten Bereichen durchgeführten Unterrichtsstunden und Teilnehmertagen sowie je geförderte 1400 Unterrichtsstunden bzw. 1300 Teilnehmertage zu den Kosten einer mindestens im Umfang von 75 vom Hundert besetzten Stelle.

(3) § 13 Abs. 2 gilt entsprechend.

(4) Die Bezuschussung erfolgt nach Durchschnittsbeträgen in Höhe von 60 vom Hundert der Durchschnittsbeträge gemäß § 13 Abs. 3. Der Durchschnittsbetrag für den Teilnehmertag wird jährlich im Haushaltsgesetz festgesetzt.

(5) Der Landeszuschuss darf insgesamt den im Jahr 1999 für die Einrichtung möglichen Höchstförderbetrag nicht übersteigen. Neu anerkannte Einrichtungen erhalten eine jährliche Förderung höchstens in Höhe von 2800 Unterrichtsstunden und für zwei Stellen.

(6) Für die kommunalen Familienbildungsstätten gelten die Absätze 1 bis 5 entsprechend.

IV. Abschnitt. Ergänzende Bestimmungen

§ 17 Investitionskosten. (1) Die Mittel des Schulbauprogramms im jeweiligen Gemeindefinanzierungsgesetz werden auch für Einrichtungen der Weiterbildung in kommunaler Trägerschaft zur Verfügung gestellt.

(2) Das Land kann Einrichtungen der Weiterbildung in anderer Trägerschaft Zuschüsse zu den notwendigen Investitionskosten gewähren.

Nordrhein-Westfalen **Teil III**

§ 18 Weiterförderung von Förderungsmaßnahmen. Die besondere Förderung von Einrichtungen und Maßnahmen der entsprechenden außerschulischen Jugendbildung, der politischen Bildung, der beruflichen Fort- und Weiterbildung und der Familienbildung durch das Land bleibt unberührt.

§ 19 Förderungsvoraussetzungen und -verfahren. (1) Die Träger der Pflichtaufgabe erhalten die Zuweisungen für das Pflichtangebot der Volkshochschulen in vierteljährlichen Teilbeträgen im Voraus.

(2) Einrichtungen der Weiterbildung, die nach ihrer Bezeichnung dem Bereich der Eltern- und Familienbildung angehören und zumindest zu drei Vierteln ihres Lehrprogramms in diesem Bereich tätig sind, beantragen den Zuschuss beim zuständigen Landesjugendamt.

Die anderen Träger beantragen den Zuschuss bei der zuständigen Bezirksregierung. Der Zuschuss wird für die Dauer eines Haushaltsjahres festgesetzt. Dem Zuschussantrag sind beizufügen:
1. Die Angaben über die für die Landesförderung maßgeblichen Unterrichtsstunden und Teilnehmertage und
2. eine Aufstellung über die zur Förderung beantragten Stellen und die Erklärung, dass sie mit sozialversicherungspflichtigen bzw. beamteten Bediensteten besetzt sind, die ausschließlich für die Einrichtung der Weiterbildung eingesetzt werden.

(3) Der Träger und die Einrichtung sind verpflichtet, die zur Festsetzung des Zuschusses erforderlichen Auskünfte zu erteilen und Nachweise zu erbringen.

§ 20 Weiterbildungskonferenz. Zur Bewertung der bisherigen Entwicklung und zur Formulierung von Empfehlungen für die künftige Arbeit wird jährlich eine Weiterbildungskonferenz durchgeführt, zu der die an der Ausführung des Weiterbildungsgesetzes Beteiligten eingeladen werden.

§ 21 Regionalkonferenz. (1) Zur Unterstützung der Neustrukturierung der Weiterbildung in der Region findet mindestens einmal jährlich eine Regionalkonferenz statt. Sie dient der Überprüfung der Wirksamkeit des Gesetzes und soll die Weiterbildungsangebote und deren Förderung sichern.

(2) Die Bezirksregierungen laden hierzu die in ihrem Bezirk tätigen Träger und Einrichtungen der Weiterbildung und das zuständige Landesjugendamt ein. Die Teilnahme ist freiwillig.

V. Abschnitt. Inkrafttreten, Übergang

§ 22 Inkrafttreten, Übergang. (1) Das Gesetz tritt am 1. Januar 1975 in Kraft.[1]

---

[1] **Amtl. Anm.:** Die Bestimmung betrifft das Inkrafttreten des Gesetzes in der Fassung vom 31. Juli 1974. Die vom Inkrafttreten bis zur Bekanntmachung der Neufassung eingetretenen Änderungen ergeben sich aus der vorangestellten Bekanntmachung.

Teil III   D. *Landesgesetze zum Bildungsurlaub*

(2) Der auf Unterrichtsstunden gemäß § 13 Abs. 1 entfallende Zuweisungsbetrag wird bis zum 31. Dezember 2004 als Pauschale in Höhe des Unterschiedsbetrags zwischen der Stellenförderung gemäß § 13 Abs. 1 und dem Gesamtbetrag der im Jahre 1999 der Volkshochschule gezahlten Landesmittel zugewiesen.

(3) Abweichend von § 15 Abs. 2 Nr. 2 können sich am 1. Januar 2000 bereits anerkannte Einrichtungen bis zum 31. Dezember 2004 zu entsprechend großen Einrichtungen zusammenschließen oder vergleichbare Kooperationen eingehen. Während dieser Übergangszeit werden abweichend von § 16 Abs. 5 keine nach dem 1. Januar 2000 neu anerkannten Einrichtungen gefördert.

Gesetz zur Freistellung von Arbeitnehmern zum Zwecke der beruflichen und politischen Weiterbildung (Arbeitnehmerweiterbildungsgesetz – AWbG)

Vom 6. November 1984

(GVBl. S. 678)

Geändert durch Gesetz vom 28. März 2000 (GVBl. S. 361)

§ 1 Grundsätze. (1) Arbeitnehmerweiterbildung erfolgt über die Freistellung von der Arbeit zum Zweck der beruflichen und politischen Weiterbildung in anerkannten Bildungsveranstaltungen bei Fortzahlung des Arbeitsentgelts.

(2) Arbeitnehmerweiterbildung dient der beruflichen und der politischen Weiterbildung sowie deren Verbindung.

(3) Berufliche Arbeitnehmerweiterbildung fördert die berufsbezogene Handlungskompetenz der Beschäftigten und verbessert deren berufliche Mobilität. Sie ist nicht auf die bisher ausgeübte Tätigkeit beschränkt. Bildungsinhalte, die sich nicht unmittelbar auf eine ausgeübte berufliche Tätigkeit beziehen, sind eingeschlossen, wenn sie in der beruflichen Tätigkeit zumindest zu einem mittelbar wirkenden Vorteil des Arbeitgebers verwendet werden können.

(4) Politische Arbeitnehmerweiterbildung verbessert das Verständnis der Beschäftigten für gesellschaftliche, soziale und politische Zusammenhänge und fördert damit die in einem demokratischen Gemeinwesen anzustrebende Mitsprache und Mitverantwortung in Staat, Gesellschaft und Beruf.

§ 2 Anspruchsberechtigte. Anspruchsberechtigt nach diesem Gesetz sind Arbeiter und Angestellte, deren Beschäftigungsverhältnisse ihren Schwerpunkt in Nordrhein-Westfalen haben (Arbeitnehmer). Als Arbeitnehmer gelten auch die in Heimarbeit Beschäftigten sowie ihnen Gleichgestellte und andere Personen, die wegen ihrer wirtschaftlichen Unselbständigkeit als arbeitnehmerähnliche Personen anzusehen sind.

Nordrhein-Westfalen **Teil III**

§ 3 Anspruch auf Arbeitnehmerweiterbildung. (1) Arbeitnehmer haben einen Anspruch auf Arbeitnehmerweiterbildung von fünf Arbeitstagen im Kalenderjahr. Der Anspruch von zwei Kalenderjahren kann zusammengefaßt werden.

(2) Wird regelmäßig an mehr oder weniger als fünf Tagen in der Woche gearbeitet, so erhöht oder verringert sich der Anspruch entsprechend.

(3) Ein Arbeitnehmer erwirbt den Anspruch nach sechsmonatigem Bestehen seines Beschäftigungsverhältnisses.

(4) Ist dem Arbeitnehmer innerhalb eines Kalenderjahres die ihm zustehende Arbeitnehmerweiterbildung unter Berufung auf § 5 Abs. 2 abgelehnt worden, so ist der Anspruch bei Fortbestand des Arbeitsverhältnisses einmalig auf das folgende Kalenderjahr übertragen.

(5) Erkrankt ein Arbeitnehmer während der Arbeitnehmerweiterbildung, so werden die durch ärztliches Zeugnis nachgewiesenen Tage der Arbeitsunfähigkeit auf die Arbeitnehmerweiterbildung nicht angerechnet.

(6) Der Anspruch besteht nicht, soweit der Arbeitnehmer für das laufende Kalenderjahr Arbeitnehmerweiterbildung in einem früheren Beschäftigungsverhältnis wahrgenommen hat.

(7) Für Arbeitnehmer in einem Betrieb oder einer Dienststelle mit bis zu 50 Beschäftigten entfällt der Freistellungsanspruch für das laufende Kalenderjahr, wenn bereits zehn v. H. der Beschäftigten im laufenden Kalenderjahr freigestellt worden sind. Für Arbeitnehmer in einem Betrieb oder einer Dienststelle mit weniger als zehn Beschäftigten besteht kein Freistellungsanspruch.

§ 4 Verhältnis zu anderen Ansprüchen. (1) Freistellung zur Teilnahme an Bildungsveranstaltungen, die auf anderen Rechtsvorschriften, tarifvertraglichen Vereinbarungen, betrieblichen Vereinbarungen oder Einzelverträgen beruhen, können auf den Anspruch nach diesem Gesetz angerechnet werden, soweit sie dem Arbeitnehmer uneingeschränkt das Erreichen der in § 1 niedergelegten Ziele ermöglichen und die Anrechenbarkeit vorgesehen ist.

(2) Stellt der Arbeitgeber den Arbeitnehmer unter Fortzahlung des Arbeitsentgeltes für die Teilnahme an einer betrieblich oder dienstlich veranlaßten Bildungsveranstaltung frei, kann er davon bis zu zwei Tagen im Kalenderjahr auf den Freistellungsanspruch von fünf Tagen im Kalenderjahr anrechnen. Der Arbeitgeber hat die Anrechnung dem Arbeitnehmer mindestens sechs Wochen vor Beginn der Bildungsveranstaltung schriftlich mitzuteilen.

§ 5 Verfahren. (1) Der Arbeitnehmer hat dem Arbeitgeber die Inanspruchnahme und den Zeitraum der Arbeitnehmerweiterbildung so frühzeitig wie möglich, mindestens sechs Wochen vor Beginn der Bildungsveranstaltung schriftlich mitzuteilen. Der Mitteilung sind die Unterlagen über die Bildungsveranstaltung beizufügen; dazu gehören der Nachweis über die Anerkennung der Bildungsveranstaltung sowie das Programm, aus dem sich die Zielgruppe, Lernziele und Lerninhalte sowie der zeitliche Ablauf der Veranstaltung ergeben.

(2) Der Arbeitgeber darf die Arbeitnehmerweiterbildung zu dem vom Arbeitnehmer mitgeteilten Zeitpunkt nur ablehnen, wenn zwingende betriebliche oder dienstliche Belange oder Urlaubsanträge anderer Arbeitnehmer entgegenstehen. Die Mitbestimmungsrechte der Betriebs- und Personalräte bleiben unberührt.

(3) Verweigert der Arbeitgeber die Freistellung, so hat er dies unter Angabe der Gründe dem Arbeitnehmer innerhalb von drei Wochen nach dessen Mitteilung schriftlich mitzuteilen. Teilt der Arbeitgeber die Verweigerung der Freistellung nicht innerhalb dieser Frist unter Angabe der Gründe schriftlich mit, so gilt die Freistellung als erteilt.

(4) Verweigert der Arbeitgeber die Freistellung aus anderen Gründen als aus denen des Absatzes 2, so kann der Arbeitnehmer ihm binnen einer Woche seit Mitteilung der Verweigerung schriftlich mitteilen, er werde gleichwohl an der Bildungsveranstaltung teilnehmen; in diesem Fall darf er an der Veranstaltung auch ohne Freistellung teilnehmen. Satz 1 gilt nicht, wenn der Arbeitgeber eine gerichtliche Entscheidung erwirkt, die der Teilnahme an der Veranstaltung entgegensteht. Hat der Arbeitgeber die Freistellung zu Unrecht verweigert, so hat der Arbeitnehmer Anspruch auf Fortzahlung des Arbeitsentgelts gemäß § 7. Ein Anspruch des Arbeitgebers auf Schadensersatz besteht nicht, wenn der Arbeitnehmer von seinem Recht nach Satz 1 Gebrauch macht.

(5) Arbeitnehmerweiterbildung kann nur für anerkannte Bildungsveranstaltungen in Anspruch genommen werden, die in der Regel an mindestens fünf, in Ausnahmefällen an mindestens drei aufeinanderfolgenden Tagen stattfinden. Innerhalb zusammenhängender Wochen kann Arbeitnehmerweiterbildung auch für jeweils einen Tag in der Woche in Anspruch genommen werden, sofern bei der Bildungsveranstaltung inhaltliche und organisatorische Kontinuität gegeben ist.

(6) Der Arbeitnehmer hat dem Arbeitgeber die Teilnahme an der Arbeitnehmerweiterbildung nachzuweisen. Die für den Nachweis erforderliche Bescheinigung ist vom Träger der Bildungsveranstaltung kostenlos auszustellen.

(7) Für Betriebe mit weniger als 50 Arbeitnehmern kann durch Tarifvertrag vereinbart werden, die Freistellungsverpflichtung gemeinsam zu erfüllen und einen finanziellen oder personellen Ausgleich vorzunehmen.

(8) Kommt ein Tarifvertrag im Sinne von Absatz 5 nicht zustande, können sich die beteiligten Arbeitgeber auf eine solche Regelung einigen.

§ 6 Verbot der Erwerbstätigkeit. Während der Arbeitnehmerweiterbildung darf der Arbeitnehmer keine dem Zweck der Arbeitnehmerweiterbildung zuwiderlaufende Erwerbstätigkeit ausüben.

§ 7 Fortzahlung des Arbeitsentgeltes. Für die Zeit der Arbeitnehmerweiterbildung hat der Arbeitgeber das Arbeitsentgelt entsprechend den Bestimmungen des Gesetzes zur Regelung der Lohnzahlung an Feiertagen vom 2. August 1951 (BGBl. I S. 479) in der jeweils geltenden Fassung fortzuzahlen. Günstigere vertragliche Regelungen bleiben unberührt.

Rheinland-Pfalz Teil III

§ 8 Benachteiligungsverbot. (1) Von den vorstehenden Bestimmungen darf nicht zu ungunsten des Arbeitnehmers abgewichen werden.

(2) Der Arbeitnehmer darf wegen der Inanspruchnahme der Arbeitnehmerweiterbildung nicht benachteiligt werden.

§ 9 Anerkannte Bildungsveranstaltungen. (1) Bildungsveranstaltungen gelten als anerkannt, wenn sie § 1 Abs. 2 bis 4 entsprechen und von Volkshochschulen oder nach dem Weiterbildungsgesetz anerkannten Einrichtungen gemäß den Bestimmungen des Weiterbildungsgesetzes durchgeführt werden und nicht der Gewinnerzielung oder überwiegend einzelbetrieblichen oder dienstlichen Zwecken dienen.

(2) Von der Anerkennung ausgeschlossen sind Veranstaltungen, die
1. der Erholung, der Unterhaltung, der privaten Haushaltsführung, der Körper- und Gesundheitspflege, der sportlichen, künstlerischen oder kunsthandwerklichen Betätigung oder der Vermittlung entsprechender Kenntnisse oder Fertigkeiten dienen,
2. auf das Einüben psychologischer oder ähnlicher Fertigkeiten gerichtet sind
oder
3. auf den Erwerb von Fahrerlaubnissen oder ähnlichen Berechtigungen vorbereiten.

(3) Von der Anerkennung ausgeschlossen sind außerdem
1. Studienreisen sowie
2. Veranstaltungen außerhalb der Bundesrepublik Deutschland, soweit sie nicht in den an Nordrhein-Westfalen unmittelbar grenzenden Nachbarländern oder am Sitz des Europäischen Parlaments stattfinden oder am Ort von Gedenkstätten oder an Gedächtnisorten der Auseinandersetzung mit dem Nationalsozialismus dienen.

§ 10 Inkrafttreten. Dieses Gesetz tritt am 1. Januar 1985 in Kraft.

8. Rheinland-Pfalz

Landesgesetz über die Freistellung von Arbeitnehmerinnen und Arbeitnehmern für Zwecke der Weiterbildung (Bildungsfreistellungsgesetz – BFG)

Vom 30. März 1993
(GVBl. S. 157)
Geändert durch Gesetz vom 17. November 1995 (GVBl S. 454)

§ 1 Bildungsfreistellung, Anspruchsberechtigte. (1) Die im Lande Rheinland-Pfalz Beschäftigten haben gegenüber ihrem Arbeitgeber für Zwecke der Weiterbildung nach Maßgabe der nachfolgenden Bestimmungen einen Anspruch auf Freistellung von der Arbeit unter Fortzahlung ihres Arbeitsentgelts (Bildungsfreistellung).

Teil III D. *Landesgesetze zum Bildungsurlaub*

(2) Beschäftigte im Sinne dieses Gesetzes sind Arbeiterinnen und Arbeiter, Angestellte, die in Heimarbeit Beschäftigten und die ihnen gleichgestellten Personen sowie andere Personen, die wegen ihrer wirtschaftlichen Unselbständigkeit als arbeitnehmerähnliche Personen anzusehen sind.

(3) Dieses Gesetz gilt auch für die Beamten im Sinne von § 1 des Landesbeamtengesetzes Rheinland-Pfalz und für die Richter im Sinne von § 1 Abs. 1 Satz 1 des Landesrichtergesetzes für Rheinland-Pfalz.

§ 2 Bildungsfreistellungsanspruch. (1) Der Anspruch auf Bildungsfreistellung beläuft sich auf zehn Arbeitstage für jeden Zeitraum zweier aufeinanderfolgender Kalenderjahre. Wird regelmäßig an mehr oder weniger als fünf Tagen in der Woche gearbeitet, so erhöht oder verringert sich der Anspruch entsprechend. Für nachgewiesene Tage der Arbeitsunfähigkeit während der Bildungsfreistellung bleibt der Anspruch bestehen.

(2) Der Anspruch auf Bildungsfreistellung wird durch einen Wechsel des Beschäftigungsverhältnisses nicht berührt. Bei einem Wechsel innerhalb des Zweijahreszeitraums wird eine bereits erfolgte Bildungsfreistellung auf den Anspruch gegenüber dem neuen Arbeitgeber angerechnet.

(3) Für die in Rheinland-Pfalz zu ihrer Berufsausbildung Beschäftigten gilt dieses Gesetz mit der Maßgabe, daß sich der Anspruch auf Bildungsfreistellung während der gesamten Berufsausbildung auf drei Arbeitstage zur Teilnahme an Veranstaltungen der gesellschaftspolitischen Weiterbildung beläuft, wenn dadurch das Ausbildungsziel nicht gefährdet wird.

(4) Der Anspruch auf Bildungsfreistellung besteht nicht, wenn der Arbeitgeber in der Regel nicht mehr als fünf Personen ständig beschäftigt; dabei werden Teilzeitbeschäftigte entsprechend ihrem jeweiligen Anteil an der üblichen Arbeitszeit berücksichtigt. In diesen Fällen soll unter Berücksichtigung der betrieblichen oder dienstlichen Belange Bildungsfreistellung gewährt werden.

(5) Die Bildungsfreistellung für die Beschäftigten in Schule und Hochschule soll in der Regel während der unterrichts- oder vorlesungsfreien Zeit erfolgen.

(6) Der Anspruch auf Bildungsfreistellung entsteht nicht vor Ablauf von zwölf Monaten nach Beginn des Ausbildungsverhältnisses oder nicht vor Ablauf von zwei Jahren nach Beginn eines Beschäftigungsverhältnisses.

§ 3 Anerkannte Veranstaltungen der Bildungsfreistellung. (1) Die Bildungsfreistellung erfolgt nur für anerkannte Veranstaltungen der beruflichen oder der gesellschaftspolitischen Weiterbildung oder deren Verbindung.

(2) Berufliche Weiterbildung dient der Erneuerung, Erhaltung, Erweiterung und Verbesserung von berufsbezogenen Kenntnissen, Fertigkeiten und Fähigkeiten. Sie ist nicht auf die bisher ausgeübte Tätigkeit beschränkt und schließt auch die Vermittlung von Schlüsselqualifikationen und Orientierungswissen ein.

(3) Gesellschafspolitische Weiterbildung dient der Information über gesellschaftliche, soziale und politische Zusammenhänge sowie der Befähigung

Rheinland-Pfalz Teil III

zur Beurteilung, Teilhabe und Mitwirkung am gesellschaftlichen, sozialen und politischen Leben.

(4) Berufliche und gesellschaftspolitische Weiterbildung oder deren Verbindung dienen insbesondere auch der Gleichstellung von Mann und Frau.

§ 4 Verhältnis zu anderen Regelungen, Anrechnung. (1) Der nach diesem Gesetz bestehende Anspruch auf Bildungsfreistellung ist ein Mindestanspruch. Andere Rechts- oder Verwaltungsvorschriften, tarifvertragliche Regelungen, betriebliche Vereinbarungen sowie sonstige vertragliche oder betriebliche Regelungen über Freistellungen für Zwecke der Weiterbildung bleiben davon unberührt.

(2) Freistellungen, die auf Grund der in Absatz 1 Satz 2 genannten Regelungen erfolgen, werden auf den Anspruch nach diesem Gesetz angerechnet, soweit die Veranstaltungen den in § 3 niedergelegten Zielen entsprechen. Das Nähere regelt die Landesregierung durch Rechtsverordnung.

§ 5 Verfahren der Bildungsfreistellung. (1) Der Anspruch auf Bildungsfreistellung ist bei dem Arbeitgeber so früh wie möglich, in der Regel mindestens sechs Wochen vor Beginn der Veranstaltung, schriftlich geltend zu machen. Der Nachweis über die Anerkennung der Veranstaltung, der Information über Inhalt, Zeitraum und durchführende Einrichtung einschließt, ist beizufügen.

(2) Der Arbeitgeber kann die Bildungsfreistellung ablehnen, sobald die Gesamtzahl der Arbeitstage, die im laufenden Kalenderjahr für Bildungsfreistellungen nach diesem Gesetz in Anspruch genommen worden sind, die Zahl der am 30. April des Jahres anspruchsberechtigten Beschäftigten erreicht hat.

(3) Der Arbeitgeber kann die Bildungsfreistellung für den vorgesehenen Zeitraum ablehnen, wenn zwingende betriebliche oder dienstliche Belange entgegenstehen. Vor einer derartigen Ablehnung ist der Betriebs- oder Personalrat nach den jeweils dafür maßgeblichen Bestimmungen zu beteiligen. Die Ablehnung ist so früh wie möglich, in der Regel mindestens drei Wochen vor Beginn der Veranstaltung, schriftlich mitzuteilen.

(4) Bei Ablehnung der Bildungsfreistellung nach Absatz 3 im laufenden Zweijahreszeitraum (§ 2 Abs. 1) gilt der Anspruch auf Bildungsfreistellung als auf den nächsten Zweijahreszeitraum übertragen; eine nochmalige Ablehnung nach Absatz 3 ist unzulässig. Im übrigen kann eine im laufenden Zweijahreszeitraum nicht erfolgte Bildungsfreistellung im Einvernehmen mit dem Arbeitgeber auf den nächsten Zweijahreszeitraum übertragen werden.

(5) Die ordnungsgemäße Teilnahme an der Veranstaltung ist dem Arbeitgeber nach deren Beendigung nachzuweisen.

(6) Der Arbeitgeber hat bei Beendigung des Beschäftigungsverhältnisses auf Verlangen eine Bescheinigung darüber auszustellen, ob und in welchem Umfang im laufenden Zweijahreszeitraum Bildungsfreistellung erfolgt ist.

Teil III   D. *Landesgesetze zum Bildungsurlaub*

§ 6 Fortzahlung des Arbeitsentgelts, Verbot von Erwerbstätigkeit, Benachteiligungsverbot. (1) Während der Bildungsfreistellung wird das Arbeitsentgelt entsprechend den §§ 11 und 12 des Bundesurlaubsgesetzes fortgezahlt.

(2) Während der Bildungsfreistellung darf keine dem Freistellungszweck widersprechende Erwerbstätigkeit ausgeübt werden.

(3) Niemand darf wegen der Inanspruchnahme von Bildungsfreistellung benachteiligt werden.

§ 7 Anerkennung von Veranstaltungen. (1) Veranstaltungen werden auf Antrag durch eine vom Minister für Wissenschaft und Weiterbildung zu bestimmende Stelle anerkannt, wenn sie folgende Voraussetzungen erfüllen:

1. Sie müssen der beruflichen oder gesellschaftspolitischen Weiterbildung oder deren Verbindung und dürfen nicht der Erholung, Unterhaltung oder der allgemeinen Freizeitgestaltung dienen.
2. Sie müssen im Einklang stehen mit der freiheitlich-demokratischen Grundordnung im Sinne des Grundgesetzes und mit der Verfassung für Rheinland-Pfalz.
3. Sie sollen mindestens drei Tage in Block- oder Intervallform und müssen in der Regel mindestens je Tag durchschnittlich sechs Unterrichtsstunden umfassen.
4. Sie müssen in der organisatorischen und fachlich-pädagogischen Durchführung der Einrichtung liegen, die die Anerkennung beantragt. Die Einrichtung hat hinsichtlich ihrer Ausstattung, Lehrkräfte, Bildungsziele und Qualität ihrer Bildungsarbeit eine sachgemäße Weiterbildung zu gewährleisten. Bildungseinrichtungen des Landes, nach dem Weiterbildungsgesetz anerkannte Volkshochschulen, Landesorganisationen der Weiterbildung in freier Trägerschaft und Heimbildungsstätten, Einrichtungen der nach dem Berufsbildungsgesetz zuständigen Stellen und Einrichtungen von anerkannten Trägern der freien Jugendhilfe gelten als entsprechend qualifiziert.
5. Sie müssen offen zugänglich sein. Die offene Zugänglichkeit setzt eine Veröffentlichung der Veranstaltung voraus. Die Teilnahme an den Veranstaltungen darf nicht von der Zugehörigkeit zu einer Religionsgemeinschaft, Partei, Gewerkschaft oder sonstigen Vereinigung oder Institution abhängig gemacht werden. Dies schließt die Anerkennung von Veranstaltungen in der Trägerschaft derartiger Vereinigungen oder Institutionen nicht aus. Die Teilnahme muß freiwillig erfolgen können. Sie darf von pädagogisch begründeten Voraussetzungen sowie Zielgruppenorientierungen abhängig gemacht werden.

(2) In grundsätzlichen Fragen der Anerkennung werden Vertretungen der Spitzenorganisationen der Arbeitgeberverbände und der Gewerkschaften, der Kammern sowie des Landesbeirats für Weiterbildung nach dem Weiterbildungsgesetz beteiligt.

(3) Veranstaltungen, die auf Grund vergleichbarer Rechtsvorschriften anderer Bundesländer dort anerkannt worden sind, werden nach diesem Ge-

setz anerkannt, wenn auch die Anerkennungsvoraussetzungen nach Absatz 1 Satz 1 Nr. 1, 3 und 5 gegeben sind.

(4) Die Landesregierung regelt das Nähere der Anerkennungsvoraussetzungen und des Anerkennungsverfahrens (Absatz 1) sowie das Verfahren der Beteiligung in grundsätzlichen Fragen (Absatz 2) durch Rechtsverordnung.

§ 8 Ausgleich für Klein- und Mittelbetriebe. (1) Das Land erstattet Arbeitgebern – ausgenommen den Körperschaften, Anstalten und Stiftungen des öffentlichen Rechts sowie Vereinigungen, Einrichtungen oder Unternehmungen, deren Kapital (Grund- oder Stammkapital) sich unmittelbar oder mittelbar ganz oder überwiegend in öffentlicher Hand befindet oder die fortlaufend ganz oder überwiegend aus öffentlichen Mitteln unterhalten werden –, die in der Regel weniger als 50 Personen ständig beschäftigen, auf Antrag nach Maßgabe des Landshaushalts einen pauschalierten Anteil des für den Zeitraum der Bildungsfreistellung fortzuzahlenden Arbeitsentgelts; § 2 Abs. 4 Satz 1 Halbsatz 2 gilt entsprechend.

(2) Die Pauschale nach Absatz 1 beträgt für jeden Tag der Bildungsfreistellung die Hälfte des im Lande Rheinland-Pfalz in dem jeweiligen Kalenderjahr durchschnittlichen Arbeitsentgelts je Tag. Öffentliche Mittel, die von anderer Seite zugewendet werden, sind auf die Erstattung nach Absatz 1 anzurechnen.

(3) Die Erstattung erfolgt nicht für Freistellungen, die nur nach § 4 Abs. 2 auf den Anspruch auf Bildungsfreistellung angerechnet werden und für die keine Anerkennung ausgesprochen worden ist.

(4) Soweit eine Erstattung nach Absatz 1 und 2 nicht mehr möglich ist, besteht kein Anspruch auf Bildungsfreistellung nach diesem Gesetz.

(5) Der Erstattungsantrag ist vor der Bildungsfreistellung zu stellen. Das Nähere über die Erstattung regelt der Minister für Wissenschaft und Weiterbildung durch Rechtsverordnung.

§ 9 Bericht der Landesregierung. Die Landesregierung legt dem Landtag alle zwei Jahre, erstmalig zum 1. April 1995, einen Bericht über Inhalte, Formen, Dauer und Teilnahmestruktur der Bildungsfreistellung vor. Einrichtungen, die auf Grund von § 7 anerkannte Veranstaltungen oder Veranstaltungen, bei denen die Freistellung nach § 4 Abs. 2 angerechnet wird, durchführen, sind verpflichtet, die für den Bericht notwendigen Informationen und Unterlagen zur Verfügung zu stellen.

§ 10 Inkrafttreten. Dieses Gesetz tritt am 1. April 1993 in Kraft.

Teil III   D. *Landesgesetze zum Bildungsurlaub*

9. *Saarland*

Saarländisches Weiterbildungs- und Bildungsfreistellungsgesetz (SWBG)

In der Fassung der Bekanntmachung vom 15. September 1994
(ABl. S. 1359)

1. Abschnitt. Allgemeine Grundsätze

§ 1 Ziele und Aufgaben der Weiterbildung. (1) Die Weiterbildung dient der Verwirklichung des Rechts auf Bildung. Sie ist ein eigenständiger Teil des gesamten Bildungswesens und steht allen offen.

(2) Die Weiterbildung soll durch ein qualitatives und flächendeckendes Angebot zur Chancengleichheit beitragen, Bildungsdefizite abbauen, die Vertiefung und Ergänzung vorhandener oder den Erwerb neuer Kenntnisse, Fähigkeiten und Qualifikationen ermöglichen und zu selbständigem, eigenverantwortlichem Handeln im persönlichen, beruflichen und öffentlichen Leben befähigen.

(3) Die Weiterbildung dient der Integration allgemeiner, politischer und beruflicher Bildung.

(4) Träger der Weiterbildung erfüllen ihre Aufgaben in eigenen Einrichtungen, im Zusammenwirken untereinander und durch Kooperation mit anderen Institutionen des Bildungswesens, mit Betrieben sowie außer- und überbetrieblichen Einrichtungen.

§ 2 Begriff und Inhalt der Weiterbildung. (1) Weiterbildung im Sinne dieses Gesetzes umfaßt alle Formen der Fortsetzung oder Wiederaufnahme organisierten Lernens außerhalb der Bildungsgänge des Schulwesens, der beruflichen Erstausbildung, der außerschulischen Jugendbildung und der Fortbildungseinrichtungen des öffentlichen Dienstes.

(2) Das von den Einrichtungen der Weiterbildung zu erstellende Angebot an Bildungsmaßnahmen kann die Bereiche der allgemeinen Weiterbildung, der politischen Weiterbildung und der beruflichen Weiterbildung sowie integrative Maßnahmen dieser Bereiche umfassen.

(3) Die allgemeine Weiterbildung fördert das selbständige und verantwortliche Urteil und regt zur geistigen Auseinandersetzung an. Sie dient der Bewältigung persönlicher, beruflicher und gesellschaftlicher Probleme.

(4) Die politische Weiterbildung ist Teil der allgemeinen Weiterbildung. Sie soll die Fähigkeit und Motivation fördern, politische und gesellschaftliche Zusammenhänge zu beurteilen und politische und gesellschaftliche Aufgaben wahrzunehmen.

(5) Die berufliche Weiterbildung fördert die berufliche und soziale Handlungskompetenz. Sie dient der Erhaltung, Erweiterung und Anpassung der beruflichen Kenntnisse und Fertigkeiten, der Wiedereingliederung Arbeitsuchender in das Berufsleben, dem Übergang in eine andere berufliche

Saarland Teil III

Tätigkeit und der Sicherung des vorhandenen Arbeitsplatzes. Die wissenschaftliche Weiterbildung ist Teil der beruflichen Weiterbildung.

§ 3 Träger der Weiterbildung, Landesorganisationen. (1) Träger der Weiterbildung im Sinne dieses Gesetzes sind juristische Personen des öffentlichen oder des privaten Rechts, die Maßnahmen der Weiterbildung in eigener Verantwortung durchführen.

(2) Landesorganisationen der Weiterbildung sind Zusammenschlüsse von Einrichtungen der Weiterbildung auf Landesebene. Sie fördern und koordinieren die Weiterbildungsarbeit ihrer Mitglieder. Die Landesorganisationen der allgemeinen Weiterbildung fördern darüber hinaus Entwicklungs- und Schwerpunktaufgaben, insbesondere im pädagogischen Bereich.

§ 4 Unabhängigkeit der Weiterbildung. Die staatliche Förderung der Weiterbildung läßt das Recht der Einrichtungen auf selbständige Lehrplangestaltung unberührt. Die Freiheit der Lehre und die unabhängige Auswahl der Leiter oder Leiterinnen und Mitarbeiter oder Mitarbeiterinnen werden gewährleistet.

2. Abschnitt. Staatliche Anerkennung

§ 5 Anerkennungsgrundsätze. (1) Einrichtungen und Landesorganisationen der Weiterbildung können staatlich anerkannt werden. Die Anerkennung ist beim zuständigen Ministerium zu beantragen.

(2) Die Anerkennung von Einrichtungen, die überwiegend Maßnahmen im Bereich der allgemeinen einschließlich der politischen Weiterbildung durchführen, sowie ihrer Landesorganisationen obliegt dem Ministerium für Bildung und Sport. Es entscheidet im Benehmen mit dem Ministerium für Wirtschaft nach Anhörung des Landesausschusses für Weiterbildung.

(3) Die Anerkennung von Einrichtungen, die überwiegend Maßnahmen im Bereich der beruflichen Weiterbildung durchführen, sowie ihrer Landesorganisationen obliegt dem Ministerium für Wirtschaft. Es entscheidet im Benehmen mit dem Ministerium für Bildung und Sport nach Anhörung des Landesausschusses für Weiterbildung.

(4) Die zuständigen Stellen nach dem Berufsbildungsgesetz sind den staatlich anerkannten Einrichtungen der beruflichen Weiterbildung nach diesem Gesetz gleichgestellt.

§ 6 Anerkennungsvoraussetzungen. (1) Die staatliche Anerkennung als Einrichtung der allgemeinen Weiterbildung setzt die Erfüllung folgender Anforderungen voraus:
1. Der Träger muß eine juristische Person sein und seine Einrichtungen im Einklang mit bestehenden Gesetzen und Tarifverträgen führen.
2. Die Einrichtung muß ihren Sitz und Arbeitsbereich im Saarland haben.
3. Einrichtungen, deren Träger nicht nur in der Weiterbildung tätig sind, können nur anerkannt werden, wenn sie als unselbständige Anstalten

oder als Sondervermögen mit eigener Rechnung geführt werden und eine Satzung haben. Die Satzung muß einen Beirat vorsehen, der bei der Aufstellung des Arbeitsplanes der Einrichtung mitwirkt und dem Träger den Leiter oder die Leiterin und Mitarbeiter oder Mitarbeiterinnen zur Anstellung vorschlägt. Dem Beirat müssen in überwiegender Zahl Personen angehören, die durch ihre Berufstätigkeit oder ihrer Mitwirkung im öffentlichen Leben mit den Fragen der Weiterbildung vertraut und vom Träger wirtschaftlich unabhängig sind.
4. Die Einrichtung muß allen offenstehen; die Teilnahme muß freigestellt sein. Die Teilnahme an Bildungsmaßnahmen für besondere Zielgruppen und an Bildungsmaßnahmen, die zu einem Abschluß führen, können von bestimmten bildungsbezogenen Teilnahmevoraussetzungen abhängig gemacht werden.
5. Die Einrichtung muß eine mindestens zweijährige Tätigkeit im Saarland nachweisen und in dieser Zeit Leistungen erbracht haben, die nach Inhalt und Umfang die Anerkennung rechtfertigen, sowie nach der räumlichen und sächlichen Ausstattung erwarten lassen, daß die Aufgaben der Weiterbildung angemessen erfüllt werden.
6. Die Einrichtung muß langfristig und pädagogisch planmäßig arbeiten und nach Art und Umfang der Tätigkeit die Gewähr von Dauer bieten.
7. Die Einrichtung muß die Rechte und Pflichten der Teilnehmer und Teilnehmerinnen in angemessenen Teilnahmebedingungen regeln und diese zur Grundlage von vertraglichen Vereinbarungen machen.
8. Die Einrichtung muß von einer nach Vorbildung und Werdegang geeigneten, in der Weiterbildung hauptberuflich tätigen Person geleitet werden. Abweichende Regelungen sind nur in begründeten Ausnahmefällen zulässig und bedürfen der Genehmigung durch das Ministerium für Bildung und Sport. Die Einrichtung muß eine ausreichende Zahl fachlich und pädagogisch qualifizierter Personen als Lehr- und Ausbildungskräfte einsetzen.
9. Die Einrichtung muß eine qualifizierte berufliche Weiterbildung ihrer Mitarbeiter und Mitarbeiterinnen gewährleisten.
10. Die Einrichtung muß sich zur Offenlegung ihrer Weiterbildungsprogramme verpflichten.

(2) Die Anerkennung als Einrichtung der beruflichen Weiterbildung setzt mit Ausnahme des Absatzes 1 Nr. 3 Satz 2 und 3 und Nr. 8 Satz 2 zusätzlich die Erfüllung folgender Anforderungen voraus:
1. Die Einrichtung soll auch solche Maßnahmen durchführen, die zu Abschlüssen nach § 46 des Berufsbildungsgesetzes (BBiG), § 42 des Gesetzes zur Ordnung des Handwerks (Handwerksordnung) oder sonstigen öffentlich-rechtlichen Vorschriften führen. Sofern für eine bestimmte Maßnahme der beruflichen Weiterbildung keine Prüfung im Sinne der vorgenannten Vorschriften vorgesehen ist, ist eine Bescheinigung über die Dauer der Maßnahme, den Lehrgangsinhalt und die ordnungsgemäße Teilnahme auszustellen.
2. Die Einrichtung muß zur Durchführung ihrer Maßnahmen über eine Ausstattung verfügen, die dem jeweiligen Stand der Technik entspricht.

3. Die Einrichtung muß die Gewähr für wirtschaftliche Zuverlässigkeit bieten und darf innerhalb der letzten zwei Jahre keinen Abbruch einer Maßnahme der beruflichen Weiterbildung zu vertreten haben.

(3) Betriebe und Unternehmen, die in eigenen Bildungsstätten berufliche Weiterbildung durchführen, können als Einrichtungen der beruflichen Weiterbildung nur anerkannt werden, wenn sie die vorgenannten Voraussetzungen (ausgenommen Absatz 1 Nr. 3) erfüllen und zu ihren Weiterbildungsmaßnahmen Teilnehmern und Teilnehmerinnen, die nicht Angehörige des beantragenden Betriebes oder Unternehmens sind, gleichberechtigten Zugang gewähren.

(4) Landesorganisationen der Einrichtungen der Weiterbildung bedürfen der Rechtsfähigkeit. Ihr demokratischer Aufbau, ihre Unabhängigkeit und Selbstverwaltung müssen gesichert sein.

§ 7 Staatliche Anerkennung. (1) Die staatliche Anerkennung erfolgt auf schriftlichen Antrag.

(2) Die anerkannten Einrichtungen und Landesorganisationen der Weiterbildung dürfen neben ihrer Bezeichnung einen Zusatz führen, der auf die staatliche Anerkennung gemäß § 5 hinweist.

(3) Das Ministerium für Bildung und Sport und das Ministerium für Wirtschaft werden ermächtigt, im gegenseitigen Benehmen und nach Anhörung des Landesausschusses für Weiterbildung das Anerkennungsverfahren durch Rechtsverordnung zu regeln.

3. Abschnitt. Durchführung der Förderung

§ 8 Förderungsgrundsätze. (1) Das Land fördert die Weiterbildung im Rahmen dieses Gesetzes nach Maßgabe des staatlichen Haushaltsplanes.

(2) Zuständig für die Förderung anerkannter Einrichtungen der allgemeinen Weiterbildung ist das Ministerium für Bildung und Sport, für anerkannte Einrichtungen der beruflichen Weiterbildung das Ministerium für Wirtschaft.

(3) Gemeinden und Gemeindeverbände sollen die Einrichtungen der allgemeinen Weiterbildung ihres Bereiches finanziell zusätzlich zu den Zuwendungen des Landes unterstützen.

§ 9 Staatliche Förderung. (1) Staatlich anerkannte Einrichtungen der Weiterbildung können aus öffentlichen Mitteln gefördert werden, wenn sie folgende Voraussetzungen erfüllen:
1. Der Träger muß im Sinne des Steuerrechts als gemeinnützig anerkannt sein.
2. Der Träger muß Gewähr für die ordnungsgemäße Verwendung der Fördermittel bieten und zur Offenlegung der Finanzen, der Arbeitsergebnisse sowie der Leistungen hinsichtlich Unterrichtsstunden, Teilnehmerzahl, Thematik und Zielsetzungen bereit sein.
3. Die Einrichtung darf nicht überwiegend Sonderinteressen dienen oder sich überwiegend Spezialgebieten widmen.

(2) Die auf Grund einer Anerkennung gewährten Zuwendungen sind zurückzuerstatten, sofern sie für einen Zeitraum gewährt wurden, in dem die Voraussetzungen nicht bestanden.

§ 10 Art der Förderung. (1) Das Land fördert staatlich anerkannte Einrichtungen der allgemeinen Weiterbildung durch Zuwendungen
1. zu den Kosten der Bildungsarbeit (§ 11),
2. zu den Personalkosten (§ 12),
3. freiwilliger Art (§ 13).

(2) Das Land fördert staatlich anerkannte Einrichtungen der beruflichen Weiterbildung durch Zuwendungen
1. zu Investitionen (§ 14),
2. zu zusätzlichen Personalkosten für innovative Bildungsmaßnahmen im Rahmen von Maßnahmen der beruflichen Weiterbildung (§ 15).

Die finanzielle Förderung der beruflichen Weiterbildung aufgrund anderer Regelungen wird durch dieses Gesetz nicht berührt.

(3) Doppelförderung ist ausgeschlossen.

§ 11 Zuwendungen zu den Kosten der Bildungsarbeit. (1) Für die Bildungsarbeit gewährt das Land nach Maßgabe des staatlichen Haushaltsplanes auf Antrag Zuwendungen für die den staatlich anerkannten Einrichtungen der allgemeinen Weiterbildung entstandenen und vom Ministerium für Bildung und Sport anerkannten Aufwendungen, einschließlich der Aufwendungen für nebenberuflich tätige Leiter und Leiterinnen, Lehr- und Verwaltungskräfte, soweit diese Aufwendungen weder unter § 12 noch unter § 13 fallen.

(2) Heimvolkshochschulen und ähnliche Einrichtungen erhalten abweichend von Absatz 1 auf Antrag Zuwendungen, deren Höhe abhängig ist von der Zahl der Teilnehmertage, Kursteilnehmer und Kursteilnehmerinnen und von der Zahl und Dauer der Veranstaltungen.

(3) Die geltend gemachten Aufwendungen können nur in der Höhe anerkannt werden, die sich aus der Bewertung der Bildungsarbeit nach Inhalt, Form, Umfang und gesellschaftlicher Bedeutung ergibt.

(4) Die Bewertungskriterien werden nach Anhörung der Landesorganisationen vom Landesausschuß für Weiterbildung erarbeitet und vom Ministerium für Bildung und Sport im Einvernehmen mit dem Ministerium der Finanzen durch Rechtsverordnung festgelegt.

§ 12 Zuwendungen zu den Personalkosten. (1) Das Land gewährt staatlich anerkannten Einrichtungen der allgemeinen Weiterbildung nach Maßgabe des staatlichen Haushaltsplanes auf Antrag Zuwendungen zu den Personalkosten
1. in Höhe von 60 v.H. der Kosten der hauptberuflich tätigen pädagogischen Kräfte,
2. bis zu 40 v.H. der Kosten der hauptberuflich beschäftigten Verwaltungskräfte.

Saarland Teil III

(2) Berechnungsgrundlage bildet ein Stellenschlüssel, der Inhalt und Umfang der Arbeit der Einrichtungen nach einheitlichen Kriterien berücksichtigt und stufenweise verwirklicht wird. Er wird nach Anhörung der Landesorganisationen vom Landesausschuß für Weiterbildung erarbeitet und vom Ministerium für Bildung und Sport im Einvernehmen mit dem Ministerium der Finanzen durch Rechtsverordnung festgelegt.

§ 13 Freiwillige Zuwendungen. Das Land kann staatlich anerkannten Einrichtungen der allgemeinen Weiterbildung Zuwendungen für
1. die Errichtung und Einrichtung von Bauten und Räumen,
2. die Ausstattung mit Lehr- und Arbeitsmitteln sowie
3. die Entwicklung und Durchführung innovativer Bildungsmaßnahmen gewähren.

§ 14 Zuwendungen zu Investitionen. Zuwendungen zu Investitionen der staatlich anerkannten Einrichtungen der beruflichen Weiterbildung können gewährt werden, wenn diese der Schaffung, der Erweiterung oder der Ausstattung von beruflichen Weiterbildungseinrichtungen dienen, die bisher im Saarland nicht oder nur mit unzureichenden Kapazitäten oder unzureichender Ausstattung vorhanden und auch nicht im Wege der Kooperation zwischen anerkannten Einrichtungen der beruflichen Weiterbildung zu schaffen sind.

§ 15 Zuwendungen zu Personalkosten für innovative Bildungsmaßnahmen in der beruflichen Weiterbildung. Zur Entwicklung und Durchführung innovativer Maßnahmen der beruflichen Weiterbildung können staatlich anerkannten Einrichtungen der beruflichen Weiterbildung für die zusätzlichen Personalausgaben Zuwendungen gewährt werden.

§ 16 Zuwendungen an staatlich anerkannte Landesorganisationen der allgemeinen Weiterbildung. (1) Zur Erfüllung ihrer Aufgaben erhalten die anerkannten Landesorganisationen der allgemeinen Weiterbildung nach Maßgabe des staatlichen Haushaltsplanes Zuwendungen bis zur vollen Höhe der Personalkosten für ihre hauptberuflich tätigen pädagogischen Mitarbeiter und Mitarbeiterinnen; Grundlage für die Gewährung der Zuwendungen bildet ein Stellenschlüssel, der Inhalt, Umfang und Bedeutung der pädagogischen Arbeit der Landesorganisation berücksichtigt. Er wird nach Anhörung des Landesausschusses für Weiterbildung vom Ministerium für Bildung und Sport im Einvernehmen mit dem Ministerium für Wirtschaft und dem Minister der Finanzen durch Rechtsverordnung festgesetzt. Darüber hinaus kann das Land den Landesorganisationen Zuwendungen bis zur vollen Höhe der in ihrer Verwaltung entstehenden Personal-, Sach- und allgemeinen Ausgaben gewähren.

(2) Zur Fortbildung von pädagogischen Mitarbeitern und Mitarbeiterinnen der Landesorganisationen stellt das Land in seinem Haushalt Mittel in Höhe von mindestens 5 v. H. des jährlichen Haushaltsansatzes zur Erfüllung seiner Verpflichtungen aus § 11 bereit.

Teil III D. *Landesgesetze zum Bildungsurlaub*

§ 17 Prüfungsrecht des Landesrechnungshofes. Die Verwendung der den Einrichtungen und den Landesorganisationen der Weiterbildung vom Land gewährten Zuwendungen unterliegt der Prüfung durch den Rechnungshof des Saarlandes.

4. Abschnitt. Beurlaubung

§ 18 Beurlaubung. Beamte und Beamtinnen des Landes, der Gemeinden, der Gemeindeverbände und der sonstigen der Aufsicht des Landes unterstehenden Körperschaften, Anstalten und Stiftungen des öffentlichen Rechts können unter Fortfall der Dienstbezüge zum Dienst bei anerkannten Einrichtungen oder Landesorganisationen der Weiterbildung als hauptberufliche Mitarbeiter und Mitarbeiterinnen beurlaubt werden. Die Beurlaubungen sollen insgesamt 10 Jahre nicht überschreiten. Die oberste Dienstbehörde kann im Einvernehmen mit dem Ministerium des Innern und dem Ministerium der Finanzen Ausnahmen von Satz 2 zulassen.

5. Abschnitt. Koordination und Kooperation

§ 19 Verpflichtung zur Zusammenarbeit. (1) Die anerkannten Einrichtungen der Weiterbildung arbeiten zur Förderung der Weiterbildung zusammen. Ihre Kooperation dient insbesondere der Herstellung eines Gesamtangebotes, der Arbeitsteilung und der Bildung von Schwerpunkten.

(2) Die Zusammenarbeit erfolgt im Rahmen des Landesausschusses für Weiterbildung.

§ 20 Aufgaben des Landesausschusses für Weiterbildung. (1) Der Landesausschuß für Weiterbildung hat die Aufgabe, bei der Verwirklichung dieses Gesetzes mitzuwirken.

(2) Der Landesausschuß für Weiterbildung ist zu hören, bevor auf Grund dieses Gesetzes Verordnungen und Verwaltungsvorschriften von grundsätzlicher Bedeutung erlassen werden oder über die Anerkennung von Einrichtungen und Landesorganisationen der Weiterbildung entschieden wird.

(3) Er hat außerdem die Aufgabe
- durch Gutachten, Untersuchungen und Empfehlungen die Weiterbildung zu fördern;
- die Zusammenarbeit der anerkannten Einrichtungen der Weiterbildung im Sinne dieses Gesetzes mit anderen Institutionen des Bildungswesens und Betrieben zu fördern;
- die Weiterbildung der Mitarbeiter und Mitarbeiterinnen der Einrichtungen der Weiterbildung zu unterstützen.

(4) Zur Vorbereitung seiner Entscheidungen kann der Landesausschuß für Weiterbildung Fachausschüsse einrichten, insbesondere je einen Ausschuß für Fragen der allgemeinen einschließlich der politischen und der beruflichen Weiterbildung sowie der Integration dieser Bereiche.

(5) Der Landesausschuß für Weiterbildung ist zum Entwurf eines von der Landesregierung vorzulegenden Weiterbildungsberichtes gemäß § 34 zu hören.

Saarland Teil III

§ 21 Zusammensetzung des Landesausschusses für Weiterbildung.
(1) Der Landesausschuß für Weiterbildung besteht aus 18 ordentlichen Mitgliedern und 18 stellvertretenden Mitgliedern.

(2) Ihm gehören je zu gleichen Teilen an
- Vertreter der anerkannten Einrichtungen der allgemeinen Weiterbildung;
- Vertreter der anerkannten Einrichtungen der beruflichen Weiterbildung;
- Sachverständige, die nicht Vertreter der anerkannten Einrichtungen der Weiterbildung sind.

Auf Vorschlag der Landesorganisationen werden die Vertreter der anerkannten Einrichtungen der allgemeinen Weiterbildung durch das Ministerium für Bildung und Sport, die Vertreter der anerkannten Einrichtungen der beruflichen Weiterbildung durch das Ministerium für Wirtschaft berufen. Die Sachverständigen werden durch das Ministerium für Bildung und Sport im Einvernehmen mit dem Ministerium für Wirtschaft berufen. Die Berufung erfolgt jeweils für die Dauer von vier Jahren.

(3) Der Landesausschuß für Weiterbildung wählt aus seiner Mitte einen Vorsitzenden oder eine Vorsitzende und zwei stellvertretende Vorsitzende.

(4) Der Landesausschuß für Weiterbildung gibt sich eine Geschäftsordnung, die der Genehmigung des Ministeriums für Bildung und Sport im Einvernehmen mit dem Ministerium für Wirtschaft bedarf. Seine Sitzungen sind nicht öffentlich.

6. Abschnitt. Freistellung für die Teilnahme an Bildungsmaßnahmen

§ 22 Grundsätze. (1) Beschäftigte haben nach Maßgabe dieses Gesetzes Anspruch auf Freistellung von der Arbeit zur Teilnahme an Maßnahmen der beruflichen und politischen Weiterbildung (Freistellung zu Bildungszwecken). Dieser Anspruch besteht für Schichtarbeiter auch dann, wenn die Teilnahme an der Weiterbildungsveranstaltung vor oder nach einer von dem Beschäftigten oder der Beschäftigten an diesem Tage zu leistenden Schicht möglich wäre.

(2) Beschäftigte im Sinne dieses Gesetzes sind Arbeiter und Arbeiterinnen, Angestellte, Beamte und Beamtinnen, Richter und Richterinnen sowie Auszubildende, deren Arbeitsstätte (Betrieb, Dienststelle) im Saarland liegt. Als Auszubildende gelten insbesondere auch alle Schüler und Schülerinnen, die nicht nach dem Berufsbildungsgesetz ausgebildet werden, sich jedoch in staatlich anerkannten, vergleichbaren, mindestens zweijährigen Vollzeitausbildungsgängen (z.B. Krankenpfleger/schwester, Altenpfleger/in, Krankengymnast/in) befinden. Als Beschäftigte gelten auch die in Heimarbeit Beschäftigten sowie ihnen Gleichgestellte und andere Personen, die wegen ihrer wirtschaftlichen Unselbständigkeit als arbeitnehmerähnliche Personen anzusehen sind. Zu den Beschäftigten im Sinne dieses Gesetzes zählen nicht die im Dienste des Bundes und der bundesunmittelbaren Körperschaften des öffentlichen Rechts stehenden Personen im Sinne des Art. 73 Nr. 8 des Grundgesetzes.

Teil III D. *Landesgesetze zum Bildungsurlaub*

§ 23 Dauer der Freistellung. (1) Der Anspruch auf Freistellung für Bildungszwecke beträgt fünf Arbeitstage innerhalb eines Kalenderjahres. Wird regelmäßig an mehr oder weniger als fünf Tagen in der Woche gearbeitet, so erhöht oder verringert sich der Anspruch entsprechend.

(2) Mit Zustimmung des Arbeitgebers oder der Arbeitgeberin kann der Anspruch auf Freistellung für bis zu vier Kalenderjahre zusammengefaßt werden, um die Teilnahme an einer länger dauernden Bildungsmaßnahme zu ermöglichen. Bei der Beantragung der Zusammenfassung soll der Beschäftigte die Art der Bildungsveranstaltung näher bezeichnen, die er zu besuchen wünscht. Wenn und soweit der oder die Beschäftigte die Zustimmung dafür beantragt, daß im Jahre der Inanspruchnahme der Freistellung die Freistellung dieses Jahres selbst mit der Freistellung früherer Jahre zusammengefaßt werden soll (Ansparen), soll der Arbeitgeber oder die Arbeitgeberin seine bzw. ihre Zustimmung nur aus den Gründen, die in der Person des Beschäftigten, der Art des Beschäftigungsverhältnisses oder aus Gründen des § 27 Abs. 2 versagen. Die Gründe für die Versagung der Zustimmung sind dem Beschäftigten schriftlich mitzuteilen.

(3) Der Anspruch auf Freistellung für Bildungszwecke ist innerhalb des laufenden Kalenderjahres geltend zu machen. Beim Ansparen nach Absatz 2 können Freistellungsansprüche vergangener Kalenderjahre nicht rückwirkend geltend gemacht werden.

§ 24 Anrechnung. (1) Freistellungen nach diesem Gesetz dürfen auf den gesetzlichen, tariflichen oder durch Arbeitsvertrag vereinbarten Erholungsurlaub nicht angerechnet werden.

(2) Freistellungen zur Teilnahme an Bildungsveranstaltungen, die auf anderen Gesetzen, tarifvertraglichen, dienstlichen oder betrieblichen Vereinbarungen oder Regelungen und Einzelverträgen beruhen, werden angerechnet, soweit ein Anspruch auf Lohnfortzahlung besteht. Dies gilt jedoch insbesondere nicht, wenn es sich um eine Freistellung nach § 37 Abs. 6 und 7 Betriebsverfassungsgesetz oder § 45 Abs. 5 Saarländisches Personalvertretungsgesetz handelt.

§ 25 Wartezeit. Der Anspruch auf Freistellung nach diesem Gesetz kann frühestens nach sechsmonatigem Bestehen des Arbeits- oder Dienstverhältnisses geltend gemacht werden.

§ 26 Gewährung der Freistellung. (1) In Arbeitsstätten mit bis zu 50 Beschäftigten kann eine Freistellung zu Bildungszwecken abgelehnt werden, sobald die Gesamtzahl der bereits im laufenden Kalenderjahr gewährten Freistellungstage das Zweifache der Zahl ihrer Beschäftigten, die am 30. April des Jahres Anspruch auf Freistellung geltend machen konnten, erreicht hat. Beträgt die Zahl der danach insgesamt für die Beschäftigten der Arbeitsstätte zu gewährenden Freistellungstage weniger als fünf Tage, so ist der Arbeitgeber in diesem Jahr nicht verpflichtet, Freistellung für Bildungszwecke zu gewähren. Dies gilt auch für die Tage, die sich bei der Teilung der insgesamt zu gewährenden Freistellungstage durch die Zahl fünf als Rest ergeben. Die Freistellungstage, die nach der vorstehenden Regelung vom

Arbeitgeber insgesamt zu gewähren sind, jedoch von den Beschäftigten der Arbeitsstätte in einem Kalenderjahr nicht in Anspruch genommen werden, werden bei der Errechnung der Zahl der Freistellungstage nur im folgenden Kalenderjahr berücksichtigt.

(2) Ein Anspruch auf Freistellung zu Bildungszwecken besteht nur für anerkannte Bildungsveranstaltungen (§ 33), die in der Regel an mindestens fünf, in Ausnahmefällen an mindestens drei aufeinanderfolgenden Tagen stattfinden. Wenn die Art der Bildungsveranstaltung es erfordert, kann Freistellung innerhalb eines Zeitraums von höchstens 5 Wochen für jeweils einen Tag in der Woche gewährt werden.

(3) Der oder die Beschäftigte ist verpflichtet, dem Arbeitgeber oder der Arbeitgeberin auf Verlangen die Anmeldung zur Bildungsmaßnahme und die Teilnahme daran nachzuweisen. Die für den Nachweis erforderlichen Bescheinigungen sind den Beschäftigten von der Weiterbildungseinrichtung kostenlos auszustellen.

(4) Für Arbeitsstätten mit bis zu 50 Beschäftigten kann vereinbart werden, die Ansprüche auf Freistellung zu Bildungszwecken gemeinsam zu erfüllen oder einen finanziellen oder personellen Ausgleich vorzunehmen oder eine Einigung der beteiligten Arbeitgeber oder Arbeitgeberinnen auf eine solche Regelung herbeizuführen.

§ 27 Antrag auf Freistellung. (1) Die Freistellung zu Bildungszwecken ist unter Angabe des Termins der Bildungsveranstaltung, die der oder die Beschäftigte zu besuchen wünscht, mindestens sechs Wochen vor ihrem Beginn zu beantragen.

(2) Unbeschadet der Regelung des § 26 Abs. 1 kann die Freistellung für den beantragten Zeitraum nur abgelehnt werden, wenn zwingende betriebliche oder dienstliche Belange oder Urlaubswünsche anderer Beschäftigter, die unter sozialen Gesichtspunkten Vorrang verdienen, entgegenstehen. Die Ablehnung kann nur schriftlich erfolgen und ist mit einer Begründung zu versehen. Gesetzliche und vertragliche Mitbestimmungsregelungen bleiben unberührt.

(3) Ist dem oder der Beschäftigten Freistellung zu Bildungszwecken aus einem in Absatz 2 aufgeführten Grunde versagt worden und ist die Teilnahme an einer adäquaten Weiterbildungsveranstaltung während des laufenden Kalenderjahres nicht mehr möglich, so geht der Anspruch auf Freistellung auf das folgende Kalenderjahr über, es sei denn, der Arbeitgeber weist dem Arbeitnehmer eine adäquate Weiterbildungsveranstaltung nach.

§ 28 Ausschluß von Doppelansprüchen. (1) Der Anspruch auf Freistellung besteht nur, soweit dem oder der Beschäftigten für das laufende Kalenderjahr nicht bereits vor einem früheren Arbeitgeber oder einer früheren Arbeitgeberin Freistellung gewährt worden ist.

(2) Der Arbeitgeber oder die Arbeitgeberin ist verpflichtet, bei Beendigung des Arbeits- oder Dienstverhältnisses auf Verlangen eine Bescheinigung über die im laufenden Kalenderjahr gewährten bzw. nicht gewährten Freistellungen auszustellen.

Teil III D. *Landesgesetze zum Bildungsurlaub*

§ 29 Erkrankung. Erkrankt ein Beschäftigter oder eine Beschäftigte während der Freistellung, so wird bei Nachweis der Arbeits- oder Dienstunfähigkeit durch ärztliches Zeugnis diese Zeit auf den Freistellungsanspruch nicht angerechnet.

§ 30 Verbot der Erwerbstätigkeit. Während der Freistellung darf keine Erwerbstätigkeit ausgeübt werden.

§ 31 Fortzahlung des Arbeitsentgelts. (1) Für die Zeit, in der Beschäftigte zur Teilnahme an anerkannten Bildungsveranstaltungen freigestellt sind, ist ihnen das Arbeitsentgelt oder Gehalt ohne Minderung fortzuzahlen. Für die Bemessung der Bezüge gelten die tarifvertraglichen oder gesetzlichen Regelungen für den Erholungsurlaub entsprechend, ein Anspruch auf ein zusätzliches Urlaubsgeld besteht nicht.

(2) Hat ein Beschäftigter oder eine Beschäftigte nach erfüllter Wartezeit die gesamte ihm oder ihr im laufenden Kalenderjahr zustehende Freistellung beansprucht und ist das Arbeits- oder Dienstverhältnis vor Ablauf dieses Kalenderjahres beendet worden, so kann eine teilweise Rückzahlung des für die Freistellung gezahlten Arbeitsentgelts oder Gehalts nicht verlangt werden.

(3) Der oder die Beschäftigte muß sich auf das Arbeitsentgelt oder Gehalt denjenigen Betrag anrechnen lassen, den er oder sie wegen der Teilnahme an der Bildungsveranstaltung von dem Bildungsträger oder von anderer Seite als Beihilfe oder Zuschuß auf Grund anderer Bestimmungen erhalten hat, soweit dieser Betrag als Ersatz für Einkommensverluste gezahlt wird.

§ 32 Verbot der Benachteiligung. Beschäftigte, die die Freistellung zur Teilnahme an Bildungsveranstaltungen in Anspruch nehmen, dürfen deswegen nicht benachteiligt werden.

§ 33 Anerkennung von Bildungsveranstaltungen. (1) Freistellung zu Bildungszwecken kann nur für nach diesem Gesetz anerkannte Bildungsveranstaltungen einschließlich deren Abschlußprüfungen beansprucht werden.

(2) Politische Bildungsveranstaltungen der nach diesem Gesetz staatlich anerkannten Einrichtungen der allgemeinen Weiterbildung und berufliche Bildungsveranstaltungen der nach diesem Gesetz staatlich anerkannten Einrichtungen der beruflichen Weiterbildung gelten als anerkannt. Dies gilt nicht für die in Absatz 4 umschriebenen Veranstaltungen.

(3) Bildungsveranstaltungen von Einrichtungen, die nicht nach diesem Gesetz anerkannt sind, können auf Antrag anerkannt werden.
Eine Bildungsveranstaltung ist anzuerkennen, wenn
1. es sich um eine Veranstaltung der politischen (§ 2 Abs. 4) oder der beruflichen (§ 2 Abs. 5) Weiterbildung handelt,
2. sie allen Beschäftigten offensteht,
3. die Teilnahme an ihr freigestellt ist,
4. die personellen, sächlichen und räumlichen Rahmenbedingungen die Erreichung des angestrebten Lernerfolges erwarten lassen und

5. die Einrichtung sich verpflichtet, die notwendigen Bescheinigungen im Sinne des § 26 Abs. 3 kostenlos auszustellen und die Angaben gemäß § 35 an die Weiterbildungsdatenbank mitzuteilen.

Die Anerkennung für Veranstaltungen der beruflichen Weiterbildung erfolgt durch das Ministerium für Wirtschaft, für solche der politischen Weiterbildung durch das Ministerium für Bildung und Sport.

(4) Berufliche und politische Bildungsveranstaltungen erfüllen nicht die Voraussetzungen des § 33 Absatz 3 SWBG, wenn es sich handelt um:
1. Veranstaltungen, die unmittelbar der Durchsetzung partei- oder verbandspolitischer Ziele dienen,
2. Veranstaltungen der Berufsausbildung im Sinne des § 1 Abs. 2 Berufsbildungsgesetz oder der beruflichen Umschulung im Sinne des § 1 Abs. 4 Berufsbildungsgesetz,
3. Veranstaltungen im Rahmen der beruflichen Rehabilitation,
4. Veranstaltungen, die der Einarbeitung auf bestimmte betriebliche Arbeitsplätze dienen,
5. Veranstaltungen der beruflichen Weiterbildung im Rahmen betrieblicher Bildungsmaßnahmen, deren Inhalt überwiegend auf betriebsinterne Erfordernisse ausgerichtet ist,
6. Veranstaltungen von Fortbildungseinrichtungen des öffentlichen Dienstes,
7. Veranstaltungen, die ausschließlich der Fortbildung betrieblicher Interessenvertretungen dienen,
8. Veranstaltungen der beruflichen Weiterbildung, die im Ausland von Veranstaltern durchgeführt werden, deren Hauptsitz sich nicht im Saarland befindet.

(5) Das Ministerium für Bildung und Sport und das Ministerium für Wirtschaft regeln im gegenseitigen Benehmen das Anerkennungsverfahren durch Rechtsverordnung.

7. Abschnitt. Weiterbildungsinformationssystem

§ 34 Weiterbildungsbericht. (1) Die Landesregierung legt alle vier Jahre einen Bericht über die Lage und Entwicklung der Weiterbildung und der Freistellung zu Bildungszwecken im Saarland vor.

(2) Das Statistische Landesamt führt jährlich eine statistische Erhebung bei den staatlich anerkannten Einrichtungen und Landesorganisationen der allgemeinen und der beruflichen Weiterbildung durch.

(3) Erhoben werden folgende Merkmale:
1. Einrichtungen und Landesorganisationen:
Name, Art, Zahl, Anschrift, Aufbau der Träger, Art und Umfang der von ihnen geleisteten Bildungsarbeit, finanzieller Aufwand (Mittelherkunft und -verwendung),
2. Lehr- und Verwaltungspersonal:
Zahl, Funktion, Beschäftigungsart und -umfang,
3. Veranstaltungen:
Zahl, Art und Themenbereiche, Unterrichtsstunden und Teilnehmertage,

Teil III   D. *Landesgesetze zum Bildungsurlaub*

4. Teilnehmer:
Zahl der Teilnehmer, Zahl und Art der vermittelten Abschlüsse und Zertifikate.
(4) Hilfsmerkmale sind:
1. Name und Anschrift der Einrichtungen und Landesorganisationen,
2. Name und Telefonnummer der für eventuelle Rückfragen zur Verfügung stehenden Personen.
(5) Für die Erhebung sind die Träger und Leiter der Einrichtungen und der Landesorganisationen auskunftspflichtig. Sie haben die Angaben innerhalb der vom Statistischen Landesamt gesetzten Frist zu machen.
(6) Die Erhebung erfolgt als Totalerhebung und wird jährlich zum 30. April durchgeführt. Berichtszeitraum ist das Kalenderjahr.

§ 35 **Übermittlung von Weiterbildungsdaten.** Die staatlich anerkannten Einrichtungen der Weiterbildung sind verpflichtet, die vorgesehenen Bildungsveranstaltungen mit den veranstaltungsspezifischen Angaben (z.B. Bezeichnung, Ort, Zeitraum, verantwortlicher Leiter, Teilnahmeentgelt, Teilnahmevoraussetzung, Bildungsfreistellungsfähigkeit, Zertifizierung) zur Aufnahme in die bei der Arbeitskammer des Saarlandes gemäß § 2 Abs. 3 und 4 Arbeitskammergesetz eingerichteten Weiterbildungsdatenbank mitzuteilen.

8. Abschnitt. Übergangs- und Schlußvorschriften

§ 36 **Erlaß von Verwaltungsvorschriften.** Das Ministerium für Bildung und Sport, das Ministerium des Innern und das Ministerium für Wirtschaft erlassen die zur Durchführung dieses Gesetzes erforderlichen Verwaltungsvorschriften.

§ 37 **Übergangsvorschriften.** Die Einrichtungen und die Landesorganisationen, die bisher nach dem Gesetz zur Förderung der Erwachsenenbildung im Saarland (EBG) vom 8. April 1970 (Amtsbl. S. 338), geändert durch Gesetz vom 17. Dezember 1975 (Amtsbl. 1976 S. 1) anerkannt sind, gelten als staatlich anerkannt nach § 5 Abs. 2.

§ 38 **Änderungen von Vorschriften.** *(nicht abgedruckt)*

§ 39 **Inkrafttreten.** (1) Dieses Gesetz tritt am 1. April 1990 in Kraft.
(2) Zum gleichen Zeitpunkt tritt das Gesetz zur Förderung der Erwachsenenbildung im Saarland außer Kraft.

Schleswig-Holstein Teil III

10. Schleswig-Holstein

Bildungsfreistellungs- und Qualifizierungsgesetz (BFQG) für das Land Schleswig-Holstein

Vom 7. Juni 1990
(GVBl. S. 364)
Zuletzt geändert durch Art. 20 der Verordnung vom 24. Oktober 1996 (GVBl. S. 655)
(GS Schl.-H. II, Gl.Nr. 223–11)

Übersicht

Abschnitt I. Grundsätze

	§§
Geltungsbereich	1
Begriff der Weiterbildung	2
Aufgaben und Ziele der Weiterbildung	3
Recht auf Weiterbildung	4
Finanzierung	5

Abschnitt II. Freistellung

Anspruch auf Freistellung	6
Dauer der Freistellung	7
Gewährung der Freistellung	8
Erkrankung	9
Anrechenbarkeit anderweitiger Freistellungsansprüche	10
Ausschluß von Doppelansprüchen	11
Wartezeit	12
Fortzahlung des Arbeitsentgeltes	13
Verbot der Erwerbstätigkeit	14
Verbot der Benachteiligung	15

Abschnitt III. Finanzielle Förderung

(aufgehoben)	16
Förderung von Maßnahmen der Weiterbildung	17
Förderung von Modellvorhaben	18

Abschnitt IV. Teilnahmeschutz und Anerkennungsfragen

Teilnahmeschutz	19
Anerkennung von Veranstaltungen des Bildungsurlaubs	20
Widerruf der Anerkennung	21
Anerkennung von Trägern und Einrichtungen	22
Wirkung der Anerkennung	23
Befristung und Widerruf der Anerkennung	24
Ermächtigung	25

Abschnitt V. Koordinierung und Planung

Grundsätze	26
Beratungsorgane	27
Berichtswesen	28

Abschnitt VI. Durchführungsvorschriften

Zuständige Behörden	29
Änderungsvorschrift	30
Inkrafttreten	31

Teil III D. *Landesgesetze zum Bildungsurlaub*

Abschnitt I. Grundsätze

§ 1 Geltungsbereich. Das Bildungsfreistellungs- und Qualifizierungsgesetz gilt für die Weiterbildung in Schleswig-Holstein. Die durch besondere Rechtsvorschriften geregelte Weiterbildung bleibt hiervon unberührt. Das Recht der Träger und Einrichtungen der Weiterbildung auf selbständige Lehrplan- und Programmgestaltung sowie ihr Recht auf freie Wahl der Leiterinnen oder Leiter und der Mitarbeiterinnen oder Mitarbeiter wird gewährleistet.

§ 2 Begriff der Weiterbildung. (1) Die Weiterbildung ist gleichberechtigter Teil des Bildungswesens neben Schule, Berufsausbildung und Hochschule.

(2) Weiterbildung ist die Fortsetzung, Wiederaufnahme oder Ergänzung organisierten Lernens außerhalb der Bildungsgänge der allgemeinbildenden Schulen und der beruflichen Erstausbildung. Soweit die außerschulische Jugendbildung nicht anderweitig rechtlich geregelt ist, gehört sie zur Weiterbildung im Sinne dieses Gesetzes. Sie umfaßt gleichrangig die Bereiche der allgemeinen, der politischen und der beruflichen Weiterbildung.

§ 3 Aufgaben und Ziele der Weiterbildung. (1) Die Weiterbildung soll dazu beitragen, die einzelnen zu einem kritischen und verantwortlichen Handeln im persönlichen, öffentlichen und beruflichen Bereich zu befähigen. Die Weiterbildung soll auch die Gleichstellung von Frauen und Männern fördern.

(2) Ziel der Weiterbildung ist es, über den Erwerb von Kenntnissen, Fähigkeiten und Fertigkeiten hinaus übergreifende Qualifikationen zu vermitteln. Dazu gehört auch die Fähigkeit zur Kommunikation, zur Zusammenarbeit und zur rationalen Austragung von Konflikten.

(3) Die allgemeine Weiterbildung soll die Selbstentfaltung der Einzelnen fördern, indem sie zur Auseinandersetzung insbesondere mit kulturellen, sozialen, wirtschaftlichen und ökologischen Fragen befähigt und zum Handeln in diesen Bereichen anregt. Sie soll auch befähigen, soziale Entwicklungen mitzugestalten.

(4) Die politische Weiterbildung soll die Orientierung der einzelnen in Staat und Gesellschaft fördern, indem sie die Beurteilung gesellschaftlicher Zusammenhänge ermöglicht und zur Wahrnehmung staatsbürgerlicher Rechte und Pflichten befähigt.
Sie soll die Fähigkeit und Bereitschaft zur Teilhabe an der gesellschaftlichen und staatlichen Willensbildung fördern und dadurch die Demokratie sichern und den sozialen Rechtsstaat fortentwickeln.

(5) Die berufliche Weiterbildung soll der Erhaltung und Erweiterung der beruflichen Kenntnisse und Fertigkeiten und deren Anpassung an die sich wandelnden Anforderungen, dem beruflichen Aufstieg oder dem Übergang in eine andere berufliche Tätigkeit dienen.
Sie soll dazu beitragen, vorhandene Arbeitsplätze zu sichern, die Arbeitslosigkeit abzubauen und den beruflichen Wiedereinstieg zu ermöglichen. Sie soll dazu befähigen, Arbeit und Technik mitzugestalten.

Schleswig-Holstein Teil III

(6) Die verschiedenen Bereiche der Weiterbildung wirken auf der Grundlage der ihnen jeweils eigenen Zielsetzung zusammen (integrativer Ansatz).

§ 4 Recht auf Weiterbildung. Jeder Mensch hat das Recht, die zur freien Entfaltung der Persönlichkeit, zur Mitgestaltung von Gesellschaft und Politik und zur Wahl und Ausübung des Berufs erforderlichen Kenntnisse und Qualifikationen zu erwerben. Das Recht auf Weiterbildung steht jedem Menschen unabhängig von Geschlecht, Alter, Bildung, gesellschaftlicher oder beruflicher Stellung, politischer oder weltanschaulicher Orientierung und Nationalität zu.

§ 5 Finanzierung. Das Land fördert die Weiterbildung nach Maßgabe des Haushalts.

Abschnitt II. Freistellung

§ 6 Anspruch auf Freistellung. (1) Der Anspruch auf Freistellung von der Arbeit zur Teilnahme an anerkannten Veranstaltungen der allgemeinen, politischen und beruflichen Weiterbildung (Bildungsurlaub) steht allen Beschäftigten einschließlich derer, die sich in einer Berufsausbildung befinden, zu. Als Beschäftigte gelten auch die in Heimarbeit Beschäftigten sowie ihnen Gleichgestellte und andere Personen, die wegen ihrer wirtschaftlichen Unselbständigkeit als arbeitnehmerähnliche Personen anzusehen sind.

(2) Beschäftigte im Sinne dieses Gesetzes sind Arbeitnehmerinnen und Arbeitnehmer, deren Arbeitsverhältnisse ihren Schwerpunkt in Schleswig-Holstein haben, sowie die Beamtinnen und Beamten nach § 1 Abs. 1 des Landesbeamtengesetzes und die Richterinnen und Richter im Sinne des Landesrichtergesetzes. Dienstherren im Geltungsbereich des Landesbeamtengesetzes gelten als Arbeitgeberinnen oder Arbeitgeber im Sinne dieses Gesetzes.

(3) Das Beschäftigungsverhältnis von Seeleuten hat im Sinne dieses Gesetzes seinen Schwerpunkt in Schleswig-Holstein, wenn sich
1. der Sitz der Reederei, der Partenreederei, der Korrespondentenreederei oder der Vertragsreederei in Schleswig-Holstein befindet oder
2. der Heimathafen des Schiffes in Schleswig-Holstein befindet und das Schiff die Bundesflagge führt.

§ 7 Dauer der Freistellung. (1) Jeder Arbeitnehmerin und jedem Arbeitnehmer soll die Teilnahme an einer einwöchigen Weiterbildungsveranstaltung ermöglicht werden.

(2) Der Anspruch auf Freistellung umfaßt fünf Arbeitstage in einem Kalenderjahr. Wird regelmäßig an mehr als fünf Tagen in der Woche oder in Wechselschicht gearbeitet, so erhöht sich der Anspruch auf sechs Arbeitstage. Wird regelmäßig an weniger als fünf Tagen in der Woche gearbeitet, so verringert sich der Anspruch entsprechend.

(3) Der Anspruch auf Freistellung in einem Kalenderjahr kann mit dem des vorangegangenen Jahres bis zum Doppelten des Anspruchs nach Ab-

satz 1 verbunden werden, soweit es für die Teilnahme an Veranstaltungen der Weiterbildung erforderlich ist (Verblockung). Die Erforderlichkeit richtet sich nach der Art der Veranstaltung und ist vom Träger der Veranstaltung im Rahmen des behördlichen Anerkennungsverfahrens (§ 20) nachzuweisen. Mit Zustimmung der Arbeitgeberin oder des Arbeitgebers kann eine Verblockung auch im Vorgriff auf künftige Freistellungsansprüche oder über mehr als zwei Jahre erfolgen.

(4) Die Freistellung soll an aufeinanderfolgenden Tagen gewährt werden; sie kann auch an einzelnen Tagen gewährt werden.

§ 8 Gewährung der Freistellung. (1) Die Teilnahme an einer Weiterbildungsveranstaltung unterliegt der freien Wahl der Beschäftigten. Sie haben der Arbeitgeberin oder dem Arbeitgeber die Absicht, Freistellung zu beanspruchen, so früh wie möglich, in der Regel sechs Wochen vor Beginn der Weiterbildungsveranstaltung, mitzuteilen. Hierbei ist die Anerkennung der Veranstaltung nach § 20 nachzuweisen.

(2) Die Freistellung zu dem beantragten Zeitpunkt kann von der Arbeitgeberin oder dem Arbeitgeber versagt werden, wenn betriebliche oder dienstliche Gründe oder Urlaubswünsche anderer Beschäftigter, die unter sozialen Gesichtspunkten den Vorrang verdienen, entgegenstehen. Die Versagung ist der oder dem Beschäftigten unter Angabe des Grundes unverzüglich schriftlich mitzuteilen.

(3) Ist die Freistellung für das laufende Kalenderjahr versagt worden, ist der Freistellungsanspruch auf das folgende Jahr zu übertragen. In diesem Fall können im folgenden Jahr der Freistellung Versagungsgründe nicht entgegengehalten werden.

(4) Die Teilnahme an der Weiterbildungsveranstaltung ist der Arbeitgeberin oder dem Arbeitgeber auf Wunsch nachzuweisen.

§ 9 Erkrankung. Erkranken Beschäftigte während der Freistellung, so wird die Zeit der Arbeitsunfähigkeit auf den Freistellungsanspruch nicht angerechnet, wenn die Arbeitsunfähigkeit durch ärztliches Zeugnis nachgewiesen wird.

§ 10 Anrechenbarkeit anderweitiger Freistellungsansprüche. (1) Freistellungen zur Teilnahme an Weiterbildungsveranstaltungen aufgrund anderer Gesetze oder von Tarifverträgen, Betriebs- oder Dienstvereinbarungen oder sonstigen Sonderregelungen können auf den Freistellungsanspruch nach diesem Gesetz nur angerechnet werden, wenn sie den Grundsätzen der Weiterbildung nach dem Abschnitt I dieses Gesetzes entsprechen und die Anrechenbarkeit ausdrücklich bestimmt ist.

(2) Die Anrechnung von Freistellungsansprüchen auf den gesetzlichen, tariflichen oder durch Arbeitsvertrag vereinbarten Erholungsurlaub ist unzulässig.

§ 11 Ausschluß von Doppelansprüchen. (1) Der Anspruch auf Freistellung besteht nicht, soweit der oder dem Beschäftigten für das laufende

Schleswig-Holstein **Teil III**

Kalenderjahr bereits von einer früheren Arbeitgeberin oder einem früheren Arbeitgeber Freistellung gewährt worden ist.

(2) Die Arbeitgeberin oder der Arbeitgeber ist verpflichtet, bei Beendigung des Ausbildungs-, Arbeits- oder Dienstverhältnisses der oder dem Beschäftigten auf Verlangen eine Bescheinigung über die Freistellung auszustellen.

§ 12 Wartezeit. Der Freistellungsanspruch eines Kalenderjahres wird erstmalig nach sechsmonatigem Bestehen des Ausbildungs-, Arbeits- oder Dienstverhältnisses erworben.

§ 13 Fortzahlung des Arbeitsentgeltes. (1) Für die Zeit der Freistellung zur Teilnahme an anerkannten Weiterbildungsveranstaltungen ist das zustehende Arbeitsentgelt ohne Minderung fortzuzahlen. Für die Bemessung des fortzuzahlenden Arbeitsentgeltes sind die einzelvertraglichen, tarifvertraglichen oder gesetzlichen Regelungen für den Erholungsurlaub entsprechend anzuwenden.

(2) Ist für das laufende Kalenderjahr Freistellung beansprucht worden und endet das Ausbildungs-, Arbeits- oder Dienstverhältnis vor Ablauf dieses Kalenderjahres, kann die Rückzahlung des fortgezahlten Arbeitsentgeltes nicht verlangt werden.

(3) Ist eine Freistellung nicht in Anspruch genommen worden, kann eine Ausgleichszahlung nicht verlangt werden.

§ 14 Verbot der Erwerbstätigkeit. Während der Freistellung darf die oder der Beschäftigte keine dem Zweck dieses Gesetzes zuwiderlaufende Erwerbstätigkeit ausüben.

§ 15 Verbot der Benachteiligung. (1) Beschäftigte dürfen wegen der Inanspruchnahme der Freistellung nicht benachteiligt werden.

(2) Von den Bestimmungen dieses Gesetzes darf nicht zu Ungunsten der Beschäftigten abgewichen werden.

Abschnitt III. Finanzielle Förderung

§ 16 *(aufgehoben)*

§ 17 Förderung von Maßnahmen der Weiterbildung. Das Land kann Trägern und Einrichtungen der Weiterbildung nach Maßgabe des Haushalts für einzelne Maßnahmen der Weiterbildung Projektförderung gewähren. Dabei sind Weiterbildungsmaßnahmen zur Förderung des beruflichen Wiedereinstiegs nach einer familienbedingten Unterbrechung angemessen zu berücksichtigen.

§ 18 Förderung von Modellvorhaben. Das Land fördert nach Maßgabe des Haushalts Modellvorhaben der Weiterbildung, für die eine Freistellung nach § 6 möglich ist, insbesondere

Teil III   *D. Landesgesetze zum Bildungsurlaub*

1. wenn in ihnen integrative Ansätze im Sinne des § 3 Abs. 6 enthalten sind oder
2. wenn sie darauf abzielen, die durch soziale Herkunft, Geschlecht, Nationalität oder durch Bildungsprozesse entstandenen Benachteiligungen abzubauen.

Abschnitt IV. Teilnahmeschutz und Anerkennungsfragen

§ 19 Teilnahmeschutz. (1) Die nachstehenden Regelungen des Teilnahmeschutzes ergänzen die Voraussetzungen für Anerkennungen nach den §§ 20 und 22.

(2) Weiterbildungsveranstaltungen sind der Verantwortung einer Leiterin oder eines Leiters zu unterstellen.

(3) Die Träger oder Einrichtungen der Weiterbildung, die Weiterbildungsveranstaltungen anbieten, haben diejenigen, die an einer Weiterbildungsveranstaltung teilnehmen wollen, schriftlich zu unterrichten über

1. die Person der Leiterin oder des Leiters nach Absatz 2,
2. das Thema, den Inhalt sowie den Arbeits- und Zeitplan der Veranstaltung,
3. die bei Veranstaltungsbeginn vorauszusetzende Vorbildung sowie eine sonst erforderliche oder vorteilhafte Vorbereitung auf die Veranstaltung,
4. die Zulassungsvoraussetzungen für eine öffentlich-rechtliche oder anderweitige Prüfung, wenn die Veranstaltung auf eine solche Prüfung vorbereitet,
5. die Zertifikate oder anderen Bescheinigungen, die durch die Teilnahme erworben werden können,
6. die Gebühren oder Kosten der Veranstaltung.

§ 20 Anerkennung von Veranstaltungen des Bildungsurlaubs. (1) Die Anerkennung einer Veranstaltung des Bildungsurlaubs durch die zuständige Behörde ist Voraussetzung für die Freistellung im Sinne von § 6. Bei der Anerkennung von Weiterbildungsveranstaltungen wird die zuständige Behörde von einem Ausschuß der Kommission Weiterbildung (§ 27) beraten.

(2) Die Anerkennung setzt voraus, daß es sich um eine Veranstaltung der Weiterbildung im Sinne von Abschnitt I handelt und daß die Träger hinsichtlich der Qualifikation ihrer Lehrkräfte, der verbindlichen Festlegung von Bildungszielen, der Qualität ihres Angebotes sowie der räumlichen und sachlichen Ausstattung eine sachgemäße und teilnehmerorientierte Bildung gewährleisten.

(3) Eine Veranstaltung darf nicht anerkannt werden, wenn

1. die Teilnahme von der Zugehörigkeit zu bestimmten Organisationen, Vereinigungen oder Institutionen abhängig gemacht wird,
oder die Veranstaltung
2. unmittelbar zur Durchsetzung partei- oder verbandspolitischer Ziele,
3. überwiegend betrieblichen oder dienstlichen Zwecken, oder

4. mehr als geringfügig der Erholung, der eigenen privaten Lebensführung oder der eigenen Freizeitgestaltung dient.

Für die Anerkennung einer Veranstaltung ist es unschädlich, wenn die Teilnahme von der Zugehörigkeit zu einer pädagogisch begründeten Zielgruppe oder von bildungsbezogenen Voraussetzungen abhängig gemacht wird.

(4) Die Anerkennung kann mit der Auflage verbunden werden, daß der zuständigen Behörde Auskünfte über Zahl, Alter und Geschlecht der Teilnehmenden und die Teilnahmebeiträge zu erteilen sind.

(5) Der Träger einer Veranstaltung hat Vertreterinnen und Vertretern der zuständigen Behörde grundsätzlich den Zutritt zu der Veranstaltung zu gestatten.

§ 21 Widerruf der Anerkennung. Die Anerkennung von Veranstaltungen des Bildungsurlaubs kann widerrufen werden, wenn
1. die Voraussetzungen für eine Anerkennung nicht mehr vorliegen, oder
2. ein Träger die ihm nach diesem Gesetz entstehenden Pflichten nicht erfüllt.

§ 22 Anerkennung von Trägern und Einrichtungen. (1) Wer im Geltungsbereich dieses Gesetzes eine oder mehrere Einrichtungen der Weiterbildung im Sinne von Absatz 2 unterhält oder Weiterbildungsveranstaltungen im Sinne von Absatz 3 durchführt, kann auf Antrag von der zuständigen Behörde als Träger der Weiterbildung anerkannt werden. Gemeinden und Gemeindeverbände gelten als anerkannte Träger der Weiterbildung.
Die Anerkennung setzt voraus, daß der Träger
1. in Schleswig-Holstein regelmäßig Veranstaltungen der Weiterbildung anbietet,
2. sein Weiterbildungsangebot veröffentlicht und grundsätzlich allen zugänglich macht, soweit nicht aus besonderen pädagogischen Gründen eine bestimmte Auswahl des Teilnehmerkreises geboten ist,
3. die Arbeits- und Beschäftigungsbedingungen seines hauptberuflichen Personals nach den arbeitsrechtlichen Anforderungen und den jeweils geltenden tarifvertraglichen Bestimmungen sozialverträglich ausgestaltet und darum bemüht ist, dem Gebot der Gleichstellung Rechnung zu tragen,
und daß
4. von ihm in Schleswig-Holstein unterhaltene Einrichtungen den Anforderungen von Absatz 2 genügen.

(2) Bildungsstätten und andere Institutionen, die organisierte Veranstaltungen zur Weiterbildung anbieten und durchführen (Einrichtungen der Weiterbildung), können auf Antrag von der zuständigen Behörde anerkannt werden, wenn sie den Anforderungen von Absatz 1 entsprechen und die Qualifikation ihrer Lehrkräfte, die verbindliche Festlegung von Bildungszielen, die Qualität ihres Angebotes sowie die räumliche und sachliche Ausstattung eine sachgemäße und teilnehmerorientierte Bildung gewährleisten.

(3) Bieten Träger der Weiterbildung, die keine Einrichtung in Schleswig-Holstein unterhalten, Weiterbildungsveranstaltungen an, so müssen diese nach Art, Umfang, Dauer und Ausgestaltung geeignet sein, die vom Träger angegebenen Bildungsziele zu erreichen.

(4) Die Anerkennung kann mit der Auflage verbunden werden, daß der zuständigen Behörde Auskünfte über Art und Zahl der angebotenen Bildungsveranstaltungen, über Art und Umfang der Finanzierung, über Art, Zahl und Geschlecht des dort beschäftigten Personals und über die Verteilung der Teilnehmenden nach Alter und Geschlecht zu erteilen sind.

(5) Bei der Anerkennung von Trägern und Einrichtungen der Weiterbildung wirkt die Kommission Weiterbildung (§ 27) durch einen Ausschuß beratend mit.

§ 23 Wirkung der Anerkennung. (1) Die Anerkennung nach § 22 Abs. 1 berechtigt den Träger, neben seiner Bezeichnung den Hinweis „Staatlich anerkannter Träger der Weiterbildung" zu führen.

(2) Die Anerkennung nach § 22 Abs. 2 berechtigt die Einrichtung, neben ihrer Bezeichnung den Hinweis „Staatlich anerkannte Einrichtung der Weiterbildung" zu führen.

§ 24 Befristung und Widerruf der Anerkennung. (1) Die Anerkennung nach § 22 ist zu befristen. Die Frist kann auf Antrag verlängert werden, wenn die Voraussetzungen für die Anerkennung weiterhin vorliegen.

(2) Werden Mängel festgestellt, hat die zuständige Behörde, falls der Mangel zu beheben und eine Gefährdung des Weiterbildungszwecks im Sinne von § 3 nicht zu erwarten ist, den Träger oder die Einrichtung aufzufordern, innerhalb einer bestimmten Frist den Mangel zu beseitigen. Ist der Mangel nicht ausräumbar oder innerhalb der gesetzten Frist nicht beseitigt, so ist die Anerkennung zu widerrufen. Vor dem Widerruf ist die Kommission Weiterbildung (§ 27) anzuhören.

(3) Die anerkannten Träger und Einrichtungen der Weiterbildung sind grundsätzlich verpflichtet, Vertreterinnen und Vertretern der zuständigen Behörde den Zutritt zu der Einrichtung und den Veranstaltungen zu gestatten und die für die Durchführung des Verfahrens nach Absatz 2 notwendigen Auskünfte zu erteilen und Unterlagen vorzulegen.

§ 25 Ermächtigung. Die Landesregierung wird ermächtigt, durch Verordnung das Nähere zu regeln über
1. die Voraussetzungen und das Verfahren der Anerkennung nach §§ 20, 22 und des Widerrufs der Anerkennung nach §§ 21, 24 Abs. 2, die Dauer der Befristung und das Verfahren zur Verlängerung der Frist nach § 24 Abs. 1,
2. die Voraussetzungen und das Verfahren der Anerkennung der von anderen öffentlichen Stellen für eine Freistellung anerkannten Weiterbildungsveranstaltungen.

Abschnitt V. Koordinierung und Planung

§ 26 Grundsätze. Die anerkannten Träger und Einrichtungen der Weiterbildung im Sinne von § 22 wirken zur Förderung der Weiterbildung insbesondere mit Schulen, Hochschulen und Ausbildungseinrichtungen zusammen. Ihre Zusammenarbeit soll dazu dienen, ein umfassendes Gesamtangebot zu gewährleisten, Arbeitsteilung zu ermöglichen und Schwerpunkte zu bilden. Dabei sind die Grundsätze und Ziele des Landesentwicklungsplans Weiterbildung zu berücksichtigen.

§ 27 Beratungsorgane. (1) Die Landesregierung wird durch eine Kommission Weiterbildung beraten, deren Aufgabe es ist, die Entwicklung der Weiterbildung in Schleswig-Holstein zu fördern. Die Kommission unterbreitet der Landesregierung Vorschläge, Empfehlungen und Gutachten auf dem Gebiet der Weiterbildung und unterstützt das Zusammenwirken im Sinne von § 26. Sie erarbeitet auf der Grundlage einer Bestandsaufnahme der Weiterbildung in Schleswig-Holstein den Entwurf des Landesentwicklungsplans Weiterbildung, der die Bedürfnisse und die Förderung von Frauen in besonderer Weise berücksichtigt. Die Landesregierung regelt die Zusammensetzung der Kommission Weiterbildung und des Ausschusses nach § 20 Abs. 1 und § 22 Abs. 5 durch Beschluß. Dabei sollen Frauen und Männer in gleicher Anzahl vertreten sein. Das Ministerium für Wirtschaft, Technologie und Verkehr führt die Geschäfte der Kommission Weiterbildung.

(2) Zur örtlichen und regionalen Koordinierung und Kooperation im Bereich der Weiterbildung sollen Beratungsorgane in den Kreisen und kreisfreien Städten eingerichtet werden.

§ 28 Berichtswesen. Die Landesregierung berichtet dem Landtag alle zwei Jahre, erstmals im Jahre 1993, über die Durchführung dieses Gesetzes. Dem Bericht sind Übersichten über die im Berichtszeitraum anerkannten Träger, Einrichtungen und Veranstaltungen, über die Zahl und Struktur der durchgeführten Bildungsveranstaltungen und der Teilnehmenden sowie über Veranstaltungen, Einrichtungen und Träger, deren Anerkennung abgelehnt wurde, beizufügen.

Abschnitt VI. Durchführungsvorschriften

§ 29 Zuständige Behörden. (1) Zuständige Behörde für die Durchführung des § 20 Abs. 1 und 5, § 22 Abs. 1 und § 24 ist das Ministerium für Wirtschaft, Technologie und Verkehr. Es entscheidet in den Fällen des § 20 Abs. 1 im Benehmen und in den Fällen des § 22 Abs. 1 im Einvernehmen mit der Ministerin oder dem Minister, deren oder dessen Geschäftsbereich durch die Entscheidung berührt wird.

(2) Das Ministerium für Wirtschaft, Technologie und Verkehr koordiniert die Arbeit der zuständigen Ministerinnen und Minister.

(3) Die Zuständigkeiten der Ministerinnen und Minister und der übrigen Landesbehörden bleiben im übrigen unberührt.

§ 30 Änderungsvorschrift. *(gegenstandslos)*

§ 31 Inkrafttreten. Das Gesetz tritt am 1. Juli 1990 in Kraft. Abweichend davon tritt § 16 am 1. Januar 1993 in Kraft.[1]

---

[1] § 16 ist durch das Haushaltsbegleitgesetz vom 8. Februar 1994 gestrichen worden.

E. Landesgesetze über Zusatzurlaub für Schwerbehinderte und Opfer des Nationalsozialismus

1. *Niedersachsen*

Urlaubsgesetz
Vom 10. Dezember 1948
(GVBl. Sb. I S. 179)
(III 2034-5)

und Verordnung zur Durchführung des Urlaubsgesetzes
Vom 26. Juli 1949
(GVBl. Sb. I S. 180)
(III 2034-5-1)

§ 2 (3) Anerkannte Opfer des Faschismus erhalten einen zusätzlichen Urlaub von drei Werktagen. Soweit sie gesundheitliche Schädigungen erlitten haben, erhalten sie einen zusätzlichen Urlaub von sechs Werktagen.

Verordnung zur Durchführung des Urlaubsgesetzes vom 26. Juli 1949

Zu § 2 Abs. 3:

(5) Anspruch auf zusätzlichen Urlaub von drei Werktagen gemäß § 2 Abs. 3 Satz 1 des Gesetzes haben Personen, die auf Grund der Zonenpolitik-Anweisung Nr. 20 der Militärregierung vom 4. Dezember 1945 als politisch Verfolgte anerkannt worden sind. Der Nachweis ist durch Berechtigungsausweis des Kreissonderhilfsausschusses (Anlage A zur Zonenpolitik-Anweisung Nr. 20) zu führen.

(6) Anspruch auf zusätzlichen Urlaub von sechs Werktagen haben Personen, die gemäß den Bestimmungen des Gesetzes über Gewährung von Sonderhilfe für Verfolgte der nationalsozialistischen Gewaltherrschaft (Personenschaden) – Sonderhilfsgesetz – vom 22. September 1948 (Nieders. GVBl. S. 77) anerkannt worden sind. Der Nachweis ist durch den mit dem Zeugnis der Rechtskraft versehenen Bescheid des Kreissonderhilfsausschusses (§§ 20 und 21 des Sonderhilfsgesetzes) zu führen.

(7) Arbeitgeber, bei denen der Anspruch auf zusätzlichen Urlaub berechtigt erhoben wird, reichen den Antrag auf Rückerstattung des dafür gezahlten Urlaubsgeldes bei der für den Sitz des Betriebes zuständigen Regierungskasse ein. Das Nähere über das Antragsverfahren bestimmt der Minister des Innern.

Teil III E. *Landesgesetze über Zusatzurlaub für*

2. *Rheinland-Pfalz*

Landesgesetz zur Regelung des Urlaubs (Urlaubsgesetz)

Vom 8. Oktober 1948 (GVBl. S. 370)
Geändert durch Gesetz vom 9. August 1960 (BGBl. I S. 680) und vom 7. Februar 1983 (GVBl. S. 17)

§ 3 Schwerbeschädigte und Opfer des Faschismus. ... anerkannte Opfer des Faschismus haben Anspruch auf einen Zusatzurlaub von sechs Arbeitstagen.

3. *Saarland*

Gesetz Nr. 186 betreffend Regelung des Zusatzurlaubes für kriegs- und unfallbeschädigte Arbeitnehmer in der Privatwirtschaft

Vom 22. Juni 1950
(ABl. S. 759)
Zuletzt geändert durch Gesetz vom 23. Juni 1999 (ABl. S. 1263)[1]

§ 1 [Begünstigter Personenkreis] *(1) Zu dem nach den Vorschriften des Gesetzes oder des Tarifvertrages zustehenden Urlaub wird nachfolgender Zusatzurlaub gewährt:*
1. *Beschädigten mit einer Minderung der Erwerbsfähigkeit von 25 bis ausschließlich 50 v. H.*   3 *Arbeitstage.*
2. *Schwerbeschädigten mit einer Erwerbsminderung von 50 bis ausschließlich 60 v. H.*   4 *Arbeitstage.*
3. *Schwerbeschädigten mit einer Erwerbsminderung von 60 v. H. und mehr*   6 *Arbeitstage.*
4. *Für die anerkannten Opfer des Nationalsozialismus*   3 *Arbeitstage.*

(2) Diese Regelung gilt auch für Erwerbsbeschränkte, die auf Grund eines ärztlichen Gutachtens des Staatlichen Gesundheitsamtes den Kriegs- und Unfallbeschädigten gleichgestellt sind. Das Landesamt für Soziales und Versorgung stellt die Liste des in Frage kommenden Personenkreises auf.

---

[1] Dieses Gesetz ist am 1. 1. 2000 außer Kraft getreten. Anspruchsberechtigte, die nach § 1 bis zum 1. 1. 2000 Anspruch auf Zusatzurlaub hatten, erhalten diesen Zusatzurlaub weiter (s. § 2 ÄndG v. 23. 6. 1999, ABl. S. 1263).

Verordnung zur Durchführung des Gesetzes [Nr. 186] betreffend Regelung des Zusatzurlaubs für kriegs- und unfallbeschädigte Arbeitnehmer in der Privatwirtschaft vom 22. Juni 1950 (ABl. S. 759)

Vom 20. November 1950 (ABl. S. 1092)
Geändert durch Verordnung vom 29. Dezember 1952 (ABl. 1953 S. 25)

Der Minister für Arbeit und Wohlfahrt verordnet auf Grund des Gesetzes betreffend Regelung des Zusatzurlaubs für kriegs- und unfallbeschädigte Arbeitnehmer in der Privatwirtschaft vom 22. Juni 1950, was folgt:

§ 1 [Opfer des Nationalsozialismus] Die unter den Geltungsbereich des Gesetzes fallenden Arbeitnehmer, welche kriegs- oder unfallbeschädigt bzw. diesen gleichgestellt und gleichzeitig Opfer des Nationalsozialismus sind, haben nur Anspruch auf den Zusatzurlaub einer Kategorie. In diesen Fällen ist der für das Belegschaftsmitglied günstigste Zusatzurlaub zu gewähren.

§ 2 [Nachweis] Der Nachweis über den Grad der Beschädigung bzw. die Anerkennung als Opfer des Nationalsozialismus ist durch Vorlage einer Bescheinigung der für den Arbeitnehmer zuständigen Behördenstelle zu erbringen.

§ 3 [Berechnung] (1) Bei Einstellungen und Entlassungen im Laufe des Jahres wird der Zusatzurlaub anteilig nach der Beschäftigungsdauer erteilt.

(2) Soweit keine günstigeren tariflichen Bestimmungen bestehen, findet bei Ermittlung der Beschäftigungsdauer *Artikel 3, Absatz 2, Satz 1 der Verfügung 47–65 vom 18. November 1947 (ABl. S. 704) Anwendung.*

(3) Ist eine Urlaubsgewährung nicht möglich, insbesondere bei Entlassung, besteht Anspruch auf Barabgeltung gemäß *Artikel 7 der Verfügung Nr. 47–65 über das Urlaubswesen vom 18. November 1947 (ABl. S. 704).*

§ 4 [Bezahlung] Soweit keine günstigeren Tarifbestimmungen bestehen, erfolgt die Bezahlung des Zusatzurlaubs nach *Artikel 6, Absatz 2 und 3 der Verfügung Nr. 47–65 über das Urlaubswesen vom 18. November 1947 (ABl. S. 704).*

§ 5 *(betrifft Inkrafttreten)*

Teil III E. Landesgesetze über Zusatzurlaub für

[Zweite] Verordnung zur Durchführung des Gesetzes [Nr. 186] betreffend Regelung des Zusatzurlaubs für kriegs- und unfallbeschädigte Arbeitnehmer in der Privatwirtschaft vom 22. Juni 1950 (ABl. S. 759)

Vom 5. März 1951 (ABl. S. 442)

Der Minister für Arbeit und Wohlfahrt verordnet auf Grund des § 3 des Gesetzes, betreffend Regelung des Zusatzurlaubes für kriegs- und unfallbeschädigte Arbeitnehmer in der Privatwirtschaft vom 22. Juni 1950, was folgt:

§ 1 [Heimarbeiter]. Den in Heimarbeit beschäftigten Arbeitnehmern, welche unter das Gesetz vom 22. Juni 1950 fallen, wird zur Abgeltung ihres Anspruches auf Zusatzurlaub eine Zulage gewährt. Die Zulage beträgt:
1. für Beschädigte mit einer Minderung der Erwerbsfähigkeit
   von 25 bis ausschließlich 50%   1%
2. für Schwerbeschädigte mit einer Erwerbsminderung von
   50 bis ausschließlich 60%   1 1/3 %
3. für Schwerbeschädigte mit einer Erwerbsminderung von
   60% und mehr   2%
4. für anerkannte Opfer des Nationalsozialismus   1%
des Nettoentgelts.

§ 2 [Auszahlung]. Die Zulage wird mit dem Nettoentgelt ausgezahlt. Die Zahlung ist auf dem Entgeltbeleg gemäß *§ 3 der Verordnung über die Entgeltregelung in der Heimarbeit vom 16. März 1950 (ABl. S. 234) in Verbindung mit der Verordnung zur Ergänzung der Verfügung Nr. 47–65 vom 18. November 1947 über das Urlaubswesen vom 16. März 1950 (ABl. S. 236)* zu vermerken.

4. Ehemalige DDR

Verordnung über den Erholungsurlaub (DDR)

Vom 28. September 1978 (GBl. I S. 365)

Zuletzt geändert durch die 2. VO über den Erholungsurlaub vom 18. Dezember 1980 (GBl. I S. 365) mit Maßgabe für das Gebiet der ehem. DDR durch Anlage II Kapitel VIII Sachgebiet A Abschnitt III Nr. 2 des Einigungsvertrages vom 31. August 1990 (BGBl. II S. 889, 1207)

§ 8 Erholungsurlaub für Kämpfer gegen den Faschismus und Verfolgte des Faschismus. Kämpfer gegen den Faschismus und Verfolgte des Faschismus erhalten einen jährlichen Erholungsurlaub von 27 Arbeitstagen. Alle Arten von Zusatzurlaub, mit Ausnahme des arbeitsbedingten Zusatzurlaubs, werden bei Vorliegen der Voraussetzungen zusätzlich gewährt.

Teil IV. Register urlaubsrechtlicher Entscheidungen des BAG*

Datum	Schlagwort	§§	Fundstelle
		1982	
1. 28. 1. 1982 6 AZR 571/79	Anspruch auf Erholungsurlaub und Rechtsmißbrauch Urlaubsabkommen Textilindustrie Westfalen und RegBez. Osnabrück	BUrlG § 3, § 7 Abs. 4; BGB § 242; TVG § 1	AP Nr. 11 zu § 3 BUrlG Rechtsmißbrauch = BAGE 37, 381–387 = DB 1982, 1065–1066 = BB 1982, 862–864 = EzA § 3 BUrlG Nr. 13
2. 28. 1. 1982 6 AZR 636/79	Zusatzurlaub nach dem Schwerbehindertengesetz Urlaubsabkommen Metallindustrie Württemberg/Nordbaden	BGB § 133; SchwbG § 44 S. 1	AP Nr. 3 zu § 44 SchwbG = BAGE 37, 379–382 = DB 1982, 1329 = EzA § 44 SchwbG Nr. 3
3. 9. 2. 1982 1 AZR 567/79	Urlaub und Streik	BUrlG §§ 1, 7, § 11 Abs. 2; GG Art. 9 Abs. 3	AP Nr. 16 zu § 11 BUrlG = DB 1982, 1328 = BB 1982, 993 = EzA § 1 BUrlG Nr. 18
4. 13. 5. 1982 6 AZR 12/80	Anspruch auf Erholungsurlaub und Urlaubsjahr MTV Chemische Industrie	BUrlG § 1, § 7 Abs. 3, § 7 Abs. 4, § 9; TVG § 1	nicht veröffentlicht
5. 13. 5. 1982 6 AZR 360/80	Anspruch auf Erholungsurlaub und Urlaubsjahr Urlaubsabkommen Textilindustrie Westfalen und RegBez. Osnabrück	BUrlG § 1, § 7 Abs. 3, § 9, § 13	AP Nr. 4 zu § 7 BUrlG = BAGE 39, 53–59 = DB 1982, 2193–2194 = EzA § 7 BUrlG Nr. 25
6. 13. 5. 1982 6 AZR 584/80	Anspruch auf Erholungsurlaub und Urlaubsjahr MTV Metallindustrie Hamburg und Schleswig-Holstein	BUrlG § 7 Abs. 3, § 7 Abs. 4	nicht veröffentlicht
7. 24. 6. 1982 6 AZR 404/81	Tarifliche Ausschlußfrist für Urlaubsanspruch MTV Groß- und Außenhandel Hessen	TVG § 1; BUrlG § 7 Abs. 4, § 13	nicht veröffentlicht
8. 29. 7. 1982 6 AZR 432/80	Hessisches Bildungsurlaubsgesetz	HBUG § 8, § 4 Abs. 2 S. 1, § 1; BetrVG § 37 Abs. 6, § 37 Abs. 7	AP Nr. 1 zu § 8 BildungsurlaubsG Hessen = BAGE 39, 255–259 = DB 1983, 348–348
9. 14. 10. 1982 6 AZR 1157/79	Freistellungsanspruch bei Goldener Hochzeit MTL II	BGB § 616 Abs. 1; MTL 2 § 33 Abs. 2, § 33 Abs. 4	EzBAT § 52 BAT Nr. 10
10. 21. 10. 1982 6 AZR 934/79	Urlaubsabgeltung nach dem Seemannsgesetz	SeemG § 60, § 53 Abs. 2, § 91; BUrlG § 3, § 5 Abs. 1 Buchst. b	AP Nr. 4 zu § 60 SeemG = BAGE 40, 269–274 = DB 1983, 1661–1662

* Soweit die Entscheidungen als „nicht veröffentlicht" gekennzeichnet sind, können sie über das Informationssystem Juris abgerufen oder von der Versendestelle des Bundesarbeitsgerichts angefordert werden.

Entscheidungsregister

Datum	Schlagwort	§§	Fundstelle
11. 25. 11. 1982 6 AZR 1254/79	Urlaub in aufeinanderfolgenden Arbeitsverhältnissen Urlaubsabkommen Metallindustrie Südwürttemberg-Hohenzollern	BUrlG § 6 Abs. 1, § 7 Abs. 4; TVG § 1	AP Nr. 3 zu § 6 BUrlG = BAGE 40, 379–383 = DB 1983, 1155–1156 = EzA § 6 BUrlG Nr. 3
12. 25. 11. 1982 6 AZR 302/81	Zusatzurlaub nach dem Schwerbehindetengesetz MTB II	SchwbG § 44 S. 1	nicht veröffentlicht

1983

1. 27. 1. 1983 6 AZR 103/81	Zusatzurlaub nach dem Schwerbehindertengesetz MTV Metall Rheinland-Pfalz	SchwbG § 44 S. 1	nicht veröffentlicht
2. 26. 5. 1983 6 AZR 193/82	Urlaubsabgeltung bei Krankheit Urlaubsabkommen Metallindustrie Südwürttemberg-Hohenzollern	BUrlG § 7 Abs. 4, § 1, § 3, § 4, § 13 Abs. 1 S. 1; TVG § 1	nicht veröffentlicht
3. 26. 5. 1983 6 AZR 273/82	Urlaubsabgeltung bei Krankheit Urlaubsabkommen Metallindustrie Südwürttemberg-Hohenzollern	BUrlG § 7 Abs. 4, § 1, § 3, § 4, § 13 Abs. 1 S. 1	AP Nr. 12 zu § 7 BUrlG Abgeltung = DB 1983, 2522, 2523 = BB 1983, 2259–2260 = EzA § 7 BUrlG Nr. 27
4. 26. 5. 1983 6 AZR 321/82	Urlaubsabgeltung bei Krankheit Urlaubsabkommen Metallindustrie Südwürttemberg-Hohenzollern	BUrlG § 7 Abs. 4, § 1, § 3, § 4, § 13 Abs. 1 S. 1; TVG § 1	nicht veröffentlicht
5. 23. 6. 1983 6 AZR 180/80	Urlaubsabgeltung bei Krankheit MTV Stahl	BUrlG § 7 Abs. 4, § 1, § 3, § 4, § 13 Abs. 1	AP Nr. 14 zu § 7 BUrlG Abgeltung = BAGE 44, 75–79 = DB 1983, 2523–2524 = BB 1984, 674–675 = EzA § 7 BUrlG Nr. 28
6. 20. 10. 1983 6 AZR 525/80	Tarifliches Urlaubsgeld für gesetzlichen Zusatzurlaub MTV metallverarbeitende Handwerke NRW	SchwbG § 44; TVG § 1	nicht veröffentlicht
7. 20. 10. 1983 6 AZR 252/80	Anrechnung Ausbildungsgeld auf Urlaubsentgelt BAT	BAT § 47 Abs. 8 BUrlG § 8; TVG § 1	AP Nr. 5 zu § 47 BAT = DB 1984, 1306
8. 20. 10. 1983 6 AZR 142/82	Tarifliches Urlaubsgeld für gesetzlichen Zusatzurlaub MTV metallverarbeitende Handwerke NRW	SchwbG § 44; TVG § 1	AP Nr. 4 zu § 44 SchwbG = DB 1984, 935–936 = EzA § 44 SchwbG Nr. 4
9. 17. 11. 1983 6 AZR 331/82	Berechnung der tariflichen Urlaubsdauer TV Ang. Bundespost	BUrlG § 13, § 1, § 3; TVG § 1	nicht veröffentlicht
10. 17. 11. 1983 6 AZR 346/80	Berechnung der tariflichen Urlaubsdauer TV Arb Bundespost	BUrlG § 13, § 1, § 3; TVG § 1	AP Nr. 13 zu § 13 BUrlG = DB 1984, 1305 = EzA § 12 BUrlG Nr. 16
11. 17. 11. 1983 6 AZR 419/80	Feststellungsantrag auf Urlaubsgewährung, Wegfall des Rechtsschutzinteresses in der Revisionsinstanz MTV papierverarbeitende Industrie	ZPO § 256	nicht veröffentlicht

Entscheidungsregister

Datum	Schlagwort	§§	Fundstelle
12. 1. 1983 6 AZR 299/80	Urlaubsanspruch und Kündigungsschutzprozeß BAT	BUrlG § 1, § 7 Abs. 4, § 11, § 13; BGB § 614; HUrlV § 5 Abs. 3; BAT § 47 Abs. 7; BAT Anl. SR	AP Nr. 15 zu § 7 BUrlG Abgeltung = BAGE 44, 278–284 = DB 1984, 1150–1151 = BB 1984, 1299–1300 = EzA § 7 BUrlG Nr. 30 = NZA 1984, 194–195
13. 15. 12. 1983 6 AZR 606/80	Fälligkeit von Teilurlaubsansprüchen MTV Holz und Kunststoff nordwestdeutscher Raum der BRD	BUrlG § 13, § 4; TVG § 1	AP Nr. 14 zu § 13 BUrlG = DB 1984, 1305–1306 = EzA § 13 BUrlG Nr. 17
14. 15. 12. 1983 6 AZR 604/80	Eingeschränkte Revisionszulassung – Erwerbstätigkeit während des Urlaubs	BUrlG § 8; BGB § 611; ArbGG § 72 Abs. 1; ZPO § 287	nicht veröffentlicht

1984

Datum	Schlagwort	§§	Fundstelle
1. 9. 2. 1984 6 AZR 33/81	Tarifliches Urlaubsgeld und übertarifliche Entlohnung Urlaubsgeldabkommen Einzelhandel NRW	TVG § 4 Abs. 3	nicht veröffentlicht
2. 23. 2. 1984 6 AZR 135/81	Sonderurlaub Gesetz über Sonderurlaub an Mitarbeiter in der Jugendpflege und -wohlfahrt Baden-Württemberg	ZPO § 264 Nr. 3; BUrlG § 7 Abs. 4; BAT § 51; ZPO § 264 Nr. 2; SonderUrlG BW § 2	AP Nr. 1 zu § 2 SonderUrlG Baden-Württemberg
3. 23. 2. 1984 6 AZR 186/81	Zusatzurlaub gemäß § 49 Abs. 1 BAT	BAT § 49 Abs. 1; UrlV Rheinl-Pfalz § 16	AP Nr. 3 zu § 49 BAT
4. 8. 3. 1984 6 AZR 600/82	Erholungsurlaub und Rechtsmißbrauch	BUrlG § 1, § 3, § 4, § 8, § 7 Abs. 4; MuSchG § 3, § 6, § 8 d; BGB § 242	AP Nr. 14 zu § 3 BUrlG Rechtsmißbrauch = BAGE 45, 184–199 = BB 1984, 1618–1619 = NZA 1984, 197–200 = DB 1984, 1883–1885 = EzA § 3 BUrlG Nr. 14
5. 8. 3. 1984 6 AZR 442/83	Erholungsurlaub und Tarifvertrag MTV Eisen-, Metall-, Elektro- und Zentralheizungsindustrie NRW	BUrlG § 13 Abs. 1, § 1, § 3, § 4, § 8, § 7 Abs. 4; BGB § 242; TVG § 1	AP Nr. 15 zu § 13 BUrlG = BAGE 45, 199–203 = BB 1984, 1489–1490 = NZA 1984, 160 = DB 1984, 1885 = EzA § 13 BUrlG Nr. 18
6. 8. 3. 1984 6 AZR 560/83	Tarifliche Urlaubsabgeltung BAT	BUrlG § 7 Abs. 4, § 13 Abs. 1, § 1, § 3, § 4, § 8; SchwbG § 44; GG Art. 20 Abs. 3; ZPO § 551 Nr. 7; BAT § 51, § 48	AP Nr. 16 zu § 7 BUrlG Abgeltung = BAGE 45, 203–208 = NZA 1984, 195–196 = DB 1984, 1939 = BB 1984, 1874–1875 = EzA § 7 BUrlG Nr. 32
7. 5. 4. 1984 6 AZR 222/81	Geltendmachung des Urlaubs bei Krankheit Urlaubsabkommen rechtsrheinische Textilindustrie	BUrlG § 7 Abs. 3, § 7 Abs. 4, § 13 Abs. 1	nicht veröffentlicht
8. 5. 4. 1984 6 AZR 443/81	Urlaubsanspruch und einzelvertragliche Ausschlußklausel	BUrlG § 13 Abs. 1, § 5 Abs. 1 Buchst. c, § 3, § 7 Abs. 4; BGB § 134	AP Nr. 16 zu § 13 BUrlG = BAGE 45, 314–316 = NZA

541

Entscheidungsregister

Datum	Schlagwort	§§	Fundstelle
9. 3. 5. 1984 6 AZR 555/81	Urlaubsabgeltung nach ordentlicher Kündigung des Arbeitgebers MTV Eisen-, Metall-, Elektro- und Zentralheizungsindustrie NRW	BUrlG § 7 Abs. 4, § 13; TVG § 1; BGB § 620 Abs. 2	1984, 257–258 = BB 1984, 1809 = DB 1984, 48–49 = EzA § 13 BUrlG Nr. 19 AP Nr. 17 zu § 7 BUrlG Abgeltung = DB 1984, 1938–1939 = EzA § 7 BUrlG Nr. 33
10. 28. 6. 1984 6 AZR 521/81	Urlaubsabgeltungsanspruch BMT Fernverkehr, MTV Speditions und Transportgewerbe Bayern	BUrlG § 7 Abs. 4; TVG § 1	AP Nr. 18 zu § 7 BUrlG Abgeltung = BAGE 46, 224–228 = BB 1984, 2133–2134 = DB 1984, 2716 = NZA 1985, 28–29 = EzA § 7 BUrlG Nr. 34
11. 23. 8. 1984 6 AZR 407/81	Berechnung Urlaubsentgelt Mehrarbeitsvergütung MTV Tarifgemeinschaft TÜV und Gewerkschaft ÖTV	BUrlG § 11 Abs. 1, § 13 Abs. 1; TVG § 1	nicht veröffentlicht
12. 13. 9. 1984 6 AZR 379/81	Kündigungsschutzklage und tarifliche Ausschlußfrist MTV Eisen-, Metall- und Elektroindustrie Hessen	TVG § 4; BUrlG § 1, § 3, § 7; BGB § 615	AP Nr. 86 zu § 4 Ausschlußfristen = BAGE 46, 359–363 = DB 1985, 707–708 = NZA 1985, 249 = BB 1985, 996–997 = EzA § 4 TVG Ausschlußfristen Nr. 62
13. 4. 10. 1984 6 AZR 80/82	Begriff Beschäftigung im Betrieb, Bestand des Arbeitsverhältnisses MTV Eisen-, Metall- und Elektroindustrie Hessen	TVG § 1; BUrlG § 5 Abs. 1 Buchst. b	nicht veröffentlicht
14. 25. 10. 1984 6 AZR 35/82	Konkursausfallgeld und Urlaubsentgelt TV Urlaub, Lohnausgleich und Zusatzversorgung Baugewerbe	TVG § 4, § 1	AP Nr. 5 zu § 4 TVG Ausgleichskasse = BAGE 47, 114–122 = BB 1985, 659–661 = EzA § 141 b AFG Nr. 1 = NZA 1985, 365–367 = DB 1985, 1350–1351
15. 25. 10. 1984 6 AZR 41/82	Entstehen von Teilurlaubsansprüchen MTV Einzelhandel NRW	BUrlG § 13, § 4, § 5 Abs. 1 Buchst. b; TVG § 1	AP Nr. 17 zu § 13 BUrlG = BAGE 47, 123–125 = DB 1985, 820 = NZA 1985, 461 = EzA § 13 BUrlG Nr. 20
16. 29. 11. 1984 6 AZR 238/82	Urlaubsentgelt bei aufeinanderfolgenden Arbeitsverhältnissen Rahmentarifvertrag Dachdeckerhandwerk, TV Berufsausbildung Dachdeckerhandwerk	BUrlG § 13 Abs. 1 S. 1, § 11 Abs. 1 S. 2, § 2 S. 1, § 7 Abs. 4, § 1; BBiG § 10; TVG § 1	AP Nr. 22 zu § 7 BUrlG Abgeltung = BAGE 47, 268–275 = DB 1985, 1347–1348 = EzA § 13 BUrlG Nr. 22 = NZA 1985, 598–599
17. 29. 11. 1984 6 AZR 257/82	Tarifliches Urlaubsgeld Vorzeitige Beendigung Arbeitsverhältnis MTV Holz und Kunststoff Hessen	TVG § 1; BGB § 812	nicht veröffentlicht

Entscheidungsregister

Datum	Schlagwort	§§	Fundstelle

1985

Datum	Schlagwort	§§	Fundstelle
1. 17. 1. 1985 6 AZR 268/82	Tariflicher Urlaubsanspruch Ersatzkassentarifvertrag	BUrlG § 13, § 7 Abs. 3, § 7 Abs. 4, § 1; TVG § 1	AP Nr. 19 zu § 7 BUrlG Abgeltung = BAGE 48, 7–11 = DB 1985, 1088 = EzA § 7 BUrlG Nr. 37
2. 17. 1. 1985 6 AZR 457/82	Urlaubsabgeltung	BUrlG § 7 Abs. 4	nicht veröffentlicht
3. 7. 2. 1985 6 AZR 534/82	Freistellung während Kündigungsfrist Urlaubserteilung	BUrlG § 7 Abs. 4; BGB § 133	nicht veröffentlicht
4. 7. 3. 1985 6 AZR 334/82	Urlaubsabgeltungsanspruch MTV Metall Niedersachsen	BUrlG § 7 Abs. 4, § 13 Abs. 1 S. 1, § 3; TVG § 1; IAOÜbk 132 Art. 5 Abs. 4, Art. 11	AP Nr. 21 zu § 7 BUrlG Abgeltung = BAGE 48, 186–195 = BB 1985, 1197–1198 = DB 1985, 1598–1600 = EzA § 7 BUrlG Nr. 38 = NZA 1986, 132–134
5. 21. 3. 1985 6 AZR 565/82	Auslandseinsatz und Urlaubsentgeltanspruch	BUrlG § 13 Abs. 1 S. 3, § 1, § 11; ZPO § 12, § 17, § 38, § 599 Abs. 2 S. 1	AP Nr. 11 zu § 13 BUrlG Unabdingbarkeit = DB 1985, 2153–2154 = BB 1985, 2175–2176 = NZA 1986, 25
6. 27. 6. 1985 6 AZR 329/81	Jubilar-Zusatzurlaub nach Betriebsvereinbarung		nicht veröffentlicht
7. 27. 6. 1985 6 AZR 392/81	Betriebsvereinbarung über Jubilar-Zusatzurlaub	BetrVG § 77 Abs. 5, § 77 Abs. 6, § 87 Abs. 1 Nr. 10, § 88; BGB § 613 a Abs. 1 S. 3; BetrVG 1952 § 56, § 57, § 90; BetrRG § 66, § 75	AP Nr. 14 zu § 77 BetrVG 1972 = BAGE 49, 151–160 = DB 1986, 596–597 = EzA § 77 BetrVG 1972 Nr. 16 = NZA 1986, 401–403
8. 27. 6. 1985 6 AZR 527/81 532/81	Jubilar-Zusatzurlaub nach Betriebsvereinbarung		nicht veröffentlicht
9. 5. 9. 1985 6 AZR 216/81	Sonderurlaub bei langer Betriebszugehörigkeit MTV Chemie	ArbGG § 66 Abs. 1 S. 2; ZPO § 520 Abs. 2; TVG § 1	AP Nr. 1 zu § 3 TVG Besitzstand = DB 1986, 597–598 = BB 1986, 667 = NZA 1986, 472–474 = AP Nr. 4 TVG Tariflohnerhöhung Nr. 7
10. 5. 9. 1985 6 AZR 217/81	Sonderurlaub bei langer Betriebszugehörigkeit MTV Chemie	wie vor	nicht veröffentlicht
11. 5. 9. 1985 6 AZR 86/82	Verrechnung von Treueurlaub mit Tarifurlaub MTV Chemie	BGB § 151, § 249 S. 1, § 286, § 287 S. 2	AP Nr. 1 zu § 1 BUrlG Treueurlaub = BAGE 49, 299–303 = DB 1986, 811–812 = NZA 1986, 394–395 = BB 1986, 1295–1296 = EzA § 7 BUrlG Nr. 40
12. 19. 9. 1985 6 AZR 460/83	Berechnung des Urlaubsentgelts MTV Eisen-, Metall- und Elektroindustrie Hessen	BUrlG § 13 Abs. 1, § 11 Abs. 1; TVG § 1; ZPO § 287	AP Nr. 21 zu § 13 BUrlG = BAGE 49, 370–378 = DB 1986, 699–700 = EzA § 13 BUrlG Nr. 24 = NZA 1986, 471–472
13. 17. 10. 1985 6 AZR 571/82	Arbeitsäumnis aus Anlaß der Eheschließung BAT	BAT § 18 Abs. 2, § 47 Abs. 6, § 52 Abs. 2; BGB § 616 Abs. 1; BUrlG § 1, § 3, § 9, § 10, § 13	AP Nr. 1 zu § 18 BAT = DB 1986, 438

543

ed
Entscheidungsregister

Datum	Schlagwort	§§	Fundstelle
14. 7. 11. 1985 6 AZR 202/83	Tariflicher Urlaubsabgeltungsanspruch MTV Metall NRW	BUrlG § 1, § 3, § 4, § 7, § 8, § 9, § 13; TVG § 1	AP Nr. 24 zu § 7 BUrlG Abgeltung = BAGE 50, 107–112 = DB 1986, 973–975 = NZA 1986, 391– 392 = EzA § 7 BUrlG Nr. 39
15. 7. 11. 1985 6 AZR 62/84	Tariflicher Urlaubsanspruch MTV Metall NRW	BUrlG § 1, § 3, § 4, § 7, § 8, § 9, § 13; BGB § 286 Abs. 1, § 287 S. 2, § 280 Abs. 1, § 249 S. 1; TVG § 1	AP Nr. 8 zu § 7 BUrlG Übertragung = BAGE 50, 112–118 = DB 1986, 757–758 = NZA 1986, 393– 394 = EzA § 7 BUrlG Nr. 41
16. 7. 11. 1985 6 AZR 169/84	Urlaubsanspruch und Rechtsmißbrauch MTV Metall NRW	BUrlG § 1, § 3, § 4, § 7, § 8, § 9, § 13; BGB § 242; IAOÜbk. 132 Art. 5 Abs. 4; TVG § 1	AP Nr. 16 zu § 3 BUrlG Rechtsmißbrauch = BAGE 50, 124–130 = BB 1986, 735–736 = DB 1986, 973 = NZA 1986, 392–393 = EzA § 7 BUrlG Nr. 43
17. 7. 11. 1985 6 AZR 626/84	Urlaubsabgeltung und Anspruch auf Sozialleistungen MTV Metall NRW	AFG § 117, § 105 b Abs. 1; BUrlG § 7 Abs. 3, § 7 Abs. 4, § 13; SGB X § 115	AP Nr. 25 zu § 7 BUrlG Abgeltung = BAGE 50, 118–124 = DB 1986, 975–976 = NZA 1986, 396– 397 = BB 1986, 1229–1231 = EzA § 7 BUrlG Nr. 42
18. 13. 11. 1985 4 AZR 269/84	Leistungen an Hinterbliebene verstorbener Arbeitnehmer – Vererblichkeit urlaubsrechtlicher Ansprüche MTV Metall NRW	TVG § 1; BGB § 1360, § 1602, § 1922, § 530; BUrlG § 1, § 7	AP Nr. 35 zu § 1 TVG-Tarifverträge Metallindustrie = BAGE 50, 147–158 = DB 1986, 1079– 1080 = NZA 1986, 437–439 = EzA § 1 BUrlG Nr. 19 = BB 1986, 1916–1917

1986

1. 20. 2. 1986 6 AZR 236/84	Postulationsfähigkeit eines Verbandsvertreters	ArbGG § 11 Abs. 2	AP Nr. 8 zu § 11 ArbGG 1979 Prozeßvertreter = BAGE 51, 163–167 = BB 1986, 1784 = EzA § 11 ArbGG 1979 Nr. 4
2. 20. 2. 1986 6 AZR 667/84	Tariflicher Urlaubsabgeltungsanspruch MTV f. d. Arbeiter des Rheinisch-Westfälischen Steinkohlenbergbaues	BUrlG § 7 Abs. 4, § 13; TVG § 1	nicht veröffentlicht
3. 24. 4. 1986 8 AZR 326/82	Urlaubsanspruch Kürzung bei Mutterschaftsurlaub MTV f. d. gewerbl. Arbeitnehmer in der Papier, Pappe und Kunststoffe verarbeitenden Industrie	MuSchG § 8 d; TVG § 1	AP Nr. 2 zu § 8 d MuSchG 1968 = BB 1986, 2063–2064 = DB 1986, 2339 = EzA § 8 d MuSchG Nr. 2
4. 14. 5. 1986 8 AZR 71/84	Urlaubsanspruch – Rechtsmißbrauch TV über Sonderzahlungen für den Einzelhandel in NRW	BUrlG § 7 Abs. 4; IAO- Übk 132 Art. 5 Abs. 4	nicht veröffentlicht

Entscheidungsregister

Datum	Schlagwort	§§	Fundstelle
5. 14. 5. 1986 8 AZR 604/84	Urlaubsabgeltung – Erwerbsunfähigkeit – Arbeitsunfähigkeit MTV f. d. gewerbl. Arbeitnehmer der Druckindustrie im Gebiet der BRD	BUrlG § 4, § 5, § 7; RVO § 183, § 1246, § 1247; SchwbG § 44; AFG § 117; SGB X § 115	AP Nr. 26 zu § 7 BUrlG Abgeltung = BAGE 52, 67–73 = BB 1986, 2338–2340 = NZA 1986, 834– 835 = DB 1986, 2685–2686 = EzA § 7 BUrlG Nr. 45
6. 14. 5. 1986 8 AZR 498/84	Urlaubsanspruch und Mutterschaftsurlaub	MuSchG § 8a, § 8d; BUrlG § 7 Abs. 4, BUrlG § 7 Abs. 3	AP Nr. 3 zu § 8d MuSchG 1968 = BAGE 52, 63–67 = BB 1986, 2062–2063 = DB 1986, 2338– 2339 = NZA 1986, 788–789 = EzA § 7 BUrlG Nr. 44
7. 26. 6. 1986 8 AZR 589/83	Berechnung der Urlaubsvergütung MTV Metall NRW	BUrlG § 13 Abs. 1, § 11 Abs. 1; TVG § 1	AP Nr. 17 zu § 11 BUrlG = DB 1986, 2291–2292 = NZA 1987, 15–16 = EzA § 4 TVG Metallindustrie Nr. 23
8. 26. 6. 1986 8 AZR 555/84	Zusatzurlaub für Schwerbehinderte – Geltendmachung MTV Metall Rheinland-Pfalz	SchwbG § 44, § 1, § 3; BUrlG § 5, § 7; BGB § 133, § 157, § 249, § 280, § 284, § 286, § 287; TVG § 1	nicht veröffentlicht
9. 26. 6. 1986 8 AZR 550/84	Zusatzurlaub für Schwerbehinderte – Geltendmachung MTV Chemie	SchwbG § 44, § 1, § 3; BUrlG § 5, § 7; BGB § 133, § 157, § 242, § 249, § 280, § 284, § 286, § 287; TVG § 1	nicht veröffentlicht
10. 26. 6. 1986 8 AZR 371/84	Zusatzurlaub für Schwerbehinderte – Geltendmachung MTV Metall Rheinland-Pfalz	wie vor	nicht veröffentlicht
11. 26. 6. 1986 8 AZR 75/83	Zusatzurlaub für Schwerbehinderte – Schadenersatz BAT	SchwbG § 44, § 1, § 3; BUrlG § 5, § 7; BGB § 249, § 251, § 280, § 284, § 287, § 286; BAT § 47, BAT § 51	AP Nr. 5 zu § 44 SchwbG = BAGE 52, 254–258 = BB 1986, 2270 = NZA 1987, 98–99 = EzA § 44 SchwbG Nr. 5
12. 26. 6. 1986 8 AZR 266/84	Zusatzurlaub für Schwerbehinderte – Geltendmachung BAT	SchwbG § 44, § 1, § 3; BUrlG § 5, § 7; BGB § 133, § 157, § 249, § 280, § 284, § 286, § 287; BAT § 47	AP Nr. 6 zu § 44 SchwbG = BAGE 52, 258–262 = NZA 1986, 833–834 = DB 1986, 2683–2684 = EzA § 44 SchwbG Nr. 6
13. 9. 7. 1986 8 AZR 169/82	Betriebsvereinbarung über Winter-Zusatzurlaub	BetrVG § 77 Abs. 5, § 77 Abs. 6, § 87 Abs. 1 Nr. 10, § 88; BetrVG 1952 § 56, § 57, § 90	nicht veröffentlicht
14. 30. 7. 1986 8 AZR 360/83	Zusatzurlaub für Schwerbehinderte – Zusätzliches Urlaubsgeld MTV f. d. gewerbl. Arbeitnehmer i. d. Papier, Pappe und Kunststoffe verarbeitenden Industrie	SchwbG § 44; BUrlG § 11; TVG § 1	nicht veröffentlicht
15. 30. 7. 1986 8 AZR 241/83	Zusatzurlaub für Schwerbehinderte – Zusätzliches Urlaubsgeld RTV f. d. Poliere und Schachtmeister des Baugewerbes im Gebiet der BRD	SchwbG § 44; BUrlG § 1, § 11; TVG § 1	AP Nr. 7 zu § 44 SchwbG = BAGE 52, 301–305 = NZA 1986, 835–836 = DB 1986, 2684 = EzA § 44 SchwbG Nr. 7

545

Entscheidungsregister

Datum	Schlagwort	§§	Fundstelle
16. 30. 7. 1986 8 AZR 563/83	Zusatzurlaub für Schwerbehinderte – zusätzliches Urlaubsgeld MTV f. gewerbl. Arbeitnehmer der a) Wärme-, Klima- und Gesundheitstechnik sowie des Rohrleitungsbaus in Hessen b) Heizungs-, Klima- und Sanitärtechnik sowie des Rohrleitungsbaus in Rheinland-Pfalz	SchwbG § 44; BUrlG § 11; TVG § 1	nicht veröffentlicht
17. 30. 7. 1986 8 AZR 562/83	wie vor	wie vor	nicht veröffentlicht
18. 30. 7. 1986 8 AZR 475/84	Wehrdienst in der Türkei – Urlaubskürzung TVe Textilindustrie f. d. Bereich Westfalens und den ehem. Regierungsbezirk Osnabrück; Urlaubsabkommen für Arbeiter und Angestellte; Urlaubsgeldabkommen für Arbeiter und Angestellte TV über Jahressonderzahlung Textilindustrie	BUrlG § 13 Abs. 1, § 1, § 4, § 5 Abs. 1 Buchst. c; ArbPlSchG § 4 Abs. 1; MuSchG § 8 d; BErzGG § 17; EWGVertrG Art. 177	AP Nr. 22 zu § 13 BUrlG = BAGE 52, 305–313 = DB 1986, 2394–2396 = BB 1986, 2200–2201 = NZA 1987, 13–15 = EzA § 3 BUrlG Nr. 15
19. 27. 8. 1986 8 AZR 582/83	Urlaubsanspruch und Kündigungsschutzprozeß	BUrlG § 7 Abs. 3, § 7 Abs. 4	AP Nr. 29 zu § 7 BUrlG Abgeltung = BAGE 52, 405–408 = BB 1987, 405 = DB 1987, 443 = EzA § 7 BUrlG Nr. 46 = NZA 1987, 313–314
20. 27. 8. 1986 8 AZR 397/83	Tariflicher Urlaubsanspruch TV f. d. Musiker in Kulturorchestern	BUrlG § 7 Abs. 4; TVG § 1	AP Nr. 28 zu § 7 BUrlG Abgeltung = BAGE 52, 398–405 = DB 1987, 696 = EzA § 1 TVG Nr. 25
20 a. 4. 9. 1986 8 AZR 636/84	Jahressonderzahlung b. Weiterbeschäftigung nach Kündigung TV üb. Jahressonderzahlung f. d. Angestellten u. gewerbl. Arbeitnehmer der Textilindustrie	BGB § 611; ZPO § 717 Abs. 2; TVG § 1	AP Nr. 22 zu § 611 Beschäftigungspflicht = BAGE 53, 17–23 = NZA 1987, 376–377 = DB 1987, 1154–1155 = BB 1987, 1109–1110 = EzA § 611 BGB Beschäftigungspflicht Nr. 27
21. 4. 9. 1986 8 AZR 110/84	Tariflicher Zusatzurlaub – Kürzungsbefugnis BAT	BUrlG § 13; BAT § 48 a, § 48 Abs. 5, § 48 Abs. 5 a, § 48 Abs. 5 b, § 47	nicht veröffentlicht
22. 4. 9. 1986 8 AZR 2/84	Feststellungsklage – Rechtsschutzinteresse	ZPO § 256 Abs. 1	nicht veröffentlicht
23. 4. 9. 1986 8 AZR 112/84	Urlaubsabgeltung bei Krankheit MTV f. d. gewerbl. Arbeitnehmer i. d. nieders. Metallindustrie	BUrlG § 7; SchwbG § 44	nicht veröffentlicht
24. 31. 10. 1986 8 AZR 244/84	Urlaubsabgeltung – Urlaubsübertragung MTV Chemie	BUrlG § 13 Abs. 1 S. 1, § 1, § 4, § 7, § 9; TVG § 1	AP Nr. 25 zu § 13 BUrlG = BAGE 53, 304–309 = DB 1987, 844–845 = NZA 1987, 389–390 = EzA § 7 BUrlG Nr. 49

Entscheidungsregister

Datum	Schlagwort	§§	Fundstelle
25. 31. 10. 1986 8 AZR 188/86	Urlaubsabgeltung – Schadenersatz MTV f. Angestellte i. d. Textilindustrie Baden-Württemberg	BUrlG § 7; BGB § 145, § 151, § 249, § 276, § 280, § 287	nicht veröffentlicht
26. 12. 11. 1986 5 AZR 26/85 bis 5 AZR 31/85	Berechnung des Urlaubsentgelts bei Provisionsvertretern MTV Ang Metall Hessen		nicht veröffentlicht
27. 13. 11. 1986 8 AZR 68/83	Urlaubsabgeltung bei Krankheit TV Arb Bundespost	BUrlG § 13 Abs. 1 S. 1, § 7 Abs. 4, § 1, § 3; TVG § 1	AP Nr. 28 zu § 13 BUrlG = BAGE 53, 322–327 = BB 1987, 903–904 = DB 1987, 1362 = NZA 1987, 426–427 = EzA § 13 BUrlG Nr. 29
28. 13. 11. 1986 8 AZR 212/84	Tariflicher Urlaubsanspruch – Befristung MTV Papier	BUrlG § 13 Abs. 1 S. 1, § 7 Abs. 3; TVG § 1	AP Nr. 26 zu § 13 BUrlG = BAGE 53, 328–331 = DB 1987, 895 = NZA 1987, 390–391 = BB 1987, 1036 = EzA § 7 BUrlG Nr. 47
29. 13. 11. 1986 8 AZR 219/84	Urlaubsabgeltung bei fortbestehender Arbeitsunfähigkeit MTV Metall NRW	BUrlG § 13 Abs. 1 S. 1, § 7 Abs. 4; TVG § 1	nicht veröffentlicht
30. 13. 11. 1986 8 AZR 224/84	Berechnung der Urlaubsvergütung und Kurzarbeitszeiten MTV Metall NRW	BUrlG § 13 Abs. 1, § 11 Abs. 1, § 1; TVG § 1	AP Nr. 27 zu § 13 BUrlG = BAGE 53, 331–336 = DB 1987, 843 = NZA 1987, 391–392 = EzA § 13 BUrlG Nr. 30
31. 27. 11. 1986 8 AZR 163/84	Sonderurlaub eines Lehrers während der Schulferien Erholungsurlaubsverordnung	BAT § 50, BAT Anl. SR, BGB § 145, § 146, § 150, § 151; ZPO § 256	AP Nr. 13 zu § 50 BAT
32. 27. 11. 1986 8 AZR 572/84	Urlaubsanspruch-Kürzung bei Mutterschaftsurlaub Urlaubstarifvertrag f. d. Angestellten i. d. Berliner Metallindustrie	MuSchG § 8 d; TVG § 1	nicht veröffentlicht
33. 27. 11. 1986 8 AZR 629/84	Urlaubsanspruch-Kürzung bei Mutterschaftsurlaub Urlaubstarifvertrag f. d. Arbeiter i. d. Berliner Metallindustrie	MuSchG § 8 d; TVG § 1	nicht veröffentlicht
34. 27. 11. 1986 8 AZR 628/84	Urlaubsanspruch-Kürzung bei Mutterschaftsurlaub Urlaubsabkommen f. d. Arbeiter und Angestellten i. d. Metallindustrie Nordwürttemberg/Nordbaden	MuSchG § 8 d; BUrlG § 5 Abs. 2; TVG § 1	nicht veröffentlicht
35. 27. 11. 1986 8 AZR 221/84	Urlaubsanspruch-Kürzung bei Mutterschaftsurlaub Urlaubsabkommen f. d. Arbeiter und Angestellten i. d. Metallindustrie in Südbaden	MuSchG § 8 d; BUrlG § 5 Abs. 2; TVG § 1	AP Nr. 4 zu § 8 d MuSchG 1968 = BAGE 53, 366–371 = DB 1987, 843–844 = EzA § 8 d MuSchG Nr. 4

Entscheidungsregister

Datum		Schlagwort	§§	Fundstelle
36. 18. 12. 1986	8 AZR 357/84	Urlaubsabgeltung trotz Arbeitsunfähigkeit BAT	BUrlG § 13 Abs. 1 S. 1, § 7 Abs. 4; BAT § 47, § 51	nicht veröffentlicht
37. 18. 12. 1986	8 AZR 415/84	Sonderurlaub – Erledigung der Hauptsache BAT		nicht veröffentlicht
38. 18. 12. 1986	8 AZR 481/84	Urlaubsanspruch im Konkurs RTV f. d. techn. u. kaufm. Angest. d. Baugewerbes im Gebiet der BRD und des Landes Berlin	BUrlG § 11 Abs. 2; § 7 Abs. 4, KO § 59 Abs. 1 Nr. 2, § 22; TVG § 1	AP Nr. 19 zu § 11 BUrlG = BAGE 54, 59–63 = DB 1987, 1259–1260 = EzA § 7 BUrlG Nr. 50 = NZA 1987, 633–634
39. 18. 12. 1986	8 AZR 502/84	Klage auf Gewährung von Urlaub – Rechtsschutzinteresse MTV f. d. holz- u. kunststoffverarbeitende Industrie im nordwestdeutschen Raum der BRD f. Arbeiter, Angestellte und Auszubildende	BUrlG § 7 Abs. 1; BGB § 315; TVG § 1	AP Nr. 10 zu § 7 BUrlG = BAGE 54, 63–67 = NZA 1987, 379–380 = DB 1987, 1362 = EzA § 7 BUrlG Nr. 48
40. 18. 12. 1986	8 AZR 368/85	Sonderurlaub – Erledigung der Hauptsache BAT		nicht veröffentlicht

1987

1. 15. 1. 1987	8 AZR 561/84	Tariflicher Urlaubsabgeltungsanspruch TV f. d. Arbeitnehmer in Privatkrankenanstalten (Berlin)	BUrlG § 7 Abs. 4, § 7 Abs. 3 S. 3; AFG § 117 Abs. 4, § 117 Abs. 1 a; SGB X § 115	nicht veröffentlicht
2. 15. 1. 1987	8 AZR 174/85	Urlaubsübertragung MTV f. gewerbl. Arbeitnehmer und Angestellte i. d. chem. Industrie	BUrlG § 13 Abs. 1 S. 1, § 7; TVG § 1	nicht veröffentlicht
3. 27. 1. 1987	8 AZR 66/84	Berechnung der Urlaubsvergütung und Kurzarbeitszeiten MTV f. d. Arbeitnehmer d. metallverarbeitenden Handwerke NRW	BUrlG § 13 Abs. 1, § 11 Abs. 1, § 1; TVG § 1	AP Nr. 29 zu § 13 BUrlG = BAGE 54, 136–141 = DB 1987, 1363 = NZA 1987, 598–599 = EzA § 11 BUrlG Nr. 20
4. 27. 1. 1987	8 AZR 579/84	Sind Sonnabende Urlaubstage? MTV f. d. Berliner Einzelhandel	BUrlG § 13, § 3; TVG § 1	AP Nr. 30 zu § 13 BUrlG = BAGE 54, 141–147 = DB 1987, 1151 = NZA 1987, 462–464 = BB 1987, 1672 = EzA § 3 BUrlG Nr. 18
5. 27. 1. 1987	8 AZR 538/84	Urlaubsabgeltung – Verfallfrist MTV f. d. Groß- und Außenhandel u. d. genossenschaftlichen Groß- und Außenhandel NRW	TVG § 1	nicht veröffentlicht
6. 10. 2. 1987	8 AZR 529/84	Unwirksamkeit einer tariflichen Urlaubsabgeltungsregelung Übereinkommen Nr. 132 der Internat. Arbeitsorg. vom 24. 6. 70 über den bezahlten Jahresurlaub; TV über Urlaub und Urlaubsgeld f. d. gewerbl. Arbeitnehmer, kaufmän-	BUrlG § 13 Abs. 1 S. 1, § 7 Abs. 4, § 1, § 3; IAOÜbk. 132 Art. 11	AP Nr. 12 zu § 13 BUrlG Unabdingbarkeit = BAGE 54, 184–191 = DB 1987, 1693–1694 = BB 1987, 1955–1956 = NZA 1987, 675–676 = EzA § 13 BUrlG Nr. 31

548

Entscheidungsregister

Datum	Schlagwort	§§	Fundstelle
	nischen und technischen Angestellten, Meister und Azubis in den Betrieben, die Flachglas aller Art verarbeiten und veredeln		
7. 10. 2. 1987 8 AZR 588/84	Urlaubsübertragung – Urlaubsabgeltung MTV f. Arbeitnehmer und Auszubildende der Mitglieder des AGV von Gas-, Wasser- und Elektrizitätsunternehmen e. V. Essen/Hannover	TVG § 1	nicht veröffentlicht
8. 25. 2. 1987 8 AZR 430/84	Arbeitsfreistellung bei Niederkunft BAT	GG Art. 3 Abs. 1, Art. 6; BAT § 52 Abs. 2 Buchst. e, § 52 Abs. 3 S. 1; BGB § 616 Abs. 1	AP Nr. 3 zu § 52 BAT = BAGE 54, 210–215 = BB 1987, 1607–1608 = DB 1987, 2047 = NZA 1987, 667–668 = EzA Art. 3 GG Nr. 21
9. 25. 2. 1987 8 AZR 618/85	Urlaubsanspruch und Mutterschaftsurlaub MTV f. d. Arbeitnehmer der Metallindustrie im Nordverbund	TVG § 1; § 8 d, § 8 a; BUrlG § 7 Abs. 4, § 7 Abs. 3	nicht veröffentlicht
10. 25. 2. 1987 8 AZR 395/85	Urlaubsanspruch und Mutterschaftsurlaub MTV Metall NRW	TVG § 1; MuSchG § 8 d, § 8 a, BUrlG § 7 Abs. 3, § 7 Abs. 4	nicht veröffentlicht
11. 25. 2. 1987 8 AZR 404/85	Urlaubsanspruch und Mutterschaftsurlaub MTV Metall NRW	wie vor	nicht veröffentlicht
12. 10. 3. 1987 8 AZR 146/84	Ansprüche bei Weiterbeschäftigung nach Kündigung TV üb. Jahressonderzahlungen f. d. Angestellten u. gewerbl. Arbeitnehmer der Textilindustrie Westfalens Urlaubsvereinbarung f. d. Angestellten u. gewerbl. Arbeitnehmer der Textilindustrie Westfalens; Urlaubsgeldabkommen f. d. wie vor	BGB § 812 Abs. 1 S. 1, § 818 Abs. 2, § 142, § 280, § 287, § 615, § 814; BetrVG § 102 Abs. 5, ArbGG § 62; ZPO § 717 Abs. 2; TVG § 1	AP Nr. 1 zu § 611 BGB Weiterbeschäftigung = BAGE 54, 232–242 = DB 1987, 1045–1047 = NZA 1987, 373–375 = EzA § 611 BGB Beschäftigungspflicht Nr. 28 = BB 1987, 1110–1113
13. 10. 3. 1987 8 AZR 610/84	Urlaubsabgeltung, Lohnabrechnung als Anerkenntnis RTV f. Angestellte im Gebäudereiniger-Handwerk – Tarifgebiet Bayern	BGB § 126, § 781, § 782; BUrlG § 7 Abs. 3	AP Nr. 34 zu § 7 BUrlG Abgeltung BAGE 54, 242–248 = NZA 1987, 557–558 = DB 1987, 1694– 1695 = BB 1987, 1814–1815 = EzA § 7 BUrlG Nr. 55
14. 10. 3. 1987 8 AZR 109/85	Rechtsmißbrauch, Urlaubsübertragung MTV Metall NRW	TVG § 1	nicht veröffentlicht
15. 10. 3. 1987 8 AZR 494/84	Tarifliche Nahauslösung und Urlaubsvergütung MTV Metall NRW BundesTV f. d. besonderen Arbeitsbedingungen der Montagearbeiter i. d. Eisen-, Metall- und Elektroindustrie einschl. des Fahrleistungs-, Freileitungs-, Ortsnetz- und Kabelbaues	TVG § 1; BUrlG § 13, § 11	DB 1987, 1741

549

Entscheidungsregister

Datum	Schlagwort	§§	Fundstelle
16. 26. 3. 1987 8 AZR 89/85	Urlaubsabgeltung, Erwerbsunfähigkeit, Schadenersatz MTV Metall NRW	BUrlG § 7 Abs. 4; BGB § 286 Abs. 1, § 287 S. 2, § 249 S. 1; TVG § 1	nicht veröffentlicht
17. 26. 3. 1987 8 AZR 605/84	Urlaubsabgeltung und Erwerbsunfähigkeit TV AL II	BUrlG § 13, § 7 Abs. 4; TVG § 1	nicht veröffentlicht
18. 7. 4. 1987 8 AZR 261/84	Urlaubsanspruch – Kürzung bei Mutterschaftsurlaub Urlaubsabkommen Metallindustrie Südwürttemberg/Hohenzollern	MuSchG § 8 d; TVG § 1	nicht veröffentlicht
19. 7. 4. 1987 8 AZR 19/85	Tariflicher Aufschlag zum Urlaubsentgelt BAT	BAT § 47 Abs. 2 UAbs. 2; ArbPlSchG § 1 Abs. 1, § 6 Abs. 2; BUrlG § 1, § 11, § 13	AP Nr. 7 zu § 47 BAT
20. 7. 4. 1987 8 AZR 139/85 8 AZR 143/85 8 AZR 606/85	Urlaubsanspruch, Anrechnung von Samstagen RTV Gebäudereinigungshandwerk BRD	TVG § 1	nicht veröffentlicht
21. 7. 4. 1987 8 AZR 92/85	Rechtsmißbrauch, Urlaubsübertragung MTV Metall NRW	BUrlG § 4; TVG § 1	nicht veröffentlicht
22. 29. 4. 1987 8 AZR 52/85 8 AZR 32/85 8 AZR 664/84	Urlaubsabgeltung und Erwerbsunfähigkeit Gemeinsamer MTV Metall Hessen	BUrlG § 13, § 7 Abs. 4	nicht veröffentlicht
22 a. 5. 5. 1987 1 AZR 665/85	Teilnahme an einer Betriebsversammlung im Urlaub	BetrVG § 44; GG Art. 9; BGB § 242, § 611 Abs. 1	BAGE 54, 325; AP Nr. 5 zu § 44 BetrVG 1972
23. 15. 5. 1987 8 AZR 506/85	Urlaubsabgeltungsanspruch und Konkursverfahren	BUrlG § 7 Abs. 4; KO § 59 Abs. 1 Nr. 2, § 61, § 145 Abs. 2	AP Nr. 21 zu § 59 KO = AP Nr. 35 zu § 7 BUrlG Abgeltung = BB 1987, 1954–1955 = DB 1987, 2212 = NZA 1988, 58–59 = EzA § 7 BUrlG Nr. 56
24. 15. 5. 1987 8 AZR 586/84	Urlaubsentgelt-Aufschlag BAT	BUrlG § 13; BAT § 47 Abs. 2, § 36 Abs. 1	EzBAT § 47 BAT Urlaubsvergütung Nr. 5
25. 15. 5. 1987 8 AZR 67/85	Urlaubsabgeltung und Erwerbsunfähigkeit MTV co op-Unternehmen (Einzelhandelsbereich)	BUrlG § 13, § 7 Abs. 4; TVG § 1	nicht veröffentlicht
26. 15. 5. 1987 8 AZR 5/85	Urlaubsabgeltung, Schadenersatz, Aufrechnung RTV f. d. techn. u. kaufm. Angestellten des Baugewerbes BRD und Land Berlin	BUrlG § 3, § 7; BGB § 249, § 280, § 286, § 287; ZPO § 308; TVG § 1	nicht veröffentlicht
27. 2. 6. 1987 8 AZR 17/85	Tarifliches Urlaubsentgelt und Kurzarbeit MTV f. d. Holzindustrie, die kunststoffverarbeitende Industrie und das holz- und kunststoffverarbeitende Handwerk im nordwestdeutschen Raum der BRD	BUrlG § 13, § 11; TVG § 1	AP Nr. 20 zu § 11 BUrlG = BAGE 55, 304–309 = DB 1987, 2574 = EzA § 13 BUrlG Nr. 32 = NZA 1989, 768–769
28. 2. 6. 1987 8 AZR 87/85	Urlaubsabgeltung, Erwerbsunfähigkeit, Schadenersatz MTV f. d. hess. Einzelhandel	BUrlG § 4, § 7; BGB § 146; RVO § 183, § 1246, § 1247; TVG § 1	nicht veröffentlicht

Entscheidungsregister

Datum	Schlagwort	§§	Fundstelle
29. 24. 6. 1987 8 AZR 635/84	Ende des Arbeitsverhältnisses bei Erwerbsunfähigkeit BAT TV üb. eine Zuwendung f. Ang.	ZPO § 561; SGB X § 42 Abs. 1; BAT § 48, § 51, § 59	AP Nr. 5 zu § 59 BAT = BAGE 55, 366–373
30. 23. 7. 1987 8 AZR 20/86	Berechnung von Winterzusatzurlaub TV Arb Bundespost	BUrlG § 7, § 13; BGB § 151; TVG § 1	AP Nr. 11 zu § 7 BUrlG
31. 23. 7. 1987 8 AZR 53/85	Durch Personalrat veranlaßter Winterzusatzurlaub TV Arb Bundespost	BPersVG § 44, § 46, § 47; TVG § 1	nicht veröffentlicht
32. 23. 7. 1987 8 AZR 42/85	Urlaubsabgeltung – Schadenersatz MTV Metall NRW	BUrlG § 7, § 13; SchwbG § 44; BGB § 249, § 284, § 286, § 287; TVG § 1	nicht veröffentlicht
33. 23. 7. 1987 8 AZR 81/85	Anspruch auf Urlaubsentgelt; Schadenersatz BRTV	BGB § 249, § 276, § 284, § 285, § 286; BUrlG § 4, § 7; ZPO § 563; TVG § 1	nicht veröffentlicht
34. 11. 8. 1987 8 AZR 97/86	Urlaubsanspruch und Mutterschaftsurlaub MTV Chemische Industrie	MuSchG § 8 d; § 8 a; BUrlG § 7 Abs. 3, § 7 Abs. 4	nicht veröffentlicht
35. 11. 8. 1987 8 AZR 124/86	Urlaubsanspruch und Mutterschaftsurlaub MTV co op-Unternehmen (Einzelhandelsbereich)	wie vor	nicht veröffentlicht
36. 11. 8. 1987 8 AZR 242/85	Urlaubsanspruch und Mutterschaftsurlaub MTV Süßwarenindustrie BRD und Berlin-West	MuSchG § 8 d, § 8 a; BUrlG § 7 Abs. 3, § 7 Abs. 4	nicht veröffentlicht
37. 11. 8. 1987 8 AZR 572/86	Urlaubsanspruch und Mutterschaftsurlaub MTV Metall NRW	wie vor	nicht veröffentlicht
38. 25. 8. 1987 8 AZR 118/86	Teilurlaubsanspruch – Übertragung, Abgeltung MTV Metall Nordverbund	BUrlG § 7 Abs. 3, § 7 Abs. 4, § 5 Abs. 1 Buchst. a, § 5 Abs. 1 Buchst. b; BGB § 280; TVG § 1	AP Nr. 15 zu § 7 BUrlG Übertragung = BAGE 56, 53–59 = DB 1988, 447 = NZA 1988, 245–246 = EzA § 7 BUrlG Nr. 57
39. 25. 8. 1987 8 AZR 124/85	Tariflicher Urlaubsabgeltungsanspruch MTV Metall Nordwürttemberg/Nordbaden, Urlaubsabkommen Metall Nordwürttemberg/Nordbaden	BUrlG § 13, § 7 Abs. 3, § 7 Abs. 4; TVG § 1	AP Nr. 36 zu § 7 BUrlG Abgeltung = BAGE 56, 49–53 = DB 1987, 2524 = EzA § 4 TVG Metallindustrie Nr. 34
40. 25. 8. 1987 8 AZR 331/85	Urlaubsabgeltung, Rechtsmißbrauch, Schadenersatz MTV Metall NRW	BUrlG § 4, § 7, § 13; BGB § 249, § 284, § 286, § 287; TVG § 1	AP Nr. 37 zu § 7 BUrlG Abgeltung = NZA 1988, 51–52 = DB 1988, 762–763 = EzA § 4 TVG Metallindustrie Nr. 33
41. 25. 8. 1987 8 AZR 88/85	Urlaubsabgeltung, Rechtsmißbrauch, Schadenersatz MTV Metall NRW	BUrlG § 4, § 7, § 13; BGB § 249, § 284, § 286, § 287	nicht veröffentlicht
42. 4. 9. 1987 8 AZR 96/85	Urlaubsanspruch, Rechtsmißbrauch MTV Chemie	BUrlG § 1, § 4; TVG § 1	nicht veröffentlicht
43. 4. 9. 1987 8 AZR 552/85	Urlaubsabgeltung, Rechtsmißbrauch, Verfall/Schadenersatz MTV Chemie	BUrlG § 4, § 7; TVG § 1	nicht veröffentlicht

Entscheidungsregister

Datum		Schlagwort	§§	Fundstelle
44. 2. 10. 1987	8 AZR 166/86	Teilzeitbeschäftigte – Berechnung des Urlaubsanspruchs BAT	BUrlG § 1, § 3, § 13; TVG § 1; BAT § 48	AP Nr. 4 zu § 48 BAT = DB 1988, 762
45. 2. 10. 1987	8 AZR 211/85	Differenzierte Arbeitszeit – Urlaubsanspruch BAT	BAT § 48; BUrlG § 1, § 3, § 13; TVG § 1	nicht veröffentlicht
46. 2. 10. 1987	8 AZR 160/86	Teilzeitbeschäftigte – Urlaubsanspruch BAT	BUrlG § 1, § 3, § 13; TVG § 1; BAT § 48	nicht veröffentlicht
47. 22. 10. 1987	8 AZR 171/86	Rechtsmißbrauch, Urlaubsabgeltung TV Ang Bundespost	BUrlG § 4, § 7; TVG § 1	AP Nr. 38 zu § 7 BUrlG Abgeltung = BAGE 56, 262–264 = EzA § 7 BUrlG Nr. 58
48. 22. 10. 1987	8 AZR 172/86	Tariflicher Urlaubsanspruch im Postdienst TV Arb Bundespost	BUrlG § 4, § 7; TVG § 1	AP Nr. 39 zu § 7 BUrlG Abgeltung = BAGE 56, 265–270 = EzA § 7 BUrlG Nr. 59
49. 22. 10. 1987	8 AZR 324/86	Tariflicher Urlaubsanspruch im Postdienst TV Ang Bundespost	BUrlG § 4, § 7; TVG § 1	AP Nr. 40 zu § 7 BUrlG Abgeltung = EzA § 7 BUrlG Nr. 60
50. 22. 10. 1987	8 AZR 82/86 8 AZR 83/86	Rechtsmißbrauch, Urlaubsabgeltung TV Arb Bundespost	BUrlG § 4, § 7	nicht veröffentlicht
51. 24. 11. 1987	8 AZR 140/87	Urlaubsabgeltungsanspruch – Übertragung Urlaubsabkommen Textilindustrie Westfalen/Osnabrück	BUrlG § 7 Abs. 3, § 7 Abs. 4; BGB § 275, § 323; TVG § 1	AP Nr. 41 zu § 7 BUrlG Abgeltung = BAGE 56, 340–346 = DB 1988, 447–448 = NZA 1988, 243–244 = EzA § 7 BUrlG Nr. 61
52. 15. 12. 1987	8 AZR 647/86	Nachgewährung von Urlaub im Postdienst TV Arb Bundespost	BUrlG § 9, § 13; BGB § 121; LFZG § 3 Abs. 1; TVG § 1	AP Nr. 9 zu § 9 BUrlG = DB 1988, 1555–1556 = EzA § 9 BUrlG Nr. 13
53. 15. 12. 1987	8 AZR 93/86	Tariflicher Urlaubsanspruch im Postdienst TV Arb Bundespost	BUrlG § 4, § 7 Abs. 4	nicht veröffentlicht
54. 15. 12. 1987	8 AZR 286/86 8 AZR 16/86 8 AZR 430/87	Tariflicher Urlaubsanspruch im Postdienst TV Arb Bundespost	BUrlG § 4, § 7; TVG § 1	nicht veröffentlicht
55. 15. 12. 1987	8 AZR 279/87	Tariflicher Urlaubsanspruch im Postdienst TV Arb Bundespost	BUrlG § 4, § 7; TVG § 1	nicht veröffentlicht
56. 15. 12. 1987	8 AZR 325/86	Tariflicher Urlaubsanspruch im Postdienst TV Arb Bundespost	BUrlG § 4, § 7; TVG § 1	nicht veröffentlicht
57. 15. 12. 1987	8 AZR 333/87	Tariflicher Urlaubsanspruch im Postdienst TV Arb Bundespost	wie vor	nicht veröffentlicht
58. 15. 12. 1987	8 AZR 368/86	Tariflicher Urlaubsanspruch im Postdienst TV Ang Bundespost	BUrlG § 4, § 7 Abs. 4; TVG § 1	nicht veröffentlicht
59. 15. 12. 1987	8 AZR 64/86	Urlaubsanspruch im Dienst der Bundesdruckerei TV Ang Bundesdruckerei	BUrlG § 4 § 7; TVG § 1	nicht veröffentlicht

1988

| 1. 21. 1. 1988 | 2 AZR 581/86 | Urlaubsabgeltung, Pfändbarkeit | KSchG §§ 4, 6, 7, 13; BGB §§ 394, 399, 626, 133, 157; ZPO §§ 256, 286, 850a, 851 | AP Nr. 19 zu § 4 KSchG 1969 = BAGE 57, 231 |

Entscheidungsregister

Datum	Schlagwort	§§	Fundstelle
1. 2. 11. 1988 8 AZR 396/85	Urlaubsabgeltung – Erwerbsunfähigkeit – Befristung MTV Metall Hessen	BUrlG § 13, § 7 Abs. 4	nicht veröffentlicht
2. 25. 2. 1988 8 AZR 596/85	Erwerbstätigkeit während des Urlaubs BAT	BUrlG § 8; BAT § 47 Abs. 8	AP Nr. 3 zu § 8 BUrlG = BAGE 57, 366–374 = NZA 1988, 607–609 = BB 1988, 2246–2248 = EzA § 8 BUrlG Nr. 2 = DB 1988, 1554–1555
4. 10. 3. 1988 8 AZR 603/85	Urlaubsabgeltung – Erwerbsunfähigkeit – Befristung UA rechtsrheinische Textilind.	BUrlG § 13, § 7 Abs. 4	nicht veröffentlicht
5. 10. 3. 1988 8 AZR 173/86	Urlaubsanspruch im Dienst der Bundesdruckerei TV Arb. Bundesdruckerei	BUrlG § 4, § 7; BGB § 249, § 284, § 286, § 287; TVG § 1	nicht veröffentlicht
6. 10. 3. 1988 8 AZR 188/85	Tarifliche Nahauslösung und Urlaubsvergütung MTV Metall NRW BTV Montagearb. Metall u. Kabel	BUrlG § 11, § 13; TVG § 1	AP Nr. 21 zu § 11 BUrlG = DB 1988, 2368 = EzA § 4 TVG Metallindustrie Nr. 39 = NZA 1989, 111–112
7. 16. 3. 1988 7 AZR 587/87	Zugang der Kündigung während des Urlaubs	BGB § 130 Abs. 1 S. 1	AP Nr. 16 zu § 130 BGB = BAGE 58, 9–19 = DB 1988, 2415–2416 = NZA 1988, 875, 877 = BB 1989, 150–151 = EzA § 130 BGB Nr. 16
8. 24. 3. 1988 8 AZR 604/85	Urlaubsabgeltung, Verzug MTV Papierindustrie	BUrlG § 7 Abs. 4, § 4; BGB § 249, § 284, § 286, § 287; TVG § 1	nicht veröffentlicht
9. 24. 3. 1988 6 AZR 111/86	Urlaubs- und Überstundenvergütung BAT	BAT § 47 Abs. 2, § 36 Abs. 1, § 35 Abs. 1 Buchst. a, § 35 Abs. 1 Buchst. c, § 35 Abs. 1 Buchst. d, BAT § 35 Abs. 1 Buchst. f, § 35 Abs. 2, § 35 Abs. 3, § 17 Abs. 5, BAT § 16 Abs. 2, § 15 Abs. 6; MuSchG § 11 Abs. 1, § 8, BGB § 291; § 288 Abs. 1	nicht veröffentlicht
10. 24. 3. 1988 8 AZR 481/85	Tariflicher Urlaubsabgeltungsanspruch – Arbeitsunfähigkeit ErsatzkassenTV	BUrlG § 7 Abs. 4	nicht veröffentlicht
11. 21. 4. 1988 8 AZR 50/86	Urlaubsanspruch, Befristung, Schadenersatz MTV Groß- u. Außenhandel NRW	BUrlG § 4, § 7; BGB § 249, § 284, § 285, § 286, § 287; TVG § 1	nicht veröffentlicht
12. 21. 4. 1988 8 AZR 380/85	Urlaubsanspruch – Änderung des Arbeitsverhältnisses MTV Arbeiter des Bundes, BAT ZuwendungsTV f. Angestellte	BUrlG § 13; § 11, MTB 2 § 1, § 48, BAT § 47	AP Nr. 11 zu § 47 BAT
13. 5. 5. 1988 8 AZR 500/85	Urlaubsabgeltung für Hafenarbeiter – Überbrückungsgeld RTV Hafenarbeiter	BUrlG § 13, § 7 Abs. 4; TVG § 1	nicht veröffentlicht

553

Entscheidungsregister

Datum	Schlagwort	§§	Fundstelle
14. 5. 1988 8 AZR 499/85	Urlaubsabgeltung für Hafenarbeiter – Überbrückungsgeld RTV Hafenarbeiter	BUrlG § 13, § 7 Abs. 4; TVG § 1	AP Nr. 42 zu § 7 BUrlG Abgeltung = NZA 1989, 215–216 = DB 1989, 1932
15. 26. 5. 1988 8 AZR 655/85	Berechnung des Urlaubsanspruchs Differenzierte Arbeitszeit BAT	BUrlG § 1, § 3, § 13; TVG § 1; BAT § 48; MTB II § 48	nicht veröffentlicht
16. 26. 5. 1988 8 AZR 719/85	Berechnung des Aufschlags zur Urlaubsvergütung BAT	BAT § 47 Abs. 2, § 26, § 36, § 50	AP Nr. 9 zu § 47 BAT = DB 1988, 2008
17. 26. 5. 1988 8 AZR 774/85	Tariflicher Urlaubsanspruch – Erwerbsunfähigkeit MTV Metall NRW	BUrlG § 13, § 7 Abs. 3; TVG § 1	AP Nr. 19 zu § 1 BUrlG = BAGE 58, 304–310 = DB 1989, 182 = BB 1989, 288–289 = EzA § 7 BUrlG Nr. 63 = NZA 1989, 362–363
18. 31. 5. 1988 1 AZR 200/87	Aussperrung – Feiertagslohn und Urlaub	FLZG § 1; BUrlG § 3 Abs. 2; GG Art. 9 Abs. 3	AP Nr. 58 zu § 1 FeiertagslohnzahlungsG = BAGE 58, 310 = DB 1988, 1328, 2262 = BB 1988, 1182, 2111, 2466
19. 9. 6. 1988 8 AZR 752/85	Urlaubsanspruch – Zusatzurlaub, betriebliche Übung	BUrlG § 1, § 3; BetrVG § 88, § 77; BGB § 242	nicht veröffentlicht
20. 9. 6. 1988 8 AZR 55/86	Urlaubsgeld, Mutterschaftsurlaub TV üb. Urlaubsgeld f. Angest.	MuSchG § 13, § 14; TVG § 1	ZTR 1989, 154–155
21. 9. 6. 1988 8 AZR 755/85	Urlaubsanspruch – Krankheit des Arbeitnehmers BRTV Apotheken	BUrlG § 9, § 13; BGB § 242 Abs. 2, § 275, § 300 Abs. 2; TVG § 1	AP Nr. 10 zu § 9 BUrlG = BB 1988, 2108–2109 = DB 1988, 2466–2467 = NZA 1989, 137–138 = EzA § 13 BUrlG Nr. 35
22. 23. 6. 1988 8 AZR 459/86	Urlaubsübertragung, Schadenersatz MTV co op	MuSchG § 8 d, § 8 a, § 3 Abs. 2, § 6 Abs. 1; BUrlG § 7 Abs. 3, § 7 Abs. 4; BGB § 249, § 251, § 280, § 286, § 287; TVG § 1	AP Nr. 16 zu § 7 BUrlG Übertragung = DB 1988, 2210–2211 = EzA § 7 BUrlG Nr. 62
23. 23. 6. 1988 8 AZR 740/85	Urlaubsübertragung MTV Metall NRW	BUrlG § 4, § 7, § 13; SchwbG § 44 ZPO § 565 Abs. 3 Nr. 1; ArbGG § 11 Abs. 2 S. 1; TVG § 1	nicht veröffentlicht
24. 7. 7. 1988 8 AZR 242/88	Berechnung der Urlaubsvergütung Freischichtenmodell MTV Metall Niedersachsen	BUrlG § 13, § 11, § 1, § 3; GG Art. 3 Abs. 1; TVG § 1; BetrVG § 77 Abs. 3, § 87 Abs. 1 Nr. 2	nicht veröffentlicht
25. 7. 7. 1988 8 AZR 199/99	Urlaubsanspruch – Zeitausgleichsanteile im Urlaub MTV Metall Niedersachsen	wie vor	nicht veröffentlicht
26. 7. 7. 1988 8 AZR 198/88	Berechnung der Urlaubsvergütung Freischichtenmodell MTV Metall Niedersachsen	BUrlG § 13, § 11, § 1, § 3; GG Art. 3 Abs. 1; TVG § 1; BetrVG § 77 Abs. 3, § 87 Abs. 1 Nr. 2	AP Nr. 23 zu § 11 BUrlG = BAGE 59, 141–154 = BB 1988, 2105–2107 = NZA 1989, 65–68 = EzA § 4 TVG Metallindustrie Nr. 40 = DB 1988, 2312–2315

554

Entscheidungsregister

Datum	Schlagwort	§§	Fundstelle
27. 7. 7. 1988 8 AZR 473/86	Berechnung der Urlaubsvergütung Freischichtenmodell MTV Metall Schleswig-Holstein	BUrlG § 13, § 11, § 1, § 3; GG Art. 3 Abs. 1; TVG § 1; BetrVG § 77 Abs. 3, § 87 Abs. 1 Nr. 2	nicht veröffentlicht
28. 7. 7. 1988 8 AZR 472/86	Berechnung der Urlaubsvergütung Freischichtenmodell MTV Metall Schleswig-Holstein	BUrlG § 13, § 11, § 1, § 3; GG Art. 3 Abs. 1; TVG § 1; BetrVG § 77 Abs. 3, § 87 Abs. 1 Nr. 2	AP Nr. 22 zu § 11 BUrlG = BAGE 59, 154–168 = DB 1988, 2315–2316 = BB 1988, 2107–2108 = NZA 1989, 68–71 = EzA § 4 TVG Metallindustrie Nr. 41
29. 21. 7. 1988 8 AZR 47/86	Feststellungsklage-Sonderurlaub BAT	ZPO § 256 Abs. 1; BGB § 249, § 280, § 286, § 287; ZPO § 139; BAT § 50 Abs. 1, § 47 Abs. 7	nicht veröffentlicht
30. 21. 7. 1988 8 AZR 331/86	Berechnung der Urlaubsvergütung Ausgleichszahlung Urlaubsabkommen Metall Südwürttemberg-Hohenzollern; Lohnabkommen Metall Südwürttemberg-Hohenzollern	BUrlG § 13, § 11; TVG § 1	AP Nr. 24 zu § 11 BUrlG = DB 1989, 181–182 = NZA 1989, 71–72 = ASP 1989, 19 = EzA § 4 TVG Metallindustrie Nr. 42
31. 21. 7. 1988 8 AZR 587/86	Urlaubsabgeltung, Arbeitsunfähigkeit MTV Metall NRW	BUrlG § 7 Abs. 4; TVG § 1	nicht veröffentlicht
32. 21. 7. 1988 8 AZR 759/85	Berechnung der Urlaubsvergütung Ausgleichszahlung MTV kfm. Ang. Verlage NRW; GehaltsTV kfm. Ang. Verlage NRW	BUrlG § 11, § 13; TVG § 1	nicht veröffentlicht
33. 11. 8. 1988 8 AZR 301/86	Urlaubsabgeltung, Arbeitsunfähigkeit Urlaubsabkommen Metall Südwürtt.-Hohenzollern	BUrlG § 7 Abs. 4; TVG § 1	nicht veröffentlicht
34. 11. 8. 1988 8 AZR 45/87	Berechnung der Urlaubsvergütung Hafenarbeiter RTV Hafenarbeiter; RTV Lübecker Hafen	BUrlG § 11; TVG § 1	nicht veröffentlicht
35. 11. 8. 1988 8 AZR 46/87	Berechnung der Urlaubsvergütung RTV Hafenarbeiter; RTV Lübecker Hafen		nicht veröffentlicht
36. 11. 8. 1988 2 AZR 11/88	Zugang der Kündigung während des Urlaubs Postordnung	BGB § 130, § 242	nicht veröffentlicht
37. 3. 11. 1988 8 AZR 409/86	Urlaubsabgeltung, Befristung MTV Einzelhandel Hessen	BUrlG § 7 Abs. 3; TVG § 1	AP Nr. 43 zu § 7 BUrlG Abgeltung = DB 1989, 686–687 = EzA § 7 BUrlG Nr. 64 = NZA 1989, 391–392
38. 18. 11. 1988 8 AZR 125/87	Berechnung der Urlaubsvergütung Freischichtenmodell MTV Metall Hessen	BUrlG § 13, § 11, § 1, § 3	nicht veröffentlicht
39. 18. 11. 1988 8 AZR 126/87	Berechnung der Urlaubsvergütung Freischichtenmodell MTV Metall Hessen	wie vor	nicht veröffentlicht

Entscheidungsregister

Datum		Schlagwort	§§	Fundstelle
40. 18. 11. 1988	8 AZR 415/86	Berechnung der Urlaubsvergütung Freischichtenmodell MTV Metall NRW	BUrlG § 13, § 11, § 1, § 3; GG Art. 3 Abs. 1	nicht veröffentlicht
41. 18. 11. 1988	8 AZR 31/87	Berechnung der Urlaubsvergütung Freischichtenmodell MTV Metall NRW	wie vor	nicht veröffentlicht
42. 18. 11. 1988	8 AZR 32/87	Berechnung der Urlaubsvergütung Freischichtenmodell MTV Metall NRW	wie vor	nicht veröffentlicht
43. 18. 11. 1988	8 AZR 67/87	Berechnung der Urlaubsvergütung Freischichtenmodell MTV Metall NRW	wie vor	nicht veröffentlicht
44. 18. 11. 1988	8 AZR 132/87	Urlaubsanspruch im Freischichtenmodell-Zeitausgleichsanteile MTV Metall NRW	TVG § 1; BUrlG § 13, § 11, § 1, § 3	AP Nr. 26 zu § 11 BUrlG = BAGE 60, 154–162 = DB 1989, 833–834 = BB 1989, 775–776 = NZA 1989, 343–344 = EzA § 4 TVG Metallindustrie Nr. 52
45. 18. 11. 1988	8 AZR 238/88	Berechnung der Urlaubsvergütung Freischichtenmodell MTV Metall NRW	TVG § 1; BUrlG § 13, § 11, § 1, § 3; GG Art. 3 Abs. 1	AP Nr. 27 zu § 11 BUrlG = BAGE 60, 163–173 = BB 1989, 701–703 = NZA 1989, 347–349 = EzA § 4 TVG Metallindustrie Nr. 54 = DB 1989, 832–833
46. 18. 11. 1988	8 AZR 127/87	Berechnung der Urlaubsvergütung Freischichtenmodell MTV Metall Hessen	TVG § 1; BUrlG § 13, § 11, § 1, § 3	AP Nr. 25 zu § 11 BUrlG = BAGE 60, 144–154 = BB 1989, 703–705 = NZA 1989, 345–347 = EzA § 4 TVG Metallindustrie Nr. 53 = DB 1989, 834–835
47. 1. 12. 1988	8 AZR 663/86	Urlaubsabgeltung, Arbeitsunfähigkeit RTV Hafenarbeiter	BUrlG § 7 Abs. 4; TVG § 1	nicht veröffentlicht
48. 1. 12. 1988	8 AZR 223/86	Urlaubsübertragung, Arbeitsunfähigkeit MTV Holz und Kunststoff BW	BUrlG § 7; TVG § 1	nicht veröffentlicht
49. 1. 12. 1988	8 AZR 345/86	Berechnung des Urlaubs – Differenzierte Arbeitszeit MTB II; BAT	BUrlG § 1, § 3, § 13; TVG § 1, MTB 2 § 48 Abs. 8 UAbs. 5; BAT § 48 Abs. 4 UAbs. 3	nicht veröffentlicht
50. 15. 12. 1988	8 AZR 314/86	Urlaubsübertragung, Arbeitsunfähigkeit MTV Hamburger Hochbahn AG	BUrlG § 7 Abs. 3, § 9; ZPO § 233, § 234; TVG § 1	nicht veröffentlicht
51. 15. 12. 1988	8 AZR 224/87	Feststellungsklage – Rechtsschutzinteresse	ZPO § 256 Abs. 1	nicht veröffentlicht

1989

1. 12. 1. 1989	8 AZR 251/88	Sonderurlaub zur Kinderbetreuung BAT	BAT § 50 Abs. 2; BGB § 315; ArbGG § 74, § 76; ZPO § 91 a, § 97; HGB § 92 a	AP Nr. 14 zu § 50 BAT = BAGE 60, 362–368 = BB 1989, 1272–1273 = DB 1989, 1425–1426 = EzA § 50 BAT Nr. 1

556

Entscheidungsregister

Datum	Schlagwort	§§	Fundstelle
2. 12. 1. 1989 8 AZR 404/87	Urlaubsanspruch – Bemessung des Urlaubsentgelts BAT, AV-Richtlinien Diak. Werk	BAT § 35, § 47; BUrlG § 1, § 3, § 11, § 13	AP Nr. 13 zu § 47 BAT = BAGE 61, 1–7 = BB 1989, 1698–1699 = DB 1989, 2174–2175 = NZA 1989, 758 = EzA § 11 BUrlG Nr. 27
3. 26. 1. 1989 8 AZR 354/87	Urlaubsabgeltung – Erwerbsunfähigkeit, Arbeitsunfähigkeit MTV Druckindustrie BRD	BUrlG § 4, § 5, BUrlG § 7; RVO § 183, § 1246, § 1247; SchwbG § 44; TVG § 1	nicht veröffentlicht
4. 26. 1. 1989 8 AZR 730/87	Teilurlaubsanspruch – Bruchteile von Urlaubstagen	BUrlG § 5 Abs. 2; BGB § 187, § 188; BUrlG § 5 Abs. 1 Buchst. 1, § 5 Abs. 1 Buchst. b	AP Nr. 13 zu § 5 BUrlG = BAGE 61, 52–57 = DB 1989, 2129–2130 = NZA 1989, 756–758 = BB 1989, 2189–2190 = EzA § 5 BUrlG Nr. 14
5. 9. 2. 1989 8 AZR 505/87	Urlaubsabgeltung als Masseschuld	KO § 59 Abs. 1 Nr. 3 Buchst. a, § 140, § 146; BUrlG § 7 Abs. 3, § 7 Abs. 4; BGB § 117 Abs. 1, § 151, § 249, § 251, § 284, § 286, § 287; ZPO § 138	nicht veröffentlicht
6. 9. 2. 1989 8 AZR 764/87	Urlaubsabgeltung als Masseschuld	wie vor	nicht veröffentlicht
7. 9. 2. 1989 8 AZR 510/87	Urlaubsübertragung, Geltendmachung, Arbeitsunfähigkeit RTV Steine-Erden-Industrie	BUrlG § 7 Abs. 3	nicht veröffentlicht
8. 9. 2. 1989 8 AZR 310/87	Übertarifl. Urlaubsgeld – Betriebsvereinbarung, betr. Übung TV üb. Urlaubsgeld für Arb. öD TV üb. Urlaubsgeld für Ang. öD	BetrVG § 77, § 87, TVG § 1	AP Nr. 40 zu § 77 BetrVG 1972 = BAGE 61, 87–93 = NZA 1989, 756–766 = DB 1989, 2339–2340 = BB 1989, 2112–2113 = EzA § 77 BetrVG 1972 Nr. 27
9. 23. 2. 1989 8 AZR 421/87	Arbeitsbefreiung nach § 16 BAT und Urlaubsanspruch BAT	BUrlG § 13; BAT § 16, § 48	nicht veröffentlicht
10. 23. 2. 1989 8 AZR 185/88	Lohnfortzahlung bei Arbeitnehmerweiterbildung	AWbG NW § 9 S. 1 Buchst. a, § 9 S. 1 Buchst. d, § 7, § 1 Abs. 1, § 5 Abs. 1, § 5 Abs. 3; WbG 1 § 22 Abs. 1, § 23, § 24; BVerfGG § 31 Abs. 2	AP Nr. 3 zu § 9 BildungsurlaubsG NRW = BAGE 61, 176–182 = BB 1989, 1758–1759 = EzA § 9 AWbGNW Nr. 2
11. 23. 2. 1989 8 AZR 133/87	wie vor	AWbG NW § 9 S. 1 Buchst. a, § 9 S. 1 Buchst. d, § 7, § 1 Abs. 1, § 5 Abs. 3; WbG 1 § 17 Abs. 2, § 17 Abs. 3, § 22 Abs. 1, § 23, § 24; BVerfGG § 31 Abs. 2; VwVfG § 35	AP Nr. 2 zu § 9 BildungsurlaubsG NRW = BAGE 61, 168–176 = DB 1989, 1674–1675 = NZA 1989, 753–755
12. 23. 2. 1989 8 AZR 185/86	wie vor	AWbG NW § 9 S. 1 Buchst. a, § 9 S. 1 Buchst. d, § 7, § 1 Abs. 1, § 5 Abs. 3; WbG § 22	AP Nr. 1 zu § 9 BildungsurlaubsG NRW = BAGE 61, 162–168 = DB 1989,

557

Entscheidungsregister

Datum	Schlagwort	§§	Fundstelle
		Abs. 1, § 23, § 24; BVerfGG § 31 Abs. 2	1929–1930 = NZA 1989, 751–752 = EzA § 9 AWbG NW Nr. 1
13. 23. 2. 1989 8 AZR 559/87	Befristung des Urlaubsanspruchs Geltendmachung MTV holz- u. kunststoffverarbeitende Industrie Rheinland-Pfalz	BUrlG § 13, § 7 Abs. 3 S. 3; TVG § 1	nicht veröffentlicht
14. 14. 3. 1989 8 AZR 435/87	Urlaubsabgeltung bei Vorruhestand MTV co op Unternehmen (Einzelhandelsbereich)	BUrlG § 3, § 5 Abs. 1 Buchst. c, § 5 Abs. 4, § 13 Abs. 1; RVO § 1248 Abs. 1, § 1248 Abs. 2, § 1248 Abs. 3, TVG § 1	AP Nr. 46 zu § 7 BUrlG Abgeltung = DB 1989, 1730 = EzA § 13 BUrlG Nr. 42
15. 14. 3. 1989 8 AZR 507/87	Urlaubsabgeltung – Arbeitsunfähigkeit MTV Metall NRW	BUrlG § 4, § 7; BGB § 249, § 271, § 284, § 286, § 287; ZPO § 286; TVG § 1	nicht veröffentlicht
16. 4. 4. 1989 8 AZR 689/87	Rückforderung zuviel gezahlten Urlaubsentgelts – Aufrechnung MTV Bayr. Groß- und Außenhandel	BGB § 611, § 387, § 394; ZPO § 850 a, § 850 c, § 850 e; BUrlG § 5 Abs. 1 Buchst. c, § 5 Abs. 3; TVG § 1	nicht veröffentlicht
17. 4. 4. 1989 8 AZR 674/87	Urlaubsabgeltung, Arbeitsunfähigkeit MTV Bewachungsgewerbe NRW	BUrlG § 7 Abs. 4; TVG § 1	nicht veröffentlicht
18. 20. 4. 1989 8 AZR 488/87	Tariflicher Urlaubsabgeltungsanspruch, Erwerbsunfähigkeit MTV Steinzeugindustrie NR	BUrlG § 7 Abs. 4, § 13; TVG § 1	nicht veröffentlicht
19. 20. 4. 1989 8 AZR 475/87	Tarifliche Urlaubsabgeltung im fortbestehenden Arbeitsverhältnis MTV Feinblechpakkungsindustrie u. UA Feinblechpackungsindustrie Nordwürttemberg/ Nordbaden und Südwürttemberg/Hohenzollern	BUrlG § 7 Abs. 4, § 13; TVG § 1	AP Nr. 47 zu § 7 BUrlG Abgeltung = BAGE 61, 355–362 = DB 1989, 1976–1977 = BB 1989, 1760–1761 = NZA 1989, 761–763 = EzA § 7 BUrlG Nr. 65
20. 20. 4. 1989 8 AZR 621/87	Urlaubsabgeltung – Erwerbsunfähigkeit – Arbeitsunfähigkeit MTV Metall Osnabrück-Emsland	BUrlG § 7 Abs. 4, § 13; TVG § 1	AP Nr. 48 zu § 7 BUrlG Abgeltung = BAGE 61, 362–369 = NZA 1989, 763–765 = BB 1989, 2334–2335 = EzA § 7 BUrlG Nr. 66 = DB 1989, 2175–2176
21. 10. 5. 1989 6 AZR 660/87	Tarifliche Sonderzahlung – Erziehungsurlaub TV 13. Monatseinkommen Metall NRW	BErzGG § 15, § 16, § 17; TVG § 1	AP Nr. 2 zu § 15 BErzGG = BAGE 62, 35–43 = DB 1989, 2127–2129 = NZA 1989, 759–761 = EzA § 16 BErzGG Nr. 2 = BB 1989, 2479–2481
22. 24. 5. 1989 8 AZR 787/87	Urlaubsübertragung, Geltendmachung, Arbeitsunfähigkeit MTV Papierindustrie	BUrlG § 7; TVG § 1	nicht veröffentlicht
23. 8. 6. 1989 8 AZR 758/87	Auslandseinsatz – Heimaturlaub MTV 2 Auslandsmitarbeiter GTZ	BUrlG § 1, § 3 Abs. 1; BGB § 315; TVG § 1	nicht veröffentlicht

Entscheidungsregister

Datum	Schlagwort	§§	Fundstelle
24. 8. 6. 1989 8 AZR 641/87	Erziehungsurlaub – Zuschlag zum tariflichen Urlaubsgeld MTV 12 Bodenpersonal DLH	TVG § 1; MuSchG § 14, § 8 a; BErzGG § 15, § 16, § 17, § 18, § 19, § 20, § 21	EzA § 17 BErzGG Nr. 3
25. 22. 6. 1989 8 AZR 172/88	Tariflicher Urlaubsabgeltungsanspruch, Arbeitsunfähigkeit TV Stationierungsstreitkräfte	BUrlG § 7 Abs. 4, § 13; § 3 TVAL II	AP Nr. 50 zu § 7 BUrlG Abgeltung = DB 1990, 635 = EzA § 7 BUrlG Nr. 69 = NZA 1990, 239–240
26. 18. 7. 1989 8 AZR 6/88	Urlaubsanspruch – Änderung des Arbeitsverhältnisses BAT	BAT § 47; BUrlG § 11, § 13	ZTR 1991, 485
27. 18. 7. 1989 8 AZR 44/88	Tariflicher Urlaubsabgeltungsanspruch – Vererblichkeit BAT	BUrlG § 7 Abs. 4, § 13, § 1, § 3; BGB § 1922 Abs. 1, § 2032, § 432 Abs. 1; BAT § 51	AP Nr. 49 zu § 7 BUrlG Abgeltung = BAGE 62, 252–255 = DB 1989, 2490–2491 = BB 1989, 2335–2336 = EzA § 7 BUrlG Nr. 67 = NZA 1990, 238–239
28. 18. 7. 1989 8 AZR 194/88	Urlaubsabgeltung – Erwerbsunfähigkeit – Arbeitsunfähigkeit MTV metallverarb. Handwerke NRW	TVG § 1; BUrlG § 7 Abs. 4	nicht veröffentlicht
29. 18. 7. 1989 8 AZR 55/89	Urlaubsabgeltung – Erwerbsunfähigkeit – Arbeitsunfähigkeit MTV Metall NRW	BUrlG § 7 Abs. 4; TVG § 1	nicht veröffentlicht
30. 3. 8. 1989 8 AZR 355/87	Arbeitnehmerweiterbildung – Lohnfortzahlungspflicht		nicht veröffentlicht
31. 3. 8. 1989 8 AZR 356/87	wie vor		nicht veröffentlicht
32. 3. 8. 1989 8 AZR 542/87	wie vor		nicht veröffentlicht
33. 3. 8. 1989 8 AZR 592/87	wie vor		nicht veröffentlicht
34. 3. 8. 1989 8 AZR 335/87	wie vor	AWbG NW § 7, § 9 S. 1 Buchst. a, § 1, § 4, § 5, § 10 Abs. 2; WbG 1 § 1 Abs. 1, § 2 Abs. 4, § 4 Abs. 3, § 23 Abs. 2; BVerfGG § 31 Abs. 2; GG Art. 12 Abs. 1 S. 2; BetrVG § 37 Abs. 7; HBUG 1984 § 3 Abs. 1	BAGE 62, 288–294 = DB 1990, 229 = EzA § 7 AWbG NW Nr. 4 = NZA 1990, 319–320
35. 3. 8. 1989 8 AZR 249/87	wie vor	AWbG NW § 7, § 9 S. 1 Buchst. a, d, § 9 S. 1 Buchst. d, § 1, § 2, § 5, § 10 Abs. 2, § 11; WbG NW § 1, § 2 Abs. 4, § 4 Abs. 3, § 23 Abs. 2; BVerfGG § 31 Abs. 2; VwVfG § 44 Abs. 1; BetrVG § 37 Abs. 7	BAGE 62, 280–288 = DB 1990, 227–228 = EzA § 9 AWbG NW Nr. 3 = NZA 1990, 317–319
36. 15. 8. 1989 8 AZR 164/89	Urlaubsübertragung bei Arbeitsunfähigkeit MTV Metall NRW		nicht veröffentlicht
37. 15. 8. 1989 8 AZR 163/89	wie vor	BUrlG § 7; TVG § 1	nicht veröffentlicht
38. 15. 8. 1989 8 AZR 530/88	Urlaubsabgeltung bei Arbeitsunfähigkeit BAT (55. u. 54. ÄndTV)	BUrlG § 7; BAT § 51 Abs. 1 BAT § 47 Abs. 7 BAT § 59	AP Nr. 51 zu § 7 BUrlG Abgeltung = BAGE 62, 331–334 =

559

Entscheidungsregister

Datum	Schlagwort	§§	Fundstelle
39. 28. 9. 1989 8 AZR 72/88	Betriebliche Übung – Inhalt des Arbeitsverhältnisses TVG	BGB § 305, § 242; TVG § 4; BUrlG § 7, § 13	EzA § 7 BUrlG Nr. 68 = NZA 1990, 139 nicht veröffentlicht
40. 28. 9. 1989 8 AZR 162/88	Zusatzurlaub für Schwerbehinderte MTV Chemie	SchwbG § 47; BUrlG § 5 Abs. 2; TVG § 1	nicht veröffentlicht
41. 24. 10. 1989 8 AZR 539/88	Teilzeitarbeit – Gleichbehandlung bei Urlaubsentgelt BAT		nicht veröffentlicht
42. 24. 10. 1989 8 AZR 602/88	wie vor		EzBAT 3 q BAT Vergütungsanspruch Nr. 4
43. 24. 10. 1989 8 AZR 523/88	wie vor		nicht veröffentlicht
44. 24. 10. 1989 8 AZR 6/89	wie vor		nicht veröffentlicht
45. 24. 10. 1989 8 AZR 5/89	wie vor	BGB § 242, § 134, § 139, § 366 Abs. 2, § 612 Abs. 2; BeschFG 1985 Art. 1 § 2 Abs. 1, Art. 1 § 6 Abs. 1, Art. 16 Abs. 1; BUrlG § 1, § 11 Abs. 1; BAT § 3 Buchst. q, § 34 Abs. 1, § 36 Abs. 1	AP Nr. 29 zu § 11 BUrlG = BAGE 63, 181–188 = DB 1990, 1040–1042 = NZA 1990, 486–488 = BB 1990, 1414–1416 = EzA § 11 BUrlG Nr. 28
46. 24. 10. 1989 8 AZR 253/88	Urlaubsabgeltung – Sonderzahlung – Erziehungsurlaub MTV Wagner- u. Karosseriebauerhandwerk NRW TV Einführung 13. Monatsgehalt	BUrlG § 7 Abs. 3; BErzGG § 17 Abs. 2, § 17 Abs. 3; TVG § 1	AP Nr. 52 zu § 7 BUrlG Abgeltung = DB 1990, 991–992 = BB 1990, 1279–1280 = NZA 1990, 499–500 = EzA § 17 BErzGG Nr. 2
47. 16. 11. 1989 8 AZR 655/88	Berechnung der Urlaubsvergütung Freischichtenmodell MTV Metall NRW	BUrlG § 13, § 11, § 1, § 3, GG Art. 3 Abs. 1; TVG § 1	nicht veröffentlicht
48. 16. 11. 1989 8 AZR 430/88	Arbeitszeit in Saudi-Arabien – Erledigung der Hauptsache	AZO § 3; BGB § 315; ZPO § 91 Abs. 1, § 91 a	nicht veröffentlicht
49. 16. 11. 1989 8 AZR 368/88	Postulationsfähigkeit eines Verbandsvertreters	ArbGG § 11 Abs. 2	AP Nr. 11 zu § 11 ArbGG 1979 Prozeßvertreter = BAGE 63, 255–260 = EzA § 11 ArbGG 1979 Nr. 6 = NZA 1990, 666–667
50. 28. 11. 1989 1 ABR 94/88	Berechnung der Jahres-Ist-Arbeitszeit MTV Hess. Einzelhandel	BetrVG § 77 Abs. 1; TVG § 1	AP Nr. 5 zu § 77 BetrVG 1972 Auslegung = BAGE 63, 274 = EzA § 4 TVG Einzelhandel Nr. 13 = NZA 1990, 445 = BB 1990, 923 = DB 1990, 792
51. 30. 11. 1989 8 AZR 371/88	Urlaubsabgeltung bei Arbeitsunfähigkeit MTB II	BUrlG § 7, MTB 2 § 54 Abs. 1 § 53 Abs. 1	nicht veröffentlicht
52. 30. 11. 1989 8 AZR 302/88	Urlaubsabgeltung, Geltendmachung, Schadenersatz MTV Hamburger Einzelhandel	BUrlG § 7; BGB § 249, § 284, § 286, § 287; TVG § 1	nicht veröffentlicht

560

Entscheidungsregister

Datum	Schlagwort	§§	Fundstelle
53. 30. 11. 1989 8 AZR 542/88	Teilzeitbeschäftigte – Berechnung des Urlaubsanspruchs MTA	BUrlG § 1, § 3, § 13; TVG § 1	ZTR 1990, 158–159
54. 12. 12. 1989 8 AZR 141/89	Urlaubsabgeltung bei Arbeitsunfähigkeit BAT, TV Ang Bundespost; TV Arb Bundespost	BUrlG § 7; BAT § 51 Abs. 1, § 47 Abs. 6, § 47 Abs. 7, § 59	ZTR 1990, 249
55. 12. 12. 1989 8 AZR 349/88	wie vor	ZPO § 256 Abs. 1, § 320, § 551 Nr. 1, § 554 Abs. 3 Nr. 3 b; ArbGG § 36	nicht veröffentlicht
56. 12. 12. 1989 8 AZR 635/88	Feststellungsklage, Rechtsschutzinteresse	wie vor	nicht veröffentlicht

1990

Datum	Schlagwort	§§	Fundstelle
1. 11. 1. 1990 8 AZR 449/88	Konkursausfallgeld und Urlaubsentgelt VTV Bau	TVG § 4, § 1; AFG § 141 a, § 141 m; KO § 6, § 53, § 54 Abs. 1, § 55 Nr. 1; BGB § 387, § 389	AP Nr. 11 zu § 4 TVG Gemeinsame Einrichtungen = BAGE 64, 6–16 = DB 1990, 2377–2378 = NZA 1990, 938–940 = EzA § 4 TVG Bauindustrie Nr. 57
2. 25. 1. 1990 8 AZR 495/88	Erwerbstätigkeit während des Urlaubs Ordnung Ev. Kirche Rheinl.	BUrlG § 8; BGB § 823; ZPO § 253 Abs. 2 Nr. 2	nicht veröffentlicht
3. 25. 1. 1990 8 AZR 503/88	Feststellungsklage, Rechtsschutzinteresse MTL II	ZPO § 256, § 253, § 561; MTL 2 § 52 Abs. 4	nicht veröffentlicht
4. 25. 1. 1990 8 AZR 12/89	Urlaub während Erkrankung BAT TV Arb. u. TV Ang. Bundespost	BUrlG § 7, § 3 Abs. 1, § 13 Abs. 1; BAT § 51 Abs. 1 UAbs. 1, § 47 Abs. 2, § 47 Abs. 6 UAbs. 3, § 47 Abs. 7, § 51 Abs. 1 UAbs. 1, § 59 Abs. 1 UAbs. 1, § 70	AP Nr. 15 zu § 47 BAT = BAGE 64, 88–94 = NZA 1990, 450–451 = EzA § 7 BUrlG Nr. 70 = DB 1990, 2175
5. 22. 2. 1990 8 AZR 481/88	Urlaubsabgeltung bei Arbeitsunfähigkeit BMT-G II	BUrlG § 13, § 7 Abs. 4; BMT-G 2 § 47	nicht veröffentlicht
6. 8. 3. 1990 8 AZR 645/88	Tarifliche Urlaubsabgeltung Zusatzurlaub nach SchwbG MTV Gas-, Wasser- u. Elektrizitätsunternehmungen	BUrlG § 12, § 7 Abs. 4; SchwbG § 47; TVG § 1	nicht veröffentlicht
7. 8. 3. 1990 8 AZR 588/88	Urlaubsanspruch, Unabdingbarkeit, Arbeitsunfähigkeit LTV Deutsche Bundesbahn	BUrlG § 13 Abs. 1 S. 1, § 1, § 3, TVG § 1	nicht veröffentlicht
8. 21. 3. 1990 8 AZR 99/89	Entschädigung verfallener Urlaubsansprüche, TV-Änderung BRTV Bau	TVG § 1; BRTV-Bau § 8, § 8	nicht veröffentlicht
9. 26. 4. 1990 8 AZR 232/89 bis 8 AZR 251/89	Zusatzurlaub wegen Strahlengefährdung BAT	BAT § 49; BGB § 315; HessUrlVO § 14	nicht veröffentlicht
11. 26. 4. 1990 8 AZR 517/89	Tariflicher Urlaubsanspruch – Ersatzleistung an Hinterbliebene MTV Eisen-, Metall,	BUrlG § 13, § 1, § 7; TVG § 1; BGB § 1922, § 1360	AP Nr. 53 zu § 7 BUrlG Abgeltung = BAGE 65, 122–128 = DB 1990, 1925–1926

561

Entscheidungsregister

Datum	Schlagwort	§§	Fundstelle
	Elektro- u. Zentralheizungsind. NRW		= EzA § 4 TVG Metallindustrie Nr. 69 = NZA 1990, 940–942 = BB 1990, 2490–2491
12. 31. 5. 1990 8 AZR 100/89	Urlaubsabgeltungsanspruch – Erfüllbarkeit	BUrlG § 7 Abs. 3, § 7 Abs. 4	nicht veröffentlicht
13. 31. 5. 1990 8 AZR 132/89	Urlaubsabgeltungsanspruch – Außergerichtlicher Vergleich MTV Kfz-Handwerk Nieders.	BUrlG § 13, § 5 Abs. 1 Buchst. c, § 5 Abs. 2; BGB § 397 Abs. 2; TVG § 4 Abs. 2	AP Nr. 13 zu § 13 BUrlG Unabdingbarkeit = BAGE 65, 171–176 = BB 1990, 2046–2047 = NZA 1990, 935–936 = EzA § 13 BUrlG Nr. 49 = DB 1991, 392–393 = BB 1991, 837–839
14. 31. 5. 1990 8 AZR 161/89	Urlaubsabgeltung – Erwerbsunfähigkeit MTV Metall Hamburg, Schl. Holst.	BUrlG § 7 Abs. 4, § 9; TVG § 1	AP Nr. 54 zu § 7 BUrlG Abgeltung = DB 1990, 2429–2430 = NZA 1990, 942–943 = EzA § 7 BUrlG Nr. 76 = BB 1990, 2120–2121
15. 31. 5. 1990 8 AZR 184/89	Tariflicher Urlaubsanspruch – Öffentlicher Dienst MTB II	BUrlG § 13, § 9; MTB 2 § 52, § 53	AP Nr. 12 zu § 9 BUrlG = NZA 1990, 945–946 = DB 1990, 2529 = EzA § 13 BUrlG Nr. 48
16. 31. 5. 1990 8 AZR 264/89	Tariflicher Urlaubsabgeltungsanspruch – Arbeitsunfähigkeit Urlaubsabkommen Metall Nordwürtt.-Nordbaden	BUrlG § 13, § 7 Abs. 4; TVG § 1	nicht veröffentlicht
17. 31. 5. 1990 8 AZR 296/89	Teilzeitarbeitsverhältnis – Urlaubsanspruch BAT	BUrlG § 5 Abs. 1, § 5 Abs. 2, § 13; SchwbG § 47; BAT § 48 Abs. 4	AP Nr. 14 zu § 5 BUrlG = BAGE 65, 176–181 = DB 1990, 2428–2429 = BB 1990, 2408–2409 = EzA § 5 BUrlG Nr. 15 = NZA 1991, 105–106
18. 31. 5. 1990 8 AZR 353/89	Urlaubsabgeltung bei Arbeitsunfähigkeit MTB II	MTB II § 54 Abs. 1	ZTR 1990, 479–480
19. 26. 7. 1990 8 AZR 389/89	Urlaubsentgelt – Berechnung und Verjährung	BUrlG § 11; BGB § 196 Abs. 1 Nr. 8, § 222 Abs. 1, § 366	nicht veröffentlicht
20. 26. 7. 1990 8 AZR 428/89	Urlaubsabgeltung – Tarifliche Ausschlußfrist UrlaubsTV Textil Berlin	BUrlG § 7 Abs. 4, § 13; TVG § 1	ZTR 1991, 29–30
21. 16. 8. 1990 8 AZR 220/88	Arbeitnehmerbildung – Lohnfortzahlung	AWbG NW § 7, § 9 S. 1 Buchst. a, § 9 S. 1 Buchst. d, § 1, § 5 Abs. 3; WbG § 23, ZPO § 139, § 286, § 554 Abs. 3 Nr. 3 Buchst. b, § 561 Abs. 1	AP Nr. 6 zu § 9 BildungsurlaubsG NRW = BAGE 65, 347–352 = DB 1990, 2326–2327 = EzA § 7 AWbG NW Nr. 6 = NZA 1991, 108–109
22. 16. 8. 1990 8 AZR 654/88	Lohnfortzahlung bei Arbeitnehmerweiterbildung	AWbG NW § 7, § 9 S. 1 Buchst. a, § 9 S. 1 Buchst. d, § 1, § 2, § 5 Abs. 3, § 5 Abs. 4; WbG 1 § 2 Abs. 4 S. 1; § 286, § 561 Abs. 2	AP Nr. 7 zu § 9 BildungsurlaubsG NRW = BAGE 65, 352–359 = DB 1990, 2325–2326 = EzA § 7 AWbG NW Nr. 5 = BB 1991, 346–347

Entscheidungsregister

Datum	Schlagwort	§§	Fundstelle
23. 16. 8. 1990 8 AZR 307/89	Öffentlicher Dienst – Anspruch auf tariflichen Zusatzurlaub MTB II, Kraftfahrer-TV	BUrlG § 13; MTB II § 15, § 48 a	ZTR 1991, 114–115
24. 16. 8. 1990 8 AZR 439/89	Tariflicher Urlaubsanspruch – Nachwirkung des Tarifvertrags MTV metallverarb. Handwerk NRW	TVG § 4 Abs. 4, § 4 Abs. 5; BUrlG § 13, § 7; TVG § 1	AP Nr. 19 zu § 4 TVG Nachwirkung = BAGE 65, 359–365 = BB 1991, 762–763 = DB 1991, 871–872 = NZA 1991, 353–354 = EzA § 4 TVG Nachwirkung Nr. 9
25. 16. 8. 1990 8 AZR 574/89	Öffentlicher Dienst – Urlaub während Krankheit MTL II	BUrlG § 7; MTL II § 52, § 53, § 54	nicht veröffentlicht
26. 16. 8. 1990 8 AZR 590/89	Öffentlicher Dienst – Urlaubsabgeltung BAT	BUrlG § 7 Abs. 4, § 13; BAT § 51 Abs. 1, § 59 Abs. 1	EzBAT § 51 Nr. 17
27. 18. 10. 1990 8 AZR 367/89	Tariflicher Urlaubsanspruch – Öffentlicher Dienst MTB II	BUrlG § 13, § 9; MTB 2 § 52, § 53	nicht veröffentlicht
28. 18. 10. 1990 8 AZR 388/89	Urlaubsanspruch – Betriebsübergang – Beendigung des Arbeitsverhältnisses MTV Wachmann Bad.-Württ.	BGB § 613 a; BUrlG § 13, § 7 Abs. 4; TVG § 1	nicht veröffentlicht
29. 18. 10. 1990 8 AZR 490/89	Öffentlicher Dienst – befristetes Arbeitsverhältnis, Urlaubsabgeltung BAT	BUrlG § 7 Abs. 4; BAT § 51 Abs. 1, § 48	AP Nr. 56 zu § 7 BUrlG Abgeltung = BAGE 66, 134–140 = BB 1991, 1048–1049 = NZA 1991, 466–468 = EzA § 7 BUrlG Nr. 80
30. 15. 11. 1990 8 AZR 283/89	Teilzeitarbeit – Gleichbehandlung bei Urlaubsgeld TV Urlaubsgeld f. Angest.	BeschFG 1985 Art. 1 § 2 Abs. 1, Art. 1 § 6 Abs. 1; BGB § 134, § 139, § 612 Abs. 2; ZPO § 561 Abs. 2; BAT § 3 Buchst. q, § 70; TVG § 1	AP Nr. 11 zu § 2 BeschFG 1985 = BAGE 66, 220–228 = DB 1991, 865–866 = NZA 1991, 346–348 = EzA § 2 BeschFG 1985 Nr. 5 = BB 1991, 981–982
31. 28. 11. 1990 8 AZR 570/89	Urlaubsanspruch – Befristung	BUrlG § 1; BUrlG § 7 Abs. 3; IAOÜbk. 132 Art. 9 Abs. 1, 132 Art. 1	AP Nr. 18 zu § 7 BUrlG Übertragung = BAGE 66, 288–292 = BB 1991, 764–765 = NZA 1991, 423–424 = EzA § 7 BUrlG Nr. 79
32. 12. 12. 1990 8 AZR 632/89	Tariflicher Urlaubsanspruch – Öffentlicher Dienst MTB II	BUrlG § 13, § 9; MTB II § 52, § 53 Abs. 1	nicht veröffentlicht
33. 12. 12. 1990 8 AZR 633/89	Sonderurlaub im öffentlichen Dienst – freie Badekur BMT-G II	BMT-G II § 47 a; TVG § 1	AP Nr. 1 zu § 47 a BMT-G II

1991

1. 15. 1. 1991 1 AZR 178/90	Streik-Entgeltzahlung	GG Art. 9; BetrVG § 37 Abs. 2 und 6	AP Nr. 114 zu Art. 9 GG Arbeitskampf = BAGE 67, 50 = DB

563

Entscheidungsregister

Datum	Schlagwort	§§	Fundstelle
2. 17. 1. 1991 8 AZR 483/89	Lohnanspruch bei Weiterbeschäftigungsurteil	BGB § 812 Abs. 1 S. 1, § 818 Abs. 2, § 615 S. 1, § 611; ZPO § 717 Abs. 2; KSchG § 9; BetrVG § 102 Abs. 5	1991, 281, 1465 = BB 1991, 1194 = NZA 1991, 604 = EzA Art. 9 GG Arbeitskampf Nr. 96 AP Nr. 8 zu § 611 BGB Weiterbeschäftigung = BB 1991, 1413–1414 = NZA 1991, 769–770 = EzA § 611 BGB Beschäftigungspflicht Nr. 51
3. 17. 1. 1991 8 AZR 644/89	Urlaubsabgeltungsanspruch Berechnung RTV Glaserhandwerk Düsseldorf	BUrlG § 11 Abs. 1; TVG § 1	AP Nr. 30 zu § 11 BUrlG = BB 1991, 1412–1413 = DB 1991, 1937 = NZA 1991, 778–779 = EzA § 11 BUrlG Nr. 30
4. 31. 1. 1991 8 AZR 284/88	Arbeitnehmerweiterbildung – Lohnfortzahlung	AWbG NW § 7, § 9 S. 1 Buchst. a, § 9 S. 1 Buchst. d, § 1 Abs. 1, § 5 Abs. 3; ZPO § 286	nicht veröffentlicht
5. 31. 1. 1991 8 AZR 462/89	Anrechnung einer Kur auf den Urlaubsanspruch MTV-Holz; BMTG-II	LFZG § 7; SGB IV § 29 Abs. 1; SGB V § 4 Abs. 1, § 4 Abs. 2; BSHG § 36 Abs. 2; ZPO § 563; BGB § 284, § 286 Abs. 1, § 287 S. 2, § 249 S. 1; BMT-G II § 47 a	nicht veröffentlicht
6. 31. 1. 1991 8 AZR 52/90	Bezahlte Arbeitspausen – Berechnung der Urlaubsvergütung MTV Metall NRW	BUrlG § 11 Abs. 1; TVG § 1	AP Nr. 31 zu § 11 BUrlG = DB 1991, 1936–1937 = NZA 1991, 780–782 = EzA § 11 BUrlG Nr. 29
7. 14. 2. 1991 8 AZR 97/90	Tariflicher Urlaubsanspruch – Teilzeitarbeitnehmer RTV Groß- u. Außenhandel Hbg.	BUrlG § 13, § 1, § 3, § 5 Abs. 2; TVG § 1	AP Nr. 1 zu § 3 BUrlG Teilzeit = NZA 1991, 777–778 = DB 1991, 1987 = BB 1991, 1789–1791 = EzA § 13 BUrlG Nr. 50
8. 14. 2. 1991 8 AZR 166/90	Tarifvertraglicher Urlaubsanspruch – Nachwirkung MTV Gewerbl. AN i. Kraftdroschkenverkehr NRW	TVG § 4 Abs. 5, § 3	AP Nr. 10 zu § 3 TVG = DB 1991, 2088–2089 = NZA 1991, 779–780 = EzA § 4 TVG Nachwirkung Nr. 10
9. 28. 2. 1991 8 AZR 89/90	Rechtsverletzung – Vertragsauslegung BAT	ArbGG § 72 Abs. 5; ZPO § 550, § 563; BGB § 133, § 157; TVG § 4 Abs. 3; BUrlG § 7 Abs. 4; BAT § 51, § 59 Abs. 4	AP Nr. 21 zu § 550 ZPO = NZA 1991, 685–686 = EzA § 72 ArbGG 1979 Nr. 11
10. 28. 2. 1991 8 AZR 196/90	Aufeinanderfolgende Arbeitsverhältnisse – Urlaubsanspruch MTV holz- u. kunststoffverarb. Ind. NW	BUrlG § 6 Abs. 1, § 13; TVG § 1	AP Nr. 14 zu § 6 BUrlG = DB 1991, 1987–1988 = BB 1991, 1788–1789 = NZA 1991, 944–946 = EzA § 6 BUrlG Nr. 4
11. 21. 3. 1991 8 AZR 322/8 bis 8 AZR 333/89	Haftung des Sequesters und des Konkursverwalters	BGB § 305, § 133, § 157, § 278, § 676, § 826, § 823 Abs. 2; KO § 22, § 82, § 59 Abs. 1 Nr. 1, § 106 Abs. 1 S. 2; AFG § 141 b Abs. 1; StGB § 263; ZPO § 138	nicht veröffentlicht

564

Entscheidungsregister

Datum	Schlagwort	§§	Fundstelle
12. 21. 3. 1991 8 AZR 250/90	Öffentlicher Dienst – Urlaubsabgeltungsanspruch MTL II	BUrlG § 7 Abs. 4, § 13; MTL II § 53, § 54, § 62	nicht veröffentlicht
13. 25. 4. 1991 8 AZR 252/90	Tarifliches Urlaubsgeld – Fälligkeit Urlaubsabkommen Metallind. Nordwürtt./ Nordbaden	BUrlG § 11 Abs. 1; BetrVG § 77 Abs. 2, § 77 Abs. 4	nicht veröffentlicht
14. 25. 4. 1991 8 AZR 276/90	Tariflicher Urlaubsabgeltungsanspruch – fortbestehendes Arbeitsverhältnis MTV Groß- und Außenhandel NRW	BUrlG § 7 Abs. 4, § 13	nicht veröffentlicht
15. 25. 4. 1991 8 AZR 277/90	Tariflicher Urlaubsabgeltungsanspruch – fortbestehendes Arbeitsverhältnis MTV Groß- und Außenhandel NRW	BUrlG § 7 Abs. 4, § 13	nicht veröffentlicht
16. 23. 5. 1991 8 AZR 537/90	Zulässigkeit der Revision	ArbGG § 72 Abs. 1, § 74 Abs. 2; ZPO § 97 Abs. 1, § 554 a Abs. 1; EinigVtr Art. 8; EinigVtr Anlage I Kap. III A III Nr. 1 Buchst. y Abs. 2, Kap. III A III Nr. 28 Buchst. i, Kap. III A III Nr. 2 Buchst. j, Kap. III A; ZPO DDR § 148 Abs. 1, § 151, § 152 Abs. 1 Nr. 2, § 152 Abs. 2, § 160, § 161 Abs. 1, § 157 Abs. 3, § 160 Abs. 1	AP Nr. 18 zu § 72 ArbGG 1979 = BB 1991, 1793 = NZA 1991, 740–741 = EzA Art. 8 Einigungsvertrag Nr. 3
17. 13. 6. 1991 8 AZR 330/90	Öffentlicher Dienst – Urlaubslohnaufschlag BAT	BUrlG § 13 Abs. 1, § 11; BAT § 47 Abs. 2 UAbs. 4; GG Art. 3 Abs. 1	ArbuR 1991, 247–248 = ZTR 1992, 156–157
18. 13. 6. 1991 8 AZR 360/90	Tariflicher Urlaubsanspruch – Schwerbehindertenurlaub MTV chem. Ind.	BUrlG § 1, § 3; SchwbG § 47	ArbuR 1991, 248
19. 1. 10. 1991 9 AZR 290/90	Bestimmungspflicht des Arbeitgebers bei Urlaubsgewährung BAT	BUrlG § 7 Abs. 1, § 10, § 13 Abs. 1; BGB § 366 Abs. 1; BAT § 50 Abs. 1	AP Nr. 12 zu § 7 BUrlG = Arbeitgeber 1992, 664 = DB 1992, 1992 = EzA § 10 nF BUrlG Nr. 2
20. 1. 10. 1991 9 AZR 365/90	Urlaubsabgeltung nach Mutterschutz und Erziehungsurlaub Urlaubsabkommen Arb. u. Angest. Metallind. Südwürtt.-Hohenzollern	BUrlG § 7 Abs. 4; BErzGG § 17 Abs. 2, § 17 Abs. 3; MuSchG § 6 Abs. 1; TVG § 1	AP Nr. 2 zu § 17 BErzGG = BB 1992, 431–432 = DB 1992, 584 = NZA 1992, 419–420 = EzA § 7 BUrlG Nr. 81
21. 1. 10. 1991 9 AZR 421/90	Urlaubsvergütung nach vorangegangener Mehrarbeit BMTV Süßwarenind.	TVG § 1; BUrlG § 13, § 11 Abs. 2	AP Nr. 4 zu § 1 TVG Tarifverträge Süßwarenindustrie = BB 1992, 143–144 = BB 1992, 383 = EzA § 11 BUrlG Nr. 31 = NZA 1992, 284–285
22. 1. 10. 1991 1 AZR 147/91	Gehalt bei Arbeitsunfähigkeit während eines Streiks BAT	GG Art. 9 Abs. 3; BGB § 616; BAT § 37 Abs. 1	AP Nr. 121 zu Art. 9 GG Arbeitskampf = BB 1991, 2447–2448 = DB 1992, 43–44 = NZA 1992, 163–164

565

Entscheidungsregister

Datum	Schlagwort	§§	Fundstelle
23. 22. 10. 1991 9 AZR 373/90	Zusatzurlaub eines Schwerbehinderten BMT-G II	SchwbG § 47; BMT-G II § 41 Abs. 2, § 43 Abs. 1, Abs. 4, § 46 Abs. 1, § 63 Abs. 1; BUrlG § 5; BGB § 249, § 280, § 286, § 286, § 287	= EzA Art. 9 GG Arbeitskampf Nr. 99 AP Nr. 1 zu § 47 SchwbG 1986 = DB 1992, 1632–1633 = NZA 1992, 797–798 = EzA § 47 SchwbG 1986 Nr. 1
24. 22. 10. 1991 9 AZR 433/90	Tariflicher Urlaubsabgeltungsanspruch – Vererblichkeit BMT-G II	BUrlG § 7 Abs. 4; SchwbG § 47; BMT-G II § 47 BGB § 847, § 1922	AP Nr. 57 zu § 7 BUrlG Abgeltung = BB 1992, 1793–1794 = DB 1992, 2092 = EzA § 7 BUrlG Nr. 82 = NZA 1993, 28–29
25. 22. 10. 1991 9 AZR 621/90	Tariflicher Urlaubsanspruch – Berechnung der Urlaubsdauer MTV chem. Ind.	BUrlG § 3, § 13 Abs. 1; TVG § 1	AP Nr. 6 zu § 3 BUrlG = EzA § 13 BUrlG Nr. 51 = NZA 1993, 79–81 = DB 1993, 841–842
26. 5. 11. 1991 9 AZR 502/90	Berechnung des tariflichen Urlaubsentgelts in der Getränkeindustrie Rheinland-Pfalz	BUrlG § 11 Abs. 1; TVG § 1	nicht veröffentlicht
27. 26. 11. 1991 9 AZR 567/90	Vertragliche Zwölftelung des Urlaubs – Günstigkeitsvergleich	BUrlG § 1, § 3 Abs. 2, § 3 Abs. 1, § 4, § 5 Abs. 1, § 7 Abs. 4, § 13 Abs. 1	nicht veröffentlicht
28. 10. 12. 1991 9 AZR 319/90	Lohnnachweiskarte im Baugewerbe; unzulässiger Feststellungsantrag	ZPO § 139, § 256 Abs. 1, § 253 Abs. 2 Nr. 2; TVG § 1	AP Nr. 20 zu § 253 ZPO = EzA § 253 ZPO Nr. 11 = NZA 1992, 472–473 = DB 1992, 1195–1196
29. 19. 12. 1991 2 AZR 367/91	Wichtiger Grund; Darlegungs- u. Beweislast b. Rechtfertigungsgründen, Widerruf des Urlaubs bei Notsituation	SchwbG § 15, § 21 BGB § 626, § 616, § 282; ZPO § 256	ArbuR 1992, 221

1992

1. 14. 1. 1992 9 AZR 612/90	Zusatzurlaub f. Nachtarbeit; Ersatzurlaub u. Mahnung BAT	BAT § 47 Abs. 1 u. Abs. 7, § 48 a Abs. 1 bis 4 u. Abs. 9; BGB § 249, § 280 Abs. 1, § 284 Abs. 1, § 286 Abs. 1, § 287 Satz 2	nicht veröffentlicht
2. 14. 1. 1992 9 AZR 193/90	Urlaubslohn bei Gedingearbeiten nach dem MTB II	MTB II Nr. 17 Abs. 1 b und Abs. 2 Unterabs. 1 und 2 SR 2 a, § 72; BUrlG § 11	nicht veröffentlicht
3. 14. 1. 1992 9 AZR 148/91	Tarifl. Urlaubsanspruch – Rollierendes Freizeitsystem MTV f. d. Einzelhandel NRW v. 6. Juli 1989 §§ 2, 14	BUrlG §§ 13, 1, 3; ZPO § 264; BetrVG § 87 Abs. 1 Nr. 5	BB 1992, 995–996 = NZA 1992, 759–761; DB 1992, 1889–1890 = EzA § 13 BUrlG Nr. 52
4. 18. 2. 1992 9 AZR 118/91	Verwirkung und Rechtsmißbrauch bei nachträglicher Forderung v. Urlaubsentgeltansprüchen; Berechnung des Urlaubsentgelts b. einer ausschließlich nach Provision bemessenen Arbeitsvergütung	BGB § 242, § 196 Nr. 8; BUrlG § 1, § 11 Abs. 1	EzA § 1 BUrlG Verwirkung Nr. 1

Entscheidungsregister

Datum	Schlagwort	§§	Fundstelle
5. 18. 2. 1992 9 AZR 229/91	Zusatzurlaub f. Auszubildende TV zur Regelung d. Rechtsverhältnisse d. Schülerinnen/Schüler, die nach Maßgabe d. Krankenpflegegesetzes oder d. Hebammengesetzes ausgebildet werden, v. 28. Febr. 1986	BAT §§ 47, 48, 49; Erholungsurlaubsverordnung NRW § 13; TVG § 1	AP Nr. 5 zu § 1 TVG Ausbildungsverhältnis = NZA 1992/810
6. 18. 2. 1992 9 AZR 611/90	Verhältnis v. Musterprozeßvereinbarung und tarifl. Ausschlußfrist	BGB § 242, TVG § 4 Abs. 3, ZPO § 233	AP Nr. 115 zu § 4 TVG Ausschlußfristen = NZA 1992, 881–883 = EzA § 4 TVG Ausschlußfristen Nr. 98 = DB 1992, 2249–2251
7. 19. 3. 1992 8 AZR 353/91	Ersatz v. Urlaubsmehrkosten BAT	BAT § 47 Abs. 7; BGB § 249 Satz 1, § 280 Abs. 1, § 284, § 286 Abs. 1, § 287 Satz 2, § 325 Abs. 1; ZPO § 97 Abs. 1, § 566, § 515 Abs. 3	nicht veröffentlicht
8. 24. 3. 1992 9 AZR 7/91	Rückzahlung v. Urlaubsentgelt wegen ungerechtfertigter Bereicherung MTV f. Arbeiter u. Angest. d. Steinzeugindustrie in NRW	BGB § 812 Abs. 1 Satz 1, §§ 387 ff.; ZPO § 278 Abs. 3 u. 4	nicht veröffentlicht
9. 7. 4. 1992 1 AZR 377/91	Streik-Entgeltforzahlung	GG Art. 9; BAT § 15a	AP Nr. 122 zu Art. 9 GG Arbeitskampf = BB 1992, 2448 = BB 1992, 1724, 1855 = EzA Art. 9 GG Arbeitskampf Nr. 104
10. 5. 5. 1992 9 AZR 328/91	Tarifl. Urlaubsgeld/Mindestbetriebszugehörigkeit MTV f. d. holz- u. kunststoffverarbeitende Industrie in Hessen		nicht veröffentlicht
11. 26. 5. 1992 9 AZR 174/91	Kürzung eines unter Vorbehalt gewährten zusätzlichen Treueurlaubs MTV für gewerbliche Arbeitnehmer u. Angest. in der chem. Industrie	BGB § 315	AP Nr. 2 zu § 1 BUrlG Treueurlaub = EzA § 4 TVG Tariflohnerhöhung Nr. 21 = NZA 1993, 67–69 = DB 1993, 642–643
12. 26. 5. 1992 9 AZR 172/91	Urlaubsabgeltung u. Erfüllbarkeit; Tarifauslegung MTV f. d. holz- u. kunststoffverarbeitende Industrie im nordwestdeutschen Raum der BRD	BUrlG § 7 Abs. 4, § 13 Abs. 1	AP Nr. 58 zu § 7 BUrlG Abgeltung = BB 1992, 2003–2004 = DB 1992, 2349–2350 = NZA 1993, 29–31 = EzA § 7 BUrlG Nr. 83
13. 26. 5. 1992 9 AZR 41/91	Urlaubsgeld u. Weihnachtsgratifikation – Arbeitsentgelt im Sinne v. § 115 SGB X	SGB X § 115 Abs. 1; AFG §§ 111, 112, 117 Abs. 1 u. Abs. 4; SGB IV §§ 14, 17	AP Nr. 4 zu § 115 SGB X = EzA § 115 SGB X Nr. 1 = DB 1993, 1523–1524 = NZA 1993, 848–849
14. 13. 6. 1992 9 AZR 111/91	Urlaubsabgeltung nach dem Tod des Arbeitnehmers MTV f. d. Arbeiter des rheinisch-westf. Steinkohlenbergbaus	BUrlG § 7 Abs. 4; BGB §§ 1922, 613	AP Nr. 59 zu § 7 BUrlG Abgeltung = BB 1992, 2004–2005 = DB 1992, 2404 = NZA 1992, 1088 = EzA § 7 BUrlG Nr. 84

567

Entscheidungsregister

Datum	Schlagwort	§§	Fundstelle
15. 23. 6. 1992 9 AZR 57/91	Urlaub einer studentischen Aushilfskraft	BUrlG §§ 1, 4, § 7 Abs. 3 und Abs. 4	AP Nr. 22 zu § 1 BUrlG
16. 23. 6. 1992 9 AZR 296/90	Berechnung des Urlaubsentgelts nach Mehrarbeit MTV f. d. Angest. d. Rheinisch-Westf. Steinkohlenbergbaus	BUrlG § 11	AP Nr. 33 zu § 11 BUrlG = NZA 1993, 85–86 = EzA § 11 BGB Nr. 32
17. 23. 6. 1992 9 AZR 308/91	Sachliche Zuständigkeit d. Gerichte f. Arbeitssachen	ArbGG §§ 2, 3; HGB §§ 171, 172 a; GmbHG §§ 30, 32 a, 32 b; BetrAVG § 9 Abs. 2	AP Nr. 23 zu § 2 ArbGG 1979 = EzA § 2 ArbGG 1979 Nr. 22 = DB 1993, 843–844
18. 28. 7. 1992 9 AZR 340/91	Kürzung d. Erholungsurlaubs nach Ablauf d. Erziehungsurlaubs Urlaubsabkommen f. Arbeiter u. Angest. i. d. Metallindustrie in Nordwürttemberg/Nordbaden; TV ü. d. Absicherung betriebl. Sonderzahlungen für Arbeiter und Angst. i. d. Metallind. Nordwürttemberg/Nordbaden; MTV f. Arbeiter u. Angest. d. Metallind. Nordwürttemberg/Nordbaden	GG Art. 3 Abs. 1 u. 3; BErzGG § 17; BUrlG § 7 Abs. 3	AP Nr. 3 zu § 17 BErzGG = BB 1993, 221–222 = DB 1993, 642 = EzA § 17 BErzGG Nr. 4 = NZA 1994, 27–28
19. 25. 8. 1992 9 AZR 357/91	Urlaubsgeld im öffentl. Dienst nach Erziehungsurlaub TV über Urlaubsgeld f. Angest.		AP Nr. 1 zu §§ 22, 23 BAT Urlaubsgeld = BB 1992, 2217–2218 = EzA § 13 BUrlG Nr. 53 = NZA 1993, 322–323
20. 25. 8. 1992 9 AZR 347/91	Tarifl. Winterzusatzurlaub; Zulässigkeit einer Feststellungsklage	ZPO § 256 Abs. 1	nicht veröffentlicht
21. 25. 8. 1992 9 AZR 329/91	Urlaubsabgeltung u. tarifvertr. Ausschlußfrist RTV f. gewerbliche Arbeitnehmer im Dachdeckerhandwerk		AP Nr. 60 zu § 7 BUrlG Abgeltung = DB 1993, 1371 = EzA § 4 TVG Ausschlußfristen Nr. 101 = NZA 1993, 759
22. 22. 9. 1992 9 AZR 483/91	Urlaubsgewährung während der Kündigungsfrist Kirchl. Arbeits- u. Vergütungsordnung f. d. (Erz-)Bistümer Aachen, Essen, Köln, Münster (rhein.-westf. Teil) und Paderborn	BUrlG § 7 Abs. 1, § 13 Abs. 1	AP Nr. 13 zu § 7 BUrlG = EzA § 7 BUrlG Nr. 87 = NZA 1993, 406–407
23. 24. 11. 1992 9 AZR 4/92	Einbeziehung v. Prämien i. d. Berechnung d. Urlaubsentgelts von Berufsfußballern	BUrlG § 11 Abs. 1, § 13 Abs. 1; BGB § 242	nicht veröffentlicht
24. 24. 11. 1992 9 AZR 549/91	Ersatzurlaub u. tarifl. Ausschlußfrist MTV f. d. gewerbl. Arbeitnehmer d. privaten Verkehrsgewerbes i. Lande Nieders.	BUrlG § 7 Abs. 3 und 4; SchwbG § 47; BGB § 249, § 280 Abs. 1, § 284 Abs. 1, § 287 S. 1	AP Nr. 23 zu § 1 BUrlG = BB 1993, 654–655 = DB 1993, 1423–1424 = NZA 1993, 472–474 = EzA § 4 TVG Ausschlußfristen Nr. 102
25. 24. 11. 1992 9 AZR 564/91	Einbeziehung von Prämien i. d. Berechnung d. Urlaubsentgelts von Berufsfußballern	BUrlG § 11 Abs. 1, § 13 Abs. 1; BGB § 242	AP Nr. 34 zu § 11 BUrlG = EzA § 11 BUrlG Nr. 33 = NZA 1993, 750–752

Entscheidungsregister

Datum	Schlagwort	§§	Fundstelle
26. 24. 11. 1992 9 AZR 331/91	Urlaubsabgeltung im bestehenden Arbeitsverhältnis Urlaubsabkommen f. d. Arbeiter u. Angest. d. Metallindustrie Nordwürtt./Nordbaden	BUrlG § 7 Abs. 3	AP Nr. 65 zu § 7 BUrlG Abgeltung = DB 1993, 641–642 = EzA § 7 BUrlG Nr. 88 = NZA 1993, 604–605
27. 8. 12. 1992 9 AZR 81/92	Freistellung am Rosenmontag	BUrlG § 1, § 7 Abs. 1–3; BGB § 116	nicht veröffentlicht
28. 8. 12. 1992 9 AZR 89/92	Freistellung am Rosenmontag – unzulässige Feststellungsklage	ZPO § 256	nicht veröffentlicht
29. 8. 12. 1992 9 AZR 99/92	Freistellung am Rosenmontag – unzulässige Feststellungsklage	ZPO § 256	nicht veröffentlicht
30. 8. 12. 1992 9 AZR 113/92	Freistellung am Rosenmontag – unzulässige Feststellungsklage	ZPO § 256	AP Nr. 19 zu § 256 ZPO 1977 = NZA 1993, 475–476 = DB 1993, 1480
31. 8. 12. 1992 9 AZR 538/91	Zusätzliche Urlaubsvergütung b. Kürzung d. Erholungsurlaubs wegen Erziehungsurlaubs MTV f. d. Arbeiter u. Angest. u. Auszubildenden i. d. Eisen-, Metall-, Elektro- u. Zentralheizungsind. NRW	BErzGG § 17 Abs. 1, 3; § 14 Nr. 1; BGB § 611	nicht veröffentlicht

1993

1. 19. 1. 1993 9 AZR 53/92	Urlaub f. studentische Hilfskräfte	BUrlG §§ 1, 3; BGB §§ 133, 157, 620, § 280 Abs. 1, § 284 Abs. 1, § 286 Abs. 1, § 287 Satz 2, § 249 Satz 1, § 251 Abs. 1	AP Nr. 20 zu § 1 BUrlG = EzA § 1 BUrlG Nr. 20 = DB 1993, 1781–1782 = NZA 1993, 988–990
2. 19. 1. 1993 9 AZR 79/92	Urlaub f. Seeleute	SeemG §§ 10, 53, 55; MTV f. d. deutsche Seeschiffahrt (MTV-See) vom 17. April 1986 § 57 Abs. 1–3 und 9, § 58 Abs. 1, § 59 Abs. 1 und 2, § 61, § 62 Abs. 1 und 3, § 65, § 70 Abs. 1	AP Nr. 1 zu § 53 SeemG = NZA 1993, 1129–1130
3. 19. 1. 1993 9 AZR 8/92	Befristung des Urlaubsabgeltungsanspruchs	BUrlG § 7 Abs. 3 und 4	AP Nr. 67 zu § 1 BUrlG Abgeltung = BB 1993, 1516–1517 = DB 1993, 1724 = EzA § 7 BUrlG Nr. 89
4. 9. 2. 1993 9 AZR 203/90	Bildungsurlaub nach dem Hess. Bildungsurlaubsgesetz	HBUG § 1, § 2 Abs. 1, § 4, § 5 Abs. 1 und Abs. 3, § 9 Abs. 7 i. V. m. § 9 Abs. 3 u. 6; GG Art. 12 Abs. 1, Art. 19 Abs. 4	AP Nr. 1 zu § 1 BildungsurlaubsG Hessen = EzA § 9 HBUG Nr. 1
5. 9. 2. 1993 9 AZR 548/90	Bildungsurlaub nach dem Hess. Bildungsurlaubsgesetz	HBUG § 1 Abs. 1–3, § 2 Abs. 1, § 4, § 5 Abs. 1 und 3, § 9 Abs. 7 i. V. m. § 9 Abs. 3 und Abs. 4	AP Nr. 1 zu § 9 BildungsurlaubsG Hessen = DB 1993, 1573–1575 = EzA § 1 HBUG Nr. 2 = NZA 1993, 1032–1036
6. 11. 5. 1993 9 AZR 289/89	Lohnfortzahlung nach dem AwbG NW; Leistungsverweigerungsrecht für einzelne Tage	AWbG NW § 1 Abs. 1 u. Abs. 2, § 5 Abs. 3, § 7, § 9 Satz 1	AP Nr. 1 zu § 1 BildungsurlaubsG NRW = NZA 1993, 990–991 = EzA § 7 AWbG NW Nr. 8

569

Entscheidungsregister

Datum	Schlagwort	§§	Fundstelle
7. 11. 5. 1993 9 AZR 231/89	Freistellung nach dem AWbG NW und Lohnzahlungspflicht	AWbG NW § 1 Abs. 1, § 5 Abs. 2, § 7, § 9 Satz 1	AP Nr. 2 zu § 1 BildungsurlaubsG NRW = EzA § 7 AWbG NW Nr. 9 = NZA 1993, 1087–1088
8. 11. 5. 1993 9 AZR 126/89	Zusammenfassung des Anspruchs auf Arbeitnehmerweiterbildung aus mehreren Kalenderjahren nach dem AWbG NW	AWbG NW § 3 Abs. 1 Satz 2, Abs. 4, § 5 Abs. 2	AP Nr. 1 zu § 3 BildungsurlaubsG NRW = DB 1993, 1825–1826 = BB 1993, 1950–1951 = EzA § 3 AWbG NW Nr. 1 = NZA 1993, 1086–1087
9. 15. 6. 1993 9 AZR 65/90	Nachträgliche Unmöglichkeit einer Freistellung nach dem AWbG NW	AWbG NW § 1 Abs. 1 u. Abs. 2, § 2, § 3 Abs. 1 u. Abs. 3, § 5 Abs. 1 und Abs. 4, § 7; BGB § 243 Abs. 2, § 275 Abs. 1, § 276 Abs. 1, § 300 Abs. 2	AP Nr. 3 zu § 1 BildungsurlaubsG NRW = BB 1993, 2158–2159 = DB 1993, 2237–2238 = EzA § 1 AWbG NW Nr. 11
10. 15. 6. 1993 9 AZR 261/90	Arbeitnehmerweiterbildung in NRW – Sprachkurs: Italienisch für Anfänger	AWbG NW § 1 Abs. 1, § 3 Abs. 1; BGB § 284 Abs. 1, § 286 Abs. 1, § 287 Satz 2, § 280 Abs. 1, § 249 Satz 1; ZPO § 256	AP Nr. 4 zu § 1 BildungsurlaubsG NRW = BB 1993, 2159–2160 = DB 1993, 2235–2236 = EzA § 7 AWbG NW Nr. 10
11. 15. 6. 1993 9 AZR 411/89	Arbeitnehmerweiterbildung in NRW – Kurs: „Rund um den ökologischen Alltag"	AWbG NW § 1 Abs. 1, § 3 Abs. 1; BGB § 280 Abs. 1, § 284 Abs. 1, § 286 Abs. 1, § 287 Satz 2, § 249 Satz 1	AP Nr. 5 zu § 1 BildungsurlaubsG NRW = BB 1993, 2160 = DB 1993, 2236 = NZA 1994, 454 = EzA § 7 AWbG NW Nr. 12
12. 24. 8. 1993 9 AZR 315/90	Unzulässige Feststellung zu einem abgeschlossenen Sachverhalt der Vergangenheit	ZPO § 256; AWbG NW § 1; BAT § 47 Abs. 1, Abs. 6 und Abs. 7	nicht veröffentlicht
13. 24. 8. 1993 9 AZR 409/90	Parteivereinbarung über nachträgliche Urlaubsgewährung bei Streit über einen Arbeitnehmerweiterbildungsanspruch	BGB §§ 133, 157, 241; § 280 Abs. 1, § 284 Abs. 1, § 287 Satz 2, § 249, § 251 Abs. 1, § 362; AWbG NW § 1, § 3 Abs. 1, § 5 Abs. 1 und Abs. 3, § 9; BAT § 47 Abs. 1, Abs. 6 und Abs. 7	nicht veröffentlicht
14. 24. 8. 1993 9 AZR 252/90	Arbeitnehmerweiterbildungsanspruch – Parteivereinbarung über nachträgliche Lohnfortzahlung n. gerichtlicher Klärung	BGB §§ 133, 157; AWbG NW § 1, § 5 Abs. 1, § 7	nicht veröffentlicht
15. 24. 8. 1993 9 AZR 240/90	AWbG NW – politische Weiterbildung	AWbG NW §§ 1, 4; BGB §§ 362, 366	EzA § 7 AWbG NW Nr. 16 = NZA 1994, 456
16. 24. 8. 1993 9 AZR 473/90	Sprachkurs als politische Weiterbildung	AWbG NW § 1 Abs. 2, § 9; WbG § 3 Abs. 1	EzA § 7 AWbG NW Nr. 18
17. 21. 9. 1993 9 AZR 258/91	DO-Angestellte – Freistellung zum Zwecke der Weiterbildung	AWbG NW § 1, § 2 Satz 1; ZPO § 286 Abs. 1, § 287 Satz 2, § 362 Abs. 1; DO d. Krankenkasse d. Rhein. Landwirtschaft § 3 Abs. 1; EUrlV § 2 Abs. 1; GG Art. 31, Art. 87 Abs. 2,	NZA 1994, 690

Entscheidungsregister

Datum	Schlagwort	§§	Fundstelle
18. 21. 9. 1993 9 AZR 335/91	Freistellung n. d. AWbG NW und Lohnfortzahlungspflicht	Art. 100 Abs. 1; SGB IV § 58 § 29 Abs. 3, § 90 Abs. 1; SUrlV §§ 7, 8, 9, 10; RVO § 690; Zweites Gesetz üb. d. Krankenversicherung der Landwirte § 58 AWbG NW § 1 Abs. 1 und § 7	AP Nr. 6 zu § 1 BildungsurlaubsG NRW = BB 1993, 2531–2532 = DB 1994, 52 = NZA 1994, 267 = EzA § 7 AWbG NW Nr. 14
19. 21. 9. 1993 9 AZR 422/91	Arbeitnehmerweiterbildung – Vereinbarung über nachträgliche Gehaltsfortzahlung		nicht veröffentlicht
20. 21. 9. 1993 9 AZR 429/91	Teilnahme an einer Bildungsveranstaltung ohne Freistellung durch d. Arbeitgeber	AWbG NW § 1 Abs. 1 und Abs. 2, § 7	AP Nr. 7 zu § 1 BildungsurlaubsG NRW = DB 1994, 51–52 = NZA 1994, 454 = EzA § 7 AWbG NW Nr. 13
21. 21. 9. 1993 9 AZR 580/91	Unzulässigkeit einer vergangenheitsbezogenen Feststellungsklage	ZPO § 256 Abs. 1	EzA § 256 ZPO Nr. 38
22. 19. 10. 1993 9 AZR 487/91	Inanspruchnahme von Erholungsurlaub für Arbeitnehmerweiterbildung	BGB § 284 Abs. 1, § 286 Abs. 1, § 287 Satz 2, §§ 249 ff., 362; AWbG NW § 1 Abs. 1, § 9	nicht veröffentlicht
23. 19. 10. 1993 9 AZR 442/90	Entgeltfortzahlung nach dem AWbG NW	AWbG NW § 1 Abs. 1 und Abs. 2, § 7; BGB §§ 249, 251, 280 Abs. 1, § 284 Abs. 1, § 287 Satz 2	nicht veröffentlicht
24. 19. 10. 1993 9 AZR 499/91	Freistellung nach dem AWbG NW unter Vorbehalt	AWbG § 1 Abs. 1, § 4, § 5 Abs. 4, § 7	nicht veröffentlicht
25. 19. 10. 1993 9 AZR 441/90	Lohnfortzahlung nach dem AWbG NW – Selbstbeurlaubung	AWbG § 1 Abs. 1 u. Abs. 2, § 7; BGB §§ 249, 251, § 280 Abs. 1, § 284 Abs. 1, § 287 Satz 2	nicht veröffentlicht
26. 19. 10. 1993 9 AZR 478/91	Feststellung eines bedingten Rechtsverhältnisses – Klärung des Freistellungsanspruchs vor Mitteilung nach § 5 Abs. 1 AWbG NW	AWbG NW § 1 Abs. 1, § 5 Abs. 1, § 9 Satz 1; ZPO § 256 Abs. 1	EzA § 256 ZPO Nr. 39 = NZA 1994, 452
27. 19. 10. 1993 9 AZR 472/91	DO-Angestellter, Freistellung zum Zweck der Weiterbildung	AWbG NW § 1, § 2 Satz 1, § 9 Satz 1; BGB § 284 Abs. 1, § 286 Abs. 1, § 287 Satz 2; DO d. Bau-Berufsgenossenschaft Wuppertal § 3 Abs. 1; GG Art. 31, Art. 87 Abs. 2, Art. 100 Abs. 1; SGB IV § 29 Abs. 3, § 33 Abs. 1; RVO §§ 646, 690	nicht veröffentlicht
28. 19. 10. 1993 9 AZR 476/91	AWbG NW – Freistellungserklärung nach Urteil	AWbG NW § 1 Abs. 1, § 7 Satz 1; BGB §§ 291, 362, 1922, 2032, 2039; ZPO §§ 926, 929, 935, 936	NZA 1994, 791
29. 9. 11. 1993 9 AZR 306/89	Freistellung nach dem AWbG NW	AWbG NW § 1 Abs. 1, § 7, § 9 Satz 1; BGB §§ 133, 157	AP Nr. 6 zu § 7 BildungsurlaubsG NRW

571

Entscheidungsregister

Datum	Schlagwort	§§	Fundstelle
30. 9. 11. 1993 9 AZR 494/91	AWbG NW – Freistellungserklärung des Arbeitgebers	AWbG NW § 1 Abs. 1, § 7 Satz 1; BGB § 133	nicht veröffentlicht
31. 9. 11. 1993 9 AZR 217/92	Freistellung nach dem AWbG NW	AWbG § 1 Abs. 1 Nr. 1, § 7; ZPO § 561	nicht veröffentlicht
32. 9. 11. 1993 9 AZR 484/91	AWbG NW – Freistellungserklärung	AWbG § 1 Abs. 1, § 7; ZPO § 561	nicht veröffentlicht
33. 9. 11. 1993 9 AZR 507/91	Freistellung n. d. AWbG NW Weigerung der Lohnfortzahlung	AWbG NW § 1 Abs. 1, § 5 Abs. 4, § 7	nicht veröffentlicht
34. 9. 11. 1993 9 AZR 486/91	AWbG NW – Kein Lohn ohne Freistellung	AWbG § 1 Abs. 1, § 7 Satz 1	nicht veröffentlicht
35. 9. 11. 1993 9 AZR 9/92	Freistellung nach dem AWbG NW – Jedermannzugänglichkeit	AWbG § 1 Abs. 1, §§ 7, 9; WbG § 2 Abs. 4; BGB §§ 133, 157	AP Nr. 8 zu § 9 Bildungsurlaubs G NRW = DB 1994, 736 = BB 1994, 641
36. 7. 12. 1993 9 AZR 325/92	Ablehnung der Freistellung nach dem AWbG NW – Vereinbarung einer unbezahlten Freistellung	AWbG § 1 Abs. 1, §§ 7, 9; BGB § 284 Abs. 1, § 286 Abs. 1, § 287 Satz 2, §§ 249 ff.	AP Nr. 8 zu § 1 Bildungsurlaubs G NRW = DB 1994, 737 = BB 1994, 643 = EzA § 7 AWbG NW Nr. 15
37. 7. 12. 1993 9 AZR 514/91	Freistellung nach dem AWbG NW und Lohnfortzahlung	AWbG NW § 1 Abs. 1, § 7 Satz 1	nicht veröffentlicht
38. 7. 12. 1993 9 AZR 251/92	Inanspruchnahme v. Erholungsurlaub f. Arbeitnehmerweiterbildung	BUrlG § 7 Abs. 1 und 4; BGB § 362; ZPO § 264 Nr. 3	nicht veröffentlicht
39. 7. 12. 1993 9 AZR 683/92	Befristung d. Urlaubsanspruchs – IAO-Übereinkommen Nr. 132	BUrlG § 1, § 7 Abs. 3, § 7 Abs. 4; MTV f. d. gewerbl. Arbeitnehmer i. d. Schuhindustrie i. d. BR Deutschl. v. 31. 10. 1984 i. d. F. v. 11. 1. 1989 § 17	BAGE 75, 171 EzA § 7 BUrlG Nr. 91
40. 7. 12. 1993 9 AZR 500/91	Freistellung nach dem AWbG NW	AWbG NW § 1 Abs. 1, § 7 Satz 1; ZPO § 561	nicht veröffentlicht

1994

1. 20. 1. 1994 2 AZR 521/93	Fristlose Kündigung; Selbstbeurlaubung	BGB § 626; BUrlG § 7	AP Nr. 115 zu § 626 BGB NZA 1994, 548–551 EzA § 626 n. F. BGB Nr. 153
2. 25. 1. 1994 9 AZR 160/93	Keine Lohnfortzahlung ohne Freistellung nach dem AWbG	AWbG § 7 Satz 1; BGB § 133	EzB AWbG Nordrhein-Westfalen § 7 Nr. 59
3. 25. 1. 1994 9 AZR 312/92	Urlaubserteilung während Beschäftigungsverbot	BGB §§ 133, 362, 615; BErzG § 17; BUrlG § 7 Abs. 2, § 7	BAGE 75, 294–298 AP Nr. 16 zu § 7 BUrlG NZA 1994, 652–653 EzA § 7 BUrlG Nr. 92
4. 25. 1. 1994 9 AZR 702/92	AWbG NW – Kein Lohn ohne Freistellung	AWbG § 1 Abs. 1; § 7 Satz 1	EzB AWbG NRW § 7 Nr. 70
5. 25. 1. 1994 9 AZR 540/91	Sonderurlaub für Aufnahme eines Studiums	BAT § 50 Abs. 2; BGB § 315 Abs. 3	AP Nr. 16 zu § 50 BAT NZA 1994, 546–547
6. 8. 2. 1994 9 AZR 53/93	Lohnfortzahlung nach dem AWbG – Fehlende Freistellung des Arbeitgebers	AWbG § 1 Abs. 1, § 7	EzB AWbG NRW § 7 Nr. 71
7. 8. 2. 1994 9 AZR 332/92	Urlaubsabgeltung – Erwerbsunfähigkeit – Arbeitsunfähigkeit	BAT § 47 Abs. 7, § 51 Abs. 1; BUrlG § 7 Abs. 4; RVO § 1247; SGB IV § 44 Abs. 2	AP Nr. 17 zu § 47 BAT NZA 1994, 853–854 EzA § 7 BUrlG Nr. 93

Entscheidungsregister

Datum	Schlagwort	§§	Fundstelle
8. 8. 2. 1994 9 AZR 324/92	AWbG – Kein Lohn ohne Freistellung	AWbG § 1 Abs. 1, § 7 Satz 1; BGB § 249 Satz 1	nicht veröffentlicht
9. 8. 2. 1994 9 AZR 591/93	Urlaubsabgeltung, Seemannsgesetz	ZPO § 551 Nr. 7	BAGE 75, 355–358 AP Nr. 23 zu § 72 ArbGG 1979 EzA § 551 ZPO Nr. 3 NZA 1994, 908–909
10. 8. 3. 1994 9 AZR 368/92	Unzulässige Feststellungsklage	BGB § 284 Abs. 1; ZPO § 256 Abs. 1	nicht veröffentlicht
11. 8. 3. 1994 9 AZR 456/92	Tarifauslegung – tarifliches Urlaubsgeld beim NDR	TV über Zahlung eines Urlaubsgeldes f. d. Arbeitnehmer u. Auszubildenden des NDR vom 14. 5. 1986	nicht veröffentlicht
12. 8. 3. 1994 9 AZR 760/93	Fehlen von Entscheidungsgründen	ArbGG § 9 Abs. 5; ZPO § 552, § 551 Nr. 7	nicht veröffentlicht
13. 8. 3. 1994 9 AZR 49/93	Verringerung des gesetzlichen Zusatzurlaubs nach dem Schwerbehindertengesetz	SchwbG § 47; BAT idF des 66. Änderungstarifvertrages § 48 Abs. 5, Abs. 5 a	BAGE 76, 74–79 AP Nr. 5 zu § 47 SchwbG 1987 EzA § 47 SchwbG Nr. 2 NZA 1994, 1095–1097
14. 8. 3. 1994 9 ARZ 91/93	Zusatzurlaub für kriegs- und unfallbeschädigte Arbeitnehmer	Saarländisches Gesetz Nr. 186 betreffend Regelung des Zusatzurlaubs für kriegs- u. unfallbeschädigte Arbeitnehmer in der Privatwirtschaft vom 22. 6. 1950 idF d. Gesetzes v. 30. 6. 1951 § 1 Abs. 1 u. Abs. 2; ZPO § 139	AP Nr. 2 zu § 1 Saarland ZusatzurlaubsG NZA 1995, 530–531
15. 19. 4. 1994 9 AZR 462/92	Urlaub und Wiedereingliederungsverhältnis	SGB V § 74; BAT idF des 55. ÄnderungsTV v. 9. 1. 1987 § 47 Abs. 7, § 48 Abs. 1, BGB § 249 Satz 1, § 280 Abs. 1, § 286 Abs. 1, § 287 Satz 2; BUrlG § 7 Abs. 3; IAO Übereinkommen Nr. 132 v. 24. 6. 1970	AP Nr. 2 zu § 74 SGB V EzA § 74 SGB V Nr. 2 NZA 1995, 123–124
16. 19. 4. 1994 9 AZR 671/92	Befristung eines Urlaubsabgeltungsanspruchs	BUrlG § 7 Abs. 2, Abs. 4, § 11; BGB §§ 249, 280 Abs. 1, 284 Abs. 1, 287 Satz 2, 133	nicht veröffentlicht
17. 19. 4. 1994 9 AZR 478/92	Treueurlaub; Umrechnung von Werk – auf Arbeitstage	BGB § 249 Satz 1, § 287 Satz 2; BUrlG § 1; BetrVG § 77 Abs. 3; MTV Einzelhandel NRW vom 6. 7. 1989 § 14 Abs. 5	AP Nr. 3 zu § 1 BUrlG Treueurlaub EzA § 3 BUrlG Nr. 19 NZA 1995, 86–87
18. 19. 4. 1994 9 AZR 713/92	Urlaubsentgelt für eine Reinigungskraft während der Schulferien	BRTV f. d. Gebäudereinigerhandwerk in der BRD v. 8. 5. 1987 (RTV) §§ 31 bis 33; BUrlG § 11; BGB § 611	BAGE 76, 244–247 AP Nr. 7 zu § 1 TVG Tarifverträge Gebäudereinigung NZA 1994, 899–900 EzA § 4 TVG Gebäudereinigerhandwerk Nr. 2
19. 3. 5. 1994 9 AZR 165/91	Tariflicher Urlaubsanspruch – Berechnung der Urlaubsdauer	MTV f. d. Arbeiter, Angestellten u. Auszubildenden i. d. Eisen-, Metall-, Elektro- u. Zentralheizungsindustrie NRW v. 29. 2. 1988 (MTV) § 12 Nr. 7, § 13 Nr. 1 und Nr. 4; BUrlG § 13 Abs. 1	BAGE 76, 359–364 AP Nr. 13 zu § 3 BUrlG Fünf-Tage-Woche EzA § 13 BUrlG Nr. 54 NZA 1995, 477–479

Entscheidungsregister

Datum	Schlagwort	§§	Fundstelle
20. 3. 5. 1994 9 AZR 522/92	Tarifliche Urlaubsabgeltung – Arbeitsunfähigkeit – Kündigung	BUrlG § 7 Abs. 4, § 13 Abs. 1; Urlaubsabkommen f. Arbeiter und Angestellte in der Metallindustrie Nordwürttemberg-Nordbaden vom 22. 12. 1987 (UA) § 2.3	AP Nr. 64 zu § 7 BUrlG Abgeltung EzA § 7 BUrlG Nr. 94 NZA 1995, 476–477
21. 3. 5. 1994 9 AZR 235/92	Berechnung des Urlaubsentgelts von Berufsfußballern	BUrlG § 11 Abs. 1, § 13 Abs. 1; BGB § 242 Verwirkung	nicht veröffentlicht
22. 3. 5. 1994 9 AZR 229/92	Berechnung des Urlaubsentgelts von Berufsfußballern	BUrlG § 11 Abs. 1, § 13 Abs. 1; BGB § 242 Verwirkung	nicht veröffentlicht
23. 14. 6. 1994 9 AZR 284/93	Tarifliche Schriftformklausel für übertragenen Urlaub	BGB § 125 Satz 1, § 126 Abs. 1, § 242; BRTV für gewerbliche Arbeitnehmer im Garten-, Landschafts- und Sportplatzbau v. 22. 8. 1989 § 6 Abs. 9 u. Abs. 14; BUrlG § 7 Abs. 3	BAGE 77, 81–86 AP Nr. 21 zu § 7 BUrlG Übertragung NZA 1995, 229–230 EzA § 125 BGB Nr. 11 MDR 1995, 831
24. 14. 6. 1994 9 AZR 189/94	Verspätete Urlaubsabsetzung (Bildungsurlaub)	ZPO § 551 Nr. 7	nicht veröffentlicht
25. 14. 6. 1994 9 AZR 190/94	Verspätete Urteilsabsetzung (Bildungsurlaub)	ZPO § 551 Nr. 7	nicht veröffentlicht
26. 9. 8. 1994 9 AZR 346/92	Tarifliche Urlaubsabgeltung – Arbeitsunfähigkeit		BAGE 77, 291–296 AP Nr. 65 zu § 7 BUrlG Abgeltung NZA 1995, 230–232 EzA § 7 BUrlG Nr. 95
27. 9. 8. 1994 9 AZR 384/92	Urlaub bei Beschäftigungsverbot wegen Schwangerschaft	BErzGG § 17 Abs. 2, 3; BGB § 243 Abs. 2, §§ 275, 276, 362 Abs. 1; BUrlG § 7 Abs. 1, 3, § 9; MuSchG § 4; MTV f. d. Bäckerhandwerk in NRW v. 10. 3. 1989 § 11 Abs. 3	BAGE 77, 296–303 AP Nr. 19 zu § 7 BUrlG NZA 1995, 174–176 EzA § 7 BUrlG Nr. 97
28. 9. 8. 1994 9 AZR 557/93	Urlaubsgeld – Tarifvertragliche Ausschlußfrist	MTV f. d. Mitarbeiter der co op-Unternehmen vom 13. 12. 1989 (MTV-co op) § 4, § 21 Abs. 4 und 5	nicht veröffentlicht
29. 6. 9. 1994 9 AZR 92/93	Urlaubsgeld und Erziehungsurlaub	Allgemeinverbindl. TV über Sonderzahlung (Urlaubsgeld und Sonderzuwendung) f. d. Arbeitnehmer im Hess. Einzelhandel v. 10./11. 7. 1989 (TV Sonderzahlung) § 3 Abs. 1, 2 und 3; ZPO § 522 a	AP Nr. 50 zu § 1 TVG Tarifverträge Einzelhandel NZA 1995, 232–233 EzA § 11 BUrlG Nr. 34
30. 6. 9. 1994 9 AZR 98/93	Urlaubsgeld – bei Kürzung d. Erholungsurlaubs	Gemeinsamer MTV f. Arbeiter u. Angestellte i. d. Eisen-, Metall- u. Elektroindustrie d. Landes Hessen v. 15. 1. 1982 idF v. 22. 4. 1987 § 17 Abs. 4, 5, 6	nicht veröffentlicht BuW 1995, 180
31. 6. 9. 1994 9 AZR 672/92	Arbeitsfreistellung am Heiligabend	BGB §§ 133, 157, § 242 Betriebliche Übung	AP Nr. 45 zu § 242 BGB Betriebliche Übung NZA 1995, 418–419 EzA § 242 BGB Betriebliche Übung Nr. 31 (Leitsatz 1 und Gründe)

574

Entscheidungsregister

Datum	Schlagwort	§§	Fundstelle
32. 6. 9. 1994 9 AZR 221/93	Aufhebung einer Sonderurlaubsvereinbarung	BAT § 50 Abs. 2; BGB § 242 Fürsorgepflicht	BAGE 77, 343–345 (Leitsatz 1–2 und Gründe) AP Nr. 17 zu § 50 BAT (Leitsatz 1–2 und Gründe)
33. 25. 10. 1994 9 AZR 339/93	Nachträgliche Urlaubsgewährung	BUrlG § 7; BAT §§ 47, 48; AWbG NW §§ 1, 7	BAGE 78, 153–155 AP Nr. 20 zu § 7 BUrlG EzA § 7 BUrlG Nr. 96 NZA 1995, 591
34. 25. 10. 1994 9 AZR 349/93	AWbG NW – kein Lohn ohne Freistellung	AWbG NW § 1 Abs. 1, § 7 Satz 1	nicht veröffentlicht
35. 8. 11. 1994 9 AZR 576/90	Urlaubsvergütung im Freischichtenmodell – Sparkassenmodell	BUrlG §§ 11, 1, 13; TVG §§ 1, 4; MTV f. d. Arbeiter, Angestellten und Auszubildenden i. d. Eisen-, Metall-, Elektro- u. Zentralheizungsindustrie NRW v. 30. 4. 1980 § 11 Nr. 4, § 12 Nr. 1, § 15 Nr. 1 a und idF vom 29. 2. 1988 § 4 Nr. 2, § 13 Nr. 4, § 14 Nr. 1, § 16 Nr. 1	BAGE 78, 188–200 AP Nr. 36 zu § 11 BUrlG NZA 1995, 583–586 EzA § 11 BUrlG Nr. 35
36. 8. 11. 1994 9 AZR 601/90	Urlaubsvergütung im Freischichtenmodell	BUrlG §§ 11, 1, 13; TVG §§ 1, 4; MTV f. d. Arbeiter, Angestellten u. Auszubildenden i. d. Eisen-, Metall-, Elektro- u. Zentralheizungsindustrie NRW v. 30. 4. 1980 § 2 Nr. 1 und 2, § 3 Nr. 1 und 2, § 11 Nr. 4, § 12 Nr. 1, § 15 Nr. 1 idF des TV vom 3. 7. 1984 § 2 Nr. 1, § 3 Nr. 1, 2 und 6 idF des TV vom 5. 5. 1987 § 2 Nr. 1 und 3, § 3 Nr. 1–3 sowie idF des TV vom 29. 2. 1988 § 3 Nr. 1 und 10, § 4 Nr. 1, 2 und 6, § 13 Nr. 1 und 4, § 14 Nr. 1 und § 16 Nr. 1	nicht veröffentlicht
37. 8. 11. 1994 9 AZR 477/91	Urlaubsvergütung im Freischichtenmodell	BUrlG §§ 11, 1, 13; TVG §§ 1, 4; MTV f. d. Arbeiter, Angestellten und Auszubildenden in der Eisen-, Metall-, Elektro- u. Zentralheizungsindustrie NRW v. 29. 2. 1988 § 3 Nr. 1 und 10, § 4 Nr. 1, 2 und 6, § 13 Nr. 1 und 4, § 14 Nr. 1, § 16 Nr. 1 und idF des ÄnderungsTV vom 6. 5. 1990 § 1 und 3, § 4 Nr. 1 und 5	BAGE 78, 213–224 AP Nr. 122 zu § 1 TVG Tarifverträge Metallindustrie NZA 1995, 743–746 EzA § 11 BUrlG Nr. 37
38. 8. 11. 1994 9 AZR 118/92	Urlaubsvergütung im Freischichtenmodell	BUrlG §§ 11, 1, 13; TVG §§ 1, 4; MTV für die Arbeiter, Angestellten und Auszubildenden i. d. Eisen-, Metall-, Elektro- u. Zentralheizungsindustrie NRW v. 30. 4. 1980 § 11 Nr. 4, § 12 Nr. 1, § 15	BAGE 78, 200–213 AP Nr. 35 zu § 11 BUrlG EzA § 11 BUrlG Nr. 36 NZA 1995, 580–583

Entscheidungsregister

Datum	Schlagwort	§§	Fundstelle
39. 8. 11. 1994 9 AZR 719/92	Lohnfortzahlung nach dem AWbG; Fehlende Freistellung des Arbeitgebers	Nr. 1 a, § 17 Nr. 2, 3, 5; TV vom 3. 7. 1984 zur Änderung d. MTV-Metall NRW vom 30. 4. 1980 Vorbemerkungen, § 2 Nr. 1, § 3 Nr. 2, 6; TV vom 5. 5. 1987 zur 2. Änderung des MTV-Metall NRW vom 30. 4. 1980 Vorbemerkungen; TVG § 4 Abs. 5 AWbG NW § 1 Abs. 1, § 7	nicht veröffentlicht
40. 6. 12. 1994 9 AZR 429/93	Urlaubsvergütung im Freischichtenmodell	BUrlG §§ 1, 1, 13; TVG §§ 1, 4; MTV f. d. Arbeiter, Angestellten und Auszubildenden i. d. Eisen-, Metall-, Elektro- und Zentralheizungsindustrie NRW v. 30. 4. 1980 § 2 Nr. 1 und 2, § 3 Nr. 1 und 2, § 11 Nr. 4, § 12 Nr. 1, § 15 Nr. 1; idF des TV vom 3. 7. 1984 § 2 Nr. 1, § 3 Nr. 1, 2 und 6; idF des TV vom 5. 5. 1987 § 2 Nr. 1 und 3, § 3 Nr. 1–3 sowie idF des TV vom 29. 2. 1988 § 3 Nr. 1 und 10, § 4 Nr. 1, 2 und 6, § 14 Nr. 1 und 4, § 14 Nr. 1, § 16 Nr. 1	nicht veröffentlicht
41. 6. 12. 1994 9 AZR 549/93	Erhöhtes Urlaubsentgelt – Urlaubsabgeltung	MTV für die Arbeiter und Angestellten in der hess. Metallindustrie idF des Ergänzungsabkommens vom 6. 5. 1990 §§ 15 Nr. 8, 17 Nr. 4, 17 Nr. 6; ArbGG § 72 Abs. 5; ZPO §§ 557, 330 ff.	nicht veröffentlicht
42. 6. 12. 1994 9 AZR 406/94	verspätetes Urteil	ArbGG § 9 Abs. 5, ZPO § 551 Nr. 7, § 552	nicht veröffentlicht
43. 8. 12. 1994 9 AZN 849/94	Nichtzulassungsbeschwerde wegen Divergenz	ArbGG § 72 a Abs. 1	BAGE 79, 3–8 AP Nr. 28 zu § 72 a ArbGG 1979 Divergenz NZA 1995, 447–448 EzA § 72 a ArbGG 1979 Nr. 68

1995

1. 11. 1. 1995 7 AZR 543/94	Urlaubsentgeltberechnung bei Betriebsratsmitgliedern	BetrVG § 37 Abs. 3 Satz 2 Halbsatz 2; BGB § 611	AP Nr. 103 zu § 37 BetrVG 1972 EzA § 37 BetrVG 1972 Nr. 123 NZA 1996, 105–107
2. 17. 1. 1995 9 AZR 263/92	Befristung des Urlaubsabgeltungsanspruchs	BUrlG § 7 Abs. 3 und Abs. 4	nicht veröffentlicht
2 a. 17. 1. 1995 9 AZR 436/93	Tarifliche Urlaubsabgeltung	BUrlG § 7 Abs. 4; MTV f. d. holz- u. kunststoff-	nicht veröffentlicht

576

Entscheidungsregister

Datum	Schlagwort	§§	Fundstelle
3. 17. 1. 1995 9 AZR 664/93	Urlaubsabgeltung und Kündigungsschutzprozeß	verarbeitende Handwerk im nordwestdeutschen Raum der BRD vom 24. 5. 1991 Nr. 99, 100, 109, 113 BUrlG § 7 Abs. 2, Abs. 4	BAGE 79, 92–96 AP Nr. 66 zu § 7 BUrlG Abgeltung NZA 1995, 531–532 EzA § 7 BUrlG Nr. 98
4. 21. 2. 1995 9 AZR 675/93	Zusatzurlaub für Schwerbehinderte	SchwbG § 47; BUrlG § 5; MTV zwischen der Tarifgemeinschaft techn. Überwachungs-Vereine e. V. und der Gewerkschaft ÖTV vom 11. 12. 1989 (MTV TÜV) § 8	BAGE 79, 207–211 AP Nr. 6 zu § 47 SchwbG 1986 NZA 1995, 746–747 EzA § 47 SchwbG 1986 Nr. 3
5. 21. 2. 1995 9 AZR 746/93	Zusatzurlaub für Schwerbehinderte	BAT idF v. 31. 12. 1991 § 47 Abs. 7 Unterabs. 2 und 4; SchwbG §§ 4, 47	AP Nr. 8 zu § 47 SchwbG 1986 NZA 1995, 1008–1009 EzA § 47 SchwbG 1986 Nr. 5
6. 21. 2. 1995 9 AZR 866/93	Zusatzurlaub für Schwerbehinderte	§ 43 Abs. 1, 10, 15 des TV f. d. Angestellten der Deutschen Bundespost (TVAng) vom 21. 3. 1961 Stand 31. 3. 1992; § 47 SchwbG: Richtlinien über Zusatzurlaub für das Post- u. Fernmeldewesen v. 13. 1. 1987 Geschäftszeichen 311-5 A	nicht veröffentlicht
7. 21. 2. 1995 9 AZR 166/94	Zusatzurlaub für Schwerbehinderte	SchwbG § 47; BUrlG §§ 4, 5	BAGE 79, 211–215 AP Nr. 7 zu § 47 SchwbG 1986 NZA 1995, 839–840 EzA § 47 SchwbG 1986 Nr. 4
8. 21. 2. 1995 9 AZR 621/94	Urteil ohne Entscheidungsgründe	ZPO § 551 Nr. 7	nicht veröffentlicht
9. 21. 3. 1995 9 AZR 953/93	Berechnung einer tariflichen Urlaubsvergütung	Urlaubsabkommen für die Arbeiter und Angestellten in der Metallindustrie Nordwürttemberg/Nordbaden vom 5. 5. 1990 § 4; TVG § 1 Auslegung	nicht veröffentlicht
10. 21. 3. 1995 9 AZR 595/93	Zusatzurlaub – Arbeiten mit infektiösem Material	BAT § 49 Abs. 1; Erholungsurlaubsverordnung des Landes NRW § 12	nicht veröffentlicht
11. 21. 3. 1995 9 AZR 596/93	Zusatzurlaub bei Gesundheitsgefährdung	BAT § 49 Abs. 1; Verordnung über die Erholungsurlaub der Beamtinnen und Beamten und Richterinnen und Richter im Lande NRW (Erholungsurlaubsverordnung – EÜV) idF der Bekanntmachung v. 26. 3. 1982 (GV NW S. 175) und idF der Bekanntmachung v. 14. 9. 1993 (GV NW S. 690) § 12; ZPO § 258	BAGE 79, 300–307 (Leitsatz 1–2 und Gründe) AP Nr. 7 zu § 49 BAT (Leitsatz 1–2 und Gründe) NZA 1995, 1109–1111 (Leitsatz 1–2 und Gründe) EzBAT § 49 BAT Nr. 9 (Leitsatz 1–2 und Gründe)

Entscheidungsregister

Datum	Schlagwort	§§	Fundstelle
12. 21. 3. 1995 9 AZR 686/93	Zusatzurlaub bei Gesundheitsgefährdung	BAT § 49 Abs. 1; Verordnung über den Erholungsurlaub der Beamtinnen und Beamten und Richterinnen und Richter im Lande NRW (Erholungsurlaubsverordnung – EUV) idF der Bekanntmachung v. 26. 3. 1982 (GV NW S. 175) und idF der Bekanntmachung v. 14. 9. 1993 (GV NW S. 690) § 12; ZPO § 258	nicht veröffentlicht
13. 21. 3. 1995 9 AZR 959/93	Geltendmachen und Erlöschen eines tariflichen Urlaubsanspruchs	MTV f. d. gewerbl. Arbeitnehmer und Angestellten in der chem. Industrie v. 24. 3. 1979 in der seit dem 1. 7. 1990 geltenden Fassung (MTV) § 12; BUrlG § 7	nicht veröffentlicht
14. 30. 3. 1995 6 AZR 563/94	Postdienstzeit – Sonderurlaub – Qualifizierungsvertrag	TV Nr. 401 e v. 5. 2. 1992 zur Anpassung d. Tarifrechts f. d. Angestellten der Deutschen Bundespost im Beitrittsgebiet an den TV Ang (TV-Ang-O) § 16, Übergangsvorschrift zu § 16; AGB-DDR §§ 151, 153	AP Nr. 20 zu § 1 TVG Tarifverträge DDR NZA 1995, 1117–1118
15. 9. 5. 1995 9 AZR 552/93	Tarifliche Urlaubsübertragung	BUrlG § 7 Abs. 3; MTV f. d. Arbeitnehmer der Hohlglasindustrie v. 18. 9. 1974 § 16 Abs. 1 Nr. 9	AP Nr. 22 zu § 7 BUrlG Übertragung EzA § 7 BUrlG Nr. 100 NZA 1996, 149–150
16. 9. 5. 1995 9 AZR 185/94	AWbG – Mit dem Fahrrad auf Gesundheitskurs	AWbG § 1 Abs. 1, § 7 Satz 1; BGB §§ 280 Abs. 1, 286 Abs. 1, 287 Satz 2, 249, 251	BAGE 80, 94–104 AP Nr. 14 zu § 1 BildungsurlaubsG NRW EzA § 7 AWbG NW Nr. 21 NZA 1996, 256–258
17. 9. 5. 1995 9 AZR 269/94	Urlaubsgeld und Sonderzahlung in Arbeitsverhältnissen nach § 19 Abs. 2 BSHG	BSHG §§ 18, 19, 20; BGB § 242 Gleichbehandlung; TVG § 3 Abs. 1, § 4 Abs. 1; TV über ein Urlaubsgeld für Angestellte idF vom 26. 5. 1992 §§ 1, 2; TV über eine Zuwendung für Angestellte idF vom 4. 11. 1992	nicht veröffentlicht
18. 28. 6. 1995 7 AZR 1001/94	Trinkgelder als Arbeitsentgelt	BetrVG 1972 § 37 Abs. 2, § 78 Satz 2; BUrlG § 11 Abs. 1; LFZG § 2; EFZG § 4	BAGE 80, 230–236 AP Nr. 112 zu § 37 BetrVG 1972 NZA 1996, 252–254 EzA § 11 BUrlG Nr. 38
19. 5. 9. 1995 9 AZR 455/94	Urlaubsabgeltung – Erwerbsunfähigkeit – Arbeitsunfähigkeit	MTB II § 54 Abs. 1; BUrlG § 7 Abs. 4	ZTR 1996, 28–29 BuW 1996, 35
20. 5. 9. 1995 9 AZR 480/94	Tarifliche Besitzstandsklausel	Gemeinsamer MTV f. d. Thür. Metallindustrie (GMTV) vom 8. 3. 1991 § 16 Ziff. 1, 2	DB 1995, 1866–1866
21. 5. 9. 1995 9 AZR 481/94	Tarifliche Besitzstandsklausel	Gemeinsamer MTV f. d. Thür. Metallindustrie	AP Nr. 134 zu § 1 TVG Tarifverträge

Entscheidungsregister

Datum	Schlagwort	§§	Fundstelle
22. 24. 10. 1995 9 AZR 128/94	Tarifliches Urlaubsgeld	(GMTV) vom 8. 3. 1991 § 16 Ziff. 1, 2 TVG § 5; Rahmentarifvertrag f. gewerbl. Arbeitnehmer u. Auszubildende des Gebäudereinigerhandwerks in der BRD mit Ausnahme des Bundeslandes Berlin und des Handwerkskammerbezirks Leipzig vom 6. 5. 1992 (RTV) § 34	Metallindustrie NZA 1996, 546–547 AP Nr. 8 zu § 1 TVG Tarifverträge Gebäudereinigung EzA § 4 TVG Gebäudereinigerhandwerk Nr. 3
23. 24. 10. 1995 9 AZR 244/94	Berufliche Arbeitnehmerweiterbildung	AWbG NRW §§ 1, 7, 9; BGB § 366	BAGE 81, 180–185 AP Nr. 21 zu § 1 BildungsurlaubsG NRW EzA § 7 AWbG NRW Nr. 25
24. 24. 10. 1995 9 AZR 431/94	AWbG – Architektur, Städtebau und aktuelle Situation in den neuen Bundesländern	AWbG § 1 Abs. 1, § 7 Satz 1	AP Nr. 15 zu § 1 BildungsurlaubsG NRW EzA § 7 AWbG NRW Nr. 22 NZA 1996, 423–424
25. 24. 10. 1995 9 AZR 433/94	Arbeitnehmerweiterbildung – Das Meer – Ressource und Abfalleimer	AWbG §§ 1, 7	BAGE 81, 185–192 AP Nr. 16 zu § 1 BildungsurlaubsG NRW EzA § 7 AWbG NW Nr. 24 NZA 1996, 647
26. 24. 10. 1995 9 AZR 547/94	AWbG – Gestalt-Kommunikations-Workshop auf Kreta	AWbG § 1 Abs. 1, § 7 Satz 1; BGB §§ 280 Abs. 1, 284 Abs. 1 286 Abs. 1, 287 Satz 2, 249, 251; MTV f. d. Arbeiter, Angestellten und Auszubildenden d. Eisen-, Metall-, Elektro- u. Zentralheizungsindustrie NRW v. 29. 2. 1988 § 19 Nr. 2 und Nr. 4	BAGE 81, 173–180 AP Nr. 11 zu § 7 BildungsurlaubsG NRW NZA 1996, 254–256 EzA § 7 AWbG NRW Nr. 23
27. 7. 11. 1995 9 AZR 541/94	Urlaubsentgelt – Verwirkung, Rechtsmißbrauch und Wegfall der Geschäftsgrundlage	BUrlG §§ 1, 2, 11; BGB § 242, § 196 Nr. 8	nicht veröffentlicht
28. 7. 11. 1995 9 AZR 799/94	Altersfreizeit – Ausscheiden aus dem Arbeitsverhältnis	Einheitl. MTV f. d. Brauereien im Lande NRW (EMTV) vom 8. 10. 1990 § 3 Nr. 1, 4 und 7, § 14 IV und VI; TVG § 1 Auslegung; BGB §§ 280 Abs. 1, 284 Abs. 1, 287 Satz 2, 249, 251	AP Nr. 1 zu § 1 TVG Altersteilzeit EzA § 4 TVG Brauereien Nr. 2 NZA 1996, 489–490
29. 5. 12. 1995 9 AZR 666/94	AWbG „Nordsee – Müllkippe Europas?!"	Nordrhein-westf. Gesetz zur Freistellung von Arbeitnehmern zum Zwecke der beruflichen und politischen Weiterbildung (AWbG) § 1 Abs. 2, § 2, § 3, § 5 Abs. 1 u. 2, § 9 Satz 1 u. 2; BGB § 195, § 196 Nr. 8, § 249 Satz 1, § 280 Abs. 1, § 284 Abs. 2, § 287 Satz 2, § 295	

579

Entscheidungsregister

Datum	Schlagwort	§§	Fundstelle
30. 5. 12. 1995 9 AZR 871/94	Urlaubsabgeltung – Arbeitsunfähigkeit	BUrlG § 7 Abs. 3 u. Abs. 4, § 1, § 5 Abs. 1 Buchst. c; ZPO §§ 308, 565	
31. 5. 12. 1995 9 AZN 678/95	Nichtzulassungsbeschwerde wegen Divergenz	ArbGG § 72 a Abs. 1	

1996

Datum	Schlagwort	§§	Fundstelle
1. 23. 1. 1996 9 AZR 554/93	Entgelt bei gekürztem Vollurlaub	BGB §§ 130, 293, 615; BUrlG § 5 Abs. 1 c u. Abs. 3; MTV f. d. AN im Hotel u. Gaststättengewerbe NRW idF v. 1. 3. 1991 § 8, § 19; SchwbG § 47 Satz 1	AP Nr. 10 zu § 5 BUrlG EzA § 5 BUrlG Nr. 16 NZA 1996, 1101–1103
2. 23. 1. 1996 9 AZR 891/94	Zuschlag zum Urlaubsentgelt beim gesetzlichen Zusatzurlaub für Schwerbehinderte	RTV v. 30. 6. 1989 für Angestellte des metallverarbeitenden Handwerks in Bayern idF des TV v. 1. 2. 1990 § 8; TVG § 1 Auslegung; § 47 SchwbG 1986	AP Nr. 9 zu § 47 SchwbG 1986 EzA § 47 SchwbG 1986 Nr. 6 NZA 1996, 831–832
3. 23. 1. 1996 9 AZR 901/94	Übertragung von Urlaub nach § 47 Abs. 7 BAT	BAT § 47 Abs. 7	nicht veröffentlicht
4. 31. 1. 1996 2 AZR 282/95	Verhaltensbedingte Kündigung wegen Selbstbeurlaubung	KSchG § 1 Abs. 2; BGB § 315; BUrlG § 7	EzA § 1 KSchG Verhaltensbedingte Kündigung Nr. 47
5. 13. 2. 1996 9 AZR 79/95	Erteilung des Zusatzurlaubs für eine Musiklehrerin außerhalb d. Schulferien	SchwbG § 47; BAT Sonderregelungen f. Angest. als Lehrkräfte an Musikschulen im Bereich der VKA idF d. 56. ÄnderungsTV v. 20. 2. 1987 (SR 2 l II Nr. 3; BUrlG § 7 Abs. 1, § 13 Abs. 1	BAGE 82, 161–164 AP Nr. 12 zu § 47 SchwbG 1986 EzA § 47 SchwbG 1986 Nr. 7 NZA 1996, 1103–1104
6. 13. 2. 1996 9 AZR 798/93	Aufschlag nach § 47 Abs. 2 BAT	BAT § 36 Abs. 1, § 47 Abs. 2; BUrlG § 11 Abs. 1, § 13 Abs. 1	AP Nr. 19 zu § 47 BAT EzBAT § 47 BAT Nr. 15 NZA 1996, 1046–1047
7. 13. 2. 1996 9 AZR 900/93	Urlaubsaufschlag für Feuerwehrlehrgang	BAT §§ 26, 37, § 47 Abs. 2, § 52 Abs. 1 u. Abs. 5; Gesetz über den Feuerschutz und die Hilfeleistung bei Unglücksfällen u. öffentl. Notständen v. 25. 2. 1975, zuletzt geändert durch Gesetz v. 14. 3. 1989 – SGV.NW. 213 (FSHG) § 9	AP Nr. 1 zu § 611 BGB Feuerwehr EzBAT § 52 BAT Nr. 26 NZA 1996, 1104–1105
8. 19. 3. 1996 9 AZR 67/95	Nachgewährung von Urlaub außerhalb d. Übertragungszeitraums	MTV f. Waldarbeiter der Länder, d. Mitglieder der kommunalen Arbeitgeberverbände Rheinland-Pfalz und Saar v. 26. 1. 1982 § 49; BUrlG § 9	AP Nr. 13 zu § 9 BUrlG EzA § 9 BUrlG Nr. 14 NZA 1996, 942
9. 19. 3. 1996 9 AZR 1051/94	Urlaubsvergütung nach dem BAT	BAT § 36 Abs. 1, § 37 Abs. 3 § 47 Abs. 2 idF des 66. ÄnderungsTV;	BAGE 82, 230–238 AP Nr. 20 zu § 47 BAT

580

Entscheidungsregister

Datum	Schlagwort	§§	Fundstelle
		§ 2 Abs. 1 d. ZuwendungsTV idF d. ÄnderungsTV Nr. 5; GG Art. 3 Abs. 1	EzBAT § 47 BAT Urlaubsvergütung Nr. 16 NZA 1996, 1218–1220
10. 23. 4. 1996 9 AZR 165/95	Urlaubsabgeltung nach Beendigung des Arbeitsverhältnisses zum Ende des Erziehungsurlaubs	MTV für die AN des Einzelhandels in Bad.-Württ. vom 29. 6. 1989 § 16, § 26 Abs. 1 u. Abs. 3; BUrlG § 1, § 3 Abs. 1, § 13 Abs. 1; BErzGG § 17 Abs. 2 u. Abs. 3	BAGE 83, 29–32 AP Nr. 6 zu § 17 BErzGG EzA § 1 BUrlG Nr. 21 NZA 1997, 44
11. 23. 4. 1996 9 AZR 317/95	Urlaubsentgelt bei nachträglich gekürztem Urlaub	MTV f. d. Arbeiter, Angest. und Auszubildenden in der Eisen-, Metall-, Elektro- u. Zentralheizungsindustrie NRW v. 29. 2. 1988 §§ 11 bis 14; BUrlG § 1, § 3 Abs. 1, § 5 Abs. 1 c, § 5 Abs. 3; BGB § 812	BAGE 83, 36–39 AP Nr. 140 zu § 1 TVG Tarifverträge Metallindustrie EzA § 5 BUrlG Nr. 17 NZA 1997, 265–266
12. 23. 4. 1996 9 AZR 696/94	Urlaubsgeld im Erziehungsurlaub	BGB §§ 134, 139; BeschFG §§ 2, 6; BErzGG § 1 Abs. 1, § 2 Abs. 1; TV über das Urlaubsgeld für Angestellte des Landschaftsverbandes Westfalen-Lippe v. 20. 4. 1977 idF des 5. ÄnderungsTV, gültig ab 1. 4. 1990, §§ 1, 2	AP Nr. 7 zu § 17 BErzGG EzA § 2 BeschFG 1985 Nr. 46 NZA 1997, 160–162
13. 23. 4. 1996 9 AZR 856/94	Berechnung des Urlaubsentgelts – Berücksichtigung einer gestaffelten Jahresprämie	BGB § 611; BUrlG § 11 Abs. 1, § 13 Abs. 1	AP Nr. 7 zu § 11 BUrlG EzA § 11 BUrlG Nr. 39 NZA 1996, 1207–1208
14. 25. 6. 1996 9 AZR 182/95	Abgeltung von Zusatzurlaub für Schwerbehinderte	SchwbG 1986 § 47; BUrlG § 7 Abs. 4, § 13 Abs. 1; BGB §§ 284, 287, 389	BAGE 83, 225–229 AP Nr. 11 zu § 47 SchwbG 1986 EzA § 47 SchwbG 1986 Nr. 8 NZA 1996, 1153–1154
15. 14. 8. 1996 10 AZR 70/96	Urlaubsgeld im Erziehungsurlaub	BErzGG § 15; BGB § 611 Gratifikation; BUrlG § 11 Urlaubsgeld	AP Nr. 19 zu § 15 BErzGG EzA § 611 BGB Gratifikation, Prämie Nr. 145 NZA 1996, 1204–1205
16. 20. 8. 1996 9 AZR 22/95	Tarifliche Regelung der Urlaubsübertragung – Metallindustrie NRW	BUrlG § 7 Abs. 3; MTV f. d. Arbeiter, Angest. u. Auszubildenden in der Eisen-, Metall-, Elektro- und Zentralheizungsindustrie NRW v. 29. 2. 1988 § 12 Nr. 7	BAGE 84, 23–28 AP Nr. 144 zu § 1 TVG Tarifverträge Metallindustrie EzA § 7 BUrlG Nr. 103 NZA 1997, 839–841
17. 20. 8. 1996 9 AZR 222/95	Aufklärungspflicht einer Urlaubskasse	BGB § 254; BRTV-Bau vom 3. 2. 1981 idF v. 24. 9. 1990 § 8 Nr. 10	AP Nr. 1 zu § 11 BUrlG Urlaubskasse EzA § 4 TVG Bauindustrie Nr. 82 NZA 1997, 211–212
18. 24. 9. 1996 9 AZR 204/95	Urlaubsentgelt im Freischichtenmodell	MTV f. d. AN der Papierindustrie i. d. BRD v.	AP Nr. 13 zu § 1 TVG Tarifverträge:

581

Entscheidungsregister

Datum	Schlagwort	§§	Fundstelle
		15. 6. 1988 idF v. 6. 11. 1992 § 25; ZPO § 550	Papierindustrie EzA § 4 TVG Papierindustrie Nr. 5 NZA 1997, 555–556
19. 24. 9. 1996 9 AZR 364/95	Urlaub während des Streiks	ArbGG § 9, § 64 Abs. 6; BGB § 188 Abs. 2, §§ 280, 284, 287; Bayer. Gesetz über den Schutz der Sonn- u. Feiertage vom 21. 5. 1980 (BayRS 1131-3-I, S. 172), geändert durch Gesetz v. 27. 12. 1991 (GVBl. S. 491) Art. 1; BUrlG § 7 Abs. 1, Abs. 3; ZPO §§ 222, 516, 519	BAGE 84, 140–147 AP Nr. 22 zu § 7 BUrlG EzA § 7 BUrlG Nr. 102 NZA 1997, 507–509
20. 19. 11. 1996 9 AZR 376/95	Urlaubsabgeltung für Erben	BGB § 280 Abs. 1, § 284 Abs. 1, § 287 Satz 2, § 1922 Abs. 1; BUrlG § 7 Abs. 1 u. 4; ZPO § 293	BAGE 84, 325–331 AP Nr. 71 zu § 7 BUrlG Abgeltung EzA § 7 BUrlG Abgeltung Nr. 1 NZA 1997, 879–880
21. 19. 11. 1996 9 AZR 640/95	Tarifliches Urlaubsgeld bei Betriebsübergang	BGB § 151, § 613a Abs. 1 Satz 1–3; TVG § 4 Abs. 1 und 3; TV über Sonderzahlung (Urlaubsgeld und Sonderzuwendung) Einzelhandel NRW v. 18. 5. 1985 § 1 Abs. 1; MTV f. d. Gaststätten u. Hotelgewerbe NRW v. 1. 3. 1991 § 1, § 8	AP Nr. 153 zu § 613a BGB EzA § 613a BGB Nr. 147 AP Nr. 4 zu § 1 TVG Tarifverträge: Gaststätten NZA 1997, 890–892
22. 19. 11. 1996 9 AZR 712/95	Berechnung der Urlaubsdauer	BMTV Nr. 10 für die Arbeitnehmer in Privatkrankenanstalten v. 11. 12. 1989 § 15 Abs. 3 u. Abs. 4, Anlage 1	AP Nr. 1 zu § 1 TVG Tarifverträge Krankenanstalten EzA § 4 TVG Privatkrankenanstalten Nr. 1

1997

1. 21. 1. 1997 9 AZR 791/95	Erkrankung nach Urlaubsantritt	BGB § 275; BUrlG § 7 Abs. 1 und 3, Gesetz zur Neuordnung des Postwesens und der Telekommunikation (Postneuordnungsgesetz) vom 14. 9. 1994 Art. 4 § 21; TV f. d. Arbeiter der Deutschen Bundespost v. 6. 1. 1955 i. d. am 30. 6. 1994 geltenden Fassung (TV Arb) § 23 Abs. 1, Abs. 10 und Abs. 17	AP Nr. 15 zu § 9 BUrlG EzA § 7 BUrlG Nr. 104 NZA 1997, 889–890
2. 21. 1. 1997 9 AZR 792/95	Erkrankung nach Urlaubsantritt	BGB § 275; BUrlG § 7 Abs. 1 und 3, Gesetz zur Neuordnung des Postwesens und der Telekommunikation (Postneuordnungsgesetz) vom 14. 9. 1994 Art. 4 § 21; TV f. d. Arbeiter der Deutschen Bundespost v. 6. 1. 1995 i. d. am 30. 6. 1994 gel-	nicht veröffentlicht

Entscheidungsregister

Datum	Schlagwort	§§	Fundstelle
3. 18. 2. 1997 9 AZR 96/96	Urlaubsabgeltung bei beruflicher Umschulung	tenden Fassung (TV Arb) § 23 Abs. 1, Abs. 10 und Abs. 17 RTV f. d. gewerbl. Arbeitnehmer im Maler- u. Lackiererhandwerk vom 30. 3. 1992 §§ 34 ff.	AP Nr. 10 zu § 1 TVG Tarifverträge Maler EzA § 4 TVG Malerhandwerk Nr. 3
4. 18. 2. 1997 9 AZR 706/95	Berechnung der Urlaubsdauer in der chemischen Industrie	MTV f. gewerbl. Arbeitnehmer und Angestellte i. d. chemischen Industrie in den Fassungen vom vom 1. 7. 1990 und 24. 6. 1992	nicht veröffentlicht
5. 18. 2. 1997 9 AZR 738/95	Berechnung der Urlaubsdauer in der chemischen Industrie	SchwbG § 47; MTV f. gewerbl. Arbeitnehmer und Angestellte in der chemischen Industrie idF v. 24. 6. 1992	AP Nr. 13 zu § 1 TVG Tarifverträge Chemie EzA § 3 BUrlG Nr. 20 NZA 1997, 1123–1125
6. 18. 3. 1997 9 AZR 794/95	Urlaubsantrag unter Vorbehalt	BGB § 284 Abs. 1, § 362 Abs. 1; BUrlG § 7 Abs. 1; MTV f. d. Angest. d. BfA (MTA) v. 21. 4. 1961 idF v. 24. 4. 1991 § 52 Abs. 1	nicht veröffentlicht
7. 18. 3. 1997 9 AZR 84/96	Urlaubsgeld während des Erziehungsurlaubs	Allgemeine Anstellungsbedingungen f. d. Beschäftigten des DGB i. d. in den Jahren 1994, 1995 und 1996 gültigen Fassung (AAG) § 21; BErzGG § 17 Abs. 1; ZPO § 256 Abs. 1	BAGE 85, 306–312 AP Nr. 8 zu § 17 BErzGG EzA § 17 BErzGG Nr. 6 NZA 1997, 1123–1125
8. 27. 5. 1997 9 AZR 484/96	Zusatzurlaub für Minderbehinderte n. d. Saarl. Gesetz Nr. 186	Saarl. Gesetz Nr. 186 betr. Regelung d. Zusatzurlaubs für kriegs- und unfallgeschädigte Arbeitnehmer in der Privatwirtschaft vom 22. 6. 1950 idF des Ges. v. 30. 6. 1951 § 1 Abs. 1 u. 2	AP Nr. 3 zu Saarland ZusatzurlaubsG EzA § 611 BGB Urlaub Nr. 12 NZA 1998, 649–651
9. 27. 5. 1997 9 AZR 337/95	Urlaubsabgeltung bei Erwerbsunfähigkeit – Metallindustrie NRW	BUrlG § 7 Abs. 4; MTV f. d. Arbeiter, Angestellten und Auszubildenden i. d. Eisen-, Metall-, Elektro- u. Zentralheizungsindustrie NRW v. 29. 2. 1988 idF vom 6. 5./19. 6. 1990 (MTV-Metall NRW) § 11 Nr. 1, Nr. 3, § 12 Nr. 3, Nr. 7, § 13 Nr. 1, Nr. 3; SchwbG § 47 Satz 1; SGB VI § 44 Abs. 2	BAGE 86, 30–38 AP Nr. 74 zu § 7 BUrlG Abgeltung EzA § 7 BUrlG Abgeltung Nr. 2 NZA 1998, 106–108 FA 1998, 30
10. 27. 5. 1997 9 AZR 377/95	Tarifliches Urlaubsgeld bei Betriebsübergang	BGB § 151, § 613 a Abs. 1 Satz 1–3; TVG § 4 Abs. 1 u. 3; TV über Sonderzahlung (Urlaubsgeld u. Sonderzuwendung) Einzelhandel NRW vom 18. 5. 1985 § 1 Abs. 1; MTV f. d. Gaststätten- u. Hotelgewerbe NRW v. 1. 3. 1991 § 1, § 8	nicht veröffentlicht

583

Entscheidungsregister

Datum	Schlagwort	§§	Fundstelle
11. 26. 8. 1997 9 AZR 139/96	Urlaubsabgeltung	BUrlG § 7 Abs. 4	nicht veröffentlicht
12. 16. 9. 1997 9 AZR 532/96	Sicherung des Anspruchs auf Erholungsurlaub für die auf die DB AG übergeleiteten Arbeitnehmer; Urlaubsabgeltung; Arbeitsunfähigkeit	TV über die Sicherung der Einkommen u. Arbeitsbedingungen für die zur DB AG übergeleiteten AN (ÜTV) v. 23. 12. 1993 § 11; MTV f. d. AN der DB AG (MTV) v. 23. 12. 1993 § 10; LTV f. d. Arbeiter der DB (LTV) vom 1. 11. 1960 §§ 28 a Abs. 8 Nr. 4, 28 d Abs. 2; BUrlG § 7	AP Nr. 2 zu § 1 TVG Tarifverträge Deutsche Bahn EzA § 4 TVG Bundesbahn Nr. 5 NZA 1998, 553–555
13. 21. 10. 1997 9 AZR 267/96	Urlaubsabgeltung nach Erziehungsurlaub	BErzGG § 17 Abs. 2 und 3; BUrlG § 7 Abs. 3 und 4	AP Nr. 75 zu § 7 BUrlG Abgeltung EzA § 17 BErzGG Nr. 8 NZA 1998, 648–649 FA 1998, 31, 158
14. 21. 10. 1997 9 AZR 255/96	Tarifliches Urlaubsgeld	MTV f. d. gewerbl. AN i. d. Schuhindustrie i. d. BRD v. 31. 10. 1984 idF v. 11. 1. 1989 § 17 Ziff. 13	AP Nr. 5 zu § 1 TVG Tarifverträge Schuhindustrie EzA § 4 TVG Schuhindustrie Nr. 2 NZA 1998, 666–667 FA 1998, 168, 232
15. 21. 10. 1997 9 AZR 510/96	Arbeitnehmerweiterbildung – Sprachkurs	AwbG NRW § 1 Abs. 2	AP Nr. 23 zu § 1 BildungsurlaubsG NRW EzA § 7 AwbG NRW Nr. 26 NZA 1998, 758–760 FA 1998, 168
16. 21. 10. 1997 9 AZR 253/96	Arbeitnehmerweiterbildung – Jedermannzugänglichkeit	Nordrh.-westf. Gesetz z. Freistellung von Arbeitnehmern zum Zwecke der berufl. u. pol. Weiterbildung (AwbG) § 1 Abs. 2, § 7, § 9 Satz 1; 1. Gesetz zu Ordnung und Förderung der Weiterbildung im Lande NRW (WbG) § 2 Abs. 4	BAGE 87, 16–24 AP Nr. 24 zu § 1 BildungsurlaubsG NRW EzA § 7 AwbG NRW Nr. 28 NZA 1998, 760–762 FA 1998, 63
17. 11. 11. 1997 9 AZR 604/96	Altersgrenze – Weiterbeschäftigung – tarifl. Ansprüche bei späterer Beendigung	GG Art. 3 Abs. 1; BAT § 48 Abs. 5, § 60 Abs. 1; SGB VI RRG § 41 Abs. 4 Satz 3; SGB VI ÄndG Art. 2	AP Nr. 7 zu § 48 BAT EzA § 41 SGB VI Nr. 7 NZA 1998, 440–441 FA 1998, 136
18. 2. 12. 1997 9 AZR 686/96	Arbeitnehmerweiterbildung – Entgeltfortzahlung	AWbG §§ 1, 7; BGB §§ 249 ff., § 284 Abs. 1, § 287 Satz 2	AP Nr. 15 zu § 7 BildungsurlaubsG NRW EzA § 7 AwbG NRW Nr. 27 FA 1998, 266
19. 2. 12. 1997 9 AZR 584/96	Arbeitnehmerweiterbildung – Jedermannzugänglichkeit	Nordrhein-westf. Ges. z. Freistellung von AN z. Zwecke der berufl. und politischen Weiterbildung (AWBG) § 2 Satz 1, § 7, § 9 Satz 1; Gesetz zur Ordnung und Förderung der Weiterbildung im Lande NRW (WbG) § 2 Abs. 4	nicht veröffentlicht

Entscheidungsregister

Datum	Schlagwort	§§	Fundstelle
20. 2. 12. 1997 9 AZR 549/96	Arbeitnehmerweiterbildung – Jedermannzugänglichkeit	Nordrhein-westf. Ges. z. Freistellung von AN z. Zwecke der berufl. und politischen Weiterbildung (AWbG) § 2 Satz 1, § 7, § 9 Satz 1; Gesetz zur Ordnung und Förderung der Weiterbildung im Lande NRW (WbG) § 2 Abs. 4	nicht veröffentlicht
21. 2. 12. 1997 9 AZR 533/96	Arbeitnehmerweiterbildung – Jedermannzugänglichkeit	Nordrhein-westf. Ges. z. Freistellung von AN z. Zwecke der berufl. und politischen Weiterbildung (AWbG) § 2 Satz 1, § 7, § 9 Satz 1; Gesetz zur Ordnung und Förderung der Weiterbildung im Lande NRW (WbG) § 2 Abs. 4	nicht veröffentlicht

1998

1. 20. 1. 1998 9 AZR 601/96	Urlaubsabgeltung für Erben	BGB § 1922 Abs. 1; BUrlG § 7 Abs. 4; TV AL II idF v. 15. 12. 1983, § 33 Abs. 7 c	nicht veröffentlicht
2. 20. 1. 1998 9 AZR 812/96	Erlaßvertrag – Urlaubsabgeltung – Arbeitsunfähigkeit	BGB § 242, § 397 Abs. 1, § 779; BUrlG § 7 Abs. 3, 4 u. § 13; TVG § 4 Abs. 4	AP Nr. 45 zu § 13 BUrlG EzA § 13 BUrlG Nr. 57 NZA 1998, 816–817 FA 1998, 232
3. 17. 2. 1998 9 AZR 100/97	Bildungsurlaub – berufliche Weiterbildung	Hamburgisches Bildungsurlaubsgesetz v. 21. 1. 1974 idF v. 16. 4. 1991 (GVBl. I S. 113) § 1 Abs. 3; § 15	AP Nr. 1 zu § 1 BildungsurlaubsG Hamburg EzA § 1 BiUrlG HA Nr. 1 NZA 1999, 87–88 FA 1998, 332
4. 17. 2. 1998 9 AZR 771/96	Zusatzurlaub bei Gesundheitsgefährdung	BAT § 49 Abs. 1; Verordnung ü. d. Erholungsurlaub d. Beamtinnen u. Beamten u. Richterinnen u. Richter im Lande Nordrhein-Westfalen (Erholungsurlaubsverordnung – EUV) idF d. Bekanntmachung v. 14. 9. 1993 (GV NW S. 690) § 12	nicht veröffentlicht
5. 24. 3. 1998 9 AZR 418/97	Verspätete Urteilsabsetzung	ZPO § 551 Nr. 7	nicht veröffentlicht
6. 28. 4. 1998 9 AZR 314/97	Urlaubsdauer – Abhängigkeit von der Zahl der Wochenarbeitstage	BUrlG § 7 Abs. 3; BAT-KF § 47 Abs. 1 u. 7, § 48 Abs. 1 u. 4	BAGE 88, 315–322 AP Nr. 7 zu § 3 BUrlG EzA § 7 BUrlG Nr. 105 NZA 1999, 156–158 FA 1998, 232
7. 19. 5. 1998 9 AZR 105/97	Urlaubsabgeltung f. d. auf die Deutsche Bahn AG übergeleiteten Arbeitnehmer; Erwerbsunfähigkeit; Arbeitsunfähigkeit	BUrlG § 7 Abs. 4; TV ü. d. Sicherung d. Einkommen- u. Arbeitsbedingungen f. d. zur Deutschen Bahn AG übergeleiteten Arbeit-	nicht veröffentlicht

Entscheidungsregister

Datum	Schlagwort	§§	Fundstelle
		nehmer (ÜTV) v. 23. 12. 1993 § 11; Manteltarifvertrag f. d. Arbeitnehmer d. Deutschen Bahn AG (MTV) v. 23. 12. 1993 § 10; Lohntarifvertrag f. d. Arbeiter der Deutschen Bahn (LTV) v. 1. 11. 1960 § 28 d Abs. 2	
8. 19. 5. 1998 9 AZR 395/97	Arbeitnehmerweiterbildung – politische Bildung	AWbG NW § 1	nicht veröffentlicht
9. 19. 5. 1998 9 AZR 396/97	Arbeitnehmerweiterbildung – politische Bildung	AWbG NW § 1	nicht veröffentlicht
10. 9. 6. 1998 9 AZR 43/97	Urlaubsgewährung durch Freistellungserklärung im Aufhebungsvertrag	BGB §§ 362, 397; BUrlG §§ 1, 3, 5, 13	BAGE 89, 91–94 AP Nr. 23 zu § 7 BUrlG (Leitsatz 1–2 und Gründe) EzA § 7 BUrlG Nr. 106 NZA 1999, 80–81 FA 1998, 266
11. 9. 6. 1998 9 AZR 63/97	Sonderurlaub für den pädagogischen Vorbereitungsdienst	BAT § 50 Abs. 2 Satz 1; BRRG § 116; BGB § 315; LBG Schleswig-Holstein § 13 Abs. 4	nicht veröffentlicht
12. 9. 6. 1998 9 AZR 466/97	Bildungsfreistellung – gesellschaftspolitische Weiterbildung	Landesgesetz Rheinland-Pfalz ü. d. Freistellung v. Arbeitnehmerinnen u. Arbeitnehmer z. Zwecke d. Weiterbildung (Bildungsfreistellungsgesetz – BFG –) v. 30. 3. 1993 (GVBl. S. 157) §§ 1, 6, 7	AP Nr. 1 zu § 3 BildungsurlaubsG Rheinl.-Pfalz EzA § 7 BFG-Rheinland-Pfalz Nr. 1 NZA 1999, 219–220 FA 1999, 34
13. 9. 6. 1998 9 AZR 468/97	Bildungsfreistellung – gesellschaftspolitische Weiterbildung	Landesgesetz Rheinland-Pfalz ü. d. Freistellung v. Arbeitnehmerinnen u. Arbeitnehmer z. Zwecke d. Weiterbildung (Bildungsfreistellungsgesetz – BFG –) v. 30. 3. 1993 (GVBl. S. 157) §§ 1, 6, 7	nicht veröffentlicht
14. 9. 6. 1998 9 AZR 469/97	Bildungsfreistellung – gesellschaftspolitische Weiterbildung	Landesgesetz Rheinland-Pfalz ü. d. Freistellung v. Arbeitnehmerinnen u. Arbeitnehmer z. Zwecke d. Weiterbildung (Bildungsfreistellungsgesetz – BFG –) v. 30. 3. 1993 (GVBl. S. 157) §§ 1, 6, 7	nicht veröffentlicht
15. 9. 6. 1998 9 AZR 470/97	Bildungsfreistellung – gesellschaftspolitische Weiterbildung	Landesgesetz Rheinland-Pfalz ü. d. Freistellung v. Arbeitnehmerinnen u. Arbeitnehmer z. Zwecke d. Weiterbildung (Bildungsfreistellungsgesetz – BFG –) v. 30. 3. 1993 (GVBl. S. 157) §§ 1, 6, 7	nicht veröffentlicht
16. 9. 6. 1998 9 AZR 502/97	Berechnung des tariflichen Urlaubsentgelts	BUrlG §§ 1, 3, 13 Abs. 1; Manteltarifvertrag f. d. Wach- u. Sicherheitsgewerbe i. Hessen v. 29. 10. 1992 § 11/III, § 20 Abs. 1	nicht veröffentlicht

Entscheidungsregister

Datum	Schlagwort	§§	Fundstelle
17. 11. 8. 1998 9 AZR 111/97	Gesamturlaubsanspruch für Beschäftigte eines Kreuzfahrtschiffes	BUrlG § 3; SeemG § 1, § 140, § 141	nicht veröffentlicht
18. 11. 8. 1998 9 AZR 551/97	Gesamturlaubsanspruch für Beschäftigte eines Kreuzfahrtschiffes	ZPO § 253 Abs. 2 Nr. 2	nicht veröffentlicht
19. 11. 8. 1998 9 AZR 499/97	Gesamturlaubsanspruch für Beschäftigte eines Kreuzfahrtschiffes	BUrlG § 3; SeemG § 1, § 140, § 141	nicht veröffentlicht
20. 8. 9. 1998 9 AZR 161/97	Urlaub i. Baugewerbe b. Verteilung d. Arbeit auf neun Tage in der Doppelwoche	Rahmentarifvertrag f. d. Poliere d. Baugewerbes i. Gebiet d. Bundesrepublik Deutschland v. 12. 6. 1978 idF v. 19. 5. 1992 (RTV Poliere) § 4 Nr. 1.1 u. 2, § 11 Nr. 2.1 u. 2	BAGE 89, 362–366 AP Nr. 216 zu § 1 TVG Tarifverträge: Bau EzA § 4 TVG Bauindustrie Nr. 93 NZA 1999, 665–667 FA 1999, 104
21. 27. 10. 1998 9 AZR 299/97	Gleichbehandlung bei Urlaubs- und Weihnachtsgeld	BGB § 242 Gleichbehandlung	BAGE 90, 85 AP Nr. 211 zu § 611 BGB Gratifikation EzA § 242 BGB Gleichbehandlung Nr. 80 NZA 1999, 700–702 FA 1999, 34–35, 239, 257
22. 17. 11. 1998 9 AZR 431/97	Urlaubsentgelt bei Tariflohnerhöhung	BUrlG § 11; Manteltarifvertrag f. d. Arbeitnehmer d. Gas- u. Wasserinstallateur- u. Klempner-Handwerks i. Gebiet d. Freien u. Hansestadt Hamburg idF v. 12. 4. 1995 (MTV) § 13 Ziff. 1, Ziff. 3	BAGE 90, 206–211 AP Nr. 2 zu § 1 TVG Tarifverträge: Klempnerhandwerk EzA § 11 BUrlG Nr. 40 NZA 1999, 700–702 FA 1999, 34–53, 239
23. 17. 11. 1998 9 AZR 503/97	politische Weiterbildung	Gesetz z. Freistellung v. Arbeitnehmern z. Zwekke d. beruflichen u. politischen Weiterbildung – Arbeitnehmerweiterbildungsgesetz – (AWbG) §§ 1, 7, 9; Erstes Gesetz z. Ordnung u. Förderung d. Weiterbildung i. Lande Nordrhein-Westfalen – Weiterbildungsgesetz – (WbG) § 2 Abs. 4; ZPO § 256	AP Nr. 26 zu § 1 BildungsurlaubsG NRW EzA § 7 AWbG NW Nr. 29 FA 1999, 239–240
24. 17. 11. 1998 9 AZR 507/97	Zusätzliches Urlaubsgeld im Betonsteingewerbe	Rahmentarifvertrag f. d. gewerblichen Arbeitnehmer i. d. Beton- u. Fertigteilindustrie u. d. Betonsteinhandwerk (Betonsteingewerbe) Nordwestdeutschland v. 14. 9. 1993 §§ 13, 20	AP Nr. 6 zu § 1 TVG Tarifverträge: Betonsteingewerbe EzA § 4 TVG Betonsteingewerbe Nr. 1 NZA 1999, 872–874
25. 17. 11. 1998 9 AZR 568/97	Auslegung – Verjährung – Ersatzschule	BGB §§ 196, 197	nicht veröffentlicht
26. 8. 12. 1998 9 AZR 623/97	Berechnung des Urlaubsentgelts für Lizenzfußballspieler	BUrlG § 11 Abs. 1	AP Nr. 15 zu § 611 BGB Berufssport EzA § 11 BUrlG Nr. 41 (Leitsatz 1 und Gründe) NZA 1999, 989–990 FA 1999, 239

587

Entscheidungsregister

Datum	Schlagwort	§§	Fundstelle
27. 8. 12. 1998 9 AZR 624/97	Berechnung des Urlaubsentgelts für Lizenzfußballspieler	BUrlG § 11 Abs. 1	nicht veröffentlicht

1999

Datum	Schlagwort	§§	Fundstelle
1. 19. 1. 1999 9 AZR 158/98	Urlaubsgeld – Arbeitsunfähigkeit	TV ü. Sonderzahlung (Urlaubsgeld u. Sonderzuwendung) f. d. ArbeitnehmerInnen im Hess. Einzelhandel idF v. 16./17. 6. 1993 u. idF v. 24./25. 9. 1996 §§ 2, 3	AP Nr. 67 zu § 1 TVG Tarifverträge: Einzelhandel EzA § 4 TVG Einzelhandel Nr. 38 NZA 1999, 832–834 FA 1999, 104
2. 19. 1. 1999 9 AZR 204/98	Urlaubsgeld – Erziehungsurlaub	TV ü. Sonderzahlungen (Urlaubsgeld u. Sonderzuwendung) f. d. Arbeitnehmer/innen im Hess. Einzelhandel idF v. 16./17. 6. 1993 u. idF v. 24./25. 9. 1996 §§ 2, 3	AP Nr. 68 zu § 1 TVG Tarifverträge: Einzelhandel EzA § 4 TVG Einzelhandel Nr. 39 NZA 1999, 1223–1225 FA 1999, 104, 240
3. 19. 1. 1999 9 AZR 637/97	Ausschlußfrist für Urlaubsgeldüberzahlung in der Druckindustrie	BGB § 812 Abs. 1; Manteltarifvertrag f. d. gewerblichen Arbeitnehmer in der Druckindustrie v. 10. 3. 1989 idF v. 3. 7. 1994 § 10 Ziff. 5 b, § 15 Ziff. 1 b	BAGE 90, 311–315 AP Nr. 34 zu § 1 TVG Tarifverträge: Druckindustrie EzA § 4 TVG Ausschlußfristen Nr. 129 NZA 1999, 1107–1108 FA 1999, 308
4. 23. 2. 1999 9 AZR 222/98	Urlaub für Lehrkräfte an einer Lehranstalt f. pharmazeutischtechnische Assistenten	Bundes-Angestelltentarifvertrag (BAT) § 47, Anl. 2 I I zum BAT Sonderregelungen f. Angestellte als Lehrkräfte (SR I I) Nr. 1, Nr. 5; SchulG Rheinland-Pfalz § 110	nicht veröffentlicht
5. 23. 2. 1999 9 AZR 238/98	Urlaub für Lehrkräfte an einer Lehranstalt f. pharmazeutischtechnische Assistenten	Bundes-Angestelltentarifvertrag (BAT) § 47, Anl. 2 I I zum BAT Sonderregelungen f. Angestellte als Lehrkräfte (SR I I) Nr. 1, Nr. 5; SchulG Rheinland-Pfalz § 110	nicht veröffentlicht
6. 23. 2. 1999 9 AZR 567/98	Urlaub für Lehrkräfte an einer Lehranstalt f. pharmazeutischtechnische Assistenten	Bundes-Angestelltentarifvertrag (BAT) § 47, Anl. 2 I I zum BAT Sonderregelungen f. Angestellte als Lehrkräfte (SR I I) Nr. 1, Nr. 5; SchulG Rheinland-Pfalz § 110	AP Nr. 12 zu § 2 BAT SR 2 1 EzBAT § 47 BAT Nr. 15 NZA 2000, 48–51
7. 16. 3. 1999 9 AZR 166/98	Politische Arbeitnehmerweiterbildung im Ausland	Gesetz z. Freistellung v. Arbeitnehmern zum Zwecke der beruflichen u. politischen Weiterbildung – Arbeitnehmerweiterbildungsgesetz NRW (AWbG) § 1	AP Nr. 27 zu § 1 BildungsurlaubsG NRW EzA § 7 AWbG NRW Nr. 30 NZA 2000, 32–34 FA 1999, 172, 415
8. 16. 3. 1999 9 AZR 315/98	Überstunden und tarifliches Urlaubsentgelt	BUrlG § 11 Abs. 1 Satz 1; Manteltarifvertrag f. d. Groß- u. Außenhandel des Landes Hessen v. 18. 6. 1994 (MTV) § 12 Nr. 2	BAGE 91, 117–120 AP Nr. 13 zu § 1 TVG Tarifverträge: Großhandel EzA § 11 BUrlG Nr. 42 NZA 2000, 108–109

Entscheidungsregister

Datum	Schlagwort	§§	Fundstelle
9. 16. 3. 1999 9 AZR 316/98	Überstunden und tarifliches Urlaubsentgelt	BUrlG § 11 Abs. 1 Satz 1; Manteltarifvertrag f. d. Groß- u. Außenhandel des Landes Hessen v. 18. 6. 1994 (MTV) § 12 Nr. 2	nicht veröffentlicht
10. 16. 3. 1999 9 AZR 428/98	Urlaubsgewährung im Übertragungszeitraum – schriftliche Geltendmachung – Ausschlußfrist	Bundes-Rahmentarifvertrag f. gewerbliche Arbeitnehmer im Garten-, Landschafts- und Sportplatzbau i. d. Bundesrepublik Deutschland v. 20. 12. 1995 (BRTV) §§ 6, 14	AP Nr. 25 zu § 7 BUrlG Übertragung EzA § 7 BUrlG Nr. 107 FA 1999, 308
11. 18. 5. 1999 9 AZR 381/98	Freistellung f. Sprachkurs – Hamburgisches Bildungsurlaubsgesetz	BUrlG § 7 Abs. 3; GG Art. 12; Hamburgisches Bildungsurlaubsgesetz § 1 Abs. 3; § 15 Abs. 1; ZPO § 256 Abs. 1	BAGE 91, 336–340 AP Nr. 2 zu § 1 BildungsurlaubsG Hamburg EzA § 1 BildUG Hamburg Nr. 2 NZA 2000, 98–99 FA 1999, 415
12. 18. 5. 1999 9 AZR 419/98	Urlaubsanspruch im Fleischerhandwerk Niedersachsen	BUrlG §§ 5, 9; GG Art. 3 Abs. 1; Manteltarifvertrag f. d. Fleischerhandwerk Niedersachsen/Bremen v. 18. 1. 1996 § 7 Ziff. 1, Ziff. 2.1, Ziff. 4	AP Nr. 1 zu § 1 TVG Tarifverträge: Fleischerhandwerk EzA § 5 BUrlG Nr. 19 NZA 2000, 157–158 FA 1999, 415
13. 18. 5. 1999 9 AZR 515/98	Bemessung des Urlaubsentgelts bei Überstunden	ArbGG § 64 Abs. 3 u. 4; BUrlG § 11 Abs. 1 Satz 1 und Abs. 2; Rahmentarifvertrag f. d. Poliere d. Baugewerbes i. Gebiet d. Bundesrepublik Deutschland u. d. Landes Berlin v. 12. 6. 1978 idF v. 19. 5. 1992 (RTV Poliere) § 11 Abs. 5, § 14	AP Nr. 223 zu § 1 TVG Tarifverträge: Bau EzA § 11 BUrlG Nr. 43 NZA 2000, 155–157 FA 2000, 171
14. 24. 8. 1999 9 AZR 529/97	Fachlicher Geltungsbereich eines Tarifvertrags f. den Außenhandel	Manteltarifvertrag f. d. Arbeitnehmer i. d. bayerischen Betrieben d. Groß- u. Außenhandels v. 12. 7. 1990 (MTV) § 1, § 12, § 19; TVG § 5	AP Nr. 223 zu § 1 TVG Tarifverträge: Bau EzA § 11 BUrlG Nr. 43 NZA 2000, 155–157 FA 2000, 171
15. 21. 9. 1999 9 AZR 705/98	Urlaubsabgeltung und Kündigungsschutzklage	BGB § 779; BUrlG § 7 Abs. 3 u. Abs. 4; KSchG §§ 4, 13	BAGE 92, 299–302 AP Nr. 77 zu § 7 BUrlG Abgeltung EzA § 7 BUrlG Abgeltung Nr. 6 FA 2000, 71, 188
16. 21. 9. 1999 9 AZR 765/98	Freischichttage und Bildungsurlaub	Hess. Gesetz ü. d. Anspruch auf Bildungsurlaub (BildUrlG) § 1 Abs. 1, § 2 Abs. 1, § 5 Abs. 1, § 9	AP Nr. 5 zu § 1 BildungsurlaubsG Hessen EzA § 1 BUrlG Nr. 3 NZA 2000, 1012–1013 FA 2000, 171
16. 9. 11. 1999 9 AZR 76/99	Verspätete Inanspruchnahme der Arbeitnehmerweiterbildung	Arbeitnehmerweiterbildungsgesetz Nordrhein-Westfalen § 5 Abs. 1; BGB §§ 133, 157	
17. 9. 11. 1999 9 AZR 771/98	Bemessung des Urlaubsentgelts	BUrlG § 1, § 11 Abs. 1 Satz 1; BGB § 362; GewO § 134 Abs. 2; ZPO § 253 Abs. 2 Nr. 2	AP Nr. 47 zu § 11 BUrlG EzA § 11 BUrlG Nr. 44

589

Entscheidungsregister

Datum	Schlagwort	§§	Fundstelle
18. 9. 11. 1999 9 AZR 797/98	Urlaubsabgeltung bei Arbeitsunfähigkeit	BUrlG § 7 Abs. 4; TV f. d. Arbeitnehmer b. d. Stationierungsstreitkräften im Gebiet d. Bundesrepublik Deutschland TV AL II (Frz) § 33	NZA 2000, 1335–1337 FA 2000, 300 AP Nr. 1 zu § 33 TVAL II EzA § 7 BUrlG Abgeltung Nr. 3 NZA 2000, 603–604 FA 2000, 140
19. 9. 11. 1999 9 AZR 915/98	Urlaubsabgeltung – Schadenersatz	BUrlG § 7	nicht veröffentlicht
20. 9. 11. 1999 9 AZR 917/98	Verspätete Inanspruchnahme der Arbeitnehmerweiterbildung	Arbeitnehmerweiterbildungsgesetz Nordrhein-Westfalen § 5 Abs. 1; BGB §§ 133, 157	AP Nr. 4 zu § 5 BildungsurlaubsG NRW EzA § 5 AWbG NW Nr. 1 NZA 2001, 30–33 FA 2000, 36, 171 f.

2000

Datum	Schlagwort	§§	Fundstelle
1. 18. 1. 2000 9 AZR 803/98	Geltendmachung der Urlaubsabgeltung	BUrlG § 3 Abs. 1, § 4; BGB § 284 Abs. 1	nicht veröffentlicht
2. 18. 1. 2000 9 AZR 897/89	Irrtümliche Entscheidung über einen anderen Streitgegenstand	ZPO § 308 Abs. 1 Satz 1; § 319 Abs. 1	nicht veröffentlicht
3. 25. 1. 2000 9 AZR 25/99	Zusatzurlaub f. gesundheitsgefährdende Tätigkeiten	Bundes-Angestelltentarifvertrag § 49 Abs. 1; Verordnung ü. d. Urlaub der bayerischen Beamten und Richter (UrlV) v. 24. 6. 1997 (GVBl. S 173) § 5	nicht veröffentlicht
4. 22. 2. 2000 9 AZR 107/99	Mehrarbeit u. Urlaubsvergütung (MTV Metall NRW)	BUrlG § 1, § 7 Abs. 3, § 11 Abs. 1, § 13 Abs. 1; Manteltarifvertrag f. d. Arbeiter, Angestellten u. Auszubildenden i. d. Eisen-, Metall-, Elektro- u. Zentralheizungsindustrie NRW v. 29. 2. 1988 idF v. 6. 5./19. 6. 1990, neu gefaßt d. d. Änderungstarifverträge v. 15. 3. 1994, v. 31. 8. 1994 u. v. 15. 5. 1995 § 14 Nr. 1 a und e, § 16 Nr. 1 a; Manteltarifvertrag f. d. Arbeiter, Angestellten und Auszubildenden i. d. Eisen-, Metall-, Elektro- u. Zentralheizungsindustrie idF d. Änderungstarifvertrages v. 11. 12. 1996 § 14 Nr. 1 a, § 16 Nr. 1 a	EzA § 11 BUrlG Nr. 46 NZA 2001, 268–271 FA 2000, 140, 332
5. 22. 2. 2000 9 AZR 58/99	Urlaubsvergütung bei übertragenem Urlaub	BUrlG § 7; Manteltarifvertrag f. d. Arbeiter, Angestellten u. Auszubildenden i. d. Metall- u. Elektroindustrie NRW v. 11. 12. 1996	nicht veröffentlicht
6. 11. 4. 2000 9 AZR 225/99	Urlaubsgeld im Erziehungsurlaub	BGB §§ 133, 157, 611; Manteltarifvertrag	EzA § 4 TVG Luftfahrt Nr. 4

Entscheidungsregister

Datum	Schlagwort	§§	Fundstelle
		Nr. 5 f. d. Bordpersonal d. LTU Transport-Unternehmen GmbH & Co. KG v. 22. 10. 1993 (MTV) § 34	NZA 2001, 512–514 FA 2000, 362
7. 11. 4. 2000 9 AZR 255/99	Urlaubsgeld als freiwillige Leistung	BGB §§ 133, 157, 271	NZA 2001, 24–26 EzA § 611 BGB Gratifikation, Prämie Nr. 160 FA 2000, 359, FA 2001, 21
8. 11. 4. 2000 9 AZR 266/99	Urlaubsentgelt – Vermittlungsprovision – Bezirksprovision	BUrlG §§ 1, 11 Abs. 1; HGB §§ 65, 87, 87 a, BGB § 611 Abs. 1 Satz 1	AP Nr. 48 zu § 11 BUrlG EzA § 11 BUrlG Nr. 45 NZA 2001, 153–155 FA 2000, 332
9. 16. 5. 2000 9 AZR 241/99	Politische Arbeitnehmerweiterbildung im Ausland	Gesetz z. Freistellung v. Arbeitnehmern zum Zwecke der beruflichen u. politischen Weiterbildung – Arbeitnehmerweiterbildungsgesetz (AWbG) – v. 6. 11. 1984 (GVBl. NW S 678) § 1 Abs. 2, § 9 Satz 1; Gesetz z. Änderung d. Arbeitnehmerweiterbildungsgesetzes v. 28. 3. 2000 (GVBl. NW S. 361) § 1 Abs. 4, § 9 Abs. 3	EzA § 7 AWbG NW Nr. 31 FA 2000, 396, 2001, 49
10. 16. 5. 2000 9 AZR 320/99	Besitzstandswahrung – Urlaubsgeld	TV z. Regelung d. Arbeitsbedingungen d. Arbeitnehmer i. d. landwirtschaftlichen Betrieben d. Landes Sachsen-Anhalt nach § 26 der Landeshaushaltsordnung v. 15. 12. 1994, §§ 2, 3	nicht veröffentlicht
11. 20. 6. 2000 9 AZR 261/99	Urlaubskassenverfahren – Insolvenz des Bauarbeitgebers	Bundesrahmentarifvertrag f. d. Baugewerbe v. 3. 2. 1981 idF v. 30. 7. 1997 (BRTV-Bau) § 8; TV ü. d. Sozialkassenverfahren im Baugewerbe VTV v. 12. 11. 1996 idF v. 10. 12. 1997 (VTV) § 6 Abs. 1 u. 9, § 18; ZPO § 554 Abs. 3	EzA § 4 TVG Bauindustrie Nr. 99 FA 2000, 396
12. 20. 6. 2000 9 AZR 309/99	Umrechnung des Urlaubsanspruchs	BUrlG § 3, Rahmentarifvertrag f. d. Arbeitnehmer d. Unternehmen d. PreußenElektra-Gruppe v. 11. 4. 1995 (RTV) idF d. Ersten Änderungstarifvertrags v. 26. 4. 1996, idF d. Zweiten Änderungstarifvertrags v. 25. 6. 1997, idF d. Dritten Änderungstarifvertrags v. 22. 12. 1999 § 19; SchwbG § 47 Satz 1	NZA 2001, 622 EzA § 3 BUrlG Nr. 21 FA 2001, 93
13. 20. 6. 2000 9 AZR 404/99	Fristlose Kündigung – Urlaub – Rückrufrecht des Arbeitgebers	BUrlG §§ 1, 7, 13; BGB §§ 134, 626	FA 2000, 268

Entscheidungsregister

Datum	Schlagwort	§§	Fundstelle
14. 20. 6. 2000 9 AZR 405/99	Urlaubserteilung – Rückrufrecht des Arbeitgebers	BUrlG § 1, § 7 Abs. 1, § 13 Abs. 1; BGB § 134, § 394, § 611 Abs. 1; ZPO § 850 c	EzA § 1 BUrlG Nr. 23 NZA 2001, 100–102 FA 2000, 268, FA 2000, 362–363, 385
15. 20. 6. 2000 9 AZR 437/99	Urlaubsentgelt und Rufbereitschaft	BUrlG §§ 1, 11; Manteltarifvertrag f. d. Arbeiter, Angestellten u. Auszubildenden i. d. Eisen- u. Stahlindustrie v. Nordrhein-Westfalen, Niedersachen, Bremen, Dillenburg, Niederschelden u. Wissen (MTV Stahl) v. 15. 3. 1989 § 15, § 20 Ziff. 1	EzA § 11 BUrlG Nr. 47 FA 2000, 363, FA 2001, 64
16. 8. 8. 2000 9 AZR 517/99	Gleichbehandlung beim Urlaubsgeld	BGB § 242 Gleichbehandlung	nicht veröffentlicht
17. 19. 9. 2000 9 AZR 504/99	Berichtigung der Lohnnachweiskarte	BUrlG § 7 Abs. 4, § 13 Abs. 2; Urlaubsregelung f. d. gewerblichen Arbeitnehmer i. Baugewerbe i. Bayern v. 21. 11. 1983 idF v. 30. 11. 1995 § 20 Ziff. 3 u. 4; idF v. 18. 12. 1996 § 4 Ziff 3 u. 4; TV ü. d. Sozialkassenverfahren i. Baugewerbe (VTV) v. 12. 11. 1986 idF d. Änderungstarifvertrags v. 12. 12. 1994 u idF d. Änderungstarifvertrags v. 18. 12. 1996 § 3 Abs. 1, § 4, § 6 Abs. 1, § 18	FA 2000, 362 Nr. 18 FA 2001, 93–94
18. 24. 10. 2000 9 AZR 610/99	Rückzahlung von Urlaubsgeld	BGB §§ 387, 394, 812, 818; BUrlG §§ 5, 13; Manteltarifvertrag f. d. gewerblichen Arbeitnehmer u. Angestellten f. d. Metall- u. Elektroindustrie i. Hamburg u. Umgebung sowie Schleswig-Holstein, i. Unterwesergebiet u. i. Nordwestlichen Niedersachsen v. 18. 5. 1990 (MTV) § 10	NZA 2001, 663–666, EzA § 4 TVG Metallindustrie Nr. 120; FA 2001, 93
19. 24. 10. 2000 9 AZR 634/99	Urlaubsentgelt; Bereitschaftsdienst; Rufbereitschaft	BUrlG §§ 1, 11; ArbZG § 5	NZA 2001, 449–450 FA 2001, 94
20. 21. 11. 2000 9 AZR 654/99	Urlaubsdauer bei vorzeitigem Ausscheiden	BUrlG § 7; Bundesmanteltarifvertrag f. d. Arbeitnehmer d. Arbeiterwohlfahrt (BMT-AW II) §§ 36, 39	EzA § 7 BUrlG Nr. 108 NZA 2001, 619; FA 2001, 93
21. 12. 12. 2000 9 AZR 508/99	Bemessung d. Urlaubsentgelt in der Textilindustrie	BetrVG § 37 Abs. 2, § 37 Abs. 3, § 38 Abs. 1; BurlG § 11 Abs. 1 Satz 1; Urlaubsvereinbarung f. d. Textilindustrie i. d. Ländern Hamburg u. Schleswig-Holstein v. 12. 5. 1982 (TV Urlaub) § 12 Nr. 1	NZA 2001, 514–516 FA 2001, 93

Entscheidungsregister

Datum	Schlagwort	§§	Fundstelle
2001			
1. 23. 1. 2001 9 AZR 4/00	Urlaubsentgelt; bezahlte Arbeitspause	TVG § 1; ArbZG §§ 1, 4; Manteltarifvertrag für die holz- und kunststoffverarbeitende Industrie Rheinland-Pfalz vom 17. 3. 1992 (MRP) Nrn. 14, 43, 88, 93	FA 2001, 93 BB 2001, 472
2. 23. 1. 2001 9 AZR 26/00	Freistellung des Arbeitnehmers – Annahmeverzug	BGB §§ 293, 294, 295, 296, 611, 297, 615, 626	NJW 2001, 1964–1965 NZA 2001, 597–598 FA 2001, 179 BB 2001, 1259–1260
3. 23. 1. 2001 9 AZR 287/99	Behindertengerechte Beschäftigung	BGB §§ 615, 323, 297, 295, 276; SchwbG idF der Bekanntmachung vom 26. 8. 1986 (BGBl. I S 1421) § 14 Abs. 2 u. Abs. 3; SchwbG idF des Gesetzes zur Bekämpfung der Arbeitslosigkeit Schwerbehinderter vom 29. 9. 2000 (BGBl. I S 1394) § 14 Abs. 3	Zur Veröffentlichung bestimmt
4. 20. 2. 2001 9 AZR 46/00	Urlaubsgeld: Geltendmachung, Ausschlußfrist	BGB §§ 133, 157; Manteltarifvertrag für die Arbeitnehmerinnen im Gaststätten- und Hotelgewerbe des Landes Nordrhein-Westfalen vom 23. 3. 1995 idF vom 13. 5. 1996 § 16	Zur Veröffentlichung bestimmt
5. 20. 2. 2001 9 AZR 661/99	Berichtigung der Lohnnachweiskarte im Baugewerbe	BGB §§ 362, 368; BUrlG §§ 4, 5, 7 Abs. 4, § 13 Abs. 2; Tarifvertrag über das Sozialkassenverfahren im Baugewerbe (VTV) idF vom 18. 12. 1996 §§ 34, 35, 42, 43, 44; Bundesrahmentarifvertrag für das Baugewerbe vom 3. 2. 1981 idF vom 18. 12. 1996 § 8 Nr. 2, 3, 4, 7, 8, 9, 11	Zur Veröffentlichung bestimmt
6. 3. 4. 2001 9/AZR 166/00 9/AZR 169/00	Urlaubsgeld – Auslegung – Tarifvertrag	Manteltarifvertrag des Einzelhandels NRW vom 20. 9. 1996 §§ 15, 24; Tarifvertrag über Sonderzahlungen (Urlaubsgeld und Sonderzuwendungen) vom 20. 9. 1996 Abschn. A §§ 1 ff.	nicht veröffentlicht
7. 8. 5. 2001 9/AZR 240/00	Berechnung der Urlaubsdauer	Rahmentarifvertrag für Floristikfachbetriebe und Blumen- und Kranzbindereien im Gebiet der Bundesrepublik Deutschland einschließlich Westberlin, ausgenommen die Bundesländer Mecklenburg-Vorpommern, Branden-	Zur Veröffentlichung bestimmt

Entscheidungsregister

Datum	Schlagwort	§§	Fundstelle
		burg, Sachsen-Anhalt, Thüringen, Sachsen und Ostberlin vom 23. 2. 1994, § 10 I Ziff. 4 Satz 2	

Sachverzeichnis

Fettgedruckte Zahlen bezeichnen die Paragraphen, magere Zahlen verweisen auf die Randnummern.

Abdingbarkeit – s. auch Unabdingbarkeit
- Beweislast **13**, 25
- durch Betriebsvereinbarungen **13**, 9 ff.
- durch Einzelarbeitsverträge **13**, 14 ff.
- durch Tarifverträge **13**, 1 ff.

Abgeltung – s. Urlaubsabgeltung

Abtretbarkeit
- Urlaubsabgeltung **7**, 222 ff.
- Urlaubsanspruch **1**, 122 ff.
- Urlaubsentgelt **1**, 126; **11**, 98
- Urlaubsgeld **1**, 127

Akkord- und Prämienlohn 11, 22 ff.

Annahmeverzug
- Urlaubsanspruch Einl. 2; **1**, 31
- Urlaubserteilung **7**, 6 ff.

Anrechnung auf Urlaubsanspruch
- Annahmeverzug **3**, 75
- Bummeltage **3**, 70 ff.
- Freistellung während der Kündigungsfrist **7**, 8 ff.
- Maßnahmen der medizinischen Vorsorge oder Rehabilitation Einl. 35 b, 35 d; **10**, 12

Arbeitnehmer
- Begriff Einl. 26; **2**, 2 ff.
- Dienstverpflichteter **2**, 4 f.
- Einzelfälle **2**, 13 ff.
- Merkmale **2**, 3 ff.
- Objektiver Vertragsinhalt **2**, 6 f.
- persönliche Abhängigkeit **2**, 8 f.
- tatsächliche Vertragsdurchführung **2**, 7
- Unternehmerrisiko **2**, 12
- Weisungsgebundenheit **2**, 10 f.
- wirtschaftliche Abhängigkeit **2**, 8, 43 ff.

Arbeitnehmerähnliche Personen
- Begriff **2**, 43
- Einzelfälle **2**, 41, 50 ff.
- Gleichstellung mit Arbeitnehmern **2**, 42
- soziale Schutzbedürftigkeit **2**, 46 ff.
- wirtschaftliche Abhängigkeit **2**, 44 f.

Arbeitnehmerweiterbildung – s. Bildungsurlaub

Arbeitsbereitschaft 1, 3; **3**, 61

Arbeitskampf – s. Aussperrung; Streik

Arbeitsleistung
- rechtsmißbräuchliches Urlaubsverlangen Einl. 52 ff., 95; **1**, 91 ff.
- Schwerbehindertenzusatzurlaub Teil II B, 11
- tarifvertraglicher Urlaubsanspruch **13**, 38
- Teilurlaubsansprüche **5**, 5
- Urlaubsanspruch Einl. 103; **1**, 61 ff., 103; **7**, 137
- Wartezeit **1**, 68; **4**, 10

Arbeitsplatzschutzgesetz 15, 4, 65 ff.; Teil II C, 1 ff.

Arbeitsunfähigkeit – s. Krankheit

Aufrechnung
- Seemannsgesetz Teil II D, 44
- Urlaubsabgeltung **7**, 222
- Urlaubsanspruch **1**, 140
- Urlaubsentgelt **1**, 141; **11**, 98
- Urlaubsgeld **1**, 141

Arbeitszeitverteilung 3 16

Aufrundung 5, 39 ff. – s. auch Bruchteile von Urlaubstagen

Aushilfen 1, 65; **2**, 14, 20 f., 53

Ausschlußfristen
- Ersatzurlaubsanspruch **7**, 167, 234
- Gesetzliche Urlaubsansprüche **7**, 232 ff.; **13**, 41 ff., 90; Teil II A, 17
- Kündigungsschutzprozeß **7**, 171 f.
- Teilurlaubsansprüche **7**, 236; **13**, 54
- Urlaubsentgelt **11**, 103 f.
- Urlaubsgeld **11**, 103 f.

Aussperrung
- Urlaubsentgelt **1**, 200; **11**, 68 f.
- Wartezeit **4**, 12

Auszubildender
- Entgeltfortzahlung **10**, 37
- jugendliche Auszubildende **2**, 16; Teil II A, 14 ff.
- Urlaubsanspruch **2**, 16 ff.; Teil II A, 14 ff.

595

Sachverzeichnis

Fette Zahlen = Paragraphen

- Weiterbeschäftigung nach § 78a Abs. 2 BetrVG **7**, 177

Baden-Württemberg
- Feiertage **3**, 19 ff.
- Jugendpflege und Jugendwohlfahrt-Sonderurlaub **15**, 15 ff.; **Teil III C 1**
- Urlaubsgesetz **Einl.** 11; **15**, 90

Baugewerbe 13, 118 ff.
- Allgemeinverbindlichkeit **13**, 120
- Angestellte **13**, 138 ff.
- Bayern **13**, 118, 137
- Berlin **13**, 137
- Erwerbstätigkeit während des Urlaubs **13**, 139 f.
- Lohnnachweiskarte **13**, 135
- Schwerbehinderte **13**, 122, 124, 131
- Tod des Arbeitnehmers **13**, 128
- Urlaubsabgeltung **13**, 126 f.
- Urlaubsdauer **13**, 128 ff.
- Urlaubsentgelt **13**, 133 ff.
- Urlaubskassenregelung **13**, 132 ff.
- Verfall von Urlaubsansprüchen **11**, 104; **13**, 129 f.
- Wartezeit **13**, 124
- Zusammenrechnung der Beschäftigungszeiten **13**, 119

Bayern
- Baugewerbe **13**, 118, 137
- Feiertage **3**, 19 f.
- Jugendarbeit-Sonderurlaub **15**, 15; **Teil III C 2**
- Urlaubsgesetz **Einl.** 11; **15**, 88 f.

Beamte Einl. 7; **2**, 34; **Teil III B**

Bedarfsarbeitsverhältnis 1, 65

Befristetes Arbeitsverhältnis 1, 62; **13**, 58

Befristung des Urlaubsanspruchs 7, 109 ff.
- Bildungsurlaub **15**, 27
- Elternzeit **7**, 114
- Erfüllung **7**, 115 f.; **,** 127 ff.
- Erlöschen **1**, 131 f.; **7**, 109, 117, 157
- Ersatzurlaubsanspruch **7**, 163 ff.
- Heimarbeit **12**, 23
- Kalenderjahr **1**, 38; **7**, 109 f.
- Krankheit des Arbeitnehmers **7**, 125, 128, 138 ff., 162
- Kündigungsschutzprozeß **7**, 170 ff.
- Rechtsprechung des BAG **Einl.** 61 ff.; **7**, 109
- Schadenersatz **7**, 159 ff.
- Seemannsgesetz **Teil II D**, 27 ff.

- tarifliche Regelungen **13**, 76 ff.
- Übertragung auf nächstes Kalenderjahr **1**, 38; **7**, 117 ff. – s. auch dort
- Wehrdienst **Teil II C**, 15

Behinderte – s. Schwerbehinderte

Berechnungszeitraum
- Heimarbeit **12**, 30
- Referenzprinzip **11**, 4 f.
- Urlaubsentgelt **11**, 4 f., 48 ff. – s. auch dort

Berlin
- Berlin-Klausel **14**
- Bildungsurlaubsgesetz **15**, 22; **Teil III D 1**
- Urlaubsgesetz **Einl.** 11

Berufsausbildung
- Entgeltfortzahlung **10**, 37
- Urlaubsanspruch **2**, 16 ff.

Beschäftigungsdauer – s. Wartezeit

Betriebsausflug 3, 59

Betriebsferien 3, 60; **7**, 40, 70 ff.

Betriebsrat
- Mitbestimmung des Betriebsrats **7**, 65 ff. – s. auch dort
- Urlaubserteilung bei Freistellung **7**, 3
- Weiterbeschäftigung nach § 78a Abs. 2 BetrVG **7**, 177

Betriebsübergang 1, 142 ff.
- Ausgleich zwischen Veräußerer und Erwerber **1**, 163 ff.
- Doppelansprüche **6**, 12
- Ersatzurlaubsanspruch **1**, 147, 159
- Haftung des Erwerbers **1**, 155 ff.
- Haftung des Veräußerers **1**, 144 ff.
- Urlaubsabgeltung **1**, 153 f., 161 f.
- Urlaubsanspruch **1**, 144 ff.
- Urlaubsentgelt **1**, 150 ff., 160
- Urlaubsgeld **1**, 152

Beweislast
- Bildungsurlaub **15**, 56
- Doppelansprüche **6**, 31 ff.
- Leistungsverweigerungsrecht **7**, 47
- Schwerbehinderteneigenschaft **Teil II B**, 3, 29
- tarifvertragliche Urlaubsregelungen **13**, 25
- Übertragung des Urlaubsanspruchs **7**, 122
- Urlaubsabgeltungsanspruch **7**, 226

Bezugszeitraum 11, 4 f., 48 ff. – s. auch Urlaubsentgelt

Bildungsurlaub 15, 21 ff.
- Befristung des Urlaubsanspruchs **15**, 27

Magere Zahlen = Randnummern

Sachverzeichnis

- berufliche Weiterbildung 15, 38 ff.
- Beweislast 15, 56
- Dauer 15, 26
- Durchsetzung des Anspruchs 15, 46 ff.
- Entgeltfortzahlungsanspruch 15, 25, 47
- Erfüllung des Anspruchs 15, 48 ff.
- Erwerbstätigkeit 15, 24
- Geeignetheit der Veranstaltung 15, 28 ff.
- IAO-Übereinkommen Nr. 140 15, 21; Teil III A 2
- Jedermannzugänglichkeit 15, 43 ff.
- Krankheit 15, 24
- politische Weiterbildung 15, 22, 31 ff.
- Selbstbeurlaubung 15, 34
- Unabdingbarkeit 15, 24
- Wartezeit 15, 29

Bildungsurlaubsgesetze 15, 23; Teil II D

Brandenburg
- Bildungsurlaubgesetz 15, 23; Teil III D 2
- Feiertage 3, 19 f.

Bremen
- Bildungsurlaubsgesetz 15, 23; Teil III D 3
- Jugendarbeit-Sonderurlaub 15, 15 ff,; Teil III C 3
- Urlaubsgesetz Einl. 11; 15, 88

Bruchteile von Urlaubstagen
- Abgeltung 5, 44, 51
- Aufrundung 5, 39 ff.; 13, 65, 125
- Doppelansprüche 6, 23 f.
- Elternzeit Teil II E, 4
- Erfüllung des Urlaubsanspruchs 7, 103
- Schwerbehindertenzusatzurlaub Teil II B, 14
- Seemansgesetz Teil II D, 21
- Teilurlaub 5, 39 ff.; 13, 65
- Teilzeitarbeitsverhältnisse 3, 38; 5, 40; 7, 104 f.

Bummeltage
- Anrechnung auf Urlaub 3, 70 ff.; 7, 20
- Urlaubsentgelt 11, 72
- Wartezeit 4, 12

Bundeserziehungsgeldgesetz 15, 76 f.; Teil II E

Bundesurlaubsgesetz
- Geltungsbereich 2, 1
- geschichtliche Entwicklung Einl. 20 ff., 33 ff.
- Inhalt Einl., 24 ff.
- Inkrafttreten 16, 1 ff.

Bundespost 13, 141 ff.

Dauer – s. Urlaubsdauer
DDR – s. Neue Bundesländer
Deutsche Bahn AG Einl. 35; 13, 141 ff.
Dienstordnungsangestellte 2, 35
Direktionsrecht 7, 28 ff.
Doppelansprüche
- Abdingbarkeit 13, 68
- Abgeltung 6, 10
- Anwendungsfälle 6, 14 ff.
- aufeinanderfolgende Arbeitsverhältnisse 6, 11 ff.
- Ausschlußtatbestand 6, 3 ff.
- Betriebsübergang 6, 12
- Beweislast 6, 31 ff.
- Bruchteile von Urlaubstagen 6, 23 f.
- Fallgestaltungen 6, 17 ff.
- Gesamtschuldverhältnisse 6, 30
- Gewährter Urlaub 6, 7 ff.
- Heimarbeit 12, 17, 22
- Kalenderjahr 6, 5 f.
- Kürzungsbefugnis 6, 27
- nicht erfüllte Urlaubsansprüche 6, 25 ff.
- Teilurlaubsansprüche 6, 22 ff.
- Urlaubsbescheinigung 6, 34 ff. – s. auch dort
- Wahlrecht des Arbeitnehmers 6, 27 ff.

Doppelarbeitsverhältnis
- Erwerbstätigkeit während des Urlaubs 8, 8
- Urlaubsanspruch 1, 66; 2, 30; 6, 11
- Urlaubserteilung 1, 67

Eignungsübungsgesetz 15, 8 f.; Teil II C 22
Einheitstheorie Einl. 50 f.; 1, 15 ff.
Einstweilige Verfügung 7, 93 ff.
Eintagsarbeitsverhältnis 1, 65; 2, 19
Elternzeit
- Befristung des Urlaubsanspruchs 15, 77
- Kürzung des Urlaubsanspruchs 15, 77; Teil II E 17, 2 ff., 15 ff.
- Leistungsverweigerungsrecht wegen Elternzeit 7, 41
- Rückforderung zuviel gezahlten Urlaubsentgelts Teil II E, 17
- Teilzeitarbeit Teil II E, 7
- Übertragung des Urlaubsanspruchs 7, 114; Teil II E, 8 ff.
- Urlaubsabgeltung Teil II E, 6, 13 f.
- Urlaubsgeld 11, 90 f.
- Verhältnis BErzGG/BUrlG 15, 76
- Wartezeit 4, 12

597

Sachverzeichnis

Fette Zahlen = Paragraphen

- Zwölftelung des Urlaubsanspruchs **15**, 77; **Teil II E**, 2 ff.
- **Entgeltsicherung 12**, 49 ff.
- **Entgelt** – s. Urlaubsentgelt
- **Entgeltfortzahlungsgesetz Einl.** 11 f.; **10**, 21 ff.
- **Entgelttheorie 1**, 12
- **Entstehungsgeschichte** – s. geschichtliche Entwicklung
- **Erfüllbarkeit von Urlaubsansprüchen**
  - Abgeltung **7**, 155 f., 205 ff.
  - Arbeitsunfähigkeit **1**, 88, 111, 114; **7**, 134
  - Befristung des Urlaubsanspruchs **1**, 87 ff.
  - Erwerbsunfähigkeit **1**, 113 ff.
  - Tod des Arbeitnehmers **1**, 133
- **Erfüllung**
  - Erfüllungshandlung **1**, 130; **7**, 11
  - Kalenderjahr **7**, 115
  - Übertragungszeitraum **7**, 127 ff.
  - Urlaubsanspruch **1**, 128 ff.
- **Erholungsbedürfnis Einl.** 100; **1**, 5 ff.
- **Erholungsurlaub**
  - Begriff **1**, 3, 8, 30
  - Theorien **1**, 11 ff.
  - Zusammentreffen mit anderer Freistellung **1**, 48 ff.
- **Erkrankung** – s. Krankheit
- **Erlöschen des Urlaubsanspruchs 1**, 128 ff.
  - Ablauf des Urlaubsjahres **1**, 87, 131 f.
  - Aufrechnung **1**, 140 f.
  - Befristung **1**, 131 f.; **7**, 109, 117
  - Ende des Übertragungszeitraums **1**, 87 ff., 131; **7**, 117, 125; **10**, 14
  - Erfüllung **1**, 129
  - Kündigungsschutzprozeß **7**, 170 ff.
  - Seemannsgesetz **Teil II D**, 31
  - Tod des Arbeitnehmers **1**, 133
  - Verzicht **1**, 134 ff.
- **Ersatzurlaubsanspruch Einl.** 107; **1**, 147, 159; **7**, 163 ff.
- **Erwerbstätigkeit während des Urlaubs**
  - s. Verbot der Erwerbstätigkeit
- **Erwerbsunfähigkeit 1**, 113 ff.; **7**, 211 ff.
- **Erziehungsurlaub** – s. Elternzeit
- **Fälligkeit**
  - und Leistungsverweigerungsrechte **1**, 79 ff.
  - Teilurlaub **5**, 11; **13**, 55
  - Urlaubsanspruch **1**, 77 ff.
  - Urlaubsentgelt **11**, 80 ff.

- **Familienmitglieder 2**, 39
- **Feiertage**
  - gesetzliche **3**, 18 ff.
  - Heimarbeit **12**, 33
  - kirchliche **3**, 21
  - Urlaubsdauer **3**, 18, 24 f., 28, 43
  - Urlaubsentgelt **3**, 26 ff.; **11**, 19, 33
- **Ferienarbeiter 2**, 21
- **Feststellungsklage 7**, 89 ff.
- **Fixgeschäft 7**, 169
- **Franchisenehmer 2**, 22
- **Freie Mitarbeiter 2**, 36, 41, 42 ff.
- **Freischichtenmodell 3**, 48 ff.; **7**, 132; **13**, 111
- **Freistellung**
  - als Urlaub **1**, 25; **3**, 57 ff.; **7**, 5 ff.
  - andere Freistellungen als Urlaub **1**, 47; **3**, 57 ff.; **7**, 6 ff.
  - Kündigungsfrist **1**, 75 f.; **7**, 6, 8 ff.
  - Zusammentreffen verschiedener Freistellungen **1**, 48 ff.
- **Freiwilliges soziales Jahr 2**, 25
- **Fünf-Tage-Woche**
  - Urlaubsdauer **3**, 10 ff.
  - Urlaubsentgelt **11**, 51 f.
- **Fürsorgepflicht Einl.** 10, 19; **1**, 2, 14, 16

- **Gekürzter Vollurlaub 5**, 33 ff.; **13**, 56 ff.
- **Geld- und Zeitfaktor 11**, 6 ff.
- **Geltendmachung**
  - Anforderungen **1**, 86
  - Form **1**, 86; **7**, 167, 234; **13**, 80
  - gerichtliche Geltendmachung **7**, 77 ff.
  - Krankheit **1**, 88
  - Kündigungsschutzprozeß **1**, 71; **7**, 170 ff.
  - Rechtsfolge des Unterlassens **1**, 87
  - Schwerbehindertenzusatzurlaub **Teil II B**, 25 ff.
  - Urlaubsanspruch **1**, 85 ff.; **7**, 77 ff.
- **Geringfügig Beschäftigte 2**, 32; **3**, 32
- **Gesamtvollstreckungsverfahren 1**, 186 f.
- **Geschäftsführer 2**, 37
- **Geschichtliche Entwicklung**
  - Bundesurlaubsgesetz **Einl.** 20 ff., 33 ff.; 1, 1; **7**, 2, 98
  - Internationale Übereinkommen **Einl.**, 41 ff.
  - Ländergesetze **Einl.**, 11 ff.
  - Maßnahmen der med. Vorsorge oder Rehabilitation **10**, 1 ff., 38 ff.
  - neue Bundesländer **Einl.** 39; **3**, 4; **10**, 3, 5

Magere Zahlen = Randnummern

- Rechtsprechung des BAG Einl., 47 ff.
- Rechtsprechung des RAG Einl. 10; 1, 12 ff.
- Reformversuche Einl., 113 ff.
- Gewohnheitsrecht Einl. 10, 12, 18 f.; 1, 2, 16
- Günstigkeitsvergleich 13, 26 ff.

Halbe Urlaubstage 7, 86
Hamburg
- Bildungsurlaubsgesetz 15, 23, 28; Teil III D 4
- Jugendgruppenleiter-Sonderurlaub 15, 15 ff.; Teil III C 4
- Urlaubsgesetz Einl. 11
Hausgewerbetreibender 12, 8 ff., 39 f., 47
Heimarbeit
- Befristung des Urlaubsanspruchs 12, 17, 23
- Begriff 12, 7
- Berechnungszeitraum 12, 30
- Doppelurlaubsansprüche 12, 17, 22
- Entgeltsicherung 12, 44 ff.
- Erwerbstätigkeit im Urlaub 12, 35
- Feiertage 12, 33
- Gleichgestellte 12, 10
- Jugendliche 12, 16; Teil II A, 20 ff.
- Krankheit 12, 33, 35
- Schwerbehinderte 12, 16; Teil II B, 35 ff.
- Teilurlaub 12, 17, 21
- Teilzeitbeschäftigte 12, 37
- Unabdingbarkeit des Urlaubsanspruchs 12, 43; 13, 117
- Urlaubsabgeltung 12, 17, 24
- Urlaubsanspruch 12, 26
- Urlaubsentgelt 12, 17, 25, 28 ff.
- Urlaubserteilung 12, 27
- Wartezeit 12, 17 ff.
- Zwischenmeister 12, 41
Heimarbeiterähnliche Personen 12, 11
Hessen
- Bildungsurlaubsgesetz 15, 23, 28; Teil III D 5
- Feiertage 3, 19 f.
- Jugendarbeit-Sonderurlaub 15, 15 ff.; Teil III C 5
- Urlaubsgesetz Einl. 11

IAO-Übereinkommen Nr. 91 über den bezahlten Urlaub der Schiffsleute 15, 2

Sachverzeichnis

IAO-Übereinkommen Nr. 132 über bezahlten Jahresurlaub Einl. 41 f.; 15, 57 ff.; Teil III A 1
- Befristung des Urlaubsanspruchs 7, 148 ff.
- Gesetz 15, 58; Teil III A 1 b
- Text Teil III A 1 a
- Urlaubsabgeltung 7, 214 ff.
- Urlaubsdauer 3, 3
- Verhältnis zum BUrlG 7, 148; 15, 2, 58
- Wirkung 7, 149; 15, 58 ff.
- zusammenhängender Urlaub 7, 98
IAO-Übereinkommen Nr. 140 über bezahlten Bildungsurlaub 15, 21; Teil III A 2
Insolvenz
- Eröffnung während des Urlaubs 1, 193 f.
- Gesamtvollstreckungsverfahren 1, 86 f.
- Konkurs 1, 169 ff. – s. auch dort
- Urlaubsabgeltung 1, 189 f., 194
- Urlaubsanspruch 1, 188
- Urlaubsentgelt 1, 189, 191 ff.; 11, 40
Interlokales Privatrecht 15, 92 f.
Internationale Übereinkommen Einl., 41 ff.; 15, 57 ff.; Teil III A

Journalisten 2, 41, 50
Jugendarbeitsschutzgesetz 15, 71 ff.; Teil II A
Jugendleiter 15, 14 ff.; Teil III C
Jugendliche
- Auszubildende Teil II A, 20 ff.
- Ausschlußfristen Teil II A, 17
- Bergbau Teil II A, 12 f.
- Berufsschulunterricht Teil II A, 14 ff.
- Heimarbeit Teil II A, 2, 20 ff.
- Maßnahmen der med. Vorsorge oder Rehabilitation 10, 10
- Schwerbehinderte 15, 72
- Seemannsgesetz Teil II D, 11, 28
- Stichtag 15, 74; Teil II A, 12
- tarifvertragliche Urlaubsregelungen Teil II A, 17 ff.
- Urlaubsanspruch 15, 71 ff.; Teil II A, 1 ff.
- Urlaubsdauer 15, 72 f.; Teil II A, 6 ff.

Kinder Teil II A, 3 ff.; Teil II D, 12
Konkurs
- Urlaubsanspruch 1, 169
- Konkursausfallgeld 1, 179 f.

599

Sachverzeichnis

- Eröffnung während des Urlaubs 1, 181 ff.
- Urlaubsabgeltung 1, 170 ff., 178 f., 185
- Urlaubsentgelt 1, 170, 175 ff., 181

Krankheit
- ärztliches Zeugnis 9, 10 ff.
- Arbeitsunfähigkeit 9, 6 ff.
- Bildungsurlaub 15, 24
- Erfüllbarkeit des Urlaubsanspruchs Einl. 104; 1, 88, 111; 7, 134 ff.; 9, 1
- Erlöschen des Urlaubsanspruchs Einl. 106; 1, 88; 7, 125, 128, 135; 9, 17
- Erwerbsunfähigkeit 1, 113 ff.; 7, 211 ff.
- Geltendmachung des Urlaubsanspruchs 1, 88; 7, 136
- Neufestsetzung des Urlaubs 9, 5
- Rechtsfolgen Einl. 104; 1, 88, 110 f.; 7, 125, 128; 9, 16 f.
- Seemannsgesetz **Teil II D**, 35 f.
- tarifliche Regelungen 9, 18; **13**, 40, 77, 96 f.
- Übertragung des Urlaubsanspruchs 7, 120, 125, 128, 138 ff.
- Urlaubsabgeltung 7, 155 f., 203 ff.
- Urlaubsanspruch Einl. 103; 1, 110 f.; 7, 135
- Urlaubsentgelt **11**, 71
- während des Urlaubs Einl. 106; 9, 4 ff.; **13**, 96 f.
- Wartezeit **4**, 7, 12

Kündigung
- Anrechnung von Freistellung auf Urlaub **3**, 75
- Erwerbstätigkeit im Urlaub **8**, 9 f., 13
- Geltendmachung des Urlaubsanspruchs **1**, 71; 7, 21, 170 ff.
- Krankheit im Urlaub in Kündigungsfrist **9**, 8
- Kündigungsschutzprozeß 7, 170 ff.
- Teilurlaubsanspruch **5**, 7 ff.
- Urlaubsabgeltung 7, 148
- Urlaubsanspruch **1**, 69 ff.; 3, 75; 7, 35; **13**, 90
- Urlaubserteilung 1, 75 f.; 7, 8 ff., 21, 61 ff.
- Vorläufige Weiterbeschäftigung 1, 69, 72 f.; 7, 176 ff. – s. auch dort
- Zwölftelung des Urlaubsanspruchs **5**, 2 f.

Kur – s. Maßnahmen der medizinischen Vorsorge oder Rehabilitation

Kurzarbeit
- Urlaubsdauer **3**, 62 ff.
- Urlaubsentgelt **11**, 5, 40, 62 ff.

Fette Zahlen = Paragraphen

Landesrechtliche Bestimmungen Einl., 11 ff., 38; **13**, 1
- Behinderte **3**, 7; **15**, 78 ff.; **Teil III E**
- Bildungsurlaub **15**, 22 ff.; **Teil III D**
- Erholungsurlaub Einl. 11; **15**, 1
- Jugendleiter-Sonderurlaub **3**, 7; **15**, 14 ff.; **Teil III C**
- Opfer des Nationalsozialismus **3**, 7; **15**, 78 ff; **Teil III E**
- Verfassungsmäßigkeit Einl. 13 ff.; **15**, 22 f.

Lehrkräfte
- Arbeitnehmer **2**, 26, 40
- Urlaubszeit **13**, 73

Leiharbeitnehmer Einl. 27; **2**, 27

Leistungsklage 7, 77 ff.

Leistungsstörungen bei der Urlaubserteilung **7**, 130 ff.

Leistungsverweigerungsrecht des Arbeitgebers
- Beweislast **7**, 47
- Doppelarbeitsverhältnis **1**, 67
- dringende betriebliche Belange **7**, 38 ff.
- Elternzeit **7**, 41
- Maßnahmen der med. Vorsorge oder Rehabilitation **7**, 42, 48 ff.
- Übertragungszeitraum **7**, 37, 127
- Urlaubswünsche anderer Arbeitnehmer **7**, 43 ff.

Leitende Angestellte 2, 37
Lohngewerbetreibende 12, 13
Lohnnachweiskarte 13, 135

Maßnahmen der medizinischen Vorsorge oder Rehabilitation
- Anrechnung auf Urlaubsanspruch Einl. 35 b, 35 d; 1, 10; **10**, 12, 17, 38 ff.
- Auszubildende **10**, 37
- Badekur **10**, 23
- Begriff **10**, 18 ff.
- Entgeltfortzahlung **10**, 21 ff.
- Erholungskur **10**, 23
- erteilter Urlaub **10**, 13 ff.
- Jugendliche **10**, 10
- Leistungsverweigerungsrecht des Arbeitgebers **7**, 42, 48 ff.
- Rechtslage bis 1998 **10**, 1 ff., 38 ff.
- Schonungszeiten **10**, 27 ff.
- Schwerbehinderte **10**, 9, 42
- Seemannsgesetz **10**, 11; **Teil II D**, 37
- Übergangsvorschrift **15 a**, 1 f.
- Unabdingbarkeit **10**, 26; **13**, 98 ff.

Magere Zahlen = Randnummern

- Urlaub im Anschluß an Maßnahme 7, 48 ff.
- Urlaubsentgelt 11, 71
- Mehrarbeit s. Überstunden
- Mindesturlaub Einl. 25, 31; 1, 116 ff., 134 ff.; 13, 47 - s. auch Abdingbarkeit, Unabdingbarkeit, Urlaubsdauer
- Mitbestimmung des Betriebsrats 7, 65 ff.
- Betriebsferien 7, 70 ff.
- Schiffahrt Teil II D, 26
- Urlaubsdauer 7, 67, 69
- Urlaubsentgelt 11, 105
- Urlaubsgrundsätze 7, 68, 74; 11, 105
- Urlaubsliste 7, 68
- Urlaubsplan 7, 73
- Urlaubssperre 7, 74
- Zeitliche Lage des Urlaubs 7, 65, 75 f.
- Mittelbares Arbeitsverhältnis 2, 28 f.
- Mutterschutzrechtliches Beschäftigungsverbot
- Freistellung als Urlaub 7, 7
- Nachurlaub 1, 57 f.
- Neufestsetzung erteilten Urlaubs 7, 26, 132

Nachträgliche Anrechnung 3, 71, 75
Nachträgliche Urlaubserteilung 7, 19
Nachurlaub 1, 48 ff.
- Beeinträchtigung des Erholungszwecks 1, 53
- einzelvertragliche Regelung 7, 153 f.
- familiäre Ereignisse 1, 50 f.
- Schwangerschaft 1, 57 f.
- tarifliche Regelungen 1, 49

Nebentätigkeit 2, 30, 52
Neue Bundesländer
- Feiertage 3, 19 f.
- Inkrafttreten des BUrlG Einl. 39; 10, 3, 5; 16, 2 ff.
- Kämpfer gegen/Verfolgte des Faschismus Einl. 40; 3, 80; 15, 91
- Urlaubsdauer Einl. 39 f.; 1, 116 f.; 3, 80; 16, 3 ff.

Niedersachsen
- Bildungsurlaubsgesetz 15, 23; Teil III D 6
- Jugendpflege und Jugendsport-Sonderurlaub 15, 15 ff.; Teil III C 6
- Opfer des Faschismus 15, 81
- Urlaubsgesetz Einl., 11; 15, 81; Teil III E 2

Sachverzeichnis

Nordrhein-Westfalen
- Bildungsurlaub 15, 23, 28; Teil III D 7
- Feiertage 3, 19 f.
- Jugendhilfe-Sonderurlaub 15, 15 ff.; Teil III C 7
- Urlaubsgesetz Einl. 11

Opfer des Nationalsozialismus Einl. 38, 40; 3, 80; 15, 12 f., 78 ff.; Teil III E

Persönlicher Geltungsbereich 2, 1 ff.
Pfändbarkeit
- Urlaubsabgeltung 7, 222 ff.
- Urlaubsanspruch 1, 125
- Urlaubsentgelt 1, 126; 11, 96
- Urlaubsgeld 1, 127; 11, 97

Provisionen 11, 24 ff.

Rechtsmissbrauch Einl. 52 f., 56 ff.; 1, 91 ff.
- Entwicklung der Rechtsprechung Einl. 95; 1, 91 ff.
- Krankheit 1, 91, 110

Referenzzeitraum - s. Berechnungszeitraum
Reformversuche Einl., 113 ff.
Rheinland-Pfalz
- Bildungsfreistellungsgesetz 15, 23, 28; Teil III D 8
- Feiertage 3, 19 f.
- Jugendgruppenleiter-Sonderurlaub 15, 15 ff.; Teil III C 8
- Opfer des Faschismus 15, 82
- Urlaubsgesetz Einl. 11; 15, 82; Teil III E 3

Reichsarbeitsgericht Einl. 10; 1, 12 ff.
Richter 2, 34; Teil III A
Rollierendes Freizeitsystem 3, 46; 13, 114
Rückforderungsverbot
- Inhalt 5, 52 ff.
- Seemannsgesetz Teil II D, 22 f.
- Unabdingbarkeit 13, 66 f.

Rückruf aus dem Urlaub Einl. 3, 143; 7, 57

Saarland
- Bildungsurlaub 15, 23; Teil III D 9
- Feiertage 3, 19 f.
- Jugendpflege-Sonderurlaub 15, 15 ff.; Teil III C 9
- Urlaubsgesetz Einl. 11; 15, 83 ff.; Teil III E 4

601

Sachverzeichnis

Fette Zahlen = Paragraphen

- kriegs- und unfallbeschädigte Arbeitnehmer in der Privatwirtschaft **15**, 83 ff.; **Teil III E 4**
- Opfer des Nationalsozialismus **15**, 83 ff.

Sachbezüge 11, 38

Sachsen
- Feiertage **3**, 19 f.
- Sonderurlaub **15**, 15; **Teil III C 10**

Schadenersatzanspruch
- Ausschlußfristen **7**, 167, 234
- Ersatzurlaubsanspruch **Einl.** 107; **7**, 163 ff.
- Erwerbstätigkeit im Urlaub **8**, 13
- Nichtgewährung von Urlaub **Einl.** 107; **7**, 157
- Unmöglichkeit der Urlaubserteilung **7**, 157 ff.
- Verjährung **7**, 231
- Verzug bei Urlaubsentgeltzahlung **11**, 82

Schiffahrt
- Besatzungsmitglieder **Teil II D** 5 ff.
- Hafenarbeiter **2**, 24
- Heuer **Teil II 3**, 39 ff.
- IAO-Übereinkommen **Teil II D**, 2
- Kapitän **Teil II D**, 10
- Kauffahrteischiffe **Teil II D**, 4
- Maßnahmen der med. Vorsorge oder Rehabilitation **10**, 11; **Teil II D**, 37
- Reeder **Teil II D**, 25
- Schiffsoffiziere **Teil II D**, 6
- Seemannsgesetz – s. dort

Schleswig-Holstein
- Bildungsfreistellungs- und Qualifizierungsgesetz **15**, 23; **Teil III D 10**
- Jugendbildung-Sonderurlaub **15**, 15 ff.; **Teil III C 11**
- Urlaubsgesetz **Einl.** 11

Schonungszeiten
- Anrechenbarkeit **10**, 36
- Begriff **10**, 27
- Entgeltfortzahlung **10**, 28 ff., 36

Schwangerschaft – s. Mutterschutzrechtliches Beschäftigungsverbot

Schwerbehinderte
- Arbeitsleistung **Teil II B**, 11
- Baugewerbe **13**, 122, 124, 131
- Begriff **Teil II B**, 1 ff.
- Beweislast **Teil II B**, 29
- Fortfall des Behindertenschutzes **Teil II B**, 22 ff.
- Ersatzurlaubsanspruch **Teil II B**, 27 ff.
- Geltendmachung des Urlaubsanspruchs **Teil II B**, 25 ff.
- Gleichgestellte **Teil II B**, 2
- Heimarbeit **Teil II B**, 35 ff.
- Jugendliche **15**, 72
- landesrechtliche Regelungen **15**, 78 ff.; **Teil II B**, 16
- Maßnahmen der med. Vorsorge oder Rehabilitation **10**, 9, 42
- tarifliche Regelungen **Teil II B**, 15 f., 32 ff.
- Teilurlaubsanspruch **Teil II B**, 8, 17 f.
- Übertragung des Urlaubsanspruchs **Teil II B**, 19
- Unabdingbarkeit des Urlaubsanspruchs **13**, 89
- Urlaubsabgeltung **Teil II B**, 20 f.
- Urlaubsanspruch **15**, 69; **Teil II B**, 5 ff.
- Urlaubsdauer **Teil II B**, 12 ff.
- Urlaubsentgelt **Teil II B**, 31
- Urlaubsgeld **11**, 93; **Teil II B**, 32 ff.
- Verhältnis SchwbG/BUrlG **15**, 69 f.; **Teil II B**, 4
- Wartezeit **Teil II B**, 7 f.
- Zwölftelung des Urlaubsanspruchs **5**, 1; **13**, 49; **Teil II B**, 8, 18

Seemannsgesetz Teil II D – s. auch Schiffahrt
- Aufrechnung **Teil II D**, 44
- Befristung des Urlaubsanspruchs **Teil II D**, 27 ff.
- Beschäftigungsjahr **Teil II D**, 13
- Bruchteile von Urlaubstagen **Teil II D**, 21
- Doppelansprüche **Teil II D**, 24
- Erwerbstätigkeit während des Urlaubs **Teil II D**, 32
- Heimaturlaub **Teil II D**, 45 ff.
- Jugendliche **Teil II D**, 11, 28
- Krankheit und Urlaub **Teil II D**, 35 f.
- Landgang **Teil II D**, 14
- Mitbestimmung **Teil II D**, 26
- neue Bundesländer **15**, 11
- Pfändbarkeit von Urlaubsvergütung **Teil II D**, 44
- Reisekosten **Teil II D**, 48 ff.
- Rückforderungsverbot **Teil II D**, 22 f.
- Sachbezüge **Teil II D**, 42
- Teilurlaub **Teil II D**, 16 ff.
- Urlaubsabgeltung **Teil II D**, 33
- Urlaubsdauer **Teil II D**, 15
- Urlaubsentgelt **Teil II D**, 38 ff.
- Urlaubsgewährung **Teil II D**, 25

Magere Zahlen = Randnummern

- Verhältnis zum BUrlG **15**, 75; **Teil II D**, 1
- Wartezeiten **Teil II D**, 13, 22
- Zwölftelung des Urlaubs **Teil II D**, 17

Selbständige 2, 36, 42 ff.
Selbstbeurlaubung
- Bildungsurlaub **15**, 46
- Grundsatz **7**, 19 ff.
- Erkrankung während des Urlaubs **9**, 16
- verspätete Urlaubsrückkehr **3**, 70

Sonderurlaub Einl. 4 ff.
Streik
- Urlaubsdauer **3**, 73 f.
- Urlaubsentgelt **11**, 68 ff.
- Urlaubserteilung **1**, 195 ff.
- Wartezeit **4**, 12

Tarifvertragliche Urlaubsansprüche
- Abgeltung **7**, 155, 220; **13**, 59 f., 83 ff.
- Ausschlußfrist **7**, 232 ff.; **11**, 103 f.; **13**, 41 f., 54
- Baugewerbe **13**, 118 ff. – s. auch dort
- Geltendmachung **7**, 167, 234; **13**, 80
- Günstigkeitsvergleich **13**, 26 ff.
- Jugendliche **Teil II A**, 17 ff.
- Schwerbehinderte **Teil II B**, 15 f.
- Teilurlaub **13**, 53 ff.
- Urlaubsbescheinigung **6**, 38
- Urlaubsdauer **3**, 48 ff., 76 ff., 79 ff.
- Urlaubsentgelt **11**, 16 f., 103 f., 107 ff.
- Urlaubserteilung **7**, 12 ff.; **13**, 70 ff.
- Verzicht **1**, 136 f.; **11**, 99
- Wartezeit **4**, 3; **13**, 51

Tarifvorrang 11, 105; **13**, 1 ff., 23
Tatsachenvergleich 13, 37
Teilurlaub
- Abdingbarkeit **5**, 3, 61; **7**, 236; **13**, 53 ff.
- Arbeitsleistung **1**, 62; **5**, 5
- Aufrundung **5**, 38 ff.; **13**, 65
- Ausscheiden in erster Jahreshälfte **5**, 2, 33 ff.
- Ausscheiden in zweiter Jahreshälfte **5**, 4; **13**, 49
- Ausscheiden vor erfüllter Wartezeit **5**, 8, 26 ff.
- Ausschlußfrist **7**, 236; **13**, 54
- Beendigung des Arbeitsverhältnisses **5**, 2, 4, 8 f., 26 ff., 33 ff.
- Begriff **5**, 1 f.
- Beschäftigungsmonat **5**, 13 ff.
- Bruchteile von Urlaubstagen **5**, 39 ff. – s. auch dort

Sachverzeichnis

- Entstehen **1**, 62; **5**, 4 ff.
- Fälligkeit **5**, 11; **13**, 55
- gekürzter Vollurlaub **5**, 32 ff.
- Heimarbeit **12**, 17, 21
- Rückforderungsverbot **5**, 52 ff.; **13**, 66 f.
- Saison- und Kampagnebetriebe **2**, 31
- Schwerbehinderte **5**, 1; **Teil II B**, 8, 17 f.
- Seemannsgesetz **Teil II D**, 16, 19 f.
- Übertragung auf nächstes Kalenderjahr **5**, 24 f., 30 ff.; **7**, 180 ff.
- Wartezeit **5**, 4, 8 ff., 21 ff., 26 ff.
- Zwölftelung des Urlaubsanspruchs – s. dort

Teilzeitarbeitsverhältnis
- Arbeitnehmer **2**, 32
- Bedarfsarbeitsverhältnis **1**, 65
- Bruchteile von Urlaubstagen **3**, 38; **5**, 40; **7**, 105
- Doppelarbeitsverhältnis **1**, 66; **8**, 8
- Eintagsarbeitsverhältnis **1**, 65
- geringfügig Beschäftigte **2**, 32; **3**, 32
- studentische Hilfskräfte **1**, 64
- Urlaubsanspruch **1**, 63 ff.; **2**, 32
- Urlaubsentgelt **11**, 53 ff.
- Urlaubsgeld **11**, 92

Telearbeiter 2, 33
Tod des Arbeitnehmers – s. auch Vererblichkeit
- Baugewerbe **13**, 128
- Urlaubsanspruch **1**, 120 f., 133

Überstunden 11, 42 ff., 78 ff.
Übertragung auf das nächste Kalenderjahr
- Abdingbarkeit **13**, 76 ff.
- Änderung der Arbeitszeit **3**, 54 f.
- Beweislast **7**, 122
- Elternzeit **Teil II E**, 8 ff.
- Gründe **1**, 67; **7**, 118 ff.
- Handlung **7**, 124
- Krankheit des Arbeitnehmers **7**, 125, 128, 138 ff.
- Schwerbehindertenzusatzurlaub **Teil II B**, 19
- Teilurlaub **5**, 24 f., 30 ff.; **7**, 180 ff.
- Übertragung kraft Gesetzes **Einl. 62**; **7**, 123 ff.
- Übertragungszeitraum **7**, 126
- Urlaubserteilung im Übertragungszeitraum **7**, 127 ff.
- Voraussetzungen **7**, 118 ff.

603

Sachverzeichnis

Fette Zahlen = Paragraphen

- Wehrdienst **Teil II C**, 14 ff.
- Wunsch des Arbeitnehmers **7**, 121
- **ULAK 13**, 132 ff.
- **Unabdingbarkeit**
- Aufrundungsregelung **13**, 65
- Betriebsferien **7**, 70; **13**, 70
- Bildungsurlaub **15**, 24
- Doppelansprüche **6**, 38; **13**, 68
- Einzelfälle **13**, 35 ff.
- Erkrankung während des Urlaubs **9**, 18; **13**, 96 f.
- Erwerbstätigkeit während des Urlaubs **8**, 20; **13**, 92 ff.
- gekürzter Vollurlaub **5**, 61; **13**, 56 ff.
- Grundsätze **13**, 1 ff.
- Heimarbeiterurlaubsanspruch **13**, 117
- Konkretisierung der Urlaubszeit **13**, 70 ff.
- Maßnahmen der med. Vorsorge oder Rehabilitation **10**, 26; **13**, 98 ff.
- Mindesturlaub **Einl.** 32; **1**, 37, 118, 134 ff.; **3**, 76; **13**, 47 f.
- mittelbarer Verstoß **13**, 44 ff.
- Rückforderungsverbot **5**, 61; **13**, 66 f.
- Schwerbehindertenzusatzurlaub **13**, 49, 89; **Teil II B**, 15 f.
- Teilurlaub **5**, 61; **13**, 53 ff.
- Übertragung des Urlaubsanspruchs **7**, 155; **13**, 76 ff.
- unmittelbarer Verstoß **13**, 51 f.
- Urlaubsabgeltung **7**, 155 f., 227 f., 232 ff.; **13**, 39 f., 59 f., 83 ff.
- Urlaubsanspruch **1**, 37, 118; **3**, 76; **13**, 36 ff.
- Urlaubsentgelt **11**, 16 f., 28, 99; **13**, 101 ff.
- Wartezeit **4**, 21; **13**, 51 f.
- zusammenhängende Urlaubsgewährung **7**, 107 f.; **13**, 74 f.
- **Ungleichbehandlung**
- Arbeiter und Angestellte bei der Lohnfortzahlung **10**, 28 ff.
- Teil- und Vollzeitbeschäftigte bei Urlaubsgewährung **7**, 104 f.
- **Unmöglichkeit der Urlaubserteilung**
- Befristung des Urlaubsanspruchs **1**, 89; **7**, 136 ff.
- Erfüllbarkeit des Urlaubsanspruchs **7**, 130 ff.
- Ersatzurlaubsanspruch **7**, 163 ff.
- Krankheit **1**, 88; **7**, 162; **9**, 2 f.
- Schadenersatz **7**, 159 ff.
- **Urlaub**
- Annahmeverweigerungsrecht **7**, 52 ff.
- Arbeitskampf **1**, 195 ff.; **11**, 68 ff.
- Begriff **Einl.** 1; **1**, 30
- geschichtliche Entwicklung **Einl.** 7 ff., 33 ff.
- Insolvenz **1**, 168 ff.
- Rückforderungsverbot **5**, 52 ff.
- Rückruf **1**, 3; **7**, 57
- Theorien **1**, 11 ff.
- Vorgriff auf folgendes Jahr **7**, 116
- Zusammentreffen mit anderer Freistellung **1**, 48 ff.
- Zweck **Einl.** 60; **1**, 3 ff.
- **Urlaubsabgeltung**
- Abfindung **Einl.**, 77; **7**, 190, 196
- Baugewerbe **13**, 126
- Befristung **7**, 209 f.
- Berechnung **3**, 56
- Betriebsübergang **1**, 153, 161 f.
- Beweislast **7**, 226
- Bildungsurlaub **15**, 24
- Bruchteile von Urlaubstagen **5**, 44, 51
- Doppelansprüche **6**, 10,27 ff.
- Elternzeit **Teil II E**, 6, 13 f.
- Entstehung **7**, 200 ff.
- Erfüllbarkeit **7**, 205 f.
- Erwerbstätigkeit **8**, 10
- Erwerbsunfähigkeit **7**, 211 ff.
- Heimarbeit **12**, 17, 24
- IAO-Übereinkommen Nr. 132 **7**, 214 ff.
- im bestehenden Arbeitsverhältnis **7**, 155 f., 198; **13**, 39 f., 84 f.
- Inhalt des Anspruchs **7**, 207 ff.
- Insolvenz **1**, 189 f., 194
- Konkurs **1**, 170 ff., 178 f., 185
- Pfändbarkeit **7**, 222 ff.
- Schadenersatz **7**, 166, 206
- Schwerbehindertenzusatzurlaub **Teil II B**, 20 f.
- Seemannsgesetz **Teil II D**, 33
- Sozialversicherungspflicht **7**, 225
- Steuerpflicht **7**, 225
- Surrogat **Einl.** 73 f., 108; **7**, 189, 195 ff.
- Unabdingbarkeit **7**, 227; **13**, 39 f., 59 f.; **13**, 83 ff.
- Vererblichkeit **7**, 217 ff.
- Verjährung **7**, 229 ff.
- Voraussetzungen **7**, 196 ff.
- Wehrdienst **Teil II C**, 17
- **Urlaubsanschrift 7**, 59
- **Urlaubsanspruch**
- Abdingbarkeit **1**, 37, 118; **13**, 36 ff.
- Abtretbarkeit **1**, 122 ff.

Magere Zahlen = Randnummern **Sachverzeichnis**

- Arbeitsleistung **Einl.** 52 f., 60, 95, 103; **1**, 42, 61 ff., 91 ff.; **7**, 137; **13**, 38
- Arbeitsverhältnis **1**, 62 ff.
- Aufrechnung **1**, 140
- Befristung des Urlaubsanspruchs **Einl.** 61 ff.; **1**, 38; **7**, 109 ff. – s. auch dort
- Begriff **Einl.** 100; **1**, 30, 33
- Betriebsübergang **1**, 142 ff. – s. auch dort
- Doppelansprüche – s. dort
- Einheitstheorie **Einl.** 50 f.; **1**, 15 ff.
- Entstehen **Einl.** 25; **1**, 60
- Erfüllbarkeit **1**, 88 f., 111
- Erfüllung **1**, 129 f.; **7**, 11
- Erholungsbedürfnis **1**, 5 ff.
- Erlöschen **1**, 128 ff.; **7**, 117, 125
- Ersatzurlaubsanspruch **Einl.** 107; **7**, 163 ff.
- Erwerbsunfähigkeit **1**, 113 ff.
- Fälligkeit **1**, 77 ff.
- Freistellung von Arbeit **1**, 25 ff., 48 ff.
- Fürsorgepflicht **Einl.** 10, 19; **1**, 2
- Gegenseitigkeitsverhältnis **1**, 42 ff.
- Geltendmachung **1**, 85 ff. – s. auch dort
- gerichtliche Durchsetzung **7**, 77 ff.
- Gewohnheitsrecht **Einl.** 10, 12, 18 f.; **1**, 2
- Heimarbeit **12**, 26
- Inhalt **1**, 30 ff.
- Insolvenz **1**, 188 ff.
- Konkurs **1**, 169 ff.
- Krankheit **Einl.** 103 f., 106; **1**, 88
- Kündigung **1**, 69 ff.; **7**, 170 ff. – s. auch dort
- Maßnahmen der med. Vorsorge oder Rehabilitation **7**,42, 48 ff.; **10**, 12, 17 – s. auch dort
- Merkmale **1**, 33 ff.
- Pfändbarkeit **1**, 125
- Rechtsmissbrauch **Einl.** 52 f., 56 ff.; **1**, 91 ff.
- Schuldner **Einl.** 28; **1**, 148, 155; **7**, 3
- Sonderurlaub **1**, 112
- Teilzeitarbeitsverhältnis **1**, 63 ff.; **2**, 32; **3**, 30, 32
- Übertragung auf das nächste Kalenderjahr **7**, 117 ff. – s. auch dort
- Vererblichkeit **1**, 120 f.
- Verzicht **1**, 37, 134 ff.
- Voraussetzungen **1**, 5 ff., 60
- Wartezeit – s. dort

Urlaubsarbeit – s. Verbot der Erwerbstätigkeit

Urlaubsbescheinigung
- Aushändigung **6**, 41 ff.
- Form **6**, 39 f.
- Inhalt **6**, 34 ff.; **10**, 76 f.
- Prozessuale Durchsetzung **6**, 44 f.
- Vorlage der Urlaubsbescheinigung **6**, 46 f.

Urlaubsdauer
- Änderung der Arbeitszeit **3**, 53 ff.
- andere Urlaubsgesetze **Einl.**, 36 ff.; **3**, 5 ff.
- Annahmeverzug **3**, 75
- Baugewerbe **13**, 123
- Betriebsausflug **3**, 59
- Betriebsferien **3**, 60
- Bildungsurlaub **15**, 26
- Bruchteile von Urlaubstagen **Einl.** 25; **3**, 38
- Bummeltage **3**, 70 ff.
- flexible Arbeitszeit **3**, 39 ff.
- Freischichtmodelle **3**, 48 ff.
- Fünf-Tage-Woche **3**, 10 ff.
- geringfügig Beschäftigte **3**, 32
- Feiertage **1**, 59; **3**, 18 ff., 24 ff., 43
- IAO-Übereinkommen **3**, 3
- Jugendliche **15**, 72 f.; **Teil II A**, 6 ff.
- Kurzarbeit **3**, 62 ff.
- Lebensalter **3**, 2
- Mindesturlaub **1**, 116 ff.; **3**, 1 ff.
- nachträgliche Anrechnung **3**, 71, 75
- neue Bundesländer **Einl.** 39 f.; **1**, 116 f.; **3**, 4, 80; **16**, 3 ff.
- Seemannsgesetz **Teil II D**, 15
- Sonntagsarbeit **3**, 24 ff.
- Streik **3**, 73 f.
- tarifliche Ansprüche **3**, 77 ff.; **13**, 123
- Teilzeitarbeit **3**, 29 ff.
- Übertragungszeitraum **3**, 54 f.
- Umrechnung Arbeit-/Werktage **3**, 16 f.
- Unabdingbarkeit **1**, 118; **3**, 76
- Werktage **Einl.** 25; **3**, 8 f.

Urlaubsentgelt
- Abtretung **1**, 126; **11**, 98
- Akkord- und Prämienlohn **11**, 22 ff.
- Arbeitsausfall **11**, 5, 67 ff.
- Arbeitskampf **1**, 200; **11**, 68 ff.
- Arbeitspausen **11**, 20 f.
- Arbeitsverdienst **11**, 18 ff.
- Arbeitsversäumnis **11**, 5, 71 ff.
- Arbeitszeit **11**, 50 ff., 74 ff.
- Aufrechnung **1**, 141; **11**, 98
- Aufwendungsersatz **11**, 34

605

Sachverzeichnis

Fette Zahlen = Paragraphen

- Begriff Einl. 101
- Berechnung 11, 50 ff.
- Betriebsübergang 1, 150 ff., 160
- Berechnungszeitraum 11, 48 ff.
- Betriebsferien 11, 110
- Bezugszeitraum 11, 48 ff.
- Einheitstheorie Einl. 50 f.; 1, 15 ff.
- einzelvertragliche Regelungen 11, 28, 49
- Erwerbstätigkeit im Urlaub 8, 14 ff.; 13, 94 f., 139 f.
- Fälligkeit 11, 80 ff.
- Feiertage 3, 26 ff.; 11, 19, 33
- flexibilisierte Arbeitszeit 11, 56; 13, 110 ff.
- Fünf-Tage-Woche 11, 51 f.
- Geld- und Zeitfaktor 11, 6 ff.
- Gratifikation 11, 39
- Heimarbeit 12, 25, 28 ff.
- Krankheit 9, 15; 11, 72
- Kurzarbeit 11, 5, 40, 62 ff., 73; 13, 104
- Lebensstandardprinzip 11, 10 ff.
- Lohnausfallprinzip 11, 3 ff.; 13, 105
- Mehrarbeitsvergütung 11, 42 ff.; 13, 106 f.
- Mitbestimmung des Betriebs-/Personalrats 11, 105
- Pfändbarkeit 1, 126; 11, 96
- Provision 11, 24 ff.
- Referenzprinzip 11, 3 ff.
- Rückforderungsverbot 5, 52 ff.
- Sachbezüge 11, 38
- Schwerbehinderte Teil II B, 31
- Seemannsgesetz Teil II D, 38 ff.
- Spesen 11, 34
- tarifvertragliche Regelungen 11, 16 f., 27, 85, 103 f., 107 ff.; 13, 103 ff.
- Teilzeitarbeitsverhältnis 11, 53 ff.
- Trinkgelder 11, 35
- Tronc 11, 37
- Überstunden 11, 42 ff., 78; 13, 106 f.
- Umsatzbeteiligungen, Tantiemen 11, 29
- Unabdingbarkeit 11, 16 f., 99, 107; 13, 45 f., 101 ff.
- Verdiensterhöhungen 11, 57 ff.
- Verdienstkürzungen 11, 61 ff.
- Vererblichkeit 1, 126; 11, 95
- Verjährung 7, 230; 11, 102
- Vermögenswirksame Leistungen 11, 41
- Verwirkung 11, 100 f.
- Verzicht 11, 99
- Weihnachtsgeld 11, 39
- Zulagen 11, 30 ff.; 13, 46, 103, 108
Urlaubserteilung
- Annahmeverweigerungsrecht 7, 52 ff., 63 f.; 11, 82
- Arbeitskampf 1, 195 ff.
- Betriebsferien 7, 40, 70 ff.; 13, 70
- Betriebsübergang 1, 149
- billiges Ermessen 7, 30 ff.
- Bruchteile von Urlaubstagen 7, 103 ff.
- Direktionsrecht 7, 28 ff.
- Doppelarbeitsverhältnis 1, 66 f.
- einstweilige Verfügung 7, 93 ff.
- einvernehmliche Änderung 7, 60, 153 f.
- Fixgeschäft 7, 169
- Heimarbeit 12, 27
- Inhalt der Erklärung 1, 129 f.; 7, 5 ff.
- Klage des Arbeitnehmers 7, 77 ff.
- Krankheit des Arbeitnehmers 7, 134 ff.
- Kündigungsfrist 1, 75 f.; 7, 8 ff., 21, 35, 61 ff.
- Leistungsstörungen 7, 130 ff.
- Leistungsverweigerungsrecht des Arbeitgebers 7, 36 ff. – s. auch dort
- Maßnahmen der med. Vorsorge oder Rehabilitation 7, 42, 48 ff.; 10, 12, 15 f.
- mehrere Urlaubsansprüche 7, 12 ff., 129
- Mitbestimmung des Betriebsrats 7, 65 ff. – s. auch dort
- Nebenpflicht des Arbeitgebers 1, 40 ff.
- Neufestsetzung wegen Unmöglichkeit 7, 131 ff.; 10, 13 ff.
- Rückruf aus Urlaub Einl. 3, 143; 7, 57
- Selbstbeurlaubung 7, 19 ff.; 13, 71
- soziale Gesichtspunkte 7, 44 ff.; 13, 72
- Übertragungszeitraum 7, 127 ff.
- Urlaubsentgeltzahlung 11, 81
- Urlaubswünsche 7, 16, 27, 43 ff.
- Urlaubsliste 7, 16 ff., 68
- Vorgriff auf künftigen Urlaub 7, 116
- Vorrang anderer Arbeitnehmer 7, 36, 43 ff.
- Widerruf 1, 157; 7, 55 ff.
- Willenserkärung 7, 4
- zeitliche Festlegung des Urlaubs – s. dort
- zusammenhängende Urlaubserteilung 7, 97 ff.; 13, 74 f.
- Zwangsvollstreckung 7, 82 ff.
Urlaubsgeld 11, 86 ff.
- Abtretbarkeit 1, 127
- Ausschlußfrist 11, 103 f.

606

Magere Zahlen = Randnummern

- Betriebsübergang 1, 152
- Elternzeit 11, 90 f.
- Mitbestimmung des Betriebs-/Personalrats 11, 106
- Pfändbarkeit 1, 127; 11, 97
- Schwerbehinderte 11, 93; **Teil II B**, 32 ff.
- Teilzeitarbeitsverhältnis 11, 92
- Vererblichkeit 1, 127; 11, 95
- Verjährung 11, 102
Urlaubsgratifikation 11, 86
Urlaubskassenregelung 13, 132 ff.
Urlaubsliste 7, 16 ff., 68
Urlaubsplan 7, 73
Urlaubssperre 7, 74
Urlaubsvergütung 11, 86, 97
Urlaubswünsche 7, 16, 27, 33 ff., 43 ff.

Verbot der Erwerbstätigkeit
- Baugewerbe 13, 139 f.
- Begriff **8**, 2 ff.
- Doppelarbeitsverhältnis 8, 8
- Folgen der Pflichtverletzung 8, 13 ff.; 13, 92 ff.
- Gefälligkeitshandlung 8, 4
- gesetzliches Verbot 8, 11 f.
- Heimarbeit 12, 35
- Seemannsgesetz **Teil II D**, 32
- Unabdingbarkeit 8, 20; 13, 92 ff.
- ungerechtfertigte Bereicherung 8, 15 ff.
- Urlaubsabgeltung 8, 10
- Urlaubsanspruch 8, 14
- Urlaubszweckwidrigkeit 8, 6 ff.
- Verbotszeitraum 8, 9 ff.
Vererblichkeit
- Urlaubsabgeltung 7, 217 ff.; 11, 95
- Urlaubsanspruch 1, 120 f.; 11, 95
- Urlaubsentgelt 1, 126; 11, 95
- Urlaubsgeld 1, 127; 11, 95
Verfassungsmäßigkeit
- Anrechnung von Maßnahmen der med. Vorsorge oder Rehabilitation auf Urlaub **Einl.** 35 b; 10, 43 ff.
- Bildungsurlaub 15, 22 f.
- Urlaubsgesetze der Länder **Einl.** 13 ff.
Verjährung 7, 229 ff.; 11, 102
Vermögenswirksame Leistungen 11, 41
Verzicht
- einzelvertragliche Urlaubsansprüche 1, 137 ff.
- Mindesturlaubsanspruch 1, 37, 134 f.; 11, 99

Sachverzeichnis

- tariflicher Urlaubsanspruch 1, 136
- Urlaubsentgelt 11, 99
Vorläufige Weiterbeschäftigung – s. Weiterbeschäftigung

Wartezeit
- Anwartschaft 4, 2
- Arbeitsleistung 1, 39, 68; 4, 10
- Baugewerbe 13, 124
- Beginn 1, 68; 4, 4 ff.
- Betriebsübergang 1, 155
- Bildungsurlaub 15, 29
- Ende 4, 19 f.
- Heimarbeit 12, 17 ff.
- Kalenderjahr 1, 68; 4, 9
- Krankheit 4, 7, 12
- Schwerbehinderte **Teil II B**, 7 f.
- Seemannsgesetz **Teil II D**, 13, 22
- Sonn- und Feiertage 4, 8
- Tarifvertrag 4, 3
- Teilurlaubsanspruch 5, 7 ff., 21 ff., 26 ff.
- Unabdingbarkeit 4, 21; 13, 51 f.
- Unterbrechung 4, 10 ff.
- Urlaubsanspruch 1, 39, 68; 4, 17 ff.; 5, 4
Wehrdienst
- Abgeltung des Urlaubsanspruchs **Teil II C**, 17
- ArbPlSchG 15, 4; **Teil II C**, 1 ff.
- ausländische Streitkräfte 1, 112; **Teil II C**, 3 ff.
- Befristung des Urlaubsanspruchs **Teil II C**, 15
- Eignungsübungen 4, 12; 13, 8 f.; **Teil II C**, 20 ff.
- Fälligkeit des Urlaubs **Teil II C**, 11 ff.
- Kürzung des Urlaubsanspruchs **Teil II C**, 2, 6 ff.
- Übertragung des Urlaubs 7, 14; **Teil II C**, 14
- Urlaubsanspruch **Teil II C**, 1 f.; 6 ff.
- Wartezeit 4, 12
- Zwölftelung des Urlaubsanspruchs 15, 67; **Teil II C**, 2, 6 ff.
Wehrübungen 4, 12; **Teil II C**, 18
Weiterbeschäftigung
- Abwendung der Zwangsvollstreckung 1, 73; 7, 178
- auflösend bedingte 1, 69, 74; 7, 179
- nach Widerspruch des Betriebsrats 1, 72; 7, 176
- Urlaubserteilung 1, 75 f.; 7, 8 ff.

607

Sachverzeichnis

Fette Zahlen = Paragraphen

Werktage Einl. 25; 3, 8 f.
Widerruf des Urlaubs
- dringende betriebliche Belange 7, 55 ff.
- wegen Betriebsübergang 1, 157

Wiedereingliederungsverhältnis 2, 38

Zeitliche Festlegung des Urlaubs
- Annahmeverweigerungsrecht 7, 52 ff., 63 f.
- Betriebsferien 7, 40, 70 ff.; 13, 70
- Direktionsrecht 7, 28 ff.
- einstweilige Verfügung 7, 93 ff.
- einvernehmliche Änderung 7, 60
- Klage des Arbeitnehmers 7, 77 ff.
- Konkretisierung 7, 26; 13, 70 ff.
- Kündigungsfrist 7, 8 ff., 21, 61 ff.
- Leistungsverweigerungsrecht des Arbeitgebers 7, 36 ff. – s. auch dort
- Mitbestimmung des Betriebsrats 7, 65 ff. – s. auch dort
- Rückruf aus Urlaub Einl. 3, 143; 7, 57
- Selbstbeurlaubung 7, 19 ff.
- Urlaubsliste 7, 16 ff.
- Urlaubssperre 7, 74
- Urlaubswünsche 7, 16, 27, 33 ff.
- Vorrang anderer Arbeitnehmer 7, 36, 43 ff.
- Widerruf 7, 55 ff.
- Widerspruch des Arbeitnehmers 7, 54, 63 f.
- Willenserklärung 7, 4, 82, 94
- zusammenhängende Urlaubsgewährung 7, 97 ff.
- Zwangsvollstreckung 7, 82 ff.

Zivildienst
- Urlaub 15, 4; **Teil II C,** 21
- Verhältnis ZDG/BUrlG 15, 44 ff.
- Wartezeit 4, 12

Zulagen 11, 30 ff.

Zurückbehaltungsrecht des Arbeitnehmers 7, 22 ff.

Zusammenhängende Urlaubsgewährung 7, 97 ff.
- Abdingbarkeit 7, 107 f.; 13, 74 f.
- Ausnahmen 7, 106
- Bruchteile von Urlaubstagen 7, 103 ff.
- einzelne Urlaubstage 7, 102, 106
- Geltungsbereich 7, 100 ff.
- Zweck 7, 97 ff.

ZVK 13, 133

Zwangsvollstreckung
- Urlaubsbescheinigung 6, 45
- Urlaubsgewährung 7, 82 ff.

Zwischenmeister 12, 41

Zwölftelung des Urlaubsanspruchs
- abschließende Regelung 5, 3
- angefangene Monate 5, 15 ff.
- Ausscheiden in erster Jahreshälfte 5, 33 ff.
- Beschäftigungsmonat 5, 13 f.
- Elternzeit 15, 77; **Teil II E,** 2 ff.
- gekürzter Vollurlaub 5, 33 ff.
- Schwerbehinderte 5, 1; 13, 49; **Teil II B,** 8, 18
- Seemannsgesetz **Teil II D,** 17
- tarifliche Regelungen 13, 49
- Teilurlaub – s. dort
- Wehrdienst 15, 67; **Teil II C,** 2, 6 ff.
- Zweite Jahreshälfte **13** 49, 57